语言学及应用语言学名著译丛

韩礼德功能语法导论

（第4版）

〔英〕韩礼德 著
〔瑞典〕麦蒂森 修订
何中清 淡晓红 梁雅梦 赵晶 译

HALLIDAY'S INTRODUCTION TO FUNCTIONAL GRAMMAR

by M.A.K. HALLIDAY
Revised by CHRISTIAN M.I.M MATTHIESSEN

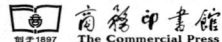

商务印书馆
创于1897 The Commercial Press

Halliday's Introduction to Functional Grammar 4th Edition / ISBN: 9781444146608

总　　序

商务印书馆出版的“汉译世界学术名著丛书”在国内外久享盛名，其中语言学著作已有10种。考虑到语言学名著翻译有很大提升空间，商务印书馆英语编辑室在社领导支持下，于2017年2月14日召开“语言学名著译丛”研讨会，引介国外语言学名著的想法当即受到与会专家和老师的热烈支持。经过一年多的积极筹备和周密组织，在各校专家和教师的大力配合下，第一批已立项选题三十余种，且部分译稿已完成。现正式定名为“语言学及应用语言学名著译丛”，明年起将陆续出书。在此，谨向商务印书馆和各位编译专家及教师表示衷心祝贺。

从这套丛书的命名“语言学及应用语言学名著译丛”，不难看出，这是一项工程浩大的项目。这不是由出版社引进国外语言学名著、在国内进行原样翻印，而是需要译者和编辑做大量的工作。作为译丛，它要求将每部名著逐字逐句精心翻译。书中除正文外，尚有前言、鸣谢、目录、注释、图表、索引等都需要翻译。译者不仅仅承担翻译工作，而且要完成撰写译者前言、编写译者脚注，有条件者还要联系国外原作者为中文版写序。此外，为了确保同一专门译名全书译法一致，译者应另行准备一个译名对照表，并记下其在书中出现时的页码，等等。

本译丛对国内读者，特别是语言学专业的学生、教师和研究者，以及与语言学相融合的其他学科的师生，具有极高的学术价值。第一批遴选的三十余部专著已包括理论与方法、语音与音系、词法与句法、语义与语用、教育与学习、认知与大脑、话语与社会七大板块。这些都是国内外语言学科当前研究的基本内容，它涉及理论语言学、应用语言学、语音学、音系学、词汇学、句法学、语义学、语用学、教育语言学、认知语言学、心理语言学、社会语言学、话语语言学等。

尽管我本人所知有限，对丛书中的不少作者，我的第一反应还是如雷贯耳，如 Noam Chomsky、Philip Lieberman、Diane Larsen-Freeman、Otto Jespersen、Geoffrey Leech、John Lyons、Jack C. Richards、Norman Fairclough、Teun A. van Dijk、Paul Grice、Jan Blommaert、Joan Bybee 等著名语言学家。我深信，当他们的著作翻译成汉语后，将大大推进国内语言学科的研究和教学，特别是帮助国内非英语的外语专业和汉语专业的研究者、教师和学生理解和掌握国外的先进理论和研究动向，启发和促进国内语言学研究，推动和加强中外语言学界的学术交流。

第一批名著的编译者大都是国内有关学科的专家或权威。就我所知，有的已在生成语言学、布拉格学派、语义学、语音学、语用学、社会语言学、教育语言学、语言史、语言与文化等领域取得重大成就。显然，也只有他们才能挑起这一重担，胜任如此繁重任务。我谨向他们致以出自内心的敬意。

这些名著的原版出版者，在国际上素享盛誉，如 Mouton de Gruyter、Springer、Routledge、John Benjamins 等。更有不少是著名大学的出版社，如剑桥大学出版社、哈佛大学出版社、牛津大学出版社、MIT 出版社等。商务印书馆能昂首挺胸，与这些出版社策划洽谈出版此套丛书，令人钦佩。

万事开头难。我相信商务印书馆会不忘初心，坚持把“语言学及应用语言学名著译丛”的出版事业进行下去。除上述内容外，会将选题逐步扩大至比较语言学、计算语言学、机器翻译、生态语言学、语言政策和语言战略、翻译理论，以至法律语言学、商务语言学、外交语言学，等等。我也相信，该“名著译丛”的内涵，将从“英译汉”扩展至“外译汉”。我更期待，译丛将进一步包括“汉译英”“汉译外”，真正实现语言学的中外交流，相互观察和学习。商务印书馆将永远走在出版界的前列！

胡壮麟

北京大学蓝旗营寓所

2018 年 9 月

韩礼德的《功能语法导论》

经过全面更新和修订，韩礼德的《功能语法导论》第四版阐释了系统功能语法的原则，使读者能够在任何语境中理解和应用这些原则。韩礼德通过话语探讨语法，这种创新性的方法已成为语言学界的一个世界性现象。

第四版的更新主要包括：

- 系统功能语言学的最新应用，为学生、学者和研究人员提供了进一步的指导；
- 更多关于语法生态的内容，说明每个主要系统是如何实现语义系统的；
- 例句的系统索引和分类；
- 更多实例来自语料库，因而可以轻松访问数据；
- 可在 www.routledge.com/cw/halliday 在线获取扩展的文本和音频示例以及一个图像库。

韩礼德的《功能语法导论》第四版是系统功能语言学的案头参考书，也是那些对语法、语义和语篇之间关系感兴趣的学生和学者的理想的导论性著作。

韩礼德（M.A.K. Halliday）是澳大利亚悉尼大学语言学名誉教授。

麦蒂森（Christian M.I.M. Matthiessen）是香港理工大学人文学院英语系讲座教授。

目　　录

第二部分　小句之下、小句之上和小句之外

符号惯例

系统描述

系统和体现方式说明中的大小写

大小写	符号惯例	示例
小写，或带单引号的小写	系统中术语的名称（特征、选项）	‘indicative’ / ‘imperative’ （“直陈”/“祈使”）
小型大写	系统的名称	MOOD, MOOD TYPE, SUBJECT PERSON （语气、语气类型、主语人称）
首字母大写	结构功能的名称（成分）	Mood, Subject; Theme, Rheme （语气、主语；主位、述位）

系统说明中的操作语

操作语	符号	示例
进入系统中术语的入列条件	:	直陈：陈述 / 疑问
系统性对比（析取）	/	陈述 / 疑问 陈述 / 祈使：带附加问 / 不带附加问
系统性结合（合取）	&	内包式 & 识别式：指派 / 非指派

体现方式说明中的操作语

操作语	符号	示例
插入	+	直陈↘+定式
顺序	^	陈述↘主语 ^ 定式
扩展	( )	直陈↘语气（定式、主语）
预选	:	心理↘感知者：有意识的

系统网络中的图形惯例

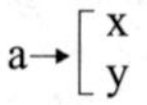

存在一个系统 *x/y*，其入列条件是 *a*［如果是 *a*，那么不是 *x* 就是 *y*］

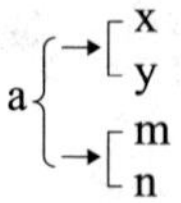

存在两个同步的系统：*x/y* 和 *m/n*，其入列条件都是 *a*［如果是 *a*，那么不是 *x* 就是 *y*，且与此同时，不是 *m* 就是 *n*］

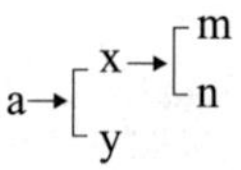

存在两个系统：*x/y* 和 *m/n*，它们互相依存；*m/n* 系统的入列条件是 *x*，而 *x/y* 系统的入列条件是 *a*［如果是 *a*，不是 *x* 就是 *y*，如果是 *x*，不是 *m* 就是 *n*］

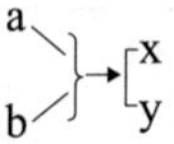

存在一个系统 *x/y*，带有复合入列条件，即 *a* 和 *b* 的合取［如果既是 *a* 又是 *b*，那么不是 *x* 就是 *y*］

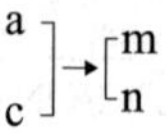

存在一个系统 *m/n*，带有两个潜在的入列条件，即 *a* 和 *c* 的析取［如果是 *a*，或者 *c*，亦或 *a* 和 *c*，那么不是 *m* 就是 *n*］

语篇标注

边界标记

层次	符号	单位（复合体）	示例
词汇语法	|||	小句复合体	
	||	小句	
	|	短语、词组	
	[[[ ]]]	级转移（嵌入） 小句复合体	
	[[ ]]	级转移（嵌入） 小句	
	[ ]	级转移（嵌入） 短语、词组	
音系	///	声调群复合体	
	//	声调群	
	/	音步	
	^	无声节拍	

其他标注形式

符号	注释	示例
†	自造例句	† John's father wanted him to give up the violin. His teacher persuaded him to continue.
*	重叠的话轮，从星号的位置开始	Jane: We were all exactly * the same. Kate: * **But** I don't know that we were friends.
[ø: 'x']	省略结构中的成分，复原为 'x'	You've lost credibility and also you've probably spent more than you wanted to, so [ø: **'you'**] do be willing to back away from it, because there's always something else next week or the month after.

示例来源

示例来源标示在例句之后的方括号中，主要类型如下表所示。

参考类型		评价	示例
［序号］		示例选自数据库中我们的文本库；它们将列在本书的配套网站上	［语篇 370］
［语料库名称］	［ICE］	从国际英语语料库（ICE）的某个子库中挑选的示例	［ICE-India］
	［ACE］	选自澳大利亚英语语料库（ACE）中的示例	
	［LOB］	选自兰卡斯特–奥斯陆–卑尔根大学英式英语语料库的示例	
	［BROWN］	选自美国英语布朗（BROWN）语料库的示例	
	［COCA］	选自当代美国英语语料库（COCA）的示例	
	［BE］	柯林斯英语语料库	

其他符号惯例

粗体用来标记（首次提到的）术语，如：

Each foot, in turn, is made up of a number of **syllables**.

斜体用来标记语法和词汇项，以及语篇正文中引用的示例，如：

Here, the Theme *this responsibility* is strongly foregrounded.

引　言

xiii 韩礼德的《功能语法导论》第一版于1985年面世。这是一本系统功能语法理论的导论性著作。该理论始于他1961年发表的论文《语法理论的范畴》（*Categories of the theory of grammar*），尽管他发表的有关汉语语法的论文实际上可以追溯到1956年。韩礼德在20世纪60年代初就开始了语法描述的工作（见Halliday, 1964），第一版也是对英语语法描述的介绍。因此，《功能语法导论》第一版既是关于人类语言通用语法的功能理论，又是基于该理论描述某种具体语言（如英语）的导论性著作。理论和描述之间是一种对话关系：理论通过英语语言的描述得到阐释，同时英语语言的描述又借助理论进行。韩礼德本可以采用其他语言，如汉语，来达到此目标（他从20世纪40年代末期就开始研究汉语）。但系统功能语法理论是作为通用语法理论发展起来的，截止到20世纪80年代中期，该理论已经运用于多种语言描述，并得到了验证。

自韩礼德开始通用语法理论和英语描述的研究已经过去了半个多世纪，而自《功能语法导论》第一版问世已过去30多年：第一版在早期研究和当今持续的理论和描述性研究之间起到承上启下的作用，因为这些研究均始于第一版，并体现在第四版中。第一版问世时，它是功能语法的唯一一部导论性著作，总结了自20世纪60年代早期以来韩礼德和其他学者的相关研究。这是一本"概述性的"专著。事实上，韩礼德当时已经在多个语言领域发表了更为详尽的研究成果，如关于及物性和主位的论述（Halliday, 1967/8）、关于情态的阐释（Halliday, 1970）和关于语法和语
xiv 调的描述（Halliday, 1967a）等。他还撰写了一篇全面呈现英语语法的论

文——《当代英语的意义》(*The meaning of modern English*)，文中很多内容（如，关于英语时态的论述）在《功能语法导论》第一版中只是简略提及。此外，基于他的理论框架，其他研究者也做了不少颇具价值、基于语篇的语法和语调研究。这些研究为英语语言的描述提供了依据，但由于当时形式生成语言学处在主导地位，基于语篇的研究并不受出版商青睐，因而没有得到发表。

自《功能语法导论》第一版30年前出版，第二版1994年出版以来，系统功能语言学家们借助功能语法，出版了多部著作，服务不同的读者。这些著作包括汤普森（Geoff Thompson）的《功能语法概论》(*Introducing functional grammar*)(第一版1996年；第二版2004年；第三版即将出版)、布鲁尔（Meriel Bloor & Thomas Bloor）的《英语的功能语法分析——韩礼德模式》(*The Functional analysis of English: A Hallidayan approach*)(第一版1995年；第二版2004年)，我的《词汇语法图谱：英语系统》(*Lexicogrammatical cartography: English systems*)(1995)，洛克（Graham Lock）的《二语教师的功能英语语法概论》(*Functional English grammar: An introduction for second language teachers*)(1996)以及佩因特（Clare Painter）、马丁（J. R. Martin）和我编著的功能语法教程（第一版，《功能语法工作手册》(*Working with functional grammar*)，1998；第二版，《功能语法教程》(*Deploying functional grammar*)，2010）。此外，研究者们还就不同专题发表了大量的论文，探讨了功能语法的不同方面，或阐述基于该理论框架的相关研究（见 Matthiessen, 2007b）。另外，他们还在语言层次上拓展了系统功能语法，从词汇语法层转移到语义层，相关专著包括马丁的《英语语篇》(*English text*)(1992)以及韩礼德和我合著的《识解经验》(*Construing experience*)(1999, 2006年再版等)。

在韩礼德慷慨邀请我参与《功能语法导论》第三版修订时，功能语法的生态位（ecological niche）已经发生了重大变化——自然是好的转变。在某种意义上，它变得更加庞杂了，但这也意味着第三版的《功能语法导论》可以以全新的方式进一步发展。因为有了汤普森的《功能语法概论》以及其他类似专著，我们能够在一些重要领域拓展系统功能语法。或许，这使得第三版相比前两版，更像是一本参考书，而非入门书。我们增加了之前未涉及的一些英语语法特征，同时在第一章和第二章对整个理论框架提供了更全面的概括。由于计算工具的不断发展，语言资源变得更易获取，因而在第三版的准备过程中，我们充分利用了不同语料库，采用了源自语料库和自建文本库中的大量实例。此外，对于语法中的所有主要领域，均增加了相应的系统网络。

在《词汇语法图谱》一书中，我将系统网络作为一种工具，通过它呈现语法描述，涉及元功能、级阶和精密度阶等方面。这些系统网络都是基于韩礼德为某计算机项目所做的小句系统网络。该项目最早由加州大学欧文分校的科尔比（Nick Colby）发起，后来成为奈杰尔语法（Nigel grammar）的雏形，1980 年成为南加州大学信息科学研究所的比尔·曼（Bill Mann）主持的彭曼项目（Penman project）的一部分（该系统网络已在韩礼德文集中出版）。作为从一开始便参与彭曼项目的研究者，在韩礼德和其他系统功能语言学家的帮助下，我拓展了该小句系统网络，同时
xv 增加了其他部分的语法网络（见 Matthiessen, 1995a；比较 Matthiessen, 2007b）。在第三版中增加系统网络图时，我们并未像在《词汇语法图谱》中那样，尝试全面呈现系统网络，因为《功能语法导论》有其自身的呈现逻辑方式，包含更多我在《词汇语法图谱》中所涉及的理论发展方面的阐述。

在第四版的编写中，我遵循了前三版的基本做法，同时也考虑了第四版所处环境的变化。我一直都在从事基于语料库的研究，受益于很多向学界开放的新的语言资源，如美国当代英语语料库（COCA）等（见第二章）。很自然地，第四版的“表象之下”体现了很多这方面的工作：与第三版相同，受制于篇幅，许多分析仅体现在书中的一两个例子或脚注中，而其他一些分析只是间接地体现。在此过程中，我们有很多有趣的发

现，但是无法在第四版中展开，如自 20 世纪 40 年代以来《时代周刊》中动词 *gush* 的使用情况变化；或者更广泛一点，那一时期言语动词的使用情况等。在运用语料库的过程中，我不止一次地想过使用更新的实例代替 20 世纪 60 年代以来的旧语料，但因为各种原因最终还是放弃了这种做法。一个重要原因是，与其他任何语言一样，英语包含不同类型的变体（见第二章，第 2.4 节），如时间方言：这是一个跨越几代人的语言集合系统——从来都不是一种静止的状态，而是在不断变化。甚至不止几代人：我们可以不考虑乔叟，但却无法绕开莎士比亚。

如第一章所示，第四版的一个新特点是提出了一个基于语境变量的语篇分类方案。从第二章到第十章，我都使用了该方案对所有短语篇和语篇节选进行了分类。这样做是为了在不同类型的语篇中更好地阐明语法——将语言理解为语域的集合。我们希望《功能语法导论》第四版的配套网站能够提供更多其他的语篇实例。

本版的另一个特点是继续扩展参考资源，它们涉及各种理论框架和在系统功能语言学及其他理论框架下的英语描述。诚然，要做到全面是不可能的，就连对相关参考文献进行相对均衡的呈现都不太现实。在迪克逊（Dixon）的《基础语言学理论》（*Basic linguistic theory*）第一卷的前言中，他提到了“印证”，称其为“语言学中的时尚”，认为其特征在于“试图引用与某一主题相关的每条文献，而不关注文献质量及其相关性”，然后指出这种“时尚”中存在的问题。与此同时，本书读者应该关注书中提及的相应内容，并做进一步的拓展。如今，学者们越来越受制于相关部门拙劣而具有破坏性的政策的影响，这些政策从出版物的角度衡量他们的学术产出和影响，因而论文引用就变得极为重要。我一度认为，语法描述领域的解决方案是引用那些主要的英语参考语法。然而，一方面，这本身会成为一项重大工程；另一方面，从整体上讲，这些参考语法起初也并非旨在指向其他文献。我希望第四版的配套网站能够提供更多文献信息，各种在线搜索也能帮助学生和研究人员找到相关的参考资料。

xvi 第四版既可以作为导论性的参考书，也可以作为教材使用。无论哪种情况，大批重要著作构成了《功能语法导论》的基础，包括语法的理论性或描述性著作（如 Halliday, 2002b, 2005；Butt 等，2000；Thompson, 2004；Bloor & Bloor, 2004；Eggins, 2004；Matthiessen, 1995a；Martin 等，2010；Matthiessen & Halliday, 2009；Caffarel 等，2004），（韵律）音系学的理论性或描述性著作（如 Halliday & Greaves, 2008），以及语义的理论性或描述性著作等（如 Martin, 1992；Eggins & Slade, 2005；Martin & Rose, 2007；Halliday & Matthiessen, 2006）。另外，有关家庭或社区学前儿童语言发展的著作（如 Halliday, 1975, 2004；Painter, 1984, 1999），以及学校阶段语言发展的著作（见 Christie & Derewianka, 2008，其中包括对相关研究的总结，同时报告了他们对澳大利亚小学低年级到中学高年级的语言发展研究），这些为词汇语法个体发生的开始和发展提供了独特的见解，也有助于理解日常生活中和教育语境下语法的具体运作。近年来对系统功能语言学的综述包括 Hasan 等（2005, 2007）和 Halliday & Webster（2009），以及 Matthiessen 等（2010）的术语概述。值得注意的是，系统功能语法只是系统功能语言学的一部分。如果研究对象是英语，我们有必要在案头准备随时查阅的英语标准参考语法（如 Quirk 等，1985；Biber 等，1999；Huddleston & Pullum, 2002）或者有关英语的概述（如 Aarts & McMahon, 2006）。

另外，我们也为本书精心制作了配套网站。在本书写作过程中，我仍在充实网站的相关资源。网站会提供更多的实例，扩充语篇例证，指明引用实例的来源，拓展文献，并提供第四版中一些图表的彩色版本或其他版本，以及《功能语法导论》前两版中的附录和前言，另加上我期望的就某些主题的深入讨论。至少在某种程度上，我希望该网站能够囊括其他的理论描述，包括福赛特（Robin Fawcett）、塔克（Gordon Tucker）及其团队、学生基于“加的夫语法”框架开展的系统功能研究，其他传统的功能研究以及某些形式语言学的研究。形式语言学和功能语言学之间既有值得关注的共性，又有极具启发意义的差异。我希望该网站能使第四版的《功能语法导论》成为一个“活文档”。

最后请允许我从个人的角度结束本引论。大概 1980 年或 1981 年的时候，当我第一次读到《功能语法导论》第一版的部分初稿时，作为语言学研究者，我正在参与比尔·曼主持的计算语言语篇生成项目（见 Matthiessen & Bateman, 1991；Matthiessen, 2005）。韩礼德是该项目的顾问，已经（如前所述）编写出小句核心系统的“代数”表征，即“奈杰尔语法”，作为语篇生成系统计算语法部分的基础。借助该初稿和早年发表的系统网络图，我扩展了计算语法的描述。韩礼德和我都是在 20 世纪 80 年代中期开始此项目的。在该项目期间及后续研究中，我非常幸运地从韩礼德身上学到如何进行整体语法描述，而不只是关注部分语法片段（局部语法碎片），还学会了如何进行语法建模，如何使描述足够清晰，进而可为计算模型所用。

事实上，我对韩礼德的著作和系统功能语言学的兴趣，早在 20 世纪 70 年代在隆德大学（Lund University）学习普通语言学和英语语言学时便 xvii
已萌发。作为语言学本科生，老师教我们用当时流行的乔姆斯基的生成语法“扩展标准理论”来描述语法内容。记得当时我们做的是语气附加问（mood tag），并未参考韩礼德对语气系统的任何论述。但两位语言学教授马姆伯格（Bertil Malmberg）和西格德（Bengt Sigurd）也鼓励我们学生尝试其他理论框架。当时英语系对韩礼德和哈桑（Halliday & Hasan, 1976）的衔接理论有极大兴趣，系里不少博士生的论文都是做衔接研究，我也在那学习。这些都与当时新来的英语语言学教授斯瓦特维克（Jan Svartvik）所提倡的对语料库研究的重新定位不谋而合（当时学生可以自行制定学习路径；我也开始学习阿拉伯语和哲学）。

在隆德大学第一次接触系统功能语言学时，我的一些想法——或者说很多想法都冒了出来。我意识到韩礼德解决了一个困扰我很久的问题——自从高中接触到艾勒格德（Alvar Ellegård）的富有原创性的生成语义学导论以及马姆伯格的欧洲结构主义语言学导论以来，我就一直深受困扰。这两种路径看上去极具洞察力，令人鼓舞，前者提供了对结构更深刻的理解，后者则展现了聚合关系的作用。然而两者似乎又完全不兼容。直到我读韩礼德的著作，才认识到通过体现关系，系统（纵聚合）可以和结构（横组合）相关联。他关于纵聚合的系统理论以及横轴和纵轴的关系是 20 世纪理论语言学上的最主要的突破之一。后来，我也意识到他默默地在其他方面所做的突破，包括元功能理论、实例化理论和语法隐喻理论等。

在计算语言学背景下描述英语，在类型语言学背景下描述阿坎语（Akan）时，我也开始领略系统功能理论在语言描述上的作用，包括借助功能-级阶矩阵描述语言时的启发价值（见第二章）。至今我仍清楚地记得，第一次旁听韩礼德的研讨会时——那是他在 1980 年 3 月左右开始在加州大学欧文分校开设课程时，我有一种非同寻常的感受：第一次有人让我如此清晰地了解作为复杂符号系统的语言的整体组织。我当时想，韩礼德是第一个教我研究语言的语言学家，之前的其他语言学家教的都是语言学。语言和语言学之间有一个非常重要的根本差异；语言比语言学更难理解，也更难教！

我何其有幸，1980 年就能在韩礼德的指导下开始进行英语的系统功能描述。系统功能描述与当时主流的语言学论述有很大不同，常被视为“非正统”理论，例如，把小句当作元功能语法建构、把语法和词汇看作词汇语法连续体的两端（而不是彼此独立的两部分）、基于及物模式和作
xviii 格模式互补性的英语及物性、作为互补语篇系统的主位系统和信息系统、通过人际语法隐喻的扩展在肯定和否定归一度之间确立的“命题”和“提议”连续体的情态系统、时态作为识解时间序列的逻辑系统（而不是时态和体的组合），以及主从动词词组复合体和小句复合体（区别于基于互补概念的论述）等。

很自然地，早在 20 世纪 80 年代研究计算语法时，我也尝试了当时更

为流行的一些语言学方法，但每次尝试时，都会意识到韩礼德的理论更富有洞察力：语言描述是语法整体系统的一部分，揭示了其中的语言模式。他从不试图说服我，也从不将观点强加于人（尽管在他的位置上，完全可以说“相信我的话”），但他却教会了我如何自己解决问题。

早年我曾经研究过时态，当最终理解了韩礼德的相关论述，并体会到这一论述比当时盛行的时态-体论以及时间逻辑概论（赖兴巴赫（Hans Reichenbach）自 20 世纪 40 年代提出时间逻辑概论，在语言学和计算语言学论著中被大量运用）更加先进时，我的人生中第一次体验到了顿悟（*Aha-Erlebnis*）（这个词我高中时才接触到，而对应的英语单词 *epiphany* 可能学得还要更晚），但之前只是在理论上理解它，直到那时，才突然理解了韩礼德在对英语语法时间序列的描述中所体现的深刻见解。

另外一次，20 世纪 80 年代中期在研究阿坎语的“连续动词结构”时，我突然意识到韩礼德的主从动词词组复合体模式比涉及互补的理论模式（当时的常见模型）更加优化。说得似乎有点远了。言归正传，系统功能语法已成为我长期以来研究项目的重要部分，我只想表达参与这些研究的兴奋之情，并对韩礼德的指导无限感激，同时也要感谢他的坚守，就算冒着被学界和同行忽视的风险，也要勇于有别于主流语言学，在应用研究被视为“不纯洁”的理论研究时期，勇于提出发展适用语言学（appliable linguistics）。

在修订韩礼德的《功能语法导论》时，我心中不时涌现对他的感激之情——我很高兴这分感激在过去几十年里与日俱增。此生余世，这分感激只会历久愈浓。同时，我也很欣慰，在编写第四版的过程中，研究系统功能语言学的同行和学生们提出了许多问题和见解，这些都给了我很多启发。在此我也向他们表示由衷的感谢。当然无法一一谢过，但我尤其要感谢那些跟我做博士论文的研究者们，他们进行了多种语言的小句语法的综合描述，包括研究法语的爱丽丝·卡法雷尔（Alice Caffarel）、研究日语的照谷和弘（Kazuhiro Teruya）、研究越南语的明德泰（Minh Duc Thai）、研究汉语的李深红（Eden Li）、研究泰语的帕塔玛·帕蓬（Pattama Patpong）、研究奥坎语[①]的欧内斯特·阿克雷霍拉（Ernest Akerejola）、研究巴吉卡语[②]的阿布舍克·库马尔（Abhishek Kumar）和研究阿拉伯语的穆罕默德·阿里·巴尔迪（Mohamed Ali Bardi）。

克里斯蒂安·麦蒂森
（Christian M.I.M. Matthiessen）
香港理工大学
香港

① 译者注：奥坎语（Òkó）是尼日利亚科吉州奥格立（Ogori）和玛贡葛（Magonggo）人所用的语言。

② 译者注：巴吉卡语（Bajjika）是印度东部和尼泊尔部分地区使用的一种印度-雅利安语变体。

第一部分

小句

第一章

语言的架构

1.1 语篇和语法

人们说话或写作时，便会产生**语篇**；语篇是听者或读者接触并解读的 3
东西。“语篇”一词可指以任何媒介形式出现的语言实例，只要它对理解这门语言的人来说有意义。我们可将语篇描述为在语境中运行的语言（见 Halliday & Hasan, 1976：第一章；Halliday, 2010）。语言首先是产生意义的资源，因而语篇是一个在语境中产生意义的过程。

对语法学家来说，语篇是一个丰富的多维现象，可通过不同方式表达意义，也可从不同角度探索。我们可以区分两大视角：第一，将语篇本身作为研究对象；第二，将语篇作为研究其他内容的工具。如果采用第一个视角，语法学家提出的问题是：为何语篇的意义如此（对我，或对其他人而言）？为何要如此评价语篇？如果采用第二个视角，语法学家的问题是：这个口语或笔语语篇揭示了什么语言系统？这两大视角显然是互补的：仅通过对语篇进行不同解读和评价，无法解释语篇的意义为何如此，除非我们将语篇和整个语言系统联系起来；同理，如果不理解语篇的意义及其产生的原因，我们也无法将其作为窥探语言系统的窗口。这样，语篇在不同情况下具有不同的地位：人们要么将其视为**成品**（artefact），要么视为**标本**（specimen）。

语篇本身可能持久或短暂，也可能重大或琐碎，还可能令人难忘或很快被遗忘。以三个英文语篇为例：

语篇 1–1：探索（口语、独白）

Today all of us do, by our presence here, and by our celebrations in other parts of our country and the world, confer glory and hope to newborn liberty.

4 Out of the experience of an extraordinary human disaster that lasted too long, must be born a society of which all humanity will be proud. Our daily deeds as ordinary South Africans must produce an actual South African reality that will reinforce humanity's belief in justice, strengthen its confidence in the nobility of the human soul and sustain all our hopes for a glorious life for all.

All this we owe both to ourselves and to the peoples of the world who are so well represented here today.

语篇 1–2：推荐（笔语、独白）

Cold power is the **ideal brand for any family**.

We understand that there is more than one thing you want to achieve out of every wash load.

As such, we have developed a formula capable of achieving **a wide range of benefits** for all types of wash loads.

语篇 1–3：分享（口语、对话）

'And we've been trying different places around the island that – em, a couple of years ago we got on to this place called the Surai in East Bali and we just go back there now every time. It is –'

'Oh I've heard about this.'

'Have you heard about it? Oh.'

'Friends have been there.'

'It is the most wonderful wonderful place. Fabulous.'

语篇（1–3）是自发的口语语篇；因为是记录在录音带上的，可将其转化为笔语。语篇（1–2）是笔语语篇，我们可以（如果愿意的话）大声将其朗读出来。语篇（1–1）更为复杂：它可能是以书面形式写成的，也许还经过了一些口头排练；但是，写它的目的是为了说出来，且是在重大公共场合说出来（纳尔逊·曼德拉的总统就职演说，1994 年 5 月 10 日）。

在语法家们说他们对所有语篇一视同仁时，他们是将语篇视为样本。如果我们对解释英语语法感兴趣，上述三个语篇都说明了许多语法特征；它们存在于有意义的功能语境中，均需加以考虑。另一方面，如果将语篇视为成品，这些语篇绝非同类。语篇（1-1）标志着现代人类历史上的一个重要时刻，它与少数几个具有高价值的语篇一样，注定会在语言中留下印记。但是，这里也存在着互补性。语篇（1-1）有价值是因为我们也能理解（1-2）和（1-3）这样的语篇。当然，这里我们并不是要对其进行比较，而是要说明，每个语篇都是通过在相同的意义产生资源中进行选择从而获得意义。语篇各不相同，在于这些资源的部署方式不同。

本书旨在通过一本中等篇幅的专著，尽可能详细地描述和解释现代英语中意义产生的资源。在决定涵盖语法中的哪些部分，以及在理论讨论中要走多远时，我们考虑的对象是那些运用自己的语法知识对语篇进行分析和阐释的人。这也意味着，我们承认语篇分析的语境是多种多样的——如教育、社会、文学、政治、法律和临床等。在所有这些语境中，语篇可作为样本或成品进行分析，或者两者兼而有之（这里的“样本”指的是某个功能变体，即**语域**中的样本，如法律英语）。所有这些分析的一个共同点是，它们必须以连贯、全面、多维度的语法描述为基础。这就意味着，**语** 5
法学，即语法模型，应该和语法本身一样丰富（Halliday，1984b，1996；教育角度，比较 Williams，2005）。这种描述会很复杂，因为语法本身就复杂；只有这样，它才能做到那些我们要求它做的事情。如果我们自以为**符义过程**（semiosis）——即意义的产生和理解过程，是一个比其本身简单得多的东西，那么从长远来看我们将一无所获[①]。

---

① 在本书中，我们首次提到诸如“语域”“语法学”和“符义过程”这样的术语时，将使用黑体表示。大多数学科都广泛使用术语作为语言资源的一部分，用于识解其研究领域。术语并非是可有可无的“行话”；它们是科学知识建构的重要组成部分。这里使用的许多术语可以在 Matthiessen 等（2010）中找到。如果有人觉得这本功能语法导论性专著中术语太多，我们建议他们与大学各学科导论性的教科书比较一下，比如解剖学或地质学！

1.1.1 成分关系（1）：音系学

语言最明显的一个地方或许是它的**组成**结构，即所谓的**成分关系**（constituency）：较大的语言单位由较小的单位组成。任何语言子系统的模式，如发音子系统，即**音系学**（phonology），都体现在大小不一的单位的分布上。不同大小的单位具有不同的模式。例如，在音系学中，最大单位带有旋律模式，而最小单位带有发音模式。

如果我们倾听这样一个语篇（事实上，任何一个语篇），在其口语形式中，我们都会听到连续的旋律，有上升和下降的音高，还有以相对快速的音高变化或延长的音高间隔为标识的某些突出部分（见 Halliday & Greaves, 2008）。这些突出部分就是一段旋律，即一个旋律单位或**旋律行**（line）；在这个旋律推进过程中，我们可以找到一个或多或少有规律的节拍。这个节拍表示的是节奏单位，即**音步**（foot）。我们可能已经意识到，传统诗歌韵文中的"行"和"音步"只不过是日常语言中这些特征的规范化表现而已。

每个音步又是由许多发音运动单位，即**音节**（syllable）构成；而每个音节由两部分组成，其中一部分使其能够押韵。我们称之为**韵脚**（rhyme）；与韵脚连接的前面部分称为**韵头**（onset）。韵头和韵脚都可以进一步分析为辅音和元音构成的发音序列：专业术语就是辅音和元音**音素**（phoneme）。

言语是连续的；我们时不时会停下来吸口气，或者在某个不确定的词语选择上犹豫，但是这种停顿对言语整体构建没有影响。这些单位，包括旋律行（或"声调群"）、音步（或"节奏群"）、音节和音素等，都没有明显的可识别的界限，即确切的起点和终点。然而，我们能听出这些在说话中产生的发音模式。此处存在一种有规律的形式，我们称之为**成分关系**。通过它，大的单位可以由小的单位组成：行由音步组成，音步由音节组成，音节由音素序列组成（或许由介于两者之间的"次音节"组成）。我们将这种与成分关系相关的语言单位之间的等级关系称为**级阶等级**（rank scale），将等级关系中的每一步视为一个**级阶**（rank）（比较

Halliday, 1961, 1966c; Huddleston, 1965）。

这里讨论的是英语语音系统中的级阶等级，即**音系级阶等级**（phono- 6
logical rank scale）（见 Halliday, 1967a: 12ff; Halliday & Greaves, 2008）。每种语言都有一定的音系成分级阶等级，但在成分关系的组织方式上却差异较大（比较 Halliday, 1992c，关于汉语的论述）。这种差异体现在多个方面，如发音模式（音节、音素）、节奏模式（音步）和旋律模式（声调群），以及不同变体融合为一个整体的方式等。我们可以通过分析儿歌或“童谣”来理解这种英语发音的组织方式；它们经过演化，最能体现这种模式的规范形式。以《小松饼小姐》为例（见图 1-1）[②]。

	音步			音步			音步			音步		
	音节	音节	音节	音节	音节	音节	音节	音节	音节	音节	音节	音节
行	*Lit*	*tle*	*Miss*	*Muf*	*fet*		*sat*	*on*	*a*	*tuf*	*fet*	
行	*Eat*	*ing*	*her*	*curds*	*and*		*whey*					*There*
行	*came*	*a*	*big*	*spi*	*der*	*which*	*sat*	*down*	*be*	*side*	*her*	*And*
行	*frigh*	*tened*	*Miss*	*Muf*	*fet*	*a*	*way*					

图 1-1　音系成分关系示例

我们将在下面的 1.2 节中详细介绍音系学，接下来先转向书写中的成分关系。

1.1.2 成分关系（2）：字系学

随着文字系统的发展，它们形成了自己的级阶等级，以此模拟口语中的成分等级关系。现代英语中就有一个包含四个级阶的字系学级阶等级：**句子**（以大写字母开头，以某个主要标点符号结束，如句号、问号或感叹号）、**次句**（以某些中间标点符号为界，如冒号、分号或逗号、破折号）、**单词**（以空格为界）和**字母**。下面是以正字法常规形式书写的同一语篇

② 本书中的童谣来自爱奥那·奥皮（Iona Opie）和彼得·奥皮（Peter Opie）合编的《牛津童谣词典》（*The Oxford dictionary of nursery rhymes*）。

（见图 1–2）。

		单词	单词	单词	单词	单词	单词	单词
句子	次句	*Little*	*Miss*	*Muffet*	*sat*	*on*	*a*	*tuffet,*
	次句	*eating*	*her*	*curds*	*and*	*whey.*		
句子	次句	*There*	*came*	*a*	*big*	*spider,*		
	次句	*which*	*sat*	*down*	*beside*	*her,*		
	次句	*and*	*frightened*	*Miss*	*Muffet*	*away.*		

图 1–2　字系学成分关系示例：句子、次句和单词

7　这种成分结构是通过**拼写**（组合字母形成单词）和**标点符号**（使用符号和大小写字母标明界限；见 Halliday, 1985a）共同表征的。该系统比我们在此示例的要复杂的多，主要表现在三个方面：（1）单词之间的界限很模糊，考虑到这种不确定性，我们引入一个特殊标点符号——连词符，如 *frying pan*、*fryingpan* 和 *frying-pan*；（2）次句的等级关系上还有一个级阶，这是一个使用冒号或分号表征的单位，高于使用逗号区分的单位；（3）句子之上至少还有一个级阶，即段落。这些不会影响到字系学成分关系中的总体原则，但是却引发了一个问题——这些更复杂的成分关系是如何演变的？

这个问题的简单回答就是——因为文字并不表征言语发音。虽然每个文字体系都是以一种系统的、非随机的方式与语言的声音系统联系在一起（两者之间到底如何联系，语言之间各不相同），但是这种关系并不是直接的。语言中还有另一个层次的组织结构，与语音系统和文字系统都相关，即**措辞**（wording），或**词汇语法**（lexicogrammar）（我们通常简称为语法，如本书书名。但是，我们有必要从一开始就明确：词汇和语法并非语言中两个不同成分，它们只不过处在同一个连续体的两端（见 Halliday, 1961；Hasan, 1987；Matthiessen, 1991b；Tucker, 1998, 2007）。语音系统和文字系统是语言中词汇语法的两种不同**表达**方式，或用专业术语说，**体现**形式。

由于语言是作为言语进化的，在人类生活中，所有文字系统在本源上都依附于口语（见 Halliday, 1985a；Matthiessen, 2006b）；同时，由于语言是作为言语发展的，在每个听力正常的人的生活中，这种依附性不断被强化。对于聋哑人来说，他们的语言使用的是视觉通道，并不算是文字。与手语类似的是口语而非笔语；在某种意义上，手语符号是一种可见的发音形式，通过面部表情表达节奏。但是，随着文字系统的发展，同时随着它们被成长中的孩子掌握并使用，文字开始呈现自我特色，开始直达语言中的措辞，而不必通过发音进行；这种效果因为言语和文字之间的功能互补性得到进一步加强。随着“文明”的第一次演化，文字在其簿记和管理的独特功能语境中也开始发展——它从来都不只是“书写出来的言语”。而且，两者仍将继续处在互补地位（至少直到最近科技进步）。

所以，暂时还是将成分关系作为一种探索语言如何组织的方法，我们来看看词汇语法中的这一现象。这将有助于解释这种等级关系结构背后的原则，理解不同表现形式（如言语中的旋律单位、韵律诗行和笔语语篇中的次句）的共同之处。

1.1.3 成分关系（3）：词汇语法

再回到《小松饼小姐》一文。上节中的语篇停顿清晰地表明了以句子、次句和单词为单位的字系学构成。如果用语法成分切分这一语篇，我 8
们能够找到很高的对应度：字系学（graphology）中的句子对应语法中的**小句复合体**（clause complex），次句对应语法中的**小句**（clause）。这种对应绝非偶然，两组单位之间密切关联（见图 1–3）。

		词组	词组	词组	词组
小句复合体	小句	*little miss muffet*	*sat*	*on*	*a tuffet*
	小句	*eating*	*her curds and whey*		
小句复合体	小句	*there*	*came*	*a big spider*	
	小句	*which*	*sat down*	*beside*	*her*
	小句	*and*	*frightened*	*miss muffet*	*away*

图 1–3　语法成分关系示例

但两者之间并非完全一致，有时这种对应关系也不存在。《小松饼小姐》本是口语语篇，因此人们把它写出来时，选择了基于语法单位进行断句。相比之下，在曼德拉的演讲语篇中，第一个句子（书写）有五个次句，但它们只对应语法上的一个小句。这里的停顿揭示的是语音结构（即声调群的切分），而不是语法结构。这不足为奇：很多人在写作时会基于语音而非语法加以停顿，或者同时考虑两者停顿。还有很多类型的笔语语篇，书写上（通过句号、分号和逗号等）仔细切分为句子、次句，却在语法上不含任何小句复合体或小句，例如：

语篇 1-4：推荐——“分类费率”

CLASSIFIED RATES

£5.10 per line (average six words per line); display £12 per single column centimetre; box numbers £5.

Discounts: 20 per cent for four insertions, 30 per cent for eight insertions, 50 per cent for twelve insertions.

Prices do not include VAT.

London Review of Books, 28 Little Russell Street, London WC1A 2HN.

以往讨论语法时，常分不清字系学单位和语法单位。为了避免混淆，本书使用不同的名称加以说明（这也是系统功能语言学的常规做法）。**句子**和**次句**只用作正字法（orthography）中的单位。谈及语法时，均使用**小句**这一术语。语法上相关联的多个小句，我们称之为**小句复合体**（小句复合体中的联结称为**小句组连**（clause nexus））。

小句以下，情况略有不同。从字系学角度来看，次句由单词组成——
9 次句与单词之间没有别的单位。词同样也是语法单位；此处，使用了同一术语表示两种单位，因为它们之间的对应关系足够密切（两个范畴——正字法中的单词和语法中的词之间的界线都很模糊）。语法上，小句的组成成分实际上不是词，而是短语或单词词组（以下简称**词组**）。（我们尚未呈现《小松饼小姐》中的短语，*on a tuffet* 和 *beside her* 便是两个例子。）

短语和词组之间的重要差异，见第六章 6.1 节中的“词组与短语”。语法上，词充当词组的组成成分。

词也有自己的组成成分——**词素**（morphemes）。书写系统中，词素并未被分割开来，有时它们也被看作词的一部分，如 *eat+ing*，*curd+s*，*frighten+ed*，有时也被认为有其历史的痕迹（*beside* 和 *away* 原本都包含两个词素）。本书不会系统地讨论词语形态学（见 Matthiessen & Halliday，即将出版），但是这也体现出语言组成结构的局限性（因此也带来了使用组成成分解释全部语法的问题）。语法学家一度困惑是否把 *sat* 和 *came* 分析为两个词素（即 *sit* 和 *come*，再加上由元音音变实现的表示“过去”意义的抽象词素），但实际上这只是理论问题。构成规则是意义产生的重要资源，但不能让其主导对语法的理解。

在此，我们将词汇语法中的五个组成原则总结如下：

（1）任何一种语言的语法都有其**级阶等级**。英语中的级阶等级在各种语言中具有典型性[③]，其表现为：

小句
短语 / 词组
词
词素

（2）每个级阶单位均由其下**一个或多个**级阶单位组成。例如，*Come!* 是一

---

③　然而，就级阶之间的“语法分工”（division of grammatical labour）而言，语言各不相同。特别是某些语言在词组级阶（和小句级阶）上做的语法工作相对较多，而其他语言在词级阶上做的语法工作相对较多。例如，日语、土耳其语和因纽特语在词级阶上做的工作相对较多，而泰语、汉语和越南语在词组级阶上做的工作相对较多。又如，在一种语言中以词语级阶运作的动词词缀，可能对应于在另一种语言中以词组级阶运作的助动词，或者甚至对应于在另一种语言中以小句级阶运作的情态助词。随着语言的发展，语法工作在级阶等级间的分布可能会随着时间的推移而改变：总体趋势是高级阶的单位向低级阶等级转移，例如代词和助词失去其作为自由词的地位，逐渐转化为黏附动词词缀。

个小句，该小句由一个词组组成，该词组由仅包含一个词素的单词组成④。

（3）任何级阶单位都可形成**复合体**：相同的语法资源可以构成小句复合体、短语复合体、词组复合体、词复合体，甚至词素复合体。

（4）有可能发生**级转移**，即一个级阶的单位可能降级，在同级阶单位或低级阶单位结构中发挥作用。最常见的情形是（尽管不是唯一的），小句降级在词组结构中充当成分。

（5）有些情况下，一个语言单位可能被另一个包围，而不是作为它的组成成分，只是分成两个独立的不同部分。

为了呈现笔语语篇中的词汇语法成分，本书选用表 1-1 所列的符号惯例。表征词汇语法成分关系的符号惯例见下表：

表 1-1　表征词汇语法成分关系的符号惯例

|||	小句复合体	[[[ ]]]	降级的小句复合体	<<< >>>	包围的小句复合体
||	小句	[[ ]]	降级的小句	<< >>	包围的小句
|	短语或词组	[ ]	降级的短语或词组	< >	包围的短语或词组
#［空格］	词				

例如：

|| out of [the experience [of [an extraordinary human disaster [[that | lasted | too long]]]]] | must be born | a society [[of which | all humanity | will be | proud]]||

|| did read | that article [the other day] [about [this woman [[[who | was driving | along | somewhere | on [this country road] || when | hail | just suddenly | started pouring down]]]]] ||

||| we | understand || that | there | is | more [than [one thing]] [[you | want to achieve | out of [every wash load]]]|||

|| today | all of us | do < by [our presence here] and | by [our celebrations [in [other

④　这并非一个武断的“规则”，而是解释了为何这样一个实例可以在每个级阶系统中同时进行选择：*Come!*（“来吧！”）是一个“祈使句”（而非“直陈句”），也是一个“肯定”（而非“否定”）的动词词组，同时也是动词（词）的词基（而非词缀）。

parts [of [our country and the world]]]]] > confer | glory and hope | to [newborn liberty] ||

小句是词汇语法中的核心分析单位，正是在小句内部，不同类型的意义映射到完整的语法结构中。正因如此，本书前半部分围绕小句的基本系统展开，包括主位系统、情态系统和及物性系统；后半部分则跳出小句，关注小句之上和小句之下的语言内容，包括小句复合体、词组 / 短语及词组 / 短语复合体，还有小句之外等其他维度的内容。

该视角从作为结构的语法转向作为系统的语法，使我们能够将语法看作一种意义产生的资源，并通过它们所建构的意义来描述语法范畴。如果语法分析要成为深入研究语篇的切入点，这一视角必不可少。但是首先，在本章后半部分，我们将进一步讨论组成结构（compositional structure），包括更详细的音系学结构分析，这样就可以在本书的其余地方使用相关的内容。

1.2　音系学和语法

若想全面了解英语语法，需首先了解音系学。这是因为英语中某些语 11
法系统是通过韵律手段（如升降调的对比）实现的。

第 1.1.1 节已经提到，音系单位是基于音系级阶等级从大到小组织起来的，即声调群（韵律行）、音步（节奏群）、音节和音素。每个单位均为某些音系系统的域，且具备相应的特征结构（最小单位音素除外），具体见下表 1-2。这些单位可分为发音和韵律（prosody）两方面。发音特征与最小单位，尤其是与音素（元音、辅音）相关；韵律特征与更大单位相关，是语调和节奏的特征（有关韵律的语音学概述，见 Nooteboom, 1997）。这两个区域之间的连接是音节，音节体现了语调和节奏的韵律特征（也可能带有自身的韵律特征，例如某些声调语言中的声调，如汉语），同时音节也“编排”（choreograph）了发音姿势（articulatory gestures）（即音素序列）。

表 1-2　音系级阶等级

级阶	单位性质	主要系统	结构
声调群	韵律：旋律（语调）	声调、音调、调性	（重音节前成分^）声调重音
音步	韵律：节奏	音步组成，强音状态	强音（^略音）
音节	韵律：突显 发音：发音姿势	音节组成	（韵头^）韵尾
音素	发音：发音亚姿势	［发音系统］方式， 位置，鼻音等	—

通常来讲，发音是任意性的（约定俗成的），语音和意义之间没有系统的关联（这一观点是索绪尔强调的，后来得到欧洲结构主义语言学家叶尔姆斯列夫（Hjelmslev）和马丁内（Martinet）等的进一步发展；见 Halliday, 1985b/2003：196）。相比之下，韵律是自然性的（正如语法和语义间的关系一样，见 Halliday & Matthiessen, 1999：18–22），它与符号系统存在系统联系，是语法中表示对比意义的语言资源之一。本节从对语法描述的重要性出发，概述音系学中语音中的韵律。具体论述，见 Matthiessen & Halliday（即将出版），Halliday（1967a）以及 Halliday & Greaves（2008）。

1.2.1 节奏：音步

我们来看另一则大家熟知的传统儿童文学语篇：

语篇 1-5：再创——童谣

If all the world was apple pie,
And all the sea was ink,
And all the trees were bread and cheese,
What should we have to drink?

12 大声把它读出来，或者最好让一个还未识字的孩子为你大声朗诵，这样可以避免朗读诗歌时强加任何传统的手法，你就能听到旋律和节奏。

节奏由连续的节拍体现，以不同程度的规律间隔出现（Abercrombie, 1967 : 96–98 ; Catford, 1977 : 85–91, 1985）[⑤]。这则儿歌中，节拍出现在交替音节中的偶数音节：*all*，*world*，*ap-*，*pie*，*sea*，*ink*; *all*，*trees*，*bread*，*cheese*; *should*，*have*，*drink*。对比下面节拍出现在奇数音节的儿歌：

语篇 1–6：再创——童谣

Better Botter bought some butter.
But, she said, the butter's bitter;
If I put it in my batter,
It will make the batter bitter ...

伴随节拍音节的还有其他非节拍音节，它们在节奏上依附于节拍音节。在这些例子中，每个节拍音节都只带一个非节拍音节，也可以带两个，如《小松饼小姐》中所示（对比上文表 1–1）。我们将节拍音节称为**强音节**（但同时要注意也有一个专门的术语，即**突显**音节），将不带节拍的音节称为**弱音节**。由一个强音节或突显音节与其后的弱音节组成的结构单位称为**音步**。音步是英语发音系统的组成成分，也是节奏的单位。

儿歌中的音步很容易识别，一是因为强音节在节奏上非常有规律，二是因为音步中固定数量的音节构建了相应模式。音步中音节数量固定，并不意味着每个音步都包含同样数量的音节。有时可能会有片刻停顿，就像音乐中的休止符，或者一个音节被拉长，占据两个音节的时间，就像 *eating her curds and whey* 中的 *curds*。但是每首诗歌都构建了自身的基本

---

⑤　注意，本文中关于节奏的描述是基于对自然语流（connected speech）的研究。这与基于孤立单词和表达（如韵律音系学）或基于大声朗读的构造例子的节奏描述形成鲜明对比。然而，词（作为语法单位）和音步（作为音系单位）之间存在一些联系，其表现形式为**重音**（accent）：语法词是通过一系列音节在语音上实现的，而其中一个音节是默认节拍的所在位置。但是，这一点可能会在语流中被忽略；有些词的节拍可以落在任何一个音节上（如汉语），以适应语流的节奏模式。

模式，或者两音节，或者三音节，有时四音节，每个音步都要去适应这种模式。

13 那么问题是，这与英语发音的自然节奏有什么关系呢？所有诗歌最终都源于自然口语；随着时间的推移，诗歌在语言的各个层次上发展出了自己的丰富模式，但它们都能追溯到口语。每种语言都有自己的自然节奏，以调节来自横膈膜的某种模式的气流脉冲（见 Catford, 1977: 85–91）。英语中的言语节奏来源于强音节和弱音节的对比（见 Grabe & Low, 2002）。当自然、自发地说话时，不必特别注重发音过程，强音节也基本是有规律地间隔出现：当然它不像儿童诗歌或背诵诗那样精确，但足以提供一种清晰的节奏，让听者可以保持同步。

这种节奏推进代表了一种成分关系：音步是英语发音系统的一个组成成分。诗歌中的音步起源于口语中的音步。但在比较两者时，我们需要考虑以下三个因素。

（1）在自然言语中，音步的音节数不断变化；可能只有一个（突显音节），在快速语流中，也可能会有两个、三个、四个，甚至五个或六个。事实上，这是古英语和早期中世纪英语诗歌所遵循的模式；每行有一定数量的音步(通常四个)，但是音步中的音节数量可以自由变化。格律步（metric foot）——也就是有固定数量音节的音步——主要是受到乔叟的影响。在乔叟时代建立起来，并在之后的五百多年，它一直是主流英语诗歌的规范。20 世纪以来，它的主导地位不再，口语对诗歌的影响逐步加大——包括在过去几十年里新英语变体使用者的口语，他们的节奏与母语使用者非常不同。

（2）韵律诗的传统之一是根据韵律学（metrics）来分析诗歌形式：这是基于每行诗歌音步数量以及音步中的音节数量和分布的分析方法。每行可能有两个、三个、四个、五个或六个（偶尔有七个或八个）音步；乔叟、莎士比亚、弥尔顿、蒲柏和济慈的诗作中最受欢迎的是五步诗（五个音步）。一个音步可能有两个、三个或四个音节，但同时，它也可能是“降”或“升”——换言之，突出音节出现在音步的开头或结尾。例如，双音节音步可能是**扬抑格**（强音节 + 弱音节）或**抑扬格**（弱音节 + 强音节）。在上面引用的诗句中，《贝蒂·波特》是扬抑格，而《苹果派和墨水的世界》是抑扬格的。

抑扬节奏之间的最后一个区别，作为一种格律诗形式的特性，说明了诗行是如何具有格律音步的；这对英语的语音系统没有意义。英语口语中，强音节总是出现在音步的开头；音步就像音乐中的小节，表示从一个节拍开始。因此，与格律音步不同，音系音步包含一个强音节，后面可以有一个或多个弱音节。这一结构的功能表征为：

强音（^ 略音）

符号 ^ 表示“后面跟着”，圆括号表示略音是可选项。强音和略音是音步功能结构的组成**成分**，通过下一级阶的音节体现。强音由强音节体现 14
（或者无声节拍；下文会论述），略音由一个或多个弱音节体现。

（3）韵律分析在某些方面存在缺陷，特别是将“强 / 弱”的对立与完全不同的“长 / 短”现象混淆在一起。但是，与现在讨论密切相关的主要缺陷是传统韵律分析未能考虑到无声节拍。**无声节拍**（silent beat）是英语口语节奏的系统特征，有很多无声节拍的情况。在这种情况下，强音明显存在于声音模式中（即节拍显然存在），但却以无声的形式体现——就像音乐中的一个小节可能以无声节拍开始。所以可能有一个完全无声的音步，许多英语诗歌的标准韵律都依赖于此；事实上，在 *If all the world was apple pie* 的第二行和第四行末尾有一个无声音步，可以边读边打拍子来辨别。在自然对话中，说话者和听者可以在至少两个完全无声的音步中保持节奏；无声节拍在语法中也有作用，在意义上形成对比（见第七章，第 7.4.1.2 节）。

在音系学级阶等级上，音步以下（见第 1.1.1 节）是音节；一个音步由一个或多个音节组成（除非该音步只包含一个由无声节拍实现的强音）。音节是发音动作的基本单位（见 Catford, 1977: 88–91; Fujimura & Erickson, 1997: 98–99；从听觉方面来说，其组织形式围绕着一个高响度的峰值声音进行）。与音步相同，音节也是结构化的单位，由韵头 + 韵尾组成，而韵头和韵脚又体现为辅音和元音音素。韵头体现为开头的辅音、辅音簇或零辅音。韵脚是音节中涉及押韵的部分，体现为元音加后面的辅音或辅音簇（如果有的话）。下文第 1.2.3 节会进一步论述音节组织，但这里需要注意的是，音素作为韵头 + 韵尾音素的体现形式取决于语流的节奏特点。音节是"有弹性的"，所以可以适应音步的节奏要求。这就是音节的特性，使音步能够作为节奏单位：如果一个节奏是固定的，一个音步上的音节越多，这些音节就越短。

1.2.2 语调：声调群

音步是一个"节奏组"，是控制英语口语节奏的单位。它是语音结构中的一个组成部分，但不是最高组成部分，还有一种由一连串音步组成的更大的声音模式。再听一遍前面的"苹果派"四行诗，你会听到一个清晰的旋律模式，与诗句行基本对应：或者对应一行诗句，或者诗句片段（snatch），或者旋律行（line of melody）。语言中这种系统的旋律变化叫**语调（intonation）**，旋律行就是**语调轮廓（intonation contour）**，或**声调轮廓（tone contour）**。诗句片段被称为**声调群（tone group）**（Halliday, 1967a; Halliday & Greaves, 2008; Elmenoufy, 1988; Tench, 1990, 1996; Wells, 2006；其他名称还有"声调单位"和"语调单位"）。

如果给我们一个笔语语篇，会有各种可能的语调，每一个都有不同的含义（比较 Davies, 1986）；但一般来说，在这些可能的语调模式中，一种或少数几种模式会显得更自然或更可能出现。我们在读"苹果派"

诗时，很可能会以一个相对高的音调开始前三行，然后逐步下降，再以 15
一个轻微但明显的上升音高结束一行的最后一个音节：*pie*，*ink*，*cheese*。（注意旋律是由强音节构成；弱音节在最合适的地方配合它们——此处行首的 *if* 和 *and* 是中和的中等音高）。第三行在 *trees* 上可能有音高上升，以适应内部韵律节奏。最后一行中的 *should* 很可能音高最明显，*have* 音高稍微弱一点，最后一个词 *drink* 音高明显降低，实现整体音高从高到低的变化。

声调群是在音步级阶之上的语音成分：每个声调群由一个或多个音步组成。音节组成音步，音步组成声调群，这种关系正是英语发音的组织方式。书写是在时间上被捕捉到的东西（即使非常短暂），因而其单位可以清楚地彼此区分。但与书写不同，语言是流动的、动态的：其组成部分之间没有明确的界限。因此，在既定的一段话中，可以知道有多少个音节，多少个音步，多少个声调群；在一定范围内也能够分辨出它们的位置，但却不能准确地指出它们的起点和终点。因此，我们需要基于理论来确定它们之间的界限，做出最具有解释力的概括。例如，上文所陈述的概括性原则：每个语音单位都由其下面的多个级阶单位所组成。这就意味着声调群的界限一定是音步的界限，音步的界限也会是音节的界限，这反过来又使得解释语音模式如何在意义产生过程中发挥作用变得更容易，也使这种解释真正成为可能（比较上文中的图 1-1）。

而节奏群，或音步，在很大程度上是一个计时单位（它有一到两个特定的语法功能，但主要在语音层面发挥作用），声调群承担了大量的意义识解工作：它把连续的话语组织成信息单位的序列（见第三章，第 3.5 节）。换言之，声调群控制着话语的流动。正是由于声调群的存在，听众才能获取相应信息：包括声调群如何构成不同信息，以及说话者赋予每条信息什么价值等。因此，作为语法学家，我们能够在声调群的基础上分析口语，并将其“分割”为特定的、重要的语法单位。

声调群是进入声调系统的切入点，即把旋律作为语法资源系统使用。虽然言语中音高运动的潜在（和实际）变化很大，但旋律中的每个片段都代表着少数的、具有系统区别性的声调之一。在语音层只有五个这样的声调：降调、升调、平调、先降后升、先升后降。升调具体体现为位于声调群中一个特殊音步内的音高运动，这个音步即是调核音步（tonic foot）(平调实际上是一个带有轻微升调的低调)。将言语组织成声调群可以表达**语篇意义**，而不同声调之间的选择可以通过调式（key）语法系统表达**人际意义**（见下文的第 4.4.4 节）。关于人际关系和语篇的元功能类别，见下文的第 1.3.5 节。

声调群的内部结构为（P^）T，其中 T 表示必有的调核成分，前面为选择性的前调核成分 P。它们各自包含一个完整音步；调核音步是调核部分中的第一个音步。

16 下面我们回到口语、书面散文和书面诗歌之间的关系。在诗歌中，“诗行”是从声调群演变而来：一行诗句对应着自然言语中的一个声调组。在童谣中，这种对应通常被完整地保存下来（这就是童谣在帮助孩子学习语言模式具有重要价值的原因）；但在成人诗歌中，这种对应不像童谣那么完整——相反，它成为了理想化的主题，可以有无穷无尽的意义变化。这也是语言意义潜势得以拓展的一个基本策略。

我们可以假设一种这两个变量完全对应关联的“初始”状态：在此状态下，“诗行”正好是声调群的诗意化身。随后，两者开始分离：诗行有了自己的生命，通过将诗行映射到多个声调群，或者让语调模式正好与诗歌形式所确立的诗行交叉，进而识解了新的意义。这种“关联变量的分离”（dissociation of associated variables）是语言的主要意义产生资源之一；相关的理论讨论，见 Halliday（1991）。

诗句形式帮助我们认识到在声调群之上还有一个更高级阶的单位。倾听“苹果派”歌谣的四行诗，我们能够听出它们构成了一系列相互关联的声调群：以一系列相似声调群开头，都以升调结尾，而且是在 *drink* 这个词上声调下降。升调暗示着非终结，而降调（实际上是）则是终结音，使得整个序列完结。这些声调群一起构成一个**声调群复合体**（**tone group complex**）（见第七章，第 7.6 节）；这也是诗歌更高的组织模式——**韵律诗节**（**metric stanza**）的起源。

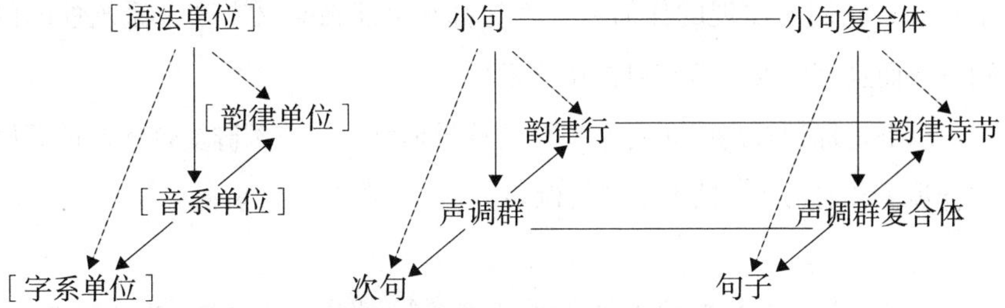

图 1-4　内容（词汇语法）和表达（音系学、字系学）层面上的成分类比模式

上图中的类比模式可以在语法中找到相应解释。儿童开始把英语当母语说时，他们很快就学会了把小句和声调群组合在一起构成一个单位（之后，他们又会学会把这两者分离开来）。这同样也表现在他们所听到的韵律单位上。他们开始学习读写时，发现这个单位是以一个（简单的）句子形式出现，句子开头有大写字母，结尾有一个句号或其他主要的标点符号；在书面诗歌中也表现为一个诗行。在所有这些不同的语言实体背 17
后——声调群、口语行（spoken line）、书写中的句子和书写行——存在一个基本的语法单位，即小句（clause）。

同样，在更高级阶的单位之间也建立了类似的关系：声调群复合体、口语节（spoken stanza）、复合句、书面诗节，它们都是语法上**小句复合体**的不同体现（见第七章）。如果这些韵律被谱写成音乐并唱出来，同样的模式会再次加强，一行旋律代表小句，而旋律作为整体代表小句复合体。它们之间的对应关系如图 1-4 所示。

在形成这些基本对应体的过程中，儿童也在学习把它们分开：即解构这一对应模式，使其中的每一种模式本身成为意义的载体。例如，一旦一个小句被映射成一个或两个声调群，这就能提升它在话语流（flow of discourse）中的意义潜势；此外，也有可能会在不同的地方发生这种转变。语音模式（对于识字人群来说，还有书写模式）是语言中的意义产生资源；它们所体现的任何系统变化都有可能在意义上产生系统性的区别——而且其中大多数都可能确实发生。

以下是标记较高级阶音系单位的符号惯例——声调群复合体、声调群和音步（节奏群）：见表 1-3。例如：

(a) /// ^ if / all the / world was / apple / pie and // all the / sea was / ink and // all the / trees were / bread and / cheese what // would we / have to / drink ///

(b) /// ^ and we've been / trying / different / places a/round the / island that / ^ em // ^ a / couple of / years a/go we // got on to this / place / called the / Surai in // east / Bali and we // just go / back there / now / every / time // ^ it / is ... ///
// oh I've / heard about / this //
/// have you / heard about it // oh ///
// friends have / been there //
/// ^ it / is the most / wonderful / wonderful / place // fabulous ///

表 1-3　更高音系单位的符号惯例

///	声调群复合体		
//	声调群		
/	音步	^	无声强音

图 1-5 展现了英语音系韵律系统的系统网络。需要注意的是，系统网络尽管表征了音系资源，却没有展现这些资源如何在词汇语法中得以运用。后面第三章、第四章和第七章会有相应的一些说明。

18

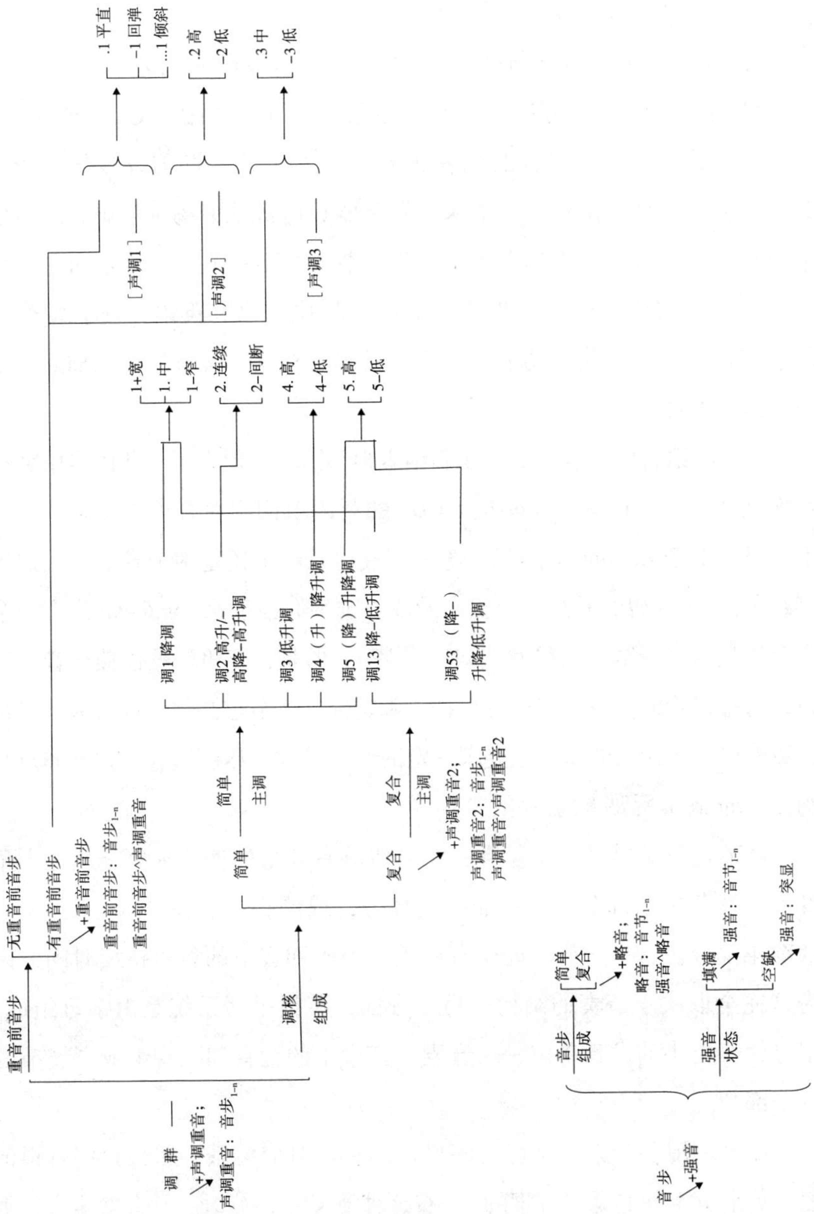

图 1–5　英语音系韵律系统的系统网络

1.2.3　音节和音素

19 音步下面的单位为音节；如前文所示，音步包含一个或多个音节。从发音的角度来看，音节代表的是发音姿势；卡特福德（Catford, 1977: 89）将其描述为在“发音曲线表面上的‘波纹’”，即与音步的发音相关；从听觉的角度来看，音节这种发音姿势通常是围绕一个响亮的峰值来组织的。所有的语言都有可称之为音节的东西；但是这些东西并非相同，我们只需要比较一下俄语、日语、阿拉伯语和英语，便会发现不同语言在音节的结构和功能上有很大差异（对汉语音节的详细描述，见Halliday, 1992c）。

在一些语言中，音节的开始和结束都很清楚；但在另一些语言中就没有那么清楚了。诸如 *colour* 或 *basket* 的英语单词到底有多少个音节，并不明显。对于 *rhythm* 和 *fathom* 等词到底包含一个还是两个音节，人们也存在争议。（我曾经看过一个猜字游戏，选手们因争论 *comfortable* 有三个音节还是四个音节，使得游戏陷入混乱）。但是，英语诗歌依赖于音节计数，这意味着即使在一些地方存在不确定性，音节也必须被理解为可以被计数的单位。诗歌的乐感也要求一定的音节模式，尽管这种模式并非总与韵律（metre）所要求的一样。

音节之下又是什么单位呢？英语诗歌有大量的押韵现象。从这个角度看，音节由两部分组成：非押韵部分，或**韵头**（韵头可以空缺），以及**韵尾**部分。这一分析有助于解释英语中不同音节的相对持续时间，因为这完全取决于节奏的结构。另一方面，英语书写系统是由字母组成，字母代表更小的发音单位——**音素**，音素中的辅音和元音组成了音节的各个部分。

如果理解了音素和字母之间严格的一一对应关系，那么我们就很清楚，英语脚本并非是“音素的”。在这种意义上，英语不是音素语言，因为英语中识别音素的标准是矛盾的：从一个角度看是同一个相同音素的东西，从另一个角度看则可能是两个不同的音素。然而，从整体来看，英语的确又是音素语言，不同符号代表了辅音和元音，它们之间存在系统性的差别，并能够组合形成常规结构。很多符号有多个音素价值；有些字母组合被看作单个符号，如 *thin* 中的 *th*，*shin* 中的 *sh*；但也有很多不符合这种理想状况的音素，有些是系统出现的，有些是随机出现的。然而，说英语的人很容易意识到音素是一个最小的音系单位。事实上，“英语中有多少音素？”这个问题是没有正确答案的；音素从哪儿开始到哪儿结束具有不确定性（单词 *chin* 中的 *ch* 是一个音素还是两个？）。这些事实使音素与语音系统中的所有其他成分——音节、音步、声调群——以及与自然语言相关的大多数其他现象联系到一起。

本书不会对音节和音素进行详细分析。对语法讨论来说，音系学中的重要组成部分是韵律，即语调和节奏特征。本书所需的转录应显示话语的语调和节奏特征，但其拼写却使用普通的正字法体系——这是对上一节介绍的符号惯例的扩展。

1.3　语言研究的基本概念

到目前为止，我们已经提出了一些理论问题，这从必须使用的各种术 20
语便可见一斑。我们将语言看作（1）语篇和系统；（2）声音、文字和措辞；（3）结构，即各个成分的组合；（4）资源，即在不同选项中进行选择。这些都是从功能视角探究语法时语言所展示的不同面貌，即从语言是如何创造和表达意义的视角探讨语法。

从这里开始，我们需要一张地图，即一幅语言概览图，帮助我们在语言探讨中随时进行准确定位。我们所采用的系统理论的特点之一是它的全面性：它关注语言的整体。因此，任何关于语言某部分的说法都要结合语言整体进行理解。与此同时，语言各部分的研究也会促进语言的整体研究。但在这个方面，搞清楚各部分在整体中处在什么位置至关重要。采取这种系统视角有诸多原因，其一是语言是进化的，而不是设计出来的，进化来的语言系统并不能简单地解释为其各部分的总和。我们对于语言的传统结构性思维，就算不被“系统”思维所取代，至少也需要得到“系统”思维的补充。通过这种思维，我们努力理解作为一个整体的符号系统的本质及其动态特征（见 Matthiessen & Halliday，即将出版，第一章，其中引用了 Capra（1996）和其他系统思维支持者的文献；Matthiessen, 2007a）。

接下来，我们将简要介绍语言这个符号系统中的关键维度。我们所说的“语言”指的是自然的、人类的、成人的和口头的语言——自然的，而不是数学和计算机语言等设计的符号（比较 Halliday & Matthiessen, 1999：29-46；O'Halloran, 2005）；成人语言（即后婴儿期语言），而不是婴儿的原始母语（见 Halliday, 1975, 2003）；与音乐、舞蹈和其他艺术语言相对的口头语言（比较 Kress & van Leeuwen, 1996; O'Toole, 1994; van Leeuwen, 1999)。当然，所有这些系统在某些特定意义上与语言共享某些特征，但尚未有哪个系统具备语言的全部特征；表 1-4 列出了语言维度及组织原则，并在图 1-6 中进行了详细图解。

表 1-4　语言的维度和组织原则

	维度	原则	顺序
1.	结构（横组合顺序）	级	小句～词组 / 短语～词～词素［词汇语法］；调群～音步～音节～音素［音系］
2.	系统（纵聚合顺序）	精密度	语法～词汇［词汇语法］
3.	层次化	体现	语义学～词汇语法～音系学～语音学
4.	实例化	实例化	潜势～次潜势 / 实例类型～实例
5.	元功能	元功能	概念功能［逻辑功能～经验功能］～人际功能～语篇功能

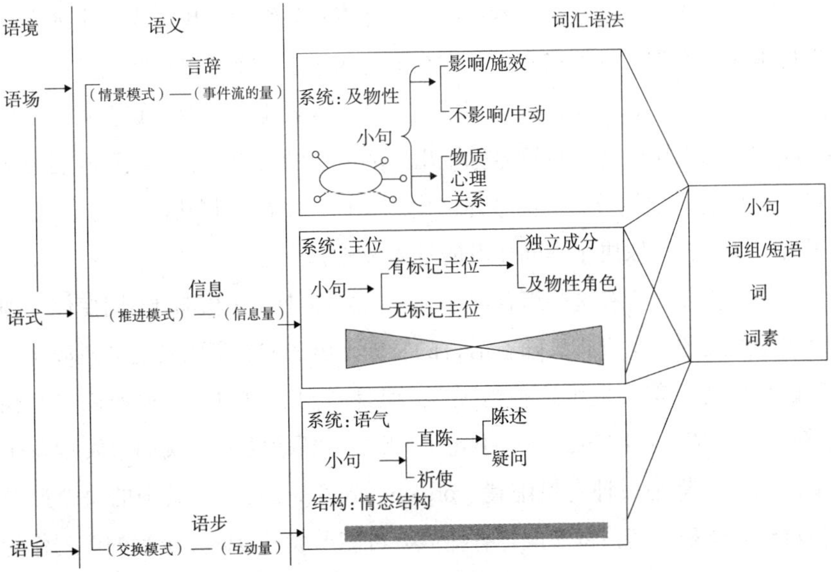

图 1-6　语言维度

1.3.1 结构（横组合顺序）

结构是语言的组合关系，在语言学术语中称为“成分关系”。系统理论中把组合关系的排序原则称为“**级阶**”。级阶是构成组合关系的不同层级，数量相对少，体现了低级阶单位是高级阶单位中的“一部分”的关系。我们在英语中确定了四种这样的组合等级关系，如表 1-5 所示。

表 1-5　英语中的构成等级

域	构成等级
（a）声音域：	调群～音步（节奏群）～音节（半音节）～音素
（b）书面域：	句子～次句～词（书面的）～字母
（c）口语域：	诗节～诗行～音步（度量的）～音节
（d）语法域：	小句～词组 / 短语～词～词素

22 此处的指导原则是穷尽性：因此，在书写系统中，单词由一个或多个字母组成，次句由一个或多个单词组成，句子由一个或多个次句组成。与此同时，语言中总是存在着很多不确定性，或者说有不少回旋空间：我们是应该只识别用任何标点符号标记出来的一层的次句，还是识别两层的次句？较高的一层用分号 / 冒号标记出来，而较低的一层用逗号标记出来。很大程度上，这取决于不同作者的具体做法。

如前所述，所有这些组合等级关系最终都是同一主题的不同变体，即语法中意义的组织方式。随着语言的发展，语法和意义两者逐渐疏离（每种语言的历史都会发生这种情况）；但是它们之间的对等痕迹依然存在（例如，声调群：次句：行：小句）。开始分析语法时，我们会发现每个单元的结构都是一种**有机配置**（organic configuration），其中的每个部分相对于整体都有其独特功能；有些成分可能形成复合体，重复的序列作为一个成分发生作用。语法是语言的中央处理器，是创造意义的资源。因而，通过声音和书写系统所表达的意义能够很自然地反映出语法的结构安排。显然，它们不能复制功能组合，但却又保留了这一语法原则，即不同级阶的单位能够识解不同的模式。例如，在英语语音中，音步是节奏的单位，是调节连续声音脉冲的组成成分。基于此，它不同于其级阶上的声调群单位，也不同于其级阶下的音节单位：从音节来看，它将元音和辅音的发音序列组织起来；从声调群来看，它将音高运动组织成声调模式。这种不同级阶单位内的功能细化（functional specialization），是语言整体结构的一个特征。

1.3.2 系统（纵聚合顺序）

结构是语言中的横组合排序：即甲与乙相结合的模式或规则。相比之下，系统是在另一个轴度上的概念：即是甲而非乙的模式。这便是语言中的纵聚合顺序（Halliday, 1966a; Fawcett, 1988; Butt & Matthiessen，即将出版）。

任何一组选择，连同其入列条件，便能构成专业意义上的系统。例如，“所有小句要么是肯定的，要么是否定的”，或者说，“所有小句均在包含肯定和否定两个选项的归一度系统中进行选择”，如图 1–7 所示。为了得到一个更全面的描述，我们给这两项加上了概率：肯定的，0.9；否定的，0.1（比较 Halliday & James, 1993）。

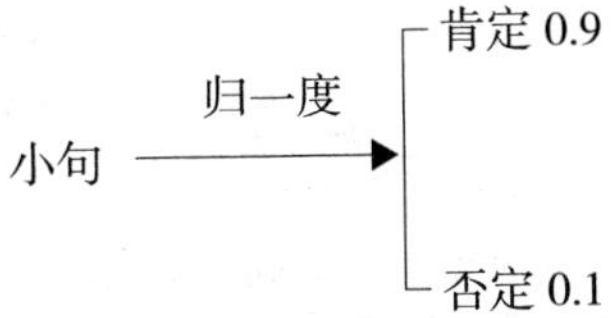

图 1–7　归一度系统

很明显，这是一种比结构更抽象的表述，因为它不依赖于具体范畴的表达。肯定和否定是小句的对比性特征，可以通过许多不同的方式体现，23
代表语言意义潜势的一部分，且两者是相互定义的：“非肯定”与“否定”意义相同，而“非否定”与“肯定”意义相同。

系统所基于的关系是“所属”的关系：具有“肯定”特征的小句是一种小句。现在我们可以更进一步，否定小句可以是概括性的否定，比如 *they didn't know*，也可以是特定性的否定，比如 *they never knew* 或者 *nobody knew*。这里我们区分了两种纵向对比，一种比另一种更为精密：见图 1–8。这两种系统之间的关系是精密度关系：第二个系统比第一个系统“更精密”。系统中的“精密度阶”（“是……的一种”）类似于结构中的“级阶”（“是……的一部分”）。

语篇是在一个巨大的**系统网络**中不断选择的产物。系统理论正是得名于此：语言的语法不是以结构清单形式，而是以系统网络形式体现。当然，结构也是语法描述的重要部分；但它被看作是经由系统选择后的外在形式，而不是作为语言的根本特征。语言是意义产生的资源，而意义存在于系统的选择中。

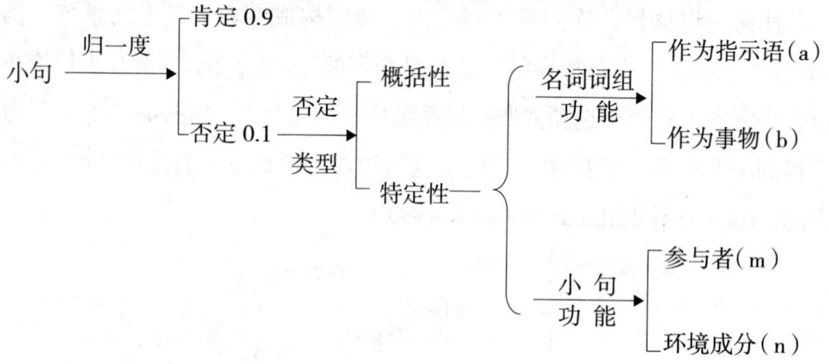

am: *none* *no* +N *neither* (+N)
an: *at no time* *under no circumstance* *for no reason* *in no way*
bm: *no-one* *nobody* *nothing*
bn: *never* *nowhere* *nowise* *seldom*

图 1–8 精密度阶上更近一步的归一度系统

系统和结构的关系可通过简化的语气系统网络（详见第四章）加以说明：见图 1–9。语气系统可以是这样：小句可以是完全小句，也可以是非完全小句；如果是完全小句，那它的结构中会有一个谓语。完全小句在语气中可以是直陈语气，也可以是祈使语气；如果是直陈语气，小句内有定式成分（操作语）和主语。直陈语气小句既可以是陈述性的，也可以是疑问性的（仍在语气系统中）；如果是陈述小句，主语会出现在定式成分之前。疑问小句可以为是 / 非类型，也可以为 WH- 类型；如果为是 / 非类型，则定式成分出现在主语之前；如果为 WH- 类型，小句包含 Wh- 成分。

24

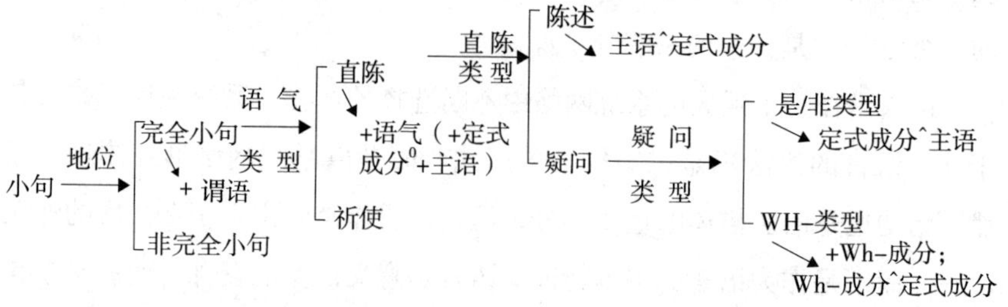

图 1–9 语气系统网络

这意味着，每个系统和每次选择都能促进结构的形成。当然，这里并没有暗示有意识的选择；这些“选择”可以理解为语法识解意义中的分析步骤（语义选择和大脑运作的关系，见 Lamb, 1999）。结构操作——即插入成分和成分排序等——都是系统选择的体现。因此，当我们分析语篇时，会呈现其结构的功能组织，并展现做出了哪些意义选择，而每个选择都与特定的语境相关联。

我们把结构特征看作是系统选择的“体现”形式，这反映的是一种普遍关系，遍及语言的每一个方面。“体现”说明了语言是一个分层系统。

1.3.3 层次化

我们习惯于在不同的主题下谈论语言。学校的语法书常包括发音、正字法、形态学和句法章节，并在末尾添加词汇表。这说明语言是一个复杂的符号系统，有不同的**层次**。我们在这里同样假设语言是分层的，包括语音系统、书写系统和措辞系统，即**音系层**、**正字法**（或**字系学**）和**语法层**。另一方面，我们也注意到语法和词汇并非不同的语言层次；它们其实是称作“**词汇语法**”的连续体的两端（见 Hasan, 1987）。同理，句法和词法也属于同一层次，都是语法的一部分。两者之间有区别是因为在印欧语言中，词的结构（词法）往往与小句结构（句法）显著不同，但这并不是语言的一般特性。

不同的语言层次是指什么呢？婴儿的原始母语中，是没有语法的，其中的组成成分为简单符号；例如，“给我那个！”这一意义可以通过类似 *nananana* 的声音、或者其他手势直接表达。婴儿的语言只有两个层次，内容层和表达层（见 Halliday, 1975, 2004）。

成人语言更加复杂。首先，他们可能有两种不同的表达方式，一种是声音（即言语），一种是书写。然而，更重要的是，它们各自内部还有更多层次。

“内容”扩展为**词汇语法层**和**语义层**（比较 Halliday, 1984a; Halliday & 25

Matthiessen, 1999)。这使得语言的意义潜势可以不同程度地无限扩展，其原因可以由语言在人类生活中的功能得到解释。

我们使用语言来理解我们的经历，并与他人进行互动。这意味着语法必须与语言之外发生的事情相结合：与世界上发生的事情和环境相结合，还与我们所参与的社会过程相结合。但同时它必须把对经验的识解和对社会过程的实现组织起来，使它们可以转化为文字。其方法是分两步进行：第一步，将界面部分（即经验和人际关系）转化为意义，这就是语义层；第二步，将意义进一步转化为措辞，这便是词汇语法层。当然，这是站在说话者或作者的角度来表达的；对于听者或读者来说，其步骤是相反的。

语言内容面（content plane）的分层在人类物种的进化中有着巨大的意义——毫不夸张地说，正是语言的内容分层，使得原始人变成现代人（智人）（比较 Halliday, 1995b; Matthiessen, 2004a）。它开启了语言力量，并由此创造了现代人类的大脑。我们将在第十章讨论内容分层对知识建构的影响，并提出如下问题：如果没有意义建构过程中这两方面的“分化”，教育、科学、技术和人文学科中的话语形式是否会进化为今天的样子？

在语言表达平面是否会发生类似的分层呢？答案似乎是肯定的，这也是因为类似的原因，即将组织功能与环境连接功能分离开来。然而，在此，环境就是人的身体，是发声（或手语）的生物资源。以声音（口语）为基础，表达面可以分为语音层和音系层，语音层与听说的身体资源相连接，音系层将语音组织成正式的结构和系统（见图 1-10）。

在我们说语言是如此分层时，我们的意思是，如果想解释语言，我们就必须这样对语言建模。语言是一系列的冗余，通过它们，我们将社会生态环境与空气中的非随机干扰（声波）联系起来。当然，这里的每一步都是由大脑策划的。语言层次之间的关系，即将一个语言层次与另一语言层次相关联的过程，称为**体现**⑥。表 1-6 从说话者的角度展现了这一模型——很难在听和说之间以中立的方式展现。图 1-10 呈现了语言的层次组织，并展示了分层的语言系统是如何“嵌入”在语境中的（比较 Halliday, 1978; Halliday & Hasan, 1985; Hasan, 1999，及 Ghadessy, 1999 中的论文；Martin, 1992）。

26

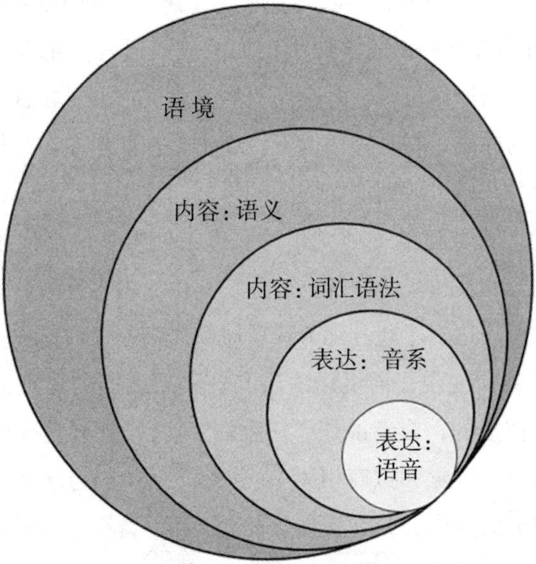

图 1-10　语言的层次化

表 1-6　从生态社会环境到声波：说话者视角

［从环境到］意义：	接口，通过受体	语义
［从意义到］措辞：	内部组织	词汇语法
［从措辞到］组合：	内部组织	音系
［从组合到］声音：	接口，通过运动神经	语音

⑥ 基本的符号系统，比如婴儿的原始母语（见下文），只包含内容和表达，虽然仍可以使用“表达”这个词，但对于高阶（多层次）符号系统而言，就不再合适；我们不能说措辞“表达”了意义。因此，此处我们使用了一个不同的术语。

语言由此分为四个层次：语义、词汇语法、音系和语音。这四个层次又组成两个层次平面：内容面和表达面。婴儿学习如何表达意义时，通常是在半岁以后，从非常简单的表意系统开始，即从**原始母语**（protolanguage）开始（见 Halliday, 1973, 2003）；我们假设，语言是以同样的方式进化的（见 Matthiessen, 2004a）。语言系统由内容面和表达面两个层面组成；但两者内部均未分层：内容直接映射到表达（声音或手势）。这种原始语言是小孩语言而非母语；它还不像小孩说的成人语言。儿童在与看护者的互动中发展他们的原始母语，并逐渐扩增其意义潜力。在这个过程中，他们学会了表意的原则。在某种程度上，通常是在两岁左右，他们准备好了
27 依赖这种经验并开始过渡到他们周围的母语。这种过渡涉及语言系统的一些根本性变化。最关键的一项变化——也是使得其他变化成为可能的变化——正是内容和表达又分别各自分化。其中，内容逐渐分化为语义层和词汇语法层，而表达则逐渐分化为音系层和语音层。内容和表达之间的体现关系，或更确切地说，词汇语法层和音系层之间的体现关系，在很大程度上是**约定俗成**的，或者说是“任意的”（几个例外情况均与韵律和发音的两个领域——联觉和拟声相关）。然而，两个内容层面之间的体现关系（语义层和词汇语法层）以及两个表达层面（音系层和语音层）之间的体现关系却是“**自然的**”，而非约定俗成。措辞模式反映了意义模式。功能语法理论的任务之一正是要揭示措辞和意义之间的这种自然关系。随着词汇语法隐喻的发展，语义层和词汇语法层之间的自然关系变得更加复杂和隐晦，这将在第十章详细论述。但是，这种关系在根本上还是自然的关系，而非任意的关系。

1.3.4 实例化

在我们要解释语言是如何组织的，以及它的组织是如何与其在人类生活中发挥的功能相关联时，我们常常发现很难把事情说清楚；这是因为我们试图同时维持两种视角：一种视角把语言看作系统；另一种视角把语言

看作语篇。

这里需要引入“**实例化**”的概念。语言**系统**是以**语篇**的形式实现实例化的。语篇可能是一次服务内容，比如点咖啡，也可能是人类历史上的重大事件，比如曼德拉的就职演说；在任何一种情况下，无论它的内在价值是什么，它都是一个潜在语言系统的实例，否则便是无意义的存在了。英语语篇只有与英语系统发生联系时，才会有意义（这就是为什么如果不懂一门语言，这门语言对你来说毫无意义）。

系统是语言的潜势，即作为意义产生资源的潜势[7]。这并不意味着它作为一种独立现象而存在：作为系统的语言和作为语篇的语言并非两个独立的事物。两者之间的关系可以比作天气和气候（见 Halliday, 1992a）。气候和天气并不是两种不同的现象，而是观察者从不同角度看到的同一现象。我们所谓的“气候”是从更久时间里看到的天气——它是以天气的形式得到实例化。“天气”就是语篇：它无时无刻不在我们身边发生，影响甚至扰乱我们的日常生活。而“气候”是系统，是这些变化因素的潜势。

那么，为什么把它们称为不同的东西呢？如果考虑一下最近关于全球变暖的一些争论，就会明白为什么会出现这样的问题：“这是长期的天气模式，还是气候中的一个短暂现象？”这意味着，我们能用普遍理论（在 28
这种情况下，是气候变化理论）来解释全球变暖，抑或全球变暖只是一系列相似事件？类似的语言问题便是，如果我们拿来政治学家的作品语料库，它们究竟只是一系列的相似文本，还是代表了语言的子系统呢？气候是天气的理论。作为理论，它的确有自己独立的存在——但是（像所有理论概念一样），它存在于符号层面（semiotic plane）。气候是一个虚拟的概念。语言系统也是如此：语言系统是一种虚拟的语言；它不是所有可能语篇的总和，而是一个理论实体，我们可以给其附加特征，同时给予其丰富

⑦ 因此，“系统”的使用与语法中该术语的含义有所不同（尽管相关）（见上文第 1.3.2 节）。此处的“系统”在一般意义上相当于所有特定系统的总和，这些系统构成了一个覆盖各个语言层次的综合网络。

的解释力。

系统和语篇是通过实例化联系在一起的。正如气候和天气的关系，系统和语篇之间的关系也是一个连续统——实例化连续统（图 1-11）。系统和语篇位于实例化的两端，系统代表全部潜势，语篇代表具体实例，两端之间存在中间模式。从系统端来看，中间模式可称为亚系统；而从实例
29 端来看，它们可称作实例类型。如果从实例端开始，可以研究一个语篇，然后根据一定标准寻找与它类似的其他语篇。研究这些语篇样本，我们可以发现它们共享的模式，并根据**语篇类型**（text type）来描述这些模式。通过识别语篇类型，我们沿着实例化连续统从语篇一端走向系统一端。原则上说，比较样本语篇时使用的标准可以来自语言的任何层次——只要这些标准是系统的、明确的。然而，研究表明，根据语境价值的不同，语篇会发生系统的变化：语篇可以基于使用语境的不同而发生变化。因此食

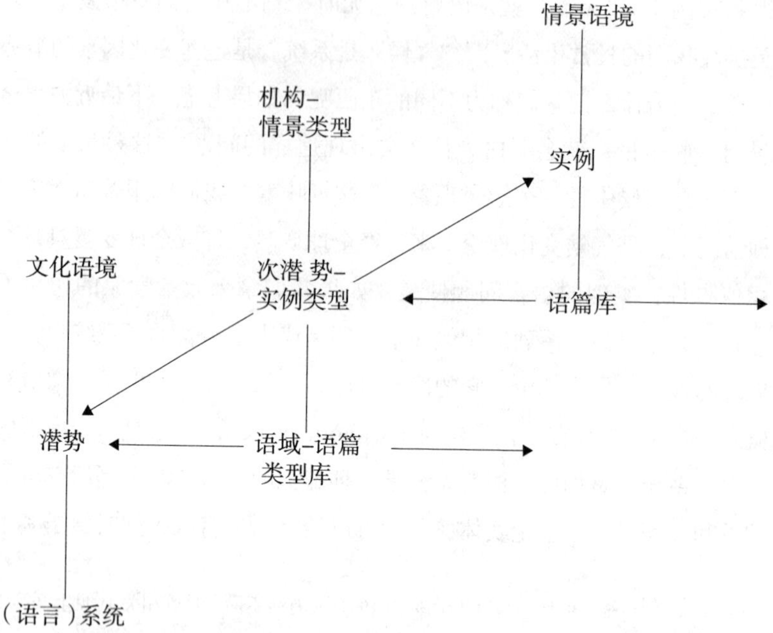

图 1-11　实例化连续统

谱、天气预报、股票市场报告、租赁协议、电子邮件、就职演说、餐饮服务、新闻、媒体采访、课程辅导、步行参观指南书、茶歇时间的闲谈、广告、睡前故事，以及生活中遇到的所有其他无数的语篇类型都是在不同的语境中使用语言的方式。从实例化连续统的系统一端来看，他们可以称作“**语域**”（register）。语域是语言的功能变体（Halliday 等，1964；Halliday, 1978），它们是与既定的语境（**情景类型**）相关联的整个系统的实例化模式[⑧]。这些实例化模式在数量上表现为语言系统概率的调整；语域可以表示为系统概率的特定设置。例如，将来时更可能出现在天气预报中，而不是故事中（关于语域的量化特征，见 Matthiessen, 2002a，2006a）。

如果重新回到层次化问题，或许我们可以更清楚地认识到，语义层作为语言与非语言世界（物质世界）的接口究竟意味着什么。成人语言中的大多数语篇都不直接与环境中的物体与事件关联。曼德拉的语篇高度抽象，当他谈到 *the soil of this beautiful country*（这个美丽国家的土壤）和 *the jacaranda trees of Pretoria*（比勒陀利亚的蓝花树）时，他也不太可能真正看到它们。这些并不是当时环境的一部分。尽管如此，由这些措辞所体现的意义，以及由 *an extraordinary human disaster*（非凡的人类灾难）和 *humanity's belief in justice*（人类对正义的信仰）所体现的意义一样，它们最终都是对人类经验的识解；当我们现在读或听这些语篇时，也是这样理解的。与社会生态环境相联系是语言系统的特征，至关重要的是，它也是上述语言实例的一个特征，儿童正是通过这些实例来掌握语言系统的；但这并不是在每个语篇中都会重现。经验可以被记忆、想象、抽象化、隐喻化或神话化——语篇有能力创建自身的环境；但这种力量是基于语言系统的进化，即从环境中创造意义。

---

⑧ 因此，此处的“语域”一词指的是在功能上多样化的语言（见 Halliday, 1978; Hasan, 1973; Matthiessen, 1993b; Ghadessy, 1993; Lukin 等，2008）。它也以一种相关但不同的方式被用来指与这种功能多样性相关的语境价值（见 Martin, 1992，以及系统功能语言学中对“语类模型”的其他论著；见 Matthiessen, 1993b）。

作为语法学家，我们必须能够转变视角，有时从系统的视角，有时又从语篇的角度观察语言；同时我们必须随时意识到所处的位置。计算机语
30 料库的出现，使得这一问题变得更加明显。语料库是口笔语文本的海量集合。现在可用的语料库数据足够充分，只要这些数据能被处理和解读，就可以为英语语法提供全新的见解。但是语料库不能规定语法，就像光的行为实验数据不能为牛顿写《光学》一样；它必须理论化。描述语法需要在系统视角和实例视角之间不断转换。在本书中，我们试图兼顾这种新的平衡，这种平衡得益于语法学家在该学科 2500 年的历史中首次可以获得足够数量的数据。

1.3.5 元功能

这又回到了第 1.3.3 节提出的问题：与社会生态环境相关的语言基本功能是什么？我们提到了两个功能：识解经验和表现社会关系。

显然，如前所述，语言的确可以识解人类经验。它给事物命名，从而把它们识解为不同范畴；然后，通常会更进一步，使用更多的名称，将范畴识解为分类。因此，我们有 *houses*（房子），*cottages*（农舍），*garages*（车库）和 *sheds*（棚屋）等，这些都是不同类型的 *building*（建筑物）；同时有 *strolling*（闲逛），*stepping*（迈步），*marching*（齐步走）和 *pacing*（踱步）等，它们都是不同类别的 *walking*（步行）；而相对方位词有 *in*，*on*，*under* 和 *around* 等。这些表达在语言间存在很大差异，这个事实说明，这些范畴实际上是通过语言识解的（比较 Halliday & Matthiessen, 1999：第七章；Caffarel 等，2004）。更重要的是，这些成分又可以配置为复杂的语法模式，如 *marched out of the house*（“大步走出了房子”）；而这些言辞继而可以被构建成时间、原因等相关的言辞序列——人类经验的方方面面均可转化为意义。换言之，语言提供了人类经验的**理论**，而每一种语言都有词汇语法资源致力于此功能。我们称之为**概念元功能**（ideational metafunction），并把其分成**经验功能**（experiential）和**逻辑功能**（logical）

两部分（见第五章和第七章）。

同时，每当我们使用语言时，总会有其他事情发生。在识解经验的同时，语言也总是在**达成**（enacting）：达成我们与周围其他人的个人和社会关系。语法中的**小句**不仅仅是言辞，表征各类过程（做事过程、言语过程、心理过程、存在过程和属有过程等）、参与者和环境成分，同时它也是命题（proposition）或提议（proposal），人们借此告知或提问，发出命令或给予服务，并对我们正在提及的对象和谈论的事物表达相应的评价和态度。这种意义更为主动：如果说语法的概念功能是“作为反映的语言”，那么这就是“作为行动的语言”。我们称其为**人际元功能**（interpersonal metafunction），表明其既是互动的，又是个人的（详见第四章）。

这两种意义模式之间的区别不仅仅来自外部；当我们系统地表征语法时，它们呈现为两个截然不同的系统网络（Halliday, 1969；比较 Martin, 1991 中对语言内部功能性的讨论）。这意味着：（1）每条信息都是同时关于某件事，又涉及某个人；（2）这两种主题可以自由组合——总体来说，它们彼此不受约束。但语法同时也显示了第三个功能，这种意义模式与语篇建构相关。在某种意义上，它可以看作是一种**使能**（enabling）或**促成**（facilitating）功能，因为其他两种功能——无论是识解经验，还是达成人际关系——则均依赖于能够建立话语序列，组织话语流，并在话语流动过 31
程中创造衔接和连贯。这在语法中也是一个可以清晰描绘的主题。我们称之为**语篇元功能**（textual metafunction）（见第三章和第九章）。

为何要用这个相对笨拙的术语“元功能”呢？我们可以简单地称之为“功能”；然而，在讨论语言功能的语境中，由来已久的传统是，“功能”只是指使用语言的目的或方式，对语言本身的分析没有意义（比较 Halliday & Hasan, 1985，第一章；Martin, 1991）。但是，系统分析表明，功能是语言的内在本质：即语言的整个架构都是基于功能来组织的。语言之所以如此，正是因为它是在人类物种进化过程中所具有的功能。采用“元功能”这个术语，表明功能是语言整体理论中不可分割的组成部分（图 1-12）。

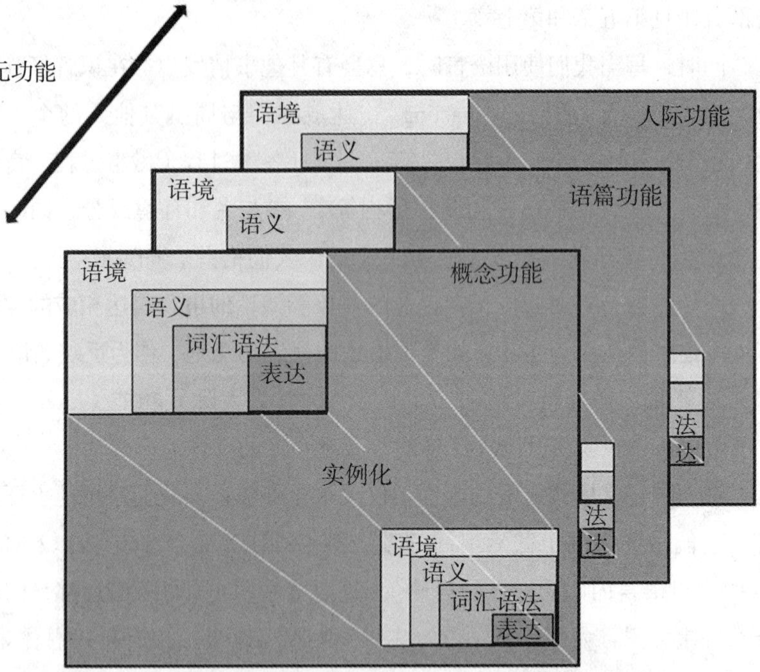

图 1-12 元功能

1.4 语境、语言和其他符号系统

我们现在已经介绍了语境中语言架构的主要意义维度（见 Halliday, 2003: 1-29; Matthiessen, 2007a）。其中一些维度可以使我们将词汇语法与构
32 成整个语言系统的其他子系统关联起来；这些可以称为**全局维度**（global dimensions），因为它们决定了语境中语言的整体组织，包括层次等级关系、实例化连续统和元功能谱系等。其他维度可以使我们描述词汇语法的内部组织，以及其他语言子系统和语境的内部组织；这些可称为**局部维度**（local dimensions），因为它们是在语言子系统中进行局部运作。下面用全局维度和局部维度这两个概念总结语境中的意义维度，如表 1-7 所示：

表 1-7　语境中语言的全局维度和局部维度

维度范围	维度	顺序	所处章节
全局维度	层次化	语境-语言［内容［语义-词汇语法］-表达［音系-语音］］	1.3.3
	实例化	潜势-次潜势 / 实例类型 /-实例	1.3.4
	元功能	概念功能［逻辑功能-经验功能］-人际功能-语篇功能	1.3.5
局部维度	语轴	纵聚合-横组合	1.3.1-1.3.2
	级阶	（词汇语法：）小句-词组 / 短语-词-词素	1.1.1-1.1.3 1.2.1-1.2.3
	精密度	（词汇语法：）从语法到词汇的连续统	(1.3.3); 2.2

1.4.1 语境和语言

如上所述（特别是在第 1.3.4 节中），语言在语境中运作。在语言学理论中，我们通过发展语言的“生态”理论认识到这一重要原则。语言的生态理论强调，语言总是在有意义的环境中被理论化、描述和分析的；因此，语言是根据它的意义环境来解释的。20 世纪二三十年代，人类学家布朗尼斯拉夫·马林诺夫斯基（Bronislaw Malinowski）在理论和实证上极大地发展了这种语言研究方法，最初是基于他在 20 世纪前十年在特罗布里安群岛上（Trobriand Islands）进行的广泛实地调查。他的见解在语言学理论中得到了马丁（J. R. Martin）的采纳和发展，然后被系统功能语言学家纳入了语境中的语言理论（如 Halliday 等，1964; Halliday, 1978, 1992a; Halliday & Hasan, 1985; Ghadessy, 1999; Butt & Wegener, 2007）。这正是此处我们采用的语境概念的学术渊源。

与语言一样，语境沿着实例化连续统扩展（第 1.3.4 节），从实例扩展到潜势；同样与语言相同，它在功能上也是多样化的（第 1.3.5 节）。我们先讨论语境组织的这两个不同方面，然后介绍基于语境的语篇类型学。在本书中，当需要给出语篇中语法操作的实例时，就会用到语篇类型学。

如图 1-11 所示，语境沿着实例化连续统扩展（第 1.3.4 节），从社团的整体语境潜势扩展到涉及特定人群在特定场合下进行互动和交换意义的语
33 境实例。社团的语境潜势在于其文化——按照马林诺夫斯基的说法，我们称之为文化语境（context of culture）。文化语境是社会团体成员所能表达的文化意义；也就是说，我们把文化理解为更高层次的符号系统（见 Halliday, 1978）。这是一个意义环境，在该环境中，各种符号系统进行运作，包括语言、类语言（手势、面部表情、音质、音色、语速，以及伴随语言和通过人体表达的其他符号系统；对比 Thibault, 2004）和其他人类符号系统，如舞蹈、绘画、油画和建筑（见 Kress & van Leeuwen, 1996; O'Toole, 1994; Martinec, 2005）。描述一个社会团体的文化潜力显然是一项巨大的工程——需要像 1990 年开始的人类基因组计划那样的信念、支持、认可和资助。或许我们可以想象规模庞大的人类义素项目（Human Sememe Projects），任务是勾勒出所有人类社会的文化潜势（或人类模因项目，与理查德·道金斯（Richard Dawkins）将模因视为文化复制因子的概念相关）。虽然我们还没有开展过如此规模的项目，但肯定能看到这种项目的理论意义。

从实用角度看，一种研究策略便是沿着实例化连续统从潜势一端转到实例一端：对于研究者来说，根据在某一特定文化领域或机构内运作的各种情景语境对该领域或机构（institution）进行描述，这个任务要容易得多（见 Matthiessen, 2009c：第 3.6 节）。马林诺夫斯基（如 Malinowski, 1944）将机构称之为"文化的真正隔离"，倡导对机构的研究；我们可以通过在一个机构内部运作的语域对该机构进行语言学调查（见上文第 1.1 节）。虽然描述一个文化的整体潜势是一项艰巨的任务，但通过识别和描述共同构成一个机构的不同情景来勾勒出该机构却是一项更容易操作的任务；沿着这些思路，系统功能语言学已经在家庭、教育、行政管理、媒体和医疗保健等多个领域都做出贡献。

虽然至今尚未有对文化语境的全面描述，但语境的一般范畴早已为人所知——见 Halliday 等（1964: 90–94）；这些范畴是归类在语场、语旨和

语式三个概念下探讨的（如 Hasan, 1973; Halliday, 1978; Halliday & Hasan, 1985; Martin, 1992）。因此，任何情景类型都可以从语场、语旨和语式三个方面进行描述：

语场——情景中发生了什么事情：（i）社会和意义活动的本质；以及（ii）此活动所涉及的经验域（“主题”或“话题”）

语旨——谁参与了情景活动（i）参与者在社会符号活动中扮演的角色，包括（1）机构性角色，（2）地位角色（权力，平等或不平等），（3）接触角色（熟悉度，从陌生人到亲密者）和（4）社会计量角色（sociometric roles）（情感，中性或非中性，积极或消极）；（ii）交际者在文化域中被赋予的价值（中性或负载，正面或负面）。

语式——情景中语言和其他意义符号所扮演的角色：（i）意义活动和
社会活动之间的分工（从构成情景的意义活动到促进情景的意义活动）； 34
（ii）语言活动和其他意义活动的分工；（iii）修辞方式：语篇的语场取向（如知识性的、说教性的、解释性的和阐释性的）或语旨取向（如说服性的、告诫性的、劝诫性的和辩论性的）；（iv）话轮：对话或独白；（v）媒介：笔语或口语；（vi）渠道：语音或图形。

语场、语旨和语式是一组具有对比价值的相关变量。它们共同定义了一个多维的符号空间 / 语义空间，即语言、其他符号系统和社会系统运行的意义环境。语场、语旨和语式的不同组合决定了语言的不同用法，即在特定情景语境下可能出现的不同意义。语境价值与出现在由这些价值观定义的语境中的意义之间存在着系统的对应关系。正如 Halliday（1978）所指出的，语场价值与概念意义产生**共鸣**，语旨价值与人际意义产生**共鸣**，而语式价值与语篇意义产生共鸣（见 Halliday & Hasan, 1985: 26）[9]。也就

---

[9] 我们使用“共鸣”（resonate with）一词，是因为这种关系不是单向的因果关系，而是一种双向的体现关系（见 Jay Lemke（1984）中的元冗余（metaredundancy）概念，以及 Halliday（1992d）对元冗余的讨论）。语境价值影响语言选择，但也受到语言选择的影响。

是说，语境与语言的对应关系建立在不同意义的功能组织之上。

概念、人际和语篇**潜在意义**（meanings at risk）首先可以通过语义层面的系统得到表述。然而，由于语义与词汇语法有着自然的关系，都是语言内容层的系统，因此，意义也可以在另一个语言层次上，通过词汇语法层的系统，作为**潜在措辞**（wordings at risk），得到表述。例如，当我们考虑语旨与人际符号系统之间的关联时，应该首先关注人际意义系统，如言语功能系统，而不是词汇语法系统，如语气系统（见第四章）。因此，与社会地位和人际接触相关的语旨价值组合与不同的语义策略相关，这些策略对说话者来说是为了从听者处获取商品和服务——为了对他们的听众发出命令。如果地位不平等，说话者比听者的地位低，而且人际接触很少，那么说话者的语义选择就会非常有限：去命令一个地位高的陌生人做某事是很难的；但还是会有一些语义策略。从词汇语法上讲，这些语义策略将使其远离命令的一致式表述，即祈使语气小句——或许会采用像 *I wonder if you would be so kind as to ...*（我想知道您是否愿意……）。这种词汇语法表述在语气语法中是“分散式”（dispersed）的，不仅涉及祈使句，还包括陈述句和疑问句，不仅只有小句，还有小句的组合（见第十章，第 10.4 节）。但是在语义层，它们仍然是与命令相关的意义选项。因此，对“礼貌”的描述倾向于使用语义术语，而不是词汇语法术语（如 Brown & Levinson, 1987——一项有影响力的研究：见 Watts, 2003，关于其研究框架和文献的批判性评论；系统功能语言学内的相关研究，如 Bateman, 1988；Butler, 1988）。可以说，语旨是通过语义折射出来的，因此词汇语法与语旨价值（tenor values）的共鸣要比语义共鸣更加间接。

35 然而，虽然语场、语旨和语式首先与语义系统产生共鸣，但它们确实渗透到词汇语法中：语场价值与概念措辞相关，语旨价值与人际措辞相关，语式价值与语篇措辞相关。事实上，布朗和吉尔曼（Brown & Gilman, 1960）有关“权势和团结的代词”的经典研究很好地说明了这一点：权势（或社会地位）和团结（与社会接触有关，见上文的语旨描述）

的语旨变量与不同语言中代词系统的差异使用产生了共鸣[10]。实际上，权势和接触的语旨变量可以被语法化，成为语言中语气的核心人际系统的一部分，比如日语和韩语（见 Matthiessen 等，2008，以及其中的参考文献）。

语场、语旨和语式变量是情景分类的基础。与此同时，由于语篇是在语境中运行的语言，因此语场、语旨和语式变量也是对情景中的语篇进行分类的基础。的确，在进行语篇分类时，我们可以采用——也需要采用——三重视角（见下文第 1.5.1 节），匹配语境、语义和词汇语法层面的考虑来支撑分类。然而，为了使之有意义，语篇的分类必须基于语境的考虑。如果分类法是"在正确的轨道上"，语义和词汇语法方面的考虑将与语境方面的考虑保持一致。

原则上，这种分类法将基于全部三个语篇变量——语场、语旨和语式。然而，此处我们将首先基于语场提出语篇的语境分类。具体而言，是基于社会符号活动的变量（见 Matthiessen, 2006c；Matthiessen 等，2010；Teruya, 2007）。全书将使用这种分类法，并根据此分类法对所引用的语篇实例进行分类（如前文中的语篇 1-1 至 1-3 所示）。

我们来考虑一下构成情景的社会符号活动的本质。从某种意义上说，构成情景的活动要么是行为，要么是意义；这就是传统上所说的行动（action）与反映（reflection）之分。因此，我们首先区分"做事"活动和"意义"活动，然后在"意义"活动下做进一步的区分。

"做事"：情景由某种形式的社会行为构成，涉及一个或多个参与者。正如用语言来协调团队一样，语言或其他符号系统，如手势、目光和面部表情等，可能会用来促进活动的开展。

"意义"：情景由某种意义过程构成，分为七种主要类型：

○"阐述"：阐述关于世界的知识——关于世界的普遍现象，并对现

[10] 另一项阐明语旨与词汇语法关系的经典研究是 Ervin-Tripp(1972)，该研究对美国英语中称谓语与语旨之间关系进行了描述。其基本观点是，根据它所运作的语境中的语旨价值，某个特定的人际系统可以有不止一种含义。

象进行归类或解释

○“报道”：报道特定的现象，记录事件的进程、场所或实体

36 ○“再创”：通过对事件的戏剧化或叙事，以想象的方式再创造出人类生活原型的任何方面

○“分享”：分享个人经历和价值观，通常是私下分享

○“使能”：使某一活动过程成为可能，或者通过指导人们如何进行该活动而使之成为可能，或者通过控制人们的行为来调节该活动

○“推荐”：通过推销某种商品来为言说者推荐某一活动，或者通过建议的方式来为受众推荐某一活动

○“探索”：探索社会价值和地位，通常是在公共场合。

当然，这些社会符号活动的主要类型可以在类型学上表征为一个系统网络，但同时也可以用拓扑图进行表征，如图 1.13 所示。这张饼状图表明，不同类型的活动相互交织，事实上也的确如此。例如，“报道”和“再创”彼此交织，为虚构传记提供语境（“虚构的历史”，见 Halliday, 2010，第 5.3 节），“推荐”和“报道”彼此交织，为商业信息广告提供语境。

图 1-13 呈现了两级精密度——共 8 个主要类型，以及每种类型内部的次要类型。当设计第二级精密度时，就可以开始辨别属于不同类型的情景结构了。如果再进一步，可以在“语类”文献中将三级类型与类属结构联系起来。例如，以解释过程为特征的情景，可用多种不同的方式构建，但一旦从第三级精密度区分这些解释策略，例如进一步区分因果解释和顺序解释，就可以依据 Veel（1997）对学校科学课解释中不同结构的分析。同理，叙事情景也有不同的呈现方式，但一旦进一步区分民间故事、例证、轶事等叙事策略，就可以参考大量文献中所描述的不同叙事结构（如 Hasan, 1984；Eggins & Slade, 1997；Martin & Rose, 1994：第二章）。（显然，对情景结构的描述是根据精密度阶进行的。例如，通常情况下，叙事情景的结构包含时间序列，但在其他结构成分上则呈现区别，甚至“驱

动”时间序列的因素也存在差异。）

从语境描述的角度来看，在开始辨别不同类型情景中的结构前，我们在精密度阶上需要采取多少个步骤，这个问题显然很重要。从词汇语法描述的角度来看，该问题同样很重要。此处的问题是，何时我们可以开始辨析词汇语法资源的不同用法。从经验来看，这种情况主要发生在情景的语境结构可以完全确定的时候。这就意味着，情景结构的成分可以根据它们独特的词汇语法体现形式进行探讨，如 Halliday（1982）和 Fries（1985）所示。

37

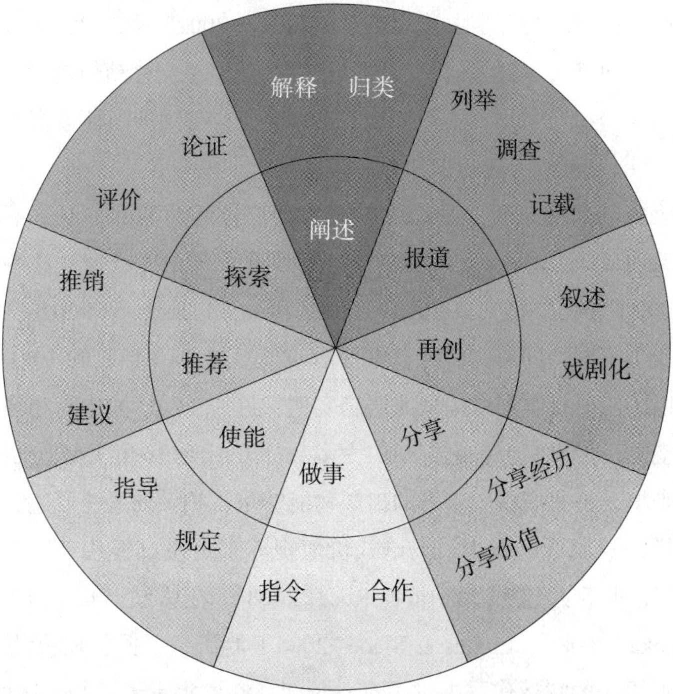

图 1-13　语场——表征为拓扑结构的社会符号过程（活动）

图 1-1 中的社会符号活动类型与其他语场变量价值，即与经验域（主题域）价值相结合；这种结合可能会产生不同的模式。例如，学校科学课中的解释（Veel, 1997）和历史课中的解释（Coffin, 2006）在很多方面是相似的，但又在某些方面有所不同。例如，学校历史课程中的解释似乎更狭

窄；两者在词汇语法上也存在差异：科学术语在学校科学课中得到识解和使用的频率都非常高，而在历史课程中却几乎没有（见 Eggins 等，1993）。

图 1-1 中的社会符号活动类型也可以与语境中的语旨和语式参数变
38 量相结合。从语旨的角度来看，可以结合参与活动的不同角色，来考虑不同的社会符号活动。例如，我们可以想象一系列同心圆，代表不同的社会角色组合，这些角色组合是孩子们在成长过程中所遇到的，然后比较不同活动中的角色，如在家里父母向孩子解释现象，学校里教师向学生解释现象——反之亦然。为证实上述观点，Halliday（2002b: 313-322）分析了一个 5 岁男孩向其父解释为何北极星静止而其他星星会移动的例子（见第三章，语篇 3-7）。因此，语旨方面的考虑涉及参与到不同社会符号活动的“声音”范围，包括专业知识和专业程度。

从语式的角度来看，我们可以将社会符号活动类型与以下不同组合进行交叉：（a）话轮：对话与独白；（b）媒介：笔语或口语。这些组合在 Matthiessen（2006c: 46），Teruya（2007）和 Matthiessen 等（2010: 221）中呈现为四个不同的同心圆。社会符号活动类型与（a）话轮和（b）媒介的交叉可以用来分析本书中编号的语篇实例：见表 1-8。表中有相当多的单元格是空的，但事实上，它们中的大多数都可用经过词汇语法分析过的语篇实例来填充，我们希望未来的出版物能够呈现相关的系统概述。

同样，我们可以使用语场语式价值矩阵来定位过去几十年来的“语类”描述研究：比较 Martin & Rose（2008）的总结，以及 Christie & Derewianka（2008）、Eggins & Slade（2005）的研究。此类研究为不同语境下词汇语法的“运作”提供了有益见解。它们揭示了一些普遍性特征，诸如人际词汇在“分享”和“探索”语境下的各种语篇中的分布，在“阐述”和“探索”语境下概念元功能中语法隐喻的运用等。它们还揭示了一些相当具体的模式，如“探索”语境下青春期后期出现的“关系”语法（Christie & Derewianka, 2008: 222, 232）。

除了话轮和媒介之外，语式变量还包括渠道、分工和修辞模式。

根据图 1-1 所呈现的活动，社会活动和意义活动的分工是不同的。在“做事”的语境下，人们交换意义，以促成他们所关注的社会任务，如当医疗团队协作做手术时，或者当医生说话和做手势（如果还有手可以空出来做手势的话）来协调困难任务时等（如第四章中的语篇 4-3）。在所有其他语境中，大多数社会符号工作首先是表意的：语言和其他符号系统的意义交换构成了它所运作的语境。

语言与其他符号系统之间的分工涵盖了语境的全部范围：从语言完成所有表意工作的语境，到非语言的符号系统完成所有表意工作的语境。所有可能的组合自然取决于渠道的性质，但它们也会根据语场发生变化。例如，使用图形渠道的历史叙述可能伴随着时间轴图，但软件手册中的说明可能伴随着流程图（见 Matthiessen, 2009a）。

表 1-8　社会符号活动类型与话轮、媒介交叉矩阵，以及本书中使用的语篇样本分类 39

		口语、独白	口语、对话	笔语、独白	笔语、独白
阐述	解释 [说明]		语篇 3-7，表 9-7		语篇 1-5
	归类 [报道：描述，分类]				语篇 3-2，表 5-13，语篇 5-16，语篇 6-2，语篇 9-12，语篇 9-13
报道	列举 [目录清单]				
	调查 [地形报告]				语篇 3-1
	记载 [讲述：历史、程序；新闻报道；预测]		语篇 3-3，语篇 4-5，语篇 4-7，语篇 4-8，语篇 5-17，语篇 9-6，语篇 10-1		语篇 5-6，语篇 5-8，语篇 5-13，语篇 7-10，语篇 8-1，语篇 9-10，语篇 10-2，语篇 10-3，语篇 10-4

续表

		口语、独白	口语、对话	笔语、独白	笔语、独白
再创	[民间故事，短篇小说，长篇小说，戏剧]			语篇4−2，语篇7−7	语篇1−6，语篇3−5，语篇5−2，语篇5−3，语篇5−5，语篇5−9，语篇5−11，语篇5−14，语篇5−15，语篇6−1，语篇7−1，语篇7−6，语篇7−9，语篇9−11，语篇9−14，表9−18
分享	[轶事，范例，回忆，评论，闲聊，调侃]		语篇1−3，语篇3−4，语篇3−8，语篇3−9，语篇4−1，语篇5−1，语篇5−7，语篇5−12，语篇7−2，语篇9−1，语篇9−2，语篇9−3，语篇9−4，语篇9−5，语篇9−6，语篇9−7		
40 做事	指令 [行政命令]				
	合作 [服务接触；团队协作]		语篇4−3，语篇7−8，语篇9−1		
使能	指导 [程序，示范]		语篇3−6，语篇9−1		语篇5−11，语篇7−3，语篇7−5，表10−2
	规定 [章程，法律]				语篇4−4，语篇10−6，语篇10−7
推荐	建议 [咨询，意见栏]		语篇4−6		

续表

		口语、独白	口语、对话	笔语、独白	笔语、独白
	推销 ［广告，宣传，书篇短评］				语篇 1-2，语篇 1-4，语篇 9-15，语篇 10-8
探索	评价（价值） ［评论，演讲］	语篇 1-1，语篇 2-1			
	论证 ［展销，辩论，讨论，演讲］		语篇 6-3，语篇 7-4		语篇 9-4，表 9-20，语篇 10-5

修辞模式包括很多修辞范畴，这些范畴与语篇对其所处情景的贡献有关：信息性、说教性、说服性、劝诫性和实用性等。但是，我们可以将这 41
些特定范畴与不同的语篇取向联系起来：（i）情景语场；（ii）语旨；或者（iii）两者结合。

（i）语场取向意味着语篇的情景目标或预期结果与语场有关。具体来说，与语场的发展有关。诸如在“阐述”语境中，说话者的目标可能是为听者解释一种分类，一种对某些现象的分类。当语篇在这种情景下运作时，它们往往根据语场来组织——即根据语场的结构，就像语篇根据分类法的类别进行组织一样（如语篇 9-12, 9-13）。语场取向是“阐述”“报道”和“做事”语境的典型特征，原则上也是“使能”语境下“指导”子类的特征。

（ii）语旨取向意味着语篇的情景目标或预期结果与语旨有关。具体来说，与说话者和听者之间的关系相关——即维持或改变这种关系，如说话者试图让听者向自己立场靠近时（如表 9-20 中的语篇）。当语篇在这种情景下运作时，它们往往是用语旨的方式进行组织的，其核心命题或提议由语篇片段支撑，这些片段能够为命题提供证据，增加听者认同命题的可能性，或者能够为提议动机提供证据，增加听者遵从提议（如果这个提议是某种形式的命令）或接受提议（如果这个提议是某种形式的给予）的可能性。因此，语旨取向常反映在语篇的语义组织中，这些语篇在“推荐”和“探索”语境下运作，使用了比较宏观的内部关系——或称为“内部连接关系”（见 Halliday & Hasan, 1976; Martin, 1992）、“内部修辞关系”（见 Mann & Matthiessen, 1991）。证据和动机都可以解释为内在的原因——证据：“我声称 / 你应该相信……因为……”；动机：“我想要你 / 你必须……因为……”。一般来说，语旨取向是“分享”“推荐”和“探索”语境的典型特征，原则上也是“使能”语境下“规定”子类中的特征（见下文）。相比之下，语场取向的语篇不太可能涉及内部关系；相反，它们是以宏观或局部的“外部关系”进行组织的。关于内部和外部关系的对比，详见第九章，第 9.3.2 节；关于语篇组织中人际意义或概念意义的语篇取向，见 Halliday（2001）。

（iii）语场、语旨取向意味着语篇的情景目标或预期结果与语场和 / 或语旨有关。因此，“再创”情景的目标可能与某些对想象世界的识解有关。这种想象识解包括我们自己世界的细微变化到纯粹幻想的世界；但同时这些目标可能也涉及语旨中的道德原则。因此，乌托邦与反乌托邦同时涉及语场和语旨。语场和语旨取向反映在传统民间故事或童话故事
42 的结构中：语场表现在事件序列上（开始、后续和结束），而语旨则表现在评价立场上，它们可以通过叙事韵律串联起来，或者在故事结尾浓缩为一个独立的“道德”故事（见 Hasan, 1984）。“使能”情景的目标也可以说与语场和语旨相关，但是以不同方式进行。它们涉及听者在某些语场中的活动，但也会涉及语旨，因为这些活动带有情态特征：听者要么有能力执行（“指导”），要么必须这样做（“规定”）。就语篇组织而言，指导性语篇中的语场取向更突出，被组织成一系列的步骤程序。相比之下，在规定性语篇中，基于语场的组织并不明显；与“推荐”语篇一样，它们包括动机——尽管通常是惩罚形式的威胁，而不是令人难以拒绝的产品或服务！

渠道决定了情景中意义流动的“带宽”（bandwidth）。在人类历史的

大部分时间里，这一渠道只是语音的，但通常有视觉接触（因此也允许伴随手势、面部表情和其他形式的视觉“副语言”）；但随着写作的逐渐出现，大约五千年前最初以城市为基础的文明，增加了图形渠道，语言的书面记录成为可能。技术的进步不断增强语音和图形渠道的潜力，并使混合渠道成为可能（见 Halliday, 2008: 140－141）。更重要的是，正如麦克纳马拉（Macnamara, 2010）所调查和讨论的那样，移动技术和网络技术（硬件和软件）已经显著地改变了“分享”的可能性，出现了一大批新的选择，如电子邮件、短信息、博客、推特和其他与社交媒体相关的形式。因此，私人领域中的“分享”价值和观点与公共领域中的“探索”价值和观点之间的区别变得日益模糊。这可以从用户对电影和音乐等商品发表的评论得以说明，比如互联网电影数据库。评论的范围很广，有随意分享的观点，也有那种只能从优质报纸投稿评审专家那里得到的专业评价。由于“分享”和“探索”语境都是实例化的重要场所，同时也是人际意义演变的重要场所（在语言种系发生的时间框架内），人际意义的生成模式可能会发生一些有趣变化。这种变化比为弥补口语中语调和音质的损失，而在笔语、对话中添加“表情符号”更为深刻。当然，技术进步并不只影响“分享”和“探索”语境，同时也影响了以图 1-1 中社会符号活动为特征的其他情景类型。然而，社交媒体的发展确实表明，各大公司正试图利用人们对“分享”的需求以及人际意义的取向。

1.4.2 语义层

如表 1-5 所示，语义层是语言内的最高层，它是语言和语言外环境之间的“界面”。这意味着语义层与语境层连接在一起，但不仅与语境连接，还与在语境中运作的其他系统连接，即与其他符号系统的内容系统和 43
生物符号系统连接，如感知系统和运动系统（见 Halliday & Matthiessen, 1999）。

语义层作为语言内部两个内容层面的上层，是语境层与词汇语法层的连接界面。如前文所述（见表1-5），语义层将经验和人际关系转化为语言意义，而词汇语法则从说话者的角度将这一意义进一步转化为措辞。

语义的基本单位是**语篇**——即在语境中运行的语言，是语义系统的一个实例。在其内部，语篇被组织成不同模式的逻辑意义、经验意义、人际意义和语篇意义。同时，在外部，语篇又被组织成语境中运作的单位：可以说，语篇所处的情景语境的结构被投射到语篇上。如果情景是图1-1中所列的社会符号活动中的一种"意义"，那么情景的整体结构就会被投射到语篇上。例如，在讲述传统民间故事的情景下，其结构应该是（选自Hasan, 1984，稍微简化）：

（开篇^）起始事件^接续事件1–n^最终事件（^结尾）(°道德启示）

如第五章的语篇5-2所示，这种结构被投射到这种情景下运作的语篇上，也可能会投射到其他伴随的意义过程上，如乐谱。情景结构中的每个成分或阶段，均由不同的意义模式来体现，如哈桑（Hasan, 1984）所提到的"开篇"。这些不同的语义模式反过来又由不同的词汇语法模式来体现；但是词汇语法中的措辞模式总是通过语义中的意义模式进行调节。在语篇5-2中，"开篇"的开始是（通过语义）由存在小句来体现的，然后跟着的是一个物质小句（见第五章）：

Once, a very long time ago, there lived a man called Noah. He and his wife and his sons and their wives all worked very hard.

存在过程小句是为了介绍故事的主角，*a man called Noah*（一个叫诺亚的人），其作为存在者——即存在过程的参与者；存在者被赋予了新信息这个语篇地位，即是"消息"的主要内容（见第三章）。主角在时间背景下出现：*once, a very long time ago*（从前，很久以前）；这个时间环境成分被赋予主位的语篇地位，即为信息选择的取向。其后的小句继续发展了"开篇"：对诺亚进行了阐述，识解了他和家人参加的习惯性活动。

因此，在传统的叙事情景中，对“开篇”的需求通过语义层从语境“渗透”到词汇语法层，而我们刚才阐述的词汇语法选择满足了这一需求。然而，除非极短的语篇（如交通标志），在整个语篇和局部单位之间有着多层的语义模式，这些局部单位在词汇语法层上是由诸如 *Once, a very long time ago, there lived a man called Noah* 的小句实现的。语篇具有“深度”——即有序多层的语义模式，从整个语篇的宏观语义域到对应于词汇 44
语法模式域的局部语义域。这种语篇深度反映在传统写作和修辞中，相关概念有“修辞段落”和“主题句”等；关注语篇分析和语篇背后系统描述的语言学家和其他学者也提出了各种解释语篇深度的框架，包括来自法位学（tagmemic）传统的开创性研究（如 Grimes, 1975; Beekman 等，1981; Longacre, 1996; Longacre & Hwang, 2012; Pike, 1992）。

总体来说，在不同的传统中，出现了两种解释语篇深度的方法：分层深度可以通过**语义级阶等级**（semantic rank scale）建立模型，这些语义级阶以某种成分关系运行（类似于上文讨论的词汇语法级阶等级和音系级阶等级），其代表是朗克（Longacre）自 20 世纪 70 年代以来的工作；亦或，分层深度可以按照格莱姆斯（Grimes, 1975）和比克曼等人（Beekman 等，1981）的路线，通过**关系组织的内部嵌套**（internal nesting of relational organization）建立模型。系统功能语言学内部，同样可以找到这两种语篇深度模式：克洛兰（Cloran, 1994）提出的级阶等级模式，以及修辞结构理论研究者提出的内部嵌套模式（如 Matthiessen & Thompson, 1988; Matthiessen, 1992, 2002a）。克洛兰等人（Cloran 等，2007）分别用这两种模式分析了同一语篇。当然，两种方法并非相互排斥，它们可以理解为捕捉语篇深度的不同方面。作为语法学家，我们不必在两者之间做出选择，只要它们能帮助合理解释语义和语法如何联系。然而，在语法的论述中，我们会利用源自修辞结构理论的内部嵌套模型，来探索小句复合体（第七章）、衔接连词（第九章）、语法隐喻（第十章）和主位选择

（第三章）。

我们可以试着用图表来概括情景（语境）、语篇（语义）和小句（词汇语法）之间的关系：见图 1.14。从全局来看，语篇结构取决于它所处的情景；语境结构投射到语篇中，语境成分由语篇中的意义模式来实现。作为语义单位，语篇由大小不一的语义域组成。它可以由**修辞段落**组成（或**类义素**（parasemes），见 Halliday, 2002d），而修辞段落可对应，也可不对应书写中的段落。然后，这些段落由**序列**组成——**言辞**序列，即言辞中的过程、参与者和伴随环境成分的配置。这些局部的语义域、言辞序列和言辞，通过词汇语法层体现：言辞序列由小句复合句体现，言辞由小句体现。语法通过小句复合体的语法结构（第七章）、小句的语法结构（第三章到第五章）、小句的组成部分（第六章到第八章）提供了大量的指导。因此，语法使语篇的局部结构“更紧密”，更高度集成，不仅将其构建为意义，而且构建为措辞。然而，在小句复合体之外，即超出语法结构的最广泛的领域之外，语法也提供了一些重要指导。它是通过衔接手段来做到这一点（第九章），例如通过 *for example*，*in addition*，*in contrast*，*therefore*，*meanwhile*，等衔接连词，可以标记小句复合句实现的言辞序列之间的关系，也可以标记修辞段落（组）之间的关系。

在语篇结构的描述中，我们突出了概念元功能的视角。言辞序列通过逻辑资源识解，而言辞则通过经验资源识解；修辞段落和段落组可以理解为通过逻辑语义关系中的逻辑资源形成（见 Halliday, 2001；Matthiessen, 2002a）。同时，语篇也是通过人际意义和语篇意义模式组织的。就人际意义而言，语篇是说话者与听者之间的一系列**交流**，即使是一段独白，实质上也是听者默默接受的一系列陈述。这些交流由局部的**语步**推进，体现
46 形式是人际意义小句（第四章）。就语篇意义而言，语篇是信息流，或者更确切地说，是信息波。这些信息波模式从整篇文章延伸到修辞段落，进一步延伸到局部波或**消息**——体现形式为语篇意义小句以及口语中的信息单位（第三章）。

为了阐明语法，我们将在本书的不同地方讨论语篇的互补性元功能视角，并在第十章第 10.1 节中回到语义和词汇语法之间的关系。

45

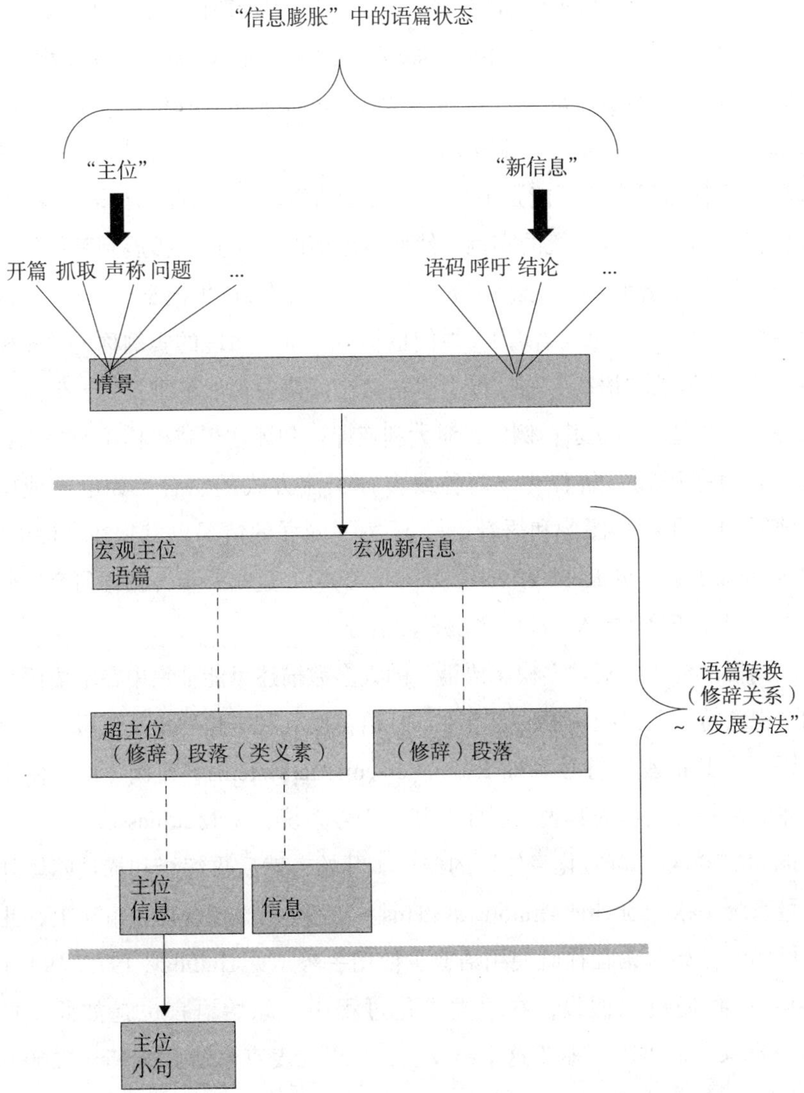

图 1-14　作为语境和词汇语法之间“界面”的语义

1.4.3 语言和语境中的其他符号系统

术语“语篇”包括语言系统的口笔语实例。作为语言学术语，它不同于作为“一篇文章”的普通日常含义，也不同于现在作为动词的含义，即借助手机短信服务“发送短信”（如 *In what may have been a final, frantic act, Conaway texted relatives an hour later, saying they were trapped in the trunk of a car.* 一小时后，科纳韦给亲戚们发了短信，说他们被困在一辆汽车的后备箱里，这可能是最后一次疯狂的举动）。因此，在语言学中，“语篇”意味着语言系统的实例。然而，语篇的意义正在扩展到其他符号系统，例如学者们将“视觉符号”系统的实例称为“（视觉）语篇”（因此一幅画就是一个视觉语篇），他们也将多个符号系统的实例称为“多模态语篇”。虽然“语篇”的这种引申意义在词典中仍然很难找到，但这一意义已经清楚地确立了；例如，澳大利亚课程和评估权威机构（ACARA）将“多模态语篇”解释为“两种或多种交流方式的结合（如电影或电脑演示中的印刷、图像和语音语篇）”[11]。同样的情况也发生在“话语”（discourse）上（见 Kress & van Leeuwen, 2001，这是一项开拓性研究；研究人员现在谈论 MDA，即“多模态话语分析”）。

到目前为止，对“多模态语篇”的大多数描述可能都集中在笔语语篇和“视觉符号”系统实例的组合上。从语言发展和进化的角度来看，从口语语篇和其他**躯体符号系统**（somatic semiotic systems）实例（即，使用身体的某些方面作为其表达层面的其他符号系统；见 Matthiessen, 2009a；Thibault, 2004，“符号化身体”的概念）开始，然后再解释和描述**躯体外符号系统**（exo-somatic semiotic systems），这可能比较合理。事实上，儿童早期的原始母语往往既使用语音也使用手势（见 Halliday, 1975, 1992d, 2004）；我们可以假设，在人类进化过程中，原始语言也是如此（见 Matthiessen, 2004a）。基于这个出发点，可以在麦克尼尔（McNeill, 2000）

⑪ 见：http://www.australiancurriculum.edu.au/Glossary?a=E&t=multimodal+texts

等研究成果的基础上，研究词汇语法中的选择与语言外符号系统（如手势、面部表情和声音等副语言）的选择之间的关系（包括相对时间）。兰托夫（James Lantolf）及其研究团队在（高级）第二语言学习背景下的研究能够带来不少启示。例如，他已经证明了英语和西班牙语在如何通过空间解释动作方面的差异，即在词汇语法和手势的分工方面两者存在差异：英语中动作的某些特征通过词汇语法来识解，但在西班牙语中却用手势来识解；反之亦然。虽然兰托夫的框架并非源自系统功能语言学，但却能与之相容（见 Byrnes, 2006）。这表明，从“生态的”视角来探究词汇语 47
法，而不是把它当作“自主”系统是极其重要的。很明显，词汇语法和手势在英语和西班牙语中都是作为互补系统共同进化的[12]。系统功能背景下有关语言和手势的早期研究包括蒙蒂格尔（Muntigl, 2004），胡德（Hood, 2011）后来又做了进一步的探究。

如果把“语篇”看作在情景语境中运作的一种语言实例，我们就可以提出以下问题：（1）如何与相同情景语境中运作的其他符号系统实例相关联？（2）不同的符号系统之间如何分工——它们如何相互补充？以手势作为伴随语言运行的符号系统为例，可以用图呈现这两个问题的基础：见图 1–15。语言和手势都是在同一情景语境中运作，因此也在同一语境中相互协调：随着口语语篇的展开，手势也伴随而生。上文提到的研究表明，说话者（和听者）非常擅长同时运用语言和手势，且手势可能与贯穿语篇中的任何元功能意义相关，例如招手的手势伴随着 *Come here*（到这儿来）来命令听者（人际意义），指向的手势伴随着 *That's huge*（那个真大）的指示语（语篇意义），或者描绘的手势伴随着诸如 *It is shaped like a five-pointed star*（它像个五角星）的描述（经验意义）。如前所述，语言和手势之间的意义分工似乎在不同语言之间有所不同；对于一种特定语言来

⑫ 这是对词汇语法的一个基本洞察——与关于运动词汇语法的大量研究非常相关，可以追溯到塔米（Talmy, 1985）开创性的类型学研究。（有关该领域的最新贡献和广泛文献综述，见 Beavers 等，2010。）

说，这也会根据语境和语域的性质而发生变化。在字谜游戏，或者更普遍的哑剧中，手势和其他视觉方式体现的符号系统，则必须完全取代语言；但在说话者需要手和手臂做其他事情的语境中，如在“做事”的语境下，他们必须更加依赖语言。即使说话者电话交谈时爱打手势，他们的听众也看不到这些手势（除非有视频链接）。

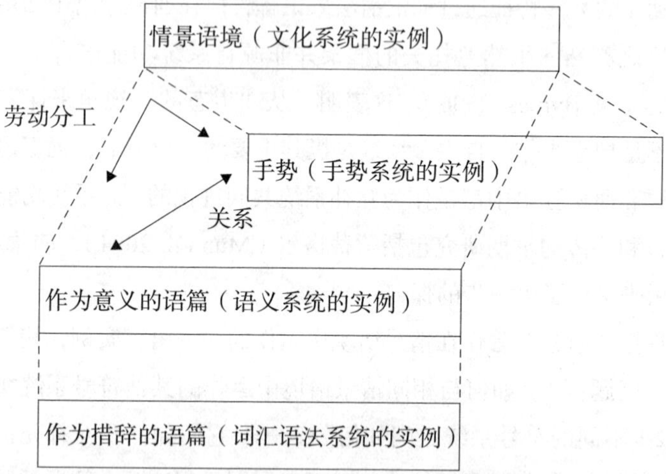

图 1-15　语境中伴随语言意义和措辞的手势

48 与此相关的一个有趣问题是，在语境中运作的不同符号系统在多大程度上相互融合，又在多大程度上相互独立？为了探讨这个问题，我们可以假定有一个**融合连续统**（cline of integration），从完全融合的系统扩展到完全独立的系统（见 Matthiessen, 2009a）。一个“完全融合”的例子是语法和语调。在英语及其他诸多语言中，语调实际上并非一个独立的符号系统，而是一种部署在语言人际系统和语篇系统中的表达媒介（如 Halliday, 1967a；Halliday & Greaves, 2008）。一个或多或少“完全独立”的例子是欧洲早期印刷的书籍中使用的插图：这些插图不是由作者绘制来阐释语篇意义的，甚至不是作者选择的，而是由印刷者作为装饰添加上去的。

另一个有趣的问题是，在多大程度上，不同符号系统可以沿着从实例端到潜势端的实例化连续统延伸（见图 1-11）？我们可以提问，任何一个符号系统有多么的“系统”——这显然与言语共同体（或言语团体）中的个体差异程度有关。语言已经进化成一个完全系统化的符号系统：设想并描述一种特定语言的全部意义潜势，并将其解释为多种语域亚潜势的集合，这是完全可能的。然而，从理论上讲，某些其他符号系统很有可能被更有效地解释为与位于实例化连续统中间位置的系统一起运作；换言之，它们在特定的语域中得到了最有效的描述（见 Halliday, 1973：第四章；Matthiessen, 1990）。例如，如果考虑到那些已经被划归在“视觉符号学”下的符号系统，我们就会注意到，像技术制图、大众运输路线制图和新闻摄影等专业系统是多么的高度适应语境；目前，我们还不太清楚它们是否可以视为一般视觉符号系统中的语域子系统（见 Bateman, 2008; Matthiessen, 2009a）。

1.5 语法在语言中的位置；语料库的作用

1.5.1 概述：在语言地图上定位目前工作

这可能还算不上是概述；更确切地说，我们期望依据上节讨论的语言维度定位目前的工作。

从语言层面来看，本书探讨了词汇语法层，即措辞层。如果使用熟悉的垂直空间隐喻，就像“层”这个词所暗示的那样，“上面”是语义层，“下面”是音系层。我们不能只从自身的层面理解语法；而需要采用**三重视角**（trinocular perspective），“从上面”和“从下面”同时审视语法（Halliday, 1978: 130-131; 1996)。然而，由于这些不同视角的观点往往是
相互冲突的，语言描述难免会是一种妥协。所有的语言描述都涉及到这种 49
妥协；系统语法与传统学校语法的区别在于，学校语法的妥协是随机的、无原则的，而系统语法中的妥协是系统的、有理论动机的。作为“功能语法”，意味着优先考虑“从上面”的观点；也就是说，语法被看作是意义

生成的资源——它是一种语义语法，但重点仍是语法本身。

优先考虑“从上面”的观点意味着采用的语言组织原则是系统原则：语法被视为一个相互关联的意义选择网络。换言之，语言的主导轴是纵轴：语法的基本组成成分是一系列相互定义的对比特征集（相关早期论述，见 Halliday, 1966a）。解释语言现象，不在于说明它的结构如何，而在于表明它是如何与其他语言成分关联的：即它的系统关系模式，或同源关系（“同源”（agnation）这一术语源于 Gleason（1965: 199）的研究，是基于拉丁语 *agnatus*，表示“与父系成员相关”）[13]。

每个系统在特定**级阶**上都有其起点：小句、短语、词组及各自的复合体。由于小句是语法能量的主要来源，本书第一部分论述了小句系统。第二部分涉及小句外其他级阶的系统；我们还讨论了信息单位，也就是语音声调群的语法反射。最后一章将描述跨级阶等级的语言现象，语法隐喻正是其中的一种形式。

每个级阶的系统都置于其**元功能**语境中；因此，这就意味着每个系统都在**元功能-级阶矩阵**中对应相应的位置（见 Halliday, 1970/2005: 169; 1973: 133; 1976a; 1978: 132），如图 1-16 所示，更详细的情况见第二章中的表 2-8。例如，上文提到的语气系统是一种小句的人际系统，所以它位于矩阵中的“小句”行，“人际元功能”列。

语言结构是用功能术语来分析的，解释每个成分在整体有机配置中所起的作用。下文我们会看到，结构的配置观即使没有扭曲，也过于简单化了，因为语言单位的结构往往因元功能的不同而不同（见 Halliday, 1979; Martin, 1996; Matthiessen, 1988）。但是，作为探讨语法的一种策略，可以将所有类型的结构简化为某种配置形式。

图 1-16 提供了这种总体概念的框架图。图中还显示了**实例化**的维度；

---

⑬　本书的前几版也是如此。但是，之前语法是以结构的形式呈现，而在本版中，我们已经把系统的类别引入了相关论述。

这是我们回归语篇的路线。在本书写作中，我们大量使用了语料库，以检查语言细节并扩展语言描述范围，同时也作为真实语例的来源。在语篇和系统之间——即数据和理论之间——切换视角时，我们就沿着这个实例化连续统前进。如前所述，该**系统**是**语篇**背后的潜势。

50

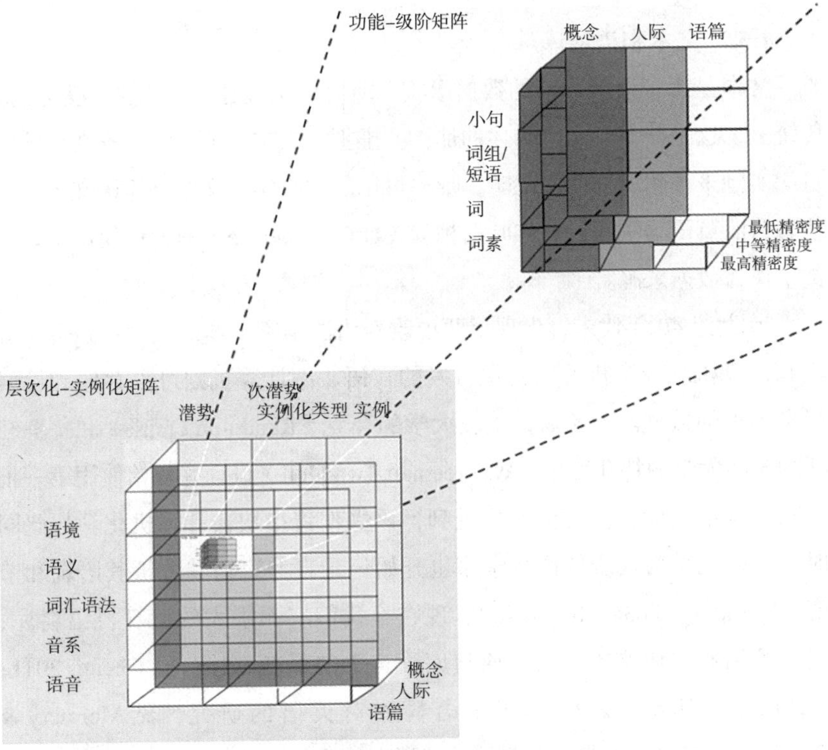

图 1-16　由符号维度定义的矩阵：词汇语法的功能-级阶矩阵和层次化-实例化矩阵的关系

但是，“语篇”是一个复杂概念。在通常以口笔语话语的形式接收语 51
篇时，语篇是两个过程的产物：实例化和体现。起决定性意义的标准是实例化：语篇作为实例。“体现”的出现是因为我们能够接触到通过声音或文字体现的语篇，却不能直接接触更高层次的语言实例——如意义上的选择，亦或措辞上的选择。但是，如果我们在头脑中创作诗歌或其他话语，确实可以用这种方式为自己创作语篇，意识到这一点或许是有帮助的。当我们“自言自语”时，此时的“语篇”是实例，但却不具备“体现”的属性。

1.5.2 文本和语料库⑭

文本是用于语言分析的数据形式，所有语法描述都是以文本为基础。传统上，这主要是上文所描述的那种“虚拟”文本：即语法学家在头脑中自编实例来说明所描述的范畴。唯一可用的“真实”文本是笔语文本，一些著名的英语语法家，例如叶斯柏森（Otto Jespersen）就大量使用了笔语文本作为数据来源。

20 世纪 40 年代末，出现了两项改变语法学家工作的发明：磁带录音机和计算机。录音机可以捕捉自发的言语，而计算机则可以存储和检索越来越多的数据。十年后，伦敦大学的夸克（Randolph Quirk）和普罗旺斯的布朗大学的特瓦德尔（W. Freeman Twaddell）设计并开始使用第一批笔语文本语料库，同时他们预见到，该操作将很快会计算机化。与此同时，以韩礼德为代表的语法学家也开始记录自然言语并分析其语调和节奏（Halliday, 1963a，b, 1967a）。现在，我们有无限大的计算机语料库，包括笔语和口语文本（关于语料库语言学的最新综述，见 Cheng, 2011；McEnery & Hardie, 2012；使用语料库对英语的研究，见 McEnery & Gabrielatos, 2006；语料库与系统功能研究的关系，见 Hunston & Thompson, 2006；Wu, 2009）。

文本通常以书面形式出现在屏幕或打印的纸张上。如果原文是笔语文本，那么它的格式将被保留，或者至少可以保留。如果原文是口语文本，

---

⑭ 译者注：此处的“文本”与本书中的术语“语篇”相同，均指向英语单词 *text*；在语料库和计算机语言学领域，我们倾向于将其译为“文本”，其他情况下译为“语篇”，区别于另一个术语“话语”（discourse）。

它通常被转写成规则的正字法形式。但这带来了两个弊端：一是遗漏（无法录制语调和节奏）；二是忽略（转录通常会根据惯例做“规范化”处理，忽视某些特征，使其看起来好像是用书面形式书写）。因此，对于语法学家来说，口语文本的价值相对有限，且作为言语，仍然无法自动获取。

语料库是语言理论研究的基础。迄今，语言学就像1600年以前的物理学一样：几乎没有可靠的数据，对观察和理论之间的关系也没有明确的认识。但正是因为语料库如此重要，所以我们最好了解其优点和潜在缺点。下面我们将列举与语料使用相关的三处优点和一处缺点。

首先，语料库数据是真实的。这一特性是其所有其他优点的基础。人们实际上说的话，和他们自以为说的话差异巨大；更不同于他们认为自己应该说的话（Halliday 等，1964）。同样，人们在实验条件下说的或理解 52 的话，与他们在现实生活中说的或理解的话也大不相同。（例如，研究发现，4 至 5 岁的儿童在进行实验时，不能理解或不能产出关系从句和被动句；而实际上他们在 2 岁之前的自然语言中经常使用。）这种差异在笔语文本中不那么明显，尽管差异仍然存在。简・奥斯汀（Jane Austen）（又或者我们学校的老师）会不会承认她在《曼斯菲尔德庄园》中使用了双重“-ing”形式：*But it would rather do her good after being stooping among the roses*?（纽约：《亥伯龙》，无日期，第 64 页）。但在言语中，真实性变得至关重要；这就引出了下面一点。

其次，语料库的数据包括口语，从相当正式或至少是自我监控的言语（如采访）到随意而自发的闲聊。这一点很重要，但却并不像人们想的那样，这是一种观点的一百八十度的大拐弯，即与早期的观点相反，早期观点将日常言语斥为无形且不连贯的。这里有一个更积极的因素——不仅自然口语和写作一样是高度组织化的（口语只是按照不同的思路组织；Halliday, 1985a, 1987a）；更重要的是，人们正是在最缺乏自我监控的自发言语中，探索并扩展语言的意义潜势的。正是在此，我们到达语言的语义边界，并厘清了语法的发展方向（见 Halliday, 2002a）。

还有一点应该在此提出。既然现在自发言语是可以研究的[15]，有些语法学家建议为其单独编写语法。这一做法的优点是可以突出口语的特点，表明它是系统且高度组织化的；但这往往会夸大口语和笔语之间的区别，掩盖两者是语言单一系统中不同变体的事实。英语口语、笔语都是英语的不同形式——否则在电子文本中就不会出现各种既有笔语又有口语的形式。在我自己的研究中，包括本书的前几版，我总是两者同时考虑，并基于上述原因，略偏向口语；我一直想要保存两者的内在统一性。不管怎样，重要的是口语现在可以在语言学学术界占据一席之地，如果语言学理论要继续发展，则必须如此。

再次，语料库促成了语法的定量研究。显然，语法系统在本质上是**概率性**的：例如，英语的归一度系统并不是简单地建构为“肯定 / 否定”，而是“带有一定概率的肯定 / 否定”（研究发现概率常为 0.9 : 0.1）[16]。计算机化的句法分析（parsing）和模式匹配现在已经达到了可以对语法中的许多主要系统进行定量研究的程度，样本足够大，可比较不同语域（在不同语域下，概率可能被系统性地重置）。我们在这些方面做的工作还不够，无法将其纳入整个语言体系，但这是未来研究的重点领域。（语言的概率
53 性探究从最开始就是系统功能语言学的内容——事实上是在开始之前，见 Halliday, 1959；在形式语言学抵制了几十年之后，由于“语料库语言学”和“统计自然语言处理”的进步，人们现在更普遍地接受了语言的概率本质：见 Bod 等，2003。）

那么大规模语料库又有何问题呢？致力于语料库研究的语言学家，往往会不实地称自己为“纯粹的数据收集者”。我们怀疑他们是否真的在欺骗自己；他们非常清楚所做之事和所发现之事的理论意义。他们可能也会欺

⑮ 尽管现在技术障碍消失了，但却又出现了法律问题：如果偷偷录音，很可能会被起诉。

⑯ 见 Halliday & James（1993）；Halliday（1993a），Nesbitt & Plum（1988），Matthiessen（1999, 2006a）。

骗他人，让别人相信数据收集和数据理论化之间存在脱节。正是这种二分法，将语言系统与语篇分离开来，仿佛它们是两种不同的现象[17]，在过去几十年一直困扰着语言学。当然，来自语料库的新数据会对任何理论提出新问题，系统理论也是如此——正如乔纳斯（Steve Jones）所言，“无困难之科学根本就不能成为科学”（Jones, 1999: 152）。但是，这些新数据不会提升我们对语言的理解，除非将其置于理论知识库中，结合理论概念进行阐释。

我们强调这一点，是因为在20世纪末，至少在某些知识领域，有一股强烈的反理论意识形态的思潮。这是对“宏伟设计”的后现代的自觉性反应；正如在思潮转变中经常发生的那样，对知识过程起初的稳定修正，变成了比其修正的思想更极端的反叛。所有的建模（modelling）都变成了微建模（micromodelling），而所有范畴都变成了实例集合。无论是在符号系统还是在任何类型的系统中，我们都共同致力于数据和小规模现象的研究。但是，从一个人的思维中剔除宏观和系统，只不过是沉迷于另一种宏伟设计；“无神论”掩盖了一种特定的理论信念，在我们看来，这种信念就是判断错误，且信息不足（比较 Halliday & Martin, 1993：第十一章）。我们主张理论和数据之间的辩证互补：互补，是因为一些语言现象如果从理论角度阐释（即从系统一端）会表现得最好，而另一些现象如果被视为数据内部的模式（即从实例一端）表现得最好（见上文关于全球变暖的分析）；辩证，是因为每一个视角都相互渗透，并不断地重新定义对方。这是我们在目前工作中试图采用的一种思路。

---

⑰ “基于语料库的语法”很好；像英语这种得到充分研究的语言没有理由不以语料库为基础。但是，如果“语料库语法”指的是从语料库中独立出来的语法，那么在术语使用上似乎自相矛盾。数据不会自发地产生理论。一些语料库专家现在支持“语料库驱动”的方法（比较 Tognini Bonelli, 2001）。根据现有阐释，我们认为现在的语法符合语料库驱动；不同之处在于通用语言理论所得到的相对权重（以及理论科学实践的地位）。我们更多地利用了综合语言模型的解释力。在这方面，同样重要的是，我们需要强调，目前的语法已经以大多数“基于语料库的语法”从未有过的方式在真实语篇中进行了广泛测试：在语篇系统而详尽的分析中，它已被广泛应用。

1.6　理论、描述和分析

54 本章概述了语言的整体特征——我们可以将其称为人类语言的“架构”。此处，使用了一个常见隐喻 *architecture*（建筑物；架构）表示系统的组织方式，尽管“解剖”这一术语可能会更合适，因为语言是一个不断进化的系统，而非一个设计好的系统。如韩礼德（Halliday, 1985c）所示，我们从英语中选取了大量实例，因为本书的目标之一是描述英语语法，使之可以应用于英语的口笔语语篇分析。使用这种方法描述其他语言，同样有可能，也非常有必要。词汇语法语篇分析是一种重要工具，可用于解决言语社团在不同领域的问题，如教育、医疗保健、行政和商业等。使用系统功能语法描述的语言的数量一直在稳步增长。在卡法雷尔等人（Caffarel 等，2004）的书中，语言学家们展示了其中八种语言的概括性描述：德语、法国、泰卢固语、越南语、汉语普通话、日语、塔加拉族语和皮坚加加拉语等，这些都是跨语比较和语言类型学研究的基础。此后，语言学家增加了许多其他语言的系统功能描述（包括丹麦语、西班牙语、阿拉伯语、奥坎语、巴吉卡语和粤语），其中一些已经出版成书。

下章，我们将基于本章所概述的通用语言理论，开始描述英语的词汇语法。但是，我们先把**分析与描述**、描述与**理论**区分开来。在语言的实证研究方法中，三者均以数据为基础——首先是口笔语语篇；但与数据的关系又不同——即与数据的抽象程度差异很大。

我们观察语言时，是将其作为语篇来观察——即作为一段话或（通常的）零散文字。语篇位于实例化连续统的实例端（第 1.3.4 节），如果完成观察、收集语篇，并使其易于研究（例如，转录口语），就可以对其**分析**，探讨实例中的模式。（i）如果能够参考已有的系统描述（在实例化连续统的潜势端），就可以通过在语言系统中关联实例模式来分析语篇。换言之，可以通过**描述**语篇背后的系统来分析语篇，识别系统中的术语和语篇中实例化的结构片段，如上图 1-9 所示。语篇分析过程中，很可能会发现描述缺口，甚至得出错误的归纳。所以，语篇分析是一种严格的检测、改进现有描述的方法，因为其中所有内容都必须在描述中得到解释（见 Matthiessen, 2007b: 791-792）。（ii）如果没有可供借鉴的理论描述，这就意味着在分析具有代表性的语篇样本（即语料库；见上文第 1.3.4 节和第二章第 2.4 节）的基础上，必须逐步发展一个理论描述。换言之，**描述**语言是一个基于语篇数据分析进行概括的过程。这一过程的结果是对语言系统的**描述**，我们通过在语篇分析中利用这些描述，并将其应用于不同的任务，如语言教育或自然语言处理，来不断测试这些描述。

因此，分析和描述在语言实例化连续统的两端运作。介于这两端之间
的区域可以通过分析或描述进行探索：对语篇类型的描述可以解释为对语 55
篇样本的概括分析，而对语域的描述可以解释为对一般系统的专门描述；但是，无论哪种情况，所有阐释都得以语篇数据为基础。

描述是对**特定**语言系统的描述，而**理论**是对**通用**语言的阐释。所以，可以有各种语言的描述，比如英语、阿肯语和纳瓦特尔语等，但是只有一个通用人类语言的理论（见 Halliday, 1992e, 1996；Matthiessen & Nesbitt, 1996）。这本（系统）功能语法的导论性著作既是对通用语法理论的介绍，也是对英语这个特定语言的语法描述的介绍。该理论包括语法的“架构”——定义整个词汇语法符号空间的维度和这些维度中固有的关系——以及它与其他语言子系统（如语义学、音系学或字系学）的关系。因此，根据系统功能理论，词汇语法被分化为元功能谱系，在精密度阶上从语法扩展到词汇，并排列为一系列的级阶单位（见图 1.17）。此图展示了一个通用理论“模型”，根据该模型可以组织任何特定语言的词汇语法。

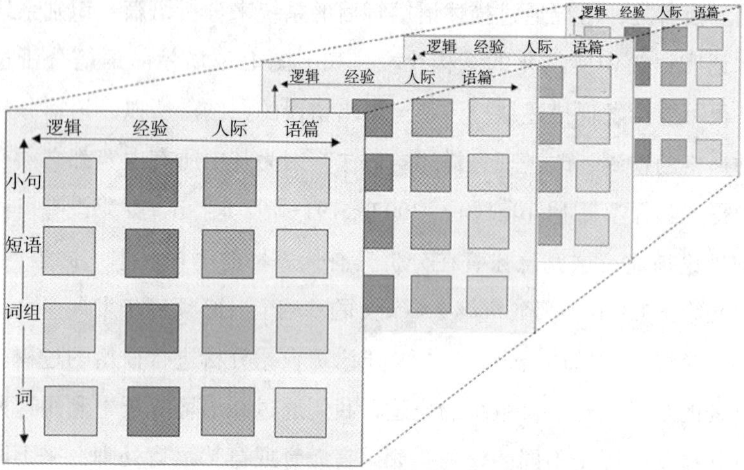

图 1-17　词汇语法的理论维度：级阶等级关系，元功能谱系和精密度连续统

然而，这个理论模型并不包含特定的某种语言或多种语言的具体细节。例如，图 1-9 所示的语气系统是英语所特有的：根据该描述，英语
56 中有一个直陈类系统，“直陈语气”是其入列条件，“陈述”和“疑问”是该系统的两个选项。其中，“陈述”语气的体现形式是“主语 + 定式成分”。这一描述是基于英语数据，即口笔语语篇的概括；一切描述都必须基于经验证据[18]。在描述其他语言时，我们很自然地会发现某些相似之处；例如，许多语言均可参考“陈述”和“直陈”的对比进行系统描述，尽管很少有语言像英语一样，陈述语气体现为“主语 + 定式成分”，区别于是 / 非问小句中的“定式成分 + 主语”（见 Teruya 等，2007）。类型学意义上的语言归纳是可能的，也是可取的，具有多种用途（见 Matthiessen 等，2008）；但这仍然是基于经验证据，而不是理论假设。

图 1-17 所示的模型可以适应各种可能的描述，其中许多对应今天实

---

⑱　重要的是要弄清楚到底是理论术语还是描述术语；麦蒂森和其他学者（Matthiessen 等，2010）对它们进行了系统区分。

际使用的语言。我们将在第二章基于元功能和级阶，呈现英语词汇语法矩阵或总体概略图，其余章节（表 2-8）会进行更加详尽的描述，从而在精密度阶上到达某个点——但这离词汇端还有较远的距离，甚至离语法与词汇的中间区域都有一定的距离。

这本（系统）功能语法导论，无论在理论还是描述上，均与其他论述存在诸多不同。（i）在理论方面，我们将系统功能语法理论归入语法功能理论的大家族，与形式语法理论形成对照（见 Halliday, 1977; Matthiessen, 2009b）。在功能理论家族中，系统功能理论具有独特的系统纵轴取向（见上文第 1.3.2 节；Halliday, 1966a）——即将语法看作系统，并呈现为系统网络；其他功能理论则是横轴取向。系统功能理论还在以下方面不同于其他众多功能理论：它强调全面的、基于语篇的描述——可以用于具体语篇分析的描述；其他功能理论则强调语言比较和语言类型学研究，它们往往基于来自多种语言的语篇片段的描述。

（ii）在描述方面，本书显然是英语语法的系统功能描述——它构成了系统功能语言学中不断演变的描述分支（见 Matthiessen, 2007b）。该描述可以与近 500 年来已有的其他英语语法描述进行对比，如 Gleason（1965），Michael（1970）以及 Linn（2006）等。它们自然在诸多方面有所不同，例如描述与理论的关系（同质或异质［“折中的”］），与语料的关系（见第二章，第 2.4 节），与时间的关系（历时和共时、或某种综合），与方言变化的关系（有多少英语变体），所覆盖的语言现象——从关注不同语域的选择性语法（如英语口语语法）到参考语法，以及与目标 57
读者的关系——从语言学习者到专业语法学家。原则上，参考语法是最为全面的描述。

20 世纪上半叶，出现了不少参考语法，主要由丹麦或荷兰的语法学家编写，其中最全面的是叶斯柏森的七卷本的鸿篇巨制《现代英语语法》（*Modern English grammar on historical principles*），从 1909 年到 1949 年陆续出版。叶斯柏森于纳粹占领丹麦的 1943 年去世，该书最后由尼尔斯·海斯兰德（Niels Haislund）完成。20 世纪下半叶，英语语法学家接管了参考语法的编写，其中简·斯瓦特维克（Jan Svartvik）和斯蒂格·约翰逊（Stig Johansson）代表北欧传统，两者均对基于语料库的英语语法研究做出了重大贡献：Quirk 等（1972, 1985）、Biber 等（1999）、Huddleston & Pullum（2002）等。本书介绍的英语语法描述不是作为参考语法编写的。然而，不同于最近的参考语法，或者之前所有的参考语法，本书的描述旨在用于语篇分析（见 Halliday, 1985c），这便对描述提出了相当严格的要求。自 1985 年《功能语法导论》第一版问世以来，研究者们利用书中的理论描述已经分析了大量不同语域的语篇（见 Matthiessen, 2007b：824－830）。

第二章

功能语法概述

2.1 语法分析

我们从纳尔逊·曼德拉的一段演讲中节选了三个句子，探讨其词汇语 58
法特征：

语篇 2-1：探索——纳尔逊·曼德拉就职演讲节选

To my compatriots I have no hesitation in saying that each of us is as intimately attached to the soil of this beautiful country as are the famous jacaranda trees of Pretoria and the mimosa trees of the bushveld.

Each time one of us touches the soil of this land, we feel a sense of personal renewal. The national mood changes as the seasons change.

We are moved by a sense of joy and exhilaration when the grass turns green and the flowers bloom.

从词汇端开始，对于词汇中的“实词”，我们可以在演讲中找到实体名称（人物与事物）、过程名称（动作、事件等等）和特征名称：

[1] 实体名称

（a）普通名词

人物	compatriots
事物：具体、一般	soil, country, trees, bushveld, land, grass, flowers

事物：具体、特定	jacaranda, mimosa
事物：抽象	hesitation, sense, renewal, mood, seasons, joy, exhilaration
（b）专有名词	Pretoria
[2] 过程名称	
（a）做、发生	touches, change(s), bloom
59 （b）感知、言说	saying, feel, moved
（c）是、有	have, is, are, turns
[3] 特征名称	
评价性	beautiful, famous
情感性	attached, intimately, personal, national

上述人物和事物均以名词命名，而特征以形容词（其中一个通过副词：*intimately*）命名，过程则以动词命名。动词、名词、形容词都是语法**类别**——即词类。

词类可以"从上面"（即从语义层面）来看，动词一般描述过程，名词描述实体，而形容词描述（实体或过程的）特征。词类还可以"从周围"（即从自身层面）来看，参照它们所处的各类关系（比较 Halliday, 1963c）：纵聚合关系（它们的备选单位）和横组合关系（它们的周边单位）。我们可以基于任一语轴，建立词汇关系（搭配和集合）和语法关系（结构和系统）。下面是这段演讲中找到的一些例子。

（i）横组合关系 / 词汇［搭配］

change ... mood, season
grass ... flower, green
flower ... bloom
move ... sense ... joy, exhilaration
soil ... land, country
tree ... jacaranda, mimosa
say ... hesitation
country ... beautiful

搭配的衡量标准是，在特定范围（**跨度**）内，因为某个特定单词（**节点**）的出现，另一个单词（词项）出现的概率增加。这可以通过语料库进行检测。例如，*season* 这个词在库容一千万词的语料库中出现了 1000 次，这可以说明其出现的总体概率。但如果给它一个节点 *change* 以及 ± 4 的跨度（即，两边均为四个词），我们可能会发现，*season* 出现的概率会大幅上升。这意味着，如果在一个语篇中听到或读到 *change* 这个词，我们很可能期待 *season* 紧接着在下文出现。词项 *season* 可以与 *change* 搭配，这成为它的词义的重要特征之一。当然，这种调节效应（conditioning effects）是双向衡量的：在 *change* 出现的情况下，*season* 出现的可能性增大；而在 *season* 出现时，*change* 出现的可能性也会增大[①]。此种搭配模式 60
对揭示语篇意义有重要作用[②]。

（ii）横组合 / 语法［结构］

the	famous	jacaranda	trees	of Pretoria
the		mimosa	trees	of the bushveld
the			soil	of this beautiful country

这些序列（或其他任何序列）中的词可以归入不同语法类别。由于 *the* 是定冠词，*of* 是介词，第一个例句的序列为：定冠词 + 形容词 + 名词 + 名词 + 介词 + 名词。词类的这种序列称为**语段**（syntagm）（如 Halliday, 1966a）。但语段无法很好地解释语序的组织方式或语义内容。语段的

---

① 如果词语在语言中出现的总体频率相差很大，这种效应就会不一样：例如，罕见词 *jacaranda* 与常见词 *tree* 搭配在一起。

② “搭配”这个概念是由弗斯（Firth, 1957）首次提出的（见 Hoey, 2005），随后得到广泛接受，尤其是在语料库分析中，比如伯明翰传统，如 Sinclair（1987, 1991），Coulthard（1993），Hoey（2005）和 Cheng 等（2009）。关于系统功能学对搭配的更多阐释，见 Halliday（1966b）、Halliday & Hasan（1976：第 6.4 节）、Benson & Greaves（1992）、Gledhill（2000）、Tucker（2007）和 Matthiessen（2009b）。麦蒂森（Matthiessen, 1995a）将搭配类型与结构配置联系起来，例如，过程 + 中介，过程 + 范围，过程 + 程度，事物 + 特征语（关于基于语料库的过程 + 程度的研究，见 Matthiessen, 2009b）。

意义在于它体现了**结构**：这是一个可以通过功能术语进行成分分析的有机配置。词项 *trees* 表示所指实体的范畴，我们称其为事物（Thing），*jacaranda* 是在这个总体范畴之下的类别，其功能是类别语（Classifier）。词项 *the* 有一个指向功能，即指示语（Deictic），它标志着这个类别中某个特定成员被拣选出来，而 *famous* 是紧接指示语之后出现的一组特殊形容词中的一个，它仍具有指向功能，我们可以称其为后位指示语（Post-Deictic）。在事物出现后，我们才能看到 *jacaranda trees* 指的是 *Pretoria* 的 *jacaranda trees*，因而 *Pretoria* 充当定性语（Qualifier）（暂且略去对其内部结构的分析）。对这个例子的分析如下：

the	famous	jacaranda	trees	of Pretoria
指示语	后位指示语	类别语	事物	定性语

词组 *the mimosa trees of the bushveld*（灌木丛中的含羞草树）具有相似的结构，不同之处在于它有一个后位指示语，以及其中的定性语是普通名词而不是专有名词。在 *the soil of this beautiful country*（这个美丽国家的土壤）中，没有类别语，但定性语却比较长（说明定性语实际上可以包括一个充分延伸的名词词组）。这三个名词词组每个都具有相同的功能序列——定冠词 + 事物 + 带有 *of* 的定性语。每个词组恰好都包含 6 个单词，在曼德拉的演讲中，它们都包含三个音步（从第一个强音开始）：

// ^the	/famous jaca	/randa trees of Pre	/toria//
// ^the mi	/mosa	/trees of the	/bushveld//
// ^the	/soil of this	/beautiful	/country//

61 此处，语法（功能）与音系（节奏）平行关系相结合，突显了 *attach* 这个词在语法上的双重性，（*be attached to* 既表示［1］“依恋、爱”的心理过程，又表示［2, 3］“根植于、属于”——可以使人通过“根”联系到［1］的含义）。这个分析清楚地表明，不同层级的模式之间的互动，对意义的构建会产生重大影响。

（iii）纵聚合 / 词汇［词集］

从纵聚合意义上讲，词项在具有共有语义特征和搭配模式的词集中发挥作用。词项 *tree*，*flower*，*grass* 的共有特征是植物属性名称，语料库显示它们一般倾向于与色彩词、各种与 *grow* 相关的词项搭配，等等。这些词集通常边界模糊，其成员类别很难确定，或身份不固定（例如，*bush*，*blossom*）。

多年前所做的词语联想测试显示，人们可以沿着两个语轴将词语关联起来：如果提问，听到 *tree* 这个词时，脑海里会出现什么词，大家一般会从横组合上列举出一些，如 *green* 和 *grow*，同时还可以从纵聚合上列举出一些，如 *grass* 和 *bush*。当然，这些词中许多都与两个语轴相关，如 *tree* 和 *branch*，它们构成了一种系统对比（*branch* 是 *tree* 的一部分），但同时它们也能够互相搭配，如 *climbed up the branch of a tree*（爬上树枝）。

一般而言，将词集里的成员联系在一起的语义特征包括近义（synonymy）、反义（antonymy）、上下义（hyponymy）、部分-整体关系（meronymy）等：换言之，在语义上它们是相近或相反的词，属于同一类型下的不同子类（同源上下义词：如 *oak, palm, pine* 等都是 *tree* 的子类）或同一整体的各部分（同源部分-整体词：如 *branch, root, trunk* 都是 *tree* 的一部分）。因此，在纳尔逊 · 曼德拉的演讲中，在与 *trees* 相关的背景下，*jacaranda* 和 *mimosa* 指其他与树开花相关的词语（也与 *flower* 相关）; *personal* 和 *national* 关联了其他一些词，如 *regional* 和 *familial*。词项 *Pretoria* 和 *bushveld* 是［*this beautiful*］*country*((这个美丽)国家)的一部分，即其首都和开阔的乡村地带；它们同样也指其他所有地方。另外，*joy* 与 *happiness*，*gladness* 和 *pleasure* 相关，同时也与其反义词 *sadness* 和 *distress* 相关。这些“没出现”的词项不需要提及，因为它们是语篇中已经出现的词项的含义的一部分，一旦相关向量建立起来，在语篇中它们就显而易见。下面的图 2-1 展示了这段语篇中所建立的词汇关系。

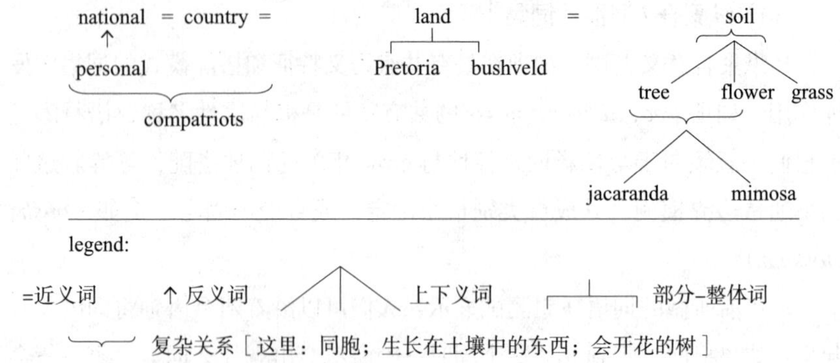

图 2-1　曼德拉演讲节选中的词汇模式（注意 *land* 一词含义上的变化：（1）= 国家；（2）= 土壤）

62 **（iv）纵聚合 / 语法［语法系统］**

如第一章所述，语法范畴是按照系统来组织的。例如，英语以及其他大多数语言中都存在一个“人称”系统，该系统是基于“你和我”与“其他任何人（或其他任何事）”的对立，继而又基于“你”与“我”的对立（见图 2-2）：

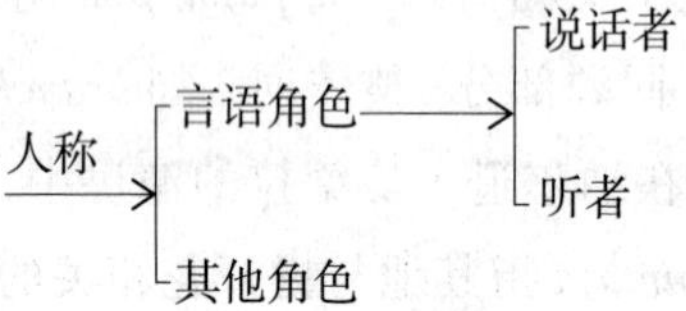

图 2-2　人称系统

人称系统可以与数的系统相互交叉，后者包含“一”与“多”的对比（见图 2-3）：

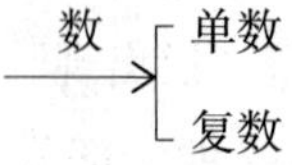

图 2-3　数的系统

在不同语言中，这两个系统的组合方式各不相同。（现代标准）英语中，其组合方式见表 2–1，详细信息见第六章。

表 2–1　人称系统和数的系统的交叉

人称： 数：	说话者（+） （第一人称）	听者（+） （第二人称）	其他人称 （第三人称）
单数	I/me	you	he/him, she/her; it
复数	we/us		they/them

“第一人称复数”可以表示“不止一个说话者”，比如宗教集会上的会众；大多情况下，它指“说话者 + 其他人”。在上面的语篇中，曼德拉是唯一的说话者（因此是 *I*）；但“其他人”也明确说了出来，因为 *my compatriots*（我的同胞们）是一个语义上更为复杂的表述；其中，所有格 *my* 的语义通过 *compatriots* 一词（其中的 *com*）得到确定。因此，*my compatriots* 意思是“那些和我一样属于同一国家的人”；这些是构成 *we* 的“其他人”。此处，另一个语法系统切入了进来（见图 2–4），集体性的 *we* 和个体性的 *each (one) of us*。而 *compatriots* 意思是“像我一样属于同一国家的每一个人”，因而该系统将已经词汇化为 *national/personal* 的“对立”语法化。通过词汇语法资源，曼德拉将每一个南非人识解为单一个体，同时又将他们全部与自己联系起来，使其互相关联。

63

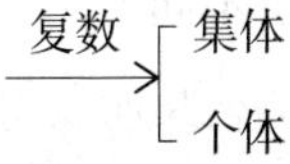

图 2–4　复数系统

当然，在其演讲稿中，曼德拉在每个小句中都做了许多语法选择。所有这些选择构成了整个语篇的语义；某些选择可能比较突出，产生了与当下语境非常契合的模式。另外，大家也许会注意到，曼德拉将小句过程类型系统（见第五章的及物性系统）与小句复合体扩展系统中（见第七章的逻辑语义关系系统）的选择结合起来，如表 2–2 所示。

表 2-2　曼德拉就职演讲中过程类型与扩展的组合选择

过程类型：物质过程	过程类型：心理过程	扩展
attach (grow in)	attach (love)	as…as［比较］
touch	feel	each time［时间］
change (season)	change (mood)	as［比较 / 时间］
bloom	move	when［时间］

在物质过程中，核心参与者是环境的一部分：*trees*，*soil*，*flowers* 以及抽象的 *seasons*。在心理过程中，核心参与者是 *we/us* 以及抽象的 *national mood*。然后，通过体现为"同时 / 以同样方式"的时间或比较关系，这两组过程与结合了这两个主题的抽象过程联系了起来。这些都是语法中高度模式化的选择；其总体效果是，通过一个语义关系网络，在个人、国家和物理环境中创造出一种强大的认同感。我们可以用图表表示，见图 2-5。

上面我们分析了曼德拉演讲中几个句子，它们说明了"工作中"的词汇语法是如何创造出以语篇为形式的意义（关于曼德拉演讲的进一步分析讨论，见 Martin, 1999）。通过将措辞中的某些特征（包括词汇和语法特征）置于语言系统中的横组合和纵聚合背景下，我们可以更好地理解这一过程。随着语篇的展开出现了不同模式，其中一些模式通过与语篇或情景语境中的另一些模式产生共鸣，从而获得了附加值。语篇本身就是这样一个例子；这种共鸣是可能的，因为它背后隐藏着一种潜势，它影响着说话者或作者所做的每一个选择，听者和读者都会根据这个潜势来解读这些选择。我们把这种随着语篇的展开不断产生意义的过程称之为**语篇发生**（logogenesis）（Halliday & Matthiessen, 1999: 18；比较 Matthiessen, 2002b）；在本书后面章节讨论语篇的不同变体（如口笔语）之间的关系时，这个概念会变得尤为重要（见第九章，第 9.1 节）。

64

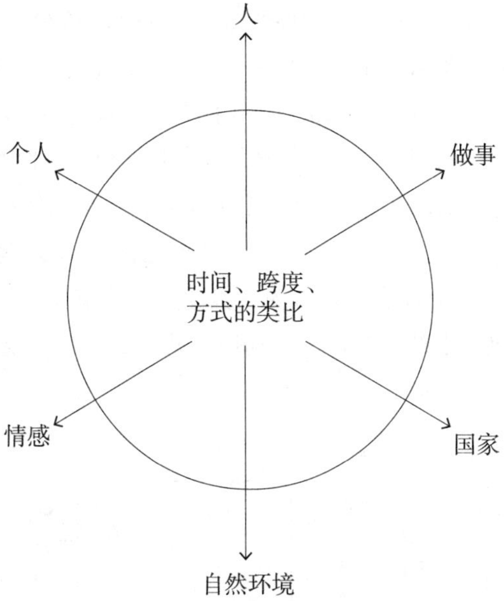

图 2-5　按照语法系统识解的曼德拉演讲中的语义关系

2.2　词汇语法连续统

我们已经强调了词汇和语法之间的**统一性**（unity），它们处在同一连续统（或连续体）的两端，如图 2-6 所示。

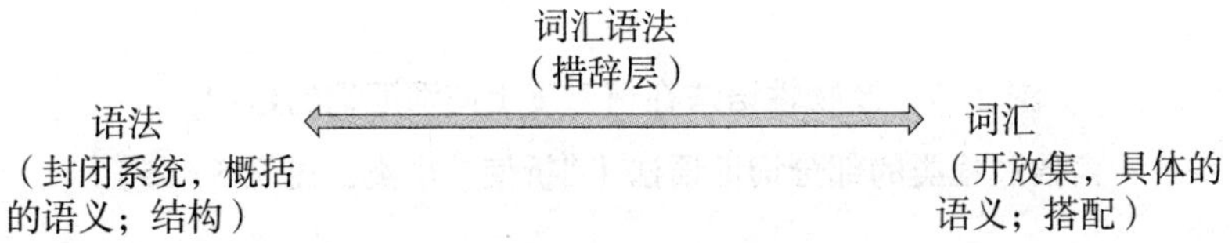

图 2-6　词汇语法连续统

由于这两端的组织方式不同，其描述方式也有区分：我们可以通过字典或同义词词典来描述词汇（Halliday 等，2004：第一部分；Landau, 1989：第二章；McArthur, 1986），而通过“语法书”来描述语法（按照欧洲传统，一般描述句法结构和词形变化）（Michael, 1970; Linn, 2006）。任何一种方法都可以沿着这个连续统一直延伸，不过其回报会越来越少：字典提供的“语法词”（如 *the*，*to*，*if*[③]）的解释并没有多大帮助；并且，虽然我们可以通过“特征”系统很好地描述词项，但普遍性程度很低。它很有帮助，因为它显示了当你选择一个单词时，你是如何在一系列对比特征中进行选择的。例如，在图 2-7 中，“词汇化”（体现为词）的特征是那些涉及秩序的效力程度、其后的权威性类型以及肯定荷载或否定荷载的特征。根据这些系统区分出的动词词汇见表 2-3[④]。注意，它们并不是

65

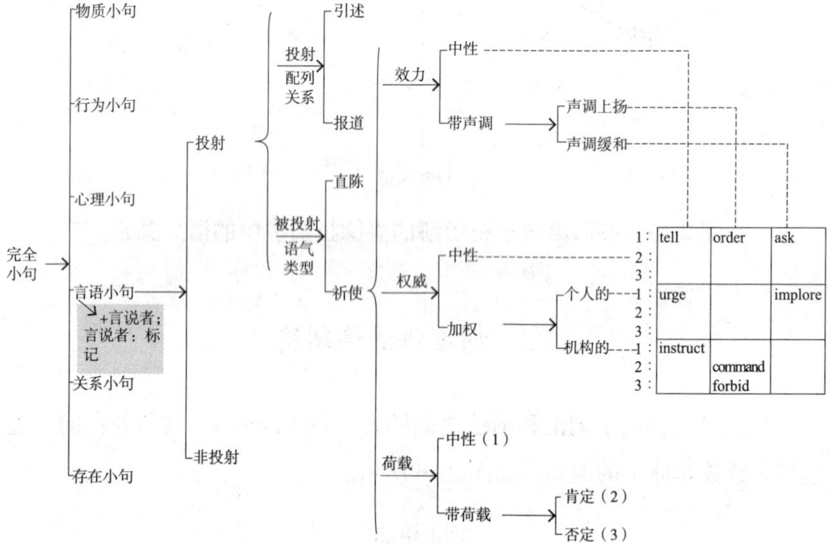

图 2-7 及物性语法在精密度上向词汇端的延伸：

言语过程类的部分词汇语法（“祈使”小类：见表 5-25）

---

③ 即那些可以直接体现语法系统中的术语的词语。

④ 更准确地说，这些系统对实义动词的**含义**进行了区分。这些含义一般在词典中都有独立的子索引。例如，与 *tell* 相关的含义是“命令、指示、建议”，而不是其他，如“叙述、讲述（一个童话或故事）”。高频词一般包含不止一个含义，动词的含义很可能与不同的过程类型或者某个过程类型下的子类对应（见 Matthiessen，即将出版）。

针对这些词的定性描述；这里是为了体现“词汇是最精密的语法”的原则。其他例子可见 Hasan（1985a, 1987）、Tucker（1998, 2007）、Halliday & Matthiessen（1999）、Matthiessen（即将出版），对于词汇和语法之间的互补性，见 Halliday（2008：第二章）。

表 2-3 图 2-7 中的通过精密动词过程类型系统区分的部分“言语”动词

效力	权威	荷载	过程：
中性（1）	中性（1）	中性（1）	*tell*
上扬（2）	中性（1）	中性（1）	*order*
缓和（3）	中性（1）	中性（1）	*ask*
中性（1）	个人（2）	中性（1）	*urge*
中性（1）	机构（2）	中性（1）	*instruct*
上扬（2）	机构（3）	肯定（2）	*command*
上扬（2）	个人（2）/ 机构（3）	否定（3）	*forbid*
缓和（3）	个人（2）	中性（1）	*implore, beg*
上扬（2）	机构（3）	肯定（3）	*require*

上面所举例子均来自小句的词汇语法，或确切地说，来自经验系统中 66
的**过程类型**（见第五章）。经验系统处于词汇语法连续统的语法端：以这个系统中的一个术语“言语”过程为例，我们已经说明了如何在精密度上将描述扩展到我们可以开始辨别表 2-3 所示类型的词汇对比的程度。

如果词汇和语法理解为连续统的两端，那么在这个连续统的中间是什么？正是在这里，我们定位了那些在纵聚合轴上进入系列的词项，这些词项可以从两个视角来看：要么从语法角度，它们是相当大且模糊的封闭系统；要么从词汇角度，它们是在某种程度上确定且有限的开放集。在英语中，这包括介词、时间副词和其他特殊副词，以及各种各样的连词。由于这是一本语法书，尽管篇幅有限，我们将从语法的角度来处理这些半语法模式。

但是，什么样的横组合模式会在连续统的中间位置呢？这些模式界于结构和搭配之间，具有两者的一些特征（见 Tucker, 2007）。参考下列措辞模式：

take + pride/pleasure/delight + in + ... -ing
to make + things/matters + (even +) worse/more ...
waste/squander/spend + time/energy/money + on/in + ...-ing

在将英语作为外语进行教学的背景下，这种混合或中间类型的模式引起了人们的注意，尤其是在霍恩比（A.S. Hornby）的研究中（如 Hornby, 1954）；在**构式语法**的框架下，语言学界对其也进行了研究（如 Kay & Fillmore, 1999; Fillmore, 2002）。但正是由于有了语料库，我们现在才能接近它们，并对其进行详尽探讨；特别见 Hunston & Francis（2000），以及 Partington（1998）——注意前者的副标题“[模式语法：] 语料库驱动的英**语词汇语法**”（我们加的黑体强调）。

这种模式带来两个不同问题（但有时它们混在一起）：我们如何找到它们？我们又如何描述它们？第一个问题的答案可以通过语料库找到。这种模式很难通过自省获得，而且无论如何自省也都不太可靠；并且，它需要语言学家们投入大量的阅读和倾听精力，比他们通常能够或愿意付出的更多；但是，通过使用标准的语料库检索技术，它们就能很容易地显示出来。

当然，第二个问题的答案取决于语法理论。从系统的角度来看，它们在语法中表现为具有适度精密度的选择：通常出现在及物性及其相关系统中，实现方式复杂，涉及语法和词汇选择（见 Tucker, 2007）。总的来说，它们比我们在这本书中要论述的更为详尽；我们讨论了几个这样的模式（见第五章、第七章和第十章），以显示它们的位置——即它们在整体语言地图中的位置——以及它们是如何从语法上探讨的——即它们是如何被理论化为语言整体系统的一部分的。我们还将看到它们所带来的一些问

67 题，尤其是它们复杂的实现方式（例如，某种模式在小句中是系统选择的

结果，但却在整个小句复合体 / 组连中体现得并不连贯）。

亨斯顿和弗朗西斯（Hunston & Francis, 2000）将他们的研究目标定为“词汇语法”，这（恰当地）表明，他们是从词汇视角研究这些混合模式的。在短语学（phraseology）这个标题下，人们也对这些模式做过研究（如 Greaves, 2009；Cheng 等，2009），而塔克（Tucker, 2007）则从系统功能角度对词汇语法连续统中的这个中间地带做了概述。

如前所述，从语法视角体现的是具有中等精密度的语法，最精密的语法是词汇本身。如果我们在整个过程中始终坚持语法学家的观点，词汇就可以看作扩展到最精密程度的语法。对于英语词汇中的任何一个重要部分，至少需要 100 卷目前的篇幅才能将语法描述扩展到这一点；而且，前面已经提到，向另一端扩展得越远，得到的回报越小。然而，在某些语境中，对词汇的这种系统阐释是很有价值的（见 Hasan, 1985a, 1987; Tucker, 1998）；即使在对语法的概述中，我们也有必要保持全面详尽，揭示词（词项）的选择和语法范畴的选择之间的关系——特别是考虑到这两者之间的互补性（见下一节）。

2.3　语法化

请看下列表达：

didn’t succeed ... nowise (or in no way) succeeded ... failed

它们都包含一个“否定”的语义特征，但是，在词汇语法连续统的不同位置，识解的方式不同。在 failed 这个词中，“否定”意义被词汇化；在 didn’t succeed 中，“否定”意义被语法化；而在 nowise succeed 中，“否定”意义半语法化，它被识解为连续统中的中间地带；nowise 出现在一个包括 never，at no time/seldom，rarely/hardly ever/nowhere/... 等词的延伸系统中。

上面的表达也包含了“过去时”的语义特征。但这三例均被语法化，且采用动词的 V^d 形式（过去时）（failed，succeed，did，见第六章）。

试想一下，如果某个语言中所有意义都由词汇识解，在每个语法范畴中，每个词项都会有不同的词语；不仅仅是肯定或否定意义的词语，如 success/fail，trust/distrust（带有相反意义的词语，如 not see，not go，not know，not...），甚至每个动词的每个时态和人称，每个名词的单复数（如 person/people），每个形容词的比较级（如 good/better），等等，都会有不同的词语。这样一种“语言”需要数十亿个不同的单词。换言之，这种语言无法按照系统学习，无法将其作为语篇加工，除了在规模极其有限的情况下，它根本无法作为一种语言发挥作用。

某些意义需要语法化，这是语言的一个必要条件。这些意义并不需要在每个语言中都完全相同；事实上，它们的确也不完全相同，特别是在地
68 点、时间、规模、价值、数、性别等范畴上。不管怎样，我们看到，语法化具有不同的程度；这并不是一个要么有，要么无的现象。然而，一些意义好像总是被语法化（归一度是最明显的例子之一），而许多其他意义则不太可能被语法化。

如果一个意义被“语法化”了，这就意味着它在语言中是按照如下方式组织的：（i）作为一个由相互排斥的术语组成的封闭系统；（ii）与某些普通范畴相关；（iii）始终体现均衡性。例如：（i）肯定 / 否定、单数 / 复数、过去 / 现在 / 将来时；（ii）所有小句、可数名词、动词的某个特点；（iii）［小句 $_1$］肯定：否定：：［小句 $_2$］肯定：否定：：［小句 $_3$］肯定：否定：：……；以此类推。这些是语法系统的三个典型特征：**封闭性、普遍性、均衡性。**

语法化并不取决于这些范畴是如何体现的。体现的方式可能多种多样：某个词或某些词在发音或韵律形式上的变化；某个词、词组或小句的构成成分上的增加；词、词组、或小句序列的变化。对所有范畴来说，或

者在所有情况下，体现形式不一定完全相同；但大多数情况下，体现方式在某些方式上比较系统，足以确保均衡性，只有一小部分的“例外”（很可能包括某些常见词项）。例如英语中的过去时，在所谓的“弱”动词中通常是由 [*e*]*d* 形式体现；在“强”动词中，元音也可能会发生变化；另有一些元音会发生变化，同时要加上 *-d/t* 结尾（如 *think/thought*，*do/did*，*mean/meant*）；还有一小部分词汇化（*am/was*，*are/were*，*go/went*）。准确地说，这些体现形式的多样性对均衡性并没有影响：“过去时”到“现在时”的关系始终保持不变[⑤]。

系统语法是围绕语法化这一概念的语法，意义被识解为一个互相关联的对比网络[⑥]。但“语法化”这个术语本身就有问题，它强调“过程”意义——某些东西**被转化**为一个语法系统。这就掩盖了语言的内在本质是以语法系统组织的事实。不管怎样，我们可以将语法化视为一个按照时间发生的过程——事实上，是在时间的三个不同维度发生的过程（Halliday & Matthiessen, 1999: 17–18）。（i）在**个体发生时间**（ontogenetic time）上，儿童的早期语言发展是基于原始-语法（proto-grammatical）的创造，然后才是语法体系（Halliday, 1975, 2004）。（ii）我们无法直接在**种系发生时间**（phylogenetic time）上进行观察，即人类语言的演化；但是我们可以在某些特定语言的历史中追踪例子（例如，英语中的次要时态和被动语态；见第六章；Strang, 1970）。（iii）当某个一定篇幅的段落（包含一个或者多个小句）通过一个词或短语重述时（见第十章），我们就可以在**语篇**

---

⑤　这并不意味着每个范畴的意义在整个**语法**背景下保持恒定。例如，我们在第五章会看到，现在时在物质过程和心理过程中的意义不太一样，但这与时态的体现形式无关。

⑥　我们使用“对比”（contrast）而不是索绪尔的术语“对立”（opposition），就是因为后者意味着所有的对比是二分的。将包含不止两个选项的系统压缩为二元对立的选项，在形式层面上一直是可行的，但从语义上看就比较武断，且有误导性。例如，英语的过去时 / 现在时 / 将来时的时态系统，在某些方面是过去时 / 非过去时，在某些方面是现在时 / 非现在时，在某些方面又是将来时 / 非将来时（但在大多情况下是包含三个选项的系统）。对于这样一个涵盖三个选项的系统，任何二元对立的体现形式同样都是武断的。

发生时间（logogenetic time）上看到它，即话语的展开。因此，在我们谈
69 论语言的“系统”是以语篇形式实例化的语言潜势时，实际上我们是在将语言理论化，将其看作在所有这三个时间维度上不断进行语法化的结果。

这种理论化的证据，当然是从人们所说、所写中搜集的，换言之，是从语篇中获得的。这就是语料库的缘起（见第一章，第 1.4.2 节）。

2.4　语法和语料库

建设语料库的初衷是将其作为研究语法的工具。在夸克（Quirk）等人编纂《英语综合语法》（*A comprehensive grammar of the English language*）（Quirk 等，1985）时，语料库发挥了非常重要的作用，夸克称他们的调查研究是“媲美美国国家航空航天局外银河系数据库（NED）的英语用法数据库”⑦。随着语料库逐渐发展成为目前的计算机化的形式，它开始为词汇学家们（特别是词典编纂者们）所使用。虽然最近出版的由比伯（D. Biber）等编纂的《朗文英语口笔语语法》（*The Longman grammar of spoken and written English*）（1999）是一本以语料库为基础的语法书，但直到现在，语料库仍是词汇研究中主要考虑的工具⑧。

如果采用自动化方法，检索词汇信息要比检索语法信息容易得多（参考 Halliday, 2002a）。数据采用了标准的拼写和断句，以正字法形式（orthographic form）存储：如果文本来自笔语，则完全按照原来形式存储（首先将文字输入到文字处理器，然后扫描或者保存已是电子版的文本）；如果文本原来是口语，则按照相同的正字法常规转录（并经常标准化）。

最容易直接获取的成分是（拼写）词：一串字母，前后以空格为界，或者前后既有空格也有标点符号（见第一章，第 1.1.2 节）。词不仅可以马

⑦　译者注：NED 的全称是 NASA Extragalactic Database，即“美国国家航空航天局外银河系数据库”。

⑧　它为语法的词汇研究路径和观点提供了支撑（参考 Hoey, 2005）。

上获取，还可以按照现有常规顺序排列，即“字母顺序”。同一类的标记（即，相同顺序的字母的例子）随后可以计数，（单词）类型可以按照出现频率排列。挑选出某个特定词所在的语篇，按照词语检索（concordance）形式显示这些语篇，展示这些词两边的搭配，这并不难；搭配从而可以视为单一词项，可以对其进行相应的定量研究。所有这些信息都可以作为字典编纂的素材。

语法信息检索比较难。正字法并不能显示任何比词更高的单位；换言之，它是通过断句来显示比词更高的单位的。但是，正如我们所看到的，这些是字系学单位，与语法单位并不一定完全对应（参考 Halliday & James, 1993 中概述的方法）。它也不能显示词类；也几乎无法显示词组、短语或小句的结构[9]。经历了很长时间的发展，标注器（tagger）（标记词类的系统）和解析器（parser）（分析更高单位的结构的系统）才有了足够的精确度，能够胜任研究工作。即使是现在，我们仍然离能够以正字法 70
形式输入文本，并给出其语法描述——尤其是丰富的系统性和功能性描述——还有一段距离（见 O’Donnell & Bateman, 2005）。

那么，如何让语料库成为语法研究的工具呢？如果想充分发挥语料库的潜力，必须利用计算机工具来探索语料库（见 Teich, 2009l; Wu, 2009）。这些工具能提高我们的工作效率，但是也有一定的局限性。能够提高效率是因为，计算机可以比人工处理更多的文本，使那些以前无法看到的语言特征显现出来。也有局限性是因为，计算机虽然能够完成自动分析，但离人工分析所能实现的丰富性和信息性还有很远的距离。我们可以根据第一章介绍的组织符号维度来描述当前自动分析的能力（见表 1-3，图 1-6）。从广义上来说，沿着级阶越往上行，自动分析就越困难：它可以处理任何以正字法单词表示的模式，也可以处理词汇语法中某些不太常见的模式，

⑨ 当然，某些英语语料库已经标注了词类，甚至是句法解析。例如，以网络为基础的美国当代英语语料库（COCA）（见下文脚注 12）的界面非常不错，用户可以通过词串加词类标记、词项（词条）等确定具体搜索内容。

但却无法处理对小句的全面而系统的功能分析，也无法实现语义分析[⑩]。因此，在词汇语法分析中，我们可以通过词类标注器自动确定词类，也可以通过解析器自动识别表现为词类和词组 / 短语（语段）的语法结构；但是，涉及功能结构和系统特征的分析要比对语篇信息流进行的自动分析要难得多（见 O'Donnell, 1994; Teich, 2009）。所以，我们需要在分析量和丰富程度之间进行协调：在处理大批量的文本分析时，低层次的分析可以采用自动分析，但对于高层次的分析，如果文本量较小，需要通过人工处理。

针对现状，我们采用了双管齐下的方法：采用某些计算机索引工具，在大型语料库中寻找低层次类型，然后采用计算机数据库系统，记录、阐释文本量较小的高层次类型的人工分析：见表 2-4[⑪]。其中，在编写本书时使用的工具用粗体和斜体标示；它们是由吴灿中（Wu Canzhong）和麦蒂森研发的（见 Wu, 2000, 2009）。

71 **表 2-4　文本和语料库的自动和人工分析工具**

分析的最高级阶	分析的最高语轴	自动分析	人工分析
小句	纵聚合 + 横组合		***SysFan*** [Wu, 2000]；WAG Coder [O'Donnell, 1994]；UAM CorpusTool [O'Donnell, 2011]
	仅横组合：功能结构		功能语法处理器（Functional Grammar Processor）[Webster, 1993]；Systemics [Kay O'Halloran & Kevin Judd]

⑩　我们讨论的是用来处理语篇信息流的计算机系统。建立能够处理篇幅较短、限定在某些语域的语篇的系统，一直都是有可能的。

⑪　目前有各种为研究领域提供非商业用途的工具和资源，例如 http://www.clarin.eu/vlo/，以及为系统功能领域的研究人员开发和使用的 UAM 工具（http://www.wagsoft.com/CorpusTool/）。

续表

分析的最高级阶	分析的最高语轴	自动分析	人工分析
	横组合：语段	标准解析器，例如赫尔辛基函数依存解析器（Helsinki functional dependency parser）	
词语		标注器；词语检索工具，如 MonoConc，WordSmith，ConcGram [Greaves, 2009]，***SysConc*** [Wu, 2000]，***CO-BUILD*** 工具	

检索工具已经应用于各种语料库，我们用 *SysFan* 数据库系统分析从不同渠道选择的文本库中的文本：见表 2–5[⑫]。**语料库**和**文本库**并非完全不一样。一般来说，语料库是根据明确规定的标准进行的文本的系统取样，而文本库则指以更加随机的方式收集的文本；因此，根据这个标准，我们通常可以在文本库中创建语料库（见 Matthiessen, 2006a）。

表 2–5　本书中描述和例证所使用的语料库和文本库

容量：#单词	语料库（标准明确）	文本库（随机取样）
> 5000 万	COBUILD 语料库中的英国、美国、澳大利亚英语口语及笔语语料库（3.3 亿单词中的约 6000 万）；COCA 语料库（美国当代口笔语英语语料库，4.5 亿单词）	

---

⑫　语料库信息可以通过宾夕法尼亚大学的语言数据联盟（LDC）获取：http://www.ldc.upenn.edu/。对于语料库研究人员来说，杨百翰大学的美国当代英语语料库（COCA）的界面，是非常用户友好型的，功能也非常强大：http://corpus.byu.edu/coca/。针对不同领域的专业文本语料库，在香港理工大学的 Language Bank 有一个网页版的搜索引擎：http://langbank.engl.polyu.edu.hk/indexl.html，可以免费获取（参考 Greaves, 2009）。对于英语语料库的概况，可以见 McEnery & Gabrielatos (2006)。

续表

容量：#单词	语料库（标准明确）	文本库（随机取样）
约 100 万	ACE 澳大利亚英语笔语语料库（100 万单词），布朗美国英语笔语语料库（100 万单词），LOB 英国英语笔语语料库（100 万单词），Kolhapur 印度英语笔语语料库（100 万单词）	英国、美国、澳大利亚英语口语及笔语文本库（约 85 万单词）（在本文中使用语篇 1、语篇 2 标注），对各种样本的人工分析
约 50 万	伦敦－隆德（London-Lund）英国英语口语语料库（约 50 万单词）	电影剧本文本（约 45 万单词）
≤25 万	悉尼大学 / 麦考瑞大学澳大利亚英语口语语料库（所采用的子部分：约 25 万单词）	Larry King 访谈文本库（约 7 万单词）

表 2-5 所列的语料库在**语域构成**（registerial composition）上有所不同。有些来自英语口语，有些来自笔语。传统上库容达到百万词的英语笔语语料库，从布朗语料库开始，都由包括 15 个大类的样本组成，每个又细分为 2 到 6 个子类。这些分类接近于通俗的语类范畴，诸如“新闻”“学
72 术”和“小说”等。如果从语场、语旨和语式（见第一章，第 1.4.1 节）方面来看这些范畴，我们会发现，它们在文本取样上不但差异巨大，而且还有一些偏差。例如，“再创”语境下的文本看起来比重过大（布朗语料库中的 K，L，M，N，P 类）。在首个以语料库为参考，包含定量信息的语法书中（Biber 等，1999），作者描述了所调查的来自“四个主要语域”（对话、小说、新闻、学术散文）的文本的语法特征。这些分类比较宽泛，每个都有相当大程度的语域变化——这些变化从词汇语法角度来说比较重要，但只有在采用语场、语旨和语式这些变量，对语域增加精密度之后，这才能突显出来。在语料库建设的工作中，现在有一种倾向，即使用 Gu（1999）所说的“情景话语”（situated discourse）样本，这使得在定义明确的语境中，研究“工作中”的语言成为可能。情景话语语料库的一个很好的例子是由霍姆斯（Janet Holmes）领导的“职场语言项目”

（Language in the Workplace Project），该项目收集了大量社会语言学研究的文本样本（如 Holmes, 2000）；另一个例子是密歇根大学学术口语语料库（MICASE）。在我们看来，创建情景话语语料库意味着使用语场、语旨和语式来定义语境中文本取样的"生态"标准。虽然目前还没有大规模的通用英语语料库，但是根据《功能语法导论》各版本中的理论描述，人们已经对大量"情景语篇"进行了词汇语法分析，而本研究也为当前版本的理论描述提供了信息。为了让读者了解"工作中"的语法，我们在每一章中都提供了一些短语篇或语篇节选，它们都是根据语场和语式分类的：见第一章，表 1-8。

因此，语料库在语域构成上存在差异，在**方言构成**上也是如此。从表 2-5 列举的语料库可以看到，我们从英语不同方言变体的语料库中选取语料：英国英语、美国英语、澳大利亚英语和印度英语；另外，我们还选取了南非英语和尼日利亚英语的文本样本。当然，还有其他地区的英语。不同地区的语言，扮演不同的角色，带有不同的语域范围，在所在的地区具有不同的地位（见 Kachru 等，2006；Schneider, 2007；Kortmann 等，2004）。这里描述英语，重点不是不同地区英语的独特特征，而是不同地区英语的共有特征。同时，在某些特定类型中，肯定有一些非常有趣的特征，在当前描述中未能涉及。例如：

> 约克郡英语：
> Nobbut t'fireless arth an tgeeable end / Mark t'spot weear t'Carter family could mend, /An mek onny ilk o'cart. [见 Halliday, 2003/2006]
> 新加坡英语：
> Because she wants to sing **mah**. So she want to use, she want to join to sing, so we just groom her lor. [见 Leimgruber, 2011]
> 印度英语：
> They'd come in a bus, **isn't it**? [ICE-India]

英语的不同变体，在体现人际语法中的语气特征时，采用了不同的词

73 汇语法资源。标准英国英语、美国英语和澳大利亚英语都采用一个语气附加语的特殊结构（附加问），小句的语气成分可以是不同形式（见第四章），而印度英语采用统一的标签 *isn't it*，新加坡英语则采用来自中国南方方言中的小句句末人际小品词。

总体而言，如其他任何语言一样，我们需要将英语当作一个**变体集**（assemblage of varieties）（沿不同维度区分、边界模糊的变体集）来解释和描述。英语在**方言**、**语码**和**语域**上都有很多变化，每一种变化在语言的层级内都有一个不同的重心，沿着实例化连续统，覆盖不同范围：见 Halliday（1994）和 Matthiessen（2007a：538−540）。

我们采用原先由贝特曼等人（Bateman 等，1991）提出的框架，将这些差异表征为词汇语法系统网络中的内在特征（更详细的描述见 Bateman 等，1999；在语域变化的应用，见 Matthiessen, 1993b；比较性描述和类型学描述，见 Teruya 等，2007; Matthiessen 等，2008）。在此框架下，描述所涉及的所有变体共有的系统规范和结构规范，一般都表征为系统网络；而仅适用于其中一个或几个变体中的规范特征，则表征为系统网络内部的**分区**（partition）。这些分区取决于其适用的某个或多个语言变体。

例如，在大多数英语标准变体中，附加小句体现为一个语气附加问，由定式 ^ 主语组成，其中定式来自前面语气成分，而（代词）主语则呼应前面语气成分中的主语（见第四章，图4−6）。在不同英语变体的描述中，这种附加问的体现形式在（比如）英国英语、美国英语、澳大利亚英语和新西兰英语的分区中都有不同的具体表征。通用语气附加问，即定式 = *isn't* ^ 主语 = *it*，在印度英语分区中具有独特的表征（如伦敦地区某些英语变体中出现的 *innit?*）。这种分区关注的是在体现“附加问”这个相同的系统选项时所出现的结构上的变化。除了这种体现所有英语变体中相同系统选项差异的**结构分区**，也有可能会出现**系统分区**。在对澳大利亚英语的描述中，除了“陈述句”和“祈使句”，还有一个系统区分，表征的是

“是 / 非问”后的附加问（例如 *Were you in England, were you?; Did Jane used to be a really close friend of hers, did she?*）。在新加坡英语（口语）中，可能也有这样一个分区，表征的是由新加坡英语中不同的人际小品词所体现的交际立场的语气潜势。

当然，不同英语变体中的词汇语法差异不仅仅是定性的，也是定量的；词汇语法系统从本质上是一个**概率**的问题（见第一章，第 1.3.2 节；Halliday, 1991，与语料库相关的内容），概率在不同英语变体（方言、语码、语域变体）中各不相同（见 Tottie & Hoffmann, 2006，关于英国英语附加问频率显著高于美国英语附加问的问题；Hoffmann, 2006，基于戏剧语料库发现频率从早期现代英语到晚期现代英语的逐渐增加）。如果在词汇语法的描述中纳入概率信息，那么，我们就可以将系统解释为一个一直处在不断变化的系统，而非静止不变的系统：语言的演变包括在相当长的时间内概率上的逐渐变化（见 Ellegard, 1953），也包括在相对较短时间内 74
的变化。我们使用的英语样本通常是从 20 世纪中叶开始的，但在这段时间里，系统肯定发生了变化，反映为文本中相对频率的变化（见 Mair & Leech, 2006）。

2.5 类别和功能

正如前两章所述，语法学家通过观察使用中的语言实例，构建语言系统的抽象模型，而计算机化的语料库首次提供了足够数量的实例。但是，在电脑屏幕上所看到的（或以其他形式呈现的口笔语话语）与为解释语言如何工作所构建的抽象范畴（人们如何在现实生活中散漫地交换意义）之间，具有极为复杂、隐晦的关系。在这两章，我们试图列出语法学家在这方面的资源，以及我们可用来思考的各种抽象工具。

为展现英语语法的**元功能-级阶矩阵**（metafunction-rank matrix），本章末我们将扩展表 2-9 中的语言地图中的部分内容（也可见第一章，图

1–6）。现在，我们进入该领域，集中谈一下小句。如前所述，小句是语法“能量”的主要来源，表现为不同类型的意义（经验、人际和语篇）被整合到一个单一语段中。第三至第五章将依次探讨小句的这三重意义。

从一开始，我们就需要提及的两个概念是语法类别和语法功能。

类（class）是一系列在某些方面相似的项目（见 Halliday, 1963c）。在传统语法的常见词类列表中，最熟悉的词类是：动词、名词、形容词、副词、代词、介词和连词（有时还包括感叹词）。但是，每个单位都可以归类：词组 / 短语类、小句类，在级阶等级的另一端还有词素类。

传统上，词类被称为“词性”（parts of speech），源于对希腊术语 *meroi logou* 的误译，这个词实际意思是“句子的一部分”。古希腊哲学家最初将其视为一个功能概念，接近于第三章中的主位和述位；但随后，他们逐渐将其详尽地描述为一个词类体系，并最终取而代之。这个体系按照不同词在希腊语中的曲折变化进行定义（很大程度上与拉丁语类似；见 Robins, 1966，对欧洲传统词类描述发展的描述），见表 2–6。

表 2–6　词类的传统定义

曲折变化：（定义）	词类：
数、格	名词
数、格、性	形容词
时态、人称	动词
（无）	其他词类

75 语法学家们本可以再进一步，将动词的语态和体的曲折变化，以及形容词和副词的比较级考虑进来。但是，即使像希腊语和拉丁语这种曲折变化程度很高的语言，曲折变化的标准也不能适用于所有相关词类；在那些曲折变化很少或者甚至没有曲折变化的语言中，如英语或汉语，我们必须采用其他原则。这些原则可能是语法原则或语义原则，或者二者兼而有之。

一个词与另一个词可能在很多方面都有相似之处，但由此产生的分类却并不一定相同；一般来说，一个词在某个方面可能很像另一个词，而在另一方面又像另外一个词。例如，*upper* 和 *lower*（它们可以具有相同功能，如 *upper case*“大写字母”和 *lower case*“小写字母”），均属形容词词类；但 *lower* 相对于 *low* 来说，是形容词比较级，而 *upper* 却不是，我们不能说 *this roof is upper than that one*。在这一点上，*lower* 更像 *higher*，但 *lower* 还可以作动词，而 *higher* 却不能，我们不能说 *that roof needs highering*。分类的标准有时确实非常清晰、明确，比如意义很稳定的语法上的曲折变化；但是，通常情况下并非如此，在这些情况下，界定类别的标准一般比较复杂，类别的成员身份也很难确定，有些类别归属清晰，有些则比较模糊。

例如，我们可以看看英语中的“名词”类。一般的定义既会考虑语法也会考虑语义，某些语法特征明显，而有些却并不明显：

（语义特征：）	表达人、其他生命体、无生命体、有界或无界的抽象事物，等等。
（语法特征：）	要么可数，要么是集合名词；若可数，可以是单数或复数，复数的曲折变化经常是加 *-s*；变成所有格形式，末尾加 *-'s/s'*；前面可以加 *the*；可作小句的主语，等等。

在我们说某个词在英语中是名词时，我们是说，与英语中其他词（但并非所有词）一样，它表现出了以上特征，或其中大多数特征。

英语中需要识别的词类，如图 2–8 所示。

我们也将谈到三个词组类：动词词组、名词词组和副词词组（还有 76
介词词组和连词词组）；还会提到一类短语：介词短语；这些都将在讨论过程中进行阐述（见第六章），但我们假设大家都比较熟悉传统词类（见 Coffin 等，2009）。我们不需要明确讨论小句类别，尽管它们实际上是整体描述的一部分，比如区分完全小句和非完全小句，或在完全小句内区分自由小句（free clause）和非自由小句（bound clause）。

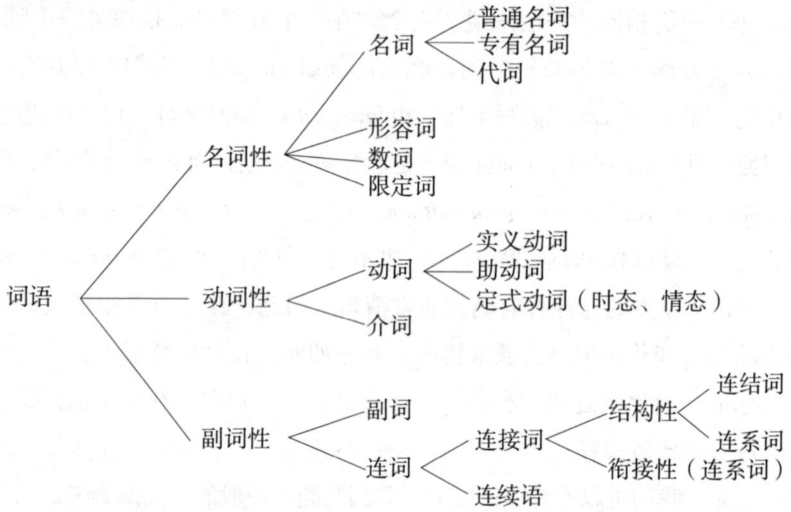

图 2-8　功能语法中的英语词类

一般来说，一个项目的**类别**表明的是其**语法功能的潜在范围**。因此，在字典中，词都有自己的类别，这是它们去语境化定义的一部分。但是，类别标签并不能体现这个词在实际结构中的功能。为此，我们必须说明词语的**功能**。功能范畴是根据语言的整体意义潜势来解释语法结构的，如图 2-9 所示。

	our daily deeds as ordinary South Africans	must produce	an actual South African reality that ... for a glorious life for all
[功能]	动作者	过程	目标
[类]	名词词组	动词词组	名词词组

图 2-9　带有体现功能类别语段的小句的功能结构

上面的功能范畴还可以进一步细化，比如说明何种过程、何种目标等；但是，这对于描述来说并无必要，因为通过系统分析，我们就可以确定这些更为详细的功能，展现任何特定小句所选择的特征（见第五章）。关于功能和词类之间的对应示例，见图 2-10。

但请注意，小句结构中的大部分成分在小句中具有多重功能[13]。这就是元功能概念发挥作用的地方。我们在第一章中简单提到了这一点；现在，我们将通过参考西方语法传统中最常见、也是最有问题的功能概念之一——主语，来探讨它对语法的意义。这将开启我们对英语小句的元功能分析。

2.6　主语、动作者和主位

西方传统语法分析中的基本概念之一是主语。主语是一个熟悉的术语，所以，英语小句的功能研究将从它开始。

请看下面这个小句：

the duke gave my aunt this teapot

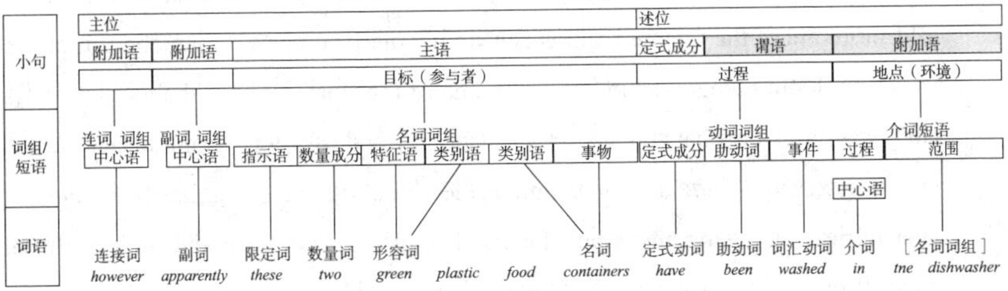

77

图 2-10　体现类别-功能对应的示例

根据中世纪语法学家所创立的句法原则（这些原则自身又是基于古 78
希腊和古罗马语法学家的原则），每个小句都包含一个可以确定为主语的成分（见 Covington, 1984; Seuren, 1998：34-37）；上面示例中的主语是 *the duke*。

下面是其他一些例句，主语标为斜体：

⑬　功能成分的边界可能不一定会完全相同，我们会在第三至第五章提及相关原因。

Oh, *I*'m just starving and *all* [[*you*'ll feed me]] is something rotten, or something [[*I* hate]]. *I* hate lasagne and *I* don't want rotten carrots — *I* only want salted carrots. [语篇 76]

I wasn't making a cubby house; *that* wasn't a cubby house. — What were *you* making with it, then? [语篇 76]

Adam, do *you* like red or white? — *I* would like red but only if *you*'re opening it. [UTS/Macquarie Corpus]

[S04:] *That*'s [[how *my nan* used to do them in Manchester]] — parboil them.— [S02:] What parboil them? — [S04:] Yeah. — [S01:] Did *she*? — [S04:] Yeah. [UTS/Macquarie Corpus]

They fit me. — Do *they*? — *They* will. [UTS/Macquarie Corpus]

The thought occurred to me on Air Force One a few weeks ago || when *I* was escorted into President Clinton's cabin for a farewell interview. [语篇 110]

Guinness's entertaining memoir, "*Blessings in Disguise*," << published in 1985,>> told more about the talented and eccentric people [[*he* knew]] than about himself. *He* was seldom recognized in public. In one of the stories [[*he* told about himself]], *Guinness* checks his hat and coat at a restaurant || and asks for a claim ticket. '*It* will not be necessary,' || *the attendant* smiles. Pleased at [[being recognized]], || *Guinness* later retrieves his garments, || puts his hand in the coat pocket || and finds a slip of paper [[on which is written, 'Bald with glasses.']] [语篇 90]

根据这些例子，我们可以得出结论："主语"是某种语法功能的标签（*subject* 是对希腊词 *hypokeímenon* 的拉丁文翻译，亚里士多德将其作为一个语法术语使用，其义是"被放置的"或"被认定的"）。关于它们在小句中的地位，我们以这种方式标记的所有成分似乎都有共同之处。但要具体指出这个共同特征是什么，却并不容易；在传统语法中找到有关主语这个角色的意义的确切描述，也很困难（见 Halliday, 1984b，关于主语范畴的不可言说性）。

围绕主语这个概念反而诞生了各种各样的解释，为主语赋予了许多不同的功能。这些功能可以归结为三大定义，概括如下：

（i）消息关涉的对象；
（ii）断言的对象（即论据的真值基础）；
（iii）动作的发出者。

很明显，这三个定义并不相同；它们描述了不同概念。所以，这就产生了一个问题："主语"这个范畴能否一次性同时把所有这些不同意义囊括其中？

在 *the duke gave my aunt this teapot* 中，我们有理由说，名词词组——*the duke* 实际上是所有这三个意义上的主语。它是该消息关涉的对象，是 79
相关陈述的真假值指向的对象，也是实施给与行为的发出者。

如果所有小句都像这个小句，一个成分能够承担所有三个功能，那么确定和解释主语就没有问题了，我们就可以用主语这个术语来指代所有这三个定义，任何一个成分如果承担了所说的这三个功能，我们就可以给它贴上主语这个标签。但是，如果这样，就假定了在每个小句中，只有一个成分具备所有这三个功能，但事实并非如此，很多小句都没有一个三合一的成分。例如，如果我们说：

This teapot my aunt was given by the duke.

哪个成分要确定为主语呢？

现在，不再有什么显而易见的答案了。在这个例句中，构成主语这一传统概念的不同功能，已经分化到小句的三个不同组成部分中。其中，*the duke* 仍然代表行为的发出者；但消息现在关涉的是 *the teapot*，而断言的真值指向的是 *my aunt*。

当语法学家开始认识到这三个功能截然不同时，最初的标注方式好像它们是三种不同的主语，其隐含的意思是，存在一个包含所有这三个功能的上位概念，它是关于主语的一个总体概念，上述三种主语是其具体变体。

19 世纪后半叶，人们对语法理论的热情重新燃起（见 Seuren, 1998: 120–133，关于从 19 世纪到 20 世纪 30 年代的针对主语–谓语的辩论），开始使用“心理主语”“语法主语”和“逻辑主语”这些术语。

（i）　心理主语指“消息关涉的对象”。称之为“心理主语”，是因为它是说话者心里所想的出发点，小句的产生从这里开始。

（ii）　语法主语指“断言的对象”。称之为“语法主语”，是因为主语和谓语的构成曾被视为一个纯粹的语法形式上的关系，认为它决定其他各种语法特征，如作主语的名词或代词的格与动词在人称和数上的一致，但并不认为它会表达任何特定意义。

（iii）　逻辑主语指“动作的动作者”。称之为“逻辑主语”，是因为从 17 世纪以来，这个术语就用来指“事物之间的关系”，而不是作为符号之间关系的“语法关系”。

在第一个例子中，所有这三个功能都重合在一起，或者说互相“映射”，如图 2–11 所示。

80

The duke	gave my aunt this teapot
心理主语 语法主语 逻辑主语	

图 2–11　由同一词项体现的心理、语法和逻辑主语

在第二个例句中，所有这三个功能是分开的（图 2–12）。在 *this teapot my aunt was given by the duke*，心理主语是 *this teapot*。也就是说，“这个茶壶”是消息关涉的对象——说话者将其处理为小句的出发点。但语法主语是 *my aunt*：“我的姑姑”是该断言陈述的对象——基于这一对象，这个小句可以认为是有效的断言，从而断定其是真是假。只有逻辑主语

依然是 *the duke*：“公爵”是行为的发出者——是小句所表征的有关过程的执行者。

This teapot	my aunt	was given	by the duke
心理主语	语法主语		逻辑主语

图 2-12　由不同词项体现的心理、语法、逻辑主语

如果我们只关注那些理想化的小句类型，如 *John runs* 或者 *the boy threw the ball*，我们用“主语”这个标签就能完成操作，如同它是一个单一的、一体的概念。在这种类型的小句中，心理主语、语法主语和逻辑主语的功能重合。在 *the boy threw the ball* 中，不论使用的是三个意义中哪个意义上的主语，*the boy* 仍然是主语，就像前面第一个例子中的 *the duke*。

但是只要考虑自然的、活生生的语言，考虑其中发生的各种变化，包括成分顺序的变化、被动、主动语态的出现等等，如果此时还认为这三个概念只是同一概念的不同方面，认为它们归属于一个总体概念，那么我们的分析就没有办法进行了。它们必须按照它们的所是进行解释——三个独立的、不同的功能。事实上，语言中并不存在什么“主语”的总体概念，包含不同的变体；它们并不是三种什么东西；而是三个完全不同的东西。为了说明这一点，我们将使用与不同功能更密切相关的单独标签替换早先的那些标签：

心理主语：主位
语法主语：主语
逻辑主语：动作者

现在，我们把图 2-12 重新标注为图 2-13。

81

This teapot	my aunt	was given	by the duke
主位	主语		动作者

图 2-13　主位、主语、动作者

在 *the duke gave my aunt this teapot* 中，主位、主语和动作者的角色都重合到 *the duke* 一个成分上。在 *this teapot my aunt was given by the duke* 中，三个角色是分开的。也有可能出现其他重合情况：任何两个角色的重合，而第三个角色保持独立。例如，如果让 *the duke* 作为动作者不变，主位会等于主语，而动作者独立，如图 2–14 所示。

（a）

My aunt	was given	this teapot	by the duke
主位 主语			动作者

（b）

This teapot	the duke	gave	to my aunt
主位	主语 动作者		

（c）

By the duke	my aunt	was given	this teapot
主位 动作者	主语		

图 2–14　主语、动作者、主位的不同重合

在解释英语语法时，我们需要关注所有这些潜在形式，并解释它们如何不同，为何不同。它们在意义上都有一些微妙而重要的差异；同时，它们又都彼此联系，以系统的方式关联在一起。英语中任何一组类似的小句，都可以构成一个范式（paradigm）。当然，并不总会有三个截然不同的成分独立充当主位、主语和动作者，通常情况下只有两个，如图 2–15 所示。

82 （a）

I	caught	the first ball
主位 主语 动作者		

（b）

I	was beaten	by the second
主位 主语		动作者

（c）

the third	I	stopped
主位	主语 动作者	

（d）

by the fourth	I	was knocked out
主位 动作者	主语	

图 2–15　叙述中主语、动作者和主位的不同重合

注意上述（a）到（d）这一系列小句是如何形成一个完全自然的序列的，说话者在个人叙述时可能采用这种序列。

如果只有一个成分承担这些功能，通常不会有其他变化；例如，在 *I ran away* 中，*I* 必然是主位、主语和动作者。（在这种情况下，主位也有可能发生变化，如 *run away I did* 或 *the one who ran away was me*，见下面第三章。）另一方面，在解释所有这些变体时，也必须说明一个事实：在英语陈述句句式（断言类）中，典型的、**非标记性**的形式是主位、主语和动作者重合为一个单一成分。如果没有任何前文语境使然，或没有选择其他任何形式的正当理由，这通常就是我们所采用的形式。

2.7　小句的三重意义

小句具有三种不同的功能，主语、动作者和主位，这意味着什么呢？

这三种形式，每一种都是不同功能配置中的一部分，构成了小句整体 83
意义中的独立一重意义。为方便论述，我们可以将这三重不同意义定义如下（基于第一章，第 1.3.5 节中介绍的元功能概念）：

（i）主位在**作为消息的小句**的结构中发挥作用。小句的意义是消息、一定量的信息；主位是消息的出发点。它是说话者选定的一个成分，作为后面说的内容的“基础”。

（ii）主语在**作为交换的小句**的结构中发挥作用。小句的意义是交换、说话者和听者之间的互动；主语确保交换进行。它是说话者选定的一个成分，负责所说内容的有效性。

（iii）动作者在**作为表征的小句**的结构中发挥作用。小句的意义是表征人类经验中的某些过程；动作者是这一过程的主动参与者。它是说话者选定的一个成分，描述行为的发出者。

这三个标题——作为消息的小句、作为交换的小句和作为表征的小句——指的是小句结构中体现的三种不同性质的意义。每个部分的意义都是通过特定的功能配置得到识解的。主位、主语和动作者并不是孤立出现；每个功能都与同一部分意义中的其他功能相并产生。其他这些功能还未介绍，我们会在第三章到第五章中阐述。在表 2-7 中，我们对每个元功能配置中最重要的功能进行了概述。前面图 2-9 所给例子是：“动作者 + 过程 + 目标”。这种配置就是功能语法中的**结构**（而不是某类的语段：见 Halliday, 1966a，上文第 2.1 节及第一章，第 1.3.1 节）。

表 2-7　小句的三重意义

元功能	小句作为…	系统	结构
语篇功能	信息	主位	主位 ^ 述位
人际功能	交换	语气	语气［主语 + 定式］+ 剩余部分［谓语（+ 补语）（+ 附加语）］
经验功能	表征	及物性	过程 + 参与者（+ 环境成分），如，过程 + 动作者 + 目标

任何功能标签的意义在于它与结构上相关的其他功能的关系。识解或体现意义的是整个结构，即功能的整体配置。例如，动作者这一功能，只

有和同类其他功能——其他表征功能（如过程和目标），联系在一起时才 84
能做出解释。所以，如果把 *I caught the first ball* 中的 *I* 解释为动作者，只有同时把动词词组 *caught* 解释为过程，把名词词组 *the first ball* 解释为目标，这种解释才有意义。正是这种所有这些功能之间的关系构成了结构。同理，只有小句作为交换时，主语才与相关其他功能成分构成配置；只有小句作为消息时，主位才与其他功能成分构成配置。

通过区分主位、主语和动作者功能，我们可以看到小句是一个合成体，是由三个，而不是一个单一维度的结构构成，每个维度识解一种不同的意义。这些维度分别标注为“作为消息的小句”“作为交换的小句”和“作为表征的小句”。实际上，这种三重意义模式不只是小句的特点；三重意义贯穿于整个语言，从根本上决定了语言演变的方式。它们在系统语法中称为**元功能**（见第一章，第 1.3.5 节）。“元功能”概念是建立系统理论的基本概念之一。

这里我们不再对元功能的概念做进一步解释，它将在整本书中逐步确立。但需要说明的是，元功能如何与成分结构发生关系，因为一旦开始考察小句中各种具体维度的意义，这个问题马上就出来了。到现在为止，我们所说的成分结构似乎是一个统一的、同质的概念（第一章，第 1.1.3 节）；但当着手详细分析各种小句结构时，这一认识就需要修正。我们介绍过的小句成分结构的模型——**级阶等级**，是三大元功能都适用的原型。结构组织的各种实际形式都是从这一原型出发，但方式各异。

（1）“**穷尽性**”这一总体原则是指：措辞中涉及的每个成分在每个级阶上都有一定功能（见 Halliday, 1961, 1966c）。但并不是每个成分在所有结构维度中都有功能，例如，小句的某些部分（如图 2-10，作人际附加语的 *perhaps* 和语篇附加语的 *however*）在作为表征的小句中就不发挥任何作用。

（2）“**等级关系**”这一总体原则是指：任何一个级阶上的成分都是由

紧挨它的下一级的成分构成（如图 1-3）。这是构成单位和它们的类别（小句、动词词组等等）的成分等级的一个特征。但是结构功能的配置进一步说明这种总体模式的结果。因此，在作为交换的小句中，结构中的分层稍微多一些，但在作为消息的小句中，分层情况却比较少。

（3）“**离散性**”这一总体原则是指：每个结构单位都有明确划定的界限。这种**切分式**的组织方式是作为表征的小句的特点，而以其他形式出现的小句——作为消息的小句以及作为交换的小句——则和这一原型有所偏离。当小句作为交换时，它依赖于**韵律特征**——连续性的表达形式，其界限往往模糊；但当小句作为消息时，它则倾向于**达顶模式**（culminative patterns）——信息峰值位于句首和句末。

85 英语在这三个特定方面的典型程度如何，现在还不清楚；但到目前为止，实际情况表明（见 Caffarel 等，2004），虽然语言中存在的结构类型非常多样，但是，不同元功能的体现却确实遵循着某种稳定的原则（见 Halliday, 1979；Matthiessen, 1988；Martin, 1996）。我们可以尝试小结一下英语中的情况；表 2-8 介绍了元功能的相关术语。（很抱歉使用这么多术语！）如何对应不同意义上的小句，并展现了每种小句的偏好结构。后面我们会看到，语言中还有第四个元功能，它没有出现在“小句”一栏，因为它不在小句中，而是在小句复合体中体现；这将在第七章讨论。

表 2-8　元功能及其语法体现

元功能（术语）	定义（意义类型）	不同意义上的小句	偏好结构
经验功能	识解一种经验模式	作为表征的小句	切分结构（以成分关系为基础）
人际功能	确立社会关系	作为交换的小句	韵律结构
语篇功能	创建与语境的关联	作为消息的小句	达顶结构
逻辑功能	构建逻辑关系	—	重复结构

这种切分结构，通过明确区分的构成成分组成一个整体，这正是传统语法描述中的主要规范；在语言中，“结构”这一概念就是根据成分关系来定义的。其中一个原因在于按照这种方式表达的意义，与其他类型的意义相比，经验意义的描述要充分得多（如 Martin, 1990）。但还有另一个原因：成分关系是一种最简单的结构，其他更复杂的结构可以由此派生出来；把它看作原型结构是自然而然的事情——正如数字系统被当作规范，推衍出模拟系统一样，而非相反。

基于以上两个原因，在第一部分的后几章（第三章到第五章），我们将采用结构的成分类别描述方法，只不过会时不时指出，在描述小句意义时，每部分的意义都会按照其自身的术语单独描述。这需要一些巧妙手法，因为尽管很明显每个小句中的这三个主题意义并驾齐驱，但一个小句就是一个小句——不是三个小句。对于功能语法学家来说，一个常见的问题是，在描述其他所有东西之前，所有东西都得先描述一下；不存在从一种语言特征到另一种语言特征的自然推进。（儿童学习母语时，并不是一次只学一个特征！）

我们选择从作为消息的小句入手，因为我们发现它是小句中按照其自身术语讨论的最容易的部分，还因为它提供了一个了解小句其他两个元功 86
能意义的窗口。但即使在这里，也有必要提前提及本书的其他章节，虽然只是最低限度的涉及。总体而言，我们设法按照线性推进的原则来探讨语法。每一章都会提到前面章节涉及的内容，对还未出现的内容，会很少地涉及。

总而言之，我们按照**功能-级阶矩阵**的形式，对英语的词汇语法资源进行了概述，见表 2-9。每个单元格代表一个或多个系统中的**符号定位**（semiotic address）。这个定位是根据元功能（列）和级阶（行）来确定的；词组 / 短语级阶系统也根据基本类别进行区分。例如，矩阵显示，**主位**系统是一个在小句内部运作的语篇系统，**时态**系统是在动词词组内部运作的逻辑系统。我们将把系统局限于小句阶和词组 / 短语阶；虽然词阶和词素阶也是整体意义生成的词汇语法资源的一部分，但是从某种意义上讲，它们的系统从属于更高级阶的系统。最高级阶的音系系统——声调群系统，也将包括在本书的讨论中（见第一章，第 1.2 节），因为这些系统直接体现了措辞模式。注意，最后，信息单位也会包括进来，放在小句之后（见第一章，第 1.3.1 节）。

87 **表 2-9　功能-级阶矩阵：词汇语法系统**

<table>
<tr><th>层次</th><th>级阶</th><th>类别</th><th colspan="2">逻辑的</th><th>经验的</th><th>人际的</th><th>语篇的</th></tr>
<tr><td rowspan="8">词汇语法</td><td>小句</td><td></td><td rowspan="7">配列关系和逻辑-语义类（第七章）（第八章）</td><td>—</td><td>及物性（第五章）</td><td>语气（第四章）</td><td>主位（第三章）</td></tr>
<tr><td>信息单位</td><td></td><td>—</td><td></td><td>调式（第四章）</td><td>信息（第三章）</td></tr>
<tr><td rowspan="4">小组/短语（第六章）</td><td>名词性词组/短语（第6.2节）</td><td>修饰关系</td><td>事物类型，分类，特征，定性</td><td>名词性语气，人称，评价</td><td>限定</td></tr>
<tr><td>动词词组/短语（第6.3节）</td><td>时态</td><td>事件类型，体</td><td>归一度，情态</td><td>对比，语态</td></tr>
<tr><td>副词词组/短语（第6.4节）</td><td>修饰关系</td><td>环境类型</td><td>评价类型</td><td>连词类型</td></tr>
<tr><td>介词短语（第6.5节）</td><td>—</td><td>非完全小句及物性</td><td>非完全小句语气</td><td></td></tr>
<tr><td>词语</td><td></td><td>派生</td><td>外延</td><td>内含</td><td></td></tr>
<tr><td>词素</td><td></td><td></td><td></td><td></td><td></td><td></td></tr>
<tr><td>音系</td><td>声调群</td><td></td><td>声调序列；声调一致（第七章）</td><td></td><td></td><td>声调（第四章）</td><td>调核（第三章）</td></tr>
<tr><td></td><td></td><td></td><td>复合体</td><td colspan="4">简单体</td></tr>
</table>

第三章

作为消息的小句

3.1 主位和述位

第 2.6 节介绍了“小句”这一概念，它是由三种不同类型的意义组合 88
而成的语言单位。这三种不同的结构各自表达一种语义组织，它们彼此映射，构成一个单一措辞［比较第二章，表 2-7（小句中的“三重意义”）］。

我们将在后面三章依次讨论这三重意义，首先从小句作为消息（message）开始。承载小句这一意义的结构被称为**主位**（thematic）结构。

我们认为，一切语言中的小句都具有**消息**的特征，在话语流中表达一定量的信息。小句可以通过某一组织形式，适应并推动话语流（见 Matthiessen, 2004b：第 10.5 节）。但是这一现象的实现方式千差万别。英语和许多其他语言一样，通过为小句的各部分指派不同的角色**身份**，来组织小句。小句中的某个成分被确立为主位，然后与剩余部分结合后，构成一则消息。例如，在 *From Raffles Place MRT, walk through the office blocks of Chulia Street*（从莱佛士广场捷运站出发，穿过楚里亚街的办公大楼）中，*From Raffles Place MRT* 是主位；它与剩余部分 *walk through the office blocks of Chulia Street* 结合，在一则有关新加坡某地徒步旅行的语篇中充当消息。

一些语言中也有相似的模式，主位由小品词充当：例如，日语中存在一种特殊的后置词 *-wa*，用于表明在它前面的任何东西都是主位（见

Teruya，2004, 2007）。该成分往往在小句中出现较早，其前面成分可能为同样充当主位的其他成分，如衔接连词。而在包括英语在内的其他语言
89 中，主位是由成分在小句中的位置决定的。英语口笔语标记主位的方法是将其置于句首，无须其他标记。不过英语口语常常使用语调模式来标记主位（见第 3.5 节）。

延用布拉格语言学派的术语体系（如 Garvin, 1964；Firbas, 1992），我们将该功能称为“**主位**”（Theme）（与其他功能术语一样，首字母大写）。主位成分在消息中作出发点，在语境中为小句定位并为其指明方向。说话者从主位出发，引导听者对消息做出解释；说话者将部分消息突显为主位，从而使听者可以对消息进行处理。消息的剩余内容，即主位得以发展的部分，被布拉格学派称为“**述位**”（Rheme）。因此，作为消息结构的小句包含主位和述位两个成分。这一结构是通过顺序表达的——所有被选作主位的成分均置于句首[①]。因此，消息由主位突显（即说话者为听者选择为出发点的那部分）开始，向非主位突显展开。（由下文第 3.5 节可见，述位通常包括另一类突显，即作为新信息的突显。）下例为《罗热同义词词典》前言的第一句，主位为 *the present Work*（“本书”）：

> The present Work is intended to supply, with respect to the English language, a desideratum hitherto unsupplied in any language; ...

---

① 有些语法学家不使用主位和述位这两个术语，而用话题（Topic）和评论（Comment）（如 Hockett, 1958：201-203；另见 Li & Thompson, 1976）。但“话题 + 评论”这一术语具有完全不同的内涵。“话题”通常仅指一种特定的主位，即“话题主位”（见第 3.4 节）；它常常作为概括性术语使用，指代两个功能完全不同的概念，其一为主位，其二为已知信息（见第 3.5-3.6 节；比较 Fries, 1981）。因此，保留“主位-述位”这对较早的术语更为合适。在生成语言学文献中，格鲁伯（Gruber, 1976：38）引入“主位”这一概念来表达经验（而非语篇）意义上的一类参与者角色，即“题旨角色”（theta role）。在菲尔墨（Fillmore, 1968）有关“格语法”的论述中，“theme”也被用作表示深层格（deep case）或语义格。在另一处讨论中，“theme”又被用作表示言语艺术的一个层次：见 Hasan（1985b：96）。

下列选自指南中的短文解释了主位的选择是如何组织并推进语篇的（语篇 3–1）。主位和述位之间的边界用“+”表示。

语篇 3–1：报道——指南节选（笔语、独白）

Goa Gajah + is the ‘elephant cave’ on the road to Gianyar, a Hindu-Buddhist temple area with several open structures, bathing pools and flowing fountains. The atmosphere outside + is peaceful, one of holiness and worship, while inside the small cave + it is surprisingly humid and dry. <*sic*>

Beyond the main complex + is a lovely stream that bubbles under a wooden bridge, and further on + are steep stone steps leading to another complex and a large, lily-covered pond. For this popular tourist attraction, + dress properly; otherwise, sarongs (waist wrap-around skirt) + are available for rental at the door.

Yeh Pulu + is a beautiful hill area filled with rock carvings and relics just a kilometre or so from Goa Gajah. Continuing northwards, Bedulu village + marks the former site of the powerful Dalem Bedulu the last king of the Pejeng dynasty who were eventually defeated by Java's Gajah Mada in 1340s.

Still further along the road + is Pura Kebo Edan, otherwise known as the ‘crazy 90
buffalo’ temple, where + a statue of Bima (one of the five Pandawa brothers of the Mahabharata epic) is particularly well-endowed.

(Holly Smith et al., Indonesia. Singapore & London: Sun Tree Publishing Ltd (Travbugs Travel Guides). 1993. p.317.)

将其与地质学语篇进行对比（语篇 3–2）：

语篇 3–2：阐述——归类（笔语、独白）：分类报告

Chert + is microscopically fine-grained silica (SiO_2).

It + is equivalent to chalcedony. ...

Chert + originates in several ways.

Some + may precipitate directly from sea water ...

Most + comes from the accumulation of silica shells of organisms.

These silica remains + come from diatoms, radiolaria, and sponge spicules, ...

[Robert J. Foster, *Physical geology*. Columbus, Ohio: Merrill. 1971. p.87.]

由语篇 3-1 和语篇 3-2 可见，主位总是始于小句的开端（对语篇 3-1 中 *while* 和 *and* 的分析，见下文第 3.4 节）。它为小句的发展奠定基础，并与后续语篇建立关联。在语篇 3-1 中，读者被引导和邀请去留意与欣赏美景；而在语篇 3-2 中，读者被所描述的话题深深吸引。

这表明说话者 / 作者正在挑选合适的主位——被选作小句主位的成分可以有所不同。在下列自造实例范式中，三个同源小句仅在充当主位的名词词组上有所区分（见图 3-1）。参考下列采访片段中的对话，其中，第二个说话者由一个主位切换到另一个（语篇 3-3）。

语篇 3-3：报道——入学面试（口语、对话）[LLC，p.753]

A: (I'm hoping that) all financial and domestic considerations + have been gone into?

B: (Yes) we + 've taken them into account.

(Yes) they + have

面对这种繁文缛节的问话，面试者明显感觉，应答的主位应当是 *we*；能否提供所需的信息归根结底取决于她和配偶的行为。但她随后调整了问题的主位结构，并将主位切换为 *they*（等于 *all…considerations*）。

the duke my aunt that teapot	has given my aunt that teapot has been given that teapot by the duke the duke has given to my aunt
主位	述位

图 3-1 主位-述位结构

91 前面例子已经清楚地说明，主位并非一定为名词词组；它也可以是其他类型的词组或短语。卡罗尔（John B. Carroll）为沃尔夫[②]（Benjamin

② 译者注：沃尔夫（Benjamin Lee Whorf）系美国人类语言学家，与其老师萨丕尔（Edward Sapir）共同提出了著名的萨丕尔-沃尔夫假说。

Lee Whorf）的《语言、思维和现实》（*Language, thought and reality*）一书所作的序，就是从副词词组 *once in a blue moon* 开始：

Once in a blue moon a man comes along who grasps the relationship between events which have hitherto seemed quite separate, and gives mankind a new dimension of knowledge.

首要原则是，主位是小句经验结构中具有某种功能的第一个词组或短语，即充当参与者、环境成分或过程。我们将在下文第 3.4 节对此稍加讨论（更为详细的讨论见第五章）；同时，主位的定义将在稍后几节进一步阐述，从而对复杂主位和多元主位，以及产生语篇顺序的特殊主位模式进行探讨。

最常见的主位类型是参与者，由名词词组体现。有时，此类主位会通过类似 *as for...*（就……而论），*with regard to...*（关于……）和 *about...*（关于……）等表达明确标示，从而起到**聚焦**（focusing）主位的效果。例如：

As for Pope John Paul himself, + he is known to be very keen on sport. [BE bbc/06 S1000900 531].

比较：

As to that teapot, + my aunt was given it by the duke.

通常情况下，主位可以通过适当的代词在小句的相应位置上“标识”出来。即使缺少明确的主位标记，这一“标识”过程也可能发生（通常体现在口语中，使用语调；见下文），如：

That teapot – my aunt was given it by the duke.
Oh, my little toe, look at it.［语篇 76］
A man who succeeds as a farmer, who succeeds as a householder – these things are

highly regarded.［语篇 16］
'The barge she sat in', do you remember that passage in The Waste Land?［语篇 125］
Now about 'The Love Song of Alfred J. Prufrock', what is that poem about?［语篇 125］

有时，主位不会以这种方式被标识出来，而是留待听者做出推断：

But corporations, you've got to make sure you know what you're doing, because otherwise you're out of business.［语篇 101］
As for the other players, I've got no apprehensions. [ACE_A]

这一方法可以使说话者 / 作者在不影响小句整体安排的情况下，对主位进行选择（见下文第 3.3 节中的标记性主位）。

92 在口语中，小句的主位时常通过语调标记，表现为一个单独的声调群；当主位是下列两种形式时，尤为如此：（1）副词词组 / 介词短语；或（2）名词词组，但不充当主语——换言之，此时的主位最出乎意料（见下文第 3.3 节）。但即使是日常语言中随处可见的主语主位，也常常使用单独的声调群。一个声调群表达一个信息单位（见第 3.5 节）；如果一个小句被组织成两个信息单位，两者的界线就很可能是主位和述位的连接点。这实际上是理解主位 + 述位结构的重要依据，例如：

// in this job + Anne we're // working with silver //［标记性主位］
// the people that buy silver + // love it //［无标记主位］

3.2　词组 / 短语复合体作主位；主位等价结构

这里我们首先提出两个假设：小句主位仅包含一个结构成分，且该成分仅有一个单位表征——即一个名词词组、副词词组或介词短语。这些假设在上述实例中成立；同样地，在弗斯（J. R. Firth[③]）所著的《语言学论文：1934—1951 年》（*Papers in linguistics 1934—1951*）的序言中，开篇第一句的主位 *the first chair of General Linguistics in this country*（这个国家的首位普通语言学系主任）仍为单个名词词组：

The first chair of General Linguistics in this country was established in the University of London in 1944, at the School of Oriental and African Studies ...

上述所有实例中的主位均为单个成分，即名词词组或介词短语。

这一基本模式的一个常见变体是，主位由两个或两个以上的词组或短语构成的单个结构成分充当。小句结构中的任一成分均可被表征为包含两个或两个以上词组或短语的复合体（见第八章）。此类词组或短语复合体均可正常充当主位。示例见图 3-2。

the Walrus and the Carpenter Tom, Tom, the piper's son from house to house on the ground or in the air	were walking close at hand stole a pig [and away did run] I wend my way small creatures live and breathe
主位	述位

图 3-2　充当主位的词组或短语复合体

此类主位仍归入**简单**（而非**多重**）主位的范畴。任一词组或短语复合 93
体在小句中均由单一成分构成。例如，由 *and* 连接的两个名词词组，*the Walrus and the Carpenter*（海象和木匠），构成名词词组复合体。它在小句中为单个成分，因而构成简单主位。介词短语 *from house to house*（挨家挨户）也同样构成介词短语复合体，因此也是简单主位。第八章将讨论这些**复合体**结构可以表达的不同关系类型。

③ 译者注：弗斯（J. R. Firth）系英国语言学家，伦敦学派创始人。

在英译版的《语言理论导论》（*Prolegomena to a theory of language*）中（叶尔姆斯列夫（Hjelmslev）著，惠特菲尔德（Whitfield）翻译），第一句的主位便是名词词组复合体 *language—human speech*（语言——人类言语），包含两个具有同位关系的名词词组：

Language—human speech—is an inexhaustible abundance of manifold treasures.

主位中包含同位关系的另一个例子见下文，取自戴维斯（Hunter Davies）为史蒂芬逊（George Stephenson）所作传记④的简介：

One hundred and fifty years ago, on 15 September 1830, the world's first passenger railway—the Liverpool to Manchester—was opened, an event which was to change the face of civilization.

此处的主位包含两个短语构成的一个短语复合体，从开头一直到"*1830*"。

在上面实例中，词组或短语复合体是小句的单个成分，并非由主位系统特别构建。此外，还有一类特殊的主位资源可以将两个或更多的独立成分组合起来，从而在"主位 + 述位"结构中作单个成分。例如，

What the duke gave to my aunt was that teapot.

该句主位是 *what the duke gave to my aunt*（公爵给我姑姑的东西），因为它已经被视为小句结构中的一个单独成分，所以严格意义上仍为简单主位——但是，这是一种特殊类型的小句。小句 *what the duke gave to my aunt was that teapot*（公爵给我姑姑的是那只茶壶）是 *the duke gave my aunt*

④　译者注：传记名为《乔治 · 史蒂芬逊：铁路创始人的非凡一生》（*George Stephenson: The remarkable life of the founder of the railways*），由 The History Press 出版社于 2004 年出版。

that teapot（公爵把那个茶壶给了我姑姑）的主位变体。此处的 *what* 可理解为‘that which’。

这类小句称为**主位等价结构**（thematic equative）（见 Halliday, 1967/8），这是因为它把“主位 + 述位”结构确立为等式形式，即主位 = 述位。用于构成主位等价结构的特殊小句类型被称为**识别小句**（identifying clause），具体见第五章，第 5.4.4 节；但是由于它在作为消息的小句结构中扮演重要角色，所以在这里引入这一概念。

在主位等价结构中，小句的所有成分被组织成两部分；其间存在成分识别关系，相当于使用“等号”连接，由动词 *be* 的某种形式表达。在卡罗尔（Lewis Carroll）的《镜中奇缘》（*Through the looking-glass*）一书中，第二段的第一句就是这样的例子：

The way Dinah washed her children’s faces was this:

其中，主位为 *the way Dinah washed her children’s faces*（黛娜给孩子们洗脸的方式）。（严格来讲，*was* 或其他 *be* 动词形式将述位与主位连接起 94
来；但为了简化分析，可将其视为述位的一部分。）我们可以围绕 *the gift of the teapot*（茶壶这个礼物），构建一个主位范式（见图 3-3）。

what (the thing) the duke gave to my aunt	was	that teapot
the one who gave my aunt that teapot	was	the duke
the one the duke gave that teapot to	was	my aunt
what the duke did with that teapot	was	give it to my aunt
how my aunt came by that teapot	was	she was given it by the duke
主位	述位	

图 3-3　主位等价结构

诸如 what the duke gave to my aunt（公爵给我姑姑的东西）的形式体现了一种结构特征，即**名词化**（nominalization），它使任何一个（组）成分在小句中作为名词词组发挥作用。这类名词词组由中心语和后置修饰关系小句构成，如 the one who gave my aunt that teapot（“给我姑姑茶壶的人”）；但是中心语和关系小句的标记语可以融合为单一词项，如：what 对应‘that which’，how 对应‘the way in which’，when 对应‘the time at which’, where 对应‘the place at which’⑤。此时，名词化服务于主位。如图 3-3 所示，主位等价模式可以对小句各个部分随意分配，形成不同的主位和述位。甚至创造出下列变体：

what happened was that the duke gave my aunt that teapot

其中，主位只是 what happened，表示“我想告诉你发生了某件事”，而所有发生的事情被置于述位上。

但与典型模式相反，语言中也常有突出的或带标记的主位，例如在 *you're the one I blame for this*（这件事都怪你）中，主位为 you；惯常的关系此时发生了逆转，名词化结构成为述位。更多类似的例子见图 3-4。无标记和标记性主位的等价结构在下文的语料库实例中均有所体现：

The Sri Lanka Constitution's claim to distinction lies in the fact that it follows neither the Presidential system nor the Prime Ministerial one, a claim with which none need quarrel for Constitutional straitjackets are the invention of professors. **What needs to be noted**, however, is that even President Jayawardane admits, by implication, that the Constitution contains the possibility of a 'dictator-motivated individual' ruling for six years. [KOHL_A]

All these were attractive and vivacious young ladies, but **the one who stuck in the memory of the Minister** was Miss Sheila Patterson, an Anglo-Indian beauty who was introduced to him as 'Durga's English teacher'. [KOHL_K]

95 **The thing that really infuriates me more than anything else in modern life** is

⑤ 因此，可能会认为 *who gave my aunt that teapot*（给我姑姑茶壶的人）是 *the duke*（公爵）（对比 *whoever gave my aunt that teapot was a generous person* 谁给我姑姑茶壶，谁就是个慷慨的人），但是 *who* 不能如此使用，而 *the one who* 可以用在该范式中。

that the very rich, you could be absolutely filthy rich and they pay, they don't pay their share of taxation.［语篇 370］

The catch here is that when things get hot for the government — when its performance is so poor that its support begins to dwindle — neither side can resist the temptation to play foul. **This is what happened before and is happening again**. [KOHL_A]

But you're **the one who came here and sat with me** ... so sit. [KOHL_K]

that	is	the one I like
this teapot	was	what the duke gave to my aunt
a loaf of bread	is	what we chiefly need
this	is	what happened to me the last few weeks
主位	述位	

图 3–4　标记性主位等价结构（名词化作述位）

主位等价结构（形式语法通常称为“假拟分裂句”（pseudo-cleft sentence））表示识别小句，内含主位性名词化成分，用于表达“主位—述位”结构。这样，主位就可以包含任一次类的小句成分。此类小句就是这样演化而来的：在英语中，它们逐步演化为主位资源，将消息的结构按照说话者或作者希望的方式组织。

更加明确地说，主位等价结构实际上体现了两个不同的语义特征，恰巧对应 *identify* 一词的两种意义。一方面，它识别（明确）了主位是什么；另一方面，它将主位与述位相互认同（等同）。

第二种意义添加了排他性的语义成分：意思是“这个且仅是这个”。所以，*what the duke gave my aunt was that teapot* 表示“我要告诉你，公爵给我姑姑的礼物是那只茶壶——不是别的东西”；与之相对的是 *the duke gave my aunt that teapot*，表示“我要告诉你一点关于公爵的事情：他给了我姑姑那只茶壶”（当然公爵也可能给了其他东西，或做了其他事情）。

因此，即使主位仅限于一个成分，该识别结构仍然对消息的表意有所贡献：即表达了排他性特征。如果说 *what the duke did was give my aunt that teapot*，名词化结构 *what the duke did*（公爵做的事）就表示“在交谈的语境下，这是他所做的所有事情”[6]。这也解释了主位标记形式，即述位中带有名词化结构的情况，如 *that's the one I like*（这就是我喜欢
96 的）。此时，主位仅为 *that*，与非名词化结构 *that I like*（我喜欢的）完全一致；但主位等价结构的附加意义在于表明这一关系的排他性——其他的我一概不喜欢。比较 *a loaf of bread we need*（我们需要一条面包）和 *a loaf of bread is what we need*（一条面包是我们所需要的），两者均以 *a loaf of bread*（一条面包）为主位，但前者暗示“一条面包只是所需的东西之一”，而后者则表示“除此之外再无其他”。值得注意的是，一些常见的表达也有此类标记性主位等价结构，包括所有以 *that's what*（这就是），*that's why*（这就是为什么）开头的结构，例如 *that's what I meant*（这就是我的意思），*that's why it's not allowed*（这就是为什么这是不允许的）。

> You've got to be confident in this game. And I reckon I'm one of the best. That's **why I never worry about the opposition**; **never respect too many players**. I let them worry about me. [ACE_A]
>
> But you can't ride into the Ferry. That's **what they'll expect you to do**. [BROWN1_N]

在下节，我们可以看到，等价和非等价同源还存在一个显著的差异：在有些情况下，非等价结构的主位不是主语。例如：

［等价］	that 主语	's what they don't tell us
［非等价］	that 主语	they don't tell us

---

⑥ 通过选择“代动词”*did*，公爵的身份得到进一步说明：即他做了某件事——他积极参与了这一过程。对比，在 *what happened to that teapot...*（那个茶壶怎么了……）中，“茶壶”被表征为被动参与者。见第五章，第 5.2 节。

同时，更多有关主位等价结构和常规的主位–述位结构小句区别的实例，见图 3–5。

（a）主位等价结构

（i）名词化作为主位

what no one seemed to notice the thing that impresses me the most the ones you never see	was is are	the writing on the wall their enthusiasm for the job the smugglers
主位	述位	

（ii）名词化作为述位

twopence a day the Walrus	was is	what my master allowed me the one I like the best
主位	述位	

（b）非主位等价结构（假设主语作为主位，如 3.3 所示）

No one their enthusiasm for the job you I	seemed to notice the writing on the wall impresses me the most never see the smugglers like the Walrus best
主位	述位

图 3–5　主位等价结构的更多实例

3.3　主位和语气

通常选择何种成分充当英语小句的主位呢？答案取决于**语气**（MOOD）。97 **语气**是小句主要的人际意义系统；它为参与对话的交际者（interactants）提供了给予或索取商品的资源，要么为信息，要么为物品–服务——换言之，小句通过语法，提供了执行言语功能（言语行为）的资源：陈述（给予信息）、提问（索取信息）、提供（给予物品–服务）和命令（索取物品-服务）。语气系统将在第四章探讨。此处为下文的讨论先做铺垫，介绍语气系统的基本范畴。本讨论仅限于能够独立成句的**自由小句**（free clause），与**非自由小句**（bound clause）对照（见第四章，第 4.4.5 节）。

每个自由小句都选择语气。类似 *John!*（约翰！）和 *good night!*（晚安！）的例子为**非完全**小句（minor clause）；它们没有主位结构，因此不在讨论范围内。其他则为**完全**小句（major clause）。自由完全小句要么为直陈，要么为祈使语气；若为直陈语气，则为陈述（给予信息）或疑问（索取信息）之一；若为疑问语气，则为是/非疑问或 WH- 疑问之一。例如：

直陈：陈述	Bears eat honey. Bears don't eat honey.
直陈：疑问：是/非疑问	Do bears eat honey? Don't bears eat honey?
直陈：疑问：WH- 疑问	What eats honey? What do bears eat?
祈使	Eat! Let's eat!

下文将从主位结构的角度对上述各类语气逐一讨论。

（1）**陈述句中的主位**。陈述句中常见的主位类型是主位与主语的融合。例如，在 *Little Bo-peep has lost her sheep*（小波比丢了羊）中，*Little Bo-peep* 既是主语也是主位。图 3-1 中的实例均为此种类型；另见图 3-3 至图 3-5 中的实例。

在陈述句中，将主位映射到主语的情况称作**无标记主位**（**unmarked Theme**）。主语被选作充当主位，除非有充分的理由选择其他成分。注意，这进一步解释了小句使用主位等价结构的原因，如 *you're the one I blame for this*（这件事情都怪你），*that's what they don't tell us*（他们可没告诉我们那个）：此时，主位即为主语，因此为无标记主位，但在非等价变体 *you I blame for this*，*that they don't tell us* 中，*you* 和 *that* 不作主语，因此为标记性主位，增加了对比意义，但是言说者可能并不需要。

在分享信息的日常谈话中，最常在陈述句中充当无标记主位（主语/

主位）的是第一人称代词 *I*。我们谈话的大部分内容都与我们自己，尤其是我们的所思和所感有关。其次是其他人称代词 *you*，*we*，*he*，*she*，*it*， 98
they，以及 *it* 和 *there* 等非人称代词。例如⑦：

语篇 3-4：分享——闲谈

Son 1 (Joshua): Do **you** want to go?

Mother: **I** don't know; **I** haven't been. **I** don't know **what** it's like, but **everyone else** said **it**'s not very good; **it**'s just boring.

Son 2: **It** isn't very exciting.

Mother: Joshua is — **what** do you think of it, Joshua?

Son 2: Bit of a disappointment.

Son 1 (Joshua): Oh well, you know... [snicker]

Mother: what?

Son 1 (Joshua): **I** think **you** should go ... **if you** haven't been.

Mother: Yes but **why** do you think he should go?

Son 1 (Joshua): If **he** hasn't been before.

Son 2: Yeah, why would I go?

Son 1 (Joshua): **I** don't know. **There**'s all these, you know, old —

再次为其他名词词组——普通名词或专有名词作中心语的名词词组——以及名词化结构。只要它们作主语，在充当主位时，就是无标记选项。

当陈述句中的主位为主语外的其他成分时，称为**标记性主位（marked Theme）**。最常见的标记性主位形式是副词词组，如 *today*（今天），*suddenly*（突然地），*somewhat distractedly*（有点心烦意乱），或介词短语，如 *at night*（在晚上），*in the corner*（在角落），*without any warning*（没有任何警告），在小句中作**附加语**。最不可能充当主位的成分是**补语**，即不作主语的名词词组——它原本可以充当主语，但实际上并未如此，如 *you*

⑦ 取自 UTS-Macquarie 语料库：家庭对话，一位母亲和她的两个儿子正在讨论二儿子是否应该参加学校去老悉尼镇的远足活动。

I blame for this 和 *that they don't tell us*[8] 中的 *you* 和 *that*（有关补语和附加
99 语的讨论，见第四章，第 4.3 节）。在现代英语中，主语位于标记附加语和补语主位之后——这一现象背离了日耳曼语言的传统原则，即陈述句的主位在定式成分之前，并由其标记。但现代英语中也有例外，即小句否定项作主位——附加语或补语带有与小句相关的否定特征[9]。这些否定主位后接定式成分，如：

> Nowhere **has** this decline been more painfully evident than in the New York City area. [BROWN1_H]
>
> No longer **does** the truism 'everyone has to eat' mean that producers and marketers can afford to ignore the valuable information consumers can provide. [ACE_E]

---

⑧　如上文所示，陈述句的标记性主位为主语外的其他成分：（环境）附加语或补语。但是谓语是否可以充当主位呢？这种情况只出现在相当罕见的结构中，整个剩余成分作主位，后接语气成分，以定式成分为替代，承载新信息的焦点（见 Halliday, 1967/8/2005: 79），如 *Get better she did.*（她确实好一些了。）[ACE_E]。在极端情况下，剩余成分只包括谓语，如 *This filly is another Adios that wants to trot, and trot she did until forced to do otherwise.*（这匹小马是另一个想要小跑的阿迪奥斯，她一直小跑直到被迫着做其他的事情。）[BROWN1_E]（比较附加语作部分剩余成分的情况：*and trot fast she did* 她跑得很快）。然而，真正作主位的是剩余成分，不是谓语，这一点体现在由定式形式 *be* 充当定式成分、缺少谓语部分的关系小句中，如 *The grammar, in its ideational function, is a theory of human experience. And a very effective theory it is.*（在经验功能上，语法是有关人类经验的理论。是一个非常有效的理论）[Halliday, 2008: 147]。如果"投射"组连中的"言语"或"心理"投射小句跟在被投射部分之后，序列可能为言说者（感觉者）+ 过程，或过程 + 言说者（感觉者）中的任一种：*... Henry said; ... said Henry*。在第二种情况下，定式成分与谓语结合，即定式成分 / 谓语，位于主语之前；整个投射小句通过声调附着被降级（见第七章，表 7-29）。在某些新闻报道中，位于被投射部分之前的投射小句可以选择定式成分 / 谓语作主位，如 *Says Senator Pepper in support of his bill: 'I think it would do wonders.'*（为了支持他的法案，佩珀参议员说："我认为这会创造奇迹。"）[时代杂志]。此时，记者对主位的选择是为了表明他 / 她将随后的内容归于某一特定来源。

⑨　这适用于带有否定特征的环境附加语，如地点附加语 *nowhere*（无处）；也适用于带有否定（或准否定）特征的情态附加语，如 *never*（从不），*hardly*（几乎不）。

对陈述句中主位选择主要趋势的总结，见表 3-1。

表 3-1　陈述句中的主位实例。主-述位边界由 # 表示。 100

	功能①	类别	小句实例
无标记主位	主语	名词词组：代词作中心语	I # had a little nut-tree
			she # went to the baker's
			there # were three jovial Welshmen
		名词词组：普通名词或专有名词作中心语	a wise old owl # lived in an oak
			Mary # had a little lamb
			London Bridge # is fallen down
		名词词组：名词化（名词性小句）作中心语	what I want # is a proper cup of coffee
标记性主位	附加语	副词词组	merrily # we roll along
		介词短语	on Saturday night # I lost my wife
	补语	名词词组：普通名词或专有名词作中心语	a bag-pudding # the King did make
			Eliot # you're particularly fond of
		名词词组：代词作中心语	all this # we owe both to ourselves and to the peoples of the world [[who are so well represented here today]]
			this # they should refuse
		名词词组：名词化（名词性小句）作中心语	what they could not eat that night # the Queen next morning fried

因此，陈述句中“标记性最强”的主位类别是补语：例如，*this responsibility we accept wholly*（我们完全接受这一责任）中的 *this responsibility*（见下文）。这一名词性成分具有充当主语的潜势；但未被选作主语，

① 在作交换的小句中发挥作用；见第四章。

而是充当小句主位。既然它可以作主语，并因此为无标记主位，那么被处理为主位补语就一定有充分的理由——它被明确地前景化，成为小句主位[⑩]。请看下例，选自巴利（Charles Bally）和薛施蔼（Albert Sechehaye）为索绪尔（Ferdinand de Saussure）的《普通语言学教程》(*Course in general linguistics*；英文版由巴斯金（Wade Baskin）翻译）所作序言的结尾部分：

> We are aware of our responsibility to our critics. We are also aware of our responsibility to the author, who probably would not have authorized the publication of these pages. <u>This responsibility</u> we accept wholly, and we would willingly bear it alone.

此时，主位 *this responsibility* 被高度前景化；概括了整个序言的分量——即在一位杰出的学者去世后，他的同事们肩负起从演讲笔记中还原其著述的特殊使命——同时，以此为出发点，阐明他们工作的意义。类似的例子还有：

> In the worst scenario, if most of a teacher's lessons are 'poor', he or she will be asked to sign a sheet explaining any extenuating circumstances. <u>This</u> they should refuse until there is union advice, and then all the circumstances — the whole demoralising history of oversized classes, or teaching without books, inadequate training or lack of special needs support — should be recorded.［语篇 97］

总体原则是，补语是高度标记性的主位。然而，受特定类型语篇的“发展方式”影响，某些补语类型充当主位的动因可能十分强烈。例如，在类似上述语篇 3-1 的地形报告中，地点在语篇组织中发挥重要作用，是

⑩ 在其自身的信息单位中，它也有可能充当新信息。与此同时，补语之外的某个成分将成为述位内新信息的候选项。如第二个节选中的例子：<u>this</u> *they should* ***refuse***。

口头构建某一区域地图的参照点。处所附加语和补语充当主位的动因十分强烈，原因是它们使说话者能够在言语地图的推进中为听话者提供指导（见 Matthiessen, 1992: 60–61; 1995c: 37–39）。它们往往出现在“存在小句”中，如 *Beyond the main complex is a lovely stream that bubbles under a wooden bridge*（主建筑群之外有一条可爱的小溪，在木桥下冒着气泡），或“环境”关系小句中，如 *Still further along the road is Pura Kebo Edan*（沿着路再往前走就是克波伊丹寺）；当然也包括其他类型的小句。这些来自地形报告（和地形测量程序）的实例阐明了标记的一般原则：虽然某一给定术语可能在语言中被宏观标记，但在特定语域的某些情形下，它可能不具有标记性。

有时，介词短语中的补语甚至也可以充当主位（见第六章，第 6.5 节），尤其在由介词和动词组合而成的固定搭配中，例如 *that I could do* 101 *without*（没有我也能做）中的 *that* 和 *two things we need to comment on*（我们需要评论两件事）中的 *two things*。但最为突出的补语 / 主位类型可能是代词，如 *me they blame for it*（他们因这件事责备我）中的 *me*。换言之，它和前文开始讨论时提到的无标记主语 / 主位 *I*，分别位于主位趋向阶（scale of thematic tendency）的两端。

陈述句包含一个具有特殊主位结构的次范畴，即感叹小句。通常情况下，它们用 WH- 成分作主位，如图 3–6 所示。

what a self-opinionated egomaniac how dreaful	that guy is she sounds
主位	述位

图 3–6　感叹小句中的主位

（2）**疑问句中的主位**。疑问句的典型功能是提出问题；从说话者的角度看，提问的目的是希望对方告知自己某些信息。虽然现实生活中提问的原因五花八门，但这并不与我们的观察矛盾，即提问的基本意义就是寻求答案。因此，问题的主位自然就是“我想知道的信息”。

疑问句有两种主要类别：第一种指说话者想了解的是**归一度**（POLARITY）“是还是否？”，例如 *Can you keep a secret?*（你能保守秘密吗？）*Is anyone at home?*（有人在家吗？）；另一种指说话者想了解的是内容中某一成分的身份，例如 *Who will you take as your partner?*（你会选择谁作为你的搭档？）*Where has my little dog gone?*（我的小狗去哪儿了？）。在这两种类别中，位于句首的词均表示说话者想了解的内容。

是/非疑问是涉及归一度的提问，由充当主位的成分表达归一度，即**定式动词操作语**（finite verbal operator）。英语正是通过定式操作语来表达肯定或否定意义的：*is*，*isn't*；*do*，*don't*；*can*，*can't*，诸如此类。于是，在是/非疑问句中，定式操作语位于句首，置于主语之前，表示“我要你告诉我是否……”。

WH-疑问句涉及对所缺失信息的寻找，充当主位的成分即为需要的信息，即WH-成分。正是WH-成分表达了缺失信息的性质：*who*（谁），*what*（什么），*when*（何时），*how*（如何），等。于是，在WH-疑问句中，不论WH-成分在语气结构中作主语、附加语、还是补足语，均位于句首，表示“我要你告诉我有关人物、事物、时间、方式等信息”。

因此，疑问句的结构组成体现了主位原则。在英语中，疑问句的典型特点是某个特定成分出现在句首；正是由于提问的特殊性质使得该成分具有主位的身份。该成分出现在句首并非说话者一时兴起，而是表达疑问的常见范式。这已经成为语言系统的一部分，可以解释为英语小句的句首具
102 有主位意义。疑问表达的是问题；而问题的主位自然是“我想让你告诉我些什么”；需要的答案要么是小句某个成分的信息，要么是作归一度的标志。因此，若要体现疑问语气，就需选择一个表明所需答案的成分，并将其置于句首。

在WH-疑问句中，主位仅由WH-成分构成：即WH-词所在的词组或短语。实例见图3-7。

who	wants a glass of white wine?
where	did you get that from?
how many hours	did you want?
and how long	's she there for?
why	was he opposed to coming in?
主位	述位

图 3-7　WH- 疑问句中的主位

此时，WH-成分在疑问句中直接充当成分——作主语或补语等参与者，或附加语等环境成分。但在某些条件下，它可能不是小句的直接组成部分（见 Matthiessen, 1995a: 416-417）。如果 WH- 词是在介词短语中作补语的名词词组（或它的一部分），该名词词组可以独立充当主位，例如 *what shall I mend it with?*（我该用什么来修补它？）中的 *what*，*which house do they live in?*（他们住在哪栋房子里？）中的 *which house*。如果 WH- 成分出现在被投射小句中（见第七章），它可以充当投射小句的主位，如 *Who do you think pays the rent?*（你认为谁付房租？）是 *you think somebody pays the rent*（你觉得有人付房租）的疑问形式。同样的例子还有 *And what do you think you could have done about it before?*（你觉得你以前能做些什么？），*What did you say your name was?*（你说你叫什么名字？），*What does he think a remark like this 'lousy' one does to our prestige and morale?*（他认为这样一句"糟糕"对我们的声望和士气有什么影响？）。

在是 / 非疑问中，情况略有不同，原因将在下文第 3.5 节详细解释。此时，主位包含定式操作语；但由于它不是小句经验结构中的成分，主位便延伸至随后的主语。示例见图 3-8。

因此，在两种疑问句中，选择典型的"无标记"主位模式均有明确的 103
动因，因为这一模式已经演化为小句传递基本信息的手段。因此，说话者强烈倾向于选择无标记形式，而不是背道而驰，在句首引入标记性主位。但如图 3-9 所示，疑问句中的确也会出现标记性主位：

could	you	eat a whole packet of tim tams?
has	he	got the car back by the way?
did	you	sleep okay?
didn't	it	smell terrible?
shall	I	make some toast?
are	they	still together?
主位（1）	主位（2）	述位

图 3-8 是 / 非疑问中的主位

at lower latitudes [[where there are no stratospheric ice crystals]],	is the role of ice mimicked by other aerosols such as volcanic dust?
on the right	is it?
In such circumstances	is it any wonder that motorists, for their own safety as well as that of other road users, are reluctant to 'obey the signals of a police officer?' [ACE_B]
aesthetically, in terms of the vision in your head,	what is the relationship between the fiction and the non-fiction?
After all, except for music,	what did they have in common? [KOHL_R]
主位	述位

图 3-9 疑问中的标记性主位

（3）祈使句中的主位。祈使句的基本意义要么是“我想让你做某事”，要么是“我想让咱们（你和我）做某事”。后者通常将 *let's* 置于句首，如 *let's go home now*（我们现在回家吧）。这里的 *let's* 显然为无标记性主位。而在第一种情况下，尽管可以将‘you’明确处理为主位（如 *you keep quiet!* 你保持安静！，表示“至于你”），但这显然是标记性选项；更常见的形式是 *keep quiet*（保持安静），即动词作主位。动词在语气结构（作为交换的小句）中充当**谓语**，因此作无标记主位。

在否定祈使句中，如 *don't argue with me*（别跟我争论），*don't let's*

quarrel about it（我们不要为此争吵），主位原则与是 / 非疑问句一致：无标记主位是 *don't* 加上随后的主语或谓语成分。同样也存在带 *you* 的标记形式，如 *don't you argue with me*（别跟我争论）的主位是 *don't you*。肯定祈使句也存在带对比意义的标记性主位形式，如 *do take care*（一定保重）的主位是 *do* 加谓语 *take*。见图 3-10 中的实例。

104

turn	it down.
just place	a blank CD in the drive,
and click	the Burn CD icon.
try	to prevent any teacher being singled out as inadequate.
you	take the office
well Jane think	of smoked salmon.
don't do	that
no don't worry	
let's	do lunch at the Ivy.
let's	all think about that for a moment.
don't let's	quarrel about it
let me	send Lesley a photocopy
主位	述位

图 3-10　祈使句的主位

祈使句是唯一一类通常由谓语（动词）充当主位的小句类型。虽然其他语气中也可将动词置于句首，从而赋予其明确的主位地位，如 *forget it I never shall*（我永远不会忘记它）中的 *forget*，但此时的主位标记性最强。

祈使句也可能有标记性主位，如在方向指示小句中，由处所附加语充当主位：

> From this crossroads town # follow the main road south through increasingly arid landscapes towards Rembitan, a pretty little village claiming a 17th-century mosque, then Sade.［语篇 142］

在包含明确主语的祈使句中，短语动词（见第六章，第 6.3.5 节）的附加语部分可以充当标记性主位，如 *Up you get!*（站起来！），*Off you go-go and bond!*（你走吧——去结交新朋友吧！）。因此，通常选作主位的成分取决
105 于小句语气[11]。对这一模式的总结见表 3-2。当其他成分位于句首时，构成“标记性”主位；此类标记性主位要么表达小句的某一类场景，要么包含对比的特征。此时要注意的是，本应充当无标记主位的成分现在从属于述位。

表 3-2　语气类型系统和无标记主位选择

小句语气类型	典型（“无标记”）主位
陈述句	名词词组作主语
疑问句：是 / 否疑问	动词词组的第一个词（定式成分操作语）和名词词组作主语
疑问句：Wh- 疑问	名词词组，副词词组或介词短语作疑问（Wh-）成分
祈使句：“你”	动词词组作谓语，如果是否定句，置于 *don't* 之后
祈使句：“你和我”	如果是否定，*let's* 置于 *don't* 之后
感叹句	名词词组或者副词词组作感叹句（Wh-）成分

以下段落引自狄更斯（Charles Dickens）的《大卫 · 科波菲尔》（*David Copperfield*），展现了陈述句选择标记性主位的一种典型语境（图 3-11）：

语篇 3-5：再创——叙事（笔语、独白）

‘We came,’ repeated Mrs Micawber, ‘and saw the Medway. My opinion of the coal trade on that river is, that it may require talent, but that it certainly requires capital. Talent, Mr Micawber has; capital, Mr Micawber has not... We are at present waiting for a remittance from London, to discharge our pecuniary obligations at this hotel. Until the arrival of that remittance, ... I am cut off from my home ..., from my boy and girl, and from my twins.’

---

⑪　在英语和其他许多语言中，主位在取向上接近语气是元功能统一的原则；但不同语言之间又存在显著差异（见 Matthiessen, 2004b：第 10.5 节）。例如，日语就较为特别（见 Teruya, 2004, 2007）：虽然小句的初始部分在主位上十分重要，但只有末尾部分才表明作交换的小句的本质。许多语言中，与 Wh-成分相关的是新信息的焦点，而非主位；而在其他语言中，Wh-成分并未被赋予特殊的语篇地位。

talent	Mr Micawber has
capital	Mr Micawber has not
主位 / 补语： 名词词组	述位

until the arrival of that remittance	I am cut off from my home
主位 / 附加语： 介词短语	述位

图 3-11　陈述句中的标记性主位实例

这里，我们可以引入本书使用的系统网络来展现英语小句的主位潜势：见图 3-12。

106

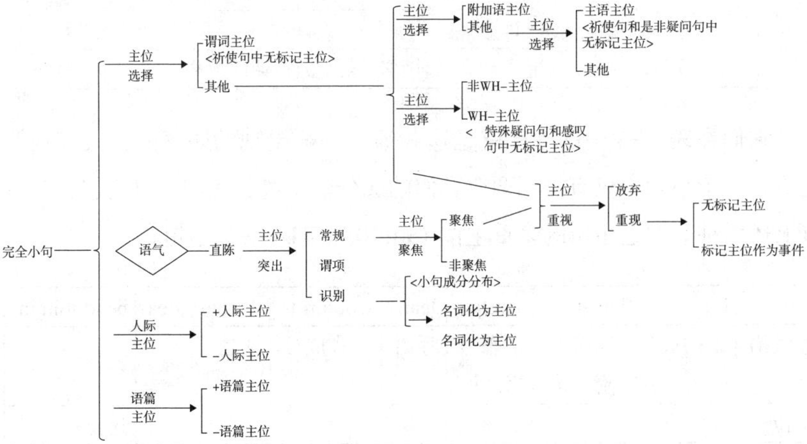

图 3-12　主位系统

3.4　语篇主位、人际主位和主题主位

第二章末尾对元功能进行了简要介绍，指出小句通过表征功能识解人类经验：某一过程——发生在外部环境或内心世界的某种变化，亦或极端情况下的无变化。过程被识解为三种类型成分的配置：(i) 过程本身；(ii)

过程的参与者；以及（iii）所有的环境成分，如时间、方式或原因等。

主位结构的指导原则是：主位包含且仅包含一个上述经验成分[⑫]。这意味着小句的主位结束于第一个成分，即参与者、环境成分、或过程。该成分在语篇功能上被称为**主题主位**（topical Theme）。

107 但是，也可能有其他成分出现在小句的主题主位之前，用以表达人际或语篇功能，而非经验意义。表3-3对这些成分做了总结。

表3-3　语篇和人际主位

语篇：	连续语
	连词［“结构主位”］
	连接附加语
人际：	情态/评论附加语［“情态主位”］
	呼语
	定式动词操作语［在是/非疑问句中］

它们在表3-3中的顺序就是这些组合一般出现的顺序。在大多数情况下，一个小句中仅有一到两个类似的成分。不过，我们可以构造一个带有上述六种非主题主位的**多重主位**（**multiple Theme**）小句。

well	but	then	surely	Jean	wouldn’t	the best idea	be to join in
连续语	结构成分	连接 附加语	情态 附加语	呼语	定式成分	话题	
主位							述位

接下来我们将对上述类别展开讨论，解释“多重主位”出现的原因[⑬]。

⑫ 虽然较为罕见，但可能存在不止一个环境附加语作标记性主题主位的情况（见Halliday, 1967/8/2005: 80; Matthiessen, 1992: 51）。

⑬ 这一有关主位的语法领域在不同语言中差别很大。例如，他加禄语（Tagalog）将语篇和人际主位与经验（主题）主位明显区分：前者通过小句位置体现，位于句首，而后者则（通过*ang*）被分段标记，在无标记情况下位于句尾（见Martin, 2004）。日语中也有类似的区分，不过与语篇和人际主位类似，经验主位也倾向于出现在小句的开头（Teruya, 2004, 2007）。

1 ［语篇］**连续语**。连续语是标示话语语步的少数几类词之一：语步可以是对话中的应答，或是同一说话者不断继续的新语步。常见的连续语有 *yes*, *no*, *well*, *oh*, *now*。见 Halliday & Hasan（1976：第五章）。

2 ［语篇］**连词**。连词是将其所在的小句与另一小句连系（并列关系）或连结（主从关系）起来的词或词组。在语义上，它建立起**扩展**或**投射**关系；见第七章。最常见的连词有：

（并列关系）*and or nor either neither but yet so then for* 108

（主从关系）*when while before after until because if although unless since that whether to by with despite as even if in case supposing (that) assuming (that) given that provided (that) so that to as to in order to in the event that in spite of the fact that*

3 ［语篇］连接附加语（话语附加语）。它们是将小句与前述语篇联系起来的副词词组或介词短语（见表 3-4）：它们与连词涵盖的语义范围大致相同。见第九章，第 9.3 节。

4 ［人际］呼语。用于称呼的词项，通常（但未必）为人名。见第四章，第 4.3.4 节。

5 ［人际］情态 / 评论附加语。表达说话者 / 作者对信息内容的判断或态度（见表 3-5）。另见第四章（同时见第十章，第 10.2.2 节）

6 ［人际］定式动词操作语。定式动词操作语包括为数不多的定式助动词，用于识解基本时态或情态，在是 / 非疑问句中作无标记主位。见第四章，表 4-4 和第六章，第 6.3.1 节。

（接上页）在除现代英语外的其他日耳曼语言中，不易出现多重主位（见 Steiner & Teich（2004）对德语的讨论；Andersen 等（2001）对丹麦语的讨论）：除了结构连词外，仅有一个语篇、人际或经验成分作主位，后接定式成分（因此推翻了陈述句的主位位于成分前的原则）。就多重主位的潜势而言，英语与罗曼斯语相似（见 Caffarel, 2000, 2004, 2006，对法语的讨论；Lavid 等，2009，对西班牙语的讨论）。

（基本时态）*am is are was were do does did have has had shall will*

（情态）*can could may might shall should will would must ought need dare*

——还包括否定形式 *aren't*，*can't* 等。

表 3–4　连接附加语

	类型	意义	实例
I	同位	“例如”	that is, in other words, for instance
	修正	“而是”	or rather, at least, to be precise
	摒弃	“任何情况下”	in any case, anyway, leaving that aside
	总结	“总之”	briefly, to sum up, in conclusion
	确认	“实际上”	actually, in fact, as a matter of fact
II	添加	“而且”	also, moreover, in addition, besides
	转折	“但是”	on the other hand, however, conversely
	变化	“反之”	instead, alternatively
III	时间	“那时”	meanwhile, before that, later on, next, soon, finally
	比较	“同样地”	likewise, in the same way
	因果	“因此”	therefore, for this reason, as a result, with this in mind
	条件	“如果……那么”	in that case, under the circumstances, otherwise
	让步	“但”	nevertheless, despite that
	各自	“关于此”	in this respect, as far as that's concerned

109 **表 3–5　情态附加语**

	类型	意义	实例
I	概率	多大可能性？	probably, possibly, certainly, perhaps, maybe
	频率	多久一次？	usually, sometimes, always, (n)ever, often, seldom
	典型	多典型？	occasionally, generally, regularly, for the most part
	明显	多明显？	of course, surely, obviously, clearly
II	观点	我认为	in my opinion, personally, to my mind
	承认	我承认	frankly, to be honest, to tell you the truth
	说服	我放心	honestly, really, believe me, seriously
	恳求	我恳求你	please, kindly

续表

	类型	意义	实例
	推论	我断定	evidently, apparently, no doubt, presumably
	合意	多有利?	(un)fortunately, to my delight/distress, regrettably, hopefully
	可信	多可信?	at first, tentatively, provisionally, looking back on it
	有效	多有效?	broadly speaking, in general, on the whole, strictly speaking, in principle
	评估	多合理?	(un)wisely, understandably, mistakenly, foolishly
	预测	多出乎意料?	to my surprise, surprisingly, as expected, by chance

在上述六种类型中，前两种，即连续语和连词，为**本质性主位**（inherently thematic）：一旦它们在小句中出现，就会位于句首。其余几种则为**典型性主位**（characteristically thematic）：它们时常出现在小句的主位位置（即主题主位之前），但也有可能是其他位置。

为何上述成分在小句中常常充当主位——或者换个更有意义的问法，为何它们与主位功能相关，无论是在特征上还是本质上？一般来说，它们都是自然主位：如果说话者或作者正在明确小句与周围话语的关系（语篇意义），或将自己的视角投射到所说小句的价值上（人际意义），这些表达就会很自然地被设为出发点。信息开始于“我来告诉你这是如何融入语篇的”和/或“我来告诉你我对此的看法”。

本质性主位包括（语篇）连续语和连词。它们随着语言的演化，已经迁移至小句句首，并固定下来。这些词从根本上为小句提供了背景（连续语），或为它和相邻小句建立起特定的逻辑语义关系（连词）。无论哪种情况，它们的主位地位和特有的话语力量一起构成了一个整体。

但是同样地，由于这些成分默认作主位，当其中一个出现在小句中 110
时，它并未占据小句的全部主位潜势。其后接成分也具有主位地位，虽然没有前置成分时那么突出，但也比较突显。这点可以通过“标记性（主题）主位”概念来证明，如第3.3节所示。一方面，仍有可能在连续语或连词之后，引入标记性主题主位，用作对比或提供背景；例如（选自达尔文（Charles Darwin）的《物种起源》（*The origin of species*））：

When in any country several domestic breeds have once been established ...

值得注意的是，选择这一标记性成分序列的唯一原因是让 *any country*（任何国家）充当主位。另一方面，当小句中存在某个内在主位项，表示“主位的量”已经被占用时，标记性主位出现的频率就会有所下降。

典型性主位成分包括（语篇）连接附加语、（人际）呼语、情态和评论附加语，以及（是 / 非疑问句）中的定式动词操作语。

如前所述，连接附加语（通常称作“话语附加语”）与连词的语义范围基本相同；不过，虽然连词与之前或之后的其他小句均可建立起语法（系统–结构）联系，但连接附加语建立起来的关系仅体现为语义，而非结构上的衔接（因此只能与前述内容相关）。这些附加语通常充当主位，但并非一定如此。我们既可以说 *therefore the scheme was abandoned*（因此，该计划被放弃），*therefore* 此时作语篇主位，也可以说 *the scheme was therefore abandoned*（该计划因此被放弃），*therefore* 此时从属于述位。注意，主位 + 述位的分析可以解释此类同源小句在意义上的差异。

同样的原则也适用于人际关系成分。小句中的呼语、情态附加语或评论附加语极有可能充当主位：它们是对话独有的特征，用于吸引听众的注意，或是表达说话者对某事可能性、必要性等的观点，因此常用来重点指示言语交换中的特定语步——换言之，充当小句的主位。例如（主位用下画线标出），

Maybe we could develop our listening skills. [UTS/Macquarie Corpus]

Kate, I must say this fish is cooked beautifully. [语篇 82]

YOUR MAJESTIES, YOUR ROYAL HIGHNESSES, DISTINGUISHED GUESTS, COMRADES AND FRIENDS, today all of us do, by our presence here, and by our celebrations in other parts of our country and the world, confer glory and hope to newborn liberty.［曼德拉就职演说］

King: Senator Rudman, what does it say to you?

Rudman: Well, Larry, unfortunately, << as you know — we discussed it the other night — >> the reason our commission came to the conclusion that terrorism was the No. 1 threat — we talked about chemical, biological and nuclear — and the reason we came to that conclusion is we had information, intelligence and other, over the last 3 1/2 years that indicated to us that efforts were under way to manufacture a 111
number of instrumentalities that could be delivered to this country to cause mass destruction, which is what this is doing, as opposed to mass destruction, which is what would happen with certain types of chemical and certainly nuclear weapons. [KING_Interviews]

Well look, honestly, Mrs Finney, my suggestion to you would be that if you want to read English honours you should spend a year in solid preparation for it and then reapply.［语篇 135］

同样地，如果将其中一项或两项成分转移到述位内，意义上的差异就会突显出来：

It's alright **Kate**.［语篇 82］

Well you are proposing taking on quite something, **Mrs Finney**, aren't you?［语篇 135］

Well, usually means mostly, doesn't it, **Mary**?［语篇 76］

现在我们回到前文提到的测试：当任一典型性主位成分出现在主位时，是否仍然可以后接标记性主题主位呢？答案显然是肯定的（如上文曼德拉就职演说中的例子所示，呼语后接时间：*your majesties…today*（陛下……今天……），但是十分罕见。说话者选择一个这样的成分后，似乎就用尽了小句中的“主位能量”——尽管还不是全部。的确存在 *unfortunately protein you can't store*（不幸的是，蛋白质你无法储存）这样带标记性主题主位的小句，这表明人际关系附加语之后的经验成分仍具有主位地位——否则就没有必要将其前置。反过来，这就意味着一个普通的无标记主位在相同条件下就是一个无标记的主题主位。我们可以通过建立如下范式，展现不同的初始选择在小句中的作用:（1）无非主题主位，（2）非主题主位为本质性主位，（3）非主题主位为典型性主位；可以看到，标记性话题主位在每一步上的标记性逐渐增强。

	无标记话题主位	标记性话题主位
（1）	you + can't store protein	protein + you can't store
（2）	but you + can't store protein	but protein + you can't store
（3）	however you + can't store protein	however protein + you can't store

口笔语语篇中小句成分顺序的这种变化可以总结如下。（i）英语小句的起始位置在作为消息的小句的构建过程中是有意义的，发挥主位功能。（ii）话语中用于定位小句的修辞或逻辑语篇成分均为本质性主位。（iii）与前文建立语义关系，或表达说话者角度或预期听者的某些语篇和人际成分，均为典型性主位；其中包括定式操作语，用于标示疑问类型。（iv）这些本质性和典型性主位均位于小句的经验结构之外；不具有参与者、环境或过程的地位。（v）除非出现上述一项经验成分，否则该小句在
112 经验域中缺乏锚点（anchorage），无法为消息提供主位基础。现在，我们可以离主位的识别更进一步：小句的主位从句首开始，延伸至（且包含）第一个经验要素——无论是参与者、环境成分还是过程。其后的成分均构成述位。

还有一类“典型性主位”，即 WH- 成分。在上文已经提及的 WH- 疑问句中，WH- 成分充当无标记主位。现在我们可以看出，这些成分实际上具有双重主位的价值：兼具人际和主题主位的身份——作人际主位是由于它们对语气的识解；作主题主位是由于它们对参与者或环境的表征。请注意，具有这一身份的是 WH- 疑问词所在的词组或短语，而非疑问词本身。实例如图 3-13 所示。

to what extent		is *The Snow Leopard* a shaped creation?
人际主位	话题主位	
主位		述位

图 3-13　WH- 成分（疑问）作主位

WH- 成分同样也可作**关系代词**，用于标记“关系从句”——通过主从或嵌入关系在结构上与另一小句相连；见第七章，第 7.4.1.2 节和第 7.4.5 节。WH- 关系代词和 WH- 疑问句一样，也是典型性主位——WH- 关系代词所在的词组或短语为关系从句的无标记主位；它们同样兼具主题主位和非话题的、语篇主位功能[15]。如图 3-14 所示。

(the book is faithful to the time)	in which		it took place
	语篇主位	话题主位	
	主位		述位

图 3-14　WH- 成分（关系代词）作主位（语篇 7）

⑮　关系代词的语篇主位为本质性主位；这点和其他结构主位（连结词和连系词）类似。因此，话题主位部分也为本质性主位；但是，这一特点使得其他经验成分有可能出现在 Wh- 成分之后、定式成分之前，例如：||| *Palos Verdes Estates is a residential community of fine homes on large lots,* ||*which until the 1950s was restricted to Spanish-style architecture of white stucco with red tile roofs* ||| [语篇 140]（帕洛斯格林庄园是一个居住社区，精致的房屋坐落在大片的土地上，直到 20 世纪 50 年代，这里还仅限于白色灰泥和红色瓦屋顶的西班牙风格建筑）。此时，Wh- 成分后接时间环境成分 *until the 1950s*，位于定式成分 *was* 之前。述位显然包含一个时间环境成分的变体（表示 *until the 1950s* 不是 *which* 引导的名词性词组复合体的一部分），即 *which was restricted to Spanish-style architecture of white stucco with red tile roofs until the 1950s*。同样地：*It is also the founding principle of the Freedom Charter* [[*we adopted as policy in 1955*]], || *which in its very first lines, places before South Africa an inclusive basis for citizenship* [语篇 181]（这也是《自由宪章》的基本原则，1955 年我们将其采纳为政策，它在前几行就将包容的公民权作为南非的基础）; *and yet, the outcome was* [[[*he'd committed himself to flying to Trinidad* || *to renew a friendship with a man* [[[*who in his youth had been his closest friend* || *but who now was no more than a stranger*]]]]]] [ACE_L]（然而，最后的结果是，他决定飞往特立尼达 ||，与一位年轻时是他最亲密的朋友 ||，但现在只是个陌生人的人重新建立友谊）。

113 WH- 关系代词可为定式或非定式，见表 3–6。

表 3–6　关系代词

类型	实例
限定词	which, who, that, whose, when, where (why, how)
非限定词	whatever, whichever, whoever, whosoever, whenever, wherever, however

因此，所有 WH- 词组和短语都具有这一双重功能：一方面在经验结构中充当成分，另一方面标记小句的疑问（语气）或关系代词（依赖性）等某个特殊状态。疑问和关系这两种价值在更深层次上相互关联，总体上表示“从他处检索到的身份”；“非限定”的小句为两者之间的过渡类型：

Where are you going?	(‘I don’t know; tell me’)	［疑问：限定］
Wherever are you going?	(‘I can’t imagine!’)	［疑问：非限定］
Wherever you’re going, ...	(‘it doesn’t matter’)	［关系代词：非限定］
The town where you’re going ...	(‘it’s a certain town’)	［关系代词：限定］

在由 WH- 成分扩展的语义空间中，身份可以通过带有挑战或质疑意味的询问建立，也可以被认为无关紧要而搁置一旁；又或者相对于某个其他实体而建立。反过来，WH- 成分也从属于一个更大、包含 WH- 和 TH- 成分的集合，它们共同发挥指示或“指出”功能，如表 3–7 所示：

表 3–7　TH- 成分和 WH- 成分

	TH- 成分	WH- 成分
名词性	the this that	which what who whose
副词性	there then thus	where when how/why
	[thence thither]	[whence whither]
	there- fore/by, etc.	where- fore/by, etc.

（名词性）实例见表 3–8。

表 3–8　名词性 TH- 成分和 WH- 成分实例 114

	意义	指称类型	实例
(1)	I'm telling you which	TH-	I saw the one, this/that (one)
(2)	I'm not telling you which:	WH-	
(a)	I'm asking you (bounded)	疑问限定词	which/who/what did you see?
(b)	I'm asking you (unbounded)	疑问非限定词	Whichever, etc. did you see?
(c)	I'm not concerned	关系非限定词	Whichever, etc. you saw
(d)	I'm telling you about something else	关系限定词	the one which/who I saw

"限定关系从句"（d）的不规则之处体现在，虽然它本身并不识别看见的物或人，但通过看见这一事实来识别。这也解释了另一种使用 TH- 成分作关系代词的替代形式：*the one that I saw*（我看到的那个）——同时还有一类两种成分均不使用的"接触小句"（contact clause）[16]，即 *the one I saw*。

总而言之，所有指示成分均为典型性主位；如后文所示，该原则也同样适用于词组级阶，包括动词和名词词组（第六章）。这反过来也揭示了主位是作为消息的小句的基础。

如前文所示，与其说主位 + 述位结构是有明确界限的成分配置，倒不如说它是贯穿小句的话语流动；这是一个值得密切关注的视角（见 Matthiessen, 1992）。与此同时，鉴于目前我们对主位已做的讨论，确实存在一个显著的特征可以将这两者明确区分开来；这依赖于第一章我们提到的，并在下节要探讨的另一个特征——**信息**。

3.5　信息单位：已知信息 + 新信息

第一章提到了"话语流"的概念，并引入了语篇成分这一创造话语的

---

⑯　译者注："接触小句"是丹麦著名语言学家叶斯柏森（Otto Jespersen）首次提出并使用的术语，指省略了关系代词的限定性定语从句。

语法资源——话语是“结合在一起”的语篇，这种结合不仅体现在语篇自身，而且体现在语篇与情景语境之间。

这些语篇资源可以分为两类：（i）结构性资源，（ii）衔接性资源。我们现在具体展开。语法识解的**结构性**单位最高可至小句复合体（即书面英语的句子）；并止步于此。虽然语法就此停步，但语义却没有：语义的基本单位是语篇（见第一章，第 1.4.2 节），可以长至小说、史诗或论文。于是，语法提供了其他**非结构性**资源用以完成话语流：在句子之间建立语义关联——或者更为确切地说，在句子内部或句子之间都同样奏效的语义关联。后者统称为**衔接**（见 Halliday & Hasan, 1976, 1985），我们将在第九章详细探讨。

在小句复合体之下，语法通过结构性手段完成话语流；此时发挥作用
115 的是两个相互关联的系统。第一个是小句的**主位系统**，是本章目前为止一直在讨论的内容。主位系统将小句识解为由主位 + 述位构成的消息。另一个是**信息系统**。它不是小句的系统，而是一个单独的语法单位，**信息单位**（information unit）的系统（见 Halliday, 1967a, 1967/8; Halliday & Greaves, 2008：第 5.1 节）。信息单位是平行于小句，或与小句处于同一级阶等级的其他单位。

小句	信息单位
词组 / 短语	
词	
词素	

由于信息单位平行于小句（及小句内部的单位），它与小句对应的范围可变，可以延伸至多个小句，也可以限于小句内部；但在无标记的情况下，信息单位与小句一一对应（见下文）。

第一章引入的**声调群**（tone group）是英语的语音单位（第 1.2.2 节）；它是体现话语中一定信息量的语法手段。该信息量就是信息单位。英语口

语按照信息单位的序列逐渐展开，通常一个接一个、连续不断——其间没有停顿或其他不连续的情况。

语篇 3-6 的口语转录段落就体现了语调的某些特征：声调群之间以双斜线 // 分隔，音步以单斜线 / 分隔，空拍使用 ^ 标记；调核音段的开头以粗体表示。

语篇 3-6：使能——指导（口语、对话）：体现调性和调核位置的“银器”语篇

Manageress: // ^ in / **this** job / Anne we’re // working with / **silver** // ^ now / silver / needs to have / **love** //

{Anne: // yeah. //} you / **know** ^ the // people that / **buy** silver // **love** it //

Anne: // **yeah** // guess they / **would** //

Manageress: // **yeah** // mm / ^ well / **naturally** I / mean to / say that it’s // got a / lovely / **gleam** a/bout it you / **know** // ^ and / if they come / **in** they’re // usually / people who / love / beautiful / **things** // ^ so / you / have to be / beautiful / **with** it you / know // ^ and you / **sell** it with / beauty //

Anne: // **um** //

Manageress: // ^ you / ^ I’m / **sure** you know / how to do // **that** // ^ // oh but you / **must** // let’s hear / ^ /let’s hear / ^ / **look** / ^ you say // **madam** // isn’t that / **beautiful** // ^ if / you sug/**gest** it’s beautiful // they /**see** it as / beautiful //

信息单位并非精准对应其他任一语法单位。最接近的语法单位实际上是小句，可以视为无标记或“缺省”情况：如果其他条件不变，一个信息单位往往对应一个小句。但其他条件往往发生变化（原因将在后续小节介绍），因此，一个小句可以被映射到两个或更多的信息单位上；或一个信息单位被映射到两个或更多的小句上。此外，两者也可能存在交集，例 116
如，一个信息单位包含了整个小句和其后小句的一半。因此，信息单位必须被处理为单独的成分。同时，它与小句成分的关系并非偶然，两者存在交集时显然为“有标记”的情况。因此，小句成分结构和信息成分结构密切相关。

从其名称上就可以看到，“信息单位”指的就是信息中的一个单位。从专业的语法角度看，信息作为一种张力，存在于已经知道（或可预测）的内容和新近出现（或不可预测）的内容之间。而在数学上，信息则表示对不可预测性的度量。新信息与非新信息之间相互作用，产生了语言学意义上的信息。因此，信息单位作为一种结构，包括两种功能：新信息和已知信息。

理想情况下，每个信息单位均包括一个已知信息，且伴有一个新信息。但有两种情形偏离了这一原则。其一，由于话语必须从头开始，起始单位有可能仅包含新信息。其二，已知信息本质上都是“**指称的**”（phoric）——指称的内容在言语或非言语语境中已经出现；指称性（phoricity）的实现方式之一是省略，这种语法形式使得某些成分在结构中未能体现（见第九章）。因此，从结构上看，一个信息单位包括一个必要的新信息成分和一个可选的已知信息成分。

体现这一结构的方式在本质上是“意料之中”（非任意）的，包括两个方面：（i）新信息被突出标记；（ii）已知信息通常位于新信息之前。下文将依次考察这两个特征。

（i）每个信息单位均体现为一个音高曲线，或声调，可能是升调、降调或混合调（降升调、升降调）（有关声调的具体内容参见第四章，第 4.3 节）。音高曲线贯穿整个声调群。在声调群内，一个音步（尤其是其第一个音节）承载了音高的主体运动：主降、主升、或方向改变。该特征称作**调核突出**（tonic prominence），包含调核重音的成分称作**调核**（tonic）成分（调核音步、调核音节）。调核突出在书写时也被突出标记：印刷体选用黑体、手写体或打印体选用波纹下画线。包含调核突出的成分被认为是**信息焦点**（information focus）。

（ii）调核音步确定了新信息的顶点：标记了新信息成分的终点[17]。通

---

⑰ 某些语言可能包含特殊的焦点助词（如印地语），可能源于谓项主位结构（theme predication construction）（比较 Harris & Campbell, 1995）。

常，新信息是小句信息单位结构中的最后一个功能成分。由此表明，信息成分的一般顺序是已知信息在前，新信息在后。不过，虽然新信息成分的终点由调核重音标记，但起点却无从标记，所以该结构具有不确定性。如果脱离了语境，虽然可以识别新信息的顶点，但却无法根据语音判定已知信息成分是否已经率先出现，更无法判定已知信息和新信息的界限。（事 117
实并非总是如此，见下文）例如，由图 3-15 可知，*on the burning deck*（在燃烧的甲板上）为新信息，原因是调核重音位于此处；但新信息是否包括 *stood*（站着）和 *the boy*（那个男孩）就不得而知了。

// ^**the / boy stood / on the / burning / deck** //
⟵——— 新信息

图 3-15　仅包含新信息成分的单位

人们在现实生活中遇到的语篇通常不会脱离语境，于是就存在其他解读信息结构的依据。例如，“银器”语篇的前两个小句为：*In this job, Anne, we're working with silver. Now silver needs to have love*（在这份工作中，安妮，我们和银器打交道。银器也需要爱）。第二个小句是这样读出来的：

// ^ now / silver / needs to have / **love** //

单就小句本身而言，依旧难以确定：只能确定 *love* 至少是新信息。但通过之前的小句，可以确定 *silver* 实际上是已知信息；新信息成分从 *needs* 开始（见图 3-16）。

// ^ now / silver /	needs to have / **love** //
已知信息———⟶	⟵——— 新信息

图 3-16　包含已知信息和新信息成分的单位

（如果说已知信息-新信息结构在调核突出前缺少音系指标，倒也不完全准确；它是节奏变异的一个功能。比较图 3-17 的两种节奏模式。

(a) I'll tell you about silver. It needs to have love.

// ∧ it / needs to have / **love** //
已知信息 ⟵ 新信息

(b) I'll tell you what silver needs. It needs to have love.

// ∧ it needs to have / **love** //
已知信息 ⟵ 新信息

图 3-17　信息结构的节奏指标

在（a）中，*needs* 为语音突显成分，表明它是新信息的开始；而在（b）中，*needs* 从属于前附着音步（initial proclitic foot），表明它是已知信息，在前述小句中已有所提及。但并非所有的已知信息成分都缺少语音突显成分。）

118 无标记的新信息位于信息单位的末尾。但已知信息也有可能出现在新信息之后；据此，调核音步之后的任一重音成分均被标记为已知信息。如图 3-18 所示：

You say 'Madam, isn't that beautiful?' If you suggest it's beautiful, they see it as beautiful.

// ^ if / you sug/**gest**	it's / beautiful
新信息	已知信息

// they / see	it as / beautiful //
新信息	已知信息

图 3-18　标记性信息结构

这里的 *suggest* 和 *see* 是新信息；*you* 和 *they* 也是新信息，并非因为它们之前未被提及，而是表示对比（此例中是相互对比）。但 "it + be beautiful" 是已知信息。*beautiful* 的两次出现均为重音后音步（post-tonic），明确回指了前述句子的提问 *Isn't that beautiful?* 该例为**标记性信息焦点**（marked information focus）。

现在可以更加清楚地理解"已知信息"和"新信息"的实际含义。一个显著变量是：听者可以获取的（已知信息）还是不可以重新获取的（新信息）说话者提供的信息。可重新获取的信息可能在前文已有所提及；但还有别的可能性。它可能存在于此时此地，比如 *I* 和 *you*；或者也可以说，能够感受到的；也有可能根本不在周围环境中，但由于修辞的需要，而被说话者呈现为已知信息。意思是：这不是新信息。同样地，不可重新获取的信息可能未被提及；但也可能是意料之外的内容，不论前文出现与否。意思是：请注意，这是新信息。在对话中经常出现的一种“新信息”形式表示对比，例如下句强调的 *you* 和 *I*：

// **you** can / go if you / like // **I'm** not / going //

语言中有许多成分本来就是“已知信息”，除非参照某个先前提及的信息或情景特征，否则就无法对其做出解释：它们包括前指成分（anaphoric elements）（指代先前提及的内容）和指示成分（参照话语的“此时此地”理解）。这些成分通常不负载信息焦点；如果负载，则表示对比。所以，如果说任何信息单位的无标记结构都是信息焦点落在末尾成分的话，这就将本身就是已知信息的成分排除在外。因此，在 *How'd you go at that interview today?*（你今天的面试怎么样？）中，无标记形式，也即说话者实际使用的形式，就是：

// How'd you / go at that / **interview** to/day //

其中，*today* 为指示成分，作为重音后音步成分出现。

下文的实例（语篇 3–7）虽然简短，却清晰地展示了一个五岁儿童对信息结构的熟练运用：

语篇 3–7：从分享到阐述——解释：“北极星”语篇 119

Child: Shall I tell you why the North Star stays still?

Parent: Yes, do.

Child: Because that's where the magnet is, and it gets attracted by the earth. But the other stars don't; so they move around.

// shall I / tell you / why the / North / Star / stays / **still** //

// **yes** // **do** //

// ^ because / **that's** // where the / **magnet** / is// ^ and it gets at/**tracted** by the // **earth** // ^ but the / **other** / stars // **don't** // ^ so / **they** // move a/**round** //

孩子在开始时提供了新鲜的信息；并将信息焦点放在无标记位置，即小句末尾处。当提供的信息被接受后，他继续进行解释。信息类型如表 3-9 所示：

表 3-9 “北极星”语篇中的已知信息和新信息成分

	已知信息	新信息	
1	because	that's	对比
2	where	the magnet	新鲜
3	and it	gets attracted	,,
4		by the earth	,,
5	but	the other	对比
6	stars	don't	,,
7	so	they	,,
8		move around	新鲜

（注意，从第九章的讨论来看，所有的已知信息和表示对比的新信息成分在话语中都具有衔接作用。）在用于解释的四个小句中，每一个均由两个信息单位构成；焦点位于（i）包含新信息的成分（*the magnet* 磁铁，*gets attracted* 被吸引，*by the earth* 在地球旁边）；（ii）对比成分［*that*（= 北极星），*the other*（星星，但不是北极星），*don't*（被吸引），*they*（同样有别于北极星）*move around*（移动也区别于静止）］。需要留意的是，从第 4.3 节讨论的内容来看，所有新信息成分均使用调 1，所有对比成分均使用调 4。已知信息成分是前指参照成分 *it*，词项 *stars*（*other* 后的重音后音步成分）及连接词（conjunctive）*because... and ... but ... so*（回应第一个话轮中的 *why*）。

3.6　已知信息 + 新信息和主位 + 述位

信息系统和**主位**系统之间（即信息结构和主位结构之间）存在密切的
语义关联，体现在两者的无标记关系中。在其他条件都相同的情况下，信 120
息单位与（级阶）小句一一对应（无标记调性）；在这种情况下，已知信
息 ^ 新信息的次序（无标记调核性）表明主位落在已知信息成分，新信息
成分落在述位。

尽管两者存在关联，但已知信息 + 新信息的结构有别于主位 + 述位的结构。主位是我——说话者——选择的出发点。已知信息是你——听者——已经了解或者可以推知的内容。主位 + 述位以说话者为导向，而已知信息 + 新信息则以听者为导向。

但两者显然都是说话者的选择。正是说话者的指派使得两种结构彼此相互映射，为话语提供了一种复合组织，与环境产生联系。话语过程中的每一点都为随后出现的成分建立起丰富的言语和非言语环境；说话者基于前文已经言说和先前已经发生的内容做出选择。环境通常会创造出局部条件，从而推翻主位在已知信息内，新信息在述位内的整体无标记类型。

在任一给定场景，或一组语境条件下，说话者可以充分发掘环境中的可能性，利用主位和信息结构创造出丰富多彩的修辞效果。可以说，说话者和系统在做游戏。一种较为常见的语言游戏就是运用这两种系统操控对方，让他们出丑、感到内疚，或诸如此类的效果。由于这些策略背后通常涉及长时间的交流，很难在较短篇幅内举例说明；不过从下文在市郊火车上无意听到的对话片段中，可窥一斑：

语篇 3-8：分享——闲谈（口语、对话）

Are you coming back into circulation?

— I didn’t know I was out.

— I haven’t seen you for ages.

// ^ are / you coming / **back** into / circu/lation //

// ^ I / didn't / know I was / **out** //

// ^ I / haven't / **seen** you for / ages //

图 3-19 包含了主位和信息结构的分析：

are	you	coming	**back**	into circulation
人际主位	话题主位			
主位		述位		
←	←	←	新信息	已知信息

图 3-19　主位和信息（1）

说话者 1 发起对话：（i）主位 *are you*（你是……）表示“我想知道关

121 于你的情况，请自己说明——是否可以？”；（ii）*into circulation*（在流通）被视为已知信息，“这是惯例”，新信息包含表示对比的 *back*，“但有日子没在火车上见到你了”，以及新信息 *are you coming*（你要来吗），“所以我需要你的解释”——见图 3-20。

I	didn't	know	I	was	**out**
主位	述位				
主位			述位		
已知信息 ←	←	←	←	←	新信息

'in my opinion + I wasn't out'

图 3-20 主位和信息（2）

说话者 2 意识到对方的发难，于是使用温和的反话来为自己辩解：（i）主位“从我的角度看”，*I didn't know*（我不知道）是“以我的估计”加上否定形式的人际隐喻（见下文第十章）；（ii）信息：新信息 = 表对比的 *out*（与 *back* 相对照），并回溯至句首 *I* 之后的成分，意思是“在我看来，我并没有不在，所以你错了”——见图 3-21。

I	haven't	**seen**	you	for ages
主位	述位			
←———————		新信息	已知信息	

图 3-21　主位和信息（3）

说话者 1 继续向对方发难，以小说家可能会称为“责难”的口吻：（i）主位 *I*，即“我坚持自己的观点（这是唯一合理的解释）”；（ii）信息：新信息 = 表对比的 *seen*（即小句成分 *haven't seen*），“所以你没有坐火车”；*for ages* 由于回指 *into circulation*（恢复正常生活），被视为已知信息，暗示长期以来的规律性。整条消息表示：“我在车上的时候你不在，我没有看到你，所以是你的错”。从这则简短对话中，不难勾勒出两位说话者的性格特征。需要注意的是，虽然有些成分在音系上不突出，但这并不意味着它们对信息的传递不重要！

这里展示的语调和节奏与在现场听到的一致。语篇语义当然可以有许多变体。例如，说话者 1 原本可以将最后一句的信息焦点放在 *I* 上：

// **I** haven't // **seen** you for / ages //

从而略微突显他的以自我为中心。选取一小段自然对话，变换主位 + 述位以及已知信息 + 新信息的模式，并考察效果的变化，是十分有益的练习。可以清楚地了解主位结构和信息结构是如何相互作用，承载小句修辞意图的。有关这些特征的详细论述，见 Halliday & Greaves（2008）。

3.7　谓项主位

还有一类资源在组织作为消息的小句中发挥了重要作用，即**谓项主** 122
位系统（THEME PREDICATION）（见 Halliday, 1967/8/2005: 99−103[18]），

⑱　谓项主位通常被称作“分裂句”（cleft sentence）——该术语可以追溯到叶斯柏森（如 1928：37, 88−92；1937：第 25.4 节），或“it 分裂句”，区分于“WH- 分裂句”或“假分裂句”（主位识别）。

是一种特殊的主位和信息结构组合。以下为一些口语实例：

it was **Jane** that started it

it wasn't **the job** that was getting me down

is it **Sweden** that they come from?

it was **eight years ago** that you gave up smoking

带有表征功能的任一小句成分，均可以通过述谓结构单独标记。现在回到 *the duke*、*the aunt* 和 *the teapot* 的例子——但可能稍有变化：与 *the queen sent my uncle that hat-stand* 相对应的有以下形式：

it was the queen who sent my uncle that hat-stand

it was my uncle the queen sent that hat-stand

it was that hat-stand the queen sent my uncle

该系统和**主位识别系统**（THEME IDENTIFICATION；见第 3.2 节）的相似之处在于，两者都在小句的特定位置确定了某一成分的排他性，且事实上都是等价结构。但两者之间也有区别。从上述例子中选取一个，以便推导控制信息焦点的范式：

it wasn't **the job** that was getting me down
[排他：*job* 作主位 / 新信息]

the job wasn't getting me down
[非排他：*job* 作主位 /（标记性）新信息]

the job wasn't what was getting me down
[排他：*job* 作主位 /（标记性）新信息]

what was getting me down wasn't **the job**
[排他：*job* 作述位 / 新信息]

该小句的中性变体缺少“等价”特征：没有任何元素可以独一无二地占据某一角色。识别形式和谓词形式共同具有等价特征；但两者在主位的选择和主位＋述位向已知信息＋新信息的映射上存在差异。在识别小句中，*the job*（这个工作）要么不作主位，要么在信息地位上作标记性主位。换言之，*the job* 作主位的代价是成为高度前景化的信息——与它处在中性小句中相同；其含义类似于“请特别注意：这不太可能，或与预期相反”(有关谓项主位用法的语料库研究，见 Collins, 1991)。 123

另一方面，在谓项主位小句中，*the job* 保留了它的主位地位；但即便没有额外的前景化，也承载了信息焦点：主位与新信息的融合是一个规律性特征。显然，排他性等价关系导致了对比关系的产生：

it wasn’t **the job** that was getting me down ‘it was something else’

——但并未暗指该命题难以接受。

正是“新信息”与“主位”的映射，实际上赋予了谓项主位结构特殊的意义。这一区别还体现在其他一些同源小句句对中（见语篇 3-9）。

语篇 3-9：分享——闲谈（口语、对话）

A: Craig was saying, when we were driving over here, about in Sweden, you know, when Nokia – is it Sweden that they come from?

B: Finland.

A: Finland or ... anyway one of those Scandinavian countries, ... the mobile is used for everything, like —

B: Opening the garage door and letting the kids in the house and ...

对比 *Is Sweden where/the place they come from?*（他们是来自瑞典吗？）

A: I was only 29 back then. I had the whole of my life ahead of me.

B: 29? That means it was eight years ago that you gave up smoking.

对比 *eight years ago was when/the time you gave up smoking*（你是八年前戒烟的）。

A: It was on fire and that was the first day after it came back from getting fixed.

B: The horn was on fire was it?

C: It was the wire going into the horn that burnt out.

A: Was it?

对比 *the wire going into the horn was what burnt out*（是进入喇叭的线烧毁了）。

谓项主位结构通常与明确表示对比的形式相关：*it was not ... , it was ..., who/which ...*；例如（摘自《悉尼先驱晨报》驻伦敦记者 1982 年 1 月 21 日对《圣血与圣杯》（*The Holy Blood and the Holy Grail*）出版的报道）：

And, say the authors, it was Mary Magdalen, not Mary the Mother of Jesus, who has been the real, if secret, object of Mariolatry cults down the ages.

124 该例中的主位是 *And ... (it was) Mary Magdalen*（并且，是玛格达伦的马利亚……），而非 *Mary the Mother of Jesus, (who)*（耶稣的母亲马利亚，（她））。此时，两处 Mary 的对比明确表明了两者均应被解读为新信息。但即使没有明确的对比关系，无标记的信息焦点仍然落在主位上；因此，写作时经常使用这种结构来表明这就是期望的解读方式。

由于书面语缺少对调核突出的标记，因此书面英语中的述谓成分具有引导读者按照预期方式解读信息结构的附加功能。假设有这样的序列：

† John's father wanted him to give up the violin. His teacher persuaded him to continue.

在第二句中，调核重音的自然位置是 *continue*，在放弃和继续之间产生了鲜明的对比。如果替换为如下表述：

John's father wanted him to give up the violin. It was his teacher who persuaded him to continue.

此时重音落在 *teacher* 上；John 继续演奏小提琴被当作已知信息，对比了 John 的老师和父亲的态度。

完整的主位分析可能有所帮助：见图 3-22。版本（a）展示了局部主位结构；两个主位均为无标记主位 (*it* 和 *who* 都是主语)。版本（b）展示了作为谓项主位的整个小句的主位结构。注意，这里的主语是 *it ... who persuaded him to continue*（是……说服他继续的）（见第四章，第 4.7 节，尤其见图 4-29）。

	It	was	his teacher	who	persuaded him to continue
(a)	主位	述位		主位	述位
(b)	主位			述位	

图 3-22　带有谓项主位小句的主位结构

有一种结构表面看似谓项主位，其实则不然。它涉及后置成分，即小句的一个名词性成分——通常是主语，但也有例外——被推迟到句尾出现，原本的位置由对应的代词占据。它可能是一个名词词组，如：

they don't make sense, these instructions

shall I hang it above the door, your Chinese painting?

in some places they've become quite tame, the wombats

此时，主位一如既往地位于句首：*they*（他们），*shall* + *I*，*in some places*（在某些地方）；后置的名词性成分即事后产生的想法，在韵律上由调 3 的第二个次级调核体现。

// 1 ^ they / don't make / **sense** these in// 3 **structions** //

125 此类小句的一种常见类型是，后置主语为嵌入“事实”小句（见第五章，第 5.3 节，以及第七章，第 7.5.7 节）。此时，替换的代词总是 *it*：

it helps a lot to be able to speak the language

I don’t like it that you always look so tired

如果后置的事实小句由 *that* 引导，且主句包含动词 *be* 和一个名词性成分，就会看似谓项主位；例如：

it was a mistake that the school was closed down

it’s your good luck that nobody noticed

但它们并非谓项主位；后置主语不是关系小句，也不存在不带述谓成分的同源形式，即类似 *it was his teacher who persuaded him to continue*（是他的老师说服他继续的）与 *his teacher persuaded him to continue*（这个老师说服他继续）的对应关系。最后一个例子其实模棱两可，正好可以用来说明差异：*it’s your good luck (that) nobody noticed*

（i）谓项主位：同源于
nobody noticed your good luck（没人注意到你的运气）
（ii）后置主语：同源于
the fact that nobody noticed was your good luck（没人注意到是你的运气）

（对比第四章，第 4.7 节）

3.8 非自由小句、非完全小句和省略小句中的主位

目前为止，我们对主位的讨论尚未明确涉及除自由小句之外的其他小句类型，只是在提及连词和关系词作结构主位时，曾经表明这些小句确实

体现了主位结构。

事实上，所有的完全小句都具有主位结构：换言之，所有表达语气和及物性的小句，无论是否为独立小句，均具备主位结构。但如前文所示，它们自由选择主位的程度有所不同：在自由陈述句中，说话者可以自由地选择主位——在其他条件相同的情况下，将主位映射到主语上，但这只是无标记选项——离最为开放的小句形式越远，主位的选择就越发受其他语法结构的限制；这些限制本身就起源于主位。在疑问句、祈使句、尤其是非独立小句中，主位原则决定了什么可以充当小句的主位；如果有其他选项，其标记性就会很强（如在疑问句中），或者索性没有其他选项。

然而，我们也发现存在一种补偿性原则：如果先出现的是“固定”成分（即出现在句首是本质特征或至少是典型特征），那么其后接成分也保 126
留了某些主位特征。如果初始成分未充当主位，而是作其他语法成分，那么其后接成分也属于主位的一部分。这点已经概括为一条通用的解释原则：小句的主位一直延伸到具有表征功能的第一个小句成分（“主题”主位）上。因此，在类似 *if winter comes* 这样的从属小句中，主位的一部分就是 *if*，表明它与相邻的某一其他小句的关系；主位的另一部分是 *winter*，在及物性和语气中都充当成分（分别作动作者和主语）。

当考虑小句主位在语篇整体发展中的重要性时，这些模式的意义就会突显。在每个特定的小句实例中，主位的选择看似偶然，实则必然。小句主位的选择在话语的组织方式中发挥根本性作用；事实上，正是主位的选择构成了所谓的语篇“发展模式”（见 Fries, 1981; Ghadessy, 1995，以及 Hasan & Fries, 1995 中的部分内容）。其中，独立小句的主位结构贡献最大。但是其他小句也值得关注，需要对其主位－述位进行分析。见第 3.9 节的语篇分析。

对其他小句类型的分析不必过分详细，原因是它们的主位结构变化不大，且分析需要随时参考后续章节的讨论。不过，对独立小句、完全小句以及典型小句之外的其他小句类型而言，其主位结构可总结如下。

（1）**非自由从属小句**（见第七章）。（i）如果为**定式小句**，则通常由连词作结构性主位，如 *because, that, whether*，后接主题主位，如图 3–23 所示[⑲]：

127

[I asked]	whether	pigs	have wings
[they knew]	that	in spring	the snow would melt
[he left]	because	his work	was done
	结构主位	话题主位	述位
	主位		

图 3–23 （带连词的）定式非自由小句中的主位

另一方面，如果非自由小句以 WH- 成分开头，则该成分构成主题主位，如图 3–24 所示。

[I asked]	why	no one was around
[they knew]	which side	their bread was buttered
[Caesar]	whose army	never lost a battle
	话题主位	述位
	主位	

图 3–24 （带 WH- 成分的）定式非自由小句中的主位

如前所述，原因在于 WH- 成分在小句的及物性结构中也发挥作用。

（ii）如果为**非定式小句**，可能由连词或介词充当结构性主位，其后可接充当主题主位的主语。但在许多非定式小句中，两者均不存在，仅可见述位。如图 3–25 所示。

⑲ 表让步的非自由内包型关系小句具有一个特殊的主位选项，即话题主位出现在连结词（binder）*though* 之前，如 *Achyut Abhyankar << talented though he is >>, should be more restrained in his vocal 'sangat'* [KOHL_C]; *Vicious though she looked || the Contessa was no exception* [LOB_N]。小句的高潮部分是过程，因此有可能成为新信息的焦点。对比：*though she looked **vicious*** 和 *vicious though she **looked***。

with	all the doors	being locked	[we had no way in]
for	that printer	to work off your machine	[you need a cable]
while		not blaming them	[I'm still disappointed]
		to avoid delay	[have your money ready]
结构主位	话题主位		
主位		述位	

图 3-25　非定式从属小句中的主位

（2）**嵌入小句**（第六章、第七章）。这些小句在名词词组内部发挥功能，作"限定关系从句"，如 *the man who came to dinner*（来吃饭的那个人），*the day the dam broke*（大坝决堤的那天），*all personnel requiring travel permits*（所有需要旅行许可证的人员）中的 *who came to dinner*，*the dam broke*，*requiring travel permits*。此类小句的主位结构与从属小句完全一致。然而，由于它们降级后不能充当句子成分，对话语主位的贡献极小，在实际分析时可以忽略不计。

（3）**非完全小句**（第四章，第 4.6.2 节）。非完全小句不包含语气和及物性结构，通常用于表示称呼、问候、感叹和警告，如 *Mary!*（玛丽！），*Good night!*（晚安！），*Well done!*（干得漂亮！）它们也没有主位结构。（在这点上，它们与头衔和标签等词项类别相似——由于不具备独立的言语功能，而不被认为是小句。）

（4）**省略小句**（第四章，第 4.6.1 节）。（i）**前指省略**。此时，小句的某一部分可从上文推测——如对问题的回应。省略后的形式多种多样。有 128
些与非完全小句难以区分，如 *Yes. No. All right. Of course.*；由于它们预设了整个前述小句，故缺失主位结构（见第九章，第 9.5 节）。另外一些则预设了前述小句的部分内容，故自身具有主位结构。具体内容取决于被预设的部分。相关实例见图 3-26。

'Fire, fire!'	cried the town crier:
述位	'There's a fire!'

'Where?, Where?'	said Goody Blair;
述位	'Where is it?'

'Down the town'	said Goody Brown;
述位	'It's down the town?'

'I	'll go see't'	said Goody Fleet;
主位	述位	(not elliptical)

'So	will	I'	said Goody Fry;
连接词	定式成分	话题主位	'So will I go see it'
主位			

图 3-26 省略小句中的主位

（ii）**外指省略**。此类省略中，小句不预设前文的任何信息，仅仅利用情景中的修辞结构，尤其是说话者与听话人的角色（见第四章，第 4.6 节）。因此，主语，通常也包括定式动词，可以通过语境加以"理解"，如 *Thirsty?*（你渴吗？），*No idea.*（我不知道），*A song!*（咱们唱首歌吧），*Feeling better?*（你感觉好点了吗？）。此类小句实际上具有主位结构；但却仅包含述位。主位是被（部分）省略掉的内容。

更多有关"前指"和"外指"术语的意义，见第九章。

3.9 语篇中的主位分析

以下节选内容说明了传记语篇中的主位选择。分析以表格形式呈现，以便浏览和总结范式。结构分析标记为语篇中的各种编排符号；系统分析从语篇右侧开始。"无标记"和"标记性"主位的系统价值取决于语气选择，如上文图 3-12 的系统网络所示。

129

	语篇主位	人际主位	主位选择
Apart from a need to create his own identity <<having been well and truly trained and educated and, indeed, used by his father for so long, emotionally and practically>> **Robert** felt	–	–	标记性
that at twenty the last thing [[he wanted to do]] was [[to join a family firm up in Newcastle, in however important a position]].	+	–	标记性
He must have felt	–	–	无标记
that he was being forced into a corner.	+	–	无标记
This was it, for ever, a lifetime's occupation.	–	–	无标记
And he'd better be duly grateful for [[what his father and his father's friends were doing for him]].	+	–	无标记
[[*what* his father and his father's friends were doing for him]]	+	–	无标记
For all his integrity and high principles, **Robert** pulled a slightly fast one over his father and business partners.	–	–	**标记性**
He did eventually get permission, <<however reluctantly it was given, >> from his father and partner to have leave of absence from the Newcastle locomotive works,	–	–	无标记
<<however reluctantly it was given, >>	–	–	无标记
telling them	–	–	无标记
that he'd designed a contract for only one year.	+	–	无标记
It was only after his departure that they discovered			标记性、**谓项**
that in fact he'd signed on for three years.	+	–	无标记
It was **no doubt** fear [[that he'd never get away, rather than deceit]], which made him mislead them.	–	+	无标记、**谓项**
A slight feeling of fear of his father, mixed with awe, comes through many of his letters.	–	–	无标记
George finally realized	–	–	无标记

续表

	语篇主位	人际主位	主位选择
that his son wanted to go off	+	–	无标记
and stretch his wings in a new country	+	–	无标记
and there was nothing more [[he could do about it]], no further inducements [[he could offer]].	+	–	无标记
As it was only for a year,	+	–	无标记
130 *so* he thought,	+	–	无标记
he might as well make the best of it,	–	–	无标记
though it couldn't have come at a worse time,	+	–	无标记
with the Darlington and Liverpool lines now both under way	+	–	无标记
and though he had personally been very hurt and saddened by his son's decision.	+	–	无标记
In a letter [[written to Longridge]] on 7 June, eleven days before Robert's departure, **George** sounds distinctly miserable, even bitter, << though trying hard to hide it, >> at the prospect [[of traveling to Liverpool in time to see Robert off]]	–	–	**有标记**
'I am a little more cheerful tonight	–	–	无标记
as I have quite come to a conclusion	+	–	无标记
that there is nothing for me but hard work in this world	+	–	无标记
therefore I may as well be cheerful as not'	+	–	无标记
After he arrived in Liverpool	+	–	无标记
and met up with Robert	–	–	无标记
to bid him farewell,	–	–	无标记
George wrote to Longridge, this time on 15 June,	–	–	无标记
saying	–	–	无标记
what a pleasure it had been [[to see Robert again]]	–	+	无标记
He describes the smart dinner parties [[that he and Robert have been to together]].	–	–	无标记

标注惯例：

单下画线　　主位

普通　　主题主位

粗体　　人际主位

斜体　　语篇主位

不带下画线的粗体　　换位主位[20] 131

<< >>　　被包含的小句边界

[[ ]]　　降级的小句边界

主位分析小结

第 1 段（*he* = Robert）

段落主位（从小句 1 起）　his need to create identity

换位主位　　Robert

小句主位：

非自由小句　　[feeling] that + at twenty

自由小句　　he

非自由小句　　[feeling] that + he

自由小句　　this [prospect]

自由小句　　and + he

第 2 段（*he* = Robert）

段落主位（从小句 1 起）　despite his integrity and high principles

换位主位　　Robert

---

[20] 换位主位（displaced Theme）指（在下一句中）作无标记主位的话题成分。此时，现存的标记性话题主位被重新措辞为从属小句。在这里的第一例中，如果使用非隐喻式表达 *Besides needing to create his own identity, Robert* ...（除了需要创建自己的身份，罗伯特还……），那么在下一小句中，*Robert* 变为无标记主位。

小句主位：

自由小句	he
非自由小句	however reluctantly
自由小句	after his departure
非自由小句	[discovery] that in fact + he
自由小句	no doubt + fear that he wouldn't get away

第 3 段（*he* = George）

段落主位（从小句 1 开始）	George
小句主位：	
非自由小句	[realized] that + his son
非自由小句	and + there [was nothing]
小句复合体主位	as it was to be only for a year
小句主位：	
132 非自由小句	as + it [the departure]
自由小句	so + he
自由小句	He
非自由小句	though + it [the departure]
非自由小句	and + though + he

第 4 段（*I* = George）

段落主位 (从小句 1 开始)	in a letter written [by George]
换位主位	George
小句主位：	
自由小句	I
非自由小句	as + I
非自由小句	[realized] that + there [was nothing]
自由小句	therefore + I

第 5 段（***he* = George**）

段落主位（从小句复合体开始）	after arriving in Liverpool and meeting Robert
小句主位：	
非自由小句	after + he
自由小句	George
非自由小句	what a pleasure [seeing Robert]
自由小句	He

注释：

小句（如有必要，则是小句复合体）中的主位组织是语篇发展的最重要因素。该节选内容共有五段，前两段以罗伯特（*Robert*）为支配性主位，其余三段以乔治（*George*）为支配性主位。但是，虽然后三段的段落主位是乔治本人，以及他的思想和行动，但是前两段是作者对罗伯特的描述——包括他的需要和原则。（请注意，除了疑问句 *what a pleasure* 之外，作者使用的唯一人际主位是 *no doubt*“毫无疑问”，描述了罗伯特对被约束的恐惧。）该书的主位是乔治，而不是罗伯特。（*George* 也是本书开篇第一句的主位：*George Stephenson was born in the village of Wylam, about nine miles west of Newcastle-on-Tyne, on 9 June 1781*. 1781 年 6 月 9 日，乔治 · 斯蒂芬森出生在泰恩河畔纽卡斯尔以西约 9 英里处的威拉姆村。）

各段落的发展情况如下：

(1) (apart from) Robert's need for self-identity ... [he felt] (that) at 20 ... this [his prospects]

(2) (despite) Robert's integrity and high principles ... (after) his departure ...[discovered] (that) he ... (no doubt) his fear of restraint ... his fear of his 133 father

(3) George ... [realized] (that) his son ... (as) it [his son's departure] ... (so) he ... (though) it ... (though) he

(4) George's letter ... I [George] ... (as) I'll (so) I

(5) (after) George met Robert for leavetaking ... what a pleasure ... he [George]

首先是罗伯特的需求和形成鲜明对比的前景；他的原则和离开背后的恐惧，包括对父亲乔治的恐惧；然后是乔治，有关他儿子的离开；乔治的信，还有他本人；最后，乔治与罗伯特见面，以及他对见面的喜悦。这便是语篇的主位线索，从中可见语篇的走向。

主位为消息的剩余部分（即述位）提供了环境。小句的述位首先解释了罗伯特的不安，随后在第二段详细描述了他的行为；然后是乔治悲伤地离去，他试着去愉快地接受，以及在罗伯特陪伴下的活动。

在主位–述位结构中，主位是最突出的成分。这个例子表明，通过逐句分析语篇中小句的主位结构，可以深入了解语篇的语篇组织，领会作者是如何阐明其内在叙述逻辑的。

第四章

作为交换的小句

4.1 对话的本质 134

上一章我们解读了小句作为**消息**的语篇功能，把小句分析为由主位和述位构成的结构。本章将讨论小句意义的另一方面，即小句作为**交换**的人际意义。人际意义所涉及的主要语法系统为**语气系统**（MOOD）（该系统的简化版本，见第一章，图 1-9）。我们首先分析对推动交换（exchange）有直接贡献的自由小句：这些小句选择不同类型的语气，具有各种其他互动特征。介绍完所有不同语气类型，并对它们通过系统图总结后（第 4.5 节），我们会进一步分析非自由小句，即小句复合体或嵌入词组中依赖于其他小句的小句（第 4.4.5 节）。

小句在组织成为一则消息的同时，也被组织成为涉及说话者或作者以及听者的人际互动事件。本书的“说话者”是一个包括说话者和作者的概括性术语。言语行为过程中，说话者给自己确立了特定的言语角色，由此也为听者指派了希望他能扮演的相应角色（见 Halliday, 1984a；Martin, 1992：第二章；Eggins & Slade, 2005：第三章）。例如，提出问题时，说话者为自己确立了信息索取者的角色，同时也要求听者扮演信息提供者的角色。语篇 4-1 摘录了一位母亲和她九岁女儿之间的一段对话：

语篇 4-1：分享——日常对话［语篇 78］

Daughter: Mummy, Boof keeps scaring me. Keeps getting into my bed, and kind of

like he's going to bite me.
Mother: He won't bite you, darling.
Daughter: Well, I'm still afraid of him 'cause he's bitten me.
Mother: Just push him off.
Daughter: I'm trying really hard but he doesn't go off.
Mother: Boof, you stay away from Jana.
Daughter: I'm scared because I've had an experience where Boof has bit me.
Mother: When?
Daughter: When I was young at Bay's house, I was swimming and he jumped up and bit my bum.
Mother: Oh, yeah. All right, we're gonna –

就像所有的交际者一样，母亲和女儿是该语篇的“共同作者”：她们在互动过程中轮流发言，每次都确定一个言语角色，并为对方指派相应的言语角色，比如 *where Boof has bit me. – When? – When I was young... .*（*Boof* 咬我的地方。——什么时候？——我小时候……）这里大部分小句均为自由小句，母亲和女儿在这些小句中扮演了不同的言语角色（见下文分析），推动着对话向前发展；但也有一些从属于自由小句的非自由小句，比如，*'cause he's bitten me, when I was young at Bay's house*（我小时候在贝家的时候，因为他咬了我）。但正如上文所述，我们将从自由小句开始讨论。

言语角色有诸多具体类别，但我们最终能够确认的最重要的有两种：（i）**给予**和（ii）**索取**（见 Halliday, 1984a）。要么说话者给予听者某种东西（例如一则信息，像上文中的 *Boof keeps scaring me*），要么向其索取某种东西（如 *just push him off*; *when[has Boof bit you]*）。仅就这两个基本范畴而言，它们已经涉及到很复杂的概念了：“给予”意味着“请求接受”；“索取”意味着“请求给予”。说话者不仅自己在做事；同时也要求听者做事。因此，通常来讲，说话“行为”更确切而言应该叫做“**互动**”（**interact**）：它是一种交换行为，其中给予意味着接受；索取则是以给予的方式回应。

与给予和索取这两个基本范畴交叉的是另一组同样重要的范畴，它们和所交换的商品性质有关：见图 4-1。要么是（a）物品-服务，要么是（b）信息。实例见表 4-1。如果你跟我说话，目的是要我为你做事，如“吻我！”“滚开！”，或是把某件物品给你，如“给我盐！”，严格来说，这里交换的商品是非语言的，即索取的内容是物品或行为，语言用来帮助实施这一过程。这便是物品-服务的交换。但如果你跟我说话，目的是要我告诉你某件事，如“今天是周二吗？”或“你最后见到你父亲是什么时候？”，索取的内容是信息：语言既是手段也是目的，所期待的只是言语回答。这便是信息交换。这两种变量结合在一起考虑，便可以确立四

136

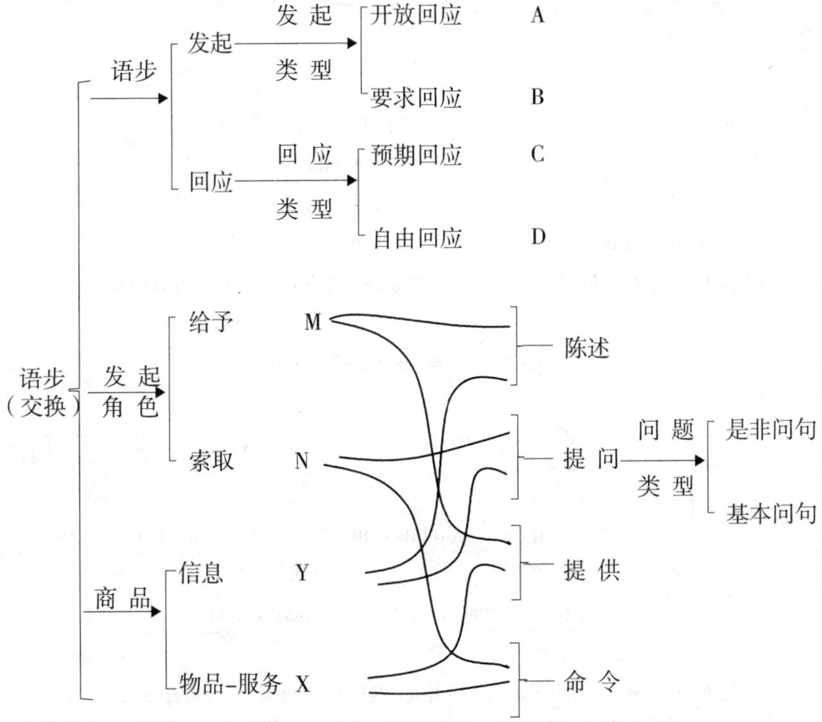

图 4-1　言语功能的语义系统

种基本的言语功能：**提供**、**命令**、**陈述**和**提问**[①]。与此对应，是一组说话者所期待的回应：接受提供、执行命令、认可陈述和回答问题。见表 4-2。

表 4-1 给予或索取，物品-服务或信息

	交换的商品	
交换角色	（a）物品-服务	（b）信息
（i）给予	“提供” would you like this teapot	“陈述” he’s giving her the teapot
（ii）索取	“命令” give me that teapot!	“提问” what is he giving her?

这些范畴中，只有最后一项基本上是言语回应，其他均可以是非言语回应。但在实际生活情景中，所有四类回应一般都是言语回应，伴随性的非言语行为可有可无（表 4-3）。例如：

说话者：	听者（作出回应时变成说话者）：
Would you like this teapot?	Yes, I would. No, I wouldn’t.
Give me the teapot!	All right, I will. No, I won’t.
He’s giving her the teapot.	Oh, is he? Yes, he is. No, he isn’t.
What is he giving her?	A teapot. I don’t know; sha’n’t tell you.

137 **表 4-2 言语功能及回应**

		发起［A/B］	回应	
			预期回应［C］	自由回应［D］
给予［M］	物品-服务［X］	提供 shall I give you this teapot?	接受 yes, please, do!	退回 no, thanks
索取［N］		命令 give me that teapot!	执行 here you are	拒绝 I won’t

① 这四种主要的言语功能是图 4-1 中的“终端”特征（terminal features）（除了“提问”之外）；但在言语功能系统的进一步描述中，每个言语功能均为扩展的言语功能选项系统网络的“根基”：见 Hasanet 等（2007）及其中的参考文献。

续表

		发起［A/B］	回应	
			预期回应［C］	自由回应［D］
给予［M］	信息［Y］	陈述 he's giving her the teapot	认可 is he?	驳回 no, he isn't
索取［N］		提问 what is he giving her?	回答 a teapot	拒答 I don't know

表 4-3　言语功能的典型语法体现形式

发起：整句			回应：省略句	
AMX	(I'll ... / shall I ... ?)		CMX	(yes; do)
BMX	(I'll ... , shall I?)		DMX	(no; don't)
AMY	陈述句		CMY	(oh; is it?)
BMY	陈述句 + 语气附加问		DMY	(no it isn't)
ANX	祈使句		CNX	(yes; I will)
BNX	祈使句 + 语气附加问		DNX	(no I won't)
ANYP	疑问句：是 / 非疑问		CNYP	(yes / no)
			DNYP	(don't know / won't say)
ANYQ	疑问句：WH- 疑问		CNYQ	词组 / 短语
			DNYQ	(don't know / won't say)

当听者进入说话者角色时，听者有很大的自主权。针对某一问题，他不仅可以从诸多不同的回应中选择一种，或者以不同方式执行命令，还可以完全拒绝回答问题，或拒绝提供对方索取的物品-服务。说话者也可以选择某种方式先发制人：增加一个附加问，作为对期待回应的提醒，例如下面句子中的 *will you?*，*isn't he?*：

Give me the teapot, will you?　He's giving her the teapot, isn't he?

Come and sit here, will you? [LLC_03]

Betty Nguyen: Good morning. Get that guy a coat, will you?

Rebecca Jarvis: He doesn't want one. [COCA]

138 Mr Mortlake: You could study literature in a foreign language, couldn't you?

Miss Detch: Yes, I could.［语篇 125］

King: You will never retire-retire, will you?

Cronkite: No, I never intended to retire. [King Interviews]

这是小句句尾附加问的功能。它向听者明确表示需要对方做出回应，同时明确指出期待何种回应。

只要交换的内容是物品－服务，听者面临的选择范围便相对有限；接受或放弃物品－服务，执行或拒绝执行命令。当然，听者也可以含糊其辞；但这只是一种暂时性的选择回避。儿童成长过程中，伴随语言手段的物品－服务交换远早于信息交换。通常情况下，婴儿大约在 9 个月时就开始使用语言符号来发出命令或提供物品－服务，但只有再过 9 个月到一年以后，才真正学习陈述或提问，这个过程中也会经历各种中间阶段（见 Halliday, 1984a）。人类早期的语言演化也很有可能是按照这一顺序发生的，尽管我们永远无法确切知道是否如此。不难发现，儿童最初学习如何表达时，总是先学会提供和请求，然后才是陈述和提问。信息交换比物品－服务交换更为复杂，因为实施信息交换时，听者不但要听、要做，还要执行言语角色——认可或否定，或是提供缺失信息，例如：

It's Tuesday. — Oh, is it?

Is it Tuesday? — Yes.

What day is it? —Tuesday.

然而，更重要的是，信息交换的整体概念，儿童掌握起来并非易事。物品－服务是显而易见的：我要你拿走我递给你的东西，或者要你继续抱我，或者要你捡起我刚掉下的东西；尽管也可以使用语言作为手段来获取想要的东西，但所需本身并非语言商品——而是某种独立于语言之外的东西。相比之下，信息则不然；除了语言之外，信息并无其他存在形式。在陈述和提问时，语言本身就是进行交换的商品；用语言来达到交换语言的目的，让幼儿来理解这一原则绝非易事。除了使用个别词语来表达信息之外，他们还没有获得其他关于“信息”的经验。

当语言用来交换信息时，小句是以**命题**（proposition）形式出现的。命题可以争辩——即可以被肯定或否定，还可以被怀疑、反驳、坚持，或者有保留地接受、限定、协调、懊悔等等。但不能用“命题”这个术语来 139
指称小句作为交际事件的所有功能，因为这样会把物品-服务的交换，即关于提供和命令的整个范围，排除在外。与陈述和提问不同，提供和命令不是命题，不能被肯定或否定，但它们与陈述和提问同样重要。前文指出，提供和命令在语言的个体发展中早于信息交换。

然而，谈到作为交换的小句时，首先应关注命题，重要的一个原因是：命题有一个明确界定的语法（见 Teruya 等，2007）。一般而言，语言并未为提供和命令提供特定的资源，因为在提供和命令的语境中，语言只是实现非语言目的的手段之一。但是语言的确为陈述和提问提供了语法资源，陈述和提问不仅构成语言本身，同时也是诸多修辞功能的切入点。因此，通过分析陈述和提问的语言结构，可以对小句的交换功能有基本的了解。

我们将继续使用“命题”这一术语涵盖陈述或提问，但也有必要引入另一个平行术语来指提供和命令。碰巧，它们与 *proposition* 这个词的日常含义更接近，如 *I've got a proposition to put to you*（我有个建议要告诉你）；所以，我们将使用一个相关的术语——**提议**（proposal），来指物品-服务的交换。小句中，用于信息交换的语义功能是命题，而用于物品-服务交换的语义功能则是提议。

4.2　语气成分

4.2.1 语气结构

仔细观察陈述和提问及其对应的各种回应方式，我们就会发现它们在英语中通常是以某种特定形式的语法变化来表达的；该变化只涉及小句的一部分，其余部分不受影响。

看下面这则传统韵文：

He loves me. He don't. He'll have me. He won't. He would if he could. But he can't, so he don't.

将其与下面一则典型的信息交换对话作比较：

The duke's given away that teapot, hasn't he? — Oh, has he? — Yes, he has. — No he hasn't! — I wish he had. — He hasn't; but he will. — Will he? — He might.

上述话语中，小句的某个特定成分在一系列修辞交换（rhetorical exchanges）中就好像被来回反复；该成分推动了论述的推进。同时，剩余的部分，即 *give(n) away that teapot*，则被直接省略了；只要话语推进需要，它便会被当作默认的成分②。同样，在上面的韵文中，从一行到下一行包含 *love(s) me* 和 *have me* 的意思，尽管只有小句的一小部分用来推动情感的表述。

140 这一被来回反复的成分是什么呢？它就是语气（Mood）成分，语气由两部分构成：（1）**主语**（**Subject**），由名词词组充当；（2）**定式操作语**（**Finite Operator**），它是动词词组的一部分（见后面第六章针对这两类词组的详细讨论）。因此，在 *he might* 中，*he* 是主语，*might* 是定式操作语。

主语首次出现，可以是任何名词词组。如果是人称代词，如韵文中的 *he*，每次重复即可。如果是其他形式，如 *the duke*，则首次出现后要选用相应的人称代词来代替。于是，*the duke* 变成 *he*, *my aunt* 变成 *she*，*the teapot* 变成 *it*。充当主语功能的名词性词组包括作为中心语（Head）的嵌入小句 / 降级小句（见第 4.7 节），如 *It is clear [[that the current pace*

② 如果有些变化不仅仅是语气或归一度的改变，动词的替代词 *do* 可以用来代替小句的其余部分，如在 *he might do, I wish he had done* 中的情况，见第九章。

of peacetime operations has a major impact on service members and their families]] 中，嵌入小句充当实际主语。在“环境”关系小句中（见第五章，第 5.3 节），主语也可以是介词短语或副词词组：

By airline from Concord to Burlington is a distance of about 150 miles [BROWN1_F]

定式成分是表达时态（如 *is, has*）或情态（如 *can, must*）的动词操作语，它们数量不多，见表 4–5 所列的定式成分。需要注意的是，一些情况下定式成分和动词重合为一个词，如 *loves*。如果小句是一般过去时或一般现在时（时态）、主动语态（语态）、肯定式（归一度）和中性（对比），就有可能发生重合情况，如我们说 *gave* 而不说 *did give*，说 *give(s)* 而不说 *does give*，见表 4–4。

表 4–4　一般现在时和一般过去时中的定式成分

时态	其他范畴	在小句主体中	在附加问中
一般现在时	否定（归一度）	(he) doesn't have	does (he)?
	对比（对照）	(he) does love	doesn't (he)?
	被动（语态）	(she) is loved	isn't (she)?
	以上都不是，即肯定、中性、主动	(he) loves [‘present’ + love]	doesn't (he)?
一般过去时	否定（归一度）	(he) didn't give	did (he)?
	对比（对照）	(he) did give	didn't (he)?
	被动（语态）	(it) was given	wasn't (it)?
	以上都不是，即肯定、中性、主动	(he) gave [‘past’ + give]	didn't (he)?

上述“重合”的时态形式事实上是英语动词最常见的两种形式。小句使用这类时态时，后面的附加问及其回答就会使用定式成分 *did, do(es)*，如：*He gave it away, didn't he? Yes, he did.*。作为一个表示“过去”或“现在”的系统性特征，它已经隐含在动词中，在否定或对比小句中则以显性

形式出现（如 *He didn't give it away; He did give it away*）。

有关小句主体和附加问中的主语和定式成分的例子，见图 4-2。注意最后一例的时态分析。

141

主语

定式成分

the duke	has	given away that teapot	hasn't	he
the duke	won't	give away that teapot	will	he
the teapot	wasn't	given away by the duke	was	it
that teapot	would	hold eight cups of tea	wouldn't	it
	'（过去）	give'		
your aunt	gave	the teapot back	didn't	she

图 4-2　主语和定式成分

正如第二章所指出的，我们使用的“主语”这一术语与先前使用的“语法主语”一致；但这里是作为一个功能术语解释的。主语并非是一个纯粹的形式范畴；像所有的语法功能一样，从根源上讲，主语是语义性的。第 4.2.2 节会讨论主语的意义，这里，我们首先描述如何在小句中识别主语。

在陈述小句中，主语就是句尾附加问中由代词所替代的成分（参考上图 4-2）。因此，为了确定主语，如果小句尚无附加问，可以添加附加问观察小句中哪个成分被代词所替代。例如，*that teapot was given to your aunt*，这里附加问是 *wasn't it?* 而不能是 *wasn't she?*。另一方面，在 *that teapot your aunt got from the duke* 中，附加问应该是 *didn't she?*，而不能是 *didn't he?* 或 *wasn't it?*。（与此同时，主语也是陈述小句中位于定式成分之前，但在疑问小句中紧跟定式成分之后的内容：*that teapot was: was that teapot?* 从图 4-13 的系统网络中可以看到这些结果（比较图 4-4）。）

这不是从功能上来定义主语；而只是**识别**主语的方法。注意，按照这种方式识别的主语，事实上和传统语法中对主语的概念化方式是一致的，即在人称和数上跟动词一致的名词或代词：主语 *he, she, it* 和动词 *has* 对应；主语 *I, you, we, they* 和 *have* 对应。但这种传统的定义方法在现代英语中的应用范围比较受限，因为除了动词 *be* 以外，动词中的人称和数只在第三人称单数的一般现在时中才体现。传统主语定义中的另一部分，即“主格名词或代词”更受限，因为英语中体现格的词语只有 *I*，*we*，*he*，*she* 和 *they*（正式英语中还有 *who*）。相比之下，本书使用的主语的识别标准——附加问中由代词重复的名词词组——在所有的陈述小句中都是有效的③。需要注意 142
的是，这种识别主语的方式也的确包括了某些传统语法中通常不看作主语的情况：既包括了 *it's raining* 中的 *it*，也包括 *there's trouble in the shed* 中的 *there*，在现代英语中，两者都作主语。图 4-3 列出了其他更多的例子。

主语

定式成分

what the duke gave my aunt	was	that teapot	wasn't	it
my aunt	has	been given a teapot	hasn't	she
it	's	not going to rain	is	it
there	won't	be a storm	will	there
the weather bureau	should	have warned us	shouldn't	they
	‘（现在）	take’		
nobody	takes	any notice	do	they

图 4-3　主语和定式成分：更多例证

③ 识别主语也可以采用“是 / 非疑问句”的测试方法（见 Fawcett, 1999, 2000），因为主语和定式成分的相对顺序区分了“陈述句”和“是 / 非疑问句”两种不同的类型：如 *the duke has given that teapot – has the duke given away that teapot*。一般来说，主语可以通过任何有主语体现形式的系统识别。

主语和定式成分联系密切，相互结合形成一个成分，我们称之为**语气**④（Mood）（语气内可能出现的其他功能，见下文第 4.3 节）。语气是小句中体现语气选择的成分，也是主语和定式成分一致的地方⑤。有时语气成分也叫“情态”成分，但是这个术语也有歧义，因为它可以同时指代语气和情态。

143 小句的其余部分我们称为**剩余部分**⑥。有时这一部分也被称作“命题”，但这一术语也不是很恰当，一方面是因为，如前文所述，命题这一概念只适用于信息交换而不涉及物品-服务交换，另一方面，因为即使在信息交换中，与其说是剩余部分包含命题，不如说是语气部分包含命题。我们将在下文进一步探讨剩余部分的结构。

小句中语气系统表达的一般原则如下⑦：用于信息交换的语法范畴，通常

---

④ 注意“Mood”作为小句的人际结构中的成分名称（Mood + Residue；见下文）和“MOOD”作为小句的主要人际系统的名称（即言语功能语义系统的语法化）的差异。这遵循了本书中的一般惯例，即结构功能的名称使用首字母大写，系统名称全部使用大写字母。

⑤ 其他语言也有类似的主语 + 定式成分所表达的语气成分：主语和定式成分的相对顺序是为了实现小句中的语气选择。然而，纵观世界各地的语言，这种策略较为罕见，它主要限于欧洲的某些语言或起源于欧洲语言的某些语言（见 Teruya 等，2007）。更常见的做法是使用音调（tone）（英语也会使用音调）和 / 或特殊的人际语气词来表达语气，就像东亚和东南亚的语言（如汉语［见 Halliday & McDonald, 2004］、越南语［见 Thai, 2004］、日语［见 Teruya, 2004, 2007a，b］和泰国语［见 Patpong, 2005］）。这种语气小品词（mood particle）充当了协商者（Negotiator）的人际功能，通常出现在小句的句首或句尾，即，在这两个位置，作为言语交换，说话者可能接替前一位说话者，或者转交给下一位说话者。在交换中涉及归一度变化的被颠倒的成分通常是谓语 ± 归一度。

⑥ 语气与剩余部分的组合体现了小句的命题或提议 (语气成分是区分两者的关键之处); 但是，正如下面即将看到的，小句中有些人际成分既不属于语气成分，也不属于剩余部分，如呼语、评论附加语和连接附加语。这些成分与小句所执行的命题或提议有关，但却不属于命题或提议的一部分。

⑦ 注意语气系统是小句的系统，而不是动词词组或动词的系统。许多语言也有一个动词或动词词组的人际系统，同样被称为“语气”：一般涉及到人际关系的对比，如陈述 / 虚拟语气，陈述 / 虚拟语气 / 祈使语气。为了将其与语气的小句系统区分开来，我们可以将这些称为语式对比（contrasts of mode）。虚拟语气往往局限于非自由小句中，特别是在带有不现实意义的报道小句（reported clause）和条件小句中。现代英语中，动词的虚拟语气尽管有方言上的变化，但它们仍处于边缘地位。

为**直陈语气**，用于表达陈述（statement）的是**陈述语气**（**declarative**），用于表达提问（question）的是**疑问语气**（**interrogative**）；疑问语气内部还分为对归一度提问的是 / 非疑问语气，以及对内容提问的 WH- 疑问语气。（见前文第三章第 3.3 节的论述）这些特征的表达方式通常如下：

（1）语气成分由主语 + 定式成分构成，用来体现小句的直陈特征。

（2）直陈语气中，主语和定式成分的**顺序**起着重要作用：

（a）主语在前、定式成分在后，体现"陈述"语气[8]；

（b）定式成分在前、主语在后，体现"是 / 非疑问句"；

（c）"WH- 疑问句"的语序为：（i）如果 WH- 成分是主语，主语在定式成分前；（ii）其他情况下，定式成分在主语前。

相关结构见图 4–4 所示。

（a）陈述句

the duke	has	given that teapot away
主语	定式成分	剩余部分
语气		

（b）是 / 非疑问句

has	the duke	given that teapot away
定式部分	主语	剩余部分
语气		

图 4–4　陈述句和是 / 非疑问句结构

对 WH- 疑问句的分析，涉及对剩余部分的分析，见下文第 4.4 节图 144
4–13、图 4–15 以及图 4–16。

4.2.2 主语和定式成分的意义

英语小句中，为何主语和定式成分有如此特殊的意义？我们需要逐一

⑧　如有例外，请参见第 4.3.2 节有关语气附加语和第九章，第 9.5 节有关省略的讨论。另注意，言语小句中（见第五章，第 5.5.2 节），小句在言语内容之后时，主语 / 言说者可位于定式成分 / 谓语 / 过程之后，如 *'Kukul is compassionate,' replied the priest*。

考察这些成分，因为它们都是语义性的，但对小句的语义贡献却各不相同。先来看定式成分。

4.2.2.1 定式成分

定式成分，顾名思义，是具有限定命题作用的成分[⑨]。换言之，它限制命题，使命题落到实处，成为某种可以争论的内容。使某种内容可以争论的好办法就是给它确定一个此时、此地的参照点；而这正是定式成分的作用所在，即把命题与其在言语事件中的语境联系起来。

完成这一任务有两种途径：一是参照说话时间；二是参照说话者的判断。前者如 *an old man was crossing the road* 中的 *was*；后者如 *it can't be true* 中的 *can't*。用语法术语说，前者称为**基本时态**，后者称为**情态**。

（i）基本时态指说话时的过去、现在和将来，是与“此时此刻”相对的时间。使用这些基本时态对相关言语事件进行限定，命题就变成可以论证的。（提议中没有基本时态；*cross the road*（过马路）不体现与此时此刻相对的过去、现在或未来的选择。）

（ii）情态指命题的可能或不可能、提议的可取或不可取。当命题或提议通过概率（probability）或义务（obligation）评价时，它们便是可争论的。

基本时态和情态的共同点在于它们均为**人际指示语**（interpersonal deixis）：即两者均把言语交换限定在说话者和听者交流之间的语义空间内。基本时态的维度是时间：基本时态从人际的视角来识解时间，确定了双方说话时的“此时此刻”。情态的维度是评价：情态识解不确定的区域，用来表达或者要求对方表达对言说内容有效性的评价。

因此，定式成分是由表示时间或情态的动词操作语来表达的。此外，还有一个与定式成分相伴的重要特征，即**归一度**（polarity）。归一度是在肯定和否定之间做出的选择。要使某项内容可以争论，就必须确定其归一度：或是或不是（命题）；或做或不做（提议）。可见，定式成分除表达

---

⑨ 在某些形式语言学的论述中，定式成分用“*I*”或“词形变换”讨论，一个差异是这个范畴也包括不定式标记 *to*。

基本时态和情态外，还要体现归一度特征。每个操作语都有其肯定和否定两种形式：*did/didn't, can/can't*，等等。

表 4–5 列举的是定式动词操作语，包括肯定和否定两种形式[10]。注 145
意，有些否定形式，如 *mayn't*，出现频率很低；如果出现在否定小句中，其否定形式通常分开（如 *may not, used not to*）。此种情况下，*not* 可以看作剩余部分中的成分；但应该注意到：这是一种过度简化方式——有时在功能上 *not* 属于定式成分，例如：

you may not leave before the end ('are not allowed to'): not 属于定式成分
you may not stay right to the end ('are allowed not to'): not 属于剩余部分

有关归一度与情态以及两者之间关系的进一步讨论，见下文第 4.5 节。

表 4–5　定式动词操作语

时间操作语：			
	过去时	现在时	将来时
肯定	did, was, had, used to	does, is, have	will, shall, would, should
否定	didn't, wasn't, hadn't, didn't + used to	doesn't, isn't, hasn't	won't, shan't, wouldn't, shouldn't
情态操作语：			
	低	中	高
肯定	can, may, could, might, (dare)	will, would, should, is / was to	must, ought to, need, has / had to
否定	needn't, doesn't / didn't + need to, have to	won't, wouldn't, shouldn't, (isn't / wasn't to)	mustn't, oughtn't to, can't, couldn't, (mayn't, mightn't hasn't / hadn't to

⑩ 这些动词操作语的出现频率显然差异巨大。作为情态操作语，*shall* 和 *shan't* 极少出现，尽管在“使能”语境下的规范性语篇中，*shall* 出现的频率很高，如语篇 4–4 所示。与其他语法系统一样，情态系统也在不断地变化——处在一个不断变成的过程，而非一种固定的状态；有关基于语料库的情态操作语数量变化的研究，见 Mair & Leech（2006）。

定式性把具体的归一度和参照言语事件的具体时间或情态结合在一起，组成了语气中的动词成分。但同时也必须有一个名词性成分，这便是主语的功能。

4.2.2.2 主语

主语提供了剩余部分以外形成命题所需的内容，即命题能够被肯定
146 或否定的某种参照（见第二章，第 6.2 节以及 Halliday, 1984b，对“主语”范畴的讨论）。例如，在 *the duke has given away that teapot, hasn't he?* 中，定式成分 *has* 明确了肯定归一度和现在时间，而主语 *the duke* 则明确了断言有效性所针对的实体。

换言之，命题的成功或失败责任归属于 *the duke*, 即，*the duke* 是需要承担责任的人——对小句作为交际行为的功能**承担责任**。说话者把论述的重点放在 *the duke* + *has* 上，这是要求听者承认的地方。

通过提议（“物品–服务”小句）来理解责任原则或许更容易一些。提议中，主语明确谁负责体现提供（offer）或命令（demand）这两种功能（如，在此例中为执行）。例如，在 *I'll open the gate, shall I?*（提供）中，开不开门由我决定；在 *Stop shouting, you over there!*（命令）中，由 *you*（你）来决定是否停止。因此，提供中的典型主语是说话者，而命令中的主语则是听者。（注意，主语跟动作者是两个概念。此类小句中的主语通常也是动作者，但并非一定如此——比如提供和命令都可能是动作者之外的参与者充当主语的被动句）如：

I'll be guided by your wishes, shall **I**?

[ø: '**you**'] Get (yourself) invited to their meeting, will **you**?

You've lost credibility and also you've probably spent more than you wanted to, so [ø: '**you**'] do be willing to back away from it, because there's always something else next week or the month after. [COCA]

[ø: '**you**'] Stay warm, and please, [ø: '**you**'] do be safe. [COCA]

This might look like a sweet suburban cottage but [ø: '**you**'] do not be deceived.

Inside it is a construction zone, a destruction zone, a war zone. [COCA]

If you do decide to write, you will soon become acquainted with rejection slips and dejection. Don't [ø: **'you'**] be discouraged! This is just being a normal writer. [BROWN1_F]

（上述实例中，主语并非动作者[11]；但主语仍然明确了谁对提议的成功承担责任。）主语角色在提供和命令情况下能够清楚识别；这一原则同样也适用于陈述和提问语气。此处的主语同样明确了“责任”成分；但在命题中，主语是使信息获得**有效性**的责任实体。（用这些术语而不是真假判断来表述主语非常重要。相关概念与可交换性相关，确立某项内容，使其可以被获取、退回、否认、反驳等等。语义与真值无关，它关注的是对有效性的共识，而共识是在对话中协商的。）

比较图 4-5 中所列实例的不同主语。

他们的回应可能分别如下所示：

(a) ...hasn't he? Yes, he has. No, he hasn't.

(b) ...hasn't she? Yes, she has. No, she hasn't.

(c) ...hasn't it? Yes, it has. No, it hasn't.

the duke	has	given my aunt that teapot	hasn't	he	(a)	147
my aunt	has	been given that teapot by the duke	hasn't	she	(b)	
that teapot	has	been given my aunt by the duke	hasn't	it	(c)	
主语	定式成分	剩余部分	定式成分	主语		
语气			语气附加问			

图 4-5 陈述句中主语的变化

所以，如果想知道为何说话者选择某个特定成分作命题的主语，必须记住两个因素。第一，在其他条件相同的情况下，同一成分同时充当主语

⑪ 此例为物质过程小句，该原则同样适用于其他类型的及物性过程（见第五章），如 *do be safe; don't be discouraged!*。

和主位。第三章提到，陈述句的非标记主位就是主语；因此，假若说话者要把 *the teapot* 作为主位，而又不想将其变成标记性主位而添加对比意义（即 *teapot* 是主位但不是主语，如 *that teapot the duke gave to my aunt*），便要选择 *that teapot* 作主语，即 *that teapot was given by the duke to my aunt*。这里合二为一的选择同时体现两种功能：命题中的主语以及信息中的主位。

与此同时，选择该成分作主语也有其自身的意义：说话者不仅给 *the teapot* 指派了信息出发点的功能，还指派了争论"落脚点"的功能。如果将两者分开，选择不同成分分别作主语和主位，我们便能清楚地发现这一点。例如：

That teapot the duke gave to your aunt, didn't he?
— No he didn't. He put it up for auction.

这里 *the teapot* 是主位（即现在讨论 *that teapot*），而 *the duke* 是主语；正是 *the duke* 承担了陈述的有效性。因此，只有 *he* 才能出现在附加问和答语中，而不能是 *she* 或 *it*。下文的小句中，*the teapot* 仍然是主位，主语却变成了 *aunt*:

That teapot your aunt was given by the duke, wasn't she?
— No she wasn't. She bought it at an auction.

最后，将两个角色对调一下，让 *aunt* 充当主位、*teapot* 充当主语：

To your aunt that teapot came as a gift from the duke, didn't it?
— No it didn't. It was the first prize in a Christmas raffle.

4.2.2.3 关于主语的进一步说明

英语中对"主语"功能范畴的解释一直以来都存在着诸多问题。正如前文所提到的（第二章，第 2.6 节），古典语法时期的主语定义是形态学上的定义：主语是主格里的名词性成分，即“名词或代词”，其人称和数 148
与（限定）动词一致。但是，无论是名词的格，还是动词的人称和数，现在几乎都没有了痕迹[12]。更大的问题是，在结构主义传统中，主语被看作是纯粹的语法成分，仅在句法层面上运作，并无语义功能。某个成分应该扮演一个语法功能，且其唯一的功能就是语法功能，这已经有些反常了；如果再缺乏明确的语法定义，这就变得更加异常[13]。

事实上，正如前文所述，英语主语有其独特的身份；如果采用语言层次化模型（见第一章，第 1.3.3 节）所提出的**三重视角**（trinocular perspective），便可以确立主语的身份。（i）从下面来看，主语是语气附加问中代词所指代的名词性成分[14]（名词性词组、名词性短语或名词性小句）；（ii）从周围来看，主语与定式成分结合在一起，构成小句的语气成分；如果是陈述语气，主语则是无标记主位；如果是是 / 非疑问语气，主语则与定式

---

⑫　保留不同主格形式的代词，不再局限于主语功能，这是因为现在的用法中，主格也会出现在介词后加 *you and I* 的表达中，（比较“*I think it's best for he and I to have our discussion first, and I look forward to it,' Bush said.*［美联社新闻报道］。这当然是“糟糕的语法”——矫枉过正的结果；但它已经成为一种规范，因此进一步干扰了为数不多的形态学上可识别的主语。

⑬　基于对菲律宾语，尤其是他加路语的开创性研究，沙赫特（Schachter, 1976, 1977, 1994）主张区分与“主语”相关的不同特征集。从系统功能的角度来看，这是很有道理的：与“主语”相关的特征在元功能上是多样化的，可以是语篇功能、人际功能或概念功能（见第二章）。这便不难理解，为何有些学者已经完全放弃了“主语”一词，而是使用其他术语来避免混乱。例如，范瓦林和拉波拉（Van Valin & LaPolla, 1997: 274ff.）借鉴了角色指称语法的框架，区分了“控制者”（controller）和“中心点”（pivot），而没有保留传统的主语概念。它们要么是“语义性”的，要么是“句法性”的。相比之下，本书对英语的系统功能解读中，主语被解释为一个人际语法范畴；但就像其他类别如主语和动作者（见第二章，第 2.6 节）一样，主语同时是语法性和语义性的——即“情态责任”的概念。

⑭　我们发现，存在过程小句中的 *there*（如在 *there is*，*there isn't* 中）不属于此种情况，事实上这是个特例；这里的 *there* 作代词。其对称性（proportionality）是：the: that: it:: a (n): one: there。我们将在第六章，第 6.2.1.1 节对此做更详细的论述。

成分互换位置。（iii）从上面来看，主语承担**情态责任**，即对小句所表述（包括陈述、提问、命令或提供）内容的有效性负责。最后一点是对主语功能最初的、前结构主义的解读，即主体 + 谓语。若从真值的视角来解读述谓关系，问题便出现了，因为提议（命令和提供）并无真值。该问题的产生是因为述谓关系被看作是一种经验关系；但事实上述谓关系是一种人际关系，达成说话者和听者之间的交换。若是命题，**有效性**与争论的内容有关；若是提议，有效性便与是否付诸实施有关。主语是对某种特定的有效性（基于不同的语气类型）承担责任的成分。见下文示例。

由于主语本质上是人际性的，被赋予了情态责任，它与小句中的其他人际成分相互作用；因此，主语的处理方式与补语和附加语不同。各种不
149 同的人际反应都显示出主语的特殊地位。例如，有情态语作为定式成分，主语作为承担情态责任成分的情况，也有评论附加语针对主语的情况（见下文第 4.3.2.2 节）：

Gaunt was compelled to give up his search for an elusive foe, and, afraid to return home without something to show, he **foolishly** attempted to besiege the well-protected fortress of St Malo. [LOB_G]
They **rightly** point out that the first the profession learnt of the proposed tribunal was by way of a press release on September 12. [ACE_B]

它们和不是“主动”参与者的主语一同出现，例如感知者（第五章），也在被动小句的主语位置上出现：

They **rightly** understood that nothing would be saved if we simply defend it on economic grounds. [COCA]
on April 1, she and husband Scott Pelletier were **foolishly** surprised with the birth of our daughter, Caroline Vera [COCA]
Well, he was **rightly** awarded a white hat for standing up to the president, but now he should be awarded a black hat again for caving in. [COCA]

它们与那些主语定位明确的小句同源，比如 *he was foolish to attempt to besiege…*。补语和附加语中的指称项以主语的指称物为先行词时，它们通常用反身代词而不是简单人称代词来表示，例如：

'What a wonderful pet this funny creature would make,' he thought to **himself**. [ACE_D]
Having migrated to Australia from Britain in 1960, Alun Leach-Jones has established **himself** as an important Australian artist over the past twenty-five years. [ACE-G]
Alex was obliged to prepare **himself** in haste. [BROWN1_K]
Publicly, he denied everything. Privately, he created and magnified an image of **himself** as a hired assassin. [BROWN1_N]
'The snake was beautiful, wasn't it?' asked Keith, his voice getting harsher in spite of **himself**, as he struggled to control his growing anger. [BROWN1_N]
But the other thing I want to say to you is that you can't sober up for him. You've got to lead your life and you have to get help for **yourself**. [King Interviews]

因此，主语和小句结构中的其他成分一样，是一个丰富的、全面的范畴。主语难以定义，这一事实并未使其有别于主位、动作者和中介等其他同样意义丰富的范畴。所有这些都遵循着**"不可言说"原则**——它们自己表达自己的意义（见 Halliday, 1984b）。其指导原则正是元功能原则：从小句作为消息的概念出发，可以最好地理解主位；同样地，从小句作为交换的概念（即作为对话互动中的一个语步）出发，也可以最好地理解主语。主位和主语均可视为锚点；下文第五章也会讲到，中介在小句中也起着类似的作用。（中介而不是动作者，原因将在第 5.7 节中阐明。）主语之所以被认为是纯粹句法成分，是因为在只关注概念意义的语法中，很难理 150
解主语 + 谓语。一旦引入其他元功能空间，正如引入主位来解释语篇元功能一样，引入主语能够更好地解释小句人际元功能，也使得主位不再那般神秘。但要理解主语的人际意义，我们必须认真对待自然的对话互动，将其作为理解语法的重要来源；如果只关注如叙述性的独白，主语便会与主位重叠，因为主语 = 主位是无标记映射（见第二章，第 2.6 节）。

4.2.3 语气成分的功能

语气成分具有明确定义的语义功能：它承担了小句作为交际行为的责任。因此，语气作为命题的核心是保持不变的，除非采取一些积极的行为来改变它，例如：

The duke has given your aunt a new teapot, hasn’t he?

— No, he hasn’t. But

(a) the duchess has.

(b) he’s going to.

此例中，命题首先在答语中被拒绝；这样便有了一个新命题，或者主语发生了变化，如（a），或者定式成分发生变化，如（b）。作为语气的两个组成部分，主语和定式成分在命题结构中扮演各自独特而有意义的角色。

下一节将讨论剩余部分的结构。然后，我们将进一步考察语气成分，分析 WH- 疑问句、祈使句和感叹句中的语气。下面的语篇 4-2 是《鹅妈妈童谣》（*Humpty Dumpty*）中爱丽丝（Alice）和矮胖子（Humpty Dumpty）的简短对话：

语篇 4-2: 再创——叙事中的戏剧对话

（1）	My name	is	Alice, but—	
	主语	定式		
（2）	It	’s	a stupid name enough	
	主语	定式		
（3）	What	does	it mean?	
		定式	主语	
（4）	Must	a name	mean	something?
	定式	主语		
（5）	Of course	it	must	
		主语	定式	
（6）	My name	means	the shape I am	
	主语	定式［现在时］		

（7） And a good handsome shape	it	is,	too
	主语	定式	

上述对话的语气变化如下所示： 151

语气 I　（1–3）：　主语–爱丽丝的名字；定式–现在时
语气 II　（4–5）：　主语––般的名字；定式–“高”情态
语气 III　（6）：　主语–矮胖子的名字；定式–现在时
语气 IV　（7）：　主语–矮胖子的体型；定式–现在时

小句（3）和（7）是非主位主语，小句（7）包含标记性主位。

4.3　语气结构的其他成分

4.3.1 剩余部分的结构

剩余部分包括三类功能成分：谓语、补语和附加语。每个小句只包含一个谓语、一个到两个补语和多个（原则上可多达七个）附加语。图 4–6 给出了一则实例分析。

Sister Susie	’s	sewing	shirts	for soldiers
主语	定式成分	谓语	补语	附加语
语气		剩余部分		

图 4–6　剩余部分的结构

4.3.1.1 谓语

谓语[15]出现在所有完全小句中，除非被省略（见第九章，第 9.5 节）。

⑮ 注意，此功能的名称是 *Predicator*，而不是 *Predicate*。后者用于传统语法、形式语法（它大致相当于动词短语）和逻辑学（关于传统语法和逻辑学中“主语”和“谓语”的起源，见 Law, 2003: 168; Seuren, 1998: 120–133）。从功能的角度来看，在语法描写中，使用它是为了描述述位和 / 或剩余部分。

谓语由动词词组来体现，但不包括其中的时间操作语或情态操作语，前文提到，这些操作语在语气成分中作定式成分。例如，在 *was shining*，*have been working*，*may be going to be replaced* 这些动词词组中，充当谓语成分的分别是 *shining*，*been working*，*be going to be replaced*。因此，谓语本身是非定式性的；有些非定式小句只包括谓语，但缺乏定式成分，例如，*eating her curds and whey*（前接 *Little Miss Muffet sat on a tuffet*）。关于非定式小句的讨论，见下文第七章，第 7.4 节。

谓语的功能有四个：（i）确定时间参照点而不是言语事件发生的时间参照点，即和基本时态相对的“次要时态”（secondary tense）：过去、现在、将来（见第六章，第 6.3.2–6.3.4 节）；（ii）确定各种其他的体（aspect）和相（phase），如“似乎”（*seeming*）、“力图”（*trying*）和
152 “希望”（*hoping*）等（动词词组复合体，见下文第八章，第 8.4–8.6 节）；（iii）确定语态：主动或被动（见第六章，第 6.3.2 节）；（iv）确定由主语参与表述的及物性过程（行为过程、事件过程、心理过程、关系过程）（见第五章）[16]。上述功能可以通过动词词组 *has been trying to be heard* 这个实例来说明，其中谓语 *been trying to be heard* 表达（i）一个复合次要时态 *been + ing*；（ii）一个表达意动的相 *try + to*；（iii）被动语态 *be + -d*；（iv）心理过程 *hear*。另见下文实例（标下画线的为动词词组，其中加粗的部分为谓语）：

All the people in the affected areas are **panicking**. [语篇 15]
One of the little trials that a man must **learn to bear** when he **admits** the telephone to his home is that, when he **hurries** to its side **to answer** a call, it **will** sometimes **stop ringing** before he **gets** there.

---

[16] 注意，如果实义动词是短语动词（第六章，第 6.3.6 节），那么非动词部分，即副词和 / 或介词，充当附加语，它们便不在谓语的范围之内。谓语 + 附加语的组合对应及物性过程。这种分析能够解释由短语动词实现的非连续的及物性过程，如 *look that one up in the dictionary* 中，*look up* 为过程，*look* 为谓语，*up* 为附加语：[谓词：] *look* [补语：] *that one* [附加语：] *up* [附加语：] *in the dictionary*。

[LOB_B] We are **going to release** the document to the press.［语篇 12］

Can you **tell** us a little about your early life?［语篇 7］

You'll **have to make** it a lot clearer.［语篇 10］

You'd **better look** at it.［语篇 8］

Brazil wasn't **discovered**.［语篇 12］

The Indians had originally **planned to present** the document to President Fernando Henrique Cardoso.［语篇 12］

如上述实例所示，定式动词词组既作定式成分又作谓语成分，两者在表 4–4 所示的条件下融为一体。当定式成分和谓词没有融为一体时，定式成分在前，谓词在后，但在两者之间，又会有其他成分介入，使动词词组成为非连续性的：定式成分出现在主语之前（如疑问小句中的 *can <you> tell*）或附加语之前（如 *had <originally>planned to present*：见图 4–7）。

The Indians	*had*	*originally*	*planned to present*	*the document*	*to President Fernando Henrique Cardoso*
主语	定式成分	附加语	谓语	补语	附加语
语气		剩余部分			
名词词组	动词词组	副词词组		名词词组	介词短语

图 4–7　非连续的动词词组

英语中的两个实义动词 *be* 和 *have*，严格地说它们的一般过去时和一 153
般现在时只有定式成分，而不是定式成分跟谓语的融合。这一点在它们的否定形式中得以体现：*is* 和 *was* 的否定式是 *isn't* 和 *wasn't*，而不是 *doesn't be* 和 *didn't be*。同样地，表达“拥有”意义，而非“接受”意义的动词 *have* 也是如此：其否定形式为 *hasn't* 和 *hadn't*，如表 4–6 所示。*Have* 的变化随方言的不同而有所差异：有人把“拥有”意义上的 *have* 跟“接受”意义上的 *have* 一样对待，否定形式是 *doesn't have*；还有人扩大了 *have* 的用法，如 *have + got*（对比 *I haven't a clue/ I don't have a clue/ I haven't got a clue*）。但由于 *be* 和 *have* 在其他时态中都作通常意义上的谓语，看起来按常规分析更为简单，如“（过去 / 现在）+ be/have”。

表 4-6 *be* 和 *have* 的一般过去时和一般现在时

	过去肯定	过去否定	现在肯定	现在否定
be	was, were	wasn't, weren't	am, is, are	isn't, aren't, (ain't)
have	had	hadn't	have, has	haven't, hasn't

4.3.1.2 补语

补语是剩余部分中具有成为主语的潜力、却不是主语的成分。换言之，补语是有潜力被赋予人际交换中情态责任的成分，是有可能成为争论核心的成分。补语通常由名词词组体现。在小句 *the duke gave my aunt that teapot* 中有两个补语，*my aunt* 和 *that teapot*，其中任何一个都有可能作主语，如 *my aunt was given that teapot by the duke*（*my aunt* 作主语）以及 *that teapot was given my aunt by the duke*（*that teapot* 作主语）。（这些小句在语态上存在差异，见第五章，第 5.8 节）。下面是来自语料库的一些例子，它们展示了小句中不同成分作主语和补语的情况（主语用粗体表示；补语用下画线表示）：

We also should ask um ... — And **Joan** has been invited. [UTS/Macquarie Corpus]
Son (crying): **It** hurts. Oh, my little toe, look at it.
Father (to son): Oh, **your little toe** has been scraped by the —
Mother (to Father): Did **you** scrape it, did **you**?
Father (to Mother): Must have, accidentally. ... [UTS/Macquarie Corpus]
I must tell Betty that when ***I*** go down at the end of the month. — Yeah! [laughing]
Most of it has been said by Sandy now about the savoury muffins. [UTS/Macquarie Corpus]

任何不作主语的名词词组都会作补语（由不带介词 *for* 的名词词组所

体现的表示跨度的环境附加语除外，例如 *he sailed 180 miles north on the Company's armed schooner* 中的 *180 miles*[ACE_G]，见第五章，第 5.6.2.1 节）。还有一类不能作主语的名词词组，即那些形容词作中心语的情况，例如：

Inspection can be frightening, but staff morale has to be kept high.［语篇 97］ 154

The clergy's concern was, of course, still spiritual.［语篇 122］

（注意：在小句 *a right nit proper barmy was uncle Algernon, wasn't he?* 中的 *uncle Algernon* 是主语）

我们可以采用“从上面”的及物性功能视角，对此加以解释：形容词为中心语（Head）的名词词组在小句中只能作为属性，而属性不能映射到主语这个人际角色上。因为只有小句中的参与者才能承担情态责任，而属性就算被看作参与者，也是非常少见。如上所述，属性主要出现在归属式关系过程小句中（见第五章，第 5.4.3 节），但它也用于特定物质过程小句中（见第五章，第 5.2.4 节），如在小句 *Her father slowly wiped himself dry* [ACE_W] 中，*dry* 可以被分析为补语 / 属性。

作为补语的名词词语包括那些选用降级小句作嵌入成分的中心语，如：

Calculations by Anderson show [[[that ozone depletion at the 410-and 420-K isentropic surfaces between August 23 and September 22 can be almost entirely explained by the amount of ClO present || if one assumes that the ClO-ClO mechanism is effective]]].［语篇 33］

在环境类关系小句中，补语可以是介词短语或副词词组，如：

He is Minister for Industry but his degree is in agricultural science. [ACE_B]

When I said she was not here I meant to say that she was not in the house. [LOB_K]

Where's our cake?［语篇 10］

（我们也可以将隐喻性的处所属性看作补语，如 *Nellie is in love with Clayton Roy* [BROWN1_N] 中的 *in love*，以及 *in a rage*，*in denial*，*in luck*，*in clover*。它们更像是内包型关系小句中的属性，但同时也可能是其他及物性过程小句的变体，如心理过程小句 *Nellie loves Clayton Roy*）。这样的例子是作补语的极端情况。从下面的视角来看，它们更像是附加语而不是补语，因为它们是介词短语或副词词组，而不是名词词组；但从上面的视角来看，它们与其他补语相似，因为它们是过程中固有的参与者，而不是伴随的环境成分。

需要注意的是，本书的补语既包括宾语，也包括在传统语法中的补语（即“表语补语”，通常在关系过程小句中充当属性或价值）。但这种区分只有在及物性经验分析中才有用，在人际结构中没有意义。由于“宾语”一词与形式语言学的及物性分析密切相关，因而本书用补语来指代剩余部分中的这一成分。

4.3.1.3 附加语

附加语是小句中没有潜力成为主语的成分，即，无法提升去承担人际
155 交换中的情态责任的成分。这意味着论述不能围绕那些作为附加语的成分来建构；从经验功能的视角来说，论述不能围绕环境成分构建，但可以围绕参与者构建，不论是实际上的主语，还是潜在的补语。（我们会在第五章提到，并非所有参与者均被识解为平等的；有些参与者比其他参与者更有可能被赋予主语的地位——或者正如前文关于属性的小节中提到的，有些参与者会是边缘参与者。）因此，小句中有三个不同程度的人际“地位”（ranking）或“高度”（elevation）：主语-补语-附加语。如图 4-8 所示：

情态责任	实际	↑	主语	参与者
	潜势	↕	补语	
情态责任	无	↓	附加语	环境

图 4-8　小句中不同程度的人际“高度”

附加语通常由副词词组或介词短语体现（即介词 + 名词词组而非名词词组）。在 *my aunt was given that teapot yesterday by the duke* 中，有两个附加语：副词词组 *yesterday* 和介词短语 *by the duke*。（前文指出，某些特定的表示程度的环境附加语可由不带介词 *for* 的名词词组体现，试比较：*he had walked for miles* 和 *he had walked four miles*。）

不过，介词短语有其自身的内部结构，包含充当补语的名词词组（见第六章，第 6.5 节）。在 *by the duke* 中，*the duke* 是介词 *by* 的补语（*by* 充当谓语的功能）。虽然 *by the duke* 本身是一个附加语，不能充当主语，但其中的 *the duke* 在另一级阶上是补语，可能成为主语。

在 *by the duke* 中，如果 *the duke* 作主语，介词 *by* 就直接消失了：*that teapot was presented by the duke*，*the duke presented that teapot*。同样地，附加语 *to my aunt* 也是如此，如果 *my aunt* 作主语，介词 *to* 也会消失：*that teapot was given to my aunt*，*my aunt was given that teapot*。（后文第五章，第 5.7 节“及物性和语态”会对其背后的原则加以解释。）但在现代英语中，介词短语的补语作主语的可能性越来越大，甚至介词也可以保留，成为独立的附加语。例如，在 *that paper's already been written on* 中，*that paper* 作主语，*on* 是一个缩减的附加语（图 4–9）。

剩余部分的典型语序为：谓语 ^ 补语 ^ 附加语，如 *the duke gave my aunt that teapot last year for her birthday*。但正如前文所述，附加语或补语也可以出现在主位的位置上，或者是疑问句中的 WH- 成分，或者是陈述句中的标记主位。然而，这并非意味着它就变成了语气成分的一部分；它仍然在剩余部分的范围内。于是，剩余部分就分裂成了两个部分，且不再是连续的。如在 *that teapot the duke had given to my aunt last year* 中，*that teapot* 是一个标记性的主位性补语，剩余部分则是 *that teapot ... given to my aunt last year*。非连续的剩余部分如图 4–10 所示：

156

（a）	that paper	's	already	been written	on
	主语	定式成分	附加语	谓语	附加语
	语气			剩余部分	
（b）	someone	's	already	written	on that paper
	主语	定式成分	附加语	谓语	附加语
	语气			剩余部分	

图 4-9　介词短语中同一成分充当（a）主语和（b）补语的相关小句

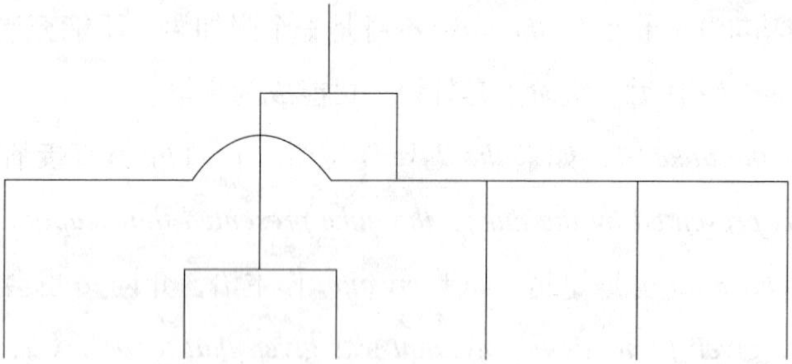

the teapot	the duke	had	given	to my aunt	last year
补语	主语	定式成分	谓语	附加语	附加语
	语气				
剩余部分					

图 4-10　非连续剩余部分

4.3.2 附加语的类型；剩余部分之外的附加语

然而，在附加语这一总体范畴中，有两个特殊类别，既不遵循一般的排序原则，也不属于剩余部分。它们便是情态附加语和连接附加语。第三章讨论典型主位时，我们已经对它们做过识别（第 3.4 节，表 3-2 和表 3-3）。

区分不同的附加语要基于语言的元功能。前文讨论的附加语类型（第 4.3.1 节（iii）），都可以称为"**环境附加语**"（circumstantial Adjuncts）（因为它们在小句的及物性过程中充当环境成分；见第五章，第 5.7 节）。从元功能上来看，它们是经验性的。**情态附加语**（modal adjuncts）和**连接附加语**（conjunctive adjuncts）则分别对应人际元功能和语篇元功能，因此它们在小句中出现的位置也不同。见表 4–7 所示：

表 4–7　元功能和不同类型的附加语 157

元功能	附加语类型		在语气结构中的位置
概念功能	环境附加语		在剩余部分中
人际功能	情态附加语	语气附加语	在语气中
		评论附加语	（在语气结构之外）
语篇功能	连接附加语		（在语气结构之外）

在表 3–5 中，情态附加语在**语气附加语**（mood adjunct）和**评论附加语**（comment adjunct）这两个小标题下讨论，但只将那些一般能作主位的子范畴包括了进来。这里需要针对它们的人际角色，来全面考虑情态附加语。语气附加语和评论附加语的区别正是基于人际意义。它们代表对命题或提议的不同类型的评价，第 4.5.3 节会对其进行详细讨论。

4.3.3 连接附加语

谈到连接附加语，我们已经到达了作为交换的小句这一概念的边界。严格地说，它们不属于本章的讨论范围；与体现人际功能的情态附加语不同，连接附加语体现的是语篇功能——它们和语篇的其他部分（通常是居于前面的部分）确立一种语境化的关系。这种语境化功能的语义基础是第七章要讨论的“**扩展**”逻辑语义关系。但是，连接附加语是通过“**衔接**”建立这些关系的，即两部分之间创立的不是语法的结构性连接（见 Halliday & Hasan, 1976：第五章；Halliday & Hasan, 1985；Martin, 1992：第二章）。第九章会对此进行更为详细的讨论。

连接附加语是在第三章介绍的，因为它们在小句中通常充当主位的一部分。但正如已经指出的，它们不一定作主位，也可能出现在小句的其他位置，事实上它们的分布——即它们可能出现的位置以及由此给意义带来的差别——与情态附加语尤其是评论附加语十分相似，例如（评论附加语用下画线标注，语气附加语用黑体表示）：

At present all the three posts in the Engineering Department, one of the biggest and most important departments of the corporation, are being held by those who are not eligible according to the rules and regulations prescribed by the UPSC. However, **Mr Dayal has** made a representation to the commissioner that he should be considered as Superintending Engineer since April 1969, when he was given the charge on an ad hoc basis, though the Departmental Promotion Committee had regularised him in March, 1976. [KOHL_A]

Today, however, **the paths of denominational religion have often** become the hotbeds of intolerance and fanaticism, dogmatism and obscurantism, persecution and oppression, and training grounds of reaction and exploitation. [KOHL_D]

This device, however, **gives** the President the whip hand of Parliament and can, in the case of authoritarian Presidents, prove disastrous. [KOHL_A]

158 **It was not**, however, to be a precedent, he said. [KOHL_A]

I maintain, however, that if anybody has to go, it should be myself. [KOHL_A]

Fr R. Hambye rightly remarks: ‘if he had succeeded in reaching Malabar and in governing his archdiocese for some time, it can hardly be doubted that he would have gathered all the Catholic Thomas Christians under his leadership’. **This did not** happen, however. [KOHL_D]

这两种附加语，无论是在其自身构成（即都是副词词组和介词短语）还是在它们与环境附加语的区别上都很相似。环境附加语一般出现在小句末尾，负载非标记性调核（语调）重音，而情态附加语和连接附加语只有在涉及事后想法时（Afterthought）才出现在句尾（见第三章，第 3.7 节），从不负载小句中唯一的调核重音。试比较：

（环境附加语）	it rains more heavily on the hill
（情态：评论附加语）	it rains more heavily, on the whole

（环境附加语） it rains more heavily on the other side
（连接附加语） it rains more heavily, on the other hand

虽然它们都可以出现在主位位置上，但只有环境附加语通常可以作谓项主位（见第三章，第 3.7 节）：我们可以说 *it's on the hill that it rains more heavily*，却不能说 *it's on the whole that it rains more heavily*，或者 *it's on the other hand that it rains more heavily*。同样，只有环境附加语可以出现在主位等价式中：我们可以说 *where it rains more heavily is on the other side*，却不能说 *where it rains more heavily is on the other hand*（其本来表达连接意义）。

情态附加语和连接附加语一样，都可以为小句构建一种语境，这一点和环境附加语有所不同。因此，即使涉及相同的语义特征，比如时间，情态附加语和连接附加语表达的意义也存在差异。表示时间的情态附加语，如 *just, yet, already* 等，与基本时态——说话者和听者共同参照的时间——密切相关；而表示连接的时间附加语，如 *next*，*meanwhile* 等，则参照前文的语篇语境来确定小句时间。两者均与作环境的时间不同，如 *in the afternoon*。同一个成分有时可能作环境附加语，有时作连接附加语，如 *then*，*at that moment*，*later on*，*again*。请看下面的例证：

环境附加语
The fund did not have a cent in the local market **then**. [ACE_A]“在那时”
连接附加语
Grahame courteously listened as Shepard spoke of his plans for the book. **Then**, leaning forward, he said to the artist: ‘I love these little people, be kind to them.’ [ACE_C]“接下来”

为了分析，我们可以把连接附加语放在本节的描述框架内。但需要注意的是，它们本身是独立的构成成分，不属于语气或剩余部分的一部分。见图 4-11 中的实例。

159	such men	however	seldom	make		good husbands
	主语	连接附加语	语气附加语	“（现在时）定式成分	make”谓语	补语
	语气				剩余部分	

图 4-11　含有连接附加语的小句

4.3.4 呼语和咒骂语

还有一种成分在作为交换的小句结构中起作用，却在语气和剩余部分的范围之外，这便是呼语（Vocative）。呼语的位置也非常灵活，可以出现在:（a）句首充当主位（对比第三章，第 3.5 节的人际主位）;（b）主位述位分界处（并不常常在语气和剩余部分的分界处）；或者（c）句尾。呼语的语调类型与评论附加语相同。呼语可以出现在任何语气中，但更多的情况是在索取句（疑问语气和祈使语气）而不是给予句（陈述语气）中。

It’s lovely **darling**. — Thanks. Thank you **Craig** so much for saying so. [UTS/Macquarie Corpus]

Mum you’re not enjoying your dinner, are you? — I am. [UTS/Macquarie Corpus]

You’re not stupid, are you, **darling**? [UTS/Macquarie Corpus]

Mum, do you know where the scissors are? [UTS/Macquarie Corpus]

What do you want **darling**? — Nothing for me. [UTS/Macquarie Corpus]

No, no, **darling**, that’s — go the other way. [UTS/Macquarie Corpus]

Oh **darling** don’t you worry; that’s quite easily arranged. [UTS/Macquarie Corpus]

使用呼语时，说话者是在使听者参与交流。这可以用来识别听者，或者引起听者的注意；但在许多对话语境中，呼语的功能更具有协商性：说话者用它来标记人际关系，有时借此体现优越的地位或权力（见

Poynton, 1984）。呼语也可以用作语篇信号，例如，标记电话交谈的结束。

同样，在语气和剩余部分的范围之外，在小句中出现的位置与呼语相当的是咒骂语（Expletive），说话者借此表明自己目前的态度或心态。咒骂语可能位于语法结构的边缘，但由于它们完全参与了小句的语调和节奏，在分析中也应体现。如：

God, mine's terrific.［语篇 82］
And then there was a child crying in the background, so I was thinking 'oh **God**, you know, this isn't the man'. [UTS/Macquarie Corpus]
Now straight — straight — **Jesus**! Ok; open the door.［语篇 4-3］

呼语和咒骂语都具有对话特征，尤其是闲谈中，它们经常一个接一个 160
出现，一起强调"你和我"的意义。

应该将咒骂语与咒骂中的个别词语区别，这些咒骂语在话语中任何地方都有可能有韵律地出现，但在小句中却没有语法功能（如 *it's a bloody taxation bloody policy, God* 中的 *bloody*）。事实上，它们几乎没有任何功能，除了当说话者说些毫无意义的话时，起到标点符号一样的作用。

在结束英语小句人际结构中成分的描述前，我们将这些成分与小句的语篇结构和经验结构一起图示：见图 4-12。

这张图表明哪些人际成分可以充当主位——语篇主位（连接附加语）、人际主位（评论附加语、语气附加语、定式成分、呼语）、话题主位（主语，补语，环境附加语，祈使小句中的谓语，WH- 疑问句中的 WH- 成分），或者哪些人际成分可以充当述位。该图还显示了人际成分和经验成分之间的关系。主语和补语对应参与者，定式成分和谓语对应及物性过程，环境附加语对应环境成分。

161

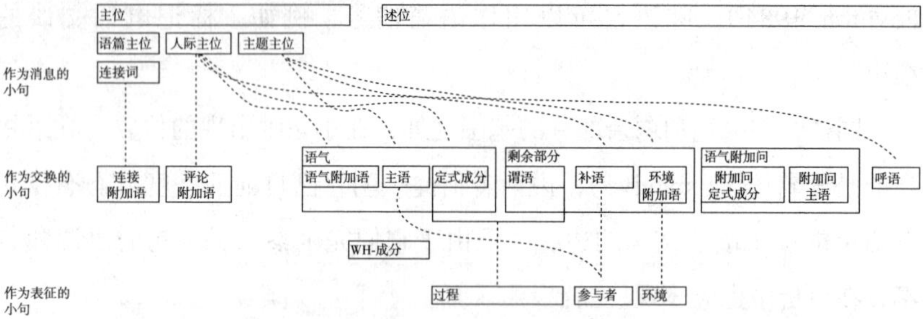

图 4-12 与语篇结构和经验结构相关的小句人际结构

162

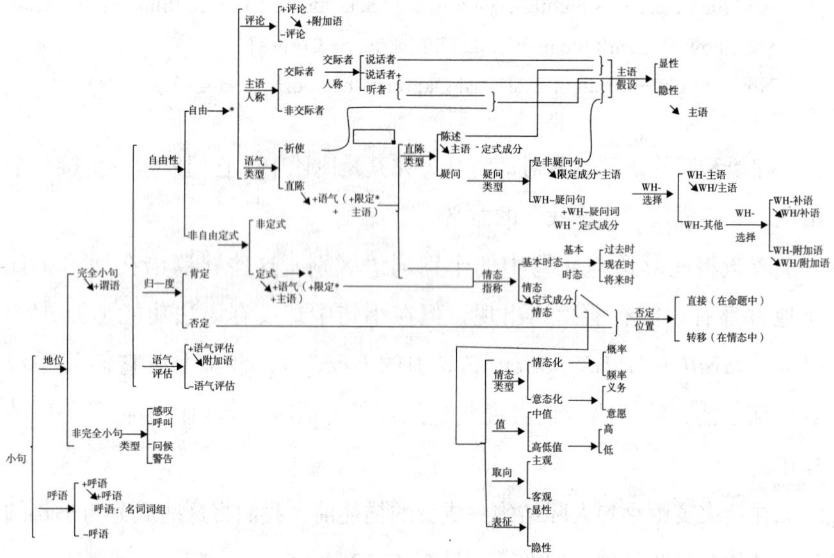

图 4-13 语气系统

4.4 语气系统：更多选择

图 4-13 中的系统网络图呈现了本章所讨论的语气系统中的全部选项。前文讨论过的语气类型，陈述句和是 / 非疑问句是直陈语气和疑问语气系统中的术语。本节中，我们将介绍更多的选项：WH- 疑问句——与是 / 非

疑问句形成对比的一种疑问句类型，感叹句——与肯定句形成对比的一种陈述句类型，以及祈使句——与直陈句（陈述句和疑问句）形成对比的主要语气类型。

4.4.1 WH- 疑问句

WH- 成分是小句人际结构中一个独特成分，其功能是确定提问者希望提供的信息成分。在小句中，WH- 成分经常出现在主位位置，其原因已在第三章说明。

WH- 成分总是与主语、补语或附加语中的某个成分重合。如果和主语重合，它便是语气成分的一部分，该语气成分的语序必定是主语 ^ 定式成分，如图 4-14 所示。

163

who	killed		Cock Robin
主语 / WH-	“过去时”定式成分	‘kill’谓语	补语
语气		剩余部分	

图 4-14　WH- 成分与主语重合

如果 WH- 成分和补语或附加语重合，它便是剩余部分的一部分；在这种情况下，语气成分中典型的疑问语序发生变化，定式成分出现在主语之前，如图 4-15 所示。

（a）

whose little boy	are	you
补语 / wh-	定式成分	主语
剩余部分	语气	

（b）

where	have	all the flowers	gone
附加语 / wh-	定式成分	主语	谓语
	语气		
剩余部分			

图 4-15　WH- 成分与（a）补语或（b）附加语重合

WH- 成分和谓语能否重合呢？有这样一种可能性：说话者希望提供的缺失信息，可能是某种由动词来表达的内容，行为、事件、心理过程或关系，因此它们作谓语。但是 WH- 成分却不能与谓语重合；英语中没有与 *what* 对应的动词[17]，所以不能问：*whatted he?* 这类疑问句通常由 *do* + *what*（补语），或 *what*（主语）+ *happen*（发生）来体现；不管对它做了什么，或者不管在它身上发生了什么，都会出现一个附加语，形式通常是一个带介词 *to* 的介词短语。图 4–16 提供了一则实例。

<table>
<tr><td>what</td><td>have</td><td>the elephants</td><td>done</td><td>to the pier</td></tr>
<tr><td>补语 / WH-</td><td>定式成分</td><td>主语</td><td>谓语</td><td>附加语</td></tr>
<tr><td></td><td colspan="2">语气</td><td></td><td></td></tr>
<tr><td colspan="5">剩余部分</td></tr>
</table>

图 4–16 表达与过程相关问题的 WH- 疑问句

这种附加语不会作主位，原因很明显——它既不能替代 WH- 成分，也不能充当环境成分。

在 WH- 成分的选择上，补语的范畴可以扩展到包括介词短语的次要
164 补语（minor Complement）（比较第五章，第 5.7 节和第六章，第 6.5 节）。这种情况下，WH- 成分与介词短语的次要补语重合，在小句中充当环境附加语。由于 WH- 成分充当主位，因此介词短语的次要补语被赋予主位的地位，而次要谓语则出现在述位中，处于非主位时附加语所处的位置，例如：

Who were you talking to? — Speaking to Margaret. [UTS/Macquarie Corpus]

Whose room is it in? — Um, Lily's. [UTS/Macquarie Corpus]

How long do you cook the food for? — Errm, well it says an hour ... [UTS/Macquarie Corpus]

---

⑰ 有些语言带有疑问动词，如马丁（Martin, 2004: 287）所讨论的塔加拉语中的疑问动词。

Who are you going with? — Oh it's um ... Oh we've got this civil law training thing at Legal Aid tomorrow. Some of them you know the groovier ones want to go out for dinner. [UTS/Macquarie Corpus]

此外，WH- 成分可以与 WH- 疑问句所表达的小句中的一个成分重合（比较第七章，第 7.5 节；另见 Matthiessen, 1991a）；例如：

How much chicken do you think ➡ I had __ Kate? — I don't know darling. I know it's hard to believe but I wasn't watching. [UTS/Macquarie Corpus]
So how many quarters do you reckon ➡ you could have __ ? — I've had heaps. [UTS/Macquarie Corpus]

4.4.2 感叹句

感叹句包含出现在名词词组或副词词组中的 WH- 成分 *what* 或 *how*。例如：

What a self-opinionated egomaniac that guy is! — Who is it? — Bob Hawke. [UTS/Macquarie Corpus]
Oh what a case Nata Nasimovah was! [UTS/Macquarie Corpus]
What a darling you are! [UTS/Macquarie Corpus]
What a wise man we have for an Emperor! [Amadeus]
What a disagreeable old man I've become. [Citizen Kane]
How secretive you are! [Of Human Bondage]
How beautifully you make love! [Of Human Bondage]

What 与补语重合，如 *what tremendously easy riddles you ask*；该类补语通常为属性补语，如 *what a fool he is*。*How* 与附加语重合，*How beautifully you make love*，或者跟属性补语重合，如 *how foolish he is*。在早期英语中，这一类小句中的定式成分出现在主语之前，如 *how are the mighty fallen*；但自从定式成分 ^ 主语的语序和疑问语气联系在一起以后，感叹句的常规

语序就变成了主语 ^ 定式成分。图 4-17 列出了一则实例。

上述感叹句有其独特的语法；但其他语气类型也可以实现感叹语气；这包括带有否定形式的是 / 非疑问句：

And then every... come out with a bag full of sweets. — Isn't it amazing! [UTS/ Macquarie Corpus]

Oh, you mean, you just happened to go to Darlington? Isn't it wonderful! [UTS/ Macquarie Corpus]

与感叹语气小句不同，上述小句没有独特的感叹语法。

165

What a disagreeable old man	I	've	become
补语 / WH-	主语	定式成分	谓语
	语气		
剩余部分			

图 4-17　感叹句

4.4.3 祈使句

祈使句中的人称系统与直陈语气有所不同。鉴于祈使语气是交换物品-服务的，所以其主语是 *you* 或 *me*，或者是 *you* 和 *me*。如果以第二人称 *you* 作为基本形式，那么祈使小句的范式如下：

	无标记人称或归一度	标记性人称	标记性归一度
肯定	look	YOU look	DO look
否定	DON'T look	DON'T YOU look	DO NOT look

大写形式是为了突显：这些音节在节奏上必须是突显的（它们可能是但未必总是调核突显；见第一章，第 1.2.1 节）。因此，祈使语气的 // *you / look*// 和典型陈述语气的 // ^ *you / look* // 之间形成对比。祈使句中的 *you* 重读，陈述句中的 *you* 是降调，通常在语音上减弱（如果两处都大写，至

少有一处是突出的)。

在上述分析中,无标记肯定形式没有语气成分,仅包括剩余成分(谓语):动词形式(如 *look*)仅作谓语,没有定式成分。其他形式则包括一个语气成分,在这种情况下只有主语(*you*)、定式成分(*do, don't*)或定式成分加主语(*don't you*)。它们在句尾均可以跟一个附加问句:*won't you?*,*will you?*——表明小句是定式小句,尽管动词是非定式形式(祈使句 *Be quiet!* 中动词是非定式形式 *be*,而不是定式形式 *are*)。从历时角度看,*do*,*don't* 形式是从动词 *do* 的非定式形式派生而来,但现在它们和直陈句中的定式操作语类似;比较下面的对话序列:*Look! — Shall I? — Yes, do!* 或者 *No, don't!*,答语只包含语气成分。

主语为 *you and me* 的祈使句,其相应形式为:

	无标记人称或归一度	标记性人称	标记性归一度
肯定	let's look	LET'S look	DO let's look
否定	DON'T let's look	DON'T LET'S look	LET'S NOT look

附加问句是 *shall we?*,回答形式是 *Yes, let's*(*do let's*);*No, don't let's*(*let's not*)。注意,*let's* 的意义总是包括 *you*,这与直陈句中的 *we/us* 不同,直陈句中的 *we/us* 既可以包括听者,也可以不包括听者。因此,*let's go; you stay here* 这样的对话序列是自相矛盾的,除非听者发生改变;不包括 166
听者的提供小句,体现形式要么是 *we'll go*,要么是 *let us go*,祈使语气落在动词 *let* 上。

如何分析 *let's* 呢?根据它在聚合体中的位置,最好将其看作是主语 *you and I* 的一种"任性"的形式(注意,标记性人称通过重读 *let's* 体现,情形和重读 *you* 相当)。于是,唯一异常的回答是 *Yes, let's! No, let's not!*,这种情况下只有主语,没有定式成分;但每一种情况下还有一种形式,其中包含定式成分:*Yes, do let's! No, don't let's!*,这表明 *let's* 更像是主语。(*Do let's*

的语序和早期的第二人称语序是一致的，如 *Do you look!*。）

第二人称祈使句（'*you...!*'）是对商品和服务需求的典型体现形式，即命令句（上文第 4.1 节）。带 *let's* 的 "*you* 和 *me*" 类型，是**建议**（suggestion）的体现形式，建议同时具有命令和提供的特点。是否也存在一种 '*me*' 类型，即第一人称祈使句体现一个简单的提议呢？最常见的形式是 *let me* 和 *I'll*；后者显然是陈述性的，但根据与 *let's* 的类比，*let me* 也可能被解释为命令式。我们可以建立一个对照的范式，包括如下形式：

	无标记性人称或归一度	标记性人称	标记性归一度
肯定	let me help	LET me help	DO let me help
否定	DON'T let me object	DON'T LET ME object	LET ME NOT object

但是应注意，"给予" 的意义只取决于所指的特定商品和服务：如果所要求的意义为允许我来做（'*allow me to*'），那么同样的形式便会被当作 *let* 作为第二人称祈使句所表达的命令。因此，像 *let me go* 这样的表达意义是模棱两可的：或者是主动提出，第一人称祈使句（="我主动提出要走"，附加问句为 *shall I?*），或者是命令，第二人称祈使句（= 放开我 '*release me*'，附加问句为 *won' t you?* 或者 *will you*）像 '*let me help you*' 这样的表达同样也可以有上述两种解释；但这里的效果兼而有之，因为即使是第二人称祈使句 "请允许我帮助你" 也可以充当 "给予" 的功能。

我们也可以识别出第三人称祈使句的形式，如在 '*Lord save us!*' 中。除了在感叹句和儿童话语中出现外（例如，*Daddy carry me*），这种小句很少出现。这里也有主语，但却没有定式操作语。它们不会与代词主语同时出现；如果所需主语是代词，就会一直有 *let*，就像 *let them beware!* 因此，这与 *let me* 和 *let us* 的情况类似，当然，现代英语中的 *let's* 也正源于这些表达。（更古老的变体 *let you...* 不再出现。）

图 4-18 给出了祈使句的例子。

167

（a）

come	into my parlour	will	you
谓语	附加语	定式成分	主语
剩余部分		语气附加问	

（b）

do	take	care	won't	you
定式成分	谓语	补语	定式成分	主语
语气	剩余部分		语气标签语	

（c）

let's	go	home	shall	we
主语	谓语	附加语	定式成分	主语
语气	剩余部分		语气附加问	

（d）

don't	you	believe	it
定式成分	主语	谓语	补语
语气		剩余部分	

图 4-18 祈使句

4.4.4 语气和声调

我们在第一章，第 1.2.2 节中提到，语调对小句的人际意义具有重要贡献。这里重要的是**声调**的选择，声调群的旋律曲线：音高是上升还是下降，还是两者均无，亦或两者均有（见 Halliday, 1967a；Halliday & Greaves, 2008）。（声调是具有人际元功能特征的韵律表达方式的典型实例：见第二章，表 2-7。）

最基本的对立是降调和升调之间的对立；整个声调系统实际上可以通过这个简单的对立构建出来。一般来说，降调表示确定，升调表示不确定。中立声调，即或多或少的水平声调，是一个排除其他选择的声调。还有可能有两种更复杂的声调：降升调，意思是“似乎很确定，但不是”，以及升降调，与降升调互补，意思是“似乎不确定，但实际确定”。这便确立了英语口语中的五种**简单**声调。此外，在降调结尾的声调加上水平声调，就形成了两种**复合**声调。简单声调编号为 1 到 5，复合声调编号为 13

和 53（“1、3”，“5、3”），见表 4-8。

任何一个声调群所记录的实际音高曲线可能都极为复杂；但其独特的移动主要发生在调核突出（tonic prominence）上。调核音步（调核部分）所选取的方向决定了声调群的声调。基于本章的写作目的（正如在第三章所做的），我们假定调性（tonality）是无标记的：即每个声调群映射到一个小句上（如第一章，图 1-4 所示），这将有助于揭示声调和语气的关系：可以识别两者之间的一般关联模式。

我们先来看直陈语气，它体现了命题的言语功能。**陈述句**最常与调 1 结合，即确定性的特征；但是还有一种情况很常见，陈述句与调 4 结合，表示某种保留意见。

168 **表 4-8　英语口语中的基本声调**

声调		符号	音高移动
简单	调 1	\	降
	调 2	/	升
	调 3	_/	平（实际表现为音高的缓升）
	调 4	\/	降-升
	调 5	/\	升-降
复杂	调 13	_	降 + 平
	调 53	/_	升-降 + 平

我们再来看**疑问语气**。是 / 非疑问句通常表现为调 2，即表示“不确定”的升调。另一方面，WH- 疑问句（特殊疑问句）更倾向于调 1，因为尽管它们要求提供某个缺失内容，但命题本身被认为是确定的。另一种说法是“确定性”意味着归一度的确定，而对于 WH- 疑问句，不存在“是或不是”的问题。

提议通常与调 1 和调 3 相结合。**祈使句**，作为命令，通常倾向于调 1，还有调节性陈述句（modulated declaratives）也是如此（见第 4.5 节）；但是温和的命令，比如请求，或者消极命令（negative command），往往伴随着调 3，带有把决定留给听者的效果。基于同样的原因，提供也通常与调 3 结合。

感叹句最典型的为调 5，意思是“哇！”——表达了与预期相反的内容。

语篇 4-3 结合陈述句、是 / 非疑问句、wh- 疑问句和祈使句说明了声调的选择。这是语言行动，也是一种“做事”的语境：三位搬运工努力把一个大冰箱从相当狭窄的厨房入口搬出去，正经过靠近入口的烤箱。

语篇 4-3：做事——协作：语言行动，语气和声调结合

[13] Got to bring it out **sideways** a little **bit** [1] **yeah** [1] **right** [1] like **that**. [3] In we **come** again. [13] **In** a **bit** [3] come in around **here** [3] now **straight** [3] **straight** [1] **Jesus**! [3] **OK** [3] open the **door** [1]
so you can butterfly around the **oven**.[1]
Got to get it **back**.[1]
Which way d'you want to **go**? [2] Is it **jagging** or anything? [2] Can you get that **door** round? [1] You can't get that **door** round [1] is that the **trouble**? [4] No chance of moving that **oven** [1] **is** there?

然而，声调并不仅仅是体现语气的附加标记。声调有自身独立的语法系统，这些语法系统与语气范畴相关联。通过声调体现的系统称为调式系统（KEY）。调式这一术语涵盖了许多系统；这里我们只关注与上述对比相关的内容（更全面的论述，见 Halliday & Greaves, 2008）。

（1）陈述句 169

无标记陈述：调 1
保留性陈述：调 4
坚持性陈述：调 5
尝试性陈述：调 3
抗议性陈述：调 2

（2）WH- 特殊疑问句

无标记 WH- 提问：调 1

尝试性提问：调 2

反问句：调核在 WH- 成分上的调 2

（3）是 / 非疑问句

无标记是 / 非疑问句：调 2[18]

强制性提问：调 1

（4）祈使句

命令：调 1（肯定祈使句的无标记形式）

邀请：调 3（否定祈使句的无标记形式）

请求（标记性归一度）：调 13，调核在 *do/don't* 成分

恳求：调 4

非完全小句——感叹、称呼、问候和警示（见第 4.6.2 节）——根据其功能呈现不同的声调。问候和警示通常呈现调 1 或调 3；感叹调 5，称呼（呼语）有各种可能的声调，但在意义上有明显的差异，见 Halliday & Greaves（2008）中的例证。

// 1 **Ei**leen // (‘come here!’, ‘stop that’)

// 2 **Ei**leen // (‘is that you?’, ‘where are you?’)

// 3 Ei/**leen** // (‘listen!’, ‘I've got something to say to you’)

// 4 **Ei**leen // (‘listen carefully!’, ‘don't tell anyone’, ‘be honest’)

// 5 **Ei**leen // (‘now I've told you before!’, ‘take a look at that!’)

许多固定短语都有特定的声调，例如：

// 5 far / **from** it // // 5 certainly // //4**hardly** // // 13 **never**/ **mind** //

// 3 your / **turn** // // 1 good / **evening** // // 3 good / **night** //

170 还有许多类似的系统，有些是通过基本声调中的细微变化来体现的（例如，调 1：高落 / 中落 / 低落；调 2：高升 / 高降−升），有些则是通

[18] 这种调 2 也可能出现在陈述句或祈使句中，用于询问前面的陈述或命令。

过声调群中重音前音步部分的对比来体现的。

本节，我们简单描述了英语口语中基本语气类型在精密度上的扩展，这要归功于声调的语音资源。因为语法的系统性描述是以聚合关系为基础的(见第一章，第1.3.2节)，将声调(或通常所说的语调)纳入其中并无问题，因为系统中的选项均由不同的组合模式（如成分关系结构中的不同成分）体现，例如，“陈述语气”由主语 ^ 定式成分或韵律模式↘来体现，“保留性陈述”由调4↘来体现。语言中的这种体现模式可能会随着时间的推移而改变，就像在英语中主语和定式成分的相对顺序在语法中的功能一样，在几个世纪的时间里逐渐发生变化(见 Ellegård, 1953)。英语中的语气语法，通常的原则是语气中的基本差别通过语气成分体现——包括主语、定式成分、Wh- 成分，以及它们之间的相对顺序，而语气中更加微妙的差别则是通过声调的区分来体现的。但是这种模式会随着语言的变化而变化。例如，在越南语和粤语中，各种精密度程度上的语气变化本质上是由人际(情态)小品词来体现(当然，这些小品词可能有特殊的韵律特征)，而在其他语言中，从动词形态来讲，谓语部分可能是体现语气的主要领域（见 Matthiessen, 2004b：第10.4节；Teruya 等，2007，以及其中的参考文献)。

在英语中，除了语气系统之外，声调还在其他一些人际系统中发挥作用，即在**情态评价**系统的某些部分。例如，言语功能中“保证”类的评价附加语与调1有关，而“让步”类的附加语与调4有关。同样地，某些情态与调1或调4相关。

4.4.5 自由性：自由小句和非自由小句

现在来看图4-16所示的自由性系统（system of FREEDOM）。目前为止，我们一直讨论的是自由小句；“自由性”是进入语气类型系统的入列条件。从语义上说，自由小句既可以体现命题也可以体现提议，通过发起新的对话或对已经发起的对话做出回应，进而推动对话的发展。

相比之下，非自由小句并不是由说话者提出的可供协商的内容。例如，在语篇 4-1 中，Jana 向她的母亲提出了一个难题，其形式是一个由自由小句体现的命题，她还用一个由非自由小句体现的原因对其加以解释：

陈述：给与、信息	支持理由：假定、信息
↘ 自由小句：陈述句	↘ 非自由小句
Well, I'm still afraid of him	'cause he's bitten me.
I'm scared	because I've had an experience where Boof has bit me.

171 雅娜（Jana）呈现理由时，并不是将其作为具有挑战性的陈述，而是作为被视为理所当然的支持信息。因此，雅娜的母亲对 *Well, I'm still afraid of him 'cause he's bitten me* 的回应，更可能会是 *Are you?* 而不是 *Has he?* 至少，这是雅娜对她妈妈的定位——回应她妈妈刚刚安抚她的话 *He won't bite you darling*。雅娜间接地反驳了这一点，将自己的恐惧变为命题，并将咬人的问题降级为对过去发生的事情的假定信息。

此例中，非自由小句从属于主从组连中的支配小句（主句）（见第七章）：组连中的支配小句由自由小句体现，从属小句则由非自由小句体现。这种模式十分常见，尽管非自由小句当然可以依赖于另一个非自由小句；如：

||| Two men were killed by lethal injection in Texas this year, ||**even though** they were 17 || **when** they committed their offences. |||［语篇 2］

||| Tours leave from Circular Quay at 10.15am, 12.15am and 2.00pm Tuesday to Sunday, ||**although** you will certainly need to book in advance ||**by** ringing Captain Cook Cruises on 2515007. |||［语篇 22］

再往前走一步，非自由小句还可能进一步从协商中移除。可以降级，作为名词性词组或副词性词组的嵌入成分：

||| I know || this is in our reach || because we are guided by a power larger than ourselves [[who creates us equal in His image]]. |||［语篇 307: George W. Bush Inaugural in 2001］

||| The next step is [[to remove some impurities]]. |||［语篇 410］

||| But there was a kind of common moral ground [[in which a good bit of the debate took place]], || and as it resolved, || which it essentially did, || you see [[a consciousness emerging of [[what really is right]]]], || which must mean [[it reflects our built-in conception of [[what's right]]]]. |||［语篇 172］

无论是作从属小句还是降级小句，非自由小句可以是“定式”或“非定式”小句。定式小句通常是由连结词（binder）（或关系代词 / 疑问代词）引入的，并与“陈述句”具有相同的语气结构，即语气：主语 ^ 定式成分——即使它们是对问题的报道（见第七章，第 7.5 节）: *(they told me) that **he had** left; (they asked me) whether he **had left***; *(they asked me) when he **had left***。非定式小句可以通过连结词、结构介词或连接介词引入，但也可以不通过它们引入（见第七章，第 7.4.4 节）。到目前为止，我们给出的大多数例子都是定式小句，下面补充一些非定式小句的例子。

||| The worsening concentration of global corporate power over our government has turned that government frequently against its own people, || denying its people their sovereignty [[to shape their future]]. |||［语篇 174］

||| Then he went in the Navy || and helped design various gunnery training devices [[used during World War II]]. |||［语篇 7］

||| My dear Ellen: Your kind letter of October 19th, 1917, has just been received || and it seems nice [[to hear something of the family]] || and I shall be thankful to you for further communications. |||［语篇 111］

非定式小句与定式小句相比，更不具有可协商性。 172

在考虑非自由小句的可协商性或可质疑性（challengeability）时，我们发现了两个变量：（i）在一个小句组连中，该小句是从属于另一个小句

（或小句组合），还是降级并嵌入到其他词组结构中；（ii）小句是定式的还是非定式的？见表 4–9。

表 4–9　非自由小句：功能和定式性

	定式	非定式
从属	they left ‖ after they had eaten dinner	they left ‖ after eating dinner
降级	their departure [[after they had eaten dinner]]	their departure [[after eating dinner]]

如前所述，非自由小句的内容被视为是假定的，而非可以协商的。非自由小句缺少自由小句的互动特征。即使是定式小句，它们也不太可能在句尾添加附加问句，因此在结构上看起来更像是陈述小句。例如，*they left after they had eaten dinner, didn't they?* 这种表述完全没有问题，因为句尾附加问针对的是自由小句 *they left*；但如果说 *they left after they had eaten dinner, hadn't they* 便显得很奇怪，而 *their departure after they had eaten dinner, hadn't they* 似乎不可能出现。非定式小句不能在句尾添加附加问。同理，呼语和言语功能评论附加语，这些具有高互动性的特征，均不能与非自由小句同时出现。因此，*frankly they left after they had eaten dinner* 的说法没有问题，但 *they left after frankly they had eaten dinner* 几乎不可能出现。与其他地方一样，语法描述是通过连续统而不是二分法进行的，我们也有可能找到类似于带附加问的非自由小句，如下面麦蒂森（Matthiessen, 1995a：432）所引用的实例：

> ||| That's the one [[[I should have || if I had any]]] || because it's jolly, isn't it? ||| [LLC: 210]

同样地，如果小句有更多的交互特性，比如更多的句尾附加问，那么它们更接近于是自由小句而不是非自由小句。比较实际例子和下面生造的变体形式：*because it's jolly, isn't it, that's the one I should have if I had any*。这种说法似乎不太可能，因为原因小句在结果小句之前——它是小句组连中的主位（见第七章），因此它不能再被识解为基于 *for it's jolly, isn't it* 的自由小句。

4.5　归一度和情态评价（包括情态）

在前文讨论定式动词操作语（第 4.2.2 节）时，我们提到了归一度和情态系统：归一度指肯定（*It is. Do that!*）和否定（*It isn't. Don't do that!*）之间的对立。情态是说话者对所讲内容的判断，或请求听者对所讲内容的判断（*It could be. Couldn't it be? You mustn't do that. Must you do that?*）。归一度和情态系统的体现形式或为语气成分，或为定式成分（*It is / It isn't; It is / It must be*），或为独立的语气附加语（*It is / It is not; It is / It certainly is*）。但是人际判断或评价，不仅包括情态的"核心"语法系统，还包括通过语气附加语（例如 *It is / It already is / It almost is*）体现的对时间性和 173
强度的评价，以及语气本身之外的其他类型的评价，这些评价要么与被交换的命题有关（例如，*Fortunately it is:* '*it is, which is fortunate*'），要么与交换命题的行为有关（例如，*Frankly it is:* '*I'm telling you frankly it is*'）。下面我们首先讨论归一度，然后介绍情态系统作为肯定和否定之间的连续统，最后根据对情态的描述扩展到其他类型的情态评价。

4.5.1 归一度

在每种语言中，与小句作为命题或提议相关的肯定 / 否定的对立，肯定会被语法化。通常情况下，肯定在形式上是无标记的，而否定则通过一些附加成分体现：在英语中，通过在动词附近添加 *not* 体现[19]（其他语言，见 Matthiessen, 2004b：第 10.4.2.7 节）。

---

⑲ "归一度"一词是由韩礼德（Halliday, 1956）首次提出的，以填补术语上的空白。语言学家还使用了 *negation*（否定）这一术语。使用 *negation* 的不足之处是，它突显了"否定"而不是"肯定"，未能突出两者的对立。语言学家也用 *affirmative* 来指"肯定"，但这个词也可以用来指代"陈述句"。

如果考虑更多的话语类型，肯定出现的频率可能是否定的十倍左右（见 Halliday & James, 1993）。但如果把肯定仅仅看成是否定特征的缺失，那就错了；选择肯定和选择否定同样有实质性意义。这一点在英语中也有象征性的体现：否定标记可以缩减到肯定和否定或多或少分量等同的程度，否定标记与肯定形式无法能够分开还不受影响，如，*can/can't*，*will/won't*，以及在快速话语中的 *i'n't*，*doe'n't*（代替 *isn't*，*doesn't*）。

这种肯定和否定的融合只发生在与定式成分相结合的情况下——如果动词是非定式的，*not* 不会被简化；这反映了归一度与语气的系统性联系。具有肯定和否定特征，是命题或提议的言语功能成分；因此，当说话者加上**语气附加问**（mood tag）时，意思是“请检查！”，无标记的附加问与前面的归一度相反：

You know them don't you?	I didn't hurt you, did I?
Keep quiet can't you!	Don't tell him will you!

如果句尾附加问的归一度与前文保持不变，那意思便是肯定，而不是寻求确认（见第 4.1 节）。

It's you is it? ('It would be!')　　They won't pay won't they? ('I'll see about that.')

正是附加问中归一度的颠倒使我们能够识别包含其他否定表达的小句的归一度，如包含 *no*，*never*，*no one*，*nowhere*，*seldom* 成分的小句，如：

174 There's no more paper in the box, is there?
They never came back again, did they?
It seldom works that way, does it?
No one with any sense would behave like that, would they?

上述小句都具有否定意义，如果句尾附加问再添加否定标签，就变为肯定了：*there is no more paper isn't there?* [20] 相比之下，如果否定词是剩余部分中某个成分的一部分，小句本身就可以是肯定的：

It's a question that's never really been addressed, isn't it?

She could have not known about it, couldn't she?

Well you can not go, can't you?

疑问句中的归一度又是什么意思呢？是 / 非疑问句中，疑问本身便是一种对归一度的要求，因而它自身无法避免选择，肯定和否定都可以发生；在疑问句中，否定确实是标记性选项，因为肯定疑问没有暗示可能的答案，而否定疑问在传统的表达方式中，常暗示"希望得到'是'的回答"，如：

Haven't you seen the news?

Aren't those potatoes done yet?

Aren't you pleased with it?

（母亲问一个对礼物没有多大兴趣的孩子）。事实上，一般的意义比这个提法所暗示的要稍微复杂一些；说话者的意思是"我本来期待回答是'是'，但现在我有理由怀疑"。

那么如何回答这个否定的问题呢？"是""否"的回答（见下文）表示答案的两极，而不是同意或不同意的问题的两极：

Haven't you seen the news? — No (I haven't). Yes (I have).

而有些语言则相反，或者（像法语、德语和瑞典语）有第三种形式的

---

⑳ 我们在言语中倾向'not ... any'一起使用，而不是 *it goes nowhere*，后者加上附加问看起来比较别扭，*it doesn't go anywhere*（附加问：*does it?*）。类似地，*it doesn't often work that way, does it?* 这种体现形式表明，否定可以在语气部分，也可以在剩余部分。因此，在 *there isn't any more paper in the box, is there?* 中，否定是在语气成分中，而在 *there is no more paper in the box, is there?* 中，否定是在剩余部分中。但不论是哪种情况，附加问的非标记性颠倒的归一度，体现了否定项的位置。

矛盾肯定词（见 Halliday & Hasan, 1976：208−209）。

在 WH- 疑问句中，否定形式的变化更大。和 *Why* 一起出现的疑问否定很常见，尤其是在不赞成的语境下，例如，*Why didn't you tell me before?* 而在其他 WH- 疑问句中，疑问否定则受到更多的限制。它确实以问题的形式直接出现，例如，*Which ones don't contain yeast?* 特别是在回
175 声问句中：*They didn't have any bananas. — What didn't they have?* 否则，便起到肯定形式的作用：

I'd love to live in a house like that! — Who wouldn't? (= 'Everybody would.')

再回到"是"和"否"这两个词：它们是归一度的直接表达，但它们却又不止一种功能状态。如果表达一种语言功能，它们是语气附加语；如果不表达语言功能，它们便是连接语（第三章，第 3.4 节（1）），在语气结构中不起作用。

（1）*Yes* 和 *no* 充当陈述；无论是回答问题、确认声明、执行命令或接受提供（见表 4−1）。*Yes* 和 *no* 是情态附加语。充当情态附加语时，它们在语音上是突显的，经常带有调核突出。它们可能作为自由小句以省略形式出现；也可能在回应小句中充当主题。所以，在回答 *It's Tuesday, isn't it?* 时，可能会有不同的否认形式，如图 4−19 所示。注意，在（b）中，答语包括两个小句；"*no*"是调核重音，在书写中用逗号隔开，它可以单独作为答案。在（c）中，"*no*"具有语音突显但不是调核重音，答语是一个单独的小句。

（a）

no
语气附加语
语气

（b）

no,
语气附加语
语气

it	isn't
主语	定式成分
语气	

（c）

no	it	isn't
语气附加语	主语	定式成分
语气		

图 4−19　*Yes* 和 *no* 作为语气附加语

（2）*Yes* 和 *no* 可以作为语篇主位的一部分（比如 *oh, well*）。此处，它们是连续语，用来表示一个新语步的开始，但通常不一定轮到新的说话者；它们自身不具有言语功能，因此仅仅反映了当前的归一度——它们没有在选择肯定 / 否定（因此没有肯定否定转换）。这种情况下，它们在语音上是弱音。示例如图 4–20 所示。

（3）*Yes*（但不是 *no*）可以作为一个非完全小句，作为对呼语的回应；它带有调核突出，通常为升调，例如 *Paddy!—yes?* 似乎没有必要在语法上对此功能加以标记（见第 4.6.2 节，关于非完全小句的论述）。最后，我们应该注意到否定词 *not* 以两种功能出现：一是它只是定式否定成分 *n't* 的正式或书面形式，在这种情况下它是定式成分的一部分；二是它是语气或剩余部分的独特情态附加语。第二种情况下的 *not* 在语音上是突显的，也可能是调核突出，例如：图 4–20。

（a）　They're late. ——［新说话者］ 176

yes	they	usually	are
	主语	语气附加语	定式成分
	语气		
语篇：连续语	主题	述位	
主位			

（b）　I don't like it. ——［同一说话者］

no	I	don't	like	the idea
	主语	定式成分	谓语	补语
	语气		剩余部分	
语篇功能：连续语	主题	述位		
主位				

图 4–20　连续语 *yes* 和 *no*：语气和主位结构

// I will / not al/**low** it //

// we were / **not** im/pressed //

在非定式小句，如 *not having been told about it*，*not to allow it* 中，没有定式成分，否定简化形式 *n't* 也不可能出现，*not*（或其他否定情态附加语）可能构成语气成分，或者和主语一起出现[21]。图4-21给出了部分实例分析。

4.5.2 情态

归一度是在肯定和否定两者之间做出的选择。但肯定和否定并不是唯一的可能性；还有两者之间的各种程度，各种不确定性，例如“有时”或者“可能”。这些在肯定和否定之间的过渡等级 / 中间程度，统称为**情态**。情态系统所做的就是解释介于“是”和“否”之间的不确定性区域。

但在两者之间有多条路径：（1）一条针对命题，（2）一条针对提议。（1）在“它是”和“它不是”的确定性之间，存在着“它一定是”“它会是”和“它可能是”等相对概率。（2）同样，在“做”和“不做”之间，存在着“必须做”“应该做”和“可以做”等可以自由决定的选择。

177

she	couldn't	possibly	not	have known	about it
主语	定式成分	语气附加语	语气附加语	谓语	附加语
语气				剩余部分	

never	having been given	a proper chance
语气附加语	谓语	补语
语气	剩余部分	

for	anyone	not	to take	such a warning	seriously
	主语	语气附加语	谓语	补语	附加语
	语气		剩余部分		

图 4-21 定式和非定式小句中归一度的语气附加语

---

[21] 这一原则相当复杂，但它的基本原理如下：如果同源定式小句是否定的（由附加语体现。例如，*she was never given a proper chance, was she?*）那么否定附加语便充当语气成分。如果同源定式小句是肯定的（例如，*she could not have known about it, couldn't she?*），那么否定附加语便属于剩余部分。

因此，“是”和“否”之间的空间对于命题和提议具有不同的意义。

（1）**命题**。在命题中，肯定和否定两极的意义就是认同或否定：肯定是 *it is so*（是这样），否定是 *it isn't so*（不是这样）。中间有两种类型的可能性：（i）概率，如 *possibly/probably/certainly*；（ii）频率，如 *sometimes/usually/always*。前者相当于“是或者否”，即，可能是或可能不是，带有不同程度的可能性。后者等同于“既包括是又包括否”，即，有时是，有时不是，带有不同程度的频率。这种概率和频率等级正是“情态”这个术语的范畴。为了与其他语言现象区别，本书使用“**情态化**”（modalization）这个术语。

概率和频率都可以通过以下三种方式表达：（a）动词词组中的定式操作语［见前文表 4-15］，例如，*that will be John, he'll sit there all day*；（b）情态附加语中的（i）概率或（ii）频率［见前文表 3-5］，例如：*that's probably John, he usually sits there all day*；（c）上述两者同时出现，如 *that'll probably be John, he'll usually sit there all day*。

注意，在陈述句中，情态用来表达说话者的观点：*that will be John* 表示“我认为那是约翰”；而在疑问句中，情态则用来征询听者的观点：*will that be John* 表示“你认为那是约翰吗？”。还需要注意的是，即使是高值情态词（*certainly*，*always*）也不如极性形式肯定：*That's certainly John* 不如 *that's John* 肯定；*it always rains in summer* 也不如 *it rains in summer*。换言之，只有在不确定的时候你才会说你确定。

（2）**提议**。在提议中，肯定和否定两极的意义是规定和禁止，肯定形式是 *do it*，否定形式是 *don't do it*。这里也有两种过渡情况介于中间，跟言语功能的命令或提供有关。（i）在命令句中，过渡空间代表不同程度的义务：允许 / 假定 / 要求（*allowed to/supposed to/required to*）；（ii）在提供句中，它们表示不同程度的倾向：意愿 / 急于 / 决心（*willing to/* 178
anxious to/determined to）。这些不同程度的义务和倾向，我们称之为**意态化**（modulation），以便与情态的另一种情况，即情态化，相区别。

同样，义务和倾向也有两种表达方式，尽管在此情况下，两者不能同时使用：（a）定式情态操作语，如 *you should know that, I'll help them*；（b）动词词组复合体构成的谓语延伸部分（见后文第八章，第 8.5 节），（i）一般是动词的被动形式，如 *you're supposed to know that,*（ii）或者是形容词，如 *I'm anxious to help them*。

可以看到，明确的肯定或否定提议涉及说话者和听者之间的物品-服务交换，说话者要么（i）主动要求做某事，如 *shall I go home?*，要么（ii）请求听者做某事，如 *go home!*，要么（iii）建议两人一同做某事，如 *let's go home!* 除了祷告和起誓外，很少用第三人称主语。另一方面，意态化小句虽然也频繁地以命令、提供和建议的形式出现（*I'll be going*，*you should be going*，*we ought to be going*），但常常涉及第三者，它们是说话者针对他人而做出的关于义务和倾向的陈述，如 *John is supposed to know that, Mary will help*。义务陈述在规范性语篇中十分常见，如：

> Subject to the provisions of Article 6, <u>a Member</u> **shall not** provide support in favour of domestic producers in excess of the commitment levels specified in Section I of Part IV of its Schedule. [WTO: Uruguay Round Agreement]

见语篇 10-7；此类语篇中，主语常由名词性词组体现，表示无生命的实体和抽象概念（见语篇 4-4）。

> <u>Any casual vacancy on the Executive</u> **shall** be filled by a ballot of the members of the Association at any general meeting. [语篇 4-4 的后续部分]

上述表达义务的陈述承担**命题**的功能，因为对于听者而言，它们传递的是信息，而不是物品-服务。但它们仍不失修辞效力：如果玛丽在场，她是很难拒绝的；我们也清楚，如果不遵守法律，会发生什么后果！

因此，一旦提议变得可自由决定，它就会变为直陈语气，与情态操作语相匹配；这也意味着它采用完整的直陈人称系统，而不限于祈使语气的人称系统。因此，从原则上来说，情态小句在命题和提议之间具有不确定性（见 Halliday & Matthiessen, 1999：558-560，关于情态系统的不确定性）：当小句的经验意义明显地指向一个方向或另一个方向时，这就表现了出来，例如，*she must be very careless* 很可能被解释为命题（情态化），因为人们通常不会要求他人粗心，而 *she must be very careful* 更有可能被解释为一个提议（意态化）。

情态化和意态化当然可以出现在各种语篇中；但在某些情境类型下，
语篇可能倾向于情态化或倾向于意态化。例如，情态化在"阐述"语境中 179
更受青睐，在此语境中，需要对所阐述的知识的确定性进行评价。第五章表 5-13 是对一个分类报告的经验分析：[10.1] *The creature* ***may*** *have been able to swing the club with great force*，*may* 在这里表示低可能性。同时，在意态化"潜力"类型的语篇中（而不是"义务"类型的语篇）也有这样的例子，如刚才引用的小句中的谓语，*been able to*，以及同一语篇中的小句 [6]：*With its small teeth and weak jaws the dinosaur* ***could*** *take only plants which* ***could*** *be easily bitten off*。这头恐龙所具有的潜力也是其特征的一部分。

与此相反，如前所述，"义务"类型的意态化在规范性语篇中非常受欢迎，如语篇 4-4 所示，这是某协会的章程摘录(更多的示例说明，见第十章，语篇 10-7)。在这些语篇中，义务情态词很常见；除 *shall*，*may* 和 *be required* 外，该语篇还包括 *must*。虽然 '*shall*' 在一般英语中作为"义务"情态词并不常见，但在规范性语篇中却备受青睐。法规语篇的监管性质也体现在词汇中：*rule*，*contravene*，*constitution*，*act*。

语篇 4-4：使能——规定（书面、独白）：某协会的章程摘录[22]

RULE MAKING POWER

The Association **shall** make such rules as **are required** to carry out its functions.

---

[22] 埃平高地公立学校家长和公民协会章程。米拉·金（Mira Kim）提供的语篇。

The rules **shall not** contravene the terms of this constitution, the Education Reform Act, 1990, or the Parents and Citizens' Associations Incorporation Act, 1976. The rules **may** be adopted, altered or withdrawn according to a simple majority vote at any meeting of the Association for which a month's notice has been given. Such notice **shall** include details of the proposed changes. The rules **shall** provide for the procedure to be followed —

(a) at meetings of the Association

(b) to convene a substitute meeting when a quorum is not attained at a meeting

(c) in making an application for membership.

这些情态系统的本质是什么？由于情态是一种不确定性的表达，可以预期情态系统本身也有明显的不确定性；但总体来说，它并不比整个语法系统的不确定性更强。下面对概率系统做进一步探讨。如我们所见，概率可以通过定式操作语、情态附加语或两者结合在一起识解。因此，我们可以建立以下范式。

确定（certain）	that must be true	that's certainly true	that must certainly be true
很可能（probable）	that will be true	that's probably true	that will probably be true
可能（possible）	that may be true	that's possibly true	that may possibly be true

是什么使我们有理由把它们作为系统的范式？上述例子都是肯定形式；现在我们把这些命题变成否定形式。

180	确定（certain）	that must be not true	that's certainly not true
	很可能（probable）	that will be not true	that's probably not true
	可能（possible）	that may be not true	that's possibly not true

假定现在把否定特征从命题的否定变为情态的否定：

确定（certain）	that can't be true	that's not possibly true
很可能（probable）	that won't be true	that's not probably true
可能（possible）	that needn't be true	that's not certainly true

注意观察发生了何种变化。中间行的意义不受影响：不管我们说 *that's probably not true*，还是 *that's not probably true*（或者更普遍的说法 *that's not likely to be true*），都没有区别。但顶行和底行的情态意义发生了对调：'certain + not' = 'not + possible'；'possible + not' = 'not + certain'。如果否定域由命题转换为情态，那么顶行和底行的情态值也必须转换。最常见的情态词项也有一些变化：*can't*，而不是 *mayn't*；*needn't*，而不是 *mustn't*；*not necessarily*，而不是 *not certainly*；但这些并不影响发生作用的原则。

上述范例表明概率是由三个值组成的系统：中值"很可能"，无论是附加在情态还是命题上，其否定形式的意义相同，另外两个值，高"确定"和低"可能"，附加在情态或者命题上时，其否定形式的意义会发生从高到低或者从低到高的转变。我们可以用如图 4-22 所示的系统网络加以表示。

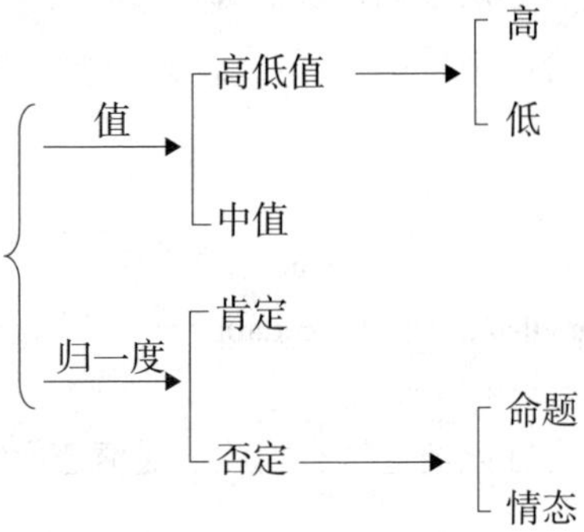

图 4-22　值和归一度系统

所有九个特征组合都可以由定式操作语、情态附加语或两者共同体现。

在情态的其他三个维度中，也有同样的可能性。例如，在频率中，*not usually* 和 *usually not* 意义相同，*sometimes not* 和 *not always* 意义相同，反之亦然。在义务中亦是如此，*not supposed to* 和 *supposed not to* 意义相同，而 *allowed not to* 和 *not required to* 意义相同，反之亦然。最后，在倾向中，*anxious not to* 和 *not anxious to* 意义相同，而 *not willing* 181 *to* 和 *determined not to* 意义相同，反之亦然。正是它们在肯定和否定两级之间建构的语义空间的这种平行关系，使这一特定的语法区域具有了基本的统一性。

至此，我们把表达情态的不同方式简单地看作它们好似自由变体（free variants）：似乎 *that must be true* 和 *that's certainly true* 是表达同一意义的不同方式。为了探究它们之间的差异，我们介绍涵盖相同意义范围的两种变体。在表达高概率的范畴内，还会发现 *it is certain (that) is true* 和 *I'm certain(that) is true* 的形式。注意这里的情况。最后两例中，说话者明确地陈述了确信的来源：或者表达为**客观**的，如 *it is certain*，或者表现为说话者的**主观**判断，*I'm certain...*。与此相反，之前的例子将确信的来源隐性化。但它们同样在主观 / 客观维度上存在差异：副词形式 *certainly* 是将说话者评价客观化的一种方式，而动词形式 *must* 则承载着主观判断的含义——评判命题有效性的依据是说话者自己的判断[23]。由此可以得到如下所示的四个特征组合的矩阵：

	主观	客观
隐性	must	certainly
显性	I'm certain that...	it is certain that...

整个情态系统都存在此类选择；因此，对情态网络系统，我们可以进

㉓　在句尾附加问句中，我们可以看到情态附加语（如 *certainly*）和情态定式成分（如 *must*）的差异。对于主观类型，说话者先给出自己的主观评价，然后再询问听者的主观评价：*they must've left, mustn't they?* 与之相反，对于客观类型，说话者不要求听者的主观评价；情态不是句尾附加问句的一部分：*they certainly left, didn't they?* 同样，*can they have left?* 意思是"在你看来，他们离开了吗？"但 *have they perhaps left?* 意思是"他们走了吗？——有可能"（对比：*haven't they left?: have they left? — I thought it was so*）。换言之，在主观类型中，询问的是情态，但并不带有客观取向。带有情态附加语的是 / 非疑问句，比带有情态定式成分的是 / 非疑问句的限制性更强。例如，*has he perhaps left?* 没有问题，但是 *has he probably left?* 和 *has he surely left?* 似乎不太可能出现；带有主位附加语的疑问句似乎也不太可能出现（例如，*perhaps has he left?*）。

一步描写，如图 4-23 所示。

182

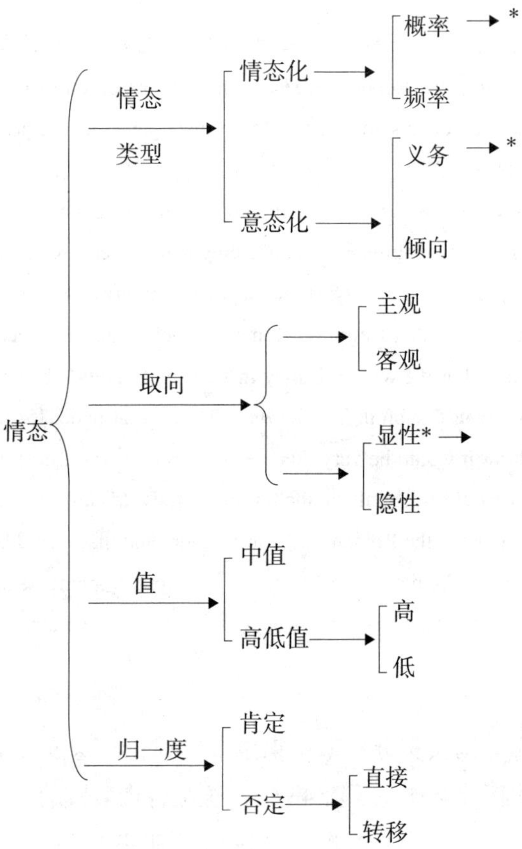

图 4-23　情态系统

将情态系统描述到这么细致的程度，是因为在话语分析中，特别是对话体的话语分析中，这些变体很可能会出现，且变体的意义差异可能会对话语的展开产生显著影响[24]。语篇 4-5 中的实例说明了罗伯特 · 莫利

㉔　在英语和其他语言中，有大量关于情态的研究文献；且目前许多研究都是基于语料库的，为扩展情态描述提供了经验证据。这些研究包括塔克（Tucker, 2001）对 *possibly* 作为情态副词的系统功能研究。

（Robert Morley）在脱口秀中如何运用情态资源回答问题。

语篇 4-5：报道——记载（口语、对话）：罗伯特·莫利媒体访谈摘录[25]

Simon Dee: Actually, Robert, we ***should*** have your son on here tonight because **I believe** Sheridan once said you **would**'ve made an excellent pope. What is your reply to that?

Robert Morley: I don't know why he said I **would** have made — I think if he had taken a more positive attitude and said I **may** make a very excellent pope. I'm very young to be pope still; I'm only 61 and popes are *usually* about 70 when they start — the slight trouble is that I'm not a Roman Catholic but — indeed I don't believe any religion — but if I was — if they insisted that I ***should*** become pope {Simon Dee: Yes.} I **would** submit. Yes, I ***would*** like a go at pope; I***'d*** like a go at most things. **I think** it would be very nice — very pretty town, Rome, and I ***could*** do a good deal. I **would probably** be the last pope. I ***would*** close the Café de Paris, and I ***might*** close down the Roman Catholic religion, and that **would** be a pity because **I think** I've met the next pope, actually — without dropping names — and then I have a grandson, you know, who is being brought up in the faith and we all say he is going to be pope one day.

下面再用一则实例分析来结束本节的讨论。这段文字摘自某医院
183 急诊科的一次医疗会诊（语篇 4-6）。这是咨询阶段的一部分。在医生的引导下，患者讲述了他是如何受伤的。由于患者不确定到底发生了什么，他的叙述中采用了很多情态语，涵盖了高中低三种情态值：低值情态（*may*；*maybe*），中值情态（*I think*）和高值情态，以及否定形式（*I don't really know*；*I'm not sure*）。除了一处（*maybe*）主观情态，一处隐性情态（*may*），其他所有情态都是显性的（*I think*；*I think*；*I don't really know*；*I'm not sure*）。此外，还有一种"主观"意态化——典型的医生和

[25] 1969 年 1 月，西蒙·迪（Simon Dee）采访罗伯特·莫利（Robert Morley）。可通过 YouTube（http://www.youtube.com/watch?v=nJzcLaVHJmc）下载。

护士询问、患者描述症状和体征的情形：*I couldn't put any pressure on it at all*。基于图 4-23 描述的情态系统网络图，可以很容易地描述出患者的情态选择，确定患者选用了哪些情态选项，没有选用哪些情态选项。

语篇 4-6：推荐——建议（口语、对话）：医疗会诊摘录

Doctor: So what's been happening? What happened two weeks ago?

Patient: Okay. It's a long story. I was out surf boat rowing. = = Surf board —

Doctor: = = Surfing.

Patient: You know, with the surf boats and we were in the waves {Doctor: Oh, right.}, okay, and waves hit me from behind. I can't really remember how it happened, but **I think** it **may** have foot straps{Doctor: Ah-hm.} so **I think** I've been pushed forward; **I don't really know**, like I thought '**maybe** something hit it', so **I'm not sure**. But being cold water, I didn't really — and then when I got out of the boat and go oh, that doesn't feel very good and I ***couldn't*** put any pressure on it and swell — like it swelled up and I thought, 'mm'. And I have a fairly high tolerance of pain and I kind of iced it and put it up and everyday I'd go to work and I'd ice it. Went to the physio ...

Doctor: But you've been walking like this?

Patient: Yeah, like, kind of like a = = [].

第十章，第 10.3 节会进一步讨论情态，更详细地解释情态系统的运作方式，并展示它如何借助隐喻这一人类语言基本属性来表达情态潜势。

4.5.3 情态评价

如上所述，有的情态评价类型延伸到"归一度"和"情态"这两个核心系统之外。根据第二章，第 2.2 节的讨论，归一度是一个高度语法化的系统，定义了情态系统运行的外部限制（如第十章，图 10-6 所示）。归一度系统很可能是所有语言中语法化程度最高的系统之一，尽管它们的体现形式在不同语言存在很大差异（见 Matthiessen, 2004b：第 10.4.2.7 节）。

英语中的情态系统是高度语法化的系统，但考察世界各地的多种语言时，会发现情态的语法化和其他类型的人际判断有很大差异（比较 Matthiessen 等，2008）。例如，有些语言突显**言据性**（evidentiality）而不是情态，有些语言不像英语那样把情态化和意态化结合在一起，形成统一
184 的系统。在日耳曼语言中，英语对“情态动词”的处理不同寻常：在其他日耳曼语言（以及邻近地区的其他印欧语言，如卡法雷尔（Caffarel）在 2006 年对法语情态动词的描述）中，这些情态动词保留了更完整的动词范式，英语已经发展出一套封闭的定式情态助动词（语法上在情态助动词和词汇动词之间创造出一定的距离），以及准情态动词，并辅以一些迂回形式（如 *can—to be able*）。

英语情态高度语法化的一个方面是，它扩展了情态意义的体现范围，这一点并不意外。在小句中，这一范围不仅包括定式动词操作语（如 *will*），还包括语气成分中的附加语（如 *probably*）；小句之外，它还包括“双小句”的体现形式，比如，*I think that*... 和 *it is probable that* 分别作为“主观”和“客观”的“显性”情态表征。上文语篇 4-5 和语篇 4-6 对显性主观取向的分析中，在 *I think I've met the next pope, actually* 中的 *I think* 这个显性“主观”情态与 *it's probably that I've met the next pope* 中的 *it's probable* 这个显性“客观”情态不同。这些表征事实上是情态系统的隐喻扩展，第十章会将其作为语法隐喻的一部分进一步探讨。因为是隐喻体现形式，分析时把它们视作语气附加语这种表达方式，如第十章，图 10-3。

正如图 4-23 所示，情态体现了多个同步系统。其他类型情态评价的特点是体现了更小范围内的同步系统。其中一个关键原因是，作为定式成分的情态操作语，在英语语法中发展为情态体现的一种形式（见表 4-

5），而其他类型的情态评价不能由定式操作语体现。这也表明它们的语法化程度不及情态。所有类型的情态评价共有的一种体现形式是情态附加语。

我们可以识别两种类型的情态附加语：（i）语气附加语；（ii）评论附加语。（i）语气附加语在语气成分中起作用，它与定式成分的意义密切相关——在极端情况下就是情态（如前所述），由充当定式成分的操作语体现。（ii）评论附加语在小句的语气 + 剩余部分之外。它们不是语气 + 剩余部分体现的命题的一部分，而是对它（命题）的评论，或者交换它（言语功能）的行为。这些不同类型的情态附加语具有不同的语法性质，包括在可能的体现形式上不同的同源模式：见表 4–10 和图 4–24。在表 4–10 还包括了非一致式体现形式，它们明确了评价取向；第十章会进一步讨论。我们也提到了谓语中动词词组复合体的体现形式（见第八章，第 8.7 节和第 8.8 节）。下面将首先讨论语气附加语，然后再讨论评价附加语。

185

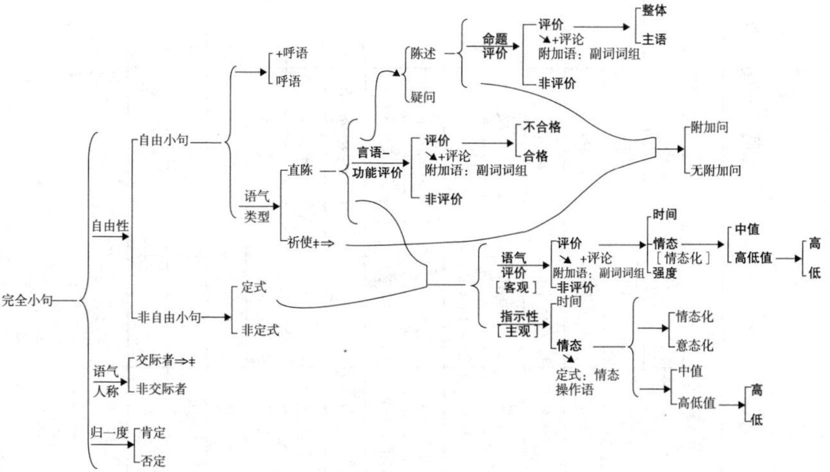

图 4–24　与小句的语气以及其他人际系统相关的情态评价系统

（命题评价、言语功能评价、情态评价、指示性：情态）

表 4-10　情态评价的类型和体现形式

类型			隐性［一致式］				显性［非一致式］	
			语气内		剩余部分内	语气外 + 剩余部分	主观	客观
			限定成分	附加语	谓语	附加语	［附加语］	［附加语］
语气	情态	概率	√（如 *will*）	√（如 *probably*）	-	-	√（如 *I think*）	√（如 *it's probable*）
		频率	√（如 *will*）	√（如 *usually*）	-	-	-	（√）
		义务	√（如 *will*）	-	√（如 *be expected to*）	-	√（如 I expect you to）	√（如 *it is expected*）
		倾向	√（如 *will*）	-	√（如 *be keen to*）	-	-	-
	时间	相对于现在	-	√（如 *soon, just*）	-			
		相对于预期	-	√（如 *still, already*）	-	-	-	-
	强度	度	-	√（如 *almost, hardly*）	-	-	-	-
		预期以外	-	√（如 *even, only*）	-	-	-	-
评论	命题	整体	-	-	-	√（如 *fortunately*）	√（如 *I'm happy*）	√（如 *it's fortunate*）
		主语	-	-	√（如 *be wise to*）	√（如 *wisely*）	-	-
	言语功能	不合格	-	-	-	√（如 *honestly*）	√（如 *I tell you honestly*）	-
		合格	-	-	-	√（如 *tentatively*）	√（如 *I tell you tentatively*）	-

4.5.3.1 语气附加语

之所以称为语气附加语，是因为它们与语气系统所达成的意义密切相关：情态、时间性和强度。这意味着它们在小句中的中立位置是紧挨着定式动词操作语的，在其之前或者在其之后。但也有可能在主语之前（即在主位上——时间性和情态有很强的充当主位的倾向；见第三章，第 3.4 节），或在句末作为事后想法，参见以下范式： 187

(a) but usually they don't open before ten　　（主位）
(b) but they usually don't open before ten　　（中立）
(c) but they don't usually open before ten　　（中立）
(d) but they don't open before ten usually　　（事后想法）

（b）和（c）之间的区别，实际上也是系统区别，这一点在归一度是否定的情况下，从附加语就可以清楚地看出：对比 *they always don't open*（它们总是不开门）和 *they don't always open*（它们并不总是开门）。在这种情况下，选项（a）和（d）的含义对应选项（b），而不是选项（c）：例如，*possibly he couldn't decide*（可能他无法决定）对应 *he possibly couldn't decide*（他可能无法决定），而不是 *he couldn't possibly decide*（他不可能决定）。确切地说，在（c）中，语气附加语实际上在剩余部分中起作用（否定附加语也会出现这种情况，例如下面例子 *One cannot not communicate: every behaviour is a kind of communication* 中的 *not*）。但当归一度为肯定时，甚至在某些是否定的范畴内，（b）与（c）之间的差别就有效地中和了。比较上面有关 *usually* 的例子（以及第 4.5 节中关于情态的例子）。

情态附加语已经讨论过了。前面第 4.2.2 节指出，时间附加语与人际（指示）时间有关。它们或者（i）与时间本身有关，相对于说话者的现在，时间可近可远，可以是过去也可以是未来；或者（ii）针对所讨论的时间，与积极的或消极的预期相关（比预期早或比预期晚），如 *Many have already achieved a degree of financial security.* [ACE_A]：他们比预期更快地实现了这一目标。（后者也可能与次要时态的选择有关；见第六章第 6.3 节。）例如：

I suspect that they **still** think that this is a very different way of learning, and not the way that they would prefer to do things. [UTS/Macquarie Corpus]

They've been typed up and they were the responses to the various things which you had **already** raised in relation to the questions that we were asking in that short survey, so I thought you'd **probably** want to keep a record of that; and **already** when I look back over this, I was absolutely astounded. [UTS/Macquarie Corpus]

Oh, I can't do it **yet**. [UTS/Macquarie Corpus]

And we **still** don't know. [UTS/Macquarie Corpus]

含有否定含义的情态和时间附加语具有特殊性质，即它们出现在主位上时，主语和定式成分的次序通常是颠倒的，如：

188 **Never before have** fans been promised such a feast of speed with reigning World Champion Ove Fundin sparking the flame that could set the meeting alight. [LOB_A]

这是遗留下来的一种更古老的模式，即定式成分操作语总是紧跟在语气结构的第一个成分之后（这种模式在其他日耳曼语言中仍然存在）。现代语言中这种模式不是很普遍，在某些特定风格的叙事和公共演讲中才使用。

强度附加语（Adjuncts of intensity）分为两类，其中一类仍与期望有关。（i）程度可以是全部的、高强度或低强度的；如果是全部的，在小句含有否定意义时，值转换是相同的（比较，*I entirely disagree*，*I don't entirely agree*）。这些附加语（尤其是“全部的”附加语），通常与含有人际意义的过程或属性相关；相同的副词也有规律地作为名词性词组中的次修饰语（见第六章，第 6.2.5 节）。（ii）那些反预期的不是“限定”预期就是“超过”预期；其意义是“仅仅、不超过”或者“也包括、甚至可以包括”。强度附加语出现在小句的中间或最后，但很少出现在小句开端——它们不能充当主位（因此，那些包含“否定”特征的附加语不会引起主语和限定成分的倒置）。例如：

This time, however, it **almost** came unstuck, or rather stuck in the mud. [LOB_A]
'These two men **almost** ended up in the West Auckland Cemetery — in more senses than one,' said Mr. H. Hewitt, prosecuting. [LOB_A]
Have they **actually** calculated all the consequences of what they are doing with their tanks and planes in Berlin? [LOB_B]
It suggested, **in fact**, that Miss Kind is a very much better harpsichordist than this recital as a whole revealed. [LOB_C]

图 4–25 是语气附加语的更为详细的系统网络。表 4–11、表 4–12 和表 4–13 是副词作为语气附加语的例子。

表 4–11　作时间语气附加语的副词

	远期	近期
将来	eventually	soon
非将来（过去 / 现在）	once	just

	since	by
肯定	still	already
否定	no longer	not yet

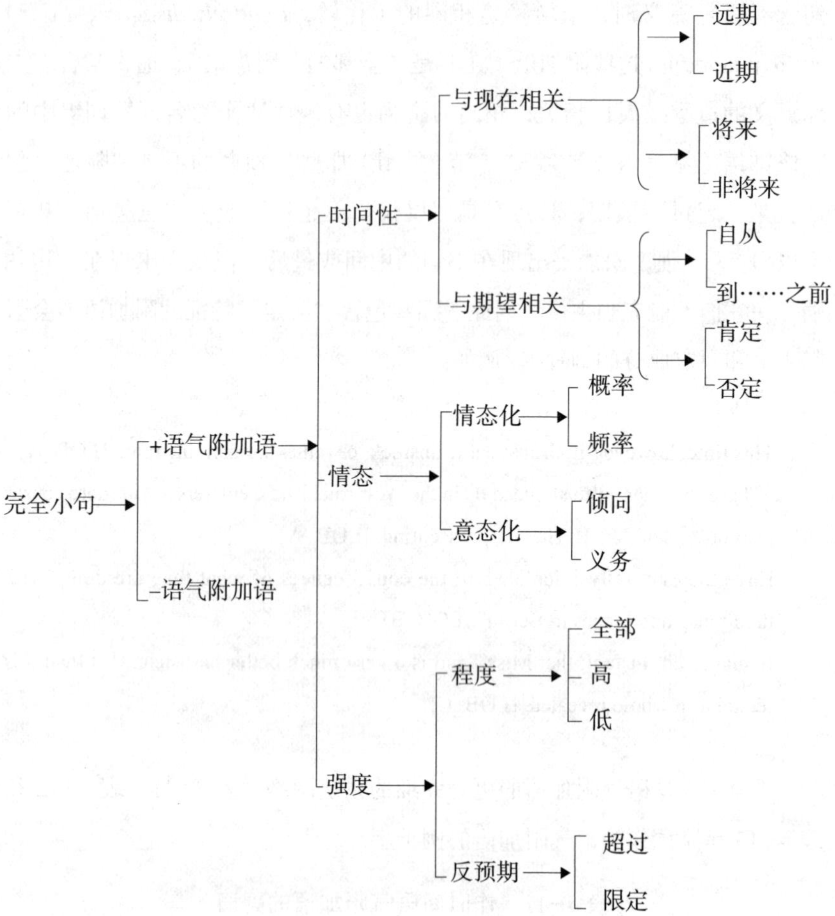

图 4–25 语气附加语系统

表 4–12 作情态语气附加语的副词

	中值	高值	低值
概率	probably	certainly, definitely; no way (no how)	possibly, perhaps, maybe; hardly
频率	usually	always; never	sometimes, occasionally; seldom, rarely

表 4-13　作强度语气附加语的副词

程度	全部	totally, utterly, entirely, completely
	高	quite, almost, nearly
	低	scarcely, hardly
反预期	超过	even, actually, really, in fact, indeed
	限定	just, simply, merely, only

4.5.3.2 评论附加语

评论附加语和语气附加语之间并没有很明显的界限；例如，“评论”类 190
别的预测、假定和合意性在语义上与情态之下的语气类别重叠。不同之处在于评论附加语与语气语法的联系不那么紧密；它们仅限于直陈小句（充当命题的小句），表达说话者对命题整体或特定言语功能的态度。换言之，评论可以针对概念意义（命题内容），也可以针对人际意义（言语功能）。图 4-26 是评论语的系统网络图；表 4-14 列举了评论附加语的实例。

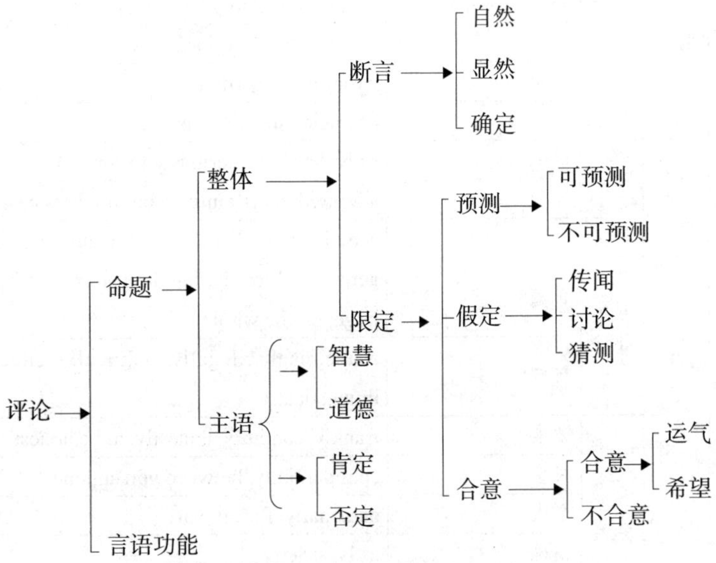

图 4-26　评论附加语系统

191 **表 4-14 评论附加语体现实例**

类型					体现实例
命题	整体	断言	自然		naturally, inevitably, of course
			显然		obviously, clearly, plainly, of course
			确定		dubtless, indubitably, no doubt
		限定	预测	可预测	unsurprisingly, predictably, to no one's surprise
				不可预测	surprisingly, unexpectedly
			假定	传闻	evidently, allegedly, supposedly
				讨论	arguably
				猜测	presumably
			合意	运气	luckily, fortunately
				希望	hopefully
				不合意	sadly, unfortunately
			娱乐		amusingly, funnily
			重要性		importantly, significantly
	主语	智慧	肯定		wisely, cleverly
			否定		foolishly, stupidly
		道德	肯定		rightly, correctly, justifiably
			否定		wrongly, unjustifiably
		典型			characteristically, typically
言语功能	修饰型	劝诱	确保		truly, honestly, seriously (+ tone 1)
			让步		admittedly, certainly, to be sure (+ tone 4)
		事实			actually, really, in fact, as a matter of fact
	非修饰型	有效性	普遍		generally, broadly, roughly, ordinarily, by and large, on the whole
			特定		academically, legally, politically, ethically, linguistically
		个人投入	诚实		frankly, candidly, honestly, to be houest
			秘密		confidentially, between you and me
			个人		personally, for my part
			精确		truly, strictly
			犹豫		tentatively

（1）**命题（概念意义）**类只出现在陈述句中。尽管基于不同的原因，它们和语气附加语在小句中出现的位置相同：命题类评论附加语较少融入语气结构中，而是基于它们对小句语篇组织的意义来确定位置。特别是，它们与信息单位之间的边界密切相关——由声调群之间的边界体现：因而写作中通常伴随逗号。所以，命题类评论附加语经常出现在小句中间，在突显内容的后面；否则，则可能以主位形式出现，经常作为独立的信息单位，或者以事后想法的形式在句尾出现。例如：

(a) // **Unfortunately**, // the doctor hasn't left an **address**. //
(b) // The **doctor**, unfortunately, // hasn't left an **address**. //
(c) // The doctor **hasn't**, unfortunately, // left an **address**. //
(d) // The doctor hasn't left an **address**, unfortunately. //

命题类评论附加语中，说话者是对整个命题或主语所扮演的角色评论。在第一种情况下，评论可能是断言（'*it is so*'，通常是调 1）或限定性的（'*this is what I think about it*'，调 4）。它们不能作环境附加语：如 192
it happened evidently 这种表达是没有意义的。例如：

Jazz Legend: Billy Higgins was **reportedly** the most recorded jazz drummer in history. He played with such greats as Dexter Gordon, Thelonious Monk, John Coltrane and Herbie Hancock. Higgins died Thursday at the age of 64. Check out the NPR Jazz tribute to Higgins. [www.npr.org, 5v01]
Unfortunately he did not know that his wife had been polishing the furniture that day and she had made too much furniture polish. [ACE_G]
Referring to spending cuts, Brown said "**unfortunately** our work is not finished." [Reuters]

在第二种情况下，对主语角色的智慧、道德或典型性加以评价；这样的表达可以出现在环境成分中（比较 ***wisely**, he didn't **act*** 和 *he didn't act* ***wisely*** 中的 *wisely*，前者作评论附加语，后者作方式环境成分）；例如：

I think Dr Chatterji is **wisely** implying that reverence is open, faith is blind; reverence permits freedom, faith demands obedience. [KOHL_G]
They **rightly** thought that juries could not be relied on to convict in certain sorts of cases. [ACE_G]

针对主语的评论也可以通过动词词组复合体充当谓语的方式，表达为预测，例如：

Jim was **too wise** to push me. [ACE_K] 'Jim wisely didn't push me.'
Harold Clurman is **right** to say that 'Waiting for Godot' is a reflection (he calls it a distorted reflection) 'of the impasse and disarray of Europe's present politics, ethic, and common way of life'. [BROWN1_G] 'Harold Clurman rightly says ... '
He is **wrong** to inject Eisenhower into this campaign. [BROWN1_A] 'he wrongly injects ...'
During the whole Napoleonic era, the major dramatic critics were **wont** to look upon opera as their exclusive prerogative. [LOB_G]

（2）**言语功能（人际意义）**类的评论附加语可以出现在陈述句或疑问句中，但两者取向不同：在陈述句中，他们表达说话者的角度（如语篇 4-7），而在疑问句中，他们寻求倾听者的角度。它们在小句中的位置更受限制；倾向于出现在句首或句尾。例如：

(a) Frankly, were you surprised at the outcome?
(b) Were you surprised at the outcome, frankly?

言语功能类评论附加语又分为修饰型和非修饰型两种类型。修饰型的类型与投射密切相关（见下文第七章，第 7.5 节）：一般情况下，它们可以通过～ *speaking* 如 *generally speaking* 来扩展，如果作为一个单独的语调单位，它们通常会采用调 4。

语篇 4-7：报道——媒体采访（口语、对话）[语篇 184] 193

REPORTER: Can I ask you first, as a very prominent Liberal MP how you think the row over Shane Stone's memo has affected the party?

ANDREW: Oh Laurie, I'm on your show as the Speaker and **frankly** as the Speaker, as long as I've had this office, I've not made a political comment other than the comments I make to constituents in my electorate. I'm not about to make one this morning.

非修饰型的后面不能跟 ~ *speaking*，它们或者是对真实性的宣称（"事实的"；如果分开，则调 4），或者是保证或承认的信号（如果分开，则调 1；如果是保证，小句通常是调 1，如果是承认，小句通常是调 4）；例如：

Admittedly, merely denying the right to strike or imposing heavy penalties for such strikes without providing for acceptable procedures to resolve them was too one-sided an approach. Let us, therefore, look for a clue in the Conventions of the ILO that deal with the Freedom of Association. [KOHL_H]

语气附加语和评论附加语的系统网络是在"同一层次"的视角下构建的：它们只包含作为人际附加语的表达。因此，它们不包括来自同一语义域、但不作附加语的表达方式：典型的"心理小句"或"言语小句"（例如，*I regret*，*I admit*）或"关系小句"（例如，*it is regretful*），非定式小句（例如，*to be honest*，*to tell you the truth*，*come to think of it*）。如果是"从上面"的视角，这类表达也会被纳入系统网络中（参看上表 4-10）。这类系统网络不在目前讨论范围之内；但这一原则在上文讨论情态时做了说明（第十章会进一步论述）。

4.6 情态结构成分的缺失

4.6.1 省略

我们在第 4.2 节提到，通常情况下，英语对话是由小句的语气成分向前推进的。围绕断言的有效性展开的话语交换——即主语的识别、归一度及其程度的选择——都可以由只包含语气的小句来体现，剩余部分在句首出现，随后通过省略来做预设，或用 *do* 来替代。

交换涉及的不是是 / 非疑问，而是 WH- 疑问，只对一个成分进行讨论，产生了一种不同的省略形式，其中所有成分都被省略，但 WH- 成分除外。省略成分在小句中的功能是前面话语所预设的。

上述两类省略的实例见图 4–27。省略问题将在第九章进一步讨论。

194

I	might	do
主语	定式成分	谓语
语气		剩余部分

I	won't
主语	定式成分
语气	

(a) (Will you join the dance?)

I	(said the sparrow)	with my bow and arrow
主语		附加语
语气		剩余部分

(b) (Who killed Cock Robin?)

图 4–27　（a）剩余部分的代替和省略（以 *yes/no* 回复）；（b）其他前置成分的省略（以 WH- 回复）

还有一种主语的省略形式。一般而言，英语中每个自由小句都有主语，因为如果缺失主语，小句的语气就无从表达，至少无法按常规方式表达。如前所述，陈述句和是 / 非疑问句的区别是通过主语和定式成分的顺序体现的；如果一个成分缺失，另一个成分便无法定序。因此，虽然 *it's raining* 中的 *it* 和 *there was a crash* 中的 *there* 并不代表“下雨”（*raining*）或“爆炸”（*crash*）过程的参与者，但它们必不可少，以此才能区别上述陈述句及其相应的是 / 非疑问句：*is it raining? was there a crash?*

然而，与这两种结构的体现形式相关的还有一个特征，这便是语调。陈述句通常在句末用降调，是 / 非疑问句通常是升调（见第 4.3 节）。因此，我们可以不依赖主语，而通过语调来表达语气；小句在没有主语的情况下也可能成立。事实上，英语中有这样一种情况，小句系统性地以主语缺失的形式出现，这取决于本章开头讨论过的“给予”和“索取”概念。

任何小句都可以选择一个“无标记”主语——即在没有其他证据的情况下，被假定的主语。在给予小句中（提供或陈述），无标记主语是 *I*；而在索取小句中（提问或命令），无标记主语是 *you*。这意味着，如果给予或陈述句中的主语缺失，听者会认为主语是 *I*，即主语和说话者相同，例如：

(a) Carry your bag? (‘Shall I...?’)
— Would you? Thanks.
(b) Met Fred on the way here. (‘I...’)
— Did you? Where?

如果是提问或命令小句中的主语缺失，听者就认为主语是 *you*，即主语等同于听者，例如：

(c) Seen Fred? (‘Have you...?’)
— No, I haven’t.
(d) Play us a tune. (‘Will you...?’)
— Shall I? All right.

注意，这里（d）是一般祈使小句。大多数英语语法都把祈使句看作 195
特殊的小句形式，不提供相应解释。事实并非如此；它只是这个一般原则的一个实例而已，主语是被“心领神会”的。作为一个命令句，它的无标记主语是 *you*。

上述例子表明，通常是小句的整体语气成分被省略：*(shall I) carry your bag?*，*(will you) play us a tune!* 然而，在信息小句中，需要保留定式成分，或者表达时态或情态，如 *might see you this evening*（省略主语 *I...*），或者定式成分和谓语合并，如上面的实例（b）。在此类例子中，只有主语被“省略”。

被省略的主语通常是情态上无标记的那个成分，即语气中的 *I* 或 *you*，但这里补足主语的原则也可能在某些语境中被推翻，例如：

(e) Seen Fred? (‘Have you ...?’)
—No; must be away. (‘He ...’)

根据前面提出的问题可以推知，答语中的主语应该是 ‘*he (Fred)*’（见后面第九章，第 9.5 节关于“后指省略”的讨论）。

前文第 4.2 节讨论了陈述、提问、提供、命令四种语义范畴，以及它们与语气系统中各语法范畴之间的关系。这是相当复杂的关系。就陈述和提问而言，两者有明确的一致性模式：通常情况下，陈述由陈述句来体现，提问由疑问句来体现——但与此同时，两者也都有其他体现方式。提供和命令的情况就更不确定了。命令在语法实例中通常由祈使句体现，但也可能是意态化的疑问句或陈述句，如 *Will you be quiet?*，*You must keep quiet!*；而对于提供，则完全没有明确的语气范畴，就像特殊疑问形式 *Shall I...?*，*Shall we...?*，也只是众多体现方式中的一种。这似乎使前面提出的“若主语缺失，如何识别主语”的问题更加复杂了。但总体来说，这还是遵循语法规则的，例如，在 *Have an orange!*（祈使语气 *will you*）和 *Like an orange?*（疑问语气 *would you*）中，听者会假定 *you* 为主语，同时把小句理解为提供句。省略很少会引起歧义，因为说话者总是在各种语言互动的基本原则下加工理解的——即说话者的言语在相关语境中是说得通的。

4.6.2 非完全小句

还有一种情况下小句也不包含“语气 + 剩余部分”结构，此时小句体现的是次要言语功能。这些次要言语功能包括感叹、称呼、问候和警示。

这些言语功能可以由完全小句来体现，例如用一种特定的陈述句来表达感叹（见第 4.4.2 节对感叹句的阐述），或通过疑问句或祈使句表达问候。但是，还有其他一些形式也表达上述言语功能，它们并非命题或提议，且不需要给它们指派内部结构。

感叹句是交换的极端情况，是说话者发出的一种言语姿态，不针对 196
特定的听者，尽管它们会希望引起听者的共情。事实上，有些感叹句并不是语言，而是原始母语，如 *Wow!*，*Yuck!*，*Aha!* 和 *Ouch!* 等。还有一些感叹句是由包含可识别的词构成，有时甚至带一些结构痕迹，例如 *Terrific!*，*You sod!*，*God's boots!*，*Bugger you!*，*Bullshit!*。它们可以分析成名词词组（见第六章，第 6.2 节）；如果需要，也可以通过及物性（第五章）分析成为小句。

称呼是说话者要引起另一个人或其他被视为有能力听到实体的注意：神灵、精灵、动物或非生命物体。它们确实和作为交换的小句相关，其结构功能和呼语相同，如 *Charlie!*，*You there!*，*Madam President*，*Oh Lord our Heavenly Father*。称呼还可以包括相应的答语，一般情况下是用升调的 *yes* 这个词（见前文 4.5 节）。

问候包括打招呼，如 *Hello!*，*Good morning!*，*Welcome!*，*Hi!*，告辞语，诸如 Goodbye!，*See you!*，以及相应的答语，形式大致相当。这一类还可以包括祝愿，如 *Your very good health!*，*Cheers!*，*Good shot!*，*Congratulations!*。称呼和问候都可以是小句或名词词组。

仅从声调来看，**警示**与感叹有相似的地方；但警示有明确的第三方，一般都是从小句语法派生而来——它们介于完全小句和非完全小句之间。警示包括（a）警告，如 *Look out!*，*Quick!*，*Careful!*，*Keep off!*；（b）求助，如 *Help!*，*Fire!*，*Mercy!*，*A drink!*。显然，警示大都是祈使句，可以分析为：只含有剩余部分——包括谓语（*help*），或者谓语加附加语（*keep off*），或者（选择性）谓语加补语（如 *[be]careful*），等等。还有一些是名词性词组，原则上作主语或补语，但往往很难明确区分，例如，'*Fire!*' 是表示 *there's a fire*（有火），还是 *fire's broken out*（火燃起来了），甚至是 *the* *house is on fire*（房子着火了）？这里有必要识别一个特殊的结构功能：在同源完全小句中，一个既可能是主语也可能是补语的名词词组，具有**独立成分**（Absolute）的功能。它既不划分为语气，也不属于剩余部分。这个“独立成分”功能的概念也与标题、标签、列表等相关。

如前所述，呼语本身也可以作为非完全小句。同时，它们也可以作为完全小句的成分。呼语在完全小句中发挥作用时，它与完全小句的结合很松散：呼语不属于语气 + 剩余部分。还有一种也出现在完全小句的成分中，但在对话中具有独立功能。这便是语篇成分——连续语（见第三章，第 3.4 节），用于表示小句与前文对话中语步之间的关系：*well*，*oh*，*yes*，*no*，等等。它们也可以在对话中发挥自己的作用，表明听者正在关注当前说话者的言语进展，这种跟踪被称为“反向通道”（backchannelling），起到该功能作用的成分被称为“反向通道-连续语”（backchannel-continuers）或“反向通道语”（backchannels）；我们可以对非完全小句的类别进行扩充，将此类实例纳入其中。例如，下面的语篇 4-8：

语篇 4-8：报道——录用面试［语篇 135］

Professor Hart: ||| Yes, || it's not as though you have already tried for two or three months to see how this works out. |||

197 Mrs Finney: ||| Working. ||| No, no; || what I did do a certain amount — || I've done — || I did a certain amount of reading during the last few months || and I have been and I went away || to did it || to do it. ||| I went away from home {{Professor Hart: **Yes.**}} || so that I wouldn't be there {{Professor Hart: **Yes.**}} || and it worked very well. |||

此类非完全小句包括 *yes*，*mmh*，*aha*，*sure*。它们本身并不构成话语的转换；而是通过配合当前说话者，来确保互动的连续性（见 Stenström, 1994），当哈特（Hart）教授说 *yes* 时，表示他在听芬妮（Finney）女士说话。在面对面交谈中，它们也会伴随着其他“副语言”，比如点头，甚至会被副语言所取代。

4.7 小句作主语

至此，我们在讨论作为交换的小句时，阐述主语所使用的例子都是相对简单、直接明了的名词词组，如 *I*，*Mary*，*this teapot*，*the man in the moon* 等。这样做是为了避免使用冗长复杂的例子使讨论的问题复杂化。

显然，在实际话语中，小句主语的选择范围要大得多。基于语域的不同，常常可以看到下面的实例（主语用下画线标示）：

(a) The scientific treatment of music had been popular ever since the days of Pythagoras, but most theorists, like the famous Greek, let their passion for numerical order override practical considerations. Thus even so outstanding a scientist as Kepler held fast, in his De harmonice mundi (1619), to the old astrological belief in the association between interval ratios and the structure of the universe, even of human society. The same delight in a neatly arranged system can be seen in the Gradus ad Parnassum (1725) of the Austrian composer Fux, ...

(*Pelican History of Music*, Vol. II p. 246)

(b) Only about four out of every 10 residents 'affected' even know their new number, || said Kevin Read, spokesman for The Big Number, the phone industry umbrella organization.［语篇 15］

(c) A system that just keeps you warm in winter isn't a very good idea.

(d) Somehow this sort of traditional Hamlet aspect in the untraditional character he was playing didn't seem to fit together.

(e) The people who want to play with the cards that have goods trains on have to sit here.

以上例子中，只有（b）的主语是**名词词组复合体**（由两个并列的名词词组构成，见第八章，第 8.1 节），其他的主语都是单一的名词词组。然而，除了（a）中的 *most theorists* 外，其他主语都包含嵌入成分：或是介词短语，或是小句，或两者兼有。因此，（a）中的 *of music*，*as Kepler*，*in a neatly arranged system* 都是介词短语，在名词词组中起定性语 / 后置修饰语的作用，构成小句主语的一部分；同样，（b）中的第一个名词词组中 *for business or personal use* 也是介词短语。

在（c）中，名词词组充当主语，名词词组的后置修饰为嵌入小句 *that just keeps you warm in winter*。这是一个**限定关系小句**，将在后文第六章第 6.2.2 节讨论。它也是主语的一部分。

（d）和（e）采自自然口语，作主语的名词词组更为复杂，因为它们的后置修饰语同时包括短语和小句。（d）中，小句 *he was playing* 嵌入
198 到介词短语 *in the untraditional character he was playing* 中，共同修饰以 *aspect* 为中心语的名词词组。（e）是一个四岁小孩说的话，其中的小句 *that have goods trains on* 嵌入在 *with the cards that have goods trains on* 这个短语中，后者又被嵌入在 *who want to play with the cards that have goods trains on* 这个小句中；整个是一个单一主语，名词 *people* 作中心语。

这样的成分作主语不难识别。还有一类嵌入小句和上面引用的例子不同，它们不作名词词组的后置修饰语，而是中心语，换言之，它们的作用似乎就是自身构成了一个名词词组。例如：

(f) To argue with the captain was asking for trouble.
(g) Ignoring the problem won't make it go away.
(h) That all this wealth might some day be hers had simply never occurred to her.

见图 4–28 的具体分析：

to argue with the captain	was	asking for trouble
主语	定式成分	补语
语气		剩余部分
名词词组：小句为中心语	动词词组	名词词组：小句为中心语

图 4–28 嵌入小句作主语

注意此例中的补语也是嵌入小句（这是一种识别关系小句的典型模

式，见第五章，第 5.4.4 节）。

通常情况下，嵌入小句以主语的形式出现在小句末尾，而先行词 *it* 出现在通常主语的位置，如 *it's no use crying over spilt milk*。这种情形下，会有主语在句首的标记性变体：*crying over spilt milk is no use*。下面是更多的例子（例 1 的分析，见图 4–29）：

(i) It was fortunate for me that the captain was no naturalist.

(j) It is impossible to protect individuals against the ills of poverty, sickness and decrepitude without some recourse to the machinery of the state.

(k) Doesn't it worry you that you might get stung?

doesn't	it	worry	you	that you might get stung
定式成分	主语–	谓语	补语	–主语
		剩余部分		
语气				
	1［名词词组］			=2［名词词组］

图 4–29　带先行词 *it* 的嵌入小句作主语

（第五章我们会看到，类似（i）和（j）的小句是归属式关系小句，199
而类似（k）的小句是 *please* 类型的情感心理小句。）在类似（k）的例子中，小句更有可能是充当中心语的事实名词的后置修饰语：

Doesn't the fact that you might get stung worry you?

区分这类小句主语和出现在谓项主位关系中的主语是很重要的（见第三章，第 3.7 节）。再举三个谓项主位的例子：

(l) It was not until fairly recently that this problem was solved.

(m) Pensioner Cecil Burns thought he had broken the slot machine; but it was not the machine he had broken — it was the bank.

(n)It was last year that he fell ill.

在这些例子以及上面的（i）到（k）类的小句中，主语都是不连续的，由 *it* 加上在最后位置的小句组成；但在这两种情况中，主语的两个部分之间的关系是不同的。在谓项主位关系中，最后一个小句是关系小句，充当 *it* 的后置修饰语（意思是“那个东西”“那个时间”等等）。另一方面，作为后置主语的小句是事实小句（见第五章，第 5.3 节和第七章，第 7.5.7 节）；并通过同位关系与 *it* 关联（并列式详述：见第七章，第 7.4.1 节）。

如第 3.7 节所述，带谓项主位的小句总是有动词 *be*，还有一个不带 be 的同源形式：

it was last year that he fell ill: he fell ill last year

it was the bank he had broken: he had broken the bank

主语后置的小句没有这种同源形式；此外，这样的小句并不局限于动词 *be*（见上面的例（1））。作为事实，它们通常出现在命题带有人际意义的小句中；例如，补语表达情态或评论（*it is unfortunate that...*），或谓语表达情感或认知（*it worries/puzzles me that...*）。它们在及物性系统中的地位，见第五章，第 5.3 节和第 5.4 节。图 4–30 展现了主位分析和情态分析实例。

200

it	was not	the machine	(that)	he had broken
主位	述位		（主位）	述位
主位			述位	
主语	定式成分	补语		
语气		剩余部分		
名词性			词组	
中心语			后置修饰语	

it	was	the bank
主位	述位	
主语	定式成分	补语
语气		剩余部分

图 4–30　谓项主位中的主语

4.8　语篇

语篇 1：奈吉尔（**Nigel**，年龄 **4** 岁 **2** 个月）和父亲之间的对话（**N**：奈吉尔；**F**：父亲）

			语气	归一度	指称	主语 人称	
1	N	Drown a mermaid!	感叹句	肯定	—	—	
1	F	What?	WH-疑问问	肯定		—	
2	N	(laughing) You can't drown a mermaid,	陈述句	否定	情态	非交际者	
		the mermaid goes under the water, very deep.	陈述句	肯定	时间	非交际者	
2	F	No, you can't drown a mermaid.	陈述句	否定	情态	非交际者	
		a mermaid lives in the water.	陈述句	肯定	时间	非交际者	
		You can't drown a fish, either, can you?	陈述：附加问	否定	情态	非交际者	
3	N	But you can drown a deadly stonefish.	陈述句	肯定	情态	非交际者	
3	F	You can't —	陈述句	否定	情态	非交际者	
		that's a fish too.	陈述句	肯定	时间	非交际者	
4	N	But it only goes in very shallow water,	陈述句	肯定	时间	非交际者	201
		so it will drown	陈述句	肯定	情态	非交际者	
		if you make it go deep.	*非自由小句*	肯定	时间	非交际者	
4	F	I don't think it will!	陈述句	否定	情态	非交际者	
		It might get rather uncomfortable,	陈述句	肯定	情态	非交际者	
		that's all.	陈述句	肯定	时间	非交际者	
		We must go to the Shedd Aquarium	陈述句	肯定	情态	说话者 +	
		and [we must] have a look at one.	陈述句	肯定	情态	说话者 +	
5	N	No, it wasn't in the Shedd Aquarium;	陈述句	否定	时间	非交际者	
		it was in the Steinhart Aquarium,	陈述句	肯定	时间	非交际者	
		They haven't got one at the Shedd.	陈述句	否定	时间	非交际者	
5	F	They may have.	陈述句	肯定	情态	非交际者	
6	N	No they haven't.	陈述句	否定	时间	非交际者	

续表

			语气	归一度	指称	主语 人称
6	F	Well you don't know.	陈述句	否定	时间	听者
		We only saw a little bit of it.	陈述句	肯定	时间	说话者 +
		There's lots more [[that we didn't see]].	陈述句	肯定	时间	非交际者
		[[	*非自由小句*	否定	时间	说话者
7	N	I liked that fish [[that we saw at the Steinhart]], the one [[that its tail wasn't like a fish]].	陈述句	肯定	时间	发话人
		[[	*非自由小句*	肯定	时间	说话者 +
		[[	*非自由小句*	否定	时间	非交际者
		It was eating lettuce.	陈述句	肯定	时间	非交际者
7	F	Oh yes I remember.	陈述句	肯定	时间	说话者
		What was it called?	WH- 疑问问	肯定	时间	非交际者
		I can't remember its name.	陈述句	否定	情态	听者
		Wasn't it funny,	是非疑问句	否定	时间	非交际者
		eating lettuce?	*非自由小句*	肯定	—	非交际者
		Actually I think it was a cabbage, wasn't it?	陈述句	肯定	时间	非交际者
8	N	No-yes I think it was a cabbage.	陈述句	肯定	时间	非交际者
		And it ate it (laughing).	陈述句	肯定	时间	非交际者
8	F	It's funny [[that it liked cabbage]]	陈述句	肯定	时间	非交际者
		[[	*非自由小句*	肯定	时间	非交际者
		There isn't any cabbage in the sea.	陈述句	否定	时间	非交际者
9	N	I expect the people at the museum ... the zoo ... I mean the Aquarium (laughing) gave it the cabbage.	陈述句	肯定	时间	非交际者
9	F	Yes, but, I mean, why did it like cabbage?	WH- 疑问问	肯定	时间	非交际者
		There aren't any cabbages	陈述句	否定	时间	非交际者
		where it actually lives, in the sea.	*非自由小句*	肯定	时间	非交际者

202

续表

			语气	归一度	指称	主语 人称
10	N	Yes there are cabbages—	陈述句	肯定	时间	非交际者
		no not in the sea,	陈述句	否定	时间	非交际者
		but in its water.	陈述句	肯定	时间	非交际者
10	F	But that is sea water, in its tank.	陈述句	肯定	时间	非交际者
		The cabbage doesn't grow there;	陈述句	否定	时间	非交际者
		the Aquarium people put it in.	陈述句	肯定	时间	非交际者
11	N	No that's not sea ...	陈述句	否定	时间	非交际者
		I mean it isn't the sea [[that's deep]], the sea [[that ...	陈述句	否定	时间	非交际者
		[[	*非自由小句*	肯定	时间	非交际者
		(hesitating) that's [[where the ships can go, far far away]].	陈述句	肯定	时间	非交际者
		[[	*非自由小句*	肯定	时态	非交际者
11	F	No but it's water from the sea —	陈述句	肯定	时间	非交际者
		it's the same kind of water.	陈述句	肯定	时间	非交际者

语篇中部分小句的语气分析

drown	a mermaid
谓语	补语
剩余部分	

What
独立成分 / WH-

you	can't	drown	a mermaid
主语	定式部分	谓语	补语
语气		剩余部分	

203

a mermaid	lives		in the water
主语	"现在时"定式成分	live 谓语	附加语
语气		剩余部分	

because	the mermaid	goes		under the water, very deeply
	主语	“现在时” 定式成分	go 谓语	附加语
	语气		剩余部分	

you	can’t	drown	a fish	either	can	you
主语	定式成分	谓语	补语		定式成分	主语
语气		剩余部分			语气附加语	

you	can’t
主语	定式成分
语气	

that	’s	a fish	too
主语	定式成分	补语	
语气		剩余部分	

but	it	only	goes		in very shallow water	
	主语	情态附加语	“现在时” 定式成分	go 谓语	附加语	
	语气			剩余部分		

so	it	will	drown
	主语	定式部分	谓语
	语气		剩余部分

if	you	make		it	go	deep
	主语	“现在时” 定式成分	make 谓语–	补语	–谓语	附加语
	语气		剩余部分			

204

oh yes	I	remember	
		“现在时”	remember
	主语	定式部分	谓语
	语气		剩余部分

what	was	it	called
补语 / WH-	定式部分	主语	谓语
	语气		
剩余部分–			–剩余部分

wasn't	it	funny
定式成分	主语	补语
语气		剩余部分

eating	a lettuce
谓语	补语
剩余部分	

（1）

actually	I	think	
附加语	主语	“现在时”	think
		定式成分	谓语
语气			剩余部分

it	was	a cabbage	wasn't	it
主语	定式成分	补语	定式成分	主语
语气		剩余部分	语气附加问	

（2）

actually	I think	it	was	a cabbage	wasn't	it
	附加语	主语	定式成分	补语	定式成分	主语
	语气			剩余部分	语气附加问	

（3）

no- yes-	I think	it	was	a cabbage
	附加语	主语	定式成分	补语
	语气			剩余部分

It	's	funny	that	it	liked	cabbage
主语–	定式成分	补语	定式成分	–主语		
		剩余部分		主语	定式成分 谓语	补语
语气				语气	剩余部分	

there	isn't	any cabbage	in the sea
主语	定式成分	补语	附加语
语气		剩余部分	

205

表 4-15 语篇中主语和定式成分总结

出现频数		主语	定式成分	话轮序号：小句序号
	(5)	you (= ‘one’)	can / can’t	2N: 1; 2F: 1, 3; 3N:1, 3F: 1
	(2)	mermaid	Does	2N: 2; 2F: 2
(5)	(1)	that (‘stonefish’)	Is	3F: 2
	(1)	it (‘)	Does	4N: 1
	(3)	it (‘)	will / might	4N: 2; 4F: 1, 2
	(1)	we	Must	4F: 3
	(2)	it (‘the stonefish’)	was/wasn’t	SN: 1, 2
	(3)	they (‘Shedd’)	have/haven’t	SN: 3; SF: 1; 6N: 1
	(1)	you	don’t	6F: 1
	(1)	we	Did	6F: 2
	(1)	there	Is	6F: 3
(3)	(1)	I (‘Nigel’)	Did	7N: 1
	(2)	I (‘father’)	do/can’t	7F: 1
(6)	(3)	it (‘that fish’)	Was	7N: 2; 7F:2, 4
	(3)	it (‘)	Did	8N: 2; 8F: 1; 9F: 1
	(2)	it (‘lettuce’)	Was	7F: 5; 8N: 1
	(3)	there	is/isn’t/aren’t	8F: 2; 9F: 2; 10N: 1
	(2)	aquarium people	Did	9N: 1; 10F: 3
	(5)	that/it (the fish’s water)	is/isn’t	10F: 1; 11N: 1, 2; 11F: 1, 2
	(1)	the cabbage	doesn’t	10F: 2

逐句看每一句的语气结构，我们能够看到对话作为一系列的交换的推进方式。它从讨论某个命题开始，该命题是奈吉尔提出来的，即某事不可行（*you can't*），中间穿插了一些关于“美人鱼”（*mermaid*）的描述；接着是关于“石头鱼”（*stonefishes*）的描述，从非情态化（*does*）到情态化（*will*，*might*）的转移，然后是关于特定的石头鱼（*was*）以及目前谢德（Shedd）水族馆储备情况的描述。

206 上述对话到父亲的话轮结束，他把话题从第三人称（非交际者）转向他们自己，以 *we*（说话者 +）和 *you*（听者）作主语（*we must*，*you don't*）。

奈吉尔重新开启话轮，引出了一个新的有关他自己及过去的一次经历的命题（*I [liked]*）；然后再次转向过去事件，使用第三人称，说明一条特定鱼的真实性（*it* 那条鱼）。接着，引出一系列话轮交换，对话集中在那条鱼、它的食物、出现和消失（*there is/isn't*）、水族馆人员的活动以及养鱼的水的性质上。

我们没有讨论“嵌入”小句（见第六章、第七章），也没有讨论情态小句（*I think*，*I expect*，*I mean*；对比前面第 3.6 节），是因为它们不能作命题或提议——在互动结构中不发挥作用。除此之外，对话中有 43 个小句充当命题，上文对对话发展中的 41 个小句进行了分析。

主位本身是小句的特征，推动整个语篇的发展，但语气结构不同：除了在小句范围内发挥作用外，它在连续出现的小句序列中几乎不起作用。其结果是，是语篇的整体结构决定具体小句的主位选择，或者至少决定主位选择的一般模式；然而，主语的选择往往没有一般模式，只有作为每次言语交换的一个具体的命题基础。在上文的特定语篇中，所有主位均为无标记性主位，即每个陈述句中主位同样也是主语。此时，主语的整体序列也就自然形成了一定类型，但所体现的类型首先还是主位性的——它取决于主位中各个成分的性质。

然而，说话者或作者对主语的动态选择确实赋予了话语片段某些特点。在上文对话中，最初是奈吉尔开始并控制对话进展，他努力把话题指向外面世界；他用现在时开始一般性命题（因为是一般性的，所以，在任何情况下均有效），进而转向关于特定过去事件的命题。这是贯穿对话前半部分的基本模式；我们从语气成分（主语加定式成分的配置）就可以看出来。相比之下，对话的后半部分显得随意。奈吉尔的父亲提出了一个奈吉尔难以理解的问题；在父亲尽力解释的过程中，话题从一个主语转到另一个主语，它们均为相关事件中的参与者。从一个命题到另一个命题的迅速改变，对整个对话来说，显得有些支离破碎。

下面语篇中均标记了语气成分和主位：语气成分加粗，主语斜体，主位用下画线标示。对该语篇未予以评论。

207 **语篇 2：选自彼得·卡沃科雷西（Peter Calvocoressi）《英国经历：1945—1975》，106—107 页**

	语气	归一度	指示性	主语 人称
What then **were** ***governments*** trying to do?	WH- 疑问句	肯定	时间：过去	非交际者
There **was not** so very much difference between them, extremists on either side excepted—	陈述句	否定	时间：过去	非交际者
and ***these*** **were** ineffective.	陈述句	肯定	时间：过去	非交际者
All governments **accepted** an obligation to contribute positively to the prosperity of both sectors.	陈述句	肯定	时间：过去	非交际者
This contribution **was** in the nature of things essentially financial:	陈述句	肯定	时间：过去	非交际者
governments **provided** money	陈述句	肯定	时间：过去	非交际者
or **facilitated** credit,	陈述句	肯定	时间：过去	非交际者
and with this money ***private and nationalized businesses*** **would** invest, modernize and grow.	陈述句	肯定	情态	非交际者
At the same time, and from the very earliest postwar years, ***governments of both colours*** also **saw** it as part of their job [[to intervene in economic affairs to keep wages in check, whether by bargaining or by subsidizing the cost of living or by law]].	陈述句	肯定	时间：过去	非交际者
Broadly speaking therefore ***governments*** **were** actively involved [[in priming industry and restraining wages]].	陈述句	肯定	时间：过去	非交际者
This **was** their economic strategy.	陈述句	肯定	时间：过去	非交际者

续表

	语气	归一度	指示性	主语 人称	
It **did not** distinguish fundamentally between the private and the public sector,	陈述句	**否定**	时间：过去	非交际者	
which **were** treated as parts of a single whole.	非自由小句	肯定	时间：过去	非交际者	
There **was** no fixed dividing line between them.	陈述句	**否定**	时间：过去	非交际者	
	陈述句			非交际者	
Government intervention of this nature **was** inflationary.	陈述句	肯定	时间：过去	非交际者	
The inflation **was** modified	陈述句	肯定	时间：过去	非交际者	
so far as ***wage rises*** **were** restrained	非自由小句	肯定	时间：过去	非交际者	
(or matched by higher output)	非自由小句	肯定	时间：过去	非交际者	
but ***some inflation*** **was** inseparable from a policy [[which set out to make things happen by supplying money and credit to make them happen]]	陈述句	肯定	时间：过去	非交际者	
— the more so of course if ***governments*** **were** simultaneously supplying money for social services and social security benefits,	非自由小句	肯定	时间：过去	非交际者	208
the former as of right	非自由小句	肯定	—	非交际者	
and ***the latter*** in return for contributions [[which did not cover the whole cost]].	非自由小句	肯定	—	非交际者	
For about twenty years ***inflation proceeded*** at around 3% a year.	陈述句	肯定	时间：过去	非交际者	
Then, in the early seventies, ***it averaged*** nearly 10%	陈述句	肯定	时间：过去	非交际者	
and **was** soon to shoot up much higher.	陈述句	肯定	时间：过去	非交际者	
	陈述句	肯定		非交际者	
A modern democratic capitalist economy **is** based on inflation,	陈述句	肯定	时间：过去	非交际者	

续表

	语气	归一度	指示性	主语 人称
and in these years ***the wherewithal for recovery and expansion*** **was** provided to a significant degree by government, either through fiscal policy or by direct central or local government expenditure.	陈述句	肯定	时间：过去	非交际者
(***Complaints [[that governments were impeding industry and commerce, e.g. by excessive taxation,]]*** **were** at bottom pleas for further inflation.)	陈述句	肯定	时间：过去	非交际者
At the same time ***governments*** **hoped**	陈述句	肯定	时间：过去	非交际者
that ***the private sector in particular*** **would** quickly get on its own feet,	非自由小句	肯定	情态	非交际者
attaining a degree of profitability [[which would make it sturdily independent of governments]];	非自由小句	肯定	—	非交际者
wages policies **were** designed to this end	陈述句	肯定	时间：过去	非交际者
and when ***the end*** **was not** attained	非自由小句	否定	时间：过去	非交际者
government, in later years of our period, **remitted** taxes on business,	陈述句	肯定	时间：过去	非交际者
thereby shifting the fiscal burden from companies to individuals.	非自由小句	肯定	—	非交际者
				非交际者
These policies **did not** work.	陈述句	否定	时间：过去	非交际者
Unions **were** powerful enough to insist, if sometimes tardily, on wage rises [[to match more or more than match the rise in the cost of living]].	陈述句	肯定	时间：过去	非交际者
Wage claims **were** increasingly geared not to price rises but to these plus anticipated further rises.	陈述句	肯定	时间：过去	非交际者

续表

209

	语气	归一度	指示性	主语 人称
Profitability **remained** therefore elusive,	陈述句	肯定	时间：过去	非交际者
or **was** achieved only on paper	陈述句	肯定	时间：过去	非交际者
by presenting accounts in new ways:	非自由小句	肯定	–	非交际者
on the hard test of how much cash there was in the bank ***profits*** **were** meagre.	陈述句	肯定	时间：过去	非交际者
Real wage increases **were** also elusive.	陈述句	肯定	时间：过去	非交际者
By the late sixties not only ***rates of profit*** **were** falling	陈述句	肯定	时间：过去	非交际者
but so too **was** ***the share of wages as a proportion of the national product.***	陈述句	肯定	时间：过去	非交际者
				非交际者
Governments **were** committed to inflation	陈述句	肯定	时间：过去	非交际者
because ***they*** **were** themselves part of the system [[which required it]].	非自由小句	肯定	时间：过去	非交际者
Modern capitalism **thrives** on expansion and credit,	陈述句	肯定	时间：现在	非交际者
and without them ***it*** **shrivels**.	陈述句	肯定	时间：现在	非交际者
Equally however ***it*** **requires** the right context,	陈述句	肯定	时间：现在	非交际者
which is an expanding world economy:	非自由小句	肯定	时间：现在	非交际者
a national economy **is** distinct and severable from other national economies in some senses but not all.	陈述句	肯定	时间：现在	非交际者
If ***the total economy*** [[***of which it is part***]] **does not** expand,	非自由小句	否定	时间：现在	非交际者
then ***the inflation in the particular economy*** **ceases** to be fruitful	陈述句	肯定	时间：现在	非交际者
and **becomes** malignant.	陈述句	肯定	时间：现在	非交际者
Furthermore, the more ***the paricular economy*** flourishes,	非自由小句	肯定	时间：现在	非交际者

续表

	语气	归一度	指示性	主语 人称
the more dependent ***it*** **is** upon the total economy [[to which it is directing a part of its product]].	陈述句	肯定	时间：现在	非交际者
and the more dangerous **is *any pause in its alimentation*—**	陈述句	肯定	时间：现在	非交际者
the easier ***it* is** to turn from boom to bust.	陈述句	肯定	时间：现在	非交际者
Finally, ***any government* [[*operating within such a system*]] becomes** overwhelmingly committed to maintaining it,	陈述句	肯定	时间：现在	非交际者
more especially when ***symptoms of collapse*** **appear** —	非自由小句	肯定	时间：现在	非交际者
as *they* did in the last decade of our period	非自由小句	肯定	时间：过在	非交际者
when ***governments*** **felt** compelled to help not only lame ducks but lame eagles too.	非自由小句	肯定	时间：过在	非交际者
All this **was** inflationary.	陈述句	肯定	时间：过在	非交际者
No government **could simply** deflate:	陈述句	否定	情态	非交际者
every government **did** both,	陈述句	肯定	时间：过在	非交际者
aiming to deflate on balance	非自由小句	肯定	—	非交际者
but constantly inflating to such an extent [[that the compensating deflation became increasingly harsh and politically dangerous]]	非自由小句	肯定	—	非交际者
Simply to turn off the tap **would** have been a double disaster,	陈述句	肯定	情态	非交际者
not only putting millions out of work	非自由小句	否定	—	非交际者
but also ringing down the curtain once and for all on Britain's career as an industrial and trading nation.	非自由小句	肯定	—	非交际者

续表

	语气	归一度	指示性	主语 人称
If ***industries*** **were** allowed to shrivel and fail	非自由小句	肯定	时间：过在	非交际者
they **would** cease producing the goods [[[which the country exchanged for food ‖ (which it had ceased to produce for itself ‖ when it took the industrial option)]]] and for the industrial raw materials [[[which it did not possess within its own borders ‖ (now much reduced by loss of empire)]]].	陈述句	肯定	**情态**	非交际者

第五章

作为表征的小句

5.1 经验变化模型

211 **5.1.1 小句的第三重意义：识解经验**

我们在第二章，第 2.7 节指出，小句和其他任何语法单位一样，也是一个包含三重元功能意义的多功能结构：见图 2–15 中的示例。前两章已经介绍了三重意义中的前两重：即语篇意义中的主位 ^ 述位结构（小句作为信息）和人际意义中的语气 + 剩余部分结构（小句作为交换）。现在，我们讨论小句组织结构中的第三重意义——经验意义。三重意义在小句结构内部是统一的；语篇功能、人际功能、经验功能彼此融合，如图 2–15（a）所示，主位 = 主语 = 动作者。请看选自下列对话的一个实例：*Well, 'usually' means mostly, doesn't it, Mary*?

语篇 5–1：分享——闲谈（口语、对话）[语篇 76]

Dano: I don't want a shower; I had one yesterday.

Father: Oh, I have one every day, Dano, every single day.

Dano: Every single day?

Father: Yeah. So does Mum. Don't you?

Mother: Usually.

Dano: Usually? See, Dad?

Father: Well, usually means mostly, doesn't it, Mary?

Mother: It means more often than not.

<table>
<tr><td></td><td>Well,</td><td>usually</td><td>means</td><td></td><td>mostly,</td><td>doesn't</td><td>it,</td><td>Mary?</td><td>212</td></tr>
<tr><td rowspan="2">语篇功能</td><td colspan="2">主位</td><td colspan="6" rowspan="2">述位</td><td></td></tr>
<tr><td>语篇</td><td>主题</td><td></td></tr>
<tr><td rowspan="2">人际功能</td><td rowspan="2"></td><td colspan="2">语气</td><td colspan="2">剩余部分</td><td colspan="2">语气附加问</td><td>呼语</td><td></td></tr>
<tr><td>主语</td><td>定式</td><td>谓语</td><td>补语</td><td>定式</td><td>主语</td><td></td><td></td></tr>
<tr><td>经验功能</td><td></td><td>标记</td><td colspan="2">过程</td><td>价值</td><td></td><td></td><td></td><td></td></tr>
<tr><td>语段</td><td>连词
词组</td><td>副词
词组</td><td colspan="2">动词
词组</td><td>副词
短语</td><td>动词
词组</td><td>名词
词组</td><td>名词
词组</td><td></td></tr>
</table>

图 5-1　小句的三重元功能意义

图 5-1 对该例中的语篇、人际和经验三重意义结构进行了分析。

（i）　在语篇意义上，小句 *Well, usually means mostly, doesn't it, Mary?* 将**消息**作为新的话轮，回应上文有关英语单词（*usually*）的询问（连续语 *well*）；这是消息的主位。该小句的主题主位，在下一小句中继续充当主位，并在述位中得到进一步详述：[主位：]*It* [述位：]*means more often than not*。

（ii）　在人际意义上，该小句作**命题**，具体为协商性陈述（由附加陈述句体现：*usually means... doesn't it*），明确针对特定人——玛丽（Mary）（呼语：*Mary*）。该陈述由达诺（Dano）针对 *usually* 的提问而引发，并寻求玛丽的回应，从而对命题进行调整。"论证的核心"由小句主语体现，定式成分将其固定在相对于讲话时的"现在"：*usually means... doesn't it?—it means...*。

（iii）　在经验意义上，小句将事件发展过程中的诸多变化识解为**言辞**，即包含了过程、参与者和所有伴随环境成分的配置。在本例中，小句识解的是单词与其意义之间的关系：*usually* 意指（代表、表示）"通常"。该关系包含三个成分，一个过程（*means*）和两个参与者（*usually* 和 *mostly*）。

- 成分之一是过程——表示“意义”。该过程被表征为存在于时间内，并随着时间的推进而展开：过程由一个标记为“现在时”的动词体现，与“过去时”的 *meant* 以及“将来时”的 *will mean* 形成对比。
- 其他两个成分是意义过程涉及的参与者：一个表征表达式（*usually*），另一个表征其意义（*mostly*）。两者分别是意义关系中的标记和价值。

213 在图 5-1 所示的小句统一结构中，（主题）主位是主语，在小句经验结构中是标记（Token）；在盒状图中，三种功能对齐体现为（主题）主位 = 主语 = 标记（*usually*）。同样，在小句的人际功能中，从属于述位部分的两个成分在经验结构中也有不同角色：定式成分与谓语结合 = 过程（*means*），补语 = 价值（*mostly*）。然而，在该例中，某些表示语篇意义和人际意义的成分并未在经验结构中发挥作用。语篇主位（*well*）既无经验功能，也无人际功能；而是仅仅标记小句消息在前文之后的延续。语气附加问（由附加问定式和主语构成）和呼语具有人际功能，寻求听者（*Mary*）对命题的确认（*doesn't it*），有助于小句在对话中充当意义交换的语步。

图 5-1 的实例为意义过程。这些过程构成了小句经验语法中为数不多的几个过程类型中的一种，正如陈述语气构成了小句人际语法中为数不多的几个语气类型中的一种一样。另一个意义过程小句的例子是：*it means often than not*。还有表征其他过程类型的小句：*wanting a shower*（[感知者：]*I* +[过程：]*don't want* +[现象：]*a shower*）和 *having a shower*（[动作者：]*I*+[过程：]*had* +[周界：]*one* +[时间：]*yesterday*）。下文将对英语小句语法中的过程类型进行概述。

5.1.2 过程类型

经验的最典型特征在于，它是由事件流或“事态”（goings-on）组成。事件流被小句语法切分为变化量：每一个变化量被表示为一个**言辞**（figure）——一个有关事件、所做、所感、所说、存在或所得的**言辞**（见Halliday & Matthiessen, 1999）。所有言辞均包含一个随时间展开的过程和以某种方式直接参与该过程的参与者；除此之外，还可能包含环境成分，如时间、空间、原因、方式，或其他几种环境成分中的一种。环境成分并不直接参与过程，而是与过程相伴发生。所有这类言辞在小句语法中均有明确的分类。因此，小句既是一种行为模式（更确切地说，“互动模式”），给与和索取物品—服务和信息外，也是一种反映模式，为不断的变化和事件流赋予了语言秩序。其实现方式是通过**及物性系统**这一语法系统（见Halliday, 1967/8）。**及物性系统**提供词汇语法资源，将事件流中的变化量识解为言辞——即围绕过程的不同成分的配置。过程被识解为一组便于操作的**过程类型**。每一过程类型均构成独特的模型或言辞，将特定的经验领域识解为某种特定的言辞——一种如上文所示的意义识解模式：标记（*usually*）+过程（*means*）+价值（*mostly*）；对*wanting to shower*（想洗澡）：[感知者：]*I*+[过程：]*don't want*+[情景：]*a shower*，以及对*showering*（洗澡）的识解：[动作者：]*I*+[过程：]*had*+[周界：]*one*+[时间：]*yesterday*。

语法中由及物性系统识解的不同过程类型都有哪些呢？在英语中大致情况是这样的（其他语言的情况，见Matthiessen, 2004b：581–602，以及 214
其中涉及的参考文献），人们从很小（3–4个月大时）就开始意识到，“内在”经验和“外在”经验之间存在根本差别：即所体验的“外在”的、周围世界发生的经验，从根本上有别于所体验的“内在”的、发生在意识世界（包括感知、感情、想象）内的经验。“外在”经验的原型是动作和事件：事情发生、人或其他动作者做事、或使得事情发生。“内在”经验很难归类；但它部分是对外在经验的重现、记录、回应和反思，部分是对我们存在状态的独立意识。语法在两者之间建立起一种非连续性：十分明确地将外在经验，即外在世界的过程，与内在经验，即意识过程，区分开来。语法范畴为**物质**（material）过程小句（见第5.2节）和**心理**（mental）

过程小句（见第 5.3 节），如 *I'm having a shower*（我在洗澡）（物质过程）和 *I don't want a shower*（我不想洗澡）（心理过程）。这两个过程及其他过程类型的语篇实例见表 5-1。例如，*you produce so much money*（你赚了这么多钱）是“物质”小句，识解创造商品的外部经验，但 *I was fascinated by it*（我对它着迷）是“心理”过程，识解情感的内在经验。对比这组小句：*the machine is producing (sorting, destroying) money*（机器在造钱/整理钱/销毁钱）是“物质”小句，而 *people love (hate, want) money*（人们爱/恨/想要钱）是“心理”小句。

表 5-1　钦努阿·阿契贝（Chinua Achebe）[1] 访谈中的不同过程类型（过程：粗体；过程 + 参与者：下画线；环境成分：斜体）

过程类型	例子［过程 + 参与者：下画线；过程：粗体；环境成分：斜体］
物质过程	*During the European scramble for Africa,* <u>Nigeria **fell**</u> *to the British.*
	and <u>the British **ruled** it</u> *until 1960*
行为过程	<u>people **are laughing**</u>.
心理过程	<u>The Ibos **did not approve of** kings</u>.
言语过程	so <u>we **say**</u>— that every fourth African is a Nigerian
	Can <u>you **tell** us</u> *about the political and cultural make-up of Nigeria?*
关系过程	that <u>every fourth African **is** a Nigerian</u>.
存在过程	*so today* there'**s** <u>Christianity</u> *in the south*

除了表示外在和内在经验的物质和心理过程，还必须提供第三个成分，才能使经验理论得以连贯。人们学着去概括——通过某种分类关系，将某个经验片段与另一个联系起来：相当于，这是另一个中的一种。在此，语法识别出第三种过程类型，涉及识别和分类，我们将其称为**关系**（relational）过程小句（见第 5.4 节），如 *usually means mostly*。再如上述图 5-1 中的实例，*every fourth African* **is** *a Nigerian*（四分之一的非洲人是

① 译者注：钦努阿·阿切贝（Chinua Achebe）是尼日利亚著名小说家、诗人和评论家，被誉为“非洲现代文学之父”。他的成名作《瓦解》（*Things fall apart*）是非洲文学中被最广泛阅读的作品之一。

尼日利亚人）是归属式“关系”小句，*the three major groups in the nation* **are** *the Yoruba in the southwest, the Ibo in the southeast and the Huasa, finally, in the north*（这个国家的三大种族是在西南的约鲁巴人，在东南的伊博人以及在北方的华沙人）是识别式“关系”小句。

物质、心理和关系过程是英语及物性系统中的三个主要过程类型 215（除此之外，它们还是出现频率最高的过程类型，其中，“物质”和“关系”过程显著多于“心理”过程，如图 5-2 所示：见 Matthiessen, 1999, 2006a）。但三者的交界处仍存在其他范畴（见第 5.5 节）；它们彼此之间虽无明确界限，但可被语法识别为过程中的过渡范畴——与两个范畴共享某些特征，从而自成一体。“物质”过程和“心理”过程的交界处是**行为**（behavioural）过程：用于表征内在活动的外显，即意识过程（如 *people are laughing* 人们在笑）和生理状态（如 *they were sleeping* 他们在睡觉）的外化。“心理”和“关系”过程的交界是**言语**（verbal）过程：是建构在人类意识中、以语言形式确立起来的象征关系，如言说和意指（如“言语”小句 *we say*“我们说”，介绍了所说的内容：*that every fourth African is a Nigerian* 四分之一的非洲人是尼日利亚人）。“关系”和“物质”过程的交界处是表示存在的过程，即**存在**（existential）过程：所有现象被直接看作“是”—— 存在或发生（如 *today there's Christianity in the south* 今天在南方有了基督教）。这样便形成了一个圆环[②]。

② 在不同的语言中，次要过程类型的差异比主要过程类型的大。例如，在某些语言（包括英语）中，存在小句是一种特殊的类型，但在其他语言中，它可能非常接近于属有型和 / 或地点类关系小句（见 Matthiessen, 2004a：600）。本书所描述的英语过程类型已历经数十年的发展 (见 Halliday, 1967/8, 1969, 1976a)。在早期的描述中，“内包”（intensive）小句和“外展”（extensive）小句之间存在根本差异。它们进一步发展为“动作”/“心理”/“关系”过程，其中，“物质”过程最早称为“动作”过程，“心理”过程不仅包括狭义的感知类“心理”过程，还包括表言说的“言语”过程（Halliday, 1967/8：第 8.4 节）。在计算语言学的“奈吉尔语法”（Matthiessen & Bateman, 1991）中，“行为”小句被视为“物质”小句的一个次类，“存在”小句被视为“关系”小句的一个次类（Matthiessen, 1995a：211）。其他变体也有所探讨和提及。例如，“物质”和“关系”小句的边界区别于加的夫语法对英语的描述（见 Fawcett, 1987，Halliday & Matthiessen, 1999：504 中的相关评论）。

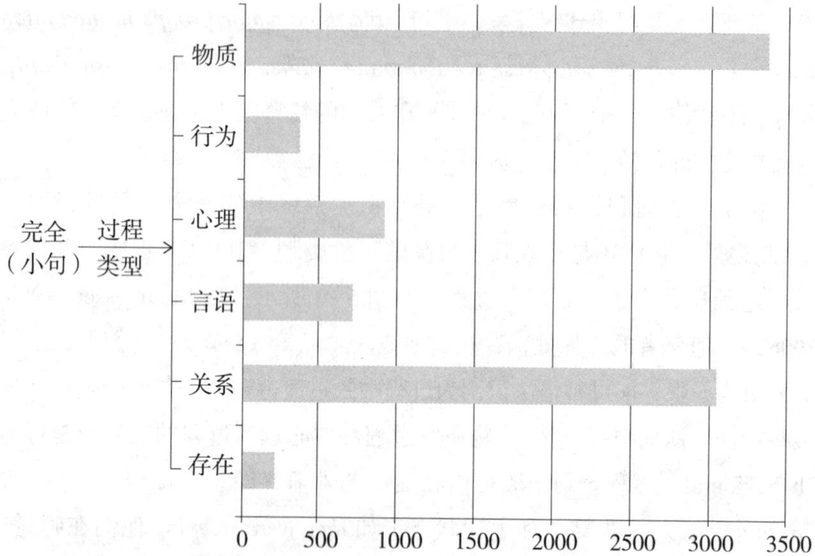

图 5-2 在涉及不同语域的语篇样本（数量 = 8425 个小句）中，过程类型系统中术语选择的相对频率

216 当然，从何处进入圆环都无关紧要：本书从物质小句开始，不仅因为它们是最容易被意识触及到的，还因为（也正是这个原因）它们历来是语言学关注的焦点。比如，正是在这些小句中，传统上区分了“及物”和“不及物”动词。过程之间虽无优先顺序，但却排列有序；重要的是，在具象的视觉隐喻中，它们形成圆环，而非直线（更准确地说，它们可以展示为一个球体；但这一隐喻着实复杂，难以通过纸质书本展现）。换言之，正如及物性语法系统所解释的那样，经验模式是一个处在连续空间中的区域（见脚注 4 中提到的有关过程类型的类型学研究）；但这种连续性并非体现在两极之间，而是环绕在圆环之内。可以用色彩来类比：语法将经验识解为一张比色图表，基色是红色、蓝色和黄色，边缘色是紫色、绿色和橙色；而非红色在一端，蓝紫色在另一端的物理光谱，见图 5-3 中的总结。

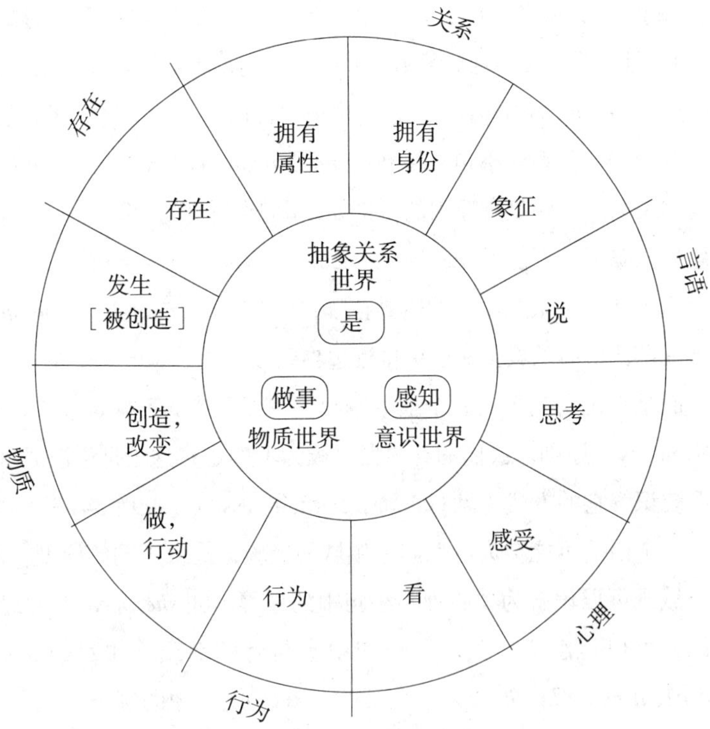

图 5-3　经验语法：英语中的过程类型

图 5-3 将过程类型表征为符号空间，不同区域代表不同的类型。其中的核心区代表典型的过程类型；不过它们彼此之间连续、渐进，边界处为模糊的过程类型范畴（关于视觉隐喻含义的讨论，见 Martin & 217
Matthiessen, 1991; Matthiessen, 1995b）。因此，可以对比“言语”小句和“关系”小句的典型例子。（1）*David told us that the moon was a balloon* 是典型的“言语”小句，包含一个言说者（*David*）和一个受话者（*us*）——从而构建了言语事件中说话者和听者之间的互动，并投射了一个“言辞”，投射小句表征言说的内容（*that the moon was a balloon*）；该内容也可被引述（*David told us:* ‘*the moon is a balloon*’）。（2）*red indicates danger* 为典型的“关系”小句。它所识解的关系存在于表达式与其内容之间，而

非言语事件的交际者之间；过程由类似‘*be*’的动词体现（对比 *red is danger*）。处于这些典型例子中间地带的是类似 *the data indicate that the moon is a balloon* 这样的小句，它们位于“言语”和“关系”小句的交界处，且偏向于“关系”小句。将 *the data indicate that the moon is a balloon* 解读为“关系”小句是有原因的（例如，由于没有相应的引述；在保留原本意思的情况下，不能说 *the data indicate*‘*the moon is a balloon*’）。但不论“言语”和“关系”小句的边界在哪，*the data indicate that the moon is a balloon* 都比所有的典型例子更接近边界区域。这并非产生于系统的描述方法，而是系统所基于的一个根本原则——即**系统的不确定性**（systemic indeterminacy）原则。我们的经验世界极为不确定；这正是语法通过过程类型系统识解它的方式（见 Halliday & Matthiessen, 1999：547–562）。所以，同一个语篇可能会为看似同一领域的经验，提供不同的模型。例如，情感领域既可以识解为“心理”小句中的过程（如 *she liked it*; *it pleased her*），又可以识解为“关系”小句中参与者的品质（如 *she was happy* [*about it*]; *it made her happy*），见第四章语篇 4：1 中的例子（“心理”小句：*Boof keeps scaring me*;“关系”小句：*I'm still afraid of him, I'm scared*）。以下转述给孩子们的《创世记》故事节选亦是如此：

语篇 5-2：再创——叙事（笔语、独白）：传统叙事的开篇和结尾

［开篇：］Once, a very long time ago, there lived a man called Noah. He and his wife and his sons and their wives all worked very hard. Now Noah was a good man and this **pleased** God. But all around him, Noah's neighbors were lying and fighting and cheating and stealing. This **made** God sad. [Main body of the narrative: sequence of events.] One day God spoke to Noah. [...] Noah and his wife and his sons and their wives built new homes and planted fields. [Finale:] In time the earth was filled with people once again. And God **was** happy.

“开篇”和“结尾”等语类步骤首先由位于语义层上的意义体现，随

后这些意义又由词汇语法层上的措辞体现（见 Hasan, 1984/1996：第三章和第一章，第 1.4.2 节）。在这个故事中，世界的命运取决于上帝的情感，尤其是开篇和结尾中形成对比的愉快与悲伤之情。在开篇中，上帝的悲伤促使他毁灭这个世界；故事以他满意的情绪结尾。因此，故事的关键是上帝的情感和情感背后的原因及后果，这样或许有助于小孩子们相信他们的命运依赖于父母的情感。在词汇语法上，开篇和结尾中表达上帝情感的语 218
义主题，体现为“心理”和“关系”小句，从而突显了情感的本质——既是过程也是品质：[“心理”]：*this pleased God* —[“关系”：]*this made God sad* —[“关系”：]*and ['so'] God was happy*。（**施事性系统**发生了变化（见第 5.7 节），从开篇中的“施效”小句切换为结尾的“中动”小句）。

情感是一种经验领域。在及物性系统中，经验领域的识解方式不止一种。它们很难整齐划一，只能通过语法提供的互补模型得到识解。韩礼德（Halliday, 1998）展现了语法是如何通过一系列极其丰富的互补性解释，帮助人们描述痛苦经历的[③]。痛苦可以识解为不同过程类型中的过程、品质或事物（例如，*my head is painful*，*my head hurts*，*my head hurts me*，*my head is hurting*，*I have a headache*，*I feel a pain in my head*）。除了韩礼德对英语的研究，荷莉（Hori, 2006）和拉斯卡拉图（Lascaratou, 2007）后来分别对日语和希腊语进行了研究。

图 5-2 中的符号空间可以系统地解释为系统网络，见图 5-4。它和所有系统网络一样，识解了连续的符号空间。几个同步的系统包括，**施事性**（AGENCY）和**过程类型**（PROCESS TYPE）系统，以及一系列环境

---

③ 在“语法已经解决了问题”这句话背后，是在漫长时间内发生的复杂过程。一代又一代的说话者通过无数次下意识的表意行为，共同构建了经验的常识性、通俗模式（见 Halliday & Matthiessen, 1999：第四章）。词汇语法中的模式，包括系统、结构和（词汇和语法）项，从不同类型的复杂的自适应系统研究中所使用的术语（最近的一个概述研究见 Beckner 等，2009，以及和该文同时发表在《语言学习》（*Language Learning*）当期特刊上的其他文章）这个意义讲，是**不断涌现的**。

系统。下文第 5.1.3 节将讨论**施事性**和环境系统，在此简要讨论**过程类型**系统。

上图 5-2 中的**过程类型**系统代表了整个符号空间；其中的术语代表了该空间内互相渐变的区域[④]。系统内有六个术语（见表5-1的示例）："物质""行为""心理""言语""关系"和"存在"过程；各个术语是深入网络内更精密的内容的入列条件，各个网络表征了特定过程类型的语法。现有描述只在精密度上深入了几步；但可以继续深入到由词汇语法体现的系统上（如 Hasan, 1987 中的某些"物质"小句）。各个过程类型的语法将在下文第 5.2 节到第 5.5 节阐述。同时我们还将讨论在话语构建时发挥作用的不同过程类型。

表 5-1 中的例子没有涵盖全部的过程类型，它们是来自一个语篇的自然语料，用来阐释不同过程类型如何在话语中建构经验。该语篇为对尼日利亚作家钦努阿·阿切贝的访谈，其中一段节选的分析见下表 5-4。在该节选中，采访者首先通过"言语"小句，向阿切贝询问信息。回复主要由"物质"小句和"关系"小句构成："物质"小句识解了尼日利亚的历史事件和战争，由尼日利亚或英国作动作者（例如，*during the European scramble for Africa, Nigeria fell to the British*），而"关系"小句则描述尼日利亚及其人口特征（例如，*it was a large number of independent political entities*）。在两个"存在"小句中，*there* 是主语（在第二个小句中被省略），表示基督教和伊斯兰教在国内不同地区存在（例如，*so today there's Christianity in the south*）；一个"言语"小句 *we say* 报道了言说的内容，即"关系"小句 *that every fourth African is a Nigerian*。阿切贝的第一个

---

④ 系统术语并非亚里士多德意义上的范畴。相反，它们边界模糊；可以用来表征边界不清、而非整齐划一的集合（见 Matthiessen, 1995b）。从一开始，系统网络中的系统就用来表征描述语调的连续统（Halliday, 1967a）。马丁和麦蒂森（Martin & Matthiessen, 1991）讨论了图 5-3 例示的"拓扑学"观点（"经验的语法：英语中的过程类型"）如何与图 5-4 例示的"拓扑学"观点互补。有关亚里士多德在描述语言时的范畴问题的总体讨论，见 Ellis（1993）；对于此书的讨论，则见 Halliday（1995a）。

回答没有“心理”小句或“行为”小句，但第二个回答包含四个“心理”小句，由说话者（*I*）或 *Ibos* 作感知者（例如，*the Ibos did not approve of kings*）。其中一个“心理”小句 *I suspect* 和“言语”小句 *we say* 类似：将所怀疑的内容作为报道确立或引入——*they did*。

219

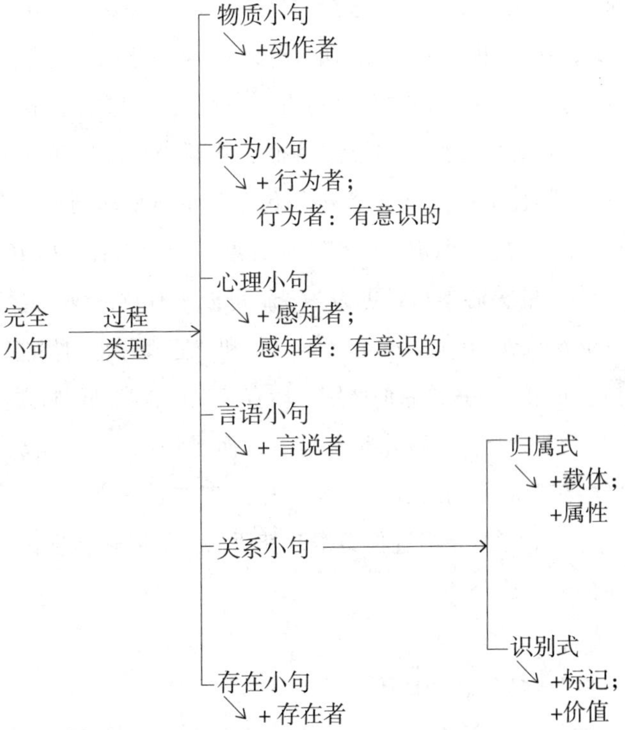

图 5-4　及物性：表征为系统网络的过程类型

因此，不同过程类型的小句在语篇中具有独特的经验识解方式，见第四章语篇 1 中不同过程类型小句的序列：

[“心理”：] Mummy, Boof keeps scaring me. [“物质”：] Keeps getting into my bed, [“物质”：] kind of like he is going to bite me.

[“关系”：] Well, I'm still afraid of him [“物质”：] 'cause he's bitten me.

一个特定的语篇与其所属语域的“风味”，在一定程度上取决于不同过程类型的交织使用。例如，在使能语境中，食谱及其他描述步骤的语篇几乎都采用“物质”小句，而在报道语境下，“言语”小句在新闻报道中扮演重要角色，在分享语境中，“心理”小句是闲谈的典型模式。随着语
220 篇的不断推进，特定语域类型中某个语篇的典型过程类型组合也相应发生变化[5]。例如，在再创语境中，故事的开篇往往是“存在”小句和“关系”小句，但主事件轴却由“物质”小句主导。不同过程类型在语篇中贡献不同，它们逐步发展出独特的语法特征。甚至一小段采访都可看出各个过程类型的典型特征。“关系”小句包含几个典型动词，尤为特别的是 *be* 和 *have*。“心理”小句必须有一个有意识的参与者（*I*，*the Ibos*），而“物质”小句的核心参与者更为多变，可以是有意识或无意识的个体（*Nigeria*，*the British*，*this*，*you*）。“言语”和“心理”小句都能将所言或所思作为报道介绍——这是它们区别于所有其他过程类型的特质。“存在”小句的独特之处在于，主语并非参与者，而是词项 *there*，仅代表“存在”，而非存在着的参与者；而参与者则出现在过程之后。第 5.2 节到第 5.5 节将更为系统地介绍过程类型及其语法，同时还将探讨构成小句及物性结构的经验成分。

5.1.3 过程、参与者和环境

通过小句及物性语法建立起来的言辞具有什么身份呢？框架很简单，即便是一个正在学习母语的小孩子也可以理解（见 Halliday, 1975, 2003; Painter, 1984, 1999）。言辞原则上包含三个要素（见 Halliday &

---

⑤ 这反映在语篇所在语境的语类结构成分的体现方式上（见第一章，第 1.4.3 节）：不同成分有可能侧重表达不同的经验意义，从而选择不同的过程类型：见 Halliday（1982），Hasan（1984/1996：第三章），Fries（1985）。因此，虽然“存在”小句为次要过程类型，在语篇中一般不太常见（见 Matthiessen, 1999, 2006a），但经常出现在民间故事开篇的片段中，如语篇 2（*Once, a very long time ago, there lived a man called Noah.*）。

Matthiessen, 1999）：

（i）随时间展开的过程；
（ii）过程中的参与者；
（iii）和过程相关的环境。

这些要素的**配置**提供了识解我们周围经验的模式或图式（schemata）。

假设在户外，头顶上有东西在动。虽然现象在感官上是一个整体，但谈论时却将其当作语义配置来分析，比如 *birds are flying in the sky*（鸟在天上飞）。但这并非该经验片段的唯一组织方式，我们还可以使用几乎完全不同的意义结构，将其"语义化"。我们或许说过 *it's winging*（它在飞）；毕竟在说 *it's raining*（天在下雨）时，我们也没有将该过程分解成不同构成成分，尽管完全有可能这样做——许多语言把下雨表述为"水正在 221
落"。例如，汉语中有一种方言将下雨表述为"天上落水了"。英语中有几个过程，包括下雨，是不分析的；但通常情况下，英语是按照上述原则将每种经验组织为某个语义配置的，包括过程、参与者以及（非必要的）环境成分。所以前面的例子中包含一个过程 *are flying*，一个参与者 *birds*，以及环境成分 *in the sky*。在对所发生事件的解释中，涉及了动作、动作者以及动作发生的处所。

环境成分一般都是小句中的非必要的**增强成分**（augmentation），与过程中**固有的**参与者形成对照：每个小句的经验结构至少包含一个参与者，某些类型甚至可以多达三个——唯一的例外是上文提及的某些气象过程，它们均不包括任何参与者，如 *it's raining*，*it's snowing*，*it's hailing*（但并不适用于其他气象过程；例如，我们可以说 *the wind's blowing*，而不会说 *it's winding*）。参与者和环境成分的身份差异在语篇 17 中显而易见，分析见表 5-46。虽然每个小句至少包含一个参与者，但仅有特定小句包含环境增强成分。总体而言，语篇中每个小句中环境成分的平均数量大约为

0.5个，但在不同过程类型的小句中，这种差异较为明显（见 Matthiessen, 1999, 2006a）。

如何解释参与者和环境在“过程 + 参与者 + 环境”的配置中的不同地位呢？一种方式是将过程视作配置中最重要的要素，而参与者接近中心，两者直接参与过程，促使过程发生，或在某种方式上受其影响。参与者的性质因此随过程类型的变化而变化，如图 5–3 所示。可以说“过程 + 参与者”的配置构成了小句的**经验中心**。环境成分通过某种方式（如时间、空间、原因等）对经验中心进行**增强**。它们在配置中居于较次要的地位，不能像参与者一样直接参与过程。小句的这一模型见图 5–5 ⑥（第 5.7 节将对该模型做出特定调整）。

如图 5–5 所示，言辞的三重解释是在语法中区分动词、名词及其他词类的基础。这一模式，从某种形式上来说，或许是人类语言的普遍现象。该模式的一种表示形式见表 5–2，实例见图 5–6。其中，过程由非连续性的动词词组 *can... tell* 体现。这一非连续性源于人际意义，而非经验意义。从人际意义上讲，小句的语气是“是 / 非疑问句”，如第四章所述，此类小句体现为定式 ^ 主语的序列，即谓语在主语之后。所以，在该例中，定式：^ *can* 主语：^ *you* 谓语：*tell*。在同源陈述小句中，动词词组不是非连续性的：*you can tell us about the political and cultural makeup of Nigeria*。就小句的经验结构而言，动词词组是否连续并无影响。

---

⑥ 这一系统功能语言学模型产生于 20 世纪 60 年代。在语义视角下的更详细讨论见 Halliday & Matthiessen（1999：第四章）。在其他理论框架中也有类似描述，见格位框架或网络、论元结构等。泰斯尼埃（Tesnière, 1959）做了早期的研究，他将小句描述为一个依赖于从属模型的小型戏剧；和泰斯尼埃一样，许多语言学家也发现了某种类型的组合连续统，从小句的过程组连，到不同类型的参与者，到环境边界或边缘（见 Halliday, 1979）：见 Van Valin & LaPolla（1979）。

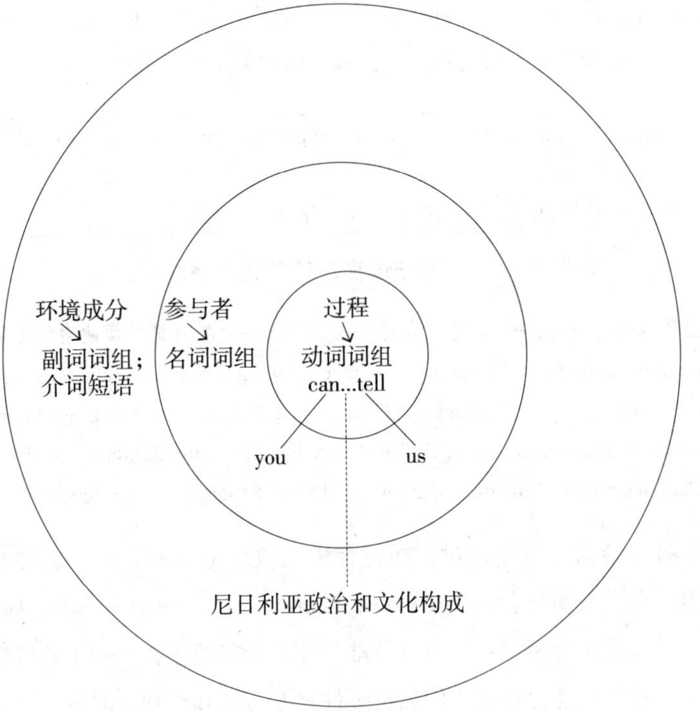

图 5-5　小句经验结构中的核心成分及次要成分

表 5-2　词组及短语的典型经验功能

成分类型	典型体现形式
(i) 过程	动词词组
(ii) 参与者	名词词组
(iii) 环境	副词词组或介词短语

体现小句过程、参与者和环境成分的单位为模拟变化量做出了独特的贡献。作为构成小句“中心”的成分，过程和过程的参与者识解了变化中相互补充的两个方面。两者既是**暂时的，**又是**恒久的**。“暂时”是因为通过充当过程的动词词组，现象可以识解为随着时间的推进而展开；而“恒久”是指，通过充当参与者的名词词组，现象被识解为随时间的流逝在（具体或

抽象的）空间内持续存在。所以，参与者被识解为随时间的推进而表现的相对稳定，一个参与者可以参与多个过程，如叙事文体（见语篇 5-3）。

223	Can	you	tell	us	about the political and cultural makeup of Nigeria
	过 - 动词	参与者 名词词组	- 程 词组	参与者 名词词组	环境 介词短语

图 5-6　小句作过程、参与者和环境成分

语篇 5-3：再创——叙事（笔语、独白）：一个墨西哥民间故事的开篇

During the first part of the nineteenth century, there **was** a lighthouse keeper who was in charge of the lighthouse. His name **was** Felipe. He **was** a brave young man, very dedicated to his work. He **lived** very happily in the lighthouse with his wife, Catalina, and his little daughter Teresa. He **loved** them both very much.

此时，参与者首先通过存在过程进入叙事（*there was...*），并在其他过程中一直充当参与者：*a lighthouse keeper* ... (*his name*) — *he* — *he*— *he*。相反，过程则十分短暂；每个事件都是独一无二的存在——上述段落中的每个 *was* 均为表达存在过程的独特事件。参与者和过程的对照解释了为何参与者既有个体名称（“专有名词”），又有类别名称（“普通名词”），而过程却只有类别名称：所有实义动词均为“普通”动词。这一对比也体现在名词词组和动词词组的不同组织方式上（见表 5-3）：名词词组已经演化出**限定**系统，用于在所指空间内定位指示物，而动词词组则演化出**时态**系统，用于定位某个在特定时间出现的过程（见第六章）。

表 5-3　动词词组和名词词组的指示系统

成分类型	定位	系统	术语
过程↘ 动词词组	指示时间	时态	过去（*did do*） 现在（*does do*） 将来（*will do*）
参与者↘ 名词词组	指示空间	限定	特指（*the/this/that thing; it*） 泛指（*a/ some/any/every thing*）

因此，变化可识解为暂时的，又可识解为是恒久的，而经验现象则被识解为暂时的过程，或恒久的参与者。两者之间的界限并不确定；每种语言在话语中处理现象的方式也有很大不同，在词汇语法上的边界千 224
差万别。例如，在英语中，*rain* 和其他形式的降水既可以被识解为过程，如 *it's started to rain again*，也可以被识解为参与者，如 *the rain's started again*。这一区域非常不稳定；但大多数现象要么被视为过程，要么被视为参与者，且必须通过隐喻重新识解，改变它们在语法中的地位：例如，*purchases of durables depend on prior stock*（耐用品的购买取决于之前的库存），购买过程被物化为参与者，在语法中体现为一个带有小句结构特点的名词词组（见第十章，第 10.5 节）。

过程、参与者和环境的概念是语义范畴，它们以最为概括的方式解释了现实世界中的现象如何被语言结构识解。然而，由于这些概念过于笼统，解释力不强，因此在解释小句语法时，不能直接照搬，而是需要弄清楚过程和参与者的更具体的功能。例如，就参与者功能而言，它随表征的过程类型而变化。不过，所有功能都来自这三个概括性范畴，且与它们相互关联。下列小节将探讨构成英语语法的不同过程类型以及与每个过程类型系统相关的特定的参与者角色。第 5.6 节将讨论进入小句的不同类型的环境成分。

5.2　物质小句："做事"和"发生"过程

5.2.1 介绍性示例

如表 5-1 的例子所示，"物质"小句是关于"做事"和"发生"的小句："物质"小句将事件流中的变化识解为随能量输入而发生的变化。此类小句在访谈中的作用由表 5-1 可见（节选自本章末尾的语篇 5-17）。以下语篇出自"物质"小句占主导的一则语篇中的片段，该片段指导读者如何分步骤开展园艺工作。该例展现了"物质"小句是如何建构步骤的：

语篇 5-4：使能语篇——指导（笔语、独白）：园艺步骤节选

Each year, **replace** the fruiting rod by **tying down** a lateral in its place. Either **tie down** 1 shoot and **cut** it **off** where it meets the next vine, or **tie down** 2, one each way, and **cut** them where they meet the neighbouring lateral. This is called the Double Guyot. (Mary Spiller, *Growing fruit*, 1982, Penguin Books.)

“物质”小句将步骤识解为一系列由受指导者做出的具体变化，即暗含的“*you*”（可以明确化，如 *you replace the fruiting rod*）。在上述例子以及普遍意义上的“物质”小句中，导致发生变化的能量来源一般都被识解为参与者——**动作者**。这一参与者角色曾在第二章介绍过，早先使用的术
225 语是“逻辑主语”。动作者指行为的实施者，即带来变化的人[7]。在指导性文本中，如上例，动作者一般也是主语——即在情态上决定提议或命题的成分，如 *replace the fruiting rod, won't you*？（把果杆换掉，好吗？），但如第二章的图 2-14 所示，动作者和主语在“被动句”或“受动句”中有所区分，如 *fruiting rod was replaced by the gardener* (*wasn't it?*)（园丁换掉了果杆（不是吗？））。这里的动作者并未在人际意义上被“赋予”主语角色，而是在较低的附加语的地位，因此可以省略：*the fruiting rod was replaced*（果杆换掉了）。于是，在区分“行为的实施者”（或“变化的实施者”）这一经验概念和“情态的决定者”（或“被赋予论据核心地位者”）这一人际概念时，必须谨慎。

所有过程类型均随时间展开；但过程展开的方式随过程类型的变化而有所不同。尤其是“物质”过程一般与其他所有过程不同（除部分“行为”过程外，如下文所示），这体现在现在时的报道方式上。未标记的

---

⑦ “物质”小句的“动作者”（Halliday, 1967/8）与“施效”小句的“施事者”有所不同；如第 5.8 节所示，两者代表了对小句经验组织的不同概括。在语言学中，“施事者”和“动作者”在术语使用上有很大不同。例如，迪克（Dik, 1978: 37）的“施事者”（与“目标”结对）接近本书的“参与者”，而弗利和范瓦林（Foley & van Valin, 1984: 29ff）的“动作者”（与“经受者”（undergoer）结对）则接近本书的“施事者”。

时态选择是现在中的现在（例如，*is doing*），而非一般现在时（例如，*does*，参照第六章，第 6.3.4 节）：

We**'re** all **eating** now. [UTS/Macquarie Corpus: Bandon Grove]

Who**'s acting** for him, Jane? — Well we **are**. [UTS/Macquarie Corpus: Bandon Grove]

He's always here; he**'s living** up there now. [UTS/Macquarie Corpus: All men 3]

We need to take more initiative in showing how the halting progress we **are making** across the broad front of understanding really **is improving** our ability to deal with specific problems. [Global Change and the Changing Atmosphere]

习惯和"一般真理"通常使用一般现在时的"物质"小句，而"现在中的现在"则将其中延伸了的现在**压缩**在当下；对比 *we're all eating now: we all eat out on Saturdays*（我们现在都在吃饭：我们周六都出去吃饭）［习惯性事件］；*the progress is improving our ability: the progress improves our ability*（进步在提升我们的能力：进步提升我们的能力）［概括性事件］[⑧]。

5.2.2 及物和不及物物质小句

我们先回顾一下："物质"小句中总是存在一个参与者——动作者。它随着时间的推进推动过程展开，结果与初始阶段有所不同。它可能局限于动作者自身，此时仅有一个固有参与者，从而表征**发生**，传统上称为**不及物**小句（见下文）。过程的展开还可能延伸到另一个参与者——目标，并对其产生某种影响：结果首先体现在目标，而非动作者上。此类"物质"小句表征"做事"，可以称之为**及物**小句。两者的对比见图 5-7 中的示例。 226

⑧　该时态最常用的名称"现在进行时"（present progressive; present continuous）并未突显"现在中的现在"所具有的缩小范围的效果。

（a）

the lion	sprang
动作者	过程
名词词组	动词词组

（b）

the lion	caught	the tourist
动作者	过程	目标
名词词组	动词词组	名词词组

图 5-7 “不及物”物质小句（a）表征发生，
“及物”物质小句（b）表征做事

两个小句中的动作者（由名词词组 *the lion* 体现）均为固有参与者，表示狮子在这两种情况下，做了什么；但在（a）中，“做事”局限于狮子，而在（b）中，“做事”指向或延伸到游客（*tourist*），也即目标。该术语暗含“指向”的意味；用来表示该功能的另一个术语是“受动者”，表示过程的“承受者”或“经历者”⑨。本书的分析保留人们更熟悉

⑨　注意，“目标”（Goal）指受影响的目标——参与者被识解为受到实施过程的动作者的影响（该术语也被迪克（Dik, 1978: 37）在其“功能语法”框架中：“施事者的行动所针对的实体”中所采用）。从意义上看，所影响的目标明显不同于终点（不过最终还是与其相关）——即动作过程的终点，如旅程的目的地。因此，在 *he came to a thicket*（他来到一片灌木丛）中，介词短语 *to a thicket* 并非目标，也非参与者；相反，它表示地点的环境，更具体地说，是表达终点的地点。除了“目标”和“受动者”（patient）这些术语外，在不同描述性概述中所出现的其他术语还有“对象”（object）、“目标”（objective）、“主题”（theme）、“目标”（target）和“经受者”（undergoer）等。菲尔墨（Fillmore, 1968 : 25）在他那篇诞生了“格语法”且影响深远的论文中并未使用“受动者”这个术语，而其最为接近的术语是“客观”格，表示“语义上最中立的格”。在 20 世纪 60 年代，格鲁伯（Gruber, 1976: 38）使用“主题”（源于 Jackendoff, 1972）这一术语表示“被视为正在运动或经历过渡阶段的实体”。生成语言学广泛使用的是“主题”的经验意义（区别于 20 世纪早期布拉格学派所使用的语篇意义：见第 3 章）。毫无疑问，这些不同的术语并非同义。只有和语言及物性语法不同描述中的其他术语一起，才可以对其进行解释；理论上看，这些描述在整个语言模型中的位置各不相同：它们本质上可以是语法、词汇或语义的描述。

的“目标”这一术语（源自 Bloomfield, 1933: 135；在韩礼德（Halliday, 1967/8）的系统理论中有介绍），不过它们都不太准确；相关的表述应该是“被过程延及的对象”。“延及”这一概念实际上已体现在传统术语“及物”和“不及物”上，“及物性”这一术语也起源于此。根据这一理论，动词 *spring* 被视作不及物的（“未经历”），而动词 *catch* 则是及物的（“经历”——即延及到某个其他实体）。这是对两者差异的精确描述；但 227
其条件是：在英语和其他许多语言，甚至可能是所有语言中，更确切地说，这些概念与小句而非动词相关联。及物性是小句的系统，影响的不仅包括充当过程的动词，还涉及参与者和环境[10]。

“动作者”可以解释不及物小句和及物小句；这样就可以进一步假设，*the lion* 在两个小句中的功能相同。在两个小句中，*the lion* 均被识解为“做”了某事，从而使过程就此展开。与该假设相关的是，由于希腊语、拉丁语、现代德语和俄语等印欧语言中的名词都有“格”标记，*the lion* 在（a）（b）两句中均为主格（nominative case），*the tourist* 为间接格（oblique case），一般为宾格（accusative case）；这表明，*the lion* 在两个小句中的功能是一致的。这点在英语中也有所体现；虽然名词没有格，但人称代词有，所以如果用人称代词代替名词 *lion* 和 *tourist*，就会有 *he sprang* 和 *he caught him*。这一点很有启发意义；毫无疑问，格的分布形式是有一定道理的。但这只是一个方面。首先，并非所有过程一定具有相同的语法；其次，即使如此，也有不止一条原则在起作用。第一点将在第 5.2 至 5.4 节讨论，第二点在第 5.7 节讨论。

对于物质小句而言，“动作者”和“目标”概念后的假设是有效的，但是我们会看到，对其他过程类型来说并非如此。物质小句是识解“做

---

[10] 在依赖模型（dependency model）中（可追溯到 Tesnière, 1959），这一解释会有所不同，动词被视为小句的“中心”（head）。但本书使用级阶成分关系模型，即小句和动词构成了不同的级阶领域（见第二章）。级阶成分模型更受青睐的原因之一是，需要区分作及物性域的小句和作时态及其他纯动词系统域的动词，或更准确地说，动词词组。

事-发生”的言辞，表示某个实体“做”了某件事——这个“做”有可能“针对”其他实体。因此可以按照这样的方式对此类过程进行提问或“探问”（probe）（见第四章，图4-18）：*what did the lion do? what did the lion do to the tourist?*（狮子做了什么？狮子对游客做了什么？）另一方面，从游客的角度来看，该过程并非做了什么，而是“发生”了什么；因此还可以说 *what happened to the tourist?*（游客身上发生了什么？）于是，如果动作者和目标在过程中同时出现，就可以采用下列两种表征方式：要么是**施动句**（主动句）*the lion caught the tourist*（图5-8），要么是**受动句**（被动句）*the tourist was caught by the lion*[11]。请注意图5-9的分析（有关 *by* 的重要性，见下面第5.7节）。“施动”和“受动”之间的对比，是“及物”小句在**语态**上的对比，见图5-10系统网络的下半部分。两个小句的经验意义相同，均表征“动作者＋过程＋目标”的配置。但这些角色在情态结构中映射人际功能的方式并不相同。在“施动”小句中，动作者映射到主语上，所以它承担情态责任，在“非标记性”（陈述句）情况下，它也是主位；目标映射到补语上，因而在“非标记性”小句中，它是述位的一部分。但是，在“受动”小句中，目标映射到主语上，所以它承担了情态责任，并且作“非标记性”小句的主位；动作者在小句述位中充当附加语，可以被省略：*the tourist was caught by the lion: the tourist was caught*。

228

The lion	caught	the tourist	
动作者	过程：主动	目标	
主语	定式	谓语	补语
语气		剩余部分	
主位	述位		

图5-8　施动性及物物质小句

⑪　我们有必要将小句层面上语态的对比（施动/受动）与动词词组层面上语态的对比在术语上（主动/被动）区分开来（见第六章，第6.1节）：比较 Halliday（1967/8）。

The tourist	was	caught	by the lion
目标	过程：被动		动作者
主语	定式	谓语	附加语
语气		剩余部分	
主位	述位		

图 5-9 受动性及物物质小句，过程由被动动词词组体现

5.2.3 "做事和发生"的类型

目前为止，本章已经讨论了"物质"小句的普遍属性。"物质"小句的特定次类还有其他具体的特征。例如，第 5.1 节曾指出，物质小句范围广泛，包括事件、活动、有灵动作者和无灵动作者的动作。但是在描写的精密度上可以深入几步，对物质小句的某些特征进行区分。为此，我们需要讨论物质过程随时间的推进而展开的本质。

物质小句表征的各种变化可以识解为经历不同的发展阶段，通常间隔较短——至少包括一个初始阶段和一个单独的最终阶段，如 *tying down*，*replacing*，*cutting off* 以及 *cutting*。最终阶段是过程的**结果**：它表征了物质小句其中一个参与者在某些特征上的变化。在上述描述园艺工作步骤的语篇中，结果是新枝被修剪或砍掉等等：程序性指导语篇通常涉及物质结果的实现。

影响"不及物"小句中动作者和"及物"小句中目标的结果，在本质上是区分"物质"小句中更为精密的子类的概括性标准[12]。最概括的是下 230

⑫ 从下文（第 5.7 节）可见，与传统的及物 / 不及物模型不同，不及物小句中的动作者和及物小句中的目标实际上可以视为具有相同的身份——中介（medium）。因此，区分"物质"小句中不同子类首先是以中介 + 过程的组合为基础。按照传统模型，应该是以动作者 + 过程的组合为基础；然而，虽然该组合被行动理论派的语言哲学家们所青睐，但相比基于中介 + 过程的组合的差异而言，基于动作者 + 过程的组合的差异，如生命性、支配力和意愿性等方面，对"物质"小句系统来说，并不是最核心的。事实上，及物性语法重点关注的是意识，而非生命性（animacy）、支配力（potency）或意愿性（volitionality）：见下文第 5.3 节。

列两种小句的对比：(i)“创造类”小句，动作者或目标被识解为随过程展开而诞生；(ii)“转化类”小句，预先存在的参与者或目标被识解为随过程展开而被改变：见图 5-10。示例见表 5-4。

229

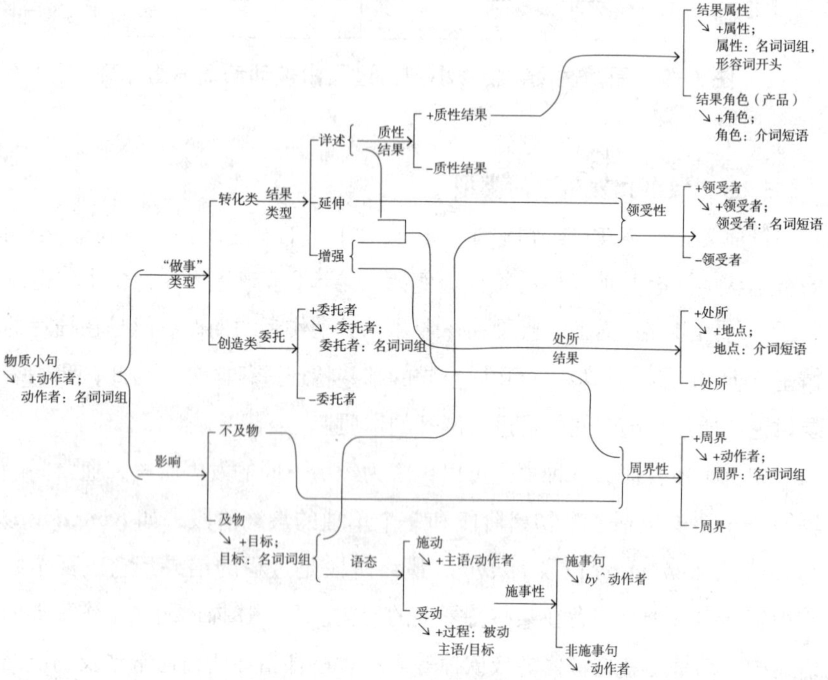

图 5-10　物质小句系统

表 5-4　“做事”的类型：“创造类” / “转化类”

	创造类		转化类	
	不及物	及物	不及物	及物
What happened?	*What **happened**? — Rocks formed.*	*What **happened**? — The pressure formed rocks.*	*What **happened**? — The rocks broke (into small pieces).*	*What **happened?** — The pressure broke into rocks (into small pieces).*
			*What **happened**? — He ran (away).*	*What **happened**? — She chased him (away).*

续表

	创造类		转化类	
	不及物	及物	不及物	及物
*What **happened** to X?*	*What **happened** to rocks? — They formed.*	*What happened to rocks? — * The pressure formed them.*	*What **happened to** the rocks? — They broke (into small pieces).*	*What **happened to** the rocks? — The pressure broke them (into small pieces).*
*What did X **do**?*		*What did the pressure **do?** — It formed rocks.*		*What did the pressure **do**? — It broke the rocks (into pieces).*
			What did he do? — He ran (away).	*What did she do? — She chased him (away).*
*What did X **do to** Y?*		*What did the pressure **do to** rocks? — *It formed them.*		*What did the pressure **do to** the rocks? — It broke them (into pieces).*
				*What did she **do to** him? — She chased him (away).*

（i）在“**创造类**”**小句**中，结果是动作者（不及物）或目标（及物） 231
的诞生。因此，结果就是这个参与者本身，小句中没有单独的成分表征结果。过程由动词如*form*，*emerge*，*make*，*create*，*produce*，*construct*，*build*，*design*，*write*，*compose*，*draw*，*paint*，*bake*等体现。例如：

（a）不及物

'*An icicle* **formed** in the cold air of the dining vault.' [ACE_P]

In addition, *the iodoamino acid* **formed** in largest quantity in the intact thyroid is di-iodotyrosine. [BROWN1_J]

Limestone **can form** in many ways || as shown in Table 4-4.［语篇 68］

He is of the view that the writer's use of one language or the other is determined by the objective conditions under which *the spiritual life of the given people* **is developing**. [KOLH_A]

（b）及物

Well, *he* **was making** a cubby house a minute ago.［语篇 76］

I **started writing** short stories while I was at Yale.［语篇 7］

These **are formed** *by chemical precipitation, by biological precipitation, and by accumulation of organic material.*［语篇 68］

Given plenty of advance notice, ... *businesses* **have printed** new stationery and supplies. [News/Britain Readies to Change Numbers]

甚至动词 *do* 也可以用来表示创造，通常后接符号产物，如戏剧、电影或书：*I* ***did*** a book called Sand Rivers*, just before the Indian books*。在“创造类”小句范畴内，或许还可以加入创造阶段，如 *Then I started my first novel*（然后我开始创作第一本小说），*started* 可以解释为 *begin to write*（开始写）[13]。（但是，“摧毁”过程在语法中似乎被归入“转化类”而非“创造类”：*but the wild places were being destroyed in many parts of the world; the bar and all the marble fittings of the interior were painstakingly dismantled.*）

⑬　比较第 8.5 节关于主从动词词组复合体中过程相的讨论。在主从动词词组复合体中，相（开始、持续；尝试，成功；等等）是对过程自身的扩展；但在此节讨论的例子中，相本身就被识解为一个过程。此类例子可能包括一个本质上是“事件性”的参与者，如 *the music has started in the ballroom*（音乐在舞厅里开始了）; *the war had started*（战争已经开始了）; *the 'excellent' relationship would continue*（这种“优质”关系会持续）; *(he) had started the voyage as an ordinary seaman*（他作为一名普通海员开始了这次航行）; *you continue your journey*（你继续旅行）；某些动词仅限于与特定名词搭配，如 *dawn* + 时间段，如 *day*：*Marathon day dawned a little foggy and cool*（马拉松比赛的那天有点雾，天气凉爽）。此类小句逐渐变为带相动词词组复合体的小句的隐喻变体；过程相中的参与者是由名词化结构作中心语的名词词组体现的物化过程：*the next dance started*（下一支舞开始了）; *preparation started*（准备工作开始了）; *the current decline in population continues*（目前人口继续下降）; *(he) immediately started constructions again*（（他）立即重新开始施工）; *his widow started the circulation of petitions*（他的遗孀开始传阅请愿书）。

（但是在世界的许多地方，荒野被破坏；室内的栏杆以及所有的大理石装饰都被费力地拆掉）。不及物创造类小句表示“开始存在”，逐渐变为 232 “存在”小句（见下文第 5.5.3 节）。一个区别体现在非标记性现在时上，即在物质小句中是现在中的现在（如 *the spiritual life ... is developing*），而在存在小句中是一般现在时。另一个区别是，存在小句可以以 *there* 为主语，但创造类物质小句不可。因此，下列例子：

A similar pattern **emerges** for the country's 1.7 million prisoners.［语篇 1］

具有一个带 *there* 的同源变体：*there emerges a similar pattern*。

（ii）在“**转化类**”**小句**中，结果是一个已经存在的动作者（“不及物”）或目标（“及物”）在某个方面的变化。因此，*she painted a portrait of the artist*（她画了一幅艺术家的肖像）是创造类，因为结果是 *portrait* 的诞生，而 *she painted the house red*（她把房子涂成红色）是转化类，因为结果是房子色彩的改变。在个别情况下，最终阶段的结果是维护初始阶段的状况，如 *hold it vertically in your hand*——即别让它倒下或改变位置（在 Painter（1999）的第 108 页中有一个四岁孩子对平衡的定义：*balance means you hold it on your fingers and it doesn't go*（平衡的意思就是把东西放在指头上，它不掉下来））。

与“创造类”小句不同，“转化类”小句常常使用单独的成分表征结果（见下文），如在 *she painted the house red* 中，*red* 是属性，明确了目标的结果状态（见 Halliday, 1967b: 62－66 / 2005: 32－37）。即使在结果是过程固有的意义时，它也可能由短语动词的“分词形式”表达（见第六章，第 6.3.6 节），如 *shut down*，*turn on*，*start up*，*tie up*，*cut off*，*rub out*，*throw away*，*use up* 和 *fill up* 等。及物转化类小句的目标先于过程存在，并随着过程的展开而改变。因此，可以通过 *do to* 和 *do with* 这种特殊的“操纵型”结构探问，如下列叙事段落所示。

语篇 5-5: 再创——叙事（笔语、独白）

Father McCarthy told him that he should not have more than one wife. 'What then should *he* **do with** the second wife?' he asked. **Should** *he* just **turn** her **out** to starve? If *he* **sent** her **back** to her parents, they would certainly not return the bride-price with which he had bought her. Oh, no, said Father McCarthy, *he* **should keep** her, but *he* **should not use** her as a wife. [LOB_G]

例句中的 *turn...out*，*sent...back*，*keep* 和 *use* 均为转化过程的实例。不及物转化类小句的动作者可以通过 *happen to* 探问，如 *You know what could have happened to them*?（你知道他们会发生什么吗）— *They could have fallen through the hole on the deck*（他们可能是从甲板上的洞里掉下来的）。在创造类小句中既不能使用 *happen to* 也不能使用 *do to/with*：见表 5-4。因此，不能说 *what he did to a cubby house was make it*，因为 *do to*"操控型"结构预设了"动作对象"的事先存在。

"转化类""物质"小句涵盖的范围比"创造类"大得多。一直以来，很难为这一语法范畴找到一个恰当的术语，我们必须在相关的系统对比的语境下理解。所以，"转化"的意思是动作者（不及物）或目标（及物）先于过程存在，并随着过程的展开而发生这样或那样的改变。转化的结果
233 是：对动作者（不及物）或目标（及物）的（1）详述，（2）延伸，（3）增强，如图 5-10[⑭] 中的系统网络所示。例如：

（1）详述

Beat the butter and sugar ***to a cream***. [LOB_E]

Be careful || that *they* **do not boil *dry*** || and catch. [LOB_E]

The breeding flock **was reduced *to 30 ewes***. [LOB_E]

---

⑭　在第 5.4 节可见这三类结果对应关系小句的三种关系类型：详述（内包型关系小句）、延伸（属有型关系小句）和增强（环境型关系小句）。

（2）延伸

When he first sees light machine-guns **being assembled**, || his stomach goes cold. [LOB_K]

Too many books and articles **are** just **assembled** || by putting one word after another. [BROWN1_C]

I've got some cake here; || look, *she* gave **me** that.［语篇 10］

When you leave || *you* **will give her** your little present || as you thank her || for looking after you. [LOB_E]

He **was awarded** in 1980 the A.C. Benson Medal by the Royal Society of Literature.［语篇 152］

（3）增强

He **threw** green stuff ***on it***, || and *a thin blue column of smoke rose*. [BROWN1_F]

I*'ll put** him ***in the shower.［语篇 76］

I **limped back** *to the door.* [LOB_N]

Ferris's face turned a deep red || *as his blood pressure* **rose**. [ACE_N]

在这些不同类型的物质小句中，充当过程的动词示例见表 5−5。虽然例子分为“不及物”和“及物”两列，但许多动词既可是及物的也可是不及物的——这是当代英语词汇语法的一个有趣特征，我们将在下文第 5.7 节解释。表中任意一行的示例都可以进一步探讨，从而揭示处于词汇和语法交界处的范式（见第二章，图 2−6）；其中，许多词在语言学文献中已有所探讨（如 Levin, 1993; Matthiessen，即将出版，根据过程类型系统，对前者的动词词类的分类）。哈桑（Hasan, 1985a, 1987）也系统描述了某些“延伸”类过程；她的模型使得语法描写在精密度上向词汇差异一端延伸。在这些研究中，语料库是提供语料佐证的宝贵来源（见 Neale, 2006）。

在“转化类”小句中，受影响的参与者通常识解为发生了根本性变化。过程包括几个明确的阶段，在初始阶段和最终阶段（即结果[15]）之间存在明确差异；但过程可能随时间变化日趋统一，示例如下：

234 *I* **served** in World War II.［语篇 7］

Below, in the Champs Elysees, *the cars* **glittered** in the sun and *the pedestrians* **were dappled** by leaf shadows. [LOB_P]

While I was in Paris I had written a non-fiction piece for The New Yorker ... together with Ben Bradlee, *who* now **runs** The Washington Post and was also in Paris at that time.［语篇 7］

此时，结果是过程持续不断的展开；动作者使得这一过程得以持续。这种“结果”可以解释为“详述”；过程的实施保证了不及物小句中的动作者或及物小句中的目标具有某种特征，如可操作性。

表 5-5 不同类型物质小句中充当过程的动词示例

<table>
<tr><th></th><th></th><th></th><th>不及物</th><th>及物</th></tr>
<tr><td rowspan="4">创造类</td><td rowspan="3">一般</td><td rowspan="3"></td><td>appear, emerge, occur, happen, take place</td><td></td></tr>
<tr><td colspan="2">develop, form, grow, produce</td></tr>
<tr><td></td><td>create, make, prepare</td></tr>
<tr><td>具体</td><td></td><td></td><td>assemble, build, construct; compose, design, draft, draw, forge, paint, sketch, write; bake, brew, cook; knit, sow, weave; dig, drill; found, establish; open, set up</td></tr>
<tr><td rowspan="2">转化类</td><td rowspan="2">详述</td><td>状态</td><td colspan="2">burn, singe, boil, fry, bake, dissolve, cool, freeze, warm, heat, melt, liquefy, pulverize, vaporize, harden, soften</td></tr>
<tr><td>构成</td><td colspan="2">blow up, break, burst, chip, collapse, crack, crash, explode, shatter, tear; mend, heal</td></tr>
</table>

⑮ 比较第六章，第 6.3.6 节中关于带有完结性或方向性意味的短语动词。

续表

<table>
<tr><th></th><th colspan="2"></th><th>不及物</th><th>及物</th></tr>
<tr><td rowspan="20">转化类</td><td rowspan="20">详述</td><td rowspan="3">构成</td><td>erupt</td><td>crush, demolish, destroy, damage, mash, smash, squash, wreck</td></tr>
<tr><td colspan="2">chop, cut, mow, prune, slice, trim（不及物：‘easily’）</td></tr>
<tr><td></td><td>axe, hack, harpoon, knife, pierce, prick, spear, skewer, stab, sting</td></tr>
<tr><td rowspan="2">表面</td><td colspan="2">polish, rub, dust, scratch, wipe（不及物：‘easily’）</td></tr>
<tr><td></td><td>brush, lick, rake, scrape, shave, sweep</td></tr>
<tr><td>大小</td><td colspan="2">compress, decompress, enlarge, extend, expand, grow, stretch, reduce, shrink, shrivel</td></tr>
<tr><td>形状</td><td colspan="2">form, shape; arch, bend, coil, contort, curl, uncurl, curve, deform, distort, fashion, flatten, fold, unfold, stretch, squash, twist</td></tr>
<tr><td>年龄</td><td colspan="2">age, ripen, mature, modernize</td></tr>
<tr><td>数量</td><td colspan="2">increase, reduce; strengthen, weaken</td></tr>
<tr><td rowspan="2">色彩</td><td colspan="2">colour; blacken, whiten; darken, brighten, fade; solarize</td></tr>
<tr><td>blush, redden, yellow, pale</td><td></td></tr>
<tr><td rowspan="3">光亮</td><td>twinkle; glimmer, glisten, glitter, gleam, glow, flash, flicker, sparkle, shimmer</td><td></td></tr>
<tr><td colspan="2">shine</td></tr>
<tr><td></td><td>light, illuminate</td></tr>
<tr><td rowspan="2">声音</td><td>boom, rumble, rustle, roar, thunder, peal</td><td></td></tr>
<tr><td colspan="2">chime, toll, sound, ring</td></tr>
<tr><td rowspan="4">外部（覆盖物）</td><td colspan="2">peel, skin, peel（不及物：‘easily’）</td></tr>
<tr><td></td><td>bark, husk, pare, scalp, shuck</td></tr>
<tr><td></td><td>cover, strip, uncover, remove, drape, paper, plate, roof, unroof, wall-paper, shroud, wrap, unwrap</td></tr>
<tr><td></td><td>clothe, attire, dress, strip, undress, robe, disrobe</td></tr>
</table>

235

续表

<table>
<tr><th></th><th colspan="2"></th><th>不及物</th><th>及物</th></tr>
<tr><td rowspan="11">转化类</td><td rowspan="6">详述</td><td>外部（覆盖物）</td><td></td><td>coat; butter, enamel, gild, grease, lacquer, paint, pave, plaster, stucco, tar, varnish, veneer, whitewash</td></tr>
<tr><td>内部</td><td></td><td>gut, disembowel, dress, pit</td></tr>
<tr><td>接触</td><td></td><td>hit, strike; bump; knock, tap; punch, slap, spank; elbow; kick; belt, cane, shoot, stone, whip</td></tr>
<tr><td>开关</td><td colspan="2">open, close, shut</td></tr>
<tr><td rowspan="2">操作</td><td colspan="2">run, operate, work; ride, drive, fly, sail [还有运动类]</td></tr>
<tr><td></td><td>captain, command, rule, govern; bring up, nurse, mother</td></tr>
<tr><td rowspan="5">延伸</td><td rowspan="4">属有</td><td></td><td>give; offer; tip; advance; bequeath, will, leave, donate, grant, award; cable, fax, post, mail, e-mail, hand; deliver, send; lend, lease, loan; deny (sb sth; sth to sb)</td></tr>
<tr><td colspan="2">hire，rent，sell</td></tr>
<tr><td></td><td>feed, serve, supply, provide, present, furnish (sb with sth; sth to sb)</td></tr>
<tr><td></td><td>deprive, dispossess, divest, rob, strip, cheat (sb of sth); acquire, get, take, grab, steal, pilfer, buy, borrow, hire, rent (sth from sb)</td></tr>
<tr><td>伴随</td><td colspan="2">join, meet; assemble, accumulate, collect, cluster, crowd, flock, herd; separate; disassemble, disband, disperse, scatter, spread</td></tr>
<tr><td></td><td>增强</td><td>运动：方式</td><td colspan="2">bounce, gyrate, rock, shake, tremble, spin, swing, wave; walk, amble, limp, trot, run, jog, gallop, jump, march, stroll; roll, slide; drive, fly, sail</td></tr>
</table>

236

续表

			不及物	及物
转化类	增强	运动：地点	come, go	bring, take
			approach, arrive, reach, return; depart, leave; circle, encircle, surround, cross, traverse; enter, exit, escape; follow, tail, precede; pass, overtake; land, take off	
			down, drop, fall/fell, rise/raise; capsize, overturn, tilt, tip, topple, upset	

5.2.4 不同类型的物质小句及其他参与者角色

上文已经讨论了物质小句中的两个参与者角色：动作者和目标。动作者是不及物物质小句和及物物质小句中的固有参与者；目标仅是及物小句的固有参与者。除了这两个角色，还有其他一些参与者角色可能参与“物质”小句；它们是：**周界**（Scope）、**领受者**（Recipient）、**委托者**（Client）以及（不太常见的）**属性**（Attribute）。例如：

周界：

Then cross **Hyde Park and the Domain** to the Art Gallery of N.S.W.［语篇 22］

the administration was not optimistic of reaching **a final deal** before George W. Bush becomes president on Jan. 20.［语篇 108］

The British brought this rather complex association into being as one nation and ruled it until 1960 when Nigeria achieved **independence**.［语篇 16］

领受者：

Did Kerry give **you** those files there?［语篇 72］

One of the most important posts was given to **Tsai Ying-wen**.［语篇 13］ 237

She had been given medicine which kept her husband sedated for short periods.［语篇 24］

委托者：

The last phrase he told me was that our fate is to build **for our children** an assuring future.［语篇 66］

Do you want us to make up the full pallet **for you**? [UTS/Macquarie Corpus]

She's poured **herself** a mineral water. — Just a plain water but I think maybe I should have something fizzy. [UTS/Macquarie Corpus]

属性：

Mr. Bannister described how an unarmed black American, Mr. William Whitfield, was shot **dead** in a New York supermarket on Christmas Day last year when an officer mistook the keys he was carrying for a gun.［语篇 2］

They stripped her **clean** of every bit of jewellery [[she ever had]].［语篇 24］

在这四种参与者角色中，**周界**在上节介绍的不同类型的"物质"小句中最为普遍；但它们比动作者和目标更为受限。图 5-10 展示了这些参与者角色在"物质"小句子类中如何分配；示例见表 5-6。

领受者和**委托者**的功能比较类似，均识解受益角色（见 Halliday, 1967/8: 51-58/2005: 19-27，及下文第 5.7.3.1 节），表征参与者从过程的实施中受益，要么获得商品，要么得到服务。领受者是接受商品的对象；委托者是接受服务的对象。两者是否和介词搭配，取决于它们在小句中的位置（*gave John the parcel, gave the parcel to John*）；介词 *to* 接领受者，*for* 接委托者。如要判断带 *to* 或 *for* 的介词短语之后是为领受者还是委托者，标准是它是否可以在没有介词时合理存在。在 *she sent her best wishes to John* 中，*to John* 是领受者（*she sent John her best wishes*）；在 *she sent her luggage to Los Angeles* 中，*to Los Angeles* 不是领受者，而是关于地点的环境成分（不说 *she sent Los Angeles her luggage*）[16]。委托者一般比领受者

⑯ 有些带 *give* 的小句，尽管表面上看似有属有关系的转移，但实际不然，因为它们并不体现"+ 介词"与"- 介词"时的对比意义。这些小句包含一个名词化动词作参与者，如 *give somebody a kick/punch/kiss/hug*。虽然可以说 *he gave the dog a kick*，但不太可能说 *he gave a kick to the dog*。此类小句实际上是 *kick*，*punch*，*kiss*，*hug*. 等动词充当过程的小句的略微的隐喻变体：*he gave the dog a kick: he kicked the dog*。这说明名词化动词实际上是周界（见下文），

更为受限；在 *I'm doing all this for Mary* 中，*for Mary* 不是委托者，而是表示起因的环境（利益（Behalf）；见下文第 5.7 节）。例如，在 *Fred bought a present for his wife/ bought his wife a present* 中，*(for) his wife* 是委托者。

表 5-6 "做事"的类型及"物质"小句中的其他参与者 238

		不及物	及物 + 目标
创造类		*Icicles formed.*	*They built a house.* + 委托者： *They built me a house.*
转化类	详述	They washed. They played. + 周界（过程）： They played **a game of tennis.** + 周界（实体）： They played **the piano.**	They washed the plates. + 属性（结果性）： They washed the plates **clean.** + 角色（产品）： They cut it **into cubes.**
	延伸		They donated a house. + 领受者： They gave **him** a house. + 伴随： provide sb with something
	增强	She crossed. + 周界（实体）： She crossed **the room.** + 地点： She crossed (the room) **into the opposite corner.**	She threw it. + 地点： She threw it **across the room.**

（接上页）而非目标；起初看似领受者的参与者，实际上被识解为目标（因而可以通过 *do to/ with* 提问）：［动作者：］*he*［过程：］*gave*［目标：］*the dog*［周界：］*a kick*（比较 *what he did to the dog was give it a kick*，但不是 *what he did with the kick was give the dog it*），而非 *he gave a kick to the dog*，如果是这个结构，我们会把它分析为［动作者：］*he*［过程：］*gave*［目标：］*a kick*［领受者：］*to the dog*。

如表 5-6 所示，领受者和委托者系统地出现在不同的环境中。领受者仅出现在“延伸类”的“及物转化类”小句中，且在这个范畴内，出现在表示动作者的物品所有权发生转移（转移到领受者）的小句中[17]。如下图 5-11 所示，目标此时表征被转移的“物品”（注意，所有权的转移
239 在语法中也可被描述为剥夺某人某物，而不是给予某人某物；在这种模式中，原先的所有人要么被识解为环境成分中的位置来源，如 *take/steal/borrow money from a friend*，要么被识解为目标这一参与者，被转移的物品被识解为环境成分中的内容，如 *rob/deprive him of* [*'in respect of'*] *his money.*[18]）。

对于委托者而言，“服务”同样可以识解为目标，尤其是区别于“转化类”目标，从过程中诞生的“被创造的”目标——“创造类”“及物物质”小句，例如，*he painted John a picture* 和 *built a house* 中的 *a picture* 和 *this house*。但是，由于构成服务的是过程，委托人也可以出现在“不及物”小句中——虽然没有目标，但是要么包含过程 + 周界，如下文的 *played Mary a tune*，要么仅有过程，如 *play for me*。后者不能没有 *for*（不能说 *play me*）；为了它的委托人身份，有必要在末尾加上一个周界成分（*play for me—play a tune for me— play me a tune*）。

---

⑰　因此，它们是物质小句版本的属有型关系小句（见第 5.4.5.2）。福塞特（Fawcett, 1988）将它们视为关系过程而非物质过程。但是，在本书中，它们只是物质小句与关系及存在小句之间的一个一般同源模式：创造类物质小句与存在小句相关，转化类物质小句与关系小句相关（具体来说，详述类转化——内包关系，延伸类转化——属有关系，增强类转化——环境关系）。

⑱　因此，这两个识解所有权转移的经验模型，在英语语法上是截然不同的。“给予类”模型在及物性语法中独树一帜——为动作者 + 过程 + 目标 + 领受者的配置。相反，“剥夺类”模型的特征并不清晰；它基于一个比较概括的模型——参与者 + 环境：(i)（属有物作参与者）参与者 + 过程 + 目标 + 地点（例如，*they took his most cherished belongings from him*）或者 (ii)（原来的所有人作为参与者）参与者 + 过程 + 目标 + 内容（例如，*they robbed him of his most cherished belongings*）。为了解释英语中这两个词汇语法模型之间的关系，不得不上升到语义层上。

I	gave	my love	a ring that has no end
动作者	过程	领受者	目标

图 5-11 带有领受者的物质小句

大多数领受者 / 委托者一般体现为指代人的名词词组，尤其是人称代词，最普遍的是言语角色（*me, you, us*）。例如，在梅 · 韦斯特（Mae West）[19] 的著名台词 *Peel me a grape!* 中的 *me*。但并非一定如此；在 *did you give the philodendron some water?*（你给蔓绿绒浇水了吗？）中，领受者是植物，在 *we... have today been given the rare privilege to be host to the nations of the world on our own soil*（今天，我们……获得了在自己的土地上接待世界各国的难得特权）中，领受者是抽象实体 *privilege*（特权）。当然，领受者也并非是"受益者"：在 *Locusta gave Claudius a dose of poison*（洛卡斯塔给了克劳迪斯一剂毒药）中，克劳迪斯是领受者。

和目标一样，领受者和委托人都受过程影响；不过虽然目标受过程影响，但领受者 / 委托人从过程受益。相反，"物质"小句中的**周界**无论如何也不会受到过程实施的影响[20]。它识解（i）过程发生的领域（如在 *Follow the path and climb some steps which soon divide* 沿着这条路走，爬上一些很快就会分开的台阶中的 *the path*"这条路"和 *some steps which soon divide*"很快就会分开的台阶"），或（ii）过程本身，要么概括，要么具体（如在 *In the morning you'd just wake up in a sweat and have a shower* 早
上醒来时，你会大汗淋漓，洗个澡中的 *a shower*"澡"）。事实上，这两种 240

---

⑲ 译者注：梅 · 韦斯特（Mae West），美国著名女演员、编剧、歌手、剧作家，1893 年出现于纽约布鲁克林，1980 年在加州好莱坞逝世，被美国电影学会评为"百年来最伟大的女演员"之一。

⑳ 在下文（第 5.7.3 节）可见，"物质"小句的周界是小句作格模式中的**范围**（Range）成分。本书的前两版对"物质"小句的范围没有特别的术语，所以，韩礼德（1967/8: 58-62/2005: 27-32）直接将周界称为范围。某些类型的周界在传统语法中一般被称作"同源宾语"。

周界之间没有非常明确的界限，而是沿着一个连续统分布。不论是哪一种，周界仅限于“不及物”小句（仅除带 *give* 的小句；参照下文（ii））：见上表 5-6。这意味着，一个由“名词词组 + 动词词组 + 名词词组”语段构成的物质小句，要么表示动作者 + 过程 + 目标，要么表示动作者 + 过程 + 周界。对两种类型的周界特征进行阐述和举例说明后，我们将讨论两者的差异。

（i）周界所识解的实体，可以独立于过程、但表明过程发生的领域。例如，*you will be crossing some lonely mountains, so make sure you have enough petrol*（你将穿越一些孤独的大山，所以确保有足够的汽油）。在我们的经验中，不论是否有人穿越，山都在那里，这就是语法识解它们的方式——作为可以进入不同过程类型的参与者，*some lonely mountains* 具体说明游客穿越的范围。注意，这不是“做事”的关系；不能说 *what you will do to some lonely mountains is cross them*（表征“做事”的过程，如“夷平”则不同，可以使用 *do to*（针对……做）：*what the mining company did to the mountain was level it* 这家矿业公司对这座山所做的就是将其夷为平地）。同样地，在 *Does Hogey Carmichael play the piano in that?*（霍吉 · 卡迈克尔会弹钢琴吗）中，*the piano* 是周界；在我们的经验中，*piano* 独立于弹奏这个行为而存在，这是语法识解它的方式——作为进入不同过程类型的参与者（比较 *play the piano* 与 *polish/tune/move the piano*）。弹钢琴和爬山之间存在一个差异——钢琴存在的目的就是供人弹奏，否则不会存在。但在这两个例子中，周界是过程的范围，而非过程本身的另一个名称。在 *the boys were playing football*（男孩子们在踢足球）中，尽管也存在一个称为足球的物品，但 *football* 实为运动的名称；它是否指代足球这一物质实体，有疑问。因此，这里就涉及到周界的第二种类型。

（ii）周界也可能根本就不是实体，而是过程的另一个名称；例如：

Has anyone you have known or heard of died ‘**a good death**’?［语篇 24］

So they decide to play **this rather elaborate game of murder** to pep things up.［语篇 119］

在 *I play tennis*（我打网球）中，*tennis* 是周界。网球运动很明显不是一个实体；除了打网球这个行为，也没有网球这样的实体。同样地，在 *sing a song* 中，如果在字典中查找 *song* 这个词，很可能找到的解释是“唱的动作”，而 *game* 的解释是“玩这个动作”。

为什么这些过程被表达为似乎在小句中作参与者呢？换言之，为什么说 *play game* 和 *sing songs*，而不简单说 *play* 和 *sing?* 答案是，这一结构可以进一步确定所发生的过程的数量或种类。“过程周界”的主要类型如下：

概括：	they played games
具体：数量	they played five games
具体：类别	they played tennis
具体：品质	they played a good game

所有这些类型可以结合起来，如 *they played five good games of tennis*。 241

该模式促成了在现代英语中一种十分常见的表达式，例如，*have a bath*（洗澡），*do some work*（工作），*make a mistake*（犯错），*take a rest*（休息）。这里的动词表意宽泛；小句的过程仅由充当周界的名词表达[21]。

英语语法中有各种各样的理由解释为什么这一结构受到青睐。一个

㉑ 叶斯柏森（Jespersen, 1942: 117) 将此类结构中的动词称为“轻动词”（light verb），该术语常常用于研究英语和其他语言（如 Butt, 2003）的当代文献中——另一个术语是“矢量动词”(vector verb)。在诸如 *the candidate dances three dances, Waltz, Foxtrot, Quickstep, with Amateur of Professional partner* [LOB_E]（候选人与业余的专业舞伴一起跳三种舞蹈：华尔兹、狐步、快步）这样的例子中，周界传统上被视为“同源宾语”。保茨马（Poutsma, 1926) 也曾注意到（在本书中称为）“过程 + 周界”的结构，他认为体现过程的动词“意义模糊”，将周界称为“有效宾语”，将这类配置分析为“不及物的”。

主要原因是，与动词不同，这一结构使得名词更有可能以不同的方式被修饰：在下面的例子中，用动词替换名词并非易事，如 *have a hot bath*（洗热水澡），*do a little dance*（跳一会儿舞），*made three serious mistakes*（犯了三个严重错误），*take another quick look*（又快速看了一眼），*gave her usual welcoming smile*（像往常一样热情地冲她笑了笑），*made minor revision*（做了一些小修改）。比较 *the jewellers hadn't done the evaluation yet*（珠宝商还没有做评估），如果周界被过程 *hadn't valued* 替换，一方面，这样就需要一个明确的目标，另一方面，该目标不能通过冠词 *the* 明确。由此产生的名词词组可以作主位，也可以在其他类型的小句中作参与者；例如，*three serious mistakes is three too many*（三个严重的错误就是三个太多）。

将"物质"小句的周界细分为"周界：实体"或"周界：过程"比较有用。周界的例子见下图 5-12。

The dormouse	crossed	the court
动作者	过程：物质	周界：实体

The whole country	is playing	a heavy price
动作者	过程：物质	周界：过程

图 5-12　周界：实体周界与过程周界示例

如上所述，周界一般出现在"不及物"小句（仅有一个直接参与者）中，于是只有一个动作者，没有目标。因此将周界和目标区分开来，并非那么容易：两者均可以是对表过程的动词词组之后的名词词组的解释。在语义上，周界很显然不是过程的参与者——它并不直接促使过程产生、也不受其影响或从中受益；但在语法上，周界被处理为看似作参与者。因此，它可以作小句的主语，如 *five games were played before tea*（喝茶前玩了五局游戏）。

The exception was the finale of the symphony, which **was played** just a shade too 242
fast ... [LOB_C]

Enthusiasm grew, and in a few more months we gave a concert at which the accompanist was the village schoolmaster, and the tenor solo ‘Onaway awake’ **was sung** by the Rector. [LOB_G]

Minor revisions **were made** to the text.

但是，周界和目标之间有一些语法差异。

前面已经提到，周界无法通过 *do to*（针对……做）或 *do with*（用……做）探问，但目标可以。因为没有受到任何影响，周界成分在小句中永远不会附带结果属性（结果属性将在下文阐述），但目标可以。可以说 *they tramped the field flat*（他们把田野踩平了），*the field* 是目标，表示“结果是田野变得平坦”；不能说 *they crossed the field flat*，*the field* 是周界，尽管变得平坦有可能是因为不断的穿越。同样，周界成分永远不能与“产品”（product）类中表达“角色”的环境成分配置在一起（关于“角色”，见第 5.6.2.3 节）。周界一般很少是人称代词，一般也不能被所有格修饰。同时，尽管概括性的周界–受动小句较为常见，如 *this mountain has never been climbed*（这座山从来没有人攀登过），但带有具体动作者的周界–受动小句却非常罕见。因此，目标可以直接变成小句主语，例如，*This teapot wasn't left here by your aunt, was it?*（这个茶壶不是你姑姑留下的，是吗？），但是，让周界这样来承担情态责任却不太常见：*This mountain wasn't climbed by your aunt, was it?*（这座山不是你姑姑爬过的，是吗？）。命题的有效性由 *the mountain* 断定，这听起来显然十分奇怪。

表 5-6 中还有另一个角色，即**属性**。属性隶属于“关系”小句领域，将在下文介绍关系小句时引入。它进入“物质”小句的方式比较有限。在某些具有“详述”结果的小句中，属性可以识解过程完成之后的动作者或目标所具有的结果性品质的状态。如：

They stripped her **clean** of every bit of jewellery she ever had.［语篇 24］

其中，*clean* 充当属性，明确了目标 *her* 的结果性状态。此类属性称为**结果性属性**，仅在少数情况下作参与者。虽然它们不同于环境成分，没有被介词标记，但也不同于真正的参与者，因为不能充当主语。实际上，存在一个与之紧密联系的环境成分——结果性角色或“产品”（见第 5.6.2 节）。

if everything you touch crumbles **into dust and ashes**,［语篇 16］

but she was reduced, by reason of spinal cancer, **into a howling virago**［语篇 24］

还有一个属性的非结果性变体，即**描述性属性**，具体说明动作者或目标参与过程时的状态。例如：

What — so it's not fresh here? You don't get it **fresh**. [UTS/Macquarie Corpus]

As soon as I could, I left the flat and drove home in my utility, sober for once and half-hoping as I always did on the few occasions when I was driving **sober** late at night that I would be picked up by the cops. [ACE_K]

243 在“物质”小句中，属性一直是一个可有可无的附加特征。而在“关系”小句的配置中，它作为固有成分，不能省略。所以，下例是“关系”小句，而非“物质”小句：

the more one sets the record **straight**.［语篇 24］

若没有属性 *straight*，就无法说 *the more one sets the record*。同样，如果带介词 *into* 的介词短语是“关系”小句的固有部分，则它充当小句的属性。如：

I could turn that **into a novel** in a few months.［语篇 7］

该小句与 *I could turn that*（不带 *into a novel*）并不同源。

因此，某些类型的“物质”小句可以与其他参与者——周界、领受者、委托人或属性等配置。在语法中，周界、领受者和委托人明显被视为参与者；比如，它们都可以作“受动”小句的主语。但在参与者和环境成分的连续统上，它们显然位于靠近环境的这一端，这体现在它们在特定条件下，可以通过一个介词标记。实际上，还有某些环境成分被识解为过程的固有成分，这种情况出现在识解参与者在空间中运动的“增强”类小句中：此时，地点环境成分表征运动的终点，有可能是过程的固有成分。例如：

Did these books and articles **put** groceries on the table?［语篇 7］

They carved its image into stone || and **placed** it on their temples and palaces.［语篇 65］

5.2.5 具体物质小句和抽象物质小句

物质小句并不一定表征具体的物理事件，它们还可以表征抽象的“做事”和“发生”，如语篇 5-6 中的财经新闻段落：

语篇 5-6 报道——记载：财经新闻报道（笔语、独白）［语篇 26］

AT&T's stock **slid** 14 percent Tuesday as the company **issued** its first profit warning under chief executive C. Michael Armstrong, **fueling** worries about whether his radical remake of the nation's largest long-distance company **will succeed**. The disappointing forecast, which **came** as AT&T **posted** first-quarter results that met most expectations, **dampened** the enthusiasm **created** by last week's initial public offering of $10.6 billion worth of stock in the company's wireless business. In fact, shares of the new AT&T Wireless Group also **fell** Tuesday even as three major brokerages **initiated** coverage of the stock with a 'buy' recommendation.

这些过程被语法处理为不同种类的行动；比较恰当的探问包括：*What did AT&T's stock do?*（AT&T 的股票做了什么？），*What did AT&T do to the first-quarter results?*（AT&T 对第一季度的业绩做了什么？），这表明可以将 *AT&T's stock*（AT&T 的股票）解释为动作者，*the first-quarter results*（第一季度的业绩）解释为目标。因此，*AT&T's stock slid*（AT&T 股价下跌）是基于具体的 *the car slid*（汽车滑动）（或其他具体实体）构建的，而 *fueling worries*（加剧担忧）是基于具体的 *fueling fires*（火上浇油），*dampened the enthusiasm*（挫伤了热情）是基于具体的 *dampened the fire*（灭火）而构建的等等。

244 但随着过程变得更加抽象，动作者和目标之间的界限更加难以划定。在具体过程中，特定参与者的角色通常比较清晰：如在 *the boy kicked*（这个男孩踢了）中，*the boy* 是动作者，但在 *the boy was kicked*（这个男孩被人踢了）中，*the boy* 是目标，两者具有显著差异。但也必须承认，即使在具体过程中，也有一些动作者是无意识的，因而在某些方面与目标类似，如 *the tourist collapsed*（游客晕倒了）。尽管动词是主动式，但过程表示“发生”而不是“做事”：探问方式不是 *what did the tourist do?*，而是 *what happened to the tourist?*。在更为抽象的过程中，“施动式”和“受动式”常常一起出现，两者几乎没有差异，如 *the girls' school and the boys' school combined/were combined*（女校和男校合并了）（转化类：延伸）和 *a new approach is evolving/is being evolved*（一种新的方法正在发展中）（创造类）。不过还是有些差异：如果采用“受动式”，我们可以探问明确的参与者——可以问 *who by?*，而对于“施动式”来说，则不能。这就解释了同一参与者在两种情形下为什么赋予不同功能地位的原因，如图 5-13 所示，*the two schools* 在一个小句中是动作者，在另一个中是目标：

the two schools	combined
动作者	过程

the two schools	were combined
目标	过程

图 5-13　抽象物质小句中的施动和受动

但这一差异很明显被夸大，下文将提供另一种解释（第 5.7 节）。

同时我们还需认识到，在大多数时候，人们谈论的并非类似弹跳和抓举这样的具体过程，甚至也不是演化和合并这样的抽象过程；而是一些重要的现象，如所思和所感、玛丽对约翰说了什么、什么是好什么是坏、这是什么那是什么、我的是什么你的是什么等等；这些是日常交际中的实质性内容。然而，在这样的言谈中，动作者和目标等概念并无实质意义。如果说：

I hate Lasagna.［语篇 76］

我们很难说，*I* 是动作者，对 *Lasagna*"做了什么"。这并非因为它是随意说出或是口语表达的，而是因为在较为推崇的话语模式中，大多数表达也都是如此。例如，我们很难确定下列任何一个表述中的动作者：

To be or not to be: that is the question.
We hold these truths to be self-evident.
The square on the hypotenuse of a right-angled triangle equals the sum of the squares on the other two sides.

为了理解此类表述，就需要拓宽对构成"事态"内容的认识——即事件流中的变化。认识到语言的语法中可能存在不止一种过程，这很重要； 245
在任何小句中，参与者承担的功能由它参与的过程类型决定。

5.3　心理小句："感知"过程

5.3.1 "心理"小句的介绍性示例

"物质"小句表征物质世界的经验，而"心理"小句描述人类意识世界的经验。它们是关于感知的小句："心理"小句识解在意识内事件流的变化。“感知”过程可以识解为从人的意识中流淌而出，或对意识产生作用；但它不被识解为一种物质行为。

这是一段闲聊，它包含“心理”小句，谈到了有关蟑螂的趣事（该例的完整版及体裁分析，见 Eggins & Slade, 1997: 228）：

语篇 5-7: 分享——闲聊：关于个人经历的趣事（口语、对话）**[Eggins & Slade, 1997 : 228]**

Pat: I **hate** cockroaches more than rats.

Pauline: I **don't like** cockroaches either. [...]

Pat: I **remember** we were sitting for our analytical chemistry exam, and it was the final exams and they have sort of like bench desks where there's three to a bench normally and they had the middle seat empty and two sat either side and I was sitting there, and **thought** geez I **can feel** something on my foot and I **thought** no, no **don't worry** about it.

“心理”小句的过程用粗体标记。如果小句指向现在的时间，充当过程的动词词组使用一般现在时，而非“物质”小句中典型的现在中的现在。例如，帕特（Pat）说 *I hate cockroaches*（我讨厌蟑螂），而不是 *I'm hating cockroaches*，后者是高度标记性的，需要某种特别解释，例如过程的开端（如 *I'm hating cockroaches more and more everyday* 我每天都越来越讨厌蟑螂）。

在上例所有“心理”小句中，主语都是说话者 *I*——除了 *don't worry about it* 中主语是听者 *you* 之外，但此时听者也是说话者本人。换言之，它们识解了说话者自己的意识过程。这在闲谈中十分典型。在下文可见，这其实是某类“心理”小句的普遍特征中的一个特例：主语由指代有意识的个体的名词词组充当（如 *where many experts believe...*，*investigators found evidence...*，*he had heard...*，*and police presume...*，*Indians now think...*）。与主语相反，补语由指代任何种类的实体的名词词组充当——包括动物（如蟑螂）、物品（如枪支）、物质（如止咳药）、和抽象概念

（如贪婪）。因此，我们完全可以说 *I hate greed*（我讨厌贪婪），但说 *greed hates me* 却很怪异；所以，*guns hate me* 只能解释为使用了某种修辞方式，如拟人。

前两个小句，*I hate cockroaches more than rats*（我讨厌蟑螂胜过老鼠）和 *I don't like cockroaches either*（我也不喜欢蟑螂）都识解情感。充当过程的动词在词汇上具有不同层级；它们位于等级上的不同点（*detest, loathe — hate — dislike — like — love*），表达不同的情感。第一个小句从语法上 246
也具有不同层级，通过程度环境成分 *more than rats* 体现。词汇和语法的层级性是识解情感的"心理"小句的典型特征。

这两个话轮之后是帕特的趣事，解释对蟑螂的负面评价。这个趣事实际上由"心理"小句 *I remember* 开启。这一"心理"小句与**认知**而非**情感有关**，通常在介绍逸闻趣事时或在其他叙事性段落中出现，例如：

When I was younger when I went to my first disco **I remember** how it was and the boys didn't behave like you saw on Happy Days or anything like that.
I **remember** once I went to a film, and ah, I'd just bought this new outfit and it was long silky, black pants that came up all in one.

有趣的是，这一策略还有另外一种形式，所记之事充当主语，由名词词组体现；记起该事的人充当补语，由名词词组体现：

But this **reminds** me of Tamara. She comes back from two months away, organises an extra month the following year — and how she accumulates so many holidays is beyond me. [UTS-Macquarie Corpus]

在此类小句中，所记现象被识解为对某人意识的冲击。因此，就有一对相互关联的过程，*remember: remind*，它们从两个不同的角度识解感知。

在帕特的故事中，"心理"小句之后是对所思内容的表征——*we were sitting for our analytical chemistry exam...*（我们当时正在参加分析化学考试……）。比较 *I remember [that] once I went to a film...*（记得有次我去看电影……）。这些表征的思考内容本身就是小句。它们与“心理”小句有关，但不是“心理”小句的一部分。它们在“心理”小句中不作补语，因为不存在以它们作主语的“受动”小句变体：如 *once I went to a film is remembered by me*，这样的小句不存在。在帕特的故事后有两个“心理”小句比较相似：*and [I] thought geez I can feel something on my foot*（我想，天哪！我能感觉到脚上有东西）；*and I thought no, no don't worry about it*（我想，不，不，别担心）。它们也是关于认知的“心理”小句；所有这些例子阐释了此类小句的一个一般特征：它们可以将另一小句或一系列小句确立为所思内容——即由认知创造的思想。下文中我们会看到，“心理”小句和“思想”小句之间为投射关系：“心理”小句投射另一小句或一系列小句，赋予它们思想或意识内容的地位。这种例子在闲谈中十分常见。

上文中蟑螂的故事解释了情感和认知类“心理”小句。还有一类“心理”小句：*I can feel something on my foot*（我感到脚上有东西）。该小句表示**知觉**，*I* 是感知者，*can feel* 是过程，*something on my foot* 是被感知的现象。此类小句与情感和认知“心理”小句的共同之处在于，感知者是有意识的个体。但它们也有别于其他“心理”小句的子类的特征。例如，帕特原本
247 可以说 *I feel something on my foot*，用一般现在时表达过程，但她却使用了表达意愿的意态 *can feel*（关于意态，见第四章，第 4.5.2 节）。这在知觉类“心理”小句中较为常见，如 *can you see those pelicans flying across the lagoon*（你能看见鹈鹕飞过潟湖吗）和 *Do you see...*（你看到……）。该例也体现了知觉类小句独有的另一个特征：被识解为被感知现象的可以是物（如蟑螂），也可以是由非定式小句体现的**行为**（act）（见第七章，表 7-14），如 *I can feel* [[*something crawling up my foot*]]。

5.3.2 解读“心理”小句

我们在上文已经识别了“心理”小句的某些特征，有些是心理小句共

有的，也有些是某个重要子类所特有的。这些特征将它们与“物质”小句区分开来，因而我们有理由提问，在分析“物质”小句时所采用的“动作者 + 过程 + 目标”的模型是否适用于“心理”小句？或者说，动作者和目标仅仅是传统标签；既然语法范畴和语义范畴并非一一对应，如果我们采用那些引进时就表达语义的语法术语（几乎所有语法术语都是如此），就不可能期望它们适用于所有情形。这一推理十分合理；语法标签很少适用于某一范畴下的所有情形（见 Halliday, 1984b）——它们只是被选择来表达中心或“核心”意义（在埃莉诺·罗施（Eleanor Rosch）的研究中被称为“原型”，如 Rosh, 1978）。这些核心区域是图 5-3 中每一过程类型的中心区域；非核心区域位于两个不同过程类型的边界地带，像色谱中的颜色一样，从一种颜色渐变到另一种颜色。动作者和目标能够直接适用的小句类型十分稀少。但是，我们还有一个更为严肃的理由质疑它们对于分析像 *I hate cockroaches* 这种小句的相关性。

请看这组小句（i）*Mary liked the gift*（玛丽喜欢这份礼物）（比较 *I hate cockroaches*）和（ii）*the gift pleased Mary*（这份礼物使玛丽高兴）。它们并非同义句，区别在于对主位和主语的选择上：它们在（i）中为 *Mary*，在（ii）中为 *the gift*。但很显然，这两个小句关系密切；从本章的观点来看，它们可能是对同一事态的表征。但如果采用动作者-过程-目标这一分析方法的话，（i）中的 *Mary* 是“动作者”，*the gift* 是“目标”，而（ii）中则正好相反。但这种分析似乎有些牵强。

是否有可能将其中一个小句解释为另一个小句的受动式变体呢？假设我们能够找到某个标准来区分这两个小句，就会产生如图 5-14 所示的那种对称。根据此图，*Mary liked the gift* 体现的语义配置原本可以由 *Mary was pleased by the gift* 来体现，如果这一小句成立的话。问题是 *Mary was pleased by the gift* 确实存在，而且还是英语中典型的、使用频率极高的一种小句。我们在解释某个其他小句时，却几乎不能说这个小句起到了替代另一个小句的作用。此外，*Mary liked the gift* 也有自己的“受动式”变体：*the gift was liked by Mary*，尽管这一类型极不常见，但它又确定存在。所以，解释这两个“施动式”形式时，不能说一个是另一个的特殊“受动式”；它们每个都有自己的“受动式”变体。这并非孤例；在表达情感、思考以及知觉的小句中，这种成对现象十分常见，例如，

248	No one believed his story	his story convinced no one
	I hadn't noticed that	that hadn't struck me
	children fear ghosts	ghosts frighten children
	I freaked out	it freaked me out

（更为详细的列表，见后表 5-10。）当代语言不断创造出此类句对：俚语表达式 *I dig it* 和 *it sends me* 大约在同一时间演化而来。然而，讲英语的人似乎并不认为类似 *believe* 和 *convince*，*notice* 和 *strike* 这样的词对在关系上可以紧密到应当把它们解释为是同一个词的不同形式（如 *go* 和 *went* 是同一动词 *go* 的不同形式），尽管它们在语义上可能有所关联。

Mary	liked	the gift
目标	过程	动作者
the tourist	was caught	by the lion

the tourist	was caught	by the lion
动作者	过程	目标
the lion	caught	the tourist

图 5-14　施动 / 受动小句句对中的动词 *like* 和 *please*

因此，此刻似乎需要放弃动作者-目标这一路径，承认“心理”小句有别于“物质”过程小句，它们需要不同的功能解释。显然，识解做事的小句和识解感知的小句意义不同，但这不足以使它们构成不同的语法范畴。在纯语义基础上存在无数种划分方法，例如，通过调动“从上面”的语境考虑，如对某个特定情景语境中语义策略的描述（比较 Halliday, 1973：第四章；Matthiessen, 1990）；但在此关心的问题是：哪种方法在语法中有系统性影响。

在本书中我们认为，动作者和目标这两种参与者角色仅限于“物质”小句的语法，它们在“心理”小句中被赋予不同的参与者角色，即“感知者”（Senser）和“现象”（Phenomenon）：见图 5−15。这将在第 5.3.3.1 和 5.3.3.2 节中详细介绍。

Mary	liked	the gift
感知者	动词词组	现象
名词词组	was caught	名词词组

the gift	pleased	Mary
现象	过程	感知者
名词词组	动词词组	名词词组

图 5−15　解释为“心理”小句的动词 *like* 和 *please*

5.3.3 “心理”小句特征

事实上，心理过程小句的范畴与物质过程小句的范畴在语法上存在几点差异，见表 5−7；我们将在随后的小节中讨论（比较下面的表 5−45）。

表 5−7　“物质”小句和“心理”小句的区别性特征 249

	物质	心理
参与者：核心	动作者：± 有意识的；原型为强有力量的事物	感知者：+ 有意识的
参与者：次要	目标：事物 周界：事物，一般为地点或事件	现象：事物，宏观的事物（行为）或者元事物（事实）
投射能力	—	能投射思想
过程，时态：报道现在时	非标记性的现在中的现在	非标记性的一般现在时
过程：替换	替换性动词 *do*	—

5.3.3.1 感知者的性质

在“心理”过程小句中，总有一个参与者是人；这就是上文介绍的“**感知者**”：进行“感知”的人——感受、思考、渴望和察觉，如 *Mary liked the gift* 中的 *Mary*。更为确切地说，感知者像人，其重要特征是被“赋予了意识”。用语法术语来讲，从事心理过程的参与者被指代为 *he* 或

she，而不是 *it*[22]。

在谈论特定生物时，选择哪些来赋予意识，会根据我们是谁、我们当时在做什么以及我们当时的感受而变化；不同的语域体现不同的偏好。宠物、家畜以及其他高级动物常常被看作是有意识的；猫的主人说猫 *she doesn't like milk*（她不喜欢牛奶），然而如果一个人不喜欢猫，或者被猫惹恼过，则更有可能用 *it* 来指代它。但不论有无生命，任何实体均可被看作是有意识的。既然心理过程小句具有这一属性，即只有被赋予意识的事物才能感知、思考、渴望或觉察，那么只需将这一事物变成感知者，即可赋予它以意识。在 *The Rabbit sighed. He thought it would be a long time before this magic called Real happened to him*（兔子叹了口气。他觉得这要很长一段时间，这种称之为"真正"的魔术才会发生在他身上。）中，感知者是名词词组 *he*，指毛绒兔子玩具；在这个关于毛绒兔子的儿童故事中，故事
250 创造的想象世界赋予了玩具以意识。同样地，在 *the empty house was longing for the children to return*（空荡荡的房子渴望孩子们回来）中，名词词组 *the empty house* 是感知者。只要把 *the empty house* 放入这个语法环境，使它变成抱持期待的东西，就可以使它理解为被赋予了意识。这就能解释一类反常的小句，例如，在 *it really likes me*（它真的很喜欢我），*it knows what it thinks*（它知道自己在想什么）中，*it* 和动词词义之间存在矛盾对立。这些小句并非不合语法；远非如此。但此处能够"感知"的参与者身份模糊，一方面具有喜好、理解和思考的能力，因此被"加上意识"，但另一方面又被称为 *it*，因此被"减去意识"，这样就赋予了它们幽默、离奇的意味[23]。

---

[22] 在带有名词格（nominal case）标记的语言中，（某种类型的）感知者可能为受事格（dative case），如印度语和泰卢固语（见 Prakasan, 2004），它在形式上与动作者不同。在某些语言中，由名词词组体现的感知者指代身体的某个部分（见 Matthiessen, 2004b: 591），如阿坎语（比较英语中的 *it breaks my heart*，*it blows my mind*）。

[23] 在某些感知类的"心理"小句中，感知者为一段时间，过程为 *see* 或 *find*，如 *Summer finds campers and hikers descending on the mountains in throngs*（夏天，露营者和徒步旅行者成群结队地来到山上）；*Ten minutes later saw us speeding through London*（十分钟后我们在伦敦超速行驶）。在这些隐喻结构中，时间环境成分被识解为如同一个感知者：见第十章，第 10.5 节。

“有意识的个体”通常指一个或多个人；但在下面的例子中，集合人称（*the British public, the whole house, the world*）也能被识解为有意识的个体：

I think the British public **doesn’t dislike** force provided that it’s short, sharp and rewarding. [LOB-K]

Surely you don’t want the whole house **to know** of this occurrence? [Agatha Christie, ‘Styles’]

The judging must come from one’s own experience, one’s own conscience, and understanding. What the world **thought** didn’t matter. [LOB_K]

“有意识的个体”甚至可以是人的意识产物：

The film **imagines** that the FBI imported a free-lance black operative to terrorize the town’s mayor into revealing the murderers’ names. [Time 89 9i]

感知者也可由人的一部分（大脑）来表征，如：

On the theory that the brain ‘**thinks** by virtue of its organization,’ it is susceptible of explanation. [LOB_D]

这一策略也包括以物质模式识解的比喻性表达，如 *it breaks my heart that ..., it blew my mind that ...*。

在“心理”小句中，感知者被识解为有意识的个体，而在“物质”小句中却不存在这种范式。在“物质”小句中，参与者不必是人，且有意识和无意识个体之间并无差别。因此，对“物质”小句中动作者的限制要比对“心理”小句中感知者的限制少得多。动作者一般由指代某种“有力量”的实体的名词词组体现；但即便如此，在现代英语中，这也是一个极为宽松的限制条件，尤其在涉及抽象例子，如 *Politically committed art took over one wing of the modernist movement*（有政治倾向的艺术成为了现代主义运动的一派），以及非意愿性发生时，如 *Limestone can form in many ways*（石灰岩可以以多种方式形成）（见第 5.2.5 节以及 Halliday & Matthiessen, 1999: 482–483）。

5.3.3.2 现象

251 “心理”小句中的感知者因此极其受限。心理过程的另一个主要成分是**现象**，表示被感觉、被思考、被渴望和被觉察的内容，位置在某种意义上与感知者正好相反。换言之，在小句中承担这一角色的成分不仅不限于特定的语义或语法范畴，实际上比“物质”小句中可能的参与者还要多样。它不仅可以是“**事物**”，还可以是“**行为**”或“**事实**”。

在“物质”小句中，每个参与者都是**事物**，即经验领域的现象，自然包括内在的经验或想象——某个实体（人、生物、机构、物体、物质或抽象概念）。所有这些“事物”当然也可以在心理小句中作意识的对象。例如：

You **recognize** her?［语篇 8］

I **don't understand** you Inspector.［语篇 8］

Do *you* **want** lasagna? – Oh, *I* **hate** lasagna.［语篇 76］

Only about four out of every 10 residents affected even **know** their new number. [News/Britain Readies to Change Numbers]

I **learned** that lesson a long time ago. [UTS/Macquarie Corpus/Men]

Ashtray **upsets** *him*. [UTS/Macquarie Corpus/Men]

After that war nothing **could frighten** *me* anymore.［语篇 24］

识解为现象的事物甚至有可能是一种隐喻式表达——名词词组由名词化结构作中心语，指代具化为事物的过程或品质（见第十章，第10.5节）：

where *Amnesty* **found** persistent abuses［语篇 2］

As the new year of 1855 dawned, Johan Heinrich pondered that he would turn 26 in February, and *he* **saw** a bleak future ahead of him. [ACE_G]

Westbrook further **bemoans** the Southern writers' creation of an unreal image of their homeland. [BROWN1_G]

这些“事物”也可以出现在“物质”小句中。但是，“事物”这一概念在“心理”小句中得到拓展，从而包括了现象为行为的**宏观现象**（macro-phenomenal）小句和现象为事实的**元现象**（metaphenomenal）小句。

在“宏观现象心理”小句中，现象由表示行为的非定式小句体现。例如：

He **saw** [[the sand dredger heading for the cruiser]].［语篇 30］

Neighbours **noticed** [[him return home later that day]], but it was the last time the old man was seen alive. [COBUILD/OzNews]

行为是由过程、过程的参与者以及可能的环境伴随成分构成的配置，如 *the sand dredger heading for the cruiser*。宏观现象中的现象一般限于“心理”小句的其中一种子类——知觉类（见下文在**感知类型系统**下的进一步阐述）：行为以某种其他方式被看见、听见、体验、或觉察；但通常不被思考、在情感上不被感受、或被渴望。体现行为的非定式小句要么是现在分词小句（[*he saw*] *the sand dredger heading for the cruiser*），要么 252
是不带“不定式标记”*to* 的不定式小句（[*he saw*] *the sand dredger head for the cruiser*）。两者的差异体现在时态上：分词小句表征过程在时间上没有限制，而不定式小句表征过程在时间上有所限制（见 Kirsner & Thompson, 1976）。“宏观现象”小句的一个有趣特征是，其形式看起来像是“受动式”变体：不是所预料的 *the sand dredger heading for the cruiser was seen by him*，其中整个现象是主语，而更有可能是 *the sand dredger was seen (by him) heading for the cruiser*，其中仅有充当现象的非定式小句的主语被“挑选”出来充当“心理”小句的主语。例如：

Smoke **was seen** billowing from the police headquarters after an explosion.

这表明了对宏观现象小句的另一种分析方法：看似为“受动式”变体的小句，可以不被解释为“宏观现象”小句的“受动式”变体，而是基于 *the sand dredger was rumoured (said) to be heading for the cruiser* 的模式，解释为由动词词组复合体 *was seen billowing* 充当过程的小句。此类结构可以解释为**言据性**（evidentiality）标记——即协商信息时的证据的本质的标记。（此类动词词组复合体将在第八章，第 8.8 节“主从关系：动词词组，投射”中讨论[24]。）

在“宏观现象心理”小句中，现象由表达事实的小句（一般是定式小句）体现。例如：

[[That this was not the ideal solution]] **was recognised** *by the Chairman* in his letter to the President, while submitting the Commission’s report. [KOHL_A]

Police divers late last night **discovered** [[[the Marchioness had broken in two || and sunk in 10m of water]]].［语篇 30］

㉔ 受动式变体，如 *the sand dredger heading for the cruiser wasn’t spotted by the navy*（向巡洋舰驶去的采沙船没有被海军发现），实际上比较模糊：它可以是宏观现象，但 *heading for the cruiser* 也可能是嵌入关系从句。两者在意思上有很大差异。如果非定式小句在感知过程之后出现，嵌入关系从句的解释则行不通。

"*I* **can see** [[this town is going to hell fast]]," says Mike Day, a lobster fisherman. [Time 89 9i]

I **regret** very much [[that I was away from home]]. [Dumb Witness]

I'**m not surprised** [[[he died thinking || the novel was a failure]]].［语篇 17］

What really **irritates** *me* is [[[that a lot of people go || to socialise in pubs]]]. [UTS/Macquarie Corpus/A's dinner]

It **beats** *me* [[[how people think up such things, || let alone say them]]]. [A. Christie, 4.50 from Paddington]

事实位于比普通事物或行为更高的抽象层级上。普通事物和行为都是物质现象；可以通过其他方式被看见、听见和觉察。因此，虽然行为比普 253
通事物更复杂，但它与普通事物仍然存在于同一个物质域中。但事实不是物质现象，而是符号现象：被识解为独立存在于符号领域中的命题（有时是提议），无须通过某人的言说引入[25]。元现象中的现象最常出现在情感小句中（见下文），现象被识解为对感知者的意识造成影响（如上例中的 *irritate*，*trouble*）。"事实"小句的身份常常通过名词 *fact* 本身来标示，如 *I regret the fact that you should have left him out in the cold*（我很遗憾你竟然把他冷落在外），或是另一个"事实"名词，如 *notion*（概念）、*idea*（观点）、*possibility*（可能性）（进一步讨论见第七章，第 7.5.7 节）。

事实的符号性质解释了它们为什么不能充当"物质"小句的参与者。当事实出现在看似"物质"过程的小句中时，这些小句表达抽象意义；必须解读为心理或关系小句，如下例所示：

The problem with Huck Finn is not [[that Twain is trapped by the voice of the narrator]]. He'**s trapped** by the fact [[that the river flows south]].［语篇 17］

㉕ 可以说，事实是已经被命题化的行为——已经作为符号现象而存在。

The fundamental nature and importance of these advances **are not diminished** by the fact [[that many of them came about in response to specific problems of environmental change [[thought to offer threats to society]]]].［语篇 32］

But it is an urban legend, he said, largely **fueled** by the fact [[that suicides there are often shockingly public]]. [COCA]

第一个例子表示“河向南流的事实在精神上囚禁了他”；第二个例子表示“许多这些的进步都是为了应对环境变化的具体问题而产生的，这些问题被认为是对社会的威胁，但这并没有降低这些进步的基本性质和重要性”。下文我们会看到，事实在“关系”小句中有规律地出现。

5.3.3.3 投射

如前所述，“元现象心理”小句与充当现象的事实配置在一起。但此类小句还有另一种可能——这将它们与“物质”小句和“关系”小句区别开来。这一可能是在“心理”小句“之外”设立另一个小句，用于表征意识活动的“内容”。该意义可在连环画的常用手法中清晰可见：“云朵图”由感知者发出，意识内容在这些“云朵图”内表征为语言（见第七章，图 7–5）。例如：

||| An unknown number of passengers are still missing || and police presume || they are dead. |||［语篇 5］

||| I don't believe || that endorsing the Nuclear Freeze initiative is the right step for California CC. |||［语篇 6］

254 在上述例句中，“心理”小句**投射**了另一个小句（或小句组合），作为对思考、相信、假定等内容的表征；被投射的小句称为“**思想**”小句。因此，虽然“事实”小句充当“心理”小句的现象，可作小句的主语和谓项主位，但“思想”小句不是“心理”小句的一部分，而是在投射小句组

连中与“心理”小句结合。这一差异将在第七章，第 7.5 节详细解释和阐述。

5.3.3.4 过程：时态系统

“物质”和“心理”过程随时间展开的方式有所不同，这体现在语法的时态系统上。现代英语中现在时的基本形式是什么呢？在英语作为外语的教学过程中，是先教一般现在时 *takes*，还是所谓的“现在进行时”*is taking*（本书将其描述为“现在中的现在”；见第六章，第 6.3.4 节）呢？这里存在两种观点。争议背后的原因是，在小句表达的不同过程类型中，两者实际上都有可能是基本的、非标记性形式。在“心理”小句中，非标记现在时是**一般现在时**。我们可以说：

She likes the gift	（而不说 *She is liking the gift*）
Do you know the city?	（而不说 *Are you knowing the city?*）
I see the stars	（而不说 *I am seeing the stars*）

但在“物质”小句中，非标记现在时是**现在中的现在**。我们可以说：

They’re building a house	（而不说 *They build a house*）
Are you making the tea?	（而不说 *Do you make the tea?*）
I’m going home	（而不说 *I go home*）

另一时态并非不能出现；两者在两种过程类型中均可使用。只是在每种情况下，另一时态都是标记性选择；表示该时态不太常见，且带有特殊意义。因此，在下面的“心理”小句中，现在中的现在均为标记性选择：

I think that you you**’re wanting** your little captive breeding program here. [UTS/Macquarie Corpus]

Good morning, CSR. [7 seconds] Who **are** you **wanting**, sorry? [UTS/Macquarie Corpus]

And people were diagnosing all these things, and so she was very concerned at what was really happening, and nobody **was believing** it — particularly my brother-in-law. He thought she was, you know, a drama queen. [UTS/Macquarie Corpus]

I think we**'re** all **forgetting** one little thing here, and that is that Bill is Hillary. [COCA]

对于物质过程而言，一般现在时表示普遍或习惯之意，即过程的发
255 生被识解为常规或习惯性的，例如 *they build a house for every employee*[26]（他们为每个员工建造了一个房子）。（在心理过程中，现在中的现在是高度条件性的**起始体**（inceptive aspect），如 *I feel I'm knowing the city for the first time*（我感到我首次开始了解这个城市，表示我开始了解到这一点）；这有点难理解，于是在脱离语境时，就很容易对其做不同的理解（如 *I'm seeing the stars*，表示"我要采访主要演员"，将其理解为"物质"小句）。这些时态模式见表 5-8。

表 5-8　物质过程和心理过程的非标记性现在时

	现在时	现在中的现在
物质	[标记性] they build a house (for every employee) [惯常；常规]	[非标记性] they're building a house
心理	[非标记性] I know the city	[标记性] I'm knowing the city (for the first time)[起始体]

因此，在"心理"小句中，现在的现在是高度标记性选项。例如，麦当劳引人注目的广告宣传语 *I'm lovin' it*，一定比 *I love it* 的效果更好，它

㉖ 此外，一般现在时的使用受到语域的限制。示威游行或其他活动伴随的评论报道，都使用一般现在时。

因此取得了成功。在贾斯汀·汀布莱克（Justin Timberlake）[27] 的歌曲中，在 *I'm loving it* 之后（重复两次之后中间穿插着 *ba da ba ba ba*）是 *Don't you love it too?* 而不是 *Aren't you loving it too?*

5.3.3.5　替换动词

在使用动词 *do* 作替换动词上，心理小句也与物质小句有所不同。前面已经提到，物质过程是关于“做事”的过程，可以通过动词 *do* 探问替换。例如：

What did John do? — He ran away. What John did was run away.
What did Mary do with the gift? — She sold it.

另一方面，心理过程与感知、渴望、思考和看见有关。它们不表示“做事”，无法通过动词 *do* 探问或替换，不能说 *What John did was know the answer* 或 *What did Mary do with the gift? — She liked it*。缺乏替换动词会使某些事物无法言说，如下面选自闲谈的语篇实例：

That's because I prefer small boats, which other people don't necessarily...

如果过程是 *build small boats* 这样的物质过程，那么结尾就可以是 *which other people don't necessarily do*。

5.3.4 感知类型

在“心理”小句（图 5-16）的大类下，包括四种不同的“感知” 256
子类：“知觉”“认知”“渴求”和“情感”[28]。它们在语法中被视为不

㉗　译者注：贾斯汀·汀布莱克（Justin Timberlake），美国著名歌手、音乐制作人、演员和主持人，前男子演唱组合“超级男孩”成员。

㉘　在图 5-3 中，“感受”包括渴求和情感。

同类型，且在现象性、方向性、层级性、潜势性和充当情态隐喻的可能性等方面存在差异；典型的模式见表 5-9。（更多的差异和相关讨论见 Halliday & Matthiessen, 1999: 137-144; Matthiessen, 1995a: 263-270; Davidse, 1991/1999。）在不同类型的心理小句中的动词示例见下表 5-10。

表 5-9 感知类型

		知觉	认知	渴求	情感
现象性	现象	√ [*he saw the car*]	√ [*he knows the car*]	√ [*he wants the car*]	√ [*he likes the car/ the car pleases him*]
	宏观现象	√ [*he saw the car speeding*]	—	—	√ [*he likes the car speeding*]
	元现象	√ [一般为事实：*he saw that they had left*]	√ [一般为思想：命题：*he thought that they had left*]	√ [一般为思想：提议：*he wanted them to leave*]	√ [事实：*he regretted (the fact) that they had left*]
方向性	*like* 类	√	√	√	√
	please 类	[受限类：*strike, assail*]	[受限类：*strike, occur to, convince, remind, escape*]	[边缘类：*tempt*]	√
层级性		—	[受限类：*imagine — think — know*]	[受限类：*would like — want — desire*]	√[普遍类] [*like — love — adore*]
潜势性		[*I can see them/ I see them*]	≠	≠	≠

续表

		知觉	认知	渴求	情感
情态隐喻		— （言据性 [*I hear/see that ...*]）	情态化：概率 [*I think that's the courier: that'll be the courier*]	意态化 [*I'd like to be there at 8: you should be there at 8*]	— （评价 [*I fear/regret that ...*]）

表 5-10 心理小句中体现过程的动词示例 257

	***like* 类**	***please* 类**
知觉	perceive, sense; see, notice, glimpse; hear, overhear; feel; taste; smell	(assail)
认知	think, believe, suppose, expect, consider, know; understand, realize, appreciate; imagine, dream, pretend; guess, reckon, conjecture, hypothesize; wonder, doubt; remember, recall, forget; fear (think fearfully)	strike, occur to, convince; remind[29], escape; puzzle, intrigue, surprise

---

㉙ 动词通常在不同的及物性环境中表达不同意义。对于 *remind* 而言，（i）在“心理”小句中，它可能有不同的含义。（1）*remind* 可能充当与 *remember* 对等的使役动词，表示“使得某人记住”，由引起者（Causer）充当引发者（Inducer）（比较第 5.7.4 节，如果小句表示“现象”，则该现象在内容环境成分的模式上被表征（例如，[引发者：] *this reminds* [感知者：] *me* [环境：] *of an interesting encounter I had a few years ago with the late Col M. S. Rao, the celebrated physician.* [*KOHL_E*]）。如果小句表示“超现象”，并带有“思想”投射小句，*remind* 仅与“引发者 + 感知者”配置在一起（例如，[引发者：] *the church clock striking the hour reminds* [感知者：] *me* → *that I must hurry if this is to be ready on them for the printer.* [LOB_F]; 有关引发者这一参与者角色，见第 5.7.4 节）。（2）*remind* 也可以表示“使某人看到相似性关系”（例如，*they ['the children']reminded old Amai of a flock of bright birds gathering together to peck corn.* [KOHL_K]）。（ii）在“言语”小句中，*remind* 有“告诉某人某事，使他记住这事”之意，“言语”小句投射报道或引述（例如，*'Don't forget, there was the hope it would pass for a natural death', Pauling reminded him.* [BROWN1_L]）。（iii）在主从动词词组复合体中，*remind* 是 *remember* 的一种使役动词变体（如 *Mary reminded John to do it;* 见第八章，第 8.7.3 节）。

续表

	like 类	*please* 类
渴求	want, wish, would like, desire; hope (for), long for, yearn for; intend, plan; decide, resolve, determine; agree, comply, refuse	(tempt)
情感	like, fancy, love, adore, dislike, hate, detest, despise, loathe, abhor; rejoice, exult, grieve, mourn, bemoan, bewail, regret, deplore; fear, dread; enjoy, relish, marvel	allure, attract, please, displease, disgust, offend, repel, revolt; gladden, delight, gratify, sadden, depress, pain; alarm, startle, frighten, scare, horrify, shock, comfort, reassure, encourage; amuse, entertain, divert, interest, fascinate, bore, weary, worry

和所有其他经验系统一样，**感知类型**系统将经验识解为具有不确定性：四个感知类型虽然有所区分，但相互交叉渗透。例如，知觉类与认知类交叉，*I see* 不仅表示“我在视觉上觉察到”，还表示“我了解”。在 *remember* 或 *imagine* 充当过程的小句中，认知类与知觉类交叉；不同于一般的“认知”小句，此类小句可以被识解为宏观现象中的现象：

I **remember** [[a coffee cup falling off the table and being broken]] – Elsa did that. And I **remember** [[[her running — suddenly running for all she was worth down the path]]] — and the awful look there on her face. [p. 192] **I remember** [[her saying once: ...]] [p. 206] [A. Christie, Five Little Pigs]

I **can't** even **imagine** [[her buying a gun]]. I **can't imagine** [[her knowing how to shoot a gun]].

Well it surprises me that Eileen should be surprised I **can imagine** [[Leslie being surprised]] but ... [LLC_01]

258

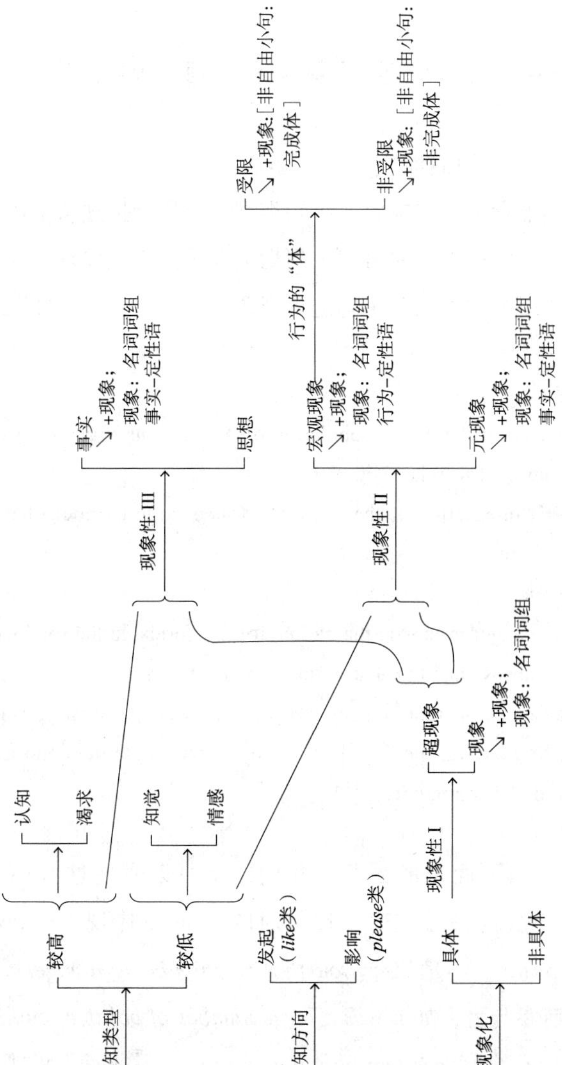

图 5–16　心理小句系统

5.4　关系小句："是"和"有"的过程

5.4.1"关系"小句的性质

259 现在，我们来看第三类主要的小句类型——用于描述特征和确认身份的"关系"小句。所以，当钦努阿·阿切贝在采访中被要求就尼日利亚说点什么时，他使用了"关系"小句这一资源，见表 5-46 中的节选：

（i）描述特征

One quarter of the entire population of Africa **is** in Nigeria, so we say that every fourth African is a Nigerian.

It **wasn't** one nation at that point; it **was** a large number of independent political entities.

（ii）确认身份

The three major groups in the nation **are** the Yoruba in the southwest, the Ibo in the southeast, and the Hausa, finally, in the north.

... because its final requirement **was** [[that the man [[who aspires to be king]] would first pay all the debt [[owed by every single man and every single woman in the community]]]] !

如果采取"从下面"的视角，我们即刻可以发现这些小句的共同之处：过程由一般现在时或简单过去时的动词 *be* 体现（即 *every fourth African is a Nigerian*，不是 *every fourth African is being a Nigerian*）。它们看似有两个固有参与者，如 *it was a large number of political entities* 中的 *it* 和 *a large number of independent political entities*。"从下面"的视角也揭示了小句之间存在差异。因此，第二个参与者可以是"泛指"（"无定"）的名词词组——*a Nigerian, one nation, a large number of independent political entities*，也可以是"特指"（"有定"）的名词词组——*the Yoruba in the southwest, the Ibo in the east and the Hausa, finally, in the north*，还可以是介

词短语——*in Nigeria*。如果“从周围”对其继续提问，寻找类似语态这样的对比，我们就会发现另一个不同。第二个参与者为“泛指”参与者的小句没有同源的逆序变体，*a large nation was it* 这样的句子要么不存在，要么极为罕见。第二个参与者为“特指”参与者的小句确实有同源的逆序变体——*the Yoruba in the southwest, the Ibo in the east and the Hausa, finally, in the north are the three major groups in the nation*，这看起来是文中实际出现的小句的一个十分正常的系统变体。

如果我们采取“从下面”（它们如何体现的？）和“从周围”（可能有哪些其他的系统变体？）的视角来审视“关系”小句，这类小句的独有的语法就开始显现出来——如上例所示，它们不可否认地在语篇中发挥独特功能。但在进一步探索关系小句语法前，我们先采取“从上面”的视角，探寻关系小句识解了何种经验。如前所述，“物质”小句描述物质世界的经验，而“心理”小句则关注自身意识世界的经验。外部经验和内部经验均可以通过“关系”小句识解；但它们将经验描述为“是”，而不是“做事”或“感知”：见表 5-11 中的示例。什么是将经验描述为“是”呢？ 260
答案涉及两个相互关联的步骤：（i）考察“是”如何被识解为随时间而展开；（ii）考察“是”如何被识解为与过程及参与者的配置。

表 5-11 不同过程类型识解的内部和外部经验

	内部经验	外部经验
物质［做事］	—	she's walking (into the dining room); she's getting a mahogany table; she's emptying the bottle
心理［感知］	she rejoices, she fears stupidity; his behaviour amuses her, stupidity frightens her	—
关系［是］	she's happy, she's afraid (of stupidity); his behaviour is amusing (to her), stupidity is frightening (to her)	she's in the dining room; she has a mahogany table; the bottle's empty

（i）**展开的性质**。“关系”小句不同于“物质”小句，但同“心理”小句一样，通常将变化识解为“惰性地”展开，不涉及能量输入——通常为均匀流动，没有明显的展开阶段（物质过程则不同，在过程展开的初始阶段和最后阶段，即结果，之间存在差异）。因此，空间中的静态位置被识解为关系过程，如 *she's in the dining room*（她在餐厅），但空间内的动态移动被识解为物质过程，如 *she's walking into the dining room*（她正走进餐厅）。同理，静态的属有权被识解为关系过程，如 *she has a mahogany dining table*（她有一张红木餐桌），但动态的属有权转移被识解为物质过程，如 *she's getting a mahogany dining table*（她要买一张红木餐桌）; *she's being given a mahogany dining table*（她得到了一张红木餐桌）。静态的品质被识解为关系过程，如 *the bottle's empty*（瓶子是空的），而动态的品质变化被识解为物质过程，如 *the bottle's emptying*（瓶子倒空了）; *she's emptying the bottle*（她在倒空瓶子）。因此，在过程展开的性质上，“关系”小句的模式类似“心理”小句，而非“物质”小句；这反映在非标记性的现在时上。可以在上表 5-8 中增加一行“关系”小句:（一般）现在时: [非标记性] *she's in the dining room*，*she has a mahogany table*，*the bottle's empty*；现在中的现在 [标记性] *she's being in the dining room*，*she's having a mahogany table*，*the bottle's being empty*。现在中的现在实际上高度标记化，在很大程度上仅限于有关行为习性的“关系”小句，例如:

> Si: I walked in, right, and the first thing that happens is Maryanne's got the shits with Ian, right, for some reason. — Di: Well, he'**s being** macro-neurotic again. [UTS/Macquarie Corpus]

> and I was really ... I don't know how much of a chameleon I **was being** in this common-room conversation [LLC 01]

这里的“是”（being）不再被识解为缺乏活力，而是朝“行为”逐渐推进（还需注意“变成”（becoming）小句，将在下文第 5.4.3.2 节的第（ii）点中讨论）。

（ii）**配置的性质**。如果仅考虑过程随时间展开时的识解方式，“关系”小句和“心理”小句看起来像是同一过程类型的两个变体；实际上，261 一些理论流派（一般是哲学）将它们归类为“状态”（states）（见 Halliday & Matthiessen, 1999）。但展开的性质仅仅是我们需要考虑的众多因素之一，而大部分因素都表明“关系”小句和“心理”小句截然不同。例如，虽然“心理”小句中总有一个参与者（即感知者）被赋予意识，但在“关系”小句中情况并非如此。不同之处在于，“关系”小句中的参与者更像是“心理”小句中的现象——事物，行为和事实都可以被识解为“关系”小句中的参与者。例如，*it was not enough to depend solely on the US constitution*（仅仅依靠美国宪法是不够的）中的 *it ... to depend solely on the US constitution*；*that she never left is clear*（很明显，她从未离开过）中的 *that she never left*；以及 *another reason is that the quantity of the literature is not overwhelming yet*（另一个原因是，文献的数量还没有达到压倒性的程度）中的 *the quantity of the literature is not overwhelming yet*。

不仅是事物，行为和事实也可以被识解为参与者，这使得“关系”小句明显区别于“物质”小句，并在这点上与“心理”小句类似。然而，心理小句并未将事物、行为和事实识解为有意识的现象，而是表达“是”的关系中的一个成分。因此，虽然被“心理”小句识解为现象的事物、行为或事实与感知者的配置（如 *that she never left pleased them* 她从未离开，这让他们很高兴），被“关系”小句识解为现象的事物、行为或事实，与另一个来自同一表达“是”的范畴的关系参与者的配置。例如，在 *that she never left is clear* 中，*clear* 是可以归属为事实的符号属性[30]，而事实本

---

[30] 此含义的 *clear* 属于包括 *obvious*，*evident*，*self-evident*，*doubtful*，以及其他表达符号特征的名称的词汇集（见第二章，第 2.1 节）。它当然与 *clear* 的物质含义“透明”有关，如 *the water was very clear*（水很清澈）。但是，“透明”又属于另一个包括 *muddy*，*transparent*，*cloudy*，*milky* 等的词汇集。下面几个比较奇怪的例子可体现两种含义的差异：*the water and that she never left are very clear*（水很清澈；很明显她没有离开）；*that she never left is very cloudy*（她从未离开，这有点问题）；*the water is obvious*（显而易见有水）。

身是符号实体。“心理”小句和“关系”小句之间还有一个区别，这与符号现象的识解有关：“心理”小句可以将意识现象识解为通过意识过程产生的思想，在语法上表征为一个独立小句（如 *the witness thought that she never left* 目击证人认为她根本就没离开），但“关系”小句则不能。

“关系”小句的根本属性源自“是”的配置的性质。正如“关系”这一术语所示，这里的“是”并不表示存在。与其相关的另一类型是“存在”小句，如 *there was a storm*（有暴风雨），这将在下文第 5.5.3 节讨论。在“关系”小句中，“是”包含两部分：一个事物被看作“是”另一事物。换言之，“是”的关系是在两个独立实体之间建立起来的，表示英语的“关系”小句总有两个固有参与者——两个“是的成员”（be-ers）。相反，“物质”和“心理”小句一般仅有一个固有参与者（分别为动作者和感知者）。因此，“物质”小句可以只包含一个参与者，如 *she was walking*
262 （她在走路）或 *she was walking into the room*（她在走进房间），但“关系”小句则不能，不可说 *she was*；它必须包括两部分：*she was in the room*（她在房间）。同样，“心理”小句也可以只包含一个参与者，如 *she rejoiced*（她很高兴）；但最为接近的对等的“关系”小句的形式却必须包含两个参与者——*she was happy* 而不是 *she was*。

这说明了“是”这个典型配置包含的重要意义：经验“分量”被识解在两个参与者中，过程仅仅是两者之间的一个高度概括化的连接（在科技、管理、商业、法律等语域中尤为如此），如下例所示。该例涉及等价主位小句（见上文第 3.3.2 节）和语法隐喻（*conviction that ...*；见下文第 10.10.3 节）：*What is really new in the last 10 years* ***is*** *the pervasive conviction that the connections among the relatively well researched problem areas are not side effects but are central to our basic understanding of environmental change*（在过去 10 年中真正新的现象是，人们普遍相信，研究相对充分

的问题领域之间的联系并不是意味结果，而是我们对环境变化基本认识的核心）。所以，“关系”过程中最常见的动词是 *be* 和 *have*；它们一般都无重音、且被弱读（如 *she's happy* 中的 /z/）——在传统语法中称作“系词”或“系动词”。“关系”小句中的动词一般是非突显的，而“物质”和“心理”小句中的动词在重读音节上是突显的；比较：“物质”小句 // *Herbert/Smith/stood for/parliament* //（有“竞争”之意；非标记性现在时：*is standing for*）和“关系”小句 // *Mary/Jones stood for/women's/rights* //（有“代表”之意；非标记性现在时：*stands for*）。对过程的弱读形象地表征了其高度概括性的语法性质。这种弱存在的极端情况就是彻底没有；在英语中的某些“非定式”“关系”小句中，过程实际上在结构中并不出现（例如，在 *the animals might have moved about in family groups, with the younger ones in the middle for protection* 动物可能以家庭群体形式四处走动，幼崽们处在中间受到保护中，*with* 引导的“非定式”小句 *with the younger ones in the middle for protection* 意思是“……处在中间”）。在许多语言（如阿拉伯语和俄语）中，非标记性“关系”小句的结构中就没有过程。此时，“关系”小句仅是“是的成员 1”+“是的成员 2”的配置[31]。

过程 +“是的成员 1”+“是的成员 2”的配置可以识解经验领域中所有关于**类别-成员**和**身份**的抽象关系。类别-成员关系由**归属式**小句识解，身份关系由**识别式**小句识解。这两类“关系”小句涉及上表 5-11 中的“物质”和“心理”小句所描述的外在和内在经验。所以，在餐厅

㉛ 此类小句常常被称为“名词性小句”，有别于小句结构中包含过程的“动词性小句”。但这仅仅反映了“从下面”的视角，并且掩盖了一个事实：在诸如阿拉伯语这样的语言中，“关系”小句在体和 / 或归一度上具有标记性，通常结构上包含过程（见 Matthiessen, 2004b : 595-600）。（但是，名词性“关系”小句还有一个更深层次的含义：它们所识解的关系与名词词组内的修饰关系范围相同：*the house was old: the old house:: the house was in Wessex: the house in Wessex:: the house was Thomas's: Thomas's house.*）

里，*having a table* 和 *being happy* 仅仅是分类中的特例；*being happy* 和 *being empty* 由相同的关系模式识解——*she was happy, the bottle was empty*，不过它们一个与“心理”小句表征的内在经验相关，另一个与“物质”小句表征的外在经验相关——*she rejoiced, the bottle emptied*。

如前所述，类别-成员和身份是抽象的关系。如果说 *every fourth African is a Nigerian*（每四个非洲人中就有一个是尼日利亚人），那么
263 *every fourth African* 和 *a Nigerian* 就被识解为在物质上并不相关，但在符号上体现为成员与类别的关系：*every fourth African* 是 *Nigerians* 这个类别中的成员。同样地，如果说 *the three major groups in the nation are the Yoruba in the southwest, the Ibo in the southwest and the Hausa, finally in the north*（该国的三个主要群体是西南部的约鲁巴人、西南部的伊博人和北部的豪萨人）或者 *the Yoruba in the southwest, the Ibo in the southwest and the Hausa, finally in the north are the three major groups in the nation*（西南部的约鲁巴人、西南部的伊博人和北部的豪萨人是该国的三个主要群体），对于 *the three major groups in the nation* 和 *the Yoruba in the southwest, the Ibo in the southwest and the Hausa, finally in the north* 来说，它们在物质上并不相关，但在符号上是两个等同的描述：可以说一个是对另一个的重述。

戴维兹（Davidse, 1992, 1996）在描述“关系”小句时，采用了符号学方法，通过参考实例化的符号关系解释类别-成员关系，参考体现的符号关系解释身份关系（这些概念见第一章，第 1.3 节）。这在佩因特（Painter, 1999）有关作为学习资源的语言发展的案例研究中可以得到例证。在早期阶段，她所研究的儿童说出了如 *that's a circle*（这是个圆圈）这样的“关系”小句。此时，儿童将自己与听者共有的觉知场中的一个现象识解为一个类别中的实例；可以说类别-成员的概念基于他对实例化的经验。他将对具体实物的感知理论化为抽象符号（一类物

品）中的实例。再后来，儿童说出诸如 *a platypus is a mammal*（鸭嘴兽是哺乳动物）这样的例子。此时，一个类别被识解为另一类别中的一个子类。这不再是真正意义上的实例化，而是一种精密度关系，用来识解同等抽象、但在事物分类的概括性上有差异的两个类别。不过我们可以看到，这类更为抽象的类别-成员关系在发展中与实例化相关。再往后，这个儿童还说出如 *balance means you hold it on your fingers and it doesn't go (fall)*（平衡意味着你用手指握住它，它不会掉下来）这样的小句。此时，*balance* 和 *you hold it on your fingers and it doesn't go* 之间不是类别-成员关系，而是识别关系，正如戴维兹所言，可以基于"体现"来解释：*balance* 这个词"体现"的意义是"你用手指握住它，它不会掉下来"。这和上图 5-1 中分析的例子为同一种类型，可以看到语法如何通过身份"关系"小句，描述两个层级之间的体现关系。识别小句也可识解"穷尽性"的类别成员关系，其中的类别被视为等同于其成员，如语篇 9-12：*The fuels of the body are carbohydrates, fats and proteins*（身体的燃料是碳水化合物、脂肪和蛋白质）。这样，"关系"小句的语法就是以符号系统的维度为基础的语法（见 Matthiessen, 1991a，关于符号语法的讨论）。

5.4.2 "关系"小句的主要类型

在初步探讨了"关系"小句之后，现在我们开始在及物性语法中对它们进行描述。每种语言的语法都有对关系过程的某种系统构建。英语的关系小句系统主要包括三大类："内包型""属有型"和"环境型"；每类又包含两种模式——"归属式"和"识别式"。它们在图 5-4 的及物性系统网络中展示为两个同步系统。两者互相交叉，构成了"关系"小句的六种类型，如表 5-12 所示。这六种类型在"关系"小句的语法中得到进一步阐述；向精密度上最初迈出的几步见图 5-17。更为精密的选项在下文"关系"及物性中探讨。

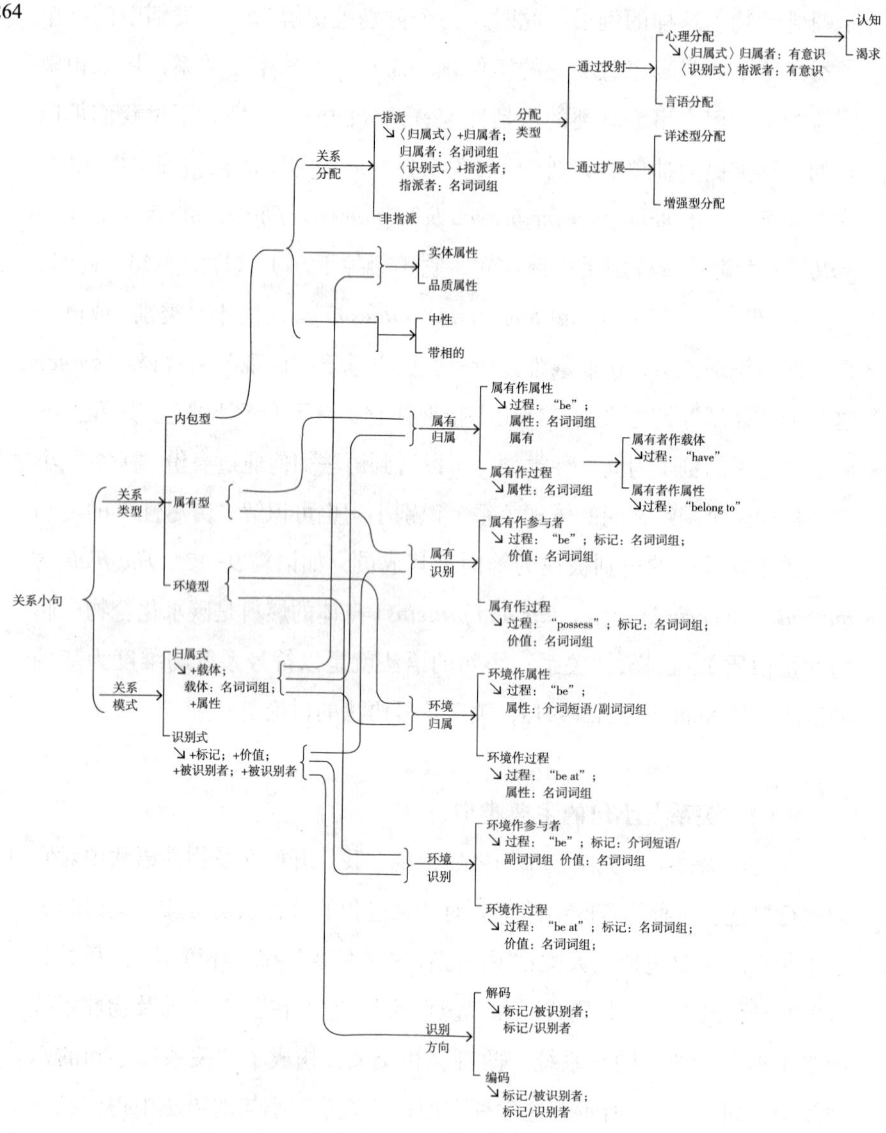
关系小句
关系类型
关系模式
内包型
属有型
环境型
归属式
↘+载体；
载体：名词词组；
+属性
识别式
↘+标记；+价值；
+被识别者；+被识别者
关系分配
指派
↘〈归属式〉+归属者；
归属者：名词词组
〈识别式〉+指派者；
指派者：名词词组
非指派
分配类型
通过投射
通过扩展
心理分配
↘〈归属式〉归属者：有意识
〈识别式〉指派者：有意识
言语分配
认知
渴求
详述型分配
增强型分配
实体属性
品质属性
中性
带相的
属有归属
属有作属性
↘过程："be"；
属性：名词词组
属有
属有作过程
↘属性：名词词组
属有者作载体
↘过程："have"
属有者作属性
↘过程："belong to"
属有识别
属有作参与者
↘过程："be"；标记：名词词组；
价值：名词词组
属有作过程
↘过程："possess"；标记：名词词组；
价值：名词词组
环境归属
环境作属性
↘过程："be"；
属性：介词短语/副词词组
环境作过程
↘过程："be at"；
属性：名词词组
环境识别
环境作参与者
↘过程："be"；标记：介词短语/
副词词组　价值：名词词组
环境作过程
↘过程："be at"；标记：名词词组；
价值：名词词组；
识别方向
解码
↘标记/被识别者；
标记/识别者
编码
↘标记/被识别者；
标记/识别者

图 5-17　关系小句系统

表 5-12　“关系”小句的主要类型 265

	(i) 归属式 “*a* 是 *x* 的属性”	(ii) 识别式 “*a* 是 *x* 的身份”
内包型 “*x* is *a*”	Sarah is wise	Sarah is the leader; the leader is Sarah
属有型 “*x* has *a*”	Peter has a piano	the piano is Peter’s; Peter’s is the piano
环境型 “*x* is at *a*”	the fair is on a Tuesday	tomorrow is the 10th; the 10th is tomorrow

该表中的实例体现了“归属式”和“识别式”的另一个重要区别。“识别式”可以倒置，所以 *x* 和 *a* 可以互换位置：*Sarah is the leader / the leader is Sarah*。“归属式”则不能：没有和 *Sarah is wise* 同源（系统关联）的 *wise is Sarah* 这样的形式。这是两种方式的诸多重要差异之一，我们将在下文讨论。

我们通过较短的语篇来阐述所有不同类型的“关系”小句会十分困难；但表 5-13 中呈现和分析的语篇能够展示其中一小部分。这是一篇关于某种恐龙的报道，这类语篇一般主要包括关系小句（见第九章，语篇 9-12）。该报道描述并识别了甲龙这一类实体的各个方面的特征——为该物种勾勒了一个基于语言的模型或图画。语篇后的一幅小插图对模型进行了说明。该物种被指派了一个类别，对其描述了身体特征（如长度），勾勒了身体部位的轮廓，明确了体积上的独特性。其中，不同类型的“关系”小句贡献不同；“内包型”小句占主导地位，其他两类也非常重要：“属有型”小句将身体部位与整个身体相联（*... had a club..., did not have any teeth*），“环境型”小句识解了相较于较大的身体部位、较小身体部位在空间中的延伸（如在 *these plates* ***went*** *from the head to the tail* 中，*go* 并非表示运动的物质过程，而是表示空间内静态位置的环境过程）。还有一个“存在”小句（# 7.1）也对该物种进行了语言描述。除了这些表示“being”的关系小句和存在小句，还有四个“物质”小句，共同识解过去发生的普遍事件，其中三个还带有能力（ability）情态特征（*could take, may have been able to swing, [may have been able to] aim*）。这些“物质”小句为文中的“关系”和“存在”小句注入了一定活力，是对它们的补充；但即便有“物质”小句注入的活力，该语篇仍然属于“是”，而非“做事”的领域。虽然它类似于叙事等其他语域中的描述性段落，但这种描述一般与具体的而非概括化的实体相关；如果描述在叙事的开篇，它一般与表达惯常时间的“物质”小句序列交织使用（如 *My grandmother Ammani was a busy person. She performed a variety of tasks all through the day ...* 我的祖母阿曼尼是个忙人，她一整天都在做各种事情……）；如果描述在叙事的事件序列中，则一般与表达特定时间的“物质”小句序列交织使用（如 *One summer evening, the Rabbit saw two strange beings creep out of the bracken. They were rabbits like himself, but quite furry.* 一个夏天的晚上，兔子看见两个奇怪的生物从蕨类植物中爬出来。它们和它一样也是兔子，但毛茸茸的）。

266 **表 5-13 详解——分类：关于恐龙的条目**[32]

	Ankylosaurus	关系		其他过程类型
		归属式	识别式	
1	The Ankylosaurs **were** armored lizards [[which varied greatly in size]]	内包型		
1[[ ]]	[[... **varied** ...]]	内包型		
2.1	The largest **was** as long as a bus,	内包型		
2.2	while the smallest **was not** much bigger than a man.	内包型		
3	Ankylosaurs **were** extremely sturdily built, with armor plates, knobs, and spikes [[which were embedded in the leathery skin]].	内包型		
3[[ ]]	[[... were ...]]	内包型		
4.1	These plates **went** from the head to the tail	环境型		

㉜ 出自 Wilson（1986，第 10 页）。

续表

	Ankylosaurus	关系		其他过程类型
		归属式	识别式	
4.2	but **did not cover** the body.		环境型	
5.1	Ankylosaurus – the ‘fused lizard’ – **was** the largest of the ankylosaurs,		内包型	
5.2	but in spite of its size and frightening appearance it **fed** only on plants.			物质
6	With its small teeth and weak jaws the dinosaur **could take** only plants [[which could be easily bitten off]].			物质
7.1	At the end of the head, << which was covered with armor plates>>, **was** a horny beak [[which did not have any teeth]].			存在
7.2	<< ... **was covered**... >>		环境型	
7.1[[	[[... **did not have** ...]]	属有型		
8	Flesh-eating carnosaurs **were** potentially dangerous to the ankylosaurs.	内包型		
9	As an added means of self-defense the ankylosaur **had** a club on its tail.	属有型		
10.1	The creature **may have been able to swing** the club with great force			物质
10.2	and **aim** a savage blow at an enemy.			物质

为了解释“归属式”和“识别式”这两个概念，我们首先聚焦“内包型”——“*x* 是 *a*”，见语篇“详解——分类：关于恐龙的条目”，对比“归属式” *the Ankylosaurs* ***were*** *armored lizards which varied greatly in size* 和“识别式” *Ankylosaurus — the ‘fused lizard’ —* ***was*** *the largest of the ankylosaurs*。在这类“关系”小句中，最典型的动词是 *be*，*x* 和 *a* 都是名词词组。同时，许多其他动词也会出现，这是又一个区别性特征：“识别式”小句和“归属式”小句中的动词属于不同类别。作为属性和身份出现的名词性成分在类 267

别上也有差异。以下我们再通过一个简短的语篇解释归属和身份的异同：

'Why should I want to murder a perfectly strange woman?' said Dr Quimper. 'She wasn't a strange woman', said Inspector Craddock. 'She was your wife.' [A. Christie, 4.50 From Paddington]

小句 *she wasn't a strange woman* 和 *she was your wife* 的含义都是"*x* 是 *a*"；但是克莱德克（Craddock）检察官的言辞威力体现在他从"归属"小句向"识别"小句的转换——从一般的类别–成员关系转移到独特的身份特征。

5.4.3"内包型"小句："归属式"

5.4.3.1"归属式内包型"小句的特征

在"归属式"中，一个实体被赋予或归属于某种类别。这一类别在结构上被称为**属性**（Attribute），它所归属的实体被称为**载体**（Carrier）——即"属性"的"载体"。见图 5–18 中的示例，以及表 5–13 关于恐龙的条目。该类小句描述了充当载体的实体的特征；也是通过赋予载体评价性属性而进行评价的一种主要语法策略。

Today's weather	is going to be	warm and sunny
She	's	atrocious
The minister	didn't seem	sure of himself
Your story	sounds	complete nonsense
The baby	turned into	a pig
Mice	are	timid creatures
载体	过程：内包型	属性
名词词组	动词词组	名词词组

图 5–18　"归属式内包型"小句实例

"归属式"小句与"识别式"小句相比，具有四个区别性特征。

（i）作属性的名词词组识解一类事物，通常为非限定性：由形容词或 268
普通名词充当中心语，并可能搭配不定冠词（如 *is/ are warm, is a creature, are creatures*）。它不可能为专有名词或代词，因为两者均不识解类别（所以 *he is Charles Darwin*"他是查尔斯·达尔文"，可以解释为"识别"小句；但 *he is another Charles Darwin*"他是另一个查尔斯·达尔文"，则是"归属"小句，专有名词查尔斯·达尔文被重新识解为普通名词——作"像查尔斯·达尔文这类人"的名称）。

（ii）体现过程的动词词组中的实义动词为某类"归附"（ascriptive）动词：见表5-14。如果在体现属性的名词词组中，普通名词作中心语，且没有前置形容词，那么它常常看似环境成分（如上表所示，动词之后承接一个介词；例如：对比 *he grew old* 和 *he grew into a man*）；以名词作中心语的属性极少搭配动词 *keep*，*go* 以及 *get*，否则意思会很含糊。

（iii）这类小句的探问句是 *what?*，*how?* 或 *what...like?*，如 *what is Paula?*，*how did the minister seem?*，*what will today's weather be like?*。

（iv）这些小句不可倒置：它们没有"受动"式，如 *complete nonsense is sounded by your story*；类似 *a poet is Paula, wise is Sarah* 的小句是旧体或文学变体，而非系统的同源形式。

5.4.3.2 内包型归属的种类

在内包型归属式小句中，可以同时区分出三种对比：（i）确定属性指代的类别可以参照实体，或者参照品质；（ii）归属的过程可以是中性，也可以带相；（iii）归属的领域可以是物质域，也可是符号域。

（i）成员资格说明：实体 / 品质。对类别的明确或者参照构成该类别的实体，来命名该类别本身，如 *what did your father do? — He was an architect*，或者参照构成该类别实体的一个或多个品质，来命名该类别-成员关系的一个标准，如 *The New Yorker is very generous*。

两类属性的体现方式有所不同：体现实体属性的名词词组由事物作中心

语，如 *an architect* 中的 *architect*；体现品质属性的名词词组由特征语作中心语，如 *very generous* [33]。因此，后者中的事物隐含的；一般表示是 'one'（某个）——即事物的类别从语境推定。这意味着，修饰语所指代的品质的规范依赖于语境；在替代词 *one* 作中心语时，被显化。例如，在 *it's a big one I think* 中，尺寸的规范取决于 *one* 所替代的事物——在该例中是 *reef*：

> [S01:] What reef? — [S02:] There's reefs around bloody Australia, isn't there? – [S01:] Yeah. A Great Barrier one I believe. – [S02:] It's a big one I think. [UTS/Macquarie Corpus]

269 **表 5-14　在内包型小句中充当过程的动词示例**

		归属式	识别式
中性的		be, feel	be
相：时间	起始	become; turn (into), grow (into)	become; turn into, grow into
		get, go, fall, run;	
	延续	remain, stay (as), keep	remain, stay as
相：现实	看似	seem, appear, qualify as,	seem (+ 最高级)
	感知	look, sound, smell, feel, taste (like)	
	实现	prove, turn out, end up (as)	prove
度量		weigh, cost, measure	
品质		[过程 / 属性：] seem, appear ['be apparent']; matter, count ['be important'], apply ['be relevant'], figure ['be sensible'], suffice ['be enough'], abound ['be plentiful'], differ, vary ['be different'], dominate ['be dominant'], do	

[33] 有一种隐喻变体，其中的属性体现为 *of+* 名词词组，名词化结构作事物 / 中心语（比较第十章）。例如，下列例句中的 *of crucial importance*：*In India now, the question of the minorities and how to satisfy their aspirations is of crucial importance*. [KOHL_A] 。其一致式是 *is crucially important*。

续表

		归属式	识别式
		[‘be acceptable, enough’]; hurt, ache [‘be painful’]; stink, smell [‘be smelly’]; reek, drip, ooze [‘be overfull’]; suck, stink [‘be awful’]	
角色			play, act as, function as, serve as
标志			mean, indicate, suggest, imply, show, betoken, mark, reflect,
等同			equal, add up to, make
种类 / 部分			comprise, feature, include
意义			represent, constitute, form
实例			exemplify, illustrate
符号			express, signify, realize, spell, stand for, mean
指派：中性		make; [过程 / 属性 :] ensure, guarantee (‘make it certain that ...’), prove, confirm (‘make it a fact that ...’)	make
指派：详述			elect, choose (as), dub; name, christen, term; spell, pronounce
指派：投射		think, consider; wish, want; prove	think, consider; prove; call, declare

270　如果名词词组中的事物较为宽泛，如 *thing*，*person*，*fellow* 等，则“实体”类归属接近品质类归属。所以，在 *I started it in Paris in late '51 with a guy called Harold Humes, who was an absolutely brilliant fellow but rather erratic*（1951 年末，我在巴黎和一个叫哈罗德·休姆斯的人一起开始做，他绝对是个聪明的家伙，但情绪有些难以捉摸。）中，归属性名词词组 *an absolutely brilliant fellow*（事物 / 中心语）和 *rather erratic* 均为品质特征；从经验观点上看，*an absolutely brilliant fellow* 接近于 *absolutely brilliant*，*rather erratic* 接近于 *a rather erratic fellow*，且两者互换后（*who was absolutely brilliant but a rather erratic fellow*）意义不变——因为除了已知的 *a guy* — *Harold*（男性专有名称）— *who*（一个人）外，*fellow* 并未增加任何新的分类信息。

如上所述，品质属性由特征语作中心语的名词词组体现。特征语由形容词（或动词的分词形式）体现，通常由表达程度的副词修饰，如 *very, extremely*，*greatly* 等，包括比较意义的副词，如 *more*，*most*，*less*，*least*，*too*。比较级可以通过 *as*，*than*，*for* 等引入的比较标准进行拓展。它们可以是短语，也可以是小句，位于中心语 / 事物之后，与作后置修饰语的定性语位置相同。例如：

I think mum's more **upset** than he is. [UTS/Macquarie Corpus]

Nothing gets past those kids. They're as **sharp** as old razor blades. [UTS/Macquarie Corpus]

[S 03:] And, well, this baby possum was **so cute**, it was about this tiny. — [S 02:] Aha. — [S 04:] That tiny? — [S 02:] That's just tiny, too **tiny** for words. [UTS/Macquarie Corpus]

从结构上看，此类表述在特征语，而非定性语内作次修饰语（见第六章，第 6.2.5 节）；但特征语作中心语的名词词组也构建为定性语[34]：

She's not very **interested** in the food. [UTS/Macquarie Corpus]

这些很难与小句及物性结构中的环境成分区分开来。为了在分析中区分它们，可以从语篇层面进行探究：原则上，环境作为小句的一个成分，被主位、谓项主位和主位识别赋予不同的语篇地位。因此，在 *so you have to be beautiful with it* 中，如果小句被解释为"*so you and it* [*silver*] *have to be beautiful together*"，则 *with it* 是（伴随）环境成分，它还可以是主位（*so with it you have to be beautiful* 而不是 *so it you have to be beautiful with*） 271
和谓项主位（*so it is with it that you have to be beautiful* 而不是 *so it is it that you have to be beautiful with*）。相反，定性语本身在小句内没有语篇地位，因为它是名词词组，而非小句的组成部分；所以它只能与所在的名词词组一起充当主位。在 *and Mal's not short of a quid* 中，按照语篇元功能，*of a quid* 与 *short* 一起充当主位（*short of a quid he may be, but...* 而不是 *of a quid he may be short, but...* 或者 *short he may be of a quid, but...*）、谓项主位（*it is short of a quid that he is* 而不是 *it is of a quid that he is short or it is short that he is of a quid*）、被识别的主位（*short of a quid is what he is* 而不是 *short is what he is of a quid or of a quid is what he is short*）。这也呼应了前面提到的一个事实：*short* 在表示该意义时必须与 *of*+ 名词词组共同出现：*he is short* 不可能是 *he is short of a quid* 的变体；但 *he is afraid* 是 *he is afraid of snakes* 的变体，这说明 *of snakes* 是一个环境成分，但 *of a quid* 是

---

[34] 注意，"动词：*be*+ 形容词 + 动词"的序列被解释为动词词组复合体，如 *be eager to do*，*be keen to do*，*be willing to do*，以及第八章，第 8.8 节的 *she was terribly keen to get out of London*。另外，不同于在作属性的名词词组内充当特征语 / 中心语的形容词，这些词不能与充当事物 / 中心语的名词连用；对比 *he is keen: he is a keen fellow* 与 *he is keen to finish his job: he is a keen fellow to finish the job*，前者可以接受，而后者看起来不太可能。另外注意省略模式：*he is keen to do it, but he isn't able to* [ø: *do it*]。

与 *short* 相关的定性语。但该领域具有很大程度的不确定性（参考 *a quid is what he is short of/what he is short of is a quid; it is a quid that he is short of* 的可能性）。

某些环境成分在特定类型的归属中比较常见。例如，表示原因、内容和角度的环境成分在“心理”特征作属性时较为普遍，([原因 :] *I did get angry with him*; [内容 :] *no, I am fussed about the speakers and the speaker cabling; so I think we have to be a bit sensible about what we are doing*; [角度 :] *it's all Greek to me; next one sounds even sexier to me; that's been really important to me*)。

在“品质”归属中，还有一个更加精密的选项：少数品质可能会被识解为品质过程，而非品质属性。因此，和 *will it be enough?* 一起的还有 *will it suffice?*（也可将这类小句解释为过程和属性合二为一）。前文事实上已经出现了这样的例子，即表 5-13 的语篇中表达品质的动词 *vary*：*The Ankylosaurs were armored lizards which* ***varied*** *greatly in size*。这类动词包括 *matter*，*count*（重要的）（如 [*the cities*] *that now counted* [*were North Atlantic in location or access*]），*suffice*（充分的），*abound*（充足的），*figure*（有意义的），*differ, vary*（不同的，有变化的），*hurt*，*ache*（疼痛的）（见 Halliday, 1998），*dominate*（占主导的），*apply*（适用的）（如 *and Styron's remark* ***applies***），*do*（可以接受的，充足的）（如 *that* ***won't do***），*remain*（be+“静止的”），*stink*, *smell*, *reek*（+ *of* + 气味的来源）（有气味的）（如 *a place called Desire that* ***stinks*** *of rotting rubbish*“一个叫欲望的地方散发着腐烂垃圾的臭味”；*the air* ***reeks*** *of bee venom as they furiously attack our white suits and screened head veils*“当它们猛烈攻击我们的防蜂服和头罩时，空气中弥漫着蜂毒的气味”），许多表达负面评价的动词，其中一些是“be+ 有气味的”的抽象形式，如 *stink, suck*（如 *as in her best friend, Mike, is 14 and thinks science* ***sucks****, preferring a life of horses and guitars* 和

the system **stinks** *– I'll never forgive them*）[35]。

（ii）归属相：中性 / 带相。与其他过程一样，过程的归属也随时间而展开。在非标记性情况下，展开的相未被明确（“中性的”）；又或者，相被标记为（1）“时间相”——“起始相”（如 *become*，*go*，*grow*，*turn*） 272
或“持续相”（如 *keep*，*remain*），或（2）“现实相”——“看似”（如 *seem*，*appear*）、“感知”（如 *look*，*sound*，*taste*）或被实现（如 *prove*，*turn out*）：见上表 5-14。例如：

（1）时间相

When a child loves you for a long, long time, you **become** Real. Generally, by the time you are Real, most of your hair has been loved off, and you **get** very shabby.［语篇 28］

This **remains** national policy all over the world. [LLC_05]

（2）现实相

At least we remember them as young before they decayed and **grew** old. [LLC_05]

She said ‘well that **seems** pretty expensive but if they're all right I don't mind’. [LLC_01]

You **don't look** bad yourself either, Betty. [King Interviews]

He doesn't know he **looks** very funny, does he? [LLC_02]

that you **might have proved** too strong and independently minded a figure to be in exactly that role [LLC_06]

---

[35] 动词 *reek*，*drip* 和 *ooze* 含有“有［过于］……”或“有［太］多……”之意（逐渐进入表达“属有”意义的领域）；但是看起来它们总是与名词词组配置，对于 *drip* 和 *reek* 来说，该名词词组由介词引导，该成分可以解释为属性：*it certainly* ***reeks*** *to me of sexual exploitation*（在我看来，这无疑是性剥削）；*I don't care that the English choose to maintain their royalty, but I object to the tone of the stateside reportage. It* ***drips*** *with press agentry*（随着新闻媒体的报道）；*Greenoak's book* ***drips*** *with bird lore like no other*（格林诺克的书中充满了鸟类知识，这是其他书中没有的）；*she* ***oozes*** *self-confidence*（她流露出自信）；*but although it's a platform game that has been crafted to include the vital ingredients of the genre, it lacks substance and* ***oozes*** *mediocrity*（但尽管这是一款平台游戏，包含了这一类型的重要元素，但它缺乏实质性内容，且表现平庸）。

对于“时间相”，尤其是“起始相”而言，其时态可能类似于“物质”小句而非“关系”小句中的时态。例如：

语篇 5-8：报道——记载：历史重述（笔语、独白）

But one sharp line can be traced: the economy moved from a Mediterranean base to an Atlantic one. The scope of European trade **was becoming** oceanic and worldwide; the cities that now counted were North Atlantic in location or access: London and Bristol in England; Bordeaux and Nantes in France; Amsterdam in Holland. [Europe in Retrospect]

也就是说，就时间而言，产生和活动在同一个模式上识解；但它仍被识解为“是”的配置，即载体（*the scope of European trade*）+ 过程（*was becoming*）+ 属性（*oceanic and worldwide*）。如果属性是“实体”而非“品质”，那么体现它的名词词组可能会由介词 *into* 标记；因此，除了‘*become*’+ 名词词组，还会有‘*turn*’/‘*grow*’+*into* + 名词词组。例如：

Those who have quality will outgrow the experience; the rest will **turn** beat, or into dentists, or into beat dentists. [BROWN1_G]

“起始”归属小句的搭配模式为过程：动词 + 属性：形容词；例如 *go + mad, run + dry, turn + sour, fall + ill*。该搭配模式也可能涉及充当载体的名词词组的中心语，例如在过程：*run* + 属性：*dry* 中，载体包含一个名词，如 *well, lake, river, sea, water supply, tap, blood bank, mouth*（在 COBUILD 语料库中）。

（iii）归属域：物质 / 符号。如前所述，“关系”小句对“外部经验”和“内部经验”均可识别（见表 5-11），因此，这两类经验模式都处在“归属式”小句的归属域内；但这些归属域超越了这两类经验模式。特别是经过概括的“内部经验”不仅包括主观感受，也包括被识解为宏观事
273 物和元事物的客观特征的属性——如形容词 *true* 在 *it's true the food down*

there it's really fresh（没错，下面的食物真的很新鲜）中所指的特征。在归属域的对比一般不是物质和心理的对比，而是“物质”与“符号”的对比。“归属式”小句中载体被赋予的属性不是物质属性就是符号属性，充当载体的“事物”必须和属性位于同一层级。所以，*true* 作属性时，载体必须为元事物——由事实小句代表，如 *the food down there it's really really fresh*，或由指代事实的 *it, that, this* 代表，小句 *that's (not) true* 是对话中常见的一种评价形式：*Well not all states have executions. — Yes that's true, but some states do*（并非所有州都有死刑的。——的确如此，但有些州确实有。）。“符号”域的属性示例见表 5-15。

表 5-15　“符号”域中的属性示例

类型	属性
情感／态度	sad, tragic/a tragedy; delightful/a delight, a joy, a relief, extraordinary
	good/a good thing, bad/a bad thing
认知／可能性	doubtful, certain, likely, unlikely, probable, possible, a question
渴求／义务	desirable, acceptable, appropriate, important, justified

“符号”归属域中有一类“归属式”小句，其属性指代感知的品质，等同于“心理”小句的过程（见表 5-11），可以构成心理过程中动词的分词形式，例如，*I'm sorry, it is amazing how effective this system is*（对不起，这个系统的效率真是太高了）。“心理”和“关系”小句的变体可能出现在同一语篇段落，如语篇 5-9 中的实例所示。

语篇 5-9 再创——叙事（笔语、独白）：传统叙事重述节选 [诺亚方舟]

[1] Once, a very long time ago, there lived a man called Noah. [2] He and his wife and his sons and their wives all worked very hard. [3] Now Noah was a good man and this **pleased** God. [4] But all around him, Noah's neighbours were lying and fighting and cheating and stealing. [5] This **made** God **sad**.

表达感知品质的“关系”小句分为两类：一类对应 *like* 类“心理”小

句，载体等同于感知者；另一类对应 *please* 类小句，载体等同于现象。对于前者而言，典型的载体在“陈述句”中是 *I*，在“疑问句”中是 *you*。例如，*I am not all that pleased anymore with what I got from it*（我对从中得到的不再那么满意了），*I'm very worried*（我很担心），*aren't you glad that's over?*（难道你不高兴这一切都结束了吗？）此时，与“心理”小句中现象对等的成分可以识解为由 *at, of, with* 标记的原因环境成分，或一般由 *about* 标记的内容环境成分：*she was upset at the news*（她听到这个消息很不高兴），*she was very anxious about the delay*（她对延误感到非常焦虑）。对于后者而言，载体一般是 *that, this*，或者是 *it* 加后置小句，属性可由形容词 / 分词或名词作中心语。例如，*that's encouraging*（这很令人鼓舞），*isn't it a pity that photograph got spoilt?*（照片毁了不是很遗憾吗？），（*I've always thought that my real writing was the fiction,*）*which seems odd*（（我一直觉得我真正的作品是小说，）这似乎很奇怪）。此时，与“心
274 理”小句中感知者对等的成分可以识解为由 *to* 标记的角度环境成分：*it sounds funny to me that he was afraid*。充当属性的普通形容词、分词和名词示例，以及与充当“心理”小句中的过程的同源动词示例，见表 5-16。由该表可见，许多属性在本质上具有评估意义；该类小句是开展评价的重要语法策略。

表 5-16 作为属性和过程的感知

	***Like* 类**		***Please* 类**	
	心理-过程：	关系-属性：	心理-过程：	关系-属性：
情感	rejoice	glad, happy, pleased	gladden, please	gladdening, pleasing; a good thing
	mourn, grieve	sorry, sad	sadden	sad, saddening
	fear	afraid, scared	frighten, scare	frightening, scary
	worry	worried	worry	worrying
		upset	upset	upsetting

续表

	***Like* 类**		***Please* 类**	
	心理–过程：	关系–属性：	心理–过程：	关系–属性：
	like	pleased; fond	please	pleasing, lovely
		disgusted	disgust	dreadful, awful, disgusting
			encourage	encouraging
		ashamed, embarrassed	shame, embarrass	shameful, pitiful, embarrassing; a shame, a pity
		irritated, annoyed	irritate, annoy	irritating, annoying; a nuisance
		relieved	relieve	a relief
		surprised	surprise	surprising, strange
		puzzled	puzzle	odd, funny, puzzling
渴求	want	keen (on)	tempt	tempting
	desire			desirable
认知	know	aware; certain		known
	guess, suppose			likely
	doubt	doubtful		doubtful
	suspect	suspicious		suspect
	believe			believable
	wonder	curious		curious

"心理"小句和"关系"小句具有重叠之处，某些小句如 *I was scared*，可以做两种解释。有四个主要的区分指标：(1) 次修饰 (submodification)；(2) 带标记的相；(3) 时态；和 (4) 小句结构。

(1) 次修饰语，如 *so, very, too*（见第六章，第 6.2.5 小节），与名词 275
词组，而非动词词组搭配[36]：可以说 *I was very afraid of it*，但不

[36] 除了当今社会口语中常用的 so 的情况，如 *you're gonna just so want one* [语篇 176]。

说 *I very feared it*；可以说 *you're not too keen on it*，但不说 *you don't too want it*。上表 5-16 所列的所有"形容词 / 分词"，如 *glad, sorry, worrying, frightening* 等，可以轻而易举地与这些次修饰成分搭配，所以具有 *be + worrying*，*frightening* 等结构的小句是关系过程，而非心理过程。

（2）上文指出，除 *be* 之外的带标记性相的归属动词也会出现在"归属"小句中，例如 *it seems encouraging, you look pleased*。它们不会以这种方式出现在"心理"小句中，不能说 *you look enjoying (it)* 或 *it seems delighting (you)*。

（3）从时态上看，由于品质通常是前一个事件的结果，同一现象如果被表征为属性，就以现在时形式出现；如果被表征为"心理"小句中的过程，则以过去时形式出现。例如，*he's frightened*（现在时）很有可能是"归属式关系小句"，同源"心理"小句为（现在中的过去）*he's been frightened*。

（4）从小句结构上看，"心理"小句通常同时（且总是可以）包含感知者和现象；而在"归属式"小句中，这样的实体只能作环境成分，表示原因、内容（与现象同源）或角度（与感知者同源）。示例见表 5-17。

表 5-17　与"关系"小句中感知者和现象同源的环境成分示例

心理小句	关系小句
he's been frightened by a snake	frightened/afraid of snakes［不是 *'s been afraid by ...*］
that report is puzzling me	that report is puzzling/odd to me［不是 *is odd me*］
were you pleased by what happened?	are you pleased/happy about what happened?［不是 were you happy by ...］

但这四个标准并不总是重合，也并非每个实例都可以被明确地分配到

关系小句或心理小句的范畴中[37]。

毫无疑问，由于这种重叠，上文（第5.3节）曾经提到的“事实”的身份也就变得十分模糊。原则上说，如果出现第二个言辞，用于表征心理状态的根源或起源，那么它在“心理”小句中就是“事实”，在“关系”小句中就是“原因”，例如：

（心理）it distresses me/I regret + that you failed

It **distresses** him that women ask him, to this day, to remove his dark glasses so that they can witness the marvel of his magical peepers. [COBUILD/Today]

（关系）I'm very distressed + because you failed

Well, I'**m** still **afraid** of him 'cause he's bitten me. [UTS/Macquarie Corpus]

但带有此类属性的“归属式关系”小句与“心理”小句的过程同源，276
通常和“事实”小句一起被识解：

（关系）I'm very distressed/it's a great pity + that you failed

I **am extremely distressed** that these unfounded allegations should then have been leaked to newspapers. [COBUILD/Times]

实际上，属性已经成为对“心理”小句中过程的隐喻式表达，可以带一个被投射的小句（见第七章，第7.5节）[38]。

刚才所讨论的“关系”小句属于归属的“符号”领域，接近“心理”

㊲ 因此，在一些小句中，心理过程动词的分词形式带有次修饰成分，但是现象以它在“受动式”小句中的形式出现；例如，*she was very intrigued by alternative ideas; I was very depressed by some feedback I was getting*。

㊳ 如语法中的许多其他领域所示，英语已经偏离了常见的日耳曼语结构。在日耳曼语中，一般可以构建由 *that* 加介词标记的“事实”小句的对等形式。因此，*I'm extremely distressed that...* 的瑞典语翻译类似于 *Jag är oerhört bedrövad över att ...*，其中 *över att* 对应英语中的 *that*，可以解释为‘*because of that*’。

小句。在归属的另一个主要领域——“物质”领域也有类似的情况，其中，属性所指代的物质品质相当于“物质”小句的过程，可以以物质过程的动词的分词形式体现。例如，*they said that our disk was* ***corrupted*** *when it arrived*（他们说我们的磁盘到达时已经损坏了）；*Kate, I must say this fish is* ***cooked*** *beautifully*（凯特，我得说这条鱼做得很好）；*So the door needs to have the lock taken off — alright and the alarm is not* ***connected*** *any more and the exit sign's gone*（所以需要把门上的锁取下来——好了，报警器不再连接，出口标志也不见了）；*I've just hitched recently from Byron to Sydney because my money was* ***locked*** *in a car and I did not have any*（我最近刚从拜伦搭便车到悉尼，因为我的钱被锁在车里了，我没有钱）；*it was* ***bolted*** *with a deadlock*（它被锁死了）；*this room was* ***absolutely flooded***（这个房间完全被淹没了）。上文列出的指标（1）（2）和（3）在此也同样适用。所以有这样的例子（1）*our disk was very corrupted*（因为 *corrupted* 指代一个可分级的品质——但并非所有的物质过程的动词的分词形式都能区分等级）；（2）*our disk seemed corrupted*；（3）*our disk was corrupted (when it arrived)*，而非 *our disk had been corrupted (when it arrived)*。另外，虽然“物质”小句通常被识解为现在中的现在，但“关系”小句则为简单现在。所以，*market research* ***is being conducted*** *this week*（本周正在进行市场调查）必须被解释为“物质”小句，但 *our disk was being corrupted (when it arrived)* 则被识解为“物质”小句，而非“关系”小句。

5.4.4 “内包型”小句：“识别式”

5.4.4.1 一般特征

在“识别式”中，事物被赋予了某个身份。这表明，一个实体被用来识别另一实体：“*x* 由 *a* 识别”，或“*a* 用来界定 *x* 的身份”。在结构上，*x-* 成分（即有待识别的成分）被称为**被识别者**，*a-* 成分（即起识别作用的成分）被称为**识别者**。相关示例的分析见图 5–19，更多示例还可见前文有关恐龙的条目。由表 5–13 可见，该条目中仅有一个“识别式”“识别”小句；但同一本书的其他识别小句包括：*these dinosaurs **were** the longest ever to live on the Earth*（这些恐龙是地球上生存时间最长的恐龙）；*Antarctosaurus **was** one of the group of sauropods, or 'lizard feet'*（安塔克托龙是蜥脚类动物之一，或称“蜥蜴脚”）；*one feature of the skeleton **was** that the rear thighbones were longer than the front ones*（骨架的一个特点是，后面的大腿骨比前面的长）；*Antarctosaurus **means** 'not northern lizard'*（安塔克托龙的意思是“不是北方蜥蜴”）；*research **suggests** that* 277
Brachiosaurus's relative was Cetiosauriscus（研究表明腕龙的亲缘动物是鲸龙）；*close examination of the finds **showed** that this group had some puzzling features*（对这些发现的仔细检查表明，这组有一些令人费解的特征）。它们说明了“识别”小句在知识建构中的一些用途：建立独特性、说明（专有）名称、解释证据等。当然还有其他用途；比如“识别”小句可以下定义，如上文从佩因特（Painter, 1993, 1999）那里引用的实例：*balance **means** you hold it on your fingers and it doesn't go: Tagmemics **is** a slot-and-filler approach which is primarily designed to allow fieldworkers to reduce corpora of data to coherent descriptions efficiently* [Trask, 1993]; *repression is an extreme form of denial in which children completely erase a frightening event or circumstance from their awareness* [Craig, Human Development]（对技术话语中定义的系统功能语言学阐释，见 Harvey, 1999）。此类小句的重要性源于它们代表了一种扩展语言命名资源的策略，在日常话语和科技话语中都是如此。字典中的各种定义均以此为基础，过程常常在结构中不出现：*gauge: a measurement according to some standard or system*。

The deadliest spiders in Australia	are	the funnelwebs
the one in the backrow	must	be you
usually	means	mostly
today's meeting	represents	the last chance for a compromise
Mr. Garrick	played	Hamlet
c-a-t	spells	'cat'
被识别者	过程：内包型	识别者
名词词组	动词词组	名词词组

图 5-19 “内包型识别式”小句的示例

上述示例显然并未讨论类别的成员身份。类别的成员身份没有识别作用；例如，*Sarah is wise* 承认除了莎拉（Sarah）外，同时也还有其他聪明人——这一点并不能确定她的身份。处理识别小句的方法之一是把所讨论的类别缩小到个体类别。如果说 *Alice is the clever one* 或 *Alice is the cleverest*，那么就可以识别爱丽丝（Alice），因为已经明确该类别中仅有一名成员，一个单独的实例。当然，这并不是说世界上没有其他聪明人；只是说在先前确定的一群人中没有其他聪明人，如 *There are three children in the family*; ...。这会为有关爱丽丝身份的提问提供一个可能的答案：*which is Alice? —Alice is the clever one.*

在进一步探讨前，我们首先依次讨论“识别”小句区别于上述“归属”小句的特点。此处采取与“归属”小句相同的讨论顺序。

（i）体现识别者功能的名词词组通常是限定性的：其中心语或者是
278 由 *the* 或其他特定限定词作指示语（见第六章，表 6-1）的普通名词，或者是专有名词或代词。形容词作中心语的唯一形式就是它的最高级。例如：

S01: You know ... interestingly enough I think the tastiest part of this dinner has been the vegetables. — S02: Yeah I agree. — S03: I disagree. — S01: Disagree. — S03: The chicken skin was definitely **the best**. [UTS/Macquarie Corpus]

（ii）在体现过程的动词词组中，实义动词来自“等价”类：见表5-14。

（iii）对于此类小句的提问手段是 *which?*，*who?*，*which/who...as?*（如果选择是开放性的，也可以是 *what?*），例如 *who is the one in the back row?*，*which are the deadliest spiders?*，*who/what did Mr* 见 *Garrick play?*

（iv）这些小句可以倒置。除了中性词 *be* 和带相的 *become*，*remain*（以及后接介词的词，如 *act as* 中的 *as*）之外，所有动词都有被动形式，如 *Hamlet was played by Mr Garrick*，*cat is spelt c-a-t*。带 *be* 动词的小句在倒置后动词形式不变，无须介词 *by* 来标记不作主语的参与者，如 *the deadliest spiders in Australia are funnelwebs: funnelwebs are the deadliest spiders in Australia*。

现在我们回到 *Alice is the clever one*。注意，它也可能回答另一个问题，即‘*which is the clever one?*’。由于 *Alice* 和 *the clever one* 这两个实体在语境中都是独一无二的，任意一个都可以用来识别另一个。但这就意味着有两种而非一种分析方法（见图5-20）。

(which is Alice?)

Alice	is	the clever one
被识别者		识别者

(which is the clever one?)

Alice	is	the clever one
识别者		被识别者

图 5-20　*Alice is the clever one* 的两种分析

两者当然可能有不同的语调模式，识别者作为新信息焦点，由调核重音标记：

Which is Alice? —Alice is **the clever one**.

Which is the clever one? —**Alice** is the clever one.

换言之，被识别者和识别者可以以任一次序出现。但由于它们可以以任一次序出现，且任一成分均可发挥任一功能，这就意味着有四种而非两种可能性：

(which is the clever one?)

the clever one is **Alice / Alice** is the clever one.

(which is Alice?)

Alice is **the clever one / the clever one** is Alice.

279 就目前讨论而言，我们可以认定识别者总是负载调核重音。其实，这并不符合事实；这只是一种典型范式，原因是虽然极有可能作新信息的成分是身份，但还有一种标记性选项，被识解为新信息的是被识别者。（所以要注意，在“识别类”小句中，被识别者-识别者不能简单地理解为已知信息-新信息。这并不奇怪，因为前者是表征功能，后者是语篇功能。）

但这些身份怎么建立起来呢？两部分之间的关系是什么性质呢？现在，我们来粗略建构一个可能的语境。假设你正在排练一出戏，但是我不知道你在剧中演的是英雄还是恶棍。以下是我们的对话：

Which are you? —Which am I? Oh, I'm the villain.

接着，你把剧组成员的带妆照片拿给我看；对话现在就变成了：

Which is you? —Which is me? Oh, the ugly one is me.

注意主语和补语是如何调换了位置；这一点可以通过替换为用另一动词，如 *represent*，来证实（见图 5-21）。

(which are you?)

which	am	I
补语		主语

I	represent	**the villain**
主语 / 被识别者		补语 / 识别者

(which is you?)

which	is	me
主语		补语

the ugly one	represent	me
主语 / 识别者		补语 / 被识别者

图 5–21　主语–补语和被识别者–识别者

5.4.4.2 标记和价值

在所有“识别”小句中，两部分指代同一事物；但由于小句并非同义反复，因此两部分之间必定存在某种差别。这一差别可以描述为“表达”层和“内容”层之间的区别（见 Davidse, 1992, 1996；Matthiessen, 1991a）；或者，使用它们在语法中的通用标签来说，就是**标记与价值**的差别——其中任何一个都可以来识别另一个。如果说 *Tom is the treasurer*，识别汤姆的方式是为他指派一个价值；但是如果说 *Tom is the tall one*，识别汤姆的方式则是为他指派一个标记。每个“识别”小句都具有以下两种结构中的一种：被识别者 / 标记 ^ 识别者 / 价值（如 *Tom is the treasurer*）或被识别者 / 价值 ^ 识别者 / 标记（如 *Tom is the tall one*）。这两个方向的表征见图 5–22。该图将标记和价值表征为不同的层次，标记位于较低 280
的“表述”层，而价值位于较高的“内容”层。该图还表明，要么标记被“解码”，要么价值“被编码”。如果标记被识解为被识别者，价值为识别者，则小句是**解码**小句（如 *Tom is the treasurer*）；如果价值被识解为被识别者，标记为识别者，则小句是**编码**小句（如 *Tom is the tall one*）。换言之，身份要么参照价值来解码标记，要么参照标记来编码价值。“解码”和“编码”这两种类型在结构上截然不同，这就解释了为什么类似 *Tom is the tall one and the treasurer* 和 *The tall one and the treasurer is (are) Tom* 这样的例子比较奇怪。由于 *the tall one* 被当作标记，*the treasurer* 被当作价值，因此两者不能调和。

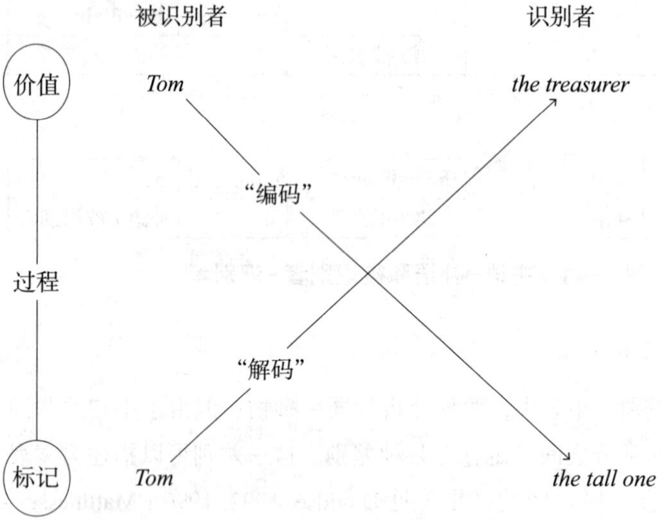

图 5-22 “识别”小句：代码方向

正是这一方向性确定了小句的语态——要么为“施动”，要么为“受动”。为了解释这一点，我们需要将标记和价值作为结构性的功能来操作。现在为图 5-21 中所列例子中的提问给出可能的答案：见图 5-23。

换言之，“识别”小句选择语态，具有“施动”和“受动”变体。一旦识别出标记和价值的结构，两种变体的区别就具有全面的系统性：“施动”语态的主语也作标记（正如“物质”小句中“施动”语态的主语也作动作者一样：见上图 5-8）。最重要的区别在于，“识别”小句的典型动词，即 *be*，没有“受动”形式，所以类似 *the villain is me* 以及 *I am the ugly one* 这样的小句虽然看起来不像“受动”语态，但它们的确是。如果替换为另一个带有“被动”形式的动词，如 *the villain is played by me*，就可以很清楚地看到这一点。这里存在一个严格的对称性，如图 5-24 所示。对于孩子们来说，这个对称性足够清晰，他们可以构建动词 *be* 的这种“被动”形式（在某些语境下，*been* 和 *be'd* 均有使用，例如，在玩看病游戏时，孩子们说 *well then the doctor won't be been by anyone!*）。

因此在 *which am I?* 和 *which is me?* 之间存在着系统差别：前者由 *I* 作主语（我代表什么），后者由 *which* 作主语（什么代表我）。在后一小句中，人称代词的形式是宾格 *me*——当然因为这里的 *me* 是补语，而非主语，补语在英语中属于宾格。

which are you? — which part do you play? 281

which	am	I
被识别者 / 价值		识别者 / 标记
补语 /Wh-		主语

I	am (= play)	**the villain**
被识别者 / 标记		识别者 / 价值
主语		补语

the villain	is (= is played by)	me
识别者 / 价值		被识别者 / 标记
主语		补语

which is you? — which picture shows you?

which	is	me
被识别者 / 标记		识别者 / 价值
主语 /Wh-		补语

the ugly one	is (= shows)	me
识别者 / 标记		被识别者 / 价值
主语		补语

I	am (= am shown by)	**the ugly one**
被识别者 / 价值		识别者 / 标记
主语		补语

图 5-23　主语-补语、被识别者-识别者和标记-价值

Henry	is	the villain	**is to**	the villain	is	**Henry**
标记 / 主语	过程	价值 / 补语	**as**	价值 / 主语	过程	标记 / 补语
Henry	plays ［主动］	the villain	**is to**	the villain	is played ［被动］	by Henry

图 5-24　“识别式”小句中的“施动”和“受动”

不大可能的形式应该是 *Which is I?*，因为 *I* 的主格形式与其补语功能相冲突（对比完全不可能的 *which represents I?*）。同样反常的是 *it is I*，原因相同。该小句错误地与拉丁语进行类比（英语老师过去常常坚持认为可以这么说，不过他们自己却很少这么用）。小句 *it is I* 就是“糟糕语法”，因为它与适用于此类小句的基本原则相冲突。相应的“正确”形式——
282 即与语法的其他部分相一致的形式——或者是（1）*I'm it*，其中 *I* 作主语，或者是（2）普遍使用的 *it's me*[39]。

现在来解释为什么某些组合比其他组合更受青睐。可以给这一范式再增加一个成分。如果我们在相片里找弗莱德（Fred），即通过标记来识别他，那么 *the tall one is Fred* 以及 *Fred is the tall one* 这两个小句都同样可能。但如果想知道弗莱德在组织中的角色，即通过价值来识别他，那么就倾向于使用 *Fred is the treasurer* 的形式；此时，*the treasurer is Fred* 的情况十分罕见。以下的分析解释了原因（图 5-25）：

（1）

the tall one	is	Fred
识别者 / 标记	过程：主动	被识别者 / 价值
主语		补语

（2）

Fred	is	**the tall one**
被识别者 / 价值	过程：被动	识别者 / 标记
主语		补语

（‘which is [represents] Fred?’）

（3）

Fred	is	**the treasurer**
被识别者 / 标记	过程：主动	识别者 / 价值
主语		补语

（4）

the treasurer	is	Fred
识别者 / 价值	过程：被动	被识别者 / 标记
主语		补语

（‘which is Fred? [which does Fred represent?]’）

图 5-25　非标记、单一标记和双标记变体

---

[39] 因为调核重音很别扭地落在 *it* 上，（1）的一个常见变体是 *I'm the one*，不过当 *it* 指代角色名称时，比如在恐吓游戏中，孩子们会说 *I'm it*。中世纪英语后期的形式是 *it am I*；但是该形式在现代词语顺序原则下不复存在，因为所有非 *Wh-* 词的主语都首先出现。

相关变量围绕两个系统性参数（i）语态和（ii）信息的标记（标记性）程度（见第三章，第 3.5 节）：见表 5-18。此时，（1）的语态为非标记性（“施动”），但信息为标记性（新信息在旧信息之前）。另一方面，（2）的语态（“受动”）为标记性，但信息为非标记性（旧信息在新信息之前）。换言之，两种情况下都有一个标记性变量。但在（3）中，语态和信息都是非标记性的，但在（4）中，都是标记性的。此外，这还表示，（4）中选择的“受动”语态是没有动机的。在英语中选择“受动”语态是为了在“主位-述位”和“已知-新信息”上获得期待的语篇组织；尤其是它避免了有标记的信息焦点（还带有对比的语义特征）。然而，“受动”语态在这里有相反的效果；它实际**促成**了一个标记性的信息焦点（新信息在已知信息之前）；从而使结果在信息和语态上带有双重标记性。这样的形式绝非完全不可能，只是在十分特殊的语境下出现。

在使用除 *be* 动词之外的其他动词的情况下，可以明显区分标记和价值，因为如上文所示，两者可以通过语态确定：如果小句是“施动”语态，则主语是标记，如果小句是“受动”语态，则主语是价值。（对于 *consist of*，*comprise* 这样的动词，见第 5.4.5.2 节有关“属有型”的讨论）在使用 *be* 动词时，无法确定小句为“施动”还是“受动”；最佳的分析策略是将其替换为某个其他动词，如 *represent*，再确定小句选择的语态。例如，*this offer is/represents your best chance to win a prize*；*one criterion is / is represented by genetic diversity*。

表 5-18　语态和信息的标记性 283

	非标记性语态：施动	标记性语态：受动
非标记性信息	(3) Fred is **the treasurer**	(2) Fred is **the tall one**
标记性信息	(1) **the tall one** is Fred	(4) **the treasurer** is Fred

对于带 *be* 的“识别”小句而言，如 *Tom is the leader*，如果脱离了语境，并以笔语的形式呈现，意义显然就会含混不清。现实生活中通常会有

相关语境，误解就会极少发生——至少误解在随后就会消除：老师们有时会好奇，为何还有那么多的误解无法消除，后来才发现是学生们误解了教材中的某个关键句子。对话中的语境通常十分充分；当一个实例确实出现时，它常常可以更加深入地解释标记和价值的意义。以下示例为两个老师之间的对话：

A: So the best students are the greatest worriers, is that it?

B: Oh, I don't think there's any virtue in worrying, is there?

A: No, I didn't mean it is because they worry that they get to be the best. I meant it is because they're the best students that they worry.

说话者 A 的意思是"最好的学生担忧最多"，即，他们因为好，所以才担忧。这里的 *the best students* 是标记，*the greatest worries* 是价值。说话者 B 把它误解为"最担忧的人学得最好"，即，因为他们担忧，所以才学得好；换言之，她把 *the best students* 当成价值，*the greatest worriers* 当成标记。

对"标记-价值"关系变得敏感的另一途径是去关注当人们所期待的被证明是错误的时候。例如，在一篇有关冬季运动的文章中，其中一个小句是这样开始的：*but the most important piece of equipment is...*，我把它理解为价值（当然是无意识的！），所以预测下文应该是类似 *...a safety helmet* 这样的标记，但实际出现的却是 *...the one you can least afford*。我只好回过头去，把第一部分解释为标记，把整个小句识解为"标记-价值"关系。如前文所述，这两者无法并列。因此在该例中，不能说 *the most important pieces of equipment are the one you can least afford and a safety helmet*——除非是在有意识地玩语法游戏。具有不同编码取向的识别小句对语篇的发展做出了独特且互补的贡献。因此，"编码"小句是逐步呈现语篇结构的资源，如下例所示，该段节选自科芬（Coffin, 2006: 69-70）的历史影响解说语篇：

World War II affected Australian society both during and after the war. [被识别者 / 价值 :] The focus of this essay [过程 :] is [识别者 / 标记 :] its impact on Australia after it ended in 1945, and an explanation of how six years of involvement in warfare led to major economic, political and social changes. [被识别者 / 价值 :] One major effect of World War II [过程 :] was [识别者 : 标记 :] a restructuring of the Australian economy: the unavailability of goods meant that Australia had to begin to produce its own. 284

同样地：

There are three kinds of reasons that justify the protests and these should carry weight with the US Government, Earl Russell suggested. '[被识别者 / 价值 :] The first of these reasons [过程 :] is [识别者 : 标记 :] the importance of preserving the hitherto cordial relations between the US and Great Britain, not only in Government circles, but in public opinion.' [LOB_A]

相反，"解码"小句是解释已经观察到的现象的一种策略，如下例所示（与上例出自同一个历史影响解说语篇）：

In fact between 1937 and 1945 the value of industrial production almost doubled. This increase was faster than would otherwise have occurred and the momentum was maintained in the post-war years. [被识别者 / 标记 :] This [过程 :] was partly [识别者 / 价值 :] the result of the post-war influx of immigrants which led to an increase in the demand for goods and services and therefore a growth in industry.

5.4.4.3 "识别"小句的子类

"标记-价值"结构也许是整个及物性系统中最难处理，也可以说是最重要的部分，原因是，在特定的由于识解了象征意义而备受推崇的语域（如科学、商业、政治以及官僚话语）中，它们一般比较普遍。我们现在来看“识别”小句的一些子类，并对它们举例说明（从符号学角度对“识别”小句系统的讨论见 Martin, 1992：280−285）。

等式：

例如，如果 [标记 / 被识别者：] A [过程：] = [价值 / 识别者：] {a, b, c, d} 及 [标记 / 被识别者：]B[过程：] = [价值 / 识别者：] {x, y, z}，那么，A x B 的坐标图见上述图 5-2。[集合论及相关主题见：p. 67]

等同：

[标记 / 被识别者：] Such energies **correspond to** [价值 / 识别者：] nearly 95% of the speed of light.

角色扮演：

[标记 / 被识别者：] You [过程：] **will be** [价值 / 识别者：] our primary interface with clients.

命名[40]**：**

[标记 / 被识别者：] I [过程：] **am** [价值 / 识别者：] Mrs Fitzfassenden. I am not a pronoun.

285 **定义：**

It'd have to 'cause [标记 / 被识别者：] politics **is** [价值 / 识别者：] the art of negotiation, you have to decide a compromise. [UTS/Macquarie Corpus]

㊵ 语言中遍布奥秘。与当今的日耳曼语，如德语和瑞典语一样，古英语有一个非常实用的动词，意义是‘be: called’，即 *hight*（见德语的 *heißen* 和瑞典语的 *heta*，以及法语的 *s'appeler*），但该动词已不复存在。为了应对这一点，英语的词汇语法演化出了一种新的命名范式。在现代英语中，可以说 *My name is Fitzfassenden*（比较 *What's your name?* ），“命名”这一特征被识解为价值的一部分，亦或仅仅是 *I'm Fitzfassenden*；“命名”仅可被识解为过程的一部分，其中的动词如 *call*，*term* 为受动体（除非名称的指派者被明确说明；见第 5.7 节）：*I'm called Mrs. Fitzfassenden*。对比瑞典语中的 *Jag heter Fitzfassenden*‘I am: called Fitzfassenden’（比较 *Vad heter du?*‘What are: called you?’）。为什么在古英语中的 *hight* 不复存在呢？当然，它是语言整体演变中的一部分：许多古英语词汇消失在向中世纪英语的“转变”过程中。一定有博士论文研究过英语命名的词汇语法历史——如果没有，期待有人写出这样的论文！

符号化（包括解释和翻译）：

[价值/被识别者：] The entire floor of the fourth ventricle [过程：] **is indicated** [标记/识别者：] by the strippled area in the figure to the right.

[标记/被识别者：] Heinz [过程：] **means** [价值/识别者：] beans.

例证：

[标记/被识别者：] Frogs, toads, and salamanders [过程：] **are** [价值/识别者：] some amphibians we know today.

[价值/被识别者：] One criterion [过程：] **is** [标记/识别者：] that of genetic diversity.

指示：

[标记/被识别者：] A study of more than one syllable [过程：] **shows** [价值/识别者：] [[that in connected speech, or what may be called ‘combinative style’, the syllable structure proper to the isolative style is modified in some degree]].

[标记/被识别者：] The fluorocarbon-halon theory [过程：] **suggests** [价值/识别者：] [[that there should be a change in the partitioning of chlorine from the inactive forms of chlorine, namely hydrochloric acid and chlorine nitrate, into the active forms of chlorine, namely chlorine atoms and chlorine oxide radicals]] . [语篇 65]

[标记/被识别者：] The evidence [[that I have seen from laboratory studies]] [过程：] **indicates** [价值/识别者：] [[[that liquid sulfuric acid particles will not provide such an efficient surface for heterogeneous chemistry, || partly because the rate of reaction proceeds more slowly compared to that with ice crystals, || and partly because the typical density of the sulfuric acid aerosols is less than that for ice crystals over Antarctica]]]. [语篇 33]

[标记/被识别者：] the boom in new buildings and road construction [过程：] **indicates** [价值/识别者：] ‘full steam ahead’ for a long time to come. [LOB_A]

这些子类与下列小句中包含的一般意义上的标记-价值关系形成对比：

[价值：] The converse of that [过程：] is [标记：] that the same is true in war. [LLC 454]

[标记：] These people [过程：] constitute [价值：] a reservoir for the transmission of the virus.

在第三章，第 3.2 节描述的主位等价式中所见到的，也正是识别的这个一般意义。

[标记：] This [过程：] is [价值：] what happened to me the last few weeks. [UTS/ Macquarie Corpus]

[价值：] what you could — what you should do [过程：] is [价值：] get the different components. [UTS/ Macquarie Corpus]

注意，在主位等价式中，名词化结构总是价值。

5.4.4.4 归属式和识别式（内包型）小句小结

286 现在我们回顾一下“归属”与“识别”的区别，并尽量将其看作某种更为连续的东西——一个位于上图 5-3 内整个过程类型连续统之内的连续统。

在归属式中，某个实体被描述为具有某一属性。这就意味着它被指派给某一类别。因此，进入这一关系的两个成分，即属性和“承载”它的实体，虽然在概括性上有所区别（一个包含另一个），但都处在同一抽象层次。例如：

My brother	is	**tall**
载体 = 成员		属性 = 类别

意思是“我哥哥属于高个子的那类人”。这明确了他的一个属性，却不能识别他——还有其他个头高的人。通过把某物指派给某类从而对它进行识别的唯一方法，就是使该类别仅有一个成员。但如果该类别与它仅

有的那个成员处在同一抽象层次，那么就会出现同义反复：*my brother is my brother*。而关系并非同义反复。另一方面，如果两者在抽象性上有所区分，那么这个仅包含一个成员的类别就变成了价值，其中的那个成员就是标记：

my brother	is	the tallest one in the **picture**
被识别者 / 价值		识别者 / 标记

抽象层级较低的成分现在变成了识别者；动词在调换后，变成了被动式。不是 *my brother represents the tallest one in the family*，而是 *my brother is represented by the tallest one in the picture* 。当然，在这种语境下，两种情况都很可能使用 *be*，且 *be* 动词本身并不显示为被动式；但这种对比可以通过下面的小句对体现：

his best work	is (represents)	the high point of the tradition
被识别者 / 标记		识别者 / 价值
his best work	is (is represented)	by the last novel he wrote
被识别者 / 价值		识别者 / 标记

我们可以看到这些角色是如何映射到主语上的：主语在“施动”句中总是标记，而在“受动”句中总是价值。

这就表明，这类识别者为价值的“识别式”小句（即身份是由功能决定的）介于归属式小句和另一类识别者为标记的识别式小句（身份由形式决定）之间：

Pat is rich	属性	归属式
Pat is the richest	识别者 / 价值	解码
the richest is Pat	识别者 / 标记	编码

我们在前文（见图 5-22）将前者称为“解码”小句，后者为“编码” 287

小句。“识别式”“解码”小句位于“归属式”小句和“编码”小句之间：见图 5-26。

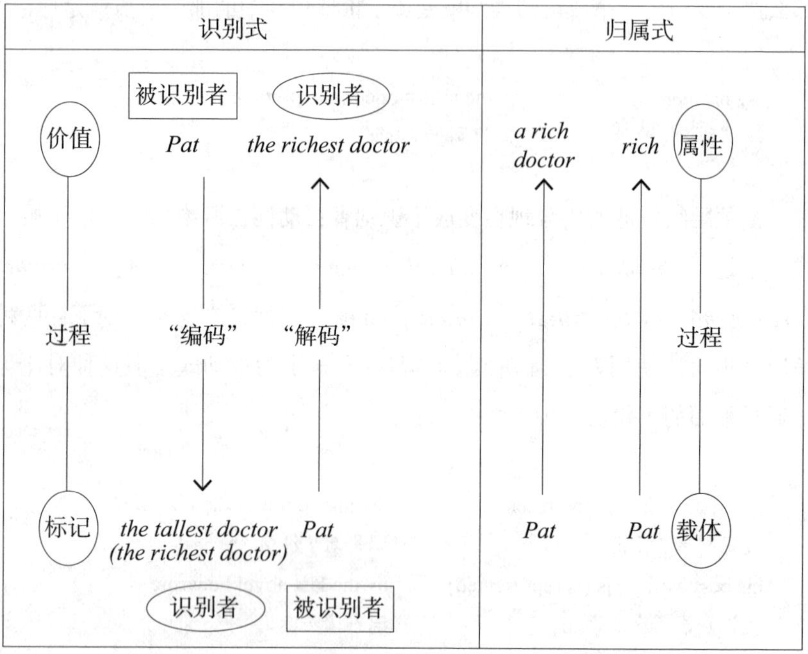

图 5-26 识别式和归属式关系小句：“识别式：编码”—“识别式：解码”—“归属式：实体”—“归属式：品质”

当使用 *one of the...* 这一表达式将某物明确表述为类别中的成员，并确立为价值 / 识别者时，这一连续性就变得更加清楚了：

Pat	is	one of the richest people I know
被识别者 / 标记		识别者 / 价值

另一方面，属性通常不仅被解释为某一类别中的实例，还在某种意义上被视作它所承载的实体的价值，如 *Pat is a millionaire*。名词性属性比形容词性属性更接近价值；它们又反过来接近“是……的实例”类的“识别

式”小句，如 *those missiles constitute a threat to our security*。最不确定的是命名和定义小句，它们处在两类“识别”小句的交界点上。

my name	is	‘Alice’
价值		标记
I	am	Alice (‘am called’)
价值		标记

命名和下定义是语言运用。其中，词语是标记，意义是价值。另一方 288
面，在“称呼”句中，名称是价值。对比下列句对：

A ‘gazebo’	is	a pavilion on an eminence（=“*gazebo* 一词表示 [名称，被定义为] 高处的一座亭子”）
标记		价值
a poet	is	an artist in words（=“创造言语艺术、具有诗人地位 [称为] 诗人的人”）
价值		标记

“内包型”的“识别式”和“归属式”小句都有**指派**这一选项：与它们配置的可能是表征实体的第三个参与者，用于指派身份归属关系——例如，*they made Mary the leader* 和 *they made Mary happy* 中的 *they*。对于“识别式”小句而言，该成分为**指派者**；对于“归属式”小句而言，是**归属者**。在“受动式”小句中，该参与者可能并未直接言明。例如：

[i]“识别”小句中的指派者：

We might call it the authorial voice. [语篇 16]

[ii]“归属”小句中的归属者：

In the Spirit of Crazy Horse would make a marvelous novel — **I** could turn that into a novel in a few months. [语篇 7]

People like bloody Kerry Packer and Rupert Murdoch and Bill Gates they, they employ their smart lawyers and taxation experts and they pay very little tax and I think that's —, **it** makes me absolutely furious. My blood boils when I think about that. [UTS/Macquarie Corpus]

Schools can be declared 'failing' for a number of reasons, including high levels of racial harassment or expulsions. [语篇 97]

Just make sure you're not. [UTS/Macquarie Corpus]

[S 02:] Okay, Jana ... — [S 03:] I'm the best. — [S 02:] Yeah, but I don't want to compare your jokes ... 'cause if **you** make someone a winner, then the other people become losers. And they're all good. Just different. Okay, Jana. What's yours? [语篇 57]

我们注意到，有一类小句与动词表示“出现”意义的小句同源（见表 5–14），其中，载体由基于“手段”环境成分的模式（“物质”小句的子类；见表 5–28）识解，标记为 *of* 或 *out of*，例如：

'**It** makes a mockery of the slogan which many of them use, "To Protect and Serve",' he said. [语篇 2]

I mean, I think **she**'s made an absolute fool of herself. [UTS/Macquarie Corpus]

No one's gonna make a fool out of me [COCA]

289 这些关系小句与带有手段环境成分的创造类物质小句相似，如 *you could make fortune out of any one of your loves*。但在此类创造类物质小句中，手段环境成分可以省略：*you could make a fortune*，而在指派关系小句中，载体 / 手段无法省略：*she's made an absolute fool* 必须接 *of herself*。除 *make* 之外的其他创造类动词都可以充当过程，如 *create*，*produce*，*develop*。此外，此类物质小句还可以选择受动式，例如 *a fortune could be made (by you) out of any of your loves*，但该类型的指派关系小句却没有受动式：*an absolute fool has been made (by her) of herself* 就会比较怪异。

5.4.5 环境型和属有型小句

现在我们转向另外两类关系过程，即“环境型”和“属有型”小句。它们同样有“归属式”和“识别式”两种模式。因此，可以识别出如下的配对系列：

内包型	Emily is a poet:	归属式
	Emily is a poet::	识别式
属有型	Emily has a piano:	归属式
	the piano is Emily's::	识别式
环境型	the meeting is on Friday:	归属式
	the time of the meeting is Friday	归属式

动词 *be* 可以用在第 5.4.2 节中所列出的所有范畴中，尽管 *have* 是属有型“归属式”小句中的非标记性动词（在标准英语中，可以说 *Emily has a piano*，而不是 *with Emily is a piano*）。带有 *be*（和 *have*）的“属有型”和“环境型”小句变体与“内包型”小句类似。因此，*Emily has a piano* 可以解释为“艾米莉是钢琴所有者这一类别中的一员”，*the meeting is on Friday* 可以解释为“会议是周五发生的事件这一类别中的一员”。同样地，*the piano is Emily's* 可以解释为“钢琴被识别为属于艾米莉的一件东西”，*Friday is the best time* 解释为“周五被识别为最好的时间”。

如果所有“属有型”和“环境型”小句都由内包动词 be 作过程，我们或许可以将它们解释为“内包型”小句的子类——其中，属有者和被属有者互相关联，且环境成分也相互关联。此时，*the piano is Emily's* 就像上文中的 *her name is Alice*，这里的命名被识解为其中一个参与者的一个方面（对比 *the owner of the piano is Emily*）。这样一来，像 *Emily has a piano* 这样的小句就像是另类，因为这里的属有意义首先被识解在过程（动词 *have*）而非（其中一个）参与者中。但 *Emily has a piano* 并非异类；它证明了贯穿所有“属有型”和“环境型”小句的一个常规选项，就是将属有（possession）或环境（circumstantiation）识解为过程。因此，与 *the piano is Emily's* 一起的还有 *the piano is owned by Emily*；与 *Emily is like her mother* 一起的还有 *Emily resembles her mother*。这里的 *own* 表示"*be* + 属有"，而 *resemble* 表示"*be* + 像"。

对于"属有型"和"环境型"小句而言，"属有 / 环境作参与者"与
290 "属有 / 环境作过程"之间因此存在系统性差异。这一普遍性差异在词汇语法的语法层面，而非词汇区上被识解；与"心理"小句语法中的'*like/please*'差异一样，常常可以发现体现对比意义的词汇对，如 *be x's / be owned, be like / resemble, be with / accompany, be in / inhabit, be around / surround, be opposite of / face, be about / concern*——但与心理小句情况一样，词汇范式中也有缺口。如前所述，"作为参与者"和"作为过程"之间的对比是语法上的对比，在某种意义上也适用于"内包型"小句。因此有如下示例：

the meaning of 'kita: bun' is 'book' /	'kita: bun' **means** 'book',
the name of his mother is Anna/	his mother is **called** Anna,
examples of amphibians **are** frogs, toads and frogs, salamanders/	amphibians **are exemplified** by toads and salamanders

但"内包型"小句的一个特点是，"意义""名称""例子"等含义可能在参与者中并未言明（原因见 Matthiessen, 1991a）：'*kita: bun*' *is* '*book*'，*his mother is Anna*。

下文我们将按照图 5-17 的系统网络中展示的系统性描述，依次讨论"环境型"和"属有型"小句。

5.4.5.1 环境型小句

在"环境型"小句中，两个词语之间为时间、地点、方式、原因、伴随、角色、内容或角度关系。它们在英语小句中也体现为环境成分，更详

细的讨论见第 5.6 节。

（i）归属式。在“归属式”中，环境是指派给某一实体的属性，如 *my story is about a poor shepherd boy*（我的故事讲的是一个可怜的牧童）。这类小句具有两种形式：（a）一种是环境以属性的形式被识解，如上例（*about a poor shepherd boy*）；（b）另一种是环境关系以过程的形式被识解，如 *my story concerns a poor shepherd boy*（我的故事讲的是一个可怜的牧童），*the rain lasted forty days and forty nights*（雨下了四十天四十夜）。在第一种形式下，环境关系被识解为由介词体现的非完全过程，而在第二种形式下，环境则被识解为由动词体现的过程：*about/concern + a poor shepherd boy*。

（a）环境作属性。此时，属性由（1）介词短语体现，其中的环境关系由介词表达[41]，如在 *after 1954, the editorial office was mostly in New York*（1954 年后，编辑部主要设在纽约）；*the victims are mostly from ethnic minority backgrounds*（受害者大多有少数民族背景）；*he is among more than 3,000 Indians from 186 Brazilian tribes who have assembled to draft a list of grievances against government policies that affect Indians*（他是来自 186 个巴西部落的 3000 多名印第安人中的一员，他们聚集在一起，起草了一份针对影响印第安人的政府政策的不满清单）；*so I was without a teacher*（因此我没有老师）中的 *in*，*from*，*among*，*without*；属性也可以由（2）副词短语体现，如 *she was there with three Zen masters*（她在那和三位禅师在一起）；*I'd been back about a year and a half, two years*; *where's our cake?*（我回来大约一年半，两年了；我们的蛋糕呢？）。

与“内包型”小句的属性不同，“环境型”小句的属性通常在出于修 291

㊶ 小句如果带有标记相的归附动词，如动词 *turn* 和 *look*，即使后面跟介词短语，也被视作“内包型”，如 *caterpillars turn into butterflies*，*Penelope looked like an angel*。这反映出它们的成分结构。比较 *what they turn into are butterflies*（不是 *what they turn is into butterflies*），*Penelope looked angelic*。但这里有重叠，它们也可以被解释为环境型。

辞目的需要确保主位地位的语域中作主位，如旅游指南、地形测量程序中的导游文本（在使能语境中运用）：

> Turn left after the Entertainment Centre. On your right is the historic Pump House which formerly provided hydraulic pressure to operate lifts in the city. The building now accommodates the refurbished Tavern and Boutique Brewery.

与内包型属性不同，环境型属性常常带有一个“限定性”的名词短语，如上述示例中的 *on your right* 以及 *at the centre is Alice Spring* 中的 *at the centre*；此时，限定性与指征方向的结合，使其在小句中成为主位。但需注意的是，有些小句并非“归属式”，而是表达“存在”（见第5.5节），如 *on the north wall inside the Cathedral hangs a Union Jack which was carried by Mr. R Fair of the Australian 8th Division*（大教堂内的北墙上挂着一面英国国旗，由澳大利亚第八师的费尔先生抬着），*through all this work runs a strong vein of cynicism*（所有这些作品中都带有强烈的愤世嫉俗色彩）。这些小句的非标记性主位形式由表示存在的 *there* 引导：*there is (hangs) a Union Jack on the north wall*。介词短语出现在句首时是标记性主位；在这种情况下，存在特征没有直接言明，尽管 *there* 仍然可能存在，且无论如何都会在附加问中出现：*on the north wall (there) is a Union Jack, isn't there?* 相反，在“环境型归属式”小句中，主语/载体在语气附加问被识别出来：*the sounds and smell of the ocean hang in the air – don't they?*（海洋的声音和气味弥漫在空气中，不是吗？）；*on your right is the historic Pump House, isn't it?*（在你的右边是历史悠久的泵房，不是吗？）。

（**b**）**环境作过程**。此时，属性由名词词组体现，环境关系由充当过程的动词词组中的实义动词表达：见表5-20的“归属式”一栏。例如，*the voyage from Oban to Castlebay (Barra)* ***takes*** *about five hours*（从奥班到卡斯特贝（巴拉）的航程大约需要五个小时）；*but the 'Thousand Year Reich' that* ***had lasted*** *but thirteen years was now only publicly displayed* *through its regalia offered for sale at flea markets*。动词表达了环境关系，如“*be* + 时间跨度”（如 *last*，*take*），“*be* + 条件”（如 *depend on*），“*be* + 内容”（如 concern）。作为归属式小句，它们不能颠倒顺序，没有对等的“受动式”，如 *about five hours are taken by the voyage*（这次航行大约需要五个小时）; *but thirteen years had been lasted by that*（但这已经持续了 13 年）。

因此，（b）中的过程是环境性的，而（a）中的属性是环境性的，过程与“内包型”中的过程相同。见图 5–27 中的示例。

（a）

My story	is	about a poor shepherd boy
载体	过程：内包型	属性：环境
名词词组	动词词组	介词短语

（b）

My story	concerns	a poor shepherd boy
载体	过程：环境型	属性
名词词组	动词词组	名词词组

图 5–27　“环境型归属式”小句

充当小句中环境过程的动词，常常源自表示运动的“物质”小句的基 292
本用法——见语篇 5–10 中的示例：

语篇 5–10: 使能语篇—— 指导（笔语、独白）：地形测量程序节选 [语篇 22]

From the high point of the craggy Castle Rock, the Royal Mile, backbone of the Old Town, **runs** down to the royal Palace of Holyroodhouse.

Built by TNT Harbourlink in 1988, the Monorail **runs** in a 3.6 kilometre loop and has six stations: ...

非标记的现在时是一般现在时（*the Royal Mile runs down to the royal Palace*），而不是“物质”小句中的现在中的现在（我们不会说 *the Royal Mile runs down to the royal Palace*，而会使用“物质”小句：*look, she's running down to the royal Palace*）。载体一般是某个静止不动的物质特征，而表示运动的“物质”小句中的动作者通常是有生命的个体或可移动的实体。由于存在重叠的这种动词有相当的数量，不确定的情况当然存在（见 Halliday, 1973 /2002c：109，对 [*the bushes*] *waded out* 类似例子的评论）。

（ii）识别式。在“识别式”中，环境以两个实体之间关系的形式出现；一个实体通过时间、地点或方式等特征与另一实体发生关联。和环境型归属式小句一样，识别式在语义上以如下任何一种方式组织而成：它们之间的关系被表述为（a）参与者特征，如 *tomorrow is the tenth*，或（b）过程特征，如 *the fair takes up the whole day*。

（a）环境作参与者。在该类中，作时间、地点等环境成分的是参与者，包括被识别者和识别者。例如，在 *tomorrow is the tenth*（明天是 10 号）中，*tomorrow* 和 *the tenth* 均为时间成分。同样，在 *the best way to get there is by train*（到那里最好的方法是坐火车）中，*the best way* 和 *by train* 均表示方式；在 *the real reason is that you're scared*（真正的原因是你害怕了）中，被识别者和识别者均表示原因。标记的语法类别可能不尽相同，可以是名词词组、副词词组、介词短语或嵌入小句，而价值常常是名词词组，由某种环境名称作事物：见表 5-19。

表 5-19　环境作参与者的环境型识别式小句中的标记和价值

标记	价值	示例
小句	名词词组： 事物：环境名称（*reason*）	one reason is [[[that foxes, << being small, >> often fail to kill their prey]]]
介词短语	名词词组： 事物：环境名称（*way*）	perhaps the best way [[to measure it]] is by the number of different kinds of cells an organism has
副词词组	名词词组： 事物：环境名称（*birthday*）	(you told me) today was your birthday
名词词组	名词词组： 事物：环境名称（*time*）	the time is 19 minutes past the hour

（b）**环境作过程**。在该类中，表达时间、地点或其他环境特征的不 293
是参与者，而是过程。在下列示例中，动词 *take up*, *span*, *cross* 和 *cause* 可以说都是“环境动词”：*US bases* ***take up*** *almost one-fifth of the land of the cramped island*（美国基地占据了这个狭窄岛屿近五分之一的土地）；*more than 50 years* ***span*** *her age and mine*（她和我的年龄相隔 50 多岁）；*Turtle Ridge* ***would span*** *maybe three blocks*（龟岭可能跨越三个街区）；*this situation* ***is*** *apparently* ***caused*** *by anomalous low temperatures*（这种情况显然是由异常低温造成的）；*about half way the track turns inland amid a lot of prickly hakea then* ***crosses*** *Wattamolla Creek at waterfalls*（大约走到一半的时候，道路在一片多刺的灌木中转向内陆，然后在瀑布处穿过沃特莫拉溪）；*A bikeway also* ***circles*** *The Village*（一条自行车道也环绕着村庄）。环境动词将时间、地点、伴随、方式等环境成分编码为参与者之间的关系（动词列于表 5-20 中的识别列）。因此，*take up* 表示 ‘be + for’（时间跨度）；*follow* 表示 ‘be + after’（时间处所）；*cross, span* 表示 ‘be + across’（地点跨度）；*accompany* 表示 ‘be + with’；*resemble* 表示 ‘be + like’ [42]。这表明，按照第十章将要讨论的语法隐喻概念，所有此类小句都是隐喻式。

与前一段中的小句一样，这些小句在语态上也可以反转。不过，在这种情况下，不仅参与者被反转了，动词也以被动形式出现：*the whole day* ***is taken up*** *by the fair*（集市占去了一整天的时间）；*apart from economic issues it's likely that some of his time* ***will be taken up*** *by a proposal Mr Ben Ali made yesterday*（除了经济问题，本·阿里先生昨天提出的一项提议可能会占用他的一些时间）；*It replaces the 0 plus ClO rate-limiting step with a pressure-dependent dimerization step that* ***is followed*** *by photodissociation of that dimer*（它将 0 加二氧化氯限速步骤替换为压力依赖性的二聚化步骤，然后光解该二

---

[42] 我们还可以在变体中看到“be”的含义，其中环境类型在作为价值的名词词组中命名：*US bases take up almost one-fifth of the land ... : The extent of US bases is (is represented by) almost one-fifth of the land; the situation is apparently caused by anomalous low temperatures : the cause of the situation is (is represented by) apparently anomalous low temperatures.*

聚体）；*in France, nationalization* ***was accompanied*** *by state planning*（在法国，国有化伴随着国家计划）。不难看出，它们是“受动”小句。

在环境型关系小句中，“归属式”和“识别式”之间的界线并没有像在内包型“关系”小句中那么明显。这在意料之中，因为类似 *on the mat* 这样的表达式，究竟指类别（包含有成员——垫子上东西的类别），还是身份（被识别为在垫子上的那个东西），并不能明确。不过两者之间仍有区别，通过将典型示例并置后即可识别。

归属式	识别式
(a) the cat is on the mat	the best place is on the mat
	on the mat is the best place
(b) the fair lasts all day	the fair takes up the whole day
	the whole day is taken up by the fair

294 正如在“内包型”小句中一样，在“归属式”中，也能识别出标记和价值——见图 5-28。

受动

(a)

tomorrow on the mat	is is	the tenth the best place
被识别者 / 标记	过程：内包	识别者 / 价值
主语	定式	补语
语气		剩余部分

施动

the tenth the best place	is is	tomorrow on the mat
被识别者 / 价值	过程：内包	识别者 / 标记
主语	定式	补语
语气		剩余部分

（b）

the fair	occupies		the whole day
被识别者 / 标记	过程：环境		识别者 / 价值
主语	定式	谓语	补语
语气		剩余部分	

the whole day	is	occupied	by the fair
被识别者 / 价值	过程：环境		识别者 / 标记
主语	定式	谓语	附加语
语气		剩余部分	

图 5-28 环境型识别式小句

表 5-20 环境型动词

	归属式	识别式
时间	last, take, date (from); range (from ... to);	greet, predate, anticipate, co-occur with; take up, follow, precede
空间	run, extend (from ... to), reach	cross, circle, surround, enclose, follow, cover, crown, span, overhang, extend over, permeate, dominate, support, face, parallel, overlook, inhabit
比较	differ from; become, suit	resemble, match, fit; exceed, outnumber
因果：原因		bring about, cause, lead to, produce, result in; arise from
因果：让步		conflict with, contradict, contravene, preclude, prevent
因果：条件	depend on, hinge on	condition, determine
伴随		accompany, complement
内容	concern, be concerned with, deal with, treat of, go into	cover, touch upon, take up, discuss, expound on

5.4.5.2 属有型小句

在“属有型”中，两个词语之间的关系是所属关系，一个实体拥有另一实体。例如，*we* ***had*** *a wonderful piece of property in Connecticut, back up in the hills*（我们在康涅狄格州有一块很棒的地产，就在山上）［语篇 7］；*most impressive of all was the staggering statistic that 80 percent of European electronics production* ***was owned*** *by American firms* [Europe in Retrospect]（最令人印象深刻的是令人震惊的统计数据，即欧洲 80% 的电子产品的 295
生产由美国公司拥有）［回顾欧洲］。除了表示狭义的“拥有”，“属有型”小句还包括广义的、更加概括的意义——身体部分的属有及其他的部分-整体关系、容纳、包含等意义，例如，*in some places, the walks* ***have*** *simple guide leaflets*（在一些地方，步行街上有简单的导游传单）；

the vessel ***lacked*** *life vests and other safety equipment*（该船缺乏救生衣和其他安全设备）；*non-fiction usually* ***involves*** *research*（纪实小说通常涉及研究）[语篇7]，以及抽象的属有，例如：*but I* ***have*** *this idea that American writers, by and large, do weak work in their later years*（但我有这样一种想法，美国作家总体上在晚年的作品质量不高）；*public men, Mr Birling,* ***have*** *responsibilities as well as privileges*（伯林先生，公众人物既有责任也有特权）。因此，属有意义必须解释地比较宽泛，是某种意义上的"延伸"：一个实体被识解为通过另一实体得到延伸。

与"环境型"小句一样，"属有型"既有"归属式"，也有"识别式"。

（i）归属式。在"归属式"中，属有关系可能再次被识解为属性，如 *the piano is Peter's* 中的 *Peter's*，或者识解为过程，如 *Peter has a piano* 中的 *has*，*the piano belongs to Peter* 中的 *belongs to*。

（a）属有关系作属性。如果属有关系被识解为属性，那么就会采用表达属有的名词词组的形式，如 *Peter's*；被属有的东西是载体，属有者是属性。实际上，它们的组合结构上与识别类小句并非截然不同；小句 *the piano is Peter's* 可以是归属式，表示"钢琴是彼得的所有物这一类别中的一个成员"，也可以是识别式，表示"钢琴被识别为属于彼得"。（注意，逆序形式的 *Peter's is the piano* 只能是"识别式"。）

（b）属有关系作过程。如果属有关系被识解为过程，就会出现两种可能性。第一种情况是，属有者作载体，被属有者作属性（为避免歧义，将被属有的事物称为"被属有者"，而不是"属有"；"属有"指关系），如 *Peter has a piano*。此时，对钢琴的属有作为一种属性，被指派到彼得上。除 *have* 之外的动词结合了属有含义和其他特征，例如，*lack* 表示"需要有"，*boast* 表示"具有某个积极特征"。另一种情况是，被属有者作载体，属有者作属性，如 *the piano belongs to Peter*。此时，彼得的属有关系作为一种属性，被指派到钢琴上。当然，两者都不能调换位置，不能说 *a piano is had by Peter*，或者 *Peter is belonged to by the piano*。示例见图 5-29。

更多的示例如下所示：

The Sydney casino **will boast** 400 gaming tables and 1,500 video slot machines with a capacity for 11,000 people at one time. [ACE_B]

The ceiling cornices in the main rooms **feature** patterns of WA wildflowers — geraldton wax, wattle, gumnuts and leaves — with a different flower in various rooms. [ACE_A]

Besides Evans and Thompson the mini-series **stars** Judy Morris, Jason Robards and Tony Bonner. [ACE_C]

（ii）识别式。在“识别式”中，属有关系以两个实体之间关系的形式出现；同样，它也可能有两种组织方式，关系可以被表示为（a）参与者的一个特征，如 *the piano is Peter's*，或者（b）过程的一个特征，如 *Peter owns the piano*。

（a）属有关系作参与者。这里的参与者体现了属有关系，一个表示属有者的属性，如 *Peter's*，另一个表示被拥有的事物，如 *the piano*。所以在
the piano is Peter's 中，*the piano* 和 *Peter's* 表达的是“彼得拥有的东西”， 296
它们之间直接就是识别关系。注意，这里的 *the piano* 是标记，*Peter's* 是价值。

（a）

the piano	is	Peter's
载体	过程：内包	属性：属有

（b）（第一种）

Peter	has	a piano
载体：属有者	过程：属有	属性：被属有者

（b）（第二种）

the piano	belongs to	Peter
载体：被属有者	过程：属有	属性：属有者

图 5-29 属有型归属式小句

（b）属有关系作过程。此时，属有关系被编码为过程，通常由动词

own 来体现，如 *Peter owns the piano*。（注意，在表达属有关系时，一般不说 *Peter has the piano*；*have* 不用作表达属有关系的识别动词。）参与者包括属有者 *Peter* 和被属有者 *the piano*；这里的 *Peter* 是标记，*the piano* 是价值。

除了通常意义上的“拥有”之义，该范畴还包括抽象的包含、涉及等关系[43]。通常用来表示这类功能的动词有 *include, involve, contain, comprise, consist of, provide*。有些动词将属有特征与其他语义特征结合起来，例如，*exclude* 表示“[否定]+ 有”，*owe* 表示“代表另一属有者拥有”，*deserve* 表示“应该拥有”，*provide* 表示“作为一个资源拥有”，*lack* 表示“需要拥有”。（另一方面，许多动词表示“开始拥有”，在“物质”小句中作过程；如 *get, receive, acquire*——比较 *You deserve a medal—I'm getting one* 中的时态形式。）见表 5-21。属有型识别式小句的示例如下：

> General Motors, had $20 billion in world sales and owned production facilities in some twenty-four countries. The vessel, <<…, >> **lacked** life vests and other safety equipment. [News report/Thai ferry (SMH)]
>
> Would you say that a lot of fiction **lacks** this compassion or empathy? [语篇 21]
>
> Our men and women **deserve** a retirement system [[that more appropriately rewards their service]]. [语篇 115]
>
> Yes, GFCI [ground fault circuit interrupter] outlets do have a reputation for tripping easily — especially when confronted by large motor loads. That rap was **deserved** by the first generation of GFCI receptacles. [COCA]
>
> The report quoted a retired senior police officer as saying that in 47 years in law enforcement, he had never seen anything from the State Department or the FBI on the Vienna Convention, which **contains** the consular access provision. [语篇 1]

---

[43] 关系小句语法领域中的例子阐释了属有和地点之间的关系（见 Matthiessen, 2004b: 598），如 *A portrait of Robert Jameson* ***is housed*** *by the National Portrait Gallery in London, and a bust of him* ***is in*** *the Old College of the University of Edinburgh*. [维基百科词条]。

Many, if not most, of the products we use daily **contain** or **are contained** by 297
plastic. [COCA]

Manufacturing paint requires high levels of both technical expertise and financial resources [[lacked by many would-be competitors]]. [COCA]

On the left the seven storey Convention Centre **provides** seating for 3,500 people. [语篇 22]

Interim financing of construction costs **is provided** by a short term loan from The Chase Manhattan Bank. [BROWN1_H]

正如我们预想的，（a）类和（b）类均可调换顺序。后者的动词为被动形式：（a）*Peter's is the piano*，（b）*the piano is owned by Peter*。示例见图5-30。

（a）施动

the piano	is	**Peter's**
被识别者/标记：被属有者	过程：内包	识别者/价值：属有者

受动

Peter's	is	**the piano**
被识别者/价值：属有者	过程：内包	识别者/标记：被属有者

（b）施动

Peter	owns	**the piano**
被识别者/标记	过程：属有	识别者/价值

受动

the piano	is owned by	**Peter**
被识别者/价值	过程：属有	识别者/标记

图 5-30　属有型识别式小句

原则上，属有关系可以被当作另一种环境关系，体现在类似 *at Peter is a piano* 和 *the piano is with Peter* 这样的表达式中。很多语言通常都通过此类环境式来表示属有关系。英语中最接近的是动词 *belong*；比较方言形式的 *is along o'me*。

表 5-21　属有动词

	归属式	识别式
中性	have; belong to	possess
特征	feature, boast, sport, star	
所有权		own, deserve, need, lack
包含		comprise, contain, consist of, house; include, exclude, involve
施与		provide (sb with sth), afford (sb sth: this affords us many possibilities); owe (sb sth)

5.4.6 关系小句小结

298 表 5–22 集中展示了本节介绍的所有“关系”小句范畴：包括（i）关系类别：“内包型 / 环境型 / 属有型”以及它们的次类；（ii）关系模式：“归属式 / 识别式”：在“识别式”中，（a）语态：“施动 / 受动”，（b）信息焦点：“标记 / 非标记”。

这里描绘的画面似乎很复杂，部分原因是人们对这一领域不太熟悉，在传统语法中几乎无人涉猎。但这些过程在很多语篇类型中至关重要，例如，在科技语篇常见的语法隐喻中，“环境型识别式”具有核心地位（见第十章）。相比其他过程类型而言，关系过程最有可能产生歧义，这使得它被广泛应用到许多语域中，从技术官僚辞令和政治辞令，到诗歌和民间俗语。以下为《时代周刊》援引美国国会的示例：

The loopholes that should be jettisoned first are the ones least likely to go.

除了如何避免漏洞这个词谜，小句的结构到底是“标记 ^ 价值”（因为它们最难丢掉，所以应该首先被丢弃），还是“价值 ^ 标记”（尽管它们应该首先被丢弃，但它们很可能是保留间最长的）呢？比较这几行出自丁尼生（Tennyson）《食莲者》（*Lotus-Eaters*）中《合唱之歌》（*Choric Song*）的诗句：*Death is the end of life. — Ah, why should life all labour be?* 这里的

why should life all labour be? 显然是“归属”小句。而另一方面，*death is the end of life* 是“识别”小句，但究竟哪个是标记哪个是价值呢？它是如（a）所说的，“一旦我们死去，生命就会终结（表示死亡）”，还是如（b）所说的，“生命终结时，我们就会死去（表示死亡可能被认识的方式）”？

(a) death	is	**the end of life**	(b) death	is	**the end of life**
被识别者/标记		识别者/价值	被识别者/价值		识别者/标记

这两种解释看起来都融入了对语篇的理解。如果赋予它标记性信息焦点的地位，如（c）和（d）所示，重新组合的角色就有了另外两重意思：

(c) **death**	is	the end of life	(d) **death**	is	the end of life
识别者/标记		被识别者/价值	识别者/价值		被识别者/标记

其中（c）表示“生命终结于我们死去时（人们就是这样知道生命终结的）”，而（d）的意思是“一旦生命终结，我们就会死去（这是生命终结的意义）”。同样的多重歧义也出现在谚语中，如 *home is where your heart is*（要么是标记 ^ 价值“因为你住在一个地方，所以就会喜欢它”；要么是价值 ^ 标记“因为你喜欢一个地方，所以在那里有家的感觉”）和 *an Englishman's home is his castle*，以及其他历经时间考验的智慧结晶。

第 5.7 节将再次探讨这些主要的过程类型和及物性的其他方面。下一小节我们将对位于边缘区域的另外三种过程类型进行讨论（见图 5-3）。

表 5-22 “关系”小句小结 299

（I）归属式（载体/主语）									
（1）内包型			Sarah	is/seems	wise				
			John	became	a plumber				
			载体	过程：内包	属性				

续表

(2)环境型	(a)环境作属性		Pussy	is	in the well				
			the daughter	is/looks	like the mother				
			载体	过程：内包	属性				
	(b)环境作过程		the poem	concerns	a fish				
			the fair	lasts	all day				
			载体	过程：环境	属性				

(3)属有型	(a)属有作属性		the piano	is	Peter's				
			载体/被属有者	过程：内包	属性：属有者				
	(b)属有作过程	(i)属有者作载体	Peter	has	a piano				
			载体/属有者	过程：属有	属性/被属有者				
		(ii)被属有者作载体	the piano	belongs to	Peter				
			载体/被属有者	过程：属有	属性/属有者				

(II)识别式			A：施动式(标记/主语)				B：受动式(价值/主语)		
(1)内包型	(i)非标记性焦点		Sarah	is	**the wise one**		the wise one	is	**Sarah**
			Mr Garrick	plays	**Hamlet**		Hamlet	is played	**by Mr Garrick**
			被识别者/标记	过程：内包	识别者/价值		被识别者/价值	过程：内包	识别者/标记
	(ii)标记性焦点		**Sarah**	is	the wise one		**the wise one**	is	Sarah
			Mr Garrick	plays	Hamlet		**Hamlet**	is played	by Mr Garrick
			识别者/标记	过程：内包	被识别者/价值		识别者/价值	过程：内包	被识别者/标记

续表

（2）环境型	（a）环境作参与者	（i）非标记性焦点	tomorrow	is	**the tenth**	the tenth	is	**tomorrow**	
			by train	is	**the best way**	the best way	is	**by train**	
			被识别者/标记/环境	过程：内包	识别者/价值/环境	被识别者/价值/环境	过程：内包	识别者/标记/环境	
		（ii）标记性焦点	**tomorrow**	is	the tenth	**the tenth**	is	tomorrow	
			by train	is	the best way	**the best way**	is	by train	
			识别者/标记/环境	过程：内包	被识别者/价值/环境	识别者/价值/环境	过程：内包	被识别者/标记/环境	
	（b）环境作过程	（i）非标记性焦点	the daughter	resembles	**the mother**	the mother	is resembled	**by the daughter**	300
			applause	followed	**her act**	her act	was followed	**by applause**	
			识别者/标记	过程：环境	被识别者/价值	识别者/价值	过程：环境	被识别者/标记	
		（ii）标记性焦点	**the daughter**	resembles	the mother	**the mother**	is resembled	by the daughter	
			applause	followed	her act	**her act**	was followed	by applause	
			识别者/标记	过程：环境	被识别者/价值	识别者/价值	过程：环境	被识别者/标记	

（3）属有型	（a）属有作参与者	（i）非标记性焦点	the piano	is	**Peter's**	Peter's	is	**the piano**
			被识别者/标记/被属有者	过程：内包	识别者/价值/属有者	被识别者/价值/属有者	过程：内包	识别者/标记/被属有者
		（ii）标记性焦点	**the piano**	is	Peter's	**Peter's**	is	the piano
			识别者/标记/被属有者	过程：内包	被识别者/价值/属有者	识别者/价值/属有者	过程：内包	被识别者/标记/被属有者
	（b）属有作过程	（i）非标记性焦点	Peter	owns	**the piano**	the piano	is owned	**by Peter**
			被识别者/标记	过程：属有	识别者/价值	被识别者/价值	过程：属有	识别者/标记
		（ii）标记性焦点	**Peter**	owns	the piano	**the piano**	is owned	by Peter
			识别者/标记	过程：属有	被识别者/价值	识别者/价值	过程：属有	被识别者/标记

5.5 其他过程类型；过程类型总结

前面三个小节（从第 5.2 节到第 5.4 节）讨论的是英语小句的三种主要过程类型:“物质”过程、“心理”过程和“关系”过程。它们之所以是主要过程类型，是因为它们作为经验理论的语法基石，描述了三种不同类型的结构配置，并解释了语篇内的大多数小句（“物质”小句和“关系”小句看起来在整个语言中的出现频率大致相当，其次是“心理”小句，不过这一模式在不同的语域中会有所变化）。接下来，我们将继续识别三种次要过程类型，它们位于各主要过程的边界区域：行为过程在物质过程和心理过程的边界，言语过程在心理过程和关系过程的边界，而存在过程在关系过程和物质过程的边界（见图 5-3）。

5.5.1 行为小句

301 行为过程涉及（一般为人类的）心理和生理行为，诸如呼吸、咳嗽、微笑、做梦和凝视等（表 5-23）。因其自身特点并不明确，行为过程在六种过程类型中最不鲜明；它们既有物质过程的部分特征，又有心理过程的部分特征。实施“行为”过程的参与者称为**行为者**，通常为有意识的生命，和感知者类似；而过程在语法上更类似于“做”。通常情况下，行为过程的非标记性现在时态是现在中的现在，与物质过程类似（如 *you're dreaming!*）；不过还有**非标记性**的一般现在时（即，不表示习惯性意义），如 *why are you laughing?* 和 *why do you laugh?*（两者几乎没有区别）。这表明行为过程对心理过程的隶属关系。例如：

> Sub Inspector Guha too **had fainted** and the others were looking at APV as at a unique building or beauty – as at a miracle. In that atmosphere of tension APV **laughed**, unconsciously sinister cynicism, causing the two nurses to jump on to the constable's inert body. [KOHL_L]

He was foolish not to realize that this was happening to him, that he **could** possibly **have dreamt** about it. [语篇 125]

The amusing thing is, I woke of my own accord, a little bit before. I thought I **was dreaming**. But it was really happening. [KOHL_L]

表 5-23　不同过程类型识解的内部经验和外部经验

	内部	内部 => 外部	外部
物质［做事］	—		she's walking (into the dining room)
行为［行为］		she's laughing	
心理［感知］	she rejoices		—
关系［是］	she's happy		she's in the dining room

行为过程的边界难以确定；但可将表 5-24 中所列的类型视为典型类型。

这些动词中很多也体现非行为过程；比较行为过程 *Be quiet! I'm thinking*（安静！我在思考）与心理过程 *They think we're stupid*（他们认为我们很愚蠢）中 *think* 的区别。

行为过程几乎总是使用中动语态，最为典型的是只包含行为者和过程的小句，如 *Don't breathe!*（别呼吸！）*No one's listening*（没有人在听），*He's always grumbling*（他总是在发牢骚）。这些小句的一个常见变体是行为"披上了"参与者的外衣，如 *she sang a song, he gave a great yawn*（她唱歌，他打了一个长长的哈欠）。这一结构在日常口语中尤为典型。参与者类似于"物质"小句中的周界（两者都是范围的一般功能的体现；见第 5.7.3 节关于范围的阐述）；我们将其称为行为（bebaviour）。

表 5-24　在行为小句中充当过程的动词示例 302

(i)	［接近心理］	表征为行为形式的意识过程	look, watch, stare, listen, think, worry, dream
(ii)	［接近言语］	作为行为形式的言语过程	chatter, grumble, talk, gossip, argue, murmur, mouth

续表

（iii）		体现意识状态的生理过程	cry, laugh, smile, frown, sigh, sob, snarl, hiss, whine, nod
（iv）		其他生理过程	breathe, sneeze, cough, hiccup, burp, vomit, faint, shit, yawn, sleep
（v）	［接近物质］	身体姿势及消遣活动	sing, dance, lie (down), sit (up, down)

某些环境类型也和行为过程相关：内容与第（i）和第（ii）组相关，如 *dreaming of you, grumbled about the food*；方式与第（iii）至第（v）组相关，如 *breathe deeply*，*sit up straight*。带 *to*，*at* 或 *on* 的介词短语，常常出现在第（i）到第（iii）组中的一些小句中，如 *I'm talking to you*，*don't look at me*，*fortune is smiling on us*。这些本来是表示地点的环境成分；在行为小句中，它们表示方向，但可以继续采用原来的标签（动词 *watch* 比较特殊：在 *I'm watching you* 中，时态表明这是行为过程，但 *you* 以参与者的身份出现，类似于“心理”过程中的现象。因为这仅限于 *watch*，所以可将这一参与者标注为现象，表示它与心理小句相似）。最后需要注意的是，虽然“行为”小句不“投射”间接言语或思想，但它们常常在虚构叙事中引入直接言语，从而将行为特征融入到“言说”类的言语过程中（见第七章，第 7.5.1 节）：

> ‘I was under the impression you just had, Miss Radcliffe — taken in a few details, if not actually down. Come, come,’ he **chided** with a sardonic **smile** as Julia **frowned** her incomprehension. [Edwina Shore, 1991, *Not his property,* Mills & Boon, p. 10]

5.5.2 言语小句

What did you say? — I said it's noisy in here 这些是表达言说的小句，它们是各类语篇中的重要资源，通过组织对话段落来创造叙事，如下文的书面叙事（“言语”小句中的过程为粗体；“心理”小句中的过程为斜体）：

语篇 5-11: 再创——叙事 (笔语、独白): 传统民间故事节选 [语篇 65]

Chirumá would find any opportunity **to talk** to that priest about Kukul. Another day, he **told** him, 'Kukul is reckless. He stops to take care of the wounded and puts his men in danger.'

'Kukul is compassionate,' **replied** the priest.

'He is inexperienced,' **countered** Chirumá, as he sowed the seeds of doubt.

这里，除了一个带有引述的小句外，其他都是“言语”小句。同样，在谈话中构建叙事段落时，“言语”小句常常基于“*x* 说，然后 *y* 说”的 303
模式，用以推动对话的发展，同时带有引述内容。例如：

语篇 5-12: 分享——闲谈 (口语、对话): 闲话 [语篇 72]

And Joanne came up and she **said**, 'Oh, can you do this?' and I **said**, 'Look you're at the end of a very long line; be prepared to wait' and she **said**, 'Well, she's at the Oncology clinic right now.' and I **said**, 'But these have to be done as well; I can't help.' and sort of smiled all the way through it and she **went**,... I **said**, 'Look, it's three minutes to three; these should be done in a minute, if you want to wait till then.' and she **went** '(sigh) ahhh'.

第二个例子说明，在充当“言语”小句过程的动词集合中，*say* 是一个非标记性成员。第一个例子也说明了这一点，不过它还包括另外两个常见的动词 *told* 和 *talk*，以及表征对话交换特征的动词 *reply* 和 *counter*。总有一个参与者表征说话者；可能还有一个参与者表征听者（例如，*to talk to that priest* 中的 *to that priest* 和 *he told him* 中的 *him*）。在新闻报道中，“言语”小句使报道者将信息归属到来源上，包括官员、专家和目击证人等，例如以下有关渡船失事的报道节选：

语篇 5-13: 报道——记载：新闻报道节选（笔语、独白）[语篇 4]

Several of the 18 survivors **said** the vessel, which appeared to be overloaded, lacked life vests and other safety equipment.

> ‘In less than one minute, everything was gone,’ survivor Somsak Thongtraipop **told** Thailand’s The Nation newspaper.
> He had heard the captain on the radio **being warned** by a crew member from another boat that there were big waves ahead and he should turn back.

当然，“言语”小句在话语中的用途不计其数。例如，在学术话语中，它们的重要性不仅在于引述或报道不同学者的研究，还在于通过 *point out*，*suggest*，*claim*，*assert* 等动词表明作者的立场。即便从上述例子中，也已经能够看出“言说”小句的主要特征。

“言说”应该从相当广义的角度来解释；它涵盖了意义的任一种象征性交换，如 *the notice tells you to keep quiet*（通知告诉你要保持安静）或 *my watch says it’s half past ten*（我的表上是十点半）。其中，*you*、*I*、*the notice* 和 *my watch* 在语法上作**言说者**（Sayer）。

那么 *it’s noisy in here, to keep quiet, it’s half past ten* 的功能是什么呢？在形式语法中，言说内容被看作一个“作动词 *say* 的宾语的名词小句”，表示一个通过名物化过程级转移而来的小句（见第六章）。但该小句的功能并未发生级转移；它在“小句复合体”中作次要小句（见第七章），要么被（a）直接引述，如（*he said*）‘*I’m hungry*’，要么被（b）间接报道，如（*he said*）*he was hungry*。这就意味着，此类序列包含两个小句，如图5-31所示。（当然，只有基本小句是“言语”过程；另一个可以是其他任何过程。）被报道和被引述小句的地位等同于“心理”小句引导的“思想”小句：如前所述，它并未发生级转移；在这点上，这些小句区别于级转移
304 之后在“心理”小句中充当现象的“事实”小句。这在历史是讲得通的。古英语中的结构是 *he said/thought that: he was not hungry*，*that* 是“言语”小句或“心理”小句中的一个指示代词，“指向”表征被报道的言说或者感知内容的小句（见 Hopper & Traugott, 1993）。这个指示代词后来被重新分析为引导被报道小句的结构连词；但是，被报道的小句本身一直位于报道小句的结构之外——并未通过级阶下移被纳入其中（与“事实”小句相

反）。因此，无法期望找到这种在“受动式”“言语”或“心理”小句中充当主语的被报道小句；例如，*that he was not hungry was said/thought by him* 几乎不可能存在。

被投射的小句可能是（a）由定式小句体现的命题，如 *Mr Deshmukh* ***said*** *that some dissidents had met him and* ***asked*** *him whether they should vote according to their conscience or discretion*（德什穆克先生说，一些异见人士曾见过他，并问他，他们是否应该根据自己的良知或判断力投票），也可能是（b）由完成式非定式小句体现的提议，如 *Bush* ***urges*** *China to release crew*（布什敦促中国释放机组人员）；*The States* ***are asked*** *to mobilize additional resources for development as their contribution*（美国被要求为发展调动更多资源，作为他们的贡献）。提议还可以由一个意态化的定式小句来表达（见第四章，第 4.5 节）：*Yet somebody* ***told*** *me that I mustn't repudiate my non-fiction, because it's saying very much what the fiction is saying*（然而，有人告诉我，我不能否认我的纪实小说，因为它说的正是小说所说的）。更为详细的讨论见第七章，第 7.5 小节。

（a）

John	said	‘I'm hungry’
言说者	过程	
1：引述小句		2. 被引述小句

（b）

John	said	he was hungry
言说者	过程	
α：报道小句		β. 被报道小句

图 5-31　投射引述和报道的言语小句

按照上文有关言说的阐述，与“心理”小句不同，“言语”小句不需要参与者具有意识。言说者可以是任意可以发出信号的东西。例如：

And they've got a great big sign out the front **saying** pokies.

The study **says** that such a diversified village structure produces a dualistic pattern of migration, ... [KOHL_A]

The letter **says**: ‘It is observed that neither Mr J. D. Goyal nor Mr B. Dayal is eligible for appointment as Dy. ME as their regular service as Superintending Engineer commences from 24. 3. 76.’ [KOHL_A]

鉴于“言说者”的性质，我们将言语过程称为“象征”过程，可能更为恰当（见下文与“关系”过程的关系）。（但值得一提的是，其他一些语言中的言说者在性质上比在英语中更为受限，在本质上受限于说话者和作者；见 Steiner & Teich, 2004，对德语的讨论，以及 Teruya, 2004, 2007，关于日语的讨论。）

305 “言语”小句的过程由动词词组体现，其中的实义动词表达言说：见表 5-25。动词可以像“关系”小句中的动词一样非重读，也可以像“物质”小句中的动词一样重读。时态在某种意义上也界于“物质”小句和“关系”小句之间。当言说者由名词词组体现、指代有意识的说话者时，在时态的选择上可能与“物质”小句类似，由一般现在时表示习惯或概括（即延长的“现在”），现在中的现在表示一个更窄的时间段；过去中的现在通常表示同时性，和“物质”小句一致[44]：

But I **say** that sort of thing all the time. Didn’t make a hoot of a difference to my situation. I **say**, I’m not applying for the job and, you know, you whinge on side. [UTS/Macquarie Corpus]

[Di S:] **Were** you **saying** that you’re engaged, when I walked in; I thought you **said**

---

[44] 与在“物质”小句中一样，谈话叙事中的现在时和过去时也可以交替使用：*The guy* ***says*** *sorry she hasn’t got her ticket, you have to speak to my supervisor blah blah blah and finally after about another two minutes he* ***said*** *oh alright two dollars. So we* ***go*** *okay so Brenda gets her money out gives him two bucks and he* ***says*** *as she sort of driving away by the way what’s your rego? And Brenda* ***calls*** *out I don’t know I’ve stolen it and drives off.* [UTS/Macquarie Corpus]

that you were engaged. — [Di:] Sort of, sort of ... — [Di S:] That's wonderful; you **didn't tell** me that last time. [UTS/Macquarie Corpus]

但是，一般现在时也出现在“表达某个观点”的小句中，更加接近“关系”意义，如 *She **says** she prefers cigarettes to fish* [UTS/Macquarie Corpus]。当言说者由名词词组体现、指代符号来源而非人类说话者时，在时态的选择上可能与“关系”小句类似，如 *the study **says** that such a diversified village structure produces a dualistic pattern of migration*（研究表明，这种多样化的村庄结构产生了一种二元的移民模式）。此时，“现在中的”不太可能：不太可能出现 *the study is saying that...*。虽然此类小句显然仍是“言语”小句，但它们更接近“关系”小句，而不是人作为说话者作主语的“言语”小句（见下文）。

表 5-25 充当言语小句中的过程的动词示例

类型		动词示例
活动	对准	praise, flatter, commend, compliment, congratulate; insult, abuse, slander, blame, criticize, chide, censure, pillory, rebuke
讲话		speak, talk
符号	（中性引述）	say, tell; go, be like
	指示	tell (sb that), report, announce, notify, explain, argue, convince (that), persuade (sb that), promise (that)
		ask (sb whether), question, enquire (whether)
	命令	tell (sb to do), ask (sb to do), order, command, require, promise, threaten, persuade (sb to do), convince (sb to do), entreat, implore, beg

在某些方面，“言语”小句因而更像“行为”小句，展现出其他过程 306
类型的某些特征，在时态上像“物质”或“关系”小句，在投射能力上又像“心理”小句。但是，虽然“行为”过程小句并非一种独特的类型，而是一小组次类，将物质过程和心理过程融合为一个连续统，“言语”过程小句的确呈现出自身明确的类型特点。除了可以用上文描述的独特方式进

行投射之外，“言语”小句还包括除言说者以外的其他三种参与者功能：（1）受话者，（2）言语内容，（3）对象。前两者是“间接”参与者，我们将在第 5.6.1 及第 5.6.2 小节讨论。

（1）**受话者**指言说行为指向的对象，如 *tell me the whole truth, did you repeat that to your parents? Describe to the court the scene of the accident* 中的 *me*，*your parents* 和 *the court*。在“受动”小句中，受话者可能是主语，如 *I wasn't told the whole truth* 中的 *I*。受话者由名词词组体现，通常指代有意识的个体（潜在的说话者）、集体或机构；名词词组要么独立出现，要么由介词标记——几乎总是 *to*，有时是 *of*。体现的可能性的范围取决于体现过程的动词词组中的实义动词；例如，*tell sb*，*say to sb*，*demand of sb*（见 Matthiessen, 1995a：292）。

（2）**言语内容**对应言说内容，将其表征为一类事物，而非一个报道或引述；例如，上例 *what did you say?* 中的 *what*。这可以指下列两种可能性之一：

（a）可能是**言说的内容**，如在 *But when people describe your family, they don't talk about your nephews and nieces* 中的 *your family*，在 *How else would you explain the latest decision of Bihar to ban English in schools?* 中的 *the latest decision of Bihar to ban English in schools*。言语内容可以识解言说的话题，如上例的 *describe your family*。正如位于它之后的小句所示，该类型的言语内容在意义上接近于环境成分中的内容（*talk about your nephews and nieces*）。如果言语过程投射的是物品-服务而非信息，如 *order* 或 *promise*，那么在 *I ordered a steak* 中，言语内容指 *a steak*, 在 *those earrings were promised to another customer* 中，指 *those earrings*[45]。

---

[45] *order* 和 *promise* 以及其他此类过程可以与受益者一起被识解（见第 5.7.3 节）。对于 *promise* 而言，受益者是“言语”过程中的受话者，但是对于 *order* 而言，受益者更像是委托者，在指代商品创造或者服务实施的“物质”小句中出现。例如，*You felt alright on Friday 'cause you ordered yourself a nice big pizza*（比较 *you ordered a nice big pizza for yourself*）。这里的“受话者”像一个环境角色：*you ordered yourself a nice big pizza from the waiter*。

（b）可能是**言说的名称**，如 *let me ask you a question* 中的 *a question*，以及 *now don't you say another word!* 中的 *another word*。该类别同样与概括性动词一同出现，如 *give* 和 *make*（如“物质”小句中的过程 + 周界），如 *give the order*，*make a statement*。言说的名称不仅包括提问（*question*）、陈述（*statement*）、要求（*order*）、命令（*command*）等言语功能范畴——和它们搭配的实义动词通常有所限制（如 *ask* + *question*，*make* + *statement*，*give* + *order*，*issue* + *command*，*tell* + *lie*），还包括体裁范畴（如 *story*，*fable*，*joke*，*report*，*summary* 等）。某一语言的名称也可以被识解为言语内容，例如，*they were speaking Arabic*；或者，它还可以被识解为环境成分中的内容，例如，*they were speaking a few words in Arabic*。

两种类型的言语内容之间并非泾渭分明；在（a）*tell me your experience* 和（b）*tell me a story* 之间，存在 *tell me the truth* 这样的说法，其中的 *the truth* 可以被解释为（a）“所发生的事件”或（b）“事实性叙事”。

（3）**言语对象**仅出现在“言语”小句的一个子类中；这一功能识解言 307
说过程所指向的实体，可能是人、物或者抽象概念；例如：

He also **accused** Krishan Kant of conspiring with Bansi Lal in destabilising the set-up in Haryana who, in turn, issued a press statement saying that Devi Lal was suffering from ‘hallucinations’. [KOHL_A]

I think there are serious problems in her work traceable to the writer's distance, or lack of it, from all this; but she **is** rightly **praised** at least for showing it. [ACE_G]

Rather than **criticize** my teaching ability, he actually **praised** it. [COCA]

此时，言说者可以说是在用言语影响另一方，对它们作出积极或负面的评价（参照 Martin & White, 2005，关于鉴赏类的评价）。承接言语对象（见表5-25）的动词不容易投射被报道的言语[46]；但言说者所言的某个方

[46] 在言语小句中，当带言语对象的动词与引述一起出现时，被识解为言说者使用言语指向的参与者，充当受话者，而非言语对象：*'Those are fine letters,' I* ***praised*** *her* [COCA]。

面可以被引述，用于表征言语对象、环境成分中的原因或角色，或为了鉴赏，而表征原因的增强小句：

In June, Gates **praised** ‘the unprecedented cooperation between the nations of the gulf.’ [COCA]

Charles C. Jones’s 1883 The History of Georgia **praised** Zubly as ‘learned and eloquent, public spirited, and of marked ability’ and described his early career as ‘consistent and patriotic.’ [COCA]

带言语对象的言语小句更接近于“物质”小句中动作者 + 目标的结构（参考 *what he did to Krishan Kant was accuse him*）。表扬、责备等行为的源头被识解为环境成分，或从属性增强小句（例如，*of conspiring with Bansi Lal ...*; *for showing it*）——但不是投射（日语中一个有趣的区别是，“带言语对象的言语”小句可以投射；见 Teruya, 2007）。

言语事件经验中的不同方面，如表 5-25 中的不同类型所示，可以成为言说动词，包括言语功能（如 *ask*，*urge*），话轮（如 *reply*，*add*），媒介（如 *write*），方式（如 *enthuse*，*gush*，*rave*），渠道（如 *email*，*phone*）。随着科技正在打开新的渠道，新的动词也加入到“言语”词汇语法资源中，承担了报道或者引述的功能。例如：

‘Ruiz’s passing at 70 represents a tremendous loss for contemporary filmmaking,’ **blogs** Dave Kehr.

He **texted** me back that Somer didn’t come home from school. [COCA]

5.5.3 存在小句

存在小句表征的是某物的存在或发生，如 *In the caves around the base of Ayers Rock, there are aboriginal paintings that tell the legends of this ancient people*（在艾尔斯岩基周围的洞穴里，有土著人的绘画，讲述着这个古老民族的传说）; *In Bihar, there was no comparable political campaign*（在比哈

尔邦，没有类似的政治运动）；*There was confusion, shouting and breaking of chairs*（一片混乱、喊叫和椅子断裂的声音）。虽然“存在”小句整体 308
上在语篇中并不十分常见——在所有小句中大概占 3% 到 4%，但它们在各类语篇中却发挥了重要的、专门的作用。例如，在叙事中，它们用来在故事开头的开篇阶段（场景和背景介绍）介绍主要参与者（见 Hasan, 1984/1996：第三章）。打油诗以一种压缩的形式说明了这一点：

[308] 语篇 5-14: 再创——叙事（笔语、独白）：打油诗 [爱德华 · 李尔]
There was an old person of Dover,
Who rushed through a field of blue Clover;
But some very large bees, stung his nose and his knees,
So he very soon went back to Dover.

在语篇层面上，主位仅是存在的特征（*there*），使得听者准备好聆听将要被介绍的内容；这一内容被当作新信息呈现。（正是由于这个原因，“存在”小句被解释为“展示性”或“呈现性”结构；见 Hetzron, 1975; Van Valin & LaPolla, 1997: 208; Downing, 1990）。在开篇阶段之后，也可以使用存在小句将现象引入叙述的物质流中（物质活动占主导地位）；在导游文本中，它们可以介绍在徒步和驾车旅行中可能遇到的景点或有趣的特征。例如：

I had just put the baby down on the beach, and was going in the water to see if it was okay, for the kids to go in the water, and the crocodile came waaaah out at me and at the baby that I'd sat on the beach. I had seconds, to rab, to grab that baby and run up the beach, with that crocodile coming out at me, coming out towards me. And do you know what? **There was** a big, **there was** a big, sort of platform, rock platform, near the beach and the kids all raced up onto the platform, it's about as this roof up there. And I grabbed the baby, who was crying its head off [yawn], by this stage terrified. Can you imagine if you saw a crocodile coming towards you with an open mouth, how you'd feel? [语篇 57]

> Llantwit Major. An attractive small town that was one of the first major centres of learning in Europe. Saints like David, Teilo and Samson of Dol studied here in what were the Dark Ages for the rest of Europe but the Golden Age of the Welsh saints. In the church **there is** a fine collection of Celtic crosses.

这些小句中的 *there* 既不是参与者也不是环境角色——它在小句的及物性结构中没有表征功能；但它表明了存在特征，且从人际意义上看，需要被当作主语（见第四章，第 4.6 节）[47]。不同于参与者和环境角色，表存在的 *there* 无法被提问，也不能作谓项主位，或作被识别主位；我们不能针对 *there is a fine collection of Celtic crosses*，提问 *where is?*，也不能
309 说 *it is there that is a fine collection of Celtic crosses*（比较 *it is there that they keep a fine collection of Celtic crosses*），或是 *there is where (what) is a fine collection of Celtic crosses/where (what) is a fine collection of Celtic crosses is there*。*there* 在音系上是非突显的，其中的元音常常被缩减为非重读央元音（因此和 *the* 一样）；这样就区别于环境成分附加语 *there*。比较（i）存在性的 *there's your father on the line*，其中，弱读的 there [ðə] 作主语，答语是 *Oh, is there?*；（ii）环境关系性的 *there's your father*，重读的 *there*［ðɛə］是附加语，答语是 *Oh, is he? where?* 在（ii）而不是（i）中，*there's* 与 *here's* 形成对比。

"存在"小句一般带有 *be* 动词；在这一点上也与"关系"小句类似。但存在小句中常见的其他动词与"归属"或"识别"动词显著不同：见表 5-26。

㊼ 对比英语和那些即便小句中没有主语，仍可表示人际意义的语言（见 Matthiessen, 2004b: 600）。在这些语言中，"存在"小句一般仅包含过程 + 存在物，没有主语（除非存在物是主语）；过程是一个表示存在 / 属有 / 处所的动词，例如西班牙语中的 *hay*，汉语普通话中的"有"，土耳其语中的 *var/yok*。英语的 *there* 在源头上用来表达处所；但在其他一些日耳曼语言中，如在德语 *es gibt* 结构中，主语等同于 *it*。不足为奇的是，此类存在小句更多地关注本体而非处所的存在（见 Matthiessen, 2001）。对于英语中 *there* 作为处所背景的讨论，见 Davidse（1992b）。

“存在”小句常常包含一个明确的时间或地点环境成分，如 *there was a picture on the wall*；如果环境成分作主位，主语 *there* 就可以省略——但如果有附加问，它仍然出现：*on the wall (there) was a Picasso painting, wasn't there? All around (there) grew a thick hedge*。另一个在时空中“定位”过程的常见方法就是在其后接一个非定式小句，如 *there was an old woman tossed up in a basket*（有一个老妇人被扔在篮子里）；*there's someone waiting at the door*（有人在门口等着）；*there's a patient to see you*（有个患者要见你）；两者结合成小句复合体（比较第七章，第 7.4.2.2 节中的第（ii）点）。

被表述为存在的实体或事件，可以直接成为**存在者**（Existent）。原则上，“存在”任何种类的现象可以被识解为“事物”：人、物、机构、抽象概念；任何行为或事件亦是如此，如 *is there going to be a storm?*（会有暴风雨吗？），*there was another robbery in the street*（大街上又有一起抢劫）。这里，“存在”过程融入了“物质”过程：表“存在”过程的 *there was a robbery* 与表“物质：创造”过程的 *a robbery took place*（注意现在时 *a robbery is taking place*）之间几乎没有区别。对存在过程的分析见图 5–23 。

there	was	a storm
	过程	存在者：事件

on the wall	there	hangs	a picture
环境		过程	存在者：实体

There	is	a man	at the door
	过程	存在者：实体	环境

There	was	an old woman	tossed up	in a basket
	过程	存在者：事件	过程	环境
α: 被延伸部分			β: 延伸部分	

图 5–32　存在小句

在“存在”过程和“物质”过程的交界处，有一个和天气有关的特殊过程范畴：气象（meteorological）过程，如 *it's raining, the wind's blowing, there's going to be a storm*。有的被识解为存在过程，如 *there was a storm/ hurricane/wind/breeze/gale/shower/blizzard*。有的被识解为物质事件，如
310 *the wind's blowing, the sun's shining, the clouds are coming down*。有的被识解为关系归属句，如 *it's foggy/cloudy/misty/hot/humid/sunny/cold/frosty*；这里的 *it* 可以被解释为载体，因为它可以替换天气、天空或者一天（中的时间）。最后，还有一些被识解为 *it* + 动词，动词时态为“现在中的现在”：*it's raining/hailing/snowing/freezing/pouring/drizzling/lightning/ thundering*。

最后一类是英语特有的，其中没有任何参与者。*It* 的人际功能是充当主语，类似于“存在”小句中的 *there*，在及物性中不发挥作用——如果有人告诉你下雨了，你不能问 *What is?*，且 *It* 不能作谓项主位（不能说 *it's it that's raining*），也不能作被识别主位或述位（不能说 *it's what's raining/what's raining is it*）。另一方面，这里的时态显然和“物质”过程相同。这样的小句可以被分析为仅包含一个成分，即过程；它们是“物质”过程小句的一种特例。气象事件与本章开始部分讨论的具体事件就被连结在一起，完成了语法对经验描写的圆环。

表 5-26　存在小句中充当过程的动词示例

类型		动词
中性	存在	exist, remain
	发生	arise; occur, come about, happen, take place
+ 环境特征	时间	follow, ensue
	地点	sit, stand, lie; hang, rise, stretch, emerge, grow
抽象		erupt, flourish, prevail

5.5.4 过程类型总结

表 5-27 总结了在英语语法中识别的过程类型以及它们的一般范畴意义和相关的主要参与者功能。

第 5.6 节即将描述环境成分的功能。本章结尾处的表 5-41 和表 5-45 列出了用于解释作为表征的小句的所有功能，以及识别各种过程类型的标准。

5.6　环境成分

5.6.1 一般特征

本章开始提出了过程类型的概念，并讨论了过程功能以及参与者功能，它们对于区分不同的过程类型至关重要（第 5.1 节至第 5.5 节）。现在来讨论位于连续统另一端的环境成分（见图 5-5）：一般而言，它们可以自由地出现在任何过程类型中，且不论出现在哪里，意义都基本相同。当然，有些环境组合不大可能，有些则需要特殊的解释。例如，“内容”环境成分在“心理”和“言语”小句中比较常见，但在其他过程类型中则十分罕见，除了某些“行为”小句。在“归属式”小句中，“内容”环境成分非常少见，而“地点”环境成分常常还带有时间特征，例如，*I get hungry on the beach*（我在海滩上饿了）中的 *on the beach*。但这些往往相当具体，在此不予讨论。

表 5-27　过程类型、它们的意义以及典型参与者 311

过程类型	范畴意义	参与者，直接参与	参与者，间接参与
物质： 　动作 　事件	“做事” 　“做事” 　“发生”	动作者、目标	领受者、委托者；周界；启动者；属性
行为	“行为”	行为者	行为
心理： 　知觉 　认知 　渴求 　感情	“感知” 　“看见” 　“思索” 　“想要” 　“情感”	感知者、现象	引发者

续表

过程类型	范畴意义	参与者，直接参与	参与者，间接参与
言语	“言说”	言说者，对象	受话者、言语内容
关系：	“是”		
归属	“归属”	载体、属性	归属者；受益者
识别	“识别”	被识别者、识别者；标记、价值	指派者
存在	“存在”	存在者	

因此，参与者和环境范畴之间存在连续性；这一连续性也能从体现两者的形式上看出。参与者和环境的区别可能在所有语言中都存在；但在某些语言中，这种区别相对比较显著，而在其他语言中，却比较模糊，不够明确。在下一节（第 5.7 节）我们会看到，英语中的这种区别已经十分模糊，一个有趣的原因是它已经被其他东西取代了。

现在我们照例从三个视角来考察“环境”这一概念。（i）就意义而言，我们采用了“与过程相关的环境”或“伴随过程的环境”等表达式，指代事件在时空中的处所、方式、原因等示例；这些关于事物发生的“时间、地点、方式、原因”是传统的解释，它们将环境与作副词而非名词的四种 WH- 形式联系起来。（ii）这与第二个视角，即小句本身有关：虽然参与者在语气结构中充当主语或补语，但环境映射到附加语上；换言之，环境没有成为主语的潜势，不能在作为交换的小句中发挥情态功能。（iii）第三，按照从下面的视角，它们通常不是被表达为名词词组，而是副词词组或介词短语——大多情况下是后者，因为副词词组在很大程度上只限于一种类型，即“方式”。

介词短语是一类比较特殊的混合结构。因为名词词组在其内部作构成成分，因此看起来比词组大；但它又不完全是小句。在英语中，介词短语
312 内的名词词组与在小句中直接作参与者的名词词组并无区别，每个名词词组原则上都能在两种语境中出现，*the mighty ocean* 在 *little drops of water*

make the mighty ocean 中是参与者，在 *I'll sail across the mighty ocean* 中是环境成分。如果聚焦名词词组在整个过程中的地位，它仍然看似某种参与者：即便在航海中，浩瀚的大海也的确发挥了某些功能。但如上所述，它可以说只是通过介词中介间接地介入。

接下来我们区分**直接参与者与间接参与者**，其中，"间接参与者"指代介词短语内名词词组的身份（介词短语的结构见第六章，第 6.5 节）。由上文可见，参与者角色（1）委托者、受话者、领受者，和（2）周界、行为和言语内容，有时在某种意义上也是被"间接"表达的，如 *gave money to the cashier*，*plays beautifully on the piano*。在被视为"环境"的成分中，参与者通常——且在许多情况下必须——是间接成分，通过这个或那个介词与过程相连。

那么，在小句作为表征的语法中，被识解为环境的成分具有哪些功能呢？首先是表达时间、地点、原因和方式；不过需要从整个过程类型上对它们进行某种调整、补充和解释。环境成分的列表见表 5-28。虽然这一排列方式看似十分随意，但是，如果我们把"环境"看作一个普遍的概念，在把及物性作为经验语法进行整体解释的背景下，我们就可以理解由这些环境元素构成的语义空间。实现方式之一就是将它们与上文描述的各种过程类型联系起来。

我们之所以能够做到这一点，是因为从这个角度来看，一个环境因素本身就是一个寄生在另一个过程上的过程。环境成分并不能独立存在，而是对某个其他事物的扩展。大多数环境成分来自三种关系过程类型；毫不意外的是，最大的一组来自"环境型"关系过程：

（a）关系过程：环境	Jack was building a house ...	
1 何时？（'it was during'）	throughout the year	跨度：持续
2 何地？（'it was at'）	near the river	处所：地点
3 怎样？（'it was by'）	out of brick	方式：手段

4 为何？（'it was for'）	for his retirement	原因：目的
5 什么条件下？	despite his illness	或然：让步
（b）关系过程：属有	Jack was building a house...	
6 与谁？（'he had'）	with his daughters	伴随：随同
（c）关系过程：内包	Jack was building a house...	
7 作为？（'it was'）	as a vacation home	角色：身份

313 **表 5-28 环境成分的类型**

类型			Wh- 项	体现实例
增强	1 跨度	距离	*how far?*	*for; throughout* 表达度量的名词词组
		持续	*how long?*	*for; throughout* 表达度量的名词词组
		频度	*how many times?*	表达度量的名词词组
	2 处所	地点	*where? [there, here]*	*at, in, on, by, near; to, towards, into, onto, (away) from, out of, off; behind, in front of, above, below, under, alongside...* 地点副词：*abroad, overseas, home, upstairs, downstairs, inside, outside; out, up, down, behind; left, right, straight ...; there, here*
		时间	*when? [then, now]*	*at, in, on; to, until, till, towards, into, from, since, during, before, after* 时间副词：*today, yesterday, tomorrow; now, then*
	3 方式	手段	*how? [thus]*	*by, through, with, by means of, out of* [+ 物质], *from*
		品质	*how? [thus]*	*in* + *a* + 品质（如 *dignified*）+ *manner/way, with* + 抽象概念（如 *dignity*）; *according to* 以 *-ly, -wise* 结尾的副词 ; *fast, well; together, jointly, separately, respectively*
		比较	*how? what like?*	*like, unlike; in* + *the manner of ...* 比较副词：*differently*

续表

	类型		Wh- 项	体现实例
		程度	*how much?*	*to + a high/low/... degree/extent;* 程度副词：*much, greatly, considerably, deeply* [常与实义动词搭配，例如 *love + deeply, understand + completely*]
	4 原因	理由	*why?*	*because of, as a result of, thanks to, due to, for want of, for, of, out of, through*
		目的	*why? what for?*	*for, for the purpose of, for the sake of, in the hope of*
		利益	*who for?*	*for, for the sake of, in favour of, against* [“不赞成”], *on behalf of*
	5 或然	条件	*why?*	*in case of, in the event of*
		默认		*in default of, in the absence of, short of, without* [“如果不是因为”]
		让步		*despite, in spite of*
延伸	6 伴随	随同	*who/what with?*	*with; without*
		添加	*and who/what else?*	*as well as, besides; in stead of*
详述	7 角色	身份	*what as?*	*as, by way of, in the role/shape/guise/form of*
		产品	*what into?*	*into*
投射	8 内容		*what about?*	*about, concerning, on, of, with reference to, in* [“关于”]
	9 角度	来源		*according to, in the words of*
		观点		*to, in the view/opinion of, from the standpoint of*

其他两个环境成分，内容和角度，可以与言语过程相关： 314

(d) 言语过程：言语内容	Jack told his friends	
8 关于什么？（‘said...’）	about the sale	内容
(e) 言语过程：言说者	the price was good	
9 谁说？（‘...said’）	according to Jack	角度：来源

我们稍后将看到，这两种模式——过程类型和环境因素类型——都是一个更宏观图景的一部分。在探索了小句复合和连词之后，我们将能够建立这个图景（见第十章，尤其见表 10-3；也见上表 5-6）。就目前讨论而言，重要的是“环境”的概念，它是一种附加的次要过程，附属于主要过程，但体现了关系过程或言语过程的一些特征，因此在小句中引入了另一个实体作为间接参与者。

5.6.2 环境成分类型

5.6.2.1 扩展：增强

增强型环境通过指定过程展开的时间或空间跨度或处所、过程展开的方式、过程展开的原因、或过程展开的或然性特征，来增强“过程 + 参与者”的配置。增强型环境成分位于一个连续统上，（1）一端是类似于过程特征的环境成分，其中的过程被识解为环境成分，如下例中的 *unsteadily*（方式：品质）：

He swayed like a drunkard, his arms milling in slow circles. He paced forward ***unsteadily***, leaning too far back, his head tilted oddly. [BROWN1_K]

315 （2）另一端是类似于间接参与者的环境成分，如下例中的 *because of his asthma*（原因：理由）：

Cam could not sleep **because of his asthma**. [ACE_A]

环境成分在该连续统上的位置决定了同源关系的模式。例如，在（1）的周围，过程的词汇语义带有方式的特征：*sway* 可以解释为“过程 + 方式”，“缓慢或有节奏地摆动”；*wobble* 可解释为“从一边向另一边晃动”。但在（2）的周围，与表示原因的 *because of his asthma* 同源的，可以是参与者，如 *asthma prevented Cam from sleeping*（哮喘使卡姆无法入睡），也可以是表达原因的增强小句，如 *Cam could not sleep because he had asthma*（卡姆无法入睡，因为他患有哮喘）。

（1）跨度和（2）处所。表示跨度和处所的环境成分识解过程在时间和空间的展开。它们构成一个四项矩阵，如表 5-29 所示：

表 5-29　跨度和处所环境

	空间	时间
跨度（包括间隔）	距离 walk (for) seven miles stop every ten yards	时段 stay (for) two hours pause every ten minutes 频度 knock three times
处所	地点 work in the kitchen	时间 get up at six o'clock

跨度识解过程在时空中展开时的范围：展开时的空间距离或者持续的时间段。跨度的疑问形式是 *how far?, how long?*，*how many*［测量单位］*?*，*how many times?*，典型结构是名词词组加量词，量词可以是确定的，如 *five days*，也可以是不确定的，如 *many miles*，*along way*；介词可有可无，最常见的是 *for*。

||| Clay particles are very small || and sink slowly; || they can be carried **thousands of miles** by gentle currents. |||［语篇 68］

||| He and seven others survived || by clinging to a floating fish container **for hours**. |||［语篇 4］

||| Er, well now, **how far** are you going away? |||［语篇 34］

|||**How long** were you at camp **for**? |||［语篇 34］

［注意这里的 *how far?* 表示 'over what distance?'（多远），而不是 'at what distance?'（在多远距离）（*how far away?*），后者指处所］。"跨

度”这一范畴包括“间隔”，对应的疑问形式是 *how often?*，表示 ‘at what intervals?’（每隔多久？）。在时间领域，还有一个额外的“频度”（frequency）范畴，*how many times?*，它与频率（usuality）这一人际范畴
316 相关（见第四章，第 4.5 节），但两者并不完全等同；频率作为情态评估，指代肯定和否定之间的位置（*always/never*），而频度指过程重复发生的程度。不过，跨度和频率范畴可以同时出现，例如在叙事中描述习惯时：[跨度] *Every day, all day long, Ka-ha-si slept on a warm caribou hide near the lamp in his igloo. 'Why do you not play with other children?' his mother* [定式：频率] *would ask. 'You should be learning how to hunt and fish so you will grow to be a good man.' But Ka-ha-si* [附加语：频率] *never answered*。

（环境的）跨度表达式与增强型环境的周界表达式（参与者）之间，并无明显的界线。但两者之间存在如下差异：跨度被表达为某个度量单位，如 yards（码）、laps（圈）、rounds（回）和 years（年），而周界被表达为除度量单位外的其他成分（对比 *they walked five miles* 与 *they walked the streets*）；作为一个参与者，周界具有充当主语的潜势。

处所识解过程在时空中展开时的位置：过程展开时的地点或时间。对地点的一般提问是：*where? when?*。地点不仅包括空间中的静态处所，也包括运动的源头、路径和目的地。同样地，时间不仅包括时间中的静态处所，也包括类似于空间的时间源头、路径和目的地。例如：

||| **Outside the station**, turn **right into Pitt Street then right again at Park l Street** || and **at George Street** turn left || and walk to **St. Andrews Cathedral**. ||| [语篇 22]

||| The foundation stone of the cathedral was laid by Governor Macquarie **on August 31, 1819,** || but construction was axed on the recommendation of Colonial Commissioner Bigge || and the project wasn't restarted **until 1837**. ||| [语篇 22]

典型结构是副词词组或介词短语，如 *down, underneath, by the door, in Canberra, long ago, before sunset, on Wednesday evening, among friends, between you and me*。注意表达时空路径的副词词组 / 介词短语复合体（见第八章），如：

> |||It's different for a woman though as opposed to a man || because I've just hitched recently **from Byron to Sydney** || because my money was locked in a car || and I did not have any. ||| [UTS/Macquarie Corpus]

在特定条件下，表达时间的介词可以省略，如 *let's meet next Wednesday*，*they left last week*。

时间和空间表达式之间存在相似之处，最重要的几点如下。（i）如前所述，两者都融入了跨度和处所的概念：在空间和时间上都可以辨别出跨度和处所。（ii）在时间和空间中，跨度均可用标准单位度量，如年、小时、英寸、英里、英亩，或者其他对应的（还没有被纳入英语语言的）度量单位。（iii）在时间和空间中，跨度和处所均可以是确定或非确定的，见表 5−30。（iv）在时间和空间的处所中，可以是绝对处所（absolute location），也可以是针对"此时此刻"的相对处所（relative location）。相对处所可近可远；见表 5−31。（v）在时间和空间的处所中，有静止和运动之分；在运动中，既有朝向，也有离开某个时空的运动，见表 5−32。

表 5−30　确定和非确定的跨度和处所 317

		空间	时间
跨度	确定	five miles	five years
	非确定	a long way	a long time
处所	确定	at home	at noon
	非确定	near	soon

表 5−31　绝对和相对处所

			空间	时间
处所	绝对		in Australia	in 1985
	相对	近	here, nearby	now, recently
		远	there, a long way away	then, a long time ago

表 5-32　静止和运动

			空间	时间
处所	静止		in Sydney, at the airport	on Tuesday, at noon
	运动	朝向	to Sydney	till Tuesday
		离开	from Sydney	since Tuesday

然而，这一时-空平行远非结束；近几个世纪以来，语言似乎一直在偏离这种平行关系。

空间不仅包括具体空间，还包括抽象空间。抽象空间涵盖一系列基于空间模式识解的经验领域。例如：

||| Nearby he could see the raspberry canes, || in whose shadow he had played with the Boy || and a great sadness came **over him**. ||| [语篇 28]

||| So, **where** is all this taking us? ||| Many places, but most obviously to the International Geosphere-Biosphere Program (IGBP). ||| [语篇 32]

||| This brings us back **to the purpose of this symposium**. ||| [语篇 32]

||| But the fact that I'd sort of gone **from that status position down to a mere housemaid**, you know? ||| [UTS/ Macquarie Corpus]

||| We pledge our-selves to liberate all our people **from the continuing bondage of poverty, deprivation, suffering, gender and other discrimination**. ||| [语篇 104]

由上述示例可见，抽象空间的识解常常涉及一个在空间内运动的“物
318 质”过程；如 *come, go, bring, take*。抽象性是小句作为一个整体的特征，而非某个成分的特征，但抽象解释的“线索”可以是单个成分，也可以是成分组合。处所本身可以是抽象的，如 *this brings us back to the purpose of this symposium*（这让我们回到这次研讨会的目的）（与 *this bus brings us back to Sydney*“这辆巴士把我们带回悉尼”不同）中的 *the purpose of this symposium*；与处所一起出现的参与者也可以是抽象的，如 *a great sadness*

came over him（他感到非常悲伤）（与 *a small bird came over him*“一只小鸟从他身上飞过”不同）中的 *sadness*。导致这个参与者与处所一起出现的另一个参与者也可以是抽象的，如 *where is all this taking us?*（这一切要带我们去哪里）（与 *where is the bus taking us?*“公共汽车要带我们去哪里”不同）。

从抽象空间中可以产生体现其他类型环境成分的表达式，如方式（如 *walk on one's legs, make wine out of grapes*）、角色（如 *cut into cubes, translate from Spanish into English*）。难以确定此类表达式究竟充当抽象处所，还是另一种类型的环境。但是包含 *Wh-* 项的提问通常可以帮助划分界限（比较表 5-28 中的 *Wh-* 项一栏）。例如，使用表达空间的 *where*，可以说 *where the dollar rose was to its highest point in the past year*（美元升值到了去年的最高点），这表明 *to its highest point in the past year* 是抽象空间中的处所，而非某种环境成分。相反，不能说 *where she talked was on the meaning of life*，这表明 *on the meaning of life* 不是抽象空间中的处所，而是另一种环境成分。

（3）**方式**。表方式的环境成分中识解过程的实现方式。方式包括四个次范畴：手段、品质、比较、程度。这些范畴涵盖范围相当大。手段接近于施事者这个参与者角色，像同一过程类型小句中的一个参与者，但是品质和程度类似于过程本身的特征。这些身份差异反映在体现倾向上：手段和比较一般由介词短语体现，而品质和程度则由副词词组体现。

（a）**手段**指过程发生时依赖的方式，通常由带介词 *by* 或 *with* 的介词短语表达，提问形式是 *how?* 及 *what with?*。例如：

||| It seems to me [[that answers to most such questions have to be learned **by experiment**]]. ||| [语篇 212]

||| What were you making **with that**? ||| [语篇 76]

||| These men were the philosophes, the popularizers of the new thought, || who

sought to convince the educated public **by means of the written word**. ||| [语篇 122]

||| You don’t learn about it **through hearsay** either. ||| [语篇 17]

||| Can you hop **on your hind legs**? ||| [语篇 28]

||| The Conservatives have not hesitated to make political capital **out of the defence chief’s tactless observations**. ||| [KOHL_B]

除了概括化的表达方式，如 *by train*，*by chance*，手段这一范畴原则上还包括施事性和工具性（instrumentality）这两个概念。工具在英语语法中不是一个单独的范畴，而仅仅是一种手段。所以，*the pig was beaten with the stick* 对应的主动形式是 *she beat the pig with the stick*，在这两个小句中，*with the stick* 均为表达方式的环境成分。

但是，虽然施事者由介词短语表达，但它在小句中通常却是参与者。
319 对于 *the pig was beaten by the stick*，对应的主动小句是 *the stick beat the pig*（而不是 *she beat the pig by the stick*），在这个小句中，*the stick* 的功能是动作者。

施事者和工具之间的界限并非总是泾渭分明。在心理过程小句中，既可以说 *she was pleased by the gift*，又可以说 *she was pleased with the gift*，功能上没有任何实质的区别，任一个都可以在主动句中充当方式：*he pleased her with his gift*，*he pleased her by his gift*。然而，方式和施事性在语法上存在重要差异，这使得表示被动的 *by* 短语，如果在对应的主动句中不能保持不变，就会被解释为参与者，而非表达方式的环境角色。这表明，从语义上讲，工具并不总是过程中的固有成分，但施事者一般是——不过在过程为被动式时，并不是那么明显。更多有关施事性概念的讨论，见下文第 5.7 节。

（b）品质一般由副词词组表达，中心语是以 *-ly* 结尾的副词。它的疑问式是 *how?* 或 *how...?* 加上适当的副词。在少数情况下，品质由介词短语体现。普遍情况是，介词为 *in* 或 *with*，名词词组的中心语 / 事物或是表达“方式”的名称，如 *manner* 或 *way*，或是质性维度的名称，如 *speed*, *tone*, *skill*, *ease*, *difficulty*, *term*；表达品质的短语也包括更为具体的类型，如对运动方式的详述（如下文的 *on your hind legs*）。品质表达式通过任一有意义的变量来刻画过程的特点。例如：

||| Morgan **calmly** surveyed the scenery from the top of Rock Island. ||| [语篇 22]

||| I experienced the despair of [[watching [[my partner and manager die **wretchedly**, **slowly**, **bitterly**]]]] . ||| [语篇 24]

||| We know it **well** || that none of us [[acting **alone**]] can achieve success. ||| [语篇 104]

||| He learned to walk **in a certain way**, || to have a certain accent, || all based on the nose. ||| [语篇 17]

||| I don't think **that way** at all anymore, || ... ||| [语篇 17]

||| The model boat caught the tone || and referred to the rigging **in technical terms**. ||| [语篇 28]

如上所示，品质环境成分也可以体现积极或消极的人际评价（例如，表示积极评价的 *eloquently*），还可以包含比较性照应，如 *that way*, *similarly*, *thus*，从而帮助实现语篇衔接（见第九章，第 9.4.4 节）。

（c）**比较**通常由带 *like* 或 *unlike* 的介词短语，或表示相似性或差异性的副词词组表达。例如：

||| **That stands like a pillar in the course of their history**, a place [[from which they can take bearing]]. ||| [语篇 16]

||| As you well know, || we sometimes work **like the devil** with them. ||| [语篇 21]

||| **Like all Mayan boys**, Kukul learned the art of warfare from his elders. ||| [语篇 65]

||| All at once, Kukul saw [[an arrow flying straight toward Chirumá]], || and Kukul positioned himself **like a shield** in front of his uncle. ||| [语篇 65]

|| **Unlike Proust**, this chap Robbe Grillet starts from nothing at all. || [语篇 135]

320 它的提问形式是：*what...like?*。

（**d**）**程度**通常由一个笼统地指向程度的副词短语表达，如 *much*，*a good deal*，*a lot*，或是一个在搭配上比较受限制的程度副词表达，如 *deeply*，*profoundly*，*completely*，*heavily*，*badly*。这些搭配上受限制的副词与充当过程的动词搭配，例如"心理"小句中的 *love* + *deeply, understand* + *completely*，*believe* + *strongly*，*want* +*badly*（见 Matthiessen, 1995a：279–281, 1998a, 2009b）。不太普遍的程度可以通过介词短语表达，通常是 *to* 加上一个以 *extent*，*degree* 为事物的名词词组，再加上一个增强型形容词作特征语，如 *high*，*large*，*great*。程度表达式描绘了过程实现的跨度，它们常常紧跟过程，在过程之前或之后出现。例如：

||| As a writer of short-stories for adults, she has worked **a great deal** with these themes. ||| [语篇 100]

||| Their seams didn't show **at all**. ||| [语篇 28]

||| I enjoyed it **so much** [[**I didn't want to stop working on it**]]. ||| [语篇 7]

||| He built a giant campaign war chest, || advertised **heavily** || and quickly climbed in the polls. ||| [语篇 87]

||| We **deeply** appreciate the role [[[that the masses of our people and their political mass democratic, religious, women, youth, business, traditional and other leaders have played || to bring about this conclusion]]]. ||| [语篇 104]

||| **To what extent** is The Snow Leopard a shaped creation? ||| [语篇 7]

程度环境成分接近于表示强度的语气附加语（见第四章，第 4.3.2.1 节）。两者之间的差异由 *it almost destroyed the house* 这个例子可见：'*it destroyed the house to a large extent*'（程度）（它在很大程度上毁了房子）和 '*it didn't destroy the house*'（语气附加语）（它没有毁了房子）[48]。程度

---

[48] 这种对比在形式语义学中被描述为"周界"（scope）。

环境成分识解过程实现的跨度，因此与词汇分级同源，这在表达情感的词汇语法中尤为明显（如 *adore*“深爱”；*detest*“强烈地不喜欢”）。相反，强度附加语评估命题与实现结果的接近程度，因此与其他评价类型同源，并与归一度相关。所以，如果 *almost* 作语气附加语，可以说 *it almost destroyed the house but it didn't*（它差点毁了房子，但没有），但如果 *almost* 作程度，*it almost destroyed the house but it didn't* 就会比较怪异。这种对比在“否定”归一度中十分清楚。对比在 *it almost didn't destroy the house* 中作语气附加语的 *almost*，和在 *it didn't almost destroy the house* 中作程度的 *almost*。

方式环境成分的示例见表 5-33。

（4）**原因**。表原因的环境成分识解过程实现的理由。它不仅包括狭义上的理由，即导致过程实现的现存条件，还包括目的，即过程的实现是为了达到某种预期状况（一直称作“最终原因”）。理由和目的均倾向于与事件相关（因而通常被识解为小句组联中的小句：见下文）；但是还有一种通常指称人的原因——利益环境成分。原因因此包括三个次范畴：理由、目的和利益。

表 5-33　方式环境成分示例 321

类型	**Wh-** 项	示例
手段	how? what with?	(mend it) with a fusewire
品质	how?	(they sat there) in complete silence
比较	what like?	(he signs his name) differently
程度	how much?	(they all love her) deeply

（a）表**理由**的环境表达式表征过程发生的缘由——什么导致了它的发生，表达“因为”之意。它们通常被表达为带 *through*，*from*，*for* 的介词短语，或复合介词，如 *because of*，*as a result of*，*thanks to*，*due to*；此外还有表达否定意义的 *for want of*。例如：

||| Assad died **of heart failure**. ||| [语篇 66]

||| Some newspapers reported || that Guinness died **from liver cancer**, || but the hospital would not confirm the cause of death. ||| [语篇 90]

||| Is it worse **because of your asthma**? ||| [UTS/Macquarie Corpus]

||| **Thanks to the plentiful gold and silver of New World mines**, the Spanish could lavishly purchase [[what they needed elsewhere]]. ||| [语篇 122]

||| Sometimes the guards punish them **for minor violations of rules [[which have never been explained to them**]], ... ||| [语篇 1]

For want of a nail the shoe was lost.

还有一类带 *of* 的表达式，是 *of* 作完全介词（即表征非完全过程），而不仅仅是结构标记的少数几种情况之一，如 *die of starvation*。相应的 WH- 提问形式是 *why?* 或 *how?*。

（b）表目的的环境成分表征行动发生的目的——即背后的意图，表达"为了……"之意。它们通常由带介词 for 的介词短语或复合介词表达，如 *in the hope of*，*for the purpose of*，*for the sake of*。例如：

||| He has thus always worked **for an interdisciplinary environment [[in which computer scientists and engineers can talk to neuroscientists and cognitive scientists**]]. ||| [语篇 86]

||| 'This is the only way [[[to show President Estrada || that he has to step down **for the good of the country and the love of the nation**]]] ' || said Teddy Casino, a protest leader. ||| [语篇 114]

||| It is rather curious, isn't it, [[[that the Guardian, so highly respected and regarded, sees fit to actually, just **for the sake of a headline**, if you like, a little nice quote — it's a good quote, isn't it: 'Milosevic is innocent, says Pinter.']]] ||| [语篇 381]

||| President Bush is rallying the nation **for a war against terrorism's attack on our way of life**. ||| [语篇 337]

322 对应的疑问形式是 *what for?*。如上述例子所示，在由目的介词引导

的名词词组中，中心语 / 事物一般要么是名词，指称即将通过过程的实现而得到的实体，要么是名词化结构，表征一个具化过程。后者实际上是一个隐喻变体，它原本可以体现为一致式小句（见第十章）。

理由和目的之间的语义关系通常体现为独立小句，而非小句中的短语，例如，*I did it to get my own back* [对比 *for (the sake of) revenge*], *I love my love with an A because he's ardent* 中的 *because he's ardent*，以及 *she went nearer to watch them* 中的 *to watch them*。我们将在第七章进一步讨论这些"小句复合体"结构。

（c）**利益**表达式表征的实体通常是人，表示代表谁或为了谁而实施行为，有"为了谁"之意。它们被表达为带 *for* 的介词短语或复合介词，如 *for the sake of*，*in favour of*（否定式：*against*），*on behalf of*；例如：

|||Do any of your characters ever speak **for you**? ||| [语篇 17]

||| At USC, he is founder and first Director of the Center for Neural Engineering, || and has developed an active Industrial Affiliates Program **for the Center**. ||| [语篇 86]

||| The clergy was responsible for the community's spiritual well-being || and therefore interceded by prayer and sacred ceremony with an inscrutable God **on behalf of His 'creatures here below'**. ||| [语篇 122]

||| Is that [[why you've decided to speak out **in favour of voluntary euthanasia legislation**]]? ||| [语篇 24]

||| Therefore, I urge you || to vote **against a CCC endorsement of the nuclear freeze initiative**. ||| [语篇 6]

常用的提问形式是 *who for?* 。

该范畴原则上包括受益者这个概念，即某一行为为谁而实施（见第 5.2.4 节）。但在语法中受益者被视为一类参与者：它出现时不带介词，除非位置显著，可以在被动句中成为主语。所以必须区分下列两种情况：第一，*she gave up her job for her children*（for the sake of, 为了……：利益），

不能说 *she gave her children up her job*；第二，*she built a new house for her children*（for the use of, 为了……的使用：受益者），可以说 *she built her children a new house*。从语义上看，前者本质上不是服务，但后者是；后者的过程本身就隐含受益之意，因为它创造了一个可用的成品。比较上文介绍过的施事者和手段之间的区别，同时见下一节，第 5.7 节。

表达原因的环境成分示例见表 5-34。

表 5-34　原因环境成分示例

类型	WH- 形式	示例
原因	why? how?	（they left）because of the drought
目的	what for?	（it's all done）with a view to promotion
利益	who for?	（put in a word）on my behalf

323 **（5）或然**。或然环境成分明确了实施过程所依赖的要素。它同样也包含三个次范畴：条件、让步和默认。

（a）条件环境成分用于识解实现过程必备的环境条件，表达“如果”之意。它们一般由带有复合介词的介词短语表达，如 *in case of*，*in the event of*，*on condition of*。

|||The U.S. provides air verification platforms, || and we have joined in NATO planning for possible military actions || to stabilize the situation **in the event of a large-scale humanitarian crisis**. ||| [语篇 115]

||| Get back to the bedroom and change clothes **in case of bloodstains**. ||| [LOB_N]

||| An accord [[that included all the tough issues]] would be 'a difficult undertaking,' || said the official, || who accompanied Clinton to New York || and spoke **on condition of anonymity**. ||| [语篇 108]

如上述示例所示，在由介词引导的名词词组中，中心语 / 事物一般是名词，用于指称有条件存在的实体（如 *bloodstains*：如果有血迹）、或可能实现的事件（如 *crisis, emergency*：如果危机 / 紧急情况爆发），也可以

是名词化结构，指称一个具化过程或品质（如*invasion*：如果我们被侵略；*anonymity*：只要官员可以匿名；见第十章，第10.5节）。事件名词包括气象过程的名称，如台风。过去在香港的电车上常常见到这样的告示：*In the event of a typhoon, open all windows*（如遇台风，请打开所有窗户）。注意，*in case of* 比较含糊（连词 *in case* 也同样比较含糊）：（1）*in case of fire proceed calmly down the stairs*（万一发生火灾，请冷静地走下楼梯）；（2）*in case of fire refrain from smoking in bed*（以防火灾，不要在床上吸烟）。前者表示"如果发生火灾"，可以替换为 *in the case of*；后者表示"因为可能会发生火灾"。

（b）**让步**环境成分识解受挫的原因，表达"尽管"之意；通常由带介词 *despite*，*notwithstanding* 的介词短语，或复合介词 *in spite of* 或 *regardless* 表达。例如，

|||**In spite of its beacon**, many ships have been wrecked on this rocky coast during storms or in dense fog. ||| [语篇 140]

|||The performance exists **regardless of the mental state of the individual**, || as persona is often imputed to the individual **in spite of his or her lack of faith in — or even ignorance of — the performance**. ||| [语篇 188]

|||To the extent [[that the system works at all]] , it works **despite Ofsted**, || not because of it. ||| [语篇 97]

注意带有 *for all* 的让步表达，例如：

And you know, **for all his success,** he was a helluva nice guy as well. [ACE_A]

（c）**默认**环境成分带有否定条件的含义——"如果不，除非"；它们由带复合介词 *in the absence of*，*in default of* 的介词短语表达。例如：

|||**In the absence of any prior agreement between the parties as to the rate of**

salvage payable, the amount is assessed, as a rule, by the Admiralty Court. ||| [LOB_F]

324 鉴于或然涉及的语义关系通常存在于过程之间，所以它们常常在小句层级上体现（比较上文的理由和目的）；最常用的连词是 *if*，*although*，*unless*。因此，如前文对条件环境成分的讨论所示，当它们被识解为带介词短语的环境成分时，名词通常指事件名称，如 *typhoon*，或名词化过程，如 *in spite of popular objections*（对比 *although people objected*）。

5.6.2.2 扩展：延伸

延伸环境成分，通过具体描述一个与过程中的参与者具有延伸关系的成分，对过程 + 参与者配置进行增强。该成分的范围可以是一个协同参与者，如：

Restaurateur and chef Basil Amanatidis will fly out of Adelaide **with his 18-year-old son** on Tuesday, heading for Athens. [ACE_A]

也可以"附属于"其中一个参与者，如：

He used to go to bed here every night **with his boxing gloves**. [ACE_A]

对比正常的 *Basil and his 18-year-old son will fly out to Adelaide*（巴兹尔和他 18 岁的儿子将飞往阿德莱德）与反常的 *he and his boxing gloves used to go to bed here every night*（他和他的拳击手套过去常常每晚都在这里睡觉）。延伸环境只有一种类型：伴随。

（6）**伴随**。伴随是一种联合参与过程的形式，将"和""或""而非"的意义表征为环境成分，相当于疑问句 *and who/what else?*，*but not who/what?*。它由带介词 *with*，*without*，*besides*，*instead of* 等的介词短语表达。伴随包含两个次范畴：随同（comitative）和添加（additive）；每个次范畴均包含肯定和否定两个方面，见表 5-35。

表 5-35　伴随环境成分示例

	WH- 形式	示例
随同，肯定：由……伴随	who/what with? and who/what else?	Fred came with Tom Jane set out with her umbrella
随同，否定：不由……伴随	but not who/what?	Fred came without Tom I came without my key
添加，肯定：外加	and who/what else?	Fred came as well as Tom
添加，否定：他选	and not who/what?	Fred came instead of Tom

（a）**随同**将过程表征为单个过程实例，尽管该过程涉及两个实体。在有些情况下，两个实体可以合并为一个成分，如 *Fred and Tom set out* 325 *together*，在另外一些情况下，两者不可合并，如 *Jane and her umbrella set out together*。

||| I was traveling up the west coast of Florida **with my father** in a boat, ... ||| [语篇 96]

||| Karaca said || one of the Pakistanis had told rescuers || he had been locked in the hold **with about 50 other people**. ||| [语篇 105]

有时，随同成分其实是一个伴随过程，如 *the Dormouse woke up with a shriek*（睡鼠尖叫着醒来）。关于涉及的语法隐喻的一般原则，见第十章。

随同环境成分也可以另外表示原因或或然——“因为 / 如果 x 已经 / 还未……”。此时，最接近的同源小句是表示理由或条件的“属有”关系。例如：

||| **Together with a well thought-out, disciplined approach to potential uses of force**, the guidelines should help us manage OPTEMPO and PERSTEMPO ... ||| [语篇 115] ‘if we also have ...’

||| **Without skilled, committed people**, we will be unable to exploit the full

potential of our advanced weapons systems on the battlefield. ||| [语篇 115] "if we haven't got ..."

（b）**添加**把过程表征为两个实例；此时，两个实体显然共享同一个参与者功能，但出于对比目的，其中一个被表征为环境成分。可以说 *Fred and Tom both came*，但 *Fred came as well as Tom* 则基于他们的新信息价值将两者区分开来（不仅汤姆，弗莱德也来了）。同样，如果一个参与者被表征为环境成分，它可以被赋予主位地位：

||| **As well as five collections of short stories, A Horse and Two Goats, An Astrologer's Day and Other Stories, Lawley Road, Under the Banyan Tree and Malgudi Days**, he has published a travel book, The Emerald Route, three collections of essays, a Writer's Nightmare, Next Sunday and Reluctant Guru, three books on the Indian epics, and a volume of memoirs, My Days. ||| [语篇 152]

类似地，可以说 *Fred came and Tom did not*；但 *Fred came instead of Tom* 能够清楚地表达出乎意料的内容（不是汤姆，而是弗莱德来了）。

||| Well [[what — what those lot do]] is [[that they wear them **instead of hair nets**]]. ||| [UTS/Macquarie Corpus]

同样的原则也适用于主位身份：

||| **Instead of dingy velveteen** he had brown fur, soft and shiny. ||| [语篇 28]

5.6.2.3 扩展：详述

详述环境成分，通过具体描述参与者在过程中的角色，对"过程 + 参与者"配置进行增强：该参与者作为环境成分得到详述。详述环境只有一种类型：角色。

（7）**角色**。该范畴将“是”（be）和“成为”（become）等意义识解为环境成分。角色对应“内包型关系”小句中的属性或价值。角色包括“身份”（Guise）（“是”）和“成品”（Product）（“成为”）两个子范畴。 326

（a）**身份**对应的提问是 *what as?*，它将“是”（属性或身份）的意义识解为环境成分，例如，*she was installed as chancellor*（她被任命为议长），*I come here as a friend*（我是作为朋友来的）（即 *she is the chancellor, I am friendly*）。常用的介词是 *as*，具有这一功能的其他复合介词是 *by way of*，*in the role/shape/guise/form of*，如 *they leave the place untidy by way of protest*（他们以抗议的方式把这个地方弄得一团糟）（去表示他们的抗议）。角色环境成分作主位时，可以指向一个人生阶段。例如：

> ||| Kukul grew into a handsome young man with jet black hair and skin the colour of cinnamon. ||| He was quick of mind || and excelled at any task [[he was given]]. ||| **As a young boy**, he spent long hours with his father. ||| Together, they would study the stars. ||| [语篇 65]

这与上述示例中表达时间的增强型关系小句——*when he was a young boy* 有轻微的同源关系（比较上述伴随中的原因–条件含义）。

角色环境成分通常与小句中的一个参与者相关——具体而言，是中介（见下文第 5.7 节）；但是有的角色环境成分也与参与者无关。以下示例展示了这两种可能性：

> ||| **As an operating system, Mac OS X** offers a glitzy new look with many ‘cool’ interface features — as well as significant ‘under the hood’ troubleshooting benefits || (perhaps the best one is protected memory; || it may put an end to system crashes [[that require restarting your Mac]]). ||| **But as a troubleshooter**, it also offers significant hurdles [[to overcome]] . ||| While I enthusiastically look forward to using Mac OS X, || I remain wary of these obstacles. |||[From http://www.macfixit.com/reports/macosx.shtml]

||| **As socialists, we** understand all too well the impact of staffing cuts, insufficient books, decaying buildings, and inner city life in general on teachers and pupils ... ||| [语篇 97] |||

As a token of its commitment to the renewal of our country, the new interim Government of National Unity will, as a matter of urgency, address the issue of amnesty for various categories of our people [[who are currently serving terms of imprisonment]]. ||| [语篇 104]

此处的 *as a troubleshooter* 意思是 ‘when you are a troubleshooter’（当你是解决困难的人时），而不是 ‘when it [= Mac OS X] is a troubleshooter’（当它 [= Mac OS X] 是解决困难的人时）。

（b）**成品**对应的提问是 *what into?*，含有“变成”之意，同样也作属性或身份，如 *aren't you growing into a big girl?*（你不是长成一个大姑娘了吗？），*he moulded the army into a disciplined fighting force*（他把军队塑造成一支纪律严明的战斗部队）。

||| Kukul grew **into a handsome young man with jet black hair and skin the colour of cinnamon**. ||| [语篇 65]

||| Proteins are first broken down **into amino acids**. ||| [语篇 150]

||| His short stories, << which have received extraordinary acclaim, >> have been translated **into many languages** || and have been bestsellers all over the world. ||| [语篇 160]

||| If they could gain power || they would then beat the people **into submission**. ||| [语篇 234]

由第 5.4 节可见，在某些实例中，如 *act as*，*turn into*，介词 *as*，*into* 与动词结合非常紧密，所以应该作为过程的一部分进行分析（见第六章，第 6.3.6 节关于短语动词的讨论）。对比下列句对：

You'll grow + into a big girl［物质过程＋角色］
You'll turn into + a real terror［关系过程＋属性］

327

两者之间的界线模糊；但建议第二种分析方法：动词在没有介词短语时，不那么容易出现，或者动词在主位上与介词分离——这里的 *grow* 可以单独出现（*how you're growing!*），但 *turn* 不能（对比 *I don't know what you're turning into!*）。前面已经指出，这一区别同样可以通过音系方式来体现：如果 *grow* 是物质过程，那么它就会有重音突显，但 *turn into* 则通常为非突显。

小句中还有一个相关联的模式，可以被看作角色环境成分，除非它不带介词短语。通过这一结构，**属性**被添加进物质过程，要么作（i）**描述性属性**，和身份对应，要么作（ii）**结果性属性**，与成品对应，如（i）*he came back rich*（他回来时很富有），（ii）*bend that rod straight*（把那根杆子弯直）。此类属性通常以形容词形式出现；虽然该模式也可以带一个普通名词（*he came back a rich man/a millionaire*“他回来时是个富人/百万富翁”），但相关联的名词性属性则通常被 *as* 识解为环境成分：*he came back as a millionaire*，*it's frozen into a solid mass*（它被冻成了一团）（对比 *it's frozen solid*）。相关分析如下：

he	set out	poor
动作者	过程：物质	属性：描述性
bend	that rod	straight
过程：物质	目标	属性：结果性

he	set out	as a pauper
动作者	过程：物质	角色：身份
bend	that rod	into a straight line
过程：物质	目标	角色：成品

下文第 5.7 节将再回来讨论角色和属性的关系。

5.6.2.4　投射

扩展环境成分与“关系”小句相关，而投射环境成分则与“心理”和“言语”投射小句相关 —— 要么与小句的感知者或言说者（角度）相关，要么与言语内容（内容）相关。

（8）内容。内容与言语过程相关；它是等同于言语内容的环境成分："被描述、指称、叙述等的对象"。它对应的提问是 *what about?*，内容由 *about*，*concerning*，*with reference to* 等介词，有时仅仅是 *of* 来表达，如：

||| Tell me **about the Paris Review**. ||| [语篇 7]

||| We generally talk **of Africa** as one || because that's [[the way Europe looks at Africa]] , ... ||| [语篇 16]

||| We must warn **of the consequences of this truth**. ||| [语篇 327]

||| We were scared to death of all four-letter words || because in those days we had to worry **about the censors in the US** [[**who could keep the issues from coming in**]]. ||| [语篇 119]

328 这种方式在"言语"和"心理"小句（特别是"认知"次类）中都十分常见。在数学表达式中，有一种特殊的内容形式，一般用关系小句表达，如 *for all x such that x > 5, ...* 。

For x $\neq$ 0, we can find f'(x) by using the standard rules: it's 2x sin $\frac{1}{x}$ - cos $\frac{1}{x}$.

突显主位的一种方式就是将其识解为看似是一个内容环境成分，如 *as for the ghost, it hasn't been seen since*，*the ghost* 作为环境成分率先出现，因此成为焦点主位（见第三章第 3.3 节）。

（9）角度。角度要么与（i）"言语"小句的言说者相关，表示"如……所说"，要么与（ii）"心理"小句的感知者相关，表示"如……所想"。可以将（i）称为"来源"，原因是它表征了信息的来源，例如：

||| Torture and sexual violence against prisoners is widespread in jails across the United States, **according to a report** [[**published yesterday**]] . ||| [语篇 2]

||| **According to the phlogistic theory**, the part [[remaining after a substance was burned]] was simply the original substance [[deprived of phlogiston]] . ||| [语篇 259]

它由复合介词表达，如 *according to*，*in the words of*。（注意，*according to* 也可以标记内容环境成分，如 *The 'Garden of Friendship' was designed according to southern Chinese tradition by Sydney's sister city, Guangzhou in China*. "友谊花园" 是悉尼的姊妹城市广州根据中国南方传统设计的。）

可以将（ii）称为 "观点"，原因是它表征了小句根据某人的观点给出的信息（如下列自然语言实例所示 *and I think that's important, that's been really important to me*）。这一类型由简单介词 *to* 或复合介词表达，如 *in the view/opinion of*，*from the standpoint of*，以及 *to Mary it seemed unlikely, they're guilty in the eyes of the law*。

||| It seems **to me** [[that answers to most such questions have to be learned by experiment]] . ||| [语篇 212]

||| Simple in the most beautiful ways: generous, soulful, giving, humorous, loving — all those things [[that are important **to me**]] . ||| [语篇 206]

||| Philip's not tall. ||| — ||| Everybody's tall **to me**. ||| [UTS/Macquarie Corpus]

||| Secretary Cohen has noted in the past || that while we can never pay our men and women in uniform enough, || we can pay them too little || — and **in my view,** we are. ||| [语篇 115]

出现在 "关系" 小句中的角度类型与 "心理" 小句中的感知者同源（见上文第 5.4.3.2 节）：*that's very interesting* ***to me***（比较 *that interests* ***me***）。

5.6.3 环境的地位

现在我们对环境角色的讨论做个收尾，回顾一下它们在语法中的地位。因为大多数环境成分通过介词短语体现，所以重点来回顾语法中的介词短语（见第六章，第 6.5 节）。介词短语一方面默认为环境成分，但 329
另一方面也能在小句中作参与者，甚至在（名词性或副词性）词组中充当成分，这样问题就产生了。问题产生的另一个原因是，虽然介词默认为在介词短语中发挥功能，但也能用作动词的延伸，即所谓的短语动词（还可以发现连接介词，即在非自由小句中作结构连接词的介词，如 *who will authorise payment* ***on*** *ascertaining that the item was really received*“在确定物品确实收到后，谁将授权付款”：见第七章）。

5.6.3.1 环境：介词作为非完全过程

大多数环境成分由介词短语体现。介词短语可以被解释为一个浓缩小句，其中的介词充当“非完全过程”，被解释为微型动词，名词词组则被解释为这一非完全过程中的参与者。解释如下。

上文提出，介词起中介作用，将名词性成分引入到主要过程中作“间接”参与者。此外，在环境和属有关系过程中，*be* + 介词和动词之间常常有密切的相似性，如：

the delay was because of a strike ～ was caused by a strike
a carpet was over the floor ～ covered the floor
the bridge is across the river ～ crosses/spans the river
a path is along(side) the wood ～ skirts the wood
a halo is around the moon ～ surrounds the moon

动词和介词之间的这种相似性，同样可见于介词短语和非定式从属小句具有密切关联的例子中（第七章，第 7.4 节）：

he cleaned the floor with a mop ～ using a mop
grass grows after the rain ～ following the rain

某些介词本身就是按照这种方式从非定式动词延伸而来的，如 *concerning*，*according to*，*given*，*excepting*。这些考量表明，名词词组和介词之间存在某种及物性关系，两者的关系就像语气结构中的补语相较于谓语一样（进一步的讨论见第六章，第 6.5 节）。

同时，在很多情况下，不论名词词组直接进入小句还是通过介词短语间接进入，它的功能似乎都大致相同：如 *sent John a message / sent a message to John* 中的 *John*。它们已经被解释为参与者功能，而不是环境成分，原因将在第 5.7 节阐述。这同样说明参与者和环境之间的界线不甚清晰，介词的功能的确类似某种高度概括的过程；附属于它的名词词组在过程中具有参与者地位。表 5-36 是对这些实例的小结。

5-36　介词短语体现的参与者功能 330

介词	实例	过程类型	具体过程类型中的功能	一般功能
by	the bridge was built by the army	物质	动作者	施事者
	the children were frightened by a ghost	心理	现象	
	the calm was followed by a storm	关系	标记	
to	I sent a letter to my love	物质	领受者	受益者
	don't tell these secrets to anybody	言语	受话者	
for	she baked a pie for the children	物质	委托者	
on, in 等	he plays well on all three instruments	物质	周界	范围
	I spoke to him in fluent Russian	言语	言语内容	
as	she acted magnificently as St. Joan	关系	价值	

5.6.3.2 识别环境成分的一些困难

鉴于上述提及的介词和介词短语的地位，识别环境成分并非易事，这里主要有五个因素。

（i）介词短语作参与者。由上一小节的讨论可知，有些介词短语体现参与者功能，它们可以归纳为如上所示的几个大类。只要介词短语和名词词组可以系统地交换，如表 5-36 中的所有示例，那么相关成分就作参与者解释。

（ii）介词附属于动词。这也涉及作参与者的介词短语；但这里介词短语和名词词组之间的顺序不能交换。相反，介词和动词结合得非常紧密，成为过程的一部分（见第六章，第 6.3.6 节关于短语动词的阐述），如第 5.6.2.3 节（7）（b）中介绍的 *turn into*；同样，*look at the sky* 包括过程 *look at* 和现象 *the sky*。没有简单的鉴别标准可以对每一个实例进行鉴别；但主位结构提供了一个有用的标志，可以表明小句是如何作为过程的表征而组织起来的。请看下列几组小句：

(a) where were you waiting? — I was waiting on the shore

(i) it was on the shore that I was waiting 不是 it was the shore that I was waiting on

(ii) on the shore I was waiting all day 不是 the shore I was waiting on all day

(iii) where I was waiting was on the shore 不是 what I was waiting on was the shore

(b) what were you waiting for? — I was waiting for the boat

(i) it was the boat that I was waiting for 不是 it was for the boat that I was waiting

(ii) the boat I was waiting for all day 不是 for the boat I was waiting all day

(iii) what I was waiting for was the boat 不是 why I was waiting was for the boat

331 这些实例表明，（a）由过程 *wait* 加上环境成分 *on the shore* 构成，但（b）由过程 *wait for* 加上参与者 *the boat* 构成。如果模式（a）的主位变体看起来更加自然，那么介词短语就可以解释为环境；如果模式（b）的看起来更自然，那么介词就可以被当作体现过程的动词词组的一部分。

（iii）在名词词组内（作定性语）的介词短语。介词短语也可出现在名词词组中，位于名词之后，如 *the hole in the wall* 中的 *in the wall*。在英语的某些变体，尤其是成年人书写的比较复杂的语域中，这是介词短语的主要功能，它们可以彼此套叠，达到相当长的长度，如：

a reduction [in the level [of support [among members] [for changes [to the regulations [concerning assistance [to people [on fixed incomes]]]]]]]

通常而言，任一给定的介词短语是作小句的环境成分还是名词词组的定性语，这一点比较清晰；如果无法确定，通常可以使用某个主位变异对语篇进行提问。例如：

The report favours the introduction of water spray systems in aircraft cabins.

从语义上说，似乎可以确定 *in aircraft* 从属于名词词组 *the introduction...*，而非小句 *the report favors...*；这一点可以通过下列被动式来证实：

The introduction of water spray systems in aircraft cabins is favoured by the report.

被动式不能是 *the introduction of water spray system is favoured in aircraft cabins by the report*。（关于定性语的讨论，见第六章，第 6.2.2 节。）

（iv）介词短语作情态附加语或连接附加语。第四章我们介绍了情态、连接和环境附加语之间的区别，三者虽然在构成上有相似之处（作副词词组或介词短语），但在功能上有所区分。情态附加语和连接附加语位于及物性系统之外，因此它们虽然通常作主位，但并非主题主位，所以一般不具有特殊的主位突出，也不会承载小句中唯一的信息焦点。比较情态附加语 *in principle* 和环境（原因）附加语 *on principle*：

I disagree **on principle**. (Why I disagree is **on principle**.)
I disagree, in principle. In principle I **disagree**.

我们不能说 *how I disagree is in principle*。同样，比较连接附加语 *in that case* 和环境（内容）附加语 *in your case*：

That might be true **in your case**.（Where that might be true is in your case.）
That might be **true**, in that case. In that case that might be true.

但不能说 *where that might be true is in that case*。

很多词项既可作环境成分，又可发挥其他功能。尤其是，如果介词短 332

语中的名词词组包括 *that* 或以 *that* 开头，那么这些介词短语有作连接或环境附加语的潜势。所以，*at that moment* 在历史教科书中很可能是时间环境（在历史上的那个时刻），但在生动的个人叙述中则可能作连接附加语（恰恰就在那一刻）。可以说，语法在这里提供了三个平面的现实，对于时间而言，它识解的是经验时间、人际时间和语篇时间。经验时间是具有过程特征的时间：在某个真实或假想历史中的位置，持续和重复速率。人际时间是发生在说话人和听话人之间的时间：可以是相对于说话人"当下"（now）的时间性，或者是频率，涵盖了肯定和否定之间一段有争议的空间。语篇时间与当前话语状态相关："那时"（then）可以出现在外部现实的语篇建构中，也可以出现在语篇本身的内部秩序中。通常的情形是，只有整个语境才能确定三者中的哪一种在特定的介词结构中被前景化。

（v）环境成分的抽象和隐喻式表达。在现代成人世界中更加复杂的言语和（尤其是）笔语域中，环境成分的演化已经远离了它们的具体来源——尤其是空间环境。对这些发展演化的系统研究不在本书的讨论范围内；下面是几个实例及其解释：

they closed down with the loss of 100 jobs［伴随：添加］
the directive was now with the Council of Ministers［伴随：随同］
we have now been introduced to a new topic［处所：地点］
we learn from this experiment［方式：手段］
the committee decided against their use［原因：利益 not + in favour of］
the problem lies in our own attitudes［处所：地点］
the group will work through all these materials［跨度：距离］
the venture would have failed without the bank's support［或然：默认］
my colleague works for the transport section［原因：利益］
these products are made to a very high standard［方式：品质］
we have been asked to assist in a further project［内容］
consult the chart for the full operational details［原因：目的］

一些不太可能引起争议的例子见图 5-33。

333

the Dodo	pointed	to Alice	with one finger
动作者	过程：物质	处所：空间	方式：手段

the whole party	at once	crowded	round her
动作者	处所：时间	过程：物质	处所：空间

in despair	Alice	put	her hand	in her pocket
方式：品质	动作者	过程：物质	目标	处所：空间

Alice	handed	the comfits	round	as prizes
动作者	过程：物质	目标	跨度：空间	角色：表现

the two creatures	had been jumping about	like mad things	all this time
动作者	过程：物质	方式：比较	跨度：时间

We	can dance	without lobsters
行为者	过程：行为	伴随：随同

图 5-33　带环境成分的小句

5.7　及物性和语态：另一种解释

我们在本章已经区分了由英语小句表征的过程类型以及与每一过程相关的各种参与者功能。环境成分被单独处理，而没有根据过程类型来区分，这是因为，虽然特定环境成分与其他成分的结合方式存在天然的限制，但这些限制通常仅限于相当小的类别，且无论如何都不会影响结构和意义。另一方面，每种过程类型都包含过程-参与者的配置，这个功能才是该过程类型所特有的。

若单纯只是为了分析，讨论可以到此为止，但这并未呈现全貌；因此，我们将进一步展开讨论，尽管只是以一种相当粗略的方式。

从一个角度看，所有过程类型都与众不同。物质、行为、心理、言语、关系和存在过程都有自己的语法。但从另一个角度看，它们又有相似。在另一个解释层面上，它们都有相同的语法：所有英语小句都存在一个概括性的表征结构。

这两种视角相互补充，保证了描述不同过程类型及物性的异同时的平衡。这两种视角构成了描述及物性的不同模式，即及物性的**及物模式**
334（transitive model）和**作格模式**（ergative model）（见 Halliday, 1967/8）[49]。这两种模式的总结见表 5-37。该表概括了所有的过程类型，并表明及物模式是独立变化的。在英语和其他许多语言中，及物模式将不同的过程类型区分开来，而作格模式将不同的过程类型进行概括。但在不同的语言中，这种对齐（alignments）可能有所不同（如 Caffarel 等（2004）中对不同语言的描述，特别是马丁关于菲律宾的塔加拉族语的及物性以及罗斯（Rose）对于澳大利亚皮坚加加拉土著语的及物性的描述）。

下面我们分两步介绍作格模式。首先，我们分析一个语篇中的两个段落，一个从及物性模式视角，另一个从作格模式视角展开。随后，我们会以比较概括的方式探讨作格模式。

表 5-37　英语及物性中及物模式与作格模式的互补

	及物模式	作格模式
概括性（所有过程类型）		过程 + 中介（± 施事者）（中动 / 施效）
具体化（针对每个过程类型）	**物质小句**：动作者 + 过程 ± 目标（及物 / 不及物），限于“物质”小句，因此也产生一系列其他配置： **行为小句**：行为者 + 过程 **心理小句**：感知者 + 过程 + 现象 **言语小句**：言说者 + 过程（± 受话者） **关系小句**：载体 + 过程 + 属性；标记 + 过程 + 价值 **存在小句**：存在物 + 过程	

㊾ 注意“及物性”是整个系统的名称，包括“及物”模式和“作格”模式。因此，“作格性”不是一个系统名称，而是及物性系统的一个特征：在及物性系统中，可以区分出“及物模式”和“作格模式”——当然，也许还有其他及物性模式（见 Martin, 2004）。

5.7.1 及物模式

在本章已经看到，及物模式基于动作者+过程的配置。动作者被识解为随时间延续而展开的过程；这一展开过程要么仅对动作者产生影响，要么被延伸到另一个参与者，即目标。目标被识解为受到动作者所实施过程的影响。对该模式的阐释见语篇 5-15，这是一段传统叙事中的节选——向儿童重述圣经故事中的《诺亚方舟》。

在“及物”或“不及物”小句中作动作者以及作目标的实体见表 5-38。及物的动作者是除“洪水”外的所有“生物”——上帝或人（但不是动物）；但这个自然力量被识解为受上帝的控制（*I am going to send a great flood*）。这意味着它们都是“有力量的”，且除“洪水”外，都是“有意志力的”。这些生物也可作不及物的动作者；但该角色可以涉及更多的实体，不仅包括动物，还包括各种都能被识解为“易变”的自然现象以及一种人工制品（方舟）。所以，在出现的情况中，有一系列实体可作动作者，且最“有力量的”动作者不仅可作不及物的动作者，还可作及物的动作者，从而产生一个可以影响目标的过程：见图 5-32。现在来看目标，“生物”也可以承担这个角色，但此时，一个更有力量的实体充当动作者：即，动作者：“上帝”+目标：“Noah 和 family”；动作 335
者：“Noah 和 family”+目标：“动物”。另外，自然现象、人工制品、植物和食物均可作目标，最后三个在很大程度上局限于目标这个角色。该语篇中的及物性语法识解了一种特定的“世界观”：这是一个上帝可以对人类和自然现象产生威力的世界，自然力量可以在上帝的控制下毁灭这个世界，而人类继而对动物、人工制品、植物产生影响，而植物却不能产生影响。

当然，这一世界观仅针对这一特定语篇，但它同时也代表了传统的日常语法常识理论中所体现的世界观（见 Halliday, 1993b）。

表 5-38 在及物参与者角色中实体的分布

		动作者（及物）	动作者（不及物）	目标
（i）生物	God	√		
	Noah & family	√	√	√
	animals		√	√
（ii）自然现象	*flood*, lake	√		
	rain; rivers, lakes, water, *flood*; clouds, rainbow; breeze; sun		√	
	flood, ocean, rainbow; world; fields			√
（iii）人工制品	ark		√	√
	ship, ark, door, window, stalls, cages, cracks; homes			√
（iv）植物及食物	trees, fruit, grain, vegetables; food			√

语篇 5-15：再创——叙事（笔语、独白）：节选自《诺亚方舟》

[9] At first Noah was frightened. How **could** God **save** him from the waters of a great flood?

[10] Then God spoke to Noah again. [11] He told him **to build** a ship called an ark. [12] 'The ark must be 450 feet long, 75 feet wide, and 45 feet high,' he said, 'big enough for you and your wife, your three sons, and their wives. [13] **Take** with you also into the ark two of every living thing that creeps on the earth or flies in the air.

[14] **Take** a male and a female of every creature, large and small. [15] **Do** as I say and **you** will be saved.'

[16] God told Noah many more things. [17] Then Noah **went** home to tell his family all that God had said.

[18] The very next morning Noah and his sons **went** to the cypress forest **to cut**

down the tallest trees for timber. [19] For many days they **sawed and chopped**. [20] Noah's wife and his sons' wives **went** to the fields **to gather** fruit and grain and vegetables. [21] They would need plenty of food for themselves and the animals on the dark.

这些动作者在表征“发生”和“做事”的小句中均可出现，且在这两种类型中稳定出现，这与“物质”小句的及物模式一致，见图 5-34。

发生	the very next morning	Noah and his sons	went		to the cypress forest	336
		we	must hurry			
做事		[they]	to cut down	the tallest trees	for timber	
		[we]	collect	the animals		
	（环境）	**动作者**	过程	**目标**	（环境）	

图 5-34 《诺亚方舟》中的动作者和目标

5.7.2 作格模式

《诺亚方舟》虽然被识解为及物模式，但也存在一丝作格模式的痕迹。在及物模式中，大洪水及其各种体现形式（大雨、河流、水）不是在“发生”小句中作动作者，就是在“做事”小句中作目标：

‘**I am going to send** a great flood **to wash** the world away,’
The great flood **spread** and *the water* **kept rising**. *It* **covered** fields and hills and mountains.

因此，在 *I am going to send a great flood* 中，名词词组 *a great flood* 是目标，但是表示水的形式的其他名词词组都是动作者。这就是及物模式的一般情况。但是，作格模式中也有一个一般情况：大洪水在 *I am going to send a great flood* 和 *the great flood spread* 中具有相同的作格角色：见图

5-35。这个角色就是**中介**——即过程实施的媒介[50]。此时，实现发送（洪水）或（洪水）蔓延动作的正是中介。“做事”和“发生”小句之间的差异源自与及物模式的“延伸-影响”的不同原则：“发生”表示过程的实现被表征为自发行为，而“做事”表示过程的实现被表征为由过程＋参与者配置之外的一个参与者致使。这个外部原因是**施事者**。

	施事者	过程	中介	
做	I'm	going to send	a great flood	
发生			the great flood	spread
			中介	过程

图 5-35　表征运动的“物质”小句的作格模式

337 在《诺亚方舟》这样的传统叙事文体中，即使有作格模式的痕迹，在语篇中也并不突出（见 Halliday, 1971）。但在当今现代英语的许多语域中，作格模式都比较突出，扮演着和及物模式相同，甚至更加重要的角色。这些语域包括被统称为科技英语的语域 —— 在过去的大约 500 年间不断发展而来（见 Halliday, 1988）；它们也包括那些统称为闲谈的语域——英语变化的最前沿。现在，作格模式在英语中完全是系统性的；也就是说，它不限于某些特定语域，而是与及物模式一起，构成了整个及物性系统，并在过去的 500 年里逐渐为人们所接受。这两个模式互相补充，使得它们在不同语域中各有侧重：它们体现了对经验变化的不同概括，与不同的情景类型共鸣。下面我们来分析从科技英语语料中节选的示例：

[50] 韩礼德（Halliday, 1968: 185/2005: 117）最初提议使用 *affected* 这个术语，而不是现在的 *medium*，不过福塞特和其他在加的夫语法框架内从事语言描写的语言学家们，在描述中仍继续使用 *affected* 这个术语。在其他的语言学框架中，类似中介的角色通过其他标签进行标记。例如，斯塔罗斯塔（Starosta, 1988: 128）在其配价理论中指出，“*patient*(受事)对应了韩礼德理论中的“**中介**”一词”。

语篇 5-16：阐述——分类：地质学课本节选

[72] Evaporite deposits **are formed** by the evaporation of sea water. [73] Gypsum and rock salt are the main rocks [[**formed** in this way]] . [74] When sea water is evaporated at surface temperatures, such as in a restricted basin, the first mineral precipitated is calcite. [75] Dolomite is the next mineral precipitated, but only very small amounts of limestone and dolomite **can be formed** in this way. [76] Evaporation of a halfmile column of sea water would only produce an inch or two of limestone and dolomite. [77] After about two-thirds of the water is evaporated, gypsum is precipitated; and when nine-tenths of the water is removed, halite **forms**.

此处，动词 *form* 出现在四个小句中，均为“物质”小句。根据及物模式，前三个是被动式及物小句，最后一个是不及物小句：不及物小句 *halite forms*（石盐形成了）可以被分析为动作者 + 过程，及物小句可以分析为它的同源变体，过程延伸去影响一个目标，即动作者 + 过程 + 目标。但事实上，这并不是这些小句的构成模式。（1）不及物小句 *halite forms* 不能被解释为 *evaporite deposits are formed by the evaporation of sea water* 等小句的不及物变体。这就是为什么没有 *the evaporation of sea water forms* 这样的不及物小句的原因。即，不及物小句的动作者和及物小句的动作者实际上并不是同源关系。（2）相反，不及物小句的动作者与及物小句的目标同源：*evaporite deposits, the main rocks* 和 *limestone and dolomite* 都是同一类事物，即 *halite*，但 *the evaporation of sea water* 是完全不同类型的事物。（3）与此相关的是，不及物小句在意义上非常接近只有一个参与者的及物小句的被动式变体：对应 *halite forms* 的是 *halite is formed*，对应 *only very small amounts of limestone and dolomite can be formed in this way* 的是 *only very small amounts of limestone and dolomite can form in this way*。

这些现象并不是上述节选段落中动词 *form* 的独特用法。现代英语中的许多其他动词也有这样的模式。从一个标准字典中随机挑选 100 个动

338 词，60% 都标有“动词：及物和不及物”，其中，很多都是使用频率很高的词。从食谱中挑选出的几个示例见表 5–39。更为普遍的是，表 5–5 中物质小句的动词，许多既列在“及物”动词之下，也列在“不及物”动词之下。可以看出，这是因为它们形成作格模式（见表 5–40 中“物质”小句示例）。但是作格性并不局限于词汇语法中的词汇区域[51]。相反，它也是一个语法现象，可以使用语法术语，而不是词汇术语解释，原因是语法促成了词汇模式：这就是在上面提及并在图 5–35 展示的及物性系统中的作格模式。对地质学语篇示例的分析见图 5–36。

表 5–39　同一动词在“施效”小句和“中动”小句中的示例：以食谱为例

做事—施效 施事者 [过程 + 中介]	发生—中动 [过程 + 中介]
Simmer for 1/2 an hour, **remove** the flavourings if desired, **adjust** the seasonings and **serve**.	until **simmering** well
cook slowly in the water with salt	as they **cook** in the sauce
by **boiling** rapidly	once the custard **has boiled** for several seconds
These **can be cooked** in 15–20 minutes	It **should cook** in 40–50 minutes Whilst they **are cooking**
Evaporate the cooking liquor	as the liquid **may evaporate** too much

[51] 某些语言学家实际上认为英语的作格性仅体现在词汇上。但是，一旦认识到词汇和语法并非独立的模块或成分，而仅仅是一个连续统上的不同区域，这个立场就站不住脚（见第二章，第 2.2 节）：英语中的“词汇作格性”是经验小句语法内“语法作格性”在精密度上的延伸；对英语中作格模式演化的解释首先是语法的，而不是词汇的。词汇作格性的解释有时是通过参考英语中的代词格标记进行论证的，提出代词格标记在本质上是“主格–宾格”，而非“作格”。但这也是错误的，代词格标记并非经验及物性系统，而是人际语气系统的特征：非–间接格（“主格”）在定式小句中用作主语，而间接格（“宾格”）用在所有其他环境中（包括在非定式小句中作主语）。因此，它与可论证性地位而非及物性系统中的及物模式相关。

续表

做事—施效 施事者 [过程 + 中介]	发生—中动 [过程 + 中介]
Fry some wholemeal breadcrumbs in butter	[if you leave any more than a smear of grease] the pancakes **will fry**
Do not on any account **burn** it	otherwise they **would burn**
[If you are making the richest mixture you may find] that the last egg **curdles** the mixture	it **will curdle**
Melt the butter in a saucepan	until butter **melts**

中动	**Limestone**	can	form			in many ways	339
施效：受动	**Limestone**	is	presently	being formed	by chemical pre-cipitation	on the shallow Bahama banks	
	中介	过		程	施事者	（环境）	
	主位	述位					

图 5-36 过程 =“form”的“中动”和“施效”小句分析

表 5-40 “物质”小句中的作格功能和及物功能

		启动者	动作者	目标
施效	施事者 + 中介	施事者 / 启动者 “施事者 / 启动者做……	中介 / 动作者 ……中介 / 动作者做什么”	
		The police exploded the bomb The sergeant marched the prisoners		
中动	中介		中介 / 动作者	
			The bomb exploded The prisoners marched	
中动	中介		中介 / 动作者	
			(The cake cut easily) The tourist ran	

续表

		启动者	动作者	目标
施效	施事者 + 中介		**施事者 / 动作者** “施事者 / 动作者做什么……	**中介 / 目标** ……针对中介 / 目标”
			Alice cut the cake The lion chased the tourist	

对于作格解释的争论由来已久，且专业性很强。然而，如前所述，语法中有明确的证据可以把一种过程类型与另一种区别开来；也有明确的证据表明：在更加抽象的意义上，每一过程都以相同的方式组织，并基于一个变量。这一变量和过程的来源相关：正是它促成了过程的产生。问题的关键是，过程是从内部，还是从外部促成的呢？

这一点和及物与不及物的区别有所不同。从上文可见，区分及物与不及物的变量是与延伸有关。动作者参与过程，那么过程是否从动作者延伸到了另一其他实体呢？所以，*the lion chased the tourist* 与 *the lion ran* 相关，“狮子做了跑的动作；跑的行为要么就此结束（不及物，*the lion ran*），要么延伸到另一参与者身上（及物，*the lion chased the tourist*）”。

在第二种解释中，问题依旧是有多少个参与者，一个还是两个；但两
340 种可能的答案之间的关系却大不相同。为了理解这一点，需要重新整理一下思路，就像面对一个图形时，是把它看作凹面还是凸面一样，来重新建构我们的感知过程。

从这个观点看，这里的变量不是延伸而是致使关系。某一参与者参与某个过程，该过程是由参与者自身还是其他实体促成的？在这一视角下，*the lion chased the tourist* 和 *the lion ran* 之间的关联性就不及它和 *the tourist ran* 之间的关联性密切，“游客做跑的动作；这个跑的动作要么是游客自己发起的（不及物的 *the tourist ran*），要么来自某一外在的施事性（及物的 *the lion chased the tourist*）”。不过要注意的是，既然“及物”和

“不及物”这两个术语包含了延伸模式，那么它们在这里就不再合适。由第二种解释得出的模式就是所谓的“作格”类型。小句 *the lion chased the tourist* 和 *tourist ran* 构成了**作格 / 非作格对**[52]。

如上所述，如果考察现代英语的词汇，并在一本不错的词典中查找大量的动词实例，就会发现其中的很多动词，包括大多数常用动词，都带有“及物和不及物”的标签（正如表 5-5 所示）。对它们进一步研究就会发现，当同一个动词以两种价值之一出现时，由此形成的成对小句（由动词作过程）通常不是及物 / 不及物，而是作格 / 非作格句对。的确存在不及物 / 及物这样的句对，如 *the tourist hunted / the tourist hunted the lion*，这里的 *the tourist* 在两句中都是动作者。但语言中的大部分高频动词都能生成另一种句对，如 *the tourist woke / the lion woke the tourist*，两者之间为作格关系。如果用及物性术语来表达这种结构，那么 *the tourist* 在一个小句中是动作者，在另一个小句中是目标，但在两种情况下都是游客停止了睡觉。比较 *the boat sailed / Mary sailed the boat*；*the cloth tore / the nail tore the cloth*；*Tom's eyes closed / Tom closed his eyes*；*the rice cooked / Pat cooked the rice*；*my resolve weakened / the news weakened my resolve*。

这一类型在现代英语体系中越来越占主导地位，这是语言在过去五百多年来见证的众多相关发展之一，它们共同创造了深远而复杂的语义变化。在英语话语的组织过程中，这些变化整体上趋向于强调语篇功能，而非经验功能；而在经验功能内，强调过程的“原因-结果”，而非“行为-延伸”。当然，语言中并无“已经完成”的变化；一波又一波的变化始终贯穿整个系统。但英语的及物性系统这一方面，在当代语言中尤其不稳定，巨大的压力不仅来自于语言本身不断适应快速变化的环境的要求，还有自乔叟时代就施加在语言上的与日俱增的功能需求。我们将尽力对当代语言中呈现出的小句经验功能进行概述，把它看作一种概括现实世界中

---

[52] 在关于“格标记”或“对齐”（alignment）系统的类型学文献中，这种结对常常称为“作格 / 通格”，与及物模式的“主格 / 宾格”对进行对比。

的不同过程的方式。

341 与所有过程相关的是一个在过程中至关重要的参与者；过程正是通过它，才变成现实，没有它根本就不可能有任何过程。该成分被称为**中介**，因为过程正是以这一实体为中介才得以出现。在上面的例子中，中介是 *the boat*，*the cloth*，*his*，*Tom's*，*eyes*，*the rice*，*my resolve*。因此，在物质过程中，中介相当于不及物小句中的动作者和及物小句中的目标。见图 5-37。

（a）**及物解释**

the boat the cloth Tom's eyes the rice my resolve	sailed tore closed cooked weakened
动作者	过程

Mary the nail Tom Pat the news	sailed tore closed cooked weakened	the boat the cloth his eyes rice my resolve
动作者	过程	目标

（b）**作格解释**

the boat the cloth Tom's eyes the rice my resolve	sailed tore closed cooked weakened
中介	过程

Mary the nail Tom Pat the news	sailed tore closed cooked weakened	the boat the cloth his eyes rice my resolve
施事者	过程	中介

图 5-37　及物和作格解释

除了中值受动语态这一特殊情况外（见图 5-38），中介在所有过程中都是必不可少的，且是除过程本身之外唯一必要的成分。（为了简明起见，类似 *it's raining* 这样的气象过程就当作没有中介的小句；但更确切的说法是，中介和过程在这里重合。）中介也是唯一一个从来不用通过介词而引入小句的成分（同样除了中值受动小句）；它被看作一种总是直接参与过程的成分。（注意，中介跟在 *of* 之后的 *the cooking of the rice* 这个结构，并非例外；*of* 在这里的功能和它通常的用法一样，不是介词，而是结构标记——比较 *in the rice's cooking* 中的属格 *'s*。）

过程和中介共同构成英语小句的**核心**；这一核心进而决定有哪些选项可以作小句的其他成分。因此，核心“tear（撕）+cloth（布）”代表一个小的语义场，体现它的小句既可以单独存在，也可以和其他参与者或环境功能结合。（这样一个语义场的词汇范围大概就像《罗杰特类义词词典》（*Roget's Thesaurus*）中一个段落的词汇范围。）

（a）“真正”的受动：施效；中介 / 主语，施事者：by ... 342

（物质）	The glass	was	broken	by the cat
（心理）	Mary	was	upset	by the news
	中介	过程		施事者
	主语	定式	谓语	附加语
	语气		剩余部分	
	名词词组	动词词组		介词短语

（b）受益者—受动：施效；受益者 / 主语，施事者：by ...

（物质）	My aunt	was	given	this teapot	by the duke
	受益者	过程		中介	施事者
	主语	定式	谓语	中介	附加语
	语气		剩余部分		
	名词词组	动词词组	名词词组		介词短语

（c）范围—受动：中动（即，中值受动）；范围 / 主语，中介：by...

（物质）	Songs	were	sung	by the choir
（心理）	The music	was	enjoyed	by the audience
	范围	过程		中介
	主语	定式	谓语	附加语
	语气		剩余部分	
	名词词组	动词词组		介词短语

图 5-38　受动小句类型

在这些更进一步的选项中，最为概括的是作格选项——“最为概括”是因为它在所有过程中都出现。在这一选项中，除了中介外，还可能有一个充当外因的参与者。这个参与者将被称为**施事者**。过程要么被表征为自发，在这种情形下没有单独的施事者；要么被表征为外部引发，此时就有另一个参与者充当施事者。因此，*the glass broke*，*the baby sat up*，*the boy ran* 等小句的结构都是“中介 + 过程”。在现实世界里，很可能打碎杯子的是某种外在施事性；但在英语语义中，它被表征为自发产生。因此，也可能存在某种外在施事性让婴儿坐起来，甚至让一个男孩子跑起来（如上文提到的狮子）。可以选择把施事者放进去，如 *the heat broke the glass*，*Jane sat the baby up, the lion chased the boy*；注意，如果使用受动，如 *the glass got broken*，总是可以询问是谁或被什么打碎的。有大量的过程都可以表征为下列两种方式
343 之一：要么只涉及中介，要么涉及中介加施事者。在对英语的解释中，通过使用作格观来补充及物观，可以将各种过程类型中的功能进行匹配。对应关系见表 5-41。在该表中，概括性的作格功能首先单独列为一栏，然后是它们对应的每一过程类型的具体及物性术语。以作格分析中的中介为例：

在物质过程中　相当于　动作者（中动），目标（施效）
在行为过程中　相当于　行为者
在心理过程中　相当于　感知者
在言语过程中　相当于　言说者（中动），目标（施效）
在归属过程中　相当于　载体
在识别过程中　相当于　标记
在存在过程中　相当于　存在者

因此中介在整个系统中是节点性的参与者。它既不是动作者，也不是致使者，而是根据过程的特点以这种或那种方式介入的一个关键性参与者。

如果存在**施事者**，那么它就是外在施事性。在物质过程中，它是动作者——只要过程带有目标；否则，它就可能作为过程的**启动者**（Initiator）

出现。在心理过程中，它是现象——只要过程沿同一方向编码，从现象到意识，而不是从意识到现象。施事者也可能出现在关系过程中。在归属类中，它是一个类似于物质过程中启动者的独立功能：由它引发归属，如 *the heat turned the milk sour* 中的 *the heat*。这就是归属者。在识别类中，只要小句是施动的（标记作主语），就可以添加一个施动特征，所以，*Tom is (serves as)the leader*（针对 *Which is Tom?* 的回答）对应类似 *they elected Tom the leader* 这样的施动句（见图 5–35）；也可以带第二级施事者：*They got Tom elected the leader*（见图 5–37）。可以看到，对于此类"**解码**"小句（即标记 = 被识别者），受动语态很少出现（见上文第 5.4.4 节的 a 部分）。与此相对，在"**编码**"识别小句中，被动形式与主动形式出现的频率相近，若要回答'which is the leader'（谁是队长？），那么主动形式是 *Tom is the leader*，被动形式是 *the leader is Tom*；但只有主动形式才会另带施事性——不说 *they elected the leader Tom*。因此，在主动 / 被动句对中，若要回答'who are now the main suppliers?'（谁是主要的供应商），那么主动形式是 *our company are now the main suppliers*，被动形式是 *the main suppliers are now our company*，带施事者的形式是 *this decision leaves our company the main suppliers*，被动形式不能直接扩展为 *this decision leaves the main suppliers our company*。见表 5–42。

表 5–41　及物性功能表：及物和作格对应（只提供参与者功能） 344

	典型介词	作格功能	及物功能						
			物质	行为	心理	言语	关系：归属	关系：识别	存在
过程		1 过程							
参与者		2 中介	动作者［中动］；动作者或目标［施效］	行为者	感知者	言说者［中动］：对象［施效］	载体	标记	存在者

续表

	典型介词	作格功能	及物功能						
			物质	行为	心理	言语	关系：归属	关系：识别	存在
	by	3 施事者	发动者或动作者［施效］	—	引发者现象［*please* 类］	言说者［施效］	归属者	指派者	—
	to, for	4 受益者	领受者；委托者	—	—	受话者	（受益者）	—	—
	at, on 等	5 范围	周界	行为	现象［*like* 类］	言语内容	属性	价值	—
环境	for, over, across，等	6 跨度	时段（时间性的），距离（空间性的）			how long? how far? how often?			
环境	at, in, on, from，等	7 处所	时间（时间性的），地点（空间性的）			when? where?			
环境	with, by, like	8 方式	手段，品质，比较			how? what with? in what way? like what?			
环境	through, for，等	9 原因	理由，目的，利益			why? what for? who for?			
环境	in case of 等	10 或然	条件，转折，默认			under what conditions?			
环境	with, besides，等	11 伴随	随同，添加			who/what with? who/what else?			
环境	as, into	12 角色	身份，成品			what as? what into?			
环境	about	13 内容				what about?			
环境	according to	14 角度				who says?			

345 **表 5-42 识别式关系小句中的及物和作格**[53]

解码（which is Tom?）	Tom	is / plays	**the leader**	**the leader**	is/played	by Tom
及物：	被识别者 / 标记	过程	识别者 / 价值	识别者 / 价值	过程	被识别者 / 标记
作格：	中介		范围	范围		中介

解码（who is the leader?）	**Tom**	is / plays	the leader	the leader	is/played	by **Tom**
及物：	识别者 / 标记	过程	被识别者 / 价值	被识别者 / 价值	过程	识别者 / 标记
作格：	施事者		中介	中介		施事者

[53] 注意：最上边的一行是**解码**小句；受动是一种中值受动式，因此比较少见。它下面的行是**编码**小句，这里受动是一个“真正”的受动。

下面我们将讨论其他参与者功能：受益者和范围。

5.7.3 作格模式和及物模式中的参与者角色

除了中介和施事者，作格模式中还有另外两个参与者：**受益者**（Beneficiary）和**范围**（Range）。像中介和施事者一样，它们因过程类型的性质不同而具有不同的及物性价值。因此，对于所有参与者角色而言，都有一个功能概念是各个过程类型特有的，还有一个是所有过程类型共有的。共有的概念自然来源于对小句语法的作格解释。

5.7.3.1 受益小句：受益者

受益者指过程针对或服务的对象。它出现在“物质”小句和“言语”小句中，偶尔也在“关系”小句中出现。（换言之，在“心理”小句、“行为”小句或“存在”小句中没有受益者。）

（a）在“物质”小句中，受益者是领受者或委托者。受益者由（*to* +）名词词组（领受者）或（*for*+）名词词组（委托者）体现；介词是否出现取决于语篇要素（见下文第 5.7.4 节）。

（b）在“言语”小句中，受益者是受话者。

（c）也有一些“归属式”“关系”小句包含一个受益者，例如，*she made him a good wife* 及 *it cost him a pretty penny* 中的 *him*。由于它们在小句中的角色几乎无法明确界定，仅将其称为受益者，而不再引入其他更为具体的术语。

受益者在小句中一般作主语；此时，动词是“受动”语态。见图 5–39 中的示例。

Were	you	asked	a lot of questions	346
	受话者			
过程：		言语	言语内容	
定式	主语	谓语	补语	
语气		剩余部分		
言语……	名词词组	……词组	名词词组	

图 5–39　受益者作主语

5.7.3.2 范围小句：范围

范围是具体明确过程范围或领域的成分。范围可以出现在“物质”“行为”“心理”“言语”和“关系”小句中，但不出现在“存在”小句中：见表5-43。

在“物质”小句中，范围是周界；在“行为”小句中，范围是行为。

在“心理”小句中，范围的概念有助于理解已经识别的结构，即包括感知者和现象的结构。范围不是一个附加成分，而是对其中一个结构配置中的现象的解释。

表5-43　不同过程类型中的范围

过程类型	范围：	示例
物质	周界	he rode his motorbike to work you haven't signed your name on this letter I'm following your example
行为	行为	the child wept copious tears
心理	现象	you can feel the pressure on your skull do you prefer tea for breakfast? I would recognize that face anywhere
言语	言语内容	he made a defiant speech she speaks Russian with her children what question did you want to ask me?
关系	属性	she is a captain
	价值	she is the captain
存在	—	

可以看到，心理过程可以通过是否具有双向性来区分：既可以说 *it pleases me*，也可以说 *I like it*。前者具有施效物质过程的某些特征：它自由地以“受动”形式出现（*I'm pleased with it*），并且可以被概括为一种“针对……的做事”（*what does it do to you? — it pleases me*）。此时，现象
347 与动作者相似：从作格角度看，两者均为施事者。另一方面，*like* 类型却

并不体现任何这种特征；其中，现象与目标没有相似之处，但却与周界有些相近。在某些类似的特定条件下，它在“受动”小句中作主语，出现在如 *enjoy the pleasure*，*saw a sight*，*have an understanding of* 等表达中，类似于物质过程 *play a game*，*have a game* 中的周界。所以，可以将 *like* 类心理过程中的现象角色解释为与物质过程中周界对等的角色；该成分限定了感知的边界。

同样地，范围这个概念也适用于“言语”小句，在这种情况下适用于上文提及的言语内容（这里该词并不表示贬义！）这一功能。存在两种言语内容，第一种指称内容，如 *describe apartment*，另一种具体说明言语过程的性质，如 *tell a story*。两者分别类似于物质过程中的“实体周界”和“过程周界”。后者包括过程配置：概括动词 + 范围：词汇内容类似于“物质”小句中的词汇内容（例如，*take a bath*，*have a shower*）：*make a statement*，*make an offer*，*issue a command*，*give an order*。

关系小句的作格分析比较复杂。在归属式关系小句中，属性显然类似于范围；但在识别式小句中，标准却有些冲突。为了简明起见，在所有类型中，都将标记解释为中介，价值解释为范围，尽管这的确会忽略这些小句在文本中所构成的模式中的某些方面。

无论是物质小句中的周界，行为小句中的行为和 *like* 类心理小句中的现象，还是言语小句中的言语内容和关系小句中的属性或价值，所有这些功能的共同之处如下文所示。每种类型的小句都可能有这样一个成分，它并不太像一个参与过程、并对过程本身进行细化的实体。它可能是某一特定过程类别的名称，可以从其质和量上对这个名词进行修饰：（物质）*play another round of golf*，（心理）*enjoy the pleasure of your company*，*see an amazing sight*，*think independent thoughts*，（言语）*tell those tales of woe*。此时，由于动作、时间、行为、感知或言谈的类别通过名词具体明确，动词作为一个参与者功能，其意义可能完全是概括性的，如 *have a game of*，*have an idea about*，*have a word with*（对比上文脚注 21）。或者，第二点，这一成分也可能是一个实体，但是它在过程中发挥作用的方式不是作用于过程，或被其作用，而是标记它的领域，例如，*play the piano*，*enjoy the scenery*，*recount the events*。第二种类型的一个特征是，它们界于参与者和环境角色之间，常常还带一个密切相关的介词短语形式，如*play on the piano*，*delight in the scenery*，*tell about the events*。

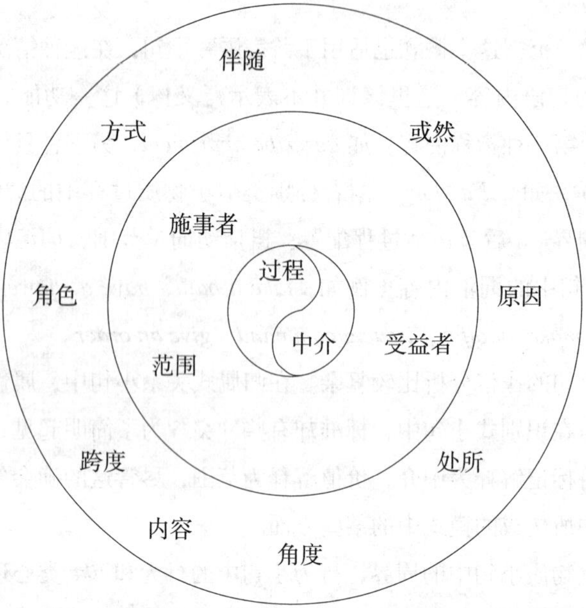

图 5-40　过程＋中介的小句核心，内环为施事者、受益者和范围，外环为环境

5.7.4 及物模式与作格模式的互补

或许所有语言中的及物性系统都在某种程度上结合了及物性和作格这两种语义模式。及物性是一种线性解释，因为能这样通过延伸来定义的唯一功能是目标（也许还有其他类似的功能，如言语过程中的对象和*please* 类心理过程中的现象），所以及物性特征占主导的系统往往强调参
348 与者（即直接参与者，只有动作者和目标）和环境（所有其他功能）之间

的区别。但作格是一种核心（nuclear）解释而非线性解释；如果强调作格结构，小句中就可能会有一整串类似于参与者的功能：不仅有施事者，还有受益者和范围。从及物性角度看，这些是环境性角色：施事者是一种方式，受益者是一种原因，范围是一种跨度；且它们都可以被表达为非完全过程。但从作格角度看，它们是主要过程中的附加参与者："过程 + 中介"这一核心的内环是附加参与者，在外环环绕它的是环境：见图 5-40。

因此，从语义上讲，施事者、受益者以及范围既具有参与者的一些特点，也具有环境的一些特点：这些特点交织在一起。这一点体现在它们在语法上也是互相交织的：可以作为名词词组（类似参与者）直接进入小句，也可以作为介词短语（类似环境）间接进入小句。

但是，在施事者、受益者和范围前是否加介词，并非随意为之，而是出于语篇功能的需要。事实上，这是现代英语重视消息结构的又一实例。这里的原则是：如果是参与者而非中介处于消息的突出位置，那么它一般会带一个介词（即，被识解为"间接"参与者）；否则它就不带介词。在消息中具有突出地位就意味着参与者要么作（i）标记性主位（即，是主位但不是主语），要么作（ii）"后置消息"（late news）——在已经承接过程的其他参与者或环境之后出现。换言之，突出意味着要么早于，要么晚于所期待的位置出现；这正是介词所加强的信息。介词已经变成了消息中特殊地位的标志，见表 5-44 中的实例。

表 5-44　介词短语和语篇突出之间的关联 349

	非突出	标记主位	"后置消息"
施事者（her nephew）	her nephew sent her flowers	by her nephew she was sent flowers	she was sent flowers by her nephew
受益者（his aunt）	he sent his aunt flowers	to his aunt he sent flowers	he sent flowers to his aunt
范围（the high jump）	John wins the high jump every time	at the high jump John wins every time	John wins every time at the high jump

小句中的其他成分被明确地表征为环境；它们是副词词组或介词短语。但即使此时仍有不确定性；换言之，那些在本质上被视作参与者的成分有时可以和介词搭配，同理，至少某些在本质上被视作环境的成分也可以不带介词。跨度和处所的表达就常常没有介词，如 *they stayed two days*，*they left last Wednesday*。此外，如第 4.3 节所示，介词的补语常常可以被拿来充当主语，如 *the bed had not been slept in, she hasn't been heard from since, I always get talked to by strangers*，在电影院排队时还偶然听到一句，*look at all these people we've been come in after by*。这一类型表明，介词补语尽管可以嵌入到一个具有环境功能的成分中，但仍然能感觉到它们参与了小句表达的过程，即使存在一定距离。

这一对纯粹及物模式的语义架构的偏离在语态系统中也可看到。在及物模式中，参与者是必不可少的动作者和可有可无的目标。如果只有动作者，动词就是不及物，语态是主动；但如果两者都出现，动词则是及物，语态既可以是主动，也可以是被动。这仍然是英语系统的基础；但动词中却几乎没有留下及物性的痕迹，语态现在更多是小句的特征。

语态系统的运作方式如下。小句如果没有“施事性”特征，则既非主动，也非被动，而是**中动**。带施事性的小句在语态上是非中动或者是**施效性**的。于是，一个施效小句在语态上要么是施动，要么是受动。在施动小句中，主语是施事者，过程由主动的动词词组体现；在受动小句中，主语是中介，过程由一个被动的动词词组体现。这一基本系统见图 5-41。

严格来说，施效小句具有“施事性”特征，而结构上并不一定要有施事者，因为它有可能是隐含的，如 *the glass was broken*。事实上，是否具有“施事性”的特征就体现在 *the glass broke* 和 *the glass was* (*or got*) *broken* 这一对小句的差别上，后者体现了施事性特征，所以可以提问‘*who by*’，而前者只允许带一个参与者。

如果一个小句是施效语态，由于任一参与者都可以作主语，所以存在施动和受动的选择问题。选择受动的理由如下：(1) 使“中介”成为主语，因此成为非标记性主位（*I'm telling you about the glass*）；（2）把施事者要么（i）后置，使它成为后置消息（肇事者：*the cat*），要么（ii）把它省略，使它变成隐含成分。在英语口语中，绝大多数的受动小句其实都没有施事者，*the glass was broken* 比 *the glass was broken by the cat* 更为常见。说话人让听话人来确定来源。

350

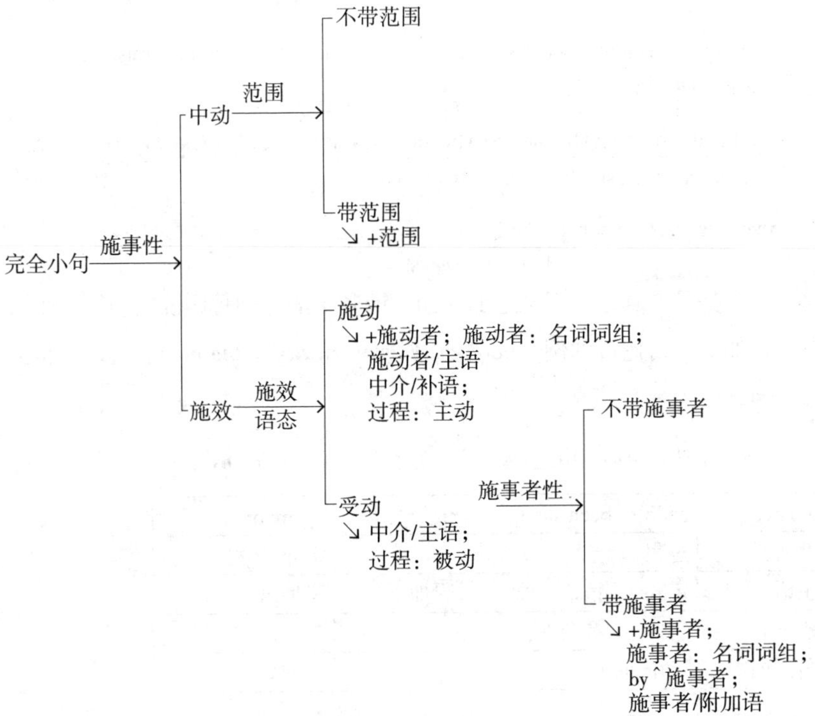

图 5-41　施事性、范围及语态系统

但如上所示，除施事者和中介之外，还有其他潜在的主语。其他参与者，即受益者和范围，都可能被选作小句的主语；于是动词就可能是被动形式。图 5-38 提供了相关实例。因此，在作介词补语的“间接”参与者中，一些是潜在主语（上文提过）；它们引发了多种其他被动语态，诸如“处所-受动”，如：

The china had never been used. The sheets **had** never **been slept in**. Titanic was called the ship of dreams. [COCA]

"方式–受动"，如 *this pen's never been written with* 等。通常，这些也是中值受动语态，即它们是中动而非施效小句。但是，由带习语的短语动词构成的受动句，如：

Garbage collection, always sporadic, had been done away with entirely the last few weeks. [COCA]

And both President Obama and Michelle Obama **are** really **looked up to** there and, yes, on that rock star type status. [COCA]

that prize has never been put in for

351 通常都是"真正"意义上的受动，即其中的介词短语确实表征一个参与者，如上文讨论过的例子 *look at the sky*，*wait for the boat*。具体分析见图 5–42。

（a）**处所–受动：中动（中值–受动）；处所 / 主语；中介：by...**

the bed	hadn't	been slept	in	by anyone
处所	过程			中介
主语	定式	谓语	附加语	附加语
语气		剩余部分		
名词词组	动词词组		介词短语	介词短语

（b）**"真正"受动：施效；中介 / 主语；施事者：by...**

It	's	been done	away	with	by the government
中介	过程				施事者
主语	定式	谓语	附加语	附加语	附加语
语气		剩余部分			
名词词组	动词词组		介词短语		介词短语

图 5–42　环境受动小句

从及物和作格的角度来解释过程，就能够理解英语语法的许多特征，否则它们就一直看似随意或模糊。先举一例说明，在 *the police exploded the bomb* 和 *the sergeant marched the prisoners* 中——正如它们的同源小句 *the bomb exploded* 和 *the prisoners marched* 所表明的——意义与其说是“对某人做”不如说是“使人做”（中士让囚徒做的是让他们行军）。从作格角度看，这些例子和 *the lion chases the tourist* 这样的小句并无二致。从及物角度看，它们却涉及不同的配置；此处必须引入**启动者**（Initiator）功能，来解释执行者这一角色。但在现代英语中，它们都极为相似；作格分析表达了它们的相似性——二者都包括中介和施事者。用作格术语来说，“*a* 对 *x* 做了某事”和“*a* 使 *x* 做了某事”都是“*x* 被牵涉到由 *a* 引起的某事中”。分析见图 5-44。

把这两种分析放在一起，原本期望揭示这两类小句并不等同，但实际上它们之间并没有明显的界限，这才是实际情况。其中一个差异是，动词 *make* 是否带有“**分析性使役**”（analytic causative）的意味（见第八章，第 8.7 节）。我们可以说 *the police made the bomb explode*（警察让炸弹爆炸了），但不可以说 *the lion made the tourist chase*（狮子让游客追了）。但这样就造成了许多不确定性：我们应该如何处理 *Mary made the boat sail* 和 *the nail made the cloth tear* 呢？——以及如果 *the lion made the tourist run* 使用了不同的动词的话，又应该怎样处理呢？如果这样来问，差异就会变得明朗起来：假如将第二个参与者译出，第一个参与者的角色是否会发生变化呢？在 *the sergeant marched the prisoners/the sergeant marched* 中，第一个参与者的角色显然发生了变化；现在是中士在做行进动作（对比 *the police exploded*，这个小句现在不得不通过转义来 352
解释。）——而在 *the lion chased* 中，这样的解释则行不通。那些角色发生改变的小句是“启动者 + 动作者”的结构，而不是“动作者 + 目标”的结构。物质过程中有一大类这样的小句，其同源致使小句确实或可能是归属小句，如 *the sun ripened the fruit/made the fruit ripen*，*her voice calmed*

the audience/made the audience calm；这些都属于“启动”类——如果说 *the sun ripened*，*her voice calmed*，意思就从“使（成熟、镇静）”变成了“变（成熟、镇静）”。

从及物的观点看，这些启动结构中增加了一种“致使”特征。这在（i）心理小句以及（ii）关系小句中也同样可能。（i）对应物质小句中的启动结构，在心理小句中存在引导结构。例如，*remind* 可以被解释为“引导着记起”（比较上述脚注 28），如：

> **The Saudis** also reminded Hariri that King Abdullah's July 2010 arrival in Beirut aboard the same plane as Syrian president Assad was intended to underscore Riyadh's acquiescence in Damascus's superior role in Lebanon. [COCA]

在此，*the Saudis* 是引发者，*Hariri* 是感知者。当然，此类例子接近“言语”小句。比较［言说者：］*the Saudis*［过程：］*told*［受话者：］*Hariri that*...。正如 *remind* 可以被解释为“使记得”一样，少量的其他动词也可以被解释为在“心理”小句内运作，具有附加的“致使”特征。例如，*instruct, teach*（“使学习”）（见 Halliday, 1976/2005: 302），*convince*（使相信），*persuade*（使相信，或（渴求）使渴求）。

（ii）对应物质小句中的启动结构，在关系小句中存在归属和指派结构。正如上文所示，在及物分析中，必须识别出归属者和指派者这两种附加功能，如图 5-43 所示。但从作格的观点看，这些小句仅仅增加了施动特征。例如：

> In the instant case, **Butterworth** considered it appropriate to commence both sets of proceedings in the Supreme Court. [ACE_J]
>
> He was considered bolshie by **the European establishment**. [ACE_A]
>
> **They** elected her president of the Council of Superior Court Judges of Georgia. [COCA]

如果小句的结构中已有施事者，唯一可行的方法就是采用分析性致使义，这样就可以引入第二级施事者，如图 5-44 所示。图 5-45 展示了这些小句是如何在受动语态中出现的。

作格结构是开放性的，一轮接一轮的施事性总是能够被添加上去：

the ball rolled: Fred rolled the ball: Mary made Fred roll the ball: John got Mary to make Fred roll the ball: ...

另一方面，及物结构是配置性的；它不能以这种方式拓展。因此，从及物观点看，*Mary made Fred roll the ball* 不是单个过程，而是由两个过程构成的单个复合体。但在这一点上，要使用复合体的概念，就必须把相关讨论留到第二部分去。至于这些特定结构的分析，见第八章，第 8.5 节。

（a）归属式 353

	The news	made	Bill	happy
	The result	proves	you	right
及物	归属者	过程	载体	属性
作格	施事者		中介	范围

（b）识别式

	The mother	called	the baby	Amanda
	The team	voted	Tom	captain
及物	指派者	过程	被识别者 / 标记	识别者 / 价值
作格	施事者		中介	范围

图 5-43　关系小句的及物分析和作格分析

The police	exploded	the bomb
启动者	过程	动作者
施事者		中介

They	got	the police	to explode	the bomb
	过 -	启动者	- 程	动作者
施事者 2		施事者 1		中介

The story	frightened	you
现象	过程	感知者
施事者		中介

图 5-44　物质和心理小句中的二级施事者

What	made	the story	frighten	you?
	过 -	现象	- 程	感知者
施事者 2		施事者 1		中介

They	got/had	the bomb	exploded	by the police
	过 -	动作者	- 程	启动者
施事者 2		中介		施事者 1

What	made	you	be frightened	by the story?
	过 -	感知者	- 程	现象
施事者 2		中介		施事者 1

They	got/had	Tom	voted	captain	by the team
	过 -	被识别者 / 标记	- 程	识别者 / 价值	指派者
施事者 2		中介		范围	施事者 1

图 5-45　受动（物质、心理和关系）小句中的二级施事者

354 表 5-45 列出了本章讨论的区分过程类型的主要标准，涉及参与者的数目和种类、方向性和语态、代动词、非标记现在时和动词的音系特点。图 5-46 体现的是过程类型系统和施事性系统之间在及物性系统网络内的互动。这个系统网络在图 5-10（物质小句）、图 5-16（心理小句）、图 5-17（关系小句）的次网络的基础上，增加了一个“言语”小句的次网络。注意，心理小句中“发起”（emanating）和“影响”（impinging）之间的差异现在被解释为“中动”和“施效”小句之间的差异（但是带有引发者的心理小句并未纳入系统网络）。

表 5-45　区分过程类型的标准

	物质		行为	心理		言语	关系		存在
							归属式	识别式	
范畴意义	做事（做事、发生、对／用……做）		行为	感知		言说	是（属性）	是（身份）	在（存在）
固有参与者数量	1 或 2		1	2		1	2	2	1 或 2
首个参与者性质：	事物		有意识的事物	有意识的事物		符号来源	事物或事实	事物或事实	事物或事实
第二个参与者性质：	事物			事物或事实				与首个参与者相同	
投射能力：	—		—	思想投射		言辞投射	—	—	—
方向性：	单向		单向	双向：*please* 类	*like* 类	单向	单向	单向	单向
语态：	中动或施效		中动	施效	中动	中动或施效（带目标类）	中动或施效	中动或施效	中动
受动类型		受动		受动	中值受动			受动	
代动词：	做	对／用……做	做	（向……做）					
非标记性现在时：	现在中的现在		现在中的现在	一般现在时		一般现在时	一般现在时	一般现在时	一般现在时
动词重读：	重读		重读	重读		（重读或非重读）	（重读或非重读）	非重读	非重读

355

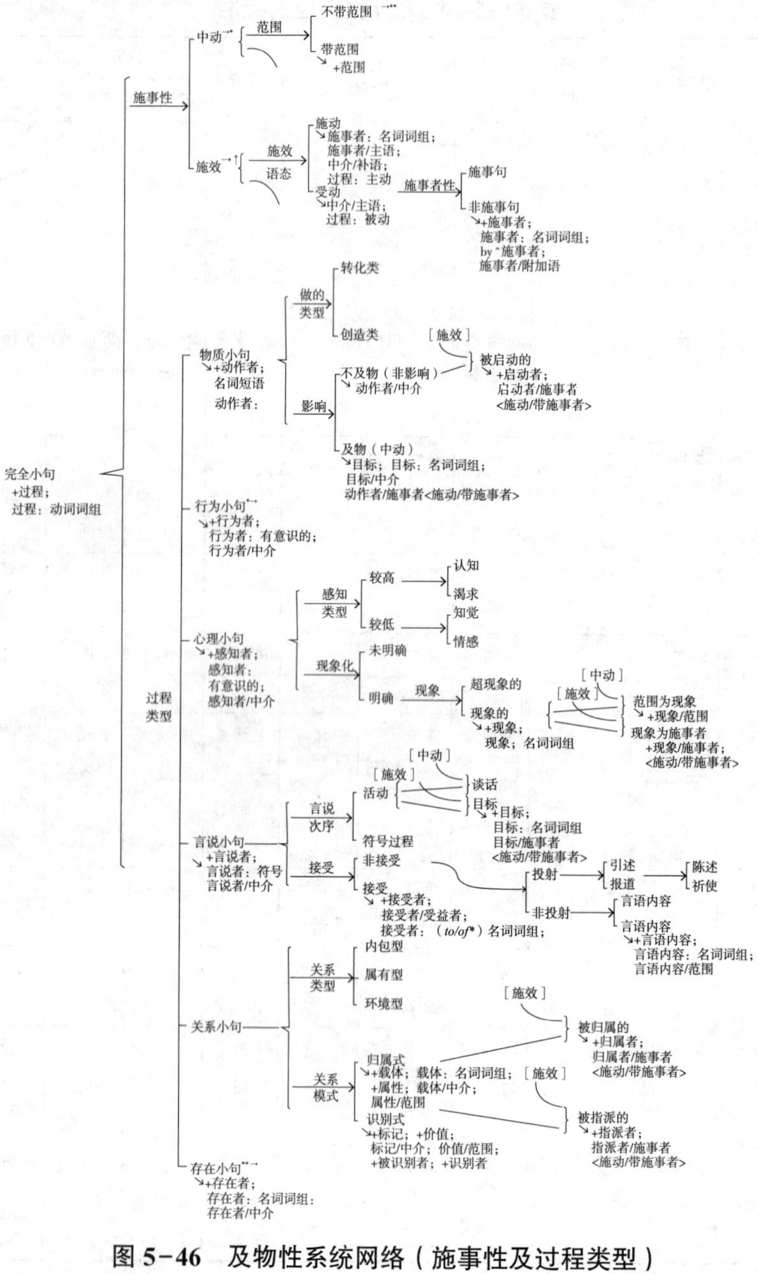

图 5-46 及物性系统网络（施事性及过程类型）

5.8　语篇示例

语篇 5-17 报道——记载（口语、对话）：钦努阿·阿切贝访谈 356

采访者：When people speak of African literature, they say African literature, as opposed to Nigerian literature, South African literature, Somalian literature. Is there a reason for that?

阿切贝：We generally talk of Africa as one because that's the way Europe looks at Africa, and many people in Europe and America who have not travelled, or who are perhaps not well educated, probably think that Africa is one small state or something somewhere. Another reason is that the quantity of the literature is not overwhelming yet, so one can put them all together. But it is growing. Suddenly Nigerian literature is a substantial body of literature. Somalian literature is not enough yet to form a body by itself, but it can fit into the general name of African literature. We ourselves do not have any difficulty at all in recognizing regional differences, but there are distinctive qualities — even within Nigeria. The literature which is beginning, just beginning, to come out of the Moslem part of Nigeria is very different from the literature which is coming out of the south. Very few people know of this yet, outside of Nigeria. As time goes on, I think there will be greater and greater and greater emphasis on the differences.

采访者：Can you tell us about the political and cultural makeup of Nigeria?

阿切贝：One quarter of the entire population of Africa is in Nigeria, so we say that every fourth African is a Nigerian. During the European scramble for Africa, Nigeria fell to the British. It wasn't one nation at that point; it was a large number of independent political entities. The British brought this rather complex association into being as one nation and ruled it until 1960 when Nigeria achieved independence. Christian missionaries from Europe were active in the southern part of Nigeria, so today there's Christianity in the south and Islam in the north. The three major groups in the nation are the Yoruba in the southwest, the Ibo in the southeast, and the Hausa, finally, in the north. This is simplifying it, but that's roughly the picture.

采访者：The differences, as I understand it, between the Yoruba and the Ibo was that the Yoruba had a system of royalty, and the Ibo were more egalitarian.

阿切贝：Yes, yes. The Ibos did not approve of kings. They may have had kings in the past, and I suspect they did because they seem to know a lot about kings. They had five titles and the fifth and the highest title was that of king. For every title there is something you do for the community, you feast the community, you entertain the community, you produce so much money, you produce so many yams. The title for king fell out of use because its final requirement was that the man who aspires to be king would first pay all the debt owed by every single man and every single woman in the community!

表 5-46　钦努阿·阿切贝访谈节选

		施事性	过程类型						环境角色
			物质	行为	心理	言语	关系	存在	
采访者	**Can** you **tell** us *about the political and cultural makeup of Nigeria*?	中动：不带范围				非言说			内容
阿切贝	One quarter of the entire population of Africa **is** in Nigeria,	中动：带范围					归属式及环境型		—
	so we **say**	中动：不带范围				报道			—
	that every fourth African **is** a Nigerian.	中动：带范围					归属式及内包型		—
	During the European scramble for Africa, Nigeria **fell** to the British.	中动：不带范围	转化类：增强型						处所
	It **wasn't** one nation *at that point*;	中动：带范围							处所
357	it **was** a large number of independent political entities.	中动：带范围					归属式及内包型		—

续表

		施事性		过程类型					环境角色
			物质	行为	心理	言语	关系	存在	
	The British **brought** this rather complex association *into being as one nation*	施效	创造类［转化类：详述］						角色
	and **ruled** it *until 1960*	施效	转化类：详述						处所
	when Nigeria **achieved** independence.	中动：带范围	转化类：增强						—
	Christian missionaries from Europe **were** active *in the southern part of Nigeria,*	中动：带范围					归属式及内包型		处所
	so today there**'s** Christianity *in the south*	中动：不带范围						√	处所
	and [there's] Islam *in the north.*	中动：不带范围						√	处所
	The three major groups in the nation **are** the Yoruba in the southwest, the Ibo in the southeast, and the Hausa, finally, in the north.	中动：带范围					识别式及内包型		—
	This **is simplifying** it,	施效	转化类：详述						—
	but that**'s** roughly the picture	中动：带范围					识别式及内包型		—
采访者	The differences, << as I understand it, >> between the Yoruba and the Ibo **was** [[[that the Yoruba had a system of royalty, and the Ibo were more egalitarian]]].	中动：带范围					识别式及内包型		—
	<< as I **understand** it >>	中动：带范围			认知类及现象				—

续表

		施事性	过程类型						环境角色
			物质	行为	心理	言语	关系	存在	
	[[[that the Yoruba **had** a system of royalty,	中动：带范围					归属式及属有型		—
	and the Ibo **were** more egalitarian]]].	中动：带范围					归属式及属有型		—
阿切贝	Yes, yes.								
	The Ibos **did not approve of** kings.	中动：带范围			情感类及现象				—
	They may **have had** kings *in the past*,	中动：带范围					归属式及属有型		处所
	and **I suspect**	中动：不带范围			认知类及思想				—
358	they **did**	中动：带范围					归属式及属有型		—
	because they **seem to know** a lot about kings.	中动：带范围			认知类及现象				—
	They **had** five titles	中动：带范围					归属式及内包型		—
	and the fifth and the highest title **was** that of king.	中动：带范围					识别式及内包型		—
	For every title there **is** something [[you do for the community]],	中动：不带范围							内容
	[[you **do** *for the community*]]	中动：不带范围	转化类						利益

续表

		施事性		过程类型					环境角色
			物质	行为	心理	言语	关系	存在	
	you **feast** the community,	施效	转化类：延伸						—
	you **entertain** the community,	施效	转化类：详述						—
	you **produce** so much money,	施效	创造类						—
	you **produce** so many yams.	施效	创造类						—
	The title for king **fell** out of use	中动：带范围					归属式及内包型		—
	because its final requirement **was** [[that the man [[who aspires to be king]] would first pay all the debt [[owed by every single man and every single woman in the community]]]] !	中动：带范围					识别式及内包型		—
	[[that the man [[who aspires to be king]] **would** first **pay** all the debt [[owed by every single man and every single woman in the community]]]]	施效	转化类：延伸						
	[[who **aspires to be** king]]	中动：带范围					识别式及内包型		
	[[**owed** by every single man and every single woman in the community]]	施效					识别式及内包型		

第二部分

小句之下、小句之上和小句之外

第六章

小句之下：词组和短语

6.1 词组和短语

如第三章至第五章所示，英语小句作为一个复合事件，融合了从不同 361
功能成分中派生出的三种结构。这些成分（系统理论称之为“元功能”）包括概念（小句作表征）、人际（小句表交换）和语篇（小句作消息）三种类型。换言之，这些结构可以表达三组几乎完全独立的词汇语法语义。首先，及物性结构建构表征意义：即小句关于什么，通常包括某一过程，及其参与者和环境成分。其次，语气结构表达互动意义，即小句在说话者 / 作者和听者 / 读者之间的言语互动中做什么。最后，主位结构表达信息的组织形式，即小句如何同周围其他话语，及其所处的情景语境产生联系。这三组选择共同确定了小句的结构形式。

概念、人际和语篇作为意义的三种功能成分贯穿语言的整个语法（见第二章，表 2-8）。但在小句语法中，每个成分都或多或少构成了一个完整的结构，使得小句是由三种不同结构组合而成的整体（“三重语义”，见第二章，第 2.7 节）。但当我们考察小句之下的词组时，其语法形式就会有所不同。虽然上述三种成分仍可辨认，但它们并未表征为彼此独立的完整结构，而是共同组合成为单一结构。虽然小句和词组的这一差异仅是程度之分，但这却使得我们对词组结构的分析一次即可完成，而对小句的分析则需操作三次。

与此同时，在阐释词组结构时，我们还需要区分概念功能的两种意义
362 构建方式：**经验功能**和**逻辑功能**。本书前几章讨论的概念功能均为经验意义的构建形式，并未涉及逻辑意义这一方面，即语言对某些非常普遍的逻辑关系的构建。我们在此将展开讨论。逻辑成分界定的是复合单位，例如下一章将要讨论的**小句复合体**（clause complex）和第八章的**词组和短语复合体**（group and phrase complex）。这一点之所以出现，是因为词组在某些方面等同于**词复合体**（word complex）——即基于特定逻辑关系的词的组合，这也是**词组**得名的原因（即"词的组合"）。因此，西方语法传统并未将词组当作一个独立结构单位，而是直接将简单句（即本书中的"小句"）分析为词。如果我们把注意力局限在语法学家通常处理的那种理想化孤立句上，这样的分析仍然是可行的，例如 *Socrates runs*（苏格拉底跑）或者 *John threw the ball*（约翰扔了球）[①]；但即便如此，这种"句中词"模式仍然忽略了相关意义的一些重要方面，而且在分析真实话语时较为繁琐。将句子描述为词汇集合就好比把房子描述为砖块结构，墙壁和房间等中间结构单位一并被忽略。

本章将考察三类主要词组的结构：**名词词组**（nominal group）、**动词词组**（verbal group）和**副词词组**（adverbial group），同时简要介绍**介词词组**（preposition group）和**连词词组**（conjunction group）。三类主要词组是名词、动词和副词的复合体（见第二章，图 2-8）。例如：

[名词词组：] the police [动词词组：] will conduct [名词词组：] an investigation [副词词组：] thoroughly and efficiently. [ACE_A]

[名词词组：] people [动词词组：] didn't take [名词词组：] the universities [副词词组：] very seriously. [LLC_06]

---

① 在小句中研究词，可以用来分析语言发展阶段 II 中的简单结构，例如韩礼德（Halliday, 1975）的举例：*squeeze orange*（语用功能，口语升调）和 *chuffa stuck*（理性功能，口语降调）。阶段 II 是儿童从原始母语（阶段 I）发展为周围人所说的母语（阶段 III）的过渡阶段。随着儿童进一步习得母语，群体也开始出现。

[名词词组：] An aircraft [with a load of small nuclear weapons] [动词词组：] could < [副词词组：] very conceivably > be given [名词词组：] a mission [[to suppress all trains [[operating within a specified geographic area of Russia]]]] [BROWN1_E]

词组在小句中发挥不同功能（除非发生级转移，并嵌入其他单位）。在小句的情态结构中，名词词组充当主语、补语或呼语，动词词组充当定式成分 + 谓语，副词词组充当状语（表示环境或情态）。在经验结构中，名词词组作参与者角色，动词词组作过程，副词词组作环境成分。类型和功能的对应关系在第二章的图 2–10 有所说明，本章将详细讨论。表 6–1 为类别和功能关系的概括。

本章最后一节将讨论介词短语。**短语**和词组有所区分。后者是词的扩展，而前者是小句的压缩。二者始于级阶等级的相反方向，地位却大致 363
相同，均介于小句和词之间[②]。介词短语在小句的情态结构中充当附加语，在经验结构中充当环境成分（如 *you didn't have it without cream, surely?* 没有奶油你肯定不吃吧？）[语篇 371] 中的 *without cream*（没有奶油）；见表 6–1。词组和短语可以组成复合体，例如 *The Royal Australian Nursing Federation state secretary, Ms Irene Bolger, said yesterday police had acted violently and without reason*（澳大利亚皇家护理联合会国务秘书艾琳·博尔格女士昨天表示，警方无端采取了暴力行动）[ACE_A] 一例中的 *violently*

② 如第一章中所示，不同语言在词组和词语的语法分工上存在显著差异：一些语言的词组语法更加复杂，而另一些语言的词语语法更加复杂，而有些则介于两者之间。短语亦是如此。例如，在某些语言中（如芬兰语和匈牙利语），许多环境关系由名词格而非介词（或后置词）来体现，而在其他语言中，这种关系则由动词词组复合体来体现（也称“连动式”，如阿坎语和西非其他地区的语言，以及泰语和东南亚其他地区的语言）。随着时间的推移，级阶等级可能发生下移，介词 / 后置词（介系词）和格标记词从动词词组复合体中的动词派生而来。短语也可能从名词路径演化而来：介系词可能衍生自属有结构的名词，因此在德语的某些介词和阿拉伯语的诸多介词中，介系词采取所有格结构（见英语 *for somebody's sake* 中的 *sake*）。

and without reason（无端采取了暴力行动）。

表 6-1　词组和短语类型与小句功能的关系

		情态结构	经验结构
词组	名词	呼语	—
		主语、补语	参与者角色（中介、施事者、范围、受益者）
	动词	定式成分 + 谓语	过程
	副词	附加语（环境）	环境角色（主要为方式：品质、方式：程度）
		附加语（情态）	—
	连词	附加语（语篇）	—
短语	介词	附加语（环境）	环境角色（处所、程度、方式、原因……）；具有特殊语篇地位的参与者角色
		附加语（情态）	
		附加语（语篇）	

从表 6-1 可以看出，副词词组（和连词词组）与介词短语之间存在功能重叠。它们具有共同的一般功能潜势（比较第二章，第 2.5 节），但两者在以下方面有所区别。（1）介词短语包含名词词组，故表达潜势大于副词词组。（2）鉴于此，介词短语可以构建经验意义更加复杂的环境成分。虽然副词词组通常用于表达方式：品质（如 *you've coped beautifully*
364 *tonight*“你今晚处理得很好”中的 *beautifully*）和方式：程度（如 *Big Pond had completely stuffed their computer up* “*Big Pond*[③] 把他们的电脑弄得完全一团糟”中的 *completely*）等环境成分，以及情态和语篇附加语，但对于经验意义更加复杂的环境成分而言，因为它们更像间接参与者（如处所、原因、伴随等），所以通常由介词短语来体现。不过，通过短语模块（phrasal template）等手段，介词短语也蚕食了副词词组的部分功能，如 *yeah it's not done in an antagonistic way*（是的，这不是以对抗的方式进行的）中的短语模块 *in a ... way (manner)*（而不是 *not done antagonistically*）。

③　译者注：Big Pond 是澳大利亚最大的网络业务提供商。

副词词组还可以表达时间或空间处所，其中心词为衍生自介词 + 名词结构的副词（如 *upstairs* 楼上、*outside* 外面、*overseas* 国外；*today* 今天、*tomorrow* 明天）。（这里可以发现，在没有范围的介词短语中，某些“副词”，如 *up* 向上、*out*（从……里）出来、*over* 以上，等，可以被分析为介词：见第 6.5 节末尾。）

名词词组和介词短语之间也存在一定重叠。如第五章，第 5.7 节所示，在小句作格结构中，参与者和环境成分的区分不甚明确。这意味着某些参与者（施事者、范围和受益者）由介词短语体现，从而表示小句作为信息的特殊地位（作为新、旧信息呈现；见表 5–44）。同时，处所和程度等环境成分可以由不含标记环境关系的介词的名词词组来体现（见第五章，第 5.6 节）。

6.2　名词词组

我们来看下面一个小句，出自一个三岁儿童之口：

Look at those two splendid old electric trains with pantographs!

该小句主要包含一个较长的名词词组 *those two splendid old electric trains with pantographs*（那两列带受电弓的漂亮的老式电动火车）。该词组包含名词 *trains*（火车），前后其他不同内容描述了火车的某一特征。它们按照一定的顺序出现；除某些可能的变化外，该顺序几乎固定不变。

我们可以用图 6–1 来解释该名词词组第一部分的结构。

Those	two	splendid	old	electric	trains
指示语	数量语	特征语 $_1$	特征语 $_2$	类别语	事物
限定词	数词	形容词	形容词	形容词	名词

图 6–1　名词词组的部分经验结构

作为一个整体，经验结构可以确定（1）事物的类，即 *trains*（火车）和（2）该类下的某一成员范畴。我们用**事物**（Thing）这个功能标记来指称表示类别的要素。

6.2.1 名词词组的经验结构：从指示语到类别语

类别中的范畴通常由一个或多个功能要素表示，包括**指示语**（Deictic）、**数量语**（Numerative）、**特征语**（Epithet）和**类别语**（Classifier）。它们分别体现了名词词组系统网络内不同系统的术语。我们将逐一讨论这些系统和成分。

365 6.2.1.1 指示语

指示成分表明事物的某一确定子类是否存在；如果存在，是何种子类。指示成分的性质由**限定系统**决定：见图 6-2。该系统主要区分了（i）特指和（ii）泛指。以下包含指示语的例子出自一篇记叙文的开篇。如该例所示，泛指系统中即使没有指示成分仍然表达意义：见语篇 6-1。

语篇 6-1：再创——叙述（笔语、独白）：民间故事开始部分节选（开篇后接初始事件）[语篇 65]

Pyramids, palaces, and temples of stone stand silent and abandoned, hidden by dense rain forests. But that was not always so. Long, long ago, great cities built by **the** Mayan people were centers of activity. In one of those cities — one **whose** name has long been forgotten — there lived **an** old halac uinic, or chief. Since he had no son to succeed him, he knew that his younger brother, Chirumá, would **one** day take **his** place. But **the** chief's wife wanted **a** child. **Each** day, she prayed with all **her** heart. And, **one** day, **her** prayers were answered. She gave birth to **a** son. **The** child was born on **the** 13th day of **the** month, **a** lucky day.

这里的 *a(n)*、*one*、*no* 和 *each* 均为泛指限定词。当名词词组为复数（如 *pyramids* 金字塔）或不可数时，不使用限定词（ø）也表示泛指；*the*（这个）、*those*（那些）、*his*（他的）、*her*（她的）、*whose*（谁的）和 *the chef's*（主厨的）均为特指限定词。注意名词词组从泛指到特指的典型变化：*great cities – those cities*（大城市）、*an old halac uinic*（一位年迈的王[④]），或者是 *chief – the chief*、*a son – the child*；也就是说，泛指限定词用于介绍事物的话语所指，而特指限定词将该所指在语篇中标记出来（另见第九章，第 9.4 节）。

表 6–2　作特指指示语的词项

	限定词			疑问词
指示	this	that		which(ever)
	these	those		
			the	what(ever)
属有	my	your	our	
	his	her	its	
	their			whose(ever)
	one's			
	[John's]			[which person's], etc.
	[my father's],etc.			

366

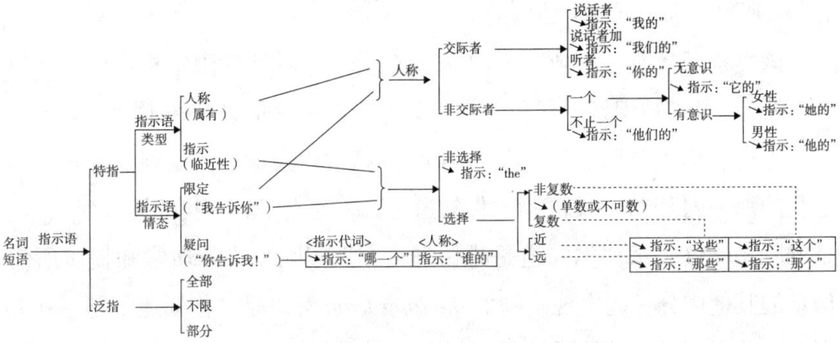

图 6–2　名词词组系统网络：限定系统

④　译者注：*halac uinic* 又作 *halach uinik*，意为“真人”，是玛雅文明后古典时期后期各个城邦的最高领导人。

（i）特指指示语（specific Deictic）见表 6-2，包括**指示**（demonstrative）或**属有**（possessive）**限定词**，以及嵌入的属有性名词词组。所讨论
367 的子类通过下列指示性特征被特指：（1）指示性，即以说话者为参照点的**邻近性**（proximity）（*this*，*these*= 靠近我；*that*，*those*= 不靠近我），（2）属有性，即从说话者角度确立的人称（*my*“我的”，*your*“你的”，*our*“我们的”，*his*“他的”，*her*“她的”*, its*“它的”*, there*“这里”（见图 6-4）；又如 *Mary's*“玛丽的”，*my father's*“我父亲的”等）。除此之外，还包括上述两类范畴的疑问形式（指示代词 *which*? 和属有代词 *whose*?）。以上成分均可确定所指“事物”的某一特定子类。

许多语言的名词词组都存在这两种形式的指示语。两者紧密相关，都是以说话者——或更准确地说，“当下的说话者”为参照点的一种**定位**（orientation）形式。这一时间-情态复合体构成了言语事件的参照点。在有些语言中，两者联系更加系统。指示语包括三类，而不是两类：“靠近我”“靠近你”和“不靠近你我任何一方”。（注意：“靠近”不仅表示距离，还指“关联”。）英语的某些方言中也有类似系统，三个指示语为 *this*（这个），*that*（那个）和 *yon*（那边的），分别对应地点副词 *here*（这里），*there*（那里）和 *yonder*（那里的）。

该类别下还有一个成分，即 *the*。这是一个独特的限定指示语，意为“有关子类可以被识别；但你不知道如何识别——信息就在附近的某个地方，等待着你去获取”。所以，*this train* 指“你知道是哪一列火车——靠近我的那一列”，*my train* 指“你知道是哪一列火车——我的那一列”，但是 *the train* 仅表示“你知道是哪一列火车”。因此，*the* 通常和提供所需信息的其他成分一起出现。例如 *the long train* 意思是“你知道是哪一列火车——你可以从长度上确定”。比较 *the night train*（夜班火车），*the train with a pantograph*（装有受电弓的火车），以及 *the next train to arrive*（下一列到站的火车）。如果没有这些信息，有关子类要么在情景中显而易见，要么在话语中已被提到。例如，站在站台上，你可以说 *get on the train!*

（上火车！）；相反，*the train was coming nearer and nearer*（火车越来越近了）可能出现在一段叙述中。

在相当于一致式小句的非一致式名词词组中，属有指示语可能对应小句及物性结构中的一个参与者，例如：

> **The Minister's** decision follows **his** efforts to mediate since the board decided to sack the matron several weeks ago. [ACE_A]
>
> For 26 years journalists have followed John Paul II's every move. **His** world travels, **his** Sunday blessings, **his** creation of cardinals and saints, and now **his** every sneeze. [COCA]

或者（更加具体地）对应其中一个环境成分，例如：

> **Yesterday's** decision by the Arbitration Commission effectively said 'no' to ordering employers to pay into superannuation schemes. [ACE_A]
>
> At **today's** official fixing by the five leading dealers, it was cut by 2s. 4d. per fine ounce – the lowest point for six weeks. [LOB_A]

（比较第十章，第 10.5 节）

（ii）泛指指示语（non-specific Deictic）见表 6-3，包括**全部**（total） 368
限定词和**部分**（partial）限定词两种⑤。全部限定词表示“全部”（肯定）或“全无”（否定），部分限定词表示某个不明确的子类。例如，*both trains have left*（两列火车都开走了），*is there a train leaving soon?*（还有快要出发的火车吗？），*there are some trains on the track*（轨道上有几列

⑤ 根据谓词逻辑（predicate logic），其中一些限定词可以解释为量词（quantifier）——包括“全称量词”（universal quantifier；∀“所有”）和“存在量词”（existential quantifier；∃“存在”）。这些都隶属于设计的形式符号逻辑的一种形式，但是尽管它们被用来解释自然语言的形式语义，但与英语等自然语言所演化出的类别并不匹配。

火车），*some trains are very comfortable*（有些火车很舒服）和 *I haven't noticed any trains go by*（我没注意到有火车经过）。需要注意的是，*some* 有两种不同形式，选择型和非选择型。选择型的 *some* 和 *any* 意思相反，读作 [s^m]。非选择型的 *some* 在口语中被弱读为 [sm̩]，包含一个音节性 m̩，在极限情况下弱化为省音，于是 [sm̩] 确实和省音（Ø）交替出现。因此，在乔治·奥威尔⑥（George Orwell）的 *All animals are equal but some animals are more equal than others*（所有动物一律平等，但有些动物比其他动物更平等）中，限定词 *all* 是肯定型的全部指示语，而限定词 *some* [s^m] 则是选择型的部分指示语。

表 6-3　作泛指指示语的限定词

		单数		非单数		非标记
				双数	不可数 / 复数	
全部	肯定	each every		both	all	
	否定		Neither (not either)			no (not any)
部分	选择	one	Either			some[s^m] any
	非选择	a(n)			some [sm̩] Ø	
		“一个”	“两个”		“不是一个”	（不受限）

因此，作为限定词，英语中俗称的“冠词”，包括“定冠词” *the* 和“不定冠词” *a(n)*，分别表示名词指示语的特指和泛指系统。它们的相对关系如下（有关名词中心词，见第 6.2.5 节和第 6.2.6 节）：见表 6-4。

---

⑥　译者注：乔治·奥威尔（George Orwell）是英国著名小说家、记者和社会评论家，其代表作为《动物庄园》和《一九八四》，其中《一九八四》是 20 世纪影响最大的英语小说之一。

表 6-4　特指和泛指限定词的对应

	“弱”限定词（不可作名词中心语）	“完全”限定词（可作名词中心语）	非个人代词（名词中心语）
特指	the	that	it
泛指	a(n)	one	there

从发展的角度看，*the* 和 *a(n)*（分别）是 *that* 和 *one* 的缩略形式；*it* 也是 *that* 的一种缩略形式（不过由于它作中心语而保留了结尾部分，与保留初始部分的 *the* 相反）。*there* 是处所词 *there* 的缩略形式。 369

在此需要指出的是，英语名词词组中包含两个不同的**数量**系统，分别对应指示语的两种类型。

（i）与特指语相关的数量系统是“非复数 / 复数”；不可数名词和单数名词被一同归入“非复数”范畴。这样，*this*（这个）和 *that*（那个）搭配非复数（单数或不可数）名词，*these*（这些）和 *those*（那些）搭配复数名词，见表 6-5。

表 6-5　特指名词词组中的数

非复数		复数
单数	不可数	
this train	this electricity	these trains

（ii）与泛指指示语相关的数量系统是“单数 / 非复数”；不可数名词和复数名词一同归入“非单数”范畴。这样，*a*，*an* 和单数名词搭配，弱读的 *some* 和非单数（不可数或复数）名词搭配，见表 6-6。

表 6-6　泛指名词词组中的数量

单数	非单数	
	不可数	复数
a train	(some) electricity	(some) trains

如上所述，如果没有指示语成分，名词词组为泛指，且非单数[7]。换言之，名词词组**结构**中可以没有指示语成分，但这并不意味着它在指示语**系统**中没有值——只不过该值由缺省了指示形式的表达式体现。

与限定和非限定特指语搭配的两个数量系统适用于所有名词词组，但限定词的典型范围和同源关系的语义范式取决于下列情况之一：（i）某一特定名词词组指代某一类别中的一个或多个成员（特指）；（ii）某一特定名词词组指代成员所属的类别（泛指或通指）：见表 6-7。我们将依次简要讨论。

（i）当某一特定名词词组指代某一类别中的一个或多个成员——即一个或多个特定事物时，所有的特指和泛指限定词均可充当指示语。特指和泛指数量系统的值也截然不同。因此，当它们指代"大象"这一类别的成员时，*an elephant*，*the elephants* 和 *elephants* 不可互换；例如：

> After four months, on New Year's Eve, Russell reportedly proposed while on **an elephant** in India. [COCA]
>
> Do you suppose I'm going to find **an elephant** walking about the streets of London? [COCA]
>
> **An African elephant** lay dying alongside a well-traveled trail. Researchers noted that **38 elephants** made a total of 56 visits to **the dying elephant** — including six visits by her mother and sister. After **the elephant** died, 54 individuals made 73 visits to her corpse — none by her mother and sister. [COCA]

此处不可将 *Russell reportedly proposed while on an elephant in India*（据说，拉塞尔在印度骑大象时求婚了。）中的 *an elephant* 替换为 *the elephant* 或 *elephants*，因为它们的意义各不相同。通常来讲，某一类别中的一个成员由泛指指称表示，如 *an African elephant*（一头非洲的大象）。如果一旦

---

⑦　在 *there are (some) trains on the track*（轨道上有（几列）火车）中，*trains* 和 *some trains* 并不完全等同，只不过区别十分细微。为了便于分析，它们在本书中将被视作同一范畴的不同表达变体。

在语篇中出现过，该成员由特指名词词组再次回指（见第九章），如 *the dying elephant*（垂死的大象）, *the elephant*（大象）（或者是作为代词的 *it*）。

表 6-7 指代类别中成员（“特指”）和类别本身（“泛指”）的名词词组 370

<table>
<tr><td colspan="3"></td><td>单数</td><td>不可数</td><td>复数</td></tr>
<tr><td colspan="3">泛指［表 6-6］</td><td>单数 [a(n)]</td><td colspan="2">非单数 [(some)]</td></tr>
<tr><td colspan="3">特指［表 6-5］</td><td colspan="2">非复数 [this]</td><td>复数 [these]</td></tr>
<tr><td colspan="2" rowspan="2">（i）特指（成员）</td><td>泛指</td><td>There was an elephant in the glade</td><td colspan="2">there were (some) elephants in the glade / there was (some) water in the river</td></tr>
<tr><td>特指</td><td>the/this elephant charged / the/this water was brownish</td><td></td><td>the/these elephants charged</td></tr>
<tr><td rowspan="4">（ii）泛指（类别）</td><td rowspan="2">作属性</td><td>泛指</td><td>this is an elephant</td><td colspan="2">these are elephants/ this is water</td></tr>
<tr><td>特指</td><td>—</td><td>—</td><td>—</td></tr>
<tr><td rowspan="2">作除属性外的其他成分</td><td>泛指</td><td>[1] an elephant lives long</td><td colspan="2">[2] elephants live long/ water consists of hydrogen and oxygen</td></tr>
<tr><td>特指</td><td>[3] the elephant lives long</td><td>—</td><td>—</td></tr>
</table>

（ii）相反，当名词词组指代类别时，限定词作指示语时受到更多限制。例如，虽然 *this dying elephant*（这头垂死的大象）和 *this elephant*（这头大象）都可能回指大象这一类别中的某个成员，只有 *the elephant*（大 371
象）通常可以泛指大象这一类别。此外，有些表达的意义在指称类别中的成员时有所区分，但在指称类别时却十分接近；这些在表 6-7 中标记为 [1]，[2]，和 [3]⑧。参考下列指称大象这一类别的例子：

⑧ 对可数事物类别的泛指通常不使用特指复数名词词组；即 *the elephants* 通常不和 *elephants*, *an elephant* 和 *the elephant* 一同出现。但也存在一些有规则的例外，包括对人群某些类别的指称（例如国籍，*the French*；特征语作中心语的某些指称：*the rich*）。对比生物分类学：见第五章，表 5-13 分析文本中的 *the Ankylosaurs*。

An elephant can pound mightily on the ground, but the pressure its foot exerts is less than that exerted by a mole rat's teeth. Smaller and thinner animals can even push their way through the soil with their heads. [COCA]

Elephants communicate in a complicated, sophisticated language that scientists are trying to decipher and compile into the world's first elephant dictionary. [COCA]

The elephant, that noble creature known for its long memory, is no longer an appropriate symbol for a political party which has so quickly forgotten the eight rudderless years of unfettered corporate greed the nation experienced when one of its own occupied the Oval Office. [COCA]

[Voiceover:] For **the elephant**, **the herd** is home. It is family. Elephant researcher, Gay Bradshaw. [Gay Bradshaw:] **The herd** is the most important component of elephant culture. **They're** very affectionate with **their** children, with each other. Always touching and talking to each other. **They** have a culture that they pass on through generations. **They** even have grieving rituals. When someone in the family dies, **people** gather around. **They** touch the body. [COCA]

You might think that **the elephant's** peculiar way of 'running' arose solely because of its huge size. But consider **the white rhinoceros**, **the second-largest land animal**, which can weigh more than 5,000 pounds. That's half as much as **an adult African elephant**. Yet **the rhinoceros** runs exactly like **a horse** — **a really big, nearly blind, very grumpy horse**. All four of its feet leave the ground, springing **the behemoth** forward from step to step. Compare that with the gait of **a baby elephant**. [COCA]

An elephant's heart beats much slower than **a hummingbird**'s, but **elephants** live longer than **hummingbirds** so **they** have about the same number of heartbeats over their lives. [COCA]

在第一个例子中，*the elephant* 对应上表 6-7 中的类型［1］，泛指大象这一类别。指称词 *the* 为类指，而非本应指代大象这一类别中的某一特定成员的回指：当看到 *the elephant pounded mightily on the ground*（大象在地上使劲儿地跺脚）时，我们可以假定该大象在语篇中已被提及。类型 [2] 和 [3] 虽然在意义上并非完全一致，但十分接近，可以相互替换：（类型 [2]：）*elephants can pound mightily on the ground*（大象能在地上使劲儿地跺脚）及（类型 [2]：）*the elephant can pound mightily on the ground*（大象能在地上使劲儿地跺脚）。三种类型均泛指大象这一动物种群；但在特指类别中的成员时，三者的意义有所不同；比较：*when I approached the river, an elephant pounded mightily on the ground*（当我走近河边时，一头大象在地上使劲儿地跺脚）; *I saw an elephant some 30 yards way, but when I approached it, the elephant pounded mightily on the ground*（我在大约 30 码远的地方看到一头大象，但当我走近它时，大象在地上使劲儿地跺脚）；和 *when I approached the river, elephants pounded mightily on the ground*（当我走近河边时，大象们在地上使劲儿地跺脚）。同样地，不说 *for the elephant, the herd is home*（对于大象来说，象群就是家），而说 *for an elephant, the herd is home*（对于大象来说，象群就是家）或者 *for elephants, the herd is home*（对于大象来说，象群就是家）。最后一个例子由 *an elephant*（一头大象）（见 *an*
elephant's heart beats ...）切换为 *elephants*（大象）（见 *elephants live longer* 372
...），不过两者均可对大象这一类别进行泛指。

不论是“水”等具体实体，还是“正义”等抽象概念，不可数名词的泛指集中在类型 [2]，即泛指名词词组，见下例中对‘ozone’（“臭氧”）的泛指：

> **Ozone** is one of the gases in Earth's atmosphere. It is a cousin of the oxygen molecule on which we depend for life. The oxygen molecule is two oxygen atoms bound together. The ozone molecule is three. That extra atom makes a big difference. [COCA]
>
> **Wine** has an archeological record dating back more than 7.5 thousand years.

名词词组 *ozone* 为泛指；但下列指代可数事物类别的例子通过类型 [1]

体现：*the oxygen molecule*（氧气分子），*the ozone molecule*（臭氧分子）。对抽象名词的泛指形式相同，例如：

> **Morality**, **democracy**, and **intellectual honesty** are dying. [COCA]
>
> **Rationality** is therefore an essential aspect of integrating the miraculous into a theology of nature. [COCA]

在其他一些语言中，上述名词词组为特指；例如，法语的 *la liberté*（自由）就和英语的 *freedom*（自由）不同；但即使在英语中也有例外。在这些名词短语中，特征语等于中心语（如 *from the sublime to the ridiculous* 从崇高到荒谬），以及上文提到的 *the miraculous*（奇迹）相同。

（i）类别中特定成员和（ii）类别本身的指称不同影响名词词组资源的配置；但这其实与该名词词组所在的整个小句有关：例如，在 *An African elephant lay dying alongside a well-traveled trail*（一头奄奄一息的非洲象躺在一条足迹杂乱的小径旁）中，动词词组表示“时间”而非“情态”，表示“过去”而非“现在”。但在 *An elephant can pound mightily on the ground*（大象能在地上使劲儿地跺脚）中，动词词组表示“情态”，尤其是“意态化：意愿：潜势性”——泛指类别的潜势性。在 *An elephant's heart beats much slower than a hummingbird's*（大象的心跳比蜂鸟慢得多）中，动词词组表示“时间”，“现在”而非“过去”，且是“一般现在时”而非“现在中的现在”——“一般现在时”在“物质性”小句中是对当下的延伸（见第五章，第 5.2.1 节）。在下列例子中，“情态化：频率”的情态特征增强了泛指的程度，效果和其他形式的情态评价词一样，如 *generally*（通常地），*typically*（典型地）（不过，对类别中特定成员的泛指也是完全可能的，例如在讨论某人的习惯时）：

Esoteric culture always exists in some sort of relationship to the general, or exoteric, culture, sharing a common tradition even while interpreting its basic realities quite differently, so that tense and unstable juxtapositions are the norm. [ACE_D]

因此，泛指和特指的区别基于小句的整体选择。

指称事物类别的名词词组在哲学、逻辑学和语言学中被称作“指类句”（generics），已经得到广泛研究；相关概述见莱昂斯（Lyons, 1999：373
179–198）。对生造句子的研究需要语料库研究的补充。这里，我们发现，不同类型的语篇可能涉及对类别中特定成员或类别本身的不同指称。例如，“再创”和“报道”类语篇更有可能指称特定成员，而“阐述”类语篇更有可能指称事物类别，如第五章，表 5–13 中对“甲龙”这一词条的经验意义分析。

除上述指称成分外，名词词组还可能包含第二个指称成分，用于进一步明确有关子类的身份。我们将其称之为**后位指示语**（post-Diectic）或**指示语** $_2$（Diectic$_2$）。

后位指示语确定“事物”子类的方式包括指称它的名望和熟悉度，在语篇中的信息地位、或与其他指定子类的相似 / 区分度。例如：

Virgil has enumerated abstractions and the **customary** grisly inhabitants of Tartarus. [LOB_J]

A **typical** elution curve is shown in Figure 3. [LOB_J]

Of these, at the time of the search, there were three, in a sealed container; and there is irrefutable evidence to prove that this **same** container was still there, still sealed and intact, when Wynter's body was discovered. [LOB_L]

The plane has a built-in stereo tape-recorder which can play for the **whole** four hours it will take to fly to Majorca. [LOB_A]

There are many **self-styled** anarchists who insist, often with great passion, that theirs is the only right way, and that others do not merit the term (and maybe are criminals of one or another sort). [语篇 212]

This is the **necessary** first step. [LOB_B]

Further information is required to elucidate fully the **possible** role of these contaminants. [LOB_J]

这些例子可以根据（1）扩展和（2）投射范畴来解释。充当后位指示语的词为形容词；它们也可充当特征语，但意义不同；经常作为后位指示语出现的词见表 6-8。充当名词词组后位指示语的还包括表达说话者态度的词语（针对该事物，或整个世界），如 *wretched*（不幸的），*miserable*（悲惨的），*lousy*（糟糕的），*lovely*（可爱的），*splendid*（壮观的），*magnificent*（壮丽的）和 *those lovely two evenings in Bali*（在巴厘岛的那两个美好的夜晚）。

The Sphinx and the **splendid** three Pyramids are one of the remaining Seven Wonders of the World.

A larger group of unfortunate organizations spend all their time east of the merge point, on those **miserable** two miles of asphalt and concrete.

态度可能会聚焦在由数量语表示的数上（单数限定词 *a(n)* 作指示语，复数名词作事物）：

For a **lousy** two weeks in New Jersey, you'll make a shitload of dough. [COCA]

Flashback digital recorder weighs just three ounces — but its Intel memory cartridges hold an **impressive** 30 or 60 minutes of high-quality recordings. [COCA]

374 It sold a **disappointing** 9,000 copies, but by the second half of 1924, weekly circulation had increased to 70,000, and Time Inc. had its first profit.

表 6–8　经常作为后位指示语出现的形容词

类型	子类		示例
扩展	详述	身份	identical, same; different（‘不相同’）, other [注 a + other, another]; respective
		例证	certain, particular, given; various, different（‘不同’）, odd; famous, well-known, infamous, notorious; special
	延伸		complete, entire, whole
	增强	地点–时间	above, aforementioned, earlier, preceding; subsequent, future
		比较	similar, different（‘不相似’）, comparable
投射	情态：情态化	概率	certain, possible, probable
		频率	customary, habitual, normal, ordinary, typical, usual, regular
	情态：意态化	义务	necessary, required
		意愿	intended, desired
	言据性（报道）	言辞	alleged, so-called, self-styled
		思想	hypothetical, purported, expected, evident, obvious
	态度	积极	lovely, splendid, magnificent
		消极	miserable, wretched, lousy

非一致式名词词组的后位指示语可能对照相应的一致式小句中的人际附加语（比较后文第十章，第 10.5 节）。例如，在下句中，

Immediately, the religious groups of the city were embroiled in an angry dispute over the **alleged** invasion of a man's right to freedom of religious belief and conscience. [BROWN1_F]

非一致式名词词组 *the alleged invasion of a man's right to freedom of religious belief and conscience*（对一个人宗教信仰和良心自由权利的所谓的侵犯）对应一致式小句 *allegedly a man's right ... was invaded*（声称一个人的……权利被侵犯），其中 *allegedly*（声称）充当评论附加语。

指称地点–时间的后位指示语还可被解释为按次序表示地点的数量语

（见下一小节）。

6.2.1.2 数量语

数量语成分表示事物特定子类的某一数量特征：或数量，或次序，或确切，或不确切。充当数量语的例子见表 6–9。

375 **表 6–9 作数量语的成分（数词，或［嵌入式］名词词组）**

	有定（**definite**）	不定（**indefinite**）
数量词	one two three 等 [a couple of] 等 [a quarter of] 等	few little [a bit of] 等 several [a number of] 等 many much [a lot of] 等 fewer less more [the same amount of] 等
序数词	first second third 等 next last	preceding subsequent 等

（a）定量数量语（或“数量词”）要么表明确切数量（基数，如 *two trains* 两列火车），要么表明非确切数量（如 *many trains* 许多列火车，*lots of trains* 许多列火车）；例如：

The Senate confirmed **seven** Cabinet secretaries. [语篇 113]

They have identified **several** proteins that help Ephs and ephrins control the cytoskeleton. [语篇 398]

Many visitors prefer the fine beaches of Redondo Beach State Beach, Torrance County Beach, and Malaga Cove, south of the city. [语篇 140]

I see **fewer** experimental stories than I did in the decades previous to the eighties. [语篇 21]

An unknown number of passengers are still missing. [语篇 5]

（b）定序数量语（或“序数词”）明确的要么是确切的顺序（序

数词，如 *the second train* 第二列火车），要么是非确切的顺序（如 *a subsequent train* 下一列火车）。例如：

For the **third** time in a decade, the telephone company is changing people's phone numbers. [语篇 15]

On this short London holiday, he began writing a sea novel, which, after surviving **subsequent** jungle travel, shipwreck on the Congo, and a railway cloakroom in Berlin, came into the hands of Edward Garnett and through him to a London publisher. [语篇 153]

在一定语境下，非确切数量语可以表达确切的数量；例如，*just as many trains*（如前所述），*the next train*（从现在开始）。另一方面，确切数量语也可通过**次修饰**表示不确切的数量，如 *about ten trains*（大概十列火车），*almost the last train*（几乎是最后一趟火车了）。与之相关的范畴为"度量名词词组"，见第 6.2.6 小节。

在作小句隐喻变体的非一致式名词词组中，数量语可能对应一个表达连接关系的词；例如，*subsequent jungle travel*（随后的丛林旅行）可以改写为一致式小句：*subsequently it travelled through the jungle*（随后它穿过了丛林）。

6.2.1.3 特征语 376

特征语（epithet）表明子类的某一性质，如 *old*（老的），*long*（长的），*blue*（蓝色的）和 *fast*（快速的）。性质由形容词表示，因此特征语也通常由形容词体现（但也有其他可能性，见第 6.2.1.5 节）。塔克（Tucker, 1998）从词汇语法和语义层面对英语的形容词进行了细致描述，提出了表示性质构建潜势的系统网络。（i）子类的性质可能是事物本身的客观属性，作为对它所表征的实体经验的描述；或者（ii）它可能是说话者主观态度的表达，例如，*splendid*（壮观的），*silly*（愚蠢的）和 *fantastic*（极好的)(见 Poynton, 1996)。我们将其分别称作（i）**经验特征语**（experiential epithet）和（ii）人际，或**态度特征语**（attitudinal epithet）。例如：

（**i**）经验特征语

Naval authorities believe the boat may have capsized because it was carrying a **heavy** load of construction materials in **choppy** waters. [语篇 5]

Then he saw it — a **large red** feather barely sticking out of the straw mat. [语篇 65]

New numbers also will be inserted between the **new** area code and the **old** phone number. [语篇 15]

It is spring, moonless night in the small town, starless and bible-black, the cobblestreets silent and the hunched, courters'-and-rabbits' wood limping invisible down to the **sloeblack**, **slow**, **black**, **crowblack**, **fishingboat-bobbing** sea. [语篇 194]

（**ii**）人际特征语

Oh God Maitland was a **really cute little** town. [UTS/Macquarie Corpus]

I knocked on the door and an **awfully sweet** lady came. [LLC]

He lives in what Alec Guinness has called 'a stately pleasure dome', a 17th century 'pavilion' with **splendid** gardens in the depths of Buckinghamshire. [语篇 25]

So I've seen more of prisons and children's institutions than most people — And they really are **horrendous**; I mean they're **ugly scary** places, which you wouldn't put anybody; I mean they really are just **such awful** places you know. [语篇 85]

两者之间并非泾渭分明，但前者表示经验意义，后者表达说话者态度，在名词词组中充当人际成分（故而表达评价意义，见 Martin & White, 2005）。该区别在语法中有多种体现形式。

经验特征语和人际特征语的主要区别在于前者具有潜在的确指性。以 *long train* 中的 *long* 为例。在 *a long train* 中，由于 *a* 为泛指，听者无法确定究竟为哪列火车。但在 *the long train* 中，特指指示语 *the* 表示听者可以确定，且所需信息由经验特征语 *long* 限定。换言之，听者之所以可以确定哪列火车，是他们和语境中的其他火车进行了长度的对比。另一方面，态度特征语，如 *along there came a mighty train*（一列巨大的火车开了过来）中的 *mighty*（巨大的），即使在特指指示语 *the* 之后，仍不具有确指性。在 *the mighty train came thundering down the track*（巨大的火车轰鸣着沿铁轨开来）中，并不能通过和并不巨大的火车进行对比确定该列火车。

尽管最高级和经验特征语几乎总是一起用于确指（例如，*ours was* 377 *the longest train*“我们的火车最长”，但在人际特征语中仍不能确指。例如，*he said the silliest things*“他说了最愚蠢的话”和 *he said some very silly things*“他说了一些非常愚蠢的话”通常是对等的。像 *silliest*“最愚蠢的”这样的词可以用来确指，如 *the silliest things of all were said by the chairman*“主席说了最愚蠢的话”）。但该词此时具有经验功能。需要注意的是，通常来看，一个词既可以是经验特征语，又可以是人际特征语。许多人际特征语是表示尺寸、性质或年龄的形容词，如 *lovely*（美好的），*little*（小的），*old*（老的）：

I've been writing this **old** novel so long I can't wait. [语篇 21]

I saw it in this **dinky little** magazine. [语篇 119]

由于态度表达在小句中呈韵律分布，而非固定某处，因此仅有极少数词只表达态度意义。

人际特征语往往出现在经验特征语之前。如上所述，许多人际特征语也可充当后位指示语。此时，它们的指示功能为指代，甚至是识解共同的经验，如 *a miserable few dishes of peanuts*（几盘少得可怜的花生）。然而，尽管表示经验意义的形容词明显区分特征语和后位指示语（例如，*the three famous musketeers* 三个著名的火枪手，*the famous three musketeers*

著名的三个火枪手)，但在表示人际意义的形容词中区分不大，且不存在歧义(对比 *those lovely two evenings in Bali* 在巴厘岛上美好的两个夜晚和 *those two lovely evenings in Bali* 在巴厘岛上那两个美好的夜晚)。其他词或特征还可对人际特征语进行强化，共同表达相同的意义，包括同义词(如 *a horrible ugly great lump* 一个可怕的大肿块)、加强词(intensifier)、诅咒语(swear-word)、特定的语调调型(intonation contour)、音质(voice quality)特征等。

6.2.1.4 类别语

类别语(classifier)表示相关事物的某一特定子类，如 *electric trains*(电气火车)，*passenger trains*(客运火车)，*wooden trains*(木制火车)，*toy trains*(玩具火车)。有时，同一个词既可作特征语，也可作类别语，两者意义不同，如 *fast trains* 可以指"速度快的火车"(*fast* = 特征语)，也可以指"快车"(*fast* = 类别语)。特征语和类别语并非泾渭分明，但两者存在显著差异。类别语不受表示比较或强调程度的成分修饰——我们不能说 *a more electric train*(更电气的火车)或 *a very electric train*(一个非常电气的火车)；这些互斥的类别构成事物的完备集——*a train* 要么是 *electric*(电气的)，要么是 *steam*(蒸汽的)，要么是 *diesel*(内燃的)。充当类别语的成分可以体现不同类型的语义关系，包括材料、规模与范畴、目的与功能、地位与级别、来源、运作方式——几乎是任一可以将事物分为更小类别系统的特征，例如：

Prison guards restrain the inmates with **electric shock stun** guns, **leg** irons, **pepper** spray and **restraint** chairs. [语篇 1]

Macquarie laid the **foundation** stone of the Cathedral the following year. [语篇 22]

Even the **jointed wooden** lion put on airs. [语篇 28]

Famous organists go into raptures over the **tonal** excellence of the Centennial

Hall's organ, one of the two largest original **19th century** organs in the world, with 8,500 pipes. [语篇 22]

With a wave and a shy smile, Elian Gonzalez said goodbye to America Wednesday, ending a **seven-month** saga that swept the 6-year-old **Cuban** castaway into a controversy over **parental** rights and **U.S.** relations with his **communist** homeland. [语篇 85] 378

类别语可应用于所有语域的语篇；但在某些篇幅宝贵的语域（特别是标题，如 *oil windfall profit tax bill* 石油暴利税法案）和分类是语篇语场重要方面的语域（如科技语域）中，它们当然应用得更加广泛（下面的语篇 6-2 以韩国某一历史朝代社会阶层的一则分类报告节选为例，解释了类别语的使用）。涉及复杂科技模型的语篇通常依托拓展的分类序列（见 Rose, 1998），包括科技语篇所使用的术语（如 *oil cooler bypass valve* 油冷却器旁通阀、*radio noise burst monitor* 无线电噪声爆裂监测器、*hydrogen internal combustion engine vehicle* 氢内燃机车、*ventral spino-thalamic tract* 脊髓丘脑腹侧束和 *inferior cervical sympathetic ganglion* 颈下交感神经节）。由于这些分类序列中名词之间的关系不明晰，理解它们需要一定的专业知识。

语篇 6-2：阐述——分类：分类报告的开始部分

The **yangban** aristocracy literally meant the members of the 'two orders' of officialdom who served in the bureaucracy as **civil and military** officials. This **elite** class, which began to be formed toward the end of the **Koryō** Kingdom (918–1392), directed the government, economy and culture of the subsequent **Chosōn** Kingdom (1392–1910).

Members of the yangban owned vast land and slaves, and alone enjoyed a variety of **social** privileges including the opportunity for education and **public** service and exemption from **service** obligations like **military** duty or **corvee** labor.

类别语 + 事物的序列非常紧密，相当一个单一的合成名词（compound noun），尤其在事物泛指类别时，如 *train set*（整套玩具火车）（参见 *chemistry set* 整套化学装置，*building set* 整套建筑玩具）。在“类别语 + 事物”的序列中，类别语通常承载调核重音（见下文第八章，第 8.4 节），发音与合成名词的第一个成分接近。虽然名词合成法不在本书的讨论范围内，但合成名词和“类别语 + 事物”构成的名词词组之间界限十分模糊，难以固定，于是人们在确定这些序列时常常举棋不定：是写成一个词，还是两个词？中间是否加连字符（如 *walkingstick*，*walking stick*，还是 *walking-stick* 拐杖）？

在对应一致式小句的非一致式名词词组中，类别语可能对应小句及物性结构中的参与者或环境成分（见下文第十章，第 10.5 节）；例如：

> I would have thought the entry of the Americans into the war, the **British and French** efforts, and the losses sustained in Ludendorf's final offensive had something to do with it, [ACE_G]

与嵌入属有指示语的名词词组有所不同，充当类别语的名词不包含限定系统，因此它们仅表示泛指，并不特指参与者：对比 *Minister's decision*（部长的决定）和 *ministerial decision*（部长级决定）。

379 6.2.1.5 经验功能和词类

上文已经介绍了名词词组作指示语、后位指示语（或指示语$_2$）、数量语、特征语、类别语和事物的几种功能。体现这些功能的常用词类如下（见第二章，图 2-10）：

指示	指示$_2$	数量	特征	类别	事物
限定词	形容词	数词	形容词	名词或形容词	名词

但仍存在其他可能性：包括数词作类别语，如 *first prize*（一等奖），

或嵌入式名词词组作属有指示语，如 *the day before yesterday's paper*（前天的报纸）。

名词（= 普通名词）、形容词、数词和限定词等词类都是**名词**这一基本类的子类。该较大类有时被称作“名词性成分”，从而与更加狭义、具体的“名词”以示区分。其他词类也可进入名词词组，包括可充当特征语或类别语的**动词**词类。动词在名词词组中为下列两种形式之一：

（i）现在分词（主动），V-*ing*，如 *a losing battle*（一场打不赢的仗）中的 *losing*；
（ii）过去（被动，或非及物）分词，V-*en*，如 *a lost cause*（失败的事业）中的 *lost*。

上述形式作特征语时，通常表示与其相关性最高的定式时态：现在分词表示“现在（过去 / 将来）……正在”，过去分词表示“现在（过去 / 将来）……已经”。作类别语时，它们通常表示主动或被动意义的一般现在时：现在（= 主动）表示“现在……”，过去（= 被动）表示“现在被……”。

例如：

动词作特征语
（i）a galloping horse（正在奔腾的骏马）
　　a bleeding nose（正在流血的鼻子）

但是，如果动词的形式不是常见的“现在中的现在”（即表示心理或关系过程的动词），那么“现在……”和“现在……正在”就表示相同的意义；下列几组例子均为特征语：

　　the resulting confusion（引发的混乱）
　　a knowing smile（一个［表明笑的人］知道的笑）

(ii)　a wrecked car（一辆被损毁的车）

a fallen idol（一位已经陨落的偶像）

380 动词作类别语

(i) a stopping train（在许多站停车的火车）

a travelling salesman（巡回各地的推销员）

(ii) a tied note（连结的音符）

spoken language（口头的语言）

自然，更为持久的属性应当更具有分类功能。但充当类别语的现在分词并不排除“正在进行……”的意味，如 *the rising/setting sun*（正在升起/降落的太阳）；反之，作特征语的过去分词并不总包含“已经完成”的意味。这是因为许多类似形式实际上为形容词，如 *a haunted house*（鬼屋）和 *a crowded train*（拥挤的火车）。同一个词可能有时属于某一类别，有时又属于另一类别：在 *Would you like a boiled egg?*（你想要个煮鸡蛋吗？）中，*boiled* 是类别语，表示“煮过”，与 *fried*（煎过），*poached*（荷包（蛋））和 *scrambled*（炒过）形成对照。而在 *You must drink only boiled water here*（你在这里必须只喝开水）中，*boiled* 是特征语，即“已经烧开的水”。在 *He got stuck in a revolving door*（他被困在旋转门里了）中，两种解释都可行：作类别语时指“旋转的那种”，作特征语时指“当时正在旋转的”（参见上文的 *fast trains*）。最后需要注意的是，如某一特定表达为固定套话，它的修饰性成分就并非一定为类别语——“持久性”仅仅是行文措辞的一个特点！因此，在 *a considered opinion*（一个深思熟虑的意见），*a heated argument*（一场白热化的争论），*the promised land*（应许之地）和 *a going concern*（一个正在盈利的企业）中，动词均为特征语，表示“已被考虑过”“已白热化”“已被承诺过”和“正在进行中”。

通常，分词本身也会被进一步修饰，如 *a fast-moving train*（一列快速行驶的火车）和 *a hard-boiled egg*（一个煮熟的鸡蛋）。由此产生的合成词可以体现多种不同的经验关系，例如：*well-meaning*（善意的），*habit-*

forming（上瘾的），*fund-raising*（筹款的），*right-angled*（直角的），*fruit-flavoured*（水果味的），*pear-shaped*（梨形的），*architect-designed*（建筑师设计的），*simple-minded*（头脑简单的），*bottle-nosed*（瓶状鼻子的），*iron-fisted*（吝啬的）和 *two-edged*（有利有弊的）。在这些例子中，小句经验结构中的某一成分在降级后充当特征语或类别语，成为非定式小句的缩略形式，从而与（定式或非定式）定性语同源（见下一节）。*boiled water* 被解释为“已经烧开的水”，但后者本身就是与前者具有系统性关联的另一种措辞形式：*boiled water/water which has been boiled*（已经烧开的水）。比较 *a train which was moving fast*（一列快速行驶的火车），*eggs which are*（类别语）/ *have been*（特征语）*boiled hard*（一个（已经）被煮熟的鸡蛋），*a house designed by an architect*（一所由建筑师设计的房子），*activities which (are intended to) raise funds*（（旨在）筹款的活动）等。

6.2.2 名词词组的经验结构：对语序的解释；定性语

6.2.2.1 语序

现在我们来考察体现在名词词组结构中的经验范式。按照从左到右的顺序，首先考察即时语境，即根据此时此地来确认相关事项，如 *those trains* 指“那些你能在那儿看见的火车”。当然，对物品的确认往往基于上下文，而非外部情景，例如 *those trains* 指“那些你刚刚说过的火车”；不过参照点仍是该言语事件。以此为基准，进一步讨论数量特征，包括顺序中的位置和数量。二者的确指意义自然没有这个或那个，我的或你的强，但仍然强于单纯的定性属性。在两者之间，序数词的表意更为明 381
确，所以先于基数词。序数词是基数词的最高级：*third* = ‘three-est’，即位列第三。随后是定性属性，它同样具有后接其他成分的最高级：*the oldest trains* 指“以老旧作为判断标准的火车”。它们通常还伴有强调成分，例如 *very*（非常），或充当性状标记的态度成分，如 *nice*（美好的）和

terrible（可怕的）。最后是归属关系，通过明确子类来减少名词所指代的全集的范围，如 *passenger train* 指“一种运送乘客的火车”。需要明确的是，此处讨论的是这些成分的识别**潜势**。在任一实例中，相关成分可能具有识别功能，也可能没有。这就是位于词组开头的 *the* 的功能——用于表明具有识别功能的某个成分以这种方式存在。

因此，名词词组始于最强限定成分，终于最弱限定成分。这就是我们在小句中已经辨别出的排序原则。小句始于主位，用于确立相关性：说明通过何种内容将小句引入语篇，即“这就是我的出发点”——虽然并非一定如此，但通常为语境内的“已知”信息。名词词组始于指示语，如 *your*（你的），*these*（这些），*any*（任何的），*a*（一个）等，表示“我要先告诉你我指的是哪一个”。因此，小句主位先行的原则和名词词组指示语先行的原则如出一辙，即首先确定事物在此时-此地，或在言语事件的时空语境中的位置。随后，接续成分的识别潜势持续减弱，而持久性却不断增强。总体来看，事物的属性越持久，在特定语境中的识别能力就越弱。所以，名词词组始于离指示语最近，且非持久的数量特征，如 *three balls*（三个球）的 *three*（三个）；中间包含各种定性特征，如 *new balls*（新球）中的 *new*（新的）；最后终于最持久的属性，即事物的类别，如 *tennis ball*。如果在定性特征中存在不止一个限定成分，则仍然遵循由不太持久向较为持久的特征推进的模式，如 *a new red ball*（一个新的红球），而不是 *a red new ball*（一个红的新球）。

6.2.2.2 定性语

事物之后的**接续**成分是什么呢？在最初的例子中，*Look at those two splendid old electric trains with pantographs*（看看那两列带受电弓的漂亮的老式电动火车）以短语 *with pantograph*（带受电弓的）结尾。作为名词词组的一部分，该短语充当定性语（Qualifier）。

事物的前序成分是词（有时也是词的复合体，如 *two hundred*（两百个），*very big*（非常大）；见第 6.3.2 节），但接续成分却为短语或小句。例如：

Guinness, who was knighted in 1959, had a long film partnership [**with director David Lean**]. [语篇 90]

The course [**of science**] and the course [**of military endeavors**] is very close. After all, Archimedes was designing devices [**for military purposes**]. [语篇 234]

The smoking [**of tobacco**] altered daily custom, as did the drinking [**of coffee or tea or cocoa**]. [语篇 122]

Do you read any English novelists [[**who seem to you Kafkaesque**]]? [语篇 125]

First, I divided the presidents between bibliophiles and those [[**to whom books were more or less alien territory**]]. [语篇 110]

除极少数例外[⑨]，所有定性语均经历**级转移**（rankshift）过程。这意味 382
着，事物的接续成分在级阶上高于（或至少等同于）名词词组，因此不在名词词组内充当成分。我们认为这些成分涉及“级转移”，与未经转移的成分有所区分。后者可以构成更高级阶的单位。此处还可借用形式语法的“嵌入”术语，不过附加条件是，该术语涵盖了级转移（某一单位降级后作构成要素）和从属关系（某一单位从属于另一个单位，但不作其构成要

⑨ 在措辞上，形容词和名词可以出现在“事物”之后，这是因为在一些语言中，特征语和类别语可以出现在“事物”后面，如*Professor emeritus*（荣休教授）和 *salade Niçoise*（尼斯沙拉）；这就可以增添别样特色，如阿加莎·克里斯蒂（Agatha Christie）对赫库尔·波洛（Hercule Poirot）的语言描写：*a crime most horrible*（最可怕的犯罪）。然而，某些类型的形容词也出现在事物之后，成为英语名词词组结构的一部分，通常具有潜势意义。将这些形容词解释为定性语而非指示语或类别语是有原因的。博林格（Bolinger, 1967）对比了 *a navigable river* 和 *a river navigable*（适航河流）。他的建议也在后人文献中被深入研究（如McCawley, 1988：第十二章；Blöhdorn, 2009）。虽然事物：名词 ^ 定性语：形容词的序列没有形容词 ^ 事物更为常见，但它确实存在，例如：*Throughout the U.S., there are more than 30,000 miles of waterways* ***navigable*** *by small boats; So did the idea of making the Danube a river* ***fully navigable*** *by large vessels; It was the best solution* ***possible***.（选自 COCA）。它们表达定性语，而非指示语或类别语的意义。此类形容词还可理解为简化的密集型归属关系从句中的属性，如 *a river that is fully navigable by large vessels*（完全适合大型船只通航的河流），和更进一步的（“拆封”形容词的潜势形式）*a river that can be fully navigated by large vessels*（完全适合大型船只通航的河流）。

素）两层意义（见后文第七章，第 7.4 节和第 7.5 节）。此处，我们仅使用嵌入表示级转移概念。举例如下：

that has been entered	*in*	the plea [[that has been entered]]
being handed down	*in*	the judgement [[being handed down]]
before the court	*in*	the matter [before the court]

注意 [[ ]] 表示定式或非定式嵌入小句，[ ] 表示嵌入短语（或词组）。

与名词词组中的其他"非级转移"（ranking）（非嵌入）成分一样，定性语也可描述事物的特征；指示语 *the* 也同样表示相关特征具有限定功能。不过，这一描述方法是基于事物直接或间接充当参与者的某一过程，包括主要过程，即限定或非限定小句，或次要过程——介词短语（见下文第 6.5 节）。图 6-3 举例说明了上述三种变体。

383 (a)

the	children	[in [blue hats]]
指示语	事物	定性
限定词	名词	介词短语

(b)

the	children	[[wearing blue hats]]
指示语	事物	定性
限定词	名词	小句，非定式

(c)

the	children	[[who are wearing blue hats]]
指示语	事物	定性
限定词	名词	小句，定式

图 6.3 （a）带介词短语作定性语、（b）带非定式小句作定性语，以及（c）带定式小句作定性语的名词词组

在这种环境下，非定式小句中可能没有动词，例如 *the poles with flags on*（挂着旗子的杆子）（参见 *the poles which have flags on, the poles on which there are flags*）；比较第 7.4.4 节中有关主从非定式小句的讨论。参见 *a clause with no verb present*（*a clause in which no verb is present* 没有动词的小句）。

一个名词词组也可能在另一个中充当定性语，例如 *my brother the lawyer*（我的律师兄弟）中的 *the lawyer*（律师）明确了具体指称的是哪个兄弟。这些例子通常使用属有限定词作指示语成分。

在名词词组中充当定性语的小句称为**关系从句**（relative clause），具体名称为**限定关系从句**（defining relative clause；区别于非限定关系从句，后者不是嵌入，而是从属性依赖；见第 7.4.1 和第 7.4.5 节）。

在对应一致式小句的非一致式名词词组中，定性语对应小句及物性结构中的参与者或环境成分。当名词词组的中心语 / 事物为感知 / 言语动词的名词化形式时，它们可能对应小句组联中的投射小句。

> Carnation has been available in the UK since 1946, but the main marketing effort dates only from 1954 with the removal [**of restrictions** [**on sales**]]. [LOB_E]
>
> THE decision [**by the Arbitration Commission**] [[**to award the 2.3 percent pay increase**]] is unfortunate, but it was to be expected. [ACE_B]
>
> This is the real meaning of the US Senate's decision [**last week**] [[**to override any possibility of a presidential veto for real, hard-hitting sanctions against the separate, increasingly desperate tribes** [[**that make up the political entity of South Africa**]]]]. [ACE_B]

如上例所示，被重构为定性语的参与者由带有 *of* 或 *by* 的介词短语体现；环境成分的体现方式与其在分句中的体现方式相同，为介词短语或副词词组。

6.2.3 名词词组的经验结构：事物

“事物”是名词词组的语义内核，可以由普通名词、专有名词或（人称）代词体现。

人称代词表征说话者在言语交际语境中确立的世界。从根本上分为言语角色（*I* 我，*you* 你；你们）和其他角色（*he* 他，*she* 她，*it* 它，*they* 他们）；还包括通指人称代词（*one*）。上述范畴见图 6-4。

384

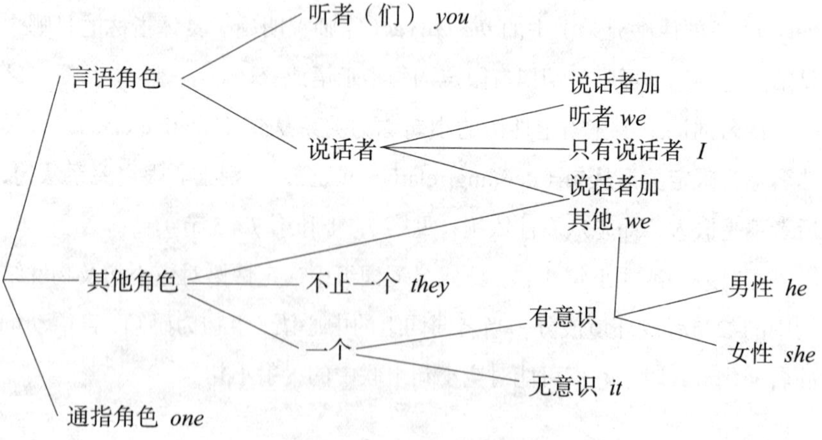

图 6-4 英语的人称范畴

专有名词是特定人称的名称，可以是个体，也可以是群体、各式机构和场所。专有名词包含一个或多个单词。由两个或更多词构成的专有名词显然有自己的内部结构，如 *Polly Perkins*（波莉·珀金斯）、*Ayers Rocks*（爱尔斯岩）或 *Cathay Pacific Airlines*（国泰航空公司）等；但由于对名词合成词的功能分析超出了本书的讨论范围，此类情况均统一简称为事物。

由于两者的所指通常均具有唯一性，人称代词和专有名词十分相似。在言语情境中，代词的所指通过人际功能界定，而专有名词则通过经验功能界定：至少在相关经验中仅有一个出现。两种情况通常都无须进一步限定；代词和专有名词往往在名词词组中单独存在。有时也需对它们进一步限定，如 *you in the back row*（你，后排的），*Henry the Eighth*（亨利八世）（这就是姓氏作为人名定性语的起源）。它们也可搭配表示态度的特征语，如 *poor Tom*（可怜的汤姆）——对比 *pretty little Polly Perkins of Paddington Green*（帕丁顿格林漂亮的小波莉・珀金斯）。该例具有上述两种限定成分。

另一方面，普通名词，顾名思义，是所指称的事物类别普遍共有的名词。它们命名了被语言认定为事物的所有现象类别，因此在所有过程类型均中充当参与者。长久以来，语法书将这些现象描述为一系列普遍范畴，如“人、其他生物、物体（具体或抽象）、集体以及机构”。这些范畴之所以在语法上存在关联，是因为它们涉及潜在施动性这一渐变群，即在小句中充当动作者 / 施事者的可能性。其中，人称词（表示人的名词）的可能性最大，具体物体最小。更多细化分类的建议也大致围绕这些方面。

不过，明显有许多方法可以将事物归入不同类别。由彼得・马克・罗热（Peter Mark Roget）[10] 首创的词库提出的语义分类法就囊括了所有词类，包括动词、形容词、副词以及名词；这一方法有助于了解名词在不 385
同经验类型中充当参与者的可能性。然而，上述概念框架是基于词汇而建立，并非语法，因此不能尝试在此进行详细分类。不过，我们可以识别出少数向量，按照语法对可以充当事物的词进行排序，从而通过它们在每一向量上的位置来了解任一名词或代词的功能潜势（也比较 Halliday & Matthiessen, 1999）。这些向量是：

（1）可数性：可数 / 不可数
（2）生命性：有意识 / 无意识
（3）概括性：一般 / 特殊

（1）可数性（countability）。事物在英语中分为（a）离散型（discrete），

---

⑩　译者注：彼得・马克・罗热（Peter Mark Roget）是一位英国医生、语言学家和发明家，他以 1852 年首次出版的《罗热英语单词和短语词典》而闻名。

因此可数，或（b）连续型（continuous），因此不可数；语法上区分**可数名词（count nouns）**和**不可数名词（mass nouns）**这两个范畴。其中，可数名词在数量系统上体现为单数或复数，与不可数名词不同。上文（第6.1节）指出，带有明确指示语的不可数名词被当作单数，例如，*do you like this poetry/ this poem?*（你喜欢这首诗吗？），而带有非明确指示语的不可数名词则被视为复数，例如 *I've written some poetry/some poems*（我写过一些 / 几首诗歌）。

两者并非如此泾渭分明。不可数名词通常也可被逐项列出，从而以复数形式存在，表示"一种"，如 *I've found a new polish*（我找到了一种新型抛光剂），或者"一定数量"，如 *three coffees please*（请给我三杯咖啡）。此外还存在一个以**度量 / 方式**作中心语的同源表达（见第6.2.6节）：*a new type of polish*（一种新型抛光剂），*three cups of coffee*（三杯咖啡）。

表征抽象概念以及具体但普遍的事物的不可数名词通常也可以被计数：*experiences*（经验），*researches*（研究），*informations*（所有信息），*fruits*（水果）和 *furnitures*（家具）都是新近出现的复数形式。我们可以将可数性视作一个连续统，其中一端为分条列举各项事物的名词（和代词），另一端则不对事物界限做出区分。通常，生命体和实体物品需分条列举，抽象实体（和名词化的过程和属性）没有界限，而机构和集体介于两者之间。但这种区分借由语法体现，因此识解同一实体的方式不止一种；例如：*hat(s)* ～ *headgear*（帽子～头盔），*fish(es)* ～ *fish*（鱼（复数）～鱼），*novel(s)* ～ *fiction*（小说～小说）。

（2）生命性（animacy）。此时，语法再次对两个范畴进行区分：（a）**有意识（conscious）**的事物，由 *he/she* 指称，和（b）**无意识（non-conscious）**的事物，由 *it* 指称。这一分类在第五章，第5.3.1节有所提及。我们看到，经验世界具有明确的根基，人和无生命或抽象的物体分别位于两端，若干事物（如非人类的动物）位于其间；语法一如既往地按照自己的意愿自由地识解这个世界。

因此，有意识 / 无意识的区别也可被视作一个连续统，这就是类型语言学（typological linguistics）普遍关注的“**生命性**”。该术语表示任一事物在及物性物质过程中充当动作者的可能性。在这个意义上，“最具生命力”的时期无疑在婴孩长大成人之后。如第五章所示，心理过程对有意识的事物进行了明确区分，使得任一充当感知者的事物都被识解为有意识的 386 存在。语法在将无生命的物体表述为施事者时必须费些功夫（见 Halliday, 1990）；不过，这种现象在生态话语中较为显著，在识解生态社会现实时，施效行动的潜势不再局限于人类，如语篇 6-3。

语篇 6-3：探索——辩论（口语、对话）

[七岁的儿子：] If there weren’t trees on the earth, we would all be dead, ’cause there wouldn’t be oxygen; trees make oxygen, so we can breathe, so if we had heaps of trees around us, it produces heaps of oxygen, so we can breathe; so trees, big trees are really good because heaps of oxygen comes out of them. — [父亲 :] So that is the argument for having trees around us. [UTS/Macquarie Corpus]

另见科学话语：

These enhanced levels can catalytically destroy ozone in the lower stratosphere. [语篇 33]

对比更加传统的话语：*The very next morning Noah and his sons went to the cypress forest to cut down the tallest trees for timber*（见第五章，第 5.7 节）。

（3）**概括性（generality）**。事物的许多类别以分类法为组织原则：野生草莓是一种草莓，草莓是一种浆果，浆果是一种水果。甚至还可以说，水果是一种食物。但在最概括的层面上，草莓是一种东西；这在语法上是可以识解的。例如，当给顾客一个用坚硬无味的草莓样品装饰的甜点时，顾客满怀希望地对丈夫说，*Would you like that strawberry? I’ve no use for the thing*（你想要那个草莓吗？这东西我没用）。

这是最接近于语法中从特殊到一般的分类区分：英语中有一类名词称为**“一般名词”**（general noun），它们在上下文中可以指称前述具体事物，且始终非重读（即不具有调核突出的特征）。这在第九章，第 9.6.1.3 节中已有所涉及。这类词的意义非常宽泛，如 *thing*（事物），*stuff*（东西），*place*（地点），*idea*（想法），还包括许多人际功能词，如 *bastard*（混蛋），*brute*（残酷的人），*nonsense*（胡说），用来表示不赞成之意。但是，成员身份仍然没有被明确界定，其他词项也可转移到该范畴内，非重读，从而在上下文中起衔接作用——前提是它们的概括性有所增强。

在这个等级上，最普遍的名词类型实际上是**代名词 / 代词**（pronoun）。作为回指概括的极端案例，该事物子类在语法中有明确标记。虽然接近特殊性一端时并无明显的语法化特征，但是值得一提的是，名词词组中的类别语提供了资源，将任一事物类别拓展为更多的具体子类。

我们可以利用可数性、生命性和概括性等标准界定事物在词汇语法中的位置（比较 Halliday & Matthiessen, 1999: 189–196）。第十章将讨论第四个因素，即名词的隐喻倾向（将属性和过程识解为事物的潜势）。某些特殊类别的名词也可参照过程类型加以确定，如识解不同投射类型的名词（见第七章，第 7.5.6 节）。利用现有的大规模语料库数据，通过系统的研究，可以对事物在不同过程类型中的角色进行更加细致的分类。

387 **6.2.4 有关人际和语篇功能**

我们在本章开头指出，在分析词组结构时，没有必要建立三条不同的“线”，分别对应于经验、人际和语篇元功能。一个单一的结构表征就可以。

我们能够用经验术语来表达这一点，因为语言结构的一个普遍原则是，经验意义最清楚地定义了成分（比较第二章，表 2–7；也见 Halliday, 1979）。人际意义往往体现在整个单位的韵律特征中；而语篇意义则往往体现为事物出现的次序，尤其是边界的排序。作为普遍特征，它们虽然在每种语言中形式不同，但均可被识别。本书第一部分已经涉及小句的这一类型，第二部分将继续探讨。小句的语篇意义体现在位于句首的主位和语音的重音（通常位于小句末尾——由信息焦点表示的新信息）上，以及一旦出现，必在句首的连词和关系代词上。由此，小句通过声调峰值和界限标记形成波形节律模式。人际意义体现在语调曲线、“语气”要素（有可能在句尾的附加问句中重复出现）和可能贯穿整个小句的情态（见 Halliday, 1970）上。此处的韵律模式接近“场”，而非波。在由派克（Pike, 1959）首创的“粒、波和场”语言三联体[11]中，经验功能以粒子形式出现，是建筑语言大楼的砖块。作为本书的分析基础，粒子理论（成分关系）比波模型和场模型更易于理解和操作，使得在表征（英语中）功能成分清晰的名词短语结构时，可以使用简单易懂的经验术语。

除了在已经讨论过的内容中认识到它们的存在之外，我们将对其他组成部分做更多的讨论。（1）人际意义的体现形式包括：（a）人称系统，包括代词（人称作为事物，如 *she* 和 *you*）和属有限定词（人称作为指示语，如 *her* 和 *your*）；（b）充当后位指示语的评估词（如表示或然性的 *possible* 和表示言据性的 *alleged*）；（c）表态度的特征语，如上文讨论过的 *splendid*（壮观的）；（d）词项在词组中的内涵意义，以及（e）诸如诅咒语和音质等的韵律特征（见 Poynton, 1996）。

（2）语篇意义贯穿整个结构，确定各要素的次序和信息结构，方式与在小句中的相同（注意，例如，在名词词组中，非标记的信息焦点落在最后一个词上，而非充当事物的词：落在 *pantograph*“受电弓”上，而非 *trains*“火车”）。这表明，在名词词组结构内，相似的经验意义可能被赋予不同的语篇地位。尤其需要指出的是，它们可能要么充当类别语，要么充当定性语（如 *wooden table* ～ *table of wood* 木桌），或者要么充当指示

---

⑪ 译者注：美国语言学家派克（Kenneth L. Pike）提出，语言结构单位具有粒（particle）、波（wave）和场（field）的性质。

388 语，要么充当定性语（如 *my brother's house* ~ *house of my brother* 我兄弟的房子）[12]，其中定性语作新信息的潜势更大。因此，在下列例子中，由于研究在上文已经出现，因此作指示语（*the study's ...*），而非定性语（*... of the study*）。

> A research team member, Professor John Hattie of the University of Western Australia, said this was one of **the study's** most surprising results. [ACE_A]

同样地，比较 *Mr Palme's ... death*（帕姆先生的……死）和 *the death of Mr Palme*（帕姆先生之死）：

> The circumstances of **Mr Palme's** untimely death draw properly from the Prime Minister and the House universal condemnation of such mindless and unjustified acts of terrorism. [ACE_H]
>
> On behalf of the members of the National Party of Australia, I too would like to endorse the motion of condolence submitted to this House by the Prime Minister (Mr Hawke) on the death **of Mr Olof Palme**, **the Prime Minister of Sweden**. [ACE_H]

如果事物的某一属性或类别在话语中先于名词词组出现，那么它就有可能充当事物的特征语或类别语，而非（一部分）定性语；例如：

> If excess carbohydrate is taken in, this can be converted into fat and ***stored***. The **stored** fat is utilized when the liver is empty of glycogen. [语篇 150]

按照本节内容，对开篇例子 *those two splendid old electric trains with pantographs*（那两列带受电弓的漂亮的老式电动火车）的分析见图 6-5（见图 6-1）。

---

⑫ 还有其他可能，例如，在济慈的诗中，*of beauty* 在 *A thing of beauty is a joy for ever* 中作定性语，而不是 *beautiful* 在 *A beautiful thing is a joy for ever* 中作特征语。

those	two	splendid	old	electric	trains	with	pantographs
指示语	数量语	特征语		类别语	事物	定性语	
		态度	品质				
限定词	数词	形容词	形容词	形容词	名词	介词短语	
						"过程"	"范围"
						介词词组	名词词组
						中心语	事物

图 6-5　体现多变元经验结构的名词词组

6.2.5 名词词组的逻辑结构

我们现在需要从一个不同的互补视角来考察名词词组的结构，将其视为一种逻辑结构。但这并不意味着运用形式逻辑来进行解释，而是研究名词词组如何表征编码于自然语言中的普遍化"逻辑-语义"关系。389
详细的介绍将在第七章展开，本节仅讨论与名词词组相关的**次范畴化**（subcategoriztion），即"α 是 x 的子集"。语法通常将其称为名词词组的**修饰**（modification）关系，我们也将使用这个更加常见的术语。

首先，针对同一个例子，这次的分析从最概括的成分 *trains* 开始。向左推移可知：（哪些火车？——）*electric trains*（电气火车）；（哪些电气火车？——）*old electric trains*（旧电气火车）；（哪些旧电气火车？——）*splendid old electric trains*（漂亮的旧电气火车），以此类推。其中，中心语 *trains* 和其他成分使用希腊字母表述，见图 6-6。

those	two	splendid	old	electric	trains
修饰语					中心语
ζ	ε	δ	γ	β	α

图 6-6　中心语与修饰语

在向左移动的过程中，次范畴化的基础自然也在发生转移："什么类型的 ... ？""什么性质的 ... ？""多少数量的 ... ？"等等——这是经验结构的基本原则。不过，我们并不关注两者的差异，而是它们的相同之处：即贯穿名词词组前置修饰语中的关系，不论单个要素的经验功能是什么。见图 6-7 中的另一个例子：

a	magnificent	ornamental	eighteenth-century	carved	mahogany	mantelpiece
修饰语						中心语
η	ζ	ε	δ	γ	β	α

图 6-7 修饰关系：又一实例

该逻辑结构中还可能存在**次修饰**关系：即内部切分，如图 6-8 所示。例如：

The discussion of the optimal policy when the outcome of one stage is not known before passing to the next is a **very much** more difficult matter. [BROWN1_J]

I only wish, too, naturally, they could be sitting here, my father, who spent 40 years helping to administer the public school systems in San Francisco, and my mother, who taught us by example that the education of her children meant **so very much** more than material comforts. [COCA]

It's **way** more expensive than your average ultrabook, but it's got **way** more horsepower, too.

次修饰关系可能会干扰词组内各成分的自然顺序；它可以解释指示语之前的成分，如 *almost the last buttercup*（几乎是最后一个毛茛）（而非 *the almost last buttercup*），*such a bright moon*（如此明亮的月亮）（而非 *a such bright moon*），也可以解释被置换的成分，如 *not so very difficult a task*（这不是一项很难的任务）（而非 *a not so very difficult task*）。

390

<table>
<tr><td>a</td><td>rather</td><td>more</td><td>impressive</td><td>figure</td></tr>
<tr><td colspan="4">修饰语</td><td>中心语</td></tr>
<tr><td rowspan="3">γ</td><td colspan="3">β</td><td rowspan="3">α</td></tr>
<tr><td colspan="2">次修饰语</td><td>次中心语</td></tr>
<tr><td>βγ</td><td>ββ</td><td>βα</td></tr>
</table>

图 6-8　次修饰

内部切分现象还可见于：*apple-green pyjamas*（苹果绿睡衣），*second-hand car salesman*（二手车推销员）和 *full-time appointment*（全职工作），上述例子均遵循 ββ^βα^α 的顺序。虽然它们和次修饰关系完全相同，但常常不认为如此，因为该术语表示语法而非词汇的拓展。通常也有过渡情况，比如和颜色词搭配的 *dark/deep*（深）或 *light/pale*（浅）（*deep red* 更像 *very red*（非常红）还是更像 *blood-red*（血红）？）。不过，只要结构表征足够清晰，就确实无须引入一个不同术语。

中心语后面也是修饰成分，我们可以用“前置修饰语”和“后置修饰语”来区分这两种类型。这种区别并非功能性的，而是取决于修饰语的级阶；比较 *a weatherboard shack by the roadside*（路边的一间防水板棚屋）和 *a roadside shack made out of weatherboard*（用防水板做成的路边棚屋）。两者并非完全等同，区别在信息结构上：后置修饰语更有可能充当新信息。但由于不是词复合体，后置修饰语本身无法进入逻辑结构。逻辑分析可以指出名词词组中前置修饰语的主从基础，从而解释长串名词的产生机理，包括机构和机器部件的名称，以及报纸的标题（见上述有关分类的讨论），例如：*investment trust cash management account*（投资信托现金管理账户）、*weigh shaft lever balance weight*（称重轴杠杆平衡块）、*live steam injector feed water valve*（新蒸汽喷射器给水阀）和 *jobs plan grant bid*（就业计划拨款申请）。这种结构产生于同一功能的迭代，故称为**单变元结构**（univariate structure；见 Halliday 1965, 1979）：α 由 β 修饰，β 由 γ 修饰，γ 又由……。相比之下，**多变元结构**（multivariate structure）体现为“指

示语 + 数量语 + 特征语 + 类别语 + 事物 + 定性语”，是不同的功能要素配置而成的整体。它们适用于大多数语法结构，但名词词组较为特殊。为了理解普通名词如何识解复杂事物，我们需要同时从两个角度进行解释。

6.2.6 中心语和事物

至此，我们一直假设单变元结构的中心语也总是多变元结构的事物，但情况并非如此。名词词组总是包含中心语（除非它是“分支”（branched）结构，如 *one blue eye and one brown*（一只蓝色眼睛和一只棕色眼睛）中的 *one brown* [ø]），但可能没有事物。数量语或指示语作中心语较为常见，如图 6–9 所示。

391 (a) (look at)

those	two
指示语	数量语
修饰语	中心语
β	α

(b) (look at)

those
指示语
中心语
α

(c)

which?
指示语
中心语
α

图 6–9　数量语（a）和指示语（b 和 c）作中心语的名词词组

当名词词组在归属式关系小句中作属性语时，常常可以发现特征语作中心语的情况（见第五章，第 5.4.3 节）。此时，名词（事物）充当中心语的情况通常出现在泛指指示语中，如 *you're a very lucky boy*（你真是个幸运的孩子）。还有一种情况同样常见，即形容词（特征）作中心语，如 *you're very lucky*（你很幸运）。这类名词词组（有时明确称为“形容词词组”[13]）的独特之处在于，它们通常不能在小句中作主语。正如第五章所示，其表征的类别通过属性界定（*lucky*（幸运）= 幸运者这一类中的成员或例子）。通过增加名词或名词替代成分来充当中心语，它们就可以作主

⑬ 在加的夫语法中又称“性质词组”（quality group）：例如，见 Fawcett（2000: 164, 206–207）。

语，如 *lucky people*（幸运的人）和 *a lucky one like you*（像你一样幸运的人）。有些形容词直接出现在 *the* 之后，如 *the rich*（富人），但这种配置方式并不高产[14]。

除上述类型外，特征语和类别语通常不作中心语，不过最高级形式除外。在一些方面（如序列中的位置），它更像顺序类数量语，而非特征语：如 *(he wants) the smallest*（他想要最小的）。对于其他特征语和类别语而言，如果该事物不明确，就会被 *one/ones* 取代，如 *(he wants) a small one / a wooden one*（（他想要）一个小的 / 木制的）。如图 6-10 所示，该替代成分既是中心语，又是事物：

<table>
<tr><td>(we want)</td><td>some</td><td>very</td><td>small</td><td>wooden</td><td>ones</td></tr>
<tr><td></td><td>指示语</td><td>特征语</td><td></td><td>类别语</td><td>事物</td></tr>
<tr><td></td><td colspan="4" align="right">修饰语</td><td>中心语</td></tr>
<tr><td></td><td rowspan="2">δ</td><td colspan="2">γ</td><td rowspan="2">β</td><td rowspan="2">α</td></tr>
<tr><td></td><td>次修饰语 γβ</td><td>次中心语 γα</td></tr>
<tr><td></td><td>限定语</td><td>副词</td><td>形容词</td><td>形容词</td><td>名词：替代</td></tr>
</table>

图 6-10　带替代成分 *one* 的名词词组

由中心语和事物构成的复杂功能实体充当名词词组的支点：在名词词 392
组前作前置修饰语，包含一系列经验功能不同的词；在名词词组后作后置修饰语，表现为至少一个嵌入成分，如介词短语、非定式或定式小句。在逻辑结构上称作主从性词复合体[15]。前置修饰语既可以容纳主从性词复合体，如 *a very much better argument*（一个更好的论点），或位于词这一级

[14] 在现代英语中，这种类型仅限于某些抽象概念（*And then the inevitable happened* “然后不可避免的事情发生了。” [KOHL_P]）和生物的普遍类别上（例如，*Instead he goes down and lives among and with the poor and oppressed* [ACE_D] “相反，他放下身段，生活在穷人和受压迫者中间”）；但在德语和其他日耳曼语言中，类似的措辞不仅可以用来指代不同类别的人群，也可用于指代某一类别的特定成员。

[15] 在前两版的《功能语法导论》中，后置修饰语也在逻辑表征中讨论。但除了将描述变得更加复杂之外，并没有起到较大的解释作用。

阶的嵌入（wordrank embedding），如 *a four-post bed*（有四根柱子的床），*a left-handed batsman*（左撇子击球手）；还包括压缩短语和小句，如 *your in-flight magazine*（你的飞行杂志）和 *a never-to-be-forgotten experience*（一次永远难忘的经历）。词复合体衍生自名词中心语具有的逻辑扩展潜势，而嵌入则来自经验配置具有的功能范围，名词在其中充当事物。

不过，当中心语和事物同时存在，但彼此分离，并未融合时，名词词组可以将这两种潜势合并。此时，发挥前置修饰功能的一个名词词组，其中，事物嵌入 *of* 介词短语中，充当后中心语定性语，如 *a cup of tea*（一杯茶；见图 6-11）。当然，两个维度在结构内均贯穿始终。此处展示了如何通过将茶杯的中心语属性映射到茶的事物属性上，从而识解整体意义。

a	cup	of	tea
数量			事物
前置修饰语	中心语	后置修饰语	
β	α		

图 6-11 度量表达（或其他嵌入数量语）的内部结构

当中心语和事物以上述形式彼此分离时，前者可以与任一前置修饰功能融合（见表 6-10）。

（i）中心语作指示语。所有泛指指示语（见表 6-3）均可在该结构中充当中心语。注意，*a(n)*，*no*，*every* 变成了 *one*，*none*，*every one*，弱读 *some* [sm] 变为 *some*。举例如下：

I think we're seeing **another one** of those periodic eruptions. [COCA]

Well, I get rather fed up of **some** of these youngsters and the claptrap they talk sometimes. [LLC_01]

I can't offer you **any** of Malcolm's sherry because he hasn't got much. [LLC_01]

（ii）中心语作数量语。包括基数或序数，表示确指或不确指（见上

表 6–9）。

These two women have always got **loads** of washing out, **loads** of tablecloths. [LLC_04]

And I think you've **all four** of you given your own subjective reactions to **three** of these four phenomena. [LLC_05]

And it may not be the **last** of the storms for Washington and the rest of the country. [COCA]

（扩展的数量语表达见下文）。

（iii）中心语作特征语。该类型较为受限，作中心语的态度名词（而 393
非形容词）有时表示积极的评价，但通常表示更加消极的评价。评价在韵律上可以借由修饰态度名词的形容词拓展。例如：

I met this feisty, wonderful, paradoxical **genius** of a woman that I'm nuts about. [COCA]

In the row ahead of ours, a blond-haired, blue-eyed Christmas-tree **angel** of a teenager turned out to be awaiting trial for shooting a nun pointblank in the head. [COCA]

He's a **hell** of a pitcher, probably the best in the game right now, and as long as he knows he can go to another level, the sky's the limit for that kid. [COCA]

The Chronicle called it 'a beached **whale** of a building'. [COCA]

He has apparently been an absolute **nightmare** of a client. [语篇 82]

that some thieving **bastard** of a cop had walked off with his cigarettes [BROWN1_L]

I had been dragging and pulling and tugging my stupid **fool** of a brother all the while. [KOHL_K]

... ordinary people, many of whom have never been involved politically before, who are feeling extraordinarily concerned about this gigantic **monster** of a bill that seems to be, you know, being rammed down everybody's throats [COCA]

上述许多表达已经成为人们耳熟能详的套话，例如 *having a whale of a time*（玩得很开心）。

（iv）中心语作分类语。举例如下：

The **concept** of an intercolonial exhibition was a new one. [ACE_J]

The RBC model includes **concepts** of Leadership, Teamwork, Professional Practice, Care Delivery, Resources, and Outcomes. [COCA]

Mixer fell into the **category** of mutt, an English shepherd and something or the other. [COCA]

Over the next fortnight, the Brisbane Olympic Games delegation will filter into the small Swiss **city** of Lausanne, on the shores of Lake Geneva. [ACE_B]

He's likely to point to the capture over the weekend of the **cities** of Brega and Ras Lanuf by anti-Qaddafi forces. [COCA]

其中，中心语明确了事物所属的类别。这种结构在意义上近似于没有 *of* 的变体，如 *the word 'freedom'*（"自由"这个词）；见上文第 6.2.2.2 节有关名词词组作定性语的例子，如 *my brother the lawyer*（我的律师兄弟）。如上文所示，当中心语为类别语时，它和事物均可为单数或复数。然而，当中心语为特征语时，在结构上较为受限，不太可能为复数；比较 *my stupid fool of a brother*（我那愚蠢的兄弟）和不太可能出现的 *my stupid fools of siblings*（我那些愚蠢的兄弟姐妹）。

394 中心语和事物之间的关系要么是（1）延伸，要么是（2）增强：见表 6-10。（1）当中心语和指示语或数量语合并时，中心语与事物之间为延伸关系："中心语为事物的一个子集"。（2）当中心语和特征语或类别语融合时，中心语与事物之间为增强关系（故该结构又称同位结构）："中心语即事物"。

表 6-10　中心语与事物分离，与其中一个前置修饰语融合的名词词组

	指示语 [限定词：泛指]	数量语 [数词]	特征语 [名词]	类别语 [名词]
中心语 /	*one / some / all / none of my* ***friends***	*two / many of my* ***friends****; the second / last of my* ***friends***	*my hero / monster of a* ***friend***	*the concept of* ***friendship;*** *the city of* ***Rome***
中心语与事物的关系	（1）延伸		（2）详述	

还有另一类重要的名词词组也以相同方式识解。其中，中心语和事物分离，两者以 *of* 连接，如 *a cup of coffee*（一杯咖啡）。上文（第 6.2.3 节）提到，此类表达往往与“可数”物质名词同源：*a new polish/type of polish*（一种新型抛光剂）和 *three coffees/cups of coffee*（三杯咖啡）。该类词可以视为**被拓展的数量语**（extended Numerative），中心语表示度量或类型[16]。它们可以被表征为一个双变量矩阵（见表 6-11）：（i）度量（数量）/ 类型（品质）和（ii）中心语与事物的“集”（set）关系（集合（collective）[中心语 > 事物]，部分（partitive）[中心语 < 事物]，量化 quantitative [中心语 = 事物]）。

表 6-11　拓展的数量语 395

	度量（数量）	类型（品质）
中心语 > 事物 集体	**集合** a pack of cards such a crowd of people	**类别** a kind of owl my dialect of English
中心语 < 事物 部分	**部分** a slice of cake the fragment of a novel	**侧面** the front of the house three sides of a square
中心语 = 事物 量化	**量化** a cup of coffee some area of land	**构成** a drink of water their sense of insecurity

[16] 比较加的夫语法在讨论名词词组时提出的“选择符”（selector）一词（如 Fawcett, 2000: 304, 306）。

上述结构的共同点在于，虽然事物（如 *coffee*）充当小句及物性结构的参与者，但在上述双变量矩阵中，它受到逻辑中心语的制约。中心语决定了实体在语气系统中的值，以及充当主语的潜势。*of* 一词是名词性成分之间结构关系的一般化标记。下列例子涉及定性语中 *of* 的不同意义：例如（集合）*the House of Lords*（上议院），（部分）*both Houses of Parliament*（议会两院），（量化）*a house full of treasure*（装满宝藏的房子），（类别）*a house of respite*（休憩之家），（侧面）*the House of Windsor*（温莎王朝）和（构成）*a house of three storeys*（一栋三层楼的房子）。在上述例子中，*house* 均具有中心语和事物的双重身份。另一方面，在度量 / 类型的表达中，中心语的一部分被语法化，因此常常被弱读（非突显）；同时，名词词组中其他元素的位置也通常难以确定，如复数标记和表音词。

度量（measure）词之后可能接续一个完整的名词词组，如 *a cup of that good strong Indian tea*（一杯印度浓茶）。特征语常常被转移到中心语上，如 *a strong cup of tea*（一杯浓茶），不过浓的当然是茶，而不是杯子。相似的例子还有：*a bloody good cup of coffee*（一杯非常好的咖啡）[COCA]。这一方面归咎于中心语和事物彼此分离的矛盾本质，另一方面，特征语在很多情况下可以同时修饰中心语和事物，如 *a cloud of thick smoke* 和 *a thick cloud of smoke*（一阵浓烟），这就为 *a strong cup of tea*（一杯浓茶）提供了模型。（相比之下，类别语不会被转移；不会说 *a brown slice of bread* 一片棕色的面包。）有时，特征语更加理所当然地修饰数量语，如 *a large cup of tea*（一大杯茶）；但即使在这种情况下，除了充当数量语，特征语也不会对物品作出其他形式的描述——不能说 *a blue cup of tea*（一杯蓝杯子的茶）指代 *a cup of tea in a blue cup*（蓝色杯子里的一杯茶）。最后，特征语同时出现在两个位置上的情况并不罕见，例如，*a thick layer of powdery snow*（厚厚的一层粉状雪），*a plastic cup of red, watery punch*（一塑料杯的红色，淡淡的潘趣酒）[COCA]。

度量词从数量上对事物进行界定，而**类型（type）**词则关注一般性：包括事物的某些种类、某个方面、或某一组合方式。表示种类的词包括若干较为通用的词语，如 *kind*，*sort* 和 *type*；这些表达是闲谈中犹豫标记的来源，如 *kind of*、*sort of*，*example*，而 *instance*，*specimen* 等词有时也有类似功能，尤其在例证识别小句中，例如，*a toad is an example of an amphibian*（蟾蜍是两栖动物的一种）。然而，对于类似 *kind* 的词而言，分类意义体现在小句结构中。即使在类别语省略的情况下，也可以通过小句结构识解（*a toad is an amphibian* 蟾蜍是两栖动物）。

在表达侧面（facet）意义的名词词组中，如 *the front of the house*（房子的前面），*the entire length of the narrative*（整个故事的长度），中心名词 *front*（前面），*length*（长度）在功能上与介词短语中的介词相互关联：*before/in front of the house*（在房子前面），*throughout the narrative*（在整个故事中）。实际上存在如下渐变群；例如，*at the summit of the hill*（在山顶上）（*summit* 既是中心语也是事物）— *at/on the top of the hill*（在山顶上）— *on top of the hill*（在山顶上）—（*atop the hill* 在山顶上）— *on the hill*（在山上）（*hill* 既是中心语也是事物）。在 *on top of the hill*（在山顶上）中，*on top of* 为介词词组（见下文第 6.4.3 节）。此处的 *top* 没有指示语，不可变为复数，可与抽象事物搭配（*I think we've got on top of the problem* 我想我们已经解决了这个问题）。但 *at/on the top of the hill* 构成介词短语（见第 6.5 节）：介词是 *at* 或 *on*；*the top of the hill*（山顶）是补语，其中 *top* 可变 396
为复数（*(on) the tops of the hills*），但不能接抽象事物——不会有 *top(s) of the problem(s)*。此处的 *top* 是一个侧面词，分析见图 6-12。

[there was snow on]	the	tops	of	the	hills
经验	侧面			指示语	事物
	指示语	事物			
逻辑	[修饰语]	中心语	定性语		
	β	α		（修饰语）	中心语
				β	α

图 6-12　带侧面表达的名词词组

当中心语和事物在名词词组中明确存在，但并未融为一体时，被识解的现象从一个视角下看似单一实体，但从另一视角下则为两个。这些表达的基础是人类经验的具体领域，如杯子和咖啡。它们随后成为一种极其丰富的资源，用于识解构成我们成人生存环境的虚拟实体。

We need to take more initiative in showing how the halting progress we are making across **the broad front of understanding** really is improving our ability to deal with specific problems. [语篇 32]

The evils of poverty and unemployment are recording a steep rise, raising **the quantum of discontent** among the masses, which might soon reach a peak of no return, ending perhaps in a serious revolution. [KOHL_G]

Is there still **some area of our soul**, we wonder, which has not yet been appropriated by religion, nor colonized by business, **a forlorn area of deep experience** to which only art has access? [KOHL_G]

6.3　动词词组

在小句的语气结构中（作为交换的小句；见第四章），动词词组充当“定式 + 谓语”（或在没有定式成分时，仅充当谓语）；在小句的及物性结构中（作为表征的小句；见第五章），动词词组充当过程。例如：

someone’s been eating my porridge

在该句中，动词词组是 *has been eating*（一直在吃）。

就像名词词组是名词的扩展一样，动词词组是动词的扩展；它包含了一个词的序列，这些词属于基本类动词。在 *has been eating*（一直在吃）这一序列中，**“实义动词”**（lexical verb）为 *eat*，最后出现；**定式动词**（finite verb）*has* 首先出现；**助动词**（auxiliary verb）*been* 介于两者之间。

这是三者的唯一顺序。

和名词词组一样，我们也可以将动词词组表示为经验结构和逻辑结构，但由于动词词组内仅有一个词项作实义动词，故经验结构十分简单；绝大部分语义负荷由逻辑结构（包括时态系统）承担。 397

6.3.1 动词词组的经验结构

定式动词词组的经验结构为“**定式**（Finite；即“定式操作语”Finite operator）+ **事件**（Event）”，非必要成分包含（至少一个）**助动词**（Auxiliary）和归一度（polarity）。最短的定式动词词组仅包含一个单词，如 *ate*。其中，定式成分与事件合并，不包含助动词。较长的定式动词词组包含一系列词项，例如 *couldn't have been going to be being eaten*（不可能将要已经被吃掉）（图 6-13）：

（a）

ate
定式 / 事件

（b）

couldn't	have	been	going to	be	being	eaten
定式	助动词 1	助动词 2	助动词 3	助动词 4	助动词 5	事件

图 6-13　动词词组的经验结构

该结构的显著之处在于动词词组和名词词组的对等。作为动词词组的开头，定式成分相当于名词词组的指示语。在表示“说话者-此时”时，定式成分借助时态或情态（对比上文第四章，第 4.2.2.1 节），而指示语则借助人称或临近性。但两者均明确了相关词组的定位。动词词组以事件结尾，相当于名词词组的事物；前者表示的过程可能是事件、有意识的行动、或关系，而后者则表示某种实体，但两者均表征词项意义的核心。

这当然不是巧合。位于动词词组和名词词组开头的成分将词组“固定”在言语交际中，而位于末尾的成分则将其表征的内容明晰化——区别在于，事物比事件更加系统，所以名词词组包含附加词项成分，而动词词组没有。背后的原因不难解释。初始位置充当主位，自然围绕过程或参与者与此时–此地的关系展开。末位充当信息成分，过程或参与者的新信息要素体现在词项内容上。由此，通过成分的固定（**fixed**）次序，词组结构概括了小句信息结构所做选择（**choice**）的意义。

因此，与名词词组一样，我们无须从经验、人际和语篇三种语义成分上单独进行分析。语篇意义体现为成分的次序。人际意义存在于与定式性
398（基本时态或情态）、归一度，以及实义动词中可能存在的态度色彩（如 *praise* 表扬和 *criticize* 批评；见第二章，图 2–7）相关的指示特征上。语调和韵律可以体现两者之间的进一步系统区分：比较中性的 *he hasn't been working*（他一直没工作），

//^he / hasn't been / **working** //

和带有变体的 *he has not BEEN working*

//^he has / not / **been** / working //

后者具有"标记的否定（归一度）"和"对比的过去（时态）"，见图 6–14。不过，对于动词词组成分而言，结构性标签的价值十分有限。原因在于，一方面，意义可以完全通过语法特征（时态、语态、归一度及情态）来表征；另一方面，逻辑结构不仅体现英语动词唯一最重要的语义特征，即递归时态系统，而且包含的要素并非单个词语，而是更加复杂的成分。这些成分将在下一小节讨论。

has	not	**been**	working
定式成分	归一度：	助动词：	事件
现在时	否定：标记性	过去时：对比	

图 6–14　包含标记归一度和对比时态的动词词组

6.3.2 动词词组的逻辑结构

动词词组也有逻辑结构，不过形式与名词词组不同，两者之间并不对应。动词词组的逻辑结构体现在时态系统中。

以动词词组 *has been eating*（一直在吃）为例。该词组实际包含了三种不同的时态选择：（1）现在，表示为 *has* 中的 *-s*（即第一个动词为现在时）；（2）过去，表示为动词 *have* 加 *-en*，见 *been*（即后一个动词为过去 / 被动分词形式 V-*en*）；（3）现在，表示为动词 *be* 加 *-ing*，见 *eating*（即后一个动词为现在 / 主动分词形式 V-*ing*）。上述时态的逐步推进方式见图 6–15。

eats
= -s (‘does’)

has	eaten
= -s	have ... -en
α	β

has	been	eating
= -s	have ... -en	have ... -ing
α	β	γ

图 6–15 “现在完成进行”时的逐步推进方式

因此，英语时态是一个递归系统。中心语为基本时态，表示为 α，作指示语：指向言语事件的过去、现在或将来。其修饰成分，见 β 和 β 之后 399
的其他标记，为次要时态，表示相对于前述时态选定的时间的过去、现在或将来。体现形式见表 6–12。例如：

So when is this thing scheduled to produce results, Frank? — Oh, it’s **been producing** results for a long time. [LLC]

When I’**d been teaching** apprentices at Vauxhall, I **could have gone** straight there, but I just couldn’t get there. [LLC]

They never know in the long vac or in the summer what they **are going to be doing** the next year. [LLC]

We live in Arizona, so they’**ll be going to be traveling** back and forth during the course of the season. [COCA]

But long term, the tax cut will ‘generally drain funds that **should have been going to be saved** for Medicare and Social Security’. [COCA]

I think that there'**s going to be** some of that, but for some people they'**re going to have been pulled back** into a process in which they had not participated at all. [COCA]

表 6-12　基本时态和次要时态的体现形式

	基本	次要
过去	V-ed（一般过去时） 如 *was/were*，*took*，*walked*	*have* + V-en 如 *have been*，*have taken*，*have walked*
现在	V-s（一般现在时） 如 *is/are*，*takes*，*walks*	*be* + V-ing 如 *be being*，*be taking*，*be walking*
将来	will + V（不定式） 如 *will be*，*will take*，*will walk*	*be going to* + V *(infinitive)* 如 *be going to be*，*be going to take*，*be going to walk*

时态的命名建议逆向进行，从最深层意义开始，使用介词 *in* 表达系列修饰关系。因此，图 6-16 中的时态可以命名为“过去中的将来中的过去中的现在”。

400

was	going to	have	been	working
（过去）	be going...（不定式） to...	have ... -en	be ... -ing	(work)
过去：	将来：	过去：	现在：	
“过去中的　将来中的　过去中的　现在”				

图 6-16　时态的命名

对时态本身进行标记也非常实用；我们使用 – 表示“过去”，+ 表示“将来”，ø（零）表示“现在”。

显然，我们可以完全按照名词词组的方法，按照体现助动词的结构分析，表征动词词组的各个实例。不过，动词词组中的成分为纯语法形式（即它们所表征的选项是封闭，而非开放的集合——过去 / 现在 / 将来，肯定 / 否定，主动 / 被动），因此单纯使用逻辑标记会更加简单。图 6-16 中动词词组的时态可以表示为 α–^ β+^γ–^ δ ø，或者更简单地标记为 –+–ø。

归一度和语态没有通用符号，但可以使用缩略形式：肯定（pos.）/否定（neg.），主动（act.）/被动（pass.）。其中，仅有否定和被动可能需要标记。

上文（第四章，第4.2.2节）已经解释过，归一度与定式性绑定出现。语态表达式是时态表达式的延伸。主动语态没有明显的标记，被动语态表示为 *be*［“中性的”］或 *get*［“变化的”］加 V-*en*（过去/被动分词），作为附加修饰成分出现在末尾（对于“变异”语态的研究，见 Downing，1996）。因此，被动语态表示额外的次要时态，其特殊之处在于结合了现在性（*be*）和过去性（V-*en*），表示“现在出现，源于过去”，如 *the two halves of the city are joined by a bridge*（这座城市的两部分由一座桥连接起来）中的 *are joined*。鉴于此，被动式和带被动形式的属性之间区别不大。被动式的例子见图6-17。

is	eaten	
（现在）	be ... -en	(eat)
αø	β	
现在	被动	

has	been	eaten	
［现在］	have ... -en	be ... -ing	(eat)
αø	β–	γ	
现在	过去	被动	

has	been	being	eaten	
［现在］	have ... -en	be ... -en	be ... -en	(eat)
αø	β–	γø	δ	
现在	过去	现在	被动	

图6-17　被动式动词词组

在已知的英语历史中，被动时态的数量在相当长的一段时间内，远不及主动时态。但被动时态系统的发展势不可挡。如今，各个主动时态都有 401
其对应的被动成分，作为逻辑结构的延伸（有关次要现在时的系统扩展，见 Mair 和 Leech, 2006: 322–325; Smith 和 Raylson, 2007）。在笔者记录的最长时态形式中（5 个连续时态），就有一个被动时态的例子：

it'll	've	been	going	to 've been	being	tested
α+	β–	γ+	δ–		εø	ζ

表示“被动时态：将来中的过去中的将来中的过去中的现在”。

由于时态系统的递归性，不可能有更长的时态。然而，在现实中有一些约束条件会限制可能出现的时态总量。这些约束条件，或称“停止规则”，如下所述：

（i）除 α 外，将来时只出现一次。
（ii）除 α 外，现在时只出现一次，且总在最深层级。
（iii）除 α 外，同一时态不会连续出现两次。

举例说明：根据（i），不可能出现 *she is going to have been about to do it*（她就要已经这么做了）；根据（ii），不可能出现 *he has been having done it*（他一直在已经做了这件事）；根据（iii），不可能出现 *they will have had done it*（他们将要早就做到了）。这些约束条件将定式时态的总量限定为 36 个，见表 6–13。

表 6–13　定式和非定式 / 情态时态系统

			非定式，定式情态，时态（12）：到 β		定式非情态时态（36）：到 α		定式非情态时态		非定式和定式情态时态（完成体、非完成体；情态）
ε	δ	γ	β		α				
			（无）	I	过去	1	take/did take	I	to take,taking; can take
					现在	2	take(s)/do(es) take		
					将来	3	will take		

续表

			非定式，定式情态，时态（12）：到β		定式非情态时态（36）：到α		定式非情态时态		非定式和定式情态时态（完成体、非完成体；情态）	
			过去	Ⅱ	过去	4	had taken	Ⅱ	to have, having; can have+taken	
					现在	5	has taken			
					将来	6	will have taken			
			现在	Ⅲ	过去	7	was taking	Ⅲ	to have, having; can have+taking	
					现在	8	is taking			
					将来	9	will be taking			
			将来	Ⅳ	过去	10	was going to take	Ⅳ	to have, having; can have+going/ about to take	402
					现在	11	is going to take			
					将来	12	will be going to take			
		过去	在将来	Ⅴ	过去	13	was going to have taken	Ⅴ	to have, having; can have+going to have taken	
					现在	14	is going to have taken			
					将来	15	will be going to have taken			
		现在	在过去	Ⅵ	过去	16	had been taking	Ⅵ	to have, having; can have+been taking	
					现在	17	has been taking			
					将来	18	will have been taking			
		现在	在将来	Ⅶ	过去	19	was going to be taking	Ⅶ	to have, having; can have+going to be taking	
					现在	20	is going to be taking			
					将来	21	will be going to be taking			
		将来	在过去	Ⅷ	过去	22	had been going to take	Ⅷ	to have, having; can have + been going to take	
					现在	23	has been going to take			
					将来	24	will have been going to take			
	过去	在将来	在过去	Ⅸ	过去	25	had been going to have taken	Ⅸ	to have, having; can have + been going to have taken	403

续表

			非定式，定式情态，时态（12）：到β		定式非情态时态（36）：到α		定式非情态时态		非定式和定式情态时态（完成体、非完成体；情态）
					现在	26	has been going to have taken		
					将来	27	will have been going to have taken		
	现在	在过去	在将来	X	过去	28	was going to have been taking	X	to have, having; can have + going to have been taking
					现在	29	is going to have been taking		
					将来	30	will be going to have been taking		
	现在	在将来	在过去	XI	过去	31	had been going to be taking	XI	to have, having; can have + been going to be taking
					现在	32	has been going to be taking		
					将来	33	will have been going to be taking		
现在	在过去	在将来	在过去	XII	过去	34	had been going to have been taking	XII	to have, having; can have + been going to have been taking
					现在	35	has been going to have been taking		
					将来	36	will have been going to have been taking		

404

6.3.3 定式、序列和非定式时态系统

英语实际上包含三种不同的时态系统：

系统 I：	定式	36 种时态
系统 II：	序列	24 种时态
系统 III：	非定式 / 情态	12 种时态

定式系统，即系统 I，位于表 6-13 的中间列。可以通过逐步拓展小句时间表达式的方式对其进行解释。在图 6-18 中，包括四级时态的 *she's been going to have known*（她一直将要早就知道了）从一端开始逐层构建，并朝另一端逐步瓦解。每种形式都伴有一个合适的时间附加语，其顺序与时态相反。两者之间存在“镜像协和”（mirror concord），恒定不变。只有一种例外，即对应基本时态的时间附加语可被选作主位，如 *by now she's known for some time, for a while she was going to have known already by tonight*。由于所选小句为心理过程，因此可由一般现在时开始逐步拓展。

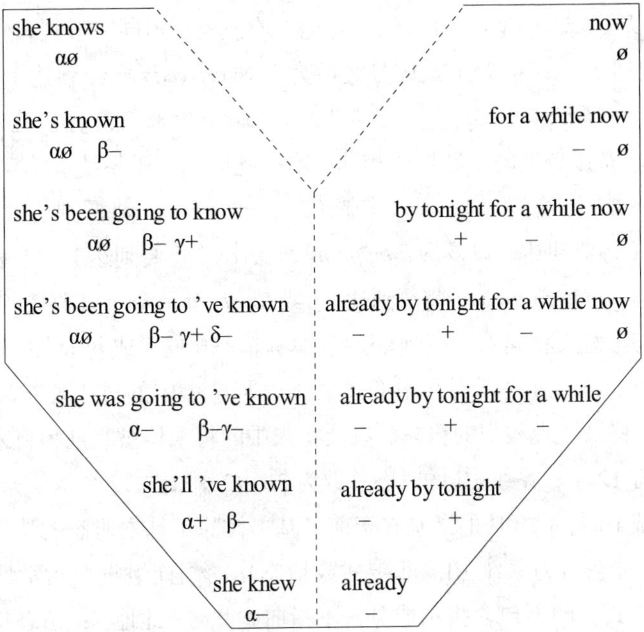

图 6-18　分别从左侧和右侧逐步构建的时态复合体，与时间附加语存在镜像协和关系

系统 II 是过去的投射（见第七章，第 7.5 节），如 *they said*。请注意如下对等关系：

405 She arrived yesterday.
She has arrived just now.　} They said　　She had arrived { the day before. / just then. / before that.
She had arrived before that.

此时，在表示“过去”的环境中，系统 II 中有三种过去时被中和（neutralized）；过去，现在中的过去和过去中的过去都被表征为过去中的过去。由于存在六种类似的三联体，系统 II 比系统 I 少了 2 × 6 =12 种时态。

时态系统 III 存在于动词词组的非定式和情态化形式中。此时，进一步的中和发生了，不仅在系统 II 内影响过去的时态，还对等地影响了将来的时态。在系统 I 内，特定差异相互中和，导致了系统 III 的产生，表明了这些步骤结合之后的效果。通过步骤（1），*arrived*（到达），*has arrived*（已经到达）以及 *had arrived*（过去已经到达）均被表征为同一形式 *have arrived*（已经到达）。（在情态定式成分之后为 *have arrived*（已经到达），在非定式之后为 *to have arrived*［完成］或 *having arrived*［未完成］）。此处的中和与导致系统 II 产生的中和性质相同。唯一的区别在于系统 II 为定式，*had arrived*（过去已经到达）。通过步骤（2），*will arrive*（将要到达），*is going to arrive*（将要到达）以及 *will be going to arrive*（将要到达）均被表征为同一形式 *be going to arrive*（将要到达），或 *be about to arrive*（将要到达）（两者在时态上意义相同），这些形式再次具有情态化的完成和未完成变体。

此处，（i）过去、现在中的过去、以及过去中的过去均被表征为过去；（ii）将来、现在中的将来、以及将来中的将来均被表征为将来。此类三联体有 12 个；系统 III 的时态总数为 36 − (2 × 12) = 12 个。

系统 III 与系统 II 的区别在于前者基本排除了基本时态的选项。系统 I 去掉 α 时态后为系统 III。非定式或情态化动词词组没有指示性时态成分：非定式，即不包含指示成分，不指向“此时 − 此地”；情态化，即虽然包含指示成分（定式），但指示语以情态而非时态的形式出现。严格来说，非定式的第一个次要时态作中心语，故应标为 α；但保持 α 与定式的关联会更加简单明了，故使用 β 来标记非定式结构。

在下列小句复合体中，两个小句的动词均选择了系统 III 的时态：

（a）非定式

to have been	going to	be spending	all that time preparing for class ...
β–	γ+	δø	

（b）情态化

... she	must	have	been about to	be being	inspected
	α 情态	β–	γ+	δø	ε 被动

系统 III 的时态见表 6–13 的右列。需要注意的是，为避免重复，两个系统的时态标签置于左列。系统 III 的类别 I 无时态，即 *taking*，*to take*，*must*（或其他情态成分）+ *take*（表 6–14）。

表 6–14 由系统 I 的特定差异的中和而派生出的系统 III 406

	系统 I		系统Ⅲ	
(1)			**(a)** 非定式	
	she arrived	yesterday	having arrived	yesterday, she ...
	she has arrived	just now		just now, she ...
	she had arrived	before that		before that, she ...
			(b) 情态化	
			she must have arrived	yesterday
				just now
				before that
(2)			**(a)** 非定式	
	she will arrive	tomorrow	being about to arrive	tomorrow
	she is going to arrive	just now		just now
	she will be going to arrive	after that		after that
			(b) 情态化	
			she must be going to arrive	tomorrow
				just now
				after that

6.3.4 序列时态的特征

显然，定式、序列和非定式系统中的所有时态均可视为一个简单集合。但这样就无法解释三大系统之间的关系，以及整个时态系统的序列特征。

序列时态的显著之处在于它的规律性：每种时态的选择，无论是过去、现在还是将来，都定义了一个时间位置，进而在三种时态中作出选择。但是这一规律性却被结构主义的分析范畴，尤其是完成时和进行时（或连续时）的“体”命名法，掩盖和扭曲。过去和将来时的序列特征可以用下列短对话简单说明。

Did it snow? — It was snowing, when I first arrived.

α–　α– β+　α–

也就是说，把自己传送回过去后，下雪的当下就是现在。同样地，

407 Will it melt? — It will have melted, by the time you have arrived.

α+　α + β–　α ø β–

换言之，把自己传送到将来后，雪融的当下就是过去。

当然，初始的时间移动可能会被重复。

Did it snow? — It had snowed, before I arrived.

α–　α– β–　α–

在那个（过去）时刻，下雪已经成为过去。同样地，

Will it melt? — It will just be going to melt, by the time you arrive.

α+　α+ β+　αø

在那个（未来）时刻，雪融也只在将来发生。

最具误导性的术语可能是表示现在中的现在的“连续”。我们同样用对话来解释：

Does it snow? — It is snowing now, though it doesn’t usually.

注意次要时态是如何聚焦和强调主要时态的：在这个（现在）时刻，下雪发生在当下。这里的复杂之处在于，聚焦的确切力度取决于过程类型，正如第五章所示。在心理或关系过程中，无标记的选择是一般现在，但现在中的现在可以突出重点（见第 5.3.3.4 节）。

I don’t really like Grand Opera. But I’**m liking** this performance quite a lot.

Oh, she is playing with you. She sees the power she has. And she **is liking** it. [COCA]

Liz Brous, of New York City, mom of 18 month-old Alex, says, ‘Charlie and I made one lifetime rule: He gets up in the middle of the night; I get up in the morning, which begins at 6:00 A.M. If Alex starts crying at 5:30, Charlie gets up. If he’s still going at 6:00, Charlie wakes me up to take over.’ Alex hasn’t woken up for six nights in a row, so Liz **is hating** the rule right now. ‘But Charlie **was hating** it a few months ago when Alex was up all night teething,’ she says. [COCA]

另一方面，对于物质过程来言，现在中的现在已经成为常态，而一般现在则表示“惯常”之意，如上述下雪的例子所示。

将时态视作一个简单列表也表明现有时态和其他不存在的时态之间具有明显的界限，但时态系统的使用因人而异。此外，它还在一直扩展，可能刚刚达到极限。此处，英语语义将相对时间（固定的时间参照点之前、之时或之后）解释成一种逻辑关系（见 Matthiessen, 1983；1984；1996）。这种对事件的细分方式类似于对事物的细分方式，只不过后者基于多维的（因而也是词汇化的）语义维度，而前者基于单一的语义维度，因此可以完全通过语法手段表达。

在表 6-15 中，系统 I 的时态从“定式”开始排列，与表 6-13 相反。408

第 1 列显示的是时间$_2$（即相对于时间$_1$的时间）中的过去、现在和将来。第 2 列显示的是时间$_3$（即相对于时间$_2$的时间）中的过去、现在和将来；以此类推。这和复杂时态在对话中逐步构建的方式一致。例如：

Does the machine work?	现在			
— It's not working now.	现在	中的现在		
But it'll be working when you next need it.	将来	中的现在		
— Is it going to be working by tomorrow?	现在	中的将来	中的现在	
— It was going to 've been working already before you came in; but ...	过去	中的将来	中的过去	中的现在
	t_1	t_2	t_3	t_4

有趣的是，比较第 3 列会发现，在理论上可行的 27 种时态中，通常仅出现 12 种（比较上文提到的“停止规则”），而其他 15 种是可以构建的：

（经常出现）		（不常见）	
+ + ø	will be going to be working	+ + +	will be going to be about to work
+ + −	will be going to have worked	+ ø +	will be being about to work
		+ ø ø	will be being working
+ − +	will have been going to work	+ ø −	will be having worked
+ − ø	will have been working	+ − −	will have had worked
ø + ø	is going to be working	ø + +	is going to be about to work
ø + −	is going to have worked	ø ø +	is being about to work
		ø ø ø	is being working
ø − +	has been going to work	ø ø −	is having worked
ø − ø	has been working	ø − −	has had worked
− + ø	was going to be working	− + +	was going to be about to work
− + −	was going to have worked	− ø +	was being about to work
		− ø ø	was being working
− − +	had been going to work	− ø −	was having worked
− − ø	had been working	− − −	had had worked

表 6-15　显示序列时间构建的系统 I 时态 409

t1	t2	t3	t4	t5
+ will work	+ will be going to work	ø will be going to be working		
	ø will be working	- will be going to have worked	ø will be going to have been working	
		+ will have been going to work	ø will have been going to be working	ø will have been going to have been working
	- will have worked	ø will have been working	- will have been going to have worked	
	+ is going to work	ø is going to be working		
		- is going to have worked	ø is going to have been working	
Δ workings	ø is working			
		+ has been going to work	ø has been going to be working	ø has been going to have been working
	-has worked	ø has been working	- has been going to have worked	
	+ was going to work	ø was going to be working		
		- was going to have worked	ø was going to have been working	
- worked	ø was working			
	- had worked	+had been going to work	ø had been going to be working	
		ø had been working	- had been going to have worked	ø had been going to have been working

我们完全有可能构建一些语境，使上述 15 种情况有充分的理由出现。410
但遗憾的是，它们无法通过试验进行测试，因为这些复杂形式几乎无一例外是自发产生，不是在实验条件下生成的。但系统本身可以通过这种方式进一步扩展；哪些留下，哪些出局，并无明确界限。

6.3.5 动词词组的系统网络

我们已经看到，动词词组高度语法化：除事件由词汇项体现外，其他结构成分均由语法项体现。由此可见，动词词组系统网络用于表征纯语法对照：见图 6-19。唯一体现词汇差异的系统是**事件类型**（**EVENT TYPE**），与名词词组的**事物类型**（**THING TYPE**）类似。该系统涉及时间属性不同的动词之间的区别（因此是小句**过程类型**系统的补充，后者涉及不同的过程和参与者配置的区别）。然而，此处的动词词组网络并未包含该系统。

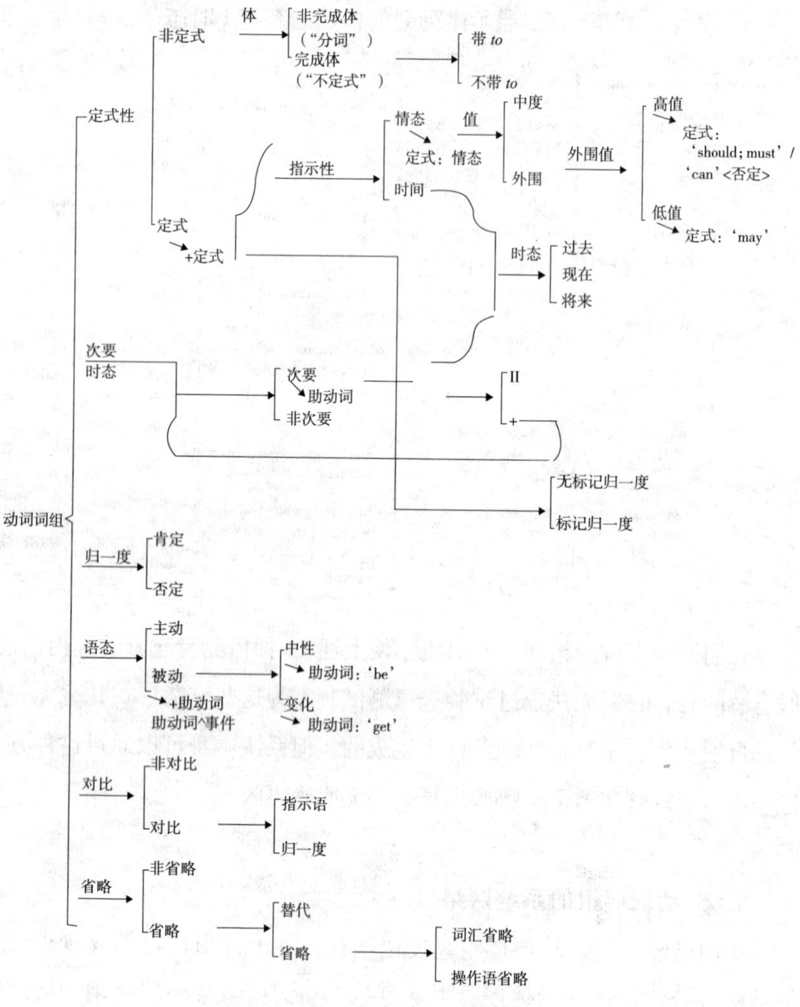

图 6-19　动词词组系统网络

411 动词词组的不同系统衍生自不同的元功能：

（i）语篇：时态、对比度、和省略；
（ii）人际：归一度、定式性和情态；
（iii）经验：体和事件类型；
（iv）逻辑：次要时态。

次要时态的逻辑系统是组织动词词组的关键：该系统界定了上文讨论的逻辑结构。**语态**系统中的助动词也在事件之前充当最后一个次级时态（*be ... -en*）。

体现方式见表 6–16。（注："次级时态"的每次选择都通过插入新的助动词成分来体现。）

表 6–16　动词词组系统网络中术语的体现方式 412

系统	术语	体现方式
	动词词组	+ 事件；事件：实义动词
定式性	定式	+ 定式；#^ 定式
	非定式	—
体	非完成	如果出现，则为助动词，否则为事件：V-*ing* /V-*en*
	完成	如果出现，则为助动词，否则为事件：V
完成体标记	不带 *to*	—
	带 *to*	事件：to ^ V
指示性	情态	定式：情态
	时间	—
情态值	中	定式：'will'
	外围	—
外围值	高	定式：'should'；'must' / 'can' < 否定 >
	低	定式：'can'，'may'
时态（基本）	过去	定式：V-*d*
	现在	定式：V-*(s)*
	将来	定式：'will'
时态（次要）	过去	助动词：'have ... V-*en*'
	现在	助动词：'be ... V-*ing*'
	将来	助动词：'be going ... to^V'
归一度	肯定	—
	否定	+ 归一度；归一度："不"；[时间：过去 / 现在] 定式：'do' ^ 归一度；[非定式]# ^^ 归一度

续表

系统	术语	体现方式
归一度标记	非标记性归一度	［肯定］—；［否定］定式 / 归一度
	标记性归一度	［肯定］定式：凸显；［否定］归一度：凸显；［肯定和时间：过去 / 现在］定式：‘do’
语态	主动	—
	被动	+ 助动词：事件：V-*en*
被动类型	中性	助动词：‘be’
	变化	助动词：‘get’
413 对比	非对比	—
	对比：时态中	
	对比：归一度中	
省略	非省略	—
	省略：通过替代	事件：‘do’
	词汇省略	
	操作语省略	

有关系统网络的说明。（1）动词词组不包含语气系统。如果一个小句是“自由：直陈语气”或“约束：定式”，则动词词组为“定式”。如果一个小句是“自由：祈使语气”，或“约束：非定式”，则动词词组为“非定式”。祈使小句的动词词组为“完全”体，（次级）时态“不存在”或为“现在”；否定变体由特殊的 *don't* 体现（在不同的语言中，**语气系统**中的小句差异和**语式系统**中的动词差异相关；比较第四章，脚注 7）。

（2）只有在选择了至少一个次级时态时，才可以区分“时态对比”和“归一度对比”；但是，这是位于**所有**实例中的系统潜势，在没有次级时态时会产生歧义。

6.3.6 短语动词

动词词组中充当事件的是动词，具体称作“实义动词”，区别于定式动词和助动词[17]等语法动词。

短语动词（phrasal verb）是包括动词和其他词的实义动词（又称“小品类动词”verb particle construction，简称“VPC”，或“多词动词”multi-word verb，简称“MWV”）。可以分为三类，其中第三类是前两类的组合：

（i）动词 + 副词，如 *look out*“发掘，找回”
（ii）动词 + 介词，如 *look for*“寻求”
（iii）动词 + 副词 + 介词，如 *look out for*“留心”

例如：

（i） Could you look out a good recipe for me?
—Yes I'll look one out in a moment.

（ii） I'm looking for a needle; could you help me find one?
—Yes I'll look one out in a moment.

（iii） Look out for snakes; there are lots around here.
—Yes I'll look out for them.

此类表达为词项成分；在类义词汇编或词典中，*look out*（当心），*look for*（寻找）和 *look out for*（留心）均为独立词条。因此，它们越发具有充当语法成分的趋势；但该趋势远未完成，它们的语法特征仍较不稳定。

在经验功能上，短语动词仅包含过程，而非过程 + 环境成分。这体现

⑰ 动词词组和名词词组的一个主要区别在于，（不同于事物）事件并非递归修饰关系的起点，因此未被标记。可以说，短语动词表征了事件的扩展，结构如下：

come	along	up	out	from	under (that table)
α	β	γ	δ	ε	ζ

（或者更严格地说，它的副词部分一直延伸到 *out*）。不过还未讨论这一方法。

414 在它们对应的过程类型[18]上。例如，动词*see*（看）表心理过程，非标记的现在时态为一般现在时。如 *do you see that sign?*（你看见那个标志了吗？）（而非 *are you seeing that sign?* 你正在看那个标志吗？）。但 *see off*（送行）是物质过程，时态为现在中的现在：*are you seeing your brothers off?*（你要送你的兄弟们吗？）（而非表示惯常意义的 *do you see your brothers off?* 你要送你的兄弟们吗？）。相关的及物性分析如图 6-20 所示。

I	'm seeing	my brother	off
		目标	
动作者	过程		

I	'm looking for	a needle
动作者	过程	目标

图 6-20　短语动词的及物性分析

因此，在 *see off* 和其他许多短语动词中，短语动词与非短语动词并非同源。例如，*see* 与 *see off* 或 *sound* 与 *sound off* 之间并不存在系统的比例关系。然而，在许多动词中，简单动词与动词 + 副词的组合却存在同源关系，例如，*break* ~ *break off*（分离），*kill* ~ *kill off*（大肆杀戮、灭绝），*take* ~ *take off*（除去（衣服）），*beat* ~ *beat up*（狠狠地打、造成伤害），*drink* ~ *drink up*（喝到最后一滴）和 *go* ~ *go up*（继续前进），但也可能扩展出特殊意义，例如，*break off* 指"突然停止说话"，*beat up* 指"鼓动支持"，*go on* 指"大谈特谈"。如果存在动词～动词 + 副词的同源配对，则可以明确"短语"变体中的相（phase；见第八章，第 8.5 节），与汉语通过后置动词明确相的方式类似（见 Halliday & McDonald, 2004：第 6.5.2.2 节）。不过，由于英语涉及副词而非动词，选择范围较为受限。表

⑱　许多短语动词的意义不能从成分推知。例如，短语动词 *carry out* 表示"成功完成"，它无法通过 *carry* 加 *out*"求出"。因此，类似 *they carried it out* 这样的例子就会产生歧义。如果 *carry out* 意味着"成功完成"，则 *it* 可能类似于计划之类的事物（如 *as a result of this continued problem, much experimenting was carried out* 由于这个问题的持续存在，开展了许多实验）；但如果意思是"携带至户外"，则 *it* 可能指物质实体（如 *carefully I carried the tray out to him* 我小心翼翼地把盘子端给他）。

6-17[19] 列出了相的三种类型，**时间**（temporal）、**空间**（spatial；方向）和**结果**（resultative）。它们分别出现在不同的语义场中。在下列出自托尔金（J.R.R. Tolkien）《指环王》的例子中，运动是重要的语义场：

> In terror they stumbled **on**; as they flitted **across**; they scrambled **on** to the low parapet of the bridge; slowly and painfully they clambered **down**; Frodo and Sam plodded **on**; [they] went **forward** cautiously; they came upon dark pools fed by threads of water trickling **down** from some source higher up the valley; he crawled **back** into the brambles; but the hobbits crept **by** cautiously

如上述例子所示，运动动词的时间相为持续运动（继续前进），空间相为定向运动（走 + 方向）。在第二种类型中，动词通常表示某种特定的运动方式，如上述例子中的 *flit*（飞翔）和 *clamber*（攀爬）；因此，短语动词可以把方式和方向结合起来：动词［方式］+ 副词［方向］。具有"连动式"和"复合动词"的语言也有类似模式。当然，方向与运动自然一起出现，但前者也可用作其他类型动词的相位扩展，如在表示知觉方向时：

> Frodo and Sam gazed **out** in mingled loathing and wonder on this hateful land.

表 6-17 中的短语动词均有非短语动词与其配对。然而，在动词 + 副词的组合中，即使短语动词已经衍生出与简单动词无关的意义，但该意义也常涉及相位的某一特征。在副词组合中，该意义往往涉及阶段性的特征，如 *see off*（送行）、*take off*（离开地面，升到空中）和 *kick off*（开始）中的分离感，以及 *see out*（直到工作完成），*run out*（用尽）和 *turn*

---

⑲ 注意，一些方位副词也可以充当介词；对比：*they clambered down* 和 *they clamered down the hill*（他们从山上下来）。这些动作动词 + 地点副词的组合和原型短语动词不太相同。原因在于，副词在语篇上等同于地点环境：*down they clambered*，*it was down that they clamered*（他们下山）。

out（驱逐）。

415 **表 6-17　不同相位类型的短语动词的实例**

类型	子类	副词	非短语	短语	注释
时间	持续	*on*	*walk*	*walk on*	继续走
		away	*talk*	*talk away*	持续不断地说
空间（方向）	垂直	*up*	*go*	*go up*	上升
		down	*go*	*down*	下降
	内部 / 外部	*go*	*in*	*go in*	进入
		out	*go*	*go out*	出去
	水平	*forward*	*go*	*forward*	继续
		back	*go*	*back*	返回
	路径	*across*	*go*	*go across*	穿过
		along	*go*	*go along*	沿着
		around	*go*	*go around*	围绕
		past	*go*	*past*	通过
结果	分离	*off*	*break*	*break off*	分开，分离
			cut	*cut off*	切割，分离
			fence	*fence off*	用栅栏隔开
	完成	*up*	*drink*	*drink up*	喝完
			grow	*grow up*	成长、成熟
			use	*use up*	用完
			cover	*cover up*	完全掩盖
		out	*burn*	*burn out*	燃烧，完全消耗
			fill	*fill out*	填表
			try	*try out*	试着确定效果
		through	*think*	*think through*	思考，得出结论

经验功能配置也体现在主位变体中。如果介词短语 *for a needle* 作环
416 境成分，则它理应被主位化；比 *for that I'll look* 更可能的形式是 *that I'll look for*（我会找找的）。副词短语也是如此：*see off* 为单一过程，所以尽管可以说 *there I'll see John*（我会在那里见到约翰）（= *I'll see John there*,

但主位为 *there* 而非 *I*)，但不能说 *off I'll see John* 是 *I'll see John off* 的主位变体。

语法足以解释现代英语中短语动词演化到这一程度的原因。最为重要的推动因素是类型（i）的副词性成分，分布极其广泛。它们的同义词或近义词通常为非短语的单个词。但短语形式在口语中尤其备受青睐。原因是什么呢?

假定某个主动语态小句有两个参与者。新信息的主要内容是目标，出现在句尾，即调核重音——信息焦点——的位置。该过程可以通过短语或非短语形式表示——两者之间没有太大的选择余地。

They cancelled **the meeting** they called off **the meeting**

然而，当信息焦点需要为过程而非目标时，就会有显著差异。如果表述为：

they **cancelled** the meeting

此时，信息焦点不在句尾；这个带标记、高度前景化的选项增加了对比、矛盾、甚至出乎意料之意。如果不需要强调这些意义，那么唯一的方式就是不标记信息焦点——即将其置于句尾。这表明，相比目标而言，过程必须最后出现。汉语的语序和信息结构与英语类似，它使用一种特殊的“把”字结构，将过程置于句尾（见 Halliday & McDonald, 2004）；但这在英语中不可能体现，不能说 *they the meeting cancelled*——除非将过程一分为二。这就是短语动词的功能：将过程分为两部分，一部分作谓语，另一部分作附加语[20]，通常出现在句尾：

---

⑳ 注意，这就意味着在具有使役语气的无标记祈使小句中，短语动词的谓语部分充当主位，而附加语部分出现在述位，如第三章，图 3-10 所示。

they called the meeting **off**

417 这同样解释了英语中一条看似随意实则不然的规则：如果目标为代词，它几乎总是出现在短语动词**内部**（*they called it off* 而非 *they called off it*）。道理是一样的：代词指代前文已经发生的事情，几乎不可能为新信息。因此，如果目标为代词，那么焦点就几乎一定在过程上。（不过并非完全如此；如果代词之间存在对比关系，就可以置于末尾，如 *they rang up me, but apparently nobody else* 他们给我打了电话，但显然没给别人打。）

在图 6–21 的小句中，短语动词包含副词类别（i）。其中，（a）为及物性分析，（b）为语气分析。类似于介词类别（ii），如 *I'm looking for a needle*（我在找一根针），语气成分 *looking* 作谓语，*for a needle* 作附加语，和其他附加语存在一定的排序关系，如 *I've looked everywhere for a needle*（我到处找一根针）。在第三类中，有时副词和介词都（或有可能）在过程内部，如 *look out for*（留心），*put up with*（忍受），*put in for*（申请），有时又只有副词在过程内部，如 *he let me in for it*（他让我陷入麻烦了）和 *he put me up to it*（是他怂恿我这么做的）中的 *let in for* 及 *put up to*。分析见图 6–21。常见的疑问是，这些复合词项单位是否可以在语法上理解为一个过程。在这些情况下，最重要的是将小句及物性当作一个整体，去考察它的结构究竟是过程 + 参与者还是过程 + 环境成分。主位变体常常在两者之间做出选择（见上文第五章，第 5.7 节）。

（a）

they	called	the meeting	off
		目标 / 中介	
动作者 / 施事者	过程：物质		

（b）

主语	“过去” 定式成分	‘call’ 谓语	补语	附加语
语气		剩余部分		

图 6–21　及物性和语气结构中的短语动词

更多有关短语动词的例子见图 6-22。

（a） 418

he	put		in	for	the job
动作者	过程				目标
主语	“过去”定式	‘put’谓语	附加语	附加语	

（b）

he	put		him	up	to the job
动作者	过程		目标		位置
主语	“过去”定式	‘put’谓语	补语	附加语	附加语

图 6-22　更多短语动词例子

如上所述，短语动词包括三种类型：动词 + 介词、动词-副词、或动词 + 介词 + 副词。还存在动词与名词的组合，如：

Taking account of the fact that such a move on our part would be unpopular in world opinion, he argued that the responsibility of the United States is ‘to do, confidently and firmly, not what is popular, but what is right’. [BROWN1_B]

And the commission promises **to pay** more attention to the economic consequences of future wage decisions. [ACE_B]

In the Stalag, Helion came to know and love his comrades, most of them plain folk, who, in their extremity, showed true courage and **ran** great risks to help each other. [BROWN1_G]

Job reservation **must give** way to more equitable systems. [LOB_D]

Anyone **setting out** in search of adventure should have the sense to ensure that he or she **is not about to put** someone else’s life at risk. [ACE_B]

An era **came** to an end on 31 December when the RAAF Academy transferred from the University to the new Defence Forces Academy in Canberra. [ACE_H]

Wagait was discussed and finally all the full-bloods were asked to go and sit down together and **come** to a decision. [ACE_B]

> I thought since we employ and are expert in the medium of radio, what I should do is bring in something which has no words in it so that we'**re** completely **made** fools of. [COCA]

阿勒顿（Allerton, 2002）在“动词扩展结构”（stretched verb constructions）一节对类似组合进行了研究（见第一章提到的“短语学”phraseology，即对语法和词汇中间区域的研究）。但是，虽然可以说“扩展的动词”是词汇化的动词，但它们和短语动词一样，仍然可以用小句的及物性模型来解释。它们涉及过程 + 范围的组合（见第五章，第 5.7.3.2 节），例如，*take + account of*（考虑到），*pay + attention (to)*（注意），*run + risk*（冒险），*reach + conclusion*（得出结论），或过程 + 地点的抽象环境，如 *put + at risk*（使处于危险之中），*come + to an end*（结束），*arrive + at conclusion*（得出结论）。在动词词组中充当事件、表征过程的实义动词往往意义较为宽泛，其词项内容体现为在名词词组中充当事物、表征小句范围、或在介词短语中表示地点的名词。如上述例子所示，往往存在动词加名词的搭配组合。另比较 *wreak + havoc*（大肆破坏），*tender + resignation*（递交辞呈），*lend + support*（给予支持）。其中的名词往往是动词的名词化，如 *attention*（注意）和 *conclusion*（结论），这反映了“动词扩展结构”中包含的语法隐喻（见第十章）。和其他的语法隐喻实例一样，可以对含有“动词扩展结构”的小句进行多重分析，如图 6-23 所示。

419

An era	came	to an end
动作者	过程	地点

An era	ended
动作者	过程

图 6-23　含有“动词扩展结构”的小句

6.4 副词词组、连词词组和介词词组

6.4.1 副词词组

副词词组在小句情态结构中充当附加语——要么表示环境，要么表示情态（语气或评价）。例如：

（1）环境附加语

But you mustn't take it **personally**. [UTS/Macquarie Corpus]

Yeah but it didn't **aggressively** market them. [UTS/Macquarie Corpus]

You've coped **beautifully** tonight; you've coped **so well** compared to how I would have coped. [UTS/Macquarie Corpus]

（2a）人际附加语、语气

I **actually** didn't have a lot of chicken; I had **probably** more vegetables. [UTS/Macquarie Corpus]

（2b）人际附加语、评价

Apparently he's got a wife and a couple of kids. [UTS/Macquarie Corpus]

And I nearly smashed him in the face **frankly**. [UTS/Macquarie Corpus]

Otie, stop licking plates. There's one person in this room who just loves that lasagne. **Unfortunately**, he isn't human. [UTS/Macquarie Corpus]

Specifically what have you been working on this evening Bruno? [UTS/Macquarie Corpus]

在副词词组中，副词作中心语，可能伴随也可能不伴随修饰性成分。在充当环境附加语的副词词组中，副词中心语表环境：如时间（如 *yesterday* 昨天，*today* 今天，*tomorrow* 明天）、品质（如 *well* 好地，*badly* 坏地；*fast* 快速的，*quickly* 迅速地，*slowly* 缓慢地）。在充当语气附加语

的副词词组中，副词中心语表评价，评价对象包括时间（如 *still* 仍然，*yet* 然而，*already* 已经）、强度（如 *really* 真正地，*just* 只是，*only* 仅仅，*actually* 事实上）等。举例见表 6–18。其中，有些副词类别具有疑问和指示形式。

420 **表 6–18　在副词词组中充当中心语的副词类别**

附加语类型	中心语	类型		疑问	指示代词
环境	环境	时间	*yesterday, today, tomorrow*	*when*	*now/then*
		地点	*abroad, overseas, home, upstairs, downstairs, inside, outside; out, up, down, behind; left, right, straight*	*where*	*here/there*
		方式：属性	*well, badly; fast, quickly, slowly; together, jointly, separately, all, both* [（其他）以 ly，wise 结尾的副词] *skillfully, gracefully, clumsily; reproachfully, hopefully*	*how*	*thus*
		方式：程度	*much, little, a little* [以 ly 结尾的副词] *greatly, considerably, deeply, totally*	*how much*	
		方式：对比	*differently*		
		方式：手段	[以 ly 结尾的副词] *microscopically, telescopically*	*how*	*thus*
情态	评估	评论	*please, kindly; frankly; admittedly, supposedly* — 表 3–5, 第 II 类		
		语气	*probably, certainly, perhaps, maybe; still, yet* — 表 3–5, 第 I 类		

前置修饰语是诸如 *not*，*rather* 和 *so* 的语法成分；副词词组中没有词汇化的前置修饰语，而是类似名词词组的“次修饰关系”。这些和形容词

相关的次修饰语作次中心语。

副词词组可以表征为如图 6–24 所示的逻辑结构。

easily	
中心语	

more	easily
修饰语	中心语
β	α

not	so	very	much	more	easily
				修饰语	中心语
ζ	ε	δ	γ	β	α

图 6–24　副词词组的前置修饰成分

充当前置修饰语的副词属于下列三种形式之一：归一度（*not*）、比较（*more*，*less*；*as so*）和强化。因此，相对于中心语而言，充当修饰语的副词在类别上更为受限。它们在很大程度上对应上表 6–18 中的程度类副词。强化副词表示更高或更低的强度；一类是人际意义上较为中性的一般增强词（*very* 非常，*much* 很，*quite* 相当地，*really* 真正地，*completely* 彻 421
底地，*totally* 完全地，*utterly* 完全地；*rather* 相当地，*fairly* 相当地，*pretty* 相当；*almost* 几乎，*nearly* 几乎），包括疑问副词 *how* 如何；另一类是特定增强词，表示重要的人际意义（*amazingly* 惊人地，*astonishingly* 惊人地，*awfully* 非常，*desperately* 不顾一切地，*eminently* 卓越地，*extraordinarily* 非常，*horribly* 可怕地，*incredibly* 难以置信地，*perfectly* 完美地，*terribly* 非常，*terrifically* 极其，*unbelievably* 难以置信地，*wonderfully* 奇妙地）。举例如下：

（1）归一度

Apparently **not** surprisingly Leggos are spitting chips about it all. [UTS/Macquarie Corpus]

Not surprisingly all of these abstract concepts turned out to be mostly metaphorical. [语篇 237]

Not infrequently, the supply of communication services in fact precedes the growth in incomes. [Kolhapur]

（2）比较

And I can see that they've, you know they've changed and I think the one I did **more** recently is more better in terms of the writing. [UTS/Macquarie Corpus]

They reckon that the food industry over there is growing **so** phenomenally that um there are a lot people are starting to join the food industry and study food science. [UTS/Macquarie Corpus]

（3）增强

Old men who dance **terrifically** well were dancing with 18-year-olds and there's just a whole mixture of people dancing with each other and it was very, very, it was a nice scene really. [UTS/Macquarie Corpus]

They signed an agreement a week or so ago and it fell apart **pretty** quickly after that. [KING_Interviews]

She danced well, but **very**, **very** slowly, and an expression came into her eyes as though her thoughts were far, far away. [Of Human Bondage]

I was in there **fairly** recently. [UTS/Macquarie Corpus]

She took me **quite** seriously. [UTS/Macquarie Corpus]

She writes **totally** differently. [UTS/Macquarie Corpus]

How badly were you hurt by the stories? [KING_Interviews]

需要注意的是，在归一度上，否定副词 *not* 隶属于副词词组，而不是副词词组所在的小句；这一点可以通过增加语气附加问句来检验：在 *not infrequently the supply of communication services in fact precedes the growth of income*（事实上，通信服务的供应往往先于收入的增长）中，未标记的附加问句为否定形式（*doesn't it*）。按照反转归一度的一般原则，这表明小句本身为肯定意义。

不同形式当然可以相互结合，如归一度 + 增强以及增强 + 比较；例如：

Not altogether surprisingly, my wife had fainted. [LOB]

Another thing I think in terms of this committee of scores is the stuff I was talking to Olga about earlier, in that I found it has been extraordinarily useful in my teaching, in working with students who are also struggling with writing and encouraging, often, often just taking what we've done here into the next class, you know, using the same sort of exercises and ... being able to, I think, resource students **much more** productively than I was before about their writing tasks ... and that's been very important I think. [UTS/Macquarie Corpus]

后置修饰语仅包括比较这一种形式。和名词词组的后置修饰语一样， 422
它们也涉及级转移，或嵌入；可能为（a）嵌入小句，或（b）嵌入介词短语。例如：

much more easily [[than you would have expected]]

as grimly [[as if his life depended on it]]

too quickly [[for us to see what was happening]]

not long enough [[to find my way around]]

as early [as two o'clock]

faster [than fifteen knots]

还有一种类型常见于语法测验中，如 *John runs faster than Jim*（约翰比吉姆跑得快）。嵌入成分被认为是一个小句，其中的定式和剩余部分均被省略：'than Jim runs'。不过，现在它们看起来是被嵌入的介词短语，因为接在 *than* 或 *as* 之后的人称代词通常为间接格或独立成分，而非主格：*John runs faster than me*（约翰跑得比我快）（不是 *than I*）。该原则同样适用于中心语为形容词的名词词组：*John isn't as tall as me*（约翰没有我高）。

这是在名词词组外出现嵌入的唯一情况。英语中的所有其他嵌入情况均为名词化，其中的词组、短语或小句充当名词词组的一部分，或者将其

（整个）替代。另见后文第七章，第 7.4 和第 7.5 两节。

严格来说，这些表示比较的后置修饰语并不隶属于词组中心语，而是作为前置修饰语中的一个词项：*as*（像），*more*（更多的），*less*（较少的），*too*（也）（除 *-er* 比较级，如 *faster*），如图 6–25（a）所示；和名词词组相比，在 *a better man than I am*（一个比我更好的人）中，*than I am* 从属于 *better* 而不是 *man*[21]。但并非真正有必要这样做：结构这一概念并不能恰当地解释语义域，且对比的焦点无论如何都可能是中心语（*faster* 和 *readilier* 中的 *-er*）或后置修饰语的一部分（位于中心语之后的 *enough* 除外）。似乎没有必要使用不同的结构来表征类似 *too fast (for me) to follow*（快到（我）跟不上）和 *slowly enough (for me) to follow*（慢到足以（让我）跟上）或 *as I could count*（我可以数）和 *faster than I could count*（比我数数还快）的配对。对它们的分析见图 6–25（b）。

（a）

much	more	quickly	than I could count
修饰语		中心语	后置修饰语
γ	β	α	
	次中心语		次修饰语
	βα		ββ

（b）

much	more	quickly	than I could count
	much	faster	
	too	quickly	for me to count
修饰语		中心语	后置修饰语
γ	β	α	

图 6–25 带被嵌入的后置修饰语的副词词组

---

[21] 对比：在 *brightest star in the sky*（天空中最亮的星星）中，*in the sky* 可以修饰 *brightest*。

6.4.2 连词词组

423

副词性成分的“基本”词类还包括连词。其语法角色详见第七章；连词包含三个子类，即连结词（linker）、连系词（binder）和连续语（continuative）。

连词还可以通过修饰关系组成词组，例如 *even if*（即使），*just as*（正如），*not until*（直到……才），*if only*（要是……就好了）。这些可以统一表征为 β^α 结构（或对 *if only* 来说，为 α^β）。但需注意的是，许多连词表达式由更加复杂的结构演变而来，如 *as soon as*（一……就……），*in case*（万一），*by the time*（到……时候），*nevertheless*（然而），*insofar as*（在……的情况下）。它们可以被处理为单个成分，无须做进一步分析。当然，这些表达式本身也可被修饰，如 *just in case*（以防万一），*almost as soon as*（几乎一……就……）。

6.4.3 介词词组

介词不是副词性成分的子类，在功能上与动词相关。但它们通过修饰关系组成词组的方式与连词相同。如 *right behind the door*（就在门后），*not without some misgiving*（并非毫无疑问），*all along the beach*（沿着海滩）和 *way off the mark*（太离谱了）等词组中的 *right behind*，*not without*，*all along* 和 *way off*。

此外还有更加复杂的形式，如 *in front of*（在……前面），*for the sake of*（为了）。对它们可不做分析。这些词组也可被修饰，如 *just for the sake of*（只是为了）和 *immediately in front of*（就在前面）。将**介词词组**（prepositional group）和**介词短语**（prepositional phrase）区分开来十分重要。**介词词组**，如 *right behind*（就在后面）或 *immediately in front of*（就在前面），是从介词拓展而来的修饰语-中心语结构，在功能上等同于介词。**介词短语**不是任何形式的扩展，而是一种类似小句的结构，其过程 / 谓语功能体现为介词，而非动词。介词短语将在本章最后一小节（第 6.5 节）

讨论。

类似 *in front (of)*，*for the sake (of)* 这样的复杂介词起源于介词短语，其中，*front* 和 *sake* 作“补语”。许多表达介于两者之间，例如 *by the side of*（在……旁边），*as an alternative to*（作为替代），*on the ground of*（基于）。它们正在向介词逐渐演化，但这一过程还未结束。不过，总的区别是，已经成为介词的词组在名词前没有指示语（*in front of*，而非 *in the front of*），且名词仅以单数形式出现（*in front of*，而非 *in fronts of*）。在有些例子中也会出现双倍体（duplex）形式：*beside* 已经完全成为介词，但由于它的抽象或隐喻意义，*by the side of*（在……的旁边）作为原有复合形式的全新版本出现，并开始沿着相同的路径，逐渐向介词演化。

424

6.5　介词短语

介词短语在小句情态结构中充当附加语。和副词词组一样，它可以充当环境附加语或不太常见的人际附加语。和连词词组一样，它可以充当连词性附加语。此外，它还可以在级转移后充当名词词组或副词词组的后置修饰语。如：

（1a）非级转移，环境附加语

Stop **for lunch and a swim at Kuta**. [语篇 142]

Yeah, we were doing that **in Adelaide** too. [语篇 371]

（1b）非级转移，人际附加语

Because literature is **in some cases** the product of the imagination, isn't it? [语篇 125]

Anarcho-capitalism, **in my opinion**, is a doctrinal system which, if ever implemented, would lead to forms of tyranny and oppression that have few counterparts in human history. [语篇 212]

（1c）非级转移，连词性附加语

S02: Do they tend to pay; how do they — S04: Per issue. — S02: Per issue. Well **in that case** do they pay after the issues come out? — S04: I think so. [UTS/Macquarie Corpus]

（2a）级转移，名词词组的后置修饰语（定性语）

Across the Atlantic, Benjamin Franklin engaged in well-known experiments [**with that curious phenomenon, electricity**]. [语篇 122]

（2b）级转移，副词词组的后置修饰语

But I can run faster [**than a crocodile**]. [UTS/Macquarie Corpus]

The ER-2 aircraft could not climb higher [**than 18.5 km**] because of the very cold, dense atmosphere and the need to carry a lot of fuel for safety reasons. [语篇 33]

（2c）级转移，次后置修饰语

As soon as they wanted better output [**than the average VHS tape**], matters became complicated. [语篇 120]

Gore received 539,947 more votes [**than Bush**] on Nov. 7. [语篇 113]

介词短语由一个介词加一个名词词组构成，如 *on the burning deck*（在燃烧的甲板上）。我们已经将介词解释为次动词。在人际功能维度上，介词充当次谓语，补语为名词词组。如第 4.3 节和第 5.8 节所示，它在形式上和“完全”谓语的补语并无差异——介词补语具有成为主语的相同潜势，如 *this floor shouldn't be walked on for a few days*（这个地板几天之内不应该有人走）。其中给一个原因自然是短语动词的词项统一性，见第 6.3 节。由于 *look up to* 是单个词项成分，近义词是 *admire*，因此可以很自然地将 *people have always looked up to*（人们一直很尊敬）与 *she's always been looked up to*（她一直受到尊敬）等同起来。

因此，*across the lake*（湖对岸）和 *crossing the lake*（穿过湖）的内部结构相似，均由非定式动词充当谓语。在一些情况下，非定式动词也 425

可以与介词互换，如 *near/adjoining (the house)*（靠近（房子）），*without/not wearing (a hat)*（不戴（帽子）），*about/concerning (the trial)*（关于（审判））。事实上，介词短语和非定式小句之间存在一定重合；有时可以将它们解释为两种类型之一，有时又可以将其归入介词，如 *regarding*（关于），*considering*（考虑到），*including*（包括……在内）。非定式小句原则上包含一个潜在的主语，而介词短语则没有；但所谓的“悬垂分词”（hanging participles）普遍存在，这表明该原则并非总是被严格遵守（如 *it's cold not wearing a hat* 不戴帽子很冷）。更为重要的是，**非定式小句也是小句**；换言之，与介词短语不同，它们可以扩展，从而包含小句结构中的其他成分。可以说 *he left the city in his wife's car*（他开着妻子的车离开了这座城市），或者 *he left the city taking his wife's car*（他开着妻子的车离开了这座城市）；但只有后者才可以扩展为 *he left the city taking his wife's car quietly out of the driveway*（他开着妻子的车，悄悄地离开了这座城市）。

同样地，介词在经验功能上充当次过程。名词词组在功能上对应范围。但无论介词短语表征为经验功能，如图 6-26（a）所示，还是人际功能，如图 6-26（b）所示，其成分关系相同。

（a）

<table>
<tr><td>the boy</td><td>stood</td><td></td><td>on</td><td>the burning deck</td></tr>
<tr><td rowspan="2">主语</td><td rowspan="2">（过去）定式</td><td>“站立”</td><td colspan="2" rowspan="2">附加语</td></tr>
<tr><td>谓语</td></tr>
<tr><td colspan="2" rowspan="2">语气</td><td colspan="3">剩余部分</td></tr>
<tr><td></td><td>“谓语”</td><td>“补语”</td></tr>
</table>

（b）

<table>
<tr><td>the boy</td><td>stood</td><td>on</td><td>the burning deck</td></tr>
<tr><td rowspan="2">动作者</td><td rowspan="2">过程</td><td colspan="2">位置</td></tr>
<tr><td>“过程”</td><td>“范围”</td></tr>
</table>

图 6-26　介词短语的表征

但要注意的是，介词短语是短语，不是词组；它们没有中心语和修饰语等逻辑成分，因此不能简化为单一要素。在这点上，介词短语更像小句，而非词组。因此，当介词被理解为“次谓语”和“次过程”时，介词短语被理解为“次小句”——这就是介词短语的本质。

如上所述，介词短语要么充当附加语，要么充当后置修饰语。唯一的例外是带 *of* 的介词短语通常仅作后置修饰语。这是因为在大多数语境下，*of* 不充当次过程 / 谓语，而在名词词组中作结构标记词（对比动词词组的结构标记词 *to*），因此，作为非典型的介词短语，*of* 短语仅在下列两种情况中充当小句成分：（1）作表物质的环境成分，如 *Of George Washington it is said he never told a lie*（据说乔治·华盛顿从未说过谎），（2）属于表示“源头”意义的环境成分集群，归根结底从抽象地点语 *from* 衍生而来：*died/was cured of cancer*（死于 / 治愈癌症），*accused/convinced/acquitted of murder*（被控 / 确信 / 无罪谋杀）等等。

如果介词短语被解释为含有谓语 / 过程 + 补语 / 范围结构的“压缩”或“缩小”小句，那么这个问题就变得很有意义：除了这些“有范围”的短语，是否存在“无范围”的短语：将介词短语按照小句来分析，就会自动产生这个问题。思考下面一对同源小句，*he crossed*（他穿过）和 *he crossed the street*（他穿过街道）。此时，同源关系取决于范围是否出现；两个小句分别为“无范围”和“有范围”。它们是否和短语小对类似，如 *across* 和 *across the street*？换言之，是否存在下列的句对： 426

he crossed : he crossed the street ::
(he walked) across : (he walked) across the street

如果存在，那就意味着在传统语法中，介词可以不及物（*across*），也可以及物（*across the street*）。叶斯柏森（1924：87）指出，“在几乎所有的语法中，副词、介词、连词和感叹词被视为四种不同的词性，它们的区别可以和名词、形容词、代词和动词之间的区别相提并论”。但是，叶斯柏森认为，这种分类意味着，“这些词之间的差异被严重夸大，以至于掩盖了它们之间明显的相似性”。所以他按照“传统的术语”，将这些词统称为“粒子”。当然，感叹词明显区别于副词、介词和连词；它们往往是成人语言中的原生语言遗留物。然而，介词可能和某些副词和连词（连词性介词；参看第七章）类似。在讨论介词和副词时，叶斯柏森（Jespersen, 1924：88）表示，“完全平行”不仅存在于 *put your cap on*（戴上帽子）和 *put your cap on your head*（把帽子戴在头上）类似的例子之间，还可见于 *he was in*（他在家）和 *he was in the house*（他在房子里）中。之后，哈德斯顿和普鲁姆（Huddleston & Pullum, 2002：612 ff.）在他们的英语语法参考书中主张，某些“副词”应被分析为不带“名词补语”的介词。例如，他们指出，*the owner is not in* 和 *the owner is not in the house* 中的 *in* 属于同一类别。依照本书的术语，这说明介词短语包括“无范围”（*in*）和“有范围”两种（*in the house*）。

6.6　词类和词组功能

本章开头的表格（表 6–1）展示了词组和短语类别与小句功能的关系。如该表所示，词组 / 短语类型和小句功能之间的映射关系相当复杂：某一特定类别的词组 / 短语通常可以表示多种小句功能（动词词组除外）。当我们沿着级阶等级下移一级，考察词类（见第二章，图 2–8）与词组 / 短语功能的关系时，可以发现更强烈的一一对应趋势：某一特定类别的词往往只表达一个词组 / 小句功能：见表 6–19。副词词类是最显著的例外，但这在一定程度上与精细度有关：某些副词只作中心语，而其他副词只作修饰语或次修饰语。

表 6-19　词类及其在词组中的典型功能 427

基本类别	次要类别	第三类别	名词词组	动词词组	副词词组	连词词组	介词词组
名词性成分	名词	普通名词	事物，类别语				
		专有名词	事物				
		代词	事物				
	形容词		后位指示语	事件[1]			
			特征语，类别语				
	数量词		数量语				
	限定词		指示语				
动词性成分	动词	实义动词	特征语，类别语 [V-ing, V-en]	事件			
		助动词		助动词			
		操作语		定式			
	介词						中心语
副词性成分	副词		（次修饰语）		中心语，修饰语	（次修饰语）	修饰语
	连词	连系词				中心语	
		连结词				中心语	
		连续语				中心语	

㉒　某些形容词可以在主从动词词组复合体内的动词词组中充当事件（见第八章），如（意动：潜势性：）*be able/apt/prone/likely* → *to do*；（意态：时间：频率：）*be wont* → *to do*；（意态：方式：品质：）*be wise/right/wrong* → *to do*；（投射：）*be willing/keen/eager* → *to do*；*be afraid/scared* → *to do*。

第七章

小句之上：小句复合体

7.1 小句复合体概念

7.1.1 介绍性示例

428 我们在第三到第五章探讨了作为多功能结构体的小句的内部组织方式；第六章讨论了在该结构体内充当成分的单位构成——词组和短语。本章将研究小句之间如何通过逻辑语义关系，联结形成**小句复合体**，从而表征作为相关语篇信息出现的言辞序列（sequences of figures）（或语步）。本书第一章，我们介绍了相关符号，用于表征小句复合体内不同小句之间和不同小句复合体之间的界限（表 1-1），同时提到了语法上的小句复合体和字系学上的（正字法）句子（以及音系学中的声调序列）之间的关系：

||| The people just stick together || **because** they have to || **because** it's socially unacceptable [[to be divorced]]. ||| [LLC_5]

||| Okay it comes to a total of $18.95 okay || **so if** you can have as close as possible to the correct change || the driver should be with you in approximately thirty minutes. ||| [UTS / Macquarie Corpus]

||| The disappearance rate of hGH from plasma is multiexponential (Cameron *et al.* 1969) || **and therefore** the significance of half life estimates of 20 to 30 minutes is difficult to state. ||| [ACE_J]

||| I think || he thought || he'd withdraw from business || **but** Fan says || he's now doing something else. ||| [LLC-1]

我们首先“从上面”来探讨这一现象——即，从语义层考察事件流如何在语篇的发展中得到识解。

例如，叙事语篇中的事件流被识解为一系列情节（episode）。每个情节通常是若干言辞按照时间关系词逐步连接而成的序列（见第五章）。429
因此，语篇 7-1 为该叙事的高潮部分的情节；连接言辞的基本关系词是 *(and) then*，不过也有其他关系词（relator）：

— [言辞：Kukul walked on through the forest] — [关系词：then] → [言辞：he came to a thicket] — [关系词：meanwhile] → [言辞：he heard the faint rustling of leaves] — [关系词：then] → [言辞：he pointed his arrow] — [关系词：yet] → [言辞：he saw nothing] — [关系词：then] → [言辞：he crouched low to the ground] ... —

该言辞序列**体现**了叙事的一个语类成分，位于整体结构的“中间”位置（见 Hasan, 1984/1996：54）；该要素为后续事件，位于初始事件之后。体现后续事件的主导性策略是时间序列关系；所以，熟悉叙事结构的读者就会期待看到由这一关系发展起来的段落——因此，即使缺少明确的词汇语法标记，听众或读者仍然可以根据构成情节的言辞的属性来推断这一关系。例如，虽然没有连接词项来标记 *he pointed his arrow, but saw nothing*（他瞄准了箭，但什么也没看见）和 *Kukul crouched low to the ground and moved slowly*（库库尔蹲在地上，慢慢地移动）之间的关系；但是可以推断两者之间存在时间先后顺序——或因果关系。

语篇 7-1：再创——叙事（笔语、独白）：民间传说节选 [语篇 65]
||| Kukul walked on through the forest. ||| **As** he came to a thicket, || he heard the faint rustling of leaves. ||| He pointed his arrow, || **but** saw nothing. ||| Kukul crouched low to the ground || **and** moved slowly. ||| He had not gone far || **when** ...

sss ... it came. ||| An arrow pierced his chest. |||

In pain, Kukul pulled out the arrow || **and** headed for the river || **to** wash his wound. ||| 'Surely, it is not deep,' || he tried to convince himself, || **but** his strength began to fade || **as** his chest turned scarlet with blood. |||

A few more steps || **and** Kukul had to lean against a tree. ||| 'It is so dark,' || he moaned. ||| He fell onto a sea of emerald grass || **and there** he died. Alone. Betrayed. |||

同时，言辞的语义序列**体现为**小句复合体系列。语法实际上推动了情节的识解。它将构成情节的言辞体现为小句，并将这些小句组合为小句复合体——如 *as he came to a thicket, he heard the faint rustling of leaves*（当他来到一片灌木丛时，听到了树叶轻微的沙沙声）; *he pointed his arrow, but saw nothing*（他瞄准了箭，但什么也没看见），等等。这些复合体识解了语义的**言辞序列**——不是整个情节，而是事件流中构成情节的**局部（local）**序列。例如，*Kukul walked on through the forest*（库库尔继续穿过森林）作为单个小句，不与其他小句在语法相互关联；*in pain, Kukul pulled out the arrow*（库库尔痛苦地拔出了箭）和 *[he] headed for the river*（（他）朝河边走去）连接，后者又和 *[for him] to wash his wound*（（让他）去清洗他的伤口）连接；三者共同构成了小句复合体 *In pain, Kukul pulled out the arrow*（库库尔痛苦地拔出箭）[→] *and headed for the river*（前往河边）[→] *to wash his wound*（去清洗伤口），见图 7-1（第一个连接和第二个连接在表征形式上的区别将在下文解释）。此处，小句之间在结构上通过语法连接；第一处连接由结构连词 *and* 标记，第二处由动词的一种非定式形式标记，即完成体 *to wash*。只能出现在小句复合体内部的省略模式就反映了这一点；于是，在 *headed for the river* 和 *to wash his wound* 中，主语均被省略。

430

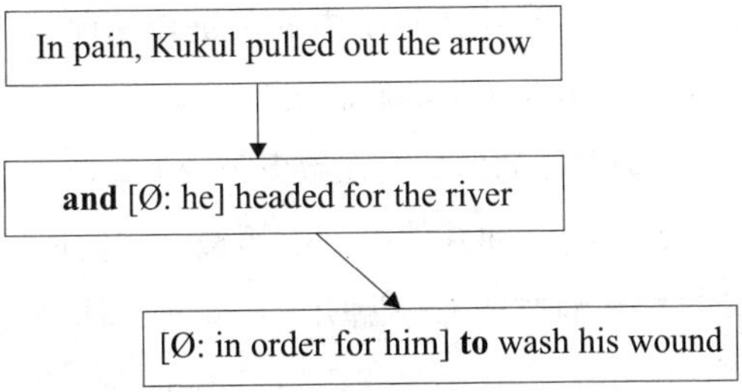
In pain, Kukul pulled out the arrow
and [Ø: he] headed for the river
[Ø: in order for him] to wash his wound

图 7-1　表征叙事情节中一个序列的小句复合体

在语义上，小句组合而成的复合体**在意义上更加紧凑**。序列通过小句复合体的语法形式体现，从而被识解为事件整体序列中的若干子序列，这些事件共同构成了叙事的全部情节。例如，*he pointed his arrow, but saw nothing*（他瞄准了箭，但什么也没看见）通过小句复合语法被识解为子序列；但是，由于 *he heard the faint rustling of leaves*（他听到了树叶轻微的沙沙声）和 *he pointed his arrow*（他瞄准了箭）并未组成小句复合体，因此在语法上不可被识解为子序列。然而，这并不意味着两者在语义上毫不相干。它们通过时间，甚至可能是因果序列相互连接："他听到了微弱的树叶沙沙声"—[然后 / 所以]→"他瞄准了自己的箭"。但在语法和语义上，*he pointed his arrow*（他瞄准了箭）与 *but saw nothing*（但什么也没看见）结合得更加紧密。这里显然存在选择的问题；叙事者原本可以说 *As he came to a thicket, he heard the faint rustling of leaves, so he pointed his arrow. However, he saw nothing*（当他来到一片灌木丛时，他听到了树叶轻微的沙沙声，于是他用箭瞄准。然而，他什么也没看到）。但该版本的叙事方式略有不同。语篇 7-1 的全文见表 7-1。该表展示了小句之间组合成为小句复合体的过程（还呈现了下文即将讨论的结构分析）。总体原则是，情节由一系列小句复合体体现。实际上仅有两个"小句单一体"（clause simplexes），见编号（1）和（6）；它们恰恰因为不符合复合体的模式而显得与众不同。（1）标志着一个情节在前一情节结束后开始：

||| 'Be careful, Kukul,' || said the bird. ||| Then it flew away. |||

（6）通过单一体，将事件在叙事中的关键作用前景化——*An arrow pierced his chest*（一支箭射穿了他的胸膛）。

将事件系列整合为子序列的方式在叙事中较为普遍，不仅包括虚构故事，还包括传记、新闻报道和其他类型的语篇，它们使用时间轴来识解过去的经验。语篇 7-2 的节选部分说明了小句复合体如何在闲聊中用于讲述个人经历。在语法上，节选部分是一个小句复合体，按照时间序列（然后我 / 她说……）和引述（我 / 她说……）等方式推进。该小句复合体十分复杂，包含 20 多个小句。这类复杂的小句复合体常常出现在漫无目的的闲聊中，而不是书面语（比较 Halliday, 1985a, 1987a；Matthiessen, 2002a）。它们解释了小句复合体资源实时“编排”语篇修辞发展的方式。

431　**表 7-1　在叙事情节内的小句复合体**

序号	关系类型	结构	小句
（1）			|||**Kukul walked on through the forest.** |||
（2）	时间	×β	**As** he came to a thicket, |||
		α	he heard the faint rustling of leaves. |||
（3）		1	He pointed his arrow, ||
	让步	×2	**but** saw nothing. |||
（4）		1	Kukul crouched low to the ground ||
	时间	×2	**and** moved slowly. |||
（5）		1	He had not gone far ||
	时间	×2	**when** ... sss ... it came. |||
（6）			An arrow pierced his chest. |||
（7）		1	In pain, Kukul pulled out the arrow ||
	时间	×2α	**and** headed for the river ||
	目的	×2×β	**to** wash his wound. |||
（8）	引述	1“1	Surely, it is not deep, ||
		12	he tried to convince himself, ||
	转折	+2α	**but** his strength began to fade ||
	时间	+2×β	**as** his chest turned scarlet with blood. |||

续表

序号	关系类型	结构	小句
(9)	时间	1	A few more steps ‖
		×2	**and** Kukul had to lean against a tree. ‖|
(10)	引述	"1	It is so dark, ‖
		2	he moaned.‖|
(11)	空间	1	He fell onto a sea of emerald grass ‖
		×2	**and there** he died. Alone. Betrayed. ‖|

语篇 7-2：分享——分享价值（口语、对话）：闲聊，通过个人经验证实令人无法接受的行为［语篇 73］

‖| And Joanne came up ‖ **and** she said, ‖ 'Oh, can you do this?' ‖ **and** I said, ‖ 'Look you're at the end of a very long line; ‖ be prepared to wait!' ‖ **and** she said, ‖ 'Well, she's at the Oncology clinic right now.' ‖ **and** I said, ‖ 'But these have to be done as well, ‖ I can't help.' ‖ **and** sort of smiled all the way through it ‖ **and** she went,... ‖ I said, ‖ 'Look, it's three minutes to three; ‖ these should be done in a minute ‖ **if** you want to wait till then.' ‖ **and** she went ... ‖ '(sigh) ahhh.' ‖ **then** she went away ‖ and I thought ‖ 'Oh yeah!'.

然而，小句复合体的整合和编排功能并不仅限于故事、叙述和程序 432
等叙事语篇，而是所有语篇类型的共同特征。语篇 7-3 包含的摘录解释了指导人们完成某项任务的语篇具有的典型范式（包含大量的程序和示范）。这篇特别的文章是一个"地形步骤"（topographic procedure）——从旅行指南中提取的徒步旅行介绍。与叙事相同，时间序列常常通过复合体关系表达。这里表示的是"做这个，然后做那个"，而不是"这个发生了，然后那个发生了"；但是时间推进原则是一致的。

语篇 7-3：使能——指导（笔语、独白）：地形步骤［语篇 22］

The Chinese Gardens

‖| Make your way back towards the Pump House ‖ **and** walk under Pier Street to the southern end of Darling Harbour. ||| Continue walking || **and** after a short distance you can see on your right the Chinese Gardens. ||| The 'Garden of Friendship' was designed according to southern Chinese tradition by Sydney's sister city, Guangzhou in China. ||| A doublestorey pavilion, 'the Gurr', stands above a surrounding system of interconnected lakes and waterfalls. ||| Follow the pathways around the landscaped gardens and over bridges || **before** resting at the Tea House || **where** the scent of lotus flowers mingles with that of freshly brewed tea and traditional cakes. ||| The Garden is open Monday to Friday 10.00 am to sunset || **and** weekends 9.30 am to sunset. |||

最后，我们来解释一下人们在日常推理中对小句复合体资源的运用：参见语篇 7-4。这里，儿子通过一个小句复合体识解了“我们周围需要有树木的论点”。他的论证按照条件（由 *if* 标记）、原因（由 *because*、*'cause* 和 *so* 标记）和重述（仅由并列关系标示，不含明确的连接标记）等逻辑语义关系不断推进。

语篇 7-4：探索——论证（口语、对话）: 阐述 [语篇 84]

Son: ||| **If** there weren't trees on the earth, um earth, || we would all be dead, || **'cause** there wouldn't be oxygen; || trees make oxygen, || **so** we can breathe, || **so if** we had heaps of trees around us, || it produces heaps of oxygen, || **so** we can breathe; || **so** trees, big trees, are really good || **because** heaps of oxygen comes out of them. |||

Father: ||| **So** that is the argument for having trees around us. |||

在语篇的创作中，产生了各式各样的小句复合体，它们都共同遵循一个普遍的原则：逻辑语义关系将小句连接，通常一次一对，两者相互依赖，共同组成小句复合体。

7.1.2 小句复合和小句中的（环境）及物性

在上文的例子中，小句复合体内部不同小句之间的关系涉及几种不同的类型。有趣的是，这些关系背后的一般语义类型恰恰和已经讨论过的另一个语法范畴相同——即小句及物性系统中的环境成分（第五章，第 5.6 节）。环境成分通过投射或扩展**强化**（augment）了小句中“过程 + 参与者”的配置：见表 5-28。反过来，两类关系又对应不同的过程类型：投射对应言语和心理小句，而扩展对应关系小句。投射和扩展的体现形式是将小句连接成小句复合体的逻辑语义关系。投射和扩展在小句和小句复合体中的表现形式见表 7-2。

表 7-2 小句和小句复合体中的投射与扩展 433

	小句		小句复合体
	过程类型	环境类型	逻辑语义类型
投射	[言语：]he says	[角度：]according to him (that's enough)	[引述言辞：]he says 'that's enough'
	[心理：]he thinks	[角度：]to him (it's too hot)	[报道思想：]he thinks that it's too hot
扩展	[关系：内包]she was the leader	[角色：]as the leader	[详述：]being the leader
	[关系：属有]he has a dog; he has a nice smile	[伴随：]with a dog; with a nice smile	[延伸：]he walked to the market and the dog did too; he addressed her, smiling nicely
	[关系：环境]dinner followed the celebration	[处所，程度，起因，方式等：]after the celebration	[增强：]they dined after celebrating

表格中显示的同源模式不仅存在于小句的环境成分类型之间，也存在于小句复合体内部不同小句的逻辑语义关系类型之间。（包括过程类型的同源模式通常涉及语法隐喻，见第十章，第 10.5.4 节。）例如，在下列小句中，表方式的环境成分是 *with all her heart*：

||| Each day, she prayed **with all her heart.** ||| [语篇 65]

它的同源成分是小句复合体内与 *each day she prayed*（她每天都祈祷）相连的（非定式）小句：

||| Each day, she prayed || using all her heart. |||

短语 *with all her heart*（全心全意地）在小句范围内作环境成分；相比之下，小句 *using all her heart*（全心全意地）**扩展**（expand）了小句，将其与完整的小句（而非介词短语或副词词组）联系起来，由此产生小句复合体。环境成分出现在小句内部的更多例子如下所示，同时附上它们在小句复合体内可能的同源小句：

[增强：时间] **Under his rule**, there was peace throughout the land. ~ **when** he ruled [语篇 65]

[增强：理由] **because of this child**, he would never become hala uinic. ~ **because** this child lived [语篇 65]

[延伸：] 选择 **In place of the usual expensive, elaborate costumes**, the Motleys created simple but beautiful sets and costumes, made from inexpensive materials often picked up at sales. ~ **instead of** creating the usual expensive, elaborate costumes [Gielgud, 168]

[投射：角度] Torture and sexual violence against prisoners is widespread in jails across the United States, **according to a report published yesterday** ~ **says** a report published yesterday [语篇 2]

434 当然，同源模式反过来依然适用；与小句同源的环境成分也十分普遍：

[详述：角色] but after a time, Chirumá was chosen || **to be the new chief**. ~ **as** the new chief [语篇 65]

正如上例所示，小句中的环境要素仅包含**非完全**过程，而不是完全过程；因此，它无法像小句一样识解言辞、制定命题 / 提议和呈现信息。相比之下，小句复合一直通过扩展或投射将小句属性分配给与小句相关的单位：它在经验、人际和语篇系统上具有小句的全部潜势。于是，虽然环境介词短语 *with all her heart*（全心全意地）和（非定式）小句 *using all her heart*（全心全意地）十分接近（介词短语相当于微型小句，见第六章，第 6.5 节），但仅有后者具备小句的语法潜势：例如，它可以被环境成分加强，也可以被情态成分评价，如 *happily using all her heart for her family's sake*（为了她的家人愉快地全心全意）。在小句复合体内，小句可以作链条中的一环：*each day she prayed, using all her heart as her godmother had taught her all those years ago and focusing her energy on her little brother's recovery*（她每天都像教母多年前教她的那样全心全意地祈祷，把所有的精力都用在弟弟的康复上）。换言之，环境成分从属于小句的"配置"结构，但小句复合体中的小句从属于链状或序列结构。在语篇创作中，增强语篇的方式要么是小句"内部"的环境成分，要么是在小句复合体内、位于该小句"外部"的其他小句。选择何种方式取决于诸多因素，但在根本上需要考察这一单位被赋予了多少语篇、人际和经验意义"权重"：权重越大，就越有可能被识解为在小句复合体内相互依存的小句，而不是用来增强小句的环境短语（或副词词组）。

我们现在汇总各部分的讨论，从而在体现投射或扩展语义序列的全部语法资源中定位小句复合的资源。投射或扩展序列可以体现为两个在结构上组成小句复合体的小句：如 *a happened and then b happened*（a 发生了，然后 b 发生了），或 *after a happened, b happened*（a 发生之后，b 发生了）。不过存在两种可供选择的体现形式。一方面，序列可以由两个在结构上没有任何关联，但彼此衔接的小句体现：*A happened. Then b happened*（a 发生了，然后 b 发生了）。此处，语法虽然"表明"了两者的语义关联，但未将他们整合进同一个语法结构。另一方面，序列可以体现为一个介词短语（或副词词组）充当环境成分的小句：*after the time of a, b happened*（a

一段时间之后，b 发生了）。

这些体现投射或扩展序列的语法资源构成一个两端彼此对立的等级体系（scale）：一端是包含环境成分的简单句，另一端是两个独立小句构成的衔接序列。小句复合体位于中间地带。但实际上，小句复合体并非阶上的一个单点，而是涵盖了两个区域：在靠近环境增强成分一端的小句组合中，一个小句从属于另一个支配小句，两者地位不均等（如 *when a*
435 *happened, b happened* 当 a 发生时，b 发生了）；在靠近衔接序列一端的小句组合中，两个小句相互依赖、地位均等（如 *a happened, then b happened* a 发生了，然后 b 发生了）。在投射和扩展的实现过程中，语法整合和相互依赖的程度如图 7-2 所示。

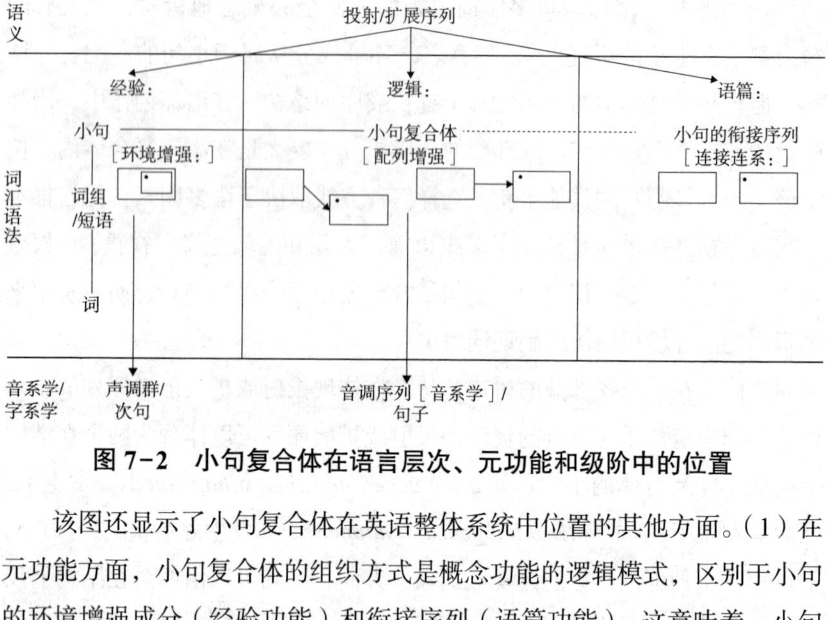

图 7-2　小句复合体在语言层次、元功能和级阶中的位置

该图还显示了小句复合体在英语整体系统中位置的其他方面。（1）在元功能方面，小句复合体的组织方式是概念功能的逻辑模式，区别于小句的环境增强成分（经验功能）和衔接序列（语篇功能）。这意味着，小句复合体的组织结构是基于单变元模型，而非多变元模型的，与词组和其他级阶的复合体相同（见第六章，第 6.1 节和第 6.2.5 节；也见 Halliday, 1979）。（2）在级阶方面，小句复合体位于语法的最高级阶——小句；因此它是小句逻辑复合化的结果，而非小句在其中作经验成分。（3）就层次化而言，小句复合体体现了投射或扩展的语义序列；反过来，它又体现为言语中的声调序列和书面语中的句子（参见第一章，图 1–4）。在对小句复合体系统介绍前，此处先对其中几个要点进行讨论。

7.1.3 小句复合、词组和句子的形成 436

如前文示例所示，小句复合体在字系学上表征为一个“句子”，是书面语经过几个世纪演变而来的产物（见第一章，第 1.1.2 节）。作为字系学级阶上等级最高的标点符号单位，句子在书面语系统中，逐渐将小句复合体表征为范围最广的语法结构[①]。在本书中，**句子（sentence）**一词仅用来指代字系学级阶等级上的最高标点符号单位。（在其他各种类型的语法描述中，小句也用来指代语法单位（如“句子语法”）。）因此在分析书面语篇时，每个句子都可视作一个小句复合体，“简单句”（一个小句）是小句复合体的极端情况。对于口头语篇而言，可以使用语法来界定和划分小句复合体，从而使它们尽可能地接近书面英语中的句子。上文已简要介绍了小句复合体在英语口语中的声调序列模式，现总结如下（见第 7.6 节）。表 7–3 展示了小句复合体和句子与其他单位和单位复合体一起在整个语言系统中的位置。

表 7–3　不同语言层次上的级阶单位

语义	词汇语法	字系学	音系学
语篇	—		
（修辞）段落	—		
序列	小句复合体	句子	声调群［见于声调序列或音调协和］
信息 / 命题（提议）/ 言辞	小句	次句	声调群

① 通常来说，体现模式一旦建立，新的选项就会出现，从而可能偏离基本模式。例如，句子中的标点符号将小句切分为若干信息单位：||| *He fell onto a sea of emerald grass* || *and there he died. Alone. Betrayed.*（他跌倒在一片翠绿的草海中，死在那里。独自一人。被背叛。）||| 这种策略在广告中随处可见（见 Fries, 1992）。

续表

语义	词汇语法	字系学	音系学
成分	词组 / 短语	—	—
	词	拼写词	—
	语素	—	—

在某些法位性和系统性的描述中（如 Longacre, 1970, 1996；Gregory,
437 1983），句子是高于小句级阶的语法单位：此时，句子被认为由小句构成，就如同小句由词组 / 短语组成，词组又由词组成一样[2]。这种分析方法与本书对词组的分析类似。虽然词组是词的复合体，但不能完全被解释为复合体。词组发展出了独有的多变元成分结构，例如，英语中名词词组的功能配置是：指示语 + 数量语 + 特征语 + 类别语 + 事物。此时，各个成分之间（i）功能各异，（ii）体现为不同的词类，（iii）在序列中的位置基本固定。此类配置**必须**表征为多变元结构。将词组简单地视为“词的复合”不能完全解释它的多重意义。鉴于此，词组可以被视为语法中的一个独立级阶。

但是，是否需要将小句复合体解释为类似词组的级阶单位（“句子”）呢？我们认为答案是否定的。将小句复合体视为单变元而非多变元结构的复合体，才可以突显它的本质。在小句复合体内，任何小句都具有在多元小句复合体内充当成分的潜势。换言之，小句复合体内各个小句之间的关系整体上更像一个名词串，例如，*railway ticket office staff*（铁路售票处工作人员）可以被解释为（单变元）词的复合体，而 *these two old railway engines*（这两列旧火车头）却不能。因此，可以认为“小句复合体”概念可以全面解释小句的所有语法组合。

有些结构体看似需要用多变元句子结构来解释，因为它们的主位涉及语篇或情态附加语，或者呼语：

---

② 区分**词组**（group）和**短语**（phrase）这两个术语十分重要，如果将名词词组称为“名词短语”，两者的区别就会消失。虽然词组和短语都是位于过渡级阶的成分，但它们来自不同的两端：词组是扩展的词，而短语是压缩的小句。用布龙菲尔德（Bloomfield, 1933：194–195）的话来说，词组是**向心**（endocentric）结构，而短语是**离心**（exocentric）结构。

||| **However** << after the results of many studies were published, >> there was a shift towards the theory being quite unacceptable. ||| [语篇 123]

||| **Interestingly**, <<< as I left my small town || and explored the world via the military >>> I realized || I really like to learn, || and I was good at it. ||| [COCA]

||| **Larry, Larry, Larry,** << when you're in the public eye >> you don't do anything. ||| [KING_Interviews]

||| **Well, Larry, unfortunately,** <<< as you know — || we discussed it the other night — >>> the reason [[our commission came to the conclusion [[[that terrorism was the No. 1 threat — || we talked about chemical, biological and nuclear]]] — and the reason [[we came to that conclusion]] is [[we had information, intelligence and other, over the last 3 1/2 years [[[that indicated to us || that efforts were under way [[to manufacture a number of instrumentalities [[[that could be delivered to this country || to cause mass destruction, << which is [[what this is doing]] , >> as opposed to mass destruction, || which is [[what would happen with certain types of chemical and certainly nuclear weapons]]]]]]]]. ||| [KING_Interviews]

不过这些例子均可被分析为主从小句组合，即从属句被主句包含在内，位于语篇和 / 或人际主位之后，主题主位之前：主句 << 从属句 >>——更具体地说，主句［语篇 + 人际主位］<< 从属句 >> 主句［主位 ^ 述位］。因此，此类序列包含从属小句的动机源自语篇意义：密切影响主句的语境 438
要素首先是其自身的语篇或人际主位，其次是小句复合体范围内限定它的从属小句，最后是它自身的主题主位③。

③　因此，这些被包含的小句或小句组合“阻断”它们所从属的主句的结构；事实上，在受到语篇意义驱动时，它们甚至可能阻断主句内部的成分。例如，小句复合体 *Any person (even if baptised a Catholic, as Justice Murphy had been) who had publicly repudiated a faith, could not 'in conscience' be given a Christian burial*（任何公开否认信仰的人（即使像墨菲大法官那样接受了天主教徒的洗礼）都不能“凭良心”举行基督教葬礼）. [ACE_A]) 是 *Even if baptised a Catholic, as Justice Murphy had been, any person who had*...（即使像墨菲大法官那样接受了天主教徒的洗礼……）的语篇变体。

7.2　小句间关系的类型

上节介绍了小句复合的基本模式，本节将系统描述小句复合的资源。图 7-3 展示了两个决定小句之间相互关联方式的基本系统，同时还包括将在下文讨论的若干更加精密的子系统：（i）配列系统（相互依赖的程度）。（ii）逻辑语义关系系统。本节将对此进行总结，并逐一详述。

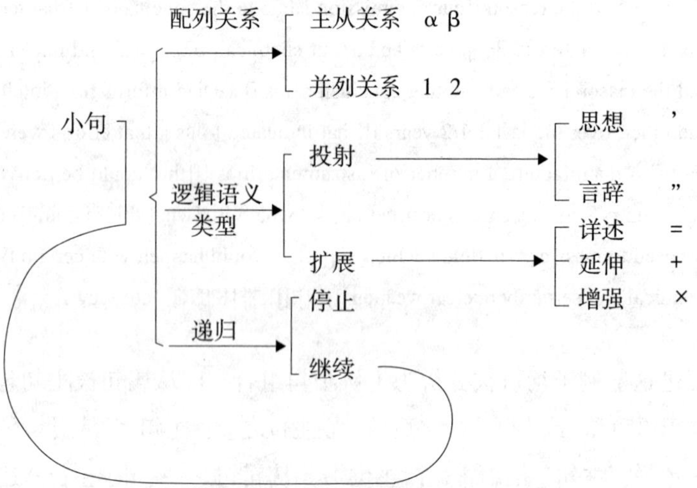

图 7-3　小句复合的系统

7.2.1 配列关系（相互依赖度）：主从和并列关系

所有由逻辑语义关系相连的小句均相互依赖：这就是关系结构的意义——即两个单位彼此相互依存。在复合体内相互依赖的两个小句享有平等地位（**equal status**），如：

||| Kukul crouched low to the ground || **and** moved slowly. ||| [语篇 65]

此处的两个小句具备独立于彼此的潜势。例如，每个小句本身均可

构成一个命题，并因此可以通过附加疑问句提问——*Kukul crouched low to the ground, didn't he?*（库库尔低低地蹲在地上，不是吗？）和 *he moved slowly, didn't he?*（他移动得很慢，不是吗？）。它们其实可以选择不同的语气，如 *Kukul crouched low to the ground but did he move slowly?*（库库尔低低地蹲在地上，但他移动得很慢吗？）再如： 439

陈述 + 疑问

||| I know || it is a copy || **but** is it a real copy? ||| [ACE_G]

|||All these are laudable objects, || **but** is any one of them new? ||| [LOB_E]

陈述 + 祈使

||| However, firelighting equipment, maps and compasses are useless || unless you know how to use them, || **so** don't blithely wander off into the back-country without some practice first. ||| [ACE_E]

||| I don't plan to marry || **so** don't talk about husbands. [KOLH_K]

某些语气组合衍生出了特殊的意义，例如：

疑问：是 / 否或者疑问：是 / 否 – 选择疑问句

||| Does the Church possess divine truth and the unique means to salvation || **or** is it just another benevolent group in a pluralist society? ||| [ACE_G]

||| Do they pull the rope || **or** is there a different arrangement? ||| [KOLH_L]

祈使或陈述 – 条件命令

||| Move from the line || **or** I will settle the whip on you. ||| [BROWN1_P]

祈使或陈述 – 主动命令（警告，建议）/ 条件句

||| 'Say something against them || **and** you will cop a writ, || even though [[what you say]] may well be harmless or totally true,' || he said. ||| [ACE_A]

||| Listen to voices || **and** you will learn how to improve your own. ||| [LOB_F]

||| Fly with us || **and** you'll experience the dedication to excellence [[that could only

be Korean]]. ||| [Korean Air advertisement]

||| Laugh, || **and** the world laughs with you: || Weep, || **and** you weep alone; ||| [‘Solitude’ by Ella Wheeler Wilcox]

此类小句序列实际上可能会涉及人际隐喻，从而可以从多个角度对它们进行阐释。外加的阐释视角会带来多重解读，同时，祈使句和条件句之间的关联基于非现实意义；见第十章，图 10-10（b）对 *don't move or I will shoot*“如果你动，我就开枪”的分析。

当小句以平等地位结合在一起时，存在一个紧密同源的结构。其中，两个小句并未在结构上组合成为小句复合体，而是一个**衔接序列**（cohesive sequence），如：*Kukul crouched low to the ground. He moved slowly*（库库尔低低地蹲在地上。他慢慢地移动）。在这一版本中，第二个小句省略的主语必须补足，因为这种主语省略在小句复合体范围之外是行不通的。两个版本在字系学上的处理方式有所不同：在衔接序列中，两个小句之间用句号隔开；但在小句复合体中，小句之间没有句号（但是可以使用逗号，或者甚至是分号）。这反映了音系学的典型体现方式：在衔接序列
440 中，第一个小句使用调 1（降调），随后的第二个小句也为调 1；但在小句复合体中，第一个小句使用调 3（平调），随后的第二个小句使用调 1。调 3 表示下文还有内容——通过扩展小句形成小句复合体（见第 7.6 节）。

另外，两个相互依存的小句也具有**不平等地位**（unequal status），如：

||| **As** he came to a thicket, || he heard the faint rustling of leaves. ||| [语篇 65]

这里可以独立存在的小句只有一个，即 *he heard the faint rustling of leaves*（他听到树叶在轻微地沙沙作响），被视为“主”句。另一小句作为（时间）限定与之相连，与名词词组的“中心语 + 修饰语”结构类似。虽然主句本身足以构成命题，从而可以被附加疑问句（*he heard the faint rustling of leaves, didn't he?* 他听见树叶在轻微地沙沙作响，不是吗？）或一般疑问句（*did he hear the faint rustling of leaves?* 他听见树叶在轻微地沙沙作响了吗？）修饰，但是限定小句不能。（不会出现：*as he came to a thicket, didn't he, he heard the faint rustling of leaves* 当他来到一片灌木丛时，不是吗，他听到了树叶在轻微地沙沙作响；*as did he come to a thicket, he heard the faint rustling of leaves*。当他来到灌木丛时，他听到了树叶在轻微地沙沙作响）。这一小句组合通常使用调 4（下降–上升）和调 1 的序列，从而使限定小句的区分方式与标记主位相同。它们没有紧密同源的非结构化的衔接形式。更加确切地说，只有存在一个内部小句地位平等的小句复合体作中间形式，该形式才可以和小句组合同源：（小句复合体，地位平等：）*He came to a thicket and at that time he heard the faint rustling of leaves*（他来到一片灌木丛，这时他听到了树叶在轻微地沙沙作响）—（衔接序列）*He came to a thicket. At that time he heard the faint rustling of leaves*（他来到一片灌木丛。那时他听到了树叶在轻微地沙沙作响）。有趣的是，限定小句出现在"中心"小句之前或之后均可：*as he came to a thicket he heard the faint rustling of leaves*（当他来到灌木丛时，他听到了树叶在轻微地沙沙作响。）：*he heard the faint rustling of leaves as he came to a thicket*（当他来到灌木丛时，他听到了树叶在轻微地沙沙作响）。选择何种位置取决于对语篇意义的考虑。原文版本将时间限定小句作为小句复合体的主位，这在叙述事件流的语境中广泛采用：小句将叙事引入一个新的阶段，在主位上被前景化（进一步的讨论见第 7.3 节末尾）。正如前文所示，这一限定小句 + 主句的序列通常使用调 4，随后是调 1。相反，如果限定小句不作主位，序列有可能使用单一声调——调 1（见下文第 7.6 节）。

相互依赖的程度被称作**配列关系**（taxis）；两种不同程度的依赖关系分别为，**并列关系**（parataxis；地位平等）和**主从关系**（hypotaxis；地位不平等）。**主从关系**存在于从属成分和支配成分之间[4]。相反，**并列关系**存在于两个地位相同的成分之间，一个为起始句，另一个为接续句。

441 标记词组结构中修饰关系的希腊字母符号（见第六章，第 6.2.5 节）将用来表征主从结构。并列结构则使用数字符号 1 2 3 ……，套叠结构表示为常见的 11 12 2 31 32，与 1（1 2）2 3（1 2）相同。该标记体系已在表 7–1 的分析中使用。

语言中并列和主从关系的区别已经演变为强大的语法策略，不仅可以指导语篇的修辞发展，还可以通过语法为序列中的言辞赋予不同的地位。对于并列与主从关系的每次选择都决定了小句复合体内每两个小句（各个小句**组连**（nexus）；见下文）之间的关系。小句复合体往往既包含并列关系，又包含主从关系，见图 7–1 中的小句复合体图示：*In pain, Kukul pulled out the arrow and headed for the river to wash his wound*（库库尔痛苦地拔出箭，来到河边清洗伤口）。其中，主句序列被表征为两个地位平等的并列小句，第二个小句则被主从目的小句限定。该目的小句地位“较低”，用于支持主句。这类例子在程序性语篇中随处可见，如出自悉尼徒步旅行指南的语篇 7–5：

语篇 7–5：使能——指导（笔语、独白）：地形步骤节选

||| **If** you are feeling a little more energetic, || walk up Kirribilli Road, || turn right into Waruda Avenue, then right again into Waruda Street || **where** you will find Mary Booth Reserve. ||| [语篇 103]

---

④　以前把依存关系中高一级的术语称作**主导**（terminant），即某一事物依赖于它。该术语的问题在于，它很容易被误解为“序列中的最后一个”。但是，在成分出现的序列中，依存关系是中性的。另一组可能的术语用“主句”表示支配小句，“从句”表示从属小句。然而，这也可能会产生混淆，因为“从属”通常用来指代从属和嵌入关系，不对两者进行严格区分（见 Matthiessen & Thompson, 1988）。此外，“并列关系”一词并不对应“并列”（与“从属”相反）；它不仅包括“并列”，还包括“同位”：见下文第 7.2.3 节有关系统功能语法早期对配列关系的描述，见 Halliday（1965）。

||| Follow the map through the back streets of Sydney's Lower North Shore suburbs, || pass the Zoo into the virgin bushland of Ashton Park, || then pay off the cab driver || **when** the road reaches the old fortifications at Bradley's Head. ||| [语篇 103]

||| **When** the path reaches the road, || follow the road downhill for about 200 metres to the cable car, || **which** takes you on a two-and-a-half minute ride over the hippos and alligators to the top entrance to Taronga Zoo. ||| [语篇 103]

在第一个例子中，步骤被表征为并列式言辞序列，即 *walk up Kirribilli Road + turn right into Waruda Avenue, then right again into Waruda Street*（沿着基里比利路往前走 + 右转进入瓦鲁达大道，然后再右转进入瓦鲁达街），还有两个主从关系小句辅助。第一个是条件小句，将序列引入为徒步旅行的一个选择。第二个小句为详述，包含景点信息。第二个例子中将步骤表征为包含三个小句的并列式言辞序列。第三个小句与限定时间小句（*when the road reaches the old fortifications at Bradley's Head* 当道路到达布拉德利角的旧防御工事时）为主从关系，表明步骤的终止。相反，在第三个例子中，小句复合体始于时间小句（*when the path reaches the road* 当小路与大路会合时），表示小句复合体代表的新程序将在何种条件下开始。

如第 7.1 节所示，所有小句复合体都通过配列关系形成，且如同链条般，在每两个小句之间发展或构建而来。任何一对通过相互依存或“配列关系”相互连接的小句都称作**小句组连**（clause nexus）。因此，在下列小句复合体中，

||| I went to school in New York City || **and then** we lived up on the Hudson for a while, || **then** moved to Connecticut. ||| [语篇 7]

这里有两个小句组连：*I went to school in New York City* 我在纽约上学 → 442

and then we lived up on the Hudson for a while 然后我们在哈德逊住了一段时间和 *and then we lived up on the Hudson for a while* 然后我们在哈德逊住了一段时间 → *then moved to Connecticut* 之后搬到康涅狄格州。构成组连的小句包括**基本**（primary）小句和**次要**（secondary）小句。基本小句在并列组连中作起始小句，在主从组连中作支配小句；次要小句在并列组连中作接续小句，在主从组连中作从属小句（见表 7-4）。在大多数情况下，可以称为“基本”小句和“次要”小句，从而避免使用更加具体的术语。

表 7-4　小句组连中的基本和次要小句

	基本	次要
并列关系	1（起始）	2（接续）
主从关系	α（支配）	β（从属）

上例所示的小句复合体形成于小句组连的线性序列；每个组连包含一对相互关联的小句。许多小句复合体均属于此类线性序列，但也常常存在**内部切分**（internal bracketing）或**套叠结构**（nesting）。其中，逻辑语义关系连接的并非单独的小句，而是“次复合体”——本身就是小句组连。因此，在图 7-1 所示的小句复合体中，起始句为简单小句，但接续句实际上是次复合体，即主从关系组连（见图 7-4）。

1		In pain, Kukul pulled out the arrow
2	α	**and** headed for the river
	β	**to** wash his wound.

图 7-4　小句复合体中的套叠结构

套叠结构是逻辑结构的一般属性，在第六章，第 6.2.5 节讨论次修饰词组时引入。套叠结构可以表现为下列两种方式之一。（i）套叠明确表征为内部切分——如 1 ^ 2(α ^ β)；(ii) 或表征为简单的字符串——如 1 ^ 2α ^ 2β。

语言中的所有“逻辑”结构不外乎（a）并列关系和（b）主从关系。

两种关系在小句复合体内均有所涉及。典型的小句复合体同时包含了并列关系和主从关系，其中任何一个都可能套叠在另一个内部；例如：

I would	if I could,	but I can't
1 α	1 β	2

I would if I could（如果可以，我会的）和 *but I can't*（但是我不能）之间存在并列关系，标记为 1 2；*I would*（我会）和 *if I could*（如果可以）之间存在主从关系，标记为 α β。

7.2.2 逻辑语义关系：扩展 / 投射 443

小句组连中的基本小句和次要小句之间存在着各式各样的逻辑语义关系，但它们可以根据（1）**扩展**（**expansion**）和（2）**投射**（**projection**）两类基础关系，划分为少数几种基本类型。

（1）**扩展**：次要小句通过（a）详述，（b）延伸，或（c）增强，扩展基本小句。
（2）**投射**：次要小句被基本小句投射为（a）言辞或（b）思想。

例如：

扩展：

||| **If** we get enough time, || nobody in the audience will be able to see through the disguises. ||| [KOHL_G]

||| Well that's the idea, you see; || **but** so far it only recognizes people [[whose accents are fairly Queen's English type]], you see, || **because** they're the accents [[it's been trained to recognize]]. ||| [LLC_1]

投射：

||| Gandhi next asked her || **if** she knew what a spinning wheel was. ||| [KOHL_G]

||| 'Good work,' || he acknowledged. ||| [ACE_M]

扩展和投射：

||| And then we knew || we were going up to Cairns at Christmas || **and** we'd be away, || **so** we, we deadlocked everything || **and** we told people || we were going away; || we told the neighbours, || we got mum to go and check the place || **while** we were away || **and** on Christmas night they came back || **and** they took all our music equipment which [inaudible]. ||| [语篇 371]

扩展将同一经验等级的现象联系起来，而投射则将一个经验等级的现象（言语和思考过程）与另一更高经验等级的现象（符号现象——言语和思考的内容）联系起来。这个产生于语法的基本逻辑语义关系也体现在连环画中，见图 7-5。扩展将组成连环画的每个画面（还有画面内的事件）连接起来，构成了语篇的“横向”发展。投射则将言语和思考的事件与内容连接起来，从而超越了由扩展连接的事件序列。言语内容通常使用“对话泡”，而思考内容为“云朵”——两者的经验层级均高于连环画中的图画表征的经验。

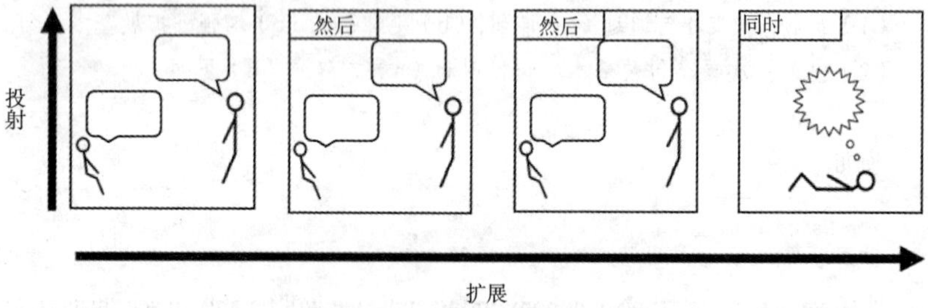

图 7-5 连环画惯用的投射和扩展形式

444 在扩展和投射的基本范畴中，首先识别几个子类：包括三种扩展关系和两种投射关系（参见第五章，第 5.6 节对环境成分的分类）。以下为这些类别的名称和建议使用的标注法：

（1）扩展：

（a）详述 = （“平等”）

（b）延伸　　+　　（“加上”）
（c）增强　　×　　（“乘以”）
（2）投射：
（a）言辞　　“　　（双引号）
（b）思想　　‘　　（单引号）

以下为这些类别的简要定义，并附有实例：

（la）	详述： ‘i.e., e.g., viz.’	一个小句通过阐述来扩展另一小句（或其中的一部分）：换一种方式重述，用细节具体化、评论或举例说明。
（lb）	延伸： ‘and, or’	一个小句通过延伸来扩展另一小句；增加某个新成分，指出例外情况，或提供别的选择。
（lc）	增强： ‘so, yet, then’	一个小句通过润色来扩展另一小句：使用时间、地点、原因或条件等环境特征对后者进行描述。
（2a）	言辞： ‘says’	一个小句将另一小句投射为言辞，是一种措辞结构。
（2b）	思想： ‘thinks’	一个小句将另一小句投射为思想，是一种意义结构。

对（增强子类）扩展复合体例子的分析见图 7–6。

例子（a）包含主从关系，（b）至（e）涉及并列关系。（思想子类的）投射复合体例子包括，

||| Maybe they do not know || that he's got a son. ||| — ||| People don't, you know; || you assume || that newspapers know these things || and you know || that they don't you know. ||| — ||| There's a terrible lack of knowledge. ||| [UTS/Macquarie Corpus]

||| Calypso knew || that her aunt knew || she knew || how unwelcome Richard would be in Enderby Street. ||| [Mary Wesley]

分析见图 7–7。

445 （a）

When all had been done	**as** God had ordered,	Noah closed the door.
× β	× γ	α

（b）	I went to school in New York City	and then we lived up on the Hudson for a while,	then moved to Connecticut.	
（c）	He ran out on his wife and children,	became a merchant seaman,	was washed off a deck of a cargo ship	and miraculously picked up, not his own ship but another one, way out in the middle of nowhere.
（d）	New designs were drawn up by architect William Wardell,	construction was started in 1868,	the Cathedral was in use by 1882	and was finished September 2, 1928.
（e）	Go under the Santa Monica Freeway,	turn left, west,	and follow the signs to the west-bound onramp;	proceed west to the San Diego Freeway.
	1	×2	×3	×4

图 7-6　“扩展”类型的小句复合体

Maybe they do not know	that he's got a son.		
you assume	that newspapers know these things		
you know	that they don't you know		
Calypso knew	that her aunt knew	she knew	how unwelcome Richard would be in Enderby Street.
中心语	修饰语		
α	‘β	‘γ	‘δ

图 7-7　“投射”类型的小句复合体

7.2.3 配列关系和逻辑语义关系的交集；小句组连的基本集合

配列关系系统和逻辑语义关系系统相互交叉，定义了小句组连的基本集合，见表 7-5。其中，传统语法范畴的术语由引号标记。所举实例解释了表示并列和主从关系的符号如何与表示逻辑语义关系类型的符号相互结合（文字解释见表 7-1）。表示逻辑语义关系类型的符号之后为数字或字母，用来表示小句组连中的接续小句（某些并列式投射情况除外；见下文），例如 1×2 和 $\alpha+\beta$。在主从关系中，次要小句为从属小句，可以位于支配小句之前（$+\beta \wedge \alpha$）或之后（$\alpha \wedge +\beta$）。$\beta \wedge \alpha$ 序列的例子有：

While Fred stayed behind,	John ran away	$+\beta \wedge \alpha$	446
Because he was scared,	John ran away	$\times\beta \wedge \alpha$	
That John had run away	no one believed	$'\beta \wedge \alpha$	
β	α		

在并列关系中，仅可能出现 $1 \wedge 2$ 的顺序——这是因为确定并列关系中主句的原则取决于哪个小句先出现。因此，并列式扩展中的次要小句总是在详述、延伸或增强。如果说：

John ran away;	he didn't wait	$1 \wedge =2$
1	2	

结构仍然是 $1 \wedge =2$。

另一方面，在并列式投射中，被投射的小句有可能充当主要小句，如：

'I'm running away,'	said John	$"1 \wedge 2$
1	2	

原因是，投射在本质上是（不对称）方向性关系。

配列关系和**逻辑语义类型**系统同时存在，并且彼此独立地发生变化：如表 7-5 所示，两个系统内术语的所有交集在系统上都具有可能性。然而，如表中计数所示，它们在语篇中被选中的概率并不相同。在 6,832 个小句组连中，存在着明显的定量模式（见图 7-8[⑤]），这些组连选自各种各样的口语和书面语体裁。虽然“并列关系”和“主从关系”的频率大致相当（大致分别为 52% 和 48%），但“扩展”远多于“投射”（大致分别为 80% 和 20%）——因此两者的区别类似于等概率术语系统和偏度概率术语系统之间的区别，见 Halliday（1991）。

在精密度上再进一步可以发现，“言辞”在投射中比“思想”更为常见，但差异并不显著（分别约为 57% 和 43%）；而在扩展中，“增强”关系占比接近一半（约 49%），而“详述”和“延伸”关系的比重又大致相同（分别为 24% 和 27%）。

447

表 7-5　小句复合体的基本类型

		（i）并列关系	（ii）主从关系
（1）扩展	（a）详述	1 John didn't wait; =2 he ran away. “同位关系”	α John ran away, =β which surprised everyone. “非限定性定语”
		（701 例 [52.5%]）	（633 例 [47.5%]）
	（b）延伸	1 John ran away, +2 and Fred stayed behind. “并列式连接”	α John ran away, +β whereas Fred stayed behind.
		（1, 368 例 [94.2%]）	（84 例 [5.8%]）
	（c）增强	1 John was scared, x2 so he ran away.	John ran away, xβ he was scared. “状语从句”
		（855 例 [32.3%]）	（1, 799 例 [67.8%]）

⑤　另见 Matthiessen（2002a）；受此文影响，可分析的小句组联数量得到极大拓展，但相对频率仍十分相似。首个对小句复合体进行定量研究的文献见 Nesbitt & Plum（1988）。

续表

		(i) 并列关系	(ii) 主从关系
(2) 投射	(a) 言辞	1 John said: ‘2 “I’m running away’ “直接言语”	α John said “β he was running away. “间接言语”
		(368 例 [46.2%])	(429 例 [53.8%])
	(b) 思想	1 John thought to himself: ‘2 ‘I’ll run away’	α John thought ‘β he would run away.
		(15 例 [2.5%])	(580 例 [97.5%])

现在，我们回到配列系统和逻辑语义系统的术语交集上，可以发现三种显然备受青睐的组合：“思想”和“主从关系”，“延伸”和“并列关系”，“增强”和“主从关系”。还有两种组合明显不太常见：“思想”和“并列关系”（15 例；2.5%），“延伸”和“主从关系”（84 例；5.8%）。其余两种组合的比例大致相同。在“言辞”中，“主从关系”的比例略微高于“并列关系”（分别为 46.2% 和 53.8%）；而在“详述”中，两者却没有较为显著的差异。这些定量特征可以和系统的定性属性相结合，将在介绍完扩展和投射后再作讨论。

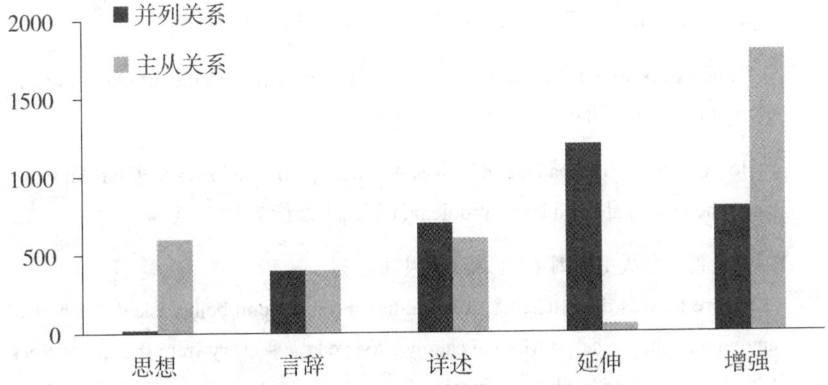

图 7-8　配列关系与逻辑语义类型交集的定量状况 448

（样本为从口语和书面语体裁中选取的 6,832 个小句组连）

图 7-6 中的扩展和图 7-7 中的投射实例均只涉及一种逻辑语义关系，与主从或并列关系中的其中一种相互组合。然而，作为小句复合体常见的组织方式，小句组连涉及不同类型的配列关系、逻辑语义关系或两者兼有。例如：

（1）并列＋主从（扩展：增强）

||| Go off the San Diego Freeway at the Wilshire Boulevard-West offramp, || circle right down the offramp, || and turn right onto Wilshire, westbound, || going about one-half mile to San Vicente Boulevard. ||| [语篇 140]

||| Some ruined bridges, one of the canals, and the camouflaged oil pumps can be seen || by continuing south on Pacific Avenue to the entrance channel of the Marina del Rey, || turning left at Via Marina, || following Via Marina to its junction with Admiralty Way, || and rejoining the route || by turning right into Admiralty Way. ||| [语篇 140]

||| Turn right, west, onto Fiji Way; || go to its ending, || turn around || and return to Admiralty Way; || cross Admiralty || and go 1 short block || to turn right, southeast, on Lincoln Boulevard, Route 1. ||| [语篇 140]

（2）投射＋扩展

||| Yet somebody told me || that I mustn't repudiate my non-fiction, || because it's saying very much || what the fiction is saying. ||| [语篇 7]

||| I came back to Mr. Shawn || and said, || 'Listen, I can do the article, || but I'm going to hold back the best material.' ||| [语篇 7]

||| He just shakes his head || and shoves it at her again || and says || 'Give Massin,' || as if he knew || there'd be no problem at all. ||| [语篇 7]

（3）投射（主从＋并列）＋扩展（主从＋并列）

||| Before he was despatched, || folklore has it || that upon being asked || if he had anything further to say, || Morgan calmly surveyed the scenery from the top of Rock Island || and said, || 'Well it certainly is a fine harbour you have here.' ||| [语篇 22]

其中一些例子的分析见下图 7-9。

(1a)

Go off the San Diego Freeway at the Wilshire Boulevard-West offramp,	circle right down the offramp,	and turn right onto Wilshire, westbound,	going about one-half mile to San Vicente Boulevard.	449
1	× 2	× 3α	× 3 × β	

(i)

<table>
<tr><td rowspan="2">1</td><td rowspan="2">× 2</td><td colspan="2">× 3</td></tr>
<tr><td>α</td><td>× β</td></tr>
</table>

(1b)

	Some ruined bridges, ... can be seen	by continuing south ...,	turning left at Via Marina,	following Via Marina ...,	and rejoining the route,	by turning right into Admiralty Way.
(i)	α	× β1	×β×2	×β×3	×β×4a	× β × 4 × β

(ii)

<table>
<tr><td rowspan="3">α</td><td colspan="5">× β</td></tr>
<tr><td rowspan="2">1</td><td rowspan="2">×2</td><td rowspan="2">×3</td><td colspan="2">×4</td></tr>
<tr><td>α</td><td>× β</td></tr>
</table>

(2a)

	Yet somebody told me	that I mustn't repudiate my non-fiction,	because it's saying very much	what the fiction is saying.
(i)	α	“βα	“β × βα	“β × β “β

(ii)

<table>
<tr><td rowspan="3">α</td><td colspan="3">“β</td></tr>
<tr><td rowspan="2">α</td><td colspan="2">× β</td></tr>
<tr><td>α</td><td>“β</td></tr>
</table>

(2b)

	He just shakes his head	and shoves it at her again	and says	'Give Massin,'	as if he knew	there'd be no problem at all.
(i)	1	× 2	×3α1	×3α"2	×3×βα	× 3 × β'β

(ii)

<table>
<tr><td rowspan="3">1</td><td rowspan="3">× 2</td><td colspan="4">×3</td></tr>
<tr><td colspan="2">α</td><td colspan="2">×β</td></tr>
<tr><td>1</td><td>"2</td><td>α</td><td>'β</td></tr>
</table>

(3)

	Before he was despatched	folklore has it	that upon being asked	if he had anything further to say,	Morgan calmly surveyed the scenery ...	and said,	'Well it certainly is a fine harbour you have here.'	450
(i)	×β	αα	α “β×βα	α “β×β“β	α “βα1	α “βα×21	α “βα × 2"2	

(ii)

<table>
<tr><td rowspan="6">×β</td><td colspan="4">α</td><td colspan="2"></td></tr>
<tr><td rowspan="5">α</td><td colspan="4">“β</td><td></td></tr>
<tr><td colspan="2">×β</td><td colspan="3">α</td></tr>
<tr><td rowspan="3">α</td><td rowspan="3">“β</td><td rowspan="3">1</td><td colspan="2">×2</td></tr>
<tr><td>1</td><td>"2</td></tr>
<tr><td></td><td></td></tr>
</table>

图 7-9　涉及多种配列关系和 / 或逻辑语义关系的实例

图 7-9 中的例子均涉及上文提及的内部切分或**套叠结构**（如图 7-4）。它们解释了一个共同的原则，内部套叠总是在配列关系发生变化时出现。换言之，小句的逻辑序列总是为并列（1 2 3 ...）和主从关系（α β γ ...）中的任一种，绝非两者的组合。例如，不可能出现类似 1 ^ β ^ 3 ^ γ 的序列。如果配列关系发生切换，套叠就会自动产生，如上例中的 1 ^ 2 (α ^ β)。同样地，小句的任一逻辑序列在逻辑语义类型上总是恒定不变：思想的投射、言辞的投射，详述，延伸或增强。它并非两种关系的混合；例如，不可能出现类似 1 ^ ×2 ^ +3 的序列。如果逻辑语义类型发生切换，套叠就会自动产生，如 1 ^ × 2 (1 ^ +2)。

在图 7-9 中，各个小句复合体的单变元结构均涉及两种分析形式。（i）中的分析以单行形式给出，每个小句均包含内部套叠结构，如（1a）中的如下结构：

1 ^ ×2 ^ ×3α ^ ×3×β

但（ii）中的分析体现了等级关系，没有考虑内部套叠。因此，每一个新的递减行代表一层新的内部套叠。对应使用括号来表示内部套叠的情况，如：

1 ^×2 ^×3 (α ^ ×β)

上述两种表征形式仅代表了不同的标注法（类似代数中的例子，x +
451 ya + yb ～ x + y(a + b)）。将内部套叠考虑在内的单行形式方便且紧凑，但括弧标注法（以及对应的体现层次关系的表格）有助于厘清内部套叠的复杂情况。这些不同的表征形式将在下文进一步讨论。

有关并列关系和主从关系的详细讨论见下节（第 7.3 节）。之后将介绍更加具体的扩展（第 7.4 节）和投射范畴（第 7.5 节）。

7.3　配列关系：并列和主从

复合体的配列关系结构在本质上表达关系；此类结构称为**单变元**（**univariate**），与多变元（**multivariate**）结构有所区分（见第六章，第6.2.5节；更多内容见 Halliday, 1965/1981: 31−33；1978: 131）：见表7−6。该表是对第二章，第2.6节末尾提出的原则的扩展，即不同的元功能意义模式往往体现为不同的结构模式（表2−8；另见 Halliday, 1979; Matthiessen, 1988, 2004b; Martin, 1996)。

表7−6　单变元和多变元结构 452

结构类型	意义模式	结构模式	结构实例
(i) 单变元	逻辑	迭代	并列： 1 → 2 → 3 → 4 ...
			主从： α → β → γ → δ ...
(ii) 多变元	经验	切分	例如：[小句] 中介 + 过程 + 施事者 + 地点 + 时间 [名词词组]：数量语 + 特征语 + 类别语 + 事物 + 定性语
	人际	韵律	例如：[小句] 语气 + 剩余部分 + 语气附加问 [声调群：]// 调 2　//
	语篇	达顶	例如：[小句] 主位 + 述位 [信息单位] 已知信息 + 新信息 [名词词组] 指示语 +... [动词词组] 定式成分 +...

(i) 单变元结构是同一功能关系的迭代：例如 *Bill Brewer, Jan Stewer, Peter Gurney, Peter Davy, Dan'l Whiddon, Harry Hawk, Old Uncle Tom Cobbley and all* 中的“并列关系”，*Tom, Tom, the piper's son* 中的“相等关

系”（Tom = Tom = piper’s son），以及 *new fashioned three-cornered cambric country-cut handkerchief*（新式三角细麻布乡村裁剪手帕）中的“子集关系”（什么样的手绢？——乡村裁剪的；什么样的乡村裁剪？——细棉布的……），诸如此类。只有逻辑意义模式才具有这种**迭代结构**（**iterative structure**）；如前所述，它们形成于逻辑语义关系中。

（ii）**多变元**结构是不同功能关系的配置，如主位 + 述位，语气 + 剩余部分 + 语气附加问，或动作者 + 过程 + 领受者 + 目标。需要注意的是，虽然只有功能标签，但结构实际上由功能之间的关系构成。虽然上述所有多变元结构都通过成分关系来表征，但该结构模式实际上最适用于经验意义模式。即多变元结构中的各成分关系从经验角度看，为切分性（segmental），但从人际关系角度看，为韵律性（prosodic），从语篇角度看，为达顶性（culminative）。切分性结构的典型例子是小句的及物性结构，韵律性结构的典型例子是通常覆盖整个小句的声调曲线，而达顶结构的典型例子是位于句首的主位突出（其后为述位不突出）。

因此，“单变元”和“多变元”概念有助于厘清逻辑意义模式与其他元功能在结构组织形式上的区别。因此，我们在这里关注单变元结构。正如前文所示，它从少数几类逻辑语义关系中产生，比如示例、添加和时间序列。在所有单变元结构中，以此种方式连接的单位相互依存；但是演化出两种相互依存的程度——并列关系和主从关系。即上文介绍的**配列关系**系统中的区分。并列关系和主从关系是在整个语法中保持不变的一般性关系：它们标明了各个级阶上复合体（小句复合体、词组或短语复合体（见第八章）和词复合体）的界限；此外，主从关系还定义了词组的逻辑组织形式（见第六章）。（相比之下，多变元结构随语法单位变化而变化。）表 7-7 中总结了主从关系和并列关系的不同特点及体现模式。

表 7-7　并列关系和主从关系的属性

453

		并列关系	主从关系
“投射”和“扩展”	地位	同等地位： 起始 + 接续	不同等地位 支配 + 从属
	（i）对称	对称［投射除外］	非对称
	（ii）及物性	及物	非及物
	序列	1 ^ 2	α ^ β, β ^ α., α <<β>>, β <<α>>
“投射”		引述： 两个自由小句	报道： 报道依赖于言语 / 心理过程
	基本	投射： ［如果 1 ^ “2］/ 投射 ［如果“1 ^ 2］	投射支配句
	次要	被投射： ［如果 1 ^ “2］/ 投射 ［如果“1 ^ 2］	投射从句——受支配句决定
	连接	—	从句：连结词［*that*; *whether*, *if*］
	典型声调	［见表 7-30］	［见表 7-30］
“扩展”	基本	被扩展	被扩展
	次要	扩展	扩展
	连接	次要：连系词 ［除某些延伸性关联词：*either ... or*, *neither ... nor*，*both ... and*］①	次要：连结词，连接性介词（与非定式小句连用）［除某些增强性关联词—连结词 +（衔接）连词：*if ... then*, *although ... yet*, *because ... therefore*；连结词 + 连结词：*as ... so*；*the* + *the* 结构］
	典型声调	调 3： 1［调 3］^2	调 4： β［调 4］^ α

并列关系（**parataxis**）指地位相同的成分的连接，见图 7-4（b）至

---

⑥　除此之外，还存在带有否定归一度 *not* 和 *but* 的模式：*not...but...*，*not only...but also...*。

（e）。起始成分和接续成分均可自由地作为独立运转的个体而存在。原则上，并列关系在逻辑上具有（i）对称性和（ii）可转化性（transitive）。以“和”关系为例，（i）“盐和胡椒”表示“胡椒和盐”，因此这种关系是对称的；（ii）当“盐和胡椒”与“胡椒和芥末”组合在一起时，可以表示“盐和芥末”，因此这种关系也是可转化的。

主从关系（**hypotaxis**）指地位不平等的成分的连结，见上图 7-4（a）和图 7-6。支配成分自由，但从属成分不是。主从关系在逻辑上是（i）非对称和（ii）不可转化的。以“当”为例；（i）“当我睡觉时，我在呼吸”并不表示“当我呼吸时，我在睡觉”；（ii）“当我不得不慢速驾驶时，我感到焦躁”和“当下雨时，我不得不慢速驾驶”组合在一起时，并不能表示“当下雨时，我感到焦躁”。

这一基本范式可以被逻辑语义关系改变；例如，“引述”虽然是并列关系，但显然并不对称：“约翰说，他的原话是：在下雨”并不能表达为“在下雨，他的原话是：约翰说”。但只要逻辑上可行，某一给定的语义关系就是对称和及物的，并与并列结构结合，而非主从结构。例如，“和”的意义在主从结构中可以由 *besides* + 非定式小句来表达；显然，*besides undergoing the operation he also had to pay for it*（除了遭罪，他还得为手术花钱）并不表示 *besides having to pay for the operation, he also underwent it*（除了为手术花钱，他还接受了手术）。相反，如果“当”表示并列关系，就需要使用类似 *at the same time*（同时）的表达；那么，*I sleep, and at the same time I breathe*（我睡觉，同时呼吸）确实可以暗含 *I breathe, and at the same time I sleep*（我呼吸的同时在睡觉）的意思。这种差异甚至出现在投射关系中。例如，主从结构 *John said that Mary said that it was Tuesday*（约翰说玛丽说今天是星期二）并不表示 *John said that it was Tuesday*（约翰说今天是星期二），因为被投射的小句被认为是 John 的意思；而 *John said: 'Mary said: "It's Tuesday"'*（约翰说：“玛丽说：今天是星期二。”）确实暗示了 *John said: 'It's Tuesday'*（约翰说：“今天是星期二。”），原因是此处投射的是约翰的话，而且在报道玛丽时，这些确实是约翰的原话（这里并非诡辩；而是与两种投射类型不同的语义属性有关，见下文第 7.5 节。）

并列关系和主从关系都可以使用连接词来标记次要小句，只是使用 454
的连接词类别有所区分（见第六章，第 6.4.2 节）。在并列关系中，**连系词**（linker）仅在逻辑语义关系为扩展时使用（如，*and* 并且，*or* 或者，*but* 但是），并可能发挥衔接作用（见第九章）。在主从关系中，**连结词**（binder）在投射（*that* 先行词；*whether* 是否，*if* 是否）和扩展（如 *when* 何时，*while* 在……期间；*because* 因为，*since* 自从，*if* 如果，*although* 尽管）环境下均可使用；在某些非定式小句中，体现为连接介词（如 *after* 之后，*before* 之前；*because of* 由于，*despite* 即使）。并列关系和主从关系均可使用关系连接词，其中的第二个连接词标记主要小句。连词标记的例子如下：

［并列关系：连系词］

Make your way back towards the Pump House **and** walk under Pier Street to the southern end of Darling Harbour.

［主从关系：连结词，连接介词］

Follow the pathways around the landscaped gardens and over bridges **before** resting at the Tea House.

［并列关系：关联词］

He's **either** holidaying **or** he's on another job. [UTS/Macquarie Corpus]

I would **not only** not finance it, **but** I wouldn't take a big sponsor for any cigarette or any liquor or any other drug that was bad. [KING_Interviews]

Not only was I from the western suburbs **but** my father was a Labor politician. [UTS/Macquarie Corpus]

［主从关系：关联词］

If the majority say well we go **then** we're prepared to go with it. [UTS/Macquarie Corpus]

... **because** we're completely mobile **so** we have to take completely mobile communication. [UTS/Macquarie Corpus]

在主从小句组连中，从属小句可能为定式或非定式：

As he came to a thicket,	he heard the faint rustling of leaves.
† On coming to a thicket,	
×β	α

he headed for the river	† so that he could wash his wound.
	to wash his wound.
α	×β

I told him	to send it off.
	† that he should send it off.
α	“β

在非定式从属小句中，主语通常被省略，一般与支配小句的主语共
455 指——语法规定必须如此；但不难发现与支配小句的主语不共指的情况：

> ||| ×β By [ø:] placing Goffman's work in the context of the writings of other thinkers, || α a beneficial link between the micro- and macro-structures of society becomes visible. ||| [语篇 188]

支配小句的主语是 *a beneficial link between the micro- and macro-structures of society*（社会微观结构和宏观结构之间的有益关联），但它显然不是从属小句的主语。从属主语可能是笼统的‘one’‘we’。

小句复合体中的其他小句为定式小句。以并列关系连接的小句如果套叠在从属关系中，也自然成为从属小句；例如，

α	She set to work very carefully,
=β 1	nibbling first at one and then at the other,
=β +2 α	and growing sometimes taller and sometimes shorter,
=β +2 ×β	until she had brought herself down to her usual height.

在并列关系中，各成分之间并不相互依赖；因此，除了表征为序列

外，没有其他的配列方式。这就解释了使用数字标注法的原因：

pepper	and salt	
1	2	
salt	pepper	and mustard
1	2	3

唯一的改变通过内部切分或**套叠结构**产生，例如：

soup	or salad;	meat,	chicken	or fish;	and cheese	or dessert
11	12	21	22	23	31	32

以上例子为词的复合体，但原则同样适用于并列关系的小句复合体。如：

John came into the room and sat down, Lucy stood in the doorway, and Fred waited outside.

结构是 11 12 2 3。

在主从关系结构中，成分按照从属关系排列，在很大程度上独立于序列。因此存在多个序列：从属小句（i）位于支配小句之后，（ii）位于支配小句之前，（iii）包含在支配小句中，或（iv）包含支配小句：

(i)	α ^ β:	||| You never can tell || till you try. |||	456
(ii)	β ^ α:	||| If wishes were horses, || beggars would ride. |||	
(iii)	α<< β >>:	||| Picture, << if you can, >> a winkle. |||	
(iv)	β<<α>>:	||| He might, << he said, >> finish it himself. |||	

进一步的讨论见下文有关语篇意义的考量。

主从关系结构也可能包括套叠结构，如上图 7-9 中的（2a）和（3）

所示。有时可能存在两种解释，见下例 *she took her umbrella in case it rained when she was leaving*:

	She took her umbrella	in case it rained	when she was leaving
(a)	α	β	γ
(b)	α α	α β	β

（a）表示，当她离开时，下起了雨，或者至少是她预料的；（b）表示，当她离开时，拿了伞。因此，（b）的前两个小句存在内部切分现象。

通常，并列和主从关系结构可以组合在同一个小句复合体内部，如上图 7-4 和图 7-9 所示。以下是出自自发话语中的一个较为复杂的例子，讲话者是一个九岁的女孩：

Our teacher says that if your neighbour has a new baby and you don't know whether it's a he or a she, if you call it 'it' well then the neighbour will be very offended.

通过该例，可以探讨逻辑结构的几种不同表现形式。首先使用上图 7-9 中的盒状图，列出两种分析形式：见下图 7-10。版本（i）可以表征为：

α ^ ββ1 ^ ββ2α ^ ββ2β1 ^ ββ2β2 ^ βαβ ^ βαα

版本（ii）使用括号（表示相互依赖关系的类型），表征为：

α ^ "β (×β (1 ^ +2 (α ^ "β)1 ^ +2))) ^ α (×β ^ α))

这一版本也可由树状图表示，见图 7-11。表格和树状图均可展示小句构成小句复合体的方式。但是两者的缺点是，小句复合体被表征为成分结构，但其实际上是从属关系结构。其他类型的图表也可用来展示从属结构：见图 7-12 的图（c）依照修辞结构理论[⑦]（Rhetorical Structure Theory；如 Mann 等，1992）的图表规范，将语篇的修辞关系组织表征为语义单位。

457

(i)	Our teacher says	that if your neighbour has a new baby	and you don't know	whether it's a he	or a she,	if you call it 'it'	well then the neighbour will be very offended.
	a	"β × β1	"β × β+2α	" β × β 'β1	" β × β 'β+2	"βα × β	"βαα

(ii)

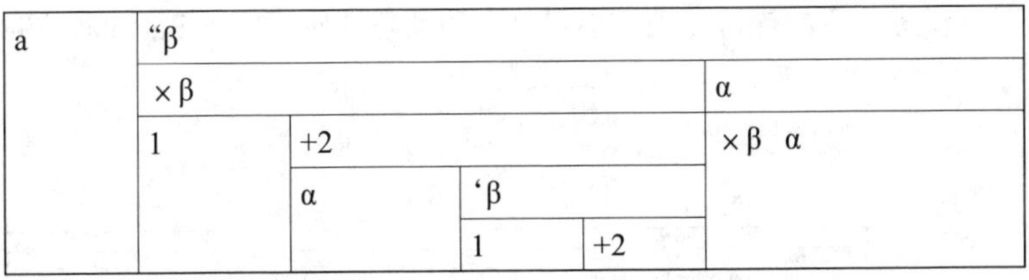
a
"β
× β
α
1
+2
× β α
α
'β
1
+2

图 7-10　主从和并列关系的组合：盒状图

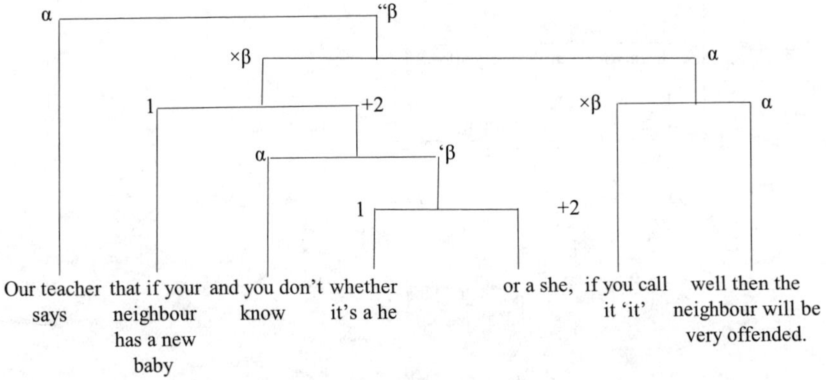
α
"β
×β
α
1
+2
×β
α
α
'β
1
+2
Our teacher says
that if your neighbour has a new baby
and you don't know
whether it's a he
or a she,
if you call it 'it'
well then the neighbour will be very offended.

图 7-11　主从和并列关系的组合：树形图

⑦　译者注：修辞结构理论是美国学者曼（W. C. Mann）和汤普森（S. A. Thompson）在系统功能理论的框架下创立的篇章生成和分析的理论。

最后呈现一种包括了成分和从属关系的言辞表征形式，见图 7-13。

探讨不同类型的标注法和图示是有原因的。口语中的小句复合体之所以受到特别关注，是因为它们表征了系统的动态潜势——在保持连续的话语流，使其连贯而不做作的同时，对较为冗长且复杂的语义运动模式进行“编排”的能力。但这种流动在书面语中较为少见。由于语法理论是从书面语的研究中演化而来，因此擅长将成分关系作为组织概念，将其概要式地表征为“成品”；相反，它并不擅长表征动态“过程”，而这正是解释言语所需要的。这种言辞的球-链（ball-and-chain）模型是编排标注（choreographic notation）中的一个小小尝试——遗憾的是，此处我们无法对其做进一步的探讨（关于小句复合的动态性质，比较 Bateman, 1989）。

458

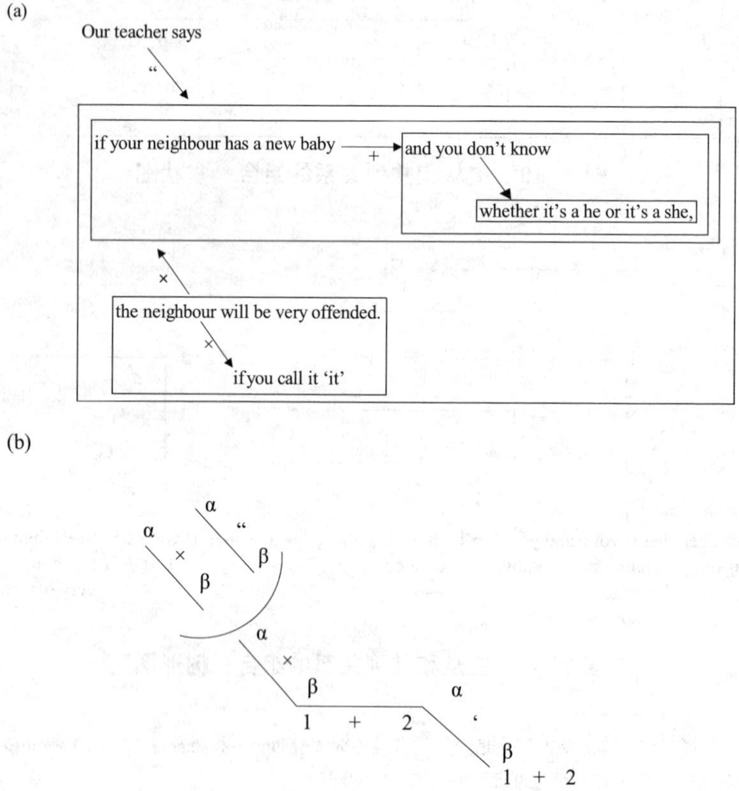

459

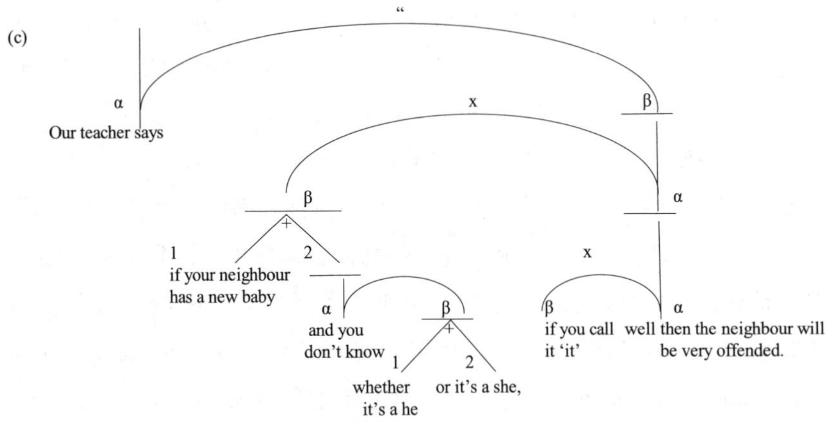
(c)
“
α
Our teacher says
x
β
β
α
1
2
if your neighbour
has a new baby
x
α
and you
don't know
β
1
2
whether
it's a he
or it's a she,
β
if you call
it 'it'
α
well then the neighbour will
be very offended.

图 7-12 （a-b-c）主从和并列关系结合：从属关系图

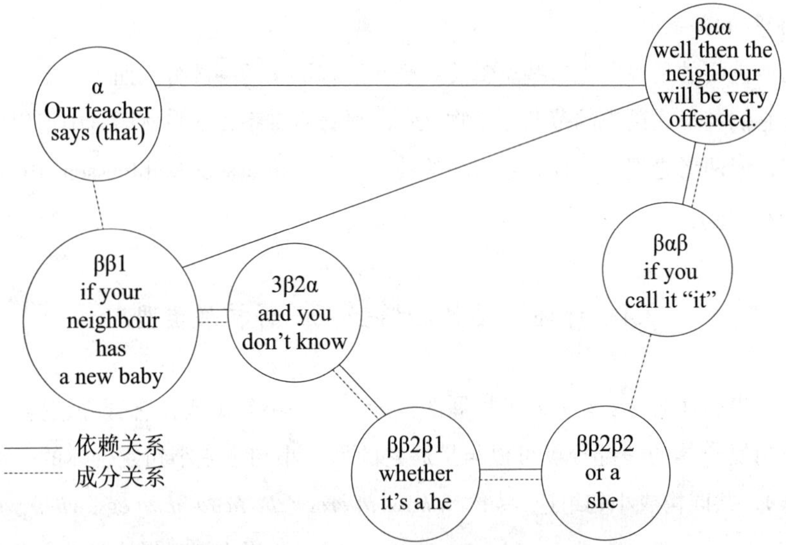
α
Our teacher
says (that)
βαα
well then the
neighbour
will be very
offended.
ββ1
if your
neighbour
has
a new baby
3β2α
and you
don't know
βαβ
if you
call it "it"
ββ2β1
whether
it's a he
ββ2β2
or a
she
依赖关系
成分关系

图 7-13 小句复合体的另一种示意图

投射和扩展的关系（当与并列和主从关系结合时）构成了自然语言 460
的“逻辑”成分，但它们不能简化成非语言的基本逻辑关系。以并列环境中的“和”（*and*）关系为例。上文说到，“胡椒和盐”（*pepper and salt*）

表示“盐和胡椒”（*salt and pepper*），但这并不表示 *pepper and salt* 和 *salt and pepper* 在措辞上同义——两者显然不是。先出现的成分总是被赋予明显的优先性，例如，我们一般不说 *butter and bread*；但一旦说了——可以用来责备某人在面包上抹了太多的黄油：*that's not bread and butter, it's butter and bread!*（这不是面包和黄油，而是黄油和面包！）。因此，尽管两者可以互相解释，但意义并不完全相同，原因是并列关系为对称关系，但扩展不是。在主从关系环境中，这种隐含关系甚至站不住脚，原因是主从关系本身并不对称。于是，上述例子（*besides undergoing the operation he also had to pay for it* 除了做手术，他还得付钱 / *besides having to pay for the operation he also underwent it* 除了不得不支付手术费用外，他还接受了手术）之间的语义相差甚远，尽管这个结构体现的一个语义特征仍然是“和”的关系。

重要的是，要把这些逻辑关系当作语言语义的一部分，而不是寄希望于它们与形式逻辑的范畴完全吻合——尽管后者率先从自然语言中衍生出来，但两者之间显然存在着密切的关系（见 Halliday & Matthiessen, 1999：104–106)。

7.4　详述，延伸和增强：三种扩展类型

我们在第 7.2 节引入了扩展的概念：某一小句（或在有套叠结构时，小句复合体的一部分）可以与扩展它的另一小句（或小句复合体的一部分），共同构成小句组连，如 *you have to crack the head of an egg* ***when*** *you take it out of the pan* ***otherwise*** *it goes on cooking*（**当**你把鸡蛋从锅里拿出来时，你必须把它的头敲碎，**否则**它就会继续煮下去）[LLC_1]，其中 *you have to crack the head of an egg*（你必须把它的头敲碎）由 *when you take it out of the pan*（当你把鸡蛋从锅里拿出来时）扩展，而 *you have to crack the head of an egg* ***when*** *you take it out of the pan*（**当**你把鸡蛋从锅里拿出来时，

你必须把它的头敲碎）又由 ***otherwise*** *it goes on cooking*（**否则**它就会继续煮下去）扩展。

前文已经介绍了扩展小句的三种基本途径（见上图 7-3 中的系统网络）：详述、延伸和增强⑧。和类似**过程类型系统**的其他所有系统一样，**扩展类型系统**必须看作是在连续的语义空间内界定的不同区域。正如下文所示，不同的扩展类型在某些节点会相互影响（比较第五章，第 5.2.4 节）；而扩展本身又可以非常接近投射（比较第五章，第 5.2.4 和第 5.3.3.1 节）这些关联在现代语言中清晰可见，并且在扩展标记的语法化路径研究中明确提及（如 Traugott, 1985, 1997；比较 Matthiessen, 2002a 中的评论）。当次要小句被舍弃时（可能由于闲聊中说话者的重叠），就无法确定出现的扩展类型了。

||| No I wouldn't; || my brother ... ||| [语篇 10] 461

7.4.1. 详述

在**详述**（**elaboration**）中，一个小句通过进一步明确或描述的方法详细阐述另一个小句的意义，例如：

||| [α:] Is there any way of disputing || [×β1:] when a priest, any priest, says, || [×β "21:] "This is my conviction, || [×β "2=2:] this is [[what the god [[I serve]] thinks about this]] ." ||| [语篇 16]

||| [α:] Moo, however, and the novel [[I'm writing now]] , << [=β:] **which** is a racehorse novel,>> are comic. ||| [1α:] They are set in a more stable time, || [1=β:] **where** things aren't crushed and lost, || [=2:] they simply go on. ||| [语篇 17]

次要小句并未引入新的成分，而是对已有成分做进一步的刻画、重

⑧　可以把它们比作装饰建筑物的三种方式：（i）对现有结构进行详述，（ii）通过增添或替换加以延伸，（iii）增强建筑物的环境。

述、详细说明、修饰、或增加描述性的属性或评论。因此，在上文第一个例子中，对 *This is my conviction*（这是我的信念）的详述通过重述 *this is what the gods I serve think about this*（这就是我信奉的诸神对这件事的看法）实现。被详述的成分可能是整个主要小句，也可能它的某一部分——一个或多个成分。因此，*which is a racehorse novel*（那本是赛马小说）详述了小句中的*Moo*[⑨]*, however, and the novel I'm writing now are comic*（但是，《哞》和我正在写的小说都是喜剧）；同时，作为主从式详述，它直接跟在详述范围之后，并因此包含在支配小句中（传统语法称为“非限定性定语从句”）。

如上例所示，并列式详述和主从式详述在语篇中几乎一样常见，如图7-8所示。两者在意义和体现形式上的对比见表7-8。就体现形式而言，两种详述形式具有一个共同的属性——音调协和（见第7.7节）。即，详述小句组连中的各个小句均体现为一个声调群，且每个声调群都选择相同的声调（详见下文有关主从关系的讨论），如：

// 13 there's a **bolt** at this **side**, // 13 just sticking out **ahead**, which is what's **holding** us //

声调特征因此代表了意义的详述关系。不过，与并列式详述小句不同，主从式详述小句具有一类特殊的语法——与关系小句有关：它们由同时充当结构性语篇主位和主题主位的关系词引导 (*who*, *whose* ..., *which*; *where*, *when*; 见第三章，第3.4节和表3-6)[⑩]。相反，并列式详述小句往

⑨　译者注：美国作家史密莱（Jane Smiley）的讽喻小说。

⑩　也就是说，英语和许多其他语言中的关系代词融合了“代词照应”（prominal reference）和“关系标记”（relative marker）的特征；但在其他一些语言中，这些特征单独实现，如阿拉伯语（参考日常英语口语中的复述代词，如 *that's because I prefer small boats, **which** other people don't necessarily like **them*** 那是因为我更喜欢小船，其他人不一定喜欢，选自 Halliday, 2002a/2005：168）；... *workshop, **which** I videotaped most of **it** until the camera broke down*（……的工作坊，我录下了大部分，直到相机坏了）。

往没有详述关系标记，甚至在口语中使用音调协和作为标记。

表 7-8　并列式详述和主从式详述 462

	并列关系	主从关系
意义	说明，示例，阐述	描述
体现	基本 + 次要：音调协和	基本 + 次要：音调协和
	次要：通常为非标记性；可以由 *i.e., e.g., viz.* 或其他连接标记词引导	次要：非限定关系小句，要么为（i）由 *wh-* 成分引入的定式小句，要么为（ii）非定式小句

就意义而言，并列式详述和主从式详述在很大程度上互为补充，涉及详述的不同方面。并列式详述用于说明、举例和阐释，而主从式详述则用于描述。某些并列式详述和主从式详述紧密同源；例如：

[α:] Moo, however, and the novel [[I'm writing now]], << [=β:] which is a racehorse novel,>> are comic. [语篇 17]

[1:] Moo, however, and the novel [[I'm writing now]], are comic; || [=2:] the latter is a racehorse novel.

这种情况常见于表示"关系"的详述小句中。在主从式详述中，总是存在一个用于回指详述范围的关系成分，对应同源并列式详述中的非关系回指（non-relative anaphoric reference）（见第九章，第 9.4 节），如人称代词或指示代词，或上例中的 *the latter*。但是，尽管此类同源关系确实存在，但并列式详述并不一定涉及对详述领域的指称；这种关联往往和词汇有关，如 *my conviction* 等于 *what the god I serve thinks about this*, *conviction* 在详述小句中被修饰，其中 1: *I just hate it*（我就是讨厌它）；=2: *I just loathe it*（我就是厌恶它），*loathe* 是 *hate* 的近义词，或者 1: *this is the image of a poet*（这是一个诗人的形象），=2: *you're not supposed to see an ordinary African here*（你不会在这里看到一个普通的非洲人），其中

poet 和 *ordinary African* 存在词汇-语义关联。因此，词义联系可能涉及词义衔接（见第九章，第 9.6 节），如［重复：*novel* ~ *novel*］*In the Spirit of Crazy Horse*[⑪] *would make a marvelous novel — I could turn that into a novel in a few months*（《疯马精神》会成为一部精彩的小说——我可以在几个月内把它写成一部小说）；［上下义：*LSD* ~ *drugs*］*We were both interested in LSD, we were doing a lot of drugs*（我们俩都沉迷于毒品，我们制作了很多毒品）；［同义：*starving* ~ *hungry*］*I'm starving*（我快饿死了）；*I'm so hungry I can't eat*（我太饿了，吃不下东西）。从这个意义上看，并列式详述涵盖的语义关系范围更加广泛，十分具有意义。主从式详述则演化出了一种特殊的小句结构——即具有必要前指项的非限定性关系从句；相比之下，并列式详述仅涉及一个普通小句，不受任何特殊的语法形式限制。

7.4.1.1 并列式详述

并列关系（标记为 1=2）。详述与并列关系组合后产生三种类型，前两种可视为小句之间的**同位关系**：

（i）说明“换言之”P 亦即 Q
（ii）示例“举例”P 例如 Q
（iii）阐述“确切地说”P 就是 Q

463 **（i）说明（exposition）**。此时，次要小句使用不同的措辞重述主要小句的论点，从另一角度呈现，或仅强调信息；例如：

||| She wasn't a show dog; || I didn't buy her as a show dog. |||
||| I probably needed that; || it was very healthy. ||| [语篇 7]

||| I really enjoyed it, || I thought || it was good. ||| [语篇 17]

||| Yeah, I just hate it; || I just loathe it. ||| [语篇 76]

---

⑪ 译者注：美国作家马西森（Peter Matthiessen）的小说。

||| That British stiff upper lip is trembling in the face of a crisis of sorts: || for the third time in a decade, the telephone company is changing people's phone numbers. ||| [语篇 15]

明确小句之间的关系可以通过连接性表达，如 *or (rather)*（或者（相反）），*in other words*（换句话说），*that is to say*（也就是说），*I mean*（我是说），或书面语中的 *i.e.*（也就是，亦即）。通常还有一个词汇–语义关联伴随着详述（见第九章，第 9.6 节），如 *need*（需要）– *healthy*（健康的），*enjoy*（享受）– *good*（好的），*hate*（讨厌）– *loathe*（厌恶），*crisis*（危机）– *changing phone numbers*（换电话号码）。在极端情况下，第二个小句通过词汇重复或同义关系，或多或少地重复前一个小句，强调信息，如 *Where's our cake?*（我们的蛋糕在哪儿？）— *It's coming, it's coming*（快到了，快到了）。在闲谈中，实时编辑常常涉及的信息重组逐渐演变成了说明：

||| Well, what do you ... — why do want to read? ||| [语篇 10]

（**ii**）示例（**exemplification**）。此时，次要小句通过提供更加具体的信息，推动了主要小句论点的发展，常见的方式是引用实例，例如：

||| We used to have races || — we used to have relays. |||

||| Your face is the same [[as everybody else has]] || — the two eyes so, nose in the middle, mouth under. ||| ||| You're too old for that game; || you couldn't bend over. ||| [语篇 10]

||| Someone comes along with a great idea for an expedition || — for example, I did a book [[called Sand Rivers]] , just before the Indian books, || and it was a safari into a very remote part of Africa. ||| [语篇 7]

||| Have you read pre-Shakespearian drama? || have you read any Marlowe say? ||| [语篇 135]

此时，显性连接词包括：*for example*（例如），*for instance*（例如），*in particular*（尤其是），或者书面语中的 *e.g.*（例如）。示例总是和词汇衔接关系相伴发生（见第九章，第 9.6 节）。通常为上下义或整体–部分关系，如 *races*（比赛）– *relays*（接力赛），*expedition*（探险）–*safari*（游猎），*face*（脸）– *eyes*（眼睛），*nose*（鼻子），*mouth*（嘴巴）。但也可能涉及其他关系：*too old*（太老）– *couldn't bend over*（不能弯腰）。

（iii）阐述（clarification）。此时，次要小句对主要小句的论点进行阐述，或用某种说明或解释性评论予以支持。

||| Tove Jansson was an artist || long before she began to write in the 1940s; || in that respect she was on the receiving end of both nature and nurture from her parents, || both of whom were well-known artists in Finland. ||| [语篇 100]

||| They used to work over here; || that's [[how they met]]. ||| [语篇 69]

464 阐述往往涉及归一度的转换，从肯定到否定，反之亦然。

||| They weren't show animals; || we just had them as pets. |||

||| He never said anything to her; || in fact his last remark was evidently addressed to a tree. |||

||| I wasn't surprised || — it was [[what I had expected]] . |||

||| 'Now the world can see || that [[what the government says]] is a lie. ||| Brazil wasn't discovered; || our land was invaded,' || said Hugo Xavante. ||| [语篇 12]

阐述也可能涉及评估性的评价：

||| You pulled the unqualified statement, Keith; || I expected better from you. ||| [语篇 10]

该类型常见 *in fact*（事实上），*actually*（事实上），*indeed*（的确），*at*

least（至少）等表达式；最接近的书面语缩略形式仍然是 *i.e.*（也就是，亦即），有时是 *viz*（即）。

连接成分是衔接性的，而非并列关系的结构性标记（见第九章，第 9.3 节）。通常来讲，由于两个小句只是简单并列，所以往往很难在口语中分辨它们是否组成了小句复合体；不过，如果两个小句的语调类型一致（见第 7.6 节），且详述语义关系清晰明确，那么就可以认定它们构成了小句组连。在书面语中，同位关系可以由冒号这一特殊的标点符号标记；但这一标记法使用时间不长，缺少统一的标准和明确的结构标记，从而使缩略语 *i.e.*, *e.g.* 和 *viz.* 一直沿用至今。

7.4.1.2 主从式详述

主从关系（标为 α = β）。详述和主从关系组合后产生**非限定性关系从句**（non-defining relative clause；也称“非限制性”“描述性”小句），对主要小句进行描述性注解，例如：

||| Yu, << **who** has been visiting Taiwan this week, >> did not elaborate. ||| [语篇 13]

||| ‘Here’ || said Nana, || **who** ruled the nursery. ||| [语篇 28]

||| So we picked Iowa || because that was closer to Wyoming, || **where** he was from. ||| [语篇 17]

||| You followed them with The Greenlanders, || **which** seems to me more ambitious. ||| [语篇 17]

||| The abundance of shale is somewhat less [[than is predicted from the abundance of clay-forming silicate minerals]] , || suggesting [[that some clay is deposited in the deep sea basins]] . ||| [语篇 68]

||| Pyramids, palaces, and temples of stone stand silent and abandoned, || hidden by dense rain forests. ||| [语篇 65]

如上例所示，主从式详述可以引入背景信息（尽管未必如此，但在叙

465 事中通常使用次级过去时）、特征、对支配小句某一方面的阐释和某种评价形式（也可发生在并列式阐释中）。可能存在解释性评论，和并列式详述的“阐述”类型一致：

||| Limestone is presently being formed by chemical precipitation on the shallow Bahama Banks || **where** the factors discussed are favourable. ||| [语篇 68]

||| Barak, << trailing badly in the polls in his bid for re-election Feb. 6, >> wants to limit the control over parts of East Jerusalem [[that he already has offered the Palestinians]] . ||| [语篇 108]

一个特例是，详述组连中的支配小句被阐述了不止一次：

||| The two big books you've done since then, << if I've got the chronology right, >> are *In the Spirit of Crazy Horse*, << **which** deals with American Indian issues, >> and *Men's Lives*, || **which** deals with your friends, the commercial fisher men, at home. ||| [语篇 7]

这里的结构可以表征为 $\alpha<<=\beta_1>>\hat{}=\beta_2$。两个详述性小句均标记为音调协和——先是 3-3，然后是 1-1。

如上例所示，详述从属小句可以为定式或非定式，下文将依次介绍。

（i）定式（finite）：如果次要小句为定式小句，它的形式就和嵌入名词词组内充当定性语的 WH- 限定关系从句相同（见上文第六章，第 6.2.2 小节）。不过，两者有两点不同：在意义上有所区分，并在意义的口语和书面语表达上也有对应的区别。

就意义而言，次要小句并不像限定关系从句一样，可以对子类做出界定。在 *the only plan which might have succeeded*（唯一可能成功的计划）中，限定从句 *which might have succeeded* 从计划这一大类中具体指明了该特定子类。另一方面，非限定关系从句进一步描述了已经完全具体化的事物。因此，该“事物”并不一定是名词；非限定关系的范围可能是上例所示的整个小句，或小句的任一成分。可以根据基本小句的域将它们分为三类，不过这些并不是子类，只是便于操作。

（a）*which* 引导的可以是整个主要小句，也可以是大于名词词组的任何其他成分（它的并列和衔接同源为包含 *it* 或 *this* 的拓展的语篇照应）；例如：

||| He talks down to people, || **which** automatically puts people's backs up. ||| [语篇 71]

||| I've always thought || that my real writing was the fiction, || **which** seems odd, || since I've done over twice as many non-fiction books as fiction books. ||| [语篇 7]

||| In this individual, India has lost an intellectual or an expert; || but it must not be forgotten || that the expert has lost India too, || **which** is a more serious loss in the final reckoning. ||| [语篇 254]

意思是，'talking down to people automatically puts people's backs up'（居高临下地对人说话自然会激怒他们），等等。序列一直是 α ^ =β。作详述的 β- 小句通常为"归属式关系小句"；属性词 *no good*（无益），*a serious loss*（严重的损失），*odd*（古怪）等用于评价主要小句（因此是"评价"命题的一种语法策略）。 466

（b）由 *which*（偶尔用 *that*）、*who* 或 *whose* 引导的小句的域是名词词组（其并列和衔接同源为人称照应，包括 *he*，*she*，*it*，*they* 以及它们的所有格）；例如：

||| People had trouble || working with Doc Humes, || so I got hold of George Plimpton, || **who** was at Cambridge then. ||| [语篇 7]

||| This meant [[allowing the Commission to raise charges on these lines to the point [[where they would pay for themselves]]]] || — **which** charges would probably be more [[than the traffic could bear anyway]] . |||

||| This was the first English Department class at the University of Ibadan, || **which** had just been founded. ||| [语篇 16]

当名词词组没有出现在主要小句的末尾时，次要小句往往出现在中间，跟在名词词组之后，如：

||| Yu, << **who** has been visiting Taiwan this week, >> did not elaborate. ||| [语篇 13]

||| Inflation, << **which** was necessary for the system ,>> became also lethal. |||

||| Parliament, << **whose** historic role was to make laws, vote taxes and redress grievances, >> allowed the redress of industrial grievances to be mooted and contested elsewhere. |||

此时的结构是 α<< =β >>；角括号表示包含，双括号仍然表示所限定的成分为小句（封闭的主从式详述句的并列同源小句会跟在主要小句之后，如 *Yu did not elaborate* 俞没有详细解释；*he has been visiting Taiwan this week* 这周他一直在访问台湾）。

（c）由 *when* 或 *where* 引导的小句的域是某个时间或地点表达式，例如：

||| The first few days are a time for adjustment, || **when** the kitten needs all the love and attention [[you can give it]]. |||

||| Go up three flights of escalators to the Podium Level, || **where** lifts leave for the Sydney Tower Observation Deck ($5.00 adults, $3.00 children). ||| [语篇 22]

意思是‘which is when...’‘which is where...’。*where* 引导的小句通常指代抽象空间，如：

||| Now consider the opposite situation, || **where** the velocity decreases. |||

这一类中的次要小句也会出现在中间，如：

||| One evening, << **when** the boy was going to bed, >> he couldn’t find the china

dog [[that always slept with him]] . ||| [语篇 28]

||| On October 6, << **when** the edge of the strongly depleted region was poleward of the Palmer station, >> the ozone showed a fairly normal vertical profile. ||| [语篇 33]

||| In Moominpappa At Sea, << **where** the family go on a long journey to an uninhabited island,>> they have difficulty finding the same wavelength, || until their natural sympathy shows them the way. ||| [语篇 100]

在上述实例中，小句往往对表示时间或地点的标记主位进行阐述。除 467
了 *when* 和 *where* 之外，还有一些时间详述由 *as*，*when* 引导。例如，

||| That night, << **as** Kukul slept on his straw mat, >> Chirumá came upon him. ||| [语篇 65]

如上例所示，当时间在事件的情节序列中被设定或重置时，在叙事中使用名词词组表示时间，再加上主从式详述小句的策略就十分常见。

就表达方式而言，非限定关系小句在口语和书面语中均有明显的标志。在英语的书面语中，非限定关系小句和主要小句被标点符号隔开——通常是逗号，不过有时也由破折号引入。但限定关系小句与先行词之间不用标点符号分隔。这在英语口语中也有所体现。限定关系小句与先行词属于同一个声调群，而非限定关系小句的声调群则相对独立。此外，主要小句和次要小句由**音调协和**连接：换言之，两者使用相同的声调（见第 7.6 节）。例如，在 *if I ever did fall off — which there's no chance of*（如果我真的摔了下来——那是不可能的）中，声调很可能为调 4，即降-升调：

//4 if I / ever / did fall / off //4 ^ which there's / no / chance of //

而在 *have you been to Wensleydale, where the cheese comes from?* 中，

//2 have you / been to / Wensley/dale where the //2 cheese / comes from //

两个小句均为调 2，升调[12]。具体来说，次要小句与主要小句中构成范围的那部分音调协和。因此，当次要小句出现在中间时，典型的语调序列为调 4-4-1，如：

//4 ^ in/flation //4 ^ which was / necessary for the system // 1 ^ became / also / lethal //

此时，音调协和关系位于次要小句和先行词 *inflation* 之间，两者均为调 4，表示它们均不出现在末尾，序列以调 1 结束。然而，无论使用哪种声调，两部分的声调始终保持一致，即主要小句（或其相关内容）使用的声调在次要小句中重复。音调协和是英语同位关系的主要标志，也适合于上文提及的说明和示例并列小句复合体。这一模式的韵律特征还需注意，即次要小句总是由一个空拍（silent beat）引入。

468 还有一类非限定关系小句；严格地说，属于延伸，而不是详述；例如：

||| She told it to the baker's wife, || who told it to the cook. |||

其中，*who* 表示"然后她"（and she），因此该小句增添了新的语义。类似的并列同源表达是 ... *and she told it to the cook*[13]。再比较（表示"在那种情况下" and in that case）：

||| It might be hungry, || in which case it would be very likely to eat her up. |||

---

⑫ 在英式英语中，这有可能是"突降—升"调的变体，即使用调 2，将 *Wensleydale* 标记为新信息（见第三章，第 3.5-3.6 节）。

⑬ 也可能存在一个明确的增强关系标记词，如 *then*，*later*，*therefore* 等衔接连接，例如：*The daughter is the property of her father* || *who* ***then*** *hands it over to his son-in-law* [KOHL_F]; *This differs from Brown's collision theory (1939)* || *in explaining segregation* || *where it is postulated that smaller particles are brought to rest on collision much more readily than large ones* || *which* ***therefore*** *can travel further* [ACE_J]。

注意上例并不具有音调协和的特点。此外，属有指示语 *whose* 或其变体（*of whom/which*）表示延伸，而非详述，它们不对构成范围的名词作进一步描述，而是添加一个和它通过属有关系相连的新名词。对比 *come and meet Mary, whose birthday we're celebrating*（'the girl whose...'）（来见见玛丽，我们正在庆祝她的生日（这个女孩的……））和 *the shop was taken over by an Indian, whose family came out to join him*（这家商店被一个印度人接管了，他的家人来和他一起接管的），前者是详述，后者是延伸。但在大多数情况下，所有非限定关系小句都被用作详述。

（**ii**）**非定式**（**non-finite**）。非定式小句与定式小句具有相同的语义关系。同样地，域可能是主要小句中的名词词组或者更长的单位，甚至是整个小句。例如：

||| It's my own invention || — to keep clothes and sandwiches in. |||

||| The hairy coat holds a layer of air close to the skin, || insulating the body against changes in the outside temperature. |||

||| [He was an] absolute loner of a man, || pursuing some dream of exploration in the jungles. ||| [语篇 7]

||| The document also calls for greater respect for traditional Indian medicine and better protection of intellectual property rights, || threatened by the incursion of foreign drug companies seeking patents on traditional cures. ||| [语篇 12]

||| In Nashville, Tennessee, I met Tom Burrell, || now running for the U.S. Senate on the Green Party line. ||| [语篇 174]

它们也与限定小句有所区分，例如在 *I needed something to keep sandwiches in*（我需要个东西来放三明治），*she met some people just leaving the building*（她遇到一些正要离开大楼的人）中，*keep sandwiches in*（放三明治）和 *just leaving the building*（正要离开大楼）嵌入后作后置修饰语，不形成单独的声调 469

群——*something* 和 *people* 均没有调核重音。非定式小句再次形成独立的声调群，常常音调协和，且在标点符号上存在对应的区分。

当非限定性小句为“内包型关系”小句时，过程可能会被隐含；例如，

||| DPP lawmaker Chen Ting-nan will be the justice minister, || responsible for helping Chen keep his promise to clean up graft. ||| [语篇 13]

其中，*responsible for* ...（对……负责）作属性；将非定式小句与过程进行比较：[过程：]*being*[属性：]*responsible for...*。

非定式小句的意义通常不够具体；从属小句的域以及它和域之间的语义关系均相对含蓄。与定式小句不同，非定式小句没有 WH- 形式，通常也没有连接性介词[14]。后者在表示延伸和增强的非定式小句中较为普遍，如 *besides selling office equipment*（除了卖办公设备）和 *on leaving the building*（离开大楼时）中的 *besides*（除了）和 *on*（在……时）。

上述非定式从属小句的例子都和包含 wh- 成分的定式小句同源：*He was an absolute loner of a man, pursuing* ...（他是一个非常孤独的人，在追求着 ...）：*he was an absolute loner of a man, who pursued* ....（他是一个非常孤独的人，他追求 ...）。不过也有非定式从属小句没有同源的 wh- 定式小句。此时，详述关系用作阐述，和上文的并列关系（iii）一致；例如：

||| I worked for a local firm at that time, || selling office equipment. |||

||| ‘We really have to have mandatory child safety trigger locks, and photo license IDs for the purchase of new handguns,’ || Gore told the crowd, || sounding a frequent Clinton administration theme. ||| [语篇 20]

||| Goffman, as a product of the Chicago School, writes from a symbolic interactionist perspective, || emphasizing a qualitative analysis of the component parts of the interactive process. ||| [语篇 188]

---

⑭ 在这点上，非限定关系从句不同于限定关系从句。

在此类情况下，从属小句可能带有显性主语，如：

||| The entire plant was organised around the through movement of ships [[bringing new materials]], || railways bringing some manufactured parts || then the assembly, then dispersing of the single product. ||| [ACE_J]

||| I noticed this tow-truck on the other side of the road, next to the ti-tree, || the driver having a fag behind the wheel. ||| [ACE_K]

||| It's a much bigger house, || for the children to have their own rooms. |||

但在大多数非定式详述中，主语隐含，可从主要小句中推知，但是往往很难准确识别——例如，在 *the hairy coat holds a layer of air close to the skin, insulating the body against changes in the outside temperature*（毛茸茸的外套将一层空气靠近皮肤，使身体免受外部温度变化的影响）中，把人体与外界隔开的是毛外套，还是皮肤附近的空气层呢？这个问题其实无关紧要；正是非定式小句使得人们不必回答这个问题：这样就降低了句子的可论证性。

非定式详述主从组连中有一种特殊的结构，其中，从属句先于支配句；例如：

||| [=β:] A science and transport museum, || [α:] the Powerhouse has over 11,000 470
objects on display, including the heaviest item, a ten ton steam locomotive [[that ran on Sydney's first rail line between Sydney and Parramatta]] ; the tallest, a 10 metre high Boulton and Watt steam engine; and the widest, a Catalina flying boat with a wingspan of 32 metres. ||| [语篇 22]

||| [=β:] A New York Times bestseller and a sell-out at megastores, || [α:] this is a lively yet responsible rendering by the Nobel laureate of one of English literature's oldest heirloom. [语篇 186]

||| [=β:] Widely considered to be his most inventive work of fiction, || [α:] it is experimental in form, || consisting mainly of dialogue with varied typographic formats. ||| [语篇 18]

这些详述小句总是“内包型归属式小句”（见第五章，第 5.4.3 节）。其中，过程被隐含，属性通常是小句中唯一明确的成分。事实上，当此类组连只涉及两个并列的名词词组时，它们看似名词词组复合体——如 *a science and transport museum*（一个科学与交通博物馆）加上 *the Powerhouse*（动力博物馆）。但深入探究可以发现，最紧密的同源存在于非定式小句和定式的非限定性关系从句之间：*being a science and transport museum, the Powerhouse has over ... / the Powerhouse, which is a science and transport museum, has over ...*（作为一个科学和交通博物馆，动力博物馆已经有超过……）；因此，小句成分可以和属性一起出现（从而表明名词词组是一个单独小句、而非接续小句中的一个成分）：[附加语：评论] *reportedly* [补语 / 属性：] *a science and transport museum*（一个科学与交通博物馆）[附加语 / 时间] *since 1973, the Powerhouse has over ...*（自 1973 年起，动力博物馆已经有超过……）。在详述小句组连中，这一结构使得详述属性充当主位；这是传记语篇经常使用的一种策略（例如：*One of the most famous Indian writers in English Language, R.K Narayan was born in 1906 in Madras* 印度最著名的英语作家之一 R. K. 纳拉扬 1906 年出生于马德拉斯）[15]。

最后，在结束本节讨论之前，我们有必要讨论下列包括旁白（**aside**）的例子：

||| For me, by the time I come to the end of a particular form || —The Greenlanders is an epic || and A Thousand Acres is a tragedy — || I am not all that pleased

---

⑮ 与其他非定式且缺少明确的连接标记词的主从从属小句一样，它们的逻辑语义关系也较不明确；对于仅包含属性，且缺少明确过程的内包型关系小句而言，它们可能存在表示因果的增强关系。例如，*A Shi'a Muslim, Mr Sahhaf is an outsider in the Sunni-dominated government that has been in power since 1968*（因为萨哈夫先生是什叶派穆斯林，所以他是一个局外人……）。将位于主位的角色环境成分与时间内涵进行对比：*As a child she lived at Herne Bay* [LOB_A]（当她还是个孩子时，她住在……）。

anymore with [[what I got from it]] || and I'm fed up with [[what I had to give up]] . ||| [语篇 17]

||| You watch [[him create Apple]] , || then in one of the worst human-resources mistakes in the history of Silicon Valley << — the only thing worse was [[when the French fired Napoleon]] — >> they fire Steve Jobs || and Apple almost completely disintegrates. ||| [语篇 260]

这些旁白虽然可以被分析为出现在小句复合体中间的小句或小句复合体，但它们并不属于小句复合体结构的一部分，仅与其存在非结构上的衔接关联。但是，当必须以音调协和的方式讲出被包含的小句或小句复合体 471
时，就表明了详述关系的存在，因为音调协和往往是详述的唯一标记。按照这种方式进行解释的话，第一个例子的结构是 ×β1 ^ ×β=21 ^ ×β=2+2 ^ α，其中，旁白被分析为是对主从式增强时间小句 *by the time I come to the end of a particular form*（当我完成一个特定的表格时）的详述。

7.4.2 延伸

在**延伸**（**extension**）中，一个小句通过增加新信息延伸了另一个小句的意义。增加的方式可能仅仅是添加、要么是替代或选择。与详述相比，并列式延伸和主从式延伸之间更为相似，可以在同一个分类系统内操作（operate），尽管这一范式仍然存在某些空白（例如，否定附加关系只能是并列关系，而非主从关系）。主要范畴见表 7-9，另见延伸小句组连主要标记的总结。如该表所示，范式中的空白尤其体现在“主从”关系上。这和语篇中并列关系（约 94%）与主从关系（约 66%）的偏度概率有关（见图 7-8）。并列式延伸使用延伸标记的原型；即核心用途—*and*, *or*, *but*, *nor*。相比之下，主从式延伸的标记则有不同的起源：大多数似乎来自语法的其他领域，如增强性连结词（enhancing binders）（*while*“在……期间” *if ... not (... then)*“如果不是（……那么）”中的 *if*），后接 *that* 的连接词（*except that* 除了，*but [for the fact] that* 但事实上）和连接介词及介词词组（如 *besides*“此外”, *without*“没有”, *apart from*“除了”, *instead of*“而不是”, *other than*“除了”）。此外，定式小句的两个附加标记词（*while, whereas*）既表示“和”（附加：肯定），也表示“但是”（否定）。

表 7-9　延伸的范畴以及主要标记

	范畴	意义	并列关系	主从关系	
				定式	非定式
（i）添加	‘and’，添加：肯定	X 和 Y	(both ...) and; not only ... but also	while, whereas	besides, apart from, as well as
	‘nor’，添加：否定	非 X，亦非 Y	(neither ...) nor	—	—
	‘but’，转折	X，反过来 Y	but, (and) yet	while, whereas	without
（ii）变化	‘instead’，替换	不是 X，是 Y	but not; not ... but	—	instead of, rather than
	‘except’，排除	X，但不是所有的 X	only, but, except	except that, but (for the fact) that	except for, other than
（iii）选择	‘or’	X 或 Y	(either ...) or (else)	if ... not (... then)	—

472 7.4.2.1 并列式延伸

并列关系（标为 1 + 2）。延伸和并列关系组合产生了所谓的小句**并列连接**，通常用 *and*（并且），*nor*（也没有），*or*（或者），*but*（但是）表示。并列式延伸分为三个子类：（i）添加，（ii）变化和（iii）选择。

（i）**添加**（**addition**）。两个过程仅相互毗邻，不存在任何因果或者时间关系。添加包括三个次范畴：“添加：肯定”（‘and’），“添加：否定”（‘nor’）和“转折”（‘but’ – ‘and conversely’）。并列式添加通常伴随充当连接附加语的衔接表达，如 *too*（太），*in addition*（此外），*also*（而且），*moreover*（此外），*on the other hand*（另一方面）等。

（a）由**“添加：肯定”**关系连接的小句实例如下：

||| Moominpappa himself was a foundling, || **and** we know nothing about his parents. ||| [语篇 100]

||| And she had her face painted green with turquoise upside her long nose and around and up and down, || **and** it had all glitter around here. ||| [语篇 70]

||| He'd been a medieval history student in college || **and** I was interested in medieval literature, ***too***. ||| [语篇 17]

||| There was much sickness in the corps, || **and** the men were, ***in addition***, without the clothing, shoes, and blankets needed for the winter weather. ||| [BROWN1_G]

两个过程的所指在经验世界中可能相互关联。如果它们处在同一符号平面，则必然如此，至少通过共时性或连续性可以实现，但上例并没有通过连接词明确地将其表征出来。

由 *and* 引导的并列关系小句通常表示添加延伸，但也存在其他可能（如 *but* 和 *or*）。在小句表示‘and then’（然后）和‘and so’（因此），且为主从式增强从属句时，并列组连可以看作表达增强而非扩展（见第 7.4.3 节）。当小句以 *and that* 或 *and this* 开头，且 *that/this* 回指前一个句子（的某些成分）时，可能表增强，在接续小句是“关系”小句时尤其如此：

||| [1] But we've got to find those || [=2] and that is the hard part. ||| [语篇 77]

最为接近的主从结构是非限定性关系从句，*which is the hard part*（这是最难的部分）。注意，许多类似的例子界于详述和延伸之间。详述和延伸的不确定性见主从式详述的实例，其中带有 *who* 的非限定关系小句表示“和 + 人称代词”：见第 7.4.1.2 节。

（b）**“添加：否定”**关系连接的小句实例如下：

||| Untouchability was observed in matters of food even by Muslims; || they would never dine at the same table with Christians || **nor** touch what was cooked by them. ||| [KOHL_P]

||| He could **neither** explain the whole situation to the editor || **nor** could he accept his rebuke. ||| [KOHL_P]

473 （c）**“转折”**关系连接的小句实例如下：

||| We liked that breed of dog, || **but** we felt || we weren't in a position [[to own one at the time]]. |||

||| The solar elevation angle is comparatively low by October, || when the hole was at its deepest, || **but** is much higher in November, || when the ultraviolet (UV) effect might be stronger at the surface. ||| [语篇 33]

注意，由于连接词 *nor* 体现了否定（小句）归一度，它后接定式成分，所以序列为 *nor* ^ 定式 ^ 主语（除非主语被省略）。连接词 *but* 包含“和”的语义特征，所以不说 *and but*。同理，也不说 *although ... but*，因为它是并列关系和主从关系的混合体。但 *although ... yet* 却十分普遍，因为 *yet* 不表示“和”。

（ii）**变化（variation）**。一个小句被另一个小句部分或整体替换。变化分为两个子类——“替换”（“相反”）和排除（“除了”）。

（a）**“替换”**关系连接的小句实例如下：

||| The vortex is not a uniform cylinder || **but** has a shape [[that varies with altitude || and is strongest and most isolated above the 400-K isentropic surface, around 15 km and above]]. ||| [语篇 33]

||| Witnesses said || the sand dredger seemed to go past the Marchioness || **but**

suddenly smashed into the side || and went right over it. ||| [语篇 30]

||| They should not be broad statements [[saying || where we hope to be]] , || **but *instead*** plans [[specifying || what we want to do next || and exactly how we are going to do it]] . ||| [语篇 32]

以这种方式连接的小句往往具有不同的归一度值，一个为“肯定”，另一个为“否定”。需要注意的是，这里的 *but* 既不表示转折，因此不能替换为 *yet*，也不表示让步——不对应表示主从关系的 *although*（虽然）（见第 7.4.3.2 节）。表示整体替换的衔接表达包括 *instead*（相反），*on the contrary*（相反地）。

（b）“**排除**”关系连接的小句实例如下：

||| He should have had them before, || **only** he hurt his shoulder at football or some such || and there was a long time spent in treatment, || so it was all deferred, || but finally he went. ||| [LOB_L]

||| Nelly looked rather put out || and replied || that he was quite all right, || **only** the poor little chap was highly strung. ||| [LOB_P]

此时，次要小句提出了有别于上文主要小句的例外情况。

（**iii**）**选择**（**alternation**）。一个小句作为另一个小句的选择项出现。由**选择**关系连接的小句实例如下：

||| **Either** you go ahead || and take the plunge || **or** you wait || till you think || you can afford it, || which you never will. |||

||| [“11:] ‘The death penalty is often enacted in vengeance, || [“1+2:] applied in an arbitrary manner, || [“1+3:] subject to bias because of the defendant's race or economic status, || [“1+4:] **or** driven by the political ambitions of those [[who impose it]],' || [2:] the report said. ||| [语篇 1]

||| Can I go on the computer, || **or** have something to eat. ||| [语篇 76]

|| Guided tours of the Cathedral take place the first Sunday of every month, || **or** a self-guide booklet about the Cathedral can be picked up inside. ||| [语篇 22]

474 ||| Did you have to educate yourself about traditional culture and mythology || **or** did you grow up with that? || [语篇 16]

||| The melt is then cooled at a few degrees per hour || until crystals start to form, || **or *alternatively*** the flux is evaporated at a constant rate. ||| [LOB_J]

此时，一个小句作另一个小句的可选择项。相关配对是 *either-or*（或者），搭配的衔接连接词包括 *conversely*（相反地），*alternatively*（或者），*on the other hand*（另一方面）。

7.4.2.2 主从式延伸

主从关系（标记为 α+β）。主从式延伸也包括（a）添加、（b）变化和（c）选择三种类型，但延伸小句作从属句。从属小句可为定式小句，或非定式小句。与并列式延伸相比，主从式延伸较为少见；事实上，它是扩展与配列关系组合中最不常见的类型（见 Nesbitt 和 Plum, 1988; Matthiessen, 2002a）。

（i）**定式**。（**a**）**添加**：主从式添加小句由连接词 *whereas, while* 引导。在（肯定）添加和转折之间没有明确界限；这些小句有时含有转折成分，有时没有。（没有否定的主从式添加延伸。）例如：

||| **Whereas** most children's fathers worked at an office, || my father worked at the studio, || so I went on the set. ||| [语篇 134]

||| They have no patience with our official style or tempo, || **whereas** an Indian at home would accept the hurdles as inevitable Karma. ||| [语篇 254]

||| And yet Frank grows up, || **while** Huck never grew up. ||| [语篇 17]

||| He will be an institutional dealer in New York, || **while** Mr Hayward will be an equity salesman. ||| [ACE_A]

||| **While** ‘Joe Gould’s Secret’ and ‘The Sweet Hereafter’ played to small audiences in limited release, || Holm has a couple of potential blockbusters [[coming up]] . ||| [语篇 73]

（b）**变化**。替换不存在定式形式。在**排除**中，定式小句由连接成分 *except that*（除了），*but (for the fact) that*（但是（因为事实是））引导；例如，

||| Camera pulls back to show Kane and Susan in much the same positions as before, || **except that** they are older. ||| [Citizen Kane]

||| Language began || when interjections ended || **but that** man still utters cries and uses interjections || and that their significance is merely affective, i.e., expressing fear, surprise, etc. ||| [KOHL_J]

由 *whereas*（鉴于），*while*（虽然），*except that*（除了）引导的定式小句如果跟在主要小句之后，就表示较强的并列意义（有关 *because*（因为），*though*（虽然）的讨论，见下文第 7.4.3.2 节）。并列关系和主从关系之间的界限并不十分明确。原则上，如果延伸小句可以前置（从而在小句复合体中作主位），则为主从关系（因为 +β ^ α 的序列有可能存在，但 + 2 ^ 1 则不能）。以下为延伸小句不能前置的例子：

||| He pretended to know all about it || — whereas in fact he had no idea of what was happening. |||

这里应该解释为并列关系。在此类情况下，连接词很少重读。 475

（c）**选择**。表示选择关系的主从形式是 *if ... not*（即，“如果不是 a，就是 b”，从属句通常位于句首），例如，

||| **If** they’re **not** in their usual place || they could have fallen through onto the — ||| [语篇 76]

||| **If** it does**n't** come from [[what's outside us]] , from our experience, || it's got to come from our inner nature. ||| [语篇 173]

||| **If** you have**n't** lost it, || then it's in that cupboard. |||

表示，"要么它被你弄丢了，要么就在柜子里"。两个小句均可被识解为否定条件；还可以说 *if it's not in that cupboard then you've lost it*，唯一的区别在于主位的选择。

（ii）**非定式**。非定式主从式延伸包括（a）添加和（b）变化两种类型。两个子类型未在非定式系统中出现："否定添加性" 的添加和 "选择" 变化。非定式从属延伸为非完成体小句；例如（结构为 α +β），

||| We used to go away at the weekend, || taking all our gear with us. |||

非定式小句通常由起连接作用的介词或介词词组引导，如 *besides*, *apart from*, *instead of*, *other than*, *without*；例如，

(a) 添加

添加

||| **Apart from** being amusing || what else does The Nun's Priest's Tale do? ||| [语篇 125]

||| **Besides** being gifted with literary talent, || Amir Khusrau was a musician, too. ||| [KOHL_C]

||| Most families are dependent on two salaries coming into the home, || **with** women now constituting almost half the country's workforce. ||| [语篇 388]

转折

||| Until we do that, || the opportunities may come and go || **without** our having a compelling rationale [[for pushing commitment and action]] . ||| [语篇 32]

||| The arrow changed its course || and fell to the ground || **without** harming anyone. ||| [语篇 65]

(b) 变化

替换

||| **Instead of** finding the perpetrators, || they criminally charged the Earth First! activist, || who was left crippled for life. ||| [语篇 214]

排除

||| We call him a murderer, || but for him there is no way out || **other than** doing the deed. ||| [KOHL_K]

不过，添加和转折关系中没有连接性表达；因此，此类小句等同于非定式详述小句，只不过在口语中没有被标记为音调协和。例如，

476

（添加）

||| So she wandered on, || talking to herself as she went. |||（‘and talked’）

（转折）

||| Hardly knowing || what she did, || she picked up a little bit of stick || and held it out to the puppy. |||（‘she hardly knew ..., but she picked up ...’）

但是，当序列为 β^α 时，类似的小句组连极有可能既非详述，也非延伸，而是增强；见第 7.4.3 节。

在添加关系中，关系从属小句的过程可能被隐含；标记是连接性介词 *with*（肯定）或 *without*（否定）。

||| I told the whole story of the six-minute Louvre at The Kennedy Center || **with** President Carter there, || and I said, || ‘Mr. President, we have the man [[who brought the six-minute Louvre back to America]]!’ ||| [语篇 119]

||| **Without** chlorine in the antarctic stratosphere, || there would be no ozone hole. ||| [语篇 33]

意思是“预计还有几千个会被发现”，等等。

7.4.3 增强

在增强（**enhancement**）关系中，一个小句（或子复合体）通过若干不同的限定方式来增强另一小句的意义，包括引入时间、地点、方式、原因和条件。在延伸关系中，并列和主从极为相似，不过在范式中存在某些空白；主要范畴和增强标记见表 7-10⑯。

477 **表 7-10　增强范畴及其主要标记**

	范畴	意义	并列关系	主从关系		
				定式	非定式	非定式：介词
(i) 时间	相同时间	A 同时 B	(and) meanwhile; (when)	[程度] as, while	while	in (the course/ process of)
				[时间点] when, as soon as, the moment	when	on
				[延伸] whenever, every time	—	—
	不同时间：之后	A 然后 B	(and) then; and + afterwards	after, since	since	after
	不同时间：之前	A 之前 B	and/ but + before that/ first	before, until/ till	until	before
(ii) 空间	相同地点	C 同地 D	and there	[程度] as far as	—	—
				[时间点] where	—	—
				[延伸] wherever, everywhere	—	—
(iii) 方式	手段	N 借助或通过 M	and + in that way; (and) thus	—	—	by (means of)

---

⑯　注意，类似 *afterwards*, *nevertheless*, *in that way* 的衔接连接词属于更大的表达类别，它们可以在某一语境中同时出现（见第九章，第 9.3 节）。

续表

	范畴	意义	并列关系	主从关系			
				定式	非定式	非定式：介词	
	比较	N 像 M	and + similarly; (and) so, thus	as, as if, like, the way	like		
(iv) 因果–条件	原因：理由	因为 P 所以 Q	[原因 ^ 结果] (and) so; and + therefore				
			[结果 ^ 原因] for; (because)	because, as, since, in case, seeing that, considering		with, through, by at, as a result, because of, in case of	
	原因：目的	因为想要 Q，所以做了 P	—	in order that, so that	—	(in order / so as) to; for (the sake of), with the aim of, for fear of	
	原因：结果			so that	—	to	
	条件：肯定	如果 P 那么 Q	(and) then; and + in that case	if, provided that, as long as	if	in the event of	
	条件：否定	如果没有 P 那么 Q	or else; (or) otherwise	unless	unless	but for, without	
	条件：让步	如果P，那么就得到与预期相反的结果 Q	[让步 ^ 结果] but; (and) yet, still; but + nevertheless [结果 ^ 让步] (though)	even if, even though, although, while	even if, even though, although, while	despite, in spite of, without	478

和延伸一样，长序列更有可能被识解为并列关系，而非主从关系；在以时间序列为主要组织原则的故事、叙述、程序和其他语篇（段落）中，并列式时间序列在构建事件发展中发挥着重要作用：见图 7–6 中的小句复合体（b）、（c）和（d）及图 7–9 中的小句复合体（2b）。在并列关系中，增强型子类在整个并列式言辞序列中通常保持不变，如图 7–6 中的（b）（c）和（d），贯穿其中的子类是“不同时间：之后”。主从式延伸链

也会出现，且有可能始终保持相同的逻辑语义子类，如贯穿下列小句的因果-条件：目的，

||| [α:] Everyone at VES is working hard || [\β:] to change the law || [\γ:] **so that** we will have voluntary euthanasia legalized in England within the next five years. ||| [语篇 24]

不过它们通常涉及增强子类的转变，如图 7-6 中的复合体（a）。其中，β（*when all had been done* 当一切都做完后）为时间增强，γ（*as God had ordered* 按照上帝的命令）为方式增强。同样地，

||| [1α:] Two men were killed by lethal injection in Texas this year, || [1\β:] **even though** they were 17 || [1\γ:] **when** they committed their offences, || [+2:] and another 65 juveniles are on death row across the country. ||| [语篇 2]

||| [α:] At least 20 people — including two Australian women and a pregnant Thai woman — died || [\β:] **when** the boat capsized in early morning darkness on Wednesday || [\γ:] **while** travelling to Koh Tao, an island popular with young travellers. ||| [语篇 5]

||| [α:] Entry to the Art Gallery is free, || [\β:] **although** << [\γ:] **if** a travelling world exhibition is on display there may be a charge for that section. ||| [语篇 22]

第一个例子涉及让步到时间的转换；第二个例子从时间：时间点，到时间：时间段；第三个例子从因果-条件：让步，到因果-条件：条件。

7.4.3.1 并列式增强

并列关系（标注法为 1 × 2）。增强与并列关系组合后产生一种融合了环境特征的并列关系；最常见的子类是时间和原因。环境特征通常表示为：（a）连词 *then*，*so*，*for*，*but*，*yet*，*still*；（b）带有 *and* 的连词词组：*and then*（然后），*and there*（然后），*and thus*（因此），*and so*（所以），

and yet（然而）；（c）*and* 与连词的组合（即，一种衔接性而非结构性的连接表达式；见第九章，第 9.3 节），如 *at that time*（当时），*soon afterwards*（不久之后），*till then*（直到那时），*in that case*（那样的话），*in that way*（那么）。需要注意的是，在现代英语口语中，类似 *meanwhile*（同时），*otherwise*（否则），*therefore*（因此），*however*（然而），*nevertheless*（然而）的连接附加语正在演变为并列关系的结构连接词；此时它们不重读（在口语中不突显）。举例如下：

（i）时间

相同时间

||| It's the Cheshire Cat: || **now** I shall have somebody to talk to. |||

||| Three days later, the edge of the chemically disturbed and depleted region moved 479
northward past the station, || **and** the profile **then** [= 'at that time'] showed a decrease of around 95 percent between 15 and 20 km. ||| [语篇 33]

后时

||| The three soldiers wandered about for a minute of two, || **and then** quietly marched off after the others. |||

||| I served in World War II || **and then** [= 'subsequently'] I went to Yale. ||| [语篇 7]

如前所述，"后时性"并列式时间复合体在识解事件线中发挥重要作用。整个叙事情节可由单个小句复合体构建，在口语中尤其如此，如图 7-6 中的小句复合体（b）、（c）和（d）所示。主语 / 主位在小句复合体内往往保持不变，这种连续性常常由省略标记。时态的选择通常为一系列的（简单）"过去"时（如 *ran–became–was–[was]*）。时间环境成分可用于识解时间顺序。程序性话语中的指令序列也具有类似的特征，只不过小句为"祈使句"，不是"过去时的陈述句"：如图 7-6 中的（e）所示。

（**ii**）空间

相同地点

||| I ran downstairs || **and there** he was nearly fully dressed, all back to front. ||| [语篇 24]

||| He fell onto a sea of emerald grass || **and there** he died. ||| [语篇 65]

（**iii**）方式

手段

||| Keep on subtracting the difference, || **and in that way** you will arrive at the correct figure. |||

||| England and France became busy suppliers to the Spanish aristocrats || **and thus** developed an important trade || as they accumulated capital. ||| [语篇 122]

比较

||| Your body goes on changing every instant || **and so** does your mind. ||| [KOHL_J]

||| Factory women wear sandals more frequently than do farmers' wives; || **and similarly** male industrial workers use trousers and shoes or foot-gear more often than their farm counterpart. ||| [KOHL_H]

（**iv**）因果—条件

原因：理由

（**a**）原因 ^ 效果

||| In her books, Tove Jansson spoke initially to children, || **so** the hero is himself quite young. ||| [语篇 100]

||| Literacy is spreading, || it's not contracting, in Africa, || **and so** reading is obviously something [[[which has come in || and is going to grow]]]. ||| [语篇 16]

（**b**）效果 ^ 原因

||| It is amazing [[how effective this system is]], || **for** the tower stays as stiff as a ram-rod even in the most blustery conditions. ||| [语篇 22]

480 条件：肯定

||| That would save a fortune || **and then** we'd have the cash [[that we need to, you know, go on to the next step]] . ||| [UTS/Macquarie Corpus]

||| I have stress at work, || **and then** I sail and fly. ||| [语篇 230]

条件：否定

||| This is very much essential, || **otherwise** a lot of time is usually wasted for sighting the staff. ||| [KOHL_J]

||| He must have had a fall the night before, || **otherwise** why should there be bruises and clotted blood on his body? ||| [KOHL_L]

条件：转折

（**a**）让步 ^ 后果

||| Through mounting irritation I kept telling him that I needed a cure for my son and nothing for myself; || **still** I answered his questions with all the politeness I could muster. ||| [KOHL_L]

（**b**）后果 ^ 让步

||| Well, because I've done a lot of television, || I'm sort of a generalist. ||| I'm not a pastry cook, || **but** I've had to learn a certain amount about it. ||| I'm not a baker, || **though** I've had to learn how to do it. ||| I'm sort of a general cook. ||| [KING_Interviews]

||| I was an English major, || **but** I took courses in biology and ornithology. ||| [语篇 7]

||| He carefully searched Kukul's sleeping body, || **but** found nothing. ||| [语篇 65]

在这类典型的并列小句序列中，每一个都具有特定的“增强性”连接词，如下例所示：

||| I had to write this play for Mrs Grundie || **but** I got it wrong || **so** I had to re-write it all again || **and then** she got really interested in it. |||

结构显然是 1 × 2 × 3 × 4.

然而，以某种环境关系（尤其是时间序列）连接起来的并列小句序列仅用 *and* 标记，不再使用连接表达式，如 *I got the interest and started showing and I got another dog and started breeding...*（我有了兴趣并流露出来，我得到了另一只狗然后开始养起来……）。由于所描述的事件按时间顺序发生，故可以认为这些序列由时间关系“增强”：它们与主从式增强关系同源，如 † *after I got the interest, I started showing*（我有了兴趣之后，就开始流露出来。）。不过，说话者原本可以使用 *then*（实际上前文刚刚用过：*so I bought one as a pet, and then it progressed from there* 所以我买了一只作为宠物，然后从故事就从那里开始了）。此时，三分法提供了不同的分析视角：（1）“从下面”的视角表示“延伸”，因为“and”是典型的延伸标记，同时也没有其他明显的增强标记，（2）“从周围”的视角表示“增强”，原因是同源的主从组连表增强，以及（3）“从上面”的视角也表示
481 “增强”，因为语篇的修辞发展涉及环境关系[17]。如果将单个的 *and* 解释为增强，那么它就类似于 *but*（延伸：转折，增强：让步）；带有 *and* 时，意义可能会模棱两可，如下例所示：

> ||| I had done well in creative writing classes before that, || **so** I signed up for the senior creative writing class || **and** I started writing a novel. ||| [语篇 17]

这个例子要么被解释为‘and then’，结构为 1^ × 2^ × 3，要么为‘and also’，结构为 1^ × 21^ × 2+2。

当增强小句位于基本小句之后时，某些通常表示主从关系的连词（“从属连词”），特别是 *when*、*till*、*because* 和 *though*，通常更加接近并列功能。例如，

> ||| Survivor Bethany Rice, from Alaska, said || passengers were asleep || ‘**when** the boat began rocking || and suddenly pitched. ||| Shortly afterward, (the ship) started filling with water. ||| We tried to open windows || to escape’. ||| [语篇 5]

> ||| Did you read that column eight article the other day about this woman [[who

⑰ 在故事、叙述和程序等按照时间顺序组织的话语中，其中的接续句仅用 *and* 标记的小句复合体通常代表连续时间的语义序列，如上文（i）中的实例所示。

was driving along somewhere on this country road || **when** hail just suddenly started pouring down]]. |||So she got really scared || and she stopped || and she pulled over to the side of the road. ||| [UTS/Macquarie Corpus]

此时，由 *when* 引导的小句中的过程表征了叙事发展的新方向，而不是仅用作环境支撑（见 Matthiessen 和 Thompson, 1988: 308, 310）。然而，当增强小句出现被增强小句之前时，两者显然为主从关系。

||| **Though** Amnesty has long criticised the widespread US use of the death penalty, || it found || there has now been another worrying development in this process. ||| [语篇 2]

在下文讨论完主从关系后，我们将再来讨论这些连接词。

7.4.3.2 主从式增强

主从关系（标记为 α× β）。增强和主从关系组合后产生了传统形式语法中的“状语从句”。和并列关系一样，这些小句表示时间、地点、方式、原因和条件（见上表 7-10）。一般来讲，主从式增强链仅包含两个小句，其中一个小句（或次复合体）限定另一个小句（或次复合体）；例如：

||| [1α:] I'd parted with the Zen master [[I was working with originally]], || [1\β:] as had most of his senior students, || [\2:] so I was without a teacher. ||| [语篇 7]

||| But [\b1:] if you are constantly drinking || [\β+2:] and borrowing money || [\β+3:] and never paying back, || your children are going to be in difficulty. ||| [语篇 16]

||| And [\β:] when the priest says this, || [a1:] how much is his own wish and will and || [α+2:] how much of it is the will of the gods, || [α+3:] or is it the will of the community? ||| [语篇 16]

然而，包含两个以上小句的主从关系链并不罕见——不过，在开始讨论增强关系时已经指出，增强关系的子类通常随增强链的发展而变化。它 482

们对话语的推进方式自然与并列关系链有所区分：在主从关系链中，每个新环节都在逐渐远离话语中的支配小句。相反，并列式增强链则将叙事和程序等话语向前推进。不过，主从式增强的特殊性在于其独特的语篇序列——$\alpha \wedge \beta$, $\beta \wedge \alpha$, 和 $\alpha \ll \beta \gg$；见第 7.3 节和第 7.6 节。

主从式增强小句也有定式和非定式之分。定式小句由**连结词**（“从属连词”）引导。非定式小句由 (a) *on*，*with*，*by* 等起连接作用的介词引导（注意，有些词有时既是连词又是连接性介词，如 *before*, *after*），或（b）连结词的一个子类引导——类似 *when* 的许多词也可以引导非定式小句。最常见的连词和连接性介词见表 7-10。

（i）定式

以下为主从式增强定式小句的实例：

（a）时间

||| Moomintroll, that chubby, cheerful being, came into existence as a family joke || **when** Tove Jansson was a young girl |||. [语篇 100]

||| **By the time** I was to page sixty, || I felt a certain click. ||| [语篇 17]

||| The first draft was that way, || but **as soon as** I finished it, || I felt it was not quite right. ||| [语篇 16]

||| **Whenever** they are cruelly attacked for their self-sacrifice || we must find our voices. ||| [语篇 328]

||| **Ever since** ‘Wildlife in America’ appeared in 1959, || and **especially since** ‘The Snow Leopard’ won a 1978 National Book Award, || Peter Matthiessen has been building up, book by book, a formidable reputation as one of the 20th century’s most important wilderness writers. ||| [语篇 117]

||| **Once** he had the sense of the guy’s nose, || then bit by bit other things about the character would come to it || and magnetize around it. ||| [语篇 17]

（b）空间

具体地点

||| The lbo never accept anything [[which is rigid and final and absolute]]: ||

'**wherever** one thing stands, || another thing will stand beside it.' ||| [语篇 16]

||| Arrows never fall || **where** he places himself. ||| [语篇 65]

抽象地点

||| As a result, disagreement is carried out in the absence of an audience, || **where** ideological and performance changes may be made without the threat of damage to the goals of the team, as well as thc character of the individual. ||| [语篇 188]

抽象地点演变为内容

||| **As far as** it can, || the Zoo tries to be self-supporting, || and you will notice the names of companies and individuals on many of the cages [[who sponsor the animals]] . ||| [语篇 103]

(**c**) 方式 483

品质

||| **As** it happens, || Margo was an extremely rich woman. ||| [语篇 24] "偶然"

||| Limestone can form in many ways || **as** shown in Table 4–4. ||| [语篇 68] "以……方式"

比较

||| He just shakes his head || and shoves it at her again || and says || 'Give Massin,' || **as if** he knew | there'd be no problem at all. ||| [语篇 7]

手段

||| These theories include the solar theory, || **whereby** periodically the amount of nitrogen compounds is enhanced. ||| [语篇 33]

(**d**) 原因—条件

原因：理由

||| Gradually, they outgrow their baby shoes || — if the expression is pardoned, || **as** Snufkin is in fact the only one of them [[who uses footwear at all]]. ||| [语篇 100]

||| The problem isn't simply going to go away || **because** people are laughing. ||| [语篇 16] ||| There was no point || **since** you got the same rate from him [[you did at the bank]] . ||| [语篇 119]

原因：目的

||| Everyone at VES is working hard || to change the law || **so that** we will have voluntary euthanasia legalized in England within the next five years. ||| [语篇 24]

||| In the Royal Mews, they've been up since four a.m., polishing, cleaning, grooming, feeding, and exercising the horses || **so that** they're not too frisky along the processional route. ||| [LLC_10]

原因：结果

||| After that, the ozone hole developed rapidly, especially after September 5, || **so that** by October 5, the ozone over the middle of Antarctica had dropped from 320 Dobson units (DU) to 120 DU. ||| [语篇 33]

让步

||| **Even though** it was a somewhat silly book about the grand passions of college students, || it really was a novel. ||| [语篇 17]

||| They stripped her clean of every bit of jewellery she ever had, || **though** that's neither here nor there. ||| [语篇 24] 内在让步："我告诉你，尽管……"

||| Tempting **as** it may be, || we shouldn't embrace every popular issue [[that comes along]] . ||| [语篇 6]

||| Africans in Southern Rhodesia do not want to lose [[what they have gained in the past]] , || little **though** it may be. ||| [LOB_B]

||| She lived mechanically, || and **while** physically rested, || even as the days became a week and then two, || she found it impossible to overcome the desolation building up around her. [LOB_P]

条件：肯定

||| **If** I had a different view, || **then** perhaps I would write more novels. ||| [语篇 16]

||| But **if** I can get into the House of Commons || and talk to somebody || and make a fuss somewhere; || **if** I can talk to the young doctors and the nursing people || and impress upon them the reality of human suffering, || **then** perhaps I will have an effect. ||| [语篇 24]

||| Now we're only worried about smallpox || because we dared to hold on to some of these viruses || **in case** we wanted to need to use them some day. ||| KING_Interviews]

||| Many of the restaurants offer a Chinese breakfast || **if** you've missed your breakfast. ||| [语篇 22]（内在条件："我告诉你，如果……"） 484

||| **If** it is not too personal an inquiry, || what limits do you set as an acceptable 'quality of life' for yourself? ||| [语篇 24]（内在条件："我问你，如果……"）

条件：否定

||| You will cherish them on your bookshelves for a long time || **unless**, of course, someone borrows them || and somehow 'forgets' to return them. ||| [语篇 100]

如上所示，增强关系可能是内在而非外在的（见 Halliday & Hasan, 1976：第五章; Martin, 1992：第四章; Mann & Matthiessen, 1991）；即与 β- 小句可能与 α 小句体现的命题或建议的实施有关，而不是它所代表的言辞。例如，*if it is not too personal an inquiry, what limits do you set ...*（如果不是太私人的话，我可否问下你会设定什么限制……）表示"如果不是……，我就让你……"；换言之，条件针对提问这个行为，而非提问的内容。

有一种特殊的主从式让步结构，可以在 β- 小句为归属式关系小句时使用：属性为标记主位，述位由 *as* 或 *though* 引导——它们在无标记时可能是结构性主位（如 *tempting as it may be*（尽管可能很诱人）; *little though it may be*（虽然可能很少））。

在定式小句中，连词表达依赖关系（主从地位）和增强关系。除 *because*（因为），*when*（何时）和 *if*（如果）等简单连词，以及 *as if*（好像……一样），*even if*（即使），*soon after*（不久之后），*so that*（因此）等连词词组外，还存在三种复杂连词，一种来自动词，一种来自名词，还有一种来自副词。

（a）动词性连词来自祈使句，或现在 / 主动分词或过去 / 被动分词 +（选择性的）*that*：*provided (that)*（假如），*seeing (that/how)*（假如），*suppose/supposing (that)*（假如），*granted (that)*（假如），*say (that)*（假如），等。它们原本属于投射，但作为扩展连词，反映了在“非真实”情况下扩展和投射的语义重叠：“让我们这么说 / 想 ...”等于“如果 ...”，例如，*say they can't mend it, shall I just throw it away?*（如果他们修不好的话，我就扔掉它好吗？）（比较第 7.4 节开头简要提及的语法化路径。）

（b）名词性连词包括 *in case*（万一），*in the event that*（假若……），*to the extent that*（在某种程度上）以及 *the* + 各种时间和方式名词，如 *the day*（到那时），*the moment*（一……就），*the way*（（做……）的方式），等等。最后几个词组由嵌入了增强小句的介词短语演变而来，如 *on the day when we arrived*（在我们到达的那天）；不过，它们现在和其他连词一样，可以引导主从小句，如 *their daughter was born the day we arrived*（他们的女儿在我们到达的那天出生了），*the way they're working now*（他们现在的工作方式），*the job'll be finished in a week*（这项工作将在一周内完成）。从带嵌入小句的名词词组，到引导主从性支配小句的名词性连接词，对于此类结构的分析在方法上发生了转变，这清楚地表明，前者中的“名词词组”不再具有被修饰的潜势；因此，虽然可以说 *on the beautiful day when we arrived*（在我们到达的那美丽的一天），但 *their daughter was born the beautiful day we arrived*（他们的女儿在我们到达的那美丽的一天出生了）就十分奇怪（甚至不可能）了。

（c）副词性连词为 *as/so long as*（只要），*as/so far as*（就……而论），*(as) much as*（和……一样多），如 *as long as you're here...*（只要你在这里……），*as far as I know...*（据我所知……），*much as I'd like to...*（尽管我很想……）（相比之下，非定式小句的引导成分 *as well as* 表延伸而非增强）。这些连词起初表示限制，表明某一特定环境成分在多大程度有效。

485 **（ii）非定式**

非定式增强小句的实例如下：

（a）增强关系通过结构性连词（如 *when* 何时，*while* 在……期间；*if* 如果；*although* 尽管，*though* 虽然）或连接性介词（如 *before* 之前，*after* 之后，*since* 自从；*because of* 由于；*without* 没有；*by* 通过）明确标记：

时间

||| Follow the pathways around the landscaped gardens and over bridges || **before** resting at the Tea House || where the scent of lotus flowers mingles with that of freshly brewed tea and traditional cakes. ||| [语篇 22]

||| The issue was raised by elderly presidential adviser Sun Yun-suan, || whom Chen visited || **while** making traditional courtesy calls to influential figures in the current government. ||| [语篇 13]

让步

||| Similarly Mr. G. S. Sawhney, largely due to the recommendation of Mr. K. K. Shah, then Governor of Tamil Nadu, was transferred from Collector of Customs, Bombay, || to become Director of Revenue Intelligence, || **despite** having himself been under investigation by the CBI || and having been listed as a suspect in the Directorate of Revenue Intelligence. ||| [KOHL_A]

条件

||| I've found || that I can't go more than three days || **without** doing something physically invigorating, || because it makes me uptight and tense. ||| [语篇 206]

方式：手段

||| Bacteria can also aid chemical precipitation of calcite || **by** making the water more alkaline. ||| [语篇 68]

（b）隐性增强关系：

时间

||| Catch a ride on the monorail to the ritzy shopping centre of Sydney, || taking in the Queen Victoria Building and Centrepoint on the way. ||| [语篇 22]

||| Leaving the Gardens, || walk through Tumbalong Park with its fountains and groves of native eucalypts. ||| [语篇 22]

原因：理由

||| This view was not empirically based, || having arisen from an a priori philosophy. ||| [语篇 237]

||| You must have thought || this would be a fun profession to get involved in, || being so immersed in it as a child. ||| [语篇 134]

原因：目的

||| He grew up in an orphanage || and ran away from it || to seek Freedom and Adventure. ||| [语篇 100]

||| To jazz up the title, || use the mouse || to click on the text|| and type something new. ||| [语篇 121]

原因：结果

||| He was taken away from the city, ||| never to be seen again. ||| [语篇 65]

||| In practice, these are blended || to produce a practical classification as follows. ||| [语篇 68]

||| Thus much chert is recrystallized, || making the origin difficult to discern. ||| [语篇 68]

注意，非定式完成体小句（如 *to jazz up the title* 使标题更加生动）通常表示目的，有时也表示结果，和 *so that* 引导的定式小句类似；换言之，目的（“非现实”）可能逐渐演化为结果（“现实”）。

486 和延伸小句一样，在解释不带主语的非定式从属小句时，也可以参考支配小句的主语。但在有些例子中，从属小句的主语与支配小句的主语并非共指。此时，从属主语通常指说话者本身：

||| But, of course, << [ϕ] having said that, >> the hope is that at least now we know. ||| [语篇 16]

但也有可能指“受动”小句的施事者（无论它在结构上是否存在），

||| If this occurs in limestone, || beautifully preserved fossils with delicate features intact can be recovered || **by** [ø] dissolving the limestone with acid. ||| [语篇 68]

或是某个身份不重要的泛指实体：

||| If the amount of carbon dioxide is reduced || **by** [ø] warming the water, || as would occur in shallow tropical water, || calcite may be precipitated. ||| [语篇 68]

从属小句本身常常有明确的主语；在格的形式出现对比时，它就以间接格（如 *him*）或所有格（如 *his*）形式出现。

||| In order for **there** to be curvature in space time, || the time axis must be extended || — it cannot be just one point, the present. ||| [语篇 237]

||| (In order) for **him** to take time off || everyone has to work harder. |||

||| With **him/his** taking time off || everyone has to work harder. |||

虽然两者都可出现（即非完成体），但传统上规定使用所有格，这反映了非定式小句在级转移之前的状态。不过，"间接"格如今备受青睐（仅有代词 *him*, *her*, *me*, *us*, *them* 与"主"格不同），说明在现代语言中，这些小句不是级转移，而是从属小句。

如果从属小句为非定式，环境关系就可以通过结构性连词或连接性介词变得明晰化。这些连词是出现在定式小句中连词的子类，它们的意义基本相同。连接性介词往往比较宽泛，如 *in turning the corner*（拐弯），*on thinking it over*（仔细想想），*with you being away*（你不在时），*without John knowing*（约翰不知道）。在介词引导的小句中，意义可能根据基本小句的意义而变化：

||| Without having been there || I can't say what happened. |||
（原因：理由"因为我不在那"）

||| Without having been there || I know all that happened. |||
（条件：让步“虽然我不在那”）

||| Without having been there || I rather like the place. |||
（不明确）

487 然而，我们通常可以将这些小句视为时间、方式和原因范畴，并将介词和连词大致匹配起来（见表 7-10）。

7.4.4 没有明确标记逻辑语义关系的扩展小句

某些扩展标记是多变元结构；可以标记详述和延伸，或延伸和增强。例如，*but* 具有三种不同的含义：（i）转折，如 *they're pretty, but I can't grow them*（它们很漂亮，但我种不了）（“另一方面”）；（ii）替换，如 *don't drown them, but give them just enough*（不要浸泡他们，但要给他们足够的水）（“相反”）；（iii）让步，如 *I don't look after them, but they still grow*（虽然我不照顾他们，但他们仍然在生长）（“尽管如此”）。只有最后一种体现了两个义项之间的逻辑对立；因此存在同源主从组连 *although I don't look after them they still grow*（虽然我不照顾他们，但他们仍然在生长）（在其他两种情况下没有）。这些具有两种（或更多）意义的连接标记见表 7-11。

当引导小句的连接标记具有两种或更多意义时，小句的分析着实困难。最好的策略是找到接近的同源小句，考察它们究竟为详述、延伸、还是增强扩展。没有连接标记的小句自然更难分析。在分析时出现两个问题，一个和定式小句有关，另一个和非定式小句有关。

（i）定式小句原则上独立；只有通过连结性（主从）连词引导时，它才能成为从属小句。如果加入到小句复合体中，其自然属性是并列关系。在这种情况下，它与相邻小句的逻辑语义关系通常由连系性（并列）连词表示。

表 7-11　表示多种扩展关系的连接标记

	详述	延伸	增强
and		添加："并且也"	时间："然后" 因果："因此"
but		转折："另一方面" 替换："相反"	让步："然而"
yet		转折："另一方面"	让步："然而"
or	说明："或者更确切地说"	选择："或者反过来"	
while		添加："并且也" 转折："然而"	时间：相同时间：延伸："同时" 让步："然而"
as			时间：相同时间：延伸："当……时" 因果：原因："因为"
since			时间：不同时间：之后："之后" 因果：原因："因为"
if		选择（*if ... not [then]*）"或者"	条件：肯定"假使"

然而，即使没有连词，两个或两个以上的定式小句往往也可以通过扩展连接；它们在书面语中被标点符号标记为一个句子。如前所述，此类小句之间往往存在详述关系。但我们可以在英语口语和书面语中，发现一些看似小句复合体，但不是详述关系的非相连序列。以下为出自自然口语中的一个例子，由扩展关系相连的小句通过逗号标记： 488

At the last meeting somebody almost got drowned, he was practising rescuing somebody, no one had really shown how to do it, he had to be dragged out by some of the older lads, nobody really thought it was that bad, they just thought he'd got cramp or something.

如果不考虑投射，共有六个小句，只有第一组和最后一组看起来通过详述连接。这种情况有两种处理方法。第一种是说“只要在插入连词后有可能不改变逻辑语义关系，就可以辨认出延伸或增强关系”；这就表明了可以有如下的重新措辞：

1	At the last meeting somebody almost got drowned;
=21	he was practising rescuing somebody
=2+21α	‘but’ no one had really shown
=2+21 ‘β	how to do it,
=2+2×2	‘so’ he had to be dragged out by some of the older lads.
1α	Nobody really thought
1 ‘β	it was that bad;
=2α	they just thought
=2 ‘β	he’d got cramp or something.

另一种是说“如果说话者想要通过扩展或增强关系连接小句，他原本可以这么做；既然他没有这么做，所以不管小句指代了什么事件序列，都可以认为它们在语义上并不相关”。于是就会有下列分析结果：

1	At the last meeting somebody almost got drowned;
=2	he was practising rescuing somebody.
α	No one had really shown
‘β	how to do it,
	He had to be dragged out by some of the older lads.
1α	Nobody really thought
1‘β	it was that bad;
=2α	they just thought
=2‘β	he’d got cramp or something.

489 后一条原则和第 7.4.3.1 节中解释“和”时使用的原则一致。

（ii）另一方面，**非定式**小句的非定式性决定了它在本质上是从属小句，所以它的从属地位也通常缺乏明显的标记。于是，非定式小句在不接连词时，在小句复合体中必定处于从属地位，但是其逻辑语义功能可能并不明显。因此出现了同样的问题，例如：

||| In 1983 he and Mary Hesse delivered the Gifford Lectures in Natural Theology at the University of Edinburgh, || since published as The Construction of Reality, || **extending** schema theory || to provide a coherent epistemology for both individual and social knowledge. ||| [语篇 86]

||| Until the 1960s, with very rare exceptions, academic scholarship was grossly falsifying the history, || **suppressing** the reality of [[what happened]]. ||| [语篇 234]

||| You try to be a physicist after Newton, || **spinning** off ideological fanaticism, || and you're just out of the game. ||| [语篇 234]

||| To meet these new conditions, || certain modifications were introduced from time to time, || **giving** the theory a flexibility [[that would allow it to cover all cases]]. ||| [语篇 259]

不过，上述例子不能像定式小句一样被不加标记地归入某一个范畴。在合适的语境中，它们就可能是详述、延伸，甚至是增强关系。最好的解决方式就是找到它最接近的同源定式小句。如果同源定式小句为非限定关系小句，那么非定式小句表示详述。如果同源小句为并列句，那么非定式小句表延伸。如果同源小句为增强小句，则非定式小句表示增强，且有可能被连接介词引导，例如：

He left the house, closing the door behind him.
　　　　　　and closed the door ... [延伸]
I worked for a local firm, selling office equipment
　　　　　　; I sold ... ('I was doing some work, which was ...') [详述]
Not wanting to offend, Mary kept quiet.
Because she did not want ... [增强]
Having said goodbye, John went home.

After he had said ... [增强]

Some precipitation is expected, falling as snow over high ground.

which will fall ... [详述]

The Sonora road was opened by Mexican explorers, supplanting the Anza trail.

and supplanted ... [延伸]

类似 *Alice walked on in silence, puzzling over the idea*（爱丽丝默默地走着，苦苦思索着这个问题）这样的例子，解释了延伸和增强的交集；它们可以被解释为“同时”（‘while’）型时间成分（相同的时间跨度），除非同步性时间要素被前景化，如 *he scrambled back into the saddle, ‘while’ keeping hold of Alice’s hair with one hand*（他一边用一只手抓住爱丽丝的头发，“一边”爬回马鞍上），这时最好还是直接将其处理为“并且”（“and”）型添加关系。

490 还有一类非定式从属小句，因为不带动词，所以常常未被识别，如 *with no one in charge*（没有人负责），*with everyone so short of money*（每个人都很缺钱）。其实，它们都是“归属式关系”小句，其中的非定式动词 *being* 被省略（罕见情况下，也可表示识别，如 *with that the only solution* 那是唯一的解决办法）。在同源定式小句中，动词 *be* 总是出现（如 *since no one is in charge* 因为没有人负责）；而 *being* 总是可以插入到非定式小句中，几乎不影响意义。

我们可以把本节提出的问题总结如下：从定式自由小句到介词短语，信息逐渐流失，与过程在语法中的识解方式相同，如“soon you will reach the monument（很快你就会到达纪念碑）; then continue straight ahead（然后一直往前走）”：

小句复合体	（1）自由（定式）小句	You will reach the monument; ...
	（2）非自由定式小句	When you reach the monument, ...
	（3）非自由非定式小句	(On) reaching the monument, ...
小句	（4）介词短语	At the monument ...

（1）体现及物性，具有过程和中介；自由语气，带主语，为基本时态（系统 I）；（2）体现及物性，具有过程和中介；非自由语气，带主语，为简化了的基本时态（系统Ⅱ）；（3）体现及物性，具有过程，无中介；无语气，无显性主语，无基本时态（系统 Ⅲ）；（4）不体现及物性（只有非完全过程），无语气，无时态。（在第十章可以看到，使用语法隐喻将会使信息进一步丢失。）不过，（3）包含了**体**系统：非完成体 / 完成体。非完成体表征真实存在的非定式性（“现实”），而完成体表征潜在或虚拟的非定式性（“非现实”）。如下例所示：

||| Reaching the monument, || continue straight ahead. |||

||| To reach the monument, || continue straight ahead. |||

一直以来，非完成体与介词‘at，in’组合（参照俗语 *what are you a-doing of?* 中的 *a-doing*）；完成体与介词‘to’组合——现在依然如此，以非定式形式存在。两种体在意义上具有很大的流动性和不确定性。一般来讲，非完成体表示进行中的行动，是真实、当下、正在进行中的稳定状态或（从属的）命题，而完成体则表示将要达到的目标，是潜在、将来、初始和终结的状态变化或（从属的）提议。有时区别较为明显，如上例所示；有时又十分模糊，如 *the first person leaving*（第一个离开的人）和 *the first person to leave*（第一个要离开的人）。更多此类实例见第八章。

7.4.5 嵌入式扩展

7.4.5.1 嵌入与主从关系：嵌入环境

将并列和主从关系与嵌入关系区分开来十分重要（见第一章，第 1.1.3 491
节；第六章）。并列和主从关系存在于小句（或其他阶级成分）之间（见下文第 7.6 节），而嵌入不是。借由嵌入这一语义发生机制，小句或短语在某一词组结构内充当成分[18]，而该词组本身又是某一小句的成分，如*the man who came to dinner*（那个来吃饭的人）中的*who came to dinner*（来吃饭的）。因此，嵌入小句和它所在的小句没有直接关系，而是与“外部”小句存在间接关系，由词组充当中介。嵌入小句在词组内部发挥作用，而词组在小句内部发挥作用[19]。嵌入（级转移）和主从关系的对比见图7-14中的图示。本书用 [[ ]] 表示嵌入小句，[ ] 表示嵌入短语。

the man [[who came to dinner]] / [[coming to dinner]]
the man [at the next table]

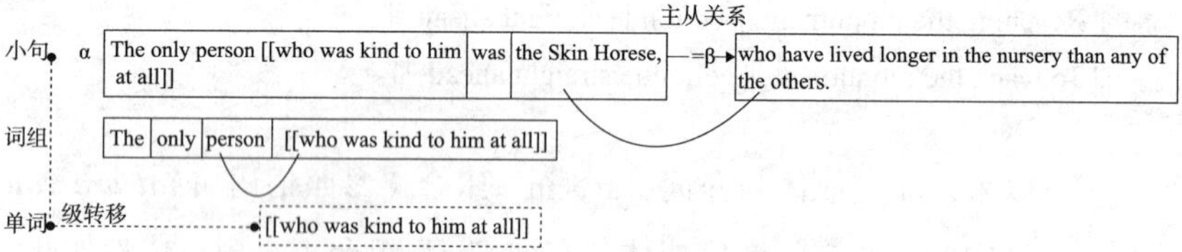
主从关系
小句
α
The only person [[who was kind to him at all]]
was
the Skin Horese,
=β
who have lived longer in the nursery than any of the others.
词组
The
only
person
[[who was kind to him at all]]
单词
级转移
[[who was kind to him at all]]

图7-14　级转移后在名词词组内的详述小句和小句组连中的主从式详述小句

⑱　可以说，通过这一机制，小句或词发挥词的功能；同时，作前置修饰语的词和作后置修饰语的短语或小句之间存在同源关系，例如：*a new car* ～ *a car [[that is new]]*（一辆新车）；*a passenger car* ～ *a car for passengers*（一辆旅客列车）；*an electric car* ～ *a car [[[that is] powered by electricity]]*（一辆电动汽车）。这体现在“形容词性从句”（adjective clause；表示作后置修饰语的关系从句）和“名词性从句”（noun clause；表示充当中心语的小句）等术语上。然而，与作后置修饰语的词相比，被降级的短语和小句通常可以识解更加复杂的意义。例如，由关系从句识解的意义在某种程度上比形容词更加复杂，且被识解的属性往往具有即时性，而非事物固有的永久性质（比较第六章，脚注9）；对比 *his new car*（他的新车）和 *his car [[that gave off macho growls at the traffic lights]]*（[[在红绿灯前发出浑厚咆哮]] 的他的车）[ACE_P] 以及 *the only kind person*（“”）和 *the only person [[who was kind to him at all]]*（唯一一个 [[对他友好]] 的人）。

⑲　当嵌入成分作中心语时，在分析时可以省略中间（名词词组）步骤，将嵌入小句或短语表征为直接在外部小句中发挥作用，作主语或其他成分。这是简化的标记方法；不会影响嵌入成分的名词化形式。注意，这并没有使它与主从关系类似；在主从关系中，一个小句依赖于另一个小句，但并不是它的成分。

因此，通过嵌入这种“级转移”形式，小句或短语在词组内充当成分。嵌入成分的主要功能是在名词词组中作后置修饰语，如上例所示。此外还包括：作名词词组的中心语（通过名词化形式）、作副词词组的后置修饰语。例如： 492

［名词词组中的后置修饰语 / 定性语：］

||| The only person [[who was kind to him at all]] was the Skin Horse, || who had lived longer in the nursery than any of the others. ||| [语篇 28]

||| If the planned global change programs are as successful [[as they promise to be]], || they are going to create many more problems for the policy and management community [[than they solve]], at least in the short run.||| [语篇 32]

［名词词组中的中心语 / 事物：］

||| It's not nice [[what's happening to him]] || but he is creating the situation just as much as [[what they are]], || because he's been caught || drinking on the job, || (whisper) which is no good you know. ||| [语篇 71]

||| She comes back from two months away, || organises an extra month the following year || and [[how she accumulates so many holidays]] is beyond me. ||| [语篇 70]

［副词词组中的后置修饰语：］

||| He left Weeks as quickly [[as he could]]. ||| [Of Human Bondage]

||| We need to get that message across at least as much [[as we need to be concerned [[[with getting the FY 1989 budget secured || or getting a congressional hearing on immediate solutions to immediate problems]]]]]. ||| [语篇 32]

表 7–12 对此进行了概括。所有嵌入关系都隶属于这些主要范畴；除此之外，再无其他类型。需要指出的是，名词词组还包括形容词（特征语）作中心语的类型，例如：

||| His face grew very flushed || and his little body was so hot [[[that it burned the Rabbit || when he held him close]]]. ||| [语篇 28]

||| The abundance of shale is somewhat less [[than is predicted from the abundance of clay-forming silicate minerals]]. ||| [语篇 68]

此时，被嵌入的小句表征比较的标准（见 Fries, 1977）。

表 7-12　嵌入类型（级转移）

功能	类别	名词词组中	副词词组中
后置修饰语	小句：定式	the house [[that Jack built]]	sooner [[than we had expected]]
	小句：非定式	the house [[being built by Jack]]	sooner [[than expected]]
	短语	the house [by the bridge]	sooner [than the rest of us]
中心语	小句：定式	[[what Jack built]]	—
	小句：非定式	[[for Jack to build a house]]	—
	短语	[by the bridge]	—

493　一直以来，虽然配列关系和嵌入在原则上泾渭分明，但这并不意味着，可以根据某个固定不变且易于识别的标准，将各个实例明确地归入其中一个。虽然绝大多数例子可以，但一些反常和模棱两可的情况给分析造成了困难。下文将尽可能明确地描述和解释这些范畴。

与主从或并列小句类似，嵌入成分也可用于扩展或投射。嵌入式投射将在下文第 7.5.6 节讨论。本节涉及扩展式嵌入，见所有上述实例。

嵌入小句或短语用作扩展时，本质上具有定义、限定或详述的意义。因此，典型的嵌入式扩展关系体现为“限定关系小句”（又称“限定性”），如 *the house that Jack built*（杰克造的房子）中的 *that Jack built*（杰克造的）。它可以具体说明被指代的对象是名词中心语指定的类别（即此例中为 *house*（房子））中的哪一个（些）。同样地，下例中的 *that ever were invented*（曾经被创作出来的）限定 *poems*（诗歌），*(who is) taking the pictures*（在拍照片的）限定 *girl*（女孩）。

(this is) the house [[that Jack built]]

(I can explain) all the poems [[that ever were invented]]

(do you know) the girl [[(who is) taking the pictures]]

在图 7-15 的分析中，在小句包含的名词词组中又包含了嵌入小句（对语气进行的分析；嵌入当然也可以很好地与及物性分析结合。）

在嵌入小句中，详述、延伸和增强等主从和并列关系范畴并无明显区分。不过，由于语义关系的范围大致相当，且有次范畴需要区分，故继续使用同一框架。

<table>
<tr><td>do</td><td>you</td><td>know</td><td>the</td><td>girl</td><td>who</td><td>is</td><td>taking</td><td>the pictures</td></tr>
<tr><td colspan="2">语气</td><td colspan="7">剩余部分</td></tr>
<tr><td>定式</td><td>主语</td><td>谓语</td><td colspan="6">补语</td></tr>
<tr><td></td><td></td><td></td><td colspan="6">名词词组</td></tr>
<tr><td></td><td></td><td></td><td>修饰语 β</td><td>中心语 α</td><td colspan="4">后置修饰语</td></tr>
<tr><td></td><td></td><td></td><td></td><td></td><td colspan="4">[[小句：限定关系]]</td></tr>
<tr><td></td><td></td><td></td><td></td><td></td><td colspan="2">语气</td><td colspan="2">剩余部分</td></tr>
<tr><td></td><td></td><td></td><td></td><td></td><td>主语</td><td>定式</td><td>谓语</td><td>补语</td></tr>
</table>

图 7-15　所包含的名词词组中带有嵌入小句作后置修饰语的小句分析

7.4.5.2 嵌入：详述 494

典型的限定关系小句在由 *who*，*which*，*that* 引导时，或出现在没有任何关系标记的"接触小句"（见第三章，脚注 16）中（如 *the tales he told*"他所讲的故事中"中的 *he told*）时，在意义上表示详述。下例解释了嵌入的限定关系小句和从属的非限定关系小句之间的区别。

||| The only person [[who was kind to him at all]] was the Skin Horse, || who had lived longer in the nursery than any of the others. ||| [语篇 28]

嵌入小句的关系成分是对名词性先行词的重述；因此，在下例中，

the man [[who came to dinner]] stayed for a month

来吃晚餐的和待了一个月的是同一个人。基于这一原则，非限定关系小句也作详述；见第 7.4.1.2 节。然而，限定关系小句并未构成单独的声调群，这是因为它们仅包含了一个（而不是两个）信息单位——*who came to dinner*（来吃饭的人）并非新信息，而是对这一特定参与者特征的描述。

详述小句可以是（a）定式小句，关系词要么是 *who(m)*，*which*，*that*[20]，要么被隐含（"接触小句"）；它也可以是（b）非定式小句，关系词通常被隐含，例如：

（a）定式

||| she said || 'Do you know of anyone else [[**who**'s taken any photos of me at the fancy dress]]?' ||| [语篇 70]

||| Hafez Assad, Syria's autocratic president [[[**who** dreamed of Arab unity || but watched his neighbors sign peace deals with Israel]]], died Saturday || before he was able to win back the treasured Golan Heights [[he lost to the Jewish state 33 years ago]]. ||| [语篇 66]

||| She wore this suit with a no top, a pair of Lurex tights without feet in them, you know || and then, and ... she had this old green olive green jumper [[**that** her mother must have had]] ||| [语篇 71]

（b）非定式

[非完成体：]

||| There was an affair [[going on between the cook and this other girl]], you know. |||

---

⑳ 需要注意区分关系词 *that* 和连结词 *that*。后者用于"事实"小句，如 *Leaders of both a publically funded project and a competing private company issued statements Friday* [[*that they jointly would announce the status of their work on Monday*]]（周五，一个公共资助项目和一家竞争性私营公司的领导人都发表了声明 [[他们将在周一联合宣布他们的工作状况]]）；这些将在第 7.5.7 节讨论。

[语篇 69]

||| Computers [[reading DNA]] are sending more than 10,000 sequences an hour into a public data bank. ||| [语篇 77]

[完成体：]

||| Still, since cost cuts totaled only $300 million in the first quarter, || there would seem to be plenty of pain [[to come this year]]. ||| [语篇 26]

||| Examples of advances in atmospheric sciences include acid deposition programs, the stratospheric ozone programs [[to be discussed in this symposium]], and climate change programs. ||| [语篇 32]

[中性：] 495

||| He thought || it would be a long time before this magic [[called Real]] happened to him. ||| [语篇 28]

||| Chalk is soft, white limestone [[formed by the accumulation of the shells of microscopic animals]]. ||| [语篇 68]

再次注意非定式小句的非完成体和完成体之间的差别，如下例所示：

[非完成体：]

(a) 施动 the person taking pictures ('who is/was taking')

(b) 受动 the pictures taken by Mary ('which were/are taken') (参考外部小句的时态)

[完成体：]

(a) 施动 (1) the (best) person to take pictures ('who ought to take') [关系词 = 主语]

(2) the (best) pictures to take ('which someone ought to take') [关系词 = 补语]

(b) 受动 the pictures to be taken ('which are/were to be taken')

括号中的注释是最对等的定式形式。在非定式详述小句中，隐性关系词通常是主语，但在完成体施动小句中，它可以是主语（如 *the person to take pictures* 拍照的人）或补语（如 *pictures to be taken* 被拍的照片）。因此，这里有两条原则:（1）主语在非定式小句中可以被预设;（2）补语在限定关系小句中可以被预设。 第二条原则也适用于附加语，如 *the best time to take pictures*（最佳拍照时间）；它们看作是表示增强——见下文的第（iii）项内容。

注意，严格来讲，在类似 *the first person who came in*（第一个进来的人）和 *the best person to do the job*（最适合做这项工作的人）这样的例子中，被嵌入小句的域不是中心语名词 *person*，而是前置修饰成分；表示"第一个进来的人"和"最适合这份工作的人"。比较 *a hard act to follow*（难以赶超的行为）和 *the longest bridge ever built*（史上最长的桥）。对这一关系的结构表征见图 7-16。不过如上文所示（第六章，第 6.4.1 节），使用成分关系来表征语义域并不恰当，在大多数情况下，它只是表明小句直接嵌入名词词组，如 *hard act* [[*to follow*]]。更多此类例子见下文的"增强"。[21]

虽然带介词的非定式嵌入小句一般作环境成分，表示增强，但还有一种类型（除上文提及的带 *to* 的完成体）表示详述，即带 *of* 的同位关系，如在 *the job of cleaning the barracks*（打扫营房的工作）中，工作就是清理营房。有些情况则难以确定，如 *the advantage of shopping early*（提前购物的好处）和 *the problem with asking directions*（问路的问题），这里的 *shopping early* 和 *asking directions* 可能是详述（同位），表示"在于"，也可能是增强（环境），表示"源于"。

㉑　注意以下区别：在 *a better person to do that would be Mary*（更加胜任那项工作的人是 Mary）中，[[*to do that*]] 被嵌入到前置修饰语 *better* 上；在 *you'd have to be a better person to do that* 中，*to do that* 为目的小句 'in order to (be able to) do that' 的主从性 ×β 小句（即"只有你更好，才能胜任那项工作"）。

496

the	first	person	who came in
a	hard	act	to follow
前置修饰语 β		中心语 α	后置修饰语
	次中心语		次修饰语
	βa		ββ

图 7-16　前置修饰语上的嵌入

在上述讨论过的所有例子中，嵌入小句均作后置修饰语。第六章曾经指出，中心语和关系成分在有些结构中融为一体：如 *what* 表示 ‘that which’，*whoever*、*whatever* 和 *whichever* 表示 ‘anyone who, anything that/which’；例如，*what we want* 表示 ‘the thing + that we want’，*whoever gets there first* 表示 ‘anyone/the one + who gets there first’。

> We have to recognize that the opportunity for doing such harm is monumental if the exercise is not conducted with very close attention to [[[**what** works already || and therefore does not need fixing or extra coordinating]]]. [语篇 32]
>
> You find some humorous proverbs, for instance, and the humor is that [[**whoever** made these proverbs]] was not going around the world with his eyes closed. [语篇 16]
>
> I have kind of an eclectic mind so I get interested in lots of different things, and I generally get very focused on [[**whatever** it is I'm interested in]]. [语篇 17]

融合之后，嵌入小句作中心语，但在分析时最好将其单独表征（图 7-17）。

上述分析表明，此类嵌入小句充当名词性成分，而非小句；因此它们和 *that*（比较：*what = that which*），*she/he*（比较：*whoever = s/he who*）和 *the way*（比较：*How = the way in which*）等名词性成分的角色范围相同，见类似 *the one who* 等形式（见第三章，第 3.2 节关于主位等价式的讨论）。

另一种作中心语的嵌入小句类型见第 7.4.6 节。

<table>
<tr><td colspan="5">whoever gets there first</td><td>wins</td><td>a prize</td></tr>
<tr><td colspan="5">动作者</td><td>过程</td><td>范围</td></tr>
<tr><td>“he
中心语</td><td colspan="4">who”
=后置修饰语</td><td></td><td></td></tr>
<tr><td></td><td>动作者</td><td>过程</td><td>地点</td><td>属性</td><td></td><td></td></tr>
</table>

图 7-17　作中心语的详述嵌入小句（定式）

497 7.4.5.3 嵌入：延伸

嵌入小句并不对应添加、替换和选择（*and*，*instead*，*except*，*or*）等并列和主从范畴。

出现嵌入小句的唯一延伸形式表示属有关系，引导词包括 *whose*、*of which/which…of*、或以 *of* 结尾的“接触小句”。

> ‘Did I tell you the John Hurt story?’ he asks, referring to the fellow British actor [[+ **whose** character was host to the embryonic alien [[that ravaged the crew of the spaceship Nostromo]]]]. [语篇 73]
>
> In the case of other writers [[[= who fail, || + **whose** late work is a falling-off rather than a gathering-in,]]] it’s a failure of connection. [语篇 17]
>
> I recently read an incredibly well-written story about a couple [[+ **whose** thirty-something-year-old son dies of an illness]]. [语篇 21]
>
> In one of those cities — one [[+ **whose** name has long been forgotten]] — there lived an old halac uinic, or chief. [语篇 65]

非限定关系小句的属有性范畴见第 7.4.1.2 节，与“限定”关系小句对应。注意，和其他语法规则一样，属有关系是广义的，不仅包括具体的所有权，还包括各种具体与抽象之间的关联。

7.4.5.4 嵌入：增强

此时，嵌入小句充当中心语名词的时间、地点、方式、原因或条件等环境成分。根据意义识解的不同位置，我们可以将其分为两种类型：(i) 环境意义在嵌入小句内；(ii) 环境意义在中心语名词内。在两种情况下，嵌入小句要么是 (a) 关系小句，要么是 (b) 增强小句。下表 7.13 列出了 (1) 定式和 (2) 非定式小句中的不同组合。

(i) 嵌入小句内的环境特征

此时，由小句表示时间、原因或其他增强关系（和从属小句中的情况相同）：

the house [[× **(which/that)** she lived **in** _ / **where** she lived]]

I was invited to one [[× **which** I spent the entire time **in** _]] [语篇 82]

此类小句为限定性关系小句，与详述小句的唯一区别是它们定义了环境成分。嵌入增强小句要么为 (1) 定式，要么为 (2) 非定式。

分为两种类型，(a) 嵌入式增强关系小句和 (b) 嵌入式增强小句。

(i.a) 嵌入式增强关系小句。此时，嵌入小句中含有一个关系词，作小句的环境成分。小句要么为 (1) 定式，要么为 (2) 非定式。

表 7-13　涉及环境关系的嵌入 498

	(i) 作后置修饰语的嵌入小句内的环境特征			(ii) 在中心语名词内的环境特征	
	(a) 关系小句		(b) 增强小句	(a) 关系小句	(b) 增强小句
(1) 定式	[i.a] the house [(which) she lived **in / where** she lived]]		[i.b] the scar [[**where** the bullet entered]]	[ii.a] the **reason** [[(that) I like her]]; the **time** [(that) we plant]]	[ii.b] the **reason** [[**why / for which** I like her]]; the time [[**when / at which** we plant]]

续表

	（i）作后置修饰语的嵌入小句内的环境特征			（ii）在中心语名词内的环境特征	
	（a）关系小句		（b）增强小句	（a）关系小句	（b）增强小句
（2）非定式	[i.a] the house [[being lived **in**]]	[i.a] a house [[**for** living **in**]];	[i.b] death [[**by** drowning]]	[ii.a] the **time** [[of planting]]	[ii.b] the **reason** [[**for** (me) liking her]]
		[i.a] a house [[(**for** you) to live **in**]]		[ii.a] the **reason** [[(for me) to like her]]; the **time** [[(for us) to plant]]	[ii.b] the **reason** [[**why / for which** to like her]]; the **time** [[**when / at which** to plant]]

（1）定式。如果嵌入小句为定式小句，则关系成分为 WH- 型介词短语，即带 WH- 补语的介词短语（如 *in which*）或它的某一变体 *which ... in*、*that ... in*、*... in*：

(the Council were expected to make available) the funds [[× **without which** no new hospital services could be provided]]

(you're) the one [[× I've always done the most **for**]]

(she couldn't find) anyone [[× she could give the message **to**]]

The Rabbit grew to like it, for the Boy made nice tunnels for him under the bedclothes that he said were like the burrows [[×the real rabbits lived **in**]. [语篇 28]

有时，*where* 或 *when* 也可用于“限定关系”小句中，例如：[22]

---

[22] 这些例子也可解释为类型（a），使用 *area*、*stage*、*history* 等地点和时间名词表示延伸。但是，这样就可以使用 *that* 或“接触小句”，如 *in areas that volcanism releases abundant silica*（在火山活动释放出大量二氧化硅的地区）、*the stage that we'd really play on it*（我们真正要在上面表演的舞台）、*in history that the options are finished*（在选择已经完成的历史上）。但这些不可能存在的例子表明，此类名词（还）不是地点和时间类名词（对比 *the first occasion that professionals took part* 专业人士第一次参加的）。

Some may precipitate directly from sea water in areas [[×**where** volcanism releases abundant silica]]. [语篇 68]

I mean, it was the laughing stock of the whole hospital and we got to the stage [[×**where** we'd really play on it]] because if we needed anything from the other side we'd sort of ring up ... [语篇 69]

We are at a juncture in history [[×**when** the options are finished]]. [语篇 16] 499

此时，*where* 和 *when* 等关系副词在副词词组中作中心语。

（2）**非定式**。非定式小句与定式小句一致，也以 WH- 介词短语的某个变体为关系词；它们可能是以 *-ing* 形式出现的普通非完成体，如：

the solution [[now being experimented with]],

但最典型的可能是带 *to* 或 *for* 的“命运”（destiny）小句，如：

a cause [[× for which to fight / to fight for]], a glass [[× for drinking out of]], someone [[× to give the message to]], nothing [[to write home about]]

New progressivism is a cause [[× to fight for]]

When you have nothing [[× to write about]], write about it. [网络专栏]

He has never, himself, done anything [[× for which to be hated]] [BROWN1_F]

只有“命运”小句带显性主语，由 *for* 引导[23]：

Together they would create an artwork [[× **for** the community to celebrate]]. [语篇 16]

Dr. M— gave him antibiotic capsules [[× **for** him to take]] ... [语篇 34]

㉓ 如果关系成分表示手段（工具），通常使用介词 *with*，那么实际上就可能没有介词，因为整个“命运”小句就可以表示工具：如 *Alice had no more breath* [[×*for talking*]]（爱丽丝已经喘不过气来了），即‘for talking with’和‘with which to talk’。对比详述型：*no more water* [[=*for drinking*]], 此处没有环境意义（因此不可能出现介词）。

（i.b）嵌入式增强小句。此时，嵌入小句不是带增强关系词的关系小句，而是与主从组连内未发生级转移的增强小句属于同一类型。通常来讲，充当中心语的名词表示过程或属性的名称，具有（1）定式和（2）非定式两种变体。

（1）定式。定式变体的例子包括：*the applause* [[× *when she finished singing*]]、*the scar* [[× *where the bullet entered*]] 和 *the difference* [[× *since I started taking Brandex*]]。它们作为嵌入组连的压缩变体，由详述小句和从属于它的增强小句组成：

the applause [[= which erupted || × β when she finished singing]]

the scar [[= which has formed || × β where the bullet entered]]

when 和 *where* 是结构连词，而非关系副词；它们不具有介词 + *which* 的意义：例如，不能说 *the scar at which the bullet entered*（子弹射入的伤疤）。对比 *Some may precipitate directly from sea water in areas* [[*where volcanism releases abundant silica*]]（在 [[火山作用释放大量二氧化硅的]] 地区，有些可能直接从海水中沉淀出来）。其中，*where* 是关系副词，和介词短语 *in which* 连接：*... in areas in which volcanism releases abundant silica*。

500 **（2）非定式**。非定式变体对应带连接介词的从属增强小句；例如：

death [[× by drowning]]
a pain [[× like having a red-hot needle stuck into you]]
Blu-ray: death [[× **by** streaming]]
The trouble [[× **with** predicting climate change]]
Children need help [[× **in** learning to control their emotions]]. [BROWN1_J]
In Seoul, there seems to be anger [[× **at** being taken for granted as an American satellite]]: [KOHL_B]

由于中心语名词通常表示过程或属性的名称，它们经常可以有意思接

近的主从式表达，如：*he was angry* || × β *at being accused*（他因为被指责而生气）；*if you help me* || × β *in cooking the dinner*（如果你帮我做饭）；*it's difficult* || × β *with everyone having a part*（每个人都参加会很困难）。

事实上，非定式小句也可以按照定式小句的方式重新措辞，例如，将 *the trouble with everyone having a part*（每个人都参加很困难）表述为 *the trouble* [[[= *which arises* || × β *with everyone having a part*]]]。不过没有必要把它们处理为嵌入式增强小句以外的其他类型。

和详述小句一样，这类增强小句可能带有某个前置修饰成分，严格界定了它的语义域。这些成分通常为名词词组中的数量语或特征语，或副词词组中的加强型前置修饰语；这些表示比较和结果的小句用于对比结构中，如下例所示：

［比较：］

I'm as certain of it [[× **as if** his name were written all over his face]]

The actual formation of shale is somewhat more complex [[× **than** indicated in Table 4-3]]. [语篇 68]

［结果：］

Another survivor, soaked, wide-eyed with shock and too distressed [[× to give his name]], said 'We were having a wonderful time when it turned into a nightmare.' [语篇 30]

Within the vortex, temperatures become cold enough [[× to form stratospheric ice crystals]]. [语篇 33]

Then he told us anecdotes of how he had gone across the Channel when it was so rough [[× **that** the passengers had to be tied into their berths, and he and the captain were the only two living souls on board who were not ill]]. [Text: Three Men in a Boat]

上述嵌入小句分别与 *more*（更多），*as*（如同）；*too much*（太多），*such*（（指上文）那样的），*not ... enough*（不够 ...），*so*（如此）等关联。不过，仍然没有必要将这一关系表征为不同的结构。

（ii）中心语名词内的环境特征

还有第二类嵌入增强小句，其环境关系不是在小句内被识解，而是在小句充当后置修饰语的中心语名词内被识解。这些名词自成一体，包含两个子类：一类可接定式或非定式的后置修饰小句，另一类仅可接非定式的后置修饰小句。见表 7-14。

501 **表 7-14　表扩展的名词**

扩展类型		定式 **[[why, etc. for, etc. which / (that)]]**	非定式 **[[of doing]]**
时间		*time, day, occasion*	
地点		*place*	
方式		*way*	
原因	理由	*reason*	
	目的		*purpose, point, aim*
	结果		*result*

（1）**定式**。定式小句的特殊性在于，由于名词本身就表示“增强”，环境关系是否在小句内部重述均可，可以说 *the day when / on which you came*（你来的那一天），*when* 和 *on* 表示时间，也可以只说 *the day (that) you came*（你来的那一天），除中心语名词 *day* 外，没有其他时间指示成分。换言之，定式小句要么类似于上文的（i）类，要么类似于详述小句——即典型的“限定关系”从句，只不过 *which* 必须和介词一起使用（不能说 *the day which you came*）。举例如下：

I don’t see any particular <u>reason</u> [[× **why** I should]] [语篇 8]

This was the first <u>occasion</u> [[× **that** I had to help in doing an experiment on a living man]]. [KOHL_M]

Fortunately I had that natural, built-in structure of the dates themselves; the book is faithful to the time [[× **in which** it took place]]. [语篇 7]

That stands like a pillar in the course of their history, a place [[× **from which** they can take bearing]]. [语篇 16]

The only other place [[× I would want to live]] (is New Zealand).

The people downstairs — there's no way [[× they could have got out]]. [语篇 30]

That's the only reason [[× I quit with Far Tortuga]]. [语篇 7]

We shared a place in Italy the summer [[× I was working on it]]. [语篇 7]

上例具有四个变体，其中两个明显为增强（如 *the reason why for which I like her* 我喜欢她的原因），另外两个类似详述（如 *the reason (that) I like her* 我喜欢她的原因）。

因此，以 *the time* ... 结构开头的表达可能具有三种不同的功能价值：（1）作主从式增强小句，表示“当……（时）”，如：

||| [× β:] the time we first met || [α:] he hardly spoke to me at all |||

（2）作名词词组，带详述嵌入小句，表“当时”，如：

||| the time [[= (which) I like best]] is the hour before dawn |||

（3）作名词词组，带增强嵌入小句，表“当时”，如： 502

||| the time [[× (when/that) you should leave]] is when the lights go out |||

由 *the time* 引导的主从式增强小句与其他主从时间小句同源，从而进一步与并列时间小句同源：*when we first met, he hardly* ...（当我们第一次见

面时，他几乎不……）；*we first met in June; then he hardly ...*（我们第一次见面是在六月；后来他几乎不……）。*the time* 已经演变为结构连接词，因此 *time* 无法像名词词组的中心语名词一样再被修饰（例如，不能说 *the early time we first met, he hardly spoke to me at all* 我们第一次见面时，他几乎不和我说话）[24]。相反，由于具有名词词组的全部潜势，（2）和（3）中的名词词组可以被扩展，例如：*the early time (which) I like best is the hour before dawn*（我最喜欢的早上时间是黎明前的一小时）；*the latest time (when / that) you should leave is when the lights go out*（你最晚应该在熄灯时离开）。如上例所示，这些增强型名词词组通常在"关系"小句中作参与者。

（2）**非定式**。非定式小句可以带显性主语，也可以不带。例如：

> When the First Fleet arrived in Sydney, 'Rock Island', as it was then known, was a convenient place [[× to punish recalcitrant convicts]], who were left in chains on the island for a week on bread and water. [语篇 22]

> There is no easy way [[[× to assess || how much books matter either to presidential performance or to public esteem]]], but to start the ball rolling, I experimented with a homemade litmus test. [语篇 110]

> They are sometimes astonishingly like people in their way [[[× of thinking, || talking || and relating to each other]]]. [语篇 100]

> I just don't see the point [[× of having three or four different lists of people]]. [UTS/Macquarie Corpus]

> That's the reason [[× for keeping the sheets]]. [UTS/Macquarie Corpus]

> There is reason [[[× to think || that our embodied conceptual resources may not be

---

[24] 不过，名词性表达可能包含某些连接性特征：*the first time we met / the last time we met / the only time we met, he hardly spoke to me at all*（我们第一次见面 / 最后一次见面 / 唯一一次见面时，他几乎不和我说话）。

adequate to all the tasks of science]]]. [语篇 237]

Since then I haven't missed an occasion [[[× to mix in a crowd || or stand next to a policeman]]]. [KOHL_K]

Soon the time came [[[× for Kukul to take his place among the men of his nation]]]. [语篇 65]

增强关系有时由显性连结词标记，如 *why*、*where*、*when*、*here*；此时主语必须被隐含：

Chinchilli day is a reason [[**why** to go to Las Vegas]]. [Blog entry]

Carrasco, a place [[[× **where** to return from work || and feel on holidays]]]

非完成体和完成体之间的区别与在从属小句中的一致：假设其他条件相同（即仅带有各自的结构标记 *of* 和 *to*），非完成体与实际发生的事情有关（如 *the time of planting* 种植的时间），而完成体则与潜在或虚拟的事情有关（如 *the time to plant* 去种植的时间）。有时差别极小，如 *the best way of finding out / the best way to find out*（最好的发现方法）——但仍可辨 503
认。不过，中心语名词或连词和连接性介词的具体语义效力总是处于支配地位，如 *the purpose of raising funds*（筹集资金的目的）、*the best occasion for trying out new methods*（尝试新方法的最佳时机）。

对于带有嵌入式增强小句的名词词组而言，其典型语境是在识别小句中作价值，见图 7-18。在该例中，标记也是嵌入式增强小句，在此处充当中心语。此类小句常常呈现相似的变体形式；例如：

Another reason is [[**that** the quantity of the literature is not overwhelming yet]]. [语篇 16]

Now the reason [[they hired me]] is [[[**because** they knew || I didn't know anything about food]]]. [语篇 119]

在这类小句中，扩展名词在体现价值的名词词组中作中心语。识别这类小句对话语的创造和信息的传播十分有益。因此，*the time to leave is when people start to yawn*（当人们开始打哈欠的时候，就该离开了）与 *you leave when people yawn*（当人们开始打哈欠的时候，就该离开了）有截然不同的语篇效果：前者中的成分一一对应，价值 / 被识别者作主位，识别者 / 标记作新信息（见第三章，第 3.2 节对主位等价式的讨论）。

<table>
<tr><td colspan="3">the　　time　　[[to leave]]</td><td>is</td><td colspan="3">[[when people　　start to yawn]]</td></tr>
<tr><td colspan="3">被识别者 / 价值</td><td>过程</td><td colspan="3">识别者 / 标记</td></tr>
<tr><td colspan="3">名词词组</td><td rowspan="4"></td><td colspan="3">名词词组</td></tr>
<tr><td>前置修饰语
β</td><td>中心语
α</td><td>后置修饰语</td><td colspan="3">中心语
α</td></tr>
<tr><td></td><td></td><td>小句</td><td colspan="3">小句</td></tr>
<tr><td></td><td></td><td>过程</td><td>时间</td><td>行为者</td><td>过程</td></tr>
</table>

图 7-18　带有嵌入式增强小句的环境类识别小句

7.4.6 行为

嵌入小句还有一种与扩展相关的功能，即虽然缺少中心语名词（所以嵌入小句本身作“中心语”），但嵌入小句是过程的名词化形式。例如，[[*threatening people*]] *will get you nowhere*（[[威胁他人]] 对你毫无帮助）。

类似小句表示行为、事件或其他现象的名称，由过程充当调核。它们表征了“宏观现象”（macro-phenomenon），见上文对心理小句中现象种类的讨论（第五章，第 5.3 节）；可以被称为行为（**act**）。在类别合适时，“行为”小句也可出现在中心语名词后，作修饰成分，如 *the act* [[= *of threatening people*]]（[[威胁他人]] 的行为）。因此将其视为详述也十分合理。其他实例有：

［关系：归属式］ 504

||| 1 [[= Having a wrong view]] is of course deplorable || + 2 but [[[=α attacking other people || × β for having views]]] is more deplorable. |||

It was careless of him [[= to put another man’s helmet on]]

It would be very easy [[[= for the artist to say, || ‘I withdraw, you see, to my contemplation.’]]] [语篇 16]

It’s easy [[[= to see how || the lbo culture, << being a pantheistic culture, >> could incorporate Christianity]]]. But it’s harder [[[= to understand || the Christians being able to live side by side with the traditional culture]]]. [语篇 16]

Of what use was it [[[= to be loved || and become Real]]] if it all ended like this? [语篇 28]

As with igneous rocks, it is more important [[= to interpret the formation of these rocks]] than merely to name them. [语篇 68]

［关系：识别式］

[[= Restoring an attractive retirement program for all active duty members]] is therefore my top legislative priority in the FY 2000 Budget. [语篇 115]

[[[= Knowing the origin of the materials that compose a sedimentary rock || and understanding the origin of its sedimentary features]]] will permit such interpretation. [语篇 68]

[[Not being much of a reader]] hardly affected the ascent of George W. Bush or his father. [语篇 110]

上述例子体现了该类名词化的典型语境（见表 7-15）：关系小句，尤其是属性作评价语的归属式以及与名词化相关的识别式小句。另一个常见的环境位于知觉小句，包括心理（惰性知觉）和行为（主动知觉）两种。例如，

［行为 + 心理：知觉］

We were watching [[= the catch being brought in]] and you could see [[[= the boats turn ||× as they rounded the headland]]].

[行为：知觉]

We went and watched [[= these kids try to produce ‘Hair’]]. [KING_Interviews]

But we watched [[= the town struggle with morality]] and we watched [[[= a man try to introduce the teaching of creation, || or sometimes they now call it creation science, alongside evolution]]]. [KING_ Interviews]

[心理：知觉]

Here you can see [[= beer being brewed ‘on sight’]]. [语篇 22]

Nakisha Johnson, 17, said she saw [[[= one young man open fire || after a feud between youths became violent]]]. [语篇 20]

He had heard [[[= the captain on the radio being warned by a crew member from another boat || that there were big waves ahead || and he should turn back]]]. [语篇 4]

I’ve heard [[[= you mention || that editors often see stories [[that are technically proficient and stylistically sophisticated, || yet lack a quality [[that makes them memorable]]]]]]]. [语篇 21]

505 此时，被感知的同样是某种行为或事件；小句通常是非完成体，不过有时也使用（不带 *to* 的）完成体，用来强调有别于过程的终止状态（见 Kirsner & Thompson, 1976）：

[非完成体]

I saw the boats turning / (passive) being turned

[完成体]

I saw the boats turn / (passive) turned

若嵌入小句作后置修饰语，中心语名词通常为所见或所闻的内容，如 *I heard the noise of ...*（我听到……）和 *I had a view of ...*（我看到……）等诸如此类（对比 *the smell of something burning*）；例如：

Just as he was withdrawing into the room to keep the mirror aside he heard the noise [[= of a motorcycle approaching from the other side of the crossing]]. [KOHL_K]

此时，小句始终为未非完成体。

现在，我们可以将这些小句与和它们相近的小句联系起来，它们恰好超出扩展的范围、位于不同的边缘地带上。

（1）过程名词词组（process nominal group）：*we saw the turning of the boats*（我们看到船在转弯）。其中，过程经过名词化，成为词，*turning* 作名词。对比 *the departing/departure of the boats*（船的驶离）（见第十章，第 10.3 节的概念隐喻）。其中，带 *of* 的介词短语在该名词词组中作后置修饰语，其补语和由小句体现过程时的补语一致。例如：

| The building [of [the bridge]] | presented a problem.

Devaluation is taken to be | a humiliation [akin to [the defacing [of [statues [of [national heroes]]]]]] |

如果过程体现为小句，则主语显化，对应过程的“属有者”，在名词词组中充当指示语，如 *his handling of the situation*（他对形势的处理）、*nobody's peeling of potatoes is as careful as mine*（没有人能像我这样小心翼翼地削土豆皮）、或定性语，由 *by* 或 *of* 标记，例如，*Letters to the press indicate a ground-swell of rejection of this display, by catholic and non-catholic members of church communities*（寄给新闻界的信件表明，反对这次展出的呼声高涨，来自天主教和非天主教教会的成员）[ACE_B] 和 *Yet another contributory factor is the disappearance of the horse from our farms*（另一个促成因素是马匹从我们的农场消失了）[LOB_F]。[25]

---

[25] 由于属有者也可体现为一个 *of* 短语，某些表达就会常常产生歧义，如 *the visiting of relatives* 表示去看望亲戚，还是亲戚来看望自己？（见第 7.4.3.2 节有关非定式增强关系的注释）。

（2）**投射**：*we saw that the boats had been turned*（我们看到船已经转向了）。如果说 *I can see the boats turning*（我能看见船在转弯），则表示事件。“船在转弯”这一过程被视为一个复杂现象——即第五章，第 5.3 节讨论的“宏观现象”。而如果说 *I can see that the boats are turning*（我能看见船正在转弯），则表示投射。“船在转弯”这一过程被视为对现象的投射或思考——即“元现象”（metaphenomenon），它不仅更加宏大，而且处于不同的现实层级。因此，我们可以说 *I can see that the boats have been turned*（我能看见船已经转弯了），但不能说 *I can see the boats having been turned*——原因是人们并不能看见过去的事件，看到的是过去事件引发的状态；而过去事件本身只能被投射。如果为现在时，则两者均有可能，只是意义稍有不同。如果“看见”表示理解，或者看到的是书面的报道，那么此时的关系一定又是投射。

506 **表 7-15　“行为”小句过程类型的环境**

过程类型		词项	示例
物质		过程：*change, destroy, affect*	动作者：[[worrying over what happened]] won’t change anything
行为	知觉	过程：*watch, listen to, feel, taste, smell*	she watched [现象：] [[the plane take/taking off]]
心理	知觉	过程：*see, notice, glimpse hear, overhear, feel, taste, smell*	she could see [现象：] [[the plane take/taking off]]
	认知	—	—
	渴求	—	—
	情感	—	—
言语		—	—
关系	内包型和归属	属性：[方式] *easy, hard, difficult, challenging; a piece of cake, a cinch*; [评价附加语] *important*; *(of) what/no/little use* [[*(for x) to do*]]	[方式] it’s easy [[(for him) to revise the manuscript]] ～ he can revise ... easily/with difficulty [评价附加语] it’s important [[(for him) to revise the manuscript]] ～ [[that he should revise the manuscript]] is important

续表

过程类型		词项	示例
		属性：[评价附加语] *thoughtful, considerate, kind, helpful, clever wise, smart careless negligent thoughtless, stupid, silly, foolish, deplorable (of x)* [[*to do*]]	it's thoughtless (of him) [[to neglect his family]] ～ thoughtlessly, he neglected his family
	内包型和识别	价值：[方式] *challenge, difficulty, task*; 扩展名词（**扩展名词**）	[价值：] the challenge is [标记 :] [[(for him) to revise the manuscript]]
	属有	—	—
	环境	—	—

元现象—投射——只能与某些过程类型搭配，主要是言说和感知过程，且处在特定环境成分中；详见下文第 7.5 节。宏观现象—扩展——可以进入物质过程，因此可以说 [[= *crushing him like that*]] *broke his bones*（[[那样的撞击]] 伤到了他的骨头），但不能说 *it broke his bones that you crushed him like that*, 原因是 *that*（“间接”）定式小句只能作投射，不能为扩展。（但是 507
可以说 *it broke his heart that you crushed him like that*（你那样打击他，伤透了他的心），原因是与骨折不同，心碎是心理过程。）有时，当元现象的**名称**可以进入元现象本身无法进入的物质过程时，事情就变得复杂了，如 *belief* 和 *fact* 等。例如，我们虽然不能说 *it destroyed his life that the experiment had failed*，但是可以说 *the knowledge that the experiment had failed destroyed his life*——毁了他的不是“实验失败”的想法，而是他知道了“实验失败”。还有一些抽象物质过程可以用作隐喻，从而识解心理现象：

> The passage of time, romantic travellers' tales — of which Marco Polo's supply the classic example — and wishful thinking, all combined **to build up** the late medieval belief [[that Prester John was a mighty, if probably schismatical Christian priest-king]]. [LOB_J]

或许我们还可以说 *the fact that the experiment had failed destroyed his life*（实验失败这个事实毁了他的一生）；这里的事实代表了事物的某种状态，而非原型意义上的被投射元现象（见下文第 7.5.7 节）。换言之，虽然投射只能参与意识过程，但是由于投射的名称可以用来标记事件或事态，所以可以参与其他过程。此时，我们位于扩展和投射的边界；两者在名词化形式下交汇，语法上存在隐喻，在小句中表达的许多语义差别趋于消失（见下文第十章）。

对扩展出现的不同环境的总结见表 7-16。

表 7-16　并列、从属和嵌入扩展

	配列关系		嵌入	
	并列	主从		行为
详述	John ran away; this surprised everyone. John didn't run, wait; he ran away.	John ran away, which surprised everyone. John, who came to dinner last night, ran away.	the man [[who came to dinner]] (stayed for a month)	—
	—	John ran away, surprising everyone.	the man [[coming to dinner]]	I heard [[the water lapping on the crag]]
延伸	John ran away, and Fred stayed behind.	John ran away, whereas Fred stayed behind.	—	
	—	John ran away, with Fred staying behind.	—	
			the people [[whose house we rent]] (are returning)	
	—		—	
508 增强	John was scared, so he ran away.	John ran away, because he was scared.	(i) 增强小句： [1] the applause [[when she finished singing]]	—

续表

	配列关系		嵌入	
	并列	主从		行为
	—	John ran away, because of being scared.	death [[by drowning]]	—
	—	—	[2] the house [[where she lived]]	—
	—	—	nothing [[to write home about]]	—
	—	—	(ii) 增强名词：the reason [[why I like her]]	—
	—	—	the purpose [[of raising funds]]	

7.5　报道、思想和事实：三种投射类型

我们在第 7.2 节介绍的投射概念是一种逻辑语义关系，它使小句直接表征的不是（非语言）经验，而是（语言）表征的表征。见下列语篇实例：

||| When did you know || you were a writer? ||| — ||| I always knew. ||| I can't remember even considering doing anything else || after I was about fifteen or sixteen. ||| [语篇 7]

||| Mum, do you know || where the scissors are? ||| I desperately, desperately need them. ||| — ||| What? ||| — ||| The scissors. ||| — ||| Yes, I hung the scissors up, in their usual spot. ||| [语篇 76]

||| Yet somebody told me || that I mustn't repudiate my non-fiction, || because it's saying very much || what the fiction is saying. ||| [语篇 7]

||| You've done it again, || I told you || not to bloody do it, you bloody wog. ||| [语篇 10]

||| If policymakers believe || that we should protect ozone over Antarctica, || then it is quite clear that the Montreal Protocol will have to be revised || and the measures

made much more stringent. ||| [语篇 33]

||| Nakisha Johnson, 17, said || she saw [[one young man open fire || after a feud between youths became violent]]. ||| [语篇 20]

||| 'We really have to have mandatory child safety trigger locks, and photo license IDs for the purchase of new handguns,' || Gore told the crowd. ||| [语篇 20]

上述实例解释了使用投射的几种常见话语类型——在新闻报道中指明来源、在科学论述中表明观点、在叙事语篇中建构对话（如语篇 7-2 所示），以及在谈话中框定问题。

509 这些例子中还包含了几种不同的投射类型，可以参考下列三个系统对它们进行区分:（i）投射层次（思想还是言辞），（ii）投射方式（主从式报道还是并列式引述）和（iii）言语功能（投射命题还是投射提议）。

（i）投射层次。通过投射，一个小句表征了另一个小句的语言“内容”——要么是“言语”小句的言说内容，要么是“心理”小句的感知内容。例如，*that we should protect ozone over Antarctica*（我们应该保护南极上空的臭氧层）是“心理”小句 *policymakers believe*（决策者认为）的内容；*she saw one young man open fire after a feud between youths became violent*（她看到在年轻人们的宿怨演变成暴力后，一个年轻人开了枪）是“言语”小句 *Nakisha Johnson, 17, said* 的内容。因此投射包含两种类型，一种可以表征“心理”小句的内容——想了什么；此类投射称为**思想**（**idea**）。另一种可以表征“言语”小句的内容——说了什么；此类投射称为**言辞**（**locution**）。因此，投射涉及语言内容面上的两个层次——意义（思想）和措辞（言辞）。这一语法区分也体现在漫画惯用的形式中：用“云朵”表征思想，用“气球”表征言辞（见图 7-5）。

（ii）投射方式。第 7.2 节指出，与投射结合的相互依赖关系和与扩展结合的相互依赖关系完全相同，即（1）并列和主从两种相互依赖的配列关系和（2）嵌入成分关系。例如，*We really have to have mandatory child safety trigger locks, and photo license IDs for the purchase of new handguns*（我

们真的必须有强制性的儿童安全触发锁，以及用于购买新手枪的照片许可证证明）与 *Gore told the crowd*（戈尔对公众说）为并列式投射关系，投射被表征为**引述（quote）**。相反，*she saw one young man open fire after a feud between youths became violent* 与 *Nakisha Johnson, 17, said* 为主从式投射关系，投射被表征为**报道（report）**——从属于投射小句，故不能单独使用。如果考虑主从式投射的并列变体：‘*I saw one young man open fire ...*’，对比就十分明显了。两种投射方式分别对应传统语法中的直接言语和间接言语；但是如上文所述，我们还需考虑直接思想和间接思想。除了投射的两种配列方式——引述的并列式投射和报道的主从式投射，投射小句还可能出现在嵌入中：*the witness's claim that she saw one young man open fire seems plausible*（证人声称她看见一个年轻人开枪，这看起来是可信的）。

投射层次和投射方式相互交织，定义了四类投射组连（“嵌入”将在第 7.5.6 小节讨论）：见表 7-17（样本语篇中的数量将在下文讨论。）

表 7-17　四类投射组连 510

	并列关系（“直接，被引述”） 1 2	主从关系（“间接，被报道”） α β
思想 ‘ 心理	1 ‘2 Brutus thought, ‘Caesar is ambitious’ [第 7.5.3 节]	α ‘β Brutus thought that Caesar was ambitious [第 7.5.2 节]
	（出现 15 次 [2.5%]）	（出现 580 次 [97.5%]）
言辞 “ 言语	1 “2 Brutus said, ‘Caesar is ambitious’ [第 7.5.1 节]	α “β Brutus said that Caesar was ambitious [第 7.5.3 节]
	（出现 368 次 [46.2%]）	（出现 429 次 [53.8%]）

如上图 7-8 所示，配列关系与投射方式的组合并非以均等的概率在语篇中出现；有些频率高，有些频率低。如表 7-17 中的数字所示，在 1,392 个来自口语和书面语语域的投射实例中，仅有 15 个为思想的并列式投射；也就是说，在所有的 595 个思想投射中，97.5% 被报道，而非被

引述（对这种偏差的解释详见第 7.5.2 节末尾）。相反，整个样本中的言辞投射在引述和报道之间较为均衡——大致分别为 46% 和 54%。更多的投射组连来自口语语篇（845 个），多于书面语篇（557 个）；不过有趣的是，口语语篇中的并列式言辞（引述：53%）多于主从式言辞（报道：47%）[26]，而书面语篇恰恰相反：并列式言辞（引述：39 %）显著少于主从式言辞（报道：61 %）。现在继续来看第三个系统。

（iii）投射的言语功能。表 7-17 中的投射均为命题；具体来讲，都是陈述。除陈述外的其他言语功能也可被投射。例如，*Mum, do you know where the scissors are?*（妈妈，你知道剪刀在哪里吗？）中的 *where the scissors are* 是提问型命题被投射；*I told you not to bloody do it*（我告诉过你不要这么做）中的 *not to bloody do it* 是提议被投射。两者均为主从组连。不过，同样的言语功能范围也存在于并列式投射方式中。事实上，并列式投射的范围更广：引述对象不仅包括命题和提议，还包括不完全小句的言语功能，例如问候和感叹（如 *they said* '*Goodbye, Mr Chips*' 他们说"再见，奇普先生"）。在这一基本原则的影响下，报道不太可能投射对话特征。例如，在 *Gable said 'Frankly, my dear, I don't give a damn*' 中，呼语成分可以被引述，但不能被报道（对比没有呼语成分的 *Gable said that frankly he didn't give a damn*；不能说 *Gable said that frankly, my/his dear, he didn't give a damn*）。

511 加入第三个系统变量后，就可以扩展表 7-17：见表 7-18。系统性的表征见下图 7-19。由于不完全小句不能被报道，因此可以表征为一种条件关系："如果是不完全小句，就引述"。配列关系和投射类型的相互作用将在第 7.5.5 节讨论。下面将按表中的小节指引，详细探讨投射组连中的各个类型。首先从言辞的并列式投射开始。

㉖ 在口头闲聊中，这种差异更为明显：引述占三分之二（65%），报道占三分之一（35%）。在笔语的新闻报道中，这一比例几乎完全相反。

表 7-18　对命题和提议的投射

投射过程的类型	被投射的言语功能	引述 并列关系 1 2	报道 主从关系 α β
思想 ‘ 心理	完全小句：命题	1 ‘2 She thought, ‘I can’ [第 7.5.3 节]	α ‘β She thought she could [第 7.5.2 节]
	完全小句：提议	He willed her ‘Do’ [第 7.5.4 节]	He wanted her to do [第 7.5.4 节]
言辞 “ 言语	完全小句：命题	1 “2 She said, “I can” [第 7.5.1 节]	α “β She said she could [第 7.5.3 节]
	完全小句：提议	He told her “Do” [第 7.5.4 节]	He told her to do [第 7.5.4 节]
	不完全小句	1 “2 She said, “Wow!”	

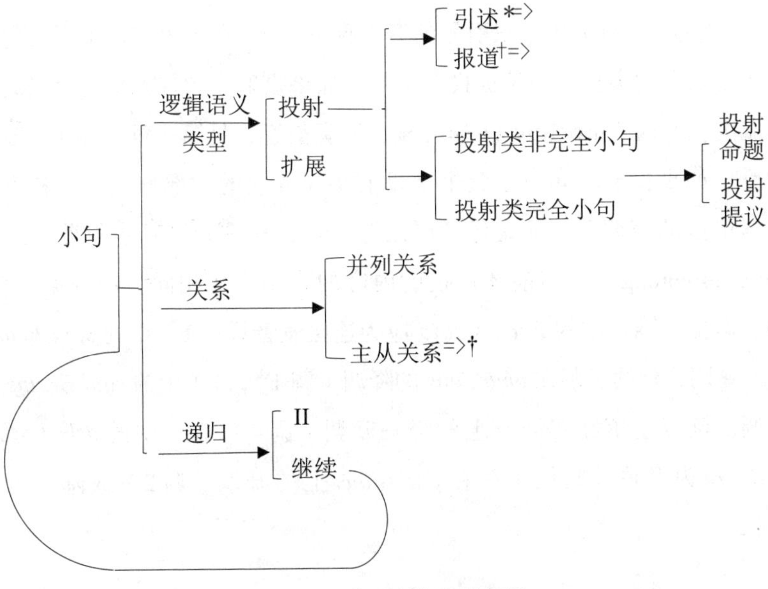

图 7-19　投射的系统网络

512

7.5.1 引述（“直接言语”）：言语过程，并列关系

最简单的投射形式是“直接”（被引述的）言语，如：

|| I said || ‘I’m getting old; || I’m going to have to sit down in the shade,’ || and she said, || ‘Thank God, at least we can do it.’ . ||| [语篇 24]

||| ‘What is REAL?’ || the Rabbit asked the Skin Horse one day. ||| [语篇 28]

投射小句是言语过程小句，言说的内容被表征在被投射小句中。此类引述组连的用途十分广泛——新闻中目击证人的原话、叙事中的对话段落、传记中的场景、科技写作中的引言等。

引述组连中的“配列”（即依赖关系）类型为并列关系，即两部分地位平等。被投射小句保留了小句在信息交换中的所有互动特征，包括完全语气潜势（在“陈述”和“疑问”小句中使用语气附加问）、呼语和咒骂语、声调选择和（语篇）连续语。在书面英语中，投射由引号表示（“引号”；有关单、双引号的意义见下文）。在英语口语中，投射小句在音系上的突显性弱于被投射小句：如果投射小句首先出现，它通常作连接发音词（proclitic）（非突显、节奏前音，见第一章，第 1.2 节）；相反，如果投射小句位于整个被投射小句或它的一部分之后，就不再占据单独的声调群，而是像“尾巴”一样，作重音后音步附着（post-tonic appendage），与前述被投射内容的音调变化相同。示例见表 7-19。通常，（a）中的 *Brutus said* 应为连接发音词；（b）中的 *said Brutus* 应为降调，延续了落在 *ambitious* 的降调（调 1）；（c）中的 *said Brutus* 为升调，延续了落在 *Caesar* 上的降—升调（调 4）；（d）中的 *asked Mark Anthony* 为升调，延续了落在 *ambitious* 上的升调（调 2）或降—升调（调 2）。

表 7–19　并列式投射：组连中的小句序列和典型的语气选择

(a)1^ “2	Brutus said	‘Caesar was ambitious’	
	1	“2	
	连接发音词	调 1	
(b) “1^2	‘Caesar was ambitious’	said Brutus	
	“1	2	
	调 1	尾巴（继续降调）	
(c) “1 <<2>>	‘Caesar’	said Brutus	‘was ambitious’
	“1	<<2>>	
	调 4	尾巴（继续降—升调）	调 1
(d) “1^2	‘Was Caesar ambitious?’	asked Mark Anthony	
	“1	2	
	调 2(2)	尾巴（继续升调）	

这是因为，投射小句的主要功能只是用来表明另一小句被投射：某人 513
说了这些话。并列的被投射小句无法通过措辞来体现它的被投射身份；它可以作为直接引述，独立出现。在书面英语中，可以使用标点符号对其进行韵律标记；如果被引述的内容延伸到了一个新段落，作为提示，引号也通常重复出现：

> ‘Across the USA, thousands are victims of human rights violations,’ said Mr Pierre Sane, Amnesty’s international secretary-general. ‘Too often, human rights in the US are a tale of two nations — rich and poor, white and black, male and female.’ [语篇 2]

对应到英语口语，重复出现的是投射小句，如下例所示：

> My brother, he used to show dogs, and he said to me, he said, ‘Look,’ he said, ‘I really think you’ve got something here,’ he said. ‘Why don’t you take it to a show?’ And I said ‘Oh, yea. Right-oh.’

如果没有类似的重复，就容易忽略该段话语被投射的事实[27]。在书面英语中，仅有第一个小句复合体通常会明确伴随一个投射小句。注意，这一分析准确体现了并列关系模式，体现了投射在结构中的位置，而不是仅通过衔接推定的位置。参见如下实例：

语篇 7-6：再创——叙述（笔语、对话）：儿童故事片段，带有戏剧性的对话

||| Thomas could just see out of the hole, ||		but he couldn't move. |||	
1		×2	
||| 'Oh dear,' ||	<< he said, >>	'I'm a silly engine.'	
"1	<< 2 >>		
||| 'And a very naughty one too,'	|| said a voice behind him.	||| 'I saw you.' |||	
"1	2	1	
||| 'Please get me out; ||	I won't be naughty again.' |||		
1	+2		
||| 'I'm not so sure,' ||	replied the Fat Controller. |||	'We can't lift you out with a crane, ||	the ground's not firm enough.' |||
"1	2	1	×2

由于显性投射的数量和类型是一个重要的话语变量，所以准确指出它在哪里、以何种形式出现，就至关重要。

514 被投射小句的本质是什么呢？被投射小句在这里代表"措辞"：即它所表征的是词汇语法现象，例如，*'I'm not sure,' replied the Fat Controller*（"我不确定，"胖总管回答）。投射小句 *replied the Fat Controller* 表征一般的经验现象，而被投射小句 *I'm not sure*（我不确定）被表征为本身就是表征的二级现象，称为"元现象"。如果我们想要争论的话，那么问题不是"他到底确定还是不确定？"（'is he, or is he not, so sure?'）——这是另一个问题[28]，而是"他到底说没说过这些话？"（'did he, or did he not, say

---

㉗ 有些说话者在引述时会使用特殊的嗓音，原则上可以作为持续韵律标记，从而无须重复"言说"小句——不过声音效果可能主要取决于音色的初始变化，它会随着引述言语的推进逐渐减弱。

㉘ 为了证明这一点，需要将该句变为一级现象：*and is he?*

these words?'）。因此，整体结构为并列小句复合体，逻辑语义关系为投射；投射小句为言语过程，被投射小句具有措辞的身份。

引述"言语"小句使用的动词见表7-20中"命题"一栏所列的动词。

表7-20 在引述"言语"小句中充当过程的动词

	命题	提议
（1）一般成员	*say*[29]	*say*
（2）特定言语功能的动词 （a）给予	（a）陈述：*tell*（+受话者），*remark, observe, point out, report, announce*	（a）提供：*suggest, offer, threaten*（提供：不情愿），*vow*（提供：害怕），*promise*（提供：渴求），*agree*（提供：回应）
（b）要求	（b）提问：*ask, demand, inquire, query*	（b）命令：*call, order, request, tell, propose, decide; urge*（命令：说服性），*plead*（命令：绝望），*warn*（命令：不良后果）
（3）带有附加环境特征的动词 （a）	*reply*（回应说），*explain*（解释说），*protest*（大声说），*continue*（继续说），*add*（补充说），*interrupt*（插话说），*warn*（说：不良后果）	[见上（2）]
（b）明确含义的方式	*insist*（重点说），*complain*（不耐烦地说），*cry, shout*（大声说），*boast*（傲慢地说），*murmur*（嘟囔着说），*stammer*（尴尬地说），*enthuse*（赞许地说），*gush*（热情地说），*rave*（激动地说）	[大多与命题相同] *blare, thunder*（专横命令），*moan*（恳求呜咽），*yell*（大声命令），*fuss*（非正式命令）

㉙ 此外，动词*go*也可以用于引述小句，用来投射非语言符义过程的表征，如*the tires went*[尖叫的声音]。近来，口语中常使用*be like*作引述动词；例如：*I was like 'Are you in the right show?'*（我说"你看对演出了吗？"）；*'My friends were like, "Eddie, you're drinking too much, you're out too much, you've got to, like, slow down." And that was true,' he said...*（"我的朋友们说：'埃迪，你喝得太多了，真是太多了，你得慢点儿喝。'他们说的没错。"他说）。

515 大量的动词都可以被归入最后一类；它们虽然不表示言说，但在“行为”小句中出现（见第五章，第 5.5.1 节），尤其在虚构叙事中表明说话者的态度、情感及表情手势，如 *sob*（抽噎），*snort*（用鼻子哼），*twinkle*（闪耀），*beam*（笑容满面），*venture*（冒险）和 *breathe*（低声说），例如：

‘It is a great thing, discretion,’ mused Poirot.

这里暗指波洛（Poirot）试图给人留下自言自语的印象，并且确保对方可以“碰巧听到”。

引述提议（提供和命令）小句的动词也在上表列出，将在第 7.5.4.1 节中讨论。

7.5.2 报道（“间接言语”）：心理过程，主从关系

语言不仅可以用于谈话，还可以用于思考。所以，“心理”小句中的思考过程也可以投射；该过程通常为 *like* 型，但也可能为 *please* 型。（两者区别见第 5.3.2 节）：

（a）*like* 型

||| So you **believe** || that the short story is better at dealing with real-life, human emotions. ||| [语篇 21]

||| Mum, **do** you **know** || where the scissors are? ||| I desperately, desperately need them. ||| — What? ||| — The scissors. ||| — Yes, I hung the scissors up, in their usual spot. ||| [语篇 76]

|| Naval authorities **believe** || the boat may have capsized || because it was carrying a heavy load of construction materials in choppy waters. ||| [语篇 5]

||| Therefore, I **believe** || that the protocol will do absolutely nothing [[to protect the antarctic region]]. ||| [语篇 33]

（b）*please* 型

||| It **strikes** me || that Eve's disloyalty and ingratitude must be contagious! ||| [Blade Runner]

||| When I attended at Bombay's C.J. Hall the Kal Ke Kalakar festival, || it **struck** me || that, although we did not have the resources, || this particular festival had the potential of an Avignam Nervi or Spoletto. ||| [KOHL_G]

||| It **did not occur** to him || that I might want to stay on and watch the cricket. ||| [LOB_P]

|| Then it **dawned on** me || that I was talking to a cricketer [[who had so recently been crucified at the altar of expediency]]. ||| [KOHL_G]

此类投射组连可以用来：（i）在对话中表征说话者的思想（通常用来评估被投射的内容，由投射小句代表概率情态；见第 10.3 节）；（ii）在对话中表征听者的思考，通常用来探询信息；（iii）在叙事语篇中表征人物的意识；（iv）在新闻报道和科学话语中表征机构或专家的观点和意见；（v）在科学话语中表征说话者的观点，通常出现在一系列推导之后。

与言辞投射组连一样，思想投射组连由现象和元现象构成，两者分别 516
由投射小句及其“内容”表征。例如，在 *some experts believe that people someday will have their unique genetic code on smart cards ...*（一些专家认为，未来人们可以在智能卡上存储自己独特的基因密码……）中，现象是 *some experts believe*，元现象是 *that people someday will have their unique genetic code on smart cards ...*。它们与第 7.5.1 节中所举例子的区别在于，（i）投射小句体现“心理”过程，且更加确切地说，是认知过程，而非言语过程；（ii）被投射的小句表征意义而非措辞——是思想而非言辞。

（i）在表 7-21 的例子中，动词在投射思想的“心理”小句中充当过程。这些动词主要涉及第五章，第 5.3 节讨论过的四种意识类型中的两种——认知和渴求（但通常不包括知觉与情感）。截止目前，我们的讨论主要围绕用于投射命题的“认知”型小句；此时，命题可以说是由认知创造，在思考中产生的。(“渴求型”小句对提议的投射见下文第 7.5.4 节；“情感型”小句在整个投射范式中的地位见第 7.5.7 节；“知觉型”小句见第 7.4.6 节。)

被投射的思想小句一般为间接陈述或间接提问；如表格所示，不同的动词集合都与这两种类型相关。在“心理”投射的环境中，陈述与提问的区别并不在于言语的功能取向究竟是给予信息还是索取信息，而在于信息的有效性。在陈述中，信息的有效性在归一度和及物性要素上是固定的（有时可由 *that* 引导的间接陈述句体现），但在提问中，它在归一度（由 *whether* 或 *if* 引导的间接 *yes/no* 疑问句体现）或及物性的一个（或多个）要素上是开放的（由 *who*，*which*，*when*，*where* 等引导的间接 wh- 疑问句体现）。因此，表征“悬而未决”的思想状态的心理小句用来投射间接提问，表示疑惑和怀疑、发现和检查以及沉思；它们往往使用特定的实义动词，如 *wonder*（想知道），*ascertain*（查明）；例如，

> ||| Israeli Prime Minister Ehud Barak said Tuesday || he **doubted** || President Clinton could broker an Israeli-Palestinian peace deal before the end of his presidential term on Jan. 20. ||| [Reuters, 02/01/01]

> ||| I'll ask Jenny about laptops || and **find out** || whether we have got any. ||| [UTS/Macquarie Corpus]

> ||| She had not been in || when he had phoned || **to check** || whether they were going out for dinner that night. ||| [KOHL_L]

> ||| It should be noted || that the first step taken by the underwriter or agent is [[[to examine the policy || **to ascertain** || whether the loss is recoverable thereunder]]]. ||| [KOHL_E]

> || He **investigated** || whether his feeling [[that the veena produced the most exquisite musical sound]] was a subjective reaction || or has a sound physical basis. ||| [KOHL_G]

|| Let us now **consider** || whether the arrangement of the stanzas in the particular order bears out any such meaning [[as we have got from it]]. ||| [KOHL_G]

但有时，在投射小句中，不确定性被语法表征为否定归一度或疑问语 517
气，或在充当过程的动词词组内部，被表征为投射或扩展，亦或在目的小句中，被表征为完成体形式；例如，

||| I **do not know** || whether you have seen it. ||| [KOHL_R]

||| It **is not known** || whether the mystics could give objective certainty to their experiences. ||| [KOHL_J]

||| Who **knows** || whether his debt was true or false? ||| [KOHL_K]

||| So I **want to know** || whether this devious and hypocritical me could have been whole and innocent at least as a boy. ||| [KOHL_K]

（ii）被投射为意义的仍然是一种语言现象——即上文提及的“元现象”；但它位于另一个层级——语义，而非词汇语法。当事物被投射为意
义时，它已经被语言系统“加工”过——成为已经被识解为意义的经验 518
现象。不过，它只被加工了一次，而不像措辞那样被加工了两次，即先将经验现象识解为意义，再识解为措辞。例如，下雨这一现象可以通过心理认知过程编码为意义，如 *(she thought) it was raining*（（她认为）下雨了）；但当同一现象被表征为言语过程时，如 *(she said:) ‘it is raining’*（（她说：）“下雨了”），作为**意义**的 *it is raining* 就被重新识解为措辞。于是措辞就被加工了两次。这一现象通过英语中的单、双引号有趣地体现出来。原则上，单引号代表意义，双引号代表措辞[30]。我们在无意中会发现，当事物具有措辞身份时，它与经验已有两步之遥，而非一步；它在体现过程中经历了两个步骤。本书采用这一标记手段，使用单引号‘表示意义被投射，

㉚ 遗憾的是，出版商常常不允许作者在著作中遵守这个原则。

双引号“表示措辞被投射：

		命题		提议
		陈述 [间接陈述句：*(that)...*]	提问 [间接疑问句：*whether/if; who, which when ...*]	[非定式完成体小句或意态化的间接陈述句]
知觉				
认知	*like* 型	*believe, guess, think, know, imagine, doubt, remember, forget, dream, predict*	*wonder, doubt; consider; find out, ascertain, check; determine, judge; predict* [疑问或否定句], *know, remember* [= 提问的回答] *know*	—
		例：*she knew* ||*that he'd left*	例：*she wondered (didn't know)* || *whether he'd left*	
	please 型	*strike, occur to, dawn on*		
		例：*it struck her that he'd left*		
渴求	*like* 型	—	—	*want, would like, wish, intend, plan for, hope for*
				例：*she wanted* || *him to leave (that he should leave)*
情感		—	—	—

表 7-21　在报道思想的“心理”小句中充当过程的动词

Some experts believe	that people someday will have their unique genetic code on smart cards...
α	‘β

我们按照“从上面”的视角对过程进行了描述，可以发现，经验在过程中首先被识解为意义（“语义化”），然后是措辞（“语法化”）。不过，按照“从下面”的视角，措辞比意义更加接近于表达；这似乎体现在漫画惯用的手段上：思想用“云朵”表示，而言辞则使用气球，表征地更加具象（见图7-5）。

在事物被投射为意义时，被表征的并非“这些词语本身”，因为这时根本就没有词语。如果我们想要争论专家们是否持有这一观点，可是却缺少作为参照点的事件。因此如果考虑配列关系的话，投射意义的基本范式就不是将投射视为独立事件的并列关系，而是将其附属于心理过程的主从关系。换言之，表征“思考”的典型模式是主从关系：在上述包含了592个思想投射组连的语篇样本中，97.5%为主从关系，仅有2.5%为并列关系（见上表7-17和图7-8）。

如前所述，主从关系暗含了不同的视角。对比下列两个例子：

(a) Mary said: ‘I will come back here to-morrow’.

(b)Mary thought she would go back there the next day.

在（a）句中，被投射小句采用言说者玛丽的视角；她是指示的参照点，因此可以保留词汇语法事件的形式，使用*I*，*here*，*come*，*tomorrow*。另一方面，在（b）句中，被投射小句采用说话者的视角；所以玛丽是“她”（she），玛丽现在的位置是“那里”（there），朝那个位置的移动称为“去”（going），紧跟言说的那天不是说话者的明天（tomorrow），而是 519
次日（the next day）。此外，由于言说小句表示过去的时间，被投射小句承载了时间的远指特征，所以使用*would*（过去的将来——过去由*thought*确定），而不是*will*（一般将来）。主从式投射保留了投射小句中说话者的指示取向；而在并列式投射中，指示取向转移至言说者。同时，并列式投射可以表征说话内容中的任一对话特征，而并列式投射则不能；例如，呼语成分和不完全小句的言语功能可以被引述，但不能被报道（见表 7–18 中的讨论）。

7.5.3 报道言语，引述思想

回到表 7–17，可以看到，我们已经讨论了四种基本投射关系中的两种。它们代表了投射的基本模式——引述言语和报道思想，详见图 7–21 中的图示。但是，通过熟悉的相关变量重组的意义生成过程（更简单地说是填补漏洞；见 Halliday, 1992d），其他形式也随之产生——报道言语和引述思想。本节将依次讨论。

7.5.3.1 报道言语

将言说表征为意义，就可以对它进行“报道”。这就是西方传统语法中的“被报道的言语”或“间接言语”，如 *the noble Brutus hath told you Caesar was ambitious*（贵族布鲁图斯告诉过你，凯撒雄心勃勃）（图 7–20）。

此时，布鲁图斯的原话确实如此：

语篇 7–7：再创——戏剧化（笔语、对话）：莎士比亚的《尤利乌斯·凯撒》选段

Brutus: As Caesar loved me, I weep for him; as he was fortunate, I rejoice at it; as he was valiant, I honour him: but, as he was ambitious, I slew him.

Mark Antony: The noble Brutus hath told you Caesar was ambitious. If it were so, it was a grievous fault.

Brutus	hath	told	you	Caesar	was	ambitious
α				“β		
语气		剩余部分		语气		剩余部分
主语	定式	谓语	补语	主语	定式	补语
言说者	过程：言语		受话者	载体	过程	属性

图 7–20　被报道的言语

520

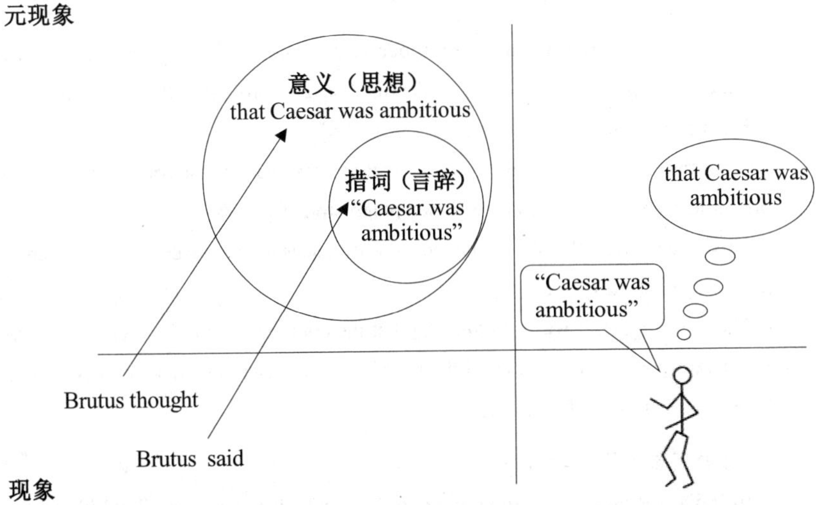

图 7-21　投射的两种基本模式：引述言语和报道思想

但是，将言语事件表征为主从关系背后的原则是，这一表现方式实际上并不忠实于措辞；说话者报道了言语内容的主旨，而措辞可能与原文有较大出入，如下例所示（其中 A 是店主，B 是一位听力减退的老年顾客，C 是她的孙子）：

语篇 7-8：做事——合作：交易（口语、对话）：服务接触

A. It doesn’t work; it’s broken. You’ll have to get it repaired.

B. What does he say?

C. He says it needs mending.

这当然并不是说，并列的“直接”言语总是在重复原话；远非如此。但并列结构的理想功能就是表征措辞，与主从结构对意义或主旨的表征有所区分。以下被报道言语的语篇实例，在被报道小句的语气上有所区分：

[间接陈述句：]

||| Coming back to Clinton and Blair || — I **would** certainly **say** || that I regard them

as criminals. ||| [语篇 381]

||| Now, in an article in the September 13th issue of the journal Nature, the researchers **report** || that they have identified several proteins [[that help Ephs and ephrins control the cytoskeleton]]. ||| [语篇 398]

|| From this he **argued** || that all combustible substances must contain a common principle, || and this principle he named phlogiston. ||| [语篇 259]

||| This theory **tate** || that these intellectual differences are innate among the different races. ||| [语篇 123]

||| Then, in August, it **was rumoured** || that the couple were on the rocks || because Ben hadn't been to visit Julia on the set of The Mexican, || which she was filming in Mexico with Brad Pitt. ||| [语篇 206]

[间接疑问句，是/非疑问：]

||| In India, for quite some time, we **debated** || whether the Court should have the power to review a constitutional amendment. ||| [KOHL_J]

521 ||| But **will** you first **tell** me || whether you remember Meera or not? ||| [KOHL_P]

||| Of course, as Patel, who had already left Wardha, was not my informant, I am **not** in a position **to say** || whether the editor of the Hindu or my informant had received the correct report. ||| [KOHL_F]

||| It **is** often **asked** || whether acute pulmonary embolism can be prevented and, furthermore, whether it is worth preventing since the mortality due to this complication is extremely low and all prophylactic measures require supervision, extra work, organization, and vigilance. ||| [KOHL_J]

[间接疑问句，**wh-** 疑问：]

||| I'**ve** always **been asked** || what the highlights of my fourteen years in Paris were. ||| [语篇 119]

||| Well, which **would** you **say** || was his majorest? ||| [语篇 125]

|| You **can't explain** || why you become a writer, actually, in one word. || But you can certainly show strands of the story, || and that certainly was one. ||| [语篇 16]

|| These indicators **show** us || where we've been || and will help us project future

readiness trends [[based on current funding and OPTEMPO]] . ||| [语篇 115]

||| I was just **telling** her || how I was coming up this way this weekend. ||| [语篇 82]

非完全小句可以被引述，但不能被报道；即，引述小句组连 *He said 'Ah!'*（他说："啊！"）并没有同源的报道小句组连。同样地，非语言声音也可以被引述（通常使用 *go* 表示过程，如 *she went*（叹息声）她发出了叹息声），但不能被报道。

通常，用来报道陈述和提问的动词也可用于引述（见表 7-23；对提议的投射见下文）；不过一个显著的区别是，在引述中，命题（包括语气）的独立地位得以保留；所以，言语功能的显性程度与"原"话语相同。另一方面，报道中的言语功能可能较为隐晦，只有通过报道动词才可以显化。因此可以得出三个结论：（1）在引述中，*say* 可以投射任何语气的言语内容，而在报道中，可以使用 *say*（说）、*ask*（问）和 *tell*（告诉，讲述）：实例见表 7-22。

表 7-22　不同语气类型中的引述和报道

语气系统	引述	报道
陈述	Henry said, 'Mary's here'.	Henry said that Mary was there.
疑问：是 / 非疑问	Henry said, 'Is Mary here?'	Henry asked whether Mary was there.
疑问：wh- 疑问	Henry said, 'Who's here?'	Henry asked who was there.
祈使	Henry said, 'Stay here!'	Henry told [Fred] to stay there.
不完全	Henry said, 'Ouch!'	—

注意，报道形式的 *Henry told Janet who was there*（亨利告诉了珍妮特谁在那里）回答了珍妮特的提问"谁在这儿"（who's here?），不存在对等的引述形式。（2）许多用于表示复杂的言语功能、具有复合语义的动词只能用于报道，如 *insinuate*（影射），*imply*（意味着），*remind*（提醒），*hypothesize*（假设），*deny*（否认），*make out*（辨认出），*claim*（宣称）和 522

maintain（维持）。这些动词几乎不用于引述，因为它们所表征的经验与实际的言语事件相差甚远。（3）另一方面，许多动词赋予言语事件以人际和/或行为特征，尤其在叙事语境中用于引述；由于这些动词不包含“言说”特征，所以从未用于报道。因此，对应上一小节末尾的例子，不太可能有：*Poirot mused that discretion was a great thing*（波洛沉思道，谨慎是件好事），更不可能有趋近于生理活动的行为过程。[31]

除表 7-23 所列的动词外，动词还有一个范式：*express*（表示）+ 感知名词，如 *belief*（相信）、*confidence*（信心）、*suspicion*（怀疑）、*hope*（希望）、*desire*（渴望）、*apprehension*（忧虑）、*disappointment*（失望）、*frustration*（挫败）、*fear(s)*（恐惧）、*anger*（愤怒）和 *outrage*（愤怒）、*regret*（后悔）（+ *to* 名词词组）+*that-* 从句。该范式可以分析为带范围的“动词”小句：过程：*express*+ 言语内容：[名词词组：中心语：*fear* 等 + 定性语：*that-* 小句]（见下文第 7.5.6 节的嵌入投射）；还有一类由感知名词（通常是感知动词的名词化形式）作中心语，短语作定性语，如 *express* + *fear of attack* / *childbirth* / *for safety* / *about labour unrest*（对攻击 / 分娩 / 安全 / 劳工骚乱

---

[31] 但是一旦包含评价，它们就会出现，见下列来自网络的实例：（a）*Drinking in the view across the Potomac River, Kennedy reportedly* ***mused that*** *he could stay in that spot forever*（据说，肯尼迪在波托马克河上饮酒时，面对河上的景色曾**想**，他可以永远留在那个地方）；（b）*When we invented the wheel, people* ***moaned that*** *we' d forget how to walk*（当我们发明出汽车时，人们**抱怨**我们会忘记怎么走路）；（c）*Citizens have long* ***grimaced that*** *their votes are the only input they gave into government*（长期以来，公民们一直**皱着眉头说**，选票是他们对政府的唯一投入）；（d）*I muttered, embarrassed, something about having never been to see him all this time and she* ***frowned that*** *I had never gone to see him*（我有些尴尬地咕哝着，说我一直没去见过他，她皱着眉头说我从来没去看过他）；（e）*The careful telephonic questions of Dictator Mussolini were followed by abrupt commands. Consul Riccardi* ***gulped that*** *he understood, hung up, donned resplendent attire, and fairly strutted to the residence of Provincial Governor Stumpf*（独裁者墨索里尼在电话中仔细提问之后，突然发出命令。里卡迪领事**倒吸了一口气，回答道他**明白了，挂断电话，穿上华丽的衣服，昂首阔步地走向省长斯托普夫的住所）。但是，（在写作本书时！）似乎并没有类似 *hiccupped (hiccoughed) that*（打着嗝说）、*coughed that*（咳嗽着说）、*spat that*（喷着唾沫说）的例子。

的恐惧）。然而，按照“从上面”的视角，可以将该范式解释为一种将意识过程外化为言语过程的策略。它们通常可以与表示受话者的成分配置，并出现在主从关系的投射言语小句中，例如：

Assange **expressed fears that** cyberspace had its limits.

The coach of the Peruvian Football, Sergio Markarian, **expressed confidence that** their pupils achieve a victory over Colombia and ***said*** it is in the semi-finals of the Copa America.

Many viewers have **expressed frustration that** the supposedly feminist Joss Whedon would create a story about a glorified, high-tech form of prostitution. However, I ***argue*** here that in his feminist repertoire, Dollhouse gives us just as much fodder for thinking about gender, feminism, and power as Buffy the Vampire Slayer, which drew its appeal by resisting the very forms of systemic oppression, both male and female disempowerment, that Dollhouse sought to make explicit.

After Warren died from HIV in 1995, I **expressed regret to Kirk that** I hadn't seen more of Warren in his last years, and Kirk ***suggested*** that one way I could respond would be by seeing more of *him* — which I did, and was glad to do.

7.5.3.2 引述思想

在现代英语的大多数语域中，对言语过程进行“报道”是表征说话内容的常规方式，不过它在逻辑上被认为出现在引述之后，产生过程可以类比心理过程中的报道。与之相对的心理过程“引述”也同样存在，只是使用情况颇为受限（见图 7-8）。此时，想法被当作措辞来表征，例如：

I saw an ad in the paper for dachshunds, and I thought 'I'll just inquire' – not intending to buy one, of course.

||| I thought || 'I'll just inquire' |||
1 2

||| 'The gods must watch out for Kukul,' || he thought to himself. ||| [语篇 28]

||| So I figured || ‘Well, then obviously it’s going to be a nineteenth-century American novel’. ||| [语篇 17]

||| ‘When all’s said and done,’ << he reflected, >> ‘she hasn’t had much chance.’ ||| [Of Human Bondage]

其含义是“我对自己说……”（I said to myself...）；这一表达经常出现，因为人们可以使用语言思考。仅有特定的心理过程动词才经常这样用于引述，如 *think*、*wonder*、*reflect*、*surmise*。

523 **表 7-23　在报道命题和提议的“言语”小句中充当过程的动词**

		命题	提议
（1）一般：	（a）给予	［陈述］*say, tell*	［提供］*offer*
	（b）索取	［疑问］*ask*	［命令］*tell, ask*
（2）复杂的言语功能：	（a）给予	［陈述］*insinuate, imply, remind, hypothesize, deny, make out, claim, maintain*	［提供］*promise, threaten, undertake*
	（b）索取	［疑问］*enquire, ascertain*	［命令］*command, demand, persuade, forbid, encourage, recommend, implore, plead (with sb), cajole (sb into v-ing), suggest discourage (from v-ing)*

7.5.4 投射提供和命令

到目前为止，我们仅讨论了对陈述和提问等命题的投射（见上表 7-18），下面将转向对“物品-服务”类小句的投射，包括提供和命令，此处统称为“提议”。

7.5.4.1 引述提供和命令

无论是提供和命令，还是两者直接结合而成的建议（提供是“我会做”，命令是“你做”，建议是“我们一起做”），都可以和命题一样，被

具有引述功能的言语过程小句并列式投射（引述）。例如（使用感叹号表示可选的标注变体），

||| If we're talking || when she's writing up on the board, || all of a sudden she'll turn round || and go || 'will you be quiet!' ||| 524

||| she'll go || will you be quiet|||

1 "2!

这里的动词 *go* 为引述动词。再如：

||| I said to Peter, || 'Don't say anything.' ||| [语篇 119]

||| 'The ark must be 450 feet long, 75 feet wide, and 45 feet high,' || he said, || 'big enough for you and your wife, your three sons, and their wives'. ||| [语篇 14]

||| He said, || 'I could fix that hot-water heater!' ||| [语篇 119]

||| 'Let's celebrate today, || because beginning tomorrow || there's a lot of work [[to do]],' || he said. ||| [语篇 87]

与命题一样，在引述提议的"言语"小句中，可以使用的动词种类十分广泛，尤其在叙事小说中：见表 7-20 中的"提议"一栏。和引述命题的动词一样，类别（3b）中的许多动词，例如 *moan*（呻吟），在"行为"小句中被临时征用来表示引述；例如：

||| 'Say something nice to me,' || she murmured. ||| [Of Human Bondage]

||| 'Oh, don't go yet,' || he cried. ||| 'I must,' || she muttered. ||| [Of Human Bondage]

||| 'Oh, don't take him away yet,' || she moaned. ||| [Of Human Bondage]

这些情况在传统语法中被称为"直接命令"，此外我们还需补充"直接提供（和建议）"；换言之，所有提议均可被投射为"直接言语"。和

非投射提议一样，引述提议也可以通过“祈使”小句，或意态化的“直陈”语气小句体现（见第十章，第 10.4.2 节）。

语篇 7-9：再创——叙述（笔语、独白）：米尔斯与布恩出版公司的小说节选，戏剧性对话

||| ‘Then please tell him’, || Liz begged like a child. |||

||| ‘Don’t be ridiculous’, || Julia snapped. |||

||| ‘Perhaps you and your wife would like to look around together’, || Richard suggested with frosty politeness. |||

||| ‘You could still apply for it, you know — the managership’, || Andrew was suggesting helpfully. |||

||| ‘I shouldn’t keep him waiting, || if I were you’, || Eleanor tossed over her shoulder || as she left. ||| [Edwina Shore, 1991, *Not His Property*, Mills 和 Boon]

7.5.4.2 报道提供和命令

与命题一样，提议也可以被报道，包括：（1）由“言语”小句投射为“间接言语”；或（2）由“心理”小句投射为“间接思想”；两者均为主
525 从式投射。但前者涉及间接命令、提供和建议，后者涉及所期望的事态（的想法）。两者在本质上具有相同的提议投射方式：是“非现实的”或未实现的，且投射小句表征了言语或心理的实现效力。被报道小句的体现方式也反映了这一模式。（提议的心理和言语报道均可用来体现直接提议：见第十章，第 10.4 节。）

命题的被报道小句为定式小句[32]。提议的被报道小句可以为（a）定

---

[32] 也有例外：某些被投射的思想可以在拉丁语的“宾格 + 不定式”模式中，使用非定式形式，例如：||| *I understood* || *them to have accepted* ||| *he doesn’t consider* || *you to be serious* |||（他不认为你是认真的，我理解他们已经接受了这个观点）。这些可归入内包型关系小句中，例如，[归属者：] *he* [过程：] *doesn’t consider* [载体：] *you* [属性：] *serious*。

式，或（b）非定式小句。（a）定式小句为陈述语气，其意态化形式通常由充当定式成分、表义务的情态助动词（*should*、*ought to*、*must*、*has to*、*is to*、*might*、*could*、*would*）实现，例如：

［动词］

|| The doctor **ordered** || that all the books and toys [[that the Boy had played with in bed]] ***must*** be burned. ||| [语篇 28]

||| Yet somebody **told** me || that I ***mustn't*** repudiate my non-fiction, || because it's saying very much || what the fiction is saying. ||| [语篇 7]

||| He **told** Philip || that he ***should*** demand higher wages, || for notwithstanding the difficult work [[he was now engaged in]], he received no more than the six shillings a week [[with which he started]]. ||| [Of Human Bondage]

［心理］

|| I **wish** || you'***d*** do something about that wall, Jane. ||| [UTS/Macquarie Corpus]

||| But until you've got kids || and are bringing them up ||| ... I **wish** || mine ***would*** hurry up || and grow up || and leave home. ||| [UTS/Macquarie Corpus]

尤其在美式英语中，被报道的提议经常使用"虚拟语气"（动词的基本形式为第三人称单数）；例如：

||| The negotiations were suspended in January || when Syria **insisted** || Israel ***commit*** to returning to prewar 1967 borders. ||| [语篇 66]

|| **Did** they **suggest** || the attorney general ***investigate***? ||| [KING_Interviews]

||| When Evans returned to Sydney with glowing reports of this fertile land [[he'd found]], || the Governor **ordered** || that a road ***be*** built. ||| [语篇 126]

||| Perhaps it was history that **ordained** || that it ***be*** here, at the Cape of Good Hope [[that we should lay the foundation stone of our new nation]]. ||| [语篇 181]

（b）非定式小句通常为完成体，例如：

[动词]

|| I **tell** people || ***to say*** thank you. ||| [UTS/Macquarie Corpus]

||| As a first step to correcting this disparity, I **urge** the Congress || ***to eliminate*** the 40 percent Redux retirement formula || and to restore the '50% of base pay' formula for 20 years of active-duty service, || as proposed in the President's FY2000 budget. ||| [语篇 115]

526 ||| And then, finally, I **was invited** || ***to create*** the interior of the United States Pavilion at the New York World's Fair in 1964. ||| [语篇 101]

[心理]

||| Of course I **want** || Labour ***to win*** || but I don't think || they will. ||| [UTS/Macquarie Corpus]

|| **Do** you **want** || me ***to explain*** that? ||| [UTS/Macquarie Corpus]

||| She **wanted** || a glass of sherry ***to be delivered*** to her room, || so she said over the phone to the bar or whatever: || 'Je voudrais un cheri, s'il vous plait.' ||| [语篇 119]

不过，少量动词承接非完成体投射，如 *she suggested talking it over*（她建议好好谈谈）。与命题报道不同，提议无论是给予还是要求，都采用相同的报道形式：[33]（给予）*he promised me to wash the car*（他答应了我去洗车）；（要求）*he told me to wash the car*（他让我去洗车）。这对言辞和思想均为适用，但两者在被报道提议的主语地位上有所区分。在报道言辞

㉝ 非定式动词的形式也是如此；但两者在推定非定式小句主语的来源上有所不同，见被报道小句的同源定式变体：当投射取向为要求时，来源是言语小句的受话者（*he told* ***me*** *||* *to wash the car — that I should ...*）（他让**我**去洗车——我应该洗的车），当投射取向为给予时，来源是言说者（***he*** *promised me || to wash the car — that he would ...*）（**他**答应我去洗车——他要洗的车）。表示给予和要求的定式动词使用不同的情态附加语：（给予：倾向）*he promised that he would wash the car*（他答应我他会去洗车）；（要求：义务）*he demanded that we should wash the car*（他要求我们去洗车）。

时，主语被隐含，可由报道“言语”小句的受话者推定：*he told/promised me||to wash the car*（他告诉我 / 答应我 || 去洗车）。这不仅体现在它的同源定式变体上（*he told me | that I should wash the car*（他告诉我 | 我应该去洗车）；*he promised me || that he would wash the car*（他答应我 || 他会去洗车）），还包括在“言语”小句的被动变体中，受话者作主语——*I was told || to wash the car*（我被要求去洗车）。相反，在报道思想时，主语在投射提议中显化：*he wanted || me to wash the car*（他想让 || 我去洗车）；*he intended/planned/hoped || for me to wash the car*（他打算 / 计划 / 希望 || 我去洗车）。此时，报道小句没有被动变体——不能说 *I was wanted || to wash the car* 或 *I was hoped || (for) to wash the car*，但被报道的思想小句存在被动变体——可以说 *he wanted || the car to be washed (by me)*。当然也有中间情况；具体来讲，某些言辞报道组连的属性通常和思想报道组连有关。因此，*order* 可以用于：*I was ordered || to wash the car*（对比 *I was told || to wash the car*），还可用于 *he ordered || the car to be washed (by me)*（对比 *he wanted || the car to be washed (by me)*）。

下文将首先解释言语投射，其次是心理投射。

（1）对提议的“言语”报道

与命题相比，对提议的引述和报道之间并没有太大的相似性，原因是被报道的提议逐渐合并为缺少清晰界限的使役句（见第八章，第 8.7 节）。因此，许多（复杂的）引述动词也不可用于报道：不会出现 *his driver soothed him to be steady*（他的司机安慰他保持镇定）或者 *soothed that he should keep steady*（安慰道他应该保持镇定）；此外，许多报道动词也不可用于引述，包括表示各式修辞过程的动词，如上文提及的 *persuade*（劝说），*forbid*（禁止），*undertake*（承担），*encourage*（鼓励）和 *recommend*（推荐）；见表 7-23。

如何将它们与类似 *she got him to talk it over* 的使役句区分开来呢？（1）第一步，如果该动词本身也可用于引述，显然为投射结构；例如， 527

||| he threatened | to blow up the city |||
α "β !

本句形式与 *I'll blow up the city!' he threatened*（"我要炸毁这座城市！"他威胁说）对应。（2）通常来讲，即使提议被投射，也可能没有实现；因此，类似 *he threatened to blow up the city, but didn't*（他威胁说要炸毁这座城市，但并没有）或 *the Queen ordered the executioner to cut off Alice's head, but he didn't*（王后命令刽子手砍掉爱丽丝的头，但他没有）的表达并不矛盾——但是，*the Queen got the executioner to cut off Alice's head but he didn't*（王后命令刽子手砍掉爱丽丝的头，但他没有）却自相矛盾。（3）更为通常的是，我们可以假设，表示言语行为的所有动词原则上都可用于投射。因此，包含非定式从属小句的言语过程通常可以被解释为投射；如果非定式从属小句可以替换为意态化的定式从属小句，那么就排除了目的小句的可能，可以确定其为投射：

||| he promised || to make her happy |||
||| he promised || he would make her happy |||
α "β

但是 *he promised, (in order) to make her happy*（他答应让她高兴）则不同，它是 α^×β 结构的扩展。由于使役句不是言语过程，故被排除在外；它们也通常没有对等的定式小句——不说 *I'll make that you should regret this!*（我会让你后悔的！）见第八章，第 8.7 节。

（2）对提议的"心理"报道

对思想进行"心理"报道时，命题和提议之间具有显著区别，原因是它们在本质上是两种不同的符号交换形式。命题作为信息的交换，在心理上由认知过程投射——思考、知悉、理解、诧异等。而提议作为商品-服务的交换，在心理上由意愿过程投射，见上述"心理"过程下的例子（如表示希望的动词，见上表 7–21）。因此，思考的是命题，希望的是提议。与言语投射相同，心理投射的确切边界也是模糊的，与使役句和各种体的范畴合并。相关标准与命题类似，只是不能对引述进行实际检验，这是因为鲜有对心理提议的引述。[34]不过在报道中，如果支配小句表渴求，且从属小句是表将来的陈述语气，或者可以被表将来的陈述语气取代，那么该 528
结构就可以被解释为投射；如 *we hope you will not forget*（我们希望你不会忘记）。我们将在第八章，第 8.8 节提出另一种方法，用来解释支配小句为非定式、主语由支配小句预设的情况，如 *he wanted to go home*（他想回家；这里难以找到完全对等的定式形式）；不过界限定在哪里，总是具有一定的随意性。

因此，我们需要注意下面的对应表达：

	she wanted	him to go	（心理）	提议
is to	she told him	to go	（言语）	
	as			
	she knew	he was going	（心理）	命题
is to	she said	he was going	（言语）	

至此，我们已经讨论了表 7–18 中表征（1）投射层次、（2）投射方式和（3）投射小句言语功能这三个方面相互交织部分的所有表格。在对投射的空间进行整体描述后，我们可以进一步探讨更多的可能性。

7.5.5 引述与报道；自由间接言语

7.5.5.1 作为投射方式的引述与报道

引述和报道不仅仅是形式上的变体，在意义上也有所区别。差异的根

㉞ 注意 *'I wish he'd go away,' thought Mary* 作为引述命题，包含了被报道的提议，而非被引述的提议，即 *'Let him go away!' wished Mary*。和在心理命题中一样，在心理提议中也是如此：引述背后的意义通常是“对某人说”，或像祈祷一样默念。

源在于并列和主从关系在特定的投射语境中具有不同的通用语义。引述时，被投射的成分具有独立性，因此更加直观生动。通过指示语取向的强化，可以产生比叙事更强的戏剧效果。引述与某些虚构和个人的叙事语域尤其相关；可以用于言说和思想，不仅包括第一人称思想，如：

... and watching that trial wondering whether in fact he was innocent or not and I couldn't make up my mind, after a while I thought 'No, I'm sure he's guilty'. [UTS/Macquarie Corpus]

还包括第三人称思想，由全知叙事者投射，如：

'And that's the jury-box,' thought Alice.

So after about two hours he thought 'Well they're not coming back' and he started hitchhiking. [UTS/ Macquarie Corpus]

另一方面，在报道中，被投射的成分具有从属性。虽然它仍然间接地提及语气，但它不可能在言语交换中充当语步；语气被投射，而非直接表述。同时，说话者也没有表示要遵守措辞的意思。

529 在许多语域中，引述和报道被一起用于投射，突显了两者的互补关系。例如，在新闻中，报道往往先于引述出现，如：

语篇 7-10：报道——记载（笔语、独白）：新闻报道［路透社 01 年 1 月 1 日］

A car bomb exploded during the evening rush hour Monday in the busy center of the Israeli city of Netanya, wounding more than 40 people, hospital officials **said**. 'There was a boom, boom and another boom,' **said** a witness who gave his name only as David as he wept. 'All the windows were blown out. It was terrifying.'

此时，报道与一般的说话者（*city officials* 市政官员）有关，而引述则涉及特定的说话者（*a witness* ... 证人）；通常，在报道完整体情况后，再来引述重要人物、发言人或目击证人提供的细节和观点（贯穿整篇新闻的实例，见 Matthiessen, 1995a：849–852）。因此，从记者本人的声音开始，经由被报道的声音，再到被引述的声音，三者组成一个连续统。被引述的材料最接近新闻来源，而被报道的材料（至少有可能）已经与实际所说的内容存在一定的差别。

如上文所示，被报道的命题通常呈现一系列相互关联的特征，统称为“间接言语”。这时，所有指示语成分均从照应转移到言语情景：人称代词从第一和第二人称（说话者和听者）变为第三人称，指示代词也从近指（此处–此时）变为远指。“时态序列”由此产生：如果报道小句中的动词使用“过去时”为基本时态（见第六章，第 6.3 节），那么在被报道的小句中，每个动词通常都带有定式成分，位于相应的系统 II（“序列”）中：见表 7–24。

表 7–24　非序列与序列系统

基本时态		情态	
非序列	序列	非序列	序列
am/is/are	was/were	can/could	could
have/has	had	may/might	might
do/does（等）	did（等）	will/would	would
shall/will	should/would	should	should
was/were	had been	ought to	ought to
did（等）	had done（等）	must/has to	had to

换言之，定式成分为被投射小句的语气结构引入了一个额外的“过去”特征。序列形式并非必须出现；在陈述一般性命题的小句中就不太可能，例如 *they said they close at weekends*（他们说周末休息）。但就整体而言，它在有关环境中为非标记选项。

如果被报道小句为疑问语气，则序列形式通常切换至陈述语气；陈述 530
为非标记语气，用于不独立选择语气的所有小句中，包括从属小句。是/非疑问语气变为陈述语气，由 *if* 或 *whether* 引导（*he asked ‘is she coming*

at noon?' 他问："她中午来吗？"：*he asked whether she was coming at noon* 他问她中午是否来）；WH- 特殊疑问语气变为陈述语气，WH- 成分保留在句首（*he asked 'when is she coming?': he asked when she was coming* 他问她什么时候来）。

祈使语气中的关系则不甚明朗。第四章指出，祈使语气作为一个较为模糊的范畴，兼具定式和非定式小句的某些特征。同样地，被报道的祈使语气范畴（"间接命令"）也缺少清晰的界定。但接在 *tell*（告诉）或 *order*（命令）等动词后、带 *to* 的非定式小句可以被解释为被报道的提议。同样的，虽然没有时态序列，但由于动词不选择时态，它们仍然表现出"间接言语"的特征。例如：

'I know this trick of yours.'	She said ‖ she knew that trick of his.
'Can you come tomorrow?'	He asked ‖ if she could come the next day.
'Why isn't John here?'	She wondered ‖ why John wasn't there.
'Help yourselves.'	He told them ‖ to help themselves.
'We must leave to-night.'	She said ‖ they had to leave that night.

有一类传统的学校习题是将句子"改为直接 / 间接言语"，这表明两者总是完全匹配的。在词汇语法上的确如此，因为总是可以找到一个对等的表达——尽管并不总是唯一的：*Mary said she had seen it*（玛丽说她看到了）的对等表达可能是 *I have seen it, I had seen it*，或 *I saw it*，亦或 *she (someone else) has seen it*，诸如此类（见第六章，第 6.3 节）。但这种概括的用法说明并不准确。两者在语义上并非完全匹配，并且在许多实例中，用一个代替另一个毫无意义。例如，在 *Alice thought that that was the jury-box*（爱丽丝以为那是陪审席）中，应该将 *Alice thought* 换为类似 *Alice said to herself* 的表述，从而避免"持有观点"之意。当思考动词被投射为主从关系时，这是对它的自然解释。

有很多方式可以回指被引述和被报道的内容。一般情况下，照应词，

通常为 *that*，可以用于引述段落，而替代词，*so/no*，可以用于表示报道。例如：

She said, ‘I can’t do it.’ — Did she really say that?

She said she couldn’t do it. — Did she really say so?

（照应和替代的区别见第九章；又见 Halliday & Hasan, 1976：88-90）这是因为，引述行为暗含了一个在前的指示物，即某个可以回指的实际场合，而报道中仅有被报道的语篇。这就解释了 *I don't believe that*“我不接受这一断言有效”和 *I don't believe so*“在我看来情况不是这样的”在意义上的区别。比较：

The sky is about to fall. (i) — Who said that? (ii) — Who said so?

显然，*that* 和 *so* 均代表被投射的事物，如动词 *said* 所示。在（i）中， 531
被投射的成分被视为引述：“谁发出了那个言语行为？”——所以，为了在人群中识别出说话者，可以像老师在课堂上找出讲话的学生一样，提问 *who said that?*（谁说的？）。在（ii）中，*the sky is about to fall*（天要塌了）不被视为某人的言语行为，而是被当作一个语篇；意思是“谁确认情况是这样的？”，暗示事实可能相反。

因此，在“言语”过程小句中，*he said that* 仅证明措辞由他创造，而 *he said so* 则涉及他所说的是否属实。“心理”过程小句的情况更加复杂，原因在于照应形式 *that* 往往表示确定性，而替代 *so* 表示不确定性；原则其实相同，只不过适用于不同的环境（对比思想在引述和报道中的不同意义，见上文）。原则上，替代词不可照应，只可回指，所以其一般语义特征为暗示，并因此排除了可能的选择；参见替代名词，如 *a big one* 中的 *one*，表示“也有小的，但我说的不是那些”。这就是为什么作为小句替代词的 *so*，具有普遍的“非现实”意义，与“现实”意义相对；除了（i）

在投射中表示被断言或被假定的事物外，它还可以在下列两种语境下使用：（ii）假设，与实际相反，和（iii）可能，与确定相反。因此：

(i) I think so	*but*	I know [that]	*not*	I know so
(ii) if so	*but*	because of that	*not*	because so
(iii) perhaps so	*but*	certainly	*not*	certainly so

进一步的讨论见第九章。

7.5.5.2 投射的第三种方式：自由间接言语

引述和报道作为两种不同的投射模式，表征了两种距离原文远近的程度。在特定的话语类型中，可以发现一种结合了引述和报道特征的投射方式；被投射的小句为连结词 *that* 引导的被报道小句，但引述在小句发展到某一点时出现了：

||| Narayan is today a Hindu || and says || that he ‘can’t write a novel without Krishna, Ganesa, Hanuman, astrologers, pundits, temples and devadasis, or temple prostitutes.’ ||| [语篇 163]

||| It was reported on BBC Radio 4’s Today programme || that ‘Sir John Gielgud celebrates his 90th birthday || and causes controversy || by admitting to Hello! magazine || that he doesn’t understand Shakespeare properly’. ||| [语篇 25]

||| Addressing the people of Israel before a largely Jewish audience, || Clinton said || ‘you have hardly had one day of peace and quiet || since your state was created.’ ||| He said || ‘your dream of a homeland has come true,’ || but when the Jewish people returned home || beginning a century ago, || they found || ‘it was not vacant. ||| You discovered || that your land was also their land, the homeland of two peoples.’ ||| [语篇 108]

532 此时，引述和报道并不经常混用；不过还有一种投射方式，有时被描述为“直接和间接言语的过渡”，称为**自由间接言语**（free indirect

speech）[35]。

被引述（“直接”）	‘Am I dreaming?’ Jill wondered
“自由间接”	Was she dreaming, Jill wondered
被报道（“间接”）	Jill wondered if she was dreaming

严格来讲，自由间接言语更像是一种融合，而不是过渡：它兼具另外两种类型的某些特征。它的并列结构使得被投射小句是一个保留了被引述小句语气的独立小句；但由于它是报道，而非引述，所以时间和人称照应都发生了转移——是 *was she*，不是 *am I*。该例再次解释了语义发生原则，系统据此填补了为自己留下的缺口（见 Halliday, 1992d）。以下为自然语篇实例：

||| He said || he was starting a new magazine, The Paris News-Post, || and would I become its fiction editor. ||| [语篇 119]

||| He was asked || to leave after one term. ||| ‘They said || I had no talent || and was wasting my money and their time || and would I please just go away.’ ||| [ACE_A]

||| Someone once asked Adrian || what was the name of his first wife. ||| [语篇 82]

将自由间接言语纳入本书的讨论，就需要把报道和引述变量从并列和主从关系中分离出来，从而扩展表 7-18：见表 7-25。如表所示，自由间接言语可以被投射为言语和心理过程，同时也包含命题与提议——事实上，它包含一切可以被引述和报道的内容（由于非完全（小句的）言语功能只能被引述，故排除在外）。

自由间接言语的语调模式更不规则，因为它遵循引述的语调模式，而非报道：被投射的小句使用小句被引述时的语调（即与直接、未被投射的形式相同），投射小句像“尾巴”一样紧随其后。这是因为，被投射的小句仍然保留了言语行为的独立地位。

㉟ “自由间接言语”包括一系列不同特征的组合；它是一个投射“空间”，不是单独固定的类型。这里的描述代表了它的原型形式。

在讨论完自由间接言语后，我们对不同配列关系（即相互依存的小句之间的关系）的投射的概述至此结束。下面将继续讨论另一语法环境，嵌入。其中，小句组连中的被投射小句与投射小句之间并不存在配列关系，被投射小句经过级转移后位于名词词组内部。

533 **表 7-25 直接言语、自由间接言语与间接言语**

投射过程类别	被投射的言语功能	引述[取向]	报道[取向]	
		并列[配列关系] 1 2		主从[配列关系] α β
言语：		措辞 1“2	表征为意义的措辞（除了语调）	表征为意义的措辞 α“β
“言辞	完全小句：命题：陈述	“I can,” he said.	He could, he said.	He said he could.
	完全小句：命题：提问	“Are you súre?” asked Fred	Was he súre, Fred asked.	Fred asked if he was sùre
	完全小句：提议	“Wait here.” she told him.	Wait there, she told him.	She told him to wait there.
	非完全小句	1“2 She said, “Wow!”	—	—
心理：		表征为措辞的意义 1‘2	意义（语调表征为措辞）	意义 α‘β
	完全小句：命题：陈述	‘I can,’ he thought.	He could, he thought.	He thought she could.
‘思想	完全小句：命题：提问	‘Am I dreáming?’ wondered Jill.	Was she dreáming, Jill wondered.	She wondered if she was dreàming.
	完全小句：提议	‘Wait here,’ she willed him.	Wait there, she willed him.	She wanted her to wait there.
		“直接言语”	“自由间接言语”	“间接言语”

7.5.6 嵌入的言辞和思想

与三种扩展类型一样，言辞和思想也可以被嵌入。除了进入并列和主从小句组连外，它们还可以“级转移”至名词词组内部，充当定性语（见第六章，第 6.2.2.2 节），例如：

Leaders of both a publically-funded project and a competing private company issued **statements** Friday [[that they jointly would announce the status of their work on Monday]]. [语篇 77]

I was very intrigued by your take on Huck Finn in that piece, and your **argument** [[that the great American novel of that century was Uncle Tom's Cabin]]. [语篇 17]

To what extent do you buy into the **belief** [[[that if the individual becomes enlightened, || that adds to the betterment of the universe in and of itself]]]? [语篇 7]

AT&T's stock slid 14 percent Tuesday as the company issued its first profit warning under chief executive C. Michael Armstrong, fueling **worries** about [[whether his radical remake of the nation's largest long-distance company will succeed]]. [语篇 26]

The man was impressive in some ways, Oxford educated, very twenties British 534
bohemian, a great dancer and seducer of women, who suppressed his wife's **desire** [[to be a 'real' archaeologist]] and whose own career really was a joke up until his early death from a sudden illness. [语篇 21]

嵌入投射后，名词词组的结构见图 7–22 的第 [i] 部分。

此类例子依然为投射，但投射成分是充当事物的名词，如上例中的 *assertion*（断言）。在下文第十章，第 10.5 节可见，此类投射均为隐喻式：投射序列的体现方式包括一致式和隐喻式两种，分别由投射小句组连（见图 7–22 的第 [ii] 部分）和名词词组（见图 7–22 的第 [i] 部分）体现。当我们将两种情况并置在图 7–22 中时，就可以看到嵌入投射小句的名词词组与投射小句组连为同源关系：名词词组是小句组连的隐喻式、名词化版本；充当中心语 / 事物的名词 *assertion* 实际上是在同源小句中充当过程的动词 *assert* 的名词化变体。一致式的言说者可能并未在名词词组中出现；或者要么被表征为指示语（*their assertion that ...* 他们断言……），要么被表征为定性语（*the assertion by the government that* ... 政府声称……）。隐喻式词组的一个修辞功能就是可以不详细指明言说者。

<table>
<tr><td></td><td>the/their</td><td>assertion</td><td>that</td><td>Caesar</td><td>was</td><td>ambitious</td></tr>
<tr><td rowspan="4">［i］名词词组</td><td>指示语</td><td>事物</td><td colspan="4">修饰语</td></tr>
<tr><td>限定词</td><td>名词：动词名词化</td><td colspan="4">“[[小句：投射]]</td></tr>
<tr><td></td><td></td><td rowspan="2"></td><td>载体</td><td>过程：关系</td><td>属性</td></tr>
<tr><td></td><td></td><td>名词词组</td><td>动词词组</td><td>名词词组</td></tr>
<tr><td rowspan="3">［ii］小句：投射组连</td><td colspan="2">α</td><td colspan="4">“β</td></tr>
<tr><td>小句：言语</td><td></td><td colspan="4">小句：投射</td></tr>
<tr><td>言说者</td><td>过程</td><td colspan="4"></td></tr>
<tr><td></td><td>they</td><td>asserted</td><td>that</td><td>Caesar</td><td>was</td><td>ambitious</td></tr>
</table>

图 7-22　带有嵌入投射的名词词组

当被投射小句嵌入名词词组中作定性语时，它就可以出现在一系列语法环境中，这些环境对非嵌入的配列关系投射小句并不适用（详见第7.5.7节）。这在话语的生成中至关重要；嵌入投射的名词词组在本质上可以用来表征论点，如下例的报纸报道和科学话语：

There is bitter opposition to his **proposal** [[that Palestinians renounce their **demand** [[for more than three million refugees to return to areas inside Israel that were abandoned in the 1948 war]]]].

535 Israelis have rejected Mr Clinton's **proposal** [[that they give up control of the Temple Mount in Jerusalem's walled Old City, the holiest place in Judaism and the third most sacred in Islam]]. [SMH 03/0i/01]

Boyle's tentative **suggestion** [[that heat was simply motion]] was apparently not accepted by Stahl, || or perhaps it was unknown to him. [语篇 259]

此时，提议和要求遭到反对、放弃和拒绝。这些投射名词可以回指话语中已经确立的命题和提议，从而进一步推动话语的创造（见第九章，第

9.4 节）：

The Labour Party opposed Thor missiles, because, he said, they were out of date and vulnerable and would attract enemy action. That **argument** did not apply to the Polaris submarine. [LOB_A]

衔接效果与使用 *this*，*that*，*it* 等语篇照应词时类似：

The talks lasted for three hours. **This** was a surprise, for they had only been scheduled to last two hours. [LOB_A]

（对比带事实小句的 *it was a surprise that the talks lasted for three hours* “会谈持续了三个小时，真是令人惊讶”：见下文第 7.5.7 节）；不过，投射名词可以明确识解投射类别。

投射名词分类明确，包括言语过程名词（言辞）和心理过程名词（思想）；它们不仅与投射小句（尤其是报道小句）中的动词密切对应，甚至在很多情况下，从它们中衍生而来。表 7-26 列举了一些主要的投射名词。（表格中也包括事实名词；将在下一小节讨论。）嵌入小句如何体现在本质上取决于言语的功能子类：

（I）命题

（a）陈述：被投射的小句要么是（i）定式，*that* + 间接直陈，要么是（ii）非定式，*of* + 非完成体

（b）提问：被投射的小句要么是（i）定式，*if* / *whether* 或 WH- + 间接直陈，要么是（ii）非定式，*whether* 或 WH- + *to*+ 完成体

（II）提议

（a）提供（包括建议）：被投射小句要么是（i）非定式，*to*+ 完成体或 *of* + 非完成体，要么是（ii）定式，表将来的间接直陈

（b）命令：被投射小句要么是（i）非定式，*to*+ 完成体，要么是（ii）定式，意态化或表将来的间接直陈

如前例所示，名词是言辞或思想的命名，由它所投射的小句来界定，就像“限定性”关系小句界定它所拓展的名词一样。因此，任一投射名词都可以通过下列两种方式之一被界定（限制）：投射（如 *the thought* [[*that she might one day be a queen*]] [[她有朝一日可能会成为女王]] 的想法）或扩展（如 *the thought* [[*that came into her mind*]] 这个想法 [[出现在她脑海中]]）。这就产生类似 *the report* [[*that he was submitting*]]（[[他提交的]] 报告）一样的歧义，见下文第 7.5.8 节。

536 **表 7–26　投射名词与事实名词**

<table>
<tr><th></th><th></th><th></th><th>投射名词</th><th>事实名词</th></tr>
<tr><td rowspan="4">命题</td><td rowspan="2">陈述</td><td>言辞</td><td>statement; report, news, rumour, claim, assertion, argument, insistence, proposition, assurance, intimation</td><td rowspan="2">（1）“事例”（一般事实名词［非情态化］）: fact, case, point, rule, principle, accident, lesson, grounds
（2）“机会”（情态化名词）: chance, possibility, likelihood, probability, certainty, offchance, impossibility
（3）“证据”（由情态化产生的指示名词）: proof, indication, implication, confirmation, demonstration, evidence, disproof</td></tr>
<tr><td>思想</td><td>thought, belief, knowledge, feeling, notion, suspicion, sense, idea, expectation, view, opinion, prediction, assumption, conviction, discovery</td></tr>
<tr><td rowspan="2">提问</td><td>言辞</td><td>question; query, inquiry; argument, dispute</td><td rowspan="2">（1’）“情况”: issue, problem, conundrum
（2’）“机会”: uncertainty</td></tr>
<tr><td>思想</td><td>doubt, question</td></tr>
<tr><td rowspan="4">提议</td><td rowspan="2">提供</td><td>言辞</td><td>offer, suggestion, proposal, threat, promise</td><td></td></tr>
<tr><td>思想</td><td>intention, desire, hope, inclination, decision, resolve</td><td></td></tr>
<tr><td rowspan="2">命令</td><td>言辞</td><td>order, command, instruction, demand, request, plea</td><td rowspan="2">（4）“需要”（意态化名词）: requirement, need, rule, obligation, necessity, onus, expectation, duty</td></tr>
<tr><td>思想</td><td>wish, desire, hope, fear</td></tr>
</table>

当被投射小句为非定式时，主语可以通过基本小句推定，只要它是实际进行投射的参与者——感知者或（不太常见的）言说者。所以，在 *the thought of being a queen (encouraged her)*（成为女王的想法（鼓励了她）），*her desire to be a queen ...*（她想成为女王的愿望……），*her assertion of being a queen ...*（她声称自己是女王……）中，是“她”在思考；但是 *the news of her being a queen*（由别人宣布的消息）和 *the thought of her being a queen*（别人脑中的想法）等小句却对应非定式主从形式，见第 7.5.4 小节：*she wanted to be queen*（她想成为女王），*they wanted her to be queen*（他们想让她成为女王）。在定式形式中，主语当然总是被显化。

7.5.7 事实

因此，言语过程和心理：认知过程通过直陈式（命题）投射，而言语过程和心理：渴求过程则通过祈使式（提议）投射。投射环境可以是言语或心理过程小句，或（隐喻式）名词词组，由言语或心理过程名词（言辞或思想）充当中心语。

在另一类投射中，用来投射被投射小句的并非带言说者的言语过程或带感知者的心理过程，也不是隐喻式名词词组中的言语或心理过程名词，而是好像被打包成一个可以直接用于投射的形式，称为**事实**。例如： 537

The irony is even further compounded by the **fact** [[that while every people must have those [[[who say, || ‘Here I stand,’]]] the ***fact*** is [[[Okonkwo loses a child to the forces of Christianity, || and Ezeulu loses his community to Christianity]]]]]. [语篇 16]

The **fact** [[that fourteen of the original eighteen Julian Ashton nudes still decorate the Marble Bar’s walls]], perchance contributed to the bar winning Australian Playboy’s survey for Best Bar in Australia in 1986. [语篇 22]

The **fact** [[that Lear never even alluded to that at the end]] is a **sign** [[that he didn’t learn very much through the course of the play]]. [语篇 17]

He’s trapped by the **fact** [[that the river flows south]]. [语篇 17]

“事实”名词在这里充当名词词组的中心语/事物，被投射小句作后置修饰语或定性语。

在 *That Caesar was dead was obvious to all*（凯撒死了这一点大家都很清楚）中，*that Caesar was dead*（凯撒死了）显然是投射，但投射它的言说或思想过程却并不存在。它的身份很简单，就是事实；它还可以充当名词 *fact* 的定性语，如 *the fact that Caesar was dead was obvious to all*（凯撒死了这一点大家都很清楚）。事实名词包含四类：（1）**事例**（cases），（2）**机会**（chances），（3）**证据**（proofs）和（4）**需要**（needs）。前三个与嵌入投射搭配，最后一个与嵌入提议搭配；见表 7-26 中的名词实例。前三类在情态化子类的情态使用上有所区分：

（1）**事例**（简单事实名词）与普通的非情态化命题有关，“（情况）是……”。

（2）**机会**（情态名词）与情态化命题有关，“可能的（情况）是……”。

（3）**证据**（指示名词）与表示指明意义的命题有关，等同于被引起的情态，“这证明/暗示（即肯定/可能的是）……”。

（表示“需要”的名词将在稍后讨论。）表示事例的例子见上文，表示机会和证据的例子如下：

（2）机会

I think really if you just keep a good eye on him and keep him quiet, and just keep him mostly to fluids and light things over the next few days, there's a good **chance** [[that it will settle down enough [[[for you to go away || and come back next week]]]]]. [语篇 34]

（3）证据

There is a huge antarctic ozone hole today with chlorine at 3 ppbv, and there is evidence [[that the ozone hole is enlarging and spreading]]. [语篇 33]

因此，在名词词组中作中心语或事物的“事实”名词，可能包含了

对充当后置修饰语或定性语的被投射小句的情态化评估。前置修饰语也 538
可进一步评估被投射小句，要么通过态度特征语（如 *painful*“痛苦的”、*interesting*“有趣的”、*obvious*“明显的”；见上文 *good chance*“可能性很大”中的 *good*），要么通过后位指示语（如 *alleged* 声称的）。

'The U.S. government has to come to terms with the **painful fact** [[that the good old days [[when it could just borrow its way out of messes of its own making]] are finally gone]],' Xinhua wrote. [新闻网站]

It's an **interesting fact** [[[that, <<compared with other countries, >> Australians are not very heavy drinkers]]]. [澳大利亚事实网站]

The **alledged** (*sic*) **fact** [[that a motor breakes (*sic*) more easily under moderated modifications]] isn't a symptom of anything going wrong with it – # just that the stock setup/tune is closer to its limits than it used to be. [网络论坛；原文拼写如此]

No one would like to contend the **blatantly obvious fact** [[that thought and consciounsness (*sic*) do not fall into the category of material objects according to the current definitions of matter]]. [KOHL_F]

它们往往对应“陈述”小句中的评论附加语（如 *interestingly, Australians are not* ... 有趣的是，澳大利亚人不是……）；但和“陈述”小句体现的陈述有所不同，事实在对话互动中不可被直接质询（见 Hoey, 2000；另见第十章，第 10.5.3 节）。

与投射名词一样，事实名词也可以通过前指（或后指）在语篇中建立衔接（见 Francis, 1985 中的“前指名词”范畴；另见第九章，第 9.6 节）；例如：

Warwick Town Council originally decided to build its own crematorium, but in April last year it abandoned **the idea** and entered into a joint scheme with Leamington Town Council and Warwick Rural District Council. [LOB_A]

The Bill is short and modest in scope, and it is doubtful whether the other Private Members' Bills in the offing will fill all the gaps. **This fact** may give the Government an extra excuse for counselling patience until the next report from the Molony committee. [LOB_B]

In the first place our business is foreign policy, and it is the business of the Presidential leadership and his appointees in the Department to consider the domestic political aspects of a problem. Mr Truman emphasized **this point** by saying, 'You fellows in the Department of State don't know much about domestic politics'. [BROWN1_H]

此处，语篇段落通过前指照应被识别，正如通过 *this* 和 *that* 实现语篇照应一样（见第九章，第 9.4.3 节）；但是，事实名词对话语的先行成分进一步分类，并常常做出评价（可能带有后置指示语或特征语）：

There is a subdued aspect of the current political voices: with all the tension generated by the electoral process, it is only a means to an end. The end actually is the transformation in the quality of lives of the people. We must never lose focus of **this** as an issue. **This obvious point** can certainly not be over-emphasised. [网站博客]

事实小句在不带事实名词的名词词组中作中心语时，可能与第一类事实名词——即"事例"有关，因为此类事实小句的同源形式总是一个
539 以 *fact* 为中心语的扩展的名词词组。无论名词词组是否有事实名词作中心语，事实小句均为嵌入。由于不涉及投射过程，事实就不能以并列或主从形式连接，只能出现在嵌入形式中：要么作"事实"名词的限制语，要么作其自身的名词化形式（见图 7-23）；例如：

Historically, the ***fact*** is [[[that Uncle Tom's Cabin was the most popular novel of the nineteenth || century and had a huge effect on American history]]]. [语篇 17]

[[that	Caesar	was	dead]]	was	obvious	to all
载体				过程：关系	属性	角度
名词词组				动词词组	名词词组	介词短语
中心语 / 修饰语						
小句：事实						
	载体	过程	属性			

图 7–23 带有被投射事实的归属小句

如果缺少投射行为的参与者——即言说者或感知者，事实就可以按照非人格化的方式被投射，要么通过关系过程（情况是……），要么通过非人格化的心理或言语过程，例如：

［i］关系

it is/may be/is not (the case) that ...

it happens (to be the case) that ...

it has been shown/can be proved (to be the case) that ...

it happened/came about that ...

［ii］心理：非人格化

it seems/appears/is thought (to be the case) that ...

［iii］言语：非人格化

it is said/rumoured (to be the case) that ...

这里的 *it* 不是投射过程的参与者，而是仅仅充当主语的位标（见第四章，第 4.7 节（尤其见图 4–29）和第 4.8 节的模型结构，以及第三章，第 3.7 节结尾，带有替代词 *it* 和后置事实小句的主位结构；对比：用 *the fact* 代替 *it* 作主语：*the fact is that ...*）；因此事实小句可以位于句首，如 *that Caesar was ambitious is certainly the case / is widely held / is generally believed*（凯撒雄心勃勃，这是事实 / 被人们普遍认可）等。相反，一般不说（至少在报道语境中不说）*that Caesar was ambitious was thought/said by Brutus*（布鲁图斯认为 / 说凯撒雄心勃勃）——只有表示“这些话是……

说的”（*these lines were spoken by* ...）等特殊含义时才使用；这是因为，在人格化的投射过程中，不论是心理还是言语过程，被投射小句都不是嵌入式的，而是主从式的。

540 除了类似 *it is said*（据说），*it is rumoured*（据传言），*it seems*（看起来）等非人格化的结构外，事实通常位于“内包型”的“关系”过程小句中，为“归属式”或“识别式”过程。

[归属式]

Earl Russell says it is **inevitable**, **though profoundly regrettable**, [[that the agitation against the Polaris base has generated some antagonism to the policy of the United States]]. [LOB_A]

In that article, it's no **coincidence** [[that I have a big fight with Twain and Eliot]], || because I disagree with them on issues [[that concern all of us]]. [语篇 17]

Until 1940 it was an **observable fact** [[that there were composers whose music was highly prized in some countries and entirely neglected by their neighbours]], and this was explained by the difference in national characters. [LOB_A]

It is **clear** [[that the Princess and her husband are settling down in London]] and for this purpose, Kensington Palace is well suited. [LOB_A]

[归属式变体]

The Federal Government has made it **clear** [[that it would have no part in any project for the development of long-range missiles — which in any case would contravene the provisions of the Brussels treaty]]. [LOB_A]

[识别式]

The third **reason** is [[that the supreme interest for the whole world — East and West and uncommitted nations — is the prevention of nuclear war]]. [LOB_A]

The **lesson** [[that's learned]] is [[that they aren't Kangan]]; Kangan is everybody, as represented by the people gathered in Beatrice's apartment at the end of the novel. [语篇 16]

Perhaps the most important **point** of all is the **fact** [[that capital was available for expansion as required]]. [LOB_E]

The plain **fact** is [[[that it is extremely difficult [[for MPs to accept invitations from foreign Governments, or from public relations organisations [[working for them]]]], || without being compromised]]]. [LOB_B]

［表证明的识别式小句］

But the **fact** [[that they are caught]] proves [[that they do not lift above the headline]]. [LOB_E]

事实在这里作嵌入小句，它本身就是一个名词化结构，在关系过程小句中用于体现成分（如上例中的载体或识别者/标记）。[36]由于事实被嵌入，总有一个同源的事实小句充当“事实”类名词的定性语，例如 *the fact that Caesar was ambitious*（凯撒雄心勃勃的事实）。

在“归属式”小句中，作载体的事实小句的属性由名词词组体现，中心语是为数不多的几类形容词或名词：详见表 7-27。有些与人际附加语 541
类似（见第四章，第 4.3.2 节），有两类与“心理”感知小句有关。[37]在第十章，第 10.3.1 节中还可以看到，以事实小句为载体、以评估为属性的某些“归属式”小句成为评估语义系统实现的一部分。*it is* 结构中的名词包括 *fact*（事实），*idea*（想法）等事实名词，也包括 *pity*（同情），*shame*（羞耻），*nuisance*（讨厌）等评价性名词。在事实小句充当后置修饰语/定性语的名词词组中，后者不太可能充当中心语或事物。

㊱　严格来讲，被嵌入的“事实”小句在名词词组中充当中心语，而名词词组反过来又充当级阶小句的成分。这一分析表明，作中心语的小句的同源形式是在事实名词作中心语的名词词组中充当后置修饰语的小句：*that Caesar was ambitious is obvious: the fact that Caesar was ambitious is obvious*（凯撒野心勃勃这一事实很明显）。但是，由于充当中心语的事实小句占据了名词词组的全部，结构分析时不妨将跳过这一步骤，将其处理为直接嵌入小句内部，如上图 7-15 所示。比较本章上文脚注 19。

㊲　“归属式”小句可能的同源形式是 *please* 型“心理”小句：*it is surprising (to me) that ...* ～ *it surprises me that ...*；如上图 7-23 所示，“心理”小句的感知者与角度这一环境成分对等。

在“识别式”小句中，事实小句作标记，价值由事实名词作中心语的名词词组体现（事实名词的实例见上表 7–26；另见下文）；事实名词本身也可由被嵌入的事实小句所限定。价值是对事实小句的解释，将其识别为某一事实类别中的特定事实，例如原因、问题、教训、困难。如上例所示，作价值的名词词组可能包含特征语（如上例中的 *thorniest* 最棘手的、*most important* 最重要的、*plain* 朴素的；比较 *obvious* 明显的、*indisputable* 无可争辩的、*appalling* 骇人听闻的、*significant* 重要的、*simple* 简单的、*mere* 仅仅），用于评估由标记（与属性中的特征语方式相同）或数量（如上例中的 *third*；参考 *first*，*next*，*last*）表征的事实。后者在话语推进中发挥重要作用，与内部的时间连接同源（比较 *thirdly*“第三”、*the supreme interest for the whole world* ...“整个世界的最高利益……”）：被列举的价值是小句的主位起点，这个主位将小句定位为语篇发展中的信息。

表 7–27　*it is* 属性：形容词 / 名词 *that* ...

			形容词	名词
命题	（1）	认知	doubtful, sure, plausible, (un)-believable, (un)imaginable	
		概率	certain, likely, probable, possible	possibility, likelihood, certainty, coincidence（ ~ it happens that ...)
		频率	(un)common, (un)usual [that ...; for ... to ..]	tendency, trend [that ...; for ... to ...]
		显著性	clear, evident, obvious	(clear, obvious) fact
	（2）	态度	happy, sad, delightful, pleasing, amusing, surprising, (un)fortunate	pity, shame, relief, tragedy, surprise, regret
		评价	inconvenient, immoral, good, excellent	nuisance, bad/mistaken idea, good/ excellent idea
		重要性	important, significant, critical	priority
提议	渴求		desirable, acceptable	requirement
	义务		necessary, required	necessity, rule, principle, law

上文举例并讨论的“归属式”小句均为“非人格化”形式：体现载体的名词词组包含事实小句，体现价值的名词词组包括表 7–27 所列的名词或形容词。不过，还需注意一类“归属式”小句，其中的载体由指示人称的名词词组体现，属性为带有嵌入事实小句的名词词组，要么是名词作中心语的“属有类”（如：*idea, notion, inkling* [[*that* ...]]），要么是形容词作名词词组中心语的“内包型”（如：*sure, certain, aware, cognizant, oblivious* (*of the fact*) [[*that* ...]]）。例如： 542

They would have no **idea** [[[that the current British theatrical renaissance is having an effect far beyond the West End of London, || so that Broadway is heavily influenced by the highly successful plays of today [[that it has imported from Britain]]]]]. [LOB_A]

However, I am not **sure** [[that [[what probabilists and what physicists mean here by ‘fields’]] are quite synonymous]]. [LOB_J]

这些“人格化”的“归属式”小句与“心理”投射小句紧密同源：*they have no idea* ～ *they don't know, I'm not sure* ～ *I don't know*。

事实小句出现的另一个次要却重要的环境是“存在”小句（*evidence* 常常出现的环境）：

There is **evidence** [[that the Russians were just as surprised as anyone else at the suddenness and violence of them]], but it is, of course, a situation ideal for exploitation. [LOB_B]

If the serum of a D negative individual agglutinates the D positive but not the D negative control cells, there is **a high probability** [[that the serum contains anti-D]], but the specificity should be confirmed by testing against several more examples of D-positive and D-negative red cells. [LOB_J]

对应事实或机会的心理过程并不存在，这也表明不存在有意识的参与者来进行投射。与带投射名词的名词词组不同，带事实名词的名词词组并非投射组连的名词化形式（对比图 7-22）。如上所述，事实是非人格化的投射，但它也可进入“心理”过程小句，且不被其投射。此时，它在心理过程小句中充当现象。例如，

The fact [[that he rides in such exalted company]] **will not deter** Scott. [LOB_A]
With the heavy expenditure on new rating, plus a new street costing 1,000,000, the cost of the Pump Room, new Municipal Offices, and so on, the eventual rates are likely to deter people from coming to live in the town, as they **would** probably **be influenced** more by excessively high rates than by the fact [[that there was a luxury swimming bath for use in winter]]. [LOB_B]
He **overlooked** the fact [[that Ceylon had to be governed not only in the first few years after independence but for all time]]; and this raises several questions. [LOB_G]
Sternberg himself photographed the film, reveling in such pure artificiality, **regretting** only [[that he had to use real water]]. [David Thomson, *A biographical dictionary of film*, p. 780]
You know I smoke and I hate it. I **hate** [[that I do it]]. And I'm at that point where I have to make the decision. I can't go on any longer with it. [语篇 83]
543 I just **love** [[that he is my dad]]. [电视访谈]
I **like** the idea [[[of Tom Robbins waiting for me, || Tim Robbins waiting for me on a beach somewhere]]]. [语篇 82]

请看下列一组句对（图 7-24）：

（a）　|||

Mark Anthony|	thought ||	that Caesar was ambitious |||
α		‘β
感知者	过程	

（b）　|||

Mark Anthony|	regretted	‘[[(the fact) that Caesar was dead]] |||
感知者	过程	现象：事实

图 7-24　带（a）思想和（b）事实的心理过程

在（a）中，小句 *that Caesar was dead*（凯撒死了）被 *Mark Anthony thought*（马克·安东尼认为）投射为“思想”，从而成为独立的主从关系小句。因此，它（i）不可承接 *the fact*;（ii）不可被 *Caesar's death* 取代;（iii）可被引述：*'Caesar is dead,' thought Mark Anthony*（“凯撒死了，”安东尼想）;（iv）可被替代词 *so* 取代：*Mark Anthony thought so*（马克·安东尼这么认为）（见上文第 7.5.5.1 节）。但在（b）中，投射小句 *that Caesar was dead*（凯撒死了）并未被 *Mark Anthony regretted*（马克·安东尼后悔了）投射，后者为情绪小句，而非认知小句。被投射的内容不是思想，而是事实，因此被嵌入后，（i）可承接“事实”名词;（ii）可被名词词组 *Caesar's death*（凯撒的死）取代;（iii）不可被直接引述：*Mark Anthony regretted, 'Caesar is dead'*（马克·安东尼后悔道，“凯撒死了”）十分牵强;（iv）可被照应词 *it*（而非替代词 *so*）取代：*Mark Anthony regretted it*（不是 *so*）。类似 *Mark Anthony dreaded that Caesar was dead* 这样的例子有两种解释方式，因此含义模糊，难以确定究竟为思想（主从关系），“他认为（还希望）”［he thought (and wished otherwise)］)，还是事实（嵌入），“他担心因为”（he was afraid because）。

前段中的（a）表示，马克·安东尼的思考使凯撒已死的想法得以存在（和 *Mark Anthony believed/imagined that Caesar was dead*（马克·安东尼相信/想象凯撒死了）类似）；但（b）表示，凯撒已死的事实对马克·安东尼的意识产生了影响（和 *that Caesar was dead scared Mark Anthony*（凯撒之死吓坏了马克安东尼）类似）。实际上，与“中动性”变体（*like* 类）相比，事实小句在“施效性”的施动性变体（*please* 类）中，以“情绪”小句作现象的情况更加常见。

It **did not surprise** him very much [[to find [[that the door opened on the latch]]]], for it was so old and worn that it offered little security. [LOB_L]

She had never reconciled herself to things which hurt her, and sometimes he **was frightened** [[[that when bad things began to happen || she would have so little habit of optimism to support her]]]. [LOB_K]

The evidence against him was by no means decisive, but both judge and jury **seem to have been influenced** by the fact [[that the doctor himself was a morphine addict]]. [LOB_K]

544 与“中动心理”小句类似，“施效”小句要么将思想投射在小句组连中，要么将事实小句作为现象，如：

(a) ||| it strikes me ||　　that there’s no one here ||
　　α　　　　　　　　‘β
(b) ||| it worries me　　‘[[that there’s no one here]] |||

第一句表示“我认为这里没人”，其中的 *there's no one here* 表示思想。第二句表示“这里没人，这使我很担心”，其中 *there's no one here* 表示事实。事实在心理过程发生之前就已经存在；但想法不是——它产生于心理过程之中。因此第二句和 *there's no one here, which worries me*（这里没人，这让我很担心）同源，但是不说 *there's no one here, which strikes me*（这里没人，这让我很吃惊）。在口语中，两者可以通过语调类型区分开来（见下文）；不同的分析见下图 7-25。

（a）

it	strikes	me	that there’s no one here
α ——————————→			β
小句			小句
	过程：心理：认知	感知者	

（b）

it	worries	me	[[that there’s no one here]]
	过程：心理：认知	感知者	
现—			—象
名词…			…词组
中心语			后置修饰语
			[[小句：事实]]

图 7-25　主从式投射（a），与作后置主语的事实（b）相对

两者的结构差异清楚地反映在语调类型上。（a）对应 *I rather think there's no one here*（我觉得这里没人），降调调核（调 1）位于 *here*，可能还有一个独立的降－升调（调 4）位于 *strike/think*；（b）对应 *it worries me, the emptiness of the place*（我很担心，这里空空荡荡），在该复合声调群中，调 1 位于 *worries*，调 3 位于 *here/emptiness*（这里 / 空空荡荡），这清晰地表明 *that there's no one here* 作后置主语。同样地，*it strikes me*（这令我吃惊）是认知过程，故可以投射思想，而作为情感过程的 *it worries me*（这令我担心）则不能。

不过，即使在某些认知和言语过程中，被投射的成分也可能**不由该过程投射**；例如，

［认知］ 545

Just before dress rehearsal, under pressure from the company, he reluctantly **accepted** [[that such ideas were outmoded]], and dropped them. [Gielgud, 166]

The second category of temple land was particularly important and it **was accepted** [[that the holders of this land could sub-lease it]]. [World History, 85]

［言语］

'That was pretty obvious,' smiled Sir Cedric, 'and I **admit** [[I once had doubts about you]]'. [LOB_L]

With sly winks and discreet sniggering he **conveyed** [[[that he knew very well || that there was a great deal more than Philip confessed]]]. [Of Human Bondage]

同时，难以确定边界的“边缘情况”总是存在。对于不同的过程类型而言，小句组连中表示思想和言辞的主从式投射小句与嵌入事实小句的分布有所不同，概括参见表 7-28。该表包含命题和提议两部分；我们现在转到作嵌入事实小句的提议。

表 7-28 不同过程类型中的主从式投射和事实小句

		报道（思想，言辞） α β	事实
心理	知觉	we saw that the boats had been turned ——见第 7.4.6 节	
	认知	过程：believe, consider, guess, know, reckon, think/strike; fear, dread（= 害怕地认为……）	过程：accept, overlook, recognize + 现象 / 范围
	渴求	过程：want, wish, would like, hope, intend, plan	—
	情感	—	过程：fear, dread (= 害怕是因为……这一事实 be afraid because of the fact that ...)/frighten, scare; rejoice, grieve, mourn/sadden; worry/worry; resent + 现象 /（范围或施事者）
言语	直陈：陈述	过程：say, tell, explain, notify	过程：admit, acknowledge, convey + 言语内容
	直陈：疑问	过程：ask, enquire, query	—
	祈使	过程：tell, command, order; promise, undertake, threaten	—
关系	内包型归属式	—	过程：be (become, seem, etc.) + 属性：obvious, clear, evident; certain, likely, possible, etc. [见表 7-27]
	内包型识别式	—	过程：be (become, seem)/show, prove, ensure etc. + 价值：事实名词 [见表 7-26]

546 最后，不出所料的是，被嵌入的投射可能属于提议，而非命题，如：

The thorniest **problem** for next week's conference is [[to settle the relationships between them and the rest of the country]]. [LOB_A]

The **surprise** was [[to meet Russians (not intellectuals, but common folk) [[who took a contrary view]]]]. [LOB_A]

You mentioned the **need** of the artist and the right of the artist [[to withdraw]] and yet you have lived consistently a public life. [语篇 16]

If I had not been asked to terminate a life, I would not be so vehement about the **need** [[to help people who are begging for death]]. [语篇 24]

The two-year study by Amnesty International, its first comprehensive analysis of North America, accuses Washington of failing in its **duty** [[to provide a moral lead to the rest of the free world]]. [语篇 2]

这就定义了上文提到的第四类“事实”名词范畴（见上文，表 7-26）：

（4）需要（意态化名词）与本质上就被意态化的提议有关——如“有必要让……去做……”（it is necessary for ... to ...）

这些词也同样没有对应的心理过程动词；它们与 *order*（言语过程的名称）和 *insistence*（心理过程的名称）等名词的区别，就和 *fact*（事实）与 *thought*（想法）和 *statement*（陈述）的区别一样——它们没有暗示言说者或感知者。和命题一样，提议要么被嵌入，作上述名词的定性语，如上例所示，要么以名词化的形式独立出现，例如：

You've said that one of your editorial **rules** is [[not to publish your buddies]]. [语篇 21]

Again, a first **requirement** is [[to do no harm to organizational frameworks [[that, through years of evolution, are finally at the stage [[where they are supporting programs [[that are actually helping us to get on with the business [[of increasing understanding]]]]]]]]]]. [语篇 32]

The title for king fell out of use because its final **requirement** was [[that the man [[who aspires to be king]] would first pay all the debt [[owed by every single man and every single woman in the community]]]]! [语篇 16]

类似的句对还包括，

(a) ||| he insisted || that they had to wait in line |||

α　　　　‘β!

(b) ||| he resented (the rule) [[‘! that they had to wait in line]]

在（a）中，“心理”小句*he insisted*（他坚持说）用来投射，而在（b）中，被投射小句被嵌入。带有嵌入事实小句的“心理”小句属于“情感”子类，与命题相同。但在（a）中投射思想小句的“心理”小句并不是“认知”小句，而是“情感”小句。对于“心理”小句而言，无论事实是
547 命题还是提议，被嵌入的事实小句在“情感”小句中均普遍充当现象；命题由“认知”小句投射，提议由“情感”小句投射：见表 7-28。

就命题而言，也存在一个非人格化的表达式，*it is required/expected that you wait in line*（你必须排队等候），是对等 *it is said/thought that...*（据说 / 认为……）的祈使（提议）式表达。作为明确的“客观意态”，它们的重要性在于，说话者声称对规则的制订不负责任（见下文第十章）。

究竟何种投射属于事实呢？它仍然表示意义，是一种语义抽象，而非区别于意义与措辞的第三种形式（也确实没有第三个可以包含它的层次）。但这个意义并非产生于人的意识，也非来自某个信号源，而是仅仅被用来在某个其他过程中充当参与者——通常是关系过程，有时也可能是心理或言语过程，但不会是物质过程；事实不可能成为动作者，也不会作受动者（也有明显的例外，见上文第 7.4.6 节）。

因此，作为投射形式的事实可以类比为作为扩展形式的“行为”；在表征总体范畴的原型形式上，两者的程度都最低，因此区分度也最低。虽

然扩展和投射在定式小句的形式上有显著差异——例如（投射）*he never asked if/whether it was snowing*（他从来不问是否在下雪）和（扩展）*he never came if/when it was snowing*（下雪时他从来不会来）；但是，（投射：事实）*she liked the snow falling (that the snow was falling)*（她喜欢下雪（雪正在下））和（扩展：事实）*she watched the snow falling (as the snow was falling)*（她看着雪花飘落（雪正在下））之间的差异十分微小，两者甚至相互融合。了解了事实与行为的紧密关联，就可以理解同一级阶上的相互依存类别（并列 / 主从 / 级转移）如何与两种逻辑语义关系相互关联了。

现在，我们继续扩展投射表格，将作为意义和措辞的引述、报道与事实都囊括进来（表 7-29）。

7.5.8 投射小结

吉尔（Jill）说了什么；这是言语事件。表征方式可以是“言语”小句 *Jill said*（吉尔说），再加上言语行为的引述内容“*It's raining*”（正在下雨）。两者地位相同（并列关系），均为措辞。换言之，言辞 *Jill said*（吉尔说）和吉尔的言辞 *it's raining*（正在下雨）都是词汇语法现象。

弗雷德（Fred）想了什么；这是心理事件。表征方式可以是“心理”小句 *Fred thought*（弗雷德想），再加上心理行为的报道 *(that) it had stopped*（雨已经停了）。两者地位不同（主从关系），分别为措辞和意义。换言之，言辞 *Fred thought*（弗雷德想）是词汇语法现象，但弗雷德的想法“雨已经停了”（that it had stopped）是语义现象。

因此，并列关系自然与言语投射相关，而主从关系与心理投射相关。但如上文所示，这一模式也可以反转。言语行为也可以被报道，将言辞表述为意义；心理行为也以可被引述，将思想表述为措辞。在报道言语时，不必完全“复制原话”：如果说话者说 *Henry said he liked your baking*（亨利说他喜欢你的烘焙），听者也不会争辩，即使他们碰巧听到 Henry 在表达观点时的原话是 *That was a beautiful cake*（真是一个漂亮的蛋糕）。

548 **表 7-29　对命题和提议的投射**

投射过程类型	被投射的言语功能	小句复合体			名词词组		
		引述	报道			事实	
		并列 1 2		主从 α β	嵌入 [[ ]]	作后置修饰语	作中心语
思想 ‘ 心理	命题	1 ‘2 She thought, I can’ [第 7.5.3 节]		α ‘β She thought she could [第 7.5.2 节]			
	提议	He will her ‘Do’ [第 7.5.4 节]		He wanted her to do [第 7.5.4 节]			
言辞 “ 言语	命题	1 “2 She said, “I can” [第 7.5.1 节]		α “β She said she could [第 7.5.3 节]			
	提议	He told her “Do” [第 7.5.4 节]		He told her to do [第 7.5.4 节]			
		“直接”	“自由间接”	“间接”	“间接限定”	非人格化限定	非人格化

言语和心理行为均有名称表示，如 *statement*（陈述）、*query*（询问）、*belief*（信念）、*doubt*（怀疑）；它们也可用于投射，被投射小句在嵌入后作后置修饰语：*the belief that the sky might fall on their heads*（认为天空可能会落到他们头上）。它们与详述类的嵌入扩展（关系小句）之间存在交集：两者均可由 *that* 引导，但歧义就此产生，如 *the report that he had submitted disturbed everyone*（他提交的那份报告使每个人都感到不安）：

(a) the report [[=that he had submitted]]

‘the document which he had drafted’

(b) the report [["I that he had submitted]]
'to hear that he had yielded'

与被投射的信息（命题）对等的是被投射的物品和服务（提议），后者可以是并列或主从关系，也可以嵌入名词中作定性语；同样地，现象也可能为言语过程（言辞，由 *offer*"提供"，*command*"命令"，*suggest/suggestion*"建议"等过程投射）或心理过程（思想，由 *intend/intention*"打算"，*wish*"希望"，*hope*"希望"等投射）。两者在心理过程中有所区分，命题由认知过程投射，提议则由情感过程投射（见表 7–28）。

然而，思想可与心理过程有关，但不被其投射，如 *they rejoiced that* 549
their team had won（他们为自己的球队获胜而高兴）。当一个小句投射另一个小句时，两者总是构成一个小句组连；但 *that their team had won*（他们的球队获胜）是现成的投射，并非由喜悦这一过程投射而来，思想嵌入后作现象，整体形成单独小句。这在命题作情感目标时较为常见：即当 *the fact that ...* 是快乐、悲伤、恐惧、惊讶、兴奋、感兴趣或其他情感来源时（见表 7–28）。

此类投射可通过名词化被嵌入——等同于作中心语。不过，它们通常作"事实"类名词（见表 7–26）的后置修饰语，如 *the fact that their team had won*（他们的球队获胜的事实）。与命题相关的事实名词包括"事例""可能性"和"证据"，与提议相关的事实名词包括"需要"，这些投射因此被称为事实。任一被言语或思想小句投射的小句要么为引述（并列关系），要么为报道（主从关系，或过程为名词时，为嵌入），而任一不包含投射过程的"被投射"小句表事实，嵌入后由名词化形式作中心语，或作中心语"事实"名词的后置修饰语。如上所述，这种情况见于心理小句的某些投射，以及关系小句的所有投射（由于关系过程不能投射）中。它还包括"非人格化"投射，如 *it is said...*（据说……），*it is believed...*（人们相信……），*it seems...*（看来……），此处的"过程"并非真正的过程，只是把事实变为小句的一种手段而已。

7.6　作为语篇域的小句复合体

正如本书所强调的，小句复合体的语法模式涵盖了最广泛的域——不仅涉及措辞，还包括由逻辑、递归系统和结构组成的模式。它在语篇的组织过程中发挥重要作用，实现了（修辞）段落内的（修辞）序列。换言之，它为局部修辞复合体的“编排”（见上文图 7-2，表 7-3，以及 Matthiessen，2002a；见 Cloran 等，2001，2007）提供语法资源，推动了语篇的修辞关系发展。语法还提供了资源，指引语篇在小句复合体范围外发展，不过这些资源与衔接，而非结构有关：见第九章。

在推动语篇修辞关系组织的同时，小句复合体也在语篇元功能内充当组织方式。从语篇角度看，小句作消息——是话语流中的信息（第三章）；基于对小句语篇性质的认识，可以将小句复合体描述为**消息复合体**（message complex）。

（i）小句复合体内的小句序列在主位上具有重要的语篇意义。序列在并列关系中固定不变（投射环境中的并列关系除外），如图 7-26 中的 1 *He pointed his arrow*（他瞄准了箭），2 *but saw nothing*（但什么也没看见）；此时，即使序列固定，相对于次要小句而言，主要小句在某种程度上充当主位：主要小句可作次要小句的出发点或取向。然而，主从关系的序列并非固定不变，可能为递进（α ^ β）或递归（β ^ α）——又或从属小句被支
550 配小句包含（α<<β>>）。例如，在图 7-26 的叙事段落中，主从关系组连 β *as he came to a thicket*, α *he heard the faint rustling of leaves* 为递归序列，从属小句 *as he came to a thicket* 在组连内充当主位。在特定逻辑语义类型的主从组连中，从属小句可能是谓项主位关系的焦点。

（ii）在英语口语中，小句复合体内的小句序列可以映射到一个或多个信息单位上；即存在不同的语篇方式将小句复合体映射到**信息单位复合体**上（information unit complex；见 Halliday & Greaves, 2008；第 5.3 节）。

在无标记映射中，一个非级转移小句等于一个信息单位。因此，并列关系序列 1^2 和主从式序列 α ^ β 都被切分为两个信息单位（体现为不同的声调序列，分别为调 3 接调 1 和调 4 接调 1；见下文第 7.7 节）。不过，经常有偏离无标记模式的情况发生。（1）当主从组连中的从属小句被支配小句包含时，该组连可以被切成为三个信息单位，对应三个新信息点（如 //4 **John** //4 who arrived **late** //1 missed the **speeches** // 约翰因为来得太晚而错过了演讲（Halliday, 1967a: 35））。（2）当主从组连中的从属小句位于支配小句之后时（递进序列），它可与支配小句一起被纳入同一信息单位，新信息的焦点位于从属小句内部（如 //1 I came because he **told** me 我来是因为他告诉我要来 //（Halliday, 1967a：33））。（3）当组连的逻辑语义关系为投射时，投射小句和被投射小句可能属于同一信息单位，附着在它的声调上。详见下文第 7.7 节的小句复合与声调。

（iii）小句复合体内的小句序列作为一个**衔接域**（cohesive domain），具有重要的语篇意义（见第九章的**衔接系统**）；尤其是，由于小句复合体的存在，涉及共同照应的特定“省略”模式成为可能。因此，在图 7-26 的并列式言辞序列 1 *He pointed his arrow,* 2 *but saw nothing* 中，次要小句的主语被“省略”（*but* [主语：] ø [定式 / 谓语：] *saw* [补语：] *nothing*），可以解释为与主要小句的主语（*he*）相互照应。同样地，非定式从属小句中被“省略”的主语，往往也解释为与支配小句的主语相互照应（如 α *I went on to birds* β *starting with my mother's feeder* 我接着从母亲的喂食器开始研究鸟类）[38]。因此在小句复合体中，并列和主从关系下的相互照应省略可以共同标志主位主语的连续性，例如：

---

[38] 这一趋势在规约语法指南中已经成为一条“规则”。然而，即使在正式的笔语写作中，也常有例外，例如，||| *In doing that,* || *the first requirement is one* [[*that is analogous to a principle* [[*accepted by the medical community*]]]]: || *Do no harm to existing programs* [[*that are under way*]]. |||（在这样做时，第一个要求与被医学界接受原则的类似：不要破坏正在进行的现有程序）这里，*in doing that* 的潜在主语不是支配小句的主语（*the first requirement*）。

||| 1 The scientific community is beginning to recognize the opportunity || 2α but [Subject:] ø has done little so far || 2β [Subject:] ø to provide useful conceptual tools and means of [[communicating these linkages]] [[that can be used || to build the social and political consensus necessary for action]]]. [语篇 32]

现在回到主从小句组连，简要探讨其主位特征。对比下列两个选自程序性语篇的主从组连：

α ^ β　fry the onions **until** slightly brown [语篇 218]

β ^ α　**if** you want a more substantial stuffing add a little mashed potato [语篇 218]

551

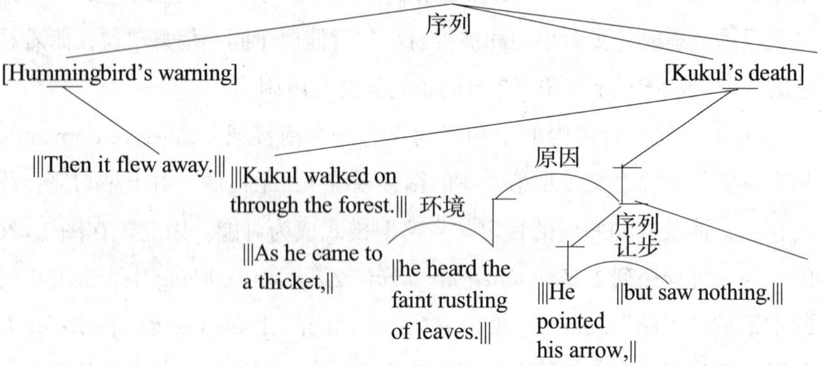

图 7-26　在叙事情节发展中由主从小句作主位的小句复合体

第一个组连的序列为 α ^ β（**递进**序列），此时从属小句作述位。该程序中的洋葱煎炸过程在颜色变化之前开始：小句序列标志着事件的序列。第二个组连的序列为 β ^ α（**递归**序列），此时从属小句作主位：见图 7-27 的第一层结构（主位 $_1$ ^ 述位 $_1$）。主位小句标志着程序的中断，为基本方法引入了一个变化。条件从属小句作主位，所以语篇朝着新的方向发展。

上文所述的递进与递归序列之间的差异，在程序性语篇中较为典型：限定行动执行的时间小句往往作述位，但定位语篇发展的条件和目的小句作主位。一般来说，作主位的 β- 小句在语篇中为 α- 小句建立局部语境：

在重新定位发展取向时（如将叙事分为若干阶段），它往往从上文提取某一方面作支配小句的出发点，从而与前述语篇建立联系（见 Longacre, 1985；Thompson, 1984；Ford & Thompson, 1986）。例如：

||| I remember an example [[[that happened || when I was probably no more than four years old]]]. ||| My brother and I were playing in a neighbourhood friend's garage, || and he disappeared for a minute. ||| When our friend came back || he said || that we had to go home, || 'because my father doesn't want any niggers in his house.' ||| We didn't even know || what the word was. ||| [语篇 206]

||| The DMK is already annoyed with the BJP government at the Centre || for not favorably considering its demand [[to recall TN Governor Fathima Bheevi for her swearing in Jayalalitha as CM]]. ||| If the Centre accepts the AIADMK government's objection || and drops the earlier list, || facilitating the AIADMK government to appoint its choice of judges to the Madras High Court, || then the DMK may voice its opposition to such a move. ||| [语篇 261]

|| If ifs and ans were pots and pans, || there'd be no need for tinkers. ||| [谚语]

主位从属小句的语篇域通常不是单个小句，而是子复合体，甚至可 552
以延伸到小句所在的复合体之外（见 Thompson, 1984，对“目的小句”的讨论）。

上文最后一个例子来自谚语仍然广泛使用的年代。当时的每个场合都有特定的谚语，供我们的祖先们使用。这个谚语是用来回应孩子们的，他们支支吾吾地认为要是如何如何，一切就会变好（*an* 是古时 *if* 的同义词，现今已不再使用）。对于奶奶们来说，语篇主位是“让我们假设”，包含两层意义，其一为言语上的“如果说说就能实现”，其二为非言语上的“如果事情是幻想的那样”；该句主位与孩子们原话中的主位 *if* 相同，巧妙地将两层意义融为一体。

分析上述例子并无较大困难；需要牢记的是，存在两个主位域——来自小句组连和小句。对这一分层的主位模式的表征见图 7–27。唯一的问题出现在当还有其他主位内容（主位呼语、连词或连续成分、或主位人际附加语）时，例如：

||| Lord, if it be thy will, || let this cup pass from me. ||| [语篇 17]

||| Alternatively, if you've had enough of colonial relics, || a Captain Cook Cruise can be booked on the same number. ||| [语篇 22]

||| But, of course, if you pursue the responsibility, || you're likely to be denied the privileges [[of exercising the intellectual effort]]. ||| [语篇 234]

||| Well, if they say it in the parliament, || it's true [[that everyone can hear them]]. ||| [语篇 184]

||| Ironically, if Ofsted asked its inspectors || to identify 'schools in need of special support', rather than 'failing schools', || the list would be five times as long. ||| [语篇 97]

此时有三种可能性：一是把位于从属小句之前的主位内容（上例中的 *Lord; alternatively; but, of course; well; ironically*）视为组连中第一个小句的部分主位（对应图 7–27 中的主位$_2$）。二是将其视为支配小句的一部分，将位于支配小句前的主位从属小句视为支配小句的“插入成分”（见本章前文的脚注 3）。三是将其视为小句组连的部分主位（对应图中的主位$_1$）。严格来讲，选择何种分析方式取决于语调：如果主位是独立的声调群，则它充当小句组连（主位$_1$）或支配小句的部分主位（主位$_3$）；如果不是，则为组连中从属小句的部分主位（主位$_2$）。但只要被表征为主位，这些都不太重要。

<table>
<tr><td>if</td><td>you</td><td>want a more substantial stuffing</td><td>add</td><td colspan="2">a little mashed potato</td></tr>
<tr><td colspan="3">主位$_1$</td><td colspan="3">述位$_1$</td></tr>
<tr><td>结构</td><td>主题</td><td colspan="2" rowspan="2">述位$_2$</td><td>主题</td><td rowspan="2">述位$_3$</td></tr>
<tr><td colspan="2">主位$_2$</td><td>主位$_3$</td></tr>
</table>

图 7–27　小句组连和配列关系相连的小句中的主位

因此，主从式从属小句可在小句组连域内充当主位。此外，某些“增 553
强”型主从式从属小句还可在谓项主位关系系统中充当谓项。例如，时间增强型小句可充当谓项主位，从而将事件界定的时间范围前景化：

In fact, despite some ominous undertones even in Britain and France, not to mention Mussolini's increasing grip of Italy, it might be assumed that democratic prospects were on the mend between 1925 and the great 'economic blizzard' which began towards the end of 1929. It was [[when German unemployment began rising again catastrophically in 1930]] [[[that Hitler, whose denunciation of Jews, Versailles, and traitors, sold to Moscow or the *Entente*, had become part of the German political scene, scented his first chances of establishing an altogether more formidable dictatorship than Mussolini's]]]. [LOB_J]

它的主位效果等同于小句的主位-谓项成分：该主位表示它是从一组备选主位中对比筛选出来的。同样，原因增强型小句也可充当谓项主位：

The International War Crimes Tribunal has been subject to abuse from people [[who have much to hide]]. It has been said that the conclusions of this Tribunal were known in advance. The conclusions of our Tribunal are built out of the evidence. The evidence is abundant. It is [[precisely because the knowledge of crime is a cause for inquiry]] [[that we are holding this session]]. [语篇 328]

此类情况可见于时间、地点、原因和方式小句中，但在条件和让步小句中较为罕见，在表示“详述”或“扩展”的主从小句的从属小句中，从未出现（见 Matthiessen, 1995a: 157–158）。

7.7　小句复合体和声调

本章探讨了用于体现小句复合体内系统性选择的语调模式，总结见表 7-30。内容包括（i）音调协和：两个或多个相同声调的序列；（ii）声调序列：两个不同声调的序列，1 1, 3 1, 4 1；(iii) 调性：声调群中的重音后音步延长。

声调序列 1–1、3–1、和 4–1 分别为上述三种语法关系的无标记体现形式（详见 Halliday & Greaves, 2008；第 5.3.1 节）。然而，正如语法和音系变体之间典型的关联情况一样，声调模式识解自身意义，而声调和结构特征可以按照任一可行的方式组合。按照前文表征事物的方式，此处存在九种可能性，彼此之间存在细微差异。例如，如果说话者说：

// 4 ^ she / packed her / **bags** // 1 then she / left / **home** //

那么词汇语法模式和韵律模式就相互矛盾。前者认为两部分彼此衔接，但结构上并不关联，后者则认为第一个小句不仅不完整，而且需依赖第二个小句才可以解释。下例中的效果则相反：

// 1 ^ as / soon as she'd / packed her / **bags** she // 1 left / **home** //

554 **表 7–30　小句复合体中的音调协和和声调序列**

	意义	声调模式	环境	例子
(i) 音调协和	详述（并列 / 主从关系）	重复声调 (1 1, 2 2, 4 4)	主从小句复合体	// 1 where's my / green **hàt** // 1 ^ which I / had on / **yèsterday** //
			词组复合体（第八章）	// 2 have you / seen my / green / **hát** the // 2 one with / two little / **feáthers** //
(ii) 声调序列	相互依赖度	1–1	衔接	// 1 ^ she / packed her / **bàgs** // 1 then she / left / **hòme** //
		3–1	并列	// 3 ^ as / soon as she'd / packed her / **bāgs** and // 1 left / **hòme** //
		4–1	主从	// 4 ^ she / packed her / **băgs** she // 1 left / **hòme** //

续表

	意义	声调模式	环境	例子
（iii）调性	投射标记	音调附着化：后附着	“1 ^ 2	// 2 ^ does it / **mátter** / said / Henry //
		音调附着化：前附着	1 ^ “2	// 1^ Henry said / what’s the / **màtter** //

在书面语中，未标记序列一般写作：

She packed her bags. Then she left home.　　(1−1)
She packed her bags, and left home.　　(3−1)
As soon as she’d packed her bags she left home.　　(4−1)

标记性组合的效果可以表征为：

She packed her bags then she left home.　　(4−1)
As soon as she’d packed her bags. She left home.　　(1−1)

问题是，这些带标记的形式在书写系统中没有明确的标示。充其量，它可以表示某个不寻常的事情正在发生，到底是什么需要读者来辨别。

7.8　语篇 555

语篇 1［7 岁的孩子与父母］

结构	讲话者	小句	声调
α	儿子：	ǁǀ How do you see ǁ	1
‘βα		ǁ what happened long **ago** ǁ	
‘β × β		ǁ before you were **born**? ǁǀ	1
	父母：	ǁǀ You read about it in **books**? ǁǀ	2

续表

结构	讲话者	小句	声调
	儿子：	||| **No** |||	2
α		||| Use a **microscope** ||	1
×β		|| to look **back** |||	1
	父母：	How do you do **that**?	1
	儿子：	||| **Well** ||	1
1×β1		|| if you're in a **car** ||	4
1×β+2		|| or you're in an **observation** coach ||	4
1α1		|| you look **back** ||	3
1α×2α		|| and then you see ||	1
1α×2'β		|| what happened **before** ||	
+2αα		|| but you need a **microscope** ||	1
+2α×βα		|| to see ||	4
+2α×β'β		|| what happened long **ago** ||	
+2×β		|| because it's very far **away** |||	1

556 ## 语篇 2［独白］

×β1	||| But while you're being kept waiting ||
×β=21	|| while there's this long delay ||
×β=2+2α	|| and people [[wearing uniforms]] stride up and down ||
×β=2+2=βα	|| looking ||
×β=2+2=β×β	|| as if they have some serious business [[to attend to]] ||
αα	|| you don't realize ||
α'βα	|| that you're being kept waiting deliberately ||
α'β×β	|| so that the people [[you're going to be employed by]] can observe you ||
α'β×γα	|| so as to see ||
α'β×γ'βα	|| how you behave ||
α'β×γ'β×β1	|| when you feel under stress ||
α'β×γ'β×β+2	|| or start to lose confidence in yourself |||

第八章

词组和短语复合体

8.1 词组 / 短语复合体概述 557

前面我们已经介绍了小句“复合体”，接下来看看涉及词组和短语的复合结构。第七章的开始部分我们提到过下面这个“并列”的小句复合体示例：

||| I went to school in New York City || **and then** we lived up on the Hudson for a while, || **then** [ø: we] moved to Connecticut. ||| [语篇 7]

此处，整个小句通过“增强”关系构成了一个时间序列：“1 然后 2 然后 3”。如该例所示，通过这种方式构成小句复合体的小句可能会出现省略，比较典型的情况是省略主语（如在 *then moved to Connecticut* 中，主语 *we* 被省略），但与另一个小句连接的仍然是一个由多个成分配置而成的完整小句。然而，我们也可以不连接完整小句，而是连接小句中的某些部分——包括在简单小句中体现单个成分的词组 / 短语，从而以相同的方式构成复合体。例如：

||| We had a wonderful piece of property in Connecticut, back up in the hills, || and my brother and I were both very interested in snakes and birds. ||| [语篇 7]

此处，名词词组 *my brother and I*（我和我弟弟）构成了一个“并列”的名词词组复合体，*my brother* 通过 *I* 得到延伸；这一词组复合体

充当了该简单小句的主语。因而，这里的复合体集中在小句中的单个成分上，对小句的整体结构没有产生影响。这个例子中其实还有另外两个位于小句之下的复合体：*a wonderful piece of property in Connecticut*（康涅狄格州的一块极好的地产）通过 *back up in the hills*（就在山上）得到了
558 详述；而 *snakes*（蛇）则通过 *birds*（鸟）得到延伸。这些复合体都位于小句的某个特定成分上。实际上，*snakes and birds*（蛇和鸟）可以看作是一个单词复合体，而不是词组复合体。如果说话者当时说的是 *poisonous snakes and migratory birds*（毒蛇和候鸟），这毫无疑问就是一个名词词组复合体，因为这个结构是类别语（*poisonous*）^ 事物（*snakes*）"和"类别语（*migratory*）^ 事物（*birds*）。但是，对于 *snakes and birds*（蛇和鸟）来说，其结构既可以看作事物（*snakes*）"和"事物（*birds*），也可以直接看作事物（*snakes and birds*）。同样地，在 *all the snakes and birds living on the property*（生活在这块土地上的所有蛇和鸟）中，*snakes and birds* 的组合应当看作名词复合体，它在名词词组中充当"事物"，分别由前置修饰语（*all the*）和后置修饰语（*living on the property*）修饰。

这样，词组和短语复合体在小句中扩展了单个成分（或者说，如果这些复合体是嵌入结构，它们则扩展了词组或短语中的单个成分），从而与简单词组和短语作用相同。从语篇意义上看，这意味着只表达了一个消息；从人际意义上看，这意味着只有一个命题或提议；而从经验意义上看，它意味着只有一个言辞。再如：

||| He had a little kit — maps, a spare shirt, spare underpants. ||| [语篇 7]

||| I took a freighter from New York, all the way up the Amazon into Peru; || I went all the way down to Tierra del Fuego. ||| [语篇 7]

||| The moths fly off into the moon, || finally, in that last sense, he builds the bonfire. ||| [语篇 7]

在上述所有示例中，复合体都可以"升级"为小句，但是这样就会产

生两个消息，两个命题 / 提议和两个言辞。因而，下面两个变体在语义上存在明显差异：

||| It just felt right, || it felt exactly right. ||| [语篇 7]

† ||| It just felt right, exactly right. |||

注意，我们需要将词组 / 短语复合体与涉及省略的小句复合体区分开来。在小句复合体中，如果接续小句中的主语或者主谓被省略，很容易看出所涉及的其实是整个小句：

||| Then he went in the Navy || and [ø: he] helped design various gunnery training devices [[used during World War II]]. ||| [语篇 7]

如果其他成分被省略，所涉及的仍然是整个小句：

The Land-Rover was to take him to Santander, **then** the train [ø: was to take him] to Bilbao for the late afternoon flight. [Beneath the Mountains]

这里的 *the train to Bilbao for the late afternoon flight*（去往毕尔巴鄂为了赶下午晚些时候的航班的火车）是省略小句，包含三个明显的成分——主语（*the train*）+ 附加语（*to Bilbao*）+ 附加语（*for the late afternoon flight*），而定式 / 谓语和补语都被省略。一般来说，如果只涉及一个成分，我们可以将其分析为词组 / 短语复合体；但是如果涉及多个成分，我们只能在小句级阶上分析复合体，并假定省略出现在其中一个小句中。

与小句复合体相似，词组 / 短语复合体是通过一系列的组连构成的。559
词组和短语构成组连的方式与小句相同，都是将并列或主从关系与某种逻辑语义关系组合在一起，其各种可能性如表 8-1 所示。只有功能相同的成分才能通过这种方式连接在一起。这通常意味着，这些成分属于同一词类：动词词组与动词词组连接，名词词组与名词词组连接等。但是，这也包括其他一些组合，尤其是副词词组与介词短语连接，因为它们在小句中能够充当很多相同的环境成分；还有名词词组和介词短语，连接后作属性（如 *plain or with cream*）。

表 8-1　词组级阶上的配列关系和逻辑语义类型

		并列关系	主从关系
扩展	详述	名词词组： *his latest book, 'The Jaws of Life'* [同位]	名词词组： *my new hat, with the green feather* [描述]
		副词词组/介词短语： *alone, without help*	副词词组/介词短语： *from now until Thursday* [途径]
		动词词组： *got killed, got run over*	动词词组： *begin to do; seem to do* [相]
	延伸	名词词组： *either you or your head*	名词词组： *his teacup instead of the bread and butter*
		副词词组/介词短语： *swiftly and without a moment's hesitation*	副词词组/介词短语： *on time instead of two hours late*
		动词词组： *neither like nor dislike*	动词词组： *try to do; learn to do* [意动]
	增强	名词词组： *all those on board, and hence all the crew*	名词词组：—
		副词词组/介词短语： *calmly enough, although not without some persuasion*	副词词组/介词短语： *tomorrow before lunch* [语义缩小]
		动词词组： *tried, but failed*	动词词组： *hasten to do* [意态]
投射		名词词组： *the examiner's assessment, 'a brilliant work', seems hard to justify*	名词词组：—
		副词词组/介词短语：—	副词词组/介词短语：—
		动词词组：—	动词词组： *want to do; claim to do*

词组或短语构成的并列组连类别比较常见，且容易说明。但这个级 560
阶上可识解的主从关系模式就要复杂的多；它们往往要视具体的词组或短语大类而定，同时包含不同的逻辑语义关系——尤其是动词词组中的主从关系。我们先简单讨论一下并列关系，然后再来依次讨论不同语境下的主从关系。大多数讨论（第 8.4 节至第 8.6 节）围绕主从动词词组中的组连类型展开。

8.2　并列关系：词组和短语

当词组和短语以并列关系连接时，它们具有相同地位。原则上，复合体中的任一成员都可以发挥和整个复合体相同的作用。因而，在 *In the mid-'80s, Apple introduced the Laser Writer — the first PostScript laser printer*（20 世纪 80 年代中期，苹果推出了激光打印机——第一台 PostScript 激光打印机）中，我们既可以说……*introduced the Laser Writer*（推出了激光打印机），也可以说……*introduced the first PostScript laser printer*（推出了第一台 PostScript 激光打印机）。词组和短语可以通过同位或并列构成并列关系。与并列小句中的情况相同，前者在功能上是详述，而后者是延伸。表示增强功能的例子不太常见，因为这些意义太过具体，很难被表达为小句以下单位之间的关系，但这种例子的确也有。英语中没有通过投射连接的并列词组 / 短语，不过名词词组除外，因为它们位于详述并列关系的边缘，例如 *the examiner's assessment, 'a brilliant work', seems hard to justify*（主考官的评价——“一部出色的作品”，似乎很难证明其合理性）。

8.2.1 详述

这是传统语法中的“同位语”范畴。与小句相同，同位关系的词组或短语复合体通过音调协和（tone concord）表示详述这种语义关系（见第七章，第 7.6 节）。详述词组 / 短语可以表示重述或具体化。其中，重述包括命名、解释术语或改变视角等：很多详述类小句复合体中的主位可以在小范围上得到具体化。例如：

［动词词组：］

(Unfortunately she) got killed, got run over, (by one of those heavy lorries).

Yes, yes you can; || but then I think || emotion has to be — should be, anyhow — shaped by thought. [语篇 135]

To build that library, || Apple recommends || copying, or ‘ripping,’ individual songs from CDs [[you already own]] || and converting them into compressed MP3 files. [语篇 121]

［名词词组：］

‘Too often, human rights in the US are a tale of two nations — rich and poor, white and black, male and female.’ [语篇 2]

... it’s because we, the elites, are so great [[that we carried through the changes]]. [语篇 234]

Have you done any serious literary criticism || since you left school; || written anything || or thought about it — literature, critically? [语篇 125]

... and had long been guided by a world view, a cosmology, [[that denied mutability — change through time — of both biological and social life]]. [语篇 122]

In the mid-’80s, Apple introduced the LaserWriter — the first PostScript laser printer — || and near-typeset output came into range for desktop users. [语篇 120]

561 Freedom and steam — a political ideal and a source of energy — these were the forces [[that drove the new age on]]. [语篇 122]

While attending the Christian Missionary School there, || he acquired his interest in the Hindu gods — a deliberate defiance of the school chaplain, || who had ridiculed Indian religion. [语篇 163]

... the Old Regime remained agrarian and rural, || with most of the population engaged in the cultivation of grain crops, in particular — wheat, barley, and oats —

[[that were distributed regionally]]. [语篇 122]

How does it differ from other ideologies [[that are often associated with socialism]], such as Leninism? [语篇 212]

Have you read any poetry in the eighteenth century recently — any Pope? [语篇 135]

[副词词组 / 介词短语：]

(I couldn't have done it) alone, without help.

This has just been when? — over the last few days? [语篇 34]

Aesthetically, in terms of the vision in your head, what is the relationship between the fiction and the non-fiction? [语篇 7]

在详述类名词词组复合体中，可以使用次要名词词组来包含作定性语的嵌入小句。

||| Near the San Diego Freeway interchange is the huge Shell Chemical Company plant, part of an industrial district [[[that was established || before the plain became almost covered with tract housing]]]. ||| [语篇 140]

需要注意的是，次要名词词组也可能因为语篇因素而延迟出现，从而产生非连续性的复合体：

While each of these elements is absolutely essential, || one must come **first** — **peòple**. [语篇 115]

与大多数详述类复合体一样，该复合体在口语中表现为带有音调一致的两个声调群。

区分详述类词组和作定性语的嵌入词组很重要。例如，(配列关系，详述) *his latest book, 'The Jaws of Life'* ；(嵌入) *his book 'The Jaws of Life'*。前者与非限定性定语从句相关，意为“他最新出版的书，这本书是《生命之颚》”，可以通过音调协和标示。

// 4 ^ his /latest /book the //4 jaws of /life was a // 1 ghastly suc/cess //

而后者与限定性定语从句相关，意为“他的这本书（他还写了其他的）”，重音没有落在单词 *book* 上。

注意表示事物另一种名称的单词 *or* 表达的是详述，而不是延伸。例如：

In one of those cities — one [[whose name has long been forgotten]] — there lived an old halac uinic, **or** chief. [语篇 65]

I understand || that later, you come to an age of hope, **or** at least resignation. [语篇 17]

562 ### 8.2.2 延伸

这是传统语法中的“并列结构”范畴，此处的语义关系是“和、或、也不、但是、但是不”。例如：

[动词词组：]

(I) **neither** like **nor** dislike (it).

American can — **and** should — be proud of its soldiers, sailors, airmen, and marines. [语篇 115]

There are, **and** can be, no general answers. [语篇 212]

[名词词组：]

All the King's horses **and** all the King's men (couldn't put Humpty Dumpty together again).

Bruce **and** Philip were friends, || Jane **and** I were friends || and then you **and** — [语篇 82]

Either you **or** your head (must be off, and that in about half no time).

Do you prefer say the Four Quartets to The Waste Land — **or** poems in The Waste

Land period? [语篇 125]

To import an iMovie (**or** any other QuickTime video file), || just drag and drop the icon onto the iDVD template. [语篇 121]

... they see the consequences of the doctrines [[they espouse]], **or** their profound moral failings. [语篇 212]

[副词词组 / 介词短语：]

Swiftly **and** without a moment's hesitation (he leapt into the fray).

And the French author Voltaire gained, among his many honors, the reputation [[for being the first writer of note [[to earn his keep by his own words — **and** by some speculation on the market]]]]. [语篇 122]

But many do it very self-consciously, very honestly, **and** even very constructively. [语篇 234]

The idea of 'free contract' between the potentate and his starving subject is a sick joke, perhaps worth some moments in an academic seminar [[exploring the consequences of (in my view, absurd) ideas]], **but** nowhere else. [语篇 212]

Yes, insofar as they are driven to work by the need for survival; **or** by material reward, ... [语篇 212]

So there's a kind of an honest intelligentsia || if you like, || meaning not serving power, **either** as Red bureaucracy or as state capitalist, commissar equivalents. [语篇 234]

每一个记录人物或物品的列表如果按照典型的语法方式表达（像购物清单一样），那么它就是一个并列式的名词词组复合体实例：

Other 'Malgudi' novels are The Dark Room (1938), The English Teacher (1945), Mr. Sampathy (1949), The Financial Expert (1952), The Painter of Signs (1977), A Tiger for Malgudi (1983), The Talkative Man (1986). [语篇 152]

延伸类名词词组复合体也可以通过"方式"环境附加语进行强化，如

both（和），*jointly*（共同地），*separately*（单独地），*individually*（独自地）和 *respectively*（各自地）等。

||| We had a wonderful piece of property in Connecticut, back up in the hills, || and my brother **and** I were **both** very interested in snakes and birds. ||| [语篇 7]

||| Ross, << expected to go to the Middle East on Tuesday, >> intends to meet **separately** with Israeli Prime Minister Ehud Barak **and** Palestinian leader Yasser Arafat. ||| [语篇 108]

563 ||| For FY99, our requests for regular and supplemental appropriations [[[to fund these operations, || totaling $19.9 billion **and** $850 million **respectively**,]]] were also approved. ||| [语篇 115]

这些例子表明了由名词词组复合体体现的成分是如何参与小句中的过程的——要么共同参与，要么单独参与。

一些诸如 *slowly but surely*（稳扎稳打地），*last but not least*（最后但同样重要的），*by hook or by crook*（不择手段地）的惯用表达都属于这种一般模式。延伸结构还可以用来形象地表达程度。例如：

Television is very dangerous || because it repeats **and** repeats **and** repeats our disasters instead our triumphs. [语篇 101]

8.2.3 增强

此处的语义关系涉及环境关系，在传统语法中并没有归为单独一种类型。如前所述，增强关系主要出现在作为一个整体的言辞之间，只有在极少数情况下才出现在某个言辞中的特定成分之间。这类实例通常涉及时间或原因：

[动词词组：]

(He) tried, **but** failed, (to extract the poison). 'although he tried, he failed' —

concession（让步）

［名词词组：］

All those on board, **and hence** all the crew, (must have known that something was amiss).

Film hadn't been important until the Italians with realism and Rossellini and De Sica, **then** the French nouvelle vague. [语篇 119]

Optimistu's true nature dawned slowly. It became slightly nasty, **then** really rather awful, **then** unremittingly horrendous **and then** lethal only by degrees. [Beneath the Mountains]

［副词词组 / 介词短语：］

(She took it) calmly enough, **although** not without some persuasion.

I imagined my framed survey of Xitu hanging above the fire for a few years, then being moved to the spare room, **then** into the bathroom, then finally being confined to the attic. [Beneath the Mountains]

From this crossroads town follow the main road south through increasingly arid landscapes towards Rembitan, a pretty little village claiming a 17th-century mosque, **then** Sade, where tall, thatched lumbung (rice-barns) climb the slopes. [语篇 142]

同样，此处也有一些常用表达，如：*(he's been here) thirty-five years if a day*（（他到这）至少 35 年了）。

与并列式小句相同，并列式词组 / 短语复合体也可以包含不止两个词组或短语。例如：（详述）*that old theatre, the Empire, the one they demolished last year*（那座古老的剧院、帝国，他们去年拆掉的那座）；（延伸）*(you've been listening) at doors — and behind trees — and down chimneys*（在门口、在树后、在烟囱下（你一直倾听））。这里有可能包含套叠的（nesting）（见上文第 7.2 节）。

我们一般不在词组级阶以下使用复合体。但是要注意，词组结构内部的单词之间也可能存在并列关系，如：*three or four (days)*（三到四（天）），*bigger and better (bananas)*（更大更好的（香蕉）），*(he) either will or won't (object)*（（他）要么会，要么不会反对），*(a) firm but gentle (voice)*（坚定却柔和的（声音））。图 8-1 中的名词词组融合了一个并列式和一个复合式的单词复合体，其结构是：

指示语 / γ^ 特征语 / β1 ^ β2 δ ^ β2 γ ^ β2β ^ β2α^ 事物 / α

564
<table>
<tr><td>The</td><td>immediate</td><td>and</td><td>not</td><td>too</td><td>far</td><td>distant</td><td>future</td></tr>
<tr><td>γ</td><td colspan="6">β</td><td>α</td></tr>
<tr><td>指示语</td><td colspan="6">特征语</td><td>事物</td></tr>
<tr><td></td><td>1</td><td colspan="5">+2</td><td></td></tr>
<tr><td></td><td></td><td></td><td>δ</td><td>γ</td><td>β</td><td>α</td><td></td></tr>
</table>

图 8-1　带有单词复合体的名词词组

8.3　主从关系：名词词组

词组和短语构成主从关系时，它们被赋予不平等的地位，其中一个充当支配成分（α），其他充当依附成分（β γ δ...）。主从式的动词词组复合体涉及扩展或投射（见下文），但是主从式的名词词组复合体和副词词组 / 介词短语复合体只涉及扩展。

在主从式名词词组复合体中，原则上，支配成分的功能与整个复合体相同，但是依附成分则不同。因而，除了 *have you seen* (α) *my new hat*, (β) *with the feather in*（你看到我的那顶带有羽毛的新帽子了吗？），我们也可以直接说 *have you seen my new hat*（你看到我那顶新帽子了吗？），但是不能说 *have you seen with the feather in*。支配成分只能是名词词组，而依附成分可以是副词词组或介词短语。在名词词组复合体中，主从关系要么表示（i）详述，要么表示（ii）延伸；我们并没有发现表示增强的例子。

（i）详述。我们在第六章看到，名词词组中的后置修饰语既可以是嵌入小句（即“限定性定语从句”），也可以是一个嵌入式的介词短语，如 *the man* = [*in the moon*]（月亮上的人）。

与小句一样，短语中也存在相同的嵌入和主从之分。例如：

(a) || (this is) my new house, = || β which Jack built ||

(b) || (this is) the house = [[that Jack built]] ||

与之类似，我们也有下面这样的短语：

(c) (have you seen) | my new hat, = | β with the feather in

(d) (have you seen) | my hat = [with the feather in] |

例（c）中的次要成分是描述性的短语，表示“注意，这上面有一根羽毛”，与例（d）中的定义性短语有所区分。再如：

It began with worship at St. John’s Episcopal Church, across Lafayette Park from the White House. [语篇 113]

Before the Opera House was completed || the Town Hall’s Centennial Hall, with seating for 2,000, was Sydney’s main concert venue. [语篇 22]

注意下面例子中的 *with a little of me thrown in* 是一个小句，而不是短语。 565

Those two guys, <<with a little of me thrown in, >> came together as Lewis Moon. [语篇 7]

此处有两个及物性成分（*a little of me* + *thrown in*）：见第七章，第 7.4.2.2 节中，由 *with* 或 *without* 引导的不带显性过程的小句。

（ii）延伸。与详述相同的是，名词词组也可以通过介词短语构成主从式延伸结构。此时，介词的用法相当于用其引导一个非定式延伸小句（见第七章中的表 7-9），包含三种意义：（1）附加（肯定），如 *as well as*（也）和 *in addition to*（除了）；（2）变化，替换，如 *instead of*（代替），*rather than*（而不是）和 *unlike*（不像）；（3）变化，排除，如 *except for*（除了）。例如：

Its four levels include a sculpture garden, contemporary collection of Australian and European prints and drawings, 20th century British and European art, an impressionist exhibition **as well as** a new coffee shop and theatre space. [语篇 22]

We have pursued a number of initiatives in recent years || to enhance the capabilities of **both** our forces forward-deployed on the peninsula and our reinforcing elements, **as well as** the forces of our South Korean Allies. [语篇 115]

Our intent is [[to develop the most advanced, reliable, and effective equipment || and to filed it || when and where it's needed, || using the Chairman's Combating Readiness Initiative Fund **in addition to** resources [[allocated by the formal budget process]]]]. [语篇 115]

Venice was developed in 1904 || and was intended to be a western American cultural center like its Italian namesake, with canals **instead of** streets, and opera houses **rather than** amusement piers. [语篇 140]

The nitrogen compounds (**except for** nitrous oxide) dropped from 8 to 10 parts per billion by volume (ppbv) to only 1.5 to 2 ppbv. [语篇 33]

Proteins, **unlike** carbohydrates and fats, cannot be stored for future use. [语篇 150]

8.4　主从关系：副词词组 / 介词短语

与并列结构相同，副词词组和介词短语也可通过主从关系连接：配列关系的基础是功能上的同一性，而不是内部结构的差异性。主从结构用来识解时空路径，以及地点的逐渐细化。主从结构可以与三类语义关系搭配：（i）详述；（2）延伸；（3）增强。

（i）详述。这种关系主要出现在序列结构中。例如：

She remained in Lincoln **from** 1911 **until** 1919 when she moved owing to the illness of her father, one time Archdeacon of Leicester, and later Canon of Peterborough, and settled in Ketting. (LOB_B)

I took a freighter **from** New York, **all the way up** the Amazon **into** Peru ... [语篇 7]

This twists around a shady, lush river gorge [[thick with bamboo]] to Bagudesa, || then continues **through** extensive rice-fields **to** Kunbung. [语篇 142]

In 1990, London prefixes had changed **from** 01 **to** 071 or 081. [语篇 15]

In the present period, the issues arise across the board, <<as they commonly do>>: **from** personal relations in the family and elsewhere, **to** the international political/ economic order. [语篇 212]

此处，主从式复合体识解的是时空**路径**，包括抽象空间。这类结构包 566
含两个具有主从关系的介词短语，与带有介词 *between* 的短语有所区分，后者包含一个介词短语，其中由两个并列式名词词组作补语：

(he stood) between [the door + | 2 and the window]

我们可以通过图表加以说明，如图 8-2 所示。

（a）

<table>
<tr><td>the rope</td><td>stretched</td><td>from</td><td>one end</td><td>to</td><td>the other</td></tr>
<tr><td>载体</td><td>过程</td><td colspan="4">属性 / 环境</td></tr>
<tr><td></td><td></td><td colspan="4">介词短语（复合体）</td></tr>
<tr><td></td><td></td><td colspan="2">α</td><td colspan="2">=β</td></tr>
<tr><td></td><td></td><td>“过程”</td><td>“范围”</td><td>“过程”</td><td>“范围”</td></tr>
</table>

（b）

<table>
<tr><td>she</td><td>stood</td><td>between</td><td>the door</td><td>and</td><td>the window</td></tr>
<tr><td>载体</td><td>过程</td><td colspan="4">属性 / 环境</td></tr>
<tr><td></td><td></td><td colspan="4">介词短语（单一体）</td></tr>
<tr><td></td><td></td><td>“过程”</td><td colspan="3">“范围”</td></tr>
<tr><td></td><td></td><td></td><td colspan="3">名词词组（复合体）</td></tr>
<tr><td></td><td></td><td></td><td>1</td><td colspan="2">+2</td></tr>
</table>

图 8-2 （a）两个主从式（详述）介词短语；
（b）一个由并列式名词词组复合体充当补语的介词短语

（ii）延伸。主从式副词词组 / 介词短语在表达延伸关系时，与名词词组基本相同，也使用诸如 *as well as*（也），*instead of*（代替）和 *rather than*（而不是）等结构。例如：

> In government **as well as** in commerce, obviously, power was being defined as wealth, the accumulation of economic resources [[[by which to live more comfortably || and to command more authority]]]. [语篇 122]
>
> It was far better for a weapon used for retaliatory purposes to be under the sea **rather than** on land. [LOB_A]
>
> A very important development is the building of research stations on the farms **instead of** in neighbouring towns. [LOB_G]
>
> By the time the Great Central was built || the trains could manage the gradients much more easily || as the Great Central line usually went across the valleys ... **instead of** round them like the earlier railways || so the distances were shorter || and you got better views. [语篇 19]

（iii）增强。表示时间和空间的副词词组 / 介词短语也可以表达主从式增强关系，具有“语义缩小”这一特殊的语义特征，如 *tomorrow before lunch*（明天午饭前）。更多例子如下：

(it's) I α upstairs | $\times\beta$ to the left of the landing | $\times\gamma$ in the main bedroom | $\times\delta$ against the far wall | $\times\varepsilon$ in the small cupboard | $\times\zeta$ in the top drawer | $\times\eta$ at the back right hand corner | 567

Starting from Narmada, || take the main turn-off south towards Praya. [语篇 142]

From Beleka the road continues north, || rejoining the main east-west axis near Kopang, about 30km east of Mataram. [语篇 142]

You know || what's happening tomorrow at five o'clock, don't you? [语篇 82]

然而，英语更倾向于另一种方式，使用嵌入而不是主从结构（很多介词因此都可以被 *of* 替代）。

(it's) [at [the back right-hand corner [in/of [the top drawer [in/of [the small cupboard [against [the far wall [in/of [the main bedroom [to the left of [the landing [upstairs]]]]]]]]]]]]

信封上的地址构成相似的序列。

实际上，这种“语义缩小”关系与名词词组中的相同，前置修饰语中的“逻辑”结构表现为主从式的单词序列。这也可以“反过来”进行，构成 $\gamma\ \beta\ \alpha$ 这样的顺序；但是，这是一种主从结构，而不是嵌入。

ζ those ε two δ splendid γ old β electric α trains

这样我们就从另一个途径回到了第六章中的分析。

8.5 主从关系：动词词组，扩展（1）：概况

与并列式动词词组复合体和简单动词词组相同，主从式动词词组复合体，如 *tried to do*（试着做），在小句中只承担一套功能（且只能在小句中，因为其自身不存在嵌入结构）：它在经验及物性结构中是过程，而在

人际情态结构中是定式成分（……）谓语①。例如：

568 ||| We tried to open windows || to escape. ||| [语篇 5]

||| In 1960 he began to travel. ||| [语篇 162]

The center is helping field the 150,000 inquiries [[flooding in nationally each day]]. [语篇 15]

... these doctrines, \\ which are highly serviceable to power and authority, || but seem to have no other merits. [语篇 212]

||| I always tried to avoid tearing her web || and save her repair work, || but she was a quick and efficient spinner. ||| [语篇 187]

||| I've been reading a lot of Lawrence; || I've been trying to read most of the works of Lawrence. ||| [语篇 125]

主从式序列总是递进的——α ^ β（如 *tried to do*），α ^ β ^ γ（如 *began to try to do*）和 α ^ β ^ γ ^ δ（如 *wanted to begin to try to do*）等。如上例所示，虽然构成复合体的动词词组通常是彼此相邻，但复合体也有可能出现非连续的情况。例如：

---

① 传统语法分析将基本动词词组看作谓语，而将小句中的次要词组以及随后的成分都看作嵌入式非定式小句，充当补语。这种分析方法已被现代形式语言学所采用，至少最初是这样的。受篇幅所限，此处无法详细比较这两种分析方法。但是，可以看到，如果唯一的结构组织模型是成分关系模型，那就绕不开传统分析方法，而一旦承认配列关系中的相互依赖关系结构，就可以用上这里提到的分析方法。该分析方法可以展现动词和小句序列中的类比关系和同源关系，以及两者间的各种不确定的关系（见第 8.8 节）。它也能够更好地说明很多语言中的（见 Matthiessen, 2004b：尤其是 572−580 页）所谓的“序列动词构式”（serial verb constructions），阐释已有的，尤其是过去大概 15 年间的发现。另外，它也能够展现简单动词词组的范畴如何从动词词组复合体中演化而来（参照下文提到的时态、情态和语态）。同时，它也可以避免传统分析方法中的一大弊端：次要动词词组加上随后的成分实际上并不充当补语。例如，如果它们是补语，那么我们就该说 *what is she trying?*，但事实上，我们说的是 *what is she trying to do?*。在“链接动词”条目下，我们也讨论了动词词组复合体，这也反映出，此类序列中的动词呈现出连锁结构（见 Palmer, 1974：第七章；Huddleston & Pullum, 2002：64−65 页，1194 页）。

||| DPP lawmaker Chen Ting-nan will be the justice minster, || responsible [[for helping Chen keep his promise [[to clean up graft]]]]. ||| [语篇 13]

||| Again, a first requirement is [[to do no harm to organizational frameworks [[that, through years of evolution, are finally at the stage [[where they are supporting programs [[that are actually helping us to get on with the business [[of increasing understanding]]]]]]]]]]. ||| [语篇 32]

(对此类非连续的动词词组复合体的分析见下文，图 8-11。) 基本词组（α）可为定式或非定式；它是承载小句语气特征的基本词组，如：*she tried to do it*（她试着做这件事），*what was she trying to do*（她在试着做什么？），*was she trying to do it*（她在试着做这件事吗？），*try to do it*（试着做这件事）和 *having tried to do it*（已经试着做这件事）等。次要词组（β γ δ）总是非定式，这体现了它的依附地位。体现小句过程类型的是次要词组，或者说是最后一个次要词组（如果存在多个的话），如：[物质：] *she seemed to mend it*（她似乎修好了它），[行为：] *she seemed to laugh*（她似乎笑了），[心理：] *she seemed to like him*（她似乎喜欢他），[言语：] *she seemed to tell us*（她似乎告诉了我们），[关系：] *she seemed to be nice*（她似乎人很好）②。

在体上，次要词组可以是完成体，带或不带介词 *to*，如（*to*）*do*；也可以是非完成体，如 *doing*。其他非定式形式，即“过去 / 被动分词”，如

② 非最末端的动词词组（non-final verbal groups）可体现的特征与小句的及物性相关（使役结构尤为如此：见第 8.7 节）。例如，相并不限制我们将主语理解为某特定类型的参与者，但是意动（conation）可以。意动表明，除了其他任何参与者角色外（见 8.6.2 节开始处），主语如同行为者（Behaver）。对比：[相：] *she seemed to like him* 和 [意动：] *she tried to like him*。正因为此，包含相特征的存在小句没有问题，但是带有意动特征的存在小句读起来就很别扭：对比 *there seemed to be a person on top of the hill* 与 *there tried to be a person on top of the hill*。正如在第五章所讨论的，存在小句中的 *there* 是主语，但是它并不承担任何参与者角色。因而，当意动动词词组复合体将阐释参与者角色“强加于”小句上时，就会出现语法冲突。

done，通常表示完成体，如 *I want it* (*to be*) *done*（我想要这件事完成），*consider it* (*to have been*) *done*（当作（已经）完成这件事）；但是，它本身是中性的，在一些情况下中和了这种区别，如 *I saw it* (*be/being*) *done*。

完成和非完成体在意义上的区别可以见上文第 7.4.4 节。一般原则是，
569 完成体表示“非现实”，而非完成体表示“现实”；它们之间存在多项对比，如未来—现在、表象—现实、开始—进行、目标—途径、意图—行动以及提议—命题等。有时，两者之间的区别微乎其微。表 8–2 中的几对实例可以帮助我们更好地理解它们之间的区别。

表 8–2　次要动词词组中的完成和非完成体

完成体		非完成体	
“非现实” (*to-*) *do*		“现实” (*a-*, 即“正在”) *doing*	
表象	seems to know	［没有特别形式］	现实
现实前的表象	turns out to know	turns out knowing	表象后的现实
最初状态	starts to win	ends up winning	最终状态
激活	begins to work	keeps working	保持
目标	try to relax	try relaxing	途径
意图	decides to write	gets down to writing	行动
提议	would like to paint	likes painting	命题
成功前的尝试	managed to open	succeeded in opening	尝试后的成功

主从关系有多种类型，可以从不同角度进行分析。然而，事实证明，它们与小句复合体中的不同模式存在系统性的关联，包括扩展（详述、延伸和增强）和投射（言辞、思想）；因此，我们可以沿用该体系对它们进行阐释（见图 8–15 中的系统网络图）。本节主要讨论与扩展相关的类型。

8.5.1 详述过程：相

此处，基本词组中的动词是“内包型：归附”类中十分普遍的一个（见第五章，第 5.4.3 节），它通过次要动词词组中的动词得以详述。两者之间的这种语义关系就是相（见表 8–3；对比第六章，第 6.3.6 节中短语

动词中的相，以及所提到的汉语中的相）。基本内涵是“be（内包）+ do”，使用“do”代替任何过程。

相的两个维度是时间－相和现实－相。（i）**现实－相**或体现系统的基础是“明显的”（看起来）和“体现的”（实际是）之间的对比。两者均为完成体，前者是非现实的，而后者处在非现实向现实的转化中。

Witnesses said || the sand dredger seemed to go past the Marchioness || but suddenly smashed into the side || and went right over it. [语篇 30]

This offensive appears to be a sign of their strength, || but their position is highly contradictory. [语篇 97]

Both in terms of quantity and quality, FY 1998 proved to be a very challenging recruiting year. [语篇 115]

The 22 bibliophiles turned out to trail clouds of glory. [语篇 110]

表 8-3　相 570

类别：意义	系统	术语	β- 动词的体	实例
[be	时间－相 => 时态	……中的现在	非完成体	is doing]
[be	时间－相 => 时态 （=> 情态）	……中的将来	完成体	is to do]
keep	时间－相	延续	非完成体	keeps (on)/goes on doing
start	时间－相	开端	非完成体 / 完成体	starts/begins doing / to do; gets doing; stops doing, ceases doing / to do
start + keep	时间－相	开端－延续	非完成体	takes to doing
[be	现实－相 => 语态	被动	中性	is done]
seem	现实－相	明显	完成体	seems/appears to do
prove	现实－相	体现	完成体	prove/turns out to do

英语中有一种非完成体的“体现”变体，如 *she turns out knowing all about it*（结果她对此了如指掌）；这是从“现实”端看待问题，将其视为表象正在转化为现实。我们也可以通过这种方法理解被动语态，其原意为“（处在）已经被体现（的状态）”。

（ii）**时间-相**系统被一分为二。原先的 *is doing / is to do* 之间的对立（用现在的术语，就是“正在做”和“将要做”）已经消失，因为两者都已经转化为动词词组中的语法范畴（见第六章，第6.3节）。前者已经进化为时态，区分将来/现在/过去。因而，*be...ing* 形式（如 *he is doing*）原先包含两个动词词组（相当于现在的 *keeps doing*），如今已经成为一个动词词组中的次要现在时态，其意义是“……中的现在”。例如，*is doing* 是“现在中的现在”，*was doing* 是“过去中的现在”，*will have been doing* 是“将来中的过去中的现在”，而 *was going to be doing* 是“过去中的将来中的现在”，等。后者，*be to...* 形式（如 *he is to do*）也同样转化为次要将来时态。但是，此处出现一个新的变化：*is to* 现在已经转化为一种情态形式，其作为次要时态的功能被 *is going to* 所取代。

时间-相系统中的另一子系统是“延续/开端”，作为一个相范畴而保留下来：“延续”表示持续进行，对照“开端/结束”[③]，表示开始或结束。例如：

||| In Comet in Moominland and Moomin-summer Madness they are all still having
571 funny, exciting and at times somewhat childish adventures, || but in 1957, << about ten years after the first Moomin book was published, >> Tove Jansson began to experiment with slightly different themes. ||| [语篇 100]

||| I keep telling them || I give them the money || so long as they'll leave. ||| [UTS/

③　当被详述的基本动词词组中的动词出现在本身表达过程的简单、非详述动词词组中时，它们经常与隐喻式的名词词组连接在一起，如：*Tove Janson's experimentation with slightly different themes began in 1957*（托夫·詹森的主题略有不同的实验开始于1957年）（见第十章，第10.5.4节）。

Macquarie Corpus]

||| The line needs to keep being shut down || to have mechanical work done on there. ||| [UTS/Macquarie Corpus]

||| Meanwhile, the women back in the mangroves had started to hear the cries of the children || because they were all terrified, || and so was I, || and they came racing towards us out of the mangroves, || and then they saw the crocodile || and they got big rocks and branches || and started throwing things at it too || and it started to drift out to see. ||| [UTS/Macquarie Corpus]

||| If they stop performing their task, || they're likely to be deprived of the opportunities [[to dedicate themselves to intellectual work]]. ||| [语篇 234]

在这些例子中，“延续类”采用的是非完成体；而开始和结束类采用的既可以是完成体也可以是非完成体，表意差别不大，唯一的例外是 *stop* 要求非完成体。现在，*stop* + 完成体已经理解为一种表目的的主从式小句复合体。例如：

||| α she stopped || ×β to think ||| ‘she stopped, in order to think’

另外，还有一种表示开端-持续的“开始持续”类动词词组，例如：*they've taken to coming in at the back door instead of the front*（他们习惯于从后门而不是前门进来）。

在最深层次上，时间-相和现实-相是同一回事：两者均关注变化的阶段。过程是一种由想象照进现实的东西，如同冉冉升起的太阳。在黎明前，太阳只在未来发光，或只在想象中发光——在未来变成现在时，想象随之转为现实。这两类相与情态和时态相关；但是，情态和时态被看作是过程中的子范畴（它们是一个动词词组中的语法变体），而相则被看作是两个过程之间的主从关系：这种表示变化的普遍关系，进而被特定的逐渐进入或停止的行为、事件、心理过程或关系所详述。对上述一个实例的分析见图 8-3。（注意，正如定式简单动词词组一样，基本动词词组分为定式成分和谓语两部分：定式成分“did” + 谓语“seem”。然后，谓语可以延伸至包含次要动词词组：“seem” + “to go”，可见于那些定式成分与谓语不连续的小句，如 *did the sand dredger seem to go past the Marchioness?* 中的 *did...seem to go*。）

the sand dredger	seemed	to go	past the Marchioness
主语	定式成分“过去”	谓语	附加语
动作者 / 中介	过程：物质		处所：地点
	动词词组（复合体）		
	α ——→ =β		

图 8-3　主从式动词词组复合体：相

572 ### 8.5.2　延伸过程：意动

此处的基本概念是“have（所属）+ do”，即成功（做某事）。基本和次要动词词组之间的语义关系是意动：尝试，然后成功（做某事）（见 Halliday & Matthiessen, 1999，第七章，在解释意动时与汉语的对比）。（基本动词词组中的动词通常可以出现在“行为”过程小句中：见第 8.6.2 节。）这也为另一种时态形式和另一种情态提供了资源（见表 8-4）。例如：

||| Aware of his child’s ignorance of Indian life, the Indian parent tries to cram into the child’s little head all possible information during an ‘Excursion Fare’ trip to the mother country. ||| [语篇 254]

||| You try and do something responsible for your children || and you get forgotten. ||| [语篇 82]

||| I’m just going to try and attach my first semantics chapter for you || ’cause it’s not too big || and then you can start reading || when you have time. |||

||| If I tried to swan around, || I wouldn’t know how to behave. ||| [语篇 90]

||| I always tried to avoid tearing her web || and save her repair work, || but she was a quick and efficient spinner. ||| [语篇 187]

||| And, while our military strength remains unmatched, || state or non-state actors may attempt to circumvent our strengths || and exploit our weaknesses || using methods [[that differ significantly from our own]]. ||| [语篇 115]

||| The wide range of potential contributions by the RC has proven to be a bright spot || as we strive to match available resources to a demanding mission load, || and demonstrates clearly the enduring value and relevance of the citizen-soldier. ||| [语篇 115]

||| We succeeded to take our last steps to freedom in conditions of relative peace. ||| [语篇 104]

||| He feels || that he rarely succeeded in reaching the fiber of the characters [[that he desperately wanted to attain]]. ||| [语篇 205]

||| He learned to walk in a certain way ||| [语篇 17]

表 8-4　意动

类别：意义	系统	术语	β- 动词中的体	实例
[have	=> 时态	……中的过去	中性	has done]
[have	=> 情态	要求	完成体	has to do]
try	意动	意动	完成体	try to/and do, attempt to do, strive to do, contrive to do; avoid doing/ (can't) help doing
succeed	意动	成功	非完成体 / 完成体	succeed in doing; manage/get to do; fail (in) doing/to do
[can	=> 情态	能够	完成体	can do]
can	潜势性	能够	完成体	be (un)able/ (not) know how to do
learn	潜势性	变得能够	完成体 / 非完成体	learn to do; practise doing

573 同样，这里也有两个维度：潜势和实际。潜势意味着可能有，也可能没有能力成功做某事。实际意味着尝试或不尝试，以及成功或不成功。与上面带有 *be* 的形式一样，带有 *have* 的形式也经过了演化。原先是两个动词词组，现在要么是（i）+ *done*，一种次要时态形式，表示“……中的过去”，如：*has done*“现在中的过去”，*will have done*“将来中的过去”，*was going to have done*“过去中的将来中的过去”等；要么是（ii）+ *to do*，一种情态形式（关于“情态化”类型，见第十章，第 10.3 节），如：*has to do*“必须做”。换言之，“具有”某个过程，如果与过去 / 被动结合，就表示过去（成功做某事），而如果与“非现实”结合，就表示（将来的）义务。

动词词组中，另一种转化为定式成分的形式是 *can*，表示“有做某事的能力”。它与 *know*（知道）同源，因而表示“知道如何做某事”。现在，它也成为一种情态形式，同样属于情态化中的一类——此处不表示义务，而表示“意愿”（倾向 / 能力）。

该类型的其他情况大多采用完成体的次要动词词组形式，如 *try to do*（试着做）。非完成体仅在两种情况下出现：（i）与否定意义的 *avoid* 和 *fail*（带 *in*）连用，如 *avoid doing*（避免做）和 *fail in doing*（没做成）；（ii）与 *succeed*（也带 *in*）连用。（对比第 8.6.2 节中关于 *fail* 的非意动用法的脚注。）*manage to do*（完成做）和 *succeed in doing*（成功做）之间的差别很小；前者表示实现成功的尝试，而后者表示通过尝试后的成功。对于“*try* + 非完成体”这种形式（“作为达到目的的一种手段”），如 *try counting sheep*（试着数羊），见下一小节。

同样，这些形式与时态和情态相关，主从式的动词词组复合体介于简单动词词组，如 *has done* 和 *has to do*，以及小句复合体之间，如 *by trying hard Alice reached the key*（爱丽丝费了好大劲儿才取到钥匙）。上述其中一个例子的分析见图 8-4。

state or non-state actors	may	attempt to circumvent	our strengths
主语	定式成分：情态	谓语	补语
施事者 / 动作者	过程		中介 / 目标
	动词词组（复合体）		
	α ——————→ +β		

图 8-4　主从式动词词组复合体：意动

8.5.3 增强过程：意态化

此处的基本概念是“be（环境）+ do”，如 *help to do* 意为“与（某人）一起做某事”。与所有表示增强的实例相同，此处的增强也有多种类型。主要的几类见表 8-5。例如：

||| Yeah, I think || a good many writers tend to open their books || and groan. ||| [语篇 21]

||| Well that would be my contention || but let me hasten to add || that since the first Speaker was also the first Member for Wakefield || I'm not that anxious to emulate the first Speaker. ||| [语篇 184]

||| They don't really own them, you see, || they just happened to be lying around in the same place as these things. ||| [语篇 16]

||| You will cherish them on your bookshelves for a long time — || unless, of course, 574
someone borrows them || and somehow 'forgets' to return them. ||| [语篇 100]

||| Perhaps we could start by talking about that. ||| [语篇 234]

||| I came to love it || from drinking it in the war years, || but the fact must be faced, || it is an acquired taste. ||| [LOB_E]

同样地，此处的基本动词词组不是一个单独的过程，而是一个通过次要动词词组表达的环境成分。如果我们说 *Alice ventured to ask something*（爱丽丝冒昧地问了一些事），这表示她确实问了，但却是试探性的。（此

处不能确定的是 *hesitate*，它作为一个心理过程，有可能属于“投射”类动词（在第 8.8 节中讨论）。）或许所有这些都可以归为第十章提到的隐喻式表达（第 10.4 节至第 10.5 节）。上述其中一个例子的分析见图 8–5。

a good many writers	tend	to open	their books
主语	定式成分“现在”	谓语	补语
施事者 / 动作者	过程：物质		中介 / 目标
	动词词组（复合体）		
	α ⟶ ×β		

图 8–5　主从式动词词组复合体：意态化

表 8–5　意态化

类别	β- 动词的体	实例
时间	非完成体	begin by, end up (by) doing “开始做、最后做”
	完成体	tend to do; be wont to do “惯于做”
方式：品质	非完成体	insist on doing“倔强地做”
	完成体	hasten to do “快速地做”
	完成体 / 非完成体	venture to do / risk doing “试探性地做”
	完成体	hesitate to do “不情愿地做”
	完成体	regret to do “悲伤地做”
原因：理由	完成体	happen to do “碰巧做”
	完成体	remember/forget to do“按照意愿做 / 不做”
原因：目的	非完成体	try doing “作为一种达到目的的手段做”
或然：让步	完成体	come to do, get to do “与预期相反而做”
伴随	完成体 / 非完成体	help (to) do/(in, with) doing “与某人一起做”

575 8.6　主从关系：动词词组，扩展（2）：被动

包含一个动词词组复合体的小句仍然是单个小句，表示单个过程，只

有一个及物性和语态结构（见第五章，第 5.7 节；第六章，第 6.3.2 节）。[④]

如果它是一个并列式复合体，那么该过程就发生了两个事情——两个动作或事件等。另一方面，如果该动词词组复合体是一个主从式结构，那么只发生了一个事件。因而，在并列式复合体中，每个动词词组都有一个确定的语态，不过它们的语态必须相同；但是，在主从式复合体中，只有表达发生事情的动词词组，即次要词组，才具有语态特征。基本词组在形式上只能是主动语态，没有别的情况（唯一例外是当小句为使役式结构时；见下文第 8.7 节）。

不同类型的主从式复合体在被动语态的选择上具有不同可能性。如果次要动词词组是被动的，相范畴的意义不受影响；但是，对于意动形式的阐释将有一定的影响。下面，我们将从相开始，依次讨论这三种形式。

8.6.1 详述：相

此处，不管小句是主动还是被动，及物性功能始终一致；主动和被动表达可以完全对应，如 *ants are biting me*（蚂蚁在咬我）: *I'm getting bitten by ants*（我正在被蚂蚁咬）:: *ants keep biting me*（蚂蚁不断咬我）: *I keep getting bitten by ants*（我不断被蚂蚁咬）:

(ants) | keep | = β biting | (me)
(I) | keep | = β getting bitten | (by ants)

比较：

No one <u>seems to have mended</u> the lights yet

The lights <u>don't seem to have been mended</u> yet

When <u>will</u> they <u>start printing</u> the book?

---

④ 如果及物性发生了变化，如 *you'll either kill someone else or get killed yourself*（你要么杀了别人，要么被杀），此处的结构是小句组连，而非动词词组组连。

When will the book start being printed?

其他实例：

It began to be realized that it was a great waste of labour and effort to have to turn the whole mill whenever the wind changed and by the end of the 17th century, tower mills were being built. [LOB_E]

At first the prerogative of the *lit de justice* was restricted to royal personages, but the idea was obviously so attractive, allowing as it did a combination of ease and authority, that it began to be more widely adopted. [LOB_F]

Presumably, domestic ritual objects began to be made at much the same time. [LOB_J]

对语气和及物性的分析见图 8-6。

576（a）

ants	keep	biting	me
语气		剩余部分	
主语	定式成分“现在”	谓语	补语
动作者 / 施事者	过程：物质		目标 / 中介
	动词词组（复合体）		
	α ——▶ =β		

（b）

I	keep	getting bitten	by ants
语气		剩余部分	
主语	定式成分“现在”	谓语	附加语
目标 / 中介	过程：物质		动作者 / 施事者
	动词词组（复合体）		
	α ——▶ =β		

图 8-6　主 / 被动主从式动词词组复合体中的相

8.6.2 延伸：意动

此处的主动和被动关系有所不同，原因在于，意动动词虽然不能构成单独的事件，但实际上表征一个行为过程，并且在被动式小句中，保留了行为过程的特征。因而，详述式结构中的主 / 被动句对，如 *people started to accept her / she started to be accepted*（人们开始接纳她 / 她开始被人们所接纳）与对应的延伸式主 / 被动句并不匹配。

(people) | tried | + β to accept | (her)
(she) | tried | + β to be accepted |

（见图 8–7 中的分析。）例如：

He tried to be pleased at the idea. [LOB_N]

Francesca and Grazie were habitual committee chairmen and they usually managed to be elected cochairmen, equal bosses, of whatever PTA or civic project was being launched. [BROWN1_R]

延伸式复合体是一个涉及两部分的过程，其主语承担双重参与者角色：行为者（在意动成分中），再加上动作者，或发生事件中的其他角色。⑤

正因为如此，小句中的附加语可以在语义上与意动成分相连，如 *she* 577
tried hard to write well（她努力写好）和 *she quickly learnt to tell them apart*

⑤ 注意 *people failed to accept her*（人们没有接纳她）中存在的不一致情况，其意为“不管她多努力，人们都没有接纳她”。此处，*failed to* 相当于一个简单的否定式，因而我们可以找到这样的配对句：

she was not accepted（她没有被接纳）: people did not accept her ::（人们没有接纳她）
she failed to be accepted（她没有被接纳）: people failed to accept her（人们没有接纳她）

比较诸如 *I sent them a letter but it failed to arrive*（我给他们寄了一封信，但是信没有寄到）和 *the banks failed to support them*（银行没有资助他们）的例子。或许可以把它们解释为一种增强形式，意为“否定地做”！

（她很快学会分辨它们）中的 *hard* 和 *quickly*。

The Filipino tried *hard* to put in a storming finish, but his attacks were nearly all neatly countered by the clever champion. [LOB_E]

在分析中，没有必要将这些在结构上与基本动词词组连在一起；但是，有必要通过“意动附加语”（conative Adjunct）这一名称来具体说明它们的功能。

（a）

people	tried	to accept	her
语气		剩余部分	
主语	定式成分“过去”	谓语	补语
行为者 动作者 / 施事者	过程：物质		目标 / 中介
	动词词组（复合体）		
	α ——→ +β		

（b）

she	tried	to be accepted	by people
语气		剩余部分	
主语	定式成分“过去”	谓语	附加语
行为者 启动者 / 中介	过程：物质		动作者 / 施事者
	动词词组（复合体）		
	α ——→ +β		

图 8-7　主 / 被动意动主从式动词词组复合体

8.6.3 增强：意态化

很多“增强”类动词词组复合体并不太适合使用被动结构；它们描述的是对过程的一种方法或态度，而这可能仅适用于动作者，但非目标——

she hastened to be reassured 或 *your word ventures to be doubted* 并无太大意义。其他形式，例如 *happen* 和 *tend*，是非人格化的表达，因而不受语态选择的影响。例如：

> The house happened to have been built facing the wrong way.
>
> If the student is of the right calibre to pursue a course, which the Ministry enacts is a worthwhile full-time course, he shall receive the same justice from Britain whatever authority he happens to have been born under. [LOB_H]
>
> How I happened to be marooned at Balicou doesn't interest you in the faintest 578
> degree. [LOB_N]
>
> One other aspect of oral work — the memorization and speaking of prose and verse — tends to be considered by many teachers as quite extraneous to the normal class work. [LOB_H]
>
> If conduct in prison were a deciding consideration selection would tend to be left to a time near the date of release. [LOB_H]

由于动词词组表示的是环境而不是过程的某一方面，所以这些例子都是隐喻式的表达，功能分析只能阐释部分内容；要全面理解，就需要考察一致式形式（见第十章），如 *by chance the house had been built facing the wrong way*（碰巧房子的朝向建错了）。被动式中的参与者角色没有变化（见图 8-8）。

（a）

two guards	hastened happened	to assist	her
语气		剩余部分	
主语	定式成分“过去”	谓语	补语
动作者 / 施事者	过程：物质		目标 / 中介
	动词词组（复合体）		
	α ——→ ×β		

（b）

she	happened	to be assisted	by two guards
语气		剩余部分	
主语	定式成分“过去”	谓语	附加语
目标 / 中介	过程：物质		动作者 / 施事者
	动词词组（复合体）		
	α ──────▶ ×β		

图 8-8　主 / 被动意态化主从式动词词组复合体

8.7　主从关系：动词词组，扩展（3）：使役

目前我们所看到的主从式动词词组复合体在原则上限于过程本身的特征——相、意动和意态的特征。但是，我们已经注意到，基本动词词组中带有行为类动词的意动主从式动词词组复合体往往为主语的经验意义增加了“行为者”这一角色，这点可从语态的对比上清晰可见（见图 8-7）。接下来，我们考察包含使役特征的扩展类主从式动词词组复合体。此类复
579 合体与**施事性**这一及物性系统的体现方式相关。在第五章可见，英语小句结构中存在使役成分第 5.7 节。例如，*John rolled the ball*（约翰滚动了球）既可以理解为“约翰（动作者）对球（目标）做了某事”，也可以理解为“约翰（施事者）导致球（中介）做了某事”。

我们可以说 *John made the ball roll*（约翰使球滚动了），这样我们就总是可以使用解析法来表达这种施事性，此处的 *made ... roll*（使……滚动）是一个主从式动词词组复合体。因而，此处的使役动词词组复合体是“施效”施事性特征的另一种体现方式：通过扩展体现过程的动词词组，将另一个参与者角色引入小句。在作格分析中，这看起来与 *John rolled the ball*（约翰滚动了球）别无二致；但在及物性分析中，却有所不同，从而可以揭示两者之间的差别：在 *John rolled the ball* 中，他直接作用在球上，而在 *John made the ball roll* 中，他可能通过杠杆、意念或其他非直接力量使

球滚动（图 8-9）。

	John	rolled	the ball
及物性：	动作者		目标
作格：	施事者		中介

John	made	the ball	roll
启动者		动作者	
施事者		中介	

图 8-9　使役结构的分析

同样地，我们只有将两种分析（及物性和作格）综合起来才能了解其本质特征。

在及物性分析中，我们引入了启动者的概念，该参与者带来了动作者所施展的行为。这一功能出现在带有动词 *make* 的显性使役结构中。当然，我们也可以进一步延伸这种施事性：*Mary made John roll the ball*（玛丽使约翰滚动了球），如图 8-10 所示。

	Mary	made	John	roll	the ball
及物性：	启动者		动作者		目标
作格：	施事者		施事者		中介

图 8-10　带有三个参与者的使役结构

注意，在作格分析中，施事者功能可以递归，从而无限扩展，如 *Fred made Mary make John*...

但是，此处仍然只有一个过程，即"滚动"过程。因而，仍然可以将其表征为具有主从关系的两个动词词组。但在这个例子中，他们是非连续性的（见图 8-11）。更多带有 *make*，*compel*，*get*，*have* 和 *let* 等使役动词的例子如下所示：

||| Stanley has a love affair with Oliver Platt, too, || who makes him laugh. ||| I didn't make him laugh, || I made him cry. ||| [语篇 73]

||| You're made to think || the only thing [[that's going to save you]] is that specialness. ||| [语篇 17]

||| When the evidence on aggression and the systematic bombardment of the entire population of Vietnam becomes known to the public, || we are in no doubt || that all men of integrity [[who examine this evidence]] will be compelled to reach the same conclusions. ||| [语篇 328]

580 ||| However, the occurrence of the hole at about that time served as a major driving force [[[to get the Europeans to view ozone as a serious issue || and to get them to the table]]] . ||| [语篇 33]

||| The promise of DVD-quality output from your DV camcorder should get most creative minds spinning; ...||| [语篇 120]

||| In addition to movies, iDVD lets you store pictures [[that can be viewed as a slide show]]. ||| [语篇 121]

||| If he would come to know || that the officer had recorded on file the message [[he had received from him]], || he would have him transferred to an unimportant post. ||| [KOHL_G]

John	made	the ball	roll
	过		程
	α		×β

Mary	made	John	roll	the ball
	过		程	
	α		×β	

图 8-11　主从式动词词组复合体：使役

带有 *make*，*get/have* 和 *let* 的使役结构属于增强类。但是，三类扩展形式都有使役结构：见表 8-6。我们将依次分析这些类型。

表 8-6　使役

扩展	类别		β- 动词的体	实例
详述	现实－相		完成体	consider ... to do => 心理; prove ... to do => 言语
	时间－相		非完成体	keep ... doing; start ... doing, stop ... doing
延伸	意动	意动	完成体	encourage ... to do
		联合	完成体	help ... (to) do, enable ... to do

续表

扩展	类别		β-动词的体	实例
	潜势性	潜势	完成体	enable ... to do
		达成	完成体	teach ... to do
增强	原因	理由	完成体	remind ... to do
	施事性	高值	完成体	make ... do; force ... to do; require ... to do
		中值	完成体	have ... do; get ... to do; oblige ... to do
		低值	完成体	let ... do; allow ... to do; permit ... to do

8.7.1 详述：相

（a）现实-相。可以看到具有使役形式的现实-相，例如：

（1）　看似：　　John seems to be responsible
　　　（使役）　Mary considers John to be responsible
（2）　体现：　　John turns out to be responsible　581
　　　（使役）　that proves John to be responsible

但是，最好将 *consider* 和 *prove* 分别看作心理和言语过程，投射的是命题或过程；注意带有 *that* 的高度同源的定式小句，比较：*it seems / turns out that John is responsible*（似乎 / 结果是约翰负责）。

（b）时间-相。此处，*keep* 和 *start/stop* 之类的动词同样也可以出现在使役结构中：

（1）　持续：　　the ball kept rolling
　　　（使役）　John kept the ball rolling
（2）　起始：　　the ball started/stopped rolling
　　　（使役）　John started/stopped the ball rolling

实例：

... || but I suppose || we have to keep ... have to try and do something || to keep the ball rolling. ||| [UTS/Macquarie Corpus]

I keep them going all day || and then write up the stuff at night. [语篇 96]

||| But there is still a very strong sense that I want to maintain that until, because it will be the thing that will push me back into writing the Ed D and it certainly kept me going the, and the partnership with E, ah Elizabeth too, that, that too, has ah... assisted in the process of keeping me writing. ||| [UTS/Macquarie Corpus]

||| I had to sit down || and stop her talking about it. ||| [语篇 82]

注意这些都有被动语态：*the ball was kept/started/stopped (from) rolling (by John)*（那球由约翰带着 / 踢走 / 截停）。

8.7.2 延伸：意动

（a）**意动**。意动没有使役形式，也就是说，没有单词表示“使……尝试”；当然，这也可以通过解析法来表达，例如：

(she) | α made | (him) | ×β try | +γ to eat | (it)

联合的使役形式包含 *help*，也有可能包含 *enable*：

联合：John managed to open the lock

（使役）Mary helped John to open the lock

||| DPP lawmaker Chen Ting-nan will be the justice minister, || responsible [[for helping Chen keep his promise [[to clean up graft]]]]. ||| [语篇 13]

||| But he never knew || that it really was his own Bunny, || come back || to look at the child [[who had first helped him to be Real]]. [语篇 28]

||| We have, << I am certain, >> an obligation [[[to study these questions || and to pronounce on them, after thorough investigation,]]] || for in doing so || we can assist mankind in understanding || why a small agrarian people have endured for more than twelve years the assault of the largest industrial power on earth, || possessing the most developed and cruel military capacity. ||| [语篇 327]

（b）**潜势性**。此处的使役形式如下： 582

（1）	潜势：	the patient can see clearly
	（使役）	this enables the patient to see clearly
（2）	达成：	John learnt to fly
	（使役）	Mary taught John to fly

同样地，这些使役结构都有被动语态：*the patient is enabled to see clearly*（病人能看得很清楚）和 *John was taught to fly by Mary*（约翰在玛丽的指导下飞行）。其他一些例子如下：

||| I — and his night nurse Anna — learned to understand him || by lying with our heads on his chest; || we got a vibration [[which enabled us to understand more or less what he was saying]]. ||| [语篇 24]

||| The first generation of cognitive scientists was trained to think that way, || and many Textbooks still portray cognitive science in that way. ||| [语篇 237]

||| This strong support has enabled us to execute these missions || without taxing our already-stressed readiness and modernization accounts. ||| [语篇 115]

8.7.3 增强：意态化

只有一两种意态有使役结构，如：

	John remembered to do it
（使役）	Mary reminded John to do it

其意思分别是“约翰留心做了这件事”，“玛丽使得约翰留心做了这件事”（比较第五章，脚注 29 中关于动词 *remind* 的不同含义）。但是，此处存在一类特殊的动词，只能出现在使役结构中，仅具有施事性的意义，包括：*make*，*cause*，*force*，*require*，*let*，*allow* 和 *permit* 等。这些动词可

以有三个级别的意态：

（高值）　this made (forced, required) them (to) accept our terms
（中值）　this had (got, obliged) them (to) accept our terms[⑥]
（低值）　this let (allowed, permitted) them (to) accept our terms

施事性这个概念本身是一个环境成分。在第五章已经看到，从一个角度来看，施事者是小句中的参与者（*John did it*）；而从另一个角度看，它是一种方式（*it was done by John*）。因而，使役施事者不出意外地出现在这类主从式结构中，通过 *force* 和 *allow* 等动词将施事性表现为一个过程。

另外，使役结构也有被动形式。例如：

583 （高值）　they were made/forced/required to accept
（中值）　they were got/obliged to accept
（低值）　they were allowed/permitted to accept

这使得我们可以解释发生在动词词组内部的意态：

（高值）	they are required to accept	they must accept
（中值）	they are obliged to accept	they should accept
（低值）	they are allowed to accept	they may accept

带有 *must* 等的动词意态现在已经成为了一种情态（见第四章，表 4-5 和第十章的第 10.3.2 节）；其在语义上与带有“在强迫 / 义务 / 允许下做”等环境意味的被动式使役意态相关。其在语义上可以与情态的另一层意义，概率，联系在一起，原因是二者都表征了说话者的判断：正如在 *that may be John* 中，*may* 表示说话者对可能性的判断（我认为它可能），在

⑥　也有非完成体，如 *got them working*（使他们工作）和 *had him begging for mercy*（让他求饶）等。

John may go 中，*may* 表达了说话者对义务的判断（我允许）。相关分析如图 8-12 所示。更多例子如下：

||| The Air Force met its quantity goal, || but was forced to dig deep into its reserve of delayed entry applicants.||| [语篇 115]

||| The hydraulic equipment for the control and operation of the two pairs of lock gates was required to be capable of being operated either under power by the lock keeper from local control pedestals located near each pair of gates or manually from the same pedestals by members of the general public, after the lock keeper's working hours. ||| [LOB_E]

||| The Comptroller returned || without discovering anything suitable, || and de Soto was obliged to make his landfall somewhere in the capacious, many-armed Bahia del Espiritu Santo, || now known as Tampa Bay, || which had been the starting point for the ill-fated Narvaez expedition eleven years before. ||| [LOB_F]

||| So most of these villains applied to the serious offenders review board || to have their sentences reviewed, || and [2 syllable name] for example was allowed to go after nineteen years ... ||| [语篇 82]

||| That kind of left intelligentsia is allowed to have publicity and prominence. ||| [语篇 234]

（a）

circumstances	forced	him	to resign
启动者 施事者	过—	动作者 中介	—程
	α		×β

（b）

he	was	required	to resign
动作者 中介	过程		
	α		×β

（c）

he	had	to resign
动作者 中介	过程	

图 8–12　意态（a）作为带有施事者的使役动词词组复合体；（b）作为动词词组；（c）作为情态（动词词组的定式成分）

584　8.8　主从关系：动词词组，投射

我们在上一小节中指出，“扩展”类主从式动词词组复合体表征单个事件。因而，只有一个时间参照点；如果参照点是明天，那么基本词组的时态就是将来时。

（i）相：he’ll start to do it tomorrow（而不是：he starts）
（ii）意动：he’ll try to do it tomorrow（而不是：he tries）
（iii）意态：he’ll help to do it tomorrow（而不是：he helps）

乍看，诸如 *want to do* 的表达与这些例子非常相似；我们可以说 *he’ll want to do it tomorrow*（他明天想做这件事），但直接说 *he wants to do it tomorrow*（他想明天做这件事）也非常正常。“想”和“做”在此处有不同的时间参照点。我们甚至可以说 *yesterday I wanted to do it tomorrow*（昨天我想明天做这件事），但是不能说 *yesterday I started to do it tomorrow*（昨天我开始在明天做这件事）。

“想”和“做”之间是一种投射关系。与 *wants to do it*（想做某事）一样，*do it*（做某事）的投射是一种意义，因而并不意味着“做了某事”——而诸如 *tries to do it*（试着做某事）和 *starts to do it*（开始做某事）的扩展类词组确实意味着“做了某事”，即使这个过程不完整或没有成功。

由第七章，第 7.5.4.2 节可见，“渴求”这种心理过程投射的是物品–

服务的交换，即提议。如果投射的主语与心理过程小句的主语相同，那么这个提议就是提供，如 *she wants to do it*（她想做这件事）；如果两者不同，那么提议就是命令，如 *she wants you to do it*（她想你来做这件事）。在第一种类型中，主语并没有重复，而是从渴求小句中转移过来（可以通过反身代词将其显化，如 *she wants to do it herself*（她想自己做这件事））。

如图 8-13 所示，所有这些投射都可以视为小句组连。

||| she ||| she	wants wants	‘||β! ‘||β!	to do it ||| him to do it |||
α		‘β	
感知者	过程： 心理		

图 8-13　带有 *want* 的投射小句组连

但是，在某些方面，他们却与动词词组组连相似。（1）与扩展类相同，被投射的非定式（通常为完成体）成分产生了动词时态，即两种将来时形式 *will* 和 *be going to*。（2）其 WH- 测试问是 *what does she want to do?*（她想要做什么？），而不是简单的 *what does she want?*（她想要什么？）；比较 *what is she trying to do?*（她在试着做什么？），而不是 *what is she trying*（她在试着什么？）。（3）那些主语发生了变化的命令形式，与一些扩展类使役结构相似。比较下面的小句对，包括被动形式： 585

she wants him to do it	she causes him / gets him to do it
he is wanted to do it	he is caused / got to do it
she wants it (to be) done	she causes it to be done / gets it done

正是在此处，扩展和投射交叉重叠。使某事发生意味着它已经发生，“外部施事性”（external agency）作环境特征。想某事发生意味着这件事情存在于想象中，是被投射的东西，但是可能发生也可能不发生：其地位是元

现象，而不是现象。但是，两者之间的界限十分模糊。通常情况下，如果这种关系可以通过定式 *that* 小句表达，如 *she wished that he would come*（她希望他会来），那么原则上这是投射；但是，在这里也有一个“灰色”领域：*she wanted that he should come*（她想要他过来）可能存在，但是不太常见；而 *she allowed that he should come*（她允许他过来）不常见，但是可能存在。⑦

虽然存在临界情况，但正如我们所指出的，投射是不同于扩展的一种关系。实际上，投射总是位于过程之间——一面是心理或言语过程，另一面是被其心理化或言语化（被投射）的另一过程。然而，从语法的角度来看，将一些投射视为动词词组组连并非不恰当，因为与它们意义类似的扩展类型也是如此。图 8-14 给出了一些用于比较的分析。（a）和（b）中的例子被分析为（i）动词词组组连和（ii）小句组连。（c）中那些带有 *that* 小句的例子只被分析为小句组连，因为此处不存在另一种可能。

受篇幅所限，此处无法将集聚在这一领域的所有投射类型一一讨论。表 8-7 列出了一些更加常见的类型。它们都可以分析为小句复合体；但是，在一种情况下或许可以将其分析为动词词组复合体，即那些表示提议、具有完成体、且前后两部分的主语相同的投射。这就会**排除**（1）命题，如 *pretend* 和 *claim*（*she claims to be infallible* = *she claims that she is infallible* 她称自己无错）；（2）非完成体，如 *she doesn't like/mind John leaving so early*（她不喜欢 / 介意约翰那么早离开）；（3）使役结构，如 *I didn't mean/expect you to notice*（我并不想 / 期望你注意到），以及所有“间接性命令”，如 *who asked you to comment?*（谁叫你评论的？）。同时，这也会排除那些投射过程本身就是使役结构的情况，如 *she temped John to stay*（她诱导约翰留下来）和 *what decided them to change their plans?*（是什么让他们决定改变计划的？）中的 *tempt*（诱导；引诱）和 *decide*。因而，如同第 7.5 中所讨论的，所有这些都被理解为投射性小句组连。

⑦ 还要注意 *want to* 尤其在对话中经常出现，与第一人称 *I* 或第二人称 *you* 连用。在这种情况下，其音位常被弱化为 *wanna*，如 *gonna* 和 *gotta* 等一样。

586

（a）

（i）

Mary	wanted	to go
语气		剩余部分
主语	定式成分：“过去”	谓语
	α	‘β
动作者	过程：物质	

（b）

Mary	wanted		John	to go
语气		剩余部分		
主语	定式成分：“过去”	谓—	补语	—语
	α		‘β	
启动者	过程：物质		动作者	

（ii）

Mary	wanted		to go
α			‘β
语气		剩余部分	剩余部分
主语	定式成分：“过去”	谓语	谓语
感知者	过程：心理		过程：物质

Mary	wanted		John	to go
α			‘β	
语气		剩余部分	语气	剩余部分
主语	定式成分：“过去”	谓语	主语	谓语
感知者	过程：心理		动作者	过程：物质

（c）

Mary	wished		that that	she John	could would	go go
α			‘β			
语气		剩余部分		语气		剩余部分
主语	定式成分：“过去”	谓语		主语	定式成分：“情态”“意态”	谓语
感知者	过程：心理			动作者	过程：物质	

图 8-14　投射动词词组 / 小句组连：（a）Mary wanted to go（i）作为动词词组复合体［优先情况］，（ii）作为小句复合体；（b）Mary wanted John to go（i）作为动词词组复合体，（ii）［优先情况］作为小句组连；（c）Mary wished that she could / John would go 作为小句组连

在表 8-7 的一些动词词组组连中，形容词形式在投射动词词组中充当事件，包括：（i）渴求：*be willing/keen/eager/anxious to do*；（ii）恐惧：*be afraid/scared to do*。其中，*afraid* 和 *scared* 原本是动词性的，但现在当作形容词使用，这反映在对它的加强上（使用 *very* 而不是 *much*）：*be very afraid/scared to do*。由于这些形式都是形容词性的，因而作为动词词组有点格格不入。但是，它们能够**系统地**归入动词词组中：它们与动词形式同源，所有的渴求类表达都是意态的同源表达形式。这里，我们甚至可以进一步推进分析，将一些名词形式归入其中，包括：（i）渴求：*have a mind to do*（想做某事）；（ii）意图：*make up one's mind to do*（下定决心做某事）。但是，这里我们讨论的东西确实有点超越动词词组的范围，因为这些结构涉及概念语法隐喻的使用（见第十章，第 10.5 节）。

587 **表 8-7　主从式动词词组复合体中的投射类型**

	类别：意义	系统	术语	β-动词的体	实例
	[will	渴求 => 时态	未来	完成体	will do]
	[going to	意图 => 时态	……（次要词组）中的将来	完成体	is going to do]
提议：思想	want	渴求	渴求 （否定）	完成体	want/wish/desire/long to do be willing/keen/eager/anxious//reluctant to do would like/prefer to do would rather do would hate to do
			（否定）	非完成体	like//enjoy doing mind/hate/can't stand doing
	intend	意图	决定	完成体	mean/plan/intend to do decide/resolve/make up mind to do
			考虑	非完成体	intend/consider/anticipate doing

续表

	类别：意义	系统	术语	β- 动词的体	实例
	expect	期待	期待	完成体	hope/expect/aspire to do
	need	需要	需要	完成体	need/require to do
	fear	恐惧	恐惧	完成体	fear/be afraid/be scared to do
提议：言辞	ask	命令	命令	完成体	ask/demand/request do to
	consent	同意	同意（否定）	完成体	agree/consent to do refuse/decline to do
	promise	承诺	承诺	完成体	promise/vow/undertake to do threaten to do
提议：思想	pretend	假装	假装	完成体	pretend to do
提议：言辞	claim	声称	声称	完成体	claim/profess to do
		传闻		完成体	be said/remoured to do

我们以一些投射类的主从式动词词组复合体的文本实例来结束本节内容。

［提议：思想］ 588

||| Because I like English very much; || I admire literature || and I want to study literature || — this is my field; || it always has been. ||| [语篇 125]

||| Well look in that case, I'd like to do it; || I mean I really want to do it. ||| [语篇 135]

||| He feels || that he rarely succeeded in reaching the fiber of the characters [[that he desperately wanted to attain]]. ||| [语篇 205]

||| I don't want to tell you || that I'm giving you everything [[I saw]] , || because I'm not. ||| [语篇 7]

||| Following the recent ban on the Students' Islamic Movement of India, || the

government has decided to come down heavily on these Islamic religious schools. ||| [语篇 320]

||| I can’t remember even considering doing anything else || after I was about fifteen or sixteen. ||| [语篇 7]

||| I remember going to a little film center || to see [[what we were told || was an interesting avant-garde film]]. ||| [语篇 119]

||| ... it’s helped me certainly to feel as though I have a worth while voice and I shouldn’t be afraid to use it in Text, um which is something I’ve always been very nervous about. ||| [UTS/Macquarie Corpus]

［提议：言辞］

||| Now, come on, || that was Margo saying || “For Christ’s sake, let me go! || I’m [[where I promised never to be]]!” ||| [语篇 24]

||| Bush promised to make America ‘more just and generous’ || and set a handful of specific goals: ... ||| [语篇 113]

||| He vowed to use his remaining days in the White House || to narrow differences between Israel and the Palestinians, || but with less than two weeks left he made no prediction of success. ||| [语篇 108]

［命题：思想］

||| There, he meets up with an attractive nurse (Linda Fiorentino) [[[who eventually figures out || that he is merely pretending to be sick.]]] ||| [语篇 205]

［命题：言辞］

||| His one line was [[‘here is the number of the slaughter’d French’]] || and claims to have delivered it rather badly. ||| [语篇 25]

||| Although it can be said to be a reaction to the structuralist views of sociology in the 1960s, and the dangers of totalitarianism, || in taking a relativist stance || ethnomethodology cannot make moral judgements about meanings. ||| [语篇 189]

图 8-15 将各种非使役主从式动词短词复合体表征为一个系统网络。

8.9　逻辑组织：小句和词组/短语复合体，词组

动词词组组连介于小句组连和动词词组之间：一个动词词组识解单个事件，一个小句组连识解两个不同过程；但是一个动词词组组连识解的是一个包含两个事件的过程。说话者或作者在识解不断变化的事件经验时，面临不同的选择。他们需要选择是将某个经验识解为一个包含单一事件的过程，还是一个包含两个（或更多）连续事件的过程，亦或是两个（或更多）的连续过程。

589

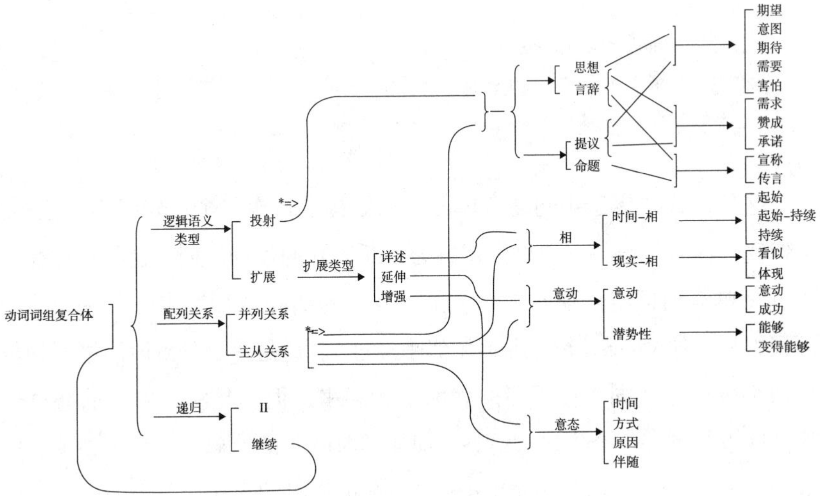

图 8-15　动词词组复合体系统

这些不同选择可能会在同一语篇中出现，比如新闻报道。因而，在一篇有关发生在泰晤士河上的“伦敦迪斯科船灾难”的新闻报道中，这个灾难多次通过小句组连得到识解： 590

语篇 8-1：报道——记载（笔语、独白）：新闻报道［语篇 30］

[4] ||| Thirty people were feared drowned last night after a floating night club

[[carrying as many as 150 on a late-night party cruise]] **collided** with a huge dredging barge || and **sank** in London's River Thames. |||

[9] ||| The Marchioness, <<which had been hired for a birthday party,>> **was hit** by the dredger, the Browbelle, near Blackfriars Bridge || and **sank** within two minutes in strong tides. |||

[27] ||| Witnesses said || the sand dredger **seemed to go past** the Marchioness || but suddenly **smashed** into the side || and **went** right over it. |||

[31] 'I thought || it **would go** past us, it **was travelling** too fast. [32] ||| It **hit** us in the side, || **smashed** into us || and **went** straight over us.' |||

其模式是：

［小句：］靠近<驳船>

［小句：］撞击<驳船、迪斯科船>

［小句：］沉没<迪斯科船>/［小句：］通过<驳船>

这种模式产生于小句复合体的序列结构，每次一个小句组连。这样，小句复合体就能够将一组事件识解为不断展开的过程序列。这些过程都是通过简单动词词组体现的单一事件，唯一的例外是 [27] 中的主从式的动词词组复合体 *seemed to go past*（似乎经过）。这是一个分阶段的过程，包含两个事件，共同表征了驳船表面上看起来，但不是实际发生的通过过程。这也与唯一一个表达“情态”而非“时间”的简单动词词组相关——*would go*，但是这个动词词组出现在一个被投射的小句中。因而，我们可以在这里识别出三种选择：*it* ***went*** *past us*（它经过我们）——*it* ***seemed***（它似乎）***to go*** *past us*（经过我们）～*I* ***thought***（我想）*it* ***would go*** *past us*（会经过我们）。

“迪斯科船惨剧”也可以通过简单小句被识解地更加紧凑，如 *barge sinks disco boat*（驳船撞沉了迪斯科船）。这里，事件流被压缩为一个单一经验，正如《悉尼先驱晨报》上关于另一起海难——泰国渡轮沉没的报道：

||| Two Australians missing || as storm sinks Thai ferry ||| [语篇 4]

这个事件或许也可以表征为另一个小句 *storm causes Thai ferry to sink*（风暴导致泰国渡轮沉没）。同一起海难在《澳大利亚人》中是这样被识解的：

||| Naval authorities believe ||| the boat **may have capsized** || because it was carrying a heavy load of construction materials in choppy waters |||. [语篇 5]

这或许也可以表征为 *heavy load causes boat to capsize in choppy waters*（较大的载重量使渡轮在波涛汹涌的水中倾覆），或者 *heavy load capsized boat in choppy waters*（较大的载重量压沉了在波涛汹涌水中航行的渡轮）。我们看到，这里也涉及小句中的“施事性”系统：storm sinks Thai ferry 是一个“施效”小句，原因被表征为施事者，而 *Thai ferry sinks*（泰国渡轮 591
沉没了）是一个“中动”小句，原因没有被表征为参与过程中的参与者。此处的原因可以表征为环境成分，或是小句组连中表增强的小句，如 *the boat may have capsized* ——► *because* ...（船只沉没了，可能是因为……）。

我们再看一个例子，这次从一个过程由使役式主从动词词组复合体体现的小句开始：

When overloading has caused the fuse to blow it will immediately blow again if the same appliances remain connected. [KOHL_E]

此处我们使用了一个使役式结构：*overloading has caused the fuse to blow*（过载导致保险丝熔断）。更“紧凑”的说法是使用简单动词短语的合成变体：*overloading has blown the fuse*（过载熔断了保险丝）。这两个小句都是“施效”小句。更“扩展”的一种说法可以是：*because the fuse was overloaded, it blew*（由于保险丝过载，它熔断了）或者 *the fuse was overloaded, so it blew*（保险丝过载，因而熔断了）。此处的因果关系是通过小句组连识解的，其结果被表征为“中动”小句 *the fuse blew*（保险丝熔断了）。因此，我们可以识别出一系列识解因果关系的策略：

（i）小句组连，并列—中动小句：the fuse **was overloaded**, so it **blew**
（ii）小句组连，主从—中动小句：because the fuse **was overloaded**, it **blew**
（iii）动词词组组连—施效小句：overloading **caused** the fuse **to blow**
（iv）动词词组—施效小句：overloading **blew** the fuse

其中一些涉及语法隐喻，将在第十章详述。

这些例子的意义在于表明，语法如何通过提供各种各样的策略，从而给予我们充分的自由度去识解系列事件。这些策略都表示经验意义，包括纯粹的逻辑意义 [上例（i）和（ii）]，逻辑和经验意义 [例（iii）]，以及纯粹的经验意义 [例（iv）]。

这些小句中的逻辑结构完全相同：它们涉及各种成分的配列关系模式——小句（小句组连）、词组（动词词组组连）或词（动词词组）。随着语法系统的演化，出现了一些新的选项——通常是沿着级阶向下发展。因而，主从式动词词组组连经常成为动词词组的来源：随着时间的推移，词组组连被“压缩”成为简单词组。在这一过程中，最初作为动词词组中“事件”的实义动词重新被识解为语法动词，它们在简单动词词组中充当助动词。我们在上面的几个表格中给出了很多例子，说明时态、情态和语气的动词词组来源。

这样，动词词组组连逐渐演变为动词词组，从而在语篇分析中很难区分，正如同很难区分小句组连和动词词组组连一样（见第 8.8 节）。例如，为何 *be going to do* 被分析为一个简单动词词组，而 *be required to do* 则是两个动词词组的组连呢？与往常一样，我们只能采用三重视角的方法（第一章，第 1.41 节），平衡“从上面”“从周围”和“从下面”的不同考虑：

（i）“从上面”：*be going to do / be required to do* 表征的是一个还是两个

事件？ *be going* 本身是否是一个事件？

（ii）“从周围”：在 *be going to do / be required to do* 中存在一套还是两套 592
动词词组系统？例如，在归一度上存在一个还是两个对比？在时态上存在一种还是两种选择？

（iii）“从下面”：*be going to do* 中的 *going* 和 *be required to do* 中的 *required* 是否为非突显音节？如果是，能否在音系上 缩略？

（i）“从上面”：*be going to* 表征的是一个事件，而 *be required to do* 表征两个事件。因而，*be required* 可以用别的词语替代，因为 *require* 本身是一个实义动词，表征一个事件，例如 *be obliged to do*，还有 *be permitted/allowed to do* 以及 *be forced to do* 等。但是，*be going* 无法用别的词语替代——没有 *be walking to do*，*be running to do*，*be sauntering to do* 等，因为 *going* 已经不是表示动作的实义动词 *go* 的变化形式。相反，*be going to do* 有一个语法变体（而不是词汇变体）：*be about to do*。

（ii）“从周围”：*be going to do* 是作为一个单个动词词组运作的，而 *be required* 和 *to do* 则作为两个单独的动词词组运作。因而，*be going to do* 只涉及单一系列时态选择，而 *be required to do* 涉及两个时态选择。例如，因为两个次要将来时态不能连续出现，所以不能说 *is going to be going to do*，但是可以说 *is going to be required to be going to do*，因为 *is going to be required* 和 *to be going to do* 是两个不同的动词词组。

（iii）“从下面”：*be going to do* 中的 *going* 在语音上是非突显的，同时 *going to* 可以被缩略为 *gonna*。相反，*be required/obliged to do* 中的 *required* 和 *obliged* 是突显的。（但是，*be supposed to do* 有自己独特的发音——/ sə'poustə/；同时，（如上所述）与交际者主语连用时，*want to* 经常缩略为 *wanna*。）

第九章

小句周围：衔接和话语

593 9.1 语篇概念；语篇发生模式

语篇是所发生的事情，以说话或写作，听或读的形式出现（见第一章，第1.1节）。分析语篇时，我们分析的是这一**过程**的**产物**；因而，“语篇”这个术语通常指的是产物——尤其是以书面形式出现的产物，因为这最容易被感知为一个物品（虽然现在我们有各种记录设备——录音机和现在的各种数码录音设备——这使得人们更容易将口语也理解为语篇）。当然，严格来说，小句（或任何一个语言单位）也表示所发生的事件（见Halliday, 1961，关于语言单位是模式化活动的论述）；但是，由于小句都有严密的形式结构，在我们将其概括为某种配置结构时，一般不会出现严重曲解。语篇的组织是语义性质的，而非词汇语法性质，且比语法单位的组织要松散得多（至少就衔接来说如此；本书中我们不会涉及语域/语境结构的问题；见Halliday & Hasan, 1985；Hasan, 1984；Martin, 1992：第七章，Martin & Rose, 2003, 2008）。语篇的组织通常是通过某种形式的结构符号来表征的。但是重要的是，我们能够动态地看待语篇，将其视为一个持续的意义过程。

我们如何能将语篇建构为一个持续的意义过程呢？要做到这一点，就需要回到**实例化连续统**这个概念：在第一章，第1.3.4节中，这个概念作为语境中语言组织的一个意义维度引入了进来。语言系统被实例化为语篇，二者分别代表了实例化连续统中的两端。系统和语篇并不是两个不同现象；它们只不过是同一现象中互补的两个阶段。拉近观看时，这一现象看似语篇；但当我们远距离观察时，就可以将其视为一个系统。系统和语篇构成一个连续统，而非二元对立，因为在这两端之间存在一个由中间模式构成的意义区域（实例类型——即**语篇类型**，或子系统——即**语域**）。

因而，语篇是一个**实例化的过程**；我们可以参照**系统**将其描述为，随 594
着时间展开的过程中，选择了哪些系统选项。本书中，我们给出了很多实例，说明在语篇形成过程中，如何在具体情况下做出选择——小句接小句，或词组 / 短语接词组 / 短语，以及实现这些选择的结构如何随着语篇的展开而建立模式。我们给出了许多短语篇或较长语篇的节选，并根据它们所处的语境进行了解释和分类。

在本章讨论前，我们先来引入一段较长的语篇节选：见语篇 9-1。该语篇是一家人（母亲、父亲、简和凯特）和他们的朋友兼主人（克雷格）在餐桌上的一段长对话的开头部分。他们身在克雷格位于悉尼北部的度假屋里。这是物理环境——或用哈桑的术语来说，是“物质情景设置”（material situational setting）（如 Halliday & Hasan, 1985）。虽然物质环境是统一的，但社会和符号环境却形形色色：围绕着餐桌这个共同的物质环境，交际者们参与了不同的社会-符号过程（见第一章，图 1-1）。最突出的过程是“分享”——他们聚在一起，与朋友和家庭成员，分享经历和价值观（见 Eggins, 1990; Eggins & Slade, 2005）；但是，如语篇 9-1 所示，他们还参与了别的活动，例如，准备食物和器具（做事）、指导对方如何使用设备（使能）。这段对话节选开始于晚餐马上就要开始时。凯特端上一盘自己做好的鱼，克雷格表示感谢，并以此开始了这段对话。

语篇 9-1：分享——日常对话：朋友间餐桌上对话节选（口语、对话），间或被“做事”语境（用斜体表示）和“使能”语境打断 [语篇 82]

	“分享”语境	“做事”语境	“使能”语境
克雷格：	Kate I must say this fish is cooked beautifully.		
妈妈：	It’s lovely darling.		
凯特：	Thanks. Thank you Craig so much for saying so. Jane’s not happy.		
简：	Mine’s cold and ...		
所有人：	[大笑]		
妈妈：	You’re having me on.		
?:	[说话重叠，无法识别]		
凯特：	Well Jane think of smoked salmon.		
克雷格		*Grab the pan.*	
简：		*Oh no I’ll grab the pan I think.*	
凯特：		*Oh.*	
简：		*Oh no no. It’s ... I’m sorry.*	
克雷格	Mmm. Mine is sensational. Sensational.		
简：	It’s alright Kate.	*Oh the pan’s been washed, has it?*	
		It hasn’t, has it?	
	God, mine’s terrific.		
克雷格：			Do you know how to turn the stove on? Look everybody watch this is the stove turning on demo. Stand back so you can see. Turn it to the right. Turn it on like that; press the button. Very easy.

续表

	“分享”语境	“做事”语境	“使能”语境
爸爸：			Oh automatic.
克雷格：			You don’t even need a match.
凯特：			Mmm.
克雷格：			You don’t even need a match.
爸爸：			Is that electricity, is it?
克雷格：			It’s gas.
妈妈：	The salsa’s —		
		Oh can you get some napkins? They’re in the back. Unfortunately —	
克雷格：		*They’re in the top drawer now, Kate, Kate.*	
妈妈：		*We only have paper.*	
克雷格：		*Over there, that drawer. I know it’s like pick a box in this kitchen. Should label the cupboards, shouldn’t I? Top drawer second drawer keep going until you find the right.*	

交际者：

凯特，41 岁的女士——简的妹妹

克雷格，47 岁的男士

简，47 岁的女士——凯特的姐姐

妈妈，74 岁的女士——简和凯特的妈妈

爸爸，77 岁的男士——简和凯特的爸爸；妈妈的丈夫

我们在考察系统性选择时，可以看到语篇是如何展开，并在一个接一
596 个的小句中体现结构的，见表 9-1。该表格包括三列分析，每列对应一个元功能。每个小句既有系统又有结构的分析。通过对比图 9-1 中对 *well Jane think of smoked salmon* 的完整分析，我们可以看到，此处的结构分析仅限于整个结构中的关键结构模式。

表 9-1　语篇 9-1 中“分享”部分的小句分析，夹杂“做事”

<table>
<tr><th>说话者</th><th></th><th>主位</th><th>语气</th><th>及物性</th></tr>
<tr><td rowspan="4">克雷格</td><td rowspan="2">Kate I must say</td><td>非标记性 <主语-主位>，+人际主位</td><td>陈述句、情态附加语：意态化+呼语、肯定</td><td>中动：不带范围、言语过程：言辞</td></tr>
<tr><td>主位 = Kate I</td><td>语气 = I must</td><td>过程 = must say；中介 = I</td></tr>
<tr><td rowspan="2">this fish is cooked beautifully</td><td>非标记性 <主语-主位></td><td>陈述句［依附小句］、时间：现在、非交际者、肯定</td><td>中动：带范围、关系过程：归属、内包</td></tr>
<tr><td>主位 = it</td><td>语气 = this fish is</td><td>过程 = is；中介 = this fish</td></tr>
<tr><td rowspan="2">妈妈</td><td rowspan="2">It’s lovely darling.</td><td>非标记性 <主语-主位></td><td>陈述句、时间：现在、非交互、肯定+呼语</td><td>中动：带范围、关系过程：归属、内包</td></tr>
<tr><td>主位 = it</td><td>语气 = it’s</td><td>过程 = ’s；中介 = it [fish]；范围 = lovely</td></tr>
<tr><td rowspan="3">凯特</td><td>Thanks. Thank you Craig so much</td><td>非完全小句</td><td>非完全小句</td><td>非完全小句</td></tr>
<tr><td rowspan="2">for saying to.</td><td>非标记性 <主语-主位>［隐性］</td><td>依附小句：非定式、交际者：受话者、肯定</td><td>中动：不带范围、言语：言辞［替代］</td></tr>
<tr><td>主位 = for</td><td>［语气 = ø］</td><td>过程 = saying</td></tr>
<tr><td></td><td>Jane’s not happy.</td><td>非标记性 <主语-主位></td><td>陈述句、时间：现在、非交际者、否定</td><td>中动：带范围、关系过程：归属、内包</td></tr>
</table>

续表

说话者		主位	语气	及物性
		主位 = *Jane*	语气 = *Jane's not*	过程 = *'s not*；中介 = *Jane*；范围 = *happy*
简	Mine's cold and …	非标记性 < 主语－主位 >	陈述句、时间：现在、非交际者、肯定	中动：带范围、关系过程：归属、内包
		主位 = *mine*	语气 = *mine's*	过程 = *'s*；中介 = *mine* [fish]；范围 = *cold*
	[大笑]			

597

妈妈	You're having me on.	非标记性 < 主语－主位 >	陈述句、时间：现在、交际者：受话者、肯定	
		主位 = *you*	语气 = *you're*	过程 = *'re having … on*
	[说话重叠，无法识别]			
凯特	Well Jane think of smoked salmon.	非标记性 < 谓语－主位 >，+ 语篇，+ 人际	祈使句、交际者：受话者、肯定	中动：不带范围、心理过程：认知、内容
		主位 = *well Jane think*	[语气 = ø]	过程 = *think*；中介 = 'you'
克雷格	Grab the pan.	非标记性 < 谓语－主位 >	祈使句、交际者：受话者、肯定	施效：施动句、**物质过程**：转化：详述
		主位 = *grab*	[语气 = ø]	过程 = *grab*；中介 = *the pan*；施事者 = 'you'
简	Oh no I'll grab the pan I think.	非标记性 < 主语－主位 >，+ 语篇	陈述句、时间：现在、交际者：说话者、肯定	施效：施动句、**物质过程**：转化：详述

续表

	说话者		主位	语气	及物性
			主位 = *oh no I*	语气 = *I'll*	过程 = *'ll grab*；中介 = *the pan*；施事者 = *I*
	凯特	Oh.	非完全小句	非完全小句	非完全小句
	简	Oh no no. It's ...			
		I'm sorry.	非标记性 <主语–主位>	陈述句、时间：现在、交际者：说话者、肯定	中动：带范围、关系过程：归属、内包
			主位 = *I*	语气 = *I'm*	过程 = *'m*；中介 = *I*；范围 = *sorry*
	克雷格	Mmm.	非完全小句	非完全小句	非完全小句
		Mine is sensational. Sensational.	非标记性 <主语–主位>	陈述、时间：现在、非交际者、肯定	中动：带范围、关系过程：归属、内包
			主位 = *mine*	语气 = *mine's*	过程 = *'s*；中介 = *mine [fish]*；范围 = *sensational, sensational*
598	简	It's alright Kate.	非标记性 <主语–主位>	陈述、时间：现在、非交际者、肯定、呼语	中动：带范围、关系过程：归属、内包
			主位 = *it*	语气 = *it's*	过程 = *'s*；中介 = *it [*fish*]*；范围 = *alright*
		Oh the pan's been washed, has it?	非标记性 <主语 - 主位>，+ 语篇	陈述句、时间：现在、非交际者、肯定、反问句：恒定	施效：受动句：非施事者、**物质过程**：转化：详述
			主位 = *oh the pan*	语气 = *the pan's*	过程 = *'s been washed*；中介 = *the pan*

续表

说话者		主位	语气	及物性
克雷格	It hasn't, has it?	非标记性<主语-主位>	陈述句、时间：现在、非交际者、否定、反问句：相反	施效：受动句：非施事者、**物质过程**：转化：详述
		主位 = *it*	语气 = *it hasn't ...* 语气反问句 = *has it*	过程：*hasn't* [ø: be washed]；中介：*it* [pan]
	God mine's terrific.	非标记性<主语-主位>，+人际	陈述句、时间：现在、非交际者、肯定	中动：带范围、关系过程：归属、内包
		主位 = *God mine*	语气 = *mine's*	过程 = *'s*；中介 = *mine* [fish]；范围 = *terrific*

	Well	Jane	think	of smoked salmon.
非标记性<谓语-主位>+语篇 +人际	语篇	人际	主题	述位
	主位			
自由小句：祈使句、交互：受话者、肯定+呼语	附加语	呼语	谓语	附加语
			剩余成分	
中动：不带范围、心理过程：（认知、非现象的）、内容			过程	内容
	连词词组	名词词组	动词词组	介词短语

图 9-1 表 9-2 中一个小句的系统和结构分析

（i）在语篇元功能中，非标记性主位选择占据绝对优势。前几个选择 599
将“鱼”突显为主题主位，对它的肯定评价成为新信息的焦点（*cooked beautifully*；*lovely*）。然后，“简”作为另一个主题主位被引入，首先代替“鱼”，随后又出现在了两个连续的祈使句主位中（*well Jane think*；*grab*），然后在三个小句中连续出现。接着，克雷格重新回到“鱼”的话题，它重复了一次，就在随后的两个小句中被“平底锅”这个主位打断，最后又被克雷格再次提到。因此，“鱼”这个概念成为本阶段对话中主导的话题主位，简、平底锅和相关动作成为次要主位选择。这样，就出现了几个不同的主位推进链，且从主位到主位的推进成为主要策略（虽然主位 *pan* 承接述位 *grab the pan*）。同时，新信息的本质是一致的——均表达感谢和情感。

（ii）在人际元功能中，陈述语气不断出现。克雷格通过提出命题开启对话，该命题围绕着一盘鱼展开——在语法上是主语。这一语步体现为一个词汇和语法上均为肯定的小句：*is*（而不是 *isn't*）+ *cooked beautifully*（而不是 *badly* 或其他）。（其实，第一个小句 *I must say* 本身是一个情态评价，而不是命题；它是一个人际隐喻实例：见第十章，第 10.3 节和第 10.4 节。）克雷格的这一步很成功，因为它为这次餐桌对话的开始设定了一个基调：该命题的不同变体贯穿整个对话，它们都使用“鱼是”（‘the fish is’）作为语气成分，同时在剩余成分中选择了带有肯定意义的词汇。主要的例外是几个体现为祈使句的提议——一个与鱼相关（*well Jane think of smoked salmon*），一个与晚餐间接相关（*grab the pan*）。后者随后又在几个围绕平底锅的命题中出现。人际选择产生了对话交流的不同模式。例如，克雷格对于这道鱼的欣赏引发了对感谢的回应。同样地，*grab the pan — I'll grab the pan*；*the pan's been washed, has it? — it hasn't, has it?*。

（iii）在经验元功能中，内包归属式的中动关系过程小句成为最受欢迎的类型：除了两个小句以外，其余均以鱼作为中介 / 载体，被指派的品质为范围 / 属性；剩下的两个内包归属式小句表达情感心理，以人为中介 / 载体，并以情感品质为范围 / 属性（*Jane's not happy; I'm sorry*）。除了这种占主导地位的关系过程小句，大概在语篇的中间位置还存在一种次要的物质过程小句。这些物质过程小句都是施效小句；其过程表示操控类动作，如 *grab*（抓）和 *wash*（洗）等，中介 / 目标是表示平底锅的名词词组，施事者 / 动作者（不管是显性还是隐性）是其中一个交际者。因而，存在两个主要的经验范围，它们都是具体的，并与餐桌上分享的经验有关：对鱼的定性分类和对平底锅的操控。（另外，还有一个一致式的心理过程小句——*think of salmon*，一个隐喻式的心理过程小句——*I think*，以及一个隐喻式的言语过程小句——*I must say*。）

这三个元功能对语篇 9-1 中意义模式的产生具有至关重要的作用。但是，与很多“分享”语境下的语篇相同，该语篇主要关注的也是交际者之间的关系语旨，因而高度依赖人际元功能资源（有关语场和语旨取向 600
的区别，见第一章，第 1.4.1 节；有关语篇中的人际和概念取向的区别，见 Halliday, 2001；有关日常对话中人际资源的部署，见 Eggins & Slade, 2005）。在上述语篇中，交际者对食物的评价是一个重要主题，它也有助于他们校准和协商彼此间的关系。

随着语篇的展开，语篇、人际和经验的选择就产生了不同的意义模式。如表 9-2 所示，这些选择可以通过**语篇计分**（text score）得到表征（见 Matthiessen, 1995a, 2002b）。这样，我们很容易看到受欢迎的主题是如何出现的，且与之相比，那些不太常见的选择又是如何脱颖而出的。通常情况下，这种受欢迎和不受欢迎的选择模式就形成了语篇发展中的不同**阶段**（见 Gregory, 1983, 2002；Cloran 等，2007）。例如，在该语篇节选的大约中间位置，我们可以看到一个阶段变化，既涉及人际语态选择，又涉及经验及物性选择。这一变化发生时，陈述句被祈使句所取代，而关系过程被心理过程所取代。

表 9-2　餐桌对话开始部分的语篇计分

非完全小句	完全小句												
	主位		语气			归一度		施效		过程类型			
	非标记性	标记性	自由小句：陈述	自由小句：祈使	非自由小句	肯定	否定	中动	施效	物质	心理	言语	关系

续表

非完全小句	完全小句												
	主位		语气			归一度		施效		过程类型			
	非标记性	标记性	自由小句：陈述	自由小句：祈使	非自由小句	肯定	否定	中动	施效	物质	心理	言语	关系
	■		■			■		■					■
■													
	■				■	■		■				■	
	■		■				■	■					■
	■		■			■		■					■
	■		■			■			■				
	■			■		■		■			■		
	■			■		■			■	■			
	■		■			■			■	■			
■													
	■		■			■		■					■
■													
	■		■			■		■					■
	■		■			■		■					■
	■		■			■			■	■			
	■		■				■		■	■			
	■		■			■		■					■
3	16	0	13	2	1	14	2	11	5	4	1	2	8

601 表 9-2 中的例子表明了意义是如何随着语篇的展开而产生的。我们有必要使用一个术语来表示这一普遍现象——即，在语篇展开过程中意义的产生。我们可以称其为**语篇产生**（logogenesis），其中的 *logos* 用的是其本意“语篇”（见 Halliday & Mathiessen, 1999：18；Matthiessen, 2002b）。由于语篇产生指的是语篇在展开过程中的意义产生，它关注那些在该过程中逐渐形成的模式。当然，这种逐渐出现的模式并不局限于单个语篇，

而是作为语言系统实例化的语篇的一般属性。这种模式被称为**“呈现模式”**（emergent patterns），在我们关注语法时，关心的就是**“呈现语法”**（emergent grammar）的模式（见 Hopper, 1987, 1998）。我们可以将这种在语篇展开过程中产生的系统称为**“实例系统”**（instantial system），因为它凝练了实例化连续统中实例端的各种模式。

语篇发生涉及语言的整个意义潜势——所有的层次和元功能。例如，诗歌中的头韵就是音系学层次上的一个语篇发生示例。在第二章，表 2-8 中的功能-级阶矩阵中，我们识别出的所有系统都能产生这样的语篇发生模式。因而，“语篇发生”在整个语言系统中都起作用。本书主要聚焦词汇语法子系统，而在这个子系统中，又重点关注词汇语法连续统中的语法部分。由于我们关注的是语法而非语义，语篇发生的概念就显得尤为重要：它使得我们能够探索**局部**的语法选择是如何积累起来，从而产生语篇发生模式，并成为展开语篇的**系统历史**中的一部分的（见 Halliday, 1992b）。如前所述，我们可以在这种语篇发生模式中确定不同阶段的选择，然后将其与更具全局性的语境和语义结构匹配起来（或者说，让它们能够解释词汇语法的语篇发生模式）。例如，在我们的例子中，克雷格说的第一句——*I must say this fish is cooked beautifully*（我得说这个鱼做得太棒了）——可以理解为晚餐聚会中一个语境阶段的开始。此时，一个不是厨师的人对食物表示了赞赏。这就是为什么一般来说，妈妈会附和 *it's lovely darling*（它是很不错亲爱的）。由于凯特和简是姐妹，凯特可以暗示简不喜欢这道菜，而反过来简也可以表达消极的感激之情（开玩笑地说话），就像妈妈说 *you're having me on*（你在骗我吧）一样。克雷格说的 *God mine's terrific*（天啊，我做的太棒了）结束了这段对话；但是，在约 250 个小句复合体之后，随着凯特重新激活话题，这个有关食物评论的人际关注又重新出现：见语篇 9-2。与其他许多人际关系问题一样，评价也需要通过韵律学的方法来探讨。

语篇 9-2：分享——日常对话（口语、对话）：语篇 9-1 [语篇 82] 朋友间餐桌对话开始后的部分节选（口语、对话）

Kate: Mum, you're not enjoying your dinner, are you?

Mother: I am.

Craig: She is. Her fish. Look at these chefs; they're so sensitive, aren't they?

602 Mother: But you know that I have a very small appetite.

Kate: Si.

Mother: Si. I'm not even having any vegetables that I cooked, because I know —

表 9-3 总结并举例说明了小句主要系统中选择的语篇发生模式。这种模式源于词汇语法系统中的连续选择。正如我们在第一章第 1.3.3 节中所指出的，语言的层次包括语义、词汇语法和表达媒介——音系学 / 字系学（或符号）。此处我们简要介绍的语篇发生模式，出现在词汇语法层，该模式同样也适用于其他层次。任何语篇都会出现意义、措辞和发音（书写）的语篇发生模式。在很大程度上，语音和文字模式与词汇语法之间的关系是"任意性的"（与更上一个层次的语义之间的关系也是如此）。因而，此处的语篇发生模式主要局限于它们本身的层次上。例如，在任一给定语篇中，"开放"与"封闭"音节的频率可能在语音上具有重要意义；但是通常情况下，它并不能影响词汇语法层和语义层：措辞或意义模式间不会形成共鸣（例外情况是韵律特征）[①]。然而，词汇语法的情况有所不同。正如我们在第一章中所强调并在本书自始至终所阐述的，词汇语法与语义间有着天然的联系，它们之间并没有任意或约定俗成的联系。这就意味着，出现在词汇语法层次上的语篇发生模式同时在语义层次上也发挥重要作用。例如，在语气系统中连续选择而产生的语篇发生模式可以通过"交换结构"（exchange structure）的概念进行语义解释（Berry, 1981；Martin, 1992：第二章；Eggins & Slade, 2005；Matthiessen & Slade, 2010）。

---

① 当然存在一些特殊的语域，尤其是诗歌和戏剧等。其中，音系层面上的语篇发生模式能够解释词汇语法和语义层次上的模式。

表 9-3　高级阶单位的语篇发生模式

元功能	单位	系统	语法发生模式
逻辑	小句（组连）	配列关系、逻辑-语义类型	主要逻辑-语义类型的阶段（例如，叙事插曲中的“时间/因果增强”；与实体有关的报告中的详述）；从一种类型向另一种类型的转换（例如，新闻文章中的“报道”转“引述”）
语篇	小句	主位	偏好（“非标记性”/“标记性”）主位选择的阶段，通过语场（“发展方法”；例如，叙事和传记话语中的年代和主角焦点）和评估角度（例如，科学话语中的假设和推测）突出组织路径
	信息单位	信息	“要点”逐渐积累的阶段，对某一语场进行详述（例如，程序中的产品[状态]）和/或对情感进行强化（例如，广告中产品的正面特征）
人际	小句	语气	协商的局部阶段，一种语气选择与另一种进行互补（例如，“疑问”^“陈述”^“非完全小句”），将语篇构建成语气类型主题（例如，作为“宏观-命令”语篇的食谱）和交际者简介——小句中的偏好人际选择模式（例如，入学面试中的面试官和面试者，家中的父母和孩子）
经验	小句	及物性	偏好过程类型选择的阶段（例如，食谱方法部分中的“物质过程”；叙事背景中的“存在过程”和“关系过程”），将语篇构建为过程类型主题（例如，作为“宏观-物质过程”的食谱）和参与者概况（例如，叙事中作为中介的儿童和作为施事者的成人）

9.2　衔接的词汇语法资源 603

如前所述，语篇发生的概念使我们能够看到那些局部的，发生在小句和其他语法单位中的逐个选择，是如何贯穿了语篇展开的整个阶段，或整个语篇，并形成模式的。只要回顾一下前几章中对语法资源的描述，我们就能得出上述观点。现在，我们可以考虑与语篇处理相关的其他资源。一方面，语言已经演化出了一套词汇语法系统，专门用作超越小句的边界——即最高等级的语法单位的领域。这些词汇语法系统起源于语篇元功能，统称为**衔接**系统（见 Halliday & Hasan, 1976, 1985；Martin, 1992, 2001; Fine, 1994）。另一方面，在词汇语法之外，还有用于产生和解释语篇的语义和语境资源。为了保持对词汇语法的关注，此处我们将聚焦衔接系统；但在本章末尾，我们也会讨论衔接与语义的关系。

英语中有四种产生衔接的方式：(i）连接，(ii）照应，(iii）省略和（iv）词汇组织。我们可以用语篇 9-1 中的熟悉的餐桌对话来说明上述所有类型。显然，该语篇与即时即地的物质情景密切相关，如向外指向或“外指”（exophoric），例如 *this fish* 和 *the pan* 等。尽管如此，如表 9-4 所示，我们发现这四种类型的衔接策略在创建语篇内部衔接链接时都发挥了作用。

(i）连接：连接包括狭义的连词和连续语（continuity）（见第三章，第 3.4 节中的语篇主位）。在餐桌谈话的开始部分出现一些标记词，表明新话轮中的小句与前面话轮中的相关；例如：*Mine's cold and ...*（我做的凉了……）— *Well, Jane, think of smoked salmon*（嗯，简，想想熏鲑鱼吧）；*Grab the pan!*（抓住平底锅！）— *Oh no, I'll grab the pan*（哦，不，我来抓住平顶锅）。这些标记词在连续语系统中起作用，它们是对话语篇的一个典型特征。在该对话的开始阶段，狭义的连词并没有被用来表达衔接，但它确实后来出现在同一语篇中——见语篇 9-3：

604 **表 9-4　对话段落中的衔接**

说话者		连接	照应		省略	词汇衔接	
克雷格	Kate I must say		/（外指）				say
	this fish is cooked beautifully		this fish（外指）			fish + beautifully	
妈妈	It's lovely darling.		it（前指）			(it) + lovely	

续表

说话者		连接	照应		省略	词汇衔接	
	Thanks. Thank you Craig so much						
凯特	for saying so.				so（小句省略）		saying
	Jane Jane's not happy.						
简	Mine's cold and ...		*mine*（外指）		mine［= "my + one"］（名词省略）	(mine) + cold	
	［大笑］						
妈妈	You're having me on.		you（外指）				
	［说话重叠，无法识别］						
凯特	Well Jane think of smoked salmon.	［连续语：］well				salmon + —	
克雷格	Grab the pan.			the pan（外指）			*grab* + *pan*
简	Oh no I'll grab the pan I think.	［连续语：］oh no	/（外指）	the pan（前指）			*grab* + *pan*
凯特	Oh.						
简	Oh no no. It's ...						
	I'm sorry.		/（外指）				
克雷格	Mmm. Mine is sensational. Sensational.		*mine*（外指）		mine［= "my + one"］（名词省略）	(mine) + sensational, sensational	
	It's alright Kate.		it（前指）			(it) + alright	
简	Oh the pan's been washed has it.	［连续语：］oh		the pan（前指）			*wash* + *pan*
	It hasn't has it.			it（前指）	［ø: been washed］（动词省略）		
克雷格	God mine's terrific.		*mine*（外指）		mine［= "my + one"］（名词省略）	［mine］+ terrific	

语篇 9-3：分享——日常对话（口语、对话）：语篇 9-1 [语篇 82] 朋友间餐桌对话开始部分的后阶段节选（口语、对话）

Jane: 'Cause that was one of those weird things that we had — that we all had friendships with each of them.
Bruce, Bruce and Philip were friends, Jane and I were friends, and then you and —

Mother: — David. ***Well*** you were in the same — you were in the same class.

605 Jane: We were all exactly * the same.

Kate: * **But** I don't know that we were friends.

Jane: ***Oh*** I think you were friends: you were friendly enough.

此处，连词 *but* 标示了 *I don't know that we were friends*（我不知道我们曾经还是朋友）和前面话语的关系：确切的范围往往很难确定，但在这里，它很可能是呼应简说的话。连词 *but* 是一个结构连词（连结词），但在我们的语篇中，也用来表达衔接；这是日常对话的典型特征之一，在这种会话中，比较复杂的衔接性连词相对较少出现。在语篇 9-3 中，也出现了两个连续语标记词，即 *well* 和 *oh*。这类词在连续语系统中起作用，是对话语篇的一个重要特征。

通过显式衔接性连词标示的连接关系可以出现在小句复合体中的小句之间（见第七章，如第 7.4.2.1 节），或出现在由小句复合体实现的语篇段之间，亦或是较长的语篇段（如修辞段落）之间。例如，语篇 9-4 中的 *meanwhile* 和语篇 9-5 中的 *so*，这两个语篇都来自餐桌对话的稍后阶段：

语篇 9-4：分享——日常对话（口语、对话）：语篇 9-1 [语篇 82] 朋友间餐桌对话开始部分的后阶段节选（口语、对话）

Kate: Well I think that's the thing. But you've tried the patches once before, haven't you?

Craig: Oh, once before it did work. Look: there've been plenty of periods when I don't smoke — big blocks of time. And I don't smoke during the day, and it's usually with a drink and all that sort of thing. But, you know, I smoke and I hate it. I hate that I do it. And I'm at that point where I have to make the decision. I can't go on any longer with it.

Kate: **Meanwhile** go and have a fag. [laughs]

语篇 9-5：分享——日常对话（口语、对话）：语篇 9-1 [语篇 82] 朋友间餐桌对话开始部分的后阶段节选（口语、对话）

Kate: She's got — she's got Big Pond, which she said — which is apparently not a terribly good provider.

Mother: No.

Craig: Mmm. No. I thought Yahoo was one of the better ones.

Mother: No no no but —

Craig: Isn't it?

Mother: No but Yahoo is a search engine. Um — ah Big Pond is a is a provider.

Craig: Oh okay.

Mother: **So** there's a difference. Like Ozemail and all those things.

（**ii**）**照应**：连接（包括连续语）是在整个小句或小句组合之间建立联系，而照应则通过在成分之间建立联系而形成衔接。它是一种事物之间或事实（现象或元现象）之间的关系。照应可以在不同距离上确立。如表 9-4 所示，虽然照应通常用来连接在小句内部实现某一功能（过程、参与者、环境成分）的单个成分，但是它可以赋予任何一段语篇以事实地 606
位，并因此将其转化为小句参与者（如下文第 9.4.3 节所示）。由于我们的餐桌谈话具有一个由交际各方共享的直接物质环境，对于就餐情景中的元素均有不同的照应——尤其是第一次提到鱼（*the fish*）、平底锅（*the pan*）和炉子（*the stove*）等时，它们都是通过指向餐桌上或餐桌旁的实物而被引入到对话中的。这种指称是**外指**（exophoric）——指向语篇外部。但是，一旦它们通过这种方式引入到对话中后，它们就会通过**前指**（anaphoric）被反复提及，在未展开的对话中构成**照应链**（referential chains）：*this fish — it ...*；*the pan — the pan — it* 等。正是语篇中的这些指称产生了照应这种衔接方式。这些照应都是指向非交际者。另外，也有一些照应指向交际者，例如，简：*mine — I* 等。这种涉及交际者的限定词和代词指向语篇之外，指代由言语活动决定的各种角色——说话者、说话者加其他人、受话者等；但是，它们当然仍可在语篇内构成照应链。

（**iii**）**替代和省略**：照应是通过在指称对象间建立联系而产生衔接的，这些指称对象在意义层面上均为成分；但也有一种资源涉及措辞层面，即小句或更小的单位。它包括两种形式：替代或省略；但是，我们可以简单统称为**省略**，因为替代可以理解为省略的一种系统变体。省略可以略去结构中的某些部分，而这些部分可以根据前文推测出来。省略表示连续性，使说话者和受话者聚焦在存在对比的内容上。例如，在语篇 9-1 中凯特和克雷格的第一次对话中：*Kate, I must say this fish is cooked beautifully.*（凯特，我得说这个鱼做得太棒了。）— *Thank you, Craig, so much for saying* ***so***.（克雷格，谢谢你这么说。）。此处，省略词 *so* 指代的是从属式被投射小句 *that this fish is cooked beautifully*。这一措辞可以推测出来，从而更加突出地表达了感激之情。同理，三处充当中心语 / 事物的名词 *fish* 可由名词词组 *mine* 推定，这可以理解为指示语和事物的融合——*my* 加上 'one'，代替 *fish*，即 *my fish*。这就使得我们可以将 *fish* 视为连续性的，从而突出所有权。

与照应不同，省略通常仅限于紧密相连的段落，尤其是出现在对话中的问答或"邻接对"（adjacency pairs）中。例如，在上面的语篇 9-4 中：*Oh the pan's been washed, has it?*（哦，平底锅已经洗了，是吧？）— *It hasn't [ø: been washed], has it?*（没有［洗］吧，不是吗？）同样地，*I'm about to throw Joanne out the window.*（我要把乔安妮扔出窗外）— *[ø: you're about to throw] Joanne who [[ø: out of the window]]?*（［你要把］哪个乔安妮［扔出窗外］？）— *[ø: I'm about to throw Joanne] Lattimer [ø: out of the window].*（［我要将乔安妮］拉缇玛［扔出窗外］）。

（**iv**）**词汇衔接**：连接、照应和替代 / 省略都是词汇语法的语法域中的衔接资源（见第二章，第 2.2 节），而词汇衔接则是在词汇域中运作，通过词项的选择而实现的。最为典型的情况是，这种衔接关系出现在单个词项之间，可以是单词，也可以是更大的单位，如 *locomotive*（单词）、*steam engine*（词组）、*in steam*（短语）、*steam up* 和 *get up steam*（两者均为词典中的“短语”）等；同时还涉及包含不止一个词项的语言表达，如 *maintaining an express locomotive at full steam*。在语篇 9-1 中的“分享”和“做事”阶段，出现了两个重要主题。第一个是“鱼”（经常由 *mine* 推定，表示‘my one’，即“我的鱼”），另加上评价语 *beautifully*，*lovely*，(*cold*，) *sensational*，*alright* 和 *terrific* 等，其中 *cold* 可以理解为局部语篇环境中的否定评价。词项 *fish* 也与 *salmon* 相连；它们又依次与表示不同烹饪方式的词语连用，即 *cook*（煮）和 *smoke*（烟熏）。第二个主题并非谈 607
话的核心，但也在衔接的产生过程中扮演重要角色。它包括 *pan* 和一个表示操控的动词，先是 *grab*（抓），后是 *wash*（洗）。

词汇联系不受结构的影响，可以跨越相邻语篇的较长段落；例如，上面对话中的 *fish* 和 *salmon* 在衔接上被多个话轮隔开，它们之间的距离可能更大。例如：

[the little] voice was drowned by a shrill scream from the engine

词项 *engine*（引擎）与之前最近一次出现的相关词项（*railway journey* 铁路旅行）之间总共相隔了 36 个小句。

从表 9-4 中的分析可以清楚地看到，语篇中的衔接选择形成了语篇发生模式。在连接中，这种模式采用了偏好的逻辑语义关系形式，以便在修辞上发展语篇。对其他类型的衔接资源而言，这种模式采用的形式是**语篇发生链**（logogenetic chains）——包括照应链、省略链和词汇衔接链（如表中各列所示），以及不同衔接类型内部和之间的这种链与链之间的相互作用。有时，这种模式是局部而暂时的；但通常它们会持续更长时间，并成为随着语篇展开而发展的实例化系统的一部分。例如，虽然“平底锅”

进入语篇后，通过照应保持了一段时间，且 *grab/wash* 加 *pan* 的组合也出现在几个语步中，但是这些衔接链在语篇中都没有持续。相反，特定限定词‘this’或‘my’+ *fish* 或省略 + 评价词（*beautifully*，*lovely*，*cold*，*sensational*，*alright*，*terrific*）的组合逐渐成为餐桌谈话早期阶段的一个重要主题。我们很容易就能想到，该主题会成为集体记忆的一部分，并在以后交际者再次见面时重新提及。在第 9.7 节中，我们会重新回到这种语篇发生模式，看看它们是如何产生衔接的。

衔接资源可以链接任何大小的语言单位，无论是在小句之下还是之上；链接的词项距离不限，无论是否在结构上相关。很多衔接实例都涉及到两到三种不同类型的衔接手段，它们相互结合在一起出现。例如：

> ‘You don’t know much,’ said the Duchess; ‘and that’s a fact.’
> Alice did not at all like the tone of this remark, and thought it would be as well to introduce some other subject of conversation.

此处的名词词组 *this remark* 包含一个照应词 *this* 和一个词项 *remark*，两者均与前文存在衔接关系。同理，在短语 *in some other subject of conversation* 中，*other* 和 *subject* 都与前文的讨论存在衔接关系，即“猫是否会咧嘴笑”。通常情况下，关联语篇中的任一小句复合体都会与前文存在至少一个，大约最多六个衔接关系，另有一些纯粹的内在衔接关系，例如此处公爵夫人使用的 *that*，用于回指她自己说的话的前半部分。

因此，不同类型的衔接对语篇的产生和阐释起到不同作用，而这些作
608 用是相辅相成的。这种互补性体现在两个方面：（i）其一与成分之间的衔接程度相关；（ii）其二与词汇语法中衔接资源的位置相关。

（i）我们可以将**连接**与其他三种衔接资源区分开来。正如我们所看到的，连接与修辞**转换**有关，即整个“信息”之间，甚至是信息复合体之间的转换。连接表现的是创建这种语篇转换所依赖的各种关系。相比之下，

其他衔接资源则与语篇**状态**有关——这些状态涉及如何将信息的“组件”作为信息处理（见 Matthiessen, 1992）②。我们会在第 9.7 节深入探讨语篇转换和状态，届时会将衔接系统与形成结构的主位和信息系统（语篇），以及小句复合（逻辑）联系起来。

（ii）同时，我们也认识到，衔接系统可以出现在词汇语法连续统中的语法区，也可以出现在词汇区。**连接**、**照应**和**省略**都是语法系统，因而都可以称为语法衔接。这些系统中的起始点都是一个或多个特定的语法单位；同时，这些系统中各条目的体现，要么通过在该语言单位结构中具有特定位置的语法项，要么通过语法结构中成分的缺失（即省略）。例如，连接的系统环境就是小句的系统环境；连词在小句结构中的作用就是充当连接附加语（见第三章，第 3.4 节和第四章，第 4.3.3 节）。相反，**词汇衔接**出现在词汇语法连续统中的词汇区；它遵循的基本原则是，词项不根据特定的语法环境来定义（见第二章，第 2.2 节；Halliday, 1966b）。表 9-5 展现了（i）和（ii）是如何交叉形成英语中的衔接系统的。

表 9-5　衔接类型

<table>
<tr><td colspan="2">一般类型</td><td>语法区
[语法项]</td><td>词汇区
[词项]</td></tr>
<tr><td colspan="2">信息之间的转换</td><td>连接
[单位：小句]</td><td></td></tr>
<tr><td rowspan="2">成分的地位</td><td>意义</td><td>照应
[单位：名词、副词词组]</td><td>词汇衔接
[近义词、上下义词]</td></tr>
<tr><td>措辞</td><td>省略和替换
[单位（复合体）：小句、名词词组、副词词组]</td><td>[重复、搭配]</td></tr>
</table>

② 比较韩礼德和哈桑（Halliday & Hasan, 1985）提到的**有机**（organic）衔接和**成分**（componential）衔接之分。

609

9.3 连接

9.3.1 从小句复合到连接

在第七章，小句复合体被描述为语法结构中最广泛的领域，其结构在单变元结构模型上被表征为从逻辑语义关系中发展而来，这些关系存在于按照多变元方式组织的小句之间。逻辑语义关系将成对的小句（或子复合体）链接成为主从或并列组连，通过组合主从或并列组连可以生成任何小句复合体。然后，第 9.1 节展示了这一形成小句复合体的策略是如何运用于指导语篇的局部发展的，并说明了小句复合体具有强大的语篇发生能力，从而确立扩展语篇的偏好策略。

因此，小句复合体提供了各种资源，在语法上将逻辑语义关系体现为配列模式。这正是语法结构中最广泛的领域（见第七章，表 7-3）。然而，在语篇的语义组织中，逻辑语义关系超越了由小句复合体实现的语义言辞序列；它们延伸到修辞段落甚至整个语篇（见第一章，第 1.4.2 节）。从逻辑语义关系的角度来看，语篇的语义组织可以通过不同分析方法得到，包括马丁提出的连接网状分析（conjunctive reticular analysis）（Martin, 1992：第四章），这种分析吸收了哈特福德分层学家们的理论，以及由 Mann 等（1992）提出的修辞结构理论（Rhetorical Structure Theory；RST）。后一种分析方法如下图 9-7 所示：见第 9.7.2 节的讨论。

尽管语法不涉及任何超出小句复合体之外的语法结构，但它仍然提供了“线索”，表明逻辑语义关系是如何在语篇中的不同范围内运作的。这就是衔接系统中的**连接**，它已经发展成为小句复合的补充性资源：连接能够标注不同程度语篇跨度之间的逻辑语义关系，从小句复合体中的小句到段落，甚至更长跨度[③]。小句复合和衔接性连接的主要区别在于：小句

③ 衔接性连词也被称为“语篇标记词”（discourse markers），另外还使用过其他一些术语（如，“语篇小品词”（discourse particle）、“连接词”（connective）；在计算语言学/自

复合细化了（i）逻辑语义关系的本质；（ii）相互依存关系的程度；以及（iii）通过单变元结构的形成而相互关联的小句领域。另一方面，衔接性连接细化的只是（i）逻辑语义关系的性质。从这个意义上说，衔接性连接是“线索词”（一个在自然语言处理中使用的术语，如 Cohen, 1984），它为听者和读者提供了（i）的信息，也可以让他们据此推断出（ii）和（iii）。

衔接连词也可以用在小句复合体之中，例如： 610

> ||| Someone comes along with a great idea for an expedition || — **for example**, I did a book called Sand Rivers, just before the Indian books, || and it was a safari into a very remote part of Africa. ||| [语篇 7]

（在第七章中的第 7.4.1.1 节、第 7.4.2.1 节和第 7.4.3.1 节，我们举例说明了那些在小句复合体中经常与结构连词连用的衔接性连词）但是，当它们被用来表示超出单个小句复合体（语法）范畴的逻辑语义关系时，才能发挥真正的衔接作用。它们可以用来标示两个小句复合体之间的关系，例如：

> ||| New numbers also will be inserted between the new area code and the old phone number. ||| For example: An old inner London phone number of 0171−555−55555 becomes 020−7555−5555 and an outer London 0181−555−5555 becomes 020−8555−5555. ||| [语篇 25]

实际上，这种关系甚至可能与更早出现的小句复合体的一部分相关联，如：

（接上页）然语言处理中：“线索词”（clue word）、“线索短语”（clue phrase））。“语篇标记词”这个术语也包括其他一些词项，如语篇连续语（textual continuative）以及人际词项等（如 Schiffrin, 1987, 2001; Fraser, 2006 及相关文献）。弗雷泽（Fraser, 2006）使用了“语篇标记词”这个术语表示“连词”，将其视为一种“语用标记词”（pragmatic marker）；席夫林（Schiffrin, 1987）使用的是更加广义的“语篇标记词”术语。杰梅尔和西蒙-范登贝根（Aijmer & Simon-Vandenbergen, 2009）探讨了术语“语用标记词”的不同含义，并且指出在系统功能语言学中这种标记词要么是人际意义的，要么是语篇意义的。

||| Given he demanding pace of military operations, || service members should be allowed to focus on their mission free from worry about the welfare of their families. ||| **Accordingly**, funding for quality DOD school, child development activities, and other family assistance programs is important, particularly today || when the stresses of operational deployments are higher than ever before. ||| [语篇 115]

但是，这种关系也可能连接比单个小句复合体更广泛的区域；例如，见语篇 9-6 和 9-7。

语篇 9-6：分享——日常对话（口语、对话）：闲聊 [语篇 69]

J: She'd sort of make things up in the assembly room.

S: Right.

J: They used to work over here; that's how they met.

S: And is he still here?

D: Yeah.

J: He's on holidays at the moment.

S: Mmm.

D: Is she on holidays? I haven't seen her since I've been back.

J: No, no, she's not.

D: **Actually,** it's really ridiculous.

语篇 9-7：探索——论证：一份公开信节选（笔语、独白）[语篇 6]；完整语篇请见表 9-20

||| I don't believe || that [[endorsing the Nuclear Freeze initiative]] is the right step for California CC. ||| (7 clause complexes) ||| **Therefore**, I urge you || to vote against a CCC endorsement of the nuclear freeze initiative. |||

611 最后这个例子中的连词 *therefore* 引入了后面小句复合体中的第一个小句，其因果关系区域涵盖前面整个语篇。该语篇是一个说服性语篇，作者首先提出观点，然后呼吁读者投反对票，将其呈现为一个理性的结论（整个语篇的修辞分析，见第 9.7 节）。这个连词 *therefore* 连接了语篇内部组

织中的各步骤（见下文）。这类连词连接的篇章段落经常跨度很广（甚至整个语类成分：见 Martin, 1992：181, 219）。

逻辑语义关系是通过连词表示的（见第六章，第 6.4.2 节）——要么是仅用于表示衔接的非结构性连词，如 *for example*，*furthermore* 和 *consequently* 等；要么是结构性连词，其典型功能是标示并列小句组连中的接续小句（见第七章，第 7.3 节）。前者充当连接性附加语（conjunctive Adjuncts）（第四章，第 4.3.3 节），通常用作主位；后者仅被分析为结构标记，且必定充当结构主位。实际上，由于连词通常用作主位，我们在第三章，表 3-4 中列出了常见的一些。

9.3.2 连接系统

如前所述，连接系统中体现的逻辑语义关系与我们在探索小句复合体中遇到的逻辑语义关系相同。换言之，在连词标示的关系中，一段语篇可以详述、扩展或增强另一段稍早出现的语篇。该系统如图 9-2 所示，它在精密度阶上体现了一定的程度。我们在表 9-6 中列出了用于表示每个最精密特征的连词，因而不会在精密度阶上做进一步区分。

正如我们所看到的，详述、扩展和增强类连词标示了语义域，即语篇片段之间的关系。这些语篇片段同时具有概念性和人际性；它们将经验识解为意义，例如叙事或叙述中的一段插曲，同时它们也可以设定角色和关系，例如对话 / 协商中的交流或者阐述说明中的论点等。这些关系通过概念意义或人际意义将语篇片段连接起来，因而它们关联了大量的经验或互动。例如，在下面一个民间故事的节选中，连词 *soon* 和 *then* 标示了所叙述情节中的时间关系：

> Quickly, the hunters grabbed their harpoons and tied the dogs to the sledges. Ka-ha-si rode with the leader as they raced in the direction of the walruses. **Soon** they

turned the sledges over and anchored them in the snow.

Then they pushed their umiak into the water. Ka-ha-si sat silently in the bow.

经验片段表征之间的关系称为**外部关系**，标记这种关系的连词称为**外部连词**。相反，在语篇 9-7 中（该语篇在探索性语境中运作），连词 *therefore* 标示的是论点中的因果关系，而不是所表征经验中的因果关系：我告诉你们……因此，我敦促你们……。相似地，同一语篇中的 *rather*（见表 9-20）标示了作者论点中两个步骤之间的关系。通过人际意义连接语篇片段的关系称为**内部关系**——存在于作为言语事件的语篇内部，标示这种关系的连词称为**内部连词**。正如我们在第一章，第 1.4.1 节中所提到的，内部关系更容易出现在以语旨为导向的语境下的语篇整体组织中（如表 9-20 中的说服性语篇所示），而外部关系更容易出现在以语场为导向的语境下的语篇整体组织中（如程序性语篇和叙述）。

韩礼德和哈桑（Halliday & Hasan, 1976：第五章）首次介绍了外部关系和内部关系之间的区别，Martin（1992：第四章）对此进行了发展，将连接描述为一个语义系统。如曼和麦蒂森（Mann & Matthiessen, 1991）所示，在修辞结构理论（RST）中，这种区别在描述修辞关系时也扮演着重要角色。对于**连接**的语法系统来说，我们可以在图 9-2 中的扩展**类别**系统中，增加一个平行的**取向**系统：见图 9-3。将连接视为一个包含两个变量的系统，可以揭示其基本原理。但是，这两个系统变量并非完全相互独立。“详述”类更多地是表达“内部”而非“外部”关系，而“扩展”和“增强”既可以是“内部”，也可以是“外部”关系，特定连词在两种情况皆有可能。因而，我们在精密度阶上对其进行扩展时，需要考虑类别和取向的各种潜在组合：（i）一些连词既可以用来表示内部关系，也可以表示外部关系，而一些连词只能用来要么表示（ii）外部关系，要么表示（iii）内部关系。例如：

612

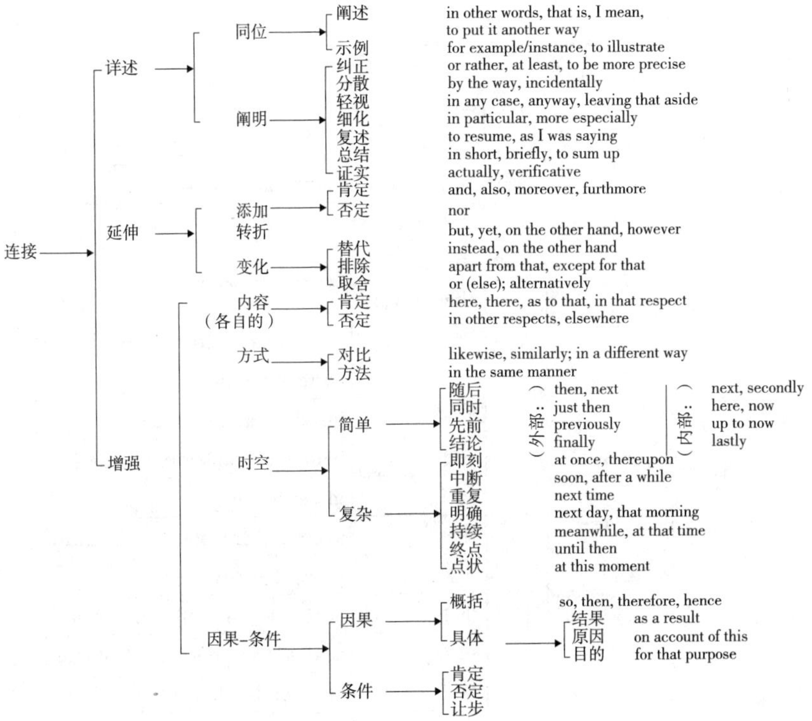

图 9-2　连接系统

表 9-6　词项充当连接附加语示例 613

“扩展”类型	子类		词项
详述	同位	阐述	in other words, that is (to say), I mean (to say), to put it another way
		示例	for example, for instance, thus, to illustrate
	阐明	纠正	or rather, at least, to be more precise
		分散	by the way, incidentally
		轻视	in any case, anyway, leaving that aside
		细化	in particular, more especially
		复述	as I was saying, to resume, to get back to the point
		总结	in short, to sum up, in conclusion, briefly
		证实	actually, as a matter of fact, in fact, indeed

续表

	“扩展”类型	子类			词项
	延伸	添加	肯定		*and*, also, moreover, in addition
	延伸	添加	否定		*nor*
	延伸	添加	转折		*but*, yet, on the other hand, however
	延伸	变化	替换		on the contrary, instead
	延伸	变化	排除		apart from that, except for that
	延伸	变化	取舍		alternatively
	增强	时空	简单	随后	then, next, afterwards [including correlatives first ... then]
	增强	时空	简单	同时	just then, at the same time
	增强	时空	简单	先前	before that, hitherto, previously
	增强	时空	简单	结论	in the end, finally
	增强	时空	复杂	即刻	at once, thereupon, straightaway
	增强	时空	复杂	中断	soon, after a while
	增强	时空	复杂	重复	next time, on another occasion
	增强	时空	复杂	明确	next day, an hour later, that morning
	增强	时空	复杂	持续	meanwhile, all that time
	增强	时空	复杂	终点	until then, up to that point
	增强	时空	复杂	点状	at this moment
	增强	时空	简单内部关系	随后	next, secondly (‘my next point is’) [incl. correlatives first ... next]
	增强	时空	简单内部关系	同时	at this point, here, now
	增强	时空	简单内部关系	先前	hitherto, up to now
	增强	时空	简单内部关系	结论	lastly, last of all, finally
614	增强	方式	对比	肯定	likewise, similarly
	增强	方式	对比	否定	in a different way
	增强	方式	方式		thus, thereby, by such means
	增强	因果–条件	概括		so, then, therefore, consequently, hence, because of that; for
	增强	因果–条件	具体	结果	in consequence, as a result
	增强	因果–条件	具体	原因	on account of this, for that reason

续表

“扩展”类型	子类		词项	
			目的	for that purpose, with this in view
			条件：肯定	then, in that case, in that event, under the circumstances
			条件：否定	otherwise, if not
			让步	yet, still, though, despite this, however, even so, all the same, nevertheless
	内容	肯定		here, there, as to that, in that respect
		否定		in other respects, elsewhere

（i）外部 / 内部：*and, or, but, however, then, next, so, therefore*

（ii）外部：*just then, previously, soon, meanwhile, next time*

（iii）内部：*in fact, actually, incidentally, in short, finally, in conclusion, furthermore, moreover, in this respect, otherwise*

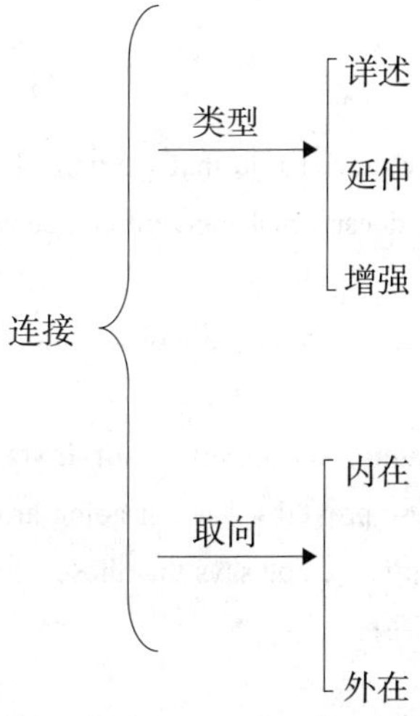

图 9-3　同时包含两个子系统的连接系统：
（扩展）类型和（元功能）取向

（比较 Halliday & Hasan, 1976：242–243）。一些在取向系统中只能表
615 示"内部关系"的"详述"类连词同时也可以作情态副词（如 *actually, in fact, indeed, as a matter of fact*），充当表示"强度"的语气附加语（见第四章，第4.3.2.1节）或者表"事实"的评论附加语（见第四章，第4.3.2.2节）。实际上，这些连词在历史上都是通过语法化过程联系在一起的：从经验来源开始，这类词项倾向于发展成为语篇连词，然后再进一步发展为人际情态副词：见 Traugott（1977）和 Brinton（2009）。

接下来我们要回到图 9-2 中的三类扩展，并从详述类连词开始，分别讨论每种类型和其各个次类。

9.3.2.1 详述

详述关系有两种类型：（a）同位；（b）阐明，其整体范围与并列式详述相同，但是此处的同位包括阐述和示例，我们先从同位开始。

（a）同位。在这类详述中，某个成分通过以下两种方式被重新表征或表述：（i）阐述，表示"即、也就是"；（ii）示例，表示"例如"。

（i）阐述：

I guess the main editorial rule that we work by is to treat all manuscripts equally. **I mean**, it doesn't make any difference who the author is. [语篇 21]

（ii）示例：

Our humor is founded on very close observation, very, very close observation of reality.

You find some humorous proverbs, **for instance**, and the humor is that whoever made these proverbs was not going around the world with his eyes closed. **For example**, the dog says that those who have buttocks do not know how to sit. [语篇 16]

616 **（b）阐明**。此处被详述的成分并不只是简单地重述，而是为了达到语篇目的进行复原、总结、精简或以其他方式澄清。有七种小类（纠正、

分散、轻视、细化、复述、总结、证实），它们通过不同的连词集合实现[④]，如表 9-6 所示，参见下面实例：

Calculations by Anderson show that ozone depletion at the 410- and 420-K isentropic surfaces between August 23 and September 22 can be almost entirely explained by the amount of ClO present if one assumes that the ClO-ClO mechanism is effective. At the 360-K surface, the calculated ozone loss is somewhat less than the observed loss. **At least** we can say that above about the 400-K level, there does seem to be enough ClO to explain the observed ozone loss. [语篇 33] [纠正]

Customer: What's pepperoni? — Operator: Pepperoni? It's a round, it's a pork product. — Customer: Is it? Oh okay. No I don't want that. **Anyway**, um — can I have one of them? I'll pay the two dollar extra: the — what do you call it? the seafood. [11PH12] [轻视]

Interviewer: You grew up in St. Louis, Missouri, went to Vassar as an undergraduate, and then came back to Iowa for your graduate work. — Smiley: **Actually**, there was a year in there where after I finished Vassar I went to Europe with my then husband and we hitchhiked around, wondering what to do. [语篇 17] [证实]

---

④ 一些表示"证实"意味的连词同时也可表达评价，充当语气或评论附加语（见第四章，表 4-14）：*actually*, *in fact*, *indeed*——（i）证实（"现实中"），（iia）增强：反期望（"甚至"）和（iib）事实（言语功能评价："真正地"）。此处，证实和评价均指向人际意义：在表达评价时，这些连词当然表达的是纯粹的人际意义；在表达证实时，这些连词在取向上是内部的（见 Halliday & Hasan, 1976：240ff.）：澄清与言语功能有关，而不是与正在交换的命题或提议的经验内容有关——"我将通过澄清我之前所说的来告诉你"。因此，在下面的例子中，*in fact* 充当的是一个表达衔接意义的连接性附加语，而 *actually* 充当的是一个语气附加语：*But that basic training helped me in the part.* ***In fact****, when Tom Quayle (Tom Jennings)* ***actually*** *did knock me down in the fight scene, I saw red and had to take a few deep breaths and hold myself back.* [ACE_C] 特劳戈特（Traugott, 1997）说明了 *indeed* 和（在英语历史的后期）*in fact* 是如何（用我们的话说）从环境附加语发展到人际附加语，又发展到连接附加语的。它们都遵循了她提出的其中一条语法化路径。

9.3.2.2 延伸

延伸涉及添加或变化。其中，添加可以是肯定的 *and*，也可以是否定的 *nor*，亦或转折的 *but*。但是，由于转折关系在语篇中尤为重要，因此最好将其单独作为一种类型。变化包括替代 *instead*、排除 *except* 和选择 *or* 等三种类型。

（a）添加

（i）肯定：

||| The ozone amount was also the lowest on record at all latitudes south of 60°S latitude in 1987. ||| **Furthermore**, the occurrence of strong depletion was a year-long phenomenon south of 60°S || and was not confined to the spring season as in preceding years, || although the greatest depletion occurred during the Southern Hemisphere spring. ||| [语篇 33]

（ii）否定

||| When Kukul awoke, || he saw [[that the feature was gone]]. ||| He searched everywhere, || but he could not find it. ||| **Nor** could he remember the words of the priest on the day [[he was born]]. || [语篇 65]

617 （iii）转折

||| After the Bay of Pigs fiasco, he said ruefully, || 'It would have been better || if we had left it to James Bond.' ||| **On the other hand**, his reputed attempts [[to get Castro to extinguish himself with either an exploding cigar or a poison pen]] may have owed all too much to Bond. ||| [语篇 110]

（b）变化

（i）替换

||| Assad, a career air force officer [[who took power in a bloodless coup in 1970]], has been grooming Bashar for future leadership, || but the British-educated ophthalmologist has held no major political office. ||| **Instead**, Bashar has been going abroad as his father's special envoy. ||| [语篇 66]

（ii）排除

||| Naturally though, it has to be within walking distance of Mayfair, || but, **apart**

from that, an attic with only a shower and a gas ring will suffice. ||| [LOB_R]

（iii）取舍

||| If there's still time, || you may wish to round off the day with a visit to Fort Denison [[conducted by the Maritime Services Board]]. ||| Tours leave from Circular Quay at 10.15am, 12.15am and 2.00pm Tuesday to Sunday, || although you will certainly need to book in advance || by ringing Captain Cook Cruises on 2515007. ||| **Alternatively**, if you've had enough of colonial relics, || a Captain Cook Cruise can be booked on the same number. ||| [语篇 22]

9.3.2.3 增强

能够产生衔接的“增强”包括四种类型:（a）时空,（b）方式,（c）因果－条件和（d）内容。下面我们将对其进行简单介绍并举例说明。

（a）时空。在语篇中，我们可以使用连词表达地点所指，如 *here* 和 *there*，空间副词，如 *behind* 和 *nearby*，以及包含地点名词或副词另加一个所指项的表达式，如 *in the same place* 和 *anywhere else*。此处，空间关系在语篇中用作衔接手段。

然而需要注意的是，用于表达衔接的最明显的空间关系是隐喻式的，如 *there you're wrong*（这里你错了）中的 *there*，对比 *on those grounds*（基于这些原因）和 *on that point*（在这点上）。事实上，这些表达方式表达的是“内容”。很多扩展类的连接性表达在本质上都是空间性隐喻，如 *in the first place*（首先）和 *on the other hand*（另一方面，此处的 *hand* 涉及双重隐喻:“身体的一部分”——“边”[*on my right hand* “在我右边”]——“论点的一边”）。

时间性连词涵盖各种不同的关系。如下面例子所示，我们可以区分（i）简单和（ii）复杂时间连词，它们均充当连接性附加语。它们在以时间顺序为主要组织原则的语域中非常重要，如叙述、传记和程序介绍等。例如:

（i）简单

||| ‘I am Real!’ || said the little Rabbit. ||| ‘The Boy said || so!’ ||| **Just then** there was the sound of footsteps, || and the two strange rabbits disappeared. ||| [语篇 28] [同时]

||| The Atlantic took a second story, || and I got an agent. ||| **Then** I started my first novel || and sent off about four chapters || and waited by the post office || for praise to roll in, calls from Hollywood, everything. ||| **Finally** my agent sent me a letter [[that said || ‘Dear Peter, James Fenimore Cooper wrote this a hundred and fifty years ago, || only he wrote it better. ||| Yours, Bernice.’]] ||| [语篇 7] [随后；最后]

618 Interviewer: ||| When did you first feel a sense of vocation about being a writer? ||| — Smiley: ||| Probably when I was a senior in college. ||| I had done well in creative writing classes **before that**, so I signed up for the senior creative writing class and I started writing a novel. ||| [语篇 17] [先前]

（ii）复杂

||| Kukul fought bravely, || at times at the very front. ||| But wherever he was, || not a single weapon fell on him. ||| Chirumá observed this. ||| ‘The gods must watch out for Kukul,’ he thought to himself. ||| **All at once**, Kukul saw an arrow flying straight toward Chirumá, || and Kukul positioned himself like a shield in front of his uncle. ||| [语篇 65] [即刻]

||| In another story [[that we recently published]], Robert Olen Butler’s ‘Titanic Victim Speaks through Waterbed,’ a midlevel colonial official [[who is on the Titanic]] falls in love with a woman || as the ship is about to sink. ||| He has led a dry life **until then**, || and the whole story is told through the eerie perspective of this guy after death, || as he continues to float around in water, at various times in the ocean, in a cup of tea, a pisspot, and finally a waterbed. ||| [语篇 21] [终点]

||| Place the aubergine slices in a colander, || sprinkle with salt || and leave || to drain for 10 minutes. ||| Rinse and dry thoroughly. ||| **Meanwhile**, mix the flour with the cayenne pepper in a bowl. ||| [N.B. Highton & R.B. Highton, 1964, *The home book of vegetarian cookery*. London: Faber & Faber] [持续]

"复杂"的时间性连词其实是带有其他语义特征，或者同时拥有不同语义特征的简单性连词。

很多时间性连词既可以从"内部"，也可以从"外部"进行阐释（见第七章，第 7.4.3.2 节；Halliday & Hasan, 1976：第五章；Martin, 1992：第四章；比较 Mann & Matthiessen, 1991）。换言之，它们所指的时间是语篇本身在时间上的展开，而不是所指过程的时间顺序。就语义的功能成分而言，它是人际时间而非经验时间。与上面的"简单"类别平行，我们可以区分出简单的内在时间连词，如下面例子所示，它们充当连接性附加语。这些词在议论文语篇中起着重要作用。例如：

||| Organizationally, there are equally strong imperatives and challenges. ||| Again, a ***first*** requirement is [[to do no harm to organizational frameworks [[that, through years of evolution, are finally at the stage [[where they are supporting programs [[that are actually helping us to get on with the business of increasing understanding]]]]]]]]. ||| ***Second***, having ensured [[that we do as little harm as possible]], || we must make sure [[that the interdisciplinary linkages [[mentioned earlier]] do not fall between organizational stools]] . ||| ***Third***, we must take steps to ensure [[that the organizations [[we do have in place]] do not impede research [[that is crossing over their historical boundaries of self-definition]]]] . ||| ***Finally***, the ultimate challenge is [[to identify which, if any, new organizational frameworks would make a positive contribution to our ability [[to get on with the substantive work of [[understanding global change]]]]]]. ||| [语篇 32] [随后；最后]

这类词语构成了扩展类的时间隐喻，如 *meanwhile*，*at the same time*（*meanwhile let us not forget that...*，*at the same time it must be admitted that...*）。

（b）方式。方式连词通过两种方式产生衔接：（i）对比；（ii）方法：参见充当连接附加语的词项实例。其中，对比既可以是（a）肯定的（"像"），也可以是否定（"不像"）。例如：

619 （i）对比：

||| One area [[that holds considerable promise for RC involvement]] is Information Operations. ||| By exploiting the technical skills [[that many reservists use on a daily basis in their civilian jobs]] , || the military can take advantage of industry's latest techniques [[for protecting information systems]]. ||| **Similarly**, [[defending our homeland from terrorism || and responding to chemical attack]] are natural roles for our Guard and Reserve forces. ||| [语篇 115] [肯定]

（ii）方法：

||| Chert originates in several ways. ||| Some may precipitate directly from sea water in areas [[where volcanism releases abundant silica]]. ||| Most comes from the accumulation of silica shells of organisms. ||| These silica remains come from diatoms, radiolaria, and sponge spicules, || and are composed of opal. ||| Opal is easily recrystallized to form chert. ||| **Thus** much chert is recrystallized, || making the origin difficult to discern. ||| [语篇 68]

但是，表达方法的词语并不都是连词，而那些是连词的表达方法的词语通常也具有对比的意味，如 *in the same manner*（同样地）和 *otherwise*（在其他方面）等。

（c）因果-条件。在很多语篇类型中，因果关系是产生衔接的重要方式。一些因果表达方式比较概括，而另一些则与具体结果、原因或目的相关：参见下面充当连接性附加语的实例。

（i）概括：

||| We understand it still || that there is no easy road to freedom. ||| We know it well || that none of us [[acting alone]] can achieve success. ||| We must **therefore** act together as a united people, for national reconciliation, for nation building, for the birth of a new world. ||| [语篇 104]

（ii）具体

［a］结果：

||| Now prices have sunk for secondary schools || and experienced secondary

inspectors are shifting into primary and special schools with minimal training. ||| **As a result**, primary schools and teachers are being judged 'failing' by inspectors [[[who have never taught younger children, || but only watched a couple of lessons on video during their training]]]! ||| [语篇 97]

[b] 原因：

||| But you wouldn't marry me? || — No. ||| I'm not your type. ||| I'd make you miserable. ||| I mean that. ||| I'd very probably be unfaithful || and that'd kill you. ||| Then I'd be unfaithful too, || to teach you a lesson. ||| It wouldn't work. ||| You'd do it || to spite me. ||| I would never do it **for that reason**. ||| [LOB_K]

[c] 目的：

Laertes: ||| I will do't! ||| And **for that purpose** I'll anoint my sword. ||| [Hamlet]

||| In 2011 the SUN Road Map will be translated into action || with a view to helping countries [[affected by under-nutrition]] to achieve long-term reduction in under-nutrition || and realize the first Millennium Development Goal, || and to start demonstrating this impact within three years. ||| **For that purpose** the SUN Road Map envisages an open system of support to the implementation of SUN efforts by countries. ||| [http://www.unscn.org/en/scaling_up_nutrition_sun/sun_purpose.php]

条件可以进一步区分为（i）肯定；（ii）否定和（iii）让步。例如： 620

（i）肯定：

[S02:] ||| That's the DEET account. ||| Well there must be more money coming from that. ||| Do they tend to pay — || how do they — ||| — [S04:] ||| Per issue. ||| — [S02:] ||| Per issue. ||| Well **in that case** do they pay after the issues come out? ||| [语篇 129]

（ii）否定：

||| 'I mustn't say anything about it. ||| **Otherwise**, I'll get shot by the lady [[who just shut the door]],' || Holm said, || referring to a publicist [[who had just left the room]]. ||| [语篇 73]

（iii）让步

||| The outstanding performance of U.S. and other NATO military units has

enabled SFOR to fulfill the military tasks [[spelled out in the Dayton Accords]]. ||| **Nevertheless**, success [[in achieving the civil, political, and economic tasks [[identified at Dayton]]]] has been slower in coming. ||| [语篇 115]

（**d**）**内容**。此处的衔接是通过引用前文的“内容”建立起来的。如前所述，很多“内容”表达式都是空间隐喻，涉及诸如 *point*（点）、*ground*（地）和 *field*（场）这样的词；与参考词项结合时，这些词就能充当连词。这种关系可以是（i）肯定，亦或是（ii）否定的：见表 9-6。例如：

（i）肯定：

||| Without chlorine in the antarctic stratosphere, || there would be no ozone hole. ||| (**Here** ‘hole’ refers to a substantial reduction below the naturally occurring concentration of ozone over Antarctica.) ||| [语篇 33]

（ii）否定：在别的方面，在别处

||| The serial dilutions of the serum are made in AB serum || and the standard cells are suspended in 30 per cent bovine albumin. ||| **In all other respects** the method is identical with technique No. 17. ||| [LOB_J]

9.3.3 在语篇中实例化的连接系统

在上一小节中，我们介绍了连接系统，说明了如何使用连词标示语篇发展中的修辞关系。这些例子总是涉及某个单一的关系，通过连词标示出来。例如，在叙事语篇中，连词经常用来表示时间关系。然而，语篇在发展过程中可能涉及不止一种关系（比较 Martin, 1992）：

语篇 9-8：报道——按时间发展的（口语，对话）：媒体采访 [语篇 21]

Morgan: ||| Yeah, I wandered in in blue jeans to her office || and cut my finger on an aluminum Coke can, || so there I was bleeding || when she arrived. ||| She refused to even look at me || until I had sat there bleeding a while. ||| I wandered around looking at letters from famous authors on the walls, || feeling more cowed by the minute. |||

Somerville: ||| What famous authors? |||

Morgan: ||| There were a number of letters from Flannery O'Conner. ||| This lady went back. ||| **Anyway**, she **finally** called me in || and summarily dismissed me. |||

此处，摩根（Morgan）首先需要表明他想从萨默维尔（Somerville） 621
提出的话题移开，因为他的叙述被打断了；他通过使用“轻视性纠正类”（dismissive corrective）连词 *anyway*（不管怎样）达到这一目的。同时，他也重拾了被萨默维尔的提问所打断的叙述；方式是通过使用“结论性时空类”连词 *finally*（最后）。

我们在语篇中遇到某一连词时，通常需要确定它表示了何种关系。例如，连词 *however*（然而）表达的是转折，还是让步（结构性连词也有同样的问题；参见第七章，表 7–11）？很明显，图 9–2 中所列出的很多不同类型的连接关系之间存在交叉。“内容”连接关系与详述类关系密切相关，而让步关系（尽管 X，然而 Y）则与转折（X，但是 Y）存在交叉。这几对关系表现为侧重点有所不同，有些实例可以看作是表达某种关系，亦或另一种关系，但是其他实例不能，可以从任一角度解释。与前面相同，我们可以通过参照发生在语篇中的实例的同源词（agnates）进行解释（见第七章，第 7.4.4 节）。此处给出的各种类别在语篇解释中非常有用，其图式化与语言系统的其他部分有关。

在解释语篇时出现的一个问题是如何处理隐性的连词。这种情况经常出现，尤其是在时间和因果序列中，我们能够明显感觉到某个语义关系，但是它并未表达出来。例如：

George Stephenson died on 12 August 1848 ... He was buried at Holy Trinity, Chesterfield.

上面例句中的两部分之间存在一个明显的时间关系；对比，下面例子中存在的因果关系：

> Hudson decided next to establish himself in London. He bought what was then considered to be the largest private house in London, Albert House, ...

很明显，语篇组织是通过这种连接关系实现的，我们无法将其忽略。另一方面，试图将其纳入分析又会导致大量的不确定性，它们都与连接关系是否存在，以及属于哪种特定类型密切相关。参照下面节选：

> Around 1823, certain normally staid and sensible firms in the city of London got themselves very worked up about the possibilities of great fortunes to be made in South America. The idea was admittedly very exciting. Everybody knew the old stories, even if many of them were legendary, about the Inca gold mines, about the Spanish conquistadores and the undreamt of mineral wealth which they had found. These mines had been worked by hand, without machines, and long since left abandoned. Think what can now be done, suggested some bright speculator, using all our new and marvellous steam engines!

这段语篇具有很强的衔接性，但是我们很难说相邻的句子之间，或者每个句子与其前面的句子之间存在什么隐性的连接关系。

622 因此，我们在解释语篇时，确定隐性连词需要谨慎。很可能总会有其他形式的衔接出现，而我们的直觉认为其中也存在某种连接模式。（例如，当两个连续主位中的词项之间存在上下义关系时，我们通常可以推断出诸如例证那样的详述关系的存在，比较典型的是在分类学报告中。）此外，显性连接的缺失也是英语语篇中的主要变量之一，无论是语域之间，还是同一语域中的语篇之间均是如此；如果我们在没有连词表达的地方假定连词的存在，这些变化就会变得不明显。因此，重要的是我们要注意那些被认可为隐性连接的实例，并在不考虑隐性连接时描述其特点，以确认语篇中还有什么东西没有得到解释。

表 9–7 列出了一个语篇实例中的连接关系，大多数分析需要关注的类别包括：（i）详述：同位、阐明；（ii）扩展：添加、转折、变化；（iii）

增强：时间、对比、因果、条件、让步、内容。

表 9-7　语篇中的连接分析 ⑤

	详述	扩展	增强
'Heat is only the motion of the atoms I told you about.'			
'**Then** what is *cold*?'			条件
'Cold is only absence of heat.'			
'Then if anything is cold it means that its atoms are not moving.'			条件
'Only in the most extreme case.			
There are different degrees of cold.			
ø A piece of ice is cold compared with warm water.	同位		
But the atoms of a piece of ice are moving —			让步
they are moving quite fast, **as a matter of fact**.	同位		
But they are not moving as fast as the atoms of warm water.			让步
So that compared with water, the ice is cold.			因果
But even the water would seem cold, if compared with a red-hot poker.		转折	
Now I'll tell you an experiment you ought to try one day.'			时间

9.4　照应 623

在上一节中，我们讨论了两种主要的衔接类型之一——**连接**系统，这是一种在语篇展开过程中标记**转换**的资源。现在我们转向另一种主要的衔接类型——标记语篇**状态**的资源（见表 9-5）。所谓的“语篇状态”指的是分配给语篇各成分的值，它们能够指导说话者和听者对其进行处理。事实上，我们已经遇到了两种语篇状态——主位性和新闻价值性。当交际各方参与语篇生成时，主位和新信息是通过不同方式处理的；主位是整合小句中所呈现信息的出发点，而新信息则是所呈现信息中需要保留的重

⑤　ø = 隐性连接。

要点。但是，虽然主位和新信息是语篇结构的一部分——分别为小句中的“主位 ^ 述位”和信息单位中的“旧信息 ^ 新信息”（见第三章的图 3-19），然而**照应**和**省略**下的语篇状态却不是。换言之，虽然某个成分通过语法项，如人称代词 *they*，被标记为可识别的衔接成分，或者通过语法项，如名词替代词 *one*，被标记为连续性的衔接成分，但是可识别性和连续性的语篇状态并不是小句或任何其他语法单位的结构功能。它们可以在主位或述位、旧信息或新信息中自由出现（尽管存在某些未标记的关联）。我们从**照应**系统[⑥]开始。

9.4.1 照应的本质；照应类别

照应系统中的相关语篇状态是**可识别性**：说话者是否能够判断听者在语篇的某个相关点上可以复原或识别既定成分？如果呈现出来的是可识别的，那么听者将不得不从其他地方进行复原（关于这一语义系统的系统描述，见 Martin, 1992）。如果呈现出来的是不可识别的，那么听者将不得不在语篇的解释中将其作为一个新的意义成分。例如，在下面的叙述介绍中——

||| There was once a velveteen rabbit. ||| **He** was fat and bunchy, || **his** coat was spotted brown and white, || and **his** ears were lined with pink sateen. ||| [语篇 28]

通过泛指的名词词组 *a velveteen rabbit*（棉绒兔子），主角出现时，确定为不可识别的（比较第六章，第 6.2.1.1 节），这使得读者将这种生

⑥ 注意，术语“照应 / 指称”（reference）有不同的使用方法。例如，在哲学和关于意义的形式语义学著作中，它指的是概念的外延，比如说表达式指的是现象。（在此语境下，指称（或外延）和含义（或内涵）常被认为是意义中互补的两部分，可以追溯到弗雷格（Frege）提出的含义（Sinn）和指称（Bedeutung）之分。）此处，我们参照功能语言学著作（如 Halliday 和 Hasan, 1976）使用这一术语，指的是本节中所讨论的语篇衔接策略。

物确立为意义网络中的一个节点，这一网络是在对该叙述的理解过程中建立起来。以这样的方式引入后，“棉绒兔子”又通过人称代词 *he* 和属有限定词 *his* 表现为可识别的。这里的人称代词 *he* 和物主代词 *his* 都是照应的实例。

在上面例子中，照应项 *he* 和 *his* 是通过回指前文，从而假定兔子身 624
份的。这是不同类型话语的典型特征：假定的身份可以在前文中复原——或者说，可以从说话者和听者在语篇展开时建立的意义实例系统中复原。然而，在最开始的时候，照应很可能是作为一种“向外”连接到环境中某个实体的方式而发展起来的。例如，“他”的概念可能起源于“那边的人”——指说话者和听者共同感知到的人。

换言之，我们可以假设语言发展中的一个想象阶段，此时，**人称**的基本照应范畴是严格意义上的指示语，“参照此时此地的情况进行解释”。因此，*I* 是“说话的人”，*you* 是“与我交谈的人”，*he*，*she*，*it*，*they* 是第三方，即“情景中的其他人（们）”。

第一人称 *I* 和第二人称 *you* 自然地保留了这种照应意义，其意思是在说话的过程中定义的。第三人称 *he*，*she*，*it*，*they* 也可如此使用；例如，语篇 9-9 摘自工作场所的一次咖啡休息对话，第三人称 *he* 和 *him* 均“向外”指向环境中的一个人：

语篇 9-9：分享——日常对话（口语、对话）：调侃 [语篇 10]

J：And don’t make such a noise.

C: It wouldn’t matter to **him** really; **he**’s half deaf * after all these years ** working at this place.

A: * Yeah.

K: ** Yeah.

J: Yep its true.

E: You’re right, very deaf.

但是，通常情况下，在我们所知的所有语言中，这种表达通常不是

"向外"指向外部环境，而是"向前"指向前文，比如前面我们举的例子。当然，照应项的形式并没有区别；有区别的是它们的使用方式。哪种使用方式最受欢迎取决于语篇的本质。

我们有必要引入不同的术语表达不同类型的"**指称**"（phora），见表9-8。基本区别在于"向外"还是"向内"指向，即（i）"**外指**"（exophora）和（ii）"**内指**"（endophora）之分。

（i）**外指照应**意味着照应项设定的特征可以在语篇环境中复原，如刚才提到的例子。此处，照应将语篇与其环境连接起来；但是，它并不会加强语篇的衔接，除非同一个照应不断重复使用，形成照应链，才可以间接加强语篇衔接。这种照应链在对话中很普遍，人们通过使用 *I*，*you*，*we* 不断指向交际各方，如表9-4中所分析的对话语篇。

表9-8　照应类别

指向：		之前	当前	之后
环境	外指		外指 ↑	
语篇	内指	前指 ←——	照应项	——→ 后指

625 （ii）**内指照应**意味着照应项设定的特征是在语篇本身中复原的——或更准确地说，是在随着语篇展开而产生的意义实例系统中复原的。随着语篇的展开，说话者和听者建立了一个意义系统——这就是我们上面讨论的语篇生成过程的一部分。一旦一个新的意义被引入，它就成为这个系统的一部分。如果它是事物的正确类别，它就可以通过内指来推定。实际上，这里有两种可能性。内指可以"往前"指向已经展开的语篇，也就是说，指向已经被引入的照应物，因而是语篇意义系统的一部分。这在表9-4中的对话段落中得到了说明（例如，*this fish — it*; *the pan — it*）。这种类型的内指被称为"**前指**"（anaphora），或前指照应，而被前指的成分称为"前指词"（antecedent）。前指现象非常普遍，它对许多语篇都有重

要贡献——例如，它是叙事的一个标志，在这里我们可以找到前指照应长链。有时，内指也可以“往后”指向还未展开的语篇，即指向尚未引入的照应物。因此，在下面的例子中，*this guy*（这个家伙）表示关于这个照应物的更多信息将在后文出现：

> ||| One day I was sitting in the Dôme, a street café in Montparnasse quite close to [[where we were living]] , || and **this guy** walked up || and said, || ‘I met you in 1948 or 1949. ||| My name is Harold Humes.’ ||| He said || he was starting a new magazine, The Paris News-Post, || and would I become its fiction editor. ||| [语篇 119]

这是在对话中将人物引入叙述段落的一种策略。更典型的例子是使用单独的词 *this* 引出语篇段落。例如：

> ||| In brief, the soon widely held assumption was **this**: || man could understand the universe || because it was natural || and he was rational. ||| Moreover, he might be able to control, even reorder his environment, || once he had knowledge of it. ||| [语篇 122]

这类内指称为**后指**，或后指照应。相比前指，后指较为罕见。唯一的例外是**结构性后指**（见 Halliday & Hasan, 1976：72），它们比较常见。这种照应是在名词词组中形成的，照应项也在这个词组中出现；指示语 *that/those* 用来表示，名词词组中的定性语被当作了限定词。例如：

> The age was one of transition as much as of transformation, the ongoing process or movement that has led all of us today to use the expression “What’s new?” as a common and casual greeting. **Those who were opposed and fearful**, as well as **those who were excited and hopeful**, recognized that the key to an understanding of the age was change. [Europe in Retrospect]

内指和外指是不同方向的指向——要么指向语篇外的环境中的照应

物，要么指向语篇中在照应表达之前或之后被引入的照应物。但是，这种
626 照应表达是如何达到“指向”效果的？所有此类表达都有一个共同点，即它们都预设了照应物；但是它们的不同点在于被预设的是同一个照应物（**共指**（co-reference）），还是同一类中的另一个照应物（**比较照应**）：见表 9-9。到现在为止，我们已讨论过的所有实例均涉及共指，在讨论比较照应前，我们将进一步探讨共指。

表 9-9　照应表达的类别

		名词词组：中心词或前置修饰语	名词或副词词组：次修饰语	副词词组：中心词
共指	人称	人称代词作为事物/中心词；属有限定词作指示语/前指修饰语或中心语	—	—
	指示	指示代词作为事物/中心语；指示限定词作为指示语/前置修饰语或中心语	—	指示副词作为中心语（*here*, *there*）
比较照应	一般	形容词作为后指示语（*same*, *similar*, *other*，等）；形容词作为特征语	比较副词（*identically*，*similarly*，*otherwise*，等）作为名词、副词词组中的次修饰语或副词词组中的前置修饰语、中心语	
	具体	比较副词（*more*，*fewer*，等）充当作为数量的数词的次修饰语；比较副词（*more*，*less*，等）充当作为特征语的形容词的次修饰语（或直接表示这些形容词的比较级）	比较副词（*more*，*less*，等）在名词、副词词组中充当次修饰语，或者在副词词组中充当前置修饰语（或直接表示这类副词的比较级）	

如该表所示，共指有两种类型：人称照应和指称照应。它们的区别在于所指向的照应物——要么是人，要么是邻近性。我们先讨论人称共指，然后再转向指示共指。

9.4.2 人称照应

在人称照应中，人称范畴用于指称：我们在上一小节中描述了基本原则，表明非互动人称代词和属有限定词主要用于前指。英语中的人称照应词如表 9-10 所示。它们要么是“限定性的”，要么是“所属性的”（见第 627
六章，第 6.2.1.1 节）。如果是“限定性的”，它们是人称代词，在名词词组中充当事物 / 中心语（如前面的 *a velveteen rabbit ... **he***）。如果是“所属性的”，它们是限定词，在名词词组中充当指示语，同时充当中心语或前置修饰语（如 *a velveteen rabbit ... **his** coat*）。

我们已经举了一个简单例子说明人称照应。前面提到的日常对话摘选说明了如何使用 *it* 实现前指：*this fish – it*，*the pan – it*。更长一点的例子可以参考有关“棉绒兔子”的儿童故事。在提到“棉绒兔子”后，文中出现很多前指指向它，构成了一个**照应链**，贯穿整个故事。该照应链包括下列词项：

[a velveteen rabbit] – he – his (coat) – his (ears) – he – his (paws) – him – the Velveteen Rabbit – he – he – him – ... – the Rabbit – he – him

在这些照应项中，有多个出现在主位上（主位照应有下画线）：虽然照应项可以出现在任何地方，但是在照应的可识别性和旧信息的地位之间，以及旧信息和主位之间，都存在一个无标记性的关系。因而，照应项通常倾向于充当主位。大多数前指仅涉及人称代词或属有限定词的使用；只有两个照应使用了指示语 *the* 和充当事物的名词 *rabbit*。这是扩展性照应链中的典型模式。

也就是说，在语篇展开时，我们有两种主要的前指策略用于追踪所指对象。说话者或作者可以使用（i）人称照应项（人称代词或属有限定词）或（ii）特定名词。特定名词要么是固有的特定名词——专有名词——要么是普通名词（充当“事物”），由指示限定词修饰，充当指示词。例如：*he*（他）—*the Rabbit*（兔子），或者 *his*（他的）—*the Rabbit's*（或 *of*

Rabbit)(兔子的)。“代词”一词表示代词代表的是名词；而“代名词化”(pronominalization)一词则意味着某物变成了代词。但是，这两个术语都有误导性：无标记性的前指策略是使用代词，只有存在充分的理由与无标记策略有所区分时，才会使用词汇变体或专有名称。

这些充分的理由包括（i）需要在展开的语篇中标示新的修辞阶段的开始，以及（ii）当语篇中存在可替代的先行词时，需要进一步阐述照应。因此，在下面伯特兰·罗素的自传（从第216页开始）中，约瑟夫·康拉德以其专有名称 *Joseph Conrad* 被介绍到语篇中；但一旦完成介绍后，默认策略就是人称照应，我们可以找到一系列的人称照应项（*he*，*him*，*his*），直到罗素转向讨论他和康拉德之间关系的性质时，才再次使用了专有名称：

语篇 9-10：报道——叙述（书面、独白）：罗素自传节选

An event of importance to me in 1913 was the beginning of my friendship with **Joseph Conrad**, which I owed to our common friendship with Ottoline. I had been for many years an admirer of his books, but should not have ventured to seek acquaintance without an introduction. I travelled down to his house near Ashford
628 in Kent in a state of somewhat anxious expectation. My first impression was one of surprise. He spoke English with a very strong foreign accent, and nothing in his demeanour in any way suggested the sea. He was an aristocratic Polish gentleman to his fingertips. His feeling for the sea, and for England, was one of romantic love — love for the sea began at a very early age. When he told his parents that he wished for a career as a sailor, they urged him to go into the Austrian navy, but he wanted adventure and tropical seas and strange rivers surrounded by dark forests; and the Austrian navy offered him no scope for these desires. His family were horrified at his seeking a career in the English merchant marine, but his determination was inflexible.

He was, as anyone may see from his books, a very rigid moralist and by no means politically sympathetic with revolutionaries. He and I were in most of our

> opinions by no means in agreement, but in something very fundamental we were extraordinarily at one.
>
> My relation to Joseph Conrad was unlike any other that I have ever had. I saw him seldom, and not over a long period of years. In the out-works of our lives, we were almost strangers, but we shared a certain outlook on human life and human destiny, which, from the very first, made a bond of extreme strength. I may perhaps be pardoned for quoting a sentence from a letter that he wrote to me very soon after we had become acquainted. ...

稍后在罗素对康拉德的描述中，我们发现了第二个偏离代词照应的无标记策略的原因：

> He was very conscious of the various forms of passionate madness to which men are prone, and it was this that gave him such a profound belief in the importance of discipline. His point of view, one might perhaps say, was the antithesis of Rousseau's: 'Man is born in chains, but he can be free'. He becomes free, so I believe **Conrad** would have said, not by letting loose his impulses, not by being casual and uncontrolled, but by subduing wayward impulse to a dominant purpose.

此处使用了 *Conrad* 而不是 *he*，这是因为在前文中出现了其他的先行词——*man*（即前面的 *he* 指称的对象）和 *Rousseau*。

表 9-10　人称照应项

		中心语		前置修饰语
		事物：代词	指示语：限定词	
		限定性指示语	属有指示	
单数	阳性	he/him	his	his
	阴性	she/her	hers	hers
	中性	it	[its]	its
复数		they/them	theirs	their

9.4.3 指示照应

人称照应项是根据人称类别形成共指的。如前所述，还有另一种相关但不同的共指策略——指示照应。此处，照应项是**指示代词** *this/that* 或
629 *these/those*（见第六章中的简要说明）。指示代词（见表 9-11）也可以是外指或前指；在起源上，它们与第三人称形式相同，但比人称代词保留了更强烈的指示特征，并进化出了自己独特的前指功能。

表 9-11　指示照应项

		名词词组		副词词组
		中心语 / 事物	前指修饰语 / 指示语	中心语
		代词	限定词	副词
特指	近	this/these	this/these	here (now)
	远	that/those	that/those	there (then)
泛指		it	the	

例如：

（i）外指

||| Here, I’ll help with **this one**. ||| [语篇 76]

||| Yes, Dad, but we mustn’t even lean on **this** guitar today. ||| [语篇 75]

||| We could move **that** table. ||| [语篇 75]

||| It wouldn’t matter to him really; || he’s half deaf after all these years working at **this** place. ||| [语篇 10]

||| I’ve been eating like **this** for the last ten years || and nothing happens. ||| [语篇 10]

||| What is **that**? ||| Hmm, Hungarian pastry. ||| [语篇 10]

（ii）内指：前指

||| Though Amnesty has long criticised the widespread US use of the death penalty, || it found || there has now been another worrying development in **this** process.||| [语篇 2]

||| The way that Icelandic expresses the phrase ‘I dreamed something last night’ is

'It dreamed me'. |||

Though **that**'s also modern Icelandic, || **this** is a medieval idea. ||| [语篇 17]

||| During the European scramble for Africa, Nigeria fell to the British. ||| It wasn't one nation at **that** point; || it was a large number of independent political entities. ||| The British brought **this** rather complex association into being as one nation || and ruled it until 1960 || when Nigeria achieved independence. ||| [语篇 16]

||| They have to be given instruction of course || and learn to read the signals; || then they'll take a driving test || and there are track circuits as on all electrified lines || so that once a train gets into a section || no other train can move on to **that** section || and run into it || but **that**'s just standard equipment. ||| [语篇 19]

（iii）内指：后指

||| Rather, I think || we will be stronger and more effective || if we stick to **those** issues of governmental structure and process, broadly defined, that have formed the core of our agenda for years. ||| [语篇 6]

单词 *this* 和 *that* 的基本含义是表示"接近性"；*this* 指的是近的东西，而 *that* 指的是远的东西。单词 *that* 往往更具包容性，尽管这两个词在 630
英语中的分布要比在其他一些语言中的对等词的分布更加均衡。"接近"通常是从说话者的角度来看的，所以这意味着"靠近我"。如前所述，在某些语言中，指示词和人称代词有着密切的对应关系，因此我们有三个而不是两个指示词，并且照应方向是靠近我（*this*）、靠近你（*that*）、或不靠近我们中的任何一方（*yon*）。这种模式曾经在英语中广泛存在，现在仍然可以在北方英语和苏格兰英语的一些乡村变体中找到。在现代标准英语中，*yon* 已经不复存在，尽管我们有时仍然可以从 *here*、*there* 和 *yonder* 的系列用法中找到 *yonder* 这个词；但与此同时，另一个进展也在发生。

考虑到只有两个指示词 *this* 和 *that*，而 *that* 通常更具包容性，它更倾向于成为两者中非标记性的那个。这种情况发生在英语中；在这一过程中，逐渐形成了一个新的指示词，它取代并扩展了 *that* 的“无标记性”特征——使 *this* 和 *that* 这两个词再次更加匹配。这就是所谓的“定冠词” *the*。单词 *the* 实际上仍然是指示词，尽管比较特殊。

请看下面例子：

(a) The sun was shining on the sea.
(b) This is the house that Jack built.
(c) Algy met a bear. The bear was bulgy. The bulge was Algy.

在例（a）中，我们知道所指的是哪个“太阳”和哪个“海洋”，即使我们并没有冒着炎炎烈日站在沙滩上；世界上只有一个太阳，同时实际上也只有一个海洋。在地球的不同地方可能有其他海洋，甚至在天空中也可能有其他太阳；但它们是无关紧要的。在（b）中，我们知道所指的是哪栋“房子”，因为我们被告知——它是由杰克建造的；请注意，该信息是在 *the* 出现后才有的。在（c）中，我们知道是哪只熊——阿尔吉遇到的那只；我们也知道什么是胖胖的——熊是胖胖的；但在这种情况下，信息在 *the* 出现前就已经给出了。因此，只有例（c）中的 *the* 才是前指用法。

与人称和其他指示词一样，*the* 具有指定的功能；它表示“你知道我指的是哪一个”。但有一个重要的区别：其他照应项不仅表明身份是已知的，或可知的；它们同时明确说明了身份是如何建立的。因此，

my house =“你知道哪个：那个属于我的房子”
this house =“你知道哪个：那个离我近的房子”

但是，

the house =“你知道哪个——只要你找，信息就在某处”

换言之，*the* 只是宣布身份是特定的，但并没有具体说明，相关信息可以在别处找到。它可能在前文中（**前指**），如上面的例（c），也可能在下文中（**后指**），如（b），也可能就在所谓的"空中"，如（a）。例（a） 631
中的这种类型是自我指定的；只有一个——或者至少只有一个在语境中有意义，比如 *Have you fed the cat?*（你喂猫了吗？）（**环指**）。

因此，*the* 是一个非标记性的指示词，而 *this* 和 *that* 都是"标记性的"——两方互不相容。从说话者的角度来看，它们的基本指示含义是"近"和"远"。但它们也在语篇中用于指示。表示"近"的 *this* 通常用于前指，指向刚刚提及的，或说话者刚提到的东西，或以某种方式被视为"近"的东西，如下面的例（a）；或者，它也可用于后指，指向即将到来的东西，如例（b）：

(a.1) ||| 'You may look in front of you, and on both sides, || if you like,' || said the Sheep; || 'but you can't look all round you || — unless you've got eyes at the back of your head.'
But **these**, <<as it happens,>> Alice had not got. |||

(a.2) ||| The animals roared and mooed and trumpeted and crowed and chirped and chattered and squeaked. ||| **These** were the first joyful sounds || since the rain had started. ||| [语篇 14]

(b.1) ||| 'The great art of riding, <<as I was saying>>, is — [[to keep your balance]]. ||| Like **this**, you know —' |||
He let go the bridle, || and stretched out both his arms || to show Alice [[what he meant]].

(b.2) ||| She said, || 'You're not going to believe **this**, || but I was in Nepal with my daughter || and we took a trek to Manang. ||| One night in camp this rude sherpa, << who was a friend of our sherpa, >> came over to me || and said in very, very bad English, || 'You America?' ||| ...' [语篇 7]

（例（b.1）在即时语境中是外指，但在语篇中是后指。）单数 *this* 也可以同样方式指向语篇的延伸段落，如例（c）：

(c.1) ||| 'Come back!' || the Caterpillar called after her. ||| 'I've something important to say!' ||| **This** sounded promising, certainly: || Alice turned || and came back again. |||

(c.2) ||| Then she went over to Zen — || **this** was in the late '60s — || and she and I weren't getting along very well. ||| [语篇 7]

(c.3) ||| You have to be able to feed your family, || and if you don't, || it's a matter of shame. || So Okonkwo's whole life is an attempt to make up for what his father didn't achieve. ||| **This** is a great mistake. ||| [语篇 16]

(c.4) ||| But all around him, Noah's neighbors were lying || and fighting || and cheating || and stealing. ||| **This** made God sad. ||| [语篇 14]

(c.5) ||| In the worst scenario, if most of a teacher's lessons are 'poor', || he or she will be asked || to sign a sheet explaining any extenuating circumstances. ||| **This** they should refuse || until there is union advice. ||| [语篇 97]

表示"远"的 *the* 用于前指，指向前面的说话者（即现在的听者）提过的东西，如例（d）；亦或，它被视为更远的，或从听话人的角度来看的东西，如例（e）：

(d) ||| 'But he's coming very slowly || — and what curious attitudes he goes into!' ||| ...
'Not at all,' || said the King. ||| 'He's an Anglo-Saxon Messenger || — and **those** are Anglo-Saxon attitudes.' |||

(e.1) ||| 'I'll put you through into Looking-glass House. ||| How would you like **that**?' |||

632 (e.2) ||| So we picked Iowa || because **that** was closer to Wyoming, || where he was from. ||| [语篇 17]

(e.3) ||| I had done well in creative writing classes before that, || so I signed up for the senior creative writing class || and I started writing a novel. ||| It took me about **that** school year [[to write it]]. ||| [语篇 17]

同理，单数 *that* 经常用于回指前面的语篇段落，如例（f）：

(f.1)　||| You cannot do without cream, mate. ||| — ||| I agree with **that**. ||| [语篇 10]

(f.2)　||| Fortunately, I worked one summer as an intern in a law firm || and realized || that I didn't want to do **that**. [语篇 21]

(f.3)　||| 'If **that**'s all [[you know about it]], || you may stand down,' continued the King. |||

在例（f.3）中，*that* 指的是前文中的整个审问过程，占了故事的两页篇幅。注意：照应项 *it* 同样也可用于语篇照应，如例（g）。

(g)　||| 'So here's a question for you. ||| How old did you say you were?' ||| Alice made a short calculation, || and said || 'Seven years and six months.' ||| 'Wrong!' || Humpty Dumpty exclaimed triumphantly. ||| 'You never said a word like **it**.' |||

表示地点的指示代词 *here* 和 *there* 也可用作照应项；其中，*here* 可以用于后指，如上面的例（g），或前指，表示“附近”，如例（h）；*there* 用于前指，但并不是“附近”，如例（j），此处表示“在你所说的中”：

(h)　||| 'I think you ought to tell me || who you are, first.' |||
'Why?' || said the Caterpillar. |||
Here was another puzzling question; ... |||

(j)　'Suppose he never commits the crime?' || said Alice. |||
'That would be all the better, wouldn't it?' || the Queen said, ... |||
Alice felt there was no denying that. ||| 'Of course it would be all the better,' || she said: || 'but it wouldn't be all the better [[his being punished]].' |||
'You're wrong **there**, at any rate,' || said the Queen. |||

表示时间的指示代词 *now* 和 *then* 也可用作衔接项，但是它们属于连接而不是照应（见上面的第 9.3 节）。

9.4.4 比较照应

人称代词和指示代词在用作前指时建立了一种共指关系，通过这种关系，同一个实体被反复提及，而比较词则建立了一种对比关系。在比较照应中，照应项仍然表示“你知道的那个”；但这并不是因为同一个实体被反复提及，而是因为有一个照应框架——该框架指的是相同或不同，相似
633 或不似，相等或不相等，更多或更少。比较照应项主要作用于名词和副词词组；并参照身份、相似和差异的普遍特征，或质量和数量的特殊特征进行比较：见表 9-12。

表 9-12 比较照应项

		名词词组			副词词组①
		后指示语	数量语	特征语	中心语
		形容词	副词	形容词；副词	副词
普通	身份	*same*, *equal*, *identical* 等			*identically*, *(just) as* 等
	相似	*similar*, *additional* 等		比较形容词：*such*	*so*, *likewise*, *similarly* 等
	差异	*other*, *different* 等			*otherwise*, *else*, *differently* 等
特殊			次修饰语：*more, fewer, less, further* 等；*so, as* 等 + 次中心语：数词	比较形容词：*bigger* 等，或者次修饰语：*more, less, so*, *as* 等 + 次中心语：形容词	比较副词：*better* 等，或次修饰语：*more*, *less*, *so*, *as* 等 + 次中心语：副词

很多表达方式都可用于回指前文，如 *same*，*another*，*similar*，*different*，*as big*，*bigger*，*less big*，和对应的副词 *likewise*，*differently*，*equally* 等。例如，例（a）、（b）和（c）中的 *such, other* 和 *more*。

---

⑦ 也可以在副词或名词词组中充当次修饰语。

(a) ||| Two men were killed by lethal injection in Texas this year, || even though they were 17 || when they committed their offences, || and another 65 juveniles are on death row across the country. ||| '**Such** executions are rare world-wide,' || the report says. ||| [语篇 2]

(b) ||| Zoo visitors were shaken by the episode. ||| 'I am not bringing them back. || These are my grandkids. || It is not safe,' || said Sandra Edwards, || who was visiting the zoo with her grandchildren || when she heard the shots || and saw youths fighting. ||| Nakisha Johnson, 17, said || she saw one young man open fire || after a feud between youths became violent. ||| She said || the children who were wounded were caught in the middle of the two groups of youths. ||| 'He was just shooting at the people he was fighting' || but struck the children bystanders, || Johnson said. ||| **Other** witnesses said || the shooting occurred || when a bottle was thrown from one group of youths to another. ||| [语篇 20_16]

(c) ||| Survey results, combined with feedback [[gathered by leaders from all the Services during field and fleet visits]] , have convinced us || that long-term retention is not well served by the Redux retirement plan. ||| Our men and women deserve a retirement system [[that **more** appropriately rewards their service]] . ||| [语篇 115]

与人称代词和指示代词一样，比较照应项也可以在名词词组中用于后 634
指。例如，在 *much more smoothly than a live horse*（比一匹活马平稳得多）中，*more* 的照应点在后文中。

如前所述，照应项与照应物之间并没有结构关系，我们可以通过列表标记语篇中的衔接关系，如表 9-13 所示。

表 9-13　语篇中的照应分析

	人称	指示	比较
Alice looked on with great interest as **the** King took		外指 / 环指	
an enormous memorandum book out of **his** pocket,	前指		
and began writing.			
A sudden thought struck **her**	前指		
and **she** took hold of	前指		
the end of **the** pencil,		后指；前指	

续表

	人称	指示	比较
which came some way over his shoulder,	前指		
and began writing for **him**.	前指		
The poor King looked puzzled and unhappy,		前指 + 外指 / 环指	
and struggled with **the** pencil for some time		前指	
without saying anything,			
but Alice was too strong for **him**,	前指		
and at last **he** panted out	前指		
'My dear! I really *must* get a **thinner** pencil.			前指
I can't manage **this** one a bit;		前指	
it writes all manner of things that I don't intend — '	前指		
'What manner of things?			
said **the** Queen,		外指 / 环指	
looking over **the** book		前指	
(in which Alice had put			
"**The** White Knight is sliding down **the** poker.		外指 / 环指 + 前指；外指 / 环指	
He balances very badly.')	前指		
'**That**'s not a memorandum of *your* feelings!'		前指	

635

9.5 省略和替代

9.5.1 省略和替代的本质

照应是一种意义上的关系（见表 9–5）。当一个照应项用作前指时，它与前文提到的东西建立了语义关系；这使得照应项可以被解释为与照应物相同，或在某种程度上与之相反。

语篇中另一种形式的前指衔接是通过**省略**实现的。此时，我们通过省略来预设某些东西。像所有的衔接手段一样，省略也有助于语篇的语义结构。但与照应不同，省略本身就是一种语义关系，它建立的并不是语义关系，而是词汇语法关系——即一种措辞上的关系，而不是直接意义上的关系。例如：

Attacks on our information systems, use of weapons of mass destruction, domestic and international terrorism, and even man-made environmental disasters are all examples of asymmetric threats [[that could be employed against us]]. Indeed, **some** [ø: asymmetric threats] already have. [语篇 115]

在上例中，听者必须补上 *asymmetric threats*（非对称的威胁）这些词。省略标示了语法结构中**连续信息**的语篇地位。同时，该结构中的非省略成分在连续信息环境中具有对比性。因此，省略赋予结构成分带有区分性的显著性：如果它们不显著（连续性的），则省略；如果它们是显著的（对比的），那么保留。省略引起的成分缺失是缺乏显著性的标志性体现形式。

有时，通过使用替代的形式，可以明确表示省略了某些内容；例如，下面例子中的 *one*：

||| He ran out on his wife and children, || became a merchant seaman, || was washed off a deck of a cargo ship || and miraculously picked up, not his own ship but another **one**, way out in the middle of nowhere. ||| [语篇 7]
||| ... so my decision was [[that I should do three separate books, one on each generation]] . ||| — ||| What happened to the middle **one**? ||| [语篇 16]
||| ... if I am totally incapable of doing anything || or go into a stroke again || (the last one I had was on my right) || if I got a really whopping **one** || and could neither see || nor speak || — I would ask to be taken away. ||| [语篇 34]

替代在语音上是不突出的；作为一种占位（place-holding）手段，它显示被省略的成分在哪里，以及它的语法功能是什么；因此，*one* 在名词词组中充当中心语，并替换事物（中心语通常与之重叠）。省略和替代是

同一种衔接关系的变体。在一些语法环境中，只能使用省略；一些语法环境中，只能使用替代；而在另一些语法环境中，如 *I preferred the other [one]*，两者均可。

9.5.2 省略和替代的语法域

英语中的替代和省略有三种主要语境：（1）小句；（2）动词词组；（3）名词词组：见表 9-14。我们将依次讨论这三种情况。

636 **表 9-14　省略和替代的类型**

<table>
<tr><th>级阶</th><th>类型</th><th colspan="2">范围</th><th>替代</th><th>省略</th></tr>
<tr><td rowspan="6">小句</td><td rowspan="3">是非</td><td>整个小句</td><td>归一度</td><td>so, not
Is he at home? – I think || so. / Perhaps not.</td><td>yes, no + [ø]
Is he at home? — Yes [ø: he is at home],</td></tr>
<tr><td rowspan="2">部分小句</td><td>语气</td><td></td><td>Mood + [ø: 剩余成分]
Is he at home? — Yes, he is [ø: at home].</td></tr>
<tr><td>语气 + 归一度</td><td>so, nor/ neither ^ 语气
He is at home. — So is she.
语气 + do, do so
Has he arrived? — He might do.</td><td></td></tr>
<tr><td rowspan="3">wh</td><td>整个小句</td><td>wh-（疑问代词）</td><td></td><td>He is at home. — Who?
Who is at home? — John.</td></tr>
<tr><td rowspan="2">部分小句</td><td>wh+ 语气</td><td></td><td>Will you help us? — I could tomorrow.</td></tr>
<tr><td>wh+ 归一度</td><td></td><td>We mustn't lean on it. — Why not?
Who will help us? — Not me.</td></tr>
<tr><td rowspan="2">词组</td><td>动词</td><td></td><td></td><td>do</td><td></td></tr>
<tr><td>名词</td><td></td><td></td><td>one</td><td></td></tr>
</table>

9.5.2.1 小句中的省略和替代

正如第四章所阐述的，小句中的省略与语气相关。具体而言，它与对话中的问答过程有关；这就决定了省略有两种类型：（a）是 / 非省略和（b）WH- 省略。这两种类型都允许替代，尽管并非在所有语境中如此。我们首先看看是 / 非省略。

（a）是 / 非省略：（i）整个小句。在是非的问答序列中，答案可以涉及整个小句的省略。例如：

||| You mean || you were interested in him as a man in private life. ||| – ||| **Yes, yes**. [ø: I was interested in him as a man in private life.] ||| [语篇 125]

||| Have you been interviewed by Bedford yet? ||| — ||| **No**. [ø: I haven't been interviewed by Bedford yet.] ||| [语篇 125]

||| ... and the value deal is three large pizzas delivered from $22.95. ||| Would you like to try that? — ||| Ah **no thanks**. [ø: I would not like to try that.] ||| [PH]

在这种成对的问答句中，第一个小句不一定是提问；它可以表达各种言语功能。例如：

||| I think || it is it must be very tough indeed. ||| — ||| **Yes**. [ø: It is very tough.] ||| [语 637
篇 125]

||| You feel || it must be English. ||| — ||| **Yes** [ø: I feel it must be English]; || because I am English, || I feel || that I must study English literature || — that's why. ||| [语篇 125]

||| I mean || that should mean [[that an autobiography is your ideal]] . ||| — ||| **Yes** [ø: an autobiography is my ideal]; || but it also is a very good novel || I think. ||| [语篇 125]

此处的 *yes* 和 *no* 用作归一度的语气附加语（见第四章，第 4.5 节），小句其余部分被省略。与 *yes* 和 *no* 在意义上对应的是小句替代词 *so* 和

not。（从词源上看，*yes* 一词包含替代词 *so*，它融合了（早期形式的）*aye* 和 *so*。）在某些语境中，使用了下列替代形式：（i）在 *if* 后——*if so, if not*；（ii）作为报道性的小句——*he said so*，*he said not*；（iii）在情态语境中——*perhaps so*，*perhaps not*。例如（见上文第七章，第 7.5.3 节）：

||| Better than The Rainbow? ||| — ||| I think || **so** [ø: that it is better than The Rainbow], yes, || because I think || it shows Lawrence as a man more Lawrence in his life. ||| [语篇 125]

||| Well, do I have to do more in the afternoon? ||| — ||| No, [ø: you] probably [ø: do] **not** [ø: have to do more in the afternoon]. ||| Just do half an hour now. ||| [语篇 75]

总体原则是：如果小句作为报道被投射，那就需要替代（见第七章，第 7.5.5 节（i））；如果与情态（*perhaps*）或假设（*if*）同时出现后，被理解为某种形式的投射时，也会出现替代：

he said so — I thought so — I think so — it may be so — perhaps so — let us say so — if so

另外，当答句被某种表示否定意义的形式修饰时，就需要用到替代词 *not*。

||| Is that [[what it really is about]], a cock and a fox? ||| — ||| No, not really. ||| [语篇 125]

这种情况下，肯定句通过省略就能得到预设：

||| Did you feel || that you were taking a risk || in being so open about [[what you were doing]] ? ||| — ||| Oh, sure, in some ways. ||| [语篇 17]

（a）是 / 非省略：（ii）部分小句。除了省略整个小句，也可以省略小

句中的部分内容——剩余成分。例如：

||| Mum, you're not enjoying your dinner, are you? ||| — ||| I am [ø: enjoying my dinner]. ||| [语篇 82]
||| I've had a headache. ||| — ||| Have you [ø: had a headache]? ||| [语篇 34]
||| Could you put your issue of Rapale literacy in the numeracy study. ||| — ||| Oh I suppose || I could [ø: put my issue of Rapale literacy in the numeracy study]. ||| [UTS/ Macquarie Corpus]

在陈述式回答中，如果只改变了主语，我们可以在初始位置加上省略词 *so*，*nor* 和 *neither*（= 'and so' 'and not'），后面再加上语气成分（见第四章，第 4.2 节）。

... but I heard some water in it. — I did too. — **So** did I. [语篇 78] 638
I love them. — **So** did I. — Me, too. [语篇 79]
||| This drags down the bibliophiles' score; || and **so** does the disgraced Nixon, || ranked at 23 in Siena. ||| [语篇 110]
I didn't want to see it all. — No, **neither** did I. [UTS/Macquarie Corpus]

其顺序是定式成分 ^ 主语（使主语处在无标记焦点下）。如果主语没有变化，焦点就落在定式成分上，其顺序为主语 ^ 定式成分：

S04: At their age you were an orphan. You didn't have to. — S05: Not quite. — S04: You were. — S05: Oh yes.
So I was. [UTS/Macquarie Corpus]

否定句具有不同形式：

They've never replied. — So they haven't / Nor they have / Neither they have [ø: replied].

有时，剩余成分可以通过动词替代词 *do* 得到替代，例如：

They say an apple a day keeps the doctor away. — It should do [ø: keep the doctor away], if you aim it straight.

如果焦点落在剩余成分上（即落在 *do* 上），可以使用替代词 *do*（作为省略的一种变化形式）：

||| Tempting as it may be, || we shouldn't embrace every popular issue [[that comes along]]. ||| When we **do** so || we use precious limited resources || where other players with superior resources are already doing an adequate job. ||| [语篇 6]

（b）WH- 省略：（i）整个小句。在 WH- 问答句中，除了 WH- 成分本身或回应 WH- 成分的表达外，整个小句通常被省略：

I desperately, desperately need them. — **What**? — **The scissors**. [语篇 76]
What have you read? — [ø: I have read] **Lord of the Flies**. [语篇 135]
Well I prefer Lord of the Flies. — **Why** [ø: do you prefer Lord of the Flies]? — Because I don't think I understood Pincher Martin. [语篇 135]

替代词 *not* 也可以出现在 WH- 否定句中：

The kind of approach to reality and to ideas which the book offers us, is it a realistic book? — No, I don't think so. — **Why** [ø: do you] **not** [ø: think so]? [语篇 135]

替代很少出现在肯定句中，除了在诸如 *how so?*, *why so?* 的表达中。

（b）WH- 省略：（ii）部分小句。在 WH- 小句或其答句中，有时会保留语气成分，只省略剩余成分。例如，在 WH- 成分充当主语时：

Has the time come for these local divinities [[to give way to perhaps a [bigger 639
concept of deity, a bigger concept of religion]]? — **Who** knows [ø: whether the time has come ...]? [语篇 16]

And Hugo told you that, too. — **Who** did [ø: tell me that too]? [语篇 79]

同理，如果 WH- 成分出现在剩余成分中：

||| I think || that’s why my generation is so tediously over-serious. ||| **How** could we not be [ø: so tediously over-serious]? ||| [语篇 17]

Yes, I think you’d better look at it. — I don’t see any particular reason **why** I should [ø: look at it]. [语篇 8]

语气成分也可以被单纯表征为否定归一度：

Yes, Dad, but we mustn’t even lean on this guitar today. — Why [ø: must we] not [ø: lean on this guitar today]? [语篇 75]

因此，小句省略 / 替换通常发生在对话序列中，在应答轮中，除了信息成分外，所有内容都被省略。表 9–14 给出了此类应答的示例。只包含语气的从句，如 *I will*，同样可以出现在是非或 WH- 环境中；通常，在是非的环境中，焦点可能会在具有归一度的 *will* 上（‘Will you ...?’ — *I* ***will***.），而在 WH- 环境中，焦点可能会在承带信息的 *I* 上（‘Will you ...?’ — ***I*** *will*.）。

省略或替换小句要求听话人“提供缺失的单词”；由于它们是由前文提供的，因而具有衔接性。所省略的东西始终都可以“复原”，使其完全明确。由于省略是一种词汇语法资源，所取代的是确切的措辞，只受说话人–听话人指示语的变换（*I* 变为 *you* 等）以及适当的语气变化的影响。

9.5.2.2 动词词组中的省略和替代

由于动词组包含定式成分＋谓语，任何包含语气成分但省略了剩余部分的小句省略都涉及动词词组中的省略：即谓语与其他剩余部分一起省略，如 *Have a shower!* — ***I can't*** [ø: ***have*** *a shower*]。我们没有必要重复讨论这一现象。省略可能只影响谓词的一部分，例如，当谓语由动词词组复合体实现（见第八章），且只有复合体的第一部分与不定式标记 *to* 一起得到保留时。例如：

> Have you do you read very much Kafka? I am **trying to** [ø: read very much Kafka], yes, ... [语篇 125]
>
> 'Can you hop on your hind legs?' asked the furry rabbit. — 'I don't **want to** [ø: hop on my hind legs],' said the little Rabbit. [语篇 28]

这里，充当谓词的动词词组的其余部分与剩余部分一起被省略。

640 动词词组中的替代是通过动词 *do* 来实现的，它可以替代任何主动式、而非被动式的动词，动词 *be* 或（在某些语境下的）*have* 除外。动词 *do* 将以适当的非限定形式出现（*do*，*doing*，*done*）。例如：

> Does it hurt? –Not any more. It was doing last night.
>
> Yeah but I'm doing night shift too. If I have to teach people on night shift as I have **done**, I do night shift and then I do day shift and get a couple of hours off and then do night shift and day shift. [UTS/Macquarie Corpus]

正如我们看到的，*do* 通常代替整个剩余部分（或相似的情况，动词被 *do* 替代，而剩余部分被省略）。

因为没有指示动词——我们不能说 *he thatted, he whatted?*——但是可以将替代动词 *do* 与指示代词 *that*，*what*（充当及物性结构中的范围）结合起来，从而满足这种需要。例如：

I did cross-eye in the middle of my art. — I can't **do that**. — I can. [语篇 79]
What did your father **do**? — He was an architect. [语篇 7]
What are you going to **do** with Blubba? — Oh, I don't know. [语篇 10]
This is one thing I haven't worked out with this phone whether, 'cause my old phone used to ring you to let you know you had a message. — Yeah. Does this one not **do it**? [UTS/ Macquarie Corpus]

表达式 *do not* 用作单个照应项。（有关照应和省略-替换之间的区别，见本节末尾的注释。）

9.5.2.3 名词词组中的省略和替代

第六章探讨了名词词组中的省略，这时充当中心语的是事物之外的其他成分，例如下面例句中的 *any*。

I'll ask Jenny about laptops and find out whether we have got **any** [ø: laptops]. [UTS/ Macquarie Corpus]

名词替代词有 *one* 和复数形式的 *ones*，都能充当中心语；它可以替代任何形式的可数名词（即，任何单、复数的名词）。例如：

A: But I've got a depression quilt at home. — B: You've got that **one** that Marcia gave you. — A: That Marcia gave me from the American. — B: The Amish **one**, isn't it? [UTS/ Macquarie Corpus]
She's got she's got Big Pond which she said which is apparently not a terribly good provider. — No. — Mmm. No. I thought Yahoo was one of the better **ones** [providers]. [UTS/ Macquarie Corpus]
I have always had hot water bottles. I think they're, the last couple disintegrated. I had a nice bright yellow koala shaped **one**. [UTS/ Macquarie Corpus]
There's reefs around bloody Australia, isn't there? — Yeah; a Great Barrier **one**, I believe. — It's a big **one**, I think. [UTS/ Macquarie Corpus]

如果出现的是不可数名词，通常使用省略而不是替代：

641 Do you want some more wine? **White or red** [ø: wine]? — **White** [ø: wine]. [UTS/Macquarie Corpus]

与动词词组中的 *do* 相似，名词替代词 *one* 是通过延伸某个词项而来，该词项位于完整而非省略的词组结构中。在下面的例句中，非确定的数词 *one* 是通过延伸其在省略词组中的中心语功能而得到的。

Anyone for teas or coffees? — Yeah, I'll have **one**; I'll have a coffee. [UTS/Macquarie Corpus]

下列片段说明了带省略的数字 *one* 和替代词 *one* 的用法：

A: Do those fireplaces at your house work? Do you use them? — B: Yes. Yes. — C: Oh yeah. — B: Have you not had **one** [ø: fireplace] ? — A: No I don't think so. There's — what? **one** [ø: fireplace] in the lounge room. — B: **One** [ø: fireplace] in the sitting room and the other one [fireplace] does work. We have had them both working together. — C: You don't use the other one [fireplace] very much. [UTS/Macquarie Corpus]

表 9–15 表明了动词替代词 *do* 和名词替代词 *one* 的平行发展：

表 9–15　替代词 *do* 和 *one* 的平行发展

	助动词作定式成分	助动词作带有省略的定式成分	动词作省略事件
动词 *do*	he **does** know	perhaps he **does**	he may **do**
	he **doesn't** know	surely he **doesn't**	he never has **done**
	does he know		
名词 *one*	**one** green bottle	there was **one**	a green **one**
	a green bottle	there wasn't **one**	then green **ones**
	限定词作指示语	限定词作带有省略的指示语	名词作省略事物

有些情况下，名词替代和修饰语融合在一起，如下面例句中的 *yours* 和 *none*。

I haven't finished the crocodile story completely. And then we'll hear **yours** [your story], okay? [UTS/Macquarie Corpus]
But he won't get any benefit for his early plea of guilty or contrition. — No absolutely **none** [no benefit]. [UTS/ Macquarie Corpus]

这些可以当作省略来分析，*my*，*your*，*no* 等成分在作为中心语时具有特殊的形式。

9.5.3 省略和照应

如前所述，省略是词汇语法层面上的一种关系：其意义为“返回并复原缺失的单词”。因此，缺少的单词必须符合语法；并且可以将其插入到 642
指定位置。而照应并非如此，它是一种语义关系，不存在语法约束（照应项的词类不必与被推定项的词类相匹配），并且通常不能插入所推定的成分。同理，照应可以回溯语篇中很早出现的内容，也可以延展很长的一段语篇，而省略在很大程度上仅限于前面刚出现的小句。

但最重要的区别是，在省略中，典型意义并不是一种共指意义，这也是由于这两种关系的性质不同而产生的。第二个实例和第一个之间（推定项和被推定项之间）总是存在一些显著差异。如果我们想指向同一事物，就使用照应；如果我们想指向不同事物，就使用省略：*Where's your hat?*（你的帽子在哪里？）—*I can't find it.*（我找不到。）—*Take this (one).*（拿这个吧。）。每种情况都可呈现另一种含义，但必须加以明确：如 *another hat*（另一顶帽子）（照应，但不同）、*the same one*（同一顶帽子）（替代，但相同）。因此，照应表示的是“同一成员”（除非通过比较，标记为不同）；而省略则表示“同一类别中的另一成员”（除非通过使用 *same* 等，标记为相同）。这种区别在名词词组中最为明显，因为名词，尤其是可数名词，往往有明确的照应物，而在动词词组或小句中，它就不那么明显。

在名词词组中，“另一成员”意味着对事物的新的修饰；包括指示语（*this one*, *another one*, *mine*），数词（*three*, *the first (one)*），或特征语（*the biggest (one)*，*a big one*）。在动词词组中，它意味着通过定式成分（*did*, *might (do)*，*hasn't (done)*）对归一度、时态或情态进行新的说明。省略与归一度变化有关，而替代与情态变化有关。这种倾向在小句中表现得尤为明显，省略增加了确定性（是或否，或缺失的身份），而替换增加了不确定性（如果，或许，或有人这样说）；这就是为什么，在除情态之外的所有内容都被省略的小句中，除非情态是确定性的，否则通常使用替代词（*possibly so*，*perhaps so*）。例如，在下面例句中，我们可以说 *certainly*（省略），但不能说 *certainly so*。

Have you got a nicorette on you? — **Certainly**. [UTS/ Macquarie Corpus]

表 9-16 展示了标有省略和替代的一个简短语篇。为了便于说明，被省略的词项显示在旁边，不过这不是分析的必要部分。

9.6　词汇衔接

目前为止，我们讨论的衔接类型都涉及语法资源——语法项（连词、照应项和替代项）和语法结构（结构成分的缺失或替代）。然而，衔接也可以在词汇语法中的词汇区内起作用（见表 9-5）。此处，说话者或作者通过词汇的选择来构建语篇的衔接。这一点在表 9-4 中做了举例说明：我们讨论的词汇衔接模式涉及（i）食物：鱼 + 评价，和（ii）烹饪用具：锅 + 动作。通过这种方式，词汇衔接是通过选择在某种意义上与前面词汇相关的词来实现的。

表 9–16　省略（E）和替代（S）的语篇分析示例

	小句	动词	名词
'Being so many different sizes in a day is very confusing.'			
'It isn't [ø].'	E [very confusing]		
'Well, perhaps you haven't found it **so** yet;	S [to be very confusing]		
but when you have to turn into a chrysalis —			
you will **do** some day, you know —		S [turn into a chrysalis]	
and then after that [ø] into a butterfly,	E [you have to turn]		
I should think you'll feel it a little queer, won't you?'			
'Not a bit [ø]'	E [I shall (not) feel it (a bit) queer]		
'Well, it would feel very queer to *me*.'			
'You! Who are *you*?'			
'I hardly know [ø], sir, just at present.'	E [who I am]		
'So you think you're changed, do you?'			
'I'm afraid I am [ø], sir.'		E [changed]	

正如省略和替换利用了语法结构中的固有模式（省略和替换特定的结构成分，如名词词组的中心语），词汇衔接利用了词汇组织中的固有模式。词汇被组织成一个词汇关系网络，比如 *fish*（鱼）和 *salmon*（鲑鱼）之间的“种类”关系。在表 9–4 所分析的语篇中，正因为 *fish* 和 *salmon* 在英语词汇系统中是相关的，因而它们之间存在着一种衔接关系。

表 9–17 列出了主要的几种词汇关系。它们来源于词汇的纵聚合或横组合的组织关系（见第二章，第 2.1 节）。（i）如《罗热同义词词典》[⑧] 所

⑧　译者注：即《韦氏新世界罗热同义词词典》，是《韦氏新世纪大学词典》的配套词典，它选择了美国英语中最常用的 5 万多个词汇，依其用法、释义并按使用频率列出了相应的同义词，且以实例详细地分析比较了一些意义相近但不能相互替代使用的词汇的释义与用法。

示，纵聚合关系是作为一种资源的词汇所固有的关系。它们可以从详述和延伸的角度进行解释。详述和延伸均为扩展的子类型，我们已经从构成小句复合体（第七章，第 7.2 节）所使用的逻辑语义关系和本章前面介绍的相应连接关系（第 9.3 节）对其有所了解。（ii）组合关系存在于一个组合中的词项之间，这些词项倾向于同时出现或**搭配使用**（第 9.6.3 节）。词项搭配可以在一些基于语料库调查的现代词典中的词条中找到。由于横组
644 合和纵聚合组织代表着模式中的两个不同维度，任何一对词项都可能同时涉及这两个维度。

表 9–17 词汇衔接中的词汇关系类型

关系本质	扩展类型		词汇关系类型	示例
纵聚合（词集）	详述	识别	重复	bear – bear
			近义	sound – noise
				sound – silence [反义]
		归属	上下义	tree – oak, pine, elm ...
				oak – pine – elm ... [共同下义词]
	延伸		部分–整体	tree – trunk, branch, leaf ...
				trunk – branch – leaf ... [共同部分词]
横组合（搭配）	（增强）		搭配 ①	fire–smoke（"来自"）

9.6.1 详述关系：重复、近义和上下义

9.6.1.1 重复

词汇衔接中最直接的形式是词项的重复，例如下面例句中的 *bear*。

Algy met a bear. The **bear** was bulgy.

⑨ 搭配包含但是不限于能通过"增强"得到解释的关系。

此处，第二个 *bear* 呼应前面的第一个。

上例中，还有照应项 *the*，表明听者知道谈论的是哪只熊；由于没有别的东西需要 *the* 修饰，我们可以认为它指的是同一只熊。但是，这种照应联系其实对词汇衔接来说没有必要。如果我们说 *Algy met a bear. Bears are bulgy*，此处的 *bears* 意为“所有的熊”，*bears* 和 *bear* 之间仍然存在词汇衔接。然而，这种情况下，就只有一个衔接纽带，而在上面例子中有两个衔接纽带，一个是照应（*the*），另一个是词汇衔接（*bear*）。

正如最后一个例子所示，两个词项不需要具有相同的形态，也可以识别为重复。例如，*dine*、*dining*、*diner* 和 *dinner* 都可视为相同的词项，任何一个词项的出现都可构成对其他词项的重复。某一词项的所有屈折变体需视为同一词项，而其各种派生变体，如果是基于现有的派生过程，也经常被看作同一词项，不过这些较难预测。（例如，*rational* 和 *rationalize* 仍然需视为同一词项，尽管它们之间的关系已经很模糊；现在，它们均与 645
ration 没有太大关系，而 *rational* 与 *reason* 的关系更加紧密，但还不足以被视为同一词项。）

在兰多[10]的诗歌中：

I strove with none, for none was worth my strife

词项 *strife* 和 *strove* 之间具有很强的衔接性，表明 *strive*，*strove* 和 *strife* 均为同一个词项。

9.6.1.2　近义

其次，词汇衔接也可以源于选择一个在意义上与前面表达同义的词项。例如，下面例子中的 *sound* 和 *noise*，以及 *cavalry* 和 *horses*。

---

⑩　译者注：全名“沃尔特·萨维奇·兰多”（Walter Savage Landor），英国诗人和散文家。

He was just wondering which road to take when he was startled by a noise from behind him. It was the noise of trotting horses. ... He dismounted and led his horse as quickly as he could along the right-hand road. The sound of the cavalry grew rapidly nearer ...

此处，衔接也不需要依赖照应的识别。但是，一旦我们不再使用直接重复，并开始考虑相关词项之间的衔接，我们就需要区分照应是否相同，因为这会产生不同的模式。

（1）**带有照应识别**。此处的潜在衔接词项包括具有相同或更高概括性的近义词，即狭义的近义词，以及**上义词**。例如：

Four-&-twenty blackbirds, baked in a pie.
When the pie was opened, the birds began to sing.

这里出现一次重复（*pie* ... *pie*）和一次近义词（*blackbirds* ... *birds*）。但是，*birds* 在概括性上处在 *blackbirds* 的上一级，它是一个上义词。实际上，任意一个下列序列都有可能出现（当然，此处忽略韵律分析）：

four-&-twenty blackbirds ...	the blackbirds began to sing
”	the birds began to sing
”	the creatures began to sing
”	they began to sing

照应项 *they* 具有最高的概括性。比较前面表 5-13 中描述恐龙时所使用的 *ankylosaur* ... *creature*。

As an added means of self-defense the **ankylosaur** had a club on its tail. The **creature** may have been able to swing the club with great force and aim a savage blow at an enemy.

这类实例中通常都会出现照应项 *the*。这种词汇衔接和照应之间的互动是语篇中追踪某个参与者的主要手段。除了 *the creature*，我们还可以直接使用人称照应 *it*。在该语篇的前面部分，我们发现这些例子： 646

Ankylosaurus — the 'fused lizard' — was the largest of the ankylosaurs, but in spite of **its** size and frightening appearance **it** fed only on plants.

与此相关的是下面的例子，它们也包含照应识别，虽然不是指向某个参与者，所使用的近义词也可能并不是同一词类（*cheered ... applause*；*cried ... tears*）：

Everyone cheered. The leader acknowledged **the applause**.
I wish I hadn't cried so much! I shall be punished for it, I suppose, by being drowned in **my own tears**!

（2）**不带有必要的照应识别**。即使在没有特定的照应关系下，近义词的出现仍可实现衔接。例如下面的语篇 9-11。

语篇 9-11：再创——叙述（书面语、独白）：五行诗
There was a man of Thessaly
And he was wondrous wise.
He jumped into a hawthorn bush
And scratched out both his eyes.
And when he saw his eyes were out
With all his might and main
He jumped into a quickset hedge
And scratched them in again.

此处，"树篱"（the quickset hedge）和"山楂树丛"（the hawthorn bush）并不是指同一个东西，但是近义词 *hedge* 和 *bush* 之间仍然具有衔接性。

近义词中的一个特殊情况是反义词。意义相反的词项在语篇中也具有衔接作用，如下面例子中的 *woke* 和 *asleep*。

He fell asleep. What woke him was a loud crash.

9.6.1.3 上下义

重复和近义都是基于识别的详述关系，即一个词项重述另一个词项。还存在第二种详述关系——归属，这是一种基于分类的关系（特定对一般），即第一个词项表示一类事物，而第二个词项表示（i）超类或子类，或者（ii）处于相同分类级别的另一类。例如：

Open government, campaign finance reform, and fighting the special interests and big money — these are our kinds of **issues**. [语篇 6]

You take over a main line like the Great Central and a few branch lines that run off from it, you electrify it, and then instead of running **trains** as they're run at present as public **vehicles** you hire out small trains to individual drivers. [语篇 19]

647 And do you know anything about medieval literature; have you ever heard of any other kinds of **literature** in the medieval period besides **Chaucer**? [语篇 125]

Most limestone probably originates from **organisms** that remove calcium carbonate from sea water. The remains of these **animals** may accumulate to form the limestone directly, or they may be broken and redeposited. [语篇 68]

Noah's wife and his sons' wives went to the fields to gather **fruit** and **grain** and **vegetables**. They would need plenty of **food** for themselves and the animals on the ark. The remains of these animals may accumulate to form the limestone directly, or they may be broken and redeposited. [语篇 14]

因而，最后例子中的 *fruit*，*grain* 和 *vegetables* 是 *food* 的共同下义词。上下义在通过详述展开的语篇中十分常见，如下面的语篇 9-12 和 9-13：

语篇 9-12：阐述——归类（书面语、独白）：**The Fuels of the Body**

The fuels of the body are **carbohydrates, fats** and **proteins**. These are taken in the diet. They are found mainly in cereal grains, vegetable oils, meat, fish and dairy products. **Carbohydrates** are the principal source of energy in most diets. [...] **Fats** make up the second largest source of energy in most diets. [...] **Proteins** are essential for the growth and rebuilding of tissue, but they can also be used as a source of energy. [...]

语篇 9-13：阐述——归类（书面语、独白）：**Primates**

Fossil and living forms in the order **Primates** can be divided into two groups: the **archaic primates** (**Plesiadapiformes**) and the **modern primates (Euprimates)**. **Plesiadapiforms** became extinct in the Euocene. They lacked most of the characteristic primate specialisations of the head, hands and feet, and it has recently been suggested that at least some members of this group were more closely related to culagos or ‘flying lemurs’ (order Dermoptera) than to modern primates. [*The Cambridge encyclopedia of human evolution*, p. 26.]

我们在第六章中提到一般名词（general nouns）的概念，如 *thing*，*stuff* 和 *creature* 等。这类词指的是某实体分类中的上一级成员。当这些词项在一个或多个下义词之后出现时，它们具有很强的衔接性。这时，一般名词通常情况下并不携带信息焦点，即使它们出现在一个通常很突出的位置——如单位中的最后一个词项。例如：

||| Chen said || he did not have the power [[to single-handedly determine the future of Taiwan]] || and that there would have to be public consensus || before Taiwan pressed ahead || in trying to establish a confederation with the mainland. But he said || it was an example of ‘new thinking [[that could bring a breakthrough]].’ Chen added, || ‘There’s a lot of room for discussion of **this matter**.’ ||| [语篇 13]

||| Then somewhere in the middle of the desert — about six hundred miles later << I didn’t see a connection with anything >> — he bangs on the side of the car || and I let him out. ||| Now I know Indian people better, || and I know || that **the guy** probably didn’t speak English, || or if he did, || he was ashamed of it. ||| [语篇 7]

9.6.2 延伸关系：部分–整体

上下义的一般含义表示“是一种……”，如“水果是一种食物”。在延伸域中还有一种类似的关系（即在词汇衔接中起作用的各种词汇关系）。这就是**部分–整体关系**，表示“是……的一部分”。这两种词汇关系在图 9-4 中以图表的形式进行了对比：假设一个词汇集合既包含上下义
648 词，其中的 x、y 和 z 都是 a 的“种类”，也包含部分–整体词，其中 p、q 和 r 都是 b 的“部分”。该词汇集合中任何一对词项的出现都具有衔接性。例如：

> ||| On the left of the park lies the Exhibition **Centre** [[which covers a massive 25,000 square metres of column-free space under the one **roof**]]. ||| Opened in January 1988, || the **Centre** is designed to hold major international exhibitions. ||| The glassed eastern **facade** is stepped back in five separate stages [[that can be partitioned off to form smaller **halls**]]. ||| The fifth **hall** is linked by covered walkway to the Convention Centre. ||| [7 Days in Sydney]
>
> ||| Elfrida had a beautiful little glass scent-**bottle**. ||| She had used up all the scent long ago; || but she often used to take the little **stopper** out ||| ...
>
> ||| She knelt down || and looked along the passage into the loveliest **garden** [[you ever saw]]. ||| How she longed to get out of that dark hall, || and wander about among those beds of bright **flowers** and those cool **fountains**, || ...

此处的 *roof*，*facade* 和 *hall* 都是 *centre* 的部分–整体词，*stopper* 是 *bottle* 的部分–整体词，而 *flower* 和 *fountains* 均为“花园”的共同部分词。在描述实体的语篇段落中，部分–整体关系通常得到大量使用；这一点在上面的旅游指南中很明显，另一个例子是第五章表 5-13 中所示的关于“甲龙”的百科全书条目。在这里，我们发现很多部分–整体关系，如 *ankylosaurus*（甲龙）——*skin*（皮肤）、*body*（身体）、*teeth*（牙齿）、*jaws*（下颚）、*head*（头）、*plates*（鳞甲）、*beak*（尖鼻）、*tail*（尾巴）；*head*（头）——

teeth（牙齿）、*jaws*（下颚）和 *beak*（尖鼻）等。这种描述的总体顺序是先介绍整体，然后按照部分-整体的关系对各部分进行扩展。

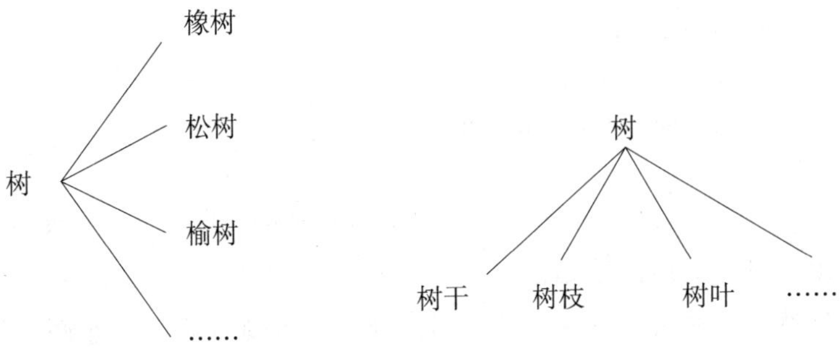

图 9-4　上下义和部分-整体

上下义和部分-整体经常协同发展语篇，这时实体会根据其某个部分的属性被细分为各种子类（见 Halliday & Matthiessen, 1999：89-91），例如上面提到的有关灵长类动物的语篇 9-13。

部分-整体与上下义之间并没有明显界限，抽象名词尤为如此。一组既定的词项可能是某个词语的共同下位词，但也可能是另一个词语的共同部分词——例如，*chair*（椅子）、*table*（桌子）和 *bed*（床）是不同“类型”的 *furniture*（家具）（上下义词），但也是 *furnishings*（家具陈设）的不同“部分”（部分-整体词）; *forward*（前锋）、*half-back*（中后卫）和 *back*（后卫）是不同“类型”的 *players*（球员），但也是 *team*（球队）的不同“部分”等。由于这两种关系都能产生词汇衔接，因而没有必要在它们之间必须做出选择。

9.6.3 搭配

与此同时，还有一些词汇衔接的实例，它们并不依赖于前面讨论的任何类型的一般语义关系，而是依赖于所讨论的词项之间的特定关联——一 649
种共同发生的趋势。这种“共现倾向”就是**搭配**。例如：

语篇 9-14：再创——叙述（书面语、独白）：五行诗

A little fat man of Bombay
Was smoking one very hot day.
　　But a bird called a snipe
　　Flew away with his pipe,
Which vexed the fat man of Bombay.

上面例子中的 *smoke* 和 *pipe* 之间具有很强的搭配联系，这使得第 4 行中出现的 *pipe* 具有衔接性。

显然，这种搭配具有语义基础；“烟斗”是你吸烟用的东西，在行为过程小句中，*pipe*（烟斗）和 *smoke*（吸烟）这两个词通常作为“范围”和“过程”联系在一起。因此，此处的 *pipe* 应当理解为“当时他吸烟用的烟斗”。一般来说，许多搭配实例的语义基础是增强关系，如 *dine*（吃饭）+ *restaurant*（饭店），*table*（桌子）；*fry*（油煎）+ *pan*（平底锅）；*bake*（烘焙）+ *oven*（烤箱）。这些都是环境关系（对于涉及过程 + 方式的搭配：程度，如 *love*（爱）+ *deeply*（深深地），*want*（想要）+ *badly*（非常），*understand*（理解）+ *completely*（完全），见 Matthiessen, 2009b）。但是，正如 *smoke* + *pipe* 这个例子所示，参与者 + 过程关系也构成了搭配的基础——其中最重要的关系涉及过程 + 范围（如 *play*（演奏）+ 乐器：钢琴、小提琴等；*grow*（生长）+ 衰老），或者过程 + 媒介（如 *shell*（脱壳）+ *peas*（豌豆）、*twinkle*（闪烁）+ *star*（星星）、*polish*（抛光）+ *shoes*（鞋子）；还有一些组合涉及到名词词组中的功能，特别是特征语 + 事物（例如，*strong*（浓的）+ *tea*（茶），*heavy*（堵塞的）+ *traffic*（交通），*powerful*（有力的）+ *argument*（辩论））和侧面 + 事物（例如，*pod*（一群）+ *whales*（鲸鱼），*flock*（一群）+ *birds*（鸟），*school*（一群）+ *fish*（鱼），*herd*（一群）+ *cattle*（牛）和 *gaggle*（一群）+ *geese*（鹅））。

虽然我们通常可以通过这种方式找到搭配的语义基础，但这种关系同时也是词与词之间的直接关联。如果一个语篇中出现 *pipe*，那么 *smoke* 这个词很可能也会出现，这一概率至少比它在语言中出现的总体频率要大得多。换言之，我们对这类词语的共现已经做好了准备；因此，如果确实发生了，它就具有很强的衔接性（见 Hoey, 2005 中提到的“词汇触发”（lexical priming）概念）。

事实上，即使词汇之间存在同义 / 近义关系，它们的衔接效果也更多地依赖于搭配，这是一种简单的共现倾向。当然，如果这两种关系都存在，它们就会相互加强；但是，如果某对近义词并不是常规搭配，它们的衔接效果就会比较弱，而紧密关联但没有任何系统语义关系的词汇却可能具有明显的衔接效果。这是因为，搭配是影响我们对接下来事情预期的因素之一。

因此，虽然在 *cold*（寒冷）和 *ice*（冰）之间有很强的搭配关系，但在 *cold* 和 *snow*（雪）之间的搭配关系却不那么紧密，尽管两者均讲得通；*snow* 更容易使人联想到 *white*（白色）。我们可以将 *friends*（朋友）和 *relations*（关系）搭配使用，也可将 *friends* 和 *neighbours*（邻居）搭配使用，但是通常不将 *relations* 和 *neighbours* 放在一起，尽管 *family*（家庭）和 *neighbourhood*（邻里）之间似乎也存在关联。这种搭配模式的极端情况可以在固定短语和习语中找到，如 *flesh and blood*（血肉）和 *stretch of the imagination*（异想天开）等。但是，这些词实际上对衔接的作用并不大，因为它们捆绑在一起，几乎相当于单个词项。

最后，要注意的是，搭配通常与语言中的特定语域或功能变体有所 650
关联。当然，这对于单个词项来说，尤为如此，我们将许多此类词项视为“专业性的”，因为它们只出现在，或者几乎只出现在一种语篇中。但同样值得注意的是，语篇的种类不同，最稀松平常的词项也经常出现在不同的搭配中。例如，在英国贵族的故事中，*hunting*（狩猎）一词能令人联想到 *quarry*（猎物）和 *hounds*（猎犬）（或者，在另一个层面上，*shooting*（射击）和 *fishing*（捕鱼））；而在人类学语篇中，人们联想到的词是 *gathering*（采集）、*agricultural*（农业）和 *pastoral*（畜牧）；此外，在其他情况下，还有*bargain*（便宜货）、*souvenir*（纪念品）和*fortune*（财富）等。

表9-18列出了一个语篇中的词汇衔接分析示例，采用了前面表9-17中所列出的分类。

9.7　语篇组织的产生

我们已经探讨了以下特征，它们共同构成了英语词汇语法的语篇资源：

（A）　结构的

1、主位结构：主位和述位（小句：第三章；小句复合体：第七章，第7.6节）

2、信息结构和焦点：旧信息和新信息（小句：第三章，第3.5和3.6节；小句复合体：第七章，第7.6节）

（B）衔接的（第九章）

1、连接

2、照应

3、省略（即，省略和替代）

4、词汇衔接

“从下面”看，这些语篇资源分为两类——产生语法结构的语篇资源（主位和信息）和不产生语法结构的语篇资源（连接、照应、省略、词汇衔接）。“从上面”看，这些语篇资源要么与消息之间的语篇转换有关，要么与这些消息的组成部分（成分）的语篇状态有关。如表9-19所示，这两个分类视角可以相交。该表说明，结构资源和衔接资源可以协同标记语篇转换和语篇状态。在后者中，所有资源实际上都是语篇性的；但在前者中，结构资源是逻辑的，而非语篇的——即小句复合的逻辑关系（第七章）。我们将在第十章，第10.2.1节中回到语篇和逻辑之间的元功能对应。

该表不包括词汇衔接，这是因为，与照应和省略相似，词汇衔接涉及消息的各组成部分，而不是整个消息。不过，词汇衔接经常与连词一起在语篇中生成各类关系，我们在讨论语篇状态和语篇转换时都会对其有所涉略。

表 9-18　词汇衔接的语篇分析实例[11] 651

	重复	近义	同义	上下义	部分-整体	搭配
Peter rushed straight up to the *monster*						
and aimed a slash of his *sword* at its side.						
That **slash** never			[*slash*]			
reached the ***Wolf***.			[*monster*]			
Quick as **lightning** it turned round						[*quick*]
its eyes flaming,						
and its *mouth* wide open in a *howl* of *anger*.						
If it had not been so **angry**	[*anger*]					
that it simply had to **howl**	[*howl*]					
it would have got him by the **throat** at once.					[*mouth*]	[*mouth*]
As it was —						
though all this happened too **quickly** for Peter to think at all —	[*quick*]					
he had just ***time*** to duck down						[*quick*]
and plunge his **sword**	[*sword*]					
as hard as he could,						

⑪ 黑体单词表示衔接项，而斜体表示在衔接上相关的词项。

续表

	重复	近义	同义	上下义	部分–整体	搭配
between the **brute's** forelegs into its heart.			[*Wolf*]			
Then came a horrible, con-				[*time*]		
fused **moment** like something in a **nightmare**.						[*monster*]
He was tugging and **pulling**						[*tugging*]
and the Wolf seemed neither alive nor ***dead***,						[*alive*]
and its bared **teeth** knocked against his forehead,					[*mouth*]	[*mouth*]
and everything was blood and heat and hair.						
A **moment** later he found	[*moment*]					
that the **monster**	[*monster*]		[*Wolf*]			
lay **dead**.	[*dead*]					

652 **表 9–19　语篇资源**

	结构的	衔接的
语篇转换［“组织的”］	（**逻辑**：配列关系［小句复合体］）	连接
语篇状态［“成分的”］	主位：主位^述位；信息：旧信息+新信息	照应；省略

9.7.1 语篇状态：主位、信息、照应、省略

主位、**信息**、**照应**和**省略**系统都与语篇状态有关。说话人将这些状态分配到信息的组成部分，从而有助于生成语篇，并使得听者可以理解。这些语篇状态是独立可变的。例如，正如我们所看到的（第三章，第3.6节），主位状态可以结合旧信息或新信息，述位状态亦是如此。然而，也有一些非标记性的组合：在非标记性情况下，主位是旧信息，而新信息落

在述位上。主位状态和偏好组合如图 9–5 所示。

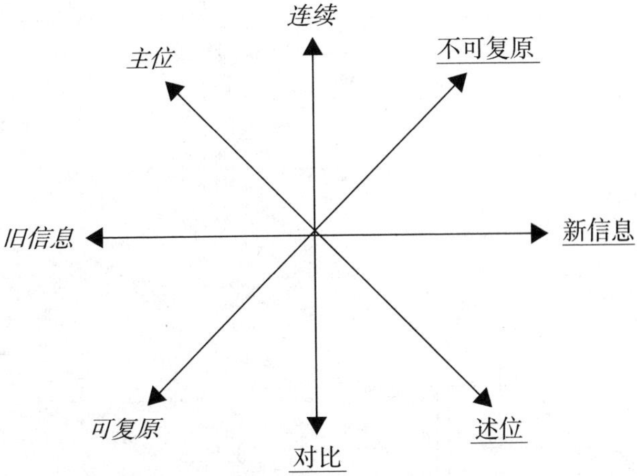

图 9–5　不同语篇状态的非标记性组合——黑体斜体（连续、主位、旧信息、可复原）和黑体下画线（对比、述位、新信息、不可复原）

我们回到前面的餐桌对话，看看其中的语篇状态是如何部署的。当克雷格说 *this fish is cooked beautifully*（这条鱼做得很漂亮）时，他将 *this fish* 设为主位，将其处理为听者可以复原（识别）的旧信息；他给予 *cooked beautifully* "新信息" 的地位，将其视为述位，（并暗示为）不可复原。这句话中没有省略或替代，因而不涉及连续和对比。对于该小句中的语篇选择，克雷格使用了图 9–5 中所列出的未标记性组合的通用模式。这一模式在我们的餐桌对话节选中反复出现，如图 9–6 中的图表所示。

该图中，垂直链表现的是由照应、省略和词汇衔接（见表 9–4）的选择所产生的语篇发生链。例如，该图显示了"鱼"链涉及照应和省略。这条鱼先是通过外指（*this fish*），然后又通过使用前指（*it*）呼应。链中的下一个节点是 *mine*，意为"我的（鱼）"。该名词词组涉及对说话人的人称照应（my），因而这是外指，同时也是省略用法：完整表达是 *my fish*。这样，该名词词组中的事物被赋予连续信息的语篇地位，其中的指示语用于强调对比。

653 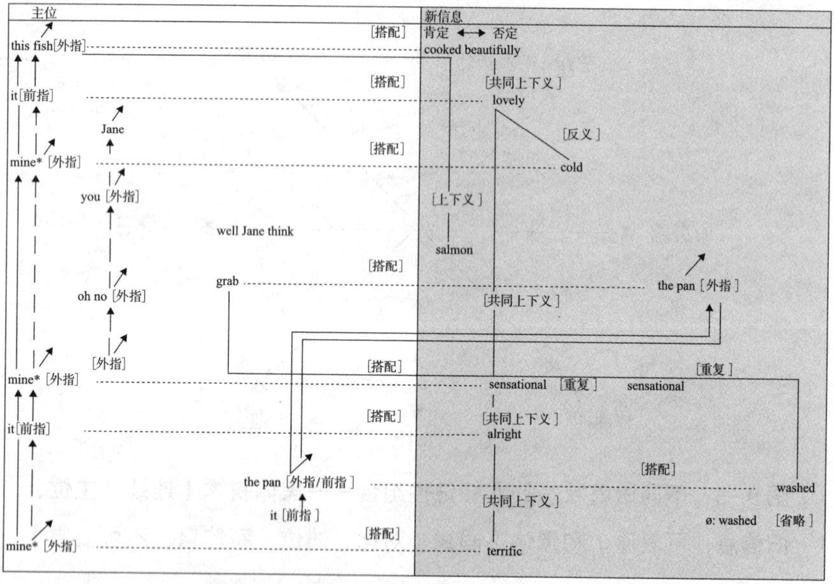

图 9-6 语篇 9-1 中的主位、信息和衔接

如图 9-6 所示，语篇发生链上的节点体现了主位和新信息的语篇地位。事实上，除了少数例外，这些链中的节点始终都赋予了相同的状态。
654 因此，“鱼”链中的节点始终为主位。从语篇上看，这很好理解：通过照应它们均可复原（外指或前指），其中一些还涉及通过省略实现的连续性。相比之下，“表达感激”链中的词项都是基于共同上下义关系，因而始终都是新信息。这从语篇上也很好理解：它们都是述位，因而在照应上是不可复原的⑫。因此，“鱼”链和“感激”链在语篇上完全不同，体现了语篇状态互补性的无标记性组合（图 9-5）。如图 9-7 所示，我们可以看到归属式关系小句是如何适应这种模式的。

---

⑫ 例如，*mine's terrific* 中的 *terrific* 是一个带有特征语的名词词组：充当中心语的是形容词。这种名词词组总是“泛指的”，这一点可以从带有“事物”的同源变体中看出：名词作为“中心语”：*mine's a terrific one*；泛指意味着不可复原性。

		“鱼”	“be”	“品质”（表“感激”）
经验	及物性	载体	过程	属性
语篇	主位	主位	述位	
	信息	旧信息		新信息
	照应	可复原的	—	不可复原的
	省略	连续的		对比的

图 9–7　归属式关系小句中的信息流

“鱼”链和“感激”链是主要的词汇链，它们在整个语篇中无处不在。语篇中还有一个简短的照应链指向“简”：她可以通过外指复原，整个词汇链都充当主位。另外，还有一个简短的照应链指向“平底锅”，它是从一个祈使句（*grab the pan*（抓住平底锅））中的外指——“平底锅”开始的。此处，新信息刚好是被操作的对象。然后，该照应物被提及两次，每次都出现在主位中。现在，语篇信息开始发生了变化：新信息开始是小句 *the pan's been washed, has it* 中的 *washed*，然后变为小句 *it hasn't*，*has it* 中的 *hasn't*（通过省略移除了 *washed* 这个候选词）。这两个物质过程小句都是受动句，且为非施事小句（non-agentive）：这些语态选择创造了条件，赋予媒介 / 目标以非标记性主位的地位。

与**照应**和**省略**不同，词汇衔接资源在语篇状态上通常是中性的；这就是为什么我们没有将其包括在表 9–4 中的原因。一个词项可以被分配以任何语篇状态，它不倾向于任何特定的状态。同理，一个既定的词汇关系对于语篇状态也是中性的。然而，语篇中的特定词汇链很可能显示出与语篇状态相关的某种系统性模式。我们语篇中的“感激”链就说明了这一点：为什么所有词项均被处理为新信息，而不是主位（在旧信息中），这里有一个重要原因。说话者一直把他们对鱼的评价作为主要信息点。同理，他们一直选择鱼作为信息起点（唯一的一次“鱼”成为新信息的地方是 *well Jane think of salmon*，此处“鱼”的下义词“鲑鱼”被赋予新信息的地位）。

655 语篇在词汇链与语篇状态的关系上存在差异，但这种差异通常反映了与语篇所属语域相关的系统性策略。例如，Fries（1993）表明，说服性广告语域中存在一种强烈趋势——与产品相关的词汇链倾向于成为主位，而包含正面评价的词汇链容易成为新信息，如下面的语篇 9-15 所示。

语篇 9-15：推荐——推销（书面语、独白）：广告节选

Are you ready to rock? The Autora Fuse ™ PCI digital video capture card gives you **the power to inexpensively view and edit your full motion, full screen video at a phenomenal 9 MB per second. Immediate feedback on all displays, tight A/V synch, QuickTime ™ compatible and 3 bundled software options.** The Igniter ™ boasts **13.3 MB per second performance** and is **upgradeable to component, uncompressed and more!** Made **for PCI PowerMacsTM G3s & G4s** and **very affordable**! For detailed brochure and more information contact: ...

[澳大利亚电脑世界 02.2003]

同样地，在事实性报道中，担任主位和新信息的词汇链之间也存在明显界限（如语篇 9-12 所示）：见 Halliday & Martin（1993：244）。因而，词汇链可能被前景化为主位，亦或是新信息。

9.7.2 语篇转换：连接和配列关系

当消息各组成部分被赋予语篇状态时，整个消息之间，或整个消息的群组之间就存在语篇转换。当然，这种转换可以由听者或读者自己来推断，而不需要任何明确的标记；但它们也可以通过语篇或逻辑资源进行明确标记。表示这种转换的语篇资源就是**连接系统**（CONJUNCTION）（见第 9.3 节）。此处，连词表明了关系的类型，但并没有区分并列和主从关系。在小句复合的单变元结构中，逻辑资源结合了关系类型和配列关系（第七章）。这两种资源在语篇转换的语法实现形式上形成互补。互补性的一般原则是：小句复合在局部语篇中贡献更大，而连接在非局部甚至全局语篇中贡献更大。小句复合通过单变元结构“编排”（choreographs）了

语篇的局部发展，同时显示了逻辑语义关系和配列关系。连词可以与小句复合共同作用，加强局部关系，但随着关系从局部变得更加全局时，连词往往会取代小句复合的作用。从词汇语法的角度来看，这意味着语篇局部的组织更加“紧凑”，而语篇的全局组织更加“松散”。同时，从语境的角度来看，更加全局性的组织容易受语境的影响，其表现形式为语类结构。通过这种方式，语法和语境在对语篇语义组织的贡献上相辅相成。

我们参照一篇说服性语篇来说明语篇关系组织的这些方面，见表 9-20。小句复合体都用于在局部链接小句；两个最复杂的小句复合体都包含三个小句，但其他小句复合体只包含两个小句。除了一个表示详述的组连外，所有的小句组合都是主从式的，要么是投射，要么是增强。只出现了三个连接实例。其中一个的范围是相当局部的，即 [12] 中的表示增强的 *but*。标点符号将 [11] 和 [12] 处理为单独的句子，因此，假设从书写形式上看，该句子是小句复合体，我们将其分析为独立的小句复合体。如果大声朗读 [11]，该小句的音调可能是 1，而不是 3，从而证实了我们的分析。

表 9-20　说服类语篇中的小句复合和连接 656

	连接	复合	
[1]		α:	I don’t believe
		‘β:	that endorsing the Nuclear Freeze initiative is the right sept for California CC.
[2]		×β	Tempting as it may be,
[3]		α:	we shouldn’t embrace every popular issue that comes along.
[4]		×β	*When* we do so
[5]		α α:	we use precious limited resources
[6]		α×β	where other players with superior resources are already doing an adequate job.
[7]	延伸：变化	α:	***Rather,*** I think
		‘βα:	we will be stronger and more effective

续表

	连接	复合	
[8]		‘β×β	*if* we stick to those issues of governmental structure and process, broadly defined, that have formed the core of our agenda for years.
[9]			Open government, campaign finance reform, and fighting the special interests and big money — these are our kinds of issues.
[10]			Let’s be clear:
[11]			I personally favour the initiative and ardently support disarmament negotiations to reduce the risk of war.
[12]	增强：让步	α:	***But*** I don’t think
		‘β:	endorsing a specific freeze proposal is appropriate for CCC.
[13]		α:	We should limit our involvement in defense and weaponry to matters of process.
		=β:	such as exposing the weapons industry’s influence on the political process.
[14]	增强：原因	α:	***Therefore***, I urge
		“β:	to vote against a CCC endorsement of the nuclear freeze initiative.
			(Signed) Michael Asimow, California Common Cause Vice-Chair and UCLA Law Professor

657 但是，这里有一个同源变体，小句 [11] 和 [12] 可以被归为一个小句复合体。相比之下，其他两个连词——延伸：替换类连词 *rather* 和增强：原因类连词 *therefore*——在范围上就不是那么局部了。延伸类连词 *rather* 表明小句 [2] 到 [6] 和 [7] 到 [9] 之间存在一种对立关系，而增强类连词 *therefore* 则表明小句 [1] 到 [13] 和 [14] 之间的动机关系，因而其范围表现得更加具有全局性。这种关系是一种内部关系，且这种相当全局性的内部关系是说服性语篇的典型特征。此处，语篇的组织遵循说服性语篇的一般图式，其关键单位是提议（投票反对……！）：动机［主

张 ^ 证据] ^ 呼吁。

这种图式组织离不开语境，它是说服性语境投射到语篇上的结果。同时，该语篇在语义组织上表现为一组修辞关系，而这些关系的实现形式就是连词和小句复合的组合：见图 9-8。该图显示了作为语义单位的语篇的修辞关系分析，其语法实现是通过小句复合体和连词叠加进行的（该语篇的修辞分析，见 Mann & Thompson, 1985；此类分析的一般情况，见 Mann 等，1992；其与小句复合的关系，见 Matthiessen & Thompson, 1988 和 Matthiessen, 2002a）。

这个例子说明了在修辞关系的语法体现中，连词和小句复合是如何进行互补的。然而，这种互补模式在不同语域之间有很大差异。特别是在无意识的口语语篇中，小句复合起的作用更大，而连词起的作用相对较小。此处，小句复合可以远远扩展到局部关系之外，达到 20 到 30 个小句的跨度（见 Halliday, 1985a；Matthiessen, 2002a）。相反，在计划好的笔语语篇中，小句复合所起的作用相对较小，而连词起的作用相对更大。

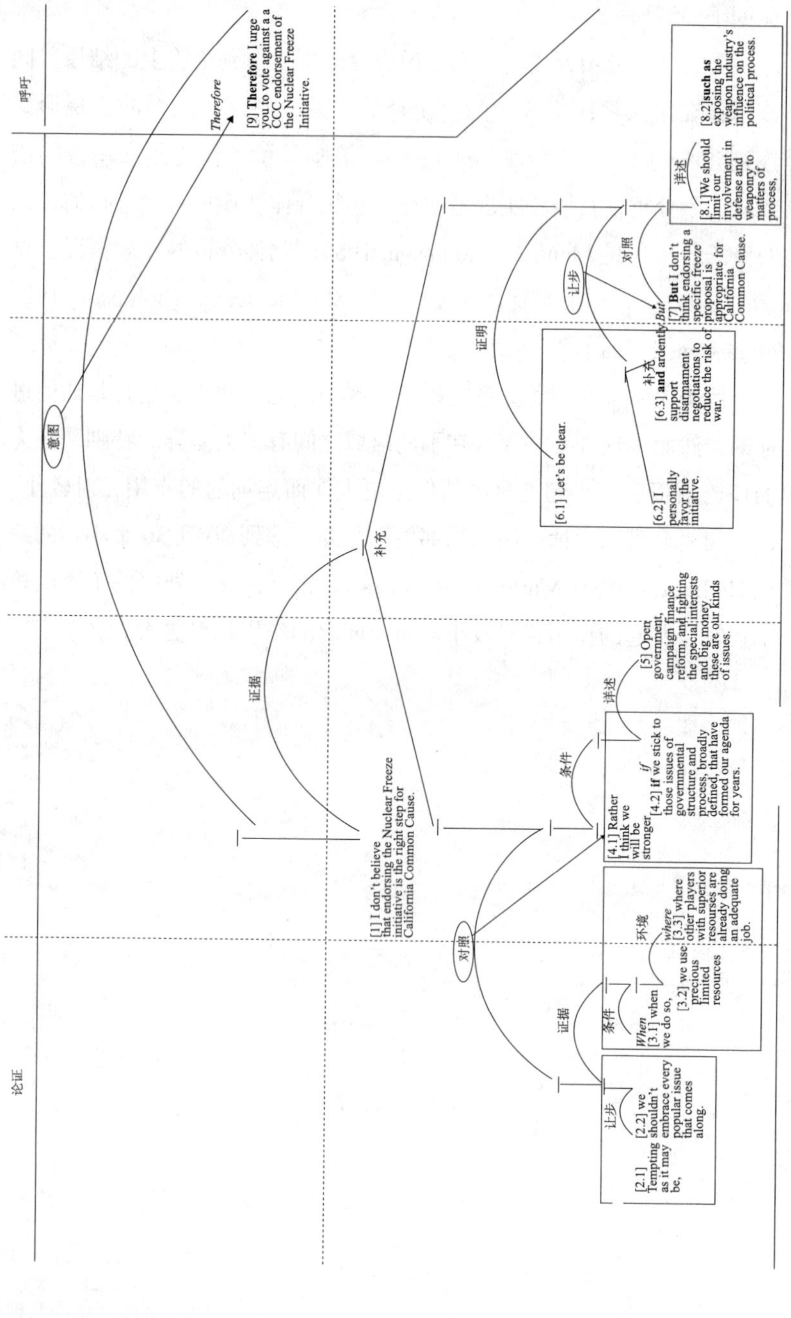

图 9–8 "加利福尼亚共同事务"语篇的修辞分析（改编自 Mann & Thompson, 1985），附加词汇语法实现形式

第十章

小句之外：隐喻式表达

10.1 词汇语法和语义 659

前几章探讨了词汇语法资源在语篇加工（即语篇的创建和阐释）过程中是如何部署的。我们发现，虽然语法的组成结构并没有超越小句级阶（见第一章，第 1.1.3 节），但是词汇语法资源在这个语法单位的上限之外还是做了两个重要贡献：（i）创建语篇发生模式；（ii）标记衔接。

（i）一方面，在语篇展开过程中，词汇语法创建了所有级阶上的**语篇发生模式**。这是语篇中的模式化，与语篇构成或大小无关：模式化是基于实例化的（实例与广义的实例类型之间的关系），而非基于构成（整体与部分之间的关系）。这种模式化表现为连续统上单一实例向实例模式的转化。例如，在新闻报道中，不断选择投射言语过程小句，直到它成为一种偏好的小句类型。随着语篇展开而出现的语篇发生模式，构成了语篇所特有的、暂时性的系统；继而，从很多这种暂时性的系统中，会出现某一类型语篇或语域所特有的广义的系统（见 Halliday（1988）中关于科技英语发展的讨论）。（ii）另一方面，词汇语法已经发展成为创建衔接手段的语篇资源，能够标记在语篇展开过程中超越语法域的语义关系。这些资源统称为**衔接系统**（见第九章）。衔接包括（1）在语篇展开中标记语篇转换的**连接**系统；（2）语篇展开过程中，给予成分不同语篇地位的**照应**、**省略**、**替代**以及**词汇衔接**系统。

通过语篇发生模式的积累和衔接资源，词汇语法对语篇模式的发展作用巨大，这种模式超出了单个语法单位（如小句），甚至是复合体单位
660（如小句复合体）。当然，正如我们在第九章中所讨论的，这也正是为何通过对语篇的词汇语法分析，我们就能了解其运作方式的原因。但是，按照这种方式发展的模式是意义模式，而非措辞模式；它们是语义层面的模式，不是词汇语法层面的模式。这是因为，正如我们所强调的，语篇首先是一个语义现象，是在某种情景语境之下展开的意义。例如，“连接”语法系统给说话者和作者提供资源，标记语篇发展过程中的转换——即标记用来逐步扩展语篇的修辞关系；以这种方式通过连词标记的修辞关系是一种语义关系，将语篇组织为意义流（flow of meaning）。

因此，语篇是一个意义单位——或更准确地说，是总在实例化连续统的实例端发生的意义流单位（见第一章，第 1.3.4 节）。这个语义单位如何与语法单位和单位复合体——小句（小句复合体）和词组（词组复合体）等，产生关系？很多人认为，语篇是由小句（或句子）**组成**；但这是对一种更间接（但更灵活、更强大）的关系的误导性简化。语篇并不是由“小句”（小句复合体）组成，语篇和小句（小句复合体）之间没有部分和整体或者“成分关系”；我们没有一个以语篇和小句为级阶的单一级阶等级（见第一章，第 1.1.3 节）。相反，语篇是通过小句（小句复合体）体现的，两者分别位于不同的层面——语义（意义层面）和词汇语法（措辞层面）（见 Halliday & Hasan, 1976；Halliday, 1982；Martin, 1992；Halliday & Matthiessen, 1999）。在第一章，第 1.1.3 节，我们首次引入了语言层面的概念，即语言分为一系列有序的层面，这些层面通过“体现”而相互关联；图 1-10 以图表的形式展现了这种语言组织形式。

本书始终都将重点放在词汇语法层，词汇语法层与其上的（语义）层面以及其下的（音系）层面的层级关系和体现关系也始终是一个重要主题。我们讨论了词汇语法层和音系层之间的体现关系，并且指出，在

非标记性情况下，小句是由声调群体现。另外，我们还展现了语气语法中的选项是如何在音系层面上体现的（通过人际元功能中的声调：第四章，第 4.4.4 节），以及信息语法中的选项是如何通过声调体现的（通过语篇元功能中的调核：第三章，第 3.5 节）。我们也讨论了语义层和词汇语法层之间的体现关系，例如，言语功能（命题 / 提议）语义系统中的选项是如何通过语气在词汇语法层面上体现的（小句；见第四章，第 4.1 节）。

如前所述，语义层的上限是**语篇**：这是意义最广泛的单位。词汇语法系统的上限是**小句**：这是最广泛的措辞单位（见第七章，表 7-3）[①]。语 661
法中有一个单独的、广义的构成阶（compositional scale），即第一章，第 1.1.3 节介绍的语法级阶等级（小句—词组 / 短语—词—语素）。我们明确了这个级阶的上限和下限分别为小句和语素，且中间单位是词组 / 短语和词。但在语义中，我们还不清楚是否存在一个单独的构成阶：这个级阶必须是对语言中所有语域变体的概括，但我们知道，语篇从一个语域到另一个语域变化非常大。很有可能不同的语域采用不同的构成阶。例如，辛克莱和库特哈德（Sinclair & Coulthard, 1975）确定了一种在课堂话语组织中的级阶，而克洛兰（Cloran, 1994）确定了另一个在某种类型的会话组织中的级阶。只有在对语篇语义进行更多研究之后，这个问题才能解决（相关讨论见 Matthiessen & Halliday，即将出版）。

但是，尽管我们对是否有一个或多个这样的语义构成阶还没有答案，我们可以探讨一下这种级阶下面的区域。在这个区域，语义单位由词汇语法单位体现。在整本书中，我们都提到这些语义单位，此处出现的原则是

① 说它们是上限，我们并非排除复合体，即，语篇复合体和小句复合体。例如，一本烹饪书可以被分析为一个宏观语篇，包括一系列烹饪方法步骤，以及详尽的背景信息等（见 Martin, 1995, 1997：16，关于作为语类复合体的“宏观语类”的概念）。但是，正如我们在第七章所看到的，复合体并非更高级阶的单位，而是某个特定级阶单位的扩展。

我们所熟悉的元功能原则。小句是语法中的一个多功能概念，体现了三重语义单位，每个单位对应一个元功能：语篇功能——消息（第三章），人际功能——命题 / 提议（第四章），经验功能——言辞（第五章）。图 10-1 展现了这些关系：来自三个元功能的三个语义单位都映射到小句上，因而使这三重元功能意义融为一体。

语义学中，一方面是语篇，另一方面是消息、命题 / 提议和言辞，那么它们之间的中间区域是什么？消息、命题 / 提议和言辞可以与相同元功能类型的单位结合起来，在创建语篇过程中形成更广泛的语义模式。这些模式对于每个元功能来说都是不同的。

（i）**语篇的**。消息结合起来构成了信息的周期流动（periodic movements），其方式在第三章已做说明，并在第九章又进行了讨论（如第七章语篇 7-1 中的主位推进）。例如，在第七章语篇 7-3 中的关于中国园林的段落中，开始是与（读者的）空间走动相关的消息，然后是与兴趣点相关的消息。随着语篇的展开，这些消息帮助构建了信息流，我们可将其简称为**信息流模式**（information flow patterns）。

（ii）**人际的**。命题 / 提议结合起来构成包含两个或更多互动者的**交换模式**（patterns of exchange），如语篇 10-1。

语篇 10-1: 报道——录用面试 [语篇 135]

Professor Hart: Will you have any domestic work at all to do?

Mrs Finney: Well I shall have to organize.

Professor Hart: But not washing or cleaning or cooking?

Mrs Finney: Oh good heavens, no no no; I've got a full-time {{Professor Hart: Good.}} charwoman as well as this creature. {{Professor Hart: Yes.}} She's a nice girl.

Professor Hart: Oh have you?

Mrs Finney: Yes, yes.

Professor Hart: Yes oh well you are very well situated, I must say.

662

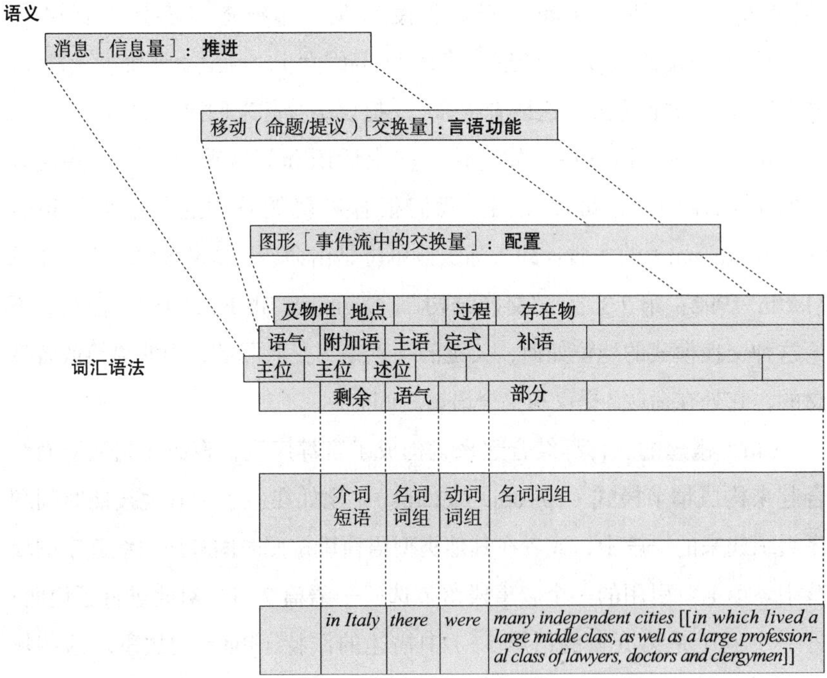

图 10-1　作为三重功能概念的小句

这段选自一个录用面试：芬妮（Finney）女士申请了一个大学英语专业的荣誉学位，哈特（Hart）教授和一个同事面试她，确定她是否适合。这个面试基本是由一系列命题组成的信息交换：面试者通过提问索要信息，芬妮女士通过陈述给予回答。但是这个对话模式比简单的提问 + 陈述序列复杂。在芬妮女士第二次回答时，她通过提供更多有关家务安排的信息补充了自己的回应：*I've got a full-time charwoman as well as this creature.*（我有一个全职的女清洁工和这个东西）。哈特教授通过索要信息进行核对：*Oh have you?*（哦，是吗？）芬妮女士又通过给与信息进行回应：*Yes, yes*（是的，是的）。哈特教授通过对芬妮女士所说的话进行评价结束了这个阶段：*Yes oh well, you are very well situated, I must say.*（好的，我得说，663
你的条件很不错。）。所以，这个交换模式是“提问（哈特教授）^ 陈述

（芬妮女士）^ 提问［追问］（哈特教授）^ 陈述［补充］（芬妮女士）^ 提问［核对］（哈特教授）^ 陈述［确认］（芬妮女士 ^ 陈述［评价］（哈特教授）”。按照这种方式，说话者将命题 / 提议结合起来创建了对话。

至少在一些语域中，如访谈、课堂话语和问答节目等，这些模式是很有规律的，且可以预测。我们很容易就能看到这些语域的组合（compositional）的本质：即人际交换单位是由命题 / 提议序列组成的（见 Martin, 1992：第 2.3 节，“交换结构”；Eggins & Slade, 2005）。但是，不论这种交换模式的地位如何，关键的一点是它是人际的，而非语篇或者概念的，它处在命题 / 提议和整个语篇之间。

（iii）**概念的**。言辞结合起来就构成了言辞序列，言辞序列又继而结合起来构成**情节模式**（episodic patterns），比如在叙事和其他按照时间顺序组织起来的语篇中，或者在其他类型语篇里按照时间顺序组织起来的段落中。第七章引用的一个叙事段落节选——语篇 7-1，对此进行了说明；另一个例子是第五章的语篇 5-7 中描述的派特（Pat）的故事。这些场景一般包括几个言辞序列，每个都由一个小句复合体体现。当然，对某个特定情节的识解有很大的差异。现代新闻报道很好地体现了这种变化（见 Nanri, 1994；Iedema 等，1994；Martin & Rose, 2008：75–81）。如语篇 10-2 所示，同一个情节经常可以从不同视角，包括目击者的视角，被识解多次。

语篇 10-2：报道——记载：新闻报道节选（语篇 30）

THIRTY people were feared drowned last night after a floating night club carrying as many as 150 on a late-night party cruise collided with a huge dredging barge and sank in London's River Thames.

[...]

Witnesses said the sand dredger seemed to go past the Marchioness but suddenly smashed into the side and went right over it. Art student Mike Mosbacher, 22, said he saved himself by diving through an open cabin window on the top deck. He saw

> the sand dredger heading for the cruiser. ‘My friend pointed it out to me. I thought it would go past us, it was travelling too fast. It hit us in the side, smashed into us and went straight over us. I dived out of the window. The people downstairs — there’s no way they could have got out. There were people swimming in the water and people screaming.’

关于泰晤士河上一艘迪斯科小船的沉没，首先通过记者的声音，将其作为一个单独言辞序列进行描述（由一个独立的小句复合体体现：α: people + drowned ^ $\times\beta 1$: club + collided ^ $\times\beta\times 2$: club + sank)。随后，在新闻报道中，通过目击证人的声音，将其作为一系列小句和小句复合体进行描述。所引述的目击证人的描述，将灾难情节识解为 6 个言辞序列，增强了焦点的精密度。构成情节的言辞序列，通过扩展关系（详述、延伸、增强）联系在一起，形成一个有效的宏观序列；同时它们也构成了一个更加多元的配置，由开始 ^ 中间 ^ 结尾组成（见 Halliday, 2001）。因此，上面的描述，从预测灾难开始（*My friend ... travelling too fast*），然后到真的发生撞击事件（*It hit us ... straight over us*），包括逃生（*I dived out of the window*），再到以结果结束描述（*The people downstairs ... people* 664 *screaming*）。其中，扩展的主要类型是增强；及物性过程的主要类型是物质小句。

上述例子总体来说是按照时间顺序，当然，也有其他超越单一序列，并不按时间顺序的模式。例如，描述性段落是按照细节顺序，逐步完成对某些现象的刻画。因此，在第五章表 5-13 的语篇中，甲龙的特征是按照下面的序列描述：在整个甲龙类别中的定位（小句 1）—大小（小句复合体 2: α ^ + β）—结构：体格和外形（小句 3）—结构：外形详述（小句复合体 4: 1 ^ × 2）—甲龙作为甲龙类中体积最大的成员，与摄食习性相比，其大小（小句复合体 5: 1 ^ ×2）—食物源及结构［牙齿及下颚］（小句 6）—结构：头及喙（小句复合体 7: α << =β>>）—捕食性动物（小句 8）—自卫及结构：尾巴（小句 9）—尾巴功能（小句复合体 10: 1 ^ ×2）。尽管在叙述情节时，扩展的主要类型是增强，其结构是某种形式的开始 ^ 中间 ^ 结尾（时间序列，可能会加上原因），但是在诸如上面的这种段落中，却以详述和延伸为基础，其结构是某种形式的总体 / 整体 ^ 具体 / 部分。同样，它们的及物性结构也不同。叙述情节时主要是物质小句，而描述特征时主要是关系小句。

表 10–1 总结了前面的描述（它对第一章的表 1–5 进行了扩充）。该表格体现出两个内容层面（语义层和词汇语法层）与三个元功能之间的交叉。在每个元功能中，在（1）由小句和小句复合体体现的局部语义单位和（2）由语篇体现的全局语义单位之间有一些中间语义模式。这些中间模式是那些在不同语域中非常有可能产生变化的模式：模式的性质，以及语篇与信息 / 命题（提议）/ 言辞之间的构成阶的程度，都会有所不同。例如，在人际功能内，居于命题 / 提议和语篇（人际意义方面）之间的模式是（对话）交换模式；这些模式之间差异很大。例如，这些模式可以是谈话、访谈、课堂话语、法庭审讯和小组辩论等（见 Martin, 1992：第二章；Eggins & Slade, 2005；Matthiessen & Slade, 2010）[②]。

表 10–1　语义和词汇语法单位

	逻辑	经验	人际	语篇
语义	语篇			
	（场景模式）		交换模式	信息流模式
	言辞序列↘	言辞↘	命题 / 提议↘	消息↘
词汇语法	……复合体	小句		
	配列关系和逻辑语义类型	及物性	语气	主位；信息 [信息单位]
	复合体	词组 / 短语		

665 表 10–1 展现了语义单位是如何映射到语法单位上的。如图 10–1 所

② 在会话分析中，我们根据不同类别的话轮分配系统对这些差异进行了讨论；但这仅仅是部分内容，还有其他更深层次的考虑。

示，其原则是基于级阶的成分关系—— 语义单位 *a* ↘语法单位 *m*；核心语法单位是小句。但是，虽然这是语义和词汇语法之间关系的基础，但是还有其他两个影响这个关系的原则，它们不但使这个关系更复杂，而且拓展了语言的意义潜势：（i）跨语法（transgrammatical）的语义域——涉及不同语法单位的意义范围；（ii）隐喻—— 语义与词汇语法之间不一致的体现关系。

（i）一方面，有些语义域涉及不止一个语法单位。因而，情态语义域（第四章，第 4.5.2 节）在语法中不止体现在一个地方。例如，情态可以由 *I suppose* 这种心理小句或 *it is possible* 这种关系小句体现，也可以由定式情态操作语（如 *may*）或带有情态副词（如 *perhaps*）的副词词组体现。在不同语法单位中的这些情态模式并非可以互相替换的同义词，它们在整个情态语义系统中具有不同的情态值。在下文会看到，虽然上面的形式均可以体现“低概率”，但是 *I think* 表达的是显性主观，*it is possible* 表达显性客观，*may* 表达隐性主观，而 *perhaps* 表达隐性客观。这意味着情态语义系统比任何一个特定语法单位所表达的情态特征都要广泛；它不是通过一个单独的语法单位，而是通过一系列单位体现：语义单位 *a* ↘语法单位 *m*，*n* 和 *o*。下面的 10.2 节将讨论这种**跨语法的语义域**。

（ii）另一方面，语义单位和语法单位之间的体现关系会出现一些重组。根据表 10-1，言辞序列通过小句复合体体现；言辞、提议 / 提议和消息的结合体由小句体现；我们还可以继续增加这种体现上的对应。例如，参与者由名词词组体现、过程由动词词组体现、环境成分由副词词组或介词短语体现。但是，一旦内容面的这两个层面之间建立了联结（coupling），从理论上来说就会出现“交叉联结”（见第一章，第 1.3.1 节）。例如，一方面，言辞序列由小句复合体体现，而言辞由小句体现，另一方面，在某些特定条件下，言辞序列在理论上有可能由小句体现，也就是说，它们如同言辞一样。这就是**隐喻体现方式**的可能性，它在英语以及许多其他语言中已经占据一席之地，在语义和词汇语法之间，创造了一种比表 10-1 所示关系更为复杂的关系。例如，我们可以说 *that spiritual and physical oneness we all share with this common homeland explains the depth of the pain we all carried in our hearts as we saw ...*（我们与这个共同的家园在精神和身体上都是一体的，这解释了我们所看到的内心深处的痛苦），但不说 *we and this common homeland are spiritually and physically united, so we were deeply pained as we saw...*（我们和这个共同的家园在精神上和身体上是团结的，所以我们看到这一点时深感痛苦）。当然，这两种体现形式并不是同义的，所以，其结果是对语言意义潜势的某种拓展。在第 10.4 节和第 10.5 节的语法隐喻中我们将讨论这个现象。

666

10.2　语义域

每个词汇语法系统都体现了某种语义系统。例如，如前所述，**语气**［小句］语法系统是体现**言语功能**［命题 / 提议］的语义系统（第四章，第 4.1 节）。此处，一个词汇语法域——小句，对应一个语义域——命题 / 提议。另外，有些语义系统由在多个地方运作的语法系统体现。这些语义域涉及两个或多个语法域，跨越两个或多个语法单位，如前文提到的情态（见第四章，第 4.5.2 节）。

最根本的语义域有两个：扩展和投射。例如，“添加”这种扩展关系可以（1）在衔接上，通过诸如 *also* 的这种连词体现，也可以（2）在结构上，通过（a）由结构连词 *and* 标记的并列小句组连体现，或者（b）由介词 *with* 标记的伴随环境体现，亦或（c）由 *and* 标记的并列词组组连体现，例如：

(1) She went to the market. Her son **also** went to the market.

(2a) She went to the market **and** so did her son.

(2b) She went to the market **with** her son.

(2c) She **and** her son went to the market.

这些不同的体现形式散布于语法中，构成了不同的语法环境，它们在语义上是同源的，因为都有“添加”这个特征。但是，在语义上同源，并不意味着它们是同义的；它们虽然共有“添加”特征，但在其他方面又有不同。例如，（2b）和（2c）识解了同一事件，而（2a）和（1）暗含两个事件。因此，作为一个语义系统，**扩展**系统是逐渐发展的，将语法上不同单位中的措辞模式汇聚在一起，从而拓展整个意义潜势。

在这个方面，**扩展**的语义系统可以与**言辞化**（figuration）的语义系统进行对比：见图 10-2。言辞的语法体现是“紧凑的”，限于小句的及物性系统；而扩展的语法体现是“离散的”，跨越不止一个语法单位。（后面会看到，通过语法隐喻，紧凑体现的系统，如“配置”，会在体现方式上变得更加离散。）现在简短回顾一下这些离散的语义系统，从扩展开始，然后到投射。

10.2.1 扩展

前面已经在很多不同的语法域中涉及了扩展。最详细的描述参见第七章，第 7.4 节，三种扩展的子类（详述、延伸、增强）与配列关系结合，将一个小句与另一个小句相连，构成了小句复合体。在词组和短语复合体的构成中也发现了这种模式的运作（见第八章）。在小句复合体和词组 / 短语复合体中，扩展在概念元功能的逻辑模式中体现。但是，在及物性系统中（第五章），扩展有两种经验体现方式。一方面，扩展通过小句中环境成分的扩充得到体现：这些环境成分的扩充涉及扩展的所有三个子类，其中增强是发展最成熟的子类（第五章，表 5-28）。另一方面，扩展也体现在“关系”过程小句中：“内包类”小句表达详述，“属有类”小句表达延伸，而“环境”类小句表达增强。在名词词组范围内，也有扩展的三种子类的各种体现。因此，定性语可以详述、延伸或者增强事物；这些在我们介绍作定性语的嵌入小句时讨论过（见第七章，第 7.4.5 节）。

667

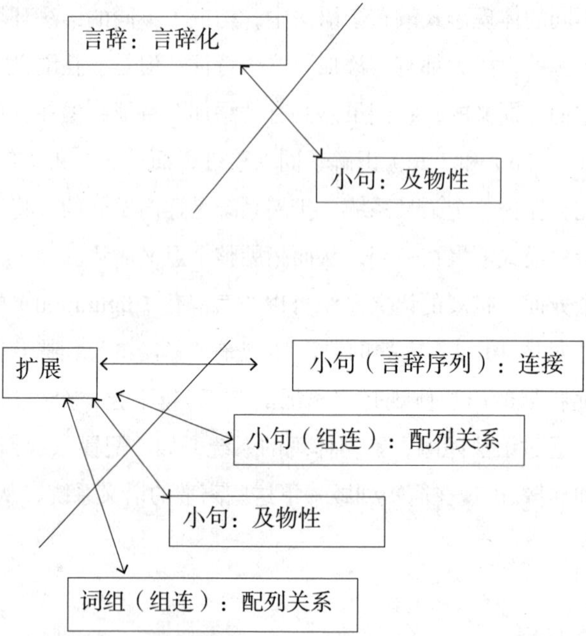

图 10-2　语义系统和词汇语法系统之间的关系：
（a）紧凑体现,（b）离散体现

上文提到的扩展的不同体现方式出现在各类语篇中，但是不同语篇类型（语域）偏好不同的扩展和不同的语法体现。表 10-2 中关于勘察过程的一段节选可以说明这一点。节选中运用较多的扩展类型是增强。这一点也不意外：一方面，空间描述在勘察过程中非常重要，而空间范畴又包括在增强之内。另一方面，时间顺序的表征一般而言是过程描述中的一个重要方面，而时间也包括在增强之内。因此，在“增强”一栏，我们发现既有地点环境（如 *to the Art Gallery of N.S.W.* 去新南威尔士州美术馆），也有空间定性语（如 *at Darling Harbour* 在达令港）；而在小句复合体中，我们发现与小句复合体中的配列关系（如 *after seeing the Chinese Gardens ... catch a ride ...* 在看完中国花园后……搭车……）和衔接性连接关系（*Then cross Hyde Park ...* 然后穿过海德公园）相结合的时间关系。

比较而言，尽管详述和延伸在这个语篇节选中都扮演着独特角色，但在它们并不是主要类型。详述主要在名词词组内体现为特征语和类别语；这段节选中的详述是对在旅途中会遇到的现象进行描述和评价（如 *enticing aromas* 诱人的香味、*Chinese breakfast* 中式早餐）。延伸也体现在名词词组中；此处，延伸的含义是一种广义的“属有”，或是体现属有关系的一个指示语（如 *your, Sydney's*），或是体现属有关系的一个定性语（如 *of Sydney*）。另外，延伸也可以体现在小句和词组 / 短语复合体中（如 *go to the booking office ... or ring Mitchells Bass*；去售票处……还是给米切尔·巴斯打电话；*with a visit to Fort Denison on Sydney Harbour, or with a Captain Cook Cruise on the Harbour.* 参观悉尼港的丹尼森堡，或坐上库克船长游轮在港巡游）。此处，其意义是添加或者选择。

表 10-2　“使能”语篇节选中的扩展的体现：“指导”语篇，地形勘察手册［语篇 22］ 668

	小句	详述	延伸	增强
1	Start the day at Sydney's Chinatown; ‖			小句，及物性：地点
=2α	see ‖	小句复合体：1=2		
=2'β	if you can resist the enticing aromas [[wafting through the doors of the many restaurants]]. ‖‖	词组：特征语（*enticing*）；定性语 =[[		
×β	After seeing the Chinese Gardens, Festival Markets and museums [at Darling Harbour], ‖			小句复合体：×β α 词组：定性语 ×[
Aα	catch a ride on the monorail to the ritzy shopping centre of Sydney, ‖	词组：特征语 (ritzy)	词组：定性语（*of Sydney*）	小句，及物性：地点
α×β	taking in the Queen Victoria Building and Centrepoint on the way. ‖‖			小句，及物性：地点
1	Then cross Hyde Park and the Domain to the Art Gallery of N.S.W., ‖		词组：定性语（*of N.S.W.*）	小句，连接：连接 小句，及物：范围 小句，及物性：地点

续表

	小句	详述	延伸	增强
×2	and finish the afternoon with a visit to Fort Denison on Sydney Harbour, or with a Captain Cook Cruise on the Harbour. |||		词组复合体：1 +2	小句复合体：1 ×2 小句，及物性：手段 词组：定性语 ×[
	Hail a cab to Dixon Street in the centre of Sydney's Chinatown. |||		词组：定性语（*of Sydney's Chinatown*）；指示语（*Sydney's*）	小句，及物性：地点
α	Many of the restaurants offer a Chinese breakfast ||	词组：类别语（*Chinese*）		
×β	if you've missed your breakfast. |||		词组：指示语（*your*）	小句复合体：α ×β
α	Nearby, on the corner of Hay Street and Harbour Street, the Sydney Entertainment Centre, the largest indoor auditorium in Australia, << >> is a venue for concerts, ice skating events, indoor tennis tournaments and so on.	小句，及物性： 过程：内包 词组：特征语（*largest*）	词组：定性语（*of Hay Street and Harbour Street*）	小句，及物：地点 词组：类别语（*indoor*）；定性语 ×[
=β1	<<opened in 1983 ||			小句，及物：时间
=β+2	and seating up to 12,50>>		小句复合体：1+2	
669 ×β1α	To find out ||			
×β1'β	who's in town ||			小句，及物性： 过程：内包 + 属性：环境.
×β+2	and to make bookings ||		小句复合体：1+2	
α1	go to the booking office in the Entertainment Centre ||			小句，及物性：地点 词组：类别语（*booking*）
α+2	or ring Mitchells Bass on 266 4800. |||		小句复合体：1 +2	

这段地形勘察手册节选说明，作为体现在整个语法系统中的语义类型，详述、延伸和增强在语篇中非常普遍。我们的粗略分析展现了在某个特定语篇，或者说如果扩大语料后，在某个特定语域，我们该如何描述这三种类型的扩展。地形勘察手册中有很多这种“增强”实例，它们分布在各个不同级阶上的单一体和复合体中；但是任何特定语域都有其自身特色的扩展类型。在第 10.3 节我们将看到，语域的变化也体现在，沿着级阶，详述、延伸和增强倾向于在何处出现。

我们现在对体现详述、延伸和增强的不同语法环境做一个系统而全面的概括，具体见表 10–3。如表所示，我们可以根据下列维度区分这种语法环境：（i）元功能—语篇功能（**连接**）、逻辑功能（**相互依赖关系、修饰**）及经验功能（**环境；过程类型：关系过程**）；（ii）级阶 — 小句及词组 / 短语。（实际上，这个表可以沿着级阶向下继续拓展，在逻辑功能内，将词组 / 短语之下的模式考虑进来：词和语素复合体也体现在可与扩展结合的相互依赖关系中。）

从语法视角看，表 10–3 所描述的环境当然各不相同。但是从上面看，即从语义的视角看，它们都是识解扩展的同源方式。所以，它们一起将扩展识解为一个语义系统。这意味着，对于我们想要表达的任何特定类型的扩展来说，我们都有一系列可用的资源。例如，如果想表达“增强”的因果关系，语法中可供选择的资源如表 10–4 所示。

这些措辞模式都是同源的，但是正如一般的同源模式一样，它们之间并不是同义关系：同源关系总是既体现相似性，又体现差异性。相似性是将模式解释为相似的基础，将它们放在同一个聚合体中，而差异性则是将它们视为不同变体而非同一类型基础。如上面的“增强”性原因实例所示，这些模式是相似的，这是因为它们都体现了不同类型的扩展。那么，同源变体的意义差异在哪呢？正如有关意义的问题一样，其答案就在元功能组织中：这些实际上是（i）概念，（ii）语篇，（iii）人际方面的差异。

表 10-3　扩展概要

			语篇的	逻辑的			经验的		逻辑的		经验的
			小句	小句组连			名词词组	小句	动词词组（组连）		小句
			小句复合体之间的连接（非结构性的）	小句组连中小句间的互相依赖关系			嵌入：限定关系小句	环境	动词词组组连中的相、意动和其他（动词词组中的时态、语态）		作为关系过程的归属或识别
				并列	主从						
详述	同位	阐述	in other words	that is	which, who	非定式小句	which, who; that（非定式小句）	作为角色	被动语态 is [v^n]	相 (a) 时间 start, keep（b）现实相 seem, turn out	内包 ‘is’, be, mean 等等；
		示例	for example								exemplify, illustrate
	阐明	（各种类型）	or rather, anyway, actually 等等	at least							
延伸	添加	肯定	also	and	while	besides	whose, of which	with, including, 伴随	过去时 has [v^n] 义务 has to[v^o]	意动 try; succeed; can, learn	属有 ‘has’ 补语；include
		否定	neither	nor		without		without			exclude

续表

			语篇的	逻辑的			经验的		逻辑的		经验的
			小句	小句组连			名词词组	小句	动词词组（组连）		小句
			小句复合体之间的连接（非结构性的）	小句组连中小句间的互相依赖关系			嵌入：限定关系小句	环境	动词词组组连中的相、意动和其他（动词词组中的时态、语态）		作为关系过程的归属或识别
				并列	主从						
	变化	转折	however	but	whereas	—		—			
		替换	on the contrary			besides		instead of			replace
		排除	otherwise	only	except that	other than		except (for)			
		取舍	alternatively	or	if not ... then			—			
增强	时空：地点	跨度	—	—	as far as	—	(a) 地点（where / that）(b) where / at which	距离 for	现在时 is (at) [v^n]	意态 —	环境 ‘is at’ (a) take up, cover; (b)—
		点	there	there	where(ver)	—		地点 at，in 等	期望 is to [v^o]		(a) contain, face, line 等；(b) be at 等
	时空：时间	跨度	throughout	—	while	while, in	(a) 时间 (when / that) (b) when / on which	持续 for		begin by, end up (by), tend	(a) last, take up; (b) be throughout

续表

			语篇的	逻辑的			经验的		逻辑的		经验的
			小句	小句组连			名词词组	小句	动词词组（组连）		小句
			小句复合体之间的连接（非结构性的）	小句组连中小句间的互相依赖关系			嵌入：限定关系小句	环境	动词词组组连中的相、意动和其他（动词词组中的时态、语态）		作为关系过程的归属或识别
				并列	主从						
		点	simultaneously	now	when(ever)	when, on		时间 at, on			(a) — (b) be at
		先前	previously		before, until	before, until		before			(a) precede; (b) be before
		随后	next	then	after, since	after since		after			(a) follow; (b) be after
		各种复杂类型	finally, at once, meanwhile 等等	—	as soon as 等	—		during 等			(a) conclude, coincide with
	方式	方法	thus	—	—	by	way (how/ that)	方式 by, with		—	(a) enable; (b) be through
		品质	—	—	—	—		［副词］		venture, hasten, hesitate, regret	
		对比	likewise	so	as, as if	like, as if		like		—	(a) resemble; (b) be like
	因果–条件：因果	原因	therefore	so, for	because	with, by	理由 (why/ that)	原因 because of		happen, remember	(a) cause; (b) be because of

续表

			语篇的	逻辑的			经验的		逻辑的		经验的
			小句	小句组连			名词词组	小句	动词词组（组连）		小句
			小句复合体之间的连接（非结构性的）	小句组连中小句间的互相依赖关系			嵌入：限定关系小句	环境	动词词组组连中的相、意动和其他（动词词组中的时态、语态）		作为关系过程的归属或识别
				并列	主从						
		结果	consequently	thus	so that	as a result of					
		目的	to that end	—	in order that, so that	(so as / in order) to, for		for		try	
		保证	—	—	in case	in case of		in case of			
	起因–条件：条件	肯定	in that case	then	if, as long as	if, in the event of		in the event of			(a) depend on; (b) be in the event of
		否定	otherwise	otherwise	unless	without		in default of			
		让步	nevertheless	though	although	despite		despite			
	内容	方面	in this respect	—	—	as for		内容 about			(a) concern; (b) be about

673 **表 10-4 “增强”的因果关系的表现形式**

域	系统	元功能	示例
衔接序列：	连接	语篇	She didn't know the rules. Consequently, she died.
小句，复合体：	并列	逻辑	She didn't know the rules; so she died.
	主从		Because she didn't know the rules, she died.
小句，简单体：	原因	逻辑+经验	Her ignorance of the rules caused her to die.
	环境	经验	Through ignorance of the rules, she died.
	关系过程		Her death was due to ignorance of the rules.
			Her ignorance of the rules caused her death.
			The cause of her death was her ignorance of the rules.
名词词组：	属性		her death through ignorance of the rules.

（i）概念。从经验角度上看，与意义差异直接相关的问题是，什么可以被识解为事件流（flow of events）中的量子变化（quantum of change）（见第八章，第 8.9 节）？表 10-4 中的实例构成了一个可以在两端之间延伸的等级体系（scale）。在其中一个端点，事件流经验被识解为两个不同的量子变化，体现为两个独立的小句，它们在衔接上（而非结构上）互相联系（*She didn't know the rules. Consequently, she died.* 她不知道规则。结果，她死了。）。在另一个端点，事件流被识解为量子变化中的一个组成部分，即一个本身在某个其他量子变化中充当成分的参与者（比较 *the quite incredible ignorance on which it is based must be a cause for grave concern* 它所基于的令人难以置信的无知一定令人严重关切），由一个独立的名词词组体现（*her death through ignorance of the rules* 她因不懂规则而死亡）。介于这两个端点之间的是各种表现形式，它们代表着从两个截然不同的量子变化，通过两个相互依赖的量子变化，转变为一个量子变化。

因此，这个等级体系是一种**两个量子变化的融合程度**。这种融合阶（scale of integration）是基于级阶等级的。在其中一个端点，由在衔接上相关的小句构成的言辞序列超越了级阶，而在另一个端点，名词词组处于小句之下的级阶等级。因而，这两个端点通过级阶下移关联在一起。同时，这个下移也涉及元功能的转变：语篇—逻辑—逻辑 + 经验—经验。此处，扩展的意义随着元功能表现形式的变化而变化。例如，原因 674
的表现形式，通过逻辑语义关系（逻辑的：*so*，*because*），从修辞关系（语篇的：*consequently*）转变为过程或次要过程，甚至参与者（经验的：*cause*, *through*；*cause*）。这就意味着"原因"的范畴意义的变化；所以，虽然 *consequently* 和 *through* 均具有原因的意义，但它们所被赋予的范畴意义不同。（后面会看到，原因的这些体现方式实际上是语法域中的概念隐喻。）

（ii）语篇。如表 10-4 中的"原因"实例所示，扩展的不同表现形式在语篇意义上也迥然不同。当其表现形式是衔接的小句序列或在配列关系上相关的小句组连时，体现因果关系的连词词组在其出现的小句中被赋予了语篇地位：或是语篇主位，或是述位的一部分。虽然带有结构连词（如 *so*，*because*）做中心语的连词词组必须是主位，但是带有衔接连词（如 *consequently*）做中心语的连词词组也可以成为主位：

Consequently, the fields had to remain dry while the authorities 'dwelled on the matter.' [KOHL_A]
These two factors **consequently** lead to a prediction, lower than the actual settlement value for the pile group. [KOHL_J]

在从属式组连中，还有一种更进一步的语篇区分，并不适应于衔接序列和并列式组连：表征原因的从属小句 β 可以在小句组连中做主位或述位。例如：

Because the supply of tortoise shell has decreased with the years the work is not produced profusely any more. [KOHL_E]
They do this strenuous and risky work because it would be difficult to make both ends meet if they relied solely on the income of the male members. [KOHL_A]

如果扩展表现为一个简单小句，“原因”表现形式的潜在语篇地位就取决于它的体现方式：（1）作介词短语中的非完全小句，充当“原因”的环境成分；（2）作过程；（3）作名词词组中的“事物”，充当环境关系小句中的参与者。

（1）当出现在原因环境成分中时，“原因”既可作主位也可作述位；如果作主位，可以充当谓项主位（predicated Theme）。例如：

Because of this action physiological responses have been possible. [KOHL_B]
||| It was **because of the protracted delays** [[**caused by litigation**]] [[that land ceiling laws were put in the Ninth Schedule of the Constitution || to give them immunity [[from being challenged in the courts]]]] . ||| [KOHL_B]
||| The country was incurring a loss of Rs. 4,000 crores in industrial production every year, **because of the acute power crisis**, || Mr. S. K. Birla, President, Indian Chamber of Commerce, said here yesterday. ||| [KOHL_A]

675 （2）当因果关系表现为过程时（要么位于任何过程类型小句中的主从式动词词组复合体中，要么作为环境关系小句中的核心过程），它常充当述位。或者说，常充当主位和新信息之间的（部分）转换。例如：

They just mechanically applied Chinese strategy, emulating particularly the ideological activities of the Chinese Red Guards during the Cultural Revolution. This **caused** an ideological stagnation, whose impact was noticed in 1973. [KOHL_C]

（3）当原因表现为名词词组中的“事物”，作参与者时，它的主位地位与整个名词词组相同——要么是主位，要么是述位。但是，这时它也处在另一语篇系统运作的领域中—— **照应系统**（见第九章，第 9.4 节）。这意味着，它被赋予了话语照应物（discourse referent）的语篇地位——或可找回（可识别），或无法找回（无法识别）；它在话语的发展中可被追踪。例如：

> India, the World Cup winners of 1975, had been pushed down five places in the 1978 World Cup: the world champions of one time had been wiped out. The opposition had been improving all along. Pakistan, who won the gold at Buenos Aires, Holland who won the silver, Australia who won the bronze, West Germany who were fourth, Spain who were fifth, and New Zealand, who did not play at this World Cup but who won the gold at Montreal in 1976, all these countries had been taking longer, and faster strides in world hockey. India had also been striding, with the strides becoming longer, and faster. But India had been striding backwards. Towards the destruction of its own hockey. **The real cause** had been the power-game which the Indian hockey bosses play. The 1978 Buenos Aires experience was a consequence. It was one massive stride backwards. It was an effect of **the same cause**. The alleged mismanagement of the Indian team at Buenos Aires was merely a symptom, an indication that **this cause** was working. It was not **the cause** itself, as it has been made out to be. And Indian hockey continues to stride backwards. The strides are becoming longer. The pace is increasing. **The cause** still exists. The power-game continues to be played. [KOHL_E]

（iii）人际。“扩展”的不同表现形式不仅在语篇意义上各有差异，它们在人际意义上也不同。当表现形式是衔接的小句序列或并列式（独立）小句组连时，通过扩展联系的两个言辞在人际上就构成命题或提议。这意味着它们每个都可以独立协商——接受或否定、遵守或拒绝等，如 *she didn't know the rules—oh yes, she certainly did.*（她不知道规则——哦，不，她当然知道。）。主从组连中的支配小句（α）亦是如此，因为如果它是独立小句，它体现的是一个可以协商的命题或提议。但是，虽然从属小句（β）支持命题或提议，它自身并不构成一个命题或提议（见 Matthiessen & Thompson, 1988）；如果它是非定式小句，它甚至进一步偏离了协商的范畴。因而，原因从属小句（如 *because she didn't know the rules* 因为她不知道规则）并不直接参与协商过程；它必须毫无争议地被接受。

当因果关系表现为一个简单小句时，则只有一个命题而非两个。这明显限制了协商的范围，但是当因果关系在过程内被识解时，它已经被命题化或者提议化了，可以对其进行评价，如：

676　(permanent loss of the sense of smell) **may be caused** by a disorder affecting the part of the brain responsible for interpreting smell sensations [ACE]

也可以被协商，如：

Hi, Mr. Jennings, if the United States goes to war with Iraq, **wouldn't** the unprovoked nature of U.S. military action **lead to** even greater resentment of the U.S. in the Arab world, and thus make the United States even more vulnerable to future terrorist attacks? [King Interviews]

在此，协商的不再是原因或者效果，而是因果关系。因为被识解为名词词组，原因和效果根本不能协商。

10.2.2 投射

现在我们转向投射的语义域。像扩展一样，在概念元功能内，投射是通过逻辑意义和经验意义表达的；但是在概念意义域之外，它是通过人际意义而不是语篇意义表达的，因而与扩展的语篇体现形成对比：见表 10-5。换言之，虽然连词可以标记扩展、延伸和增强这些修辞关系（如表 9-

6 所示），但连词却不能标记引述和报道；虽然英语中有体现投射的人际资源（如 *allegedly* 他们宣称；*probably* 我认为），但却没有体现扩展的人际附加语或其他人际资源。因此，扩展和投射之间有重要差异。我们将进一步探讨这种差异，但是我们先来看一些语篇实例，说明投射在语法系统中的分布情况。

表 10-5　小句级阶上扩展和投射的表现方式

		扩展	投射
语篇	连接	连接类型	—
逻辑	互相依赖关系	扩展组连	投射组连（引述、报道）
经验	过程类型	关系小句：内包 / 属有 / 环境小句	心理 / 言语
	环境	角色 / 伴随 / 处所，跨度，起因等等	角度 / 内容
人际	情态评价	—	情态，归一度；评价

如果在话语中需要说明信息来源，这可以在逻辑语义上通过投射小句组连体现（第七章，第 7.5 节）；但是，这也可以在经验语义上通过"角度"这个环境角色完成。这两种策略都会出现在新闻报道中，如语篇 10-3 所示。

语篇 10-3：报道——记载：新闻报道节选 677

Gunfire rang through the National Zoo on Monday evening as a feud between youths turned violent, leaving six children wounded. A 12-year-old boy was in grave condition, **according to witnesses and authorities.**

Capt. Brian Lee, a spokesman for the District of Columbia Fire and Emergency Medical Services, **said** one boy suffered grave wounds to the head and the others did not appear to have life-threatening injuries. One girl was in serious condition with a gunshot wound to the chest. A seventh victim suffered a seizure, Lee **said.** [语篇 20]

此处，*a 12-year-old boy was in grave condition*（一名 12 岁的男孩情况

危急）的语篇地位是通过“角度”*according to witnesses and authorities*（据目击者和当局称）这个环境成分表征出来的；因而，投射的特征作为及物性配置中的一个成分融入到小句中。相反，投射的另两种表现形式都涉及小句组连。在这种投射中，被投射和投射的部分本身都被赋予了小句的地位。

投射也可以以情态附加语的形式表达人际意义（见第四章，第 4.3.2 节）。所以，在语篇 10-4 中，投射既作为小句组连表达逻辑意义，又作为情态附加语表达人际意义。这两个策略都是新闻报道中很重要的一个方面，用于表明所传递信息的状态。

语篇 10-4：报道——记载：新闻报道节选 [语篇 5]

||| Storm stops search for ferry survivors |||

From AP and AAP correspondents in Bangkok

24oct98

||| THE search for passengers [[[missing || after a ferry capsized in the Gulf of Thailand]]] has been delayed by a storm, || marine police **said** yesterday. |||

||| At least 20 people — including two Australian women and a pregnant Thai woman — died || when the boat capsized in early morning darkness on Wednesday || while travelling to Koh Tao, an island [[popular with young travellers]]. |||

||| The Australians were Melbourne scuba diving instructor Gabrielle Sandercock, 33, << whose family come from Adelaide >>, and Naomi Leslie, 24, of Perth, || who had been working on the island resorts [[near where the accident occurred]] . |||

||| The heavy storm has delayed the operation for a second straight day, || **said** an officer. |||

||| An unknown number of passengers are still missing || and police presume || they are dead. |||

||| The ferry was **reportedly** carrying about 40 passengers || when it capsized. ||| German agency DPA **said** || 24 people were still missing. ||| Survivors **told** police ||

they had to kick out glass windows in the section [[where they were sleeping]] || to escape from the sinking boat. |||

与逻辑意义和经验意义的表现形式不同，人际意义并没有表征言说者和感知者；相反，它确立了说话者的观点——即他/她对该命题的承诺程度：该命题被认为是由说话者之外的其他人投射。这就是“言据性”（evidentiality），即情态附加语说明命题的言据地位。在逻辑意义表达上，最接近的表述是“人们说/他们说……”，或者“我听说……”：言据性与“言语”小句和感知类“心理”小句相关。

在第四章，我们称这种情态评价为**假定**（presumption）（见图 4-26）。评论附加语体现为带副词（作中心语）的副词短语，如 *evidently*（显然），678 *supposedly*（据说），*reportedly*（据报道），*allegedly*（据称）；*arguably*（可能）；*presumably*（大概）等；它们在小句中可以找到充当过程的同源动词，如“言语”小句中的 *report*（报道），*allege*（宣称）和 *argue*（主张），以及“心理”小句中的 *suppose*（认为）和 *presume*（以为）等。下面的例子说明了“假定”的作用：

iTunes deletes foreign files? **Evidently** iTunes will delete a WinAmp playlist file if the user attempts to open it from iTunes. John Willsey **writes**: ‘My Mac is on a network which has a volume of shared files with MP3 files and several PC-created WinAmp playlists. I was surprised to see the playlist files show up with an iTunes icon and identified as iTunes documents on the Mac. However, when opening the playlist instead of displaying an error that the file count not be read, iTunes promptly deleted the playlist file.’ [www.maxfixit.com]

作者首先通过 *evidently*（显然）说明被假定的命题的地位，然后通过一个投射小句组连（*John Willsey writes: ‘My Mac is ...’* 约翰·威尔西写道：“我的 Mac 电脑是……”）继续为该命题提供支撑。

因而，在人际意义上，投射表现为假定类的情态评价；但是，如下面例子所示，它不仅仅表达假定，还表达其他一些类型的情态评价（见 Matthiessen, 2007c）。这些例子显示，投射既包括思想 / 报道的主从式投射，也包括心理小句或关系小句中的事实的预先投射（见第四章，表 4-3）。主从式投射总是“主观的”；说话者被明确地表征为感知者（如，*I presume* 我想）或言说者（如，*I regret* 我后悔）。相反，关系小句中被预先投射的事实将评价表征为“客观的”（如，*it is regrettable* 令人遗憾的是）；但也可能通过带有“主观”取向的心理小句置于句首：

I think || **it is astounding** [[that hardly any of the original families are left]] . [ACE_G]

我们可以通过两种类型的情态评价—— 预测和承认，说明这种表现形式的分布：

命题：预测

The instructors, **surprisingly,** are human, helpful, good humoured, and have the uncanny knack when partnering you to make you feel like a good dancer. [LOB_E]

Not surprisingly, No. 9, the ‘playing at horses’ number, used most probably for the lovers’ meeting, is precisely the same as Bordeaux No. 8, even to the extent of reproducing a bowing indication — a great rarity in the Herold score. [LOB_G]

I'm not surprised [[[he died || thinking the novel was a failure]]] || because its structure and its sentiments collided at that point [[where they pass Cairo]] . [语篇 17]

In these circumstances, **it is not surprising** [[[to find || that the philosophes looked for reform from above, not below]]] . [语篇 122]

言语功能：承认

I like surprise in stories || and **quite frankly** I like humor, ... [语篇 21]

Indian media, on their part, must, **admittedly,** within financial limitations, stir themselves a little more and discover some more Sayeed Naqvis abroad, who have dash, enterprise, contacts and talent, so that such interviews and coverage for Doordarshan are not sporadic but steady. [KOHL_C]

'That was pretty obvious,' smiled Sir Cedric, 'and **I admit** I once had doubts 679
about you.' [LOB_L]

It is to be admitted, however, that a few drill attachments have been put on the market which are unsound in design and poor in quality, and should be avoided. [LOB_E]

It's true [[that there are times [[when the odd homily might be offered by (laughs) me]]]] , || but generally speaking I think || the parliament is, by parliamentary standards, well behaved. [语篇 184]

因而，投射分散于不同的语法环境中。但是，投射的不同表现形式当然不是同义的。概念意义表达将评价取向显性化：逻辑意义表达是显性主观的（如 *I regret*），而经验意义表达是显性客观（如 *it's regrettable*）。相反，人际表达将取向隐性化：

概念的，逻辑的 — 组连：	显性取向：主观（*I regret*）
概念的，经验的—2 个小句：	显性取向：客观（*it's regrettable*）
人际的 — 1 个小句：	隐性取向（*regrettably*）

概念意义表达中的“主观”和“客观”取向的差异源于带有感知者或言说者的投射心理小句或言语小句与不带投射者的关系小句之间的差异（见第七章，第 7.5.7 节）。当评价是显性“主观”时，如果小句是“陈述句”，感知者或言说者必须是说话者 *I*（我），而如果小句是“疑问句”，听者必须是 *you*（你）（如，*Do you regret that it's taken so long for you and your dad to get to work together?* 你后悔你和你爸爸花了这么长时间才开始一起工作吗？）。如果这是一个既非说话者也非听者的人，该小句仍然是投射小句；但是，它与人际评价就不是同源关系。所以，在下面的例句中：

Grudgingly, Manning admitted that the other's guess had not been too bad a one. [LOB_L]

曼尼（Manning）的"承认"被识解为"言说"言辞的经验表征中的一部分，该小句没有确立说话者承认这件事。下面我们还会回到这一点，用人际隐喻进行解释。

表 10-6 展现了所有的情态评价。该表表明了情态评价的不同体现区域，说明情态评价的范畴是如何对应马丁（J.R. Martin）等人所描述的评价的范畴（见 Eggins & Slade, 2005；Martin & Rose, 2003）。另外，我们也注意到评价还可以体现为名词词组中的特征语。这些名词词组充当内包类归属式关系小句中的属性，这类关系小句带有一个事实作为载体——即评价的显性客观形式。然而，这种评价特征语可以通过两种方式分配给事物和元事物（metathings）：特征语所修饰的名词词组是分配给载体的属性，该载体表示一个事物而非元事物，或者特征语直接被分配给充当事物的名词词组。例如：

686 命题：预测

It is worth noting that the appearance of the ozone hole was an **unexpected** event in the sense that the models referred to by Albritton did not predict the hole. [语篇 33]

命题：假定

So now in 1945 the Russians were quick to take advantage of the all too **evident** disunity among those from whose efforts they had, since 1941 only, been glad to benefit. [LOB_G]

命题：合意

'Killing Mister Watson' is Peter Matthiessen's sixth and **most impressive** novel, a fiction in the tradition of Joseph Conrad, as fiercely incisive as the work of Sinclair Lewis, a virtuoso performance [[that powerfully indicts the heedlessness and hidden criminality [[that are part and parcel of America's devotion to the pursuit of wealth, to its cult of financial success]]]]. [语篇 117]

言语功能：承认

He exercised his discretion in favour of the husband's **admitted** adultery. [LOB_A]

此处，名词词组中的事物通过人际特征语得到评价（第六章，第6.2.1.3节）。例如，名词词组 *most impressive novel*（最令人印象深刻的小说）中的 *impressive* 是作者对名词词组所指代的实体的积极评价。一些评价充当后指示语，而非特征语，如 *these alleged two burglars*（这两名盗贼嫌疑犯）。此处，照应物在事物所指的类中的成员身份得到评估，意思是“这两人据称是盗贼”。但是，不管评价是特征语还是后指示语，它们都与投射相关：“这本小说给我留下了最深刻的印象”，“他们声称这两个是盗贼”。

当然，分配到小句中的命题的评估范围与分配到名词组中的事物的评估范围并不相同。它们有重叠，但是，有些评价是特定于命题范围的，而有些评价是特定于事物范围。其共同之处是它们都是对说话者评价的投射。这就是为什么小句评价实际上可以转化为名词性评价的原因，如 *disappointingly they forecast that ...*（他们失望地预测……）=> *the disappointing forecast*（失望的预测）。这种语法隐喻的例子将在下面讨论。

还有一种小句评价类型还未讨论——情态。我们现在转向情态，然后走进语法隐喻。

表 10-6 情态评价：体现方式

情态评价的种类				显示范围										
				小句									名词词组	
				小句 + 小句						小句				
				言语小句	*like* 心理小句	*please* 心理小句	*I'm* 关系小句	*It is* 关系小句		角度	情态附加语	谓语	后位指示语	特征语
				定式				定式	非定式	介词短语	副词词组；介词词组	动词词组	形容词	形容词
评价：命题	针对主语	明智	明智						it is wise of x [[to ...]]	—	wisely, cleverly	x is wise to ...		wise, clever
			不明智						it is foolish of x [[to ...]]	—	foolishly, stupidly	x is foolish to		foolish, stupid
		道德	道德						it is right of x [[to ...]]	—	rightly, justly, correctly	x is right to ...		right, just, correct
			不道德						it is wrong of x [[to ...]	—	wrongly, unjustifiably	x is wrong to ...		wrong, unjustifiable
		典型							it is typical of x [[to ...]]		characteristically, typically	x is wont to ...		characteristic, typical
	针对整体	断言（声调 1）	自然					It is natural [[that ...]]		—	naturally, inevitably, of course			natural, inevitable
			明显					it is obvious [[that ...]]		—	obviously, clearly, plainly, of course		obvious, clear, transparent	
			确信		I+not+doubt		I+have+no doubt	it is indubitable [[that]]		—	doubtless, indubitably, no doubt			indubitable

续表

情态评价的种类			言语小句	like 心理小句	please 心理小句	I'm 关系小句	It is 关系小句		角度	情态附加语	谓语	后位指示语	特征语
			显示范围										
			小句									名词词组	
			小句 + 小句						小句				
			定式				定式	非定式	介词短语	副词词组；介词词组	动词词组	形容词	形容词
限制语（声调4）	预测	可预测的		I + expect			it is predictable [[that ...]]		—	unsurprisingly, predictably			unsurprising, predictable
限制语（声调4）	预测	不可预测的		I + not + expect			It is surprising [[that ...]]		—	surprisingly, unexpectedly			surprising, unexpected
限制语（声调4）	假定	传闻	they + say; it + be said	I + hear					according to + x	evidently, allegedly, supposedly	be said / rumoured to	alleged, so-called, self-styled, putative	
限制语（声调4）	假定	争议	I + argue				it is arguable [[that ...]]		—	arguably		arguable	
限制语（声调4）	假定	猜测		I+presume					—	presumably, supposedly		presumed, supposed	
限制语（声调4）	愿望	合意：运气		I + rejoice					—	luckily, fortunately			lucky, fortunate, happy, encouraging
限制语（声调4）	愿望	［合意：反应］			it fascinates + me [[that ...]]		it is wonderful [[that ...]]		—	wonderfully, fascinatingly			wonderful, fascinating, lovely
限制语（声调4）	愿望	［不合意：安全］				I + am confident [[that ...]]			—	—			confident, assured

续表

情态评价的种类	显示范围												
	小句											名词词组	
	小句 + 小句							小句					
	言语小句	like 心理小句	please 心理小句		I'm 关系小句	It is 关系小句		角度	情态附加语	谓语		后位指示语	特征语
	定式					定式	非定式	介词短语	副词词组；介词词组	动词词组		形容词	形容词
[合意性：不满意]				it interests +me [[that ...]]		it is interesting [[that ...]]		—	interestingly				interested, absorbed
合意：希望			I + hope					—	hopefully				hopeful
不合意			I + regret					—	sadly: unfortunately, regrettably, to my distress				sad, unfortunate, regrettable, distressing
[不合意：反应]				it disgusts +me [[that ...]]		it is horrible/ [[that ...]]		—	horribly, boringly				horrible, boring, revolting
[不合意：不安全]					I + am + anxious [[that ...]]			—	—				worried, anxious, uneasy
[不合意性：不满意]				it displeases + me [[that ...]		it is tiring [[that ...]]		—	annoyingly, tiresomely				tired, fed up, exasperate
愉悦				it amuses +me [[that ...]]		it is funny [[that ...]]			funnily, amusingly				
意义						it is important [[that ...]]			importantly, significantly				

情态评价的种类				显示范围										
				小句									名词词组	
				小句＋小句						小句				
				言语小句	*like* 心理小句	*please* 心理小句	*I'm* 关系小句	*It is* 关系小句		角度	情态附加语	谓语	后位指示语	特征语
				定式				定式	非定式	介词短语	副词词组；介词词组	动词词组	形容词	形容词
评价：言语功能	非修饰型	说服性	I grant you	I+admit						—	admittedly, certainly			
			I assure you	I+assure						—	honestly, truly, seriously			
		事实性		I+tell+you							actually, really			
	修饰型［声调4］	效度（程度）	一般	I+ tell + you + in general terms						—	generally, broadly, roughly			
			具体	I + tell + you + in terms of the law						—	academically, legally, politically			
		亲自参与（宣称的）	诚实	I + tell + you + honestly						—	frankly, candidly			
			保密	I + tell + you + in confidence						—	confidentially, between you and me			
			个性							to + x	personally, for my part			

续表

情态评价的种类				显示范围										
				小句									名词词组	
				小句＋小句						小句				
				言语小句	*like* 心理小句	*please* 心理小句	*I'm* 关系小句	*It is* 关系小句		角度	情态附加语	谓语	后位指示语	特征语
				定式				定式	非定式	介词短语	副词词组；介词词组	动词词组	形容词	形容词
			精准	I＋tell＋you＋strictly						—	truly, strictly			
			犹豫	I+ suggest＋to you						—	tentatively, provision			
语气	时间性	与现在相关									eventually, soon, once, just			
		与期望相关									still, already, no longer, not yet			
	情态	情态化	概率		I guess/think/know → that ...			it is possible/probable/certain [[that ...]]		—	perhaps, probably, certainly		possible, probable, certain	
			频率	—					it is usual/common [[for ...	—	sometimes, often, always		usual, common	
		意态化	潜势						it is possible [[for ... to ...]]	—	—	be able to		
			倾向							—	—	be willing/keen/eager to		
			义务		I want → you to ...					—	—	be allowed/expected/required to		

续表

情态评价的种类			显示范围										
			小句									名词词组	
			小句 + 小句						小句				
			言语小句	*like* 心理小句	*please* 心理小句	*I'm* 关系小句	*It is* 关系小句		角度	情态附加语	谓语	后位指示语	特征语
			定式				定式	非定式	介词短语	副词词组；介词词组	动词词组	形容词	形容词
强度	程度	完全								totally, utterly			total, utter, complete
		高								almost, quite, nearly			
		低								scarcely, hardly			
	反预期									even, actually; just, simply			

10.3 情态

10.3.1 情态的隐喻扩展

上一节，我们探讨了作为语义域的情态评价是如何延伸到多个语法环境中的。这些不同的语法环境可视为不同的表达形式，正如在图 10-2 中所描绘的扩展一样。但是，当我们转向情态评价，即情态时（见第四章，第 4.5 节），我们发现这仅仅只是部分情况。对于情态来说，很明显一些语法环境构成了情态的隐喻式体现。

我们在第三章给出了一个情态隐喻的例子（见图 3-17）：*I don't believe that pudding ever will be cooked*（我不相信布丁会被煮熟），当时我们指出 *I don't believe* 是一个情态表达，因为这表现在附加问中，其附加问是 *will it?*，而不是 *do I?*。当时，我们举这个例子是为了解释主位结构，现在我们仍用这个例句来解释情态结构中的隐喻成分（见图 10-3）。

687

'probably'			'that pudding	never	will	be cooked'
情态：概率			主语	情态：频率	定式	谓语
语气						剩余部分
I	don't	believe	that pudding	ever	will	be cooked
α		'β				
主语	定式	谓语	主语	情态	定式	谓语
语气		剩余部分	语气			剩余部分

图 10-3 人际情态隐喻实例

此处，认知心理小句 *I don't believe*（我不相信）是概率的隐喻体现：概率体现为一个心理小句，**好像**它是一个感知言辞一样。作为隐喻小句，它不仅仅充当投射小句组连中的投射部分，还充当语气附加语，类似 *probably*（可能）。我们将其视为隐喻变体的原因在于，这个命题实际上并非"我认为"，而是"它是这样"。这明显地体现在附加问上；如果

我们对 *I think it's going to rain*（我想天快下雨了）加附加问，我们得到的是：

I think it's going to rain, isn't it?

而不是 *I think it's going to rain, don't I?*。换言之，该小句是 *it's probably going to rain (isn't it?)*（可能天要下雨了，不是吗？）的变体，而非与 *John thinks it's going to rain*（约翰觉得天快下雨了）对等；后者确实表征了命题"约翰觉得"（附加问 *doesn't he?*）。所以，在下面小句中：

You know || what's happening tomorrow at five o'clock, don't you? [语篇 82]

"心理"小句 *you know*（你知道）可以加上附加问，因为它不代表情态。

心理小句是一个情态小句并充当语气附加语，正是这个事实解释了附加问。如果它只是投射小句组连中的一个普通心理小句，那么 *I don't believe* 应该可以加附加问。但是，因为它是一个隐喻小句，充当语气附加语，所以无法增加附加问。相反，语气附加问选取了情态化命题中的语气要素：*that pudding probably never will…will it?*（那布丁可能永远不会……会吗？）。

此处，语义和语法之间的体现关系上发生了一个**重新调整**。图 10-1 展现的是非隐喻性的布局：一个消息、一个命题、一个言辞，它们共同体现为一个小句。但是在图 10-3 所分析的例子中，情态化的命题通过一个投射小句组连体现，如同它是一个言辞序列。其结果是，情态和情态化的命题区分开来，每个都由各自小句体现：情态通过投射心理小句体现，而命题通过被投射的思想小句体现。

图 10-3 中的例子代表了一种很常见的人际隐喻，它们都是基于投射的语义关系。在这种类型中，说话者关于其观察结果是否有效的观点并没

有被编码为小句中的情态成分，这会是其一致式的体现方式，而是编码为主从式小句组连中的一个单独的投射小句。一致式表达 *it probably is so*（可能它是这样）对应隐喻变体 *I think it is so*（我觉得它是这样），其中 *I think* 充当基本小句或 α 小句。

688 事实上，小句中情态表达的变体非常丰富，一些采用了小句组连的形式。这一点可与我们发现的其他情态评价类型做比较。我们先集中探讨“概率”意义，其主要范畴见表 10-7；语料库中的例子参见下文：

（1a）主观、显性↘作投射心理小句＋思想小句

||| **I guess** || we were a pretty pragmatic lot — including me. ||| [语篇 21]

||| Em, **I suppose** || that made your pain worse, did it? ||| [语篇 34]

||| No **I don't think** || it was superficial for him; || **I suppose** || he did feel it || but he didn't think enough for me; || he felt too much. ||| [语篇 135]

||| So I wrote a column back to the paper [[[in which I said, || '**I know** || I'm not going to get invited to the wedding || because the Grimaldis and the Buchwalds have been feuding for five hundred years!']]] ||| [语篇 119]

（1b）主观、隐性↘小句，语气——作定式：情态助动词

||| Family background, fellow artists and friends **may** be glimpsed in amiable disguise. ||| [语篇 100]

（2a）客观、隐性↘小句，语气——作语气附加语：情态副词

||| Under the Montreal Protocol, the concentration of chlorine will **certainly** rise to at least 5 ppbv || and **possibly** to as high as 8 or 9 ppbv. ||| [语篇 33]

||| Now I know Indian people better, || and I know || that the guy **probably** didn't speak English, || or if he did, || he was ashamed of it. ||| [语篇 7]

||| He felt || they **surely** would understand || when he talked like that! ||| [语篇 119]

（2b）客观、显性↘带有事实载体的关系小句：小句和情态属性：名词词组

||| **It is certain** [[that he would never yield to the blackmail of the insubordinate generals]]. ||| [LOB_B]

||| **It is probable** [[that the benefit is continuous]] , || and so the indefinite use of aspirin is recommended. ||| [COCA]

||| In other words, even in those circumstances [[where **it isn't possible** [[simply to bar the door to an inspection]]]] , we have a range of tactics for struggle [[which will subvert the Ofsted process and the very reasons for its existence]] . ||| [语篇 97]

此处的情况是，为了明确说明概率是主观的，或者说，在另一端，为了明确说明概率是客观的，说话者将命题识解为一个投射，并在投射小句中编码主观性（*I think*）或客观性（*it is likely*）。（显性和隐性间有一些其他中间形式：如主观的 *in my opinion* 和客观的 *in all probability*，它们中的情态都是通过介词短语表达，这是小句和非小句地位之间的一种折中形式。）

表 10–7　概率的表达形式 689

范畴		体现类型	实例
（1）主观	（a）显性	I think, I'm certain	I think Mary knows
	（b）隐性	will, must	Mary'll know
（2）客观	（a）隐性	probably, certainly	Mary probably knows
	（b）显性	it's likely, it's certain	it's likely Mary knows

假设现在玛丽（Mary）并不知道，或者至少我们认为她不知道。现在，每种“显性”形式都有两种可能性：

（1）主观

I think Mary doesn't know/I don't think Mary knows.

（2）客观

It's likely Mary doesn't know/it isn't likely Mary knows.

这里出现了另一个隐喻过程：归一度的特征转移到基本小句中（*I don't think*，*it isn't likely*）。从表面上看，这些都讲不通：被否定的不是思维，也不会有什么“否定的可能性”的东西。但是，非思维（non-thought）和负概率（negative probabilities）在自然语言的语义中并没有引起太大的问题。由于情态被装扮成一个命题，它自然可以被肯定或否定。

图 10-4 是对其中两个例子的分析。

10.3.2 情态的进一步描述

我们不太可能精准地说清楚什么是，或者什么不是情态的隐喻表征。但是，说话者有无数种方式表达他们的观点，或者说，有无数种方式掩饰他们正在表达自己观点的这个事实，例如：

It is obvious that this prediction has never yet been fulfilled, and looks on to a future day. [LOB_D]

It stands to reason that if a horse is too backward to race during his first season in training, he is most unlikely to be sufficiently mature to beat the best of his generation in the late May or early June of the following year, and it is a number of years now since a horse that embarked upon its three-year-old career unraced has won the Derby. [LOB_A]

Nobody tries to deny that the problem of immigration into Britain is primarily a problem of colour: the need for control was never raised so long as immigrants were largely European, as, until recently, they were. [LOB_A]

In the case of loans, therefore, **it is particularly difficult to avoid the conclusion that** they count as distributions even if they are made on commercial terms; but I do not regard the decision in the Chappie case as throwing no light on the construction of the rest of this Sub-section. [LOB_H]

There can be no doubt, however, **that** the imperial Byzantine silks have a power and a dignity, a feeling for design and texture, seldom rivalled in the history of textiles. [LOB_J]

Whatever the rights or wrongs of the dispute, **the impartial spectator** — if one can still be found — **will surely agree that** rarely has trade union loyalty faced a more baffling test. [LOB_B]

Any teacher will agree that it is impossible to pursue both lines effectively during a single year. [LOB_B]

Most people would agree that Immanuel Kant was a great thinker and also that he was hard to understand. [LOB_D]

And **everyone knows** that the changes have largely come from young people. [语篇 209]

no sane person would pretend that ... not ...

commonsense determines that ...

all authorities on the subject are agreed that ...

you can't seriously doubt that ...

除了上面例子外，还有很多其他的不同方式，它们都表示“我认为”。 690

'probably'					'Mary	knows'	
情态					主语	定式“现在时”	谓语 know
语气							
It	seems		likely	that	Mary	knows	
α	'β						
主语	定式“现在时”	谓语 seem	补语		主语	定式“现在时”	谓语 know
语气		剩余部分					剩余部分

				'Mary	won't	know'
				主语	定式 / 情态 / 归一度	谓语
				语气		剩余部分
'in my opinion'				'Mary	doesn't	know'
情态				主语	定式 / 归一度	谓语
语气					剩余部分	
I	don't		think	Mary	knows	
α					'β	
主语		定式 / 归一度	谓语	主语	定式“现在时”	谓语 know
语气			剩余部分	语气		剩余部分

图 10-4　概率表达的分析

691 这一语义系统领域之所以具有多种隐喻表达方式，其原因在于情态本身的性质。我们在第四章，第 4.5 节中简要介绍了情态。既然我们已经介绍了语法隐喻的概念，接下来我们将对情态的主要特征进行更系统的描述。

情态是界于是和否之间的意义领域，即肯定的归一度和否定的归一度之间的地带。更具体的含义取决于小句潜在的言语功能。（1）如果是一个“信息”小句（即命题，一致式体现为直陈语气），其意义为（i）“是或否”，即“或许”；或（ii）“是与否”，即“有时”；换言之，它们是某种程度的概率或频率。（2）如果是一个“商品 / 服务”小句（即提议，在语法中没有一个真正的一致式，但可将祈使句理解为它的一致式），其意义为（i）“想让”，与命令相关；或（ii）“想要”，与提供相关；换言之，它们是某种程度的义务和倾向。我们将第（1）类称为情态化，第（2）类称为意态化。其系统如图 10-5 所示。

图 10-6 以图解形式列出了这四种类型。

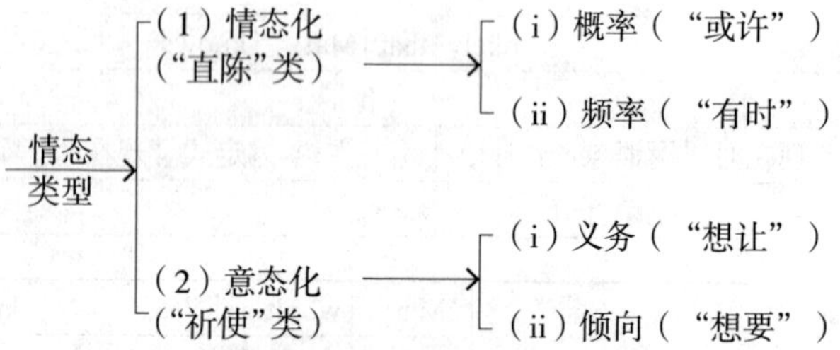

图 10-5　情态类型系统

692 注意，意态化指的是提议的语义范畴，但是所有情态都体现为直陈语气（即，如同它们是命题）。因此，祈使句 *go home!*（回家！）意态化之后，变成直陈语气 *you must go home!*（你必须回家！）（在受到“情态逻辑”影响的哲学语义学和语言学描述中（见 Lyons, 1977：第十七章），概率被称为“认知”（epistemic）情态（源于希腊语的 *episteme*，意思是“知识”），义务称为“义务”（deontic）情态（源于希腊语的 *deon*，意思是“受约束的”），意愿称为“动力”（dynamic）情态，义务情态和动力情态归为“根”（root）情态——即情态中的意态化；但是频率往往在情态描述中被省略（见 Depraetere & Reed，2006：第 4.2 节，表 12–2）。（*can* 是“能够”的意思，其在系统中的地位如下）。

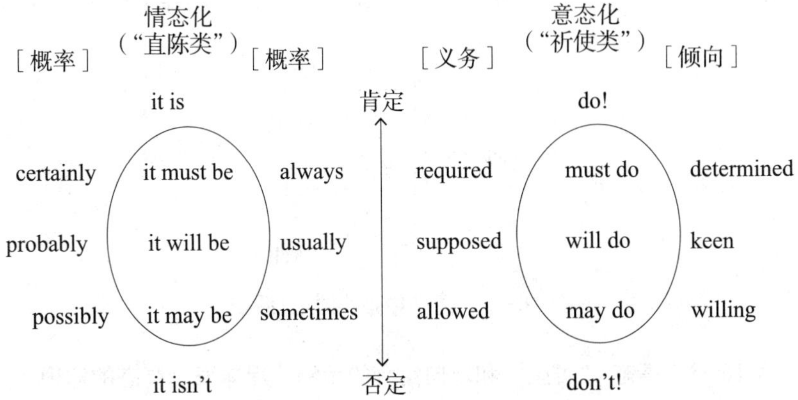

图 10–6 情态与归一度和语气的关系

下面是这四种类型的情态示例：

1.i [概率] There can't be many candlestick-makers left.
1.ii [频率] It'll change right there in front of your eyes.
2.i [义务] The roads should pay for themselves, like the railways.
2.ii [倾向] Voters won't pay taxes any more.

如上述示例所示，情态操作语在所有这四种类型中都会出现（情态操作语的完整列表见第四章中的表 4–5）。它们在频率和倾向中的使用限制要比在另外两种类型中的多；但是作为一类，它们涵盖所有这些含义。这也是四种情态类型的共性所在：它们在归一度程度上各有不同，是识解肯定和否定两级之间语义空间的不同方式。

确定每种情态如何体现的基本区别是取向（orientation）：即前面章节讨论的主观情态和客观情态，显性情态和隐性情态的差异（以概率为例）。这个系统参见下图 10–7。它们将所有四种情态结合起来，但是也有空缺。例如，对于频率和倾向，没有一个系统形式，标记显性主观取向（即，对于 *I recognize it as usual that*... 或 *I undertake for*... *to*... 没有对应的表达）。这是一种系统性的空缺；这些特定的组合代表的是说话者无法轻易冒充权威的语义域。表 10-8 列出了情态取向与类型组合的一些实例。

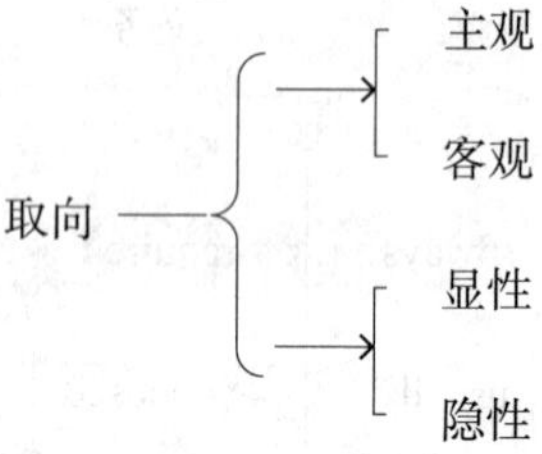

图 10-7　情态中取向类型系统

693 **表 10-8　情态："类型"和取向组合的示例（黑体表示情态的体现）**

	主观 显性↘	主观 隐性↘	客观 隐性↘	客观 显性↘
	投射心理小句作语气附加语	情态操作语作定式	[1] 情态化：情态副词作语气附加语；[2] 意态化：情态动词作被动 / 形容词性动词词组在动词词组复合体中作谓语	带有情态补语 / 属性的关系小句
情态化：概率	**I think** → Mary knows; [***in my opinion*** Mary knows]	Mary'**ll** know	Mary **probably** knows [in all probability] [Mary **is likely** to]	**it's likely** [[that Mary knows]]
情态化：频率		Fred'**ll** sit quite quiet	Fred **usually** sits quite quiet	**it's usual** [[for Fred to sit quite quiet]]
意态化：义务	**I want** → John to go	John **should** go	John's **supposed** to go	**it's expected** [[that John goes]]
意态化：倾向		Jane'**ll** help	Jane's **keen** to help	

情态中的第三个变量是依附于情态判断上的情态**值**：高、中、低。表10−9列出了这些情态值，并以“客观隐性”形式作为类别标签。通过归一度系统，中值明显地与两个“外部”值区分开来：中值是否定在命题和情态之间自由转移的值：

	直接否定	否定转移
（概率）	it's likely Mary doesn't know	it isn't likely Mary knows
（频率）	Fred usually doesn't stay	Fred doesn't usually stay
（义务）	John's supposed not to go	John's not supposed to go
（倾向）	Jane's keen not to take part	Jane's not keen to take part

另一方面，对于“外部”值而言，如果发生否定转移，其值也会发生变化（从高到低或从低到高）：

表10−9　三个情态“值”

694

	概率	频率	义务	倾向
高	certain	always	required	determined
中	probable	usually	supposed	keen
低	possible	sometimes	allowed	willing

直接否定	否定转移
（概率：高）it's certain Mary doesn't know	it isn't possible Mary knows
（概率：低）it's possible Mary doesn't know	it isn't certain Mary knows
（频率：高）Fred always doesn't stay	Fred doesn't sometimes stay
[Fred never stays	Fred doesn't ever stay]
（频率：低）Fred sometimes doesn't stay	Fred doesn't always stay
（义务：高）John's required not to go	John isn't allowed to go
（义务：低）John's allowed not to go	John isn't required to go
（倾向：高）Jane's determined not to take part	Jane isn't willing to take part
（倾向：低）Jane's willing not to take part	Jane isn't determined to take part

除了“客观 / 显性”概率之外，这里阐释的例子均为“客观隐性”取向——目的是为了选择那些得到最显著、最清晰显示的系统。事实上，将否定从命题转移到情态的可能性贯穿始终，总是在高低值之间切换。例如（概率 / 主观 / 显性）：

直接否定	否定转移
（中）I think Mary doesn't know	I don't think Mary knows
（高）I know Mary doesn't know	I can't imagine Mary knows
（低）I imagine Mary doesn't know	I don't know that Mary knows

最复杂的体现模式是带有情态操作语的“主观 / 隐性”。例如（概率 / 主观 / 隐性）：

直接否定	否定转移
（中）that'll [will] not be John	that won't be John
（高）that must not be John	that can't be John
（低）that may not be John	that needn't be John

这些模式也由于大量的方言和个体差异而变得更加复杂（见 Mair &
695 Leech, 2006，关于情态操作语的频次在过去几十年的变化）。但是，自始至终基本模式都能很清楚分辨，这有助于揭示现有的各种变体。

第四章中的图 4–23 展现了目前我们已经讨论过的情态系统网络，它衍生出 4 × 4 × 3 × 3=144 个情态范畴，其中的 30 个参见图 10–8，而其调式（key）参见表 10–10。

还有一个范畴我们需要进一步考虑，即能力 / 潜力，如 *she can keep the whole audience enthralled*（她能让所有观众着迷），位于情态系统的边缘。该范畴具有不同取向，如由 *can/can't* 体现的主观取向（仅隐性），由 *be able to* 体现的客观隐性取向，由 *it is possible (for...) to* 体现的客观显性

表 10-10　图 4-23 中示例的调式

	类型	归一度	转移	程度	取向		情态项	
1	概率	肯定	—	高	隐性	主观	must	
2			—			客观	certainly	
3			—	中		主观	will	
4			—			客观	probably	
5			—	低		主观	may	
6			—			客观	possibly	
7		否定	转移	高		主观	can't	
8			直接			客观	certainly ... n't	
9			转移		显性		n't possible	
10				中	隐性	主观	won't	
11			直接			客观	probably ... n't	
12			转移		显性		n't probable	
13				低	隐性	主观	needn't	
14			直接			客观	possibly ... n't	
15			转移		显性		n't certain	
16	义务	肯定	—	高	隐性	主观	must	
17			—			客观	required	
18			—	中		主观	should	
19			—			客观	supposed	
20			—	低		主观	can	
21			—			客观	allowed	
22		否定	转移	高		主观	can't	
23			直接			客观	required not	
24			转移		显性		not allowed	
25				中	隐性	主观	shouldn't	696
26			直接			客观	supposed not	
27			转移		显性		not supposed	
28				低	隐性	主观	needn't	
29			直接			客观	allowed not	
30			转移		显性		not required	

取向等。其中，*It is possible (for...) to* 的典型意义是“潜在可能性”，如 *it was possible for a layer of ice to form*（有可能形成一层冰）。在主观“能力 / 潜力”中，它更接近“倾向”；我们可以看到，这里有一个大的范畴“愿意”，该范畴级的一端包含“倾向”和“能力”两个子范畴（*can/is able to* 作为 *will/willing to* 的低值变体）。不管怎样，*can* 在这个意义上都是非典型的情态操作语：它也是通过间接形式表达一般过去时的唯一一种情况，如 *I couldn't read that before; now with my new glasses I can*（我以前看不清；现在有了新眼镜，我可以）。

我们对情态的描述就先到这里。在这个语言“小角落”，系统差异的实际数量可达数万个；在我们略过的诸多变体中，有必有提一下通过情态操作语表达的高、中、低值的变体：

高 : must ought to need has to is to

中 : will would shall should

低 : may might can could

但这与自始至终所施加的限制是一样的。如果我们想在一本书中涵盖从小句复合体到词组的语法，我们只能给出一个缩略的概述，这样就没有哪一部分可以在精密度阶上探究得太深。

但我们先需要回到取向范畴，以完成对情态隐喻的阐释。我们可以从附加问的效果看到主观取向和客观取向在意义上的总体差异。比较下面两个例句：

he couldn't have meant that, could he?

surely he didn't mean that, did he?

698 在第一句，说话者想让听者确认他对概率的估计：“我觉得不太可能；你同意我的看法吗？”。在第二句，他想让听者提供答案：“我觉得不太可能，但事实如此吗？”。主观情态小句也可以转化为非情态化的附加问，如下面在儿童书店中的对话：

What do you reckon would be good for a five-year-old kid?

— She'll like fairy tales, does she?

这里，售货员回答的意思是“我觉得她有可能喜欢童话；是这样吗？”，但是 *she'll like fairy tales, will she?* 意思却是“你同意有这种可能性吗？”。换言之，说话者假定顾客知道孩子的偏好；否则针对这个主题仅仅交换意见就没有任何意义。

697

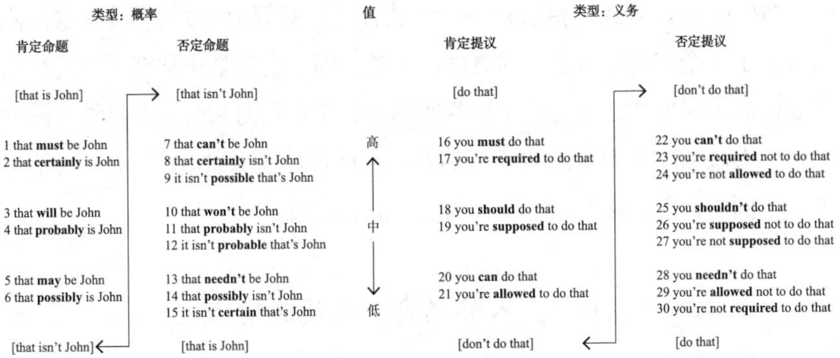

类型：概率
值
类型：义务
肯定命题
否定命题
肯定提议
否定提议
[that is John]
[that isn't John]
[do that]
[don't do that]
1 that must be John
2 that certainly is John
7 that can't be John
8 that certainly isn't John
9 it isn't possible that's John
高
16 you must do that
17 you're required to do that
22 you can't do that
23 you're required not to do that
24 you're not allowed to do that
3 that will be John
4 that probably is John
10 that won't be John
11 that probably isn't John
12 it isn't probable that's John
中
18 you should do that
19 you're supposed to do that
25 you shouldn't do that
26 you're supposed not to do that
27 you're not supposed to do that
5 that may be John
6 that possibly is John
13 that needn't be John
14 that possibly isn't John
15 it isn't certain that's John
低
20 you can do that
21 you're allowed to do that
28 you needn't do that
29 you're allowed not to do that
30 you're not required to do that
[that isn't John]
[that is John]
[don't do that]
[do that]

图 10-8　否定和肯定的命题和提议以及概率和义务

（注意：第 22 条现在更为常见的是 *mustn't*，来自直接的否定 *must not*。）

严格来说，显性主观情态和显性客观情态都是隐喻，因为它们都将情态表达为实质性命题。情态代表了说话者针对断言的有效性或提议的正确与否的观点；在一致式中，按其自身特点，它是命题而非提议的一个附加语。但是，作为说话者，我们一般喜欢彰显自己的观点，而强调自己观点最有效的方式就是将其装扮成好像它本身构成了断言（“显性” *I think...*），或者再进一步，使其看起来好像根本不是我们的观点（“显性客观” *it's likely that ...*）。在本节开始部分的例子中，我们还展现了情态可能呈现的某些高度复杂的形式。

情态特征在人际交换语法中的重要性在于整个系统所依赖的一个明显的悖论——即，只有当我们不确信的时候，我们才会说我们确信，但整个情态系统却以此为基础。如果我无意识地认为玛丽肯定已经离开了，我会说，*Mary's left*（玛丽离开了）。但如果加上一个高情态值的概率，如 *Mary's certainly left*（玛丽肯定离开了），*I'm certain Mary's left*（我肯定玛丽离开了），*Mary must have left*（玛丽一定离开了），不论其取向是什么，都意味着我承认这里有一定的不确定性——随后我可能会通过将肯定表达客观化，试图掩饰这个不确定性。因此，主观性隐喻清楚地表明“这就是我如何看待它的”，它呈现出各种情态值（*I'm sure* 我肯定，*I think* 我觉得，*I don't believe* 我不相信，*I doubt* 我怀疑，等等），而大多数客观性隐喻表达了一个“高”情态值的概率或义务，即，它们是声称客观确定性或必要性的不同方式，针对的是那些实际上属于观点的东西。在日常人际冲突中，大多数“人们玩的游戏”都涉及这种客观性隐喻。图 10-9 另给出了一个例子，既包含人际隐喻，也包含概念隐喻。

10.4　人际隐喻：语气隐喻

10.4.1 意义潜势的扩展；人际投射

如前所述，情态的语义域是通过语法隐喻扩展的，使其能够明确表明主客观取向：一个情态命题或提议可以通过两个小句的组连得到体现，如同它是一个投射序列，或是一个事实，作为载体嵌入到带有情态属性的关系小句中，而非一个单独小句。此处，情态评价本身被赋予了命题的地位；但是，由于组连的投射小句本质上是隐喻性的，代表了对情态的人际评价，同时，它也是体现命题 / 提议的小句中的情态附加语。这就是语法隐喻的通用效果：它能够识解额外层次的意义和措辞。为了在语法分析中捕捉这种层次，我们在方框图中引入了一个或多个**额外结构层**（additional structural layers），如图 10–4 和图 10–9 所示。

699

<table>
<tr><td>‘surely’</td><td>‘it is required that’</td><td>‘money</td><td>shouldn’t</td><td>go on</td><td>being invested’</td></tr>
<tr><td>情态：概率/客观：隐性/高值</td><td>情态：义务/客观：显性/高值</td><td>主语</td><td>定式成分</td><td colspan="2">谓语</td></tr>
<tr><td colspan="4">语气</td><td colspan="2">剩余部分</td></tr>
<tr><td></td><td></td><td>目标</td><td colspan="2">α
体：非完成体</td><td>=β
过程：物质</td></tr>
</table>

<table>
<tr><td>Surely</td><td>common-sense</td><td colspan="2">dictates</td><td>there</td><td>should</td><td>be</td><td>a</td><td>limit</td><td>to</td><td>the</td><td>money</td><td>invested</td></tr>
<tr><td colspan="4">α</td><td colspan="9">“β</td></tr>
<tr><td>情态：概率/客观：隐性/高值</td><td>主语</td><td>“现在时”定式成分</td><td>谓语</td><td>主语</td><td>定式成分</td><td>谓语</td><td colspan="6">补语</td></tr>
<tr><td colspan="3">语气</td><td>剩余部分</td><td colspan="2">语气</td><td colspan="7">剩余部分</td></tr>
<tr><td></td><td>言说者</td><td colspan="2">过程：言语</td><td></td><td colspan="2">过程：存在</td><td colspan="6">存在者</td></tr>
<tr><td colspan="8"></td><td>事物</td><td colspan="4">定性语</td></tr>
<tr><td colspan="8"></td><td></td><td>“过程”</td><td colspan="3">“范围”</td></tr>
<tr><td colspan="8"></td><td></td><td></td><td></td><td>事物</td><td>定性语</td></tr>
</table>

图 10–9　情态和及物性隐喻实例

这些图表中的语法隐喻表征说明了隐喻是如何随着意义和措辞层次的增加而体现在结构组织中的。但是，这当然也有系统性的影响。从系统上讲，隐喻扩展了意义潜势：通过创造新的结构体现模式，它打开了新的意义系统领域。事实上，正是这种扩展意义潜势的压力推动着隐喻式意义的发展。因此，在图 4–16 所示的情态系统中，**取向**系统通过在**表现方式**中增加“显性”和“隐性”的系统对比得到扩展：这些隐喻式情态使得下面表达中的取向更加显性化，如 *I think* 和 *it is likely that* 等，而这些表
达反过来又可以在精密度阶上做进一步区分（比较：*I think/imagine/expect/* 700
assume/suppose/reckon/guess；*I would think/I would have thought*；*I imagine/I*

can imagine 等等）。如前所述，这一原则已经超出了情态的范畴，更普遍性地适用于情态评价（如 *I regret*，*it is regrettable that*），其隐喻式策略是将人际意义评估从词组级阶**提升**到小句级阶——即从一个简单小句中的副词词组或介词短语提升为一个投射小句组连中的小句。

因此，情态评价（包括情态）与投射之间有一个基本关系。为了说明这一点，我们可以将情态评价解释为人际投射（见 Matthiessen & Teruya，即将出版）。人际投射总是涉及将说话者或听者作为“投射者”：“我想”“我说”“你想……吗”和“你说……吗”。这些表达总是隐性的，除非通过语法隐喻使其显性化，即通过“共同选择”概念意义资源表达人际意义。但是，事实上，人际投射的概念并不局限于情态评价。请看下面语篇 10-5 中的这段简短说服性语篇（对于该语篇的修辞语义分析，见上面的图 9-7，以及 Mann & Thompson, 1985；另见 Martin, 1992：244-246）：

语篇 10-5：探索——论证：诉请某机构成员的公开信 [语篇 6]

I don't believe that endorsing the Nuclear Freeze initiative is the right step for California Common Cause. Tempting as it *may* be, we **shouldn't** embrace every popular issue that comes along. When we do so we use precious limited resources where other players with superior resources are already doing an adequate job. Rather, *I think* we will be stronger and more effective if we stick to those issues of governmental structure and process, broadly defined, that have formed the core of our agenda for years. Open government, campaign finance reform, and fighting the special interests and big money — these are our kinds of issues.

Let's be clear: I personally favour the initiative and ardently support disarmament negotiations to reduce the risk of war. But *I don't think* endorsing a specific freeze proposal is appropriate for CCC. We **should** limit our involvement in defense and weaponry to matters of process, such as exposing the weapons industry's influence on the political process. Therefore, **I urge you** to vote against a CCC endorsement of the nuclear freeze initiative.

上面语篇中，黑体表示意态化表达，斜体表示情态化表达，而隐喻式表达用了下画线[③]。主观性情态评价像韵律一样渗透到语篇中。情态化表达大多数都是显性的，而意态化表达都是隐性的，除了最后一个小句。该小句是整个语篇的核心，正是该小句表达了核心建议，它是语篇的“宏观-新信息”（见 Halliday, 1982；Martin, 1993）。但是，这个核心建议是什么？小句 *I urge you to vote...*（我敦促你投票……）的一个变体是 *you must vote...*（你必须投票……）。它们相互关联，分别是主观性、高值的“义务”型意态化的显性和隐性变体。但是，我们还可以做进一步分析。作者要说的是 *vote against...*（投票反对……），这是一个祈使句——即提议中的子类“命令”的一致式体现方式。这表明了“祈使句”与意态化之 701
间是有关联的，这也正是为何我们将意态化称为“祈使型”情态的原因。一方面，“祈使”小句施加了某个义务；另一方面，祈使句的附加问能够检查受话人服从的意愿（*will you?* 你愿意吗？）。但是，这个例子也说明了语气和投射之间的联系。

10.4.2 命题和提议的隐喻式体现方式

“投票反对……”的命令是通过主从小句组连体现隐喻式表达的；该体现方式就好像是对说话者所说内容的报道。这正是显性主观取向情态的隐喻式体现方式。这样，该报道式命令的附加问是：*I urge you to vote against ...will you?*（我敦促你投票反对……好吗？）。换言之，与情态相同，言语功能本身也可以表征为独立的命题；该命题表达感知或言语，投射原先的 [i] 提议或 [ii] 命题：

---

③　与大多数说服性语篇一样，该语篇遍布人际意义——情态评价延伸到词汇中。例如，*the right step for California Common Cause*（加州共同事业的正确步骤）中的 *right* 是一个道德评价，与义务型意态化相关。其一致式的表达可以是 *California Common Cause shouldn't endorse Nuclear Freeze*（加州共同事业不应该支持核冻结）（其否定归一度源于否定转移 *I don't believe*）。

[i] 提议↘ 投射组连中被投射的提议

（1a）陈述句，言者主语，一般现在时

||| **I want** || you to have a bit more of the rice, Dano. ||| [UTS/ Macquarie Corpus]

||| As a first step to correcting this disparity, **I urge the Congress** || to eliminate the 40 percent Redux retirement formula || and to restore the '50% of base pay' formula for 20 years of active-duty service, || as proposed in the President's FY2000 budget. ||| [语篇 115]

||| While I fully endorse your attitude to the Commonwealth Immigrants Bill, || and am repelled by that section of its supporters [[who detergently echo the racialist slogan, 'Keep Britain White,']] || nevertheless **I urge** || that the particular problem of immigrants from any source crowding into congested areas in London, Birmingham, and elsewhere must not be evaded. ||| [LOB_B] [普遍性诉请]

（1b）陈述句，言者主语，情态

||| I would strongly advise you || to pay a visit to your doctor in the very near future. ||| [LOB_P]

（1c）疑问句：是非问，言者主语，情态：意态化

||| If, as a by-product of such research, it is found || that in recent years the habit of discussing certain Rulings with the Chair has increased, || **may I ask you** || not to hesitate to say || so, || so that we may conform to the more orderly methods of our predecessors? ||| [LOB_H]

（2）言者加主语

||| Your essay, if I may just cut across for one moment || **we'd like** || you to re-read this little passage [[beginning the last paragraph]] as an example. ||| [语篇 135]

[ii.a] 命题 [命令] ↘投射组连中被投射的命题

（1）疑问句：是非问，言者主语，情态：意态化的

||| **Can I ask you** first, as a very prominent Liberal MP || how you think || the row over Shane Stone's memo has affected the party? ||| [语篇 184]

（2）提问句：是非问，听者主语，情态：意态化 702

||| Would you say || that a lot of fiction lacks this compassion or empathy? ||| [语篇 21]
||| Well, which would you say || was his majorest? ||| [语篇 125]
||| What kind of category of novel would you say || generally speaking Lord of the Flies belongs to; || is it a realistic novel || or is it a symbolic novel || or — how would you describe it? ||| [语篇 135]

（3）陈述句，言者主语 + 投射式疑问，听者主语

||| You mentioned || that the composition of The Snow Leopard was your Zen practice for several years, || and I wonder || if you'd explain || what that means? ||| [语篇 7] 'what does that mean?'

[ii.b] 命题［给予］投射组连中被投射的命题

||| And **I tell you** || we had a good laugh out of that; || couldn't stop laughing（大笑）. ||| [语篇 11]
||| Now, Congressman Kennedy, **I can assure you** || that America thanks you for your retirement. ||| [COCA]

表 10–11 列出了这些实例所示的模式。投射的“言语”和“心理”过程小句在人际意义上受到语气成分性质的限制。一方面，**人称主语**是“互动者”，而非“非参与者”；通常主语要么是说话者（*I*），要么是听者

（*you*）。另一方面，**指示性**要么是“时间：现在”（如 *want, urge*），要么是“情态：意态化”（如 *can*，*may*，*would*）。当然，这些限制也存在偏差。例如，主语也可是“非参与者”，如在被动语态的“言语”过程小句中，“接收者”充当主语，或在主动语态中，某个权威来源充当主语：

[i] 命题

（1）权威来源作为主语

||| **Section 15(2) of the Act requires** || leases to be stamped within thirty days of execution, || and if this is not done || the lessee is liable to a fine of ten pounds and a further penalty equivalent to the stamp duty || unless there is a reasonable excuse for the delay in stamping the lease || and the Commissioners of Inland Revenue mitigate or remit the penalty. ||| [LOB_J]

（2）接收者作为主语，隐性说话者

||| **Staff who cannot attend on the day scheduled for their College/Office are encouraged** || to attend one of the other sessions. ||| [Macquarie University administrative circular]

[ii] 命题

||| **They say** || that films are like a director's children. ||| [语篇 134]

这些都偏离了提议和命题的显性主观取向，因为说话者或作者将主
703 语所体现的情态责任转移给了其他人或东西。但是，是否存在显性客观的变体，类似于前一节中提出的情态的显性客观的隐喻体现形式呢？就提议来说，显性客观命令和显性意态化之间的界限似乎已经消失：它们已经被“经验化”，中和为事实。但是，我们当然也可以找到一些语篇段落，其中诸如 *it is demanded that*，*it is asked that*，*it is imperative that* 和 *it is important that* 之类的显性客观性的措辞与一致式体现形式的命令一起连

用，如下面的语篇 10-6 所示。

语篇 10-6：使能——规定（笔语，独白）：行政通告

Please be aware that the University has a legal obligation to conform with the requirements of the Privacy and Personal Information Protection Act. The University could incur financial penalties or damage to its reputation if it is found to be in breach of the Act. **It is** therefore **important that** all staff understand their obligations under the Act. [Macquarie University administrative circular]

这种显性客观的变体在政府公文话语中很常见，因为这类话语规范着人们的行为活动。例如，上文中的 *their obligations under the Act*"他们在该法案下的义务"就对人们行为进行了约束。

在命题中，显性客观性命题和情态评价之间的界限似乎消失了。诸如 *it is said that*（据说）和 *it is rumoured that*（有传言说）的形式可以用于评估命题的实据：其表征方式表现为投射的来源似乎不是说话者，而是别的人（因而，*it is said* 和 *they say* 意义非常接近）；因此，投射可以作为一种手段，帮助说话者与命题保持距离。例如：

||| **Of Samuel it is said** || that when he asked the people || to bear witness || that he had not taken anything of theirs || the people said || that they were witnesses. ||| [LOB_D]

||| **It is said** || that television keeps people at home. ||| But you, at any rate, have proved that wrong. ||| And **they say**, too, || that television makes its appeal to those of lesser intelligence. ||| [LOB_F]

||| Furthermore, **it is claimed**, || there are no known connections between the languages of the Old World and those of the Americas. ||| [语篇 196]

在表 10-11 所示的语气隐喻类型中，命题 / 提议是通过投射小句组连

而不是简单小句来体现的。因此，体现了言语功能的人际投射，其体现形式如同概念投射。这对言语功能意义潜势的扩展产生了两个后果，这一点与情态的情况相同。一方面，系统中增加了选项，使言语功能选择的主观取向显性化，如 *vote against...*（投票反对……）（隐性）和 *I urge you to vote against*（我敦促你投票反对）（显性）。另一方面，言语功能系统可以借助于“言语”和“心理”过程小句中的大量词汇语法资源在精密度阶上做进一步的扩展。因此，除了 *vote against...*（投票反对……），我们现在还可以说，例如（“言语过程小句”）*I tell you / command you / order you / ask you / urge you / implore you / beseech you / plead with you / suggest to you*（我告诉你 / 命令你 / 指派你 / 叫你 / 敦促你 / 恳求你 / 恳请你 / 建议你）→ *to vote against...*（投票反对……）；或者说，（“心理过程小句”）*I want / desire / 'd like / intend / plan*（我想要 / 渴望 / 想 / 打算 / 计划）→ *(for) you to vote against...*（（你）投票反对……）。虽然这些小句在主语人称和指示语方面受到限制，但它们仍然有一些系统性变化。例如，*I urge you / I would urge you / I should urge you / I must urge you // can I (please) urge you / could I perhaps urge you*（我敦促你 / 我想敦促你 / 我应该敦促你 / 我必须敦促你 / 我可以敦促你 / 我或许可以敦促你）→ *to vote against ...*（投票反对……）。

704 **表 10-11　涉及投射组连的提议和命题的隐喻式体现方式示例**

	陈述		提问：是 / 非		
说话者（说话者+）	I (we) implore you → to I (we) want → you to	I (we) would advise you → to I (we) would want → you to	may I (we) advise you → to		提议：命令
	I (we) assure you → that	I (we) can assure you → that	may I (we) assure you → that		命题：陈述
	I (we) ask you → whether I (we) wonder → whether	I (we) must ask you → whether I (we) must wonder → whether	may I (we) ask you → whether		命题：提问

续表

	陈述		提问：是 / 非		
	you are urged by me (us) → to	you would be advised by me (us) → to	could you possibly be persuaded by me (us) → to		提议：命令
听者		you must believe → that	would you believe → that		命题：陈述
		you must tell me → whether	would you say → that could you tell me → whether	do you mean → that	命题：提问
	时间：现在	情态：意态化		时间：现在	

正如我们所注意到的，语气隐喻可以使言语功能的语义系统在精密度阶上做进一步区分。为什么言语功能系统需要以这种方式扩展？为什么它的扩展得超出第四章，第 4.1 节中所概述的基本系统？基本原则是：言语功能系统的扩展增加了互动者在对话协商中的意义潜势。例如，在下面的例子中，“命令”都是通过带有听者主语的意态化的陈述小句体现隐喻表达的——*can you ...*（你能⋯⋯）：

(a) Oh. Stefan, can you turn off the tape? — [Non-verbal response: tape is turned off.] [语篇 76]

(b) Can you tell us about the political and cultural makeup of Nigeria? — One quarter of the entire population of Africa is in Nigeria, so we say that every fourth African is a Nigerian. [语篇 16]

(c) And Joanne came up and she said, ‘Oh, can you do this?’ and I said, ‘Look you’re at the end of a very long line; be prepared to wait’ ... [语篇 72]

(d) Interviewee: Well can you give me any further help then? I’m sorry. I’m holding up your *time to see me.* — Interviewer 1: *Well not* just at the moment I’m afraid. – Interviewer 2: No no, because we’ve got a whole list of interviewees but you see our point. [语篇 135]

705 对命令的首选回应是提出遵从——如上面的例（a）和（b）；但是隐喻表达给了听者更多的自行决定权，例（c）和（d）中的回应是拒绝遵从。语气隐喻所创造的对话中的协商潜势与语旨中的不同语境变量直接相关。语气隐喻扩展了协商的人际资源，无论谈判涉及的是共识还是冲突（见 Matthiessen 等，2008，以及其中的参考文献）。语旨变量通常从地位、礼仪、面子、得体和礼貌等方面进行过讨论（以及它们的消极对应；见 Watts, 2003，对不同方法的批判性调查）。它们都普遍认同，说话者和听者之间存在社会距离。此处，人际隐喻是人际象似性原则的一部分：隐喻变体在意义和措辞之间创造了更大的符号距离，这在说话者和听者之间形成了更大的社会距离。符号距离通常直接体现在词汇语法中，作为措辞的横组合延伸。例如，在下面的采访摘录中，采访者说道：

||| You mentioned || that the composition of The Snow Leopard was your Zen practice for several years, || and I wonder || if you'd explain || what that means? ||| [语篇 7]

采访者使用了一个由三个小句构成的小句复合体：*I wonder*（我想知道）→ *if you'd explain*（你是否愿意解释）→ *what that means*（那是什么意思），而没有直接提问 *What does that mean*?（那是什么意思？）。这种措辞上的延伸也反映了韵律表达的人际趋势（见第 2 章，第 2.7 节）。

除了这些基于概念投射的隐喻，语气隐喻还有多种类型。其中主要的一种涉及“命令”的体现方式由“祈使句”转化为“直陈句”，而“直陈小句”又可以分为“陈述句”或“提问句”，例如：

[iii] 提议↘意态化的直陈句

（1）陈述句

||| Yes, well, if you apply that criterion, || then **surely you must** start to rearrange your estimates of Lawrence's novels, **surely**. ||| [语篇 125]

||| **Perhaps you should** tell me about your current project. ||| [语篇 21]

||| You just don't think about it; || **you shouldn't**. ||| [语篇 101]
||| Well look, honestly, Mrs Finney, my suggestion to you would be [[[that if you want to read English honours || **you should** spend a year in solid preparation for it || and then reapply]]]. ||| [语篇 135]
||| **I think** || **you should** talk to David Hawker, || whose committee, <<I think,>> put this in train. ||| [语篇 184]

（2）疑问句

||| Oh **can you** get some napkins? ||| [语篇 82]
||| **Can you** name a moment, or an image [[[that you can point to || and say || this is [[when you decided || that you were going to write The Greenlanders]]]]] ? ||| [语篇 17]
||| **Would you** like to take the comfortable chair? ||| [语篇 125]
||| **Could you** tell us about a poem [[which lives up to this ideal of yours]] in whatever period? ||| [语篇 135]

此处，“直陈”小句中的语气成分受到主语人称和指示语的限制。主 706
语人称的选择是“听者”主语 *you*，而指示性是“情态”，或更具体地说是“意态化”。换言之，主语与“使役祈使句”中的主语相同，而情态为提议中的情态——即“祈使句”类型（见第 4 章，第 4.5.2（2）节）。“直陈”小句可以表达命令，这一点可以从听者在对话交换中如何对待命令、遵守命令（或拒绝遵守命令）的方式看出来。例如：

Interviewer: **Perhaps you should** tell me about your current project.
Interviewee: It's set during the summer of 1934 in my old stomping grounds, Western Arkansas, Eastern Oklahoma. [语篇 21]

语气成分的存在扩大了协商潜势。除了固定值的“祈使句”*do!*，我们现在还可以使用带有“义务”意态化的陈述句，如 *you must/ought to/should/will/may/can + do*，以及带有“意愿”意态化的提问句，如 *must you /*

would you / can you。这些可以与情态评价相结合，包括情态化或否定归一性，例如上面例子中出现的 *perhaps you should*（或许你应该）。这些“直陈”表达提供了一系列更精密的“命令”表达方式。例如，*must you do that* 意味着“不要那样做！”，但增加了责备和愤怒的意味，而这种意味可以通过 *why* 进一步强化：

> “Why must you always be getting at me, Dad? Nothing I ever do is right!” [LOB_N]

与此相反，使用 *you should* 作为语气成分的例子通常是比较温和的命令，例如上面的 *perhaps you should tell me...*，其中的低值概率情态化强化了温和命令或建议的意味（即，“你有可能有义务告诉我”）。这样，“直陈”潜势被“增选”为语义范畴“命令”的语法体现形式，因此，互动者有了更丰富的语义潜势来协商他们在社会符号空间中相对于彼此的位置。

提议的“直陈”体现方式能够模糊针对听者的提案与关于世界应该如何的命题之间的界限。例如，通过将 *you* 由“听者”扩展到“普通人称，包括听者”（与普通化的 *they* 形成对比），我们就可以得到一般规则、一般建议等：

> ||| If you find [[yourself coming back the next day || and erasing more of the so-called improvements [[than you keep]]]], || **you'd better** get the hell out of that book. ||| [语篇 7]
>
> ||| If you are writing about something [[that you have not experienced]], || then **you must** supply yourself with experience. ||| [语篇 17]
>
> ||| **You cannot** drink on the job. ||| [语篇 71]

这种直接而明确地从分配给听者的责任中转移，还包括带有非互动者主语的意态化陈述句，如下面的“规定”类语篇 10-7：

707 语篇 10-7：使能——规定（笔语、独白）:《道路使用者手册》摘录

You and everyone in the vehicle must wear a seat belt whenever there is one available. That means if there is an empty seat with a seat belt, **a passenger must** move to it and not sit in a seat without a belt. If there are no seat belts fitted, it is safer for a passenger to sit in the back. [...] **Drivers should** make sure children travel in restraints suitable for their size and age. **Children under 12 months must** use a suitable, approved child restraint if the vehicle has a child restraint anchorage point to attach it to. [Road User's Handbook (Roads and Traffic Authority, June 1994)]

此处的主语还是能负责遵从“命令”的人——除了最后一个，*children under 12 months must*（不到12个月大的婴儿必须）。但是，当主语不是义务的潜在载体时，这一点会进一步减弱。例如：

Any notice of termination must be in writing, give the required period of notice and set out the grounds for termination (if any). [Residential Tenancy Agreement]

此处，承担责任的是协议的各方，即发出终止通知的人——而非通知本身。

我们探讨了人际意义潜势的隐喻扩展中的一些关键策略，表明它们不是系统的随机或特殊特征，而是一致性系统的有动机和有原则的扩展。当然，还有其他一些策略。语气的词汇语法资源，以及与之相关的情态和调式模式，都可以表达人际修辞，承载着大量的语义信息。这些范畴无疑可以产生丰富的隐喻手段；但是，决定什么是隐喻性，什么是一致性形式绝非易事。一些常见的言语功能套话在起源上显然是隐喻性的，例如（i）*I wouldn't... if I was you*（我不会……如果我是你）：命令，其一致式表达是 *don't...!*（不要……！），具有警示作用；（ii）*I've a good mind to...*（我真想……）：情态化的提供，其一致式表达是 *maybe I'll ...*（也许我会……），通常起到威胁的作用；（iii）*she'd better...*（她最好……）：意态化的命令，一致式表达是 *she should...*（她应该……），通常起到建议的作用。有些词，如 *mind*，似乎特别适合这种移情表达：比较，*would you mind...?*（你介意吗？），*mind you*（请注意），*I don't mind...*（我不介意……）（还包括 *I don't mind if I do*（我不介意这样做），通常用于在酒吧环境中对提供饮料的积极响应）等。

这类隐喻在言语行为理论中得到了广泛的研究，最初被归为“言后”行为。从语言学的角度来看，它们不是一个单独现象，而是隐喻一般现象的某个方面，就像下一节将要讨论的概念隐喻一样。人际隐喻和概念隐喻都可以使用同样的方式表征，即假设某种一致式形式，然后分析两者之间的关系。图 10-10 给出了一些示例。

10.5　概念隐喻

人际隐喻对儿童来说可能是一个挑战——这也是人际困惑的根源；但其中许多问题在孩子们开始上学之前是由他们处理的。事实上，佩因特（Painter, 1993, 1999）在一个孩子的个案研究中，展现了他是如何通过跨越人际情态领域进行心理投射的——即，使用了 *I think* 之类的表达，其中的说话者既是主语又是感知者，而动词为现在时。

708

(a)

<table>
<tr><td></td><td colspan="3">‘tentatively</td><td>is</td><td colspan="2">the position</td><td>still</td><td>available?’</td></tr>
<tr><td></td><td colspan="3">情态附加语</td><td>定式成分</td><td colspan="2">主语</td><td>附加语</td><td>补语</td></tr>
<tr><td></td><td colspan="7">语气</td><td>剩余部分</td></tr>
<tr><td></td><td>I</td><td>was</td><td>wondering</td><td>if</td><td>the position</td><td>is</td><td>still</td><td>available</td></tr>
<tr><td>逻辑：</td><td colspan="7">α</td><td>’β</td></tr>
<tr><td rowspan="2">人际：</td><td>主语</td><td>定式</td><td>谓语</td><td></td><td>主语</td><td>定式</td><td>附加语</td><td>补语</td></tr>
<tr><td colspan="2">语气</td><td colspan="2">剩余部分</td><td colspan="3">语气</td><td>剩余部分</td></tr>
</table>

(b)

<table>
<tr><td></td><td>‘if</td><td>you</td><td colspan="3">move</td><td>I</td><td>’ll</td><td>shoot’</td></tr>
<tr><td>逻辑：</td><td colspan="5">×β</td><td colspan="3">α</td></tr>
<tr><td>人际：</td><td></td><td>主语</td><td>‘do
定式</td><td>move’
谓语</td><td></td><td>主语</td><td>定式</td><td>谓语</td></tr>
</table>

		语气	剩余部分		语气		剩余部分
		don't	move	or	I	'll	shoot
	逻辑：	1			+2		
	人际：	定式	谓语		主语	定式	谓语
		语气	剩余部分		语气		剩余部分

(c)

	'you	shouldn't	say	such a thing'
	主语	定式	谓语	补语
	语气		剩余部分	
how	could	you	say	such a thing
WH-/ 附加语	主语	定式	谓语	补语
	语气			
剩余部分				

(d)

'the evidence	is	(the fact) that		they	cheated		before'	709
主语	定式	补语：小句		主语	'did 定式	cheat' 谓语	附加语	
语气		剩余部分		语气		剩余部分		
look		at	the way	they	cheated		before	
'do 定式	look' 谓语	附加语						
		"谓语"	补语：小句		（同上）			
语气	剩余部分							

图 10-10　更多人际隐喻实例

人际功能影响着儿童第一次学习语法隐喻策略的环境[④]。毫无疑问，这部分原因是因为人际隐喻倾向于使选择更加显性，如概率是通过投射情态化命题的“心理”小句体现的（图 4-23 中的“显性”取向）；另外，部分原因是人际隐喻的解释通常可以在持续的对话互动中得到支持和“验

④　这反映了一个更普遍的原则：见 Halliday（1993c）。

证”。例如：

Oh. Stefan, can you turn off the tape? —［非言语回应：关掉了磁带。］［语篇 76］

此处的回应表明“是非问”小句被理解为隐喻式体现的命令，而不是一致式体现的提问。通过语法隐喻扩展人际语义系统为说话者提供了额外的、强大的资源，用于在构成任何类型社区结构的复杂关系网络中扮演社会角色和关系（比较 Rose's, 2001，探讨了西域沙漠中的基调和人际资源）。

10.5.1 介绍性示例

与人际隐喻不同，另一种语法隐喻——概念隐喻，是儿童后天学习的，它不会出现在儿童在家或与邻里相处时能遇到的常见的、自发性的对
710 话中；相反，它与教育和科学、政府和法律话语有关。在儿童进入小学高年级时，他们就很可能会遇到概念隐喻（见 Christie & Derewianka, 2008; Derewianka, 1995）；但是，只有当他们进入涉及专业学科内容的中学教育时，才会大量接触到语法隐喻。下面是一些他们在早期经历中可以会遇到的笔语中的概念隐喻实例：

Slate is a metamorphic rock. Slate was once shale. But over millions of years, tons and tons of rock pressed down on it. The pressure made the shale very hot, and the heat and pressure changed it into slate. ... Other metamorphic rocks are made the same way slate is, by heat and pressure. [Gans, 1984, *Rock collecting*. New York: Harper & Row. Ages 4–8. p. 24.]

With its great size and strength it must have had little resistance from smaller animals. ... It may be that the creature's large size prevented it from moving quickly. [Wilson, 1986, *100 Dinosaurs from A to Z*. New York: Grosset & Dunlap.]

第一个例子来自某个作家为年轻读者写的一本书，他为这类读者写了很多书。它包含两个名词化，一个是动词名词化（*press* > *pressure*），另

一个是形容词名词化（*hot* > *heat*）。这些名词化实际上都是概念隐喻实例，这时过程和品质被识解为实体——它们被实物化；但是，年轻读者们应当可以看懂，因为在语篇中，它们都遵循了一致式的形式，这样读者有足够的信息来理解这些隐喻：*tons and tons of rocks pressed down on it*（压在页岩上的大量岩石）> *the pressure made the shale very hot*（压力使页岩非常热）> *the heat and pressure*（热量和压力）……语篇中从一致式到隐喻式的序列实际上相当普遍：隐喻可以在其一致式变体的背景下进行解释（见 Halliday & Martin, 1993；Halliday & Matthiessen, 1999：第 6 章）。与第一个例子相比，其他两个例子对年轻读者来说可能不太容易理解，因为一致式措辞还不能使他们理解隐喻变体（见 Christie & Derewianka, 2008）。

接下来我们看看语篇 10-8，这是书籍介绍中的一段摘录，里面出现了大量的投射。

语篇 10-8：推荐——推销：书籍简介 [语篇 196]

This book presents a series of illuminating studies which conclusively demonstrates that the prevailing conception of historical linguistics is deeply flawed. Most linguists today **believe** that there is no good evidence that the Indo-European family of languages is related to any other language family, or even any other language. In like manner, the New World **is deemed to contain** hundreds of language families, among which there are no apparent links. Furthermore, it **is claimed**, there are no known connections between the languages of the Old World and those of the Americas. And finally, the strongest belief of all is that there is no trace of genetic affinity — nor could be — among the world's language families.

The author argues that all of these firmly entrenched — and vigorously defended — beliefs are false, that they are myths propagated by a small group of scholars who have failed to understand the true basis of genetic affinity. ...

正如我们所看到的，人际隐喻是一种扩大协商潜势的策略，这一点在上面段落中非常明显；例如，*it is claimed*（据称）扩展了诸如 *allegedly*（据

711 说）等情态评价的领域：通过投射，作者将某个情态状态分配给命题“没有已知的连接”。这篇文章还包含涉及投射的概念隐喻。我们看看语篇中的下列步骤：

(a) Most linguists today believe → that there is no good evidence ...

(b) the strongest belief of all is [[that there is no trace ...]]

(b) these firmly entrenched — and vigorously defended — beliefs

在（a）中，我们发现了一种常见的并列式投射小句组连：一个小句表示人们的思维（*most linguists today believe* 今天大多数语言学家认为），另一个小句表示他们思维过程的“内容”（*that there is no good evidence*... 没有好的证据……）。思维过程表征为一个言语词组（*believe*），在“心理”过程小句中充当“过程”。

在例（b）中，我们发现了一个简单的“识别”类“关系过程”小句。此处，价值和标记分别对应投射组连的前后两部分。（1）该识别中的价值是名词词组 *the strongest belief of all*（所有人都深信）。这里，“相信”过程表征为 *belief*（信念）（如同它是一个实体），它是动词 *believe* 的名词化，充当名词词组中的事物；而“相信”的程度则表征为形容词特征语（*strongest*），表示事物的特征。除了没有成分对应“感知者”角色，该名词词组相当于“心理过程”小句 *(people) believe most strongly*（（人们）都深信）。虽然没有对应“感知者”的成分，但是该名词组具有小句中不存在的确定性特征；这表现为名词词组中的指示语照应项 *the*，它表示“事物”而非“过程”的属性。在这个例子中，该照应项在结构上是后指（见第 9.4.1 节）。（2）该识别中的标记是嵌入小句 *that there is no trace*...（没有任何踪迹……）。这是一个“事实”小句，对应投射组连中被投射的“思想”小句，如例（a）。换言之，所投射的“思想”表征为如同它是一个预先投射的“事实”。第 7.5.7 节讨论并举例说明了这种类型的“识别”小句，它带有一个嵌入的“事实”小句作为标记。

综上所述，语义中言辞投射序列的一致式体现形式表现为语法中的投射小句组连，而构成序列的两个言辞是通过小句体现的。这一点在例（a）中非常清楚；但在例（b）中，投射序列的体现形式并不是小句组连，通过一个简单小句，所投射的言辞的体现形式并不是从属“思想”小句，而是嵌入“事实”小句。图 10-11 同时列出了一致式和隐喻式的体现方式。与人际隐喻相同，概念隐喻也引入了附加的意义层，它被语法识解为附加的措辞层。

“一致式”	‘(people)	most strongly	believe			that there is no...’	712
	α				ø	‘β	
	小句：心理过程					小句：投射	
	感知者	方式：程度	过程				
	名词词组	副词词组	动词词组				
“隐喻式”	the	strongest	belief	of all	is	that there is no...	
	小句：关系过程						
	价值				过程	标记	
	名词词组				动词词组	名词词组：小句	
	指示语	特征语	事物	定性语	定式 / 事件	事物	
	限定词	形容词	名词：名词化	介词短语	动词	小句	

图 10-11　一致式和隐喻式措辞分析

在（c）中，我们发现和（b）中 *the strongest belief of all* 类似的名词短语，*these firmly entrenched — and vigorously defended — beliefs*（这些根深蒂固，且得到大力捍卫的信念）。也就是说，该名词词组也可以理解为隐喻式的“心理过程”小句：它有一个名词化 *belief*，作为事物，对应小句中的过程。该名词词组在“内包型归属式关系过程”小句中充当“载体”，赋予 *false*（假的）的属性。这里的指示语是照应项 *these*，通过前指的形式回指前文提到的有关“信念”的语句：*most linguists today believe*...

（今天大多数语言学家认为……），*the New World is deemed to contain*...（新世界被认为能包容……），*it is claimed there are no known connections*...（据称没有已知的连接）和 *the strongest belief of all*[5]（所有人都深信）。这些表明，由于“相信”的过程已经通过隐喻体现为一个实体，作为名词词组中的事物，它现在可以在语篇中被视为一个话语照应物，如同普通的非隐喻实体一样。实际上，该照应物在下面的从句中通过代词 *they*“信念”再次提及。因此，例（c）中的隐喻背后存在一个语篇动机。但是，这里也有一个经验动机：作为实体，“相信”的过程可以被赋予特征语 *firmly entrenched — and vigorously defended*；这些首先是实体属性（识解为名词词组），而不是过程属性（识解为小句）。同时，该隐喻实体可以充当“关系过程”小句的载体，并被赋予 *false* 的属性，这是命题而非实体的特征：虽然没有与名词词组 *these*...*beliefs* 相关的明显的投射，但它用于回指前文出现的命题，并且可以在识别式命题中充当“价值”（见 *the belief is that there is no trace*...）。

10.5.2 语义和词汇语法间的重新映射

如图 10-11 中所分析的实例所示，概念元功能中的语法隐喻涉及语
713 义中的言辞序列、言辞和成分与词汇语法中的小句组连、小句和词组之间的“重新映射”。在第五章和第七章中我们所描述的一致式体现方式中，言辞序列由小句组连体现，而言辞由小句体现。在隐喻模式中，整个映射过程似乎“向下”转移：言辞序列由小句体现，言辞由词组体现，而成分由单词体现。图 10-14 对比了这两种体现模式。例如：

It is false to say the absence of a peace treaty with Germany causes no real danger.

---

⑤　正如第九章提到的，照应是一种语义关系，而非词汇语法关系，此处重新提及的是“信念”的含义，而非词项 *believe/belief*；词组 *these*...*beliefs* 中照应的使用非常清楚地表明，单词 *deemed*（认为）和 *claimed*（声称）在语义系统上也与“信念”有关。

[LOB_A] ‘although (Britain) has no peace treaty with Germany, (the situation) is not dangerous’

Lord de l’Isle’s appointment **has caused** a certain protocol confusion, with the Melbourne Herald announcing it first and congratulating Mr. Menzies, the Australian Prime Minister, on his ‘acceptable choice.’ [LOB_A] ‘because Lord de l’Isle was appointed, (people) were confused about the protocol’

The ***cause*** of the present clash with the Russians is the decision of the West Germans to hold Parliamentary committee meetings in Berlin and a session next week of the Federal Parliament’s upper house there. [LOB_A]

In particular, the shortage of grazing [[**caused** by drought]] **necessitated** heavy purchases of feeding stuffs. [LOB_A] ‘(farmers) had too little land where (cattle) could graze because it hasn’t rained, so they had to buy a great deal of feeding stuffs’

“重新映射”是有可能的，因为诸如“原因”的语义主题会反复在不同语法环境中体现，这样这种主题在每个环境中都有可能体现出来。这些主题主要有两种类型——扩展和投射，上文已对其进行了讨论（如第 10.2.1 节和第 10.2.2 节）；见表 10–3 和表 10–6 中的总结。概念隐喻是针对已经有一致式体现方式的各种模式的；它极大地扩展了这些模式，当我们分析科学、法律或行政话语——或者说其他类型话语时（在这些话语中，隐喻式都得到系统性地扩展），这一点就能看得很清楚。下面是一个典型实例，它是一位将军给美国众议院军事委员会的“姿态声明”：

In our units, the perception of an inadequate retirement program consistently surfaces as a primary cause of our recruiting and retention problems. [语篇 115]

在日常语言中，我们会说 *people think that what we do when they retire is not good enough, so we can’t recruit them and we can’t keep them*（人们认为，

我们在他们退休时所做的还不够好，所以我们不能招募他们，也留不住他们）；但是，这个一致式体现方式为小句复合体的言辞序列被这位将军使用了隐喻式的体现方式，表征为一个简单小句，其中言辞的体现方式是词组和短语。

隐喻模式与权力和权威的威信话语（prestige discourses）相关。但是，语义和语法之间这种“重新映射”的潜在意义是什么？正如我们所看到的，概念元功能是识解我们周边世界和内心世界经验的资源。如图 10-14 所示，在一致式模式中，语法识解言辞序列，言辞和成分是经验的基本现
714 象。在隐喻式模式中，这些范畴的组合丰富了模型：除了一致式范畴，我们现在还有了范畴的隐喻式组合——言辞序列识解为言辞，言辞识解为成分等等。这些组合打开了新的意义潜势。例如，言辞序列中都会有一个在时间上不变的逻辑语义关系，如原因，但在识解为言辞的言辞序列中，该关系通常被识解为过程。与逻辑关系不同，过程被识解为随着时间而展开，在动词词组语法中，它带有时态或情态标记：

In the first case, it is the absence of a voluntary euthanasia law [[that **causes** so much suffering]]; || in the second it was the absence of a signed ‘living will’ or advance directive document [[that wrecked havoc with my cousin]]. [语篇 24]
‘voluntary euthanasia law is absent, so many people suffer’

Within the hills are several faults; || displacement along these faults **caused** failure of the Baldwin Hills Reservoir in 1963, || when 250 million gallons of water poured through the residential areas at the northern base of the hills, || **caused** heavy damage, || and finally drained into Ballona Creek. [语篇 140]

A central aisle often enhances the impression of spaciousness, and the new ceremonious regard for the Communion Table, brought by the contemporary sacramental revival, **has usually caused** the removal of the pulpit to the side of the church. [LOB_D]

A magnitude-6 quake **can cause** severe damage || if it is centered under a populated area. [语篇 94]

此处，“原因”逻辑关系被识解为一个完整的过程，从而可以帮助识解体现在动词词组时态系统中的时间（第 6 章，第 6.3.3 节）。同理，被识解为参与者的言辞是通过名词词组体现的，因而可以帮助识解体现在名词词组分类和描述系统中的参与者。例如，当“某人记得某事”被重新识解为“记忆”时，它可以像其他实体一样进行分类和描述（见 Matthiessen, 1993a, 1998b）。因此，在非技术性话语中，我们可以找到如下示例：

Martin had not liked to go on questioning him, suspecting that this would be an intrusion on some **private memory** which he wanted to respect. [LOB_K]

When she didn't, she went on in her brisk, clackety voice, that reminded Lea of nothing so much as a **childhood memory** of the boy next door playing with a morse set. Clack, clack, clackety, clack. It was just the same. [LOB_L]

This reprieve (which for all I know is a common occurrence) began soon after one of my aunts recommended yeast to me as a cure for **failing memory**. [LOB_R]

So you have to do research || and you have to ponder it || and sort of work it into your mind || as if it's something [[that you remember]]. You try to give yourself a **historical memory**. [语篇 17]

在认知科学的技术性话语中，我们可以找到 *working memory*（工作记忆）、*long term memory*（长期记忆）、*short term memory*（短期记忆）、*semantic memory*（语义记忆）和 *visual memory*（视觉记忆）等不同表达：

Semantic memory is concerned with the structure of knowledge, with [[how knowledge is stored, cross-referenced and indexed]]: it is concerned with the organization of everyday world knowledge, and with the representation of meaning. **Semantic memory** is not just an internal dictionary [[in which linguistic terms are listed and defined]]. [Gillian Cohen, 1977. *The psychology of cognition*. New York: Academic Press.]

如这些例子所示，隐喻模式因而提供了大量在一致式模式下无法获得 715

的概念意义潜势。同时，隐喻模式也屏蔽了与一致式模式相关潜势的一些重要方面，导致了概念意义的一定丧失。例如，小句复合的组连模式（区分并列式相互依附和从属式依附）不适用于以隐喻方式体现为小句的言辞序列，并且当言辞被体现为词组或短语时，参与者角色的配置模式会出现丢失或模糊。因而，在名词词组 *the perception of an inadequate retirement program*（对不充分的退休计划的看法）中，有可能 *an inadequate retirement program* 是所认为的东西，但是这需要加以推断（对比：*the perception of concerned citizens*（关注这个问题的公民的想法），*concerned citizens* 很可能是感知者，而不是被感知的东西），因为感知者是隐性的。在更偏向一致式的表达中，不会出现这种不明确的情况：*people see the retirement program as inadequate, people think that the retirement program is inadequate*（人们看到这个退休计划不充分，人们认为这个退休计划不充分）等等。这是因为，小句语法将参与者识解为过程中固有的东西，并且只有当参与者可以恢复时，才允许它们通过省略而不出现。

10.5.3 语篇和人际考虑

在概念元功能中，这种语义系统重新排列的总体效应是从逻辑到经验的转移——即我们对经验的识解的经验化（experientialization）（见 Halliday & Matthiessen, 1999：264）。因此，言辞的逻辑序列被重新识解为成分的经验配置。但是，概念语法隐喻的意义超越了概念元功能，扩展到语篇和人际功能。概念隐喻的语篇和人际效应（interpersonal effects）是由于上述概念模式的**重新组合**（realignment），也意味着概念系统运作的语篇和人际环境的重新组合。

（i）语篇效应。当言辞序列隐喻性地体现为小句时，这意味着，它不仅被映射到该小句中的及物性模式上，而且也进入该小句中的主位 + 述位的组织领域，并且扩展到新信息 + 旧信息的信息单元组织（见第三章，第 3.5 节和第 3.6 节）。例如：

Displacement along these faults **caused** failure of the Baldwin Hills Reservoir in 1963. [语篇 140]

上面实例隐喻性地体现为一个“关系过程”小句，并且构成言辞序列的言辞也隐喻性地体现为名词词组，充当小句的成分。由于它们都是在小句中起作用，这些名词词组都被赋予语篇地位：名词词组 *displacement along these faults*（这些断层的位移）充当主位，而名词词组 *failure of the Baldwin Hills Reservoir in 1963*（1963 年鲍德温山水库的溃决）充当新信息：见图 10-12。这个隐喻式的“关系过程”小句因而产生了主位的语篇模式：言辞“位移”+ 新信息：言辞“破坏”。

716

<table>
<tr><td rowspan="4">小句</td><td>displacement along these faults</td><td>caused</td><td>failure of the Baldwin Hills Reservoir in 1963</td></tr>
<tr><td>标记 / 被识别者</td><td>过程</td><td>价值 / 识别者</td></tr>
<tr><td>主位</td><td colspan="2">述位</td></tr>
<tr><td colspan="2">旧信息</td><td>新信息</td></tr>
<tr><td rowspan="2">小句组连</td><td>x was displaced along these faults</td><td>so</td><td>the Baldwin Reservoir failed in 1963</td></tr>
<tr><td>1</td><td colspan="2">×2</td></tr>
</table>

图 10-12　隐喻性体现的言辞序列：语篇组织

这种语篇模式是科技话语中修辞发展的有效资源（见 Halliday, 1988; Halliday & Martin, 1993）。因此，在由一致式体现方式向隐喻式体现方式的转变中，语篇意义有所增加。这样，概念隐喻适应了语篇元功能：被识别者 + 过程 + 识别者的经验配置将言辞序列构造成两个语篇量子：一个言辞作主位，后面另一个作新信息。有些情况下，这种语篇调整可能是概念隐喻背后的主要原因。知觉类的心理过程小句也可能通过这种方式使用：

The second day of the convention **saw** [[the advantage pushed further]]: each

Territory had its representation increased threefold; of contesting delegations those who represented the gold element in their respective States were unseated to make way for silverites; and Stephen M. White, one of the California senators, was made permanent chairman. [The Agrarian Crusade]

It was a pomp-filled end to a campaign [[which **saw** [[Bush finish second in the popular vote but a narrow winner in the all-important electoral competition]]]]. [语篇 113]

此处的模式是主位 / 感知者：时间或事件 + 过程 + 新信息 / 现象：行为。也就是说，心理过程小句的结构被用于重新分配信息，产生了两个语篇分组，其中一个带有环境特征作为非标记性主位，另一个是行为小句，作为新信息，如图 10–13 所示。此处，“现象”将目标（*the advantage*）+ 过程（*pushed*）+ 距离（*further*）都组合在一起，作为信息中的一个成分。作为“现象”的行为小句可以重新识解为一个物化过程，其体现形式为名词化：

Whatever the case may have been, this conquest **saw** an overwhelming replacement or absorption of the existing Celtic linguistic community by the newly arrived Germanic speakers. [Denison & Hogg, 2006, ‘Overview’, *A history of the English language*. Cambridge: Cambridge University Press]

总而言之，当言辞序列是通过小句而非小句组连体现时，其语篇结构是主位 + 述位，同时由于小句本身一般也是一个信息单位，因而其语篇结构也包括旧信息 + 新信息。这就意味着，构成言辞序列的言辞可以被赋予主位或新闻价值（newsworthy）的地位。另外，这种通过名词词组而非小句得到的隐喻性体现的言辞具有名词词组的属性——尤其是其中的“限定”（determination）特征。这意味着，它可以在语篇中被视为话语照应物（见第九章，第 9.4 节），标记为“特指”或“泛指”。在此情况下，其特征对听者来说是可复原的。例如：

717

The second day of the convention	saw	the advantage	pushed	further
旧信息		新信息		
主位	述位			
感知者	过程	现象		
名词词组	动词词组	名词词组：小句		
时间		目标	过程	距离
‘on the second day		the advantage	was pushed	further’

图 10-13　隐喻式心理过程小句中的信息重新组织

（1）泛指

Additionally, in a number of cases, transnational movements threaten our interests, our values, and even our physical security here at home. [语篇 115]

There has also been a dramatic decline in ozone concentration over Antarctica that was not predicted. [气候变化]

（2a）特指：后指（结构性）

The migration of millions of peasant families has radically changed Peruvian culture, || beginning with the slow but steady abandonment of Indian dress and language || and expressed more recently in the arts, particularly in music [[that combines Andean tradition with contemporary Latin and Caribbean motifs]]. [语篇 229]

（2b）特指：前指

Formerly one of the city’s finest residential areas, Bunker Hill has been cleared of its old buildings, lowered thirty feet, and reshaped to provide sites for high-rise offices, apartments, and shops. Beyond it loom the closely spaced high-rise buildings of the downtown Los Angeles financial and office center (3). Most have been built since removal of the height ceiling in 1957. **This** concentration indicates the westward movement of the downtown core, which to a large degree has been halted by the Harbor Freeway. [语篇 140]

这样，随着语篇的展开，隐喻性体现的言辞可以作为一个话语照应物得到追踪：

However, worldwide manufacture and use of these compounds have increased dramatically in recent years, leading to **a** renewed upswing in global CFC production at a rate of several percent a year. **This** renewed increase in CFC emissions was one of the main reasons that interest was rekindled in abatement regulations. [气候变化]

The new colonial wealth crowded the wharves of bustling ports like Bristol and Bordeaux, || from which it was transshipped not only to other cities in England and France, but to those European metropolitan areas [[not directly involved in maritime commerce with the New World and the Far East]]. **This** localized transshipment was the means [[[by which the new goods were widely distributed throughout Europe || so that — by way of obvious example — the pungent odor of the coffeehouse filled the streets of Berlin and Brussels as well as those of London and Paris]]]. [语篇 122]

718 The models also predict a 10 percent increase in ozone amount below 30 km. **This** would lead to a warming of the lower atmosphere and surface and would constitute a significant fraction of total surface and tropospheric warming that is predicted for all of the combined greenhouse gases. [气候变化]

（**ii**）人际效应。因此，概念隐喻会导致概念域和语篇域之间的语法重新配置：言辞序列获得在一致式情况下与言辞相关的语篇资源，而言辞则获得在一致式情况下与参与者相关的语篇资源。同时，概念隐喻也重新调整了概念与人际之间的关系。当言辞序列通过小句得到隐喻性地体现时，它被赋予命题或提议的人际地位，使其具有可论辩性。

||| Too many unprogrammed deployments will inevitably disrupt operating budgets, || sap morale, || cause lost training opportunities, || and accelerate wear and tear on equipment. ||| [语篇 115]

||| A magnitude-6 quake can cause severe damage || if it is centered under a populated area. ||| [语篇 94]

||| This is consistent with the concept [[that the antarctic ozone hole phenomenon causes a dilution effect throughout much of the Southern Hemisphere]]. ||| [语篇 33]

如上例所示，"命题化的"言辞序列可以通过其他多种方式被情态化、质疑、辩论和人际协商。同理，当言辞通过词组或短语得到隐喻性体现时，它就被剥夺了命题或提议的人际地位，使其不具有可辩论性。因而，它表现为已经确立的东西，任何修改，包括人际评价，都是理所当然的（见 Hoey, 2000）。

A **standard** empirical hypothesis is that one component of the mind/brain is a parser, which assigns a percept to a signal (abstracting from other circumstances relevant to interpretation). [Chomsky, 1995, *The minimalist program*. Cambridge, Mass.: The MIT Press, p.18.]

Any **serious** approach to complex phenomena involves innumerable idealizations, and the one just sketched is no exception. [Chomsky, *The minimalist program*, p.19.]

But **interesting** (and **conflicting**) arguments have been presented. [Chomsky, *The minimalist program*, p. 22.]

Much of the **fruitful** inquiry into generative grammar in the past years has pursued the working hypothesis that UG is a simple and elegant theory, with fundamental principles that have an intuitive character and broad generality. [Chomsky, *The minimalist program*, p. 29.]

正如我们所见，概念类的语法隐喻主要是一种策略，使我们能够改变我们的世界经验：识解为一致式的经验模型以隐喻式的方式重新识解，产生一个远离我们日常经验的模型——但它却使得现代科学成为可能。同时，这种隐喻式的语法重组也会产生语篇和人际效应：概念隐喻可以成为强大的语篇资源，帮助生成语篇，在信息的概念和语篇“量子”间创建新的映射；它也可以成为强大的人际资源，帮助组织不断进行的意义协商，在概念和人际命题 / 提议之间创建新的映射。

719 **10.5.4 概念隐喻类型**

我们在介绍人际隐喻时，确定了一些常见类型。人际隐喻的一般趋势是“升级”其语法体现域。例如，情态的一致式体现方式是在小句中起作用的词组，而隐喻式体现方式是投射小句（如 *I think*... 等）或嵌入小句（如 *it is probable*... 等），后面都带有被赋予一定情态值的小句。通过这种方式，人际隐喻趋于通过增加显性变体，扩展人际系统——即，将主观或客观取向显性化的变体。

相比之下，概念隐喻的一般趋势是“降级”语义序列、言辞或成分的语法体现域——从小句组连到小句，从小句到词组 / 短语，甚至从词组 / 短语到单词：见图 10-14。这种降级不仅影响到体现域被降级的语言单位，也影响到它的构成单位。降级是通过“多米诺效应”在级阶等级中往下进行的。降级可以从（i）整个言辞序列，（ii）单个言辞，或者（iii）言辞中的单个成分开始。

（i）言辞序列。在一致式模式下，两个言辞构成的言辞序列是通过两个小句的组连体现的；但在隐喻式模式中，体现域由小句组连降级为小
720 句。同时，在隐喻式模式中，其中一个或两个言辞的体现域都由小句降级为词组 / 短语。这些连续性的降级步骤是有可能的，因为正如我们在前面第 10.2 节中所看到的，投射和扩展贯穿了整个语法系统：因而，投射言辞序列不仅可以通过小句组连中的投射来体现，也可以通过其在小句或词组 / 短语中的表现来体现。同样的原则也适用于扩展。降级的各种可能性包括表 10-12 中所列出的四种类型。

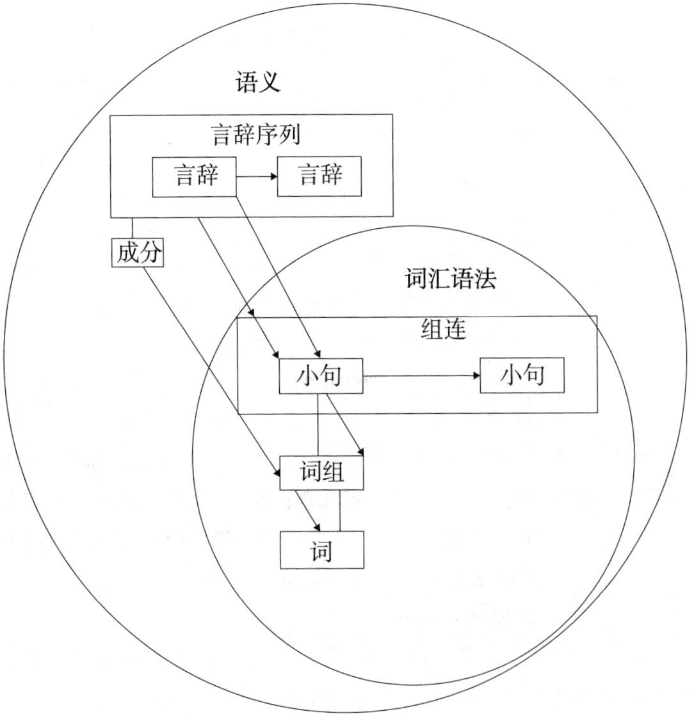

图 10-14　涉及"降级"的一致式和隐喻式体现模式

表 10-12　言辞序列的一致式和非一致式体现——一个或全部两个小句的降级

	（1）扩展	（2）投射
（0）一致式：小句+小句	*he resigned because they had departed*	*he explained that (why) they had departed he regretted that they had departed*
（1）非一致式：一个小句降级为其他小句中的成分	原因：介词短语 *he resigned because of their departure*	范围：名词词组 ……/言语内容 *he explained their departure* ……/现象 *he regretted their departure*

续表

	（1）扩展	（2）投射
（2）非一致式：两个小句都降级为“关系过程”小句中的成分	标记：名词词组 + 过程：“原因”动词 + 价值：名词词组 *their departure caused his resignation*	
	标记：名词词组 + 过程：“证实”动词 + 价值：名词词组 *their departure proved the correctness of his resignation*	
（3）非一致式：两个小句都降级为“关系过程”小句的成分	标记：名词词组 + 过程：“be” + 价值：名词词组［事物：原因名词 + 定性语：介词 + 名词短语］ *their departure was the cause of his resignation*	标记：名词词组：“事实”小句 + 过程：“be” + 价值：名词词组［事物：投射名词］ *[[that they departed]] was his regret*
（4）非一致式：两个小句都降级为名词词组的成分	(指示语 +) 事物：投射名词 + 定性语：带有名词化的介词短语 *his resignation [because of their departure]*	(指示语 +) 事物：投射名词 + 定性语：“事实”小句 / 带有名词化的介词短语 *his regret [[that they had departed]]* *his regret (at their departure)*

（1.1）对扩展来说，言辞序列中的一个言辞可能通过小句得到一致式体现，而另一个言辞则通过介词短语得到非一致式体现，该介词短语在小句中充当原因环境成分；此处，言辞序列中的连接成分（relator）通过短语体现为不完全过程（minor process）。连接成分和不完全过程按照扩展的次类进行匹配。例如，*so*（因此）体现为 *because of* 或别的因果关系介词。

721　||| Many of these lessons may have gone wrong **because of** nervousness due to inspection, ... ||| [语篇 97]

'many of these lessons may have gone wrong because teachers were nervous because the school was being inspected'

（1.2）对投射来说，投射言辞可以一致式地体现为“言语过程”或“心理过程”小句，而被投射的言辞则通过非一致式体现为范围——即言语内容或现象：

||| I think || I'll have to wait a few years, however, || before I explain to him the reality of their likeness within the order Hymenoptera. ||| [语篇 187]

||| He does not regret his decision to discontinue academic studies. ||| [KOHL_G]

（2）在扩展中，言辞序列的两个言辞都可通过非一致式体现为“环境型关系过程”小句中的标记和价值；此处，言辞序列的连接成分也可以通过非一致式体现为小句中的过程成分（见第5章，表5-20）。扩展中的连接成分与环境过程的性质相匹配（其内在原因，请见下文）：

||| Within the hills are several faults; || displacement along these faults **caused** failure of the Baldwin Hills Reservoir in 1963, || when 250 million gallons of water poured through the residential areas at the northern base of the hills || caused heavy damage, || and finally drained into Ballona Creek. ||| [语篇 140]

||| Severe wave erosion of the former Redondo Beach waterfront **led to** construction of the breakwater and creation of the King Harbor Marina (30). ||| [语篇 140]

||| Overcrowding, largely the result of long sentences for drug offenses, **has brought** a shift in emphasis from rehabilitation to punishment and incapacitation, || Amnesty said. ||| [语篇 21]

此外，“环境型关系过程”小句是“归属式”，而非“识别式”，扩展的言辞作为属性，而被扩展的言辞是携带者：

||| Hence evidence from numerous studies above clearly shows [[[that the Genetic explanations cannot be true, || that differences in IQ among races and groups is because of genetic differences]]]. ||| [语篇 123] ‘races and groups differ in IQ because they differ genetically’

内部原因关系——其含义为“x 因此我认为 / 说 y”，是通过证明类动词得到隐喻性体现的。这类词包括 *prove*（证明）、*show*（显示）、*demonstrate*（表明）、*argue*（认为）、*suggest*（表明）、*indicate*（表示）和 *imply*（暗示）等，所在小句是“内包型识别式关系过程”小句（见第五章，表 5–14）。

||| The wide range of potential contributions by the RC has proven to be a bright spot || as we strive to match available resources to a demanding mission load, || and **demonstrates** clearly the enduring value and relevance of the citizen-soldier. ||| [语篇 115]

||| Further experiments **proved** [[[that the dye lowered fertility in rats, || induced still-births || and even produced malformed and macerated foetuses]]]. ||| [KOHL_E]

||| Large amounts of feldspar in a sandstone **may imply** rapid deposition and burial [[before chemical weathering could decompose the feldspar]], || or it might imply a cold climate [[in which chemical weathering is very slow]]. ||| [语篇 68]

722 在这些小句中，关系过程小句中的一个参与者可以通过诸如 *this/that/it* 的照应项来体现，它们均为延伸式的语篇照应（见第九章，第 9.4.3 节）：

||| TOMS data from the Northern Hemisphere show a decrease in ozone from 1979 through 1985. ||| **This** is consistent with an increase in trace gases, primarily chlorofluorocarbons (CFCs), and a decline in solar output (solar maximum in 1979–1980, minimum in 1985–1986). ||| [语篇 33]

（3.1）在扩展中，言辞和言辞序列都可以通过非一致式体现为“内包型关系过程”小句中的标记和价值；但连接成分通过名词化成为名词短语中的“事物”，充当“价值”，而扩展言辞则成为嵌入句充当定性语。名词化的连接成分是扩展类名词，如 *time*（时间）、*place*（地点）、*cause*（原因）、*result*（结果）和 *reason*（原因）等（见第七章，第 7.4.5 节）：

||| Closer to the mark is the metaphysical argument [[offered by the French romantic author Chateaubriand]]: || the French Revolution was the **result** of the ‘slow conspiracy of the ages.’ ||| [语篇 122]

||| The **reason** for the general formlessness and intellectual vacuity <<< (often disguised in big words, || but that is again in the self-interest of intellectuals) >>> is [[[that we do not understand very much about complex systems, such as human societies; || and have only intuitions of limited validity as to [[[the ways they should be reshaped || and constructed]]]]]]. ||| [语篇 122]

（3.2）在投射中，被投射的言辞可以隐喻性地体现为嵌入“事实”小句（见第七章，第 7.5.7 节），在“内包型识别式”关系过程小句中充当标记，而投射言辞则通过非一致式体现为名词短语，充当价值：

||| My original intention **was** [[to write a saga [[covering three generations of the Okonkwo family in one book]]]]. [语篇 16]

（4.1）在扩展中，扩展言辞通过非一致式体现为名词词组，过程作中心词 / 事物，而被扩展的言辞则通过非一致式体现为该名词词组中的介词短语，作定性语：

||| Some ten to twelve children have obvious hypotrophy (emaciation and loss of muscle tone), || and several have cachexia (the final stages of **exhaustion and corporeal depletion** due to malnourishment and starvation, || as may be observed,

for example, in the final stages of cancer). |||

（4.2）在投射中，言辞序列中的投射言辞可以通过非一致式体现为投射名词（见第七章，第 7.5.7 节），充当名词词组中的中心语/bv，而被投射的言辞则成为被降级的小句，充当定性语：

||| It was helpful || but revealed no significant wastage || and supported **my contention** [[that 150,000 litres a year is a most unrealistic level on which to base future water taxes]]]]. ||| [ACE_B]

||| Little research developed along these lines over the next 20 to 30 years || because there were neither data nor instruments nor testable theories [[that would let anyone go beyond the **assertion** [[that the integrated, interdisciplinary perspective might be a useful approach]]]]. ||| [语篇 32]

||| Appearing on CNN's 'Late Edition,' || Secretary of State Madeleine Albright challenged **assertions** [[that Clinton's last-ditch peace efforts were an attempt [[to ensure his legacy]]]] . ||| [语篇 108]

723 ||| Despite the **claim** [[that inspection is about 'improving schools']], Ofsted instructs inspectors || to 'make judgements, || and not give advice' . ||| [语篇 97]

在上述例句中，两个言辞构成的言辞序列都被隐喻性地体现为一个简单小句。这里也存在多米诺效应：随着言辞序列的体现域降级，其组成部分的体现域也会降级。其中至少一个言辞会隐喻性地体现为词组/短语，而言辞中的成分又继而隐喻性地要么体现为降级的词组或短语，要么体现为单词。因此，在图 10-12 所分析的例子中，*Displacement along these fault lines caused failure of the Baldwin Hills Reservoir in 1963*（沿着这些断层线的位移导致了 1963 年鲍德温山水库的溃决），因果言辞序列"x 沿着这些断层线使 y 位移，因此鲍德温山水库在 1963 年出现了溃决"中的两个言辞都是通过名词词组体现的。在作为标记的名词词组中，（1）过程被重新识解为充当事物的名词 *displacement*（位移），（2）地点环境成分被重新识解为充当定性语的降级的介词短语 *along these fault lines*（沿着这些断层线）。与这类隐喻性名词词组一样，过程中的参与者都是隐性的：没有明确说明什么使什么"位移"。在作为价值的名词词组中，（1）言辞的过程也被重新识解为充当事物的名词 *failure*，（2）过程中的参与者——中介，被重新识解为充当定性语的降级的介词短语 *of the Baldwin Hills Reservoir*（即，结构标记词 *of* + 名词词组），（3）时间环境成分被重新识解为充当定性语的降级的介词短语 *in 1963*。实际上，后两个成分都可能进一步降级，体现形式为单词，在名词词组中充当类别语——*the 1963 failure*（1963 年的溃决）、*the Baldwin Hills Reservoir failure*（鲍德温山水库的溃决）。比较：

||| The science of 'political economy,' or early economics, was a <u>seventeenth-century</u> **creation**, and an indication of the close relationship [[now accepted between power and wealth]]. ||| [语篇 122]

||| If, as was now asserted, || society was a <u>human</u>, not a <u>divine</u> **creation**, || it could be reordered || so that mankind could more easily engage in 'the pursuit of happiness.' [语篇 122]

||| Severe <u>wave</u> **erosion** of the former Redondo Beach waterfront led to construction of the breakwater and creation of the King Harbor Marina (30). ||| [语篇 140]

这里，它们失去了本身作为成分的地位，变成 *failure*（溃决）这一成分的次要成分。例如，它们不再可以当作语篇照应物——即语篇中在照应上可以介绍，可以追踪的实体（见第九章，第 9.4 节）。因而，我们可以说 *the failure of the Baldwin Hills Reservoir in 1963*（1963 年鲍德温山水库的溃决）... *its failure in 1973*（它在 1973 年的溃决），使用 *its* 回指这个水库，但是如果 *Baldwin Hills Reservoir* 充当的是类别语（即 *the Baldwin Hills Reservoir failure*，而不是作定性语的带有指示语的嵌入式名词词组），这

一点就无法做到了。

（ii）言辞。如前所述，言辞序列体现域的降级会引发一个隐喻链反应，该反应在级阶上从上到下移动，直至到达降级的词组 / 短语或单词。但是，该隐喻链并不需要从言辞序列开始，它们可以从言辞开始。

（1）言辞的非一致式体现可以保留小句作为体现域，但是降级——

（1.1）作为隐喻式名词词组的言辞中的所有成分（见下面的（iii）
724 成分），创建一个新的过程。这个过程表示“发生”，它使物化的过程带有“事件”的意味；隐喻性名词词组充当中介 / 主语，因而也是非标记性主位：

||| A considerable redevelopment and intensification of land use **is occurring**, particularly construction of apartments, hotels, and motels. ||| [语篇 140]

这相当于一个“存在过程”小句，名词化的言辞作为中介 / 存在者，*there* 作主语。但是，这些小句在语篇上发挥不同作用：它们作为一种策略，引入言辞使其成为新信息的焦点：

||| In spite of a considerable time span, the fact [[that these diverse prehistoric people should have retained a basic similarity in the structure and proportions of their skulls]] strongly supports the idea [[that there was a relatively rapid diffusion of the Modern human stock out of Africa]]. ||| [J. Kingdon, 1993, *Self-made man*, New York: John Wiley, p. 99.]

（1.2）作为隐喻式名词词组的言辞中的部分成分。这里有两种情况：（a）过程中的“相”部分当作过程本身被重新识解，该部分的体现方式是详述式主从动词词组复合体（第八章，第 8.5.1 节），带有非一致式的名词词组作为中介。例如：

||| It remains our position [[[that the Duma must ratify START II || before formal

negotiations **can begin** on START III]]]. ||| [语篇 115]

或者，（b）该过程被重新识解为参与者——范围，并与带有“做”意味的新过程组合在一起：

||| Look, Danko, **have** a shower — ||| [语篇 76]

||| But he says || he always carries along with him Andean music cassette tapes, || and he readily **belts out** an Andean song on request. ||| [语篇 229]

||| He **made** mathematical calculations. ||| [语篇 65]

最后这类隐喻只影响小句的过程，在一致式过程和非一致式过程 + 范围之间形成对比。“过程 + 范围”的模式可以将语义过程展现为非标记性新信息（焦点），同时也可以将该过程当作实体进行归类，如 *Andean song and mathematical calculation*（安第斯之歌与数学计算）。与一般的概念隐喻不同，这种模式在日常英语中很常见。事实上，在大多数情况下，它已成为一种规范，因而存在一种强烈趋势，即所有过程类型中的“中动”小句（不仅是关系过程小句）都可配置为过程 + 范围（见第五章，第 5.7.3.2 节；Halliday, 1967/8/2005: 29−30）。

（2）言辞的非一致式体现会降级体现域，从小句到词组 / 短语。从语法上看，这只有在级转移环境下才会发生，这时一致式小句或隐喻式词组 / 短语充当名词词组的中心语或后置修饰语。

Taken together, the deterioration of relations with Laos and Cambodia worried the Thai military regime. [Wyatt, 284] ~ the fact [[that relations ... deteriorated]] worried the Thai military regime

Her eyesight was none too good, || but when moths and flies blundered into her trap, || 725
she could feel the vibration of one of the web's guying threads || and she would rush out onto it. [语篇 187] ~ she could feel [[one of the guying threads vibrating]]

如上面例子所示，言辞中的过程成分通常隐喻性地体现为名词词组中的事物。然而，当言辞表示品质性的属性时，即“品质”充当“属性”，识解为事物的是属性。例如：

The importance of impression management is most visible with these individuals, ... [语篇 188] ~ the fact [[that impression management is important]] is most visible ...

除了上面讨论的一般情况外，还有一些特殊情况，涉及特指成分。例如，体现方式为一致式小句中情态附加语的评论，可以表示“品质”，在名词词组中修饰其中的名词化的过程，要么在那个非一致式名词词组中充当“特征语”，要么在“内包型归属式”关系过程小句中充当“属性”，而非一致式的名词词组充当载体：

||| Though the four boys and two girls, the youngest nineteen years of age, the oldest twenty-four, came from varying backgrounds || and had different professional and personal interests, || there was **surprising** agreement among them. ||| [Brown1_G] ‘surprisingly they agreed with one another’

||| The growing loss of pilots is **troubling**, not only because of its direct impact on combat effectiveness, but also because of the heavy investment [[we make in training them]] , the costs of replacing them, and the many years [[required to produce competent combat pilots]] . ||| [语篇 115] ‘Troublingly, pilots are increasingly being lost ...’

（**iii**）**成分**。当整个言辞的体现方式是通过隐喻从小句降级为名词词组时，其成分当然也会降级：过程被名词化并充当事物（除了定性归属式关系过程小句，如上文所述，此处重新被识解为事物的“属性”）；言辞中的其他成分要么被体现为充当定性语或指示语的降级词组 / 短语（而不是在小句中起作用的级阶词组 / 短语），要么进一步被体现为充当类别语、特征语或后指示语的单词。例如，在 *my original intention was to write* *a saga covering three generations of the Okonkwo family in one book*（我的初衷是在一本书中写一部关于奥孔科家族三代人的传奇故事）中，词组 *my original intention*（我的初衷）的结构是指示语 ^ 后指示语 ^ 事物，对应于一致式小句主语 ^ 附加语 ^ 谓词：见图 10–15。更多例子如下：

severe wave erosion of the former Redondo Beach waterfront——特征语 / 方式 ^ 类别语 / 施事者 ^ 事物 / 过程 ^ 定性语 / 中介

the growing loss of pilots——特征语 / 方式（“越来越多”）^ 事物 / 过程 ^ 定性语 / 中介

nervousness due to inspection——事物 / 属性 ^ 定性语 / 原因 [源于增强言辞]

a first important observation——后指示语 / 连词附加语 ^ 特征语 / 评论附加语 ^ 事物 / 过程

这些都是以隐喻方式体现的成分的例子，它们在以隐喻方式体现的言辞中起作用。但是，内部隐喻式的成分也可能出现在一致式的言辞中。

726

“I”	“originally”	“intended”
主语	附加语	定式成分 / 谓语
感知者		过程
名词词组	副词词组	动词词组
my	original	intention
指示语	后指示语	事物
限定词	形容词	名词

图 10–15　由言辞降级的隐喻式名词短语

上面概述的概念隐喻的类型旨在确定一般趋势；但它忽略了一些细节和不同的类型（如上文结合语篇考虑时，讨论过的隐喻式感知“心理”过程小句）。在 Halliday & Matthiessen（1999：第 6 章）中，我们更加详细地讨论了概念隐喻类型，确定了构成我们在这里确定的趋势的各种特征。有关概念隐喻的其他研究，请参见 Vandenbergen 等（2003）；关于不同传统中的隐喻研究，见 Taverniers（2002）；关于概念隐喻在教育中的作用，见 Halliday & Martin（1993）、Derewianka（1995）、Martin & Veel（1998）、Painter 等（2007）和 Christie & Derewianka（2008）。我们将通过一系列步骤，通过实例展现隐喻式如何与一致式关联，结束对类型的讨论：见图 10-16。

10.5.5 口笔语

在语篇的语法中，最能决定隐喻程度的因素是该语篇是口语还是笔语；言语和写作在隐喻的使用模式上有很大的不同。这是因为它们有不同的方式来构建复杂的意义。

我们可以这么认为：隐喻虽然没有内在的价值负载，但却具有内在的复杂性，隐喻性最小的措辞往往是最简单的措辞。人们常说的“简单明了的英语”似乎就是我们通常称之为一致式的东西。但是，“简单明了”这个概念本身就一点也不简单明了。例如，任何接近技术性语言的东西，如果我们试图通过去除隐喻“简化”它，就会变得明显地更加复杂。为了验证这一点，读者可以试着构建下面小句的对应一致式表达：*braking distance increases more rapidly at high speeds*（高速下制动距离增加得更快）。

我们可以将这解释为语言有不同类型的复杂性（见 Halliday, 1985a, 1987a）。通常情况下，书面语言由于词汇密度大而变得复杂：它在每个小句中堆积了大量词项；而口语由于语法上的复杂性而变得复杂：它通过并列和主从建立复杂的小句复合体。

我们看看下面的句子，选自《铁路地平线手册》，第 74—75 页：

> In bridging river valleys, the early engineers built many notable masonry viaducts of numerous arches.

727 图 10-7 列出了小句复合体和及物性分析。

advances	in technology	are speeding up	the	writing	of business programs
动作者		过程：物质	目标		
名词词组		动词词组	名词词组		
事物	定性语：地点（抽象）		指示语	事物	定性语 / 中介

advances in technology	are enabling	people	to write	business programs	faster
启动者	过程：α 使役	动作者	β 物质	目标	方式：品质

because	technology	is advancing	people	are (becoming) able to write	business programs	faster
×β				α		
	动作者	过程：物质	动作者	过程：物质 / 意态化	目标	方式：品质

because	technology	is getting	better	people	are able to write	business programs	faster
×β				α			
	载体	过程：归属	属性	动作者	过程：物质 / 意态化	目标	方式：品质

图 10–16　及物性隐喻的逐步分析

要测量词汇密度，只需将词项的数量除以级阶从句的数量即可。这个例子有 11 个词项（*bridging*，*river*，*valleys*，*early*，*engineers*，*built*，*notable*，*masonry*，*viaduct*，*numerous*，*arches*）和两个小句，因此词汇密度为 5.5。注意，小句复合体的整体语法结构和每个构成小句的语法结构都很简单。

现在我们用一种更典型的口语形式来改写它。如果我们保留相同的词项，但以更自然的口语形式重写，我们可能会得出如下结果：

728

in	bridging	river valleys	the early engineers	built	many notable masonry viaducts of numerous arches
		×β			α
	过程：物质	目标	动作者	过程：物质	目标

图 10–17　高词汇密度示例

In the early days when engineers had to make a bridge across a valley and the valley had a river flowing through it, they often built viaducts, which were constructed of masonry and had numerous arches in them; and many of these viaducts became notable.

此处的小句结构是：

1× β1 ^ 1 × β+2 ^ lαα ^ 1α =β1 ^ 1α=β+2 ^ +2

现在有六个语法上相连的小句，而不仅仅是两个。词项的总数已经增加到 17 个，主要是因为有一些重复；但由于有 6 个级阶小句，词汇密度略低于 3。

换言之，笔语在词汇密度方面更为复杂，而口语在语法复杂性方面更为复杂（见 Matthiessen, 2002a）。因此，笔语中的词项拥有更少的小句来容纳它们；但很明显，它们仍然是整个语法结构中的一部分——通常情况下，它们被合并到名词词组中。名词词组是语法用于堆积高密度词项的主要资源，如图 10–18 所示。此处，口语中通过小句表达的关系（*the viaducts were constructed of masonry and had numerous arches in them* 高架桥是用砖石建造的，里面有许多拱门），通过名词词组表达出来（*masonry viaducts of numerous arches* 多拱砌体高架桥）。小句复合体被替换为名词词组。

在口语中，概念性内容松散地排列在一起，但在小句模式上，这一点可能会因为涉及动作而变得非常复杂：这种复杂性是动态的——我们可以通过“编排”术语来理解。在笔语中，小句模式通常很简单，但是概念性内容密集地堆积在名词性结构中：此处的复杂性更为静态——或许可看作“结晶状”。应该明确的是，这些是总的趋势；当然并不是每个特定实例都与之符合。但它们确实揭示了两者之间关系的本质特征。这是一种笔语 729
的复杂性，涉及到语法隐喻的使用。

many	notable	masonry	viaducts	of	numerous	arches
数词	特征语	类别语	事物	定性语		
				“谓语”	“补语”	
					数词	事物

图 10–18　高词汇密度的名词词组

10.5.6 概念隐喻和名词化

上一节讨论的例子涉及具体的物质过程，即建造高架桥；它选自一本供孩子们阅读的书。其中有一定程度的语法隐喻，例如 *early engineers*（早期的工程师）和 *notable viaducts*（著名的高架桥），但不是很多。下面是一个成人写作的例子，以供比较：

The argument to the contrary is basically an appeal to the lack of synonymy in mental language.

这是一个识别式的关系过程小句，其结构为：被识别者 / 价值 ^ 识别者 / 标记，词汇密度为 8（包含一个小句,8 个词项）。我们可以将其重写为：

In order to argue that [this] is not so [he] simply points out that there are no synonyms in mental language.

这包含 4 个小句，其结构为：$\times\beta\alpha\beta'\beta\alpha\alpha\alpha'\beta$，共有 6 个词项，词汇密度为 1.5。

原句中有两个名词词组：*the argument to the contrary*（相反的论点）和 *an appeal to the lack of synonymy in mental language*（对心理语言中缺乏近义词的呼吁）。两者都涉及语法隐喻。否定存在过程小句 *there are no synonyms* 名词化为 *the lack of snynonymy*；投射小句复合体 *[he] points out that there are no synonyms* 通过 *[he] appeals to the lack of...* 名词化为 *an appeal to the lack of synonymy*；小句 *[this] is not so* 名词化为 *the contrary*，而投射小句复合体 *to argue that...not* 通过 *to argue to the contrary* 名词化为 *the argument to the contrary*。总会有一些其他方法可以"解开"这些隐喻；但无论构建了什么更加一致式的措辞，当它被改写回原始的隐喻形式时，都会涉及将小句模式转换为名词模式。

名词化是创造语法隐喻的唯一最有力的资源。通过这种手段，过程（一致式为动词）和属性（一致式为形容词）被隐喻性地改写为名词；它们不再作为过程或属性在小句中起作用，而是作为名词词组中的事物。例如：

is impaired by alcohol	alcohol impairment
they allocate an extra packer	the allocation of an extra packer
some shorter, some longer	of varying length
they were able to reach the computer	their access to the computer
technology is getting better	advances in technology

那么，原来的"事物"会发生什么变化？它们被隐喻所取代，因此被简化为修饰成分：*alcohol* 成为 *impairment* 的类别语；*the computer*，*one extra packer* 和 *technology* 都进入介词短语充当类别语，分别修饰 *access*，*allocation* 和 *advances*。

730 这种名物化隐喻最早可能是在科学和技术语域中发展起来的（比较 Halliday, 1967b, 1988），并在其中起到了双重作用：一方面它构建了技术术语的等级结构，另一方面它又逐步发展观点，通过使用以名词形式“包装”的复杂段落充当主位。它已经逐渐渗透到大多数其他类型的成人话语中，然而大多数情况下它已经失去了最初存在的理由，仅仅成为威望和权力的标志。注意，当小句模式被名词模式取代时，也丢失了一些信息。例如，类别语 + 事物的结构 *alcohol impairment* 没有表明两者之间的语义关系，且与 *alcohol impairs*（*alcohol* 作动作者）、*alcohol is impaired*（*alcohol* 作目标）以及其他的及物性配置结构同源。作者可能知道其确切含义，但读者们并不知道，因此这种高度隐喻性的话语很容易就能将专家与外行区分开来。

对概念隐喻的分析应该走多远？这个问题不可能有普遍有效的答案，这取决于一个人想要达到什么目的。在诸如 *The second day of the convention saw the advantage pushed further.*（大会的第二天，优势进一步扩大。）这样的例子中，作为感知者的 *day* 和心理过程 *saw* 之间存在一个明显的张力（tension），这需要进一步解释（见图 10-13）。但是，在大多数的当代话语中，只有当我们开始分析时，我们才会意识到所涉及的语法隐喻。有一点需要指出，每一段隐喻性的措辞实际上有一个额外的意义维度：同时具有隐喻式和一致式的含义。因此，回到 *alcohol impairment*：这里的 *impairment* 是一个名词，充当事物，因而其呈现的状态是，它能在其他过程中也充当参与者，如：

> Because alcohol impairment effects are well established and documented, alcohol impairment can be used as a benchmark for other forms of driving impairment, such as fatigue, or in comparison to the effects of other drugs.

因而，它并没有失去其本身作为过程的语义特征，这是因为它的一致式体现方式是动词。但是，成为名词后它获得了额外的语义特征。比较下面例句中的 *failure*：

Engines of the 36 class only appeared on this train in times of reduced loading, or engine failure.

上面例句的一致式表达是 *whenever an engine failed*（当引擎出现故障时）。因此，无论人们如何解读概念隐喻，分析每一个实例非常重要。我们当今世界的一个显著特征是，它主要是由隐喻构建的实体组成，如 *access*（入径）、*advances*（进步）、*allocation*（分配）、*impairment*（损害）和 *appeal*（呼吁）等。

语法隐喻的概念使我们能够将一些乍看起来彼此相差很大的话语特征结合在一起。但是，当我们认识到词汇语法中的不同意义，尤其是概念意义和人际意义之间的基本区别时，我们会看到，看起来像两组不同现象的东西，实际上是在这两种不同语境中出现的同一现象。在所有我们视为语
731 法隐喻的实例中，其小句结构的配置在某些方面，无论是概念功能，还是人际功能，还是两者一起⑥，在某种程度上都与通过最短路径体现的功能不同——换言之，它并不是，或原本不是，所选意义的最直接的编码。我们不能将这一特征解释为消极或不正常的东西，部分原因在于我们是为了避免让人觉得我们使用了“隐喻性”而非“非一致性”这个术语。但是，这是一个我们在对语篇进行充分解释时必须考虑的问题。

探讨语篇中的任何语法隐喻时，我们要走多远，这将取决于我们要达到什么样的目标。一般来说，分析语篇的目的是为了解释它所产生的影响：为何它会有如此意味，以及为何它会给人如此印象等。但在这个总体目标中，我们可能会对探索这个或那个具体实例有着不同的兴趣。有时，我们只需要注意到表达是隐喻性的；而在其他时候，我们可能需要追踪

⑥　虽然一些学者探讨了语篇元功能中语法隐喻的可能性，但是我们没有看到任何证据表明语篇元功能产生隐喻。这当然是隐喻实现模式中的一个因素——尤其是在概念隐喻中，正如我们上面所述；但是隐喻的起源在于需要重新识解经验（概念）和重新设定角色和关系（人际关系）。语篇元功能的作用具有不同的性质（见 Matthiessen, 1992）。

一系列的中间步骤，这些步骤将小句与假定的“最一致式”的形式联系起来。这些不应被视为该小句的“历史”；正如我们所看到的，在某些领域，隐喻形式已经成为语言中典型的、编码的表达形式，即使在没有隐喻的地方，我们也无法跟踪说话者或作者在话语中到达特定表达模式的过程。隐喻解释的作用在于，它表明语篇中的实例对整个语言系统具有参考价值。因此，它是我们将语篇与系统联系起来的整个解释链中的一个重要环节。语篇之所以有意义，是因为它是构成语言系统的潜势的体现；正因为此，话语研究（篇章语言学）与它背后的语法研究不可分割。

参考文献

Aarts, B. & McMahon, A. (eds) 2006. *The handbook of English linguistics*. Oxford: Blackwell.

Abercrombie, D. 1967. *Elements of general phonetics*. Chicago: Aldine Publishing Company & Edinburgh: Edinburgh University Press.

Aijmer, K. & Simon-Vandenbergen, A.-M. 2009. Pragmatic markers. In: Östman, J-O. & Verschueren, J. (eds) *Handbook of pragmatics*. 2009 Installment. Amsterdam & Philadelphia: John Benjamins. 223–247.

Allerton, D.J. 2002. *Stretched verb constructions in English*. London & New York: Routledge.

Andersen, T., Petersen, U.H. & Smedegaard, F. 2001. *Sproget some resource: dansk systemisk functionel lingvistik i teori og praksis*. Odense: Odense Universitetsforlag.

Bateman, J.A. 1988. Aspects of clause politeness in Japanese: an inquiry semantic treatment. *The 26th Annual Meeting of the Association for Computational Linguistics*. 147–154.

Bateman, J.A. 1989. Dynamic systemic-functional grammar: a new frontier. *Word* **40** 1–2: 263–287.

Bateman, J.A. 2008. *Multimodality and genre: a foundation for the systematic analysis of multimodal documents*. London & New York: Palgrave Macmillan.

Bateman, J.A., Matthiessen, C.M.I.M. & Zeng, L. 1999. Multilingual language generation for multilingual software: a functional linguistic approach. *Applied artificial intelligence: an international journal* **13** 6: 607–639.

Bateman, J., Matthiessen, C., Nanri, K. & Zeng, L. 1991. The rapid prototyping of natural language generation components: an application of functional typology. *Proceedings of the 12th International Conference on Artificial Intelligence*, Sydney, 24–30 August 1991. San Mateo, CA: Morgan Kaufman. 966–971.

Beavers, J., Levin, B. & Thao, S.W. 2010. The typology of motion expressions revisited. *Journal of linguistics* **46**: 331–377.

Beckner, C., Blythe, R., Christiansen, M.H., Croft, W., Ellis, N.C., Holland, J., Ke, J., Larsen-Freeman, D. & Shoenemann, T. 2009. Language is a complex adaptive system: position paper. *Language learning* **59**: Supplement 1, *Language as a complex adaptive system*, edited by Ellis, N.C. & Larsen-Freeman, D. 1–26.

Beekman, J., Callow, J. & Kopesec, M. 1981. *The semantic structure of written communication*. Dallas, TX: Summer Institute of Linguistics.

Benson, J.D. & Greaves, W.S. 1992. Collocation and field of discourse. In: Mann, W.C. & Thompson, S.A. (eds) *Discourse description: diverse analyses of a fund-raising text*. Amsterdam: Benjamins. 397–410.

Benson, J.D., Cummings, M.J. & Greaves, W.S. (ed.) 1988. *Linguistics in a systemic perspective*. Amsterdam: Benjamins.

Berry, M. 1981. Systemic linguistics and discourse analysis: a multi-layered approach to exchange structure. In: Coulthard, M. & Montgomery, J. (eds) *Studies in discourse analysis*. London: Routledge & Kegan Paul.

Biber, D., Johansson, S., Leech, G., Conrad, S. & Finnegan, E. 1999. *The Longman grammar of spoken and written English*. London: Longman.

Blöhdorn, L.M. 2009. *Postmodifying attributive adjectives in English: an integrated corpusbased approach*. Frankfurt am Main: Peter Lang.

Bloomfield, L. 1933. *Language*. London: Allen & Unwin.

Bloor, T. & Bloor, M. 1995. *The functional analysis of English: a Hallidayan approach*. London: Edward Arnold.

Bloor, T. & Bloor, M. 2004. *Functional analysis of English*. Second edition. London: Hodder & Stoughton Educational.

Bod, R., Hay, J. & Jannedy, S. (eds) 2003. *Probabilistic linguistics*. Cambridge, Mass: MIT Press.

Bolinger, D. 1967. Adjectives in English: attribution and predication. *Lingua* **18**: 1–34.

Brinton, L. 2009. Pathways in the development of pragmatic markers in English. In: van Kemenade, A. & Los, B. (eds) *The handbook of the history of English*. Oxford: Wiley-Blackwell. 307–334.

Brown, P. & Levinson, S. 1987. *Politeness: some universals in language usage*. Cambridge: Cambridge University Press.

Brown, R. & Gilman, A. 1960. The pronouns of power and solidarity. In: Sebeok, T.A. (ed.) *Style in language*. Cambridge, Mass.: MIT Press. 253–276. Also in: Giglioli, P.P. (1972) (ed.) *Language and social context: selected readings*. 252–282.

Butler, C.S. 1988. Politeness and the semantics of modalised directives in English. In:

Benson, J.D., Cummings, M.J. & Greaves, W.S. (eds) *Linguistics in a systemic perspective*. Amsterdam: Benjamins. 119–154.

Butt, D.G. & Matthiessen, C.M.I.M. forthc. *The meaning potential of language: mapping meaning systemically*. Book in MS.

Butt, D.G. & Wegener, R.K.A. 2007. The work of concepts: context and metafunction in the systemic functional model. In: Hasan, Matthiessen & Webster (eds) (2007). 589–618.

Butt, D., Fahey, R., Feez, S., Spinks, S. & Yallop, C. 2000. *Using functional grammar:an explorer's guide.* Second edition. Sydney: Macquarie University, NCELTR (National Centre for English Language Teaching and Research).

Butt, M. 2003. The light verb jungle. In: *Harvard working papers in linguistics*, Ay-gen, G., Bowern, C. and Quinn, C. (eds) 1–49. *Volume 9*, Papers from the GSAS/Dudley House Workshop on Light Verbs.

Byrnes, H. (ed.) 2006. *Advanced instructed language learning: the complementary contribution of Halliday and Vygotsky*. London & New York: Continuum.

Caffarel, A. 2000. Interpreting French theme as a bi-layered structure: discourse implications. In: Ventola, E. (ed.) *Discourse and community: doing functional linguistics.* Tübingen: Gunter Narr Verlag. 247–272.

Caffarel, A. 2004. Metafunctional profile of the grammar of French. In: Caffarel, Martin & Matthiessen (eds). 77–137.

Caffarel, A. 2006. *A systemic functional grammar of French: from grammar to discourse.* London & New York: Continuum.

Caffarel, A., Martin, J.R. & Matthiessen, C.M.I.M. (eds) 2004. *Language typology: a functional perspective.* Amsterdam: Benjamins.

Capra, F. 1996. *The web of life: a new synthesis of mind and matter.* London: Harper Collins.

Catford, J.C. 1977. *Fundamental problems in phonetics.* Indiana: Indiana University Press.

Catford, J.C. 1985. 'Rest' and 'open transition' in a systemic phonology of English. In: Benson, J.D. & Greaves, W.S. (eds) *Systemic perspectives on discourse.* Norwood NJ: Ablex.

Cheng, W. 2011. *Exploring corpus linguistics: language in action.* London: Routledge.

Cheng, W., Greaves, C., Sinclair, J. McH & Warren, M. 2009. Uncovering the extent of the phraseological tendency: towards a systematic analysis of concgrams. *Applied linguistics* **30** 2: 236–252.

Christie, F. & Derewianka, B. 2008. *School discourse: learning to write across the years of schooling.* London & New York: Continuum.

Christie, F. & Martin, J.R. (eds) 1997. *Genre and institutions: social processes in the workplace and school*. London & New York: Continuum.

Cloran, C. 1994. *Rhetorical units and decontextualisation: an enquiry into some relations of context, meaning and grammar.* University of Nottingham: Monographs in Systemic Linguistics Number 6.

Cloran, C., Stuart-Smith, V. & Young, L. 2007. Models of discourse. In: Hasan, Matthiessen & Webster (eds) 2007. 645–668.

Coffin, C. 2006. *Historical discourse.* London & New York: Continuum.

Coffin, C., Donohue, J. & North, S. 2009. *Exploring English grammar: from formal to functional.* London: Routledge.

Cohen, R. 1984. A computational theory of the function of clue words in argument understanding. *Proceedings of COLING* 84. 251–258.

Collins, P.J. 1991. *Cleft and pseudo-cleft constructions in English.* London and New York: Routledge.

Coulthard, M. 1993. On beginning the study of forensic texts: corpus, concordance, collocation. In: Hoey, M. (ed.) *Data, description, discourse: papers on the English language in honour of John McH Sinclair on his sixtieth birthday.* London: HarperCollins. 86–97.

Covington, M.A. 1984. *Syntactic theory in the High Middle Ages: modistic models of sentence structure.* Cambridge: Cambridge University Press.

Davidse, K. 1991. *Categories of experiential grammar.* Catholic University of Leuven: Ph.D. thesis. Published in the Nottingham University series Monographs in Systemic Linguistics, 1999.

Davidse, K. 1992. A semiotic approach to relational clauses. *Occasional papers in systemic linguistics* 6.

Davidse, K. 1992. Existential constructions: a systemic perspective. *Leuven contributions in linguistics and philology* 81: 71–99.

Davidse, K. 1996. Turning grammar on itself: identifying clauses in linguistic discourse. In: Butler, C., Berry, M., Fawcett, R. & Huang, G. (eds) *Meaning and form: systemic functional interpretations.* Norwood, NJ: Ablex. 367–393.

Davies, H. 1980. *George Stevenson: the remarkable life of the founder of the railways.* Feltham, Middx: Hamlyn Paperbacks.

Davies, M. 1986. Literacy and intonation. In: Couture, B. (ed.) *Functional approaches to writing: research perspectives.* Norwood, NJ: Ablex. 199–230.

Depraetere, I. & Reed, R. 2006. Mood and modality in English. In: Aarts & McMahon (eds) 269–290.

Derewianka, B. 1995. *Language development in the transition from childhood to adolescence: the role of grammatical metaphor.* Macquarie University: Ph.D. thesis.

Dik, S. 1978. *Functional grammar.* Amsterdam: North-Holland.

Dixon, R.M.W. 2010. *Basic linguistic theory. Volume 1: methodology.* Oxford: Oxford University Press.

Downing, A. 1990. The discourse function of presentative *there* in existential structures in Middle English and Present-Day English: a systemic functional perspective. *Occasional papers in systemic linguistics* 4.

Downing, A. 1996. The semantics of get-passives. In: Hasan, Cloran & Butt (eds). 179–207.

Eggins, S. 1990. *Conversational structure: a systemic-functional analysis of interpersonal and logical meaning in multiparty sustained talk.* Department of Linguistics, University of Sydney: Ph.D. thesis.

Eggins, S. 2004. *An introduction to systemic functional linguistics.* Second edition. London & New York: Continuum.

Eggins, S. & Slade, D. 1997. *Analysing casual conversation.* London: Cassell.

Eggins, S. & Slade, D. 2005. *Analysing casual conversation.* Second edition. London: Equinox.

Eggins, S., Wignell, P. & Martin, J.R. 1993. The discourse of history: distancing the recoverable past. In: Ghadessy (ed.). 75–109.

Ellegård, A. 1953. *The Auxiliary 'do': the establishment and regulation of its use in English.* Stockholm: Almqvist and Wiksell.

Ellis, J.M. 1993. *Language, thought, and logic.* Evanston, Ill.: Northwestern University Press.

Elmenoufy, A. 1988. Intonation and meaning in spontaneous discourse. In: Benson, Cummings & Greaves (eds). 1–27.

Ervin-Tripp, S. 1972. On sociolinguistic rules: alternation and co-occurrence. In: Gumperz, J. & Hymes, D. (eds) (1972). *Directions in sociolinguistics: the ethnography of communication.* New York: Holt, Rinehart and Winston. 213–250.

Fawcett, R.P. 1987. The semantics of clause and verb for relational processes in English. In: Halliday, M.A.K. & Fawcett, R.P. (eds) *New developments in systemic linguistics: theory and description.* London: Pinter. 130–183.

Fawcett, R.P. 1988. What makes a 'good' system network good? Benson, J.D. & Greaves, W.S. (eds) *Systemic functional approaches to discourse.* Norwood, NJ: Ablex. 1–28.

Fawcett, R.P. 1999. On the subject of Subject in English: two positions on its meaning (and how to test for it). *Functions of language* **6** 2: 243–275.

Fawcett, R.P. 2000. *A theory of syntax for systemic functional linguistics.* Amsterdam: Benjamins.

Fillmore, C.J. 1968. The case for case. In: Bach, E. & Harms, R.T. (eds) 1968. *Universals in linguistic theory.* New York: Holt, Rinehart and Winston. 1–88.

Fillmore, C.J. 2002. Mini-grammars of some time—when expressions in English. In: Bybee, J. & Noonan, M. (eds) *Complex sentences in grammar and discourse: essays in honor of Sandra A. Thompson.* Amsterdam & Philadelphia: Benjamins. 31–59.

Fine, J. 1994. *How language works: cohesion in normal and nonstandard communication.* Norwood, NJ: Ablex.

Firbas, J. 1992. *Functional sentence perspective in written and spoken communication.* Cambridge: Cambridge University Press.

Firth, J.R. 1957. A synopsis of linguistic theory, 1930–1955. In: Firth, J.R. (1957). *Papers in linguistics.* London: Oxford University Press.

Fischer, K. (ed.) 2006. *Approaches to discourse particles.* Amsterdam: Elsevier.

Foley, W.A. & Van Valin, R.D. 1984. *Functional syntax and universal grammar.* Cambridge: Cambridge University Press.

Ford, C.E. & Thompson, S.A. 1986. Conditionals in discourse: a text-based study from English. In: Traugott, E., Ferguson, C., Reilly, J. & ter Meulen, A. (eds) *On conditionals.* Cambridge: Cambridge University Press.

Francis, G. 1985. *Anaphoric nouns.* Discourse Analysis Monographs 11. English Language Research, Department of English, University of Birmingham.

Fraser, B. 2006. Towards a theory of discourse markers. In: Fischer (ed.) 189–205.

Fries, P.H. 1977. English predications of comparison. In: DiPietro, R. & Blansitt, E. (eds) *The Third LACUS Forum 1976.* Columbia, SC: Hornbeam Press. 545–556.

Fries, P.H. 1981. On the status of theme in English: arguments from discourse. *Forum Linguisticum* **6** 1: 1–38. Reprinted in Petöfi, J. & Sözer, E. (eds) *Micro and macro connexity of texts.* (Papers in Linguistics 45.) Hamburg: Helmut Buske Verlag. 116–152.

Fries, P.H. 1985. How does a story mean what it does? A partial answer. In: Benson & Greaves (eds). 295–321.

Fries, P.H. 1992. Information flow in written advertising. In: Alatis, J. (ed.) *Language, communication and social meaning.* Washington, DC: Georgetown University Press. 336–352.

Fujimura, O. & Erickson, D. 1997. Acoustic phonetics. In: Hardcastle, W.J. & Laver, J.

(eds) *The handbook of phonetic sciences*. Oxford: Blackwell. 65–115.

Garvin, P. (ed.) 1964. *A Prague School reader on esthetics, literary structure, and style.* Washington, DC: Georgetown University Press.

Ghadessy, M. (ed.) 1993. *Register analysis: theory and practice.* London & New York: Pinter.

Ghadessy, M. (ed.) 1995. *Thematic development in English text.* London: Pinter.

Ghadessy, M. (ed.) 1999. *Text and context in functional linguistics.* Amsterdam: Benjamins.

Gleason, Jr., H.A. 1965. *Linguistics and English grammar.* New York: Holt, Rinehart and Winston, Inc.

Gledhill, C.J. 2000. *Collocations in science writing.* Tübingen: Gunter Narr Verlag.

Grabe, E. & Low, E.L. 2002. Durational variability in speech and the rhythm class hypothesis. In: Gussenhoven, C. & Varner, N. (eds) *Papers in Laboratory Phonology 7.* Berlin: Mouton de Gruyter. 515–546.

Greaves, C. 2009. *ConcGram 1.0: A phraseological search engine.* Amsterdam & Philadelphia: Benjamins.

Gregory, M.J. 1983. Clause and sentence as distinct units in the morphosyntax of English and their relation to semological propositions and predications. In: Morreall, J. (ed.) *The Ninth LACUS Forum.* Columbia: Hornbeam Press.

Gregory, M.J. 2002. Phasal analysis within communication linguistics: two contrastive discourses. In: Cummings, M., Fries, P.H. & Lockwood, D. (eds) *Relations and functions within and around language.* London & New York: Continuum.

Grimes, J.E. 1975. *The thread of discourse.* The Hague: Mouton.

Gruber, J.S. 1976. *Lexical structures in syntax and semantics.* Amsterdam: North-Holland.

Gu, Y. 1999. Towards a model of situated discourse. In: Turner, K. (ed.) *The semantics/pragmatics interface from different points of view.* Oxford: Elsevier. 150–178.

Halliday, M.A.K. 1956. Grammatical categories in Modern Chinese. *Transactions of the philological society*. 177–224.

Halliday, M.A.K. 1959. *The language of the Chinese 'Secret history of the Mongols'.* Oxford: Blackwell. (Publications of the Philological Society 17.)

Halliday, M.A.K. 1961. Categories of the theory of grammar. *Word* 17 3: 242–292. Reprinted as Chapter 2 in Halliday, M.A.K. (2002), *On grammar*, *Volume 1* of *The collected works of M.A.K. Halliday* edited by Jonathan J. Webster. London & New York: Continuum.

Halliday, M.A.K. 1963a. The tones of English. *Archivum linguisticum* **15** 1: 1–28.

Halliday, M.A.K. 1963b. Intonation in English grammar. *Transactions of the philological society.* 143–169.

Halliday, M.A.K. 1963c. Class in relation to the axes of chain and choice in language. *Linguistics* 2: 5–15. Reprinted in Halliday, M.A.K. (2002) *On grammar. Volume 1* of *The collected works of M.A.K. Halliday* edited by Jonathan Webster. London & New York: Continuum. Chapter 3: 95–117.

Halliday, M.A.K. 1964. Syntax and the consumer. In: Stuart, C.I.J.M. (ed.) *Report of the Fifteenth Annual (First International) Round Table Meeting on Linguistics and Language.* Washington, DC: Georgetown University Press. 11–24. Reprinted in Halliday & Martin (1981), 21–28, and in Halliday (2003), 36–49.

Halliday, M.A.K. 1965. Types of structure. The OSTI Programme in the Linguistic Properties of Scientific English. In: Halliday & Martin (eds) (1981).

Halliday, M.A.K. 1966a. Some notes on 'deep' grammar. *Journal of Linguistics* **2** 1: 57–67.

Halliday, M.A.K. 1966b. Lexis as a linguistic level. In: Bazell, C.E. *et al.* (eds), *In memory of J.R. Firth.* London: Longman.

Halliday, M.A.K. 1966c. The concept of rank: a reply. *Journal of linguistics* **2** 1: 110–118.

Halliday, M.A.K. 1967a. *Intonation and grammar in British English.* The Hague: Mouton. (Janua Linguarum Series Practica 48.)

Halliday, M.A.K. 1967b. *Grammar, society and the noun.* London: H.K Lewis for University College London. Reprinted in Halliday, M.A.K. (2003) *On language and linguistics, Volume 3* of *The collected works of M.A.K. Halliday* edited by Jonathan Webster. London & New York: Continuum. Chapter 2: 50–73.

Halliday, M.A.K. 1967/8. *Journal of linguistics* **3** 1: 37–81, **3** 2: 199–244, **4** 2: 179–215. Reprinted in Halliday, M.A.K. (2005) *Studies in English language, Volume 7* in *The collected works of M.A.K. Halliday* edited by Jonathan Webster. London & New York: Continuum. Chapter 1: 5–54. Chapter 2: 55–109. Chapter 3: 110–153.

Halliday, M.A.K. 1969. Options and functions in the English clause. *Brno Studies in English* **8**: 81–88.

Halliday, M.A.K. 1970. Functional diversity in language, as seen from a consideration of modality and mood in English. *Foundations of language* **6**: 322–361. Reprinted in Halliday, M.A.K. (2005) *Studies in English language, Volume 7* in *The collected works of M.A.K. Halliday* edited by Jonathan Webster. London & New York: Continuum. Chapter 5: 164–204.

Halliday, M.A.K. 1971. Linguistic function and literary style: an enquiry into the language of William Golding's 'The inheritors'. In: Chatman, S. (ed.) *Literary style: a symposium.* New York: Oxford University Press. 330–368. Reprinted in M.A.K. Halliday (2002) *Linguistic studies of text and discourse, Volume 2* in *The collected works of M.A.K. Halliday* edited by Jonathan J. Webster. London and New York: Continuum. Chapter 3: 88–125.

Halliday, M.A.K. 1973. *Explorations in the functions of language.* London: Edward Arnold.

Halliday, M.A.K. 1975. *Learning how to mean.* London: Edward Arnold. Reprinted in M.A.K. Halliday (2003) *The language of early childhood, Volume 4* of *The collected works of M.A.K. Halliday* edited by Jonathan J. Webster. London & New York: Continuum.

Halliday, M.A.K. 1976a. *System and function in language.* Edited by Gunther Kress. London: Oxford University Press.

Halliday, M.A.K. 1976b. The teacher taught the student English: an essay in applied linguistics. In: Reich, P.A. (ed.) *The Second LACUS Forum*. Hornbeam Press: Columbia. 344–349. Reprinted in Halliday, M.A.K. (2005) *Studies in English language, Volume 7* in *The collected works of M.A.K. Halliday* edited by Jonathan Webster. London & New York: Continuum. Chapter 11: 297–305.

Halliday, M.A.K. 1977. Ideas about language. In M.A.K. Halliday, *Aims and perspectives in linguistics.* Applied Linguistics Association of Australia (Occasional Papers 1). 32–49. Reprinted in Halliday, M.A.K. (2003) *On language and linguistics, Volume 3* of *The collected works of M.A.K. Halliday* edited by Jonathan Webster. London & New York: Continuum. Chapter 4: 92–115.

Halliday, M.A.K. 1978. *Language as social semiotic: the social interpretation of language and meaning.* London: Edward Arnold.

Halliday, M.A.K. 1979. Modes of meaning and modes of expression: types of grammatical structure and their determination by different semantic functions. In: Allerton, D.J. Carney, E. & Holdcroft, D. (eds) *Function and context in linguistic analysis: a Festschrift for William Haas.* Cambridge: Cambridge University Press. 57–79. Reprinted in Halliday, M.A.K. (2002) *On grammar, Volume 1* of *The collected works of M.A.K. Halliday* edited by Jonathan Webster. London & New York: Continuum. 196–218.

Halliday, M.A.K. 1982. How is a text like a clause? In: Allén, S. (ed.), *Text processing: text analysis and generation, text typology and attrition (Proceedings of Nobel Sym-*

posium 51). Stockholm: Almqvist & Wiksell. 209–247. Reprinted as Text semantics and clause grammar: how is a text like a clause? in Halliday, M.A.K. (2002) *On grammar, Volume 1* of *The collected works of M.A.K. Halliday* edited by Jonathan Webster. London & New York: Continuum. Chapter 9: 219–260.

Halliday, M.A.K. 1984a. 'Language as code and language as behaviour: a systemic functional interpretation of the nature and ontogenesis of dialogue.' In: Halliday, M.A.K., Fawcett, R.P., Lamb, S. & Makkai, A. (eds) *The semiotics of language and culture.* London: Frances Pinter. *Volume 1*: 3–35.

Halliday, M.A.K. 1984b. On the ineffability of grammatical categories. In: Manning, A., Martin, P. & McCalla, K. (eds) *Tenth LACUS Forum.* Columbia: Hornbeam Press. 3–18. Reprinted in Halliday, M.A.K. (2002) *On grammar, Volume 1* of *The collected works of M.A.K. Halliday* edited by Jonathan J. Webster. London & New York: Continuum. Chapter 11: 291–322.

Halliday, M.A.K. 1985a. *Spoken and written language.* Geelong, Vic.: Deakin University Press.

Halliday, M.A.K. 1985b. Systemic background. In: Benson, J.D. & Greaves, W.S. (eds) *Systemic perspectives on discourse*. Norwood, NJ: Ablex. 1–15. Reprinted in Halliday, M.A.K. (2003) *On language and linguistics*, *Volume 3* of *The collected works of M.A.K. Halliday* edited by Jonathan Webster. London & New York: Continuum. 185–198.

Halliday, M.A.K. 1985c. Dimensions of discourse analysis: grammar. In: van Dijk, T.A. (ed.) 1985. *The handbook of discourse analysis*. New York: Academic Press. 29–56.

Halliday, M.A.K. 1985d. *An introduction to functional grammar.* London: Edward Arnold.

Halliday, M.A.K. 1987. Spoken and written modes of meaning. In: Horowitz, R. and Samuels, S.J. (eds), *Comprehending oral and written language.* New York: Academic Press. 55–82.

Halliday, M.A.K. 1988. On the language of physical science. In: Ghadessy, M. (ed.) *Registers of written English: situational factors and linguistic features.* London & New York: Pinter Publishers. 162–178. Reprinted in Halliday & Martin (1993).

Halliday, M.A.K. 1990. New ways of meaning: a challenge to applied linguistics. Greek Applied Linguistics Association, *Journal of applied linguistics* 6 (Ninth World Congress of Applied Linguistics Special Issue): 7–36. Reprinted in Halliday (2003), Chapter 6: 139–174.

Halliday, M.A.K. 1991. Corpus linguistics and probabilistic grammar. In: Aijmer, K. &

Altenberg, B. (eds) *English corpus linguistics: studies in honour of Jan Svartvik.* London: Longman. 30–43.

Halliday, M.A.K. 1992a. The notion of 'context' in language education. In: Le, T. & McCausland, M. (eds) *Interaction and development: proceedings of the international conference,* Vietnam, 30 March–1 April 1992. University of Tasmania: Language Education.

Halliday, M.A.K. 1992b. The history of a sentence: an essay in social semiotics. In: Fortunait, V. (ed.) *La cultura italiana e le leterature straniere moderne.* Bologna: Longo Editore [for University of Bologna]. 29–45. Reprinted in Halliday (2003), Chapter 16: 355–374.

Halliday, M.A.K. 1992c. A systemic interpretation of Peking syllable finals. In: Tench, P. (ed.) *Studies in systemic phonology.* London: Pinter. 98–121.

Halliday, M.A.K. 1992d. How do you mean? In: Davies, M. & Ravelli, L. (eds) *Advances in systemic linguistics: recent theory and practice.* London: Pinter. 20–35. Reprinted in Halliday, M.A.K. (2002) *On grammar, Volume 1* of *The collected works of M.A.K. Halliday* edited by Jonathan Webster. London & New York: Continuum. Chapter 13: 352–368.

Halliday, M.A.K. 1992e. Systemic grammar and the concept of a 'science of language'. *Waiguoyu* (Journal of Foreign Languages, Shanghai International Studies University) 2: 1–9. Reprinted in Halliday, M.A.K. (2003) *On language and linguistics, Volume 3* of *The collected works of M.A.K. Halliday* edited by Jonathan Webster. London & New York: Continuum. Chapter 9: 199–212.

Halliday, M.A.K. 1993a. Quantitative studies and probabilities in grammar. In: Hoey, M. (ed.) *Data, description, discourse: papers on the English language in honour of John McH. Sinclair.* London: Harper Collins. 1–25.

Halliday, M.A.K. 1993b. *Language in a changing world.* Canberra, ACT: Applied Linguistics Association of Australia.

Halliday, M.A.K. 1993c. Towards a language-based theory of learning. *Linguistics and education* 5 2: 93–116.

Halliday, M.A.K. 1994. Language and the theory of codes. In: Sadovnik, A. (ed.) *Knowledge and pedagogy: the sociology of Basil Bernstein.* Norwood, NJ: Ablex. 124–142.

Halliday, M.A.K. 1995a. A recent view of 'missteps' in linguistic theory (Review article of John M. Ellis, Language, thought and logic). *Functions of language* 2 2: 249–267.

Halliday, M.A.K. 1995b. On language in relation to the evolution of human consciousness. Allén, S. (ed.) *Of thoughts and words: proceedings of Nobel Symposium 92 'The relation between language and mind',* Stockholm, 8–12 August 1994. Singapore, River Edge, NJ & London: Imperial College Press. 45–84.

Halliday, M.A.K. 1996. On grammar and grammatics. In: Hasan, Cloran & Butt (eds). 1–38.

Halliday, M.A.K. 1998. On the grammar of pain. *Functions of Language* **5** 1: 1–32. Reprinted in Halliday (2005), Chapter 12: 306–337.

Halliday, M.A.K. 2001. On the grammatical foundations of discourse. In: Ren, S., Guthrie, W. & Ronald Fong, I.W.R. (eds) *Grammar and discourse: proceedings of the International Conference on Discourse Analysis*, University of Macau (in conjunction with Tsinghua University, China), 16–18 October 1997. Macau: University of Macau Publication Centre. 47–58.

Halliday, M.A.K. 2002a. The spoken language corpus: a foundation for grammatical theory. In: Aijmer, K. & Altenberg, B. (eds) *Proceedings of ICAME 2002: the theory and use of corpora,* Göteborg 22–26 May 2002. Amsterdam: Editions Rodopi. Reprinted in Halliday, M.A.K. (2005) *Computational and quantitative studies, Volume 6* in *The collected works of M.A.K. Halliday* edited by Jonathan Webster. London & New York: Continuum. 157–189.

Halliday, M.A.K. 2002b. *On grammar,* Volume 1 of *The collected works of M.A.K. Halliday*, edited by Jonathan J. Webster. London & New York: Continuum.

Halliday, M.A.K. 2002c. *Linguistic studies of text and discourse*. Volume 2 of *The collected works of M.A.K. Halliday*, edited by Jonathan J. Webster. London & New York: Continuum.

Halliday, M.A.K. 2002d. Computing meanings: some reflections on past experience and present prospects. In: Huang, G. & Wang, Z. (eds) *Discourse and language functions*. Shanghai: Foreign Language Teaching and Research Press. 3–25. Reprinted in Halliday, M.A.K. (2005) *Computational and quantitative studies, Volume 6* in *The collected works of M.A.K. Halliday* edited by Jonathan Webster. London & New York: Continuum. 239–267.

Halliday, M.A.K. 2003. *On Language and linguistics, Volume 3* of *The collected works of M.A.K. Halliday* edited by Jonathan J. Webster. London & New York: Continuum.

Halliday, M.A.K. 2003/2006. Written language, standard language, global language. *World Englishes* **22** 4: 405–418. Also in Kachru, Kachru & Nelson (eds). 349–365.

Halliday, M.A.K. 2004. *The language of early childhood, Volume 4* of *The collected works of M.A.K. Halliday* edited by Jonathan Webster. London & New York: Continuum.

Halliday, M.A.K. 2005. *Studies in English language, Volume 7* in *The collected works of M.A.K. Halliday* edited by Jonathan Webster. London & New York: Continuum.

Halliday, M.A.K. 2008. *Complementarities in language.* (Halliday Centre Series in Appliable Linguistics.) Beijing: The Commercial Press.

Halliday, M.A.K. 2010. Text, discourse and information: a systemic-functional overview. Paper presented at Tongji University, November 2010.

Halliday, M.A.K. & Greaves, W.S. 2008. *Intonation in the grammar of English.* London: Equinox.

Halliday, M.A.K. & Hasan, R. 1976. *Cohesion in English.* London: Longman.

Halliday, M.A.K. & Hasan, R. 1985. *Language, context and text: a social semiotic perspective.* Geelong, Vic.: Deakin University Press.

Halliday, M.A.K. & James, Z.L. 1993. A quantitative study of polarity and primary tense in the English finite clause. In: Sinclair, J.M., Hoey, M. & Fox, G. (eds), *Techniques of description: spoken and written discourse (A Festschrift for Malcolm Coulthard).* London and New York: Routledge. 32–66.

Halliday, M.A.K. & McDonald, E. 2004. Metafunctional profile of the grammar of Chinese. In Caffarel, Martin & Matthiessen (eds). 305–396.

Halliday, M.A.K., McIntosh, A. & Strevens, P. 1964. *The linguistic sciences and language teaching.* London: Longman.

Halliday, M.A.K. & Martin, J.R. (eds) 1981. *Readings in systemic linguistics.* London: Batsford.

Halliday, M.A.K. & Martin, J.R. 1993. *Writing science: literacy and discursive power.* London: Falmer.

Halliday, M.A.K. & Matthiessen, C.M.I.M. 1999. *Construing experience through meaning: a language-based approach to cognition.* London: Cassell.

Halliday, M.A.K. & Matthiessen, C.M.I.M. 2006. *Construing experience through meaning: a language-based approach to cognition.* (Study edition.) London & New York: Continuum.

Halliday, M.A.K., Teubert, W., Yallop, C. & Cˇ ermáková, A. 2004. *Lexicology and corpus linguistics.* London & New York: Continuum.

Halliday, M.A.K. & Webster, J. (eds) 2009. *Continuum companion to systemic functional linguistics.* London & New York: Continuum.

Harris, A.C. & Campbell, L. 1995. *Historical syntax in cross-linguistic perspective.*

Cambridge: Cambridge University Press.

Harvey, A. 1999. Definitions in English technical discourse: a study in metafunctional dominance and interaction. *Functions of language* **6** 1: 55–96.

Hasan, R. 1973. Code, register and social dialect. In: Bernstein, B. (ed.) *Class, codes and control: applied studies towards a sociology of language. Volume 2.* London: Routledge & Kegan Paul. 253–292.

Hasan, R. 1984. The nursery tale as a genre. *Nottingham Linguistic Circular* **13**. Reprinted in Hasan (1996), 51–72.

Hasan, R. 1985a. Lending and borrowing: from grammar to lexis. *Beiträge zur Phonetik und Linguistik* **48**: 56–67.

Hasan, R. 1985b. *Linguistics, language and verbal art.* Geelong, Vic.: Deakin University Press.

Hasan, R. 1987. The grammarian's dream: lexis as most delicate grammar. In: Halliday, M.A.K. & Fawcett, R.P. (eds) *New developments in systemic linguistics: theory and description.* London: Pinter. 184–211.

Hasan, R. 1996. *Ways of saying: ways of meaning. Selected papers of Ruqaiya Hasan* edited by Cloran, C., Butt, D. & Williams, G. (Open Linguistics Series). London: Cassell.

Hasan, R. 1999. Speaking with reference to context. In: Ghadessy (ed.) 1999. 219–328.

Hasan, R., Cloran, C. & Butt, D. (eds). 1996. *Functional descriptions: language form and linguistic theory.* Current Issues in Linguistic Theory, No. 121. Amsterdam & Philadelphia: Benjamins.

Hasan, R., Cloran, C., Williams, G. & Lukin, A. 2007. Semantic networks: the description of linguistic meaning in SFL. In: Hasan, Matthiessen & Webster (eds) 697–738.

Hasan, R. & Fries, P. (eds) 1995. *On subject and theme: a discourse functional perspective.* Amsterdam and Philadelphia: Benjamins.

Hasan, R., Matthiessen, C.M.I.M. & Webster, J. (eds) 2005. *Continuing discourse on language: a functional perspective. Volume 1.* London: Equinox Publishing.

Hasan, R., Matthiessen, C.M.I.M. & Webster, J. (eds) 2007. *Continuing discourse on language: a functional perspective. Volume 2.* London: Equinox Publishing.

Hetzron, R. 1975. The presentative movement, or why the ideal word order is VSOP. In: Li, C. (ed.) *Word order and word order change.* New York: Academic Press. 346–388.

Hockett, C.F. 1958. *A course in modern linguistics.* New York: Macmillan.

Hoey, M. 2000. Persuasive rhetoric in linguistics: a stylistic study of some features of the language of Noam Chomsky. In: Hunston, S. & Thompson, G. (eds) *Evaluation in text: authorial stance and the construction of discourse.* Oxford: Oxford University Press. 28–37.

Hoey, M. 2005. *Lexical priming: a new theory of words and language.* London & New York: Routledge.

Hoffmann, S. 2006. Tag questions in Early and Late Modern English: historical description and theoretical implications. *Anglistik* **17** 2: 35–55.

Holmes, J. 2000. Victoria University's Language in the Workplace Project: An overview. *Language in the Workplace Occasional Papers 1.* (Available at: http://www.victoria.ac.nz/lals/lwp/docs/ops/op1.pdf.)

Hood, S. 2011. Body language in face-to-face teaching: a focus on textual and interpersonal meaning. In: Dreyfus, S., Hood, S. & Stenglin, M. (eds) *Semiotic margins: meaning in multimodalities.* London & New York: Continuum. 31–52.

Hopper, P. 1987. Emergent grammar. *Berkeley Linguistic Society* **13**: 139–157.

Hopper, P. 1998. Emergent grammar. In: Tomasello, M. (ed.) *The new psychology of language.* Mahwah, NJ: Lawrence Erlbaum Associates, Publishers. 155–175.

Hopper, P. & Traugott, E.C. 1993. *Grammaticalization.* Cambridge: Cambridge University Press. (Cambridge Textbooks in Linguistics.)

Hori, M. 2006. Pain expressions in Japanese. In: Thompson & Hunston (eds). 206–225.

Hornby, A.L. 1954. *A guide to patterns and usage in English.* London: Oxford University Press.

Huddleston, R.D. 1965. Rank and Depth. *Language* **41**: 574–586. Reprinted in Halliday, M.A.K. & Martin, J.R. (eds) (1981) *Readings in systemic linguistics.* London: Batsford. 42–53.

Huddleston, R.D. & Pullum, G. 2002. *The Cambridge grammar of the English language.* Cambridge: Cambridge University Press.

Hunston, S. & Francis, G. 2000. *Pattern grammar: a corpus-driven approach to the lexical grammar of English.* Amsterdam: Benjamins.

Hunston, S. & Thompson, G. (eds) 2006. *System and corpus: exploring connections.* London: Equinox.

Iedema, R., Feez, S. & White, W. 1994. *Media literacy.* (Write it right industry research report no. 2.) Sydney: NSW, Department of Education, Disadvantaged Schools Program Metropolitan East.

Jackendoff, R. 1972. *Semantic interpretation in generative grammar.* Cambridge, Mass.:

MIT Press.

Jespersen, O. 1924. *The philosophy of grammar.* London: George Allen & Unwin Ltd.

Jespersen, O. 1928. *A modern English grammar on historical principles III.* London: Allen and Unwin.

Jespersen, O. 1937. *Analytic syntax.* London: Allen & Unwin.

Jespersen, O. 1942. *A modern English grammar on historical principles. Part VI.* Copenhagen: Ejnar Munksgaard.

Jones, S. 1999. *Almost like a whale: the Origin of Species updated.* London & New York: Doubleday.

Kachru, B.B., Kachru, Y. & Nelson, C.L. (eds) 2006. *The handbook of World Englishes.* Oxford: Blackwell.

Kay, P. & Fillmore, C.J. 1999. Grammatical constructions and linguistic generalizations: *What's X doing Y?* construction. *Language* **73** 1: 1–33.

Kirsner, R. & Thompson, S.A. 1976. The role of inference in semantics: a study of sensory verb complements in English. *Glossa* **10**: 200–240.

Kortmann, B., Burridge, K., Mesthrie, R., Schneider, E.W. & Upton, C. (eds) (2004) *A handbook of varieties of English. Volume II: Morphology and syntax.* Berlin & New York: Mouton de Gruyter.

Kress, G. & van Leeuwen, T. 1996. *Reading images: the grammar of visual design.* London: Routledge.

Kress, G. & van Leeuwen, T. 2001. *Multimodal discourse.* London: Arnold.

Lamb, S. 1999. *Pathways of the brain: the neurocognitive basis of language.* Amsterdam: Benjamins.

Landau, S.I. 1989. *Dictionaries: The art and craft of lexicography.* Cambridge: Cambridge University Press.

Lascaratou, C. 2007. *The language of pain: expression or description?* Amsterdam: John Benjamins.

Lavid, J., Arús, J. & Zamorano-Mansilla, J.R. 2009. *Systemic functional grammar of Spanish: a contrastive study with English.* London & New York: Continuum.

Law, V. 2003. *The history of linguistics in Europe: from Plato to 1600.* Cambridge: Cambridge University Press.

van Leeuwen, T. 1999. *Speech, music, sound.* London & New York: Palgrave Macmillan.

Leimgruber, J.R.E. 2011. Singapore English. *Language and Linguistics Compass* **5** 1: 47–62.

Lemke, J.L. 1984. *Semiotics and education.* Toronto: Toronto Semiotic Circle.

Levin, B. 1993. *English verb classes and alternations: a preliminary investigation.* Chicago & London: The University of Chicago Press.

Li, C.N. & Thompson, S.A. 1976. Subject and Topic: a new typology of language. In: Li, C.N. (ed.) *Subject and topic*. New York: Academic Press. 458–489.

Linn, A. 2006. English grammar writing. In: Aarts & McMahon (eds). 72–92.

Lock, G. 1995. *Functional English grammar: an introduction for second language teachers.* Cambridge: Cambridge University Press.

Longacre, R.E. 1970. Sentence structure as a statement calculus. *Language* 46: 783–815.

Longacre, R.E. 1985. Sentences as combinations of clauses. In: Shopen, T. (ed.) *Language typology and syntactic descriptions: III Complex constructions.* Cambridge: Cambridge University Press. 235–287.

Longacre, R.E. 1996. *The grammar of discourse.* Second edition. New York: Plenum.

Longacre, R.E. & Hwang, S.J.J. 2012. *Holistic discourse analysis.* Dallas, TX: SIL International Publications.

Lukin, A., Moore, A., Herke, M., Wegener, R. & Wu, C. 2008. Halliday's model of register revisited and explored. *Linguistics and the Human Sciences* 4 2: 187–243.

Lyons, J. 1977. *Semantics. Volume 2*. Cambridge: Cambridge University Press.

McArthur, T. 1986. *Worlds of reference: lexicography, learning and language from the clay tablet to the computer.* Cambridge: Cambridge University Press.

McCawley, J. 1988. *The syntactic phenomena of English.* Two volumes. Chicago: Chicago University Press.

McEnery, T. & Gabrielatos, C. 2006. English corpus linguistics. I: Aarts & McMahon (eds) 33–71.

McEnery, T. & Hardie, A. 2012. *Corpus linguistics: method, theory and practice.* Cambridge: Cambridge University Press.

McNeill, D. (ed.) 2000. *Language and gesture.* Cambridge: Cambridge University Press.

Macnamara, J. 2010. *The 21st century media: (r)evolution — emergent communication practices.* New York: Peter Lang.

Mair, C. & Leech, G. 2006. Current changes in English syntax. In: Aarts & McMahon (eds). 318–342.

Malinowski, B. 1944. *A scientific theory of culture and other essays.* Chapel Hill: University of North Carolina Press.

Mann, W.C. & Matthiessen, C.M.I.M. 1991. Functions of language in two frameworks. *Word* 42 3: 231–249.

Mann, W.C., Matthiessen, C.M.I.M. & Thompson, S.A. 1992. Rhetorical structure theory and text analysis. In: Mann & Thompson (eds) 39–79.

Mann, W.C. & Thompson, S.A. 1985. Assertions from discourse. *Proceedings of the Eleventh Berkeley Linguistics Society.* Berkeley: Berkeley Linguistics Society.

Mann, W.C. & Thompson, S.A. (eds) 1992. *Discourse description: diverse linguistic analyses of a fund-raising text.* Amsterdam: Benjamins.

Martin, J.R. 1988. Hypotactic recursive systems in English: towards a functional interpretation. In: Benson, J.D. & Greaves, W.S. (eds) *Systemic functional approaches to discourse: Selected papers from the Twelfth International Systemic Workshop.* Norwood, NJ.: Ablex. 240–270.

Martin, J.R. 1990. Interpersonal grammaticalisation: mood and modality in Tagalog. *Philippine journal of linguistics* (Special Monograph Issue celebrating the 25th Anniversary of the Language Study centre, Philippine Normal College) 21(1): 2–51.

Martin, J.R. 1991. Intrinsic functionality: implications for contextual theory. *Social semiotics* 1 1: 99–162.

Martin, J.R. 1992. *English text: system and structure.* Amsterdam: Benjamins.

Martin, J.R. 1993. Life as a noun. In: Halliday, M.A.K. & Martin, J.R. *Writing science: literacy and discursive power.* London: Falmer. 221–267.

Martin, J.R. 1995. Text and clause: fractal resonance. *Text* 15 1: 5–42.

Martin, J.R. 1996. Types of structure: deconstructing notions of constituency in clause and text. In: Hovy, E. & Scott, D. (eds) *Burning issues in discourse: a multidisciplinary perspective.* Heidelberg: Springer. 39–66.

Martin, J.R. 1997. Analysing genre: functional parameters. In: Christie & Martin (eds). 3–39.

Martin, J.R. 1999. Grace: the logogenesis of freedom. *Discourse Studies* 1 1: 31–58.

Martin, J.R. 2001. Cohesion and texture. In: Schiffrin, Tannen & Hamilton (eds). 35–53.

Martin, J.R. 2004. Metafunctional profile of Tagalog. In: Caffarel, Martin & Matthiessen (eds). 255–304.

Martin, J.R. & Matthiessen, C.M.I.M. 1991. Systemic typology and topology. In: Christie, F. (ed.) *Literacy in social processes: papers from the Inaugural Australian Systemic Functional Linguistics Conference, Deakin University, January 1990.* Darwin: Centre for Studies of Language in Education, Northern Territory University. 345–383. Reprinted in Martin, J.R. (2010), *SFL theory*, *Volume 1* in *The collected works of J.R. Martin*, edited by Wang Zhenhua. Shanghai: Shanghai Jiao Tong University Press. 167–215.

Martin, J.R., Matthiessen, C.M.I.M. & Painter, C. 1997. *Working with functional grammar.* London: Edward Arnold.

Martin, J.R., Matthiessen, C.M.I.M. & Painter, C. 2010. *Deploying functional grammar.* Extensively revised, new edition of 1997 edition. Shanghai: Commercial Press.

Martin, J.R. & Rose, D. 2003. *Working with discourse: meaning beyond the clause.* London & New York: Continuum.

Martin, J.R. & Rose, D. 2007. *Working with discourse: meaning beyond the clause.* Second edition. London & New York: Continuum.

Martin, J.R. & Rose, D. 2008. *Genre relations: mapping culture.* London & Oakville: Equinox.

Martin, J.R. & Veel, R. (eds) 1998. *Reading science: critical and functional perspectives on discourses of science.* London: Routledge.

Martin, J.R. & White, P.R.R. 2005. *The language of evaluation: appraisal in English.* London & New York: Palgrave Macmillan.

Martinec, R. 2005. Topics in Multimodality. In: Hasan, Matthiessen & Webster (eds). 2005. 157–181.

Matthiessen, C.M.I.M. 1983. Choosing primary tense in English. *Studies in Language* 7 3: 369–430.

Matthiessen, C.M.I.M. 1984. *Choosing tense in English.* USC/ISI Report: ISI/RR: 84–143.

Matthiessen, C.M.I.M. 1988. Representational issues in systemic functional grammar. In: Benson, J.D. & Greaves, W.S. (eds) *Systemic functional perspectives on discourse.* Norwood, NJ: Ablex. 136–175.

Matthiessen, C.M.I.M. 1990. Two approaches to semantic interfaces in text generation. *Proceedings of COLING-90, Helsinki, August 1990.*

Matthiessen, C.M.I.M. 1991a. Language on language: the grammar of semiosis. *Social semiotics* 1 2: 69–111.

Matthiessen, C.M.I.M. 1991b. Lexico(grammatical) choice in text-generation. In: Paris, C., Swartout, W. & Mann, W.C. (eds) *Natural language generation in artificial intelligence and computational linguistics.* Boston: Kluwer. 249–292.

Matthiessen, C.M.I.M. 1992. Interpreting the textual metafunction. In: Davies, M. & Ravelli, L. (eds) *Advances in systemic linguistics: recent theory and practice.* London: Pinter. 37–82.

Matthiessen, C.M.I.M. 1993a. The object of study in cognitive science in relation to its construal and enactment in language. In: *Language as Cultural Dynamic* (Special issue of *Cultural Dynamics* VI.1–2: 187–243, ed. M.A.K. Halliday).

Matthiessen, C.M.I.M. 1993b. Register in the round: diversity in a unified theory of register analysis. In: Ghadessy (ed.). 221–292.

Matthiessen, C.M.I.M. 1995a. *Lexicogrammatical cartography: English systems.* Tokyo: International Language Sciences Publishers.

Matthiessen, C.M.I.M. 1995b. Fuzziness construed in language: a linguistic perspective. Proceedings of FUZZ/IEEE, Yokohama, March 1995. Yokohama. 1871–1878.

Matthiessen, C.M.I.M. 1995c. THEME as an enabling resource in ideational 'knowledge' construction. In: Ghadessy (ed.). 20–55.

Matthiessen, C.M.I.M. 1996. Tense in English seen through systemic-functional theory. In: Butler, C., Berry, M., Fawcett, R.P. & Huang, G. (eds) *Meaning and form: systemic functional interpretations.* Norwood, NJ: Ablex. 431–498.

Matthiessen, C.M.I.M. 1998a. Lexicogrammar and collocation: a systemic functional exploration. To appear in *Issues in English Grammar. Volume II.* Hyderabad: Central Institute of English and Foreign Languages. Translated into Spanish as Matthiessen (2009b).

Matthiessen, C.M.I.M. 1998b. Construing processes of consciousness: from the commonsense model to the uncommonsense model of cognitive science. In: Martin, J.R. & Veel, R. (eds) *Reading science: critical and functional perspectives on discourses of science.* London: Routledge. 327–357.

Matthiessen, C.M.I.M. 1999. The system of TRANSITIVITY: an exploratory study of textbased profiles. *Functions of Language* 6 1: 1–51.

Matthiessen, Christian M.I.M. 2001. The environments of translation. In: Steiner, E. & Yallop, C. (eds) *Beyond content: exploring translation and multilingual text.* Berlin: de Gruyter. 41–124.

Matthiessen, C.M.I.M. 2002a. Combining clauses into clause complexes: a multi-faceted view. In: Bybee, J. & Noonan, M. (eds) *Complex sentences in grammar and discourse: essays in honor of Sandra A. Thompson.* Amsterdam: Benjamins. 237–322.

Matthiessen, C.M.I.M. 2002b. Lexicogrammar in discourse development: logogenetic patterns of wording. In: Huang, G. & Wang, Zongyan (eds) *Discourse and language functions.* Shanghai: Foreign Language and Research Press.

Matthiessen, C.M.I.M. 2004a. The evolution of language: a systemic functional exploration of phylogenetic phases. In: Williams, G. & Lukin, A. (eds) *Language development: functional perspectives on evolution and ontogenesis.* London: Continuum. 45–90.

Matthiessen, C.M.I.M. 2004b. Descriptive motifs and generalizations. In: Caffarel,

Martin & Matthiessen (eds), 537–673.

Matthiessen, C.M.I.M. 2005. Remembering Bill Mann. *Journal of Computational Linguistics* **31** 2: 161–171.

Matthiessen, C.M.I.M. 2006a. Frequency profiles of some basic grammatical systems: an interim report. In: Hunston, S. & Thompson, G. (eds) 103–142.

Matthiessen, C.M.I.M. 2006b. The multimodal page: a systemic functional exploration. In: Royce, T.D. & Bowcher, W.L. (eds) 2006. *New directions in the analysis of multimodal discourse.* Hillsdale, NJ: Lawrence Erlbaum. 1–62.

Matthiessen, C.M.I.M. 2006c. Educating for advanced foreign language capacities: Exploring the meaning-making resources of languages systemic-functionally. In: Byrnes, H. (ed.) *Advanced instructed language learning: the complementary contribution of Halliday and Vygotsky*. London & New York: Continuum. 31–57.

Matthiessen, C.M.I.M. 2007a. The 'architecture' of language according to systemic functional theory: developments since the 1970s. In: Hasan, Matthiessen & Webster (eds). 505–561.

Matthiessen, C.M.I.M. 2007b. Lexicogrammar in Systemic Functional Linguistics: descriptive and theoretical developments in the 'IFG' tradition since the 1970s. In: Hasan, Matthiessen & Webster (eds). 765–858.

Matthiessen, C.M.I.M. 2007c. The lexicogrammar of emotion and attitude in English. Published in electronic proceedings based on contributions to the Third International Congress on English Grammar (ICEG 3), Sona College, Salem, Tamil Nadu, India, 23–27 January, 2006.

Matthiessen, C.M.I.M. 2009a. Multisemiotic and context-based register typology: registerial variation in the complementarity of semiotic systems. Ventola, E. & Guijarro, A.J.M. (eds). *The world shown and the world told.* Basingstoke: Palgrave Macmillan. 11–38.

Matthiessen, C.M.I.M. 2009b. Léxico-gramática y colocación léxica: Un studio sistémico-funcional. [Translation of Lexicogrammar and collocation: a systemic functional exploration.] *Revista Signos* **42** 71: 333–383.

Matthiessen, C.M.I.M. 2009c. Ideas and new directions. In: Halliday, M.A.K. & Webster, J. (eds) *A companion to systemic functional linguistics.* London & New York: Continuum. 12–58.

Matthiessen, C.M.I.M. forthc. Extending the description of process type in delicacy: verb classes. Accepted by *Functions of Language.*

Matthiessen, C.M.I.M. & Bateman, J.A. 1991. *Systemic linguistics and text generation:*

experiences from Japanese and English. London: Frances Pinter.

Matthiessen, C.M.I.M. & Halliday, M.A.K. 2009. *Systemic functional grammar: a first step into the theory*. Bilingual edition, with introduction by Huang Guowen. Beijing: Higher Education Press.

Matthiessen, C.M.I.M. & Halliday, M.A.K. in prep. *Outline of systemic functional linguistics*. Two volumes.

Matthiessen, C.M.I.M. & Nesbitt, C. 1996. On the idea of theory-neutral descriptions. In Hasan, R., Cloran, C. & Butt, D. (eds) *Functional descriptions: theory in practice*. Amsterdam: Benjamins. 39–85.

Matthiessen, C.M.I.M. & Slade, D. 2010. Analysing conversation. In: Wodak, R., Johnston, B. & Kerswill, P. (eds) *The SAGE handbook of sociolinguistics*. Los Angeles, London, New Delhi, Singapore & Washington DC: SAGE. 375–395.

Matthiessen, C.M.I.M. & Teruya, K. forthc. Ideational and interpersonal projection: constancy and variation across languages.

Matthiessen, C.M.I.M., Teruya, K. & Canzhong, W. 2008. Multilingual studies as a multi-dimensional space of interconnected language studies. In: Webster, J.J. (ed.) *Meaning in context*. London & New York: Continuum. 146–221.

Matthiessen, C.M.I.M., Teruya, K. & Lam, M. 2010. *Key terms in systemic functional linguistics*. London & New York: Continuum.

Matthiessen, C.M.I.M. & Thompson, S.A. 1988. The structure of discourse and 'subordination'. In: Haiman, J. & Thompson, S.A. (eds) *clause combining in grammar and discourse*. Amsterdam: Benjamins. 275–329.

Michael, I. 1970. *English grammatical categories and the tradition to 1800*. Cambridge: Cambridge University Press.

Muntigl, P. 2004. Modelling multiple semiotic systems: the case of gesture and speech. In: Ventola, E., Cassily, C. & Kaltenbacher, M. (eds) *Perspectives on multimodality*. Amsterdam: Benjamins: 31–50.

Nanri, K. 1994. *An attempt to synthesize two systemic contextual theories through the investigation of the process of the evolution of the discourse semantic structure of the newspaper reporting article*. University of Sydney: Ph.D. thesis.

Neale, A. 2006. Matching corpus data and system networks: using corpora to modify and extend the system networks for transitivity in English. In: Hunston, S. & Thompson, G. (eds) *System and corpus: exploring connections*. London & Oakville: Equinox. 143–163.

Nesbitt, C.N. & Plum, G. 1988. 'Probabilities in a systemic grammar: the clause complex in English.' In: Fawcett, R.P. & Young, D. (ed.) *New developments in systemic linguistics, Volume 2: theory and application.* London: Frances Pinter. 6–39.

Nooteboom, S. 1997. The prosody of speech: melody and rhythm. In: Hardcastle, W.J. & Laver, J. (eds) *The handbook of phonetic sciences.* Oxford: Blackwell. 640–673.

O'Donnell, M. 1994. *Sentence analysis and generation: a systemic perspective.* University of Sydney: Ph.D. thesis

O'Donnell, M. 2011. UAM CorpusTool: Version 2.7 User Manual.①

O'Donnell, M. & Bateman, J.A. 2005. SFL in Computational Contexts. In: Hasan, Matthiessen & Webster (eds) 2005. 343–382.

O'Halloran, K.L. 2005. *Mathematical discourse: language, symbolism and visual images*. London & New York: Continuum.

O'Toole, M. 1994. *The language of displayed art.* London: Leicester University Press (Pinter).

Painter, C. 1984. *Into the mother tongue: a case study in early language development.* London: Frances Pinter.

Painter, C. 1993. *Learning through language: a case study in the development of language as a resource for learning from 2 1/2 to 5 years.* University of Sydney: Ph.D. thesis.

Painter, C. 1999. *Learning through language in early childhood.* London: Cassell.

Painter, C., Derewianka, B. & Torr, J. 2007. From microfunctions to metaphor: learning language and learning through language. In Hasan, Matthiessen & Webster (eds) 563–588.

Palmer, F.R. 1974. *The English verb.* London: Longman.

Partington, A. 1998. *Patterns and meanings using corpora for English language research and teaching.* Amsterdam: Benjamins.

Patpong, P. 2005. *A systemic functional interpretation of Thai grammar: an exploration of Thai narrative discourse.* Macquarie University: Ph.D. thesis.

Pike, E.G. 1992. How I understand a text — via the structure of the happenings and the telling of them. In: Mann & Thompson (eds). 227–261.

Pike, K.L. 1959. Language as particle, wave, and field. *The Texas Quarterly* 2 2: 37–54.

Reprinted in Brend, R. (ed.) *Kenneth L. Pike: selected writings.* The Hague: Mouton. 129–144.

Poutsma, H. 1926. *A grammar of late modern English: Part II.* Groningen: P. Noordhof.

Poynton, C. 1984. Forms and functions: names as vocatives. *Nottingham Linguistic*

① 获取网址：http://www.wagsoft.com/CorpusTool/UAMCorpusToolManualv27.pdf (iv/2011).

Circular 13.

Poynton, C. 1996. Amplification as a grammatical prosody: attitudinal modification in the nominal group. In: Butler, C., Berry, M., Fawcett. R. & Huang, G. (eds) *Meaning and form: systemic functional interpretations.* Norwood, NJ: Ablex. 211–229.

Prakasam, V. 2004. Metafunctional profile of Telugu. In: Caffarel, Martin & Matthiessen (eds) 433–478.

Quirk, R., Greenbaum, S., Leech, G. & Svartvik, J. 1972. *A grammar of contemporary English,* London: Longman.

Quirk, R., Greenbaum, S., Leech, G. & Svartvik, J. 1985. *A comprehensive grammar of the English language.* London: Longman.

Robins, R.H. 1966. The development of the word class system of the European grammatical tradition. *Foundations of Language* 2: 3–19. Reprinted in Robins (1970) *Diversions of Bloomsbury: selected writings on linguistics.* Amsterdam: North-Holland. 185–203.

Rosch, E. 1978. Principles of categorization. In: Rosch, E. & Lloyd, B.B. (eds) *Cognition and categorization.* Hillsdale, NJ: Erlbaum. 27–48.

Rose, D. 1998. Science discourse and industry hierarchy. In: Martin, J.R. & Veel, R. (eds) *Reading science: critical and functional perspectives of discourses of science.* London: Routledge. 236–265.

Rose, D. 2001. *The western desert code: an Australian cryptogrammar.* Canberra: Pacific Linguistics.

Schachter, P. 1976. The subject in Philippine languages: topic, actor, actor-topic, or none of the above. In: Li, C. (ed.) *Subject and topic.* New York: Academic Press. 491–518.

Schachter, P. 1977. Reference-related and role-related properties of subjects. In: Cole, P. & Sadock, J.M. (eds) *Syntax and semantics, Volume 8: grammatical relations.* New York: Academic Press. 279–306.

Schachter, P. 1994. The subject in Tagalog: still none of the above. *UCLA occasional papers in linguistics* 15: 1–61.

Schiffrin, D. 1987. *Discourse markers.* Cambridge: Cambridge University Press.

Schiffrin, D. 2001. Discourse markers: language, meaning, and context. In: Schiffrin, Tannen & Hamilton (eds) 54–75.

Schiffrin, D., Tannen, D. & Hamilton, H. (eds). 2001. *The handbook of discourse analysis.* Oxford: Blackwell.

Schneider, E.W. 2007. *Postcolonial English: varieties around the world.* Cambridge: Cambridge University Press.

Seuren, P.A.M. 1998. *Western linguistics: an historical introduction.* Oxford: Blackwell.

Sinclair, J. McH. 1987. Collocation: a progress report. In: Steele, R. & Threadgold, T. (eds) *Language topics: essays in honour of Michael Halliday.* Amsterdam: Benjamins. 319–332.

Sinclair, J. McH. 1991. *Corpus concordance collocation.* Oxford: Oxford University Press.

Sinclair, J. McH. & Coulthard, M. 1975. *Towards an analysis of discourse: the English used by teachers and pupils.* London: Oxford University Press.

Smith, N. & Raylson, P. 2007. Recent change and variation in the British English use of the progressive passive. *IJAME Journal* 31: 129–160.

Starosta, S. 1988. *The case for lexicase: an outline of lexicase grammatical theory.* London: Pinter.

Steiner, E. & Teich, E. 2004. Metafunctional profile of German. In: Caffarel, Martin & Matthiessen (eds). 139–184.

Stenström, A.-B. 1994. *An Introduction to spoken interaction.* London: Longman.

Strang, B.M.H. 1970. *A history of English.* London: Methuen.

Stuart-Smith, V. 2001. *Rhetorical structure theory as a model of semantics: a corpus-based analysis from a systemic-functional perspective.* Macquarie University: Ph.D. thesis.

Talmy, L. 1985. Lexicalisation patterns. In: Shopen, T. (ed.) *Language typology and syntactic description. Volume III. Grammatical categories and the lexicon.* Cambridge: Cambridge University Press. 57–149.

Taverniers, M. 2002. *Metaphor and metaphorology. A selective genealogy of philosophical and linguistic conceptions of metaphor from Aristotle to the 1990s.* (Studia Germanica Gandensia: Libri, 1) Ghent: Academia Press.

Teich, E. 2009. Computational linguistics. In: Halliday & Webster (eds). 113–127.

Tench, P. 1990. *The roles of intonation in English discourse.* Frankfurt: Peter Lang.

Tench, P. 1996. *The intonation systems of English.* London: Cassell.

Teruya, K. 2004. Metafunctional profile of Japanese. In: Caffarel, Martin & Matthiessen (eds). 185–254.

Teruya, K. 2007. *A systemic functional grammar of Japanese.* London and New York: Continuum.

Teruya, K., Akerejola, E., Andersen, T.H., Caffarel, A., Lavid, J., Matthiessen, C., Petersen, U.-H., Patpong, P. & Smedegaard, F. 2007b. Typology of MOOD: a textbased and system-based functional view. In: Hasan, Matthiessen & Webster (eds). 859–920.

Tesniere, L. 1959. *Éléments de syntaxe structurale*. Paris: Librairie C. Klincksieck.

Thai, M. D. 2004. Metafunctional profile: Vietnamese. In Caffarel, Martin & Matthiessen. (eds). Thibault, P. J. 2004. *Brain, mind and the signifying body: an ecosocial semiotic theory*. London & New York: Continuum.

Thompson, G. 1996. *Introducing functional grammar*. London: Hodder Education.

Thompson, G. 2004. *Introducing functional grammar*. Second edition. London: Hodder & Stoughton Educational.

Thompson, G. & Hunston, S. (eds) 2006. *System and corpus: exploring connections*. London & Oakville: Equinox.

Thompson, S.A. 1984. Grammar and written discourse: initial vs. final purpose clauses in English. Nottingham Linguistic Circular 13. Also in *Text* 5(1/2): 55–84.

Thomson, D. 1994. *A biographical dictionary of film*. London: André Deutsch.

Tognini-Bonelli, E. 2001. *Corpus linguistics at work*. Amsterdam: Benjamins.

Tottie, G. & Hoffmann, S. 2006. Tag questions in British and American English. *The Journal of English Linguistics* **34**: 283–311.

Trask, R.L. 1993. *A dictionary of grammatical terms in linguistics*. London: Routledge.

Traugott, E.C. 1985. Conditional markers. In: Haiman, J. (ed.) *Iconicity in syntax*. Amsterdam & Philadelphia: Benjamins. 289–307.

Traugott, E.C. 1997. The role of the development of discourse markers in a theory of grammaticalization. Paper presented at ICHL XII, Manchester 1995, Version of 11/97. Published as Le rôle de l'évolution des marqueurs discursifs dans une théorie de la grammaticalization, in Fernandez-Vest, M.M.J. & Carter-Thomas, S. (eds) *Structure informationallée et particules énonciatives: essai de typologie*. Paris: L'Harmattan. 295–333.

Tucker, G.H. 1998. *The lexicogrammar of adjectives: a systemic functional approach to lexis*. London: Cassell.

Tucker, G. 2001. Possibly alternative modality. *Functions of language* **8** 2: 183–215.

Tucker, G. 2007. Between grammar and lexis: towards a systemic functional account of phraseology. In: Hasan, Matthiessen & Webster (eds). 953–977.

Vandenbergen, A.-M., Taverniers, M. & Ravelli, L. (eds) 2003. *Grammatical metaphor: views from systemic functional linguistics*. Amsterdam: John Benjamins.

van Dijk, T.A. (ed.). 1985. *Handbook of discourse analysis*. Volume 2. New York: Academic Press.

Van Valin, Jr., R.D. & LaPolla, R.J. 1997. *Syntax: structure, meaning and function*. Cambridge: Cambridge University Press.

Veel, R. 1997. Learning how to mean — scientifically speaking: apprenticeship into scientific discourse in the secondary school. In Christie, F. & Martin, J.R. (eds) *Genre and institutions: social processes in the workplace and school.* London: Cassell. 161–195.

Watts, R.J. 2003. *Politeness.* Cambridge: Cambridge University Press.

Webster, J.J. 1993. Text processing using the Functional Grammar Processor. In: Ghadessy (ed.). 1993. 181–195.

Wells, J.C. 2006. *English intonation: an introduction.* Cambridge: Cambridge University Press.

Whorf, B.L. 1956. *Language, thought, and reality: selected writings.* With an introduction by John B. Carroll. Cambridge, Mass.: The MIT Press.

Williams, G. 2005. Grammatics in schools. In: Hasan, Matthiessen & Webster (eds). 281–310.

Wilson, R. 1986. *100 Dinosaurs from A to Z.* New York: Grosset & Dunlap.

Wu, C. 2000. *Modelling linguistic resources.* Macquarie University: Ph.D. thesis.

Wu, C. 2009. Corpus-based research. In: Halliday & Webster (eds). 128–142.

索　　引

* 本部分所标数字为本书边码，即原英文版页码。

ability [modality] 能力［情态］265, 696
　see also modulation; potentiality; readiness 另见意态；潜势性；意愿
Absolute [modal function] 独立成分［情态功能］196, 202
absolute/relative location 绝对 / 相对处所 317
abstract 抽象 58, 63, 239, 271, 384, 385, 423
　circumstances 环境 317—318, 332
　existential clause 存在小句 310
　material clause 物质小句 243—245, 250, 253, 507
　relations 关系 216, 262, 296, 497
　space/location 空间 / 处所 223, 317—318, 418, 425, 466, 482, 566, 727
abstraction [type of thing], abstract thing 抽象［事物类型］，抽象事物 75, 178, 245, 251, 263, 295, 307, 309, 313, 372, 385, 391, 395—396, 547, 648
abstraction, level of 抽象，抽象的层次 286
accent, and syllables 方言，音节 12, 118, 124, 262, 305, 354, 475, 478
　see also tonic prominence 另见调核突出
Accompaniment [circumstance] 伴随［环境］238, 270, 312, 314, 324—325, 326, 344, 348, 364, 433, 666, 676
　abstract 抽象 332
　additive 添加 325
　comitative 随同 324—325, 333
accompaniment 伴随
　material clause type 物质小句类 236, 238
　modulation type 意态类 574, 589
　relational clause type 关系小句类 290, 293, 294
accusative [case] 宾格［格］227, 338, 340, 525
act [clause] 行为［小句］247, 251—253, 258, 503—508, 716
　as Phenomenon 作现象 247, 251—253, 258
　process type, environments of 过程类型，过程类型的环境 261, 506
active [voice] (in verbal group) 主动［语态］（在动词词组中）140, 151, 227—228, 244, 281, 282, 318—319, 343, 349—350, 355, 379, 399, 400, 410, 412, 416, 575—578, 640, 702
　see also operative/receptive 另见施动 / 受动
Actor [participant] 动作者［参与者］76—84, 126, 148, 149, 213, 219, 224—250, 261, 292, 307, 311, 327, 330, 333, 334—337, 339—341, 343—344, 347, 349, 352—353, 355, 384—385, 416—419, 425, 451, 496, 571—583, 586, 599, 728
　act clause as 行为小句作动作者 506
　clause function 小句功能 451
　and Goal 和目标 352, 730

versus Means 对比手段 318—319
in metaphorical clause 在隐喻小句中 727
and Scope 和周界 213, 237, 239—241
and Subject 和主语 76—84, 146, 211, 280
addition [logico-semantic relation] 添加［逻辑语义关系］451, 460, 471—472, 474—476, 497, 565, 613, 616, 670
manifested in Accompaniment 在伴随中体现 324—325, 332, 344
additive 添加性的 108, 471—472
adversative 转折的 472—473
cohesive 衔接性的 613, 616
fractal manifestation 分形体现 670
hypotactic 主从关系 474
paratactic 并列关系 472
positive/negative 肯定 / 否定 472, 474, 616
rhetorical relation 修辞关系 658
see also extension 另见延伸
adjectival group 形容词词组 391
adjective [word class] 形容词［词类］59, 60, 67, 74—75, 77, 153—154, 229, 379—380, 384, 419, 426, 729
adjective clause 形容词性小句 491
as Attribute 作属性 153—154, 229, 268, 270, 272, 273, 274, 275, 327, 422, 540—542
as Classifier 作类别语 379, 382, 388, 427
comparative reference 比较照应 626, 633
as Complement 作补语 153—154
as Epithet 作特征语 270, 320, 364, 376—377, 379, 382, 388, 391, 393, 427, 492, 626, 654, 680—685
as Event 作事件 427
as post-Deictic 作后指示语 373—374, 379, 427, 626, 680—685, 726
sub-modification of 形容词的次修饰 419
as Value 作价值 278
in verbal group as Predicator 在动词词组中作谓语 174, 270, 586
Adjunct [modal function] 附加语［情态功能］77, 83, 84, 148—149, 154—159, 160—162, 167, 186, 194, 203—205, 558, 708—709, 726
Actor as (in receptive clause) 动作者作附加语（在受动小句中）225, 228, 576, 577, 578
adverbial group as 副词词组作附加语 362, 363, 419—420
Agent as (in receptive clause) 施事者作附加语（在受动小句中）332, 350, 351, 355, 576, 577, 578
in alarms (minor clause) 在警告中（非完全小句）196
circumstantial 环境附加语 311, 331—332, 470, 495, 562, 571, 598, 662
comment 评论附加语 107—110, 149, 158, 159, 170, 172, 184, 190—193, 374, 470, 538, 677, 725
comment *versus* conjunctive *versus* mood Adjunct 对比评论附加语、连接附加语与语气附加语 614—615, 616
conative Adjunct 意动附加语 577
conjunction group as 连词词组作附加语 363
conjunctive 连接附加语 107—110, 143, 157—159, 472, 608, 611, 613—614, 617, 618, 619
interpersonal 人际附加语 84, 107—110, 111, 540, 552, 676
Medium as (in receptive clause) 中介作附加语（在受动小句中）351
mental clause as mood Adjunct 心理小句作语气附加语 687, 693
modal 情态附加语 109, 184, 186, 437, 677,

680—685, 699, 725
mood 语气附加语 107, 143, 172, 175—176, 179, 180, 181, 184, 187—189, 316, 320, 637, 687, 688, 693
phrasal verb particle as 短语动词作附加语 104, 351, 416—418
of polarity 归一度的附加语 172, 176—177, 637
prepositional phrase as 介词短语作附加语 331—332, 363, 424—425
in Residue 在剩余部分中 151—164
textual 语篇附加语 84, 107—108, 437, 598
as Theme 作主位 98—100, 101, 102, 103, 104, 105, 106
there as circumstantial Adjunct *versus* Subject *there* 作环境附加语与 *there* 作主语 309
time, order of 时间附加语，时间附加语的顺序 404
Token as (in receptive clause) 标记作附加语（在受动小句中）294
WH-interrogative, conflation with WH- 疑问，与之重合 160, 163—164
adverb [word class] 副词［词类］74, 75, 77, 152, 185, 426—427, 617
comparative 比较副词 313, 420, 626, 633
degree 程度副词 270, 313, 320, 420
demonstrative 指示副词 629
as Head 作中心语 419—421, 629
intensity 强度副词 189
interrogative 疑问副词 313, 421
manner 方式副词 671
means 手段副词 420
modal 情态副词 185, 189, 688, 693
as part of phrasal verb 作短语动词的一部分 152, 411, 413—415, 417
place 地点副词 313, 364
as Premodifier 作前置修饰语 420—421
quality 品质副词 59, 319, 420
relative 关系副词 499
as Sub-Modifier 作次修饰语 391
temporality 时间性 189
time 时间副词 313, 364
adverbial [word class] 副词性成分［词类］75, 423, 427
see also adverb; conjunction 另见副词；连接
adverbial clause (use of term) 状语从句（术语使用）447, 481
see also hypotaxis: enhancement 另见主从关系：增强
adverbial conjunction 副词性连接 484
adverbial group [group class] 副词词组［词组类］76, 92, 152, 212, 331, 362—363, 419—423, 427, 433, 434, 499, 726
as Adjunct 作附加语 98, 100, 108, 152, 154—155, 158, 311, 320, 362—363, 419—420, 726
as circumstance, circumstantial Adjunct 作环境，环境附加语 155, 222, 316, 319, 320, 419—420, 665
as Attribute 作属性 290
as Complement 作补语 154, 290
as Degree 作程度 320
ellipsis 省略 608
hypotaxis 主从关系 559, 564
as Location 作处所 316
as modal Adjunct 作情态附加语 700
parataxis 并列关系 559, 564
post-modification in 副词词组中的后置修饰 422—423, 424, 492
pre-modification in 副词词组中的前置修饰 419—420, 500

prepositional phrase, in nexus with 介词短语，与之构成组连 559, 561, 562, 563, 565—567
reference 照应 626, 629, 633
as Subject 作主语 140, 292
as Theme 作主位 92, 98, 100, 104
as Token 作标记 292
as WH-element 作 WH- 成分 164
adverbial phrasal verbs 副词性短语动词 104, 411, 413—417
adversative [logico-semantic relation] 转折［逻辑语义关系］108, 431, 471, 487, 670
versus concessive 对比让步 487, 621
conjunctive Adjunct 连接附加语 108, 612, 613, 616, 617, 621, 622
hypotactic nexus 主从组连 474, 475, 476
paratactic nexus 并列组连 472, 473
agency [transitivity system] 施事性［及物性系统］218, 350, 354—355, 356—358, 578, 590, 600
and causatives 和使役 578—584
(external) agency（外在）施事性 340, 342—343, 349, 352
versus instrumentality 对比工具性 318—319
and means 和手段 318—319
and middle/effective 和中动 / 施效 349, 350, 356—358, 543, 600
and transitivity system network 和及物性系统网络 355
and voice system 和语态系统 350
see also Agent 另见施事者
Agent [participant] 施事者［参与者］330, 342—343, 348, 363, 384, 417, 452, 486, 590—591, 597, 602
and Actor 和动作者 330, 347, 573, 574, 576, 577, 578, 579, 599
versus Actor (use of term) 对比动作者（术语的使用）225
and Assigner 和指派者 344, 352, 353, 355
and Attributor 和归属者 344, 352, 355
and Beneficiary and Range 和受益者和范围 330, 344, 345, 348, 349, 350, 355, 363, 364
as Classifier (in metaphorical nominal group) 作类别语（在隐喻式名词词组中）725
in effective clause 在施效小句中 355
in ergative model 在作格模式中 334, 336—345, 347—355
as Initiator 作启动者 579, 583
versus Manner 对比方式 318—319, 322, 582
and Phenomenon 和现象 330, 347, 543, 545
second-order 二级 353
as Subject 作主语 350
as Token 作标记 330
agnation 同源 49, 184, 238, 315, 369, 426, 433—434, 462, 491, 567, 673
agreement *see* concord 一致，参见协和
alarm [minor clause] 警告［非完全小句］127, 162, 169, 195—196
alternation [logico-semantic relation] 选择［逻辑语义关系］433, 471, 472, 473—474, 475, 497, 616, 617, 669
ambiguity 歧义 298, 411, 505
between Token and Value 标记和价值之间 298
anaphoric [phoricity] 前指［照应性］118, 128
cohesion 衔接 386, 535, 538, 606, 624—625
demonstrative reference 指示照应 628—632
elements as Given 作已知信息 652—653
ellipsis 省略 127, 195, 635
personal reference 人称照应 626—628
phora, types of 指称，指称类型 624—625

reference (anaphora) 照应（前指）119, 370, 371, 386, 462, 535, 538, 606, 625—627, 628—632, 634, 653, 711, 717
and 以及
in paratactic enhancement 在并列式增强中 477, 487
in paratactic extension 在并列式延伸中 471, 473, 477, 487
Angle [circumstance] 角度［环境］314, 327, 328, 344, 348, 433, 676, 677, 681, 683
in attributive clause 在归属式小句中 271, 273, 275, 539, 541
source 来源 314, 328
viewpoint 观点 314, 328
angle [circumstantial clause] 角度［环境型小句］290
antonymy [lexical relation] 反义关系［词汇关系］61, 644, 646
apposition [logico-semantic relation] 同位［逻辑语义关系］93, 199, 440, 447, 462, 464, 467
cohesive conjunction, conjunctive Adjunct 衔接性连接，连接附加语 613, 615
fractal manifestation 分形体现 670
in group/phrase complex 在词组 / 短语复合体中 559, 560
as subtype of elaboration 作详述的子类 447, 462, 464, 559, 560, 613, 615, 670
see also elaboration 另见详述
appraisal [interpersonal lexis] 评价［人际词汇］30, 256, 271, 274, 307, 376, 393, 654, 655, 679
see also attitudinal (Epithet); modal assessment 另见态度（特征语）；情态评价
article [word class: determiner] 冠词［词类：限定词］368, 630
ascriptive [verb] 归附［动词］268, 290, 569
aside [in clause complex] 旁白［小句复合体中］470—471
aspect (of act) [clause system]（行为的）体［小句系统］258
aspect [verbal group system] 体［动词词组系统］xviii, 75, 87, 255, 262, 410, 411, 412, 490, 527
imperfective/perfective 非完成体 / 完成体 410, 412, 490, 517, 568, 569, 570, 574, 580, 585, 587, 699
perfect/progressive nomenclature 完成体 / 进行体命名法 406
Assigner [participant] 指派者［参与者］264, 284, 288, 311, 343, 344, 352, 353, 355
attitudinal (Epithet) 态度（特征语）376—377, 381, 384, 387, 538
as Head 作中心语 393
Attribute [participant] 属性［参与者］154, 188, 216, 219, 229, 264, 265, 267—287, 290—291, 295—296, 299, 311, 334, 344, 354, 355, 382, 466, 469, 496, 504, 519, 525, 534, 539, 559, 566, 599, 654, 669, 698, 711, 712, 721, 725, 727, 729
with act clause as Carrier 与行为小句一起作载体 506
and Complement, nature of 和补语，属性的性质 154, 155
in concessive enhancing clause, as marked Theme 在让步增强小句中，作标记主位 484
depictive/resultative 描述性 / 结果性属性 327
in elaborating clause 在详述小句中 469, 470
with fact clause as Carrier 与事实小句一起作载体 540—542, 545, 679, 688, 693

in material clause 在物质小句中 229, 232, 236, 237, 238, 242—243, 327
nominal group as 名词词组作属性 370, 391
possession as 属有作属性 264, 295, 296, 299
prepositional phrase as 介词短语作属性 154
and Process 和过程 269
as Range 作范围 346, 347, 353
versus Role 对比角色 326, 327
versus Value 对比价值 286—287
attributive clause [relational mode] 归属式小句［关系模式］154, 164, 199, 219, 262—276, 298—299, 309, 310, 343, 344, 347, 354, 355, 391, 465—466, 484, 596—598, 599, 711, 721, 725, 727
with act clause as Carrier 与行为小句一起作载体 503—504, 506
attributed (effective) 被归属的（施效）352—353
with Beneficiary 与受益者 345
circumstantial 环境型归属式小句 289—294
entity/quality [membership specification] 实体 / 品质［成员身份细化］268—271, 391
versus existential 对比存在小句 310
with fact clause as Carrier 与事实小句一起作载体 539—542, 545, 679
versus identifying clause 对比识别式小句 277—278, 286—289, 293
information flow 信息流 654
intensive 内包型 267—276, 289
versus material 对比物质小句 352
material/semiotic [domain of attribution] 物质 / 符号［归属领域］272—273
versus mental clause 对比心理小句 274—276
neutral/phased [phase of attribution] 中性的 / 带相的［归属相］271—272
possessive 属有型归属式小句 294—296
reduced (implicit Process) 简化的（隐性过程）382, 470, 490
verb classes 动词类 269
Attributor [participant] 归属者［参与者］264, 288, 311, 525
as Agent 作施事者 343, 344, 352, 353, 355
augmentation [circumstantial] 增强成分［环境］221, 434—435,
Auxiliary [function in verbal group] 助动词［动词词组中的功能］77, 397—398, 410—412, 427, 591
auxiliary verb [word class] 助动词［词类］75, 77, 108, 184, 396—398, 411, 427, 525
as Finite verbal operator 作定式动词操作语 641, 688

backchannelling 反向通道 196
be [word class verb] *be*［词类动词］
and adjective in verbal group 和动词词组中的形容词 427
as auxiliary 作助动词 77, 397, 398, 410, 412
in existential clause 在存在小句中 309
as Predicator 作谓语 153
in relational clause 在关系小句中 262, 269, 278
Behalf [circumstance] 利益［环境］237, 313, 321, 322, 332, 344, 358
Behaver [participant] 行为者［参与者］219, 301, 311, 333, 334, 355, 503
as Medium 作中介 343, 344, 355
with Process realized by conative hypotactic verbal group complex 与由主从式意动动词词组复合体体现的过程一起 568, 576—577, 578
Behaviour [participant] 行为［参与者］301,

311, 312
as Range 作范围 344, 346, 347
behavioural clause 行为小句 65, 214, 215, 218, 219, 225, 300, 301—302, 306, 310, 311, 333, 334, 343, 344, 345, 346, 347, 568, 572, 649
with act clause as Behaviour 与行为小句一起作行为 504, 506
behavioural process in hypotactic conative verbal group complex 主从式意动动词词组复合体中的行为过程 576
with direct speech (quote) 与直接言语（引语）一起 515, 522, 524
benefactive 受益 237, 322, 345—346
Beneficiary [participant] 受益者［参与者］306, 311, 330, 342, 344, 345—346, 349—350, 355, 363, 364
in attributive clause 在归属式小句中 345
in material clause [Recipient, Client] 在物质小句中［领受者、委托者］345
in receptive clause 在受动小句中 346, 350
in relational clause 在关系小句中 345
as Subject 作主语 346, 350
in verbal clause [Receiver] 在言语小句中［受话者］345
see also Client; Receiver; Recipient 另见委托者；受话者；领受者
binary opposition 二元对立 68
binder [word class] 连结词［词类］75, 126, 171, 423, 427, 453, 454, 471, 482, 494, 502, 531
as structural textual Theme 作结构语篇主位 107—108, 109, 112
see also conjunction; hypotaxis 另见连接；主从关系
bracketing *see* nesting 括弧，见套叠

call [minor clause] 称呼［非完全小句］127, 162, 195—196
tone 声调 169
yes in response to 回应的 *yes* 175
Carrier [participant] 载体［参与者］219, 264, 267, 272—273, 286—289, 299, 311, 334, 355, 519, 525, 534, 539, 540, 566, 599, 654, 711, 712, 727
in circumstantial clause (contrasting with existential clause) 在环境型小句中（与存在小句对比）291—292
in construal of ambient conditions 在周围环境的识解中 310
fact clause as 事实小句作载体 541, 542, 679, 688, 698
as Medium 作中介 343, 344, 353, 355
metaphorical entity as 隐喻实体作载体 721, 725
on model of circumstance of Mean 手段环境的模式 289
in possessive clause 在属有小句中 295—296
case [nominal] 格［名词格］74, 89, 148, 338, 340, 363
accusative［宾格］338
dative 受事格 249
nominative 主格 141, 147, 148, 227, 281, 338, 340, 422, 486
oblique 间接格 227, 280, 338, 422, 486, 696
of personal pronoun 人称代词的格 338
of Senser 感知者的格 249
cases [nouns of fact] 事例［事实名词］536, 537, 549
cataphoric [reference] 后指［照应］538, 624, 625, 629, 630, 631, 632, 634, 711, 717
causative 使役 257, 352, 526—527, 578—584
and agency 和施事性 568, 575
analytic 分析性 351, 352

elaborating: phase 详述：相 580—581
enhancing: modulation 增强：意态 582—584
extending: conation 延伸：意动 581—582
versus projection 对比投射 585
Cause [circumstance] 原因［环境］271, 273, 275, 307, 312, 313, 314, 320—322, 325, 331, 332, 336, 344, 348, 363, 720
Behalf 代表 237, 322, 332, 344
Purpose 目的 321—322, 344
Reason 理由 321, 344
cause 原因 352, 672—676
ideational 概念原因 41, 433, 444, 476, 477, 479, 481, 483, 485, 487, 497, 501, 563, 580, 590—591
internal 内在原因 721
modulation 意态 574, 589
relational clause 关系小句 290, 293, 294
textual 语篇原因 619, 621, 565
certainty [modality] 确定性［情态］144, 176, 517, 531, 642, 698
fact [noun] 事实［名词］536, 541
tone 声调 167, 168
chances [fact nouns] 机会［事实名词］536, 537, 549
circumstance [modulation] 环境［意态］578
circumstance [rhetorical relation] 环境［修辞关系］551, 658
circumstance [transitivity role] 环境［及物性角色］154, 212, 213, 214, 220—223, 224, 226, 227, 237, 239, 242, 246, 251, 257, 270, 271, 273, 288, 289, 302, 306, 307, 308, 309, 310—332, 336, 339, 344, 348, 349, 361, 414, 479, 497, 541, 605, 666, 667, 676
abstract 抽象 332, 418
realized by adverbial group 由副词词组体现 362, 363—364, 419—420, 665
and Attribute in material clause 和物质小句中的属性 242
in attributive relational clause 在归属式关系小句中 271
as augmentation of clause *versus* clause nexus 作为小句的增强成分与小句组连的对比 432—435, 444, 470
in behavioural clause 在行为小句中 302
circumstantial Adjunct 环境附加语 102, 155, 156, 158, 160, 161
circumstantial Attribute 环境属性 264, 268, 566
in embedded clause 在嵌入小句中 497
in existential clause 在存在小句中 43, 291, 308, 309
in grammatical metaphor 在语法隐喻中 250, 367, 378, 383, 720, 723
versus modal Adjunct 对比情态附加语 192, 331—332
and participants 和参与者 222, 243, 306, 347, 348
and phrasal verb 和短语动词 417
realized by prepositional phrase 由介词短语体现 362, 363—364, 425, 665
versus Qualifier 对比定性语 270, 331, 383, 723
status of 环境的地位 328—332
as Theme 作主位 91,102, 105, 111, 112, 674
types of 环境的类型 310—332
circumstance type [adverbial group] 环境类［副词词组］87
circumstantial relational clause 环境型关系小句 289—294
attributive 归属式 290—292

attributive/identifying distinction 归属式 / 识别式的区分 293
identifying 识别式 292—293
see also possessive clause 另见属有型小句
circumstantiation [circumstantial transitivity] 环境［环境及物性］289, 312, 669, 673, 676
clarification [elaborating logico-semantic relation] 阐述［详述逻辑语义关系］462, 464, 465, 467, 469, 613, 615, 616, 670
class [of grammatical unit] 类［语法单位的］83, 84, 86—87
clause 小句 127, 492
group (and phrase) 词组（和短语）76—77, 91, 100, 262—263, 559
adverbial group 副词词组 76, 419—423
conjunction group 连词词组 76, 423
nominal group 名词词组 76, 364—396
preposition group 介词词组 76, 423
prepositional phrase 介词短语 424—426
verbal group 动词词组 76, 396—419
word 词 59, 60, 69, 70, 74—77, 221—222, 364, 379, 384, 388, 426—427
adjective [as post-Deictic] 形容词［作后指示语］374
adverb 副词 419—420
conjunction 连词 454
noun 名词 537, 540, 541, 549
verb 动词 223, 278, 396, 411
see also function-rank matrix 另见功能-级阶矩阵
Classifier [nominal group function] 类别语［名词词组功能］60, 77, 364, 377—378, 380, 382, 390, 391, 393, 394, 452, 558, 667, 723, 725, 728, 729
class-membership 类别成员资格 262—263, 267, 277, 293, 381
clause 小句 8—10, 16—17, 20, 21, 22—24, 30, 32, 34, 43, 44, 45, 49, 50, 55, 63, 65, 68, 71, 73, 74, 76—87
bound 非自由小句 76, 97, 126—127
as central processing unit 作核心加工单位 10, 22
complex 复合体 8, 10, 16, 17, 44, 85, 114, 309, 428—556
ellipsis (and substitution) in 小句中的省略（和替代）127—128, 137, 175, 193—195, 270, 422, 429, 439, 454, 479, 550, 557, 558, 606, 608, 635—639
embedded 嵌入 125, 127, 140, 154, 171, 172, 197—200, 206, 252, 292, 362, 382, 383, 422, 465, 468, 484, 490—508, 533—549, 561, 564, 567, 667, 698, 711, 722
as exchange [move] 作交换［语步］134—210
experiential function of 小句的经验功能 211—358
free 自由小句 76, 97
as Head 作中心语 100
and information unit 和信息单位 46, 49, 86, 87, 92, 99, 114—121, 190, 436, 452, 550, 602, 623, 664, 715, 716
major 完全小句 23, 24, 65, 76, 97, 106, 125, 126, 151, 162, 185, 195, 196, 215, 219, 350, 511, 533, 600
as message 作消息 88—133
metafunctional lines of meaning in [trifunctional construct] 元功能三重意义［三个功能概念］83, 85, 211, 212, 662
metaphoric realization of sequence 言辞序列的隐喻体现 664, 665, 721, 722, 723
minor 非完全小句 23, 24, 76, 97, 127, 162,

169, 175, 195—197, 511, 521, 533, 596, 597, 600, 602
modal structure 情态结构 134—210
as process configuration [figure] 作过程配置［言辞］44, 83, 84, 105, 212—213, 220—221, 227, 239, 241, 243, 247, 260—262, 272, 300, 314, 324, 333—334, 347, 351, 352, 411, 432, 451, 593, 662, 715, 716
as representation [figure] 作表征［言辞］211—358
thematic structure 主位结构 88—133
transitivity structure 及物性结构 211—358
see also information unit; sentence 另见信息单位；句子
clause complex 小句复合体 8, 10, 16, 17, 44, 85, 114, 309, 428—556
and augmentation 和增强成分 443—445
ellipsis 省略 558
everyday reasoning 日常推理 431—432
expansion 扩展 431—432, 443—445, 447—448, 453, 502
metaphoric realization 隐喻体现 698—701
nesting (internal) 套叠（内在）442, 450—451, 455—456
primary/secondary clause 基本小句 / 次要小句 442—443
projection 投射 442, 443—445, 584—588, 698—701
and sentence [orthography] 和句子［正字法］6—7, 16, 436—437
as (realization of) sequence 作言辞序列的（体现）423—430
tactic augmentation 配列关系增强成分 435, 441
thematic organization 主位组织 126—128
tone concord 声调协和 553—554
as univariate structure 作单变元结构 437
versus verbal group complex 对比动词词组复合体 584—588
see also clause nexus; sentence; taxis 另见小句组连；句子；配列关系
clause nexus 小句组连 445
expansion 扩展 443—445
primary/secondary clause 基本小句 / 次要小句 411—412
projection 投射 701—703, 711—712
Theme in 小句组连中的主位 551—552
cleft clause, *see* theme predication 分裂小句，参见谓项主位
Client [participant] 委托者［参与者］234—236, 238—240, 322—323
cline 连续统
of delicacy 精密度连续统 22—23, 65, 66—67, 219—220
of instantiation 实例化连续统 27—28, 593—594
lexicogrammatical 词汇语法连续统 64—67
closure 封闭性 67—68
co-reference 共指 625—626
see also demonstrative reference; personal reference; reference 另见指示照应；人称照应；照应
cognitive [mental] 认知［心理］245—247, 248, 257
cohesion [textual system] 衔接［语篇系统］115
componential/organic 成分衔接 / 有机衔接 608, 652
logogenetic chains 语篇发生链 607—608
semantics 语义学 659—660
textual metafunction 语篇元功能 603

textual transitions/statuses 语篇转换 / 地位 607—608
types of 衔接类型 608
see also conjunction; conjunctive Adjunct; ellipsis; lexical cohesion; logogenetic patterns; reference; substitution; texture 另见连接，连接附加语；省略；词汇衔接；语篇发生模式；照应；替代；语篇组织
collective 集体
versus distributive 对比个体 62—63
noun 名词 384—385
collocation 搭配
inceptive attributive clause 起始归属式小句 271—272
lexical cohesion 词汇衔接 648—650
syntagmatic axis 组合轴 59—60
comitative [Accompaniment] 随同［伴随］324
command [speech function] 命令［言语功能］
metaphorical realization of 命令的隐喻体现 705—707
projection of 命令的投射 514—515, 523, 523—528
speech function 言语功能 137—139
Subject in 命令中的主语 194—195
see also imperative; proposal 另见祈使句；提议
comment Adjunct [modal function] 评论附加语［语气功能］
versus circumstantial Adjunct 对比环境附加语 156—157
versus mood Adjunct 对比语气附加语 190, 420
position in clause 小句中的位置 190—193
propositional type 命题类型 190, 191, 192
realization 体现 186
speech functional type 言语功能类型 191, 192—193
system network of 评论附加语的系统网络 190
as Theme 作主位 107—110
commodity [speech function system] 商品［言语功能系统］135—136
see also goods-&-services/information 另见物品-服务 / 信息
common noun 普通名词 223—224, 272, 384—385, 626—627
common verb 普通动词 223—224
comparative conjunction 比较连词 613—614, 619
comparative reference 比较照应 626, 632—634
comparison 比较
adverbial group, pre- and post-modification 副词词组，前置和后置修饰 419—423
hypotactic enhancement 主从式增强 483
paratactic enhancement 并列式增强 479
Complement [modal function] 补语［情态功能］
versus Adjunct 对比附加语 98, 153—146
adverbial group/prepositional phrase as 副词词组 / 介词短语作补语 154, 290
Attribute as 属性作补语 153—154
minor ～ in prepositional phrase 介词短语中的次要补语 154—155, 163—164, 424
nominal group as 名词词组作补语 153—154, 245
versus ‘Object’ as label 对比“宾语”标签 154
oblique case for 补语的间接格 280—282
in relational clause 在关系小句中 153—154, 279, 280—282
in Residue structure 在剩余部分中 153—154
as Theme 作主位 97—99
versus verbal group complex analysis 对比动词词组复合体分析 567—568

and WH-interrogative 和 WH- 疑问句 163—164
complex *see* clause complex; clause nexus; group: group/phrase complex; word: complex 复合体，参见小句复合体；小句组连；词组：词组 / 短语复合体；词语：复合体
compound noun 合成名词 379
conation [hypotactic verbal group complex] 意动［主从式动词词组复合体］572—573, 576—577, 581—582
Concession [circumstance] 让步［环境］323
concession [enhancing relation] 让步［增强关系］478, 480, 483—484, 485, 563, 574, 656
concord 协和
mirror 镜像 404
within Mood element 在语气成分内 140—141
tone 声调协和 461—462, 464, 465, 467—470, 553—554
Condition [circumstance] 条件成分［环境］323
condition [enhancing relation] 条件关系［增强关系］477—478, 479—480, 483—484, 485, 619—620
congruent [metaphor] 一致式［隐喻］
ideational metaphor 概念隐喻 709—712, 712—715
interpersonal metaphor 人际隐喻 701—707
conjunction [word class] 连词［词类］
classes of 连词的词类 76, 609
complex 复合体 613, 617—618
elaborating 详述 615—616
enhancing 增强 617—620
extending 延伸 616—617
external 外在 611—612
implicit 隐性 620—622
instantiation in text 语篇中的实例化 620—622
internal 内在 541—542, 611—612
logico-semantic relations 逻辑语义关系 614—615
system of 连词的系统 615
as Theme 作主位 107—108, 109—110, 126—127
see also binder; conjunctive Adjunct; linker 另见连结词；连接附加语；连系词
conjunction group [group class] 连词词组［词组类］423
conjunctive [word class] 连接词［词类］75
conjunctive Adjunct 连接附加语
versus circumstantial Adjunct 对比环境附加语 156—157
cohesion 衔接 157, 609—611, 613—614
position 位置 157—158
as Theme 作主位 107—108, 109—110, 126—127, 424, 611—612
conjunctive marker 连接标记
cohesion 衔接 464, 478—479
hypotaxis/parataxis 主从关系 / 并列关系 454
multivalent 多变元 487
constituency 成分关系
graphological 字系学的 6—7
lexicogrammatical 词汇语法的 7—10
and metafunctions 和元功能 84—86
phonological 音系学的 5—6, 11—17
semantic 语义的 665
structure 结构的 85—86, 456—457
construction grammar 构式语法 66
Contingency [circumstance] 或然［环境］323—324
continuative 连续语 107—108, 126—127, 196—197

see also cohesion 另见衔接
continuity 连续 603—604
contrast 对比
comparative reference 比较照应 632—633
ellipsis 省略 635—642
in verbal group 在动词词组中 413
coordination 并列 472, 478, 562—563
see also parataxis 另见并列关系
copular verb 系动词 262
see also relational clause 另见关系小句
corpus 语料库
authentic data 真实数据 52
automated analysis, problems with 自动分析，自动分析中的问题 69—70
computational database system 计算机数据库系统 69—71
computerized 计算机化的语料库 51
concordancing tools 语料库检索工具 70—71
data-gathering *versus* theorizing 数据搜集与理论化 52—53
and grammar 和语法 52, 66, 69—74
and instantiation 和实例化 30—31
quantitative studies 定量研究 52—53
spoken language, studies of 口语，口语的研究 52
see also text: archive 另见语篇：文本库
correlative [conjunction] 关联词［连词］454
count noun 可数名词 385
see also number 另见数
creative [material clause] 创造类［物质］小句
versus existential 对比存在小句 309
versus transformative 对比转化类小句 231—232, 234—235, 238
culmination 达顶模式 84, 85, 116, 126, 451, 452

declarative [mood] 陈述［语气］
structure of Mood 语气结构 143
Theme in 陈述小句中的主位 97—101, 104, 105
tone/key in 陈述小句中的声调 / 调式 167—169
see also indicative; statement 另见直陈语气；陈述
Default [circumstance] 默认成分［环境］323
defining 界定
Deictic 指示语 382
Token and Value 标记和价值 285, 287—288
defining relative clause 限定关系小句 493—494
finite 定式 494
imperfective/perfective 非完成体 / 完成体 494—495
non-finite 非定式 494—495
as Qualifier 作定性语 383
Deictic 指示语 60, 77, 379
defining 限定 383
determinative 限定性指示语 365, 366, 367
and Finite 和定式成分 397—398
as Given 作已知信息 117—119
as Head 作中心语 390—391, 392
interrogative as 疑问句作指示语 365, 366, 367
non-specific 泛指 366, 368, 389
number system 数的系统 369—370
personal reference 人称照应 627, 628
post-Deictic 后置指示语 373—374
specific 特指 366, 367, 368
tense 时态 398
thematic principle 主位原则 387—388
verbal group 动词词组 412
WH- and TH-items WH- 和 TH- 项 113—114
deicticity 指示性 144, 412
constraint in interpersonal metaphors 人际

隐喻中的局限 702—703, 705—706
delicacy [cline] 精密度［连续统］22—23, 218
and grammar-lexis continuum 和语法词汇连续统 65, 66—67
demonstrative 指示
demonstration identifying clause 指示识别式小句 285
determiner 限定词 365, 628
pronoun 代词 91, 100, 628—632
demonstrative reference [cohesion] 指示照应［衔接］628—632
endophoric 内指照应 629—630
exophoric 外指照应 629
locative 处所照应 632
proximity 邻近性 629—630
deontic [modality] 道义［情态］692
see also modulation; obligation 另见意态；义务
dependency 从属关系
structure 结构 456
dependent clause *see* hypotaxis 从属小句，参见主从关系
desiderative [type of sensing] 渴求［感知类型］256, 257, 258, 274, 516—517, 545—546, 584, 587
determination 限定
in metaphorical mental clause 在隐喻式心理小句中 716
nominal group system network 名词词组系统网络 366
determinative reference 限定性照应 627, 628—629
determiner [nominal word class] 限定词［名词性词类］364
demonstrative 指示代词 365, 366, 628
possessive 属有限定词 365, 366, 367
proximity 邻近性 366—367
total/partial 完全 / 部分限定词 368
dialogue 对话 134—139
dimension, of language 维度，语言的维度，20, 21, 70
direct speech [paratactic projection] 直接言语［并列式投射］
intonation 语调 512
projected/projecting clause 被投射的 / 投射小句 512—513
prosodic marker 韵律标记 513
verb serving as Process in 在直接言语中充当过程的动词 514
see also locution; projection; verbal clause 另见言辞；投射；言语小句
discontinuous 非连续性
nominal group complex 名词词组复合体 561
Predicator (verbal group) 谓语（动词词组）152, 221, 222, 568, 571, 579
Residue 剩余部分 155, 156
Subject 主语 199
discourse 话语 10, 25, 51, 91, 111
flow of 话语流 15, 17, 31, 88, 107, 114—115, 116, 126, 332, 457, 482, 549, 551
marker, particle (use of terms) 标记词，小品词（术语的使用）609
multimodal 多模态 46
referent 照应物 365, 675, 712, 716, 717, 723
situated 情景话语 72
unfolding 展开 68, 618, 717
see also logogenesis; text 另见语篇发生；语篇
discourse Adjunct 话语附加语 108, 110
see also conjunctive Adjunct *do* 另见连接附加语 *do*
in imperative 在祈使句中 706

as pro-verb 作代动词 95, 255, 640, 641
doing [field of activity] *doing*[活动领域] 35, 40, 48, 58, 594
doing as example texts *doing* 作为示例语篇 168, 520, 594
downgrading 级下移 719—726
duration/inception [phase] 持续 / 起始 [相] 269, 570—571
dynamic [modality] 动力 [情态] 692
see also modulation; potentiality 另见意态；潜势性

effective [agency] 施效性 [施事性] 350, 355, 598
elaboration [logico-semantic relation] 详述 [逻辑语义关系]
attributive clause 归属式小句 470
causative 使役 580—581
circumstance 环境 326—328
clause nexus 小句组连 445
conjunction 连接 611—614
embedded clause 嵌入小句 493—496
hypotactic 主从式详述
adverbial/prepositional group 副词 / 介词词组 566—567
finite clause 定式小句 465—468
functions of 详述的功能 464—465
non-defining relative clause 非限定关系小句 462, 464, 465- 468, 493—494
non-finite clause 非定式小句 468—470
nominal group nexus 名词词组组连 564
passive [verbal group complex] 被动 [动词词组复合体]575—576
relative clause 关系从句 461
verbal group nexus 动词词组组连 569—571
hypotactic/paratactic 主从关系 / 并列关系 446, 461—462
lexical cohesion 词汇衔接 642—647
paratactic apposition 并列同位 560—562
clarification 阐述 463—464
exemplification 例证 463
exposition 说明 462—463
relational clause 关系小句 462
semantic domains 语义域 667—669
transformative material clause 转化类物质小句 232—235
see also Role 另见角色
ellipsis [cohesion] 省略 [衔接]603—607
in clause 在小句中 635—639, 642
in clause complex 在小句复合体中 558
continuity/contrast 连续 / 对比 635—637
hypotaxis/parataxis 主从关系 / 并列关系 460
in nominal group 在名词词组中 640—642
and reference 和照应 634, 641
and Residue 和剩余部分 193, 637—640
of Subject 主语的省略 193—194, 429, 455
substitution, as variant of 替代，作省略的变体 636
text analysed for 省略和替代分析语篇 643
and textual statuses 和语篇地位 650—654
in verbal group 在动词词组中 413, 639—640
WH-ellipsis WH- 省略 638—639
yes/no ellipsis *yes/no* 省略 193, 635—638
embedding 嵌入
adverbial group Postmodifier 副词词组后置修饰语 421—422, 424
expansion 扩展
act clause 行为小句 503—507
defining relative clause 限定关系小句 670—673
elaborating 详述 494—497

enhancing 增强 497—502
extending 延伸 497
as Head 作中心语 490—491
nominal group 名词词组 490—492
nominalization of process 过程的名词化 503—505
process type environments of 嵌入的过程类型环境 506
projection 投射 506—507
fact clause 事实小句 124—125, 540—541
locution/idea 言辞 / 思想 509
discourse creation 话语创造 534—535
nouns of fact 事实名词 535
nouns of projection 投射名词 535
as Qualifier in nominal group 作名词词组中的定性语 533—534
enabling [field of activity] 使能［活动领域］30, 36, 37, 40
enacting [mode of meaning] 达成［意义模式］85
endocentric 向心结构 437
see also phrase 另见短语
endophoric reference 内指照应 624—625
enhancement [logico-semantic relation] 增强［逻辑语义关系］
categories and markers 范畴和标记语 476—478
causative 使役 582—583
circumstances 环境 313—323, 497—498, 498—499
clause complex 小句复合体 445
concession 让步 479—480, 483, 485, 563, 614
condition 条件 479, 483—484, 614, 618—619
conjunction 连接 478, 617—621
embedded expansion 嵌入扩展 497—502
hypotactic 主从式增强 477—478
adverbial conjunction 副词性连词 484
adverbial group/prepositional phrase 副词词组 / 介词短语 566—567
finite 定式 481—484
nominal conjunction 名词性连接 484
non-finite 非定式 485—487
verbal conjunction 动词连接 484
verbal group 动词词组 573—574, 577—578
hypotactic/paratactic 主从式增强 / 并列式增强 478
paratactic 并列式增强 477—478
and 和 481
adverbial group/prepositional phrase 副词词组 / 介词短语 563
causal-conditional 原因-条件关系 479
manner 方式 478
nominal group 名词词组 563
spatial 空间 479
subordinating conjunctions 从属连接 481—482
temporal 时间 479
verbal group 动词词组 563
semantic domains 语义域 666—668, 669
transformative clause 转化类小句 232—233, 235
entity Attribute 实体属性 268
Epithet [nominal group function] 特征语［名词词组］
attitudinal 态度特征语 376—377
of assessment 评价特征语 679
and Classifier 和类别语 379
experiential 经验特征语 377—378
as Head 作中心语 270, 390
as manifestation of elaboration 作详述体现 668

as process 作过程 711—712
word class[词类] 379
equative 等价式
lexical verb 实义动词 278
thematic 主位等价式 92—97, 122, 285
equivalence [identifying clause] 等同 [识别式小句]284
ergative model 作格模式
in relation to Actor and Goal of transitivity model 相较于及物性模式中的动作者和目标 337, 339, 341
agency 施事性 342, 344, 578—579
Agent 施事者 342, 344
ergative/non-ergative pairs 作格 / 非作格对 339—340
identifying relational clause 识别式关系小句 344
lexical/grammatical 词汇 / 语法 338
material clause 物质小句 337—339
Medium 中介 341—343, 344—345
mental clause 心理小句 346—347, 352—354
participants 参与者 345—347
Process + Medium as clause nucleus 过程 + 中介作小句核心 347—348
process types 过程类型 344
receptive clause 受动小句 341—342
relational clause 关系小句 353—354
second-order Agent 二级施事者 353—354, 579—580
and transitive model agency 和及物模式的施事性 342, 344, 578—579
Agent, Beneficiary and Range 施事者、受益者和范围 347—348
circumstantial receptive clause 环境受动小句 351
participants 参与者 347—349
preposition, and textual prominence 介词，及语篇性突出 347—349
voice system 语态系统 350—351
Event [verbal group function] 事件 [动词词组功能]397—398, 410, 411
evidentiality 言据性 677
exclamation [minor clause] 感叹句 [非完全小句] 195
exclamation mark 感叹号 523
exclamative [mood] 感叹 [语气] 100—101, 104, 164—165, 168
exemplification [logico-semantic relation] 例证 [逻辑语义关系]285, 463
exhaustiveness 穷尽性 21
Existent [participant] 存在者 [参与者] 310—311, 343
existential clause 存在小句 261, 265 , 291, 307—310
fact in 存在小句中的事实 542—543
process type 过程类型 214, 219
exocentric 离心结构 437
see also phrase 另见短语
exophoric ellipsis [cohesion] 外指省略 [衔接]605—606, 624—625
expansion [logico-semantic relation] 扩展 [逻辑-语义关系]63
attributive clause 归属式小句 490
causative 使役 578—583
circumstances 环境 313—327
clause 小句 487—490
clause complex 小句复合体 432—440, 443—444, 447—449, 453, 502
conjunctive Adjunct 连接附加语 157
metaphorical 隐喻扩展 686—689, 719—723
passive 被动 575—579

and projection 和投射 107, 432—433, 536, 584—585
semantic domains 语义域 666—667
see also elaboration; embedding; enhancement; extension; noun: of expansion 另见详述；嵌入；增强；延伸；名词：名词的扩展
experiential metafunction 经验功能
circumstantial Adjunct 环境附加语 156
and clause status 和小句地位 85, 212
and group 和词组 361—362
and nominal group 和名词词组 364—380
process type 过程类型 599
semantic domains 语义域 675, 678—679
structure 结构 686
and verbal group 和动词词组 396—398
see also ideational metafunction 另见概念元功能
Expletive [interpersonal clause function] 咒骂语［小句人际功能］160
explicit/implicit orientation 显性/隐性取向 692—694, 699
exploring [field of activity] 探索［活动领域］36—38, 40
exposition [logico-semantic relation] 说明［逻辑语义关系］462—463
expounding [field of activity] 阐述［活动领域］36—38, 40
expression, modes of 表达，表达模式 7
extension 延伸
adverbial group/prepositional phrase 副词词组/介词短语 562—563, 566
categories of 延伸的范畴 471
circumstances 环境 323—325, 563
clause complex 小句复合体 445
conjunction 连接 614—615
embedded expansion 嵌入扩展 497
hypotactic 主从式延伸
addition 添加 474—476
alternation 选择 475
nominal group 名词词组 565—566
variation 变化 474—477
verbal group 动词词组 571—573
hypotactic/paratactic 主从关系/并列关系 447
nominal group 名词词组 562
paratactic 并列式延伸
addition 添加 472—473
alternation 选择 473—474
co-ordination 并列 471, 562—563
variation 变化 473
transformative clause 转化类小句 232—233, 235
verbal group 动词词组 562
see also Accompaniment 另见伴随
Extent [circumstance] 跨度［环境］314—316

fact clause 事实小句 125, 199, 273, 538—543, 546
versus act clause 对比行为小句 253
in attributive clause 在归属式小句中 199, 273, 275, 276, 539—542, 545, 679
embedded 嵌入事实小句 129, 252, 537—543, 545—546, 548, 698, 711, 722
versus hypotactic projection: idea 对比主从式投射：思想 249, 254, 256, 258, 303, 354, 535, 543—545, 548—549
fact noun 事实名词 199, 536, 538, 540, 541, 545
cases 事例 536, 537
chances 机会 536, 537
needs 需要 536, 546
proofs 证据 536, 537

fail [verb] *fail*［动词］67, 576
figuration 言辞化 666, 667
figure 言辞 30, 44, 45, 213, 220, 227, 275, 436, 484, 661, 662, 664, 666, 667, 675, 679
sequences of 言辞序列 44, 45, 428—429, 441, 663
metaphors of 言辞的隐喻 664, 687, 701, 711, 713—726
see also clause as representation 另见作表征的小句
Finite 定式成分 23, 24, 77, 98, 99, 101, 112, 144—145, 162, 165, 166, 188, 195, 212
and Deictic 和指示语 397, 641—642
modality 情态 145, 179, 180, 184, 186
in Mood element 在语气成分中 140, 142, 143, 148, 156, 159, 161
in Mood tag 在语气附加问中 141, 142, 147
and polarity 和归一度 101, 173, 175, 473
and Predicator 和谓语 151—152, 153, 213, 294, 362, 363
primary tense 基本时态 145, 401
and Subject 和主语 23, 24, 56, 73, 83, 107, 162, 164, 170
as Theme 作主位 101, 102, 104, 107, 108, 110, 111
in verbal group 在动词词组中 396—398, 410, 412, 427, 567, 571, 639
finite [clause] 定式［小句］126, 127, 172, 176, 177, 185, 304, 338
finite verbal operator 定式动词操作语 75, 145
temporal and modal 时态和情态操作语 75, 178
foot [phonological unit] 音步［音系单位］5—6, 11—15, 17, 18, 19, 20, 21
in realization of intonation unit 在语调单位的体现中 116—118
tonic foot 声调音步 15, 116, 118, 167
see also Ictus; rhythm; syllable 另见强音；节奏；音节
free indirect speech 自由间接引语 531—533, 548
Frequency [circumstance] 频度［环境］313, 315, 344
versus usuality 对比频率 316
frequency [modulation] 频度［意态］427
function-rank matrix 功能-级阶矩阵 xvii, 49, 50, 56, 74, 86—87, 601
functional grammar 功能语法 xiv—xv, 20, 27, 30—31, 49, 56, 58—87, 226, 361
versus formal grammar 对比形式语法 xvii, 56, 303
theory *versus* description 理论与描述 55
future [tense] 将来［时态］29, 68, 144, 151, 162, 187, 212, 223, 398, 399, 401—403, 409, 410, 570, 571, 584, 585, 587, 592

generality (as property of system) 普遍性（作为系统特征）64, 68
in relational clauses 在关系小句中 286
type of thing 事物类型 385, 386, 395
Given [information unit function] 已知信息［信息单位功能］114—121
in identifying clause 在识别式小句中 282+
New (information structure) + 新信息（信息结构）116—118, 452, 650, 654, 715—718
and reference 和照应 623, 627
and Theme 和主位 120
see also textual statuses 另见语篇地位
giving/demanding [speech function] 给予 / 要求［言语功能］97, 135—137, 159, 194, 213, 702

in projection 在投射中 514, 516, 523, 526

go [动词] *go*

as quoting verb 作引述动词 305, 521, 524

as relational verb 作关系动词 269, 271, 272

Goal [participant] 目标［参与者］76, 77, 225, 226—234, 236, 249, 327, 333, 334—337, 339, 341, 343, 344, 347, 349, 355, 451, 573, 574, 576, 577, 578, 579, 599, 654, 699, 716, 717, 727, 728, 730

in abstract material clause 在抽象物质小句中 243

and Actor 和动作者 83—84, 244, 247—248, 307, 311, 340, 352

in benefactive material clause 在受益物质小句中 238—239

in material clause 在物质小句中 226—234

with phrasal verb 与短语动词 416—418

versus Scope 对比周界 237, 240—242

goal [as meaning of perfective] 目标［作完成体的意义］569

goods-&-services/information 物品 - 服务 / 信息 34, 97, 135—139, 143, 146, 165, 166, 178, 213, 527, 548, 584, 691

see also commodity; proposal; proposition 另见商品；提议；命题

grammatical intricacy 语法复杂性 728

grammatical metaphor 语法隐喻 27, 38, 44, 49, 183, 184, 262, 325, 433, 490, 507, 587, 591, 665, 666, 686

circumstance as process 环境做过程 293, 298, 716

ideational 概念语法隐喻 707—731

interpersonal: modal assessment, modality 人际语法隐喻：情态评价，情态 121, 687, 691

interpersonal: mood 人际语法隐喻：语气 439, 599, 679, 698—707

nouns 名词 386, 536

projection 投射 386, 507, 534, 537, 679

semantics 语义学 665, 712—715

spoken and written language 口语和笔语 726—729

and textual interpretation 和语篇解释 712, 715—718

Time as Senser 时间作感知者 716, 717

see also ideational metaphor; interpersonal metaphor 另见概念隐喻；人际隐喻

grammatical Subject 语法主语 79—80, 141

grammaticalization 语法化 67—69, 142, 183, 460, 484, 615, 616

graphology 字系学 8, 16, 24, 55, 428, 435, 436, 439, 602

greeting [minor clause] 问候［非完全小句］127, 162, 169, 195, 196, 510

group 词组 8—10, 20, 21, 23, 32, 49, 50, 55, 60, 68, 69, 70, 74, 77, 78, 84, 86, 87, 98, 104, 112, 113, 114, 115, 134, 435—437, 441, 442, 451, 491, 660, 664, 700, 713, 719, 723

class of 词组类 76, 77, 100, 362

clause functions of 词组的小句功能 77, 100, 140, 222—223, 348

group/phrase complex 词组 / 短语复合体 92—93, 112, 554, 557—560

group functions and word classes 词组功能和词类 426—427

versus phrase 对比短语 345, 362—364, 424—425, 437

syntagm of groups 词组语段 240

and word 和词语 8

see also adverbial group; conjunction group; endocentric; nominal group; preposition

group; rhythm: foot (rhythm group); tone group; verbal group 另见副词词组；连词词组；向心结构；名词词组；介词词组；节奏；音步（节奏群）；声调群；动词词组
group complex 词组复合体 92—93, 112, 554, 557—560
hypotactic/paratactic nexus 主从组连 / 并列组连 559
single element within clause 小句内的单独成分 92—93, 557—558
Guise [circumstance] 身份［环境］312, 314, 326, 327, 333, 344
see also Role 另见角色

have［动词］*have*
as auxiliary verb 作助动词 397—398, 412
as lexical verb 作实义动词 152—153, 262
circumstantial/possessive clause 环境 / 属有小句 289—290
as Predicator 作谓语 152—153
Head [group function] 中心语［词组功能］
in adverbial group 在副词词组中 319, 419—420
clause as 小句作中心语 197—198
as Deictic 作指示语 391
embedded expansion 嵌入扩展 490—492, 496, 500—503
Epithet as 特征语作中心语 268, 270, 391, 393
Measure/type word as 度量 / 类型词作中心语 385
in nominal group 在名词词组中 391—396
Numerative as 数量语作中心语 391, 394—395
in prepositional group 在介词词组中 423
and Thing 和事物 268, 390—396
in verbal group 在动词词组中 398
hierarchy, and rank scale 等级关系，级阶 84—85
homophoric [reference] 环指［照应］631
hyponymy 上下义关系 61, 463, 608, 646—647
and meronymy 和整体-部分关系 648
hypotaxis 主从关系
across process types 不同过程类型中的主从关系 544—545
adverbial group 副词词组 565—567
conjunctions 连词 112
enhancement 增强 481—487
group 词组 564—565
phrase 短语 564—565
theme predication 谓项主位 553
verbal group complex 动词词组复合体 567—588
word complex 词语复合体 392
see also indirect speech; relative clause: nondefining 另见间接言语；关系小句：非限定性
hypotaxis/parataxis 主从关系 / 并列关系 439—442
clause complex 小句复合体 438, 443—445, 445—450, 453
conjunctive marker 连接标记 454
direct/free/indirect speech 直接 / 自由 / 间接言语 533
ellipsis 省略 429, 439, 550
finite and non-finite clause 定式和非定式小句 454—455
group complex 词组复合体 588—560
structure, representation of 逻辑结构，逻辑结构的表征 logical 455—459
logico-semantic relations 逻辑语义关系 432,

452
nesting 套叠结构 455—456
nexus 组连 551—553
progressive/regressive sequences 递进 / 递归序列 550—552
projection 投射 516—518
properties of 主从关系 / 并列关系的属性 452—453
univariate/multivariate structure 单变元结构 / 多变元结构 451—452
see also elaboration; enhancement; expansion; extension; projection 另见详述；增强；扩展；延伸；投射

iambic foot 抑扬格音步 13
Ictus [foot function] 强音［音步功能］13
see also salience 另见突显
idea 思想
versus act 对比行为 505
versus fact 对比事实 541—544
versus locution 对比言辞 444, 509—511, 587—588
idea clause 思想小句 245—246, 254
ideational metafunction 概念元功能
projection 投射 676, 678—679
semantic domains 语义域 673
semantic units 语义单位 663—664
see also experiential metafunction; logical metafunction 另见经验元功能；逻辑元功能
ideational metaphor 概念隐喻
congruent/metaphoric forms 一致式 / 隐喻形式 710, 711, 712—715
downgrading principle 级下移原则 719—723
element 成分 725—726
interpersonal effects 人际效应 718
metaphorical chains 隐喻链 723
nominal group, metaphorical 名词词组，隐喻式名词词组 534, 570, 710—712, 723—726
nominalization 名词化 729—731
projection sequence, realization of 投射序列，概念隐喻的体现 710—711
semantics and lexicogrammar, re-mapping between 语义和词汇语法，语义和词汇语法间的重新映射 712—715
sequence of figures 言辞序列 719—723
single figure 单个言辞 723—725
textual effects 语篇效应 715—718
typology of 概念隐喻的类型 726
Identified/Identifier 被识别者 / 识别者 264
identifying clause 识别式小句 276—279
as Subject/Complement 作主语 / 补语 280—284
as Token/Value 作标记 / 价值 279—281
identifying clause 识别式小句 93—96, 262—263
acts in 识别式小句中的行为 504
Assigner 指派者 288—289
versus attributive clause 对比归属式小句 286—289
circumstantial clause 环境型小句 292—294
with embedded enhancing clause 带嵌入的增强小句 502—503
in ideational metaphor 在概念隐喻中 711—712
intensive clause 内包型小句 276—279
possessive clause 属有型小句 294—297
Token and Value 标记和价值 279—286
see also equative 另见等价式
imperative [mood] 祈使语气［语气］9, 23, 24, 34, 73, 97, 137, 150, 162, 165—166,

185, 691, 692, 706
do (as Finite) *do*（作定式成分）706—707
indirect speech 间接言语 530
jussive 使役［语气］416, 706
and minor clauses (alarms) 和非完全小句（警告）196
and modulation 和意态 700—701
mood tag 语气附加问 137
in clause nexus 在小句组连中 439
person in 祈使句的人称 165—166
projected 被投射的祈使句 521, 524, 530
Subject in 祈使句中的主语 194—195
Theme in 祈使句中的主位 103—104, 106
tone/key in 祈使句中的声调 / 调式 167—170
see also command 另见命令
imperfective/perfective [aspect] 非完成体 / 完成体［体］401—403, 410, 412, 490, 494—495, 505, 568, 569, 570, 572, 574, 580, 587
implicit/explicit orientation 隐性 / 显性取向 692—695, 699—700
inceptive [attribution clause] 起始［归属小句］272—273
inclination [modality] 倾向［情态］162, 178, 182, 186, 189, 684, 691—694
incongruent [realization] 非一致式［体现］665
see also grammatical metaphor; metaphor 另见语法隐喻；隐喻
indicative [mood] 直陈语气［语气］143—144
for commands 命令直陈语气 705—706
see also declarative; interrogative 另见陈述语气；疑问语气
indirect question 间接提问 516—517
indirect speech [hypotactic projection] 间接言语［主从式投射］515—519, 519—522
declarative 陈述语气 520—521
free indirect speech 自由间接言语 531—533
indirect statements/questions 间接陈述 / 提问 517—518
interrogative 疑问语气 520—521
meaning/wording 意义 / 措辞 517—519
see also reporting 另见报告
Inducer [participant] 引发者［参与者］311
infinitive 不定式
to without 没有 *to* 251—252
inflexion 曲折变化 74
information focus 信息焦点
marked 标记性的 118—119
and Theme 和主位 119—121
Tonic 调核 115—118
see also New 另见新信息
information unit 信息单位
boundary 边界 190, 192
and clause 和小句 115—116
Given + New 已知信息 + 新信息 114—119
realization by tone group 由声调群体现 115
Initiating/Sequent Event 启动 / 序列事件 43, 429
Initiator [participant] 启动者［参与者］351, 579
see also Agent 另见施事者
instantiation 实例化
cline of 实例化连续统 27—30, 50
of conjunction 连词的实例化 620—622
and corpus 和语料库 29—30
relational clause 关系小句 263
and stratification 和层次化 28—29
stratification-instantiation matrix 层次化-实例化矩阵 50
text as process of 语篇作为实例化过程 593—594
instrument 工具 318—319, 499
intensification 增强 420—421
intensive attributive clause 内包型归属式小句

270—271
ascriptive lexical verb 归附实义动词 267—268
Attribute and Carrier 属性和载体 267, 272—273, 286—288
Attributor 归属者 288
circumstantial attributive clause 环境型归属式小句 290—292
～ *versus* existential clause 对比存在小句 309
entity Attribute 实体属性 268, 270
ideational metaphor 概念隐喻 470
interrogative probes 疑问探问语 268
material domain 物质域 276
mental clause, overlap with 心理小句，与心理小句重叠 272—276
neutral/phased 中性的 / 带相的 271—272
qualitative Process 质量过程 271
quality Attribute 品质属性 270—271
reversibility 可倒置性 268
semiotic domain 符号域 272—273, 276
sensing, as Attribute or Process 感知，作属性或品质 274
verbs serving as Process in 在内包型小句中充当过程的动词 269
intensive identifying clause 内包型识别式小句
Assigner 指派者 288
circumstantial identifying clause 环境型识别式小句 292—294
equative lexical verb 等价实义动词 278
general characteristics 一般特征 276—279
Identified and Identifier 被识别者和识别者 276, 278—284
intensive identifying clause 识别式内包型小句 276—277
interrogative probes 疑问探问语 278
knowledge construction 知识结构 277
possessive identifying clause 属有型识别式小句 295—297
subtypes of 识别小句的子类 284—285
see also equative; thematic equative; theme predication 另见 等价式；主位等价式；谓项主位
interdependency (taxis) 相互依赖关系（配列关系）
versus cohesion 对比衔接 609
see also hypotaxis; parataxis; taxis 另见主从关系；并列关系；配列关系
interpersonal Adjunct 人际附加语 187—193
see also comment Adjunct; modal Adjunct; mood Adjunct 另见评论附加语；情态附加语；语气附加语
interpersonal deixis 人际指示语 144
interpersonal elevation, in clause 人际高度，在小句中 155—156
interpersonal metafunction 人际元功能
clause status 小句地位 83, 85, 212
Complement 补语 212
modal functions 情态功能 185
modal Adjunct 情态附加语 157
mood selection 语气选择 599
projection 投射 676—677, 698—701
interpersonal metaphor 人际隐喻
congruent/metaphoric forms 一致 / 隐喻形式 707
interpersonal projection 人际投射 698—701
modality 情态 699—701, 703, 706
modal assessment 情态评价 698—701
speech function 言语功能 704
commands 命令 703—707
deicticity constraints 指示语限制 702, 703, 706
objective variants 客观变体 702—703

projection nexus 投射组连 701—704
subject person constraints 主语人称限制 702, 703, 706
interpersonal Theme 人际主位 106—107, 107—111
see also Theme: multiple 另见主位：多重主位
interrogative [mood] 疑问语气［语气］
clause 小句 142—143
determiner as Deictic 限定词作指示语 365
Theme in clause 在小句中的主位 101—102, 103, 104
tone/key in clause 小句中的声调 / 调式 168—169
see also WH-interrogative; yes/no interrogative 另见 WH- 疑问句；是 / 非疑问句
interval [circumstance of extent] 间隔［跨度环境成分］315
intonation 语调
clause complex 小句复合体 438—439
contour 曲线 14, 116, 166—167
direct speech 直接言语 512
fact clause 事实小句 543—544
and mood 和语气 193—194
syllables and phonemes 音节和音位 19
and Theme 和主位 91
tonality 调性 11, 553—554
tone 声调 11, 15
tone group 声调群 14—17
tonicity 调核 11
intransitive 不及物
Actor and Goal 动作者和目标 230—232, 334—336
intransitive/transitive pairs 不及物 / 及物对 339—340
see also transitivity 另见及物性
it［代词］*it*
in meteorological clause 在气象小句中 309—310
as non-personal pronoun 作非人称代词 368
in predicated theme construction 在谓项主位结构中 124—125, 198—199
as Senser 作感知者 249—250
as Subject placeholder 作主语的位标 198—199, 539

jussive [imperative] 使役［祈使句］416, 706

Latin 拉丁语 227, 525
let's 165—166
letter 字母 6
see also graphology; orthography 另见字系学；正字法
lexical cohesion 词汇衔接 606, 608, 642, 643
collocation 搭配 59—60, 648—649
elaborating relations 详述关系 644—647
extending relations 延伸关系 647—649
textual analysis for 词汇衔接的语篇分析 651
lexical density 词汇密度 726—727
lexical ergativity 词汇作格性 338
lexical grammar 词汇语法 66—67
lexical verb [word class] 实义动词［词类］267, 278, 411—412, 515
lexicogrammar 词汇语法
content words 实词 58—59
and graphology 和字系学 16, 24, 55, 435, 436, 439
lexical grammar 词汇语法 66—67
logogenesis 语篇发生 63—64
paradigmatic/grammatical 纵聚合 / 语法 62—64
paradigmatic/lexical 纵聚合 / 词汇 62, 63

paradigmatic patterns 纵聚合模式 66
and phonology 和音系学 87
realization of 词汇语法的体现 7, 24
and semantics 和语义学 24, 25, 26, 31, 32, 42—44
as stratum of content plane 作内容面上的层次 24—25, 660—665
structure 结构 21—24
system 系统 22—24
syntagmatic/grammatical 横组合 / 语法 60—70
syntagmatic/lexical 横组合 / 词汇 59—60
syntagmatic patterns 组合模式 66
like/please, mental clause *like/please* 类，心理小句 247—249, 516, 517
line, melodic 旋律行，旋律 5
see also intonation; tone group 另见语调；声调群
linker [word class] 连系词［词类］75, 423, 454
Location [circumstance] 处所［环境］315—319
location-receptive [voice] 处所–受动［语态］350
locative demonstrative [word class] 处所指示代词［词类］628—629, 632
locution 言辞
embedded 嵌入言辞 533—536
type of projection 投射类型 511, 537
logical metafunction 逻辑元功能 361—361
complexes 复合体 9, 22, 92, 428
nominal group 名词词组 388—390
projection 投射 676, 679—680
structure, iterative 结构，迭代结构 451
recursive 系统，递归性系统 398, 401, 549
verbal group 动词词组 398—403, 410—411
logical Subject 逻辑主语 80—82
logogenesis 语篇发生 63—64, 68, 601—602
see also semogenesis 另见语义发生
logogenetic patterns 语篇发生模式
clause analysis, by metafunction 小句分析，基于元功能 594—598
phases, in text development 相，在语篇发展中 600
register 语域 595
strata of 层次 601—602
text as process of instantiation 语篇作为实例化过程 593—594
text score 语篇计分 599

Manner [circumstance] 方式［环境］617, 618
Comparison 比较 319, 483
Degree 程度 320
Means 手段 318, 483, 485
Quality 品质 319, 483
manner-receptive [voice] 方式–受动［语态］350—351
marked 标记性
information focus 信息焦点 118—119
tense (present) 时态（现在时）354
thematic equative 主位等价式 95—96
Theme 主位 98—100, 103—105, 109, 110—111
mass noun 物质名词 385
number 数
material clause 物质小句 63, 224—245
Actor 动作者 224, 225, 227—228, 228—229, 243—244
acts in 在物质小句中的行为 503—504
Attribute 属性 234—235, 237, 241—242
circumstances 环境 243
Client 委托者 237—238
concrete and abstract 具体和抽象 243—244, 254

creative 创造类 231—232, 234
doing-&-happening, types of 做事-发生，做事-发生的类型 228, 230—236
and ergative model 和作格模式 336—337
Goal 目标 225—227, 228—230, 238—240
operative/receptive 施动 / 受动 227—228
outcome 结果 231, 232
phased processes 带相的过程 231
process types 过程类型 213—220
Recipient 领受者 234, 236, 237, 238
versus relational clause 对比关系小句 265
Scope 周界 236, 240—241
do substitute verb *do* 替代动词 255
system network 系统网络 229
tense 时态 254—256
transformative 转化类 232—233, 234—236, 239
transitive/intransitive 及物 / 不及物 225—228
unfolding and outcome 展开和结果 228
verbs serving as process in 在物质过程中充当过程的动词 234—236, 249
Matter [circumstance] 内容［环境］327
meaning 意义
metafunctional organization of 意义的元功能组织 669, 673
text, as unit of 语篇，作为意义单位 660—661
and wording 和措辞 517—578
see also semantics 另见语义学 479, 619
means 手段
measure/type word as Head 度量 / 类型词作中心语 385
medio-receptive [voice] 中间-受动［语态］341, 351
mental clause 心理小句
act clause as Phenomenon 行为小句作现象 503—505
cognitive 认知 245—247, 249, 259
desiderative 渴求 249, 259, 547
emotive 情感 245—247, 249, 253, 259, 547
fact clause as Phenomenon 事实小句作现象 254, 259, 536- 547
idea clause, projection of 思想小句，思想小句的投射 246—247, 254, 515—522, 524—528
ideational metaphor 概念隐喻 709—712
Inducer 引发者 257
macrophenomenal 宏观环境 251, 252
versus material clause 对比物质小句 255
metaphenomenal 元环境 251—252
metaphorical 隐喻式心理小句 716—718
operative/receptive pairs 施动 / 受动对 248
Phenomenon 现象 251—253, 346
probability, metaphorical realization of 概率，概率的隐喻体现 686—688
process types 过程类型 213—215, 218—219
projection 投射 677
reference and substitution 照应和替代 530
Senser 感知者 249—251, 346
sensing 感知 245, 256, 259
substitute verb *do* 替代动词 *do* 256
system network 系统网络 258
tense 时态 254—257
verbs serving as process in 在心理小句中充当过程的动词 208
meronymy 整体-部分关系 61, 463, 647—648
meta/macro-phenomena 元 / 宏观环境 506
mental clause 心理小句 251—253
projecting clause, and content 投射小句，和内容 515—516
metafunction 元功能 30—32

and clause structure 和小句结构 84
and group structure 和词组结构 361—362
metaphor, types of 隐喻，隐喻类型 665
mode of expression 表达模式 167, 731
mode of meaning 意义模式 30, 211 451—452
rank matrix 级阶矩阵 48—49, 51, 74
use of term 术语使用 31—32
and verbal group systems 和动词词组系统 410—411
see also experiential metafunction; ideational metafunction; interpersonal metafunction; logical metafunction; textual metafunction 另见经验元功能；概念元功能；人际元功能；逻辑元功能；语篇功能
metaphor 隐喻 27, 48, 54, 216, 617, 618, 620
see also grammatical metaphor 另见语法隐喻
meteorological clause 气象小句 309—310
metrics 韵律学 13, 15—16
middle [agency] 中动［施事性］350
minor clause 非完全小句 321, 675
circumstances 环境 328—329, 343
Mood + Residue structure, absence of 语气 + 剩余部分结构，无语气 + 剩余部分 195—196
quoting/reporting 引述 / 报道 521
tone/key in 在非完全小句中的声调 / 调式 168—169
minor Process 非完全过程
circumstances 环境 328—329, 343
in ideational metaphor 在概念隐喻中 719
preposition group as minor Process 介词词组作非完全过程 388
mirror concord 镜像协和 404
modal Adjunct 情态附加语 187—193
comment Adjunct 评论附加语 190
mood Adjunct 语气附加语 187
projection 投射 676
modal assessment 情态评价 187
and appraisal 和评价 679—686
Epithets of assessment 评价的特征语 679, 687
interpersonal projection 人际投射 699—700
presumption 假定 678, 680
propositional 命题的情态评价 679, 680
speech functional 言语功能的情态评价 679, 680
subjective/objective 主观 / 客观情态评价 679—680
modal operator 情态操作语 145, 397, 692
modality 情态 87, 144—145, 162, 172—173, 176—183, 686—698
ability/potentiality 能力 / 潜势 696
Finite element 定式成分 144—146, 397
inclination 倾向 691—692, 693
interpersonal metaphor of 倾向的人际隐喻 686—687
metaphorical expansion of 倾向的隐喻扩展 686—689
modalization 情态化 176, 691, 701
modulation 意态化 691, 701
mood Adjunct of modality 情态的语气附加语 189
negative, direct/transferred 否定，直接 / 转移 693—694
obligation 义务 177—178, 180, 691—693, 697
offer 提供 177
orientation 取向 692—694, 698—699
polarity 归一度 689, 691—692
probability 概率 177—179, 686—692
proposal 提议 177—178
proposition 命题 177

semantic domain 语义域 686—698
semantics/grammar relationship 语义学 / 语法关系 687
subjective/objective 主观 / 客观情态 180—181
system network for 情态系统网络 182, 695
system of types of 情态类型系统 177
usuality 频率 177, 179, 315, 691—693
values (high/median/low) 值（高 / 中 / 低）694—695
variants for expression of 情态表达的变体 687—689
between yes and no *yes* 和 *no* 之间 691
modalization 情态化 177, 691, 701
mode [contextual parameter] 模式［语境参数］33
mode [verbal category] 模式［动词范畴］142
modification 修饰
adverbial group 副词词组 421—422, 424
embedded expansion 嵌入式扩展 490—491, 495—496
hypotaxis 主从关系 438
logical nature 逻辑性质 388—389
nominal group 名词词组 197, 388—389, 390—391
prepositional phrase 介词短语 197, 424—425
sub-modification 次修饰关系 389—390
see also Postmodifier; Premodifier 另见后置修饰语；前置修饰语
modulation 意态 177—178, 545—546, 573—574, 577—578, 582—583, 691, 701
modality, type of 情态，情态类型 177—178, 182, 185, 189, 374, 684, 691, 692
nouns of (needs)（需求）名词 536, 546
in verbal group complex 在动词词组复合体中 427, 559, 573—574, 577—578, 582—584, 586, 589, 670, 693
mood 语气 175, 176, 195
expression of in clause 在小句中的表达 143—144
logogenetic patterns 语篇发生模式 603
versus mode 对比模式 33
and speech function 和言语功能 97
structure, modal 结构，情态结构 9
system network 系统网络 24, 162
textual analyses 语篇分析 200—210
and tone/key 和声调 / 调式 167—170
unmarked Theme selection 非标记性主位选择 104
and verbal group 和动词词组 411
mood Adjunct 语气附加语
of intensity 强度语气附加语 187, 190, 320
interpersonal 人际语气附加语 405—406
mental clause as 心理小句作语气附加语 687
of modality 情态语气附加语 189
position in the clause 在小句中的位置 187—188
system network 系统网络 189
of temporality 时间性语气附加语 188—189
yes and *no* *yes* 和 *no* 174—175, 639
mood tag 语气附加问 137, 140—142, 146—148, 291
morpheme [rank] 词素［级阶］9
multivariate structure 多变元结构 391, 451—452

name, proper 名称，专有名称 58, 223, 384
naming clause 命名小句 284, 287—288
see also identifying clause 另见识别小句
narrative 叙事 428—432, 551
narrative as example texts 叙事作语篇实例 105, 150, 217, 223, 232, 273, 302
narrowing 缩小 559, 566—567

needs [nouns of modulation] 需求［意态名词］536, 537, 546—547
negative 否定 9, 22—23, 52, 67, 68, 162, 185, 187—188, 189, 190, 191, 320, 410, 412, 421, 474, 637, 638, 639, 691, 697
accompaniment 伴随 324
addition 添加 471, 473, 476, 612, 613, 616, 670
behalf 利益 322
comparison 比较 614, 618
condition 条件 323, 477, 480, 484, 614, 620, 672
direct/transferred 直接 / 转移 121, 180, 182, 693—697
and exclamative 和感叹 164
Finite 定式成分 144—145, 153
and imperative 和祈使句 165—166, 168, 169
item as Theme 作主位的项 99, 187—188
loading in lexical item 词汇项中的荷载 64—66, 271, 296, 374, 393, 573, 576, 601, 606
marker, reduction of 标记语，标记语的减少 173—174
matter 内容 614
non-specific determiner 泛指限定词 368
quasi-negative 准否定 99
reason 理由 321
and yes/no interrogative 和是 / 非疑问句 164
see also polarity 另见归一度
nesting 套叠
clause complex 小句复合体 442, 450—451, 455—456
hypotaxis/parataxis 主从 / 并列关系 455—456
nominal group 名词词组 388—390
neutral 中性的
attributive clause 归属小句 271—272
authority, force, loading in verbal clause 权威，效力，言语小句中的荷载 65
contrast in verbal group 动词词组中的对比 140
position of mood Adjuncts 语气附加语的地位 187
New [information unit function] 新信息［信息单位功能］550
Given + 已知信息 + 114—119, 119—121, 122—124, 282, 650—655, 715—717
and Theme + Rheme 和主位 + 述位 45, 623, 650—655
see also information unit 另见信息单位
nexus 组连
clause nexus 小句组连 441—442, 550—553
hypotactic/paratactic 主从 / 并列组连 558—560
projection nexus 投射组连 509—510, 701—704, 711
verbal group nexus 动词词组组连 588—592
no
as mood Adjunct *versus* as Continuative 作语气附加语，与作连续语对比 175—176
in ellipsis 在省略中 193—195, 636—639
nominal clause 名词小句 262
see also relational clause 另见关系小句
nominal group 名词词组 76, 77, 364—396
as Attribute 作属性 268, 270, 272, 391
Classifier in 在名词词组中的类别语 377—378
as Complement 作补语 153—154
complex 复合体 92—94, 197, 245—246
Deictic in 在名词词组中的指示语 60, 77, 364—374
as Deictic 作指示语 365—374

and determination 和限定 223
elaborating 详述 564—565, 667—668
ellipsis and substitution in 在名词词组中的省略和替代 640—641
embedded expansion (elaborating, extending, enhancing) 嵌入式扩展（详述、延伸、增强）491—493, 493—503, 505
embedded projection 嵌入式投射 533—534
Epithet in 在名词词组中的特征语 376—377
extending 延伸 565
as Extent 作跨度 315
Head of 名词词组的中心语 722
Classifier 类别语 393, 394
Deictic 指示语 392, 394
Epithet 特征语 393, 394, 679, 686
facet expressions 侧面表达 395—396
measure items 度量词 394
as Numerative 作数量语 391, 392, 394
Post-Head Qualifier 后中心语定性语 392
Pre- and Post-modifier 前置和后置修饰语 392
type items 类型词 394—395
interpersonal meaning 人际意义 387
logical structure of 名词词组的逻辑结构 388—390
metaphorical 名词词组的隐喻式 536—537, 570, 711—712, 723—726
modal assessment 情态评价 680
as Numerative 作数量语 374—375
ordering of elements in 在名词词组中成分的顺序 380—381
as participant 作参与者 222—224, 241
possessive 属有关系名词词组 295
and prepositional phrase 和介词短语 330
in prepositional phrase 在介词短语中 311—312
as Qualifier 作定性语 331—332, 381—383
as Receiver 作受话者 306
as Sayer 作言说者 305
in spoken language 在口语中 727—728
as Subject 作主语 197—200, 245—246
textual meaning 语篇意义 387—388
as Theme 作主位 90—92, 100, 104—105
Thing in 在名词词组中的事物 383—386, 390—396
as Token 作标记 723
as Value 作价值 292—293
verbal group, parallelism with 动词词组，与名词词组平行 397, 399
word classes 词类 76, 77
in written language 在书面语中 727—728
nominalization 名词化 231, 251, 268, 285, 540, 549, 716
acts 行为 503—507
embedding as form of 作为名词化形式嵌入 422
ideational metaphor 概念隐喻 710—712, 729—731
thematic equative 主位等价式 94—96
of verbs 动词名词化 237, 383, 418
non-finite clause 非定式小句 162, 185, 405, 406
defining relative clause 限定关系小句 461, 462, 464—465,467—468, 494—496
elaborating 详述 468—471
enhancing 增强 485—487, 500
hypotaxis/parataxis 主从 / 并列关系 454—455
as Postmodifier, Qualifier 作后置修饰语，定性语 382—383, 501—503
Predicator in 在非定式小句中的谓语 151
and prepositional phrase 和介词短语 360
Subject in 非定式小句中的主语 127, 176, 252, 338, 425, 454—455,469, 502, 525,

526, 528, 536, 550
as Subject 作主语 486
non-middle [agency] 非中动［施事性］349—351, 355, 543—544,591, 579
see also effective 另见施效性
not
as mood Adjunct of polarity 作归一度语气附加语 175—176
as Polarity in structure of verbal group 在动词词组结构中作归一度 398
as projected clause substitute 作被投射小句的替代 636—637
notational conventions 标注惯例
clause complex (taxis) 小句复合体（配列关系）441, 445
constituency 成分关系 10
nesting 套叠 442, 450—451
phonological units 音系单位 17
thematic analysis 主位分析 130
noun [word class] 名词［词类］
common 普通名称 223, 268, 277, 383, 384, 627
compound 合成名词 378, 384
count/mass 可数 / 不可数名词 385—386
of expansion 扩展名词 500—503, 720—722
of fact 事实名词 536—546, 549
functions in the nominal group 在名词词组中的功能 378
of modulation 意态名词 546
of projection 投射名词 536, 721—722
proper 专有名词 223, 383, 427
nucleus, clause 核心，小句 221, 341—342, 347—348
number 数 62, 369—370, 385
Numerative [nominal group function] 数量语［名词词组功能］391, 392, 394, 374—375
object (as term in traditional grammar) 宾语（传统语法中的术语）154
obligation 义务 177—179, 180, 182, 691—692, 693, 697
oblique [case] 间接［格］227, 280—281, 486
of
as preposition (of cause) 作原因介词 321—322
as structure marker 作结构标记 321—322, 394—395, 425
offer [speech function] 提供［言语功能］
modality 情态 177—178
projection of 提供的投射 514, 517, 523, 523—528
realization of 提供的体现 136—139
Subject in 提供中的主语 194—195
see also proposal 另见提议
one 368, 383—384
parallel with *do* 与 *do* 平行 641
substitute 替代 640—641
ontogenetic time 个体发生时间 68
operative/receptive [voice] 施动 / 受动［语态］
in identifying clause 在识别小句中 279—284, 286
in material clause 在物质小句中 227—228, 243—244
in mental clause 在心理小句中 248
see also active; passive 另见主动；被动
opinion, expressing 意见，表达 689—691
order, of elements 顺序，成分的顺序
in clause 在小句中 110—111, 380—381
in exclamative clause 在感叹句中 163—164
Subject and Finite 主语和定式 143
time Adjunct 时间附加语 404
in verbal group 在动词词组中 396, 397
Ordinative [nominal group function] 序数［名

词词组功能］375
Orientation 取向
of Deictic 指示语的取向 367
modality, system of 情态，取向系统 692—694, 696—698,699—700
orthography 正字法 69
see also graphology 另见字系学

paradigmatic organization 纵聚合组织 22—24
grammar 语法 62—64
lexis 词汇 61
paragraph 段落 7
parallelism 平行关系
grammatical/phonological 语法 / 音系平行关系 60—61
temporal/spatial 时间 / 空间平行关系 316—317
verbal/ nominal group 动词 / 名词词组平行关系 397
parataxis 并列关系
adverbial group 副词词组 561, 562—563
clause complex 小句复合体 442—444
conjunctions 连词 107
expansion 扩展 507—508
group 词组 559, 560—564
phrase 短语 560—564
projection 投射 509—510, 511, 512—515
word complex 词组复合体 563—564
see also apposition; coordination; direct speech; hypotaxis; linker; taxis 另见同位；并列；直接言语；并列关系；连系词；配列关系
participant [transitivity function] 参与者［及物性功能］
versus circumstance 对比环境 220—223, 292, 294, 311, 312
direct/indirect/oblique 直接 / 间接 / 间接格 311—312
in ergative model 在作格模式中 345—347
implicit 隐性参与者 723
nominal group as 名词词组作参与者 222—223, 239
possessive clause 属有小句 295—297
prepositional phrase as 介词短语作参与者 329—330
in transitive model 在及物性模式中 334—336, 347—350
see also behavioural clause; existential clause; material clause; mental clause; relational clause; verbal clause 另见行为小句；存在小句；物质小句；心理小句；关系小句；言语小句
part of speech 词性 74
see also word: class 另见词类
partition [systemic, structural] 分区［系统分区，结构分区］73
passive [voice] 被动［语态］
be in 在被动语态中的 *be* 280—281, 286
expansion 扩展 575—578
location-receptive 处所-受动 351
manner-receptive 方式-受动 350
modulation (in verbal group complex) 意态（在动词词组复合体中）577—578
passive tenses 被动时态 400
in verbal group 在动词词组中 400, 412
see also voice 另见语态
past (simple)（一般）过去时 140
patient [as term for participant] 受动者［作参与者的术语］226
see also Goal 另见目标
perceptive clause 知觉小句 256, 257, 504, 517
perfective/imperfective [aspect] 完成 / 非完

成体［体］412, 489—490, 494—495, 505, 525—526, 569, 573
perlocutionary act 言后行为 707
person 人称
categories 范畴 384
in imperative clause 在祈使句中 165—166
and mood type 和语气类型 195
and Subject 和主语 145—146, 165—166, 194—195
as system in system network of mood 作语气系统网络中的系统 162
personal pronoun 人称代词 384
personal reference [cohesion] 人称照应［衔接］626—628
phase 相
in hypotactic verbal group complex 在从属动词词组复合体中 569—571, 575—576, 580—581
reality phase 现实相 569—570, 571, 580—581
in relational clause 在关系小句中 269, 271—272
time phase 时间相 570—571, 581
Phenomenon [participant] 现象［参与者］251—253, 716
act clause as 行为小句作现象 505—507
as Agent 作施事者 346—347
versus Angle in attributive relational clause 对比归属式关系小句中的角度 273—275
in behavioural clause 在行为小句中 302
fact clause as 事实小句作现象 252—253
as Range 作范围 346—347
and relational clause 和关系小句 261
phoneme [phonological rank] 音位［音系阶］5—6, 11, 19
phonetics [expression plane level] 语音学［表达面］25
phonology [expression plane level] 音系学［表达面］
articulation 发音 11
and grammar 和语法 11—19
and graphology 和字系学 16
prosody 韵律 11
phoricity [cohesion] 指称性［衔接］116
see also anaphoric; cataphoric; homophoric 另见前指；后指；环指
phrasal verb 短语动词 104, 411—419
phrase 短语
as Adjunct 作附加语 98—100, 108, 155, 158
as circumstance 作环境 222—223
functions of 短语的功能 363
versus group 对比词组 9, 363—364, 437
hypotaxis 主从关系 564—565
parataxis 并列关系 560—564
as Qualifer 作定性语 197, 382—383, 424—425
as Theme 作主位 92—96
see also prepositional phrase 另见介词短语
phrase complex 短语复合体
hypotactic/paratactic nexus 主从 / 并列组连 558—560
phrase and group complex 短语和词组复合体 560—564
single element within clause 小句内的单个成分 557—558
phylogenetic time 种系发生时间 68
Place [circumstance] 地点［环境］482
plurality 复数 63
polarity 归一度
Adjunct of 归一度附加语 175, 176, 637
in adverbial group, pre-modifcation 在副词词组中，前置修饰 420—421

and ellipsis 和省略 193—194, 635—638
and Finite 和定式 145
in interrogatives 在疑问句中 174
and modality 和情态 689, 691
reversal (in mood tag) 归一度相反（在语气附加问中）137—176
as Theme 作主位 101
transferred negative 转移的否定 22—23, 693—694
and value (modality) 和（情态）值 180—182
in verbal group 在动词词组中 400, 412
see also negative; *not* 另见否定；*not*
possessive 属有
determiner 限定词 365
nominal group 名词词组 295—296
personal reference 人称照应 626—628
reference 照应 623, 626
possessive clause 属有小句 264
attributive 归属式 289, 295
embedded clause 嵌入小句 497
identifying 识别式 295—297
possession as participant/process 属有作参与者 / 过程 289—290
post-Deictic [nominal group function] 后指示语［名词词组功能］
adjective as 形容词作后指示语 60
versus Epithet 对比特征语 725—726
Postmodifier 后置修饰语
in adverbial group 在副词词组中 422—423, 424
embedded expansion 嵌入式扩展 490—493
in nominal group 在名词词组中 197—198, 390—392
in prepositional phrase 在介词短语中 197—198, 424—425
relative clause as 关系小句作后置修饰语 199
see also modification; Qualifier 另见修饰；定性语
post-posed Subject 后置主语 124—125, 544
potentiality 潜势性 582, 696
Prague School 布拉格学派 89
Premodifier 前置修饰语
in adverbial group 在副词词组中 420—421
in conjunction group 在连词词组中 423
embedded on 前置修饰语上的嵌入 496
in preposition group 在介词词组中 423
Predicate (as term in traditional or formal grammar) 谓语（在传统语法或形式语法中的术语）149—150, 151
Predicator 谓语
minor (in prepositional phrase) 非完全谓语（介词短语中）424—425
in non-finite clause 在非定式小句中 151
as part of Residue 作为剩余部分的一部分 151—153
in relational clause, absence of 在关系小句中，无谓语 277
as unmarked Theme 作非标记性主位 103—104
in verbal group 在动词词组中 397—398
and WH-interrogative 和 WH- 疑问句 160, 163
preposition 介词
in circumstance 在环境成分中 326—327, 330
complex 复合体 321—323, 326, 328, 423
as minor Process (in prepositional phrase) 作非完全过程（在介词短语中）425
as part of phrasal verb 作短语动词的一部分 413—415
versus verb 对比动词 413—414, 415
preposition group 介词词组 76, 388, 423

versus nominal group 对比名词词组 395
prepositional phrasal verb 介词短语动词 413—419
prepositional phrase 介词短语 76
as Adjunct 作附加语 155—156, 331—332, 363—364, 424
and adverbial group 和副词词组 363—364
as Attribute 作属性 291
as Beneficiary 作受益者 345
as circumstance 作环境 222—223, 291, 311—312, 330—332
and clause function 和小句功能 362, 363
(minor) Complement in 在介词短语中的（非完全小句）补语 155—156, 163—164, 424
as Degree 作程度 320
elaborating 详述 564—565
enhancing 增强 563—564, 566—567
expansion 扩展 565—567
extending 延伸 562—563, 565
as Location 作处所 316—317
minor Process in 在介词短语中的非完全过程 329—330
modification 修饰 197—198, 424—425
and nominal group 和名词词组 364
versus non-finite clause 对比非定式小句 424
as participant 作参与者 330—331
as Postmodifier 作后置修饰语 197—198, 424
as Qualifier 作定性语 197—198, 331, 424, 382—383,723
as Reason 作理由 321
as Theme 作主位 92, 98—99
see also exocentric; phrase 另见离心；短语
present (simple)（一般）现在时
behavioural clause 行为小句 301
circumstantial relational clause 环境关系小句 292
finite element in 一般现在时中的定式成分 140
material clause 物质小句 224—225
mental clause 心理小句 254—255
versus present-in-present 对比现在中的现在 254—255
relational clause 关系小句 260
verbal clause 言语小句 305—306
present-in-present [tense] 现在中的现在［时态］
behavioural clause 行为小句 301
continuous, use of term 现在进行时，术语的使用 407
material clause 物质小句 224—225, 232
mental clause 心理小句 254—255
progressive, use of term 现在进行时，术语的使用 225, 254
relational clause 关系小句 260
versus simple present 对比一般现在时 254—255
verbal clause 言语小句 305—306
see also secondary tense 另见次要时态
present tense *see* present (simple); present-in-present 现在时，见（一般）现在时；现在中的现在
primary/secondary clause 基本小句 / 次要小句 441—442
primary/secondary group 基本词组 / 次要词组 568—569
primary/secondary tense 基本时态 / 次要时态 144, 151, 398—399, 405, 407, 410—411, 412
probability (of instantiation) 概率（实例化）687—689
probability [modality] 概率［情态］177, 179—180, 693, 697

Process [clause function] 过程［小句功能］74—75
absence of ～ in relational clause 在关系小句中，无过程 262, 490
versus Event (in verbal group) 对比（动词词组中）事件 586, 641
and Finite, Predicator 和定式，谓语 143
realization by verbal group 由动词词组体现 222—224, 362, 396—397
realization by verbal group complex 由动词词组复合体体现 571, 573, 574, 576—578, 583, 586, 724
realization by verbal group with phrasal verb 由带短语动词的动词词组体现 411, 413—419
process type [clause system] 过程类型［小句系统］
and agency 和施事性 355
criteria for distinguishing 区分标准 354
figure 言辞 212
frequency in text 语篇中的频率 215
projection and expansion 投射和扩展 432—433
register, variation according to 语域，根据过程类型的变化 219—220
summary of 过程类型小结 311
system network 过程类型系统网络 218—219
systemic indeterminacy 系统不确定性 216—218
textual illustration 语篇阐释 356—358
in transitivity network 在及物性网络中 355
and visual metaphor of 过程类型的视觉隐喻 216—220
see also behavioral clause; existential clause; material clause; mental clause; relational clause; verbal clause 另见行为小句；存在小句；物质小句；心理小句；关系小句；言语小句
Product [circumstance] 成品［环境］326—327
see also Role 另见角色
projection 投射 547—549
versus act clause 对比行为小句 505—507
discourse uses of 投射的话语使用 508—509
hypotactic/paratactic 主从式投射 / 并列式投射 517—519
idea/locution 思想 / 言辞 509, 510, 511
ideational metaphor 概念隐喻 719—723
interpersonal metaphor 人际隐喻 698—701
level of 投射的层次 509
mode of 投射的模式 509
of offers/commands 提供 / 命令的投射 514, 523, 523—526
of proposition/proposal 命题 / 提议的投射 510—511, 514, 517
semantic domain 语义域 676—679, 686
speech function of 投射的言语功能 510—511, 514, 516—519
system network 系统网络 511
see also direct speech; embedding; fact clause; free indirect speech; idea; indirect speech; locution; quoting; reporting 另见直接言语；嵌入；事实小句；自由间接言语；思想；间接言语；言辞；引述；报道
prominence 突出
textual 语篇突出 348—349, 652—655
tonic 调核突出 116—117, 124, 158, 167, 175, 278—279,282
pronominalization 代名词化 627
pronoun 代词
demonstrative 指示代词 91, 100, 626—632
personal 人称代词 384, 626—632

with phrasal verb 短语动词中的代词 417
proof [noun of indication] 证据［表指明意义的名词］537
proper name 专有名词 223, 384
proportionality 对称性 280—281
proposal 提议 136
clause as 小句作提议 139
fact clause 事实小句 546—549
free indirect speech 自由间接言语 531—533
goods-&-services 物品-服务 135—139, 146, 178
idea/locution 思想 / 言辞 587—588
interpersonal exchange 人际交换 663
interpersonal metaphor 人际隐喻 701—707
modality in 在提议中的情态 177—178
projection of 提议的投射 510—511, 548—549
versus proposition 对比命题 177—178, 511, 514, 517, 523, 533, 536, 541, 548, 587
in verbal clause 在言语小句中 304
see also speech function 另见言语功能
proposition 命题 136
clause as 小句作命题 138—139, 212
comment Adjunct 评论附加语 190—193
fact clause 事实小句 546—549
free indirect speech 自由间接言语 531—533
idea/locution 思想 / 言辞 587—588
in ideational metaphor 在概念隐喻中 718
indicative realization of 命题的直陈体现 143, 691—692
information 信息 135—139, 143, 178
interpersonal exchange 人际交换 663
interpersonal metaphor 人际隐喻 701—707
modal assessment 情态评价 678—679, 686
modality 情态 177
projection of 命题的投射 510—511, 548—549
see also speech function 另见言语功能
prosodic system 韵律系统
clause as exchange 作交换的小句 84
direct speech 直接言语 513—514
system network 系统网络 18
proximity 临近性 365, 367, 629—630
pseudo-cleft sentence (use of term in formal grammar) 假拟分裂句（在形式语法中使用的术语）95
see also thematic equative 另见主位等价式
psychological Subject 心理主语 79—80
see also Theme 另见主位
punctuation 标点符号
direct speech 直接言语 512—513
graphological constituency 字系学成分关系 7
meaning/wording 意义 / 措辞 518, 547
phonological 音系 8
purpose [logico-semantic relation] 目的［逻辑语义关系］614, 619
clause 小句 483, 485
Purpose [circumstance] 目的［环境成分］321—322

Qualifier [nominal group function] 定性语［名词词组功能］60
defining relative clause as 限定关系小句作定性语 382—383
embedded locution/idea as 嵌入言辞 / 思想作定性语 534—535
finite clause as 定式小句作定性语 382
nominal group post-Head 名词词组后中心语 392
non-finite clause as 非定式小句作定性语 382

prepositional phrase as 介词短语作定性语 197, 331, 382, 424
rank-shifted 级转移 381—382
see also modification; Postmodifier 另见修饰；后置修饰语
qualitative Attribute 品质属性 270
Quality [circumstance] 品质［环境成分］319, 482
see also Manner 另见方式
quality group [in Cardiff grammar] 品质词组［在加的夫语法中］391
Quantitative [nominal group function] 量化［名词词组功能］376
question 提问
indirect 间接提问 517—518
interrogative clause as realization of 疑问句作提问的体现 192
speech function 言语功能 136—139
see also interrogative; WH-interrogative; yes/no interrogative 另见疑问句；WH-疑问句；*yes/no* 疑问句
quoting 引述 509—510
idea/locution 思想 / 言辞 509
mood type 语气类型 521
projection 投射 505
reference and substitution 照应和替代 529—530
sequent/non-sequent system 序列 / 非序列系统 528—529
see also direct speech; indirect speech; projection; reporting 另见直接言语；间接言语；投射；报道

Range [participant] 范围［参与者］240
as Attribute 作属性 242
and Beneficiary 和受益者 345—346
in behavioural clause 在行为小句中 346
versus circumstance 对比环境 347—349
in material clause 在物质小句中 346—347
in mental clause 在心理小句中 346
middle [agency] 中动［施事性］349—350
as Phenomenon 作现象 346—347
and Process 和过程 724
in receptive clause 在受动小句中 342
as Subject 作主语 350
in verbal clause 在心理小句中 346
as Value 作价值 347
as Verbiage 作言语内容 346, 347
rank scale 级阶等级 48, 661
compositional hierarchy 构成等级 20—22
graphological 书写成分级阶等级 6—7
lexicogrammatical 词汇语法级阶等级 34—38
lexicogrammatical *versus* semantic 对比词汇语法与语义级阶等级 661, 665
metafunctional organization of 级阶等级的元功能组织 7—10
phonological 音系级阶等级 5—6
rank-shift 级转移 304
adverbial group, as Postmodifier in 副词词组，在副词词组中作后置修饰语 421—422
in constituency 在成分关系中 9—10
downgrading, in ideational metaphor 降级，在概念隐喻中的 719—726
of unit as Qualifier ……单位作定性语 381—382
upgrading, in interpersonal metaphor 升级，在人际隐喻中 699—670
see also embedding; rank scale 另见嵌入；级阶
readiness [modality] 意愿［情态］372, 374, 573, 692, 696, 706

see also inclination, potentiality 另见倾向、潜势性
reality-phase 现实-相 569—570, 571, 580
realization 体现 24, 33, 263
reason [logico-semantic relation] 原因［逻辑语义关系］483, 485, 616, 620
Reason [circumstance] 理由［环境成分］320—321
Receiver [participant] 受话者［参与者］306, 345
as Beneficiary 作受益者 345
receptive clause 受动小句 293, 341, 342
see also passive; voice 另见被动；语态
Recipient [participant] 领受者［参与者］236—237, 238—239
as Beneficiary 作受益者 236
versus Client 对比委托者 237
recommending [field of activity] 推荐［活动领域］36, 37, 40
recreating [field of activity] 再创［活动领域］36, 37, 40, 41
reference [cohesion] 照应［衔接］
anaphoric 前指照应 605—606, 625, 626, 627
cataphoric 后指照应 605—606, 625—626, 631
chains 照应链 606, 627—628, 652—655
co-reference 共指 626—627
comparative 对比照应 626, 632—633
demonstrative 指示照应 629—630
endophoric 内指照应 590—591
exophoric 外指照应 605—606, 625, 626
extended text reference 拓展的语篇照应 648
homophoric 环指照应 631
in ideational metaphor 在概念隐喻中 674
identifiability 可识别性 623—624
person, as Deictic 人称，作指示语 624
personal 人称照应 627—629
referential chain 照应链 654—655
textual analysis 语篇分析 635
textual statuses 语篇地位 623—624
use of term 术语的使用 624
register [functional variety] 语域［功能变体］xv, 4, 28, 29, 48, 71—73, 661, 664
cline of instantiation 实例化连续统 27—28
collocation 搭配 649—650
ergative model 作格模型 337
expansion types 扩展类型 666—667
and institution/subcultural domain 和机构/次文化领域 33
logogenetic patterns 语篇发生模式 594
process types 过程类型 218—219
and text type 和语篇类型 54—55
relational clause 关系小句 65, 98, 126, 193, 214—215, 217, 219, 259—300, 305, 312, 334, 344, 345, 354, 355, 432, 433, 470, 504, 506, 540, 602, 670—672, 680—685, 693
attributive 归属式 262, 470, 484, 490
characterization 描述特征 259
class-membership 类别成员资格 262—263
circumstantial 环境型 154, 263—264
configuration, nature of 配置，配置的性质 260—262
elaboration 详述 462
and ergative model 和作格模式 345, 347, 353
hypotactic enhancement 主从式增强 484
identification 识别 259
identifying 识别式 262
intensive 内包型 263—265
and material clause 和物质小句 238, 243, 260
and mental clause 和心理小句 260—261
metaphorical 隐喻式 715—716, 720—721
participants 参与者 259, 261—262

possessive 属有型 215, 233, 238, 263—265
process types 过程类型 213—214, 215, 217, 218
projection 投射 545, 678
relation, types of 关系，关系小句的类型 263—266
summary of 关系小句小结 298—299, 299—300
system network 系统网络 260
and unfolding 和展开 260
see also attributive clause; circumstantial relational clause; identifying clause; possessive clause; Process: absence of 另见归属式小句；环境关系小句；识别小句；属有小句；过程：无
relative clause 关系从句
defining 限定关系从句 113, 128, 197, 382—383, 493—496
and hypotactic elaboration 和主从式详述 461
non-defining 非限定关系从句 462, 464, 465—468, 494—495
as Postmodifier 作后置修饰语 199
as Qualifier 作定性语 272
as Theme 作主位 199
WH-item in 关系从句中的 WH- 项 112, 113
repetition [cohesion] 重复［衔接］642—647
see also lexical cohesion 另见词汇衔接
repetition (direct speech) 重复（直接言语）513
replacement [logico-semantic relation] 替换［逻辑语义关系］473, 480, 617
reporting 报道 617—618, 619
of locutions and ideas 526 言辞和思想的报道
of offers and commands 提供和命令的报道 524
projection 投射 253
see also indirect speech; quoting 另见间接言语；引述
reporting [field of activity] 报道［活动领域］35, 36, 37, 39
Residue 剩余部分 98, 142, 143, 151—156
Adjunct in 剩余部分中的附加语 154—156
as clause function in modal structure 在情态结构中作小句功能 143—145
Complement in 剩余部分中的补语 153—154
discontinuous 非连续性的剩余部分 156
ellipsis 省略 194, 637—640
in minor clause 在非完全小句中 195—196
and Mood 和语气 195
Predicator in 剩余部分中的谓语 151—152
structure of 剩余部分的结构 151—155
response 回应 137—140
ellipsis 省略 635—639
see also speech function 另见言语功能
restrictive relative clause *see* defining relative clause 限定性关系小句；见限定性关系小句
result 结果 479, 482, 616, 620
reversibility 可逆性 263—264, 268, 276, 293
in relational clause 关系小句中的可逆性 293
Rheme 述位 88—91, 110, 114, 623—624, 674—675
and New 和新信息 120—122
rhetorical-relational structure 修辞-关系结构 459, 657
rhetorical-relational complexes and clause complexes 修辞-关系复合体和小句复合体 549, 609
rhythm 节奏
foot (rhythm group) 音步（节奏群）5, 6, 11
information structure 信息结构 117—118

speech 言语 5, 11—14, 15
Role [circumstance] 角色［环境］242, 243
versus Attribute 对比属性 327—328
Guise (type of) 身份（角色类型）326—327
Product (type of) 成品（角色类型）327—328
root [modality] 根［情态］692
see also modulation 另见意态
RST 修辞结构理论 44, 609, 612
see also rhetorical-relational structure 另见修辞-关系结构

salience 突显 11—14
Sayer [participant] 言说者［参与者］65, 219, 311, 334
versus Angle 对比角度 327—328
as Medium 作中介 343, 344, 352, 355
nominal group as 名词词组作言说者 304—305
in projection 投射中的言说者 518—519, 529, 678—679, 699
in verbal clause 言语小句中的言说者 302—307
Scope 周界 213, 496, 682
versus Extent 对比跨度 316
versus Goal 对比目标 239—242
in material clause 物质小句中的周界 229, 236—243, 249, 311, 330
as Range 作范围 344, 346—347
secondary tense 次要时态 82, 187, 570, 573
Predicator 谓语 151, 152
serial time 序列时间 407
verbal group organization 动词词组组织 399, 400, 405, 410—411
segmental organization 切分式组织 55, 102, 583
semantic domain 语义域 43, 44
compact/dispersed realization 紧凑体现 / 离散体现 666—667
expansion 扩展 666—676
elaboration 详述 666—670
enhancement 增强 666—673
extension 延伸 666—670
figuration 言辞化 666—667
manifestations of 扩展的体现 666—673
metafunctional organization of 扩展的元功能组织 673—676
register 语域 659, 661, 663, 664, 667
summary of 扩展小结 669—672
modality 情态 686—698
projection 投射 676—686
circumstance of Angle 角度环境 676—677
and expansion, at clause rank 和扩展，在小句阶 676
ideational manifestation 概念意义体现 676, 677, 679
interpersonal manifestation 人际体现 676—677
modal assessment 情态评价 677—686, 698—701
textual manifestation 语篇体现 676
transgrammatical 跨语法 665
semantics 语义 602, 603
clause, as unit of wording 小句，作措辞的单位 660, 661
cohesion, marking of 衔接，衔接标记 659—660
as content plane stratum 作内容面的层次 20, 21, 24—27, 42—46, 50, 55
episodic pattern 情节模式 663, 664
exchange pattern 交换模式 661—663, 664
ideational 概念语义 663—664
information flow pattern 信息流模式 661, 664

interpersonal 人际语义 661—663
and lexicogrammar, stratal relationship between 和词汇语法，词汇语法层和语义层之间的关系 660—662
logogenetic pattern 语篇发生模式 659, 660
metaphorical realization 隐喻式体现 665
semantic units, and metafunction 语义单位，和元功能 661—664
speech function 言语功能 135—136
text, as unit of meaning 语篇，作意义单位 659—661
textual 语篇语义 661
transgrammatical semantic domains 跨语法语义域 665
semiotic address, of systems 符号定位，系统的符号定位 86—87
semiotic distance 符号距离 704—705
semogenesis 意义发生 15, 17, 24—27, 531, 532
see also logogenesis 另见语篇发生
Senser [participant] 感知者［参与者］219, 248
agnate in attributive clause 归属式小句中的同源词 273—276
case of 感知者的格 249
with fact clause as Phenomenon 事实小句作现象 543—544
as Medium 作中介 334, 343, 344, 353, 355
in mental clause 在心理小句中 249—250
in metaphorical mental clause 在隐喻式心理小句中 716, 717, 726
in relation to projection as fractal motif 相较于作分形主题的投射 677—679
Time as 时间作感知者 250
sensing 感知 216, 245, 256, 257, 258
sentence [graphological unit] 句子［字系学单位］
and clause complex 和小句复合体 435—437
as graphological/orthographic unit 作字系学 / 正字法单位 6—8, 69—70, 428, 656
sequent/non-sequent systems 序列 / 非序列系统 404, 528—529
sharing [field of activity] 分享［活动领域］36—39, 41, 42
Sharing texts as example texts 分享语篇作示例语篇 4, 98, 119, 120, 123, 134, 211, 245, 303, 431, 594—595, 596—598, 601, 604, 605, 610, 424
silent beat 无声节拍 14, 115, 467
see also foot; Ictus; rhythm 另见音步；强音；节奏
so
as clause substitute 替代小句 530—531, 636—637
as linker 作连系词 477, 478—479, 612, 614
social distance 社会距离 705
sound system 声音系统 6—7, 24
see also phonology 另见音系学
space-time processes 空间 - 时间过程 315, 316—317, 374
spatio-temporal enhancement 时空增强 613—614, 617—618
speech act theory 言语行为理论 707
speech function 言语功能 662
and comment Adjunct 和评论附加语 190, 192—193
commodity: goods-&-services/information 商品：物品 - 服务 / 信息 136—139
expansion of 言语功能的扩展 703—704
four primary, and responses 四种基本言语功能，和回应 137—139
minor speech function 非完全言语功能 167, 195
and modal assessment 和情态评价 185, 678—

679, 686
orientation: giving/demanding 取向：给予 / 要求 136—137, 194
projection of 言语功能的投射 510—511, 514, 516—519, 523, 548
realization in grammar 在语法中的体现 137
semantic system of 言语功能的语义系统 135—136
speech functional subcategory of embedded clauses 嵌入小句的言语功能次范畴 535
turn: initiating/responding 话轮：发起 / 回应 136—137, 170
spelling 拼写 7
see also graphology, punctuation 另见字系学，标点符号
spoken language 口语 301, 416
study of 口语的研究 52—53
versus written language 对比笔语 7, 16, 726—729
stanza 诗节 16—17, 21
statement [speech function] 陈述［言语功能］135—139
stratification 级阶化 48, 453
content plane 内容面 24—27, 50
expression plane 表达面 26
metaphor 隐喻 712—715, 719
realization 体现 26
see also graphology; lexicogrammar; phonetics; phonology; semantics 另见字系学；词汇语法；语音学；音系学；语义学
stretched verb construction 扩展的动词结构 418
structural cataphora 结构性后指 625
structural Theme 结构性主位 107, 112, 125, 126, 127
structuralism 结构主义 11, 148, 406
structure 结构 21—22
axis 语轴 71
configurational view of 结构的配置视角 21—22
metafunctional modes of 结构的元功能模式 388, 390, 437
constituency 成分关系 84—85, 222, 363—364, 451—452
culminative 达顶结构 84—85, 451—452
iterative 迭代结构 84—85, 451—452
prosodic 韵律结构 84—85, 170, 363—364, 387, 451—452
multivariate/univariate 多变元 / 单变元结构 388, 390, 435, 437, 451—453, 609, 655
and systemic choice 和系统性选择 22—24
sub-modification 次修饰 375, 388—390
subsentence 次句 6, 7, 8, 16, 21, 22, 435—436
Subject [modal function] 主语［情态功能］160
and Actor 和动作者 80—83, 224—225, 228
Agent as 施事者作主语 349—351
Behaver as 行为者作主语 301—302
Beneficiary as 受益者作主语 342, 345—346
classical definition of 主语的经典定义 141, 147—150
clause as 小句作主语 197—200
in command 命令中的主语 194—195
distinct identity of 主语的独特身份 148—150
ellipsis of 主语的省略 193—195
embedded clause as 嵌入小句作主语 125
and Finite 和定式成分 140—150, 205—206
functions of 主语的功能 76, 78—90
grammatical 语法主语 79—80
Identified/Identifier as 被识别者 / 识别者作主语 279—284, 294
identifying 识别主语 141—142

interactant [subject person] 交际者［主语人称］162, 702
it as placeholder for *it* 作主语的位标 198, 539
kinds of 主语的种类 79
logical 逻辑主语 79—80
Medium as 中介作主语 342, 349—351
modal responsibility of 主语的情态责任 146, 148, 153, 154—155
in Mood (element) 在语气中（成分）139—144, 145—150
in Mood tag 在语气附加问中 137, 140—142, 146—147, 148, 167, 203, 212, 291
nominal group as 名词词组作主语 197—200, 245—246
in non-finite clause 在非定式小句中 486
non-interactant [subject person] 非交际者［主语人称］162, 702, 706
in offers 在提供中 194—195
Phenomenon as 现象作主语 252
post-posed 后置主语 124—125, 199
psychological 心理主语 79—80
Range as 范围作主语 342
and Theme 和主位 80—83, 96, 97—101, 104, 147
Token as 标记作主语 212, 213, 280—282
unmarked 非标记性主语 82, 194—195
variation of 主语的变化 139, 146—147
as WH-element 作 WH- 成分 163
substitution [cohesion] 替代［衔接］606, 608, 635—642, 643
do 639—640, 641
one 391, 640—641
projection 投射 530
versus reference 对比照应 641—642
so 530, 606, 636—638
see also ellipsis 另见省略
subtraction [logico-semantic relation] 排除［逻辑语义关系］471, 473, 474, 475, 565, 612, 613, 617
suggestion 提议 166, 178, 523, 536
see also speech function 另见言语功能
superlative 最高级
as Epithet 作特征语 377
as Numerative 作数量语 391
subordinate 从句 440
embedding *versus* hypotaxis 对比嵌入与主从关系 491—493
subordinator (subordinating conjunction) 从属词（从属连词）481, 482
see also binder 另见连结词
swear word 诅咒语 160
syllable [phonological rank] 音节［音系学级阶］
and accent 和口音 11
function in foot 在音步中的功能 5—6, 11—14
Onset and Rhyme 首音和述位 5, 11, 14, 19
and phoneme 和音素 19
salience of 音节的突显 11—14
see also Ictus 另见强音
symbolic process 象征过程 304
symbolization 象征化 285
see also identifying clause 另见识别小句
synonymy 同义关系 61, 645—646
see also lexical cohesion 另见词汇衔接
syntax, and morphology 句法，和形态学 24
system (paradigmatic order) 系统（纵聚合顺序）22—24
systemic history (in text) 系统性历史（在语篇中）601
systemic probability 系统性概率 29
text score 语篇计分 600

system network 系统网络 17—18, 22—24
lexico-grammar cline 词汇语法连续统 64—67
of clause complexing 小句复合化的系统网络 438, 511
of CONJUNCTION 连接的系统网络 612, 615
of DETERMINATION 限定系统网络 366
of MODAL ASSESSMENT 情态评价的系统网络 185, 189, 190
of MODALITY 情态的系统网络 182, 691, 692
of MOOD 语气的系统网络 24, 162
of NUMBER 数的系统网络 62, 63
of person 人称的系统网络 62
of POLARITY 归一度的系统网络 22, 23, 180
of SPEECH FUNCTION 言语功能的系统网络 136
of TRANSITIVITY 及物性的系统网络 355
of agency 施事性的系统网络 350
of PROCESS TYPE 过程类型的系统网络 173
of PROCESS TYPE: material 过程类型的系统网络：物质 229
of PROCESS TYPE: mental 过程类型的系统网络：心理 258
of PROCESS TYPE: relational 过程类型的系统网络：关系 264
of PROCESS TYPE: verbal 过程类型的系统网络：言语 65
of prosodic systems 韵律系统的系统网络 17—18
of THEME 主位的系统网络 106
of verbal group 动词词组的系统网络 410, 412—413 (realizations of items)
of verbal group complexing 动词词组复合化的系统网络 589
systemic perspective 系统性视角 20, 48—49
systems, semiotic address of 系统，系统的符号定位 86

tags (Mood tags) 附加问（语气附加问）
in modality 在情态中 686—687
and polarity reversal 和归一度相反 172—173
and Subject 和主语 137, 140—142, 146—148, 291
Target [participant] 言语对象［参与者］307
see also verbal clause 另见言语小句
taxis 配列关系 65, 87, 112, 252, 382, 438, 440—441, 444—448, 451
see also hypotaxis; parataxis 另见主从关系；并列关系
temporal demonstrative 时间指示副词 632
temporal sequencing 时间序列 36, 428—432, 451, 476, 480, 557, 618, 664, 667
temporal-spatial parallelism 时空平行关系 316—318
tenor [contextual parameter] 语旨［语境变量］33—35, 37, 41—42, 72, 242, 599—600, 612, 705, 709
tense 时态
finite and non-finite/modalized tense systems 定式和非定式 / 情态化时态系统 401—403
finite system 定式系统 404
in material clause 在物质小句中 254—255
in mental clause 在心理小句中 254—255
non-finite modalized system (System III) 非定式情态化系统（系统 III）405, 406
notational conventions 标注惯例 399, 406

passive tenses 被动时态 400—401
primary/secondary tense 基本 / 次要时态 68, 108, 144, 151, 152, 158, 162, 187, 397, 398—400, 404—405, 407, 410—412, 464, 490, 529, 570, 573, 584, 592, 741, 746
recursiveness 递归性 398
sequent system (System II) 序列系统（系统 II）404—405, 529
serial tense 序列时态 xviii, 401, 406—410
systems of 时态系统 398—409
tense names 时态名称 399—400
terminant 主导 440
see also hypotaxis 另见主从关系
text 语篇 3—4
archive 文本库 70—71
as artefact/specimen 作成品 / 样本 3—4
cline of instantiation 实例化连续统 28—29, 54, 593, 601
and the corpus 和语料库 51—53
and grammar 和语法 3—10
instantiation 实例化 27—30, 49—51, 54, 593—594, 601, 659—660
logogenetic patterns 语篇发生模式 593—608, 659—660
as semantic unit 作语义单位 44, 114, 456, 657, 660—661, 664
see also discourse 另见话语
text score 语篇计分 600
textual metafunction 语篇功能 15, 20
and clause status 和小句地位 549
cohesion 衔接 599, 603
information 信息 31, 660, 716, 731, 746
Theme selection 主位选择 104, 106, 599
voice 语态 229
textual prominence 语篇突出 349
textual statuses 语篇地位
attributive relational clause, information flow in 归属式关系小句，语篇地位中的信息流 653—654
ellipsis 省略 652
information 信息 45, 387, 608, 650, 652, 715
lexical chain 词汇链 654—655
lexical cohesion 词汇衔接 654, 659
reference 照应 623, 652
referential chain 照应链 652
theme 主位 270, 652
textual Theme 语篇主位 105, 107—110
textual transition 语篇转换
conjunction and clause complexing 连接和小句复合化 655—658
text, rhetorical analysis of 语篇，语篇转换的修辞分析 658
texture (cohesion) 组织（衔接）652—658
that
as binder *versus* relative 作连结词对比作关系副词 494
as reference item 作照应项 530
the 367, 383
thematic categories 主位范畴 365, 383
thematic dependent clause 主位从属小句 552
thematic equative 主位等价式 92—97, 262, 285, 496, 503
thematic interpretation, of text 主位解释，对语篇的主位解释 128—133
thematic organization 主位组织 126, 132
thematic reference 主位照应 627
Theme [textual clause function] 主位［语篇小句功能］
as Adjunct 作附加语 98, 99, 104, 108, 109, 110, 111, 424, 611
adverbial group as 副词词组作主位 92, 99
cause as 原因作主位 674—675

in clause nexus 小句组连中的主位 550—553
as Complement 作补语 99—100
in declarative clause 在陈述小句中 99—100, 104, 105
definition of 主位的定义 91—92
demonstrative pronouns as 指示代词作主位 92, 100
in elliptical clause 在省略小句中 128, 129
in embedded clause 在嵌入小句中 128
Finite (verbal operator) as 定式（动词操作语）作主位 101, 107, 110
in finite bound clause 在定式非自由小句中 127
and Given + New 和已知信息 + 新信息 119—124, 652—653
group/phrase complex as 词组 / 短语复合体作主位 92—95
identification of 主位的识别 93—95, 122
in imperative clause 在祈使小句中 102—105
and information focus 和信息焦点 119—124
interpersonal 人际主位 105, 108—109, 110—112
in interrogative clause 在疑问小句中 101—102, 104, 105
marked 标记性主位 99—100, 102—105, 110, 111—112
in minor clause 在非完全小句中 128
and mood 和语气 97—105
multiple 多重主位 93, 105, 107
nominal group as 名词词组作主位 91—92, 103
in non-finite bound clause 在祈使小句中 126—127
predication of 谓项主位 121—124, 198—199, 553—554
prepositional phrase as 介词短语作主位 92, 98
+ Rheme + 述位 88—92, 110, 114, 623—624, 674—675
simple *versus* multiple 简单主位对比多重主位 92—93
and Subject 和主语 81—84, 147
structural 结构性主位 112, 125
system network 系统网络 106
textual 语篇主位 105, 107—110
topical 话题主位 105
unmarked 非标记性主位 99—100, 102—104, 111
theme predication 谓项主位 122—124, 199—200, 270, 550, 553
there 148
as Adjunct *versus* Subject in existential clause 作附加语，对比在存在小句中作主语 310
in demonstrative adverbial group 在指示副词词组中 629
in existential clause 在存在小句中 307—310
as non-personal pronoun 作非人称代词 368
as Subject 作主语 219, 308
Thing 事物
animacy 生命性 385—386
and Classifier 和类别语 379—380
common noun as 普通名词作事物 384—385
countability 可数性 385
generality 普遍性 386
as Head 作中心语 268
in nominal group 名词词组中的事物 384—386, 390—396, 723
process as 过程作事物 218, 712
proper name as 专有名称作事物 384
time 时间 482, 485

experiential/interpersonal/textual 经验 / 人际 / 语篇时间 332
ontogenetic/phylogenetic 个体发生时间 / 种系发生时间 68
phase 时间相 271—272, 570—571, 580—581
space-time processes 时空过程 309, 315—318, 374, 381
Time [circumstance] 时间［环境成分］250, 315
Token [participant] 标记［参与者］
ambiguity 歧义 282—283, 298—300
assignment 指派 286—287, 288
coding: encoding/decoding clause 代码：编码 / 解码小句 279, 286—287, 343
fact clause 事实小句 541
in ideational metaphor 概念隐喻中的标记 719—721
as Identified, Identifier 作被识别者 / 识别者 280
identifying clause 识别小句 279—289
markedness 标记性 282—283
as Medium 作中介 347
in naming and defining clause 在命名和下定义小句中 288
operative/receptive [voice] 施动 / 受动［语态］279—284
in projection nexus 在投射组连中 711
and Value 和价值 279—284
tone 声调
concord 声调协和 462, 467, 468, 553—554
contour 声调曲线 14
and key, mood 和调式，语气 15, 166—170
sequence 声调序列 553—554
tone group 声调群 14—18, 435—437
and clause 和小句 16
complex 复合体 16
and information unit 和信息单位 115
melodic line 旋律行 5
tonic foot 调核音步 15, 116, 167
tonic prominence 调核突出 116—117, 124, 158, 167, 175, 278, 282, 386, 561
Topic-Comment (use or terms) 话题-评论（术语使用）89
topical Theme 话题主位 105—112
transience/permanence 暂时 / 恒久 222—223, 380
transitivity [clause system] 及物性［小句系统］65, 66
Actor and Goal 动作者和目标 230—232, 334—336
agency 施事性 355
circumstantial 环境及物性 432—434
intransitive/transitive pairs 不及物 / 及物对 339—340
logogenetic patterns 语篇发生模式 602
Medium 中介 336—345
nuclear 核心 348, 675
phrasal verb as Process 短语动词作过程 411—419
Process 过程 213—219
Process + Medium nucleus 过程 + 中介组连 347—349
process type 过程类型 213—219
ranked constituency model 级阶成分关系模型 227
voice 语态 332—337
see also behavioural clause; ergative model; existential clause; material clause; mental clause; relational clause; verbal clause 另见行为小句；作格模式；存在小句；物质小句；心理小句；关系小句；言语小句

trinocular perspective 三重视角 35, 48, 148, 591
trochaic foot 扬抑格音步 14

undergoer [as term for participant] 经受者［作参与者的术语］225
unit 单位
versus complex (of units) 对比（单位）复合体 362
enclosure of 单位的包围 10
graphical 图示单位 6—7
group *versus* word complex 对比词组与词复合体 362, 381
hierarchy of 单位的等级关系 5, 9
lexicogrammatical 词汇语法单位 7—10
phonological 音系单位 5—6
semantic 语义单位 42
sentence *versus* clause complex 对比句子与小句复合体 436
see also clause; group; information unit; phrase; text; tone group 另见小句；词组；信息单位；相；语篇；声调群
univariate structure 单变元结构
versus multivariate structure 对比多变元结构 391, 437, 452—453
see also taxis 另见配列关系
unmarked 非标记
information focus 信息焦点 116
present tense 现在时 255
Subject 主语 195—196
thematic equative 主位等价式 94
Theme 主位 99—100, 102—104, 111
see also neutral 另见中性的
unpacking (metaphor) 解开（隐喻）729—730
usuality [modality] 频率［情态］177, 179, 315, 692—693, 694

validity principle 有效性原则 146
Value 价值
versus Attribute 对比属性 154
identifying clause 识别小句 93, 219
in naming clause 在命名小句中 268, 284
nominal group as 名词词组作价值 291—293
as Range 作范围 301
value [modality] 价值［情态］180
variation [logico-semantic relation] 变化［逻辑语义关系］613
alternative 选择 617
replacive 替换 473, 475, 615
subtractive 排除 473, 475, 615
verb [word class] 动词［词类］
and attachment of preposition in circumstantial elements 和环境成分中的附加介词 330—331
auxiliary (type of) 助动词（的类型）396—398
as Auxiliary 作助动词 396—398
as Classifier 作类别语 380
common 普通动词 223
copular 系动词 262
as Epithet 作特征语 379
as Event 作事件 641
finite (type of) 定式（的类型）396—398
as Finite 作定式成分 396—398
function of 动词的功能 427
lexical (type of) 实义动词（的类型）267, 278, 411—412, 515
nominalization of 动词的名词化 239
phrasal (type of) 短语动词（的类型）104, 411—414
reduction of 动词的减少 368
salience of 动词的突显 11, 117, 165, 478
verbal clause 言语小句

Beneficiary in 言语小句中的受益者 346
discourse uses 话语使用 302—303
impersonal 非人格化 539
in indirect speech 间接言语中的言语小句 531
process types 过程类型 214, 217, 218
in projection nexus 在投射组连中 304—305, 511—514, 519—522, 523—527, 533, 545, 548
Range in 在言语小句中的范围 346
Receiver in 在言语小句中的受话者 305
Sayer in 在言语小句中的言说者 304—305
Target in 在言语小句中的言语对象 306—307
Verbiage in 在言语小句中的言语内容 305—306
verbal group 动词词组
active voice 主动语态 398—400
aspect system 体系统 412
Auxiliary in 动词词组中的助动词 396—398
contrast 对比 413
deictic 指示语 412
ellipsis 省略 413, 639—640
expansion in 在动词词组中的扩展 567—689
experiential structure of 动词词组的经验结构 396—398
Finite in 在动词词组中的定式成分 397, 404—405, 407—409
as Finite (in clause) 作（小句中的）定式成分 396
future tense 将来时 406
Head in 在动词词组中的中心语 398
imperfective aspect 非完成体 401—403
logical structure of 动词词组的逻辑结构 398
and mood 和语气 411
neutral aspect 中性体 405—406
nominal group, parallelism with 名词词组，与动词词组平行 397
ordering of elements in 动词词组中成分的次序 396—397
outer value 外围值 412
passive voice 被动语态 412
perfective aspect 完成体 401—403, 405
polarity system 归一度系统 399, 412
as Predicator (in clause)（在小句中）作谓语 396—397
primary tense 基本时态 397, 398, 404, 405, 490
as Process 作过程 222, 223, 363, 396
projection in 在动词词组中的投射 584—588
secondary tense 次要时态 399—400, 407, 410, 411, 570, 573
system network of 动词词组的系统网络 410—413
tense system 时态系统 223, 398—403
voice system 语态系统 349
word classes, verbal 词类，动词词类 75
verbal group complex 动词词组复合体 231, 252, 585—587, 589
verbal group nexus 动词词组组连 590—591
hypotactic 主从动词词组组连 590—591
paratactic 并列动词词组组连 590—591
Verbiage [participant] 言语内容［参与者］346—347
as Range 作范围 346
verse forms 诗歌形式 11—13, 15—16, 17, 19
viewpoint (type of Angle) 视角（角度类型）318—319
Vocative [interpersonal clause function] 呼语［小句人际功能］159
vocative [minor clause] 呼语［非完全小句］

107, 109, 110, 159—160, 195—196, 510
voice 语态
and agency 和施事性 350—351
ergative/transitive models 作格 / 及物模式 350—351
in identifying clause 在识别小句中的语态 280—284
middle 中动语态 350
and Predicator 和谓语 153
and transitivity 和及物性 332—336
in verbal group 动词词组中的语态 412
see also active [voice]; operative/receptive [voice]; passive [voice] 另见主动［语态］；施动 / 受动［语态］；被动［语态］

WH-element WH- 成分
as Deictic 作指示语 112—113
ellipsis 省略 638—639
as Theme 作主位 100, 101—102, 115—117, 125
WH-interrogative WH- 疑问
and Adjunct 和附加语 163
and Complement 和补语 163—164
and element 'outside' clause 和小句"外"的成分 163
and minor Complement 和次要补语 164
and Predicator 和谓语 163
structure of WH- 疑问的结构 142—143
and Subject 和主语 132—163
tone/key in WH- 疑问中的声调 / 调式 168—169

word [rank] 词［级阶］
and accent 和口音 12, 124
class 类 59, 74—76, 426—427
complex 复合体 558, 564
grammatical 语法词 7
graphological, orthographic 字系学中的词，正字法中的词 7
word group 词组 8—9, 696
wording 措辞
and meaning 和意义 517—518, 528
see also lexicogrammar; semantics 另见词汇语法；语义
written language 笔语
sentence in 笔语中的句子 6, 7, 436—437
and spoken language 和口语 7, 726—727

yes and *no* *yes* 和 *no*
as continuative 作连续语 175, 176
as mood Adjunct 作语气附加语 174—175
yes as response to call *yes* 作为称呼的应答 175
yes/no interrogative 是 / 非疑问
ellipsis 省略 181
Finite ^ Subject ordering 定式成分 ^ 主语的语序 380
polarity 归一度 174
question 问题 510, 514
structure of 是 / 非疑问的结构 142—143
Theme in 是 / 非疑问中的主位 101—102
tone/key in 是 / 非疑问中的声调 / 调式 168—169

语言学及应用语言学名著译丛书目

句法结构（第2版）	〔美〕诺姆·乔姆斯基	著
语言知识：本质、来源及使用	〔美〕诺姆·乔姆斯基	著
语言与心智研究的新视野	〔美〕诺姆·乔姆斯基	著
语言研究（第7版）	〔英〕乔治·尤尔	著
英语的成长和结构	〔丹〕奥托·叶斯柏森	著
言辞之道研究	〔英〕保罗·格莱斯	著
言语行为：语言哲学论	〔美〕约翰·R. 塞尔	著
理解最简主义	〔美〕诺伯特·霍恩斯坦 〔巴西〕杰罗·努内斯 〔德〕克莱安西斯·K. 格罗曼	著
认知语言学	〔美〕威廉·克罗夫特 〔英〕D. 艾伦·克鲁斯	著
历史认知语言学	〔美〕玛格丽特·E. 温特斯 等	编
语言、使用与认知	〔美〕琼·拜比	著
我们的思维方式：概念整合与心智的隐匿复杂性	〔法〕吉勒·福柯尼耶 〔美〕马克·特纳	著
为何只有我们：语言与进化	〔美〕罗伯特 C. 贝里克 诺姆·乔姆斯基	著
语言的进化生物学探索	〔美〕菲利普·利伯曼	著
叶斯柏森论语音	〔丹〕奥托·叶斯柏森	著
语音类型	〔美〕伊恩·麦迪森	著
语调音系学（第2版）	〔英〕D. 罗伯特·拉德	著

韵律音系学	〔意〕玛丽娜 · 内斯波 〔美〕艾琳 · 沃格尔	著
词库音系学中的声调	〔加〕道格拉斯 · 蒲立本	著
音系与句法：语音与结构的关系	〔美〕伊丽莎白 · O. 塞尔柯克	著
节律重音理论——原则与案例研究	〔美〕布鲁斯 · 海耶斯	著
语素导论	〔美〕戴维 · 恩比克	著
语义学（上卷）	〔英〕约翰 · 莱昂斯	著
语义学（下卷）	〔英〕约翰 · 莱昂斯	著
做语用（第3版）	〔英〕彼得 · 格伦迪	著
语用学原则	〔英〕杰弗里 · 利奇	著
语用学与英语	〔英〕乔纳森 · 卡尔佩珀 〔澳〕迈克尔 · 霍	著
交互文化语用学	〔美〕伊斯特万 · 凯奇凯什	著
应用语言学研究方法	〔英〕佐尔坦 · 德尔涅伊	著
复杂系统与应用语言学	〔美〕戴安娜 · 拉森–弗里曼 〔英〕琳恩 · 卡梅伦	著
信息结构与句子形式	〔美〕克努德 · 兰布雷希特	著
沉默的句法：截省、孤岛条件和省略理论	〔美〕贾森 · 麦钱特	著
语言教学的流派（第3版）	〔新西兰〕杰克 · C. 理查兹 〔美〕西奥多 · S. 罗杰斯	著
语言学习与语言教学的原则（第6版）	〔英〕H. 道格拉斯 · 布朗	著
社会文化理论与二语教学语用学	〔美〕雷米 · A. 范康珀诺勒	著
法语英语文体比较	〔加〕J.-P. 维奈 J. 达贝尔内	著
法语在英格兰的六百年史（1000—1600）	〔美〕道格拉斯 · A. 奇比	著
语言与全球化	〔英〕诺曼 · 费尔克劳	著
语言与性别	〔美〕佩内洛普 · 埃克特 萨利 · 麦康奈尔–吉内特	著
全球化的社会语言学	〔比〕扬 · 布鲁马特	著
话语分析：社会科学研究的文本分析方法	〔英〕诺曼 · 费尔克劳	著
社会与话语：社会语境如何影响文本与言谈	〔荷〕特恩 · A. 范戴克	著

图书在版编目(CIP)数据

韩礼德功能语法导论:第4版/(英)韩礼德著;(瑞典)麦蒂森修订;何中清等译.—北京:商务印书馆,2024
(语言学及应用语言学名著译丛)
ISBN 978-7-100-23084-1

Ⅰ.①韩…　Ⅱ.①韩…②麦…③何…　Ⅲ.①功能语法—研究　Ⅳ.①H04

中国国家版本馆CIP数据核字(2023)第187375号

语言学及应用语言学名著译丛

韩礼德功能语法导论

第4版

〔英〕韩礼德　著

〔瑞典〕麦蒂森　修订

何中清　淡晓红　梁雅梦　赵晶　译

商　务　印　书　馆　出　版
(北京王府井大街36号　邮政编码100710)
商　务　印　书　馆　发　行
北京艺辉伊航图文有限公司印刷
ISBN 978-7-100-23084-1

2024年1月第1版　　开本880×1230　1/32
2024年1月北京第1次印刷　　印张34¾

定价:260.00元